국역 조선 후기 북방사 자료집

동북아역사재단

• 이 책은 2021년도 동북아역사재단 기획연구 수행결과물임(NAHF-2021-기획연구-22).

동북아역사 자료총서 66

국역
조선 후기 북방사 자료집

박장배 · 문상명 편

동북아역사재단
NORTHEAST ASIAN HISTORY FOUNDATION

일러두기

○ 번역서의 저본은 각 해제에 서술하였다.
○ 인명, 지명, 관직명 등이 처음 등장할 때와 번역문 중 한글만으로 이해하기 어려운 경우 한자를 병기하
  였다. 번역문과 원문이 다를 경우 한자 병기는 [ ] 안에 표기하였다.
   예) 중국의 사신[天使]
○ 숫자는 만(萬) 단위로 쓰되 우리말 '만'을 표시해 주고, 이하 단위는 숫자로 표기하였다.
   예) 4만 5,500명
○ 원문에서 성(姓)만 표기된 경우, 번역문에서는 성명을 모두 표기하였다.
   예) 이 제독(이여송)
○ 문장의 원활한 이해를 위해 보충역을 한 부분은 〈 〉로 표기하였다.
○ 각주의 표제어로 잡을 내용이 네 어절 이상인 경우 첫 어절과 끝 단어나 어절을 쓰고 가운데에 (……)
  말줄임표를 썼다.
   예) 조정에서 …… 하였다
○ 원문의 오류는 원문을 교감하거나 번역본에서 각주를 통해 밝히고, 오류를 정정하여 번역하였다.
○ 원문은 대표자를 기준으로 입력하되, 고유명사는 저본대로 입력하였다.

간행사

『국역 조선 후기 북방사 자료집』은 19세기에 편찬된 우리나라 북방의 역사지리서와 북방 기행문 가운데 백두산을 중심으로 중요 사료를 선별하여 지난 2년에 걸쳐 역주한 것을 모은 책이다. 구체적으로 살펴보면, 정원용(鄭元容)의 『북행수록(北行隨錄)』 가운데 「북략의의(北略擬議)」와 「철북습록(鐵北拾錄)」, 정윤용(鄭允容)의 『북로기략(北路紀略)』에서 「산천총요(山川總要)」·「북로고실(北路故實)」, 홍경모(洪敬謨)의 『관암존고(冠巖存藁)』에서 「요야기정(遼野記程)」, 윤정기(尹延琦)의 『동환록(東寰錄)』에서 「압수외지(鴨水外地)」, 김광우(光金雨) 등의 『영고탑북정지(寧古塔北征誌)』, 최종범(崔宗範)의 『강북일기(江北日記)』 등이다. 이들 자료를 역주하고 해제를 더하였다.

조선 후기 선비들에게 여행은 삶의 일부였다. 특히 사대부들 사이에서는 아름다운 산수를 감상하고 문화유산을 답사하는 등 심신의 수양과 공부를 위해 전국의 명산대천을 찾는 유람이 성행하였다. 이 가운데 우리 역사와 문화의 근원이며 우리나라 제일의 명산인 백두산은 단연 가장 손꼽히는 유람지였다.

이러한 인기만큼이나 선비들은 백두산 기행문과 관련하여 한시를 많이 남겼다. 이는 정묘호란과 병자호란을 겪은 후 조선의 식자층이 사회적 충격을 극복하기 위해서였고 무엇보다도 우리의 문화와 역사, 지리에 대한 자존 의식에서 비롯된 당시의 분위기가 한몫한 것이었다. 특히 1712년(숙종 38) 백두산정계비가 세워진 이후 북방 영토에 관한 관심이 커지면서 자연스럽게 백두산에 대한 호기심이 커졌고, 선비들은 일생에 한 번쯤 백두산에 오르는 것을 소망하게 되었다. 이에 백두산을 기행하고 자신의 경험을 글로 남긴 이도 있었고, 비록 직접 백두산에 오르지는 못했지만 그와 관련한 이야기를 듣거나 다른 사람이 쓴 기행문을 읽고 글을 남긴 이도 있었다. 그뿐만 아니라 기행문은 아니지만 《서북피아양계만리일람지도(西北彼我兩界萬里一覽之圖)》와 같은 관방지도(關防地圖)를 직접 그리거나 소장하는 것도 즐겼다. 이는 북방에 대한 관심과 영토인식의 변화에서 비롯한 것이었다.

그동안 발간된 조선 후기 북방 관련 기록은 1998년 혜안출판사에서 『조선시대 선비들의 백두산 답사기』를 펴낸 것이 처음이다. 이는 1712년 조선과 청나라 사이에 백두산정계비를 세울 때 참여한 박권·김지남·김경문 등의 백두산 답사기를 비롯하여 1751년 이의철, 1764년 박종 등이 남긴 7편의 기행문을 묶었다. 그 뒤 2004년에는 북한 사회과학출판사에서 『백두산고전작품선집』을 출간하였다. 이 선집에는 고려 때 정몽주부터 19세기 말까지 총 59명이 지은 150여 편에 달하는 시가와 홍세태·박종·서명응·김우식·홍양호·성해응 등과 2명의 작가 미상의 백두산 산문을 실었다. 이 외에도 20세기 이후 근대시기에 들어 최남선의 『백두산근참기』, 안재홍의 『백두산등척기』와 더불어, 19세기 후반 2명의 영국군 장교가 남긴 백두산 등정 기행문을 번역한 『백두산을 가는 길』 등을 출간하였다.

동북아역사재단은 이번에 간행하는 『국역 조선 후기 북방사 자료집』을 통해 공백처럼 남아 있는 19세기 지식인들의 북방 기록을 조명하고자 하였다. 여기에는 조선 후기 지식인들이 『일통지(一統志)』와 같은 중국 지리지나 선배들의 답사 기록을 바탕으로 북방의 자연지리를 정리한 기록들이 포함되어 있다. 백두산이 민족의 뿌리이며 조종산이라는 역사지리적 인식이 담겨 있으며, 백두산부터 시작되는 우리나라 산지의 맥인 백두대간[白頭幹支]을 정리하여 유기체적이며 자연친화적인 자연관을 드러내기도 하였다. 1712년 백두산정계비에 담긴 토문강을 두만강과 다른 강으로 해석하기도 하고, 분계강을 토문강과 같은 강으로 인식하여 두만강 바깥에 걸친 너른 평야를 청이 차지하고 있는 것을 애석해하기도 하였다. 당시 변경민의 월경 문제로 불거진 청과의 국경 문제, 청국인의 산삼이나 목재 벌채로 인한 갈등, 담비·사슴 사냥과 자작나무 벌목을 경제적 기반으로 살아가는 사람들의 모습도 엿볼 수 있다. 윤관이 개척했다는 선춘령(先春嶺)에 대한 기록과 북경에서 오라(烏喇, 길림성)를 거쳐 영고탑(寧古塔)으로 가는 루트를 통하여 청이 쇠퇴하면 그들의 근거지인 영고탑으로 돌아갈 것에 대비하고자 하는 자주적인 북방인식을 드러내기도 하였다.

『역주 조선 후기 북방사 자료집』은 조선 후기 자연지리지이자 인문지리지이다. 당시 북방 지역에 대한 자연과 역사 지식의 총서이며 글쓴이의 개인적 또는 당대 사회 인식을 담고 있다. 자료의 중요성과 역사 대중화에 관심을 두고 계신 우리 재단의 이영호 이사장과 조선후기 북방사 자료를 발굴한 재단의 박장배 전 북방사연구소 소장의 노력에 힘입어 자료집을 발행할 수 있었다. 필자는 간행 작업의 후반부에 참여하여 해제와 정리를 도왔다. 무엇보다 이 자료집의 간행은 국사편찬위원회 김성희 연구사, 한국학중앙연구원 장서각 김우진 연구원, 전남대학교 사학과 김창수 교수, 단국대학교 한문교육연구소 임영길 교수 등 번역자들의 노고의 결과다. 참여 연구자들은 짧은 시간에도 불구하고 원문을 번역하고 여러 차례 윤문을 거쳐 용어 정리와 통일성을 기하였다. 재단의 남상구 연구정책실장은 간행 사업이 원만하게 진행될 수 있도록 아낌 없이 지원해 주었다. 다시 한 번 자료집이 빛을 볼 수 있게 힘써 준 관계자 여러분과 이 외에도 많은 도움을 주신 분들께 감사의 말씀을 드린다.

2022년 4월
연구진을 대표하여
동북아역사재단 한중관계연구소 연구위원
문상명 씀

목 차

일러두기 4

간행사 5

1 『북행수록(北行隨錄)』「북략의의(北略擬議)」 및 「철북습록(鐵北拾錄)」
정원용(鄭元容) ········ 9

2 『북로기략(北路紀略)』「산천총요(山川總要)」 및 「북로고실(北路故實)」
정윤용(鄭允容) ········ 57

3 『관암존고(冠巖存藁)』「요야기정(遼野記程)」
홍경모(洪敬謨) ········ 155

4 『동환록(東寰錄)』「압수외지(鴨水外地)」
윤정기(尹延琦) ········ 353

5 『영고탑북정지(寧古塔北征誌)』
김광우(金光雨) 외 ········ 371

6 『강북일기(江北日記)』
최종범(崔宗範) ········ 401

원문 표점본 ········ 457

『북행수록(北行隨錄)』
「북략의의(北略擬議)」 및
「철북습록(鐵北拾錄)」

정원용(鄭元容)

해제

|1| 자료 개요

『북행수록(北行隨錄)』은 조선 후기 순조~고종 연간에 활동한 문신·학자 정원용(鄭元容, 1783~1873)이 회령 부사(會寧府使)로 재임하던 시기(순조 29년 8월~순조 30년 12월)의 경험을 토대로 여러 문헌의 기록을 종합하고 저자의 견해를 더해 편찬한 견문록이다. 19세기 전반 함경도 회령 및 관북(北關) 지역의 경영 방략과 자연·역사·유적·풍속 등에 대한 정보를 수록하고 있다.

함경도는 조선의 발흥지이자 북방 민족과 영토 분쟁이 빈발한 곳이므로, 조선 전 시기에 걸쳐 왕실 및 조정의 깊은 관심을 끌었던 지역이다. 이를 증명하듯 홍양호(洪良浩)의 『북새기략(北塞紀略)』, 이단하(李端夏)의 『북관지(北關誌)』, 홍의영(洪儀永)의 『북관기사(北關紀事)』 등 이 지역에 관한 중요한 저술이 다수 편찬된 바 있다. 『북행수록』 역시 북방 지역의 경영을 위한 정책의 참고자료로 작성되었으므로, 이 지역의 실상과 연혁을 실증적으로 기록하고 이를 토대로 한 개혁안을 담고 있다.

|2| 저자 소개

정원용의 본관은 동래(東萊)이고, 자는 선지(善之), 호는 경산(經山)이다. 시호는 문충(文忠)이다. 돈녕부 도정(敦寧府都正) 동만(東晚)의 아들이다.

1802년(순조 2) 정시 문과(庭試文科)에 급제한 후 가주서(假注書), 예문관 검열(藝文館檢閱), 이조 참의(吏曹參議), 성균관 대사성(成均館大司成), 사간원 대사간(司諫院大司諫) 등 관직을 역임하였다. 1819년(순조 19)과 1821년(순조 21)에는 각각 호서위유사(湖西慰諭使)와 관서위유사(關西慰諭使)로 파견되어 민생을 어렵게 하는 폐해를 조사·보고하였다. 1827년(순조 27) 강원도 관찰사를 거쳐 이듬해에 이조 참판(吏曹參判)에 제수되었으며, 1829년(순조 29)에는 북도(北道)의 심각한 수재(水災)에 대처하기 위해 회령 부사로 특임되어 1년여간 재직하였다. 1831년(순조 31)에는 동지 정사(冬至正使)로 청나라에 다녀왔다.

　이후 사헌부 대사헌(司憲府大司憲), 평안 감사(平安監司), 이조 판서(吏曹判書) 등 요직을 거쳐 1841년(헌종 7) 우의정에 임명되었으며, 1848년(헌종 14)에는 영의정이 되었다. 이듬해 헌종이 승하하자 중추부 영사(中樞府領事)가 되어 정치 일선에서 물러났으나, 1859년(철종 10) 다시 영의정에 제배(除拜)되었으며, 1862년(철종 13)에 임술민란이 일어나자 삼정이정청(三政釐正廳)의 총재관(總裁官)이 되어 삼정의 폐해에 대한 시정책을 수립하였다. 이듬해 철종이 승하하자 원상(院相)으로서 고종 즉위 시까지 국정을 관장하였으며, 1868년(고종 5)에는 영의정에 임명되어 정치 일선에서 활동을 이어 나갔다.

　정원용은 권문세가 출신으로 72년간 조정의 요직을 두루 역임하고 여섯 차례 영의정을 지낸 중신으로 품행이 바르고 몸가짐이 검약하여 세상 사람들이 칭송하였다 한다. 정원용은 기록을 중시하여 과거에 급제한 1802년부터 1873년 운명하기까지 쉼없이 일기를 썼고, 다양한 저술을 남겼다. 현전하는 저서로 시문집 『경산집(經山集)』을 비롯하여 『황각장주(黃閣章奏)』, 『경산북정록(經山北征錄)』, 『수향편(袖香編)』, 『문헌촬요(文獻撮要)』, 『경산일록(經山日錄)』 등 13종이 있다.

| 3 | 본문의 구성

　현재 서울대학교 규장각한국학연구원에서 소장하고 있는 『북행수록』 원본(古 4794-1-v.1-3)은 총 3권 3책으로 권제가 천(天)·지(地)·인(人)으로 되어 있으며, 천권과 지권에는 함경도 북부 지역의 시폐(時弊) 개혁안과 경영 방안을 기술한 「북략의의(北略擬議)」 상권·하권이, 인권에는 철령(鐵嶺) 이북 지역의 인문지리와 풍속 등을 기록한 「철북습록(鐵北拾錄)」이 편철되어 있다. 『북행수록』과 동일한 내용의 글이 현재 연세대학교에서 소장하고 있는 『경산북정록』에도 수록되어 있는데, 정원용이 앞서 간행한 『경산북정록』의 내용 중에서 「철북습록」과 「북략의의」를 초출(抄出)하여 『북행수록』을 편찬한 것으로 보인다. 『북행수록』의 정확한 간행 연도는 알 수 없으며, 1830년(순조 30) 이후의 것으로 본다.

『북행수록』 제1책에는 「북략의의」 상권 서문을 위시하여 '북관총록(北關總錄)', '관방(關防)', '산천(山川)', '성적(聖蹟)' 등 4개 항목이, 제2책에는 「북략의의」 하권이 '인물(人物)', '교사(敎士)', '전정(田政)', '군제(軍制)', '적정(糴政)', '개시(開市)' 등 6개 항목이 편제되어 있다. 정원용은 각 항목 말미에 '의(議)'를 부연하여 각종 시폐에 대한 자신의 견해를 덧붙였다.

　정원용은 「북략의의」 서문을 통해 '이 지역에 대한 지식이 소략하므로 풍토와 민사를 조목조목 아뢰어 경영 방략을 세우는 데 참고하고자 한다'라는 저술 의도를 밝히고 있다. 이에 '북관총록' 항목에는 북관 지역 각 읍의 연혁과 개척의 역사 및 관방의 형세가 자세히 기술되어 있으며, 북평사(北評事) 제도 및 진보(鎭堡) 운영에 관한 내용도 정리되어 있다. '산천' 항목에서는 백두산(白頭山)이 우리나라 산천의 '종산(宗山)'이라는 사실을 적시하고, 백두산에서 산줄기가 뻗어 나가 이루어진 전국의 산세에 대해 설명하였다. 아울러 두만강(豆滿江)과 압록강(鴨綠江)의 지류 및 명칭을 소개하였다. 이에 더해 1712년(숙종 38) 조·청 양국 간에 이루어진 백두산 정계(定界)에 관한 사실을 자세히 기술하고 있으며, 부록에는 해로(海路)에 대한 정보 및 해양 방위에 대한 자신의 견해를 담아 놓았다. '성적' 항목은 북관 지역에 산재한 태조 이성계의 조상인 목조(穆祖)와 익조(翼祖), 도조(度祖), 환조(桓祖)의 행적과 용당(龍堂), 알동(斡東), 적도(赤島), 망덕봉(望德峯), 목조덕릉(穆祖德陵), 안릉(安陵) 등 사적에 관한 내용을 정리한 것이다. '인물' 항목은 북관 지역 출신 인물에 대한 기록으로서, 임진왜란 시의 의병 및 조정에서 활동한 주요 인물에 대한 내용을 수록하고 있다. 이 항목에 부기된 '서원' 항목에는 각 읍별 서원과 배향인 명단이 소개되어 있으며, 북관 출신 인사들에 대한 추증(追贈) 및 사당과 서원에 대한 사액(賜額) 건의가 수록되어 있다. '교사' 항목은 북관 지역의 사민(士民) 교육과 교화 시책의 연혁을 서술한 것이다. '전정'과 '적정' 항목은 전세(田稅)와 환곡(還穀)을 위시한 북관 지역의 재정 운영에 관한 내용을 기술한 것이며, '군제' 항목에서는 주로 친기위(親騎衛) 제도의 연혁 및 정예화 방안을 설명하였다. '개시' 항목에는 함경도 회령과 경원(慶源)에서 열린 조·청 양국 간의 개시 교역, 곧 북관개시(北關開市)에 대한 설명이 상술되어 있다. 개시가 설치된 연혁과 그 절차 및 교역 물품에 대하여 자세히 소개하고, 회령에서 청의 영고탑(寧古塔)·오라(烏喇, Ula)까지의 노정에 대해서도 그 경유지와 거리, 소요 일수를 일일이 기재하였다. 아울러 개시로 인해 회령부의 백성들이 겪는 시폐를 11개 항목에 걸쳐 정리하고, 그 해결 방안에 대한 견해를 개진하였다.

「철북습록(鐵北拾錄)」은 '철북습록(鐵北拾錄)'과 '두외보문(豆外補聞)', '북속기략(北俗紀略)'의 3개 항목으로 구성되어 있다.

'철북습록' 항목은 철령·마운령(摩雲嶺)·마천령(摩天嶺)·성진(城津)·백두산·두만강 등 북관 지역의 관방 요충지와 경제 중심지, 고적 및 왕실 관련 사적의 위치와 형세 및 연혁에 대한 설명을 담고 있다. '두외보문' 항목은 두만강 이북 지역의 유적과 관련 연혁에 대한 설명을 담고 있다. 아울러 알동팔지(斡東八池)·녹둔도(鹿屯島)·선춘령(先春嶺)·동가강(佟家江)·노차국(虜車國)·번호부락(蕃胡部落)·청인시기(淸人始起) 등 북관 지역의 고적 정보를 다양하게 소개하고 있다. 특히 '노차국' 조에서는 청나라와 러시아 간의 분쟁 경과 및 1, 2차에 걸친 나선정벌(羅禪征伐)의 전후 사정에 대하여 기술하고 있다. '북속기략' 항목에는 북관 지역의 풍속과 언어, 농경 실태와 특산물, 문사들의 수준 등에 대한 설명이 수록되어 있다.

본서는 저자 정원용이 회령 부사로 부임한 후 함경도 지방을 순행하면서 체득한 견문을 토대로 하여 북방 지역 사회 제반에 대한 개혁안을 개진하고자 저술한 것이다. 이에 따라 19세기 전반 함경도 북부 지역의 사정을 상세하게 수록하고 있으며, 저자의 정치적 견해와 북방 경영 방략의 일면을 엿볼 수 있다는 점에서 중요한 저작이다. 특히 저자가 72년간 조정의 요직을 두루 역임하고 여섯 차례에 걸쳐 영의정을 지낸 바 있는 조선 말기의 대표적 문신 관료라는 점을 감안한다면, 본서의 사료적 가치가 높다는 사실을 알 수 있다. 아울러 정원용이 회령 부사로 재직할 당시 그와 함께 거처한 종제(從弟) 정윤용(鄭允容, 1792~1865) 역시 이 지역의 사정에 대한 견문을 담아 『북로기략(北路紀略)』을 지어 남겼으므로 사료 간 교차 대조·활용이 가능하다는 점 또한 주목할 만한 사실이다.

이처럼 『북행수록』이 가진 높은 사료적 가치에도 불구하고 이를 활용한 연구는 현재까지 매우 미진한 편이다. 2015년 최영화가 『북행수록』의 내용을 면밀하게 분석하고 저자의 변경의식을 살펴본 것이 가장 눈에 띄는 성과라고 할 수 있다.[1] 이 밖에 정원용의 생애 및 저술에 대한 논저로는 우선 2009년 허경진이 펴낸 『정원용 관련 저술 해제집』 등 2종의 해제집이 있으며, 같은 해 허경진·구지현이 정원용의 일기를 우리말로 옮긴 『국역 경산일록』이 있다. 이와 더불어 정원용의 1831년 동지사(冬至使) 연행일기 『연사록(燕槎錄)』을 다룬 연구가 있으며,[2] 정원용이 1854년 조정의 법규나 의례 등에 관한 내용을 엮어 펴낸 『수향편』에 대한 연구도 있다.[3] 이 외에도 정원용의 정치활동 및 저술 전반에 관한 논고가 있다. 그가 남긴 학술적 가치가 높은 방대한 저술에 대한 연구가 충분히 이루어져야 할 것이다.

---

1   최영화, 「『북행수록(北行隨錄)』을 통해 본 정원용(鄭元容)의 북방 인식」, 『동아인문학』 31, 2015.
2   천금매, 「『연사록(燕槎錄)』을 통해 본 정원용(鄭元容)과 청조(淸朝) 문사(文士)들의 문화교류」, 『동북아문화연구』 19, 2009.
3   송호빈, 「『수향편(袖香編)』새 해제: 저작 배경 고증 및 저작 의식에 대한 재해석」, 『고전과 해석』 4, 2008.

『북행수록(北行隨錄)』
「북략의의(北略擬議)」 상(上)

산천(山川)【부(附) 해로(海路)】

　　백두산(白頭山)은 무산부(茂山府) 서쪽 305리, 갑산부(甲山府) 북쪽 330리에 있다. 산은 모두 3층으로 그 꼭대기에 대택(大澤, 천지)이 있으니 달문지(達門池)라 부른다. 〈달문지가〉 서쪽으로 흘러 압록강(鴨綠江)이 되고 북쪽으로 흘러 소하강(蘇下江)이 되는데, 흑룡강(黑龍江)이라 하기도 하고 화라강(火剌江)이라 하기도 한다. 동쪽으로 흘러 두만강(豆滿江)이 된다. 영조(英祖) 정해년(1767) 갑산 망덕산(望德山)에 제단을 설치하도록 명하여 망제(望祭)를 지냈다.[4] 『일통지(一統志)』[5]에 "장백산(長白山)【저들[彼人]은 백두산을 장백산이라 부른다.】은 옛 회령부(會寧府) 남쪽【저들의 땅에도 회령(會寧) 땅이 있다.】 60리에 있다. 1,000리에 걸쳐 뻗어 있고 높이는 200리이다. 산 위에 못이 있어 둘레가 80리인데, 남쪽으로 흘러 압록강이 되고, 북쪽으로 흘러 혼동강(混同江)이 되며, 동쪽으로 흘러 아야고강(阿也苦江)이 된다"라고 하였다. 왕사진(王士禛)[6]의 기문(記文)[7]에 다음과 같은 내용이 있다. "강희(康熙) 16년(1677) 내대신(內大臣) 각라무(覺羅武)[8]가

4　영조(英祖) …… 지낸다: 1767년(영조 43) 갑산에서 망제를 설행하는 사안과 관련하여 진행한 논의가 『영조실록』 권109, 영조 43년(1767) 윤7월 10일 기사에서 확인된다.
5　『일통지(一統志)』: 중국 명(明)나라의 지지(地誌)인 『대명일통지(大明一統志)』를 일컫는다. 『대원일통지(大元一統志)』를 본떠서 명나라의 중국 전역과 조공국(朝貢國)의 지리를 기술한 총지(總志)이며, 각종 지도를 게재한 다음에 풍속·산천 등 20개 항목으로 나누어 설명하고 있다.
6　왕사진(王士禛): 1634~1711. 자는 이상(貽上), 호는 완정(玩亭), 별호는 어양산인(漁洋山人)으로, 청나라의 문인이다. 원래 이름은 사진(士禛)인데, 옹정제(雍正帝)의 이름과 같아 사정(士正)이라 고쳤다가 건륭제에게 사정(士禎)이라는 이름을 하사받았다. 문집으로는 『대경당전집(帶經堂全集)』, 『어양산인정화록(漁洋山人精華錄)』, 『잠미집(蠶尾集)』, 『지북우담(池北偶談)』 등이 있다.
7　왕사진(王士禛)의 기문(記文): 왕사정(王士禎)의 『지북우담』 「장백산(長白山)」을 가리킨다.
8　각라무(覺羅武): 각라무묵눌(覺羅武默訥)을 가리킨다. 각라무묵눌은 만주 정황기(正黃旗) 사람으로, 누르하치의 조부 경조(景祖)의 셋째 형인 색장아(索長阿)의 4대손이다. 1667년(강희 6) 내대신에 제수되었고, 1677년(강희 16) 강희제(康熙帝)의 칙명(勅命)으로 백두산을 처음 시찰한 후 「봉장백산기(封長白山記)」를 남겼다(『속청사고(續淸史稿)』 권70, 「각라무묵눌전(覺羅武默訥傳)」). 『성경통지(盛京通志)』와 『대청일

시위(侍衛) 3명과 함께 황명을 받들었으니, 〈그 상유(上諭)에〉 '장백산은 우리나라의 발상지(發祥地)이니, 그대들은 올라(兀剌, ula) 지방에 가서 길을 잘 아는 사람을 뽑아 데리고 〈장백산에〉 가서 명백히 살피고 짐작하여 헤아려 예를 행하도록 하라'라고 하였다. 5월에 출발하여 올라 지방에 이르렀고, 액혁눌음(額赫訥陰) 지방 사람을 찾아가 3개월 치 식량을 가지고 6월에 눌음(訥陰) 땅에 이르렀다. 나무를 베어 길을 열어 가며 어느 높은 산꼭대기에 올라 장백산을 바라보니 대략 100여 리에 걸쳐 있고, 산 위에 조각조각 흰빛이 보였다. 산 아래에 이르니 구름과 안개가 산에 자욱하였는데, 황제의 윤음(綸音)을 읽고 절하기를 마치자 구름과 안개가 걷혀 장백산이 또렷해져서 붙잡고 올라갈 수 있었다. 중간에 평탄한 명승지가 있는데 마치 성과 누대의 터를 쌓아 만든 듯하였다. 멀리서 바라보니 산의 형태가 크고 넓었으며, 가까이 가서 보니 지세가 사뭇 지세가 사뭇 매끄러웠다. 눈에 보이는 조각조각 흰 빛은 모두 얼음과 눈이었다. 산의 높이는 약 100리였고, 산의 정상에는 연못이 있었는데 다섯 봉우리가 연못가에 둘러서 있었다. 푸른 물이 맑고 물결이 넘실거렸다. 연못가에는 풀과 나무가 없고 둘레는 약 3, 40리였다. 못⁹을 빙 두른 봉우리 가운데 정남쪽의 한 봉우리가 비교적 낮아 완연히 문과 같았다. 산 사이의 곳곳에 물이 있으니 왼쪽으로 흐르는 물은 구아리올라하(扣阿里兀剌河)가 되고, 오른쪽으로 흐르는 물은 대눌음하(大訥陰河)와 소눌음하(小訥陰河)가 되었다. 산을 두르고 있는 것은 모두 평평한 숲이었는데, 여러 산을 멀리 바라보니 모두 낮게 엎드려 절을 하고 있었다. 산에서 내려오니 사슴 7마리가 있기에 가서 거두었다. 산에 올라갈 때 원래 7명이 있었으니, 이것은 산의 신령이 주신 것이었다. 산을 바라보며 머리를 조아려¹⁰ 사례하였다. 물러나 2, 30보를 가니 구름과 안개가 산에 자욱하여 〈장백산을〉 다시 볼 수 없었다. 4일 만에 돌아와 눌음하(訥陰河)¹¹가 합류하는 곳에 이르렀다. 또 4일을 가서 협고아(峆庫阿)에 이르렀는데, 이곳은 눌음하의 동쪽 지류가 만나는 곳이었다. 작은 배를 타고 큰 강과 아홉 군데 험지를 거쳐서

통지(大淸一統志)』에는 이름이 '각라무목납(覺羅武穆納)'으로 기재되어 있다.
9 못: 원문은 '지(地)'로 되어 있는데, 문맥상 '지(池)'의 오기로 보아 바로잡아 번역하였다.
10 머리를 조아려: 원문은 '도(叩)'로 되어 있는데 문맥상 '고(叩)'의 오기로 보아 바로잡아 번역하였다.
11 눌음하(訥陰河): 원문은 '눌음하(訥陰下)'로 되어 있는데 '하(下)'를 '하(河)'의 오기로 보아 바로잡아 번역하였다.

7월에 올라 지방에 도착하였고, 8월에 경사(京師)에 도착하여 성지(聖旨)를 받들었으니, '장백산에 마땅히 봉호(封號)를 더해 영원히 사전(祀典)에 수록해야 한다'라고 하셨다. 예부에서 상주하기를, "『금사(金史)』에 대정(大定) 12년(1172) 장백산을 흥국영응왕(興國靈應王)에 봉하였으며, 명창 4년(1193)에 또 개천홍성제(開天弘聖帝)에 봉하였습니다. 명나라 홍무(洪武) 3년(1370)에 악진(岳鎭)의 봉호를 모두 없애고 단지 신이라고만 칭하였다. 지금 청조에서 악진의 신을 갖추어 칭하는 것에 상응하여 장백산을 장백산의 신[長白山之神]으로 봉하고 길한 땅을 택하여 사당을 세웠으니, 오악(五岳)의 예에 비춘 것입니다. 매양 봄가을로 두 번 제사 지내니, 예의 또한 오악의 예에 비춘 것입니다'라고 하였다."

숙종(肅宗) 38년(1712) 임진년, 올라 총관(兀剌摠管) 목극등(穆克登)[12]이 와서 백두산에 경계를 정하고 비를 세웠다. 비문에 "오라 총관 목극등이 황지(皇旨)를 받들어 변계(邊界)를 조사하고 이곳에 이르러 살펴보니 동쪽으로는 토문강(土門江)이요, 서쪽으로는 압록강이다"라고 하였다. 북쪽으로 흐르는 물은 어디로 향하는지 알지 못하겠으나, 혹은 혼동강이라고 하고 혹은 흑룡강이라고 한다. 홍세태(洪世泰)[13]의 기문(記文)[14]에 다음과 같은 기록이 있다. "목극등이 나와서 우리나라와 청나라 사이의 경계를 정하려고 하였다. 접반사(接伴使) 박권(朴權)[15]과 함경도 감사 이선부(李善溥)[16]를 파견하여 삼수부(三水府)의 연연(蓮堧)으로 가서 목극등과 만나고 오게 하였다. 목극등은 역관 김응헌(金應瀗)과 김경문(金慶門)만을 동행하고 산 위에 올랐다. 괘궁정(掛弓亭)[17] 아래에

---

12 목극등(穆克登): 1664~1735. 푸차 하라(富察氏) 출신의 만주 양황기인(鑲黃旗人)이다. 1712년(강희 51, 숙종 38) 조·청 간의 불명확한 국경을 조사한 후 백두산 천지에서 남동쪽으로 약 4km 떨어져 있는 곳에 정계비를 세웠다.
13 홍세태(洪世泰): 1653~1725. 자는 도장(道長), 호는 창랑(滄浪)·유하(柳下), 본관은 남양(南陽)으로, 조선 후기 역관 출신의 문인이다. 경사(經史)에 능통하고 시에 능하여 명성이 높았다. 시문집으로 『유하집(柳下集)』이 전한다.
14 홍세태(洪世泰)의 기문(記文): 홍세태가 역관 김경문(金慶門, ?~?)으로부터 정계(定界)의 상황을 전해 듣고 기록한 「백두산기(白頭山記)」이다.
15 박권(朴權): 1658~1715. 자는 형성(衡聖), 호 귀암(歸菴), 본관은 밀양(密陽)으로, 조선 후기의 문신이다. 1712년(숙종 38) 한성부 우윤(漢城府右尹)으로 있을 때 청나라 사신 목극등의 접반사로 차출되어 백두산에 정계비(定界碑)를 세웠다.
16 이선부(李善溥): 1646~1721. 조선 후기의 문신이다. 1696년(숙종 22) 충청도 관찰사와 경상도 관찰사를 역임하였으며 1711년(숙종 37) 함경도 관찰사를 지냈다.
17 괘궁정(掛弓亭): 북한 보물급 52호로, 북한 양강도 혜산시 북쪽 압록강변의 절벽 위에 있는 조선시대의

서 오시천(五時川)으로 따라 올라갔다. 오시천은 경성(鏡城)의 장백산에서 시작하여 서쪽으로 이곳에 이르러 강물과 합류하는데, 오시천의 바깥쪽은 모두 황폐하여 사람이 살지 않았다. 북쪽으로 백덕(柏德)[18]으로 건너가 70리를 가고, 검문(劍門)에서 25리, 곤장(昆長) 모퉁이로 15리를 가니 큰 산이 앞에 있어서 서쪽으로 강물을 건넜다. 나무를 베고 강언덕을 따라 5, 6리를 가니 길이 끊어졌다. 다시 산언덕을 따라갔는데, 이름은 화피덕(樺皮德)으로 백덕에 비해서 더욱 험준하였다. 80여 리를 가니 작은 연못이 하나 있었다. 다시 동쪽으로 30여 리를 가서 한덕립지당(韓德立支當)[19]에 올라 수십 리를 가니 나무가 점점 적어지고 산이 점차 드러났다. 여기서부터 산들이 모두 뼈대만 남아 색깔이 창백하였다. 동쪽을 바라보니 봉우리 하나가 하늘을 찌를 듯 솟아 있었는데, 바로 소백산(小白山)이었다. 이 산을 지나서 서쪽으로 10여 리를 가면 산자락에 이르는데, 산 정상까지 아직 2, 30리이다. 조금 동쪽에 한 고개가 있으니 소백산 자락이었다. 그 산마루에 올라가서 백두산을 바라보니 웅대하였고 천 리가 하나같이 푸르렀다. 고개를 따라 아래로 몇 리를 내려오니 산에 초목이 하나도 없이 깨끗하였다. 6리를 가니 홀연히 산 가운데가 움푹 파여 구덩이를 이루었다. 띠처럼 가로막고 있었는데 깊이는 끝이 없고 너비는 2자쯤 되었다. 어떤 이는 뛰어서 건너가고 어떤 사람은 손을 이어 잡아서 건넜다. 4, 5리를 가니 또다시 구덩이 절벽이 있었는데 나무로 다리를 엮어 만들어 건넜다. 조금 서쪽으로 수백 걸음을 가서 산 정상에 이르니 연못이 있는데 마치 사람 정수리의 숫구멍[顖穴] 같았다. 둘레는 30리 정도 되고 깊이는 헤아릴 수 없었다. 네 벽은 깎아질러서 마치 붉은 찰흙을 칠한 것 같았다. 그 북쪽의 몇 자쯤 되는 곳에서 물이 뿜어져 나왔는데 이것이 흑룡강의 발원이다. 동쪽에는 돌사자가 있었는데, 색이 누렇고 꼬리와 갈기를 움직이려는 것 같아 중국인들이 '망천후(望天吼)'라고 부른다고 한다. 산등성이를 따라 3, 4리를 내려가니 샘물이 솟아나 수십에서 백 걸음을 가더니 좁은 골짜기에서 큰 골짜기로 흘러 들어갔다. 또 동쪽으로 짧은 산등

누정이다.
18 백덕(柏德): 원문은 '백덕(伯德)'으로 되어 있는데, 홍세태의 「백두산기」에 의거하여 바로잡았다.
19 한덕립지당(韓德立支當): 홍세태의 「백두산기」에 따르면, '지당'이란 북쪽 사람들의 말로 '얼음 절벽'을 가리키는데, 한덕립이 매년 여름 벌레를 피하기 위해 절벽 안에 들어간 사슴 무리를 잡으려고 그 입구를 지키고 있다가 사슴을 많이 잡았기 때문에 '한덕립지당'이라는 이름이 붙었다고 한다.

성이 하나를 넘으니 샘 하나가 두 갈래로 흐르고 있었는데, 그 흐름의 매우 가늘었다. 목극등이 중간에 물이 갈라지는 사이에 앉아 김경문을 돌아보며 말하기를, '이곳은 분수령이라고 이름 지을 만하다'라고 하고는 마침내 돌에다 새겨 기록하였다."

목극등이 귀국한 뒤에 이문(移文)을 보내어 말하기를, "비석을 세운 뒤에 토문강의 원류를 따라 살펴보았는데, 수십 리를 흘러가도록 물의 흔적이 보이지 않다가 바위틈을 따라 숨어 흘러서 100리에 이르러서야 큰 강이 나타났다. 이렇게 물의 흐름이 없는 곳에서 어떻게 변방에 국경이 있음을 알겠는가"라고 하였다. 우리나라에서 토문강의 원류가 끊어진 곳에 흙이나 돌을 쌓아 놓거나 목책을 세워서 하류와 이어지도록 하였다.

중신 홍양호(洪良浩)[20]의 기문에 "비 아래에서부터 목책을 수십 리 세우고 목책 아래 흙으로 돈대를 쌓아 동쪽으로 대각봉(大角峯)에 이르니, 비석에서 대각봉까지의 거리는 40리이다"라고 하였다.

야사(野史)에 다음과 같은 내용이 있다. "목극등이 정계를 한 후에 북평사(北評事)[21] 홍치중(洪致中)[22]의 상소[23]로 인하여 조정에서 별도로 조신을 파견하여 다시 조사하려 하니, 비국당상(備局堂上) 김진규(金鎭圭)[24]가 소를 올려 말하였다. '물의 갈래를 살펴서 정하는 것은 이미 청나라의 차원(差員)과 같이 하였으니, 지금 이미 정한 것 외에 그

---

[20] 홍양호(洪良浩): 1724~1802. 자는 한사(漢師), 호는 이계(耳溪), 본관은 풍산(豐山)으로, 조선 후기의 문신이다. 사간원 대사간·사헌부 대사헌·평안도 관찰사·이조 판서 등을 거쳐 홍문관·예문관의 대제학을 겸임하였다. 북경(北京)을 두 번 방문하여 청나라의 지식인들과 교유하였으며 고증학(考證學)의 수용 및 보급에 기여하였다.

[21] 북평사(北評事): 병마절도사(兵馬節度使) 밑에서 근무한 외관직(外官職)으로, 영안도(永安道)와 평안도에 각 1명씩 파견하였다. 원래 명칭은 병마평사(兵馬評事)이고, 북평사 또는 평사라고도 하였다.

[22] 홍치중(洪致中): 1667~1732. 자는 사능(士能), 호는 북곡(北谷), 본관은 남양(南陽)으로, 조선 후기의 문신이다. 숙종 38년(1712) 북평사로 차출되어 청나라 사신과 함께 백두산에 올라가 백두산정계비를 세우는 데 참여하였다.

[23] 홍치중(洪致中)의 상소: 홍치중이 청나라 사신 목극등과 백두산정계비를 세우는 과정에서 조정에 올린 상소이다. 조선은 목극등의 정계(定界)가 끝난 후 목책을 설치하는 공사를 하다가 목극등이 정한 수계가 두만강이 아닌 송화강(松花江)으로 흘러 들어가는 것을 발견하였다. 이에 북평사 홍치중이 단류처까지만 설책한 후 공사를 잠시 멈추라고 하였지만, 당시 정계에 참여한 차사원 허량(許樑) 등이 수원을 잘못 정한 책임이 두려워 북평사의 말을 어기고 목극등이 지정한 수원에서 안쪽으로 20여 리나 떨어진 곳에 설책하였다. 조정은 홍치중의 계문을 통해 수원이 잘못 정해진 사실을 알게 되어 대책을 논의하게 되었다. 이와 관련된 내용이 『숙종실록』 권52, 숙종 38년(1712) 12월 7일 기사에서 확인된다.

[24] 김진규(金鎭圭): 1658~1716. 자는 달보(達甫), 호는 죽천(竹泉), 시호는 문청(文淸), 본관은 광산으로, 조선 후기의 문신이다. 1710년(숙종 36) 대제학을 지내고 공조 판서와 좌참찬 등을 역임하였다.

원류를 궁구(窮究)하는 것은 함께 맡은 뜻을 어기는 것일 뿐만 아니라 반드시 저들 땅에 깊숙이 들어가서 저쪽 사람과 만나게 될 것입니다. 조정에서 공문을 만들어 주어도 지금 우리가 다시 조사하는 것을 저들이 알지 못하니, 공문으로는 국경을 침범한 일을 구제할 수 없습니다. 일전에 북평사를 파견한 것에 대하여 설령 저들에게 힐문을 당하더라도 오히려 변경의 관리가 푯말을 설치하러 왔다고 하여 조정에서 보낸 것이 아니라고 핑계 댈 수 있거니와, 지금 조정 신하가 명을 받들어 간다면 체모가 저절로 구별될 것입니다. 하물며 가는 거리가 30리에 그치지 않는다면 어찌하겠습니까 라고 하였다. 영조 6년(1730) 비국당상 송진명(宋眞明)[25]이 지도 한 폭을 바치면서 이르기를, '이것은 목극등이 와서 백두산의 경계를 정할 때 몰래 베껴 그린 지도입니다. 회령(會寧)의 장교(將校)가 방수(房守)를 서다가 옮겨 베낀 것이라고 합니다. 육진(六鎭)[26]에는 기계(器械)가 정밀하고 예리하기는 하지만 지킬 만한 산성〈이 없다고 합니다〉. 백두산의 성지(城池)는 실로 하늘이 만든 것이니 이곳에 성을 수축함이 마땅합니다'라고 하니 임금께서 허락하셨다."

삼가 살펴보건대, 지도와 읍지(邑誌)에 실린 전인(前人)의 기록을 아울러서 논하면, 우리나라의 산천은 백두산을 조종(祖宗)으로 한다. 산의 줄기가 동남쪽으로 가서 연지봉(臙脂峯)이 되고 소백산(小白山)이 되며, 또한 서남쪽으로 가서 침봉(枕峯)이 된다. 또 동남쪽으로 가서 허항령(虛項嶺)이 되고 가파르게 가서 보다회산(寶多會山)【무산 서남쪽으로 250리, 갑산 동북쪽으로 290리에 있다.】이 되고, 설령(雪嶺)과 두리산(豆里山)이 되고, 황토령(黃土嶺)【갑산 동남쪽 75리, 단천(端川) 서북쪽 250리에 있다.】에 이르러 서남쪽으로 가서 후치령(厚峙嶺)【북청(北靑) 북쪽 100리에 있다.】이 되고, 북서쪽으로 가서 태백산(太白山)【함흥(咸興) 동북쪽 300리에 있다.】이 된다. 서쪽으로 가서 부전

---

25 송진명(宋眞明): 1688~1738. 자는 여유(汝儒), 호는 소정(疎亭), 본관은 여산(礪山)으로, 조선 후기의 문신이다. 호조 판서·이조 판서·판의금부사 등 한림직과 삼사의 요직 등 다양한 관직을 역임하였다. 1730년(영조 6) 백두산정계비를 세울 당시 청나라의 목극등이 보여 준 지도를 몰래 모사(模寫)하여 백두산지도(白頭山地圖)를 제작하였다.

26 육진(六鎭): 조선 세종 때 동북 방면의 여진족에 대비해 두만강 하류 남안에 설치한 국방상의 요충지로, 종성(鍾城)·온성(穩城)·회령(會寧)·경원(慶源)·경흥(慶興)·부령(富寧)의 여섯 진을 말한다.

령(赴戰嶺)【함흥 북쪽 140리에 있다.】이 되고, 서쪽으로 가서 황초령(黃草嶺)【함흥 북쪽 110리에 있다.】이 된다. 남쪽으로 가서 상검산(上劍山)【영흥(永興) 서쪽 100리, 정평(定平) 서쪽 100리에 있다.】이 되고, 서쪽으로 가서 마유령(馬乳嶺)【영흥 서북쪽 200리에 있다.】이 되고, 동남쪽으로 가서 기린산(麒麟山)【고원(高原) 서남쪽 □□리에 있다.】이 된다. 동남쪽으로 가서 박달치(朴達峙)가 되고, 동북쪽으로 가서 분수령(分水嶺)【안변(安邊) 동남쪽 100여 리에 있다.】이 된다. 동쪽으로 가서 철령(鐵嶺)【안변 남쪽 80리에 있다.】과 황룡산(黃龍山)【안변 동쪽 60리에 있다.】이 된다. 보다회산의 좌우로 갑산과 무산의 여러 산이 되고, 설령 동쪽으로부터 장백산이 갈라져 장덕산(長德山)【길주(吉州)】과 칠보산(七寶山)【명천(明川)】, 경성의 여러 산이 되며, 북으로 비스듬하게 가서 부령(富寧)의 여러 산이 된다. 동으로는 전괘령(錢掛嶺)【일명 무산령(茂山嶺)이라고 한다. 회령의 남쪽 90리에 있다.】이 갈라져 회령, 종성(鍾城), 온성(穩城), 경원, 경흥(慶興)의 여러 산이 되어 바다에 이른다. 부전령으로부터 북으로 갈라져 삼수와 갑산, 장진(長津)의 여러 산이 되고 북으로 압록강에 이른다. 두리산(豆里山)으로부터 서남쪽으로 가서 두류산(豆流山)이 되고, 왼쪽으로 가서 응봉(鷹峯)이 되며 비스듬히 가서 마천령(摩天嶺)과 길주(吉州)의 여러 산이 된다. 오른쪽으로 가서 검의덕산(儉義德山)이 되고 갈라져서 단천의 여러 산이 되어 바다에 이른다. 후치령에서 동남으로 가서 금창령(金昌嶺)과 마운령(摩雲嶺)이 되고, 금창령에서 왼쪽으로 가서 단천과 이원(利原)의 여러 산이 되고, 오른쪽으로 가서 이원【북청(北靑)】의 여러 산이 되어 함께 바다에 이른다. 태백산으로부터 서쪽으로 가서 하난령(何難嶺)과 삼가령(三嘉嶺), 북청의 대문령(大門嶺)【홍원(洪原)】이 되고, 갈려져서 북청과 홍원의 여러 산이 된다. 남쪽으로 가서 함관령(咸關嶺)【함흥】이 되고, 순릉(純陵)[27]과 의릉(義陵)[28]이 된다. 또한 덕산(德山)과 반룡산(盤

---

27 순릉(純陵): 조선 태조의 조모인 경순왕후(敬順王后) 박씨(朴氏)의 능으로, 함경남도 함주군 서호면 능전리에 있다. 태조 1년(1392) 8월, 태조는 선대가 묻혀 있는 동북면 지방에 태종을 파견하여 조모의 묘소에 제사를 드리고 즉위를 알리면서 순릉이라는 능호를 올렸다.

28 의릉(義陵): 조선 태조의 조부인 도조(度祖)의 능으로, 함경남도 함주군 운남면 운흥리에 있다. 태조 1년(1392) 8월, 태조는 선대가 묻혀 있는 동북면 지방에 태종을 파견하여 조부의 묘소에 제사를 드리고 즉위를 알리면서 의릉이라는 능호를 올렸다.

龍山)이 되고, 정릉(定陵)²⁹과 화릉(和陵)³⁰이 된다. 부전령으로부터 동남쪽으로 가서 함흥의 여러 산이 되고, 덕릉(德陵)³¹과 안릉(安陵)³²이 된다. 상검산으로부터 동쪽으로 가서 백운산(白雲山)이 되고 또한 정평(定平)의 여러 산이 된다. 서쪽으로 가서 차유산(車踰山)이 되고 동쪽으로 갈라져 영흥의 여러 산이 된다. 기린산으로부터 동북으로 가서 국태산(國泰山)이 되고, 흑석리(黑石里) 본궁(本宮)³³이 된다. 동북쪽으로는 고원(高原)의 여러 산이 된다. 왼쪽으로 가서 천불산(千佛山)【문천(文川)】이 되고, 숙릉(淑陵)³⁴이 된다. 오른쪽으로 가서 문천과 덕원(德源)의 여러 산이 된다. 박달치로부터 오른쪽으로 가서 설봉산(雪峯山)이 되고 지릉(智陵)³⁵이 된다. 또 갈라져서 안변의 여러 산이 되어 함께 바다로 이어진다. 황초령으로부터 서쪽으로 악림산(樂林山)이 되고 장진(長津)과 영원(寧遠)을 거쳐서 갈라져 관서(關西) 지방의 여러 산이 된다. 기린산으로부터 마유령(馬踰嶺)을 거쳐 서남쪽으로 갈라져서 청량산(淸凉山)이 된다. 곡산(谷山)과 이천(伊川)을 거쳐서 해서(海西) 지방의 여러 산이 된다. 분수령의 남쪽으로부터 평강(平康)과 금성(金城)을 거쳐 한북(漢北)의 여러 산으로 들어간다. 황룡산의 남쪽에서 회양(淮陽)과 흡곡(歙谷)을 거쳐 한남(漢南)의 여러 산으로 들어간다. 다시 갈라져서 관동(關東), 영남

---

29 정릉(定陵): 조선 태조의 부친인 환조(桓祖)의 능으로, 함경남도 함주군 동천면 경흥리에 있다. 태조 1년 (1392) 8월, 태조는 선대가 묻혀 있는 동북면 지방에 태종을 파견하여 부친의 묘소에 제사를 드리고 즉위를 알리면서 정릉이라는 능호를 올렸다.

30 화릉(和陵): 조선 태조의 선비(先妣)로 의혜왕후(懿惠王后)에 추존된 최씨(崔氏)의 능으로, 함경남도 함주군 동천면 경흥리에 있다. 태조 1년(1392) 8월, 태조는 선대가 묻혀 있는 동북면 지방에 태종을 파견하여 묘소에 제사를 드리고 즉위를 알리면서 화릉이라는 능호를 올렸다.

31 덕릉(德陵): 조선 태조의 고조부인 목조(穆祖)의 능으로, 함경남도 신흥군 가평면 능리에 있다. 태조 1년 (1392) 8월, 태조는 선대가 묻혀 있는 동북면 지방에 태종을 파견하여 묘소에 제사를 드리고 즉위를 알리면서 덕릉이라는 능호를 올렸다.

32 안릉(安陵): 조선 태조의 고조모인 공효왕후(恭孝王后) 이씨(李氏)의 능으로, 함경남도 신흥군 가평면 능리에 있다. 태조 1년(1392) 8월, 태조는 선대가 묻혀 있는 동북면 지방에 태종을 파견하여 묘소에 제사를 드리고 즉위를 알리면서 안릉이라는 능호를 올렸다.

33 흑석리(黑石里) 본궁(本宮): 함경남도 영흥군 순녕면에 있는 환조의 옛 저택으로 이성계가 태어난 영흥(永興) 본궁을 말한다. 태조 이성계와 신의왕후(神懿王后)의 위판을 봉안하였으며, 이성계가 별을 제사한 곳이라고도 전한다.

34 숙릉(淑陵): 조선 태조의 증조모인 정숙왕후(貞淑王后) 최씨(崔氏)의 능으로, 함경남도 문천군 도초면 능전리에 있다. 태조 1년(1392) 8월, 태조는 선대가 묻혀 있는 동북면 지방에 태종을 파견하여 묘소에 제사를 드리며 즉위를 알리면서 숙릉이라는 능호를 올렸다.

35 지릉(智陵): 조선 태조의 증조부인 익조(翼祖)의 능으로, 북한 강원도 원산시에 있다. 태조 1년(1392) 8월, 태조는 선대가 묻혀 있는 동북면 지방에 태종을 파견하여 묘소에 제사를 드리고 즉위를 알리면서 지릉이라는 능호를 올렸다.

(嶺南), 호남(湖南), 호서(湖西)의 여러 산이 되어 함께 바다로 이어진다.

달문지는 여러 강의 발원이 된다. 마치 구강(九江)이 민산(岷山)[36]에서 발원하고, 모든 하천이 성수(星宿)에서 나오는 것과 같다. 동남쪽으로 흘러 두만강과 압록강이 되고, 서북쪽으로 흘러 흑룡강과 두만강이 된다. 대택의 한 줄기가 층층 봉우리의 암석 사이로 몰래 흘러 토문강이 된다. 서남쪽으로 가서 북증산(北甑山)【북증산은 저쪽(중국) 땅에 있다. 남증산(南甑山)은 무산에 있다.】 앞을 지나 무산에 이르러 비로소 두만강이 된다. 강의 한 줄기가 머물다가 서쪽의 고개 밑으로 흘러나오니 이것이 분계강(分界江)이 된다. 물길이 또 갈라져 흘러 한 갈래는 북증산 뒤 할난(割難) 땅【회령의 강외(江外)에서 이틀 정도 거리이다.】을 지나 바다에 이르고, 한 갈래는 온성의 경계를 지나 두만강에 합해진다. 허항령(虛項嶺)의 북쪽에는 세 개의 연못이 있다. 연못 아래에서 10여 리 되는 곳에서 그 물이 샘솟아 올라 북으로 남증산 앞의 삼덕산(三德山)【무산 지역이다.】을 지나 서북천(西北川)【설령 동북쪽에서 발원한다.】에 합해지고 두만강에 이른다. 장백산 북쪽 기슭의 여러 시내가 박하천(朴下川)【무산 서쪽 10리에 있다.】에 합류하여 역시 두만강에 이른다. 두만강은 토문강으로부터 굽이굽이 500여 리를 흘러 무산부에 이르고 비로소 큰 물길이 모두 합쳐져서 회령, 종성, 온성, 경원, 경흥을 지나 500여 리를 흘러 바다로 들어간다. 두만강은 발원지로부터 약 1,000여 리 흐르는데 옛날에는 종성 이상은 이후강(伊後江)이라고 불렀고, 그 이하를 두만강이라고 불렀다. 지금은 무산 이하를 두만강이라고 통칭한다. 여진어로 '만(萬)'을 '두만(豆漫)'이라고 하는데, 여러 물줄기가 여기에 이르러 하나로 합쳐 흐르기 때문에 '만(萬)'이라는 뜻을 취하여 강의 이름을 지은 것이다. 지금 공문에서 '만(滿)'으로써 '만(漫)'을 표기한 것은 글자의 음이 비슷하기 때문이다.

압록강은, 장백산 대택의 한 줄기가 몇 리쯤 몰래 흐르다 골짜기에서 솟아난 것이 압록강의 발원이다. 이것이 서남쪽으로 흘러 혜산(惠山)과 운룡(雲龍)의 경계【갑산의 북쪽 지역이다.】에 이르고, 서쪽으로 흘러 허천강(虛川江)【북청 후치령과 삼수 서을이

---

[36] 민산(岷山): 중국 사천성(四川省)과 감숙성(甘肅省) 경계에 있는 산이다.

령(鉏乙耳嶺) 남쪽의 여러 산기슭에 발원한다. 또한 두리산 서쪽 산기슭의 여러 시내와 합류한다.}에 합류하여 삼수의 신갈파[新加乙坡]에 이르러서 아래로 장진강【함흥 황초령의 여러 산에서 발원하고, 장원(長遠)에서도 발원한다.}에 합류한 후 강계(江界)와 후주(厚州) 지역에 이르러 후주강(厚州江)【강계 자전령(慈田嶺) 북쪽의 여러 산에서 발원한다.}에 합류한다. 다시 서북쪽으로 비스듬히 흘러 폐사군(廢四郡)[37]의 옛 여연(閭延)을 지나서 나라의 바깥쪽 경계와 저들 땅 올라 지역의 경계 사이를 흘러 저들 땅의 이도구하(二度溝河)【저들 땅의 늑극산(勒克山)에서 발원하는데 늑극산은 백두산의 한 갈래이다.】에 합류한다. 다시 서남쪽으로 흘러 고우예(古虞芮) 지역【폐사군 지역】에 이르러서 자성강(玆城江)【강계 무성령(茂城嶺) 북쪽의 여러 산에서 발원한다.】에 합류한다. 다시 위원(渭原) 오로량(吾老梁)에 이르러 독로강(禿魯江)【함흥 설한령(雪寒嶺) 북쪽의 여러 산에서 발원한다.}에 합류한다. 다시 점차 서쪽으로 흘러 벽동(碧潼)·창성(昌城)·삭주(朔州)·의주(義州)를 지나 바다로 들어간다.

흑룡강은, 장백산 대택의 물줄기 중에 서북쪽으로 흐르는 것이 네 줄기 있는데, 그 중 하나는 천상수(天上水)라 하는데, 후죽봉(帿竹峯)과 칠성봉(七星峯) 사이에서 흘러나온다. 다른 하나는 황토동수(黃土洞水)라 하는데, 칠성봉과 청봉(青峯) 사이에서 흘러나와서 합류한다. 또 다른 하나는 선동수(扇洞水)라고 하는데, 청봉과 부봉(缶峯) 사이에서 흘러나와서 천상수와 황토동수가 나뉘는 지점 아래로 흘러 다시 합류하여 혼동강이 된다. 서북쪽으로 8, 900리 흘러 길림(吉林)의 정북쪽으로 백도눌(白都訥)을 지난다. 다시 동쪽으로 삼성(三姓) 지방을 지나 1,000여 리를 흘러 흑룡강에 합류한 후 바다로 들어간다. 〈대택의 네 줄기 중〉 다른 하나는 구항연수(九項淵水)라고 하는데 저들은 새음고눌하(賽音庫訥河)라고 한다. 부봉과 연지봉 사이에서 흘러나와 올라 지역의 경계를 지난 후 서쪽으로 4, 500리를 흘러 여러 물줄기와 만나 혼동강에 합류한다.

산 위에는 대택을 에워싸고 여러 봉우리가 늘어서 있다. 북쪽과 동쪽 사이에 있는

---

[37] 폐사군(廢四郡): 세종 연간에 여진족 방비를 위하여 사군(四郡)을 설치하였으나, 1455년(단종 3)에 여연(閭延)·우예(虞芮)·무창(茂昌)의 3군을 폐하였고, 1459년(세조 5)에 나머지 자성(慈城)마저 폐함에 따라 '폐사군'이라 불리게 되었다. 폐사부(廢四部)라고도 부른다.

봉우리는 후죽봉(帿竹峯)[38]이라 하고, 북쪽 봉우리는 칠성봉(七星峯)이라 하고, 북쪽과 서쪽 사이에 있는 봉우리는 청봉이라 하고, 서쪽과 북쪽 사이에 있는 봉우리는 부봉이라 하고, 남쪽에 있는 봉우리는 병사봉(兵使峯)과 사모봉(思母峯)이라고 하고, 서쪽과 남쪽 사이에 있는 봉우리는 연지봉이라 한다. 연지봉의 서쪽 갈래가 늑극산이 된다. 산의 안과 밖이 올라 지역의 경계가 된다. 연지봉의 동남쪽으로 흐르는 갈래가 소백산이 되어 우리나라 땅이 된다. 동쪽과 남쪽 사이의 봉우리는 대편봉(大編峯)이라 하는데, 동북쪽으로 흐르는 토문강이 그 앞에서 발원하고, 분계강이 그 뒤에서 발원한다.

　　병사봉 앞에 철비(鐵碑)가 있고, 서출령(西出嶺) 위에도 역시 철비가 있다. 이것은 옛날에 국경을 나눌 때 건립한 것이라 한다.

　　대택의 아래 서북쪽으로 10리 아래에 구항연(九項淵)이 있다. 연못의 옆에 학성(鶴城)이 있는데, 언제 세웠는지 알지 못한다. 성안에 평원과 넓은 벌판이 있다. 대택의 서쪽과 남쪽 사이 40리 지역에 북증산이 있다. 산에 석성이 있는데 둘레가 매우 넓다. 문루와 관청 건물의 터가 지금도 완연하다고 한다. 언제 설치했다가 폐지했는지 상고할 수 없다.

　　증봉(甑峯)과 부봉, 사모봉은 올라에서 700리 떨어져 있다. 호선동(虎扇洞)은 옛날 저쪽 장수인 이대재(李大才)가 살던 곳이니, 산에서부터 300리 떨어진 곳에 있다. 청봉의 곁에 봉우리 두 개가 있어 하나는 방명(方命)이라 부르고, 하나는 설령(雪嶺)이라 부르는데, 어느 것이 옳은지 알지 못한다. 황토동(黃土洞)과 성토동(星兔洞)은 광활하게 탁 트여 몇백 리인지 알지 못한다. 평원의 가운데 칠성봉이 우뚝 솟아 있으니, 푸른 소나무와 늙은 전나무가 하늘을 찌를 듯 높이 서 있다. 그 아래는 평탄하고 광활하여 끝이 없다고 한다.

38　후죽봉(帿竹峯): 원문은 '구죽봉(緱竹峯)'으로 되어 있는데, 『북로기략』 등에 의거하여 바로잡았다.

무산부로부터 한 갈래 길이 있는데, 임강대(臨江臺)를 거쳐 삼산덕창(三山德倉)과 와가창(瓦可倉)에 이른다. 대편봉 아래에 옛 객관(客館)이 있고, 객관 옆에 연못이 하나 있다. 대편봉에 올라서 바라보면, 한 줄기 긴 산이 구불구불 뻗어 마치 병풍 같고, 분계강 안쪽과 두만강 바깥에 걸친 평평한 땅과 너른 평야가 아득히 끝이 없으니, 숲이 우거지고 풀이 무성한 땅이 육진보다 더 넓다.

연지봉 아래에 소백산이 있다. 소백산 아래에 세 개의 작은 못이 있다. 또 그 아래에 침산(枕山)이 있는데, 산의 모습이 베개와 같아서 '침산'이라 이름한 것이다. 그 옆에 허항령이 있는데 길이 나 있어 혜산(惠山), 운화(雲化) 등 여러 진(鎭)과 삼수, 갑산 가는 길로 바로 통하지만, 길이 가파르고 험준하여 사람들이 감히 가지 못한다. 침산의 아래에는 포모산(抱慕山)이 있다. 산의 남쪽에는 대천(大川) 하나가 있다. 이곳은 비록 수많은 봉우리로 둘러싼 가운데에 있지만 탁 트이고 평평하여 갈대와 개자리가 가장 무성하다고 한다.

길주. 장덕산【치소(治所) 동쪽 5리에 있다.】. 장백산【치소 북쪽 110리에 있다.】. 원산(圓山)【일명 두리산이라고 한다. 치소 서쪽 190리에 있다.】. 기운산(起雲山)【치소 북쪽 90리에 있다.】. 도산(刀山)【치소 서쪽 44리에 있다.】. 설봉산(雪峯山)【치소 남서쪽 42리에 있다.】. 부서산(浮瑞山)【치소 서남쪽 30리에 있다.】. 사하동천(斜下洞川)【치소 서쪽 6리에 있다.】. 임명천(臨溟川)【치소 남쪽 62리에 있다. 덕만동(德萬洞)에서 발원하여 동쪽으로 흘러 바다로 들어간다.】.

명천(明川). 영평산(永平山)【치소 남쪽 32리에 있다.】. 칠보산(七寶山)【치소 동남쪽 56리에 있다.】 봉우리 중에 천불봉(千佛峯)[39]과 만사봉(萬獅峯)[40]이 있는데, 너른 대(臺)

---

39 천불봉(千佛峯): 함경북도 명천군 보촌리 칠보산에 위치한 산봉우리로, 만사봉·천불봉·종각봉과 나한암·원숭이 바위로 이루어진 내칠보 삼봉이암의 하나이다. 마치 절벽 위에 1,000개의 부처를 조각해 놓은 것처럼 보인다고 하여 천불봉이라고 부른다.
40 만사봉(萬獅峯): 함경북도 명천군 보촌리 칠보산에 위치한 산봉우리로, 칠보산 내칠보에 있다. 사자가 웅크리고 앉은 것처럼 보인다고 하여 만사봉으로 부르며, 칠보산 내칠보에서 아름다운 경관을 이루고

에 개심회상(開心會像)이 있다. 절에 있는 금강굴(金剛窟) 세 부도(浮屠)는 가장 유명한 것이다. 숲을 크게 태워 화전을 일구니, 나복(蘿葍)⁴¹이 자생하여 온 산에 퍼져 있다. 마유산【치소 동남쪽 164리에 있다.】. 백록산(白鹿山)【치소 동쪽 59리에 있다.】. 가을개산(加乙个山)【치소 동남쪽 173리에 있다.】. 국화대산(菊花臺山)【치소 남쪽 125리에 있다.】. 숭산(崇山)【치소 남쪽 31리에 있다.】. 대천(大川)【세속에서 우화천(于禾川)이라고 한다. 치소 서쪽 12리에 있다. 대천의 발원지는 두 군데인데, 하나는 백록동에서 나오고, 하나는 장백산에서 나온다. 합류하여 동쪽으로 흘러 바다로 들어간다.】. 명간천(明澗川)【치소 동쪽 1리에 있다. 명간천은 추동(楸洞)에서 발원하여 북쪽으로 흐르다 서남쪽으로 돌아 화천(禾川)에 합류한다.】. 아간천(阿澗川)【치소 서쪽 45리에 있다. 장군파(將軍坡)에서 발원하여 남쪽으로 흘러 바다로 들어간다.】.

경성. 조백산(祖白山)【치소 서쪽 5리에 있다.】. 장백산【『여지승람(輿地勝覺, 東國輿地勝覽)』에는 '백산(白山)'이라고 되어 있다. 치소 서쪽 110리에 있다.】은 산세가 매우 험준하여 수백여 리에 걸쳐 있다. 5월에 눈이 내리기 시작하여 7월에는 다시 설산이 된다. 산의 바위가 모두 흰색이므로 이름을 백산이라고 하였다. 운주산(雲住山)【사편사판(四編四板)에는 '운주산(雲駐山)'이라고 되어 있다. 치소 남쪽 60리에 있다.】. 귀문관(鬼門關)【읍지에는 '병항판(甁項板)'이라고 되어 있다. 치소 남쪽 109리에 있다.】. 운봉산(雲峯山)【치소 북쪽 30리에 있다.】. 제왕산(諸王山)【치소 남서쪽 45리에 있다.】은 서쪽으로는 장백산으로 이어지고, 동쪽으로는 큰 바다에 닿아 있다. 중봉산(中峯山)【치소 남쪽 108리에 있다. 백록산이 남쪽 140리에 있다.】. 강릉산(江陵山)【치소 남쪽 130리에 있다.】. 입암(立巖)【치소 남쪽 120리에 있다. 높이가 200여 장이다.】. 광암(廣巖)【'와암(臥巖)'이라고도 한다. 치소 남쪽 117리에 있다.】. 입암(笠巖)【치소 남쪽 150리에 있다.】. 이 세 바위와 솥을 걸어놓은 듯한 모양의 고개[鼎峙]가 매우 기이하다. 용성천(龍成川)【치소 북쪽 30리에 있다. 회령의 여이현(餘伊峴)에서 발원하여 남동쪽으로 흘러 바다로 들어간다.】. 어유간천(魚遊澗川)【치소 북쪽 17리에 있다. 허항령의 나현(羅

있다.
41 나복(蘿葍): 십자화과(十字花科)의 한해살이풀 또는 두해살이풀을 말한다.

峴)에서 발원하여 남쪽으로 흘러 바다로 들어간다.】. 주을온천(朱乙溫川)【치소 남쪽 30리에 있다. 장백산에서 발원하여 남쪽으로 흘러 바다에 들어간다.】. 명간천【치소 남쪽 115리에 있다. 장백산에서 발원하여 남쪽으로 흘러 백록동천(白鹿洞川), 명천(明川), 동천(東川), 어즉천(魚卽川), 운가위천(雲加委川)과 만나 바다로 들어간다.】.

부령(富寧). 백사봉(白沙峯)【치소 동북쪽 48리에 있다.】. 청암산(靑巖山)【치소 남쪽 90리에 있다.】. 청계산(靑溪山)【일명 쌍계산(雙溪山)이다. 치소 동남쪽 20리에 있다.】. 형제암(兄弟巖)【치소 남쪽 90리에 있다.】은 두 바위가 서로 마주하고 있는데 하나는 크고 하나는 작아서 그렇게 이름을 지었다. 두리산【치소 동남쪽 11리에 있다.】. 석막산(石幕山)【치소 남쪽 11리에 있다.】은 산 아래에 바위로 막처럼 두르고 있어서 그렇게 이름을 지었다. 회봉산(回峯山)【치소 남쪽 67리에 있다.】. 타락산(馳駱山)【치소 동남쪽 84리에 있다.】. 운봉산【일명 운룡산(雲龍山)이라고 한다. 치소 동쪽 68리에 있다.】. 동랑산(冬郞山)【치소 동쪽 67리에 있다.】. 천곶(穿串)【쌍개(雙介)라고도 부른다. 치소 동쪽 58리에 있다.】은 산이 바다 가운데로 몇 리쯤 들어갔는데, 그 위가 높고 평평하다. 바위가 그 앞에 서 있는데, 그 밑에 있는 구멍이 문처럼 생겨서 고깃배가 드나들 수 있다. 대천【치소 동쪽 2리에 있다. 양영만동(梁永萬洞)에서 발원하여 무산보(茂山堡)를 경유하고, 남쪽으로 흘러 청암산(靑巖山)에 이르러 바다로 들어간다.】. 무산담(茂山潭)【치소 남쪽 61리에 있다.】은 물빛이 맑고 추운 겨울에도 얼지 않는다. 큰 홍수가 나더라도 모래가 흘러와 메꾸어지지 않는다. 세속에 전하기를 그 안에 용이 산다고 한다.

회령. 오산(鰲山)【치소 서북 2리에 있다. 소풍산(小豐山)의 서북쪽 줄기가 침두강(枕豆江) 가에서 솟아올라 산이 되었다. 그 형상이 자라와 같아서 그렇게 이름하였다.】. 엄명산(嚴明山)【치소 동남쪽 80리에 있다. 극히 험준하지만 회령부의 엄명(嚴明)이라는 사람이 그 산 안에 기거하므로 그렇게 이름하였다.】. 소풍산【치소 동남쪽 23리에 있다. 서북쪽을 향하여 우뚝 솟아 읍의 진산(鎭山)[42]이 되었다.】. 원산(𪨆山)【『승람(勝覽,

---

42 진산(鎭山): 도읍지 또는 각 마을의 큰 산을 말한다. 거주 지역을 진호(鎭護)한다고 하여 진산이라고 하며, 주산(主山)으로 삼아 제사를 지냈다.

東國輿地勝覽)』에는 '원산(圓山)'이라고 되어 있다. 치소 동쪽 25리에 있다. 그 형상이 자라와 같아서 그렇게 이름하였다.】. 화풍산(花豐山)【치소 북쪽 25리에 있다.】은 산 위에 송나라 황제의 무덤이 있다고 한다. 영통산(靈通山)【치소 동남쪽 60리에 있다.】. 오봉산(五峯山)【치소 남쪽 18리에 있다. 산 위에 세 개의 샘물이 있어 기우제를 지내면 응험(應驗)이 있다고 한다.】. 두만강【치소 서쪽 6리에 있다.】. 보을하천(甫乙下川)【치소 서쪽 22리에 있다. 차유령에서 발원한다.】. 성천(城川)【옛날에는 알목하(斡木河)라고 하였다. 치소 서쪽 1리에 있는데 두만강에 이른다.】. 팔하천(八下川)【치소 동쪽 3리에 있다. 원산에서 발원한다.】. 세곡천(細谷川)【치소 동쪽 50리에 있다.】. 어운동천(魚雲洞川)【치소 동쪽 60리에 있다. 암명산(巖明山)에서 발원한다.】. 자연(紫淵)【치소 동남쪽 150리에 있다. 가응석령(加應石嶺)에서 발원하여 동쪽으로 흘러 바다로 들어간다.】.

무산. 학서산(鶴棲山)【치소 동쪽 25리쯤에 있다.】. 백사봉(白沙峯)【치소 남쪽 40리에 있다.】. 백두산【치소 서쪽 305리에 있다.】. 다보회산(寶多會山)【치소 남쪽 250리에 있다.】. 장백산【치소 남쪽 300여 리에 있다.】은 100여 리에 걸쳐 길게 뻗어 있는데 거리는 알지 못한다. 노은동산(蘆隱洞山)【치소 남쪽 150리에 있다.】은 뾰족한 봉우리가 솟아 있는데 바라보면 그 우뚝한 모양이 마치 마차의 덮개와 같다. 검덕산(儉德山)【치소 남쪽 80리에 있다.】. 삼산(三山)【치소 서쪽 70리에 있다.】은 세 봉우리에 솥을 걸어놓은 것 같은 모양의 고개가 있다. 남증산【치소 서쪽 145리에 있다.】은 산의 모양이 마치 시루와 같다. 북쪽을 바라보면 저쪽 땅에도 역시 시루와 같은 산이 있는데 운무가 묘연한 가운데 마주 보고 서 있다. 이러한 까닭에 남증산과 북증산이라 한다. 두만강【치소 북쪽 1리에 있다.】. 서북천(西北川)【치소 서쪽 90리에 있다.】. 박하천(博河川, 朴河川)【치소 서쪽 80리에 있다.】. 성천【치소 남쪽 1리에 있다.】.

종성. 금산(禁山)【치소 동쪽 5리에 있다.】. 소백산【치소 동남쪽 40리에 있다.】은 봄여름에도 여전히 눈이 쌓여 있다. 나단산(羅端山)【치소 동쪽 45리에 있다.】. 증산(甑山)【치소 동쪽 35리에 있다.】. 녹야현(鹿野峴)【치소 동쪽 120리에 있다.】. 동건산(童巾山)【치소 북쪽 25리에 있다.】은 산의 형태가 종을 엎어 놓은 것 같아 부(府)에서 이렇게 이름을 지었다. 광덕산(廣德山)【치소 40리에 있다.】은 산 위에 용담(龍澤)이 있고 산 아래에 용천(龍川)이 있다. 임천산(林泉山)【치소 동남쪽 80리에 있다.】. 곡암(斛巖)【치소 동남쪽 40리에 있다.】은 바위의 형태가 마치 곡식을 쌓아 놓은 것 같이 생겼다. 두만강【치소 서쪽 1리에 있다.】. 서풍천(西豐川)【치소 북쪽 1리에 있다.】. 오룡천(五龍川)【치소 동쪽 100리에 있다.】. 동관천(潼關川)【치소 북쪽 80리에 있다.】.

온성. 남산(南山)【치소 남쪽 5리에 있다.】. 소증산(小甑山)【치소 남쪽 15리에 있다.】. 운주산(雲駐山)【치소 남쪽 35리에 있다.】. 북송산(北松山)【치소 동쪽 30리에 있다.】. 만수산(萬壽山)【치소 남쪽 135리에 있다.】. 대증산(大甑山)【치소 남쪽 60리에 있다.】. 두만강【치소 북쪽 5리에 있다.】. 압강탄(壓江灘)【치소 서쪽 20리에 있다.】. 귀암탄(龜巖灘)【치소 북쪽 11리에 있다.】. 유전탄(柳田灘)【치소 북쪽 6리에 있다.】. 어정탄(漁汀灘)【치소 북쪽 8리에 있다.】. 입암탄(立巖灘)【치소 동쪽 28리에 있다.】. 견탄(犬灘)【치소 서쪽 40리에 있다.】. 미전탄(美錢灘)【치소 북쪽 22리쯤에 있다.】. 황척파천(黃拓坡川)【치소 동쪽 20리에 있다. 경관령(慶關嶺)에서 발원하여 두만강으로 들어간다.】. 남산천(南山川)【치소 서쪽 5리에 있다. 운주산에서 발원하여 두만강으로 들어간다.】. 김연덕(金連德)【치소 동쪽 195리에 있다.】. 철주덕(鐵柱德)은 덕명(德明)의 남쪽, 안화(安和)의 북쪽 송진산(松眞山) 아래에 있다. 그 둘레가 60여 리이다. 산봉우리가 수려하여 아름답고, 계곡과 골짜기가 넓으며, 땅이 비옥하고 샘물이 달다. 수백 년 동안 버려진 황무지였으므로 큰 나무들이 빽빽하게 서 있을 뿐이었는데, 정해년(丁亥年) 봄에 비로소 사람들에게 들어가 살도록 하였다고 한다.

경원. 증산(甑山)【치소 서쪽 31리에 있다.】. 나단산【치소 남쪽 34리에 있다.】은 산 위에 일곱 개의 바위가 나란히 서 있다. 바위들을 일컬어 '칠보석(七寶石)'이라고 한다. 희악산(希嶽山)【백악산(白嶽山)이라고도 한다. 치소 남쪽 85리에 있다.】. 운봉산【치소 남쪽 22리에 있다.】. 혜아산(惠我山)【치소 서쪽 20리에 있다.】은 산 정상에 연못이 있다. 복호봉(伏胡峯)【치소 동쪽 10리에 있다.】. 마유봉(馬乳峯)【치소 북쪽 25리에 있다.】. 동림산(東林山)【치소 동쪽 40리에 있다.】 동쪽에 용당이(龍堂)이 있는데 목조

(穆祖)⁴³의 옛터이다. 그 터의 사방이 모두 산인데 둘레가 3리이다. 큰 바위가 성을 이루었다. 돌을 깎아 길을 내었다. 관북(關北)⁴⁴의 10경 중 하나이다. 두만강의 신을 이곳에서 제사 지내는 까닭에 '용당(龍堂)'이라고 이름하였다. 두만강【치소 동쪽 16리에 있다.】. 오룡천(五龍川)【치소 동쪽 50리에 있다.】. 농포천(農圃川)【치소 남쪽 19리에 있다. 나단산에서 발원하여 동북쪽으로 흘러 두만강에 들어간다.】. 횟가천[會叱家川]【치소 남쪽 1리에 있다. 증산에서 발원하여 두만강에 들어간다.】. 안원천(安原川)【치소 남쪽 30리에 있다. 나단산(羅端山)에서 발원하여 동쪽으로 흘러 두만강에 들어간다.】. 임성동천(林盛洞川)【치소 남쪽 19리에 있다. 운봉산에서 발원하여 동쪽으로 흘러 두만강에 들어간다.】.

경흥. 함림덕(咸林德)【치소 서쪽 10리에 있다.】. 송진산【치소 서쪽 70리에 있다.】은 장백산에서 나온 줄기이다. 산 위에 큰 웅덩이가 많아 명산(名山)이라고 불린다. 백악산(白嶽山)【치소 서남쪽 57리에 있다.】은 산의 맨 꼭대기 바위틈에 샘이 있는데 가뭄에 마르지 않고 비가 와도 불지 않는다. 기우제를 지내면 응험이 있다. 조선(造山)【치소 남쪽 30리에 있다.】. 서수라관산(西水羅串山)【치소 남쪽 60리에 있다.】. 아양관산(我羊串山)【치소 동쪽 60리에 있다.】. 초관산(草串山)【치소 동쪽 60리에 있다.】. 두만강【치소 동문 밖에 있다.】. 수빈강(愁濱江)【치소 남쪽 10리에 있다. 두만강의 하류이다.】. 적지(赤池)【치소 남쪽 10리에 있다. 둘레가 수십 리이며 두만강에 합류한다.】. 〈도조(度祖)⁴⁵께서〉 일찍이 꿈을 꾸었는데, 어떤 사람이 와서 말하기를 "저는 백룡입니다. 지금 적지 안에 사는데 흑룡이 와서 제가 사는 곳을 빼앗으려 합니다. 청컨대 저를 구원해 주소서."라고 하였다. 도조께서 일어나서 이를 기이하게 여겨 활과 화살을 메고 가서

---

43 목조(穆祖): ?~1274. 조선 태조 이성계의 증조부로 이름은 이안사(李安社)이다. 고려 고종 때 지의주사(知宜州事)를 지내다가 원(元)나라에 귀화하여 남경(南京) 오천호(五千戶)의 다루가치[達魯花赤]가 되어 여진을 다스렸다. 아들 이행리(李行里, 翼祖), 손자 이춘(李椿, 度祖), 증손 이자춘(李子春, 桓祖)까지 모두 원나라 벼슬을 하였다. 조선 개국 후 목조에 추증되었고 능은 덕릉이다.
44 관북(關北): 철령(鐵嶺) 이북 지역으로, 현재의 함경남도·함경북도·양강도 일대를 포함한다.
45 도조(度祖): ?~1342. 조선 태조 이성계의 조부로, 이름은 이춘(李椿)이고, 부친은 천호(千戶) 이행리(李行里)이며 모친은 등주 최씨(登州崔氏) 최기열(崔基烈)의 딸이다. 1394년(태조 3) 4대조를 추존할 때 도왕(渡王)이라 하였다가 2년 후 도조로 격상되었다. 능은 함흥에 있는 의릉이다.

흑룡을 쏘고는 그 연못을 적지(赤池)라고 이름붙였다. 굴신포(屈伸浦)【치소 남쪽 10리에 있다.】는 흑룡이 낭떠러지를 따라 도망가서 수백 보를 비틀거리며 갔다고 하여 그 도랑을 '굴신포(屈伸浦)'라고 이름하였다. 농경동천(農畊洞川)【치소 서쪽 50리에 있다.】. 산성천(山城川)【치소 서쪽 40리에 있다.】. 번포(翻浦)【치소 남쪽 40리에 있다.】. 만력 정미년(1607)에 번포 수십 리에 육지 사람들이 많이 와서 농사를 지었다. 경술년(1610)에 물이 다시 차니 옛날과 같이 되었다. 굴포(屈浦)【치소 남쪽 30리에 있다.】. 굴포 동쪽 5리쯤 되는 곳에 창고 자리가 있는데, 세속에서 전하기를 고구려가 북쪽 변경을 지킬 때 곡물을 배로 실어 나르던 곳이라고 한다. 적도(赤島)【치소 남쪽 50리에 있다. 둘레가 8리이다.】. 마전도(麻田島)【치소 북쪽 40리에 있다.】. 난도(卵島)【치소 남쪽 70리에 있다.】는 둘레가 13리이다. 3, 4월 사이에 바다 오리와 기러기 등이 많이 와서 살며 알을 낳기 때문에 이름을 그렇게 지었다. 추도(楸島)【치소 북쪽 45리에 있다.】.

해로(海路)

서수라(西水羅)에서 노구산(蘆丘山)까지 15리, 노구산에서 적도(赤島)까지 5리, 적도에서 웅상진(雄尙津)까지 10리, 웅상진에서 경원(慶源)의 굴항(屈項)까지 10리, 경원의 굴항에서 파파항(琶琶項)까지 5리, 파파항에서 창구미(倉仇味)까지 5리, 창구미에서 수리단(愁裡端)까지 10리, 수리단에서 독곶(督串)까지 10리, 독곶에서 온성(穩城)의 광고개(廣古介)까지 15리, 온성의 광고개에서 미조구미(彌造仇味)까지 5리, 미조구미에서 신진(新津)까지 10리, 신진에서 종성(鍾城)의 신무어구미(新無於仇味)까지 10리, 종성의 신무어구미에서 유진(楡津)까지 10리, 유진에서 방하곶(方下串)까지 3리, 방하곶에서 피구미(被仇味)까지 5리, 피구미에서 초도경(草島境)까지 10리, 초도경에서 회령(會寧)의 신방기(新房基)까지 15리, 회령의 신방기에서 반구미(般仇味)까지 20리, 반구미에서 무산(茂山)의 판판구미(判坂仇味)까지 25리, 무산의 판판구미에서 가련단(可憐端)까지 15리, 가련단에서 보동동(寶東洞)까지 10리, 보동동에서 부령(富寧)의 신질동진(新叱同津)까지 25리, 부령의 신질동진에서 용제포(龍臍浦)까지 10리, 용제포에서 상포진(床浦津)까지 15리, 상포진에서 연천(連川)까지 15리, 연천에서 기도구미(碁道仇味)까지 5리,

기도구미에서 청진(靑津)까지 20리, 청진에서 경성(鏡城)의 염분구미(鹽盆仇味)까지 30리, 경성의 염분구미에서 독구미(獨仇味)까지 40리, 독구미에서 주을온(朱乙溫)까지 40리, 주을온에서 어대진(魚大津)까지 60리, 어대진에서 강진(舡津)까지 20리, 강진에서 양화진(梁花津)까지 25리, 양화진에서 추진(楸津)까지 20리, 추진에서 명천(明川)의 황진(黃津)까지 15리, 명천의 황진에서 상고진(上古津)까지 35리, 상고진에서 목진(木津)까지 40리, 목진에서 무수암(無水巖) 25리, 무수암에서 노적구미(露積仇味)까지 35리, 노적구미에서 양도(兩島)까지 30리, 양도에서 황암진(黃巖津)까지 15리, 황암진에서 창구미(倉仇味)까지 20리, 창구미에서 사을포(射乙浦)까지 15리, 사을포에서 오질포(五叱浦)까지 25리, 오질포에서 길주(吉州)의 나치단(羅治端)까지 35리, 길주의 나치단에서 삼근이(三斤伊)까지 15리, 삼근이에서 몽상단(夢尙端)까지 15리, 몽상단에서 상포진(床浦津)까지 35리, 상포진에서 성진(城津)까지 15리, 성진에서 장항(獐項)까지 15리, 장항에서 단천(端川)까지 25리, 단천에서 사포진(射浦津)까지 35리, 사포진에서 감탕구미(甘湯仇味)까지 40리, 감탕구미에서 정석(情石)까지 25리, 정석에서 장진(場津)까지 30리, 장진에서 이원(利原)의 곡이(曲耳)까지 25리, 이원의 곡이에서 운선구미(運船仇味)까지 25리, 운선구미에서 자우(煮友)까지 35리, 자우에서 황단(黃端)까지 40리, 황단에서 물안이(物安伊)까지 15리, 물안이에서 양만춘(梁萬春)까지 8리, 양만춘에서 북청(北靑)의 신진(新津)까지 25리, 북청의 신진에서 적진(赤津)까지 5리, 적진에서 장진(場津)까지 10리, 장진에서 나안도(羅安島)까지 35리, 나안도에서 양화진(楊花津)까지 15리, 양화진에서 홍원(洪原)의 마량도(馬良島)까지 35리, 홍원의 마량도에서 영무당(永無塘)까지 7리, 영무당에서 심채구미(沈菜仇味)까지 25리, 심채구미에서 양도성(梁道城)까지 10리, 양도성에서 세포(細浦)까지 15리, 세포에서 칠포(漆浦)까지 15리, 칠포에서 삼강진(衫舡津)까지 25리, 삼강진에서 송고포(松古浦)까지 15리, 송고포에서 절암(節巖)까지 30리, 절암에서 양암진(兩巖津)까지 15리, 양암진에서 색구미(色仇味)까지 3리, 색구미에서 천암(穿巖)까지 5리, 천암에서 전진(全津)까지 4리, 전진에서 문암(門巖)까지 3리, 문암에서 해석(鱗石)까지 10리, 해석에서 휘이현(揮伊峴)까지 5리, 휘이현에서 함흥(咸興)의 무계진(武溪津)까지 25리, 함흥의 무계진에서 전초도(全椒島)까지 15리, 전초도에서 장동(場洞)까지 35리, 장동에서 마구미(馬仇味)까지 25리, 마구미에서 대구미(大仇味)까지 25리,

대구미에서 도도(島島)까지 15리, 도도에서 양인기(良人岐)까지 25리, 양인기에서 작도(鵲島)까지 10리, 작도에서 웅조구미(雄造仇味)까지 25리, 웅조구미에서 정평(定平)의 곶도진(串島津)까지 30리, 정평의 곶도진에서 도안진(道安津)까지 25리, 도안진에서 김양곶(金良串)까지 25리, 김양곶에서 백안진(白鷹津)까지 10리, 백안진에서 피구미(彼仇味)까지 20리, 피구미에서 영흥가진(永興加津)까지 30리, 영흥가진에서 송도진(松島津)까지 35리, 송도진에서 대강단(大江端)까지 35리, 대강단에서 고원(高原)의 석도(石島)까지 40리, 고원의 석도에서 인구미(人仇味)까지 15리, 인구미에서 굴도(屈島)까지 15리, 굴도에서 문천(文川)의 어은구미진(於銀仇味津)까지 15리, 문천의 어은구미진에서 사도(沙島)까지 10리, 사도에서 여도(女島)까지 10리, 여도에서 북도(北島)까지 15리, 북도에서 월광도(月光島)까지 5리, 월광도에서 덕원(德源)의 장현도(長峴島)까지 5리, 덕원의 장현도에서 두도이(豆島伊)까지 10리, 두도이에서 신도(薪島)까지 15리, 신도에서 안변(安邊)의 국도(國島)까지 25리, 안변의 국도에서 학포진(鶴浦津)까지 10리, 다 합쳐서 2,175리이다.

　　신 정원용이 의논합니다. 나라에 고산(高山)과 대택(大澤)이 있으니 나라가 이에 힘입어 장원(長遠)합니다. 이에 고산과 대택을 일컬어 '나라의 바람[望]'이라 하고, 또 '나라의 진산(鎭山)'이라고 합니다. 구름이 비를 뿌리고 초목이 생장하고 소중하게 품은 것들이 흥성하여, 그 은택이 백성에게 미치니 그 시혜가 매우 큽니다. 토지가 있고 백성이 있으면 다툼이 생기지 않습니다. 실로 그것을 위해 방비하지 않을 수 없습니다. 그러므로 또한 〈고산과 대택의〉 형세를 살피어 보호하고 지키는 장소로 삼았으니, 『주역(周易)』에, '왕공(王公)이 요해처를 설치하여 그 나라를 지킨다'라고 한 것입니다. 지금 백두산이 웅혼하고 광대하고 우뚝하게 하늘에 닿아 있습니다. 오악과 그 덕이 같으니 그 나머지 줄기가 뻗어 나간 것 중에 큰 것은 명산이 되고 작은 것은 큰 고개가 되었습니다. 나라의 강역이 이로써 정해지고, 화이(華夷)의 구분이 이로써 그어집니다. 관북 지방의 10개 읍은 큰 산이 처음으로 이루어진 아래에 합하여 감싸 안으며 이어지다가 고개를 이루어 구불구불하게 빙빙 도는 곳입니다. 곳곳에 요해처를 이루었는데 금과 같이 견고하고 쇠와 같이 날카로워 마치 손발로 지키고 목구멍으로 호흡

하는 것 같습니다. 하나 나 있는 길을 굳게 닫으면 나는 새도 넘지 못하니, 변경의 관문을 설치함이 이처럼 험준하고 든든함은 하늘이 우리나라에 내린 복입니다. 어찌 사람의 힘으로 이처럼 만들 수 있겠습니까? 그러나 성곽과 돈대[臺墩]를 만들고, 갑옷과 칼, 방패를 만들고, 대오와 장졸을 만드는 무릇 방어의 대책은 사람에게 있는 것입니다. 그러므로 옛날에 나라를 지키는 데 밝았던 사람은 반드시 위기가 닥치기 전에 안전을 도모하지 위기가 닥친 후에야 안전을 도모하지 않았으니, 『시경(詩經)』[46]에 '장마가 지기 전에 뽕나무 뿌리를 주워 얽는다'라고 한 것입니다. 지금 높은 고개의 요해처에 대해서 말하자면 어유(魚游), 한량(澗梁), 영고(永古), 풍산(豐山) 등 진보(鎭堡)가 있으며, 강가에 접해 있는 것으로 말하자면 동관(潼關), 유원(柔遠), 미전(美錢) 등 진보가 있으니, 그 계책을 세운 자가 뛰어나다고 할 만합니다. 다만 해방(海防)이 심히 허술합니다. 경흥에서부터 길주에 이르는 사이는 육로로 700여 리가 되고 해로로 900여 리가 되는데, 경흥 치소 서쪽 수라(水羅)와 길주의 치소 성진은 그 사이의 해변에는 부와 진을 설치한 것이 하나도 없으니 망망천리에 방어하고 지키는 바가 없습니다. 변경을 든든히 하는 대책으로 어찌 이와 같은 상황을 용인하겠습니까? 부거(富居)에 진을 설치하는 것은 앞에서 이미 말하였는데, 여기에 진을 설치하면 경흥과 길주 사이의 길에 위치하므로 좌우에서 성원이 가능할 것입니다. 그리고 경성의 천년덕(千年德)은 주참(朱站)의 위에 있으니 부(府)로부터 90리 떨어진 땅입니다. 바닷가에는 석벽이 둘러 에워싸고 있는데 거의 10리에 달합니다. 또한 어랑포(漁郞浦)[47]와 서로 가깝고 마을이 번성하였으니, 해방과 산관(山關)을 하기에 양쪽 모두 편리하고 가까울 것입니다. 이러한 까닭에 예전부터 읍을 옮기는 논의가 있었으므로, 그곳을 비워 두고 놀리면 안 되고 진보를 설치해야 함이 자명합니다. 가령 경성의 주을온(朱乙溫), 삼삼파(森森坡), 오촌(吾村) 등 보(堡)는 모두 깊은 산의 궁벽하고 먼 곳에 자리하고 있으며, 대개 옛날에는 그들의 땅이었습니다. 노토부락(老土部落)은 장백산의 뒤편에 있어 수차례 침략의 우환이 있었습니다. 그러한 까닭에 진보를 산길의 요충지로 옮긴 것입니다. 지금 옛 노토부락의 빈터는 다시 무인지경이 되었으니 이들 진(鎭)이 있고 없음은 중요한

---

46 『시경(詩經)』: 본문의 시구는 『시경』「빈풍(豳風)·치효(鴟鴞)」이다.
47 어랑포(漁郞浦): 원문은 '어즉포(漁卽浦)'로 되어 있는데 '어랑포(漁郞浦)'의 오기로 보아 바로잡았다.

바가 못 됩니다. 그 가운데 더욱 긴요하지 않은 진을 골라서 천년덕으로 옮기는 것이 또한 편의에 알맞을 것입니다.

『북행수록(北行隨錄)』
「북략의의(北略擬議)」하(下)

개시(開市)

　　회령(會寧)의 개시(開市)는 숭덕(崇德) 3년 무인년(1638)에 창설되었다. 대국에서 영고탑(寧古塔)[48]과 오라(烏喇, Ula) 두 지역에 농사짓는 소와 보습, 소금이 부족하므로 설치한 것이다. 경원(慶源)의 개시는 순치(順治) 2년 을유년(1645)에 열었다. 후춘(厚春)의 상인이 와서 소와 보습, 솥을 교역하기 위하여 개설하였다. 회령 개시는 매년 열렸고, 경원 개시는 격년으로 열렸다. 북경(北京)의 예부(禮部)에서 두호자문(頭戶咨文)[49]을 파송(派送)하고, 개시를 마친 후에는 우리나라에서 완시자문(完市咨文)[50]을 보낸다. 매년 10월 동지 전에 두호(頭戶)의 가정(家丁) 여러 명이 고령진(高嶺鎭)으로부터 변경을 넘어 고라이동(古羅耳洞)으로 나오니 이것이 소위 선래(先來)라는 것이다. 장차(將差)【본

48　영고탑(寧古塔): 본래는 만주족(滿洲族)의 성(城) 이름으로, 지금의 영안현(寧安縣)에 있었다. '영고탑'은 만주어(滿洲語)로 '여섯'이라는 뜻이며, 만주족의 조상인 여섯 형제가 이곳의 언덕에 자리 잡고 산 땅이라고 한다. 청은 1644년(순치 원년)에 입관한 이후 동북 지역 전역을 관할하는 성경(盛京) 총관(總管, alihada)을 임명하고 동북 각 요충지에 팔기(八旗)를 파견하였다. 그 후 1646년(순치 3) 성경 총관을 봉천(奉天) 앙방장경(昂邦章京, amban janggin)으로 개정하였다. 그런데 관할 범위가 너무 넓은 문제와 러시아의 흑룡강 유역 진출이 시작되면서 1652년(순치 9)에 매륵장경(梅勒章京) 사르후다[沙爾虎達, Šarhūda]를 영고탑 지역에 주방(駐防)시키고, 송화강·우수리강·흑룡강 유역을 관할하도록 하였다. 이 듬해에는 사르후다를 영고탑 앙방장경으로 승진시켜 만주 지역을 봉천과 영고탑 체제로 운영하였다. 1662년(강희 1) 영고탑 앙방장경을 진수영고탑등처 장군(鎭守寧古塔等處將軍)으로 바꾸고, 1676년(강희 15) 진수영고탑등처 장군의 소재지를 영고탑에서 길림(吉林) 울라(Ula, 烏拉)로 이전하였다. 이후 울라 장군으로 불리다가 1757년(건륭 22) 정식으로 진수길림등처 장군(鎭守吉林等處將軍)으로 변경되었다. 봉천 앙방장경은 이후 진수봉천등처 장군(鎭守奉天等處將軍)으로 바꾸었다가 봉천 부윤(奉天府尹)과 중복되어 1747년(건륭 12)에 진수성경등처 장군(鎭守盛京等處將軍)으로 개정되었다(구범진,「청대(淸代) '만주(滿洲)' 지역 행정체제의 변화」,『동북아역사논총』14, 동북아역사재단, 2006).
49　두호자문(頭戶咨文): 함경도의 회령(會寧)과 경원(慶源)에서 개시(開市)할 때, 북경의 예부에서 각지 상인 우두머리의 이름과 교역할 품목·수량 등을 적어 조선에 보내던 자문이다.
50　완시자문(完市咨文): 조선에서 개시의 거래가 완료되었다는 사실을 청나라에 알리던 자문이다.

래 장경(章京)⁵¹이라고 한다.】1인과 차장(次將)【본래 효기교(驍騎校)⁵²로, 분두발고(分頭撥庫)라고도 한다.】1인과 박씨(博氏)【본래 필첩식(筆帖式)⁵³이라고 한다.】1인이 영고탑, 오라 사람으로 해마다 돌아가며 나온다. 통관 2인이 북경으로부터 교대로 나오는데, 이것을 일컬어 다섯 두호(頭戶)⁵⁴라고 한다. 옛날에는 으레 통관이 올라에 이르면 화살로 영고탑에 통보하여 할난 땅【회령에서 하루 거리이다.】에서 만나기를 약조하여 반드시 기다렸다가 함께 왔다. 중간부터는 통관이 벌판에 있기가 어려우므로 먼저 넘어온다. 객관에 도착한 후에는 하루걸러 접견하고, 개시 이후에는 매일 접견한다. 접견 시에는 서로 읍을 한다. 요즘에는 음력 섣달과 망념(望念)⁵⁵ 사이에 온다.

쌍시(雙市)⁵⁶가 열리는 해에는 회령 개시가 파한 후 장차와 차장은 곧바로 돌아가고, 통관 2인과 박씨는 각각 가정을 인솔하여 경원으로 간다. 객관에 도착한 다음 날 가정 4, 5인으로 하여금 통관을 대동하고 화살을 메고 후춘에 통보하도록 한다. 후춘에서 장(將) 1인과 두(頭) 1인이 발십고(撥什庫)⁵⁷【우리나라의 서자(書字)와 같은 부류이다.】38명을 인솔하고, 다음 날 와서 만난다.

회령에 개시를 연 지 20년 사이에 대국의 사람과 가축이 온 것이 사뭇 많았다. 그

---

51 장경(章京): 청대 중급 무관으로, 만주어 'janggin'을 음역한 것이다. 청나라는 입관하기 이전에 팔기(八旗)의 각 지휘관에 '章京'을 붙여 앙방장경(昂邦章京), 매륵장경(梅勒章京), 갑라장경(甲喇章京), 우록장경(牛彔章京) 등으로 부르다가, 순치 후반기 관제를 정비하면서 각각 총관(總官), 부도통(副都統), 참령(參領), 좌령(佐領) 등으로 개칭하였다.
52 효기교(驍騎校): 청대 기병(騎兵) 군단의 중간 지휘자로, 효기는 용감한 기병이라는 뜻이다. 몽고인(蒙古人)·만주인(滿洲人)·한인(漢人) 등의 혼성군으로 편성되어 각 군사적 요충지에 배치되었다.
53 필첩식(筆帖式): 정6품에서 정9품에 해당하는 청나라 때의 관직으로, 한어(漢語)와 만주어(滿洲語)로 된 주문이나 문서의 번역(飜譯), 초사(抄寫) 등을 담당하였다. 특히 만주어의 번역을 담당한 만주족들이 관료로 진입하는 데 주요한 통로로 이용되었다.
54 다섯 두호(頭戶): 원문은 '오두호(五頭戶)'이다. 두호는 시장 교역을 위해 청의 상인을 통솔해 오는 청 관리를 지칭하며, '오방 두호(五房頭戶)'라고도 한다. 오방은 장차방(將差房), 대통관방(大通官房), 부통관방(副通官房), 차장방(次將房), 박씨방(博氏房)으로, 각 방마다 매매 물품과 수효가 다르게 배정되었다.
55 망념(望念): 음력 보름 즈음부터 스무날 즈음까지의 사이를 말한다.
56 쌍시(雙市): 회령에서는 매년 개시하였고, 경원에서는 격년으로 개시하였는데, 회령에서만 개시하는 것을 단시(單市)라고 하고, 격년으로 회령과 경원 두 곳에서 개시하는 것을 쌍시라고 하였다.
57 발십고(撥什庫): 청대의 관명으로, 영최(領催)라고도 하였다. 팔기의 좌령(佐領)에 속하여 문서와 식량 등을 관리하였다.

래서 순치 17년 경자년(1660)에 우리나라에서 꼴과 양식을 공급하는 것을 백성이 감당할 수 없으므로 자문을 보내 정식을 만들어 달라고 청하였다. 그 회자(回咨)에, "후춘은 〈회령과〉 다만 강 하나만을 사이에 두고 있어 아침에 나가서 교역하고 저녁에 돌아올 수 있으니 이는 서로 만나 의논하지 않은 결과이다. 영고탑 이외의 사람은 320명으로, 말·소·낙타는 640필로 수를 정한다. 장경(章京) 1인은 근역(跟役)·가정(家丁) 몫으로 5명, 말 15필, 분두발고 1인은 근역 3명과 말 10필, 필첩식 1인은 근역 2명, 말 7필〈을 거느리고 가서 교역하게 한다〉. 통관 2인과 근역은 이 수에 포함되지 않는다"라고 하였다. 영고탑과 올라 양 지역의 사람은 공히 두호와 가정 333명, 가축은 공히 672필이다. 다만 통관 일행의 인원과 가축은 정해진 수효가 없으며 상황을 고려하여 정식을 증급하니 상통관(上通官)과 하통관(下通官)의 가정 가운데 정식을 받은 자는 다만 13명이다. 이것이 반드시 애초에 정해진 수효에 해당할 것이다. 또한 북경의 자문 가운데 두호의 정해진 말의 수효는 대체로 근역의 3배인데, 이 비율로 따져도 통관 2인의 우마를 다 합쳐 40필에 불과하다. 근년에 데리고 온 사람과 가축이 매우 많아서, 심지어 영고탑과 오라 두 지역의 사람과 가축 수는 서로 정식을 준수한 이외에 양식을 내어 대접하지 않는다. 다섯 두호가 모두 날마다 오면 대미와 소미 및 찬물을 지급하고, 격일로 연향을 베풀어 준다. 하마연(下馬宴)[58] 때 다섯 두호가 줄지어 앉고 공인(工人)이 음악을 연주한다. 통관이 나아가 방령(榜令)을 고시하고 읽는다. 방(榜)은 청서(淸書, 만주 문자)로 쓰여 있는데, 화합하여 교역하고 금물의 교역을 금지하는 것을 경계하고 신칙하는 글이다. 하마연이 파한 후에는 순영(巡營)과 병영(兵營)에 예단을 지급한다.

하마연 후에 염성(鹽城)의 그릇【볏집으로 싼 것이다.】과 새끼【짐을 싸는 도구이다.】를 교역하는 것을 허락하고, 다음 날 비로소 공시를 연다. 지방관과 차사원이 나와 객관 밖의 삼문(三門)에 앉는다. 두호에게 나오기를 청하여 동서에 차례대로 앉고 먼저 소금과 보습 두 종을 구고산(九固山)【고산은 팔기(八旗)의 호칭이다. 영고탑 지역에 따로 있는 황장패(皇庄牌)의 우두머리를 '구고산'이라 하였다.】 상인 자리 등에 나눠

---

[58] 하마연(下馬宴): 외국 사신(使臣)에게 베풀던 연회로, 도착한 날에 말에서 내리기 때문에 붙은 이름이다. 공무를 마치고 출발할 때의 연회는 상마연(上馬宴)이라고 한다.

준다. 소금은 각 고산에서 그 양을 추첨하고【구고산 각 95명이다.】쟁기는 그 수를 헤아려 나눠 준다【구고산에 각 220개, 통관 2인 각 150개, 장차·차장·박씨 각 50개】. 소금과 쟁기를 나누어 준 후 다시 들어가 소를 나눠 준다【오라 장경 1등우 8마리, 2등우 12마리, 영고탑 황장 보고(甫古) 3등우 27마리, 오라 고산대(固山大) 4등우 10마리, 장차 4마리, 차장 3마리, 박씨 2마리, 오라·영고탑 보고 16명 5등우 32마리, 오라·영고탑 갑군 16명 5등우 16마리】. 소값에 따른 회례(回禮)[59]는 1등우는 1마리마다 양구(羊裘) 1령·소청포(小靑布) 2필이며, 2등우는 1마리마다 양구 1령·소청포 2필이며, 3등우는 1마리마다 소청포 8필, 4등이면 1마리마다 소청포 7필, 5등우는 1마리마다 소청포 6필이다. 보습값은 5개에 소청포 1필이며, 소금값은 1석(石)마다 소청포 1필이다. 양구와 포는 모두 무명으로 바꾸고, 차수고(差需庫)[60]에 바치고 공억(供億)한다. 대미·소미와 소금, 장, 돼지고기, 닭고기, 물고기, 미역 등은 모두 순영에서 회부하고, 곡식값은 균세(均稅) 중에서 획정한다. 남관(南關)과 북관(北關)의 각 읍은 모두 정례가 있다. 소, 보습, 소금을 각 읍에 배분하여 지급해 주는 가격은 본래 모두 공곡(公穀) 중에서 회감(會減)[61]한다.

경원 공시 소 50마리, 보습 48개, 솥 55좌, 회례 소값 모두 대·중·소 녹비(鹿皮)로 1마리마다 10령, 보습 1개마다 1령, 솥 1개마다 2령.

소금·보습을 거래하는 시장은 2일이고, 우시장은 3, 4일이니 공시(公市)는 6, 7일을 넘기지 않는다고 한다. 공시를 마친 다음 날에는 사시(私市)를 허용하지만 3일을 넘기지 않는다. 사시를 마친 후에는 또한 마시(馬市)가 있다. 북경에서 산해관(山海關)까지 700리이고, 산해관에서 심양(瀋陽)까지 700리이고, 심양에서 오라까지 700리이고, 오라에서 오모소리(吾毛所里)까지 500리이고, 오모소리에서 영고탑까지 300리이고, 영고탑에서 후춘까지 500리이니 도합 3,400리이다. 말을 타고 왕래하면 40일이 걸리고,

---

59 회례(回禮): 특정한 물품 또는 인사를 받았을 때 이에 대한 사례(謝禮)를 말한다.
60 차수고(差需庫): 차사원(差使員)을 접대하는 데 드는 돈이나 물품을 넣어 두던 창고이다.
61 회감(會減): 지출 또는 받아야 할 몫에서 일부를 제외하는 것을 말한다.

길을 재촉하면 20일이 걸린다고 한다.

선성(鄯城)에서 오라와 영고탑으로 가는 길은 온성(穩城)의 건너편으로 나 있으며 종성(鍾城) 지경의 깊은 북쪽 땅을 경유한다. 선성에서 올라까지는 7일 거리이고, 삼한수(三漢水)를 건너가며, 영고탑까지는 9일 거리로 오룡강(烏龍江)을 건너간다고 한다.

회령에서 영고탑까지 600리, 과저구(鍋底溝)까지 60리, 광비고령(光庇股嶺)까지 120리, 생격전자(生格甸子)까지 120리, 납서령(拉西嶺)까지 110리, 우집구자(寓集口子)까지 110리, 마련하잡로(馬連河卡路)까지 80리이다.

영고탑에서 오라까지 640리, 사령참(沙嶺站)까지 80리, 필이한참(必爾漢站)까지 60리, 탑랍참(搭拉站)까지 60리, 아미소참(蛾眉所站)까지 80리, 이서참(伊西站)까지 40리, 추통참(推通站)까지 80리, 납법참(拉法站)까지 70리, 액아목참(扼阿木站)까지 80리, 올라까지 90리이다.

회령에서 강을 건너 서쪽으로 185리를 가면 벌가토리강(伐加土里江)에 이른다. 그 강변에서 서남쪽으로 400여 리를 가면 올라에 이르고, 서북쪽으로 300여 리를 가면 영고탑에 이르며, 서쪽으로 160리를 가면 오모소리에 이르니, 모두 지름길이다.

신 정원용이 의논합니다. 개시는 도 전체의 폐단인데 회령이 더욱 심합니다. 영조 연간의 관찰사 이이장(李彝章)[62]이 묘당(廟堂)을 오고 가며 『개시정례(開市定例)』[63]를 인행하였는데, 지금도 참고하여 실행합니다. 여러 가지 폐단에 대하여 깊이 살피고 있

---

[62] 이이장(李彝章): 1708~1764. 자는 군칙(君則), 호는 수남(水南), 시호는 충정(忠正), 본관은 한산(韓山)으로, 조선 후기의 문신이다. 영조 27년(1751) 감진어사(監賑御使)로서 개시의 폐단을 논하고 이를 변통할 것을 서계(書啓)하였으며, 함경 감사로 부임한 뒤 각종 폐정 개혁안을 정리하여 『북도개시정례(北道開市定例)』를 만들었다.
[63] 『개시정례(開市定例)』: 중강 개시(中江開市)나 북관 개시(北關開市) 등의 시장에서 교역을 행하는 절차와 법규를 정하여 개시로 인한 이권 다툼 등의 폐단을 방비하기 위한 목적으로 간행된 책자이다.

지만 정해진 규정 이외의 쓸데없는 비용은 그 단서가 정례 가운데 일정하지 않습니다. 청나라 사람이 객관에 머무는 것은 20일 한도이고, 공억하는 비용은 이에 준하여 마련합니다. 사람과 가축의 수 또한 정해진 수효가 있습니다. 그러나 그쪽 사람이 애초에 일시에 나란히 오지 않고 연이어 나오는데, 도착한 후에는 접대하지 않을 수가 없으니 모두 와서 수를 계산하기 전에는 그 머문 날짜를 따질 것 없이 모두 본 회령부에서 책임지고 응대해야 하는 것이 그 폐단의 하나입니다. 청인이 나온 후에 입파(入把)[64]하는 방군(房軍)이 760여 명이 되니, 그 수를 헤아려 급료를 준 후 회령, 종성, 무산(茂山) 세 읍에서 입파를 분담하지만, 그 전에는 본 회령부에서 단독으로 거행해야 하니 집집마다 괄정(括丁)[65]하느라 일대가 소란스럽습니다. 이것이 그 폐단의 둘입니다. 청인이 머무는 방에 쓸 탄이 300석입니다. 1석마다 가격으로 50문을 지급하니 그 본가를 각 사의 백성에게 분급합니다. 1호(戶)마다 값을 더 보태는 것이 10두(斗) 정도 됩니다. 이것이 그 폐단의 셋입니다. 방에 땔 땔감[66]과 말 먹일 풀은 본부에서 감당하는데, 부족한 수는 민결(民結)[67]에 더하여 분정(分定)합니다. 비록 조금씩 급가(給價)하여도 스스로 수고롭게 비용을 많이 씁니다. 이것이 그 폐단의 넷입니다. 대자리와 발, 소와 말의 구유, 울타리의 말뚝과 막대, 각색의 그릇을 모두 각 사의 백성이 책임지고 내는데, 비록 차수고에서 급가하여도 민호(民戶)에서 추가로 거두는 것이 본가의 배에 이릅니다. 이것이 그 폐단의 다섯입니다. 쌍시가 열리는 해에는 청인이 경원으로 가는데, 그들이 타는 말과 물건을 싣는 소는 모두 본 회령부에서 책임지고 준비합니다. 그러한 까닭에 부에 소속된 마병(馬兵)에게 말을 받아다 쓰게 합니다. 때가 되면 이를 꺼리어 피하니 붙잡아 오느라 소란합니다. 근래에 그쪽 사람들이 간혹 말이 좋지 않다고 하여 퇴짜를 놓으면 사사로이 면포를 바치니 마병이 모면하는 바가 다른 장정보다 심합니다. 이것이 그 폐단의 여섯입니다. 청인의 방에 매일 들이는 음식과 증급하는 건어물은 이미 각 읍에서 나누어 담당하는 정례가 있으나 생어물은 본 회령부의 바

---

[64] 입파(入把): 관청의 긴급한 소용(所用)으로 준비하는 것을 말한다.
[65] 괄정(括丁): 백성을 군사로 뽑아 수용하는 것을 말한다.
[66] 땔감: 원문은 '자(紫)'로 되어 있는데 '시(柴)'의 오기이므로 바로잡았다.
[67] 민결(民結): 일반 백성이 소유한 전지(田地)를 말한다.

닷가 호에서 전수를 진배(進排)⁶⁸합니다. 바닷가에서 본부까지의 거리는 150리이고 큰 고개로 나누어져 있으니, 겨울철에 이곳을 내왕하는 데에는 4, 5일이 걸립니다. 남자는 등에 지고 여자는 머리에 이고 그 행렬이 끊이지 않으니 어호(漁戶)는 점점 흩어지고 역에 응할 것은 점점 많아집니다. 이것이 그 폐단의 일곱입니다. 청인이 머물고 접대하는 관사는 300여 칸이 되고, 둘레의 담장은 400여 파(把)입니다. 청인이 한 번 다녀간 후에 무너진 담장과 망가진 벽을 고치는 역이 해마다 없는 해가 없으니, 본 회령부의 16개 사 가운데 매년 2개 사가 돌아가면서 민정을 조발하고, 목재와 기와, 흙과 돌, 복개(覆蓋)와 자형(紫荊)을 모두 책임지고 납부하고, 스스로 음식을 지참하고 부역하는 날이 6, 7일이 됩니다. 이것이 그 폐단의 여덟입니다. 와서 머무는 것이 처음부터 끝까지 거의 한 달에 가까우니, 순찰하는 장졸 300여 명이 〈청인이〉 함부로 나다니는 것을 막습니다. 밤이 되면 도로에 각자 순행 구역을 정하여 함부로 떠나지 못하게 하는데, 모진 바람과 사나운 눈이 살갗을 찌르고 온몸이 얼어 터지지만 애초에 한 되의 쌀이라도 지급하는 정례가 없습니다. 이것이 그 폐단의 아홉입니다. 본 회령부에서 녹미(祿米)로 받는 것이 지극히 박하여 1년에 주는 전미(田米)가 7, 800석입니다. 그런데 청나라와 개시하는 때의 각종 책임 및 어사와 차원, 기타 공행(公行) 등이 허다하고, 진상마(進上馬)를 지공(支供)하는 데에도 별도로 돈이 듭니다. 이를 모두 본 회령부에서 거행하는데, 개시를 치르고 난 후 들어간 비용이 매번 3, 400석인데 이같이 박한 늠봉으로는 관부의 모양을 갖추지 못합니다. 어느 겨를에 은혜를 더해 주고 베푸는 정사를 펼칠 수 있겠습니까? 관부가 지탱하지 못하면 그해는 백성에게 미칩니다. 이것이 그 폐단의 열입니다. 본 회령부 각 아문의 곡식은 비록 수만을 넘지만 원회곡(元會穀)⁶⁹은 1,000과(斛) 미만입니다. 그런 까닭에 차수(差需)⁷⁰에 부족한 곡식은 매번 순영에서 무산의 곡식을 획정하는데 차수에 쓰는 것은 먼저 본 회령부의 곡식을 내

---

68 진배(進排): 관아에 물품을 올리는 것을 말한다.
69 원회곡(元會穀): 호조에서 관리하는 곡물로, 호조곡(戶曹穀)·회부곡(會付穀)·군자곡(軍資穀)·창원곡(倉元穀)이라고도 한다. 지방에서는 이것을 받아 절반은 창고에 남겨 두고, 절반은 백성에게 대여하여 그 이자를 사직(社稷)이나 산천(山川)에 지내는 제사 비용으로 사용하고, 상을 주거나 진휼하는 비용, 늠료(廩料)의 재원으로도 사용하였다.
70 차수(差需): 차사원(差使員)을 접대하는 데 드는 돈이나 물품을 말한다.

며, 곡식을 내어 도로 갚을 때에 비로소 백성을 보내 무산의 각 창고로 가져가도록 합니다. 낭떠러지를 넘고 물을 건너 다녀오는 데 여러 날[71]이 걸립니다. 농사철의 백성이 여러 날을 길바닥에서 허비합니다. 이것이 그 폐단의 열하나입니다.

대개 이러한 폐단은 모두 개시에서 비롯되는데 개시를 없앨 수 없다면 폐단을 말할 필요가 없을 것입니다. 하지만 회령 백성의 요역이 많은 것과 징수하는 것이 빽빽한 것은 그 정성이 참으로 가련합니다. 개시하는 일은, 해마다 차례로 설치를 하니 그 규모에 일정한 정식이 있을 것 같지만 이같이 폐단이 많은 것은 모두 규모가 없는 데서 나오는 것입니다. 청인 선래가 도강한 후에야 한 부의 관속(官屬)과 성 마을의 거주민이 모두 황망하여 분주하게 뛰어다니다 넘어집니다. 오직 날이 차기만을 참고 기다리는 것을 위주로 하여 하나라도 먼저 준비하고 정리하는 일이 없습니다. 시일이 되어서야 갑자기 마련하느라 일이 뒤섞여 어수선합니다. 동쪽을 허물어 서쪽을 메꾸고, 아래를 빼서 위를 바칩니다. 〈청인이〉 강 건너 돌아간 후에는 관민이 객관의 건물과 집기를 하찮게 여기고 이듬해에 다시 쓰지 않으니 폐단이 어찌 생기지 않을 수 있겠으며, 그 폐단을 어떻게 바로잡겠습니까? 관사로 말하자면, 우선 견실하게 개수해 놓으면 비록 목전의 비용은 배가 되겠지만 여러 해가 지나도 안심하고 쉴 수가 있습니다. 집기나 말 구유 같은 물건을 만약 견고하게 잘 만들어 놓고 사용 후에 잘 보관하여 잃어버리지 않으면 매년 가져다 쓸 수 있으니, 어찌 백성을 번거롭게 하는 데 이르겠습니까만 이처럼 하지 않고 매년 개비(改備)합니다. 가령 뜻이 있는 수령 하나가 있어서 힘을 들여 오래 도모하는 계획을 세운다고 해도 후임자가 살피지 않는다면 전일의 공이 애석할 것입니다. 또한 청시(淸市)를 한 번 치르고 난 후 모두 벼슬을 내려놓고 돌아올 것에만 마음을 두고 다시 한 번 청시를 치를 뜻이 없으니 청시를 두 번 치러 본 사람이 이곳에 드문 것입니다. 이로 인해 일찍이 규모가 제대로 세워지지 않습니다. 읍민들의 소원하여 전부터 말하기를 "무산에 처음 읍을 설치했을 때 회령의 사(社) 4개와 해진(海津) 2개를 무산에 떼어 주었습니다. 지금 무산은 땅이 넓고 호가 많으니 비록 〈처음에 떼어 준〉 그 땅을 돌려주어도 그 모양을 유지할 수 있습니다. 그런

---

[71] 여러 날: 원문은 '수백(數百)'으로 되어 있는데 문맥상 '수일(數日)'의 오기로 보아 바로잡았다.

데 그 땅은 회령에 가깝고 무산에서는 멀리 떨어져 있으므로, 사와 해진을 모두 회령에 환속하여 힘을 보태고 역을 고르게 하는 바탕으로 삼아야 한다"라고 하였습니다. 그러나 강계를 나누고 소속시키는 일은 중대하고, 또한 4개 사의 백성에게 신역(新役)을 더하는 것은 괴로움을 전가하는 것에 가까우니 아마도 시행할 수 없을 듯합니다. 다만 그 모든 폐단 중 약간의 조건 가운데 조금이라도 변통하지 않을 수 없는 곳에 시행하는 편이 좋을 것입니다. 본부는 늠봉이 지극히 박한데 공행이 많아 한 번 지공하는 것도 힘에 부치니 주객이 모두 피곤합니다. 또한 차원은 소와 소금을 간봉(看捧)하여 들여 주는 것에 불과하니 수십 일을 체류하여도 긴급한 일이 없습니다. 앞으로는 차원을 별도로 차출할 필요 없이 본관이 겸하여 행하고, 어사와 역학(譯學) 일행은 종성과 경원에서 나누어 지공하고, 쌍시가 열리는 해에는 곧 부령(富寧)과 무산에서 나누어 지공하면, 하나의 폐단을 살피는 데 합당할 것입니다. 또한 본 회령부의 진호(津戶)가 전일에 비해 반으로 줄었으니 만약 지금 힘을 써 주지 않는다면 결국 텅 비는 지경에 이르고야 말 것입니다. 그러므로 청인들에게 생어물을 공급하는 것은 그 절반을 부령의 진호에서 책응(策應)하게 하고 그 값은 회령의 차수고에서 출급해 주면 아마도 양쪽 모두 편리한 방편이 될 것입니다. 또한 차수곡을 타읍에 이전하는 것은 폐단이 적지 않으니 이는 본 회령부의 곡식 총량은 많지만 원회곡의 모조(耗條)[72]는 많지 않은 까닭입니다. 그러므로 각 아문의 곡량 소입(所入)으로 원회곡을 환작(換作)[73]하여 이로써 회령부의 원회곡 모조를 지응(支應)하게 하면 1년에 응당 지출하는 것에 있어 타읍에서 수송하는 비용이 없을 것이요, 본 회령부에는 옮겨 보내는 노고가 없을 것입니다. 이 세 조목은 묘당(廟堂, 비변사)에서 행회(行會)[74]한 것이고, 그 나머지는 조금 폐단이 있기는 하지만 이는 영읍(營邑)에서 변통할 일입니다.

또한 개시할 때 금지된 물건의 교역을 금하는 것 또한 폐단이고, 금하지 않는 것도

---

72 모조(耗條): 환곡과 관련한 모곡(耗穀)에 대해 규정한 조항이다.
73 환작(換作): 쌀·콩 등 전결(田結)로 바칠 것을 무명 등 다른 종류의 물건으로 바꾸어 내는 일을 말한다.
74 행회(行會): 관아에서 조정의 지시와 명령을 부하들에게 알리고 그 실행 방법을 의논하기 위해 모이던 일을 말한다.

폐단입니다. 금하지 않는 것의 폐단이 오히려 금하는 것의 폐단보다 큽니다. 다른 물건은 비록 금하지 않더라도 원래 매매가 없는데, 저쪽 사람들이 원하는 것은 오직 해삼이고, 우리나라 사람의 이익도 오직 해삼에서 나옵니다. 거래를 막고 금하는 권한은 어사와 본관에게 있는데 직접 수색하여 검사할 수 없고, 조종하고 협잡질하는 데에 파수(把守)와 통사(通事) 등 무리가 관련되어 도리어 관청의 명령을 빙자하여 뇌물을 받습니다. 혹은 관부에서 가난하고 약한 바닷가 상인의 물건을 억지로 취하여 속공(屬公)이라고 하고 도리어 장사 밑천으로 삼으니, 이로 인해 우리 백성에게는 원한을 사고 저쪽 사람들에게는 비웃음을 삽니다. 또한 법으로 엄금한다 해도 효과가 전혀 없고 가령 객관의 문 근처에서 거래를 한다 해도 단단히 단속하고 엄히 막지 못합니다. 만약 해삼 한 조각이라도 얻어 운용할 수 있다면, 각처의 장사꾼들이 모두 해삼으로 값을 정하여 먼저 저들의 물건을 취한 후 〈청인들이〉 돌아갈 때에 이르러 〈해삼을〉 소와 말에 싣고 와서 길가의 막차(幕次)에다가 가져다주거나 혹은 이듬해에 계산하여 주기로 합니다. 허다한 폐단을 하나하나 열거할 수 없으니 〈법의〉 유명무실함이 이보다 심한 바가 없습니다. 순영과 병영에서 증급한 것 중에 모두 해삼 한 종류가 있는데, 다른 물종 역시 해삼으로 대신 지급합니다. 각 관의 관속이 낭자하여 거리낌이 없습니다. 오직 가난한 장사꾼들이 사방으로 가지고 다니는 물건을 왕왕 빼앗기곤 하니 차후에는 해삼 한 종류만은 특별히 금하지 마시고, 해삼 1근마다 세금으로 전(錢) 10문(文)을 거두어 매번 개시할 때마다 4, 5천 근을 넘지 않도록 하면 세금으로 거둔 돈이 4, 500민(緡)이 될 것입니다. 그중 10분의 1을 역학을 갖추어 행하는 밑천으로 삼고, 그 나머지는 차수고로 보내어 수용하는 밑천으로 삼으며, 그중 약간을 꺼내어 청인들이 객관에 왔을 때 순라(巡邏)하는 장졸의 급료로 하면, 문란해지는 폐단을 없앨 수 있을 것이며 방비하고 금하는 방법에도 또한 이익이 있을 것입니다.

『북행수록(北行隨錄)』
「철북습록(鐵北拾錄)」

두외보문(豆外補聞)

■ 알동의 여덟 연못[斡東八池]

알동은 경흥부(慶興府) 동북쪽 30리에 있다. 큰 연못이 8개 있는데 길이가 수십 리라고 한다. 두만강(豆滿江)으로 흘러 들어간다. 세 번째 연못가에 산이 있으니 흑각봉(黑角峯)이라고 한다. 흑각봉 아래에 마을이 있으니 금당(金塘)이라고 한다. 바로 목조(穆祖)께서 옛날에 기거하시던 땅이다. 팔지에서 밝은 구슬이 나고 오색의 연꽃이 함께 핀다. 북쪽에는 큰 산이 있고 물이 역류하여 굽어 도니, 바로 목조 왕비[75]의 옛 능침이 있던 곳이다. 왼쪽 산허리 약간 낮은 곳에 동(銅)을 녹여 용을 주조하여 지맥(地脈)을 보(輔)하였다고 한다. 연못 안에 마름과 연꽃이 무성하고 노는 물고기 무리가 많아 경흥 촌민들이 자맥질하여 캐다가 먹는다. 무이보(撫夷堡)는 두만강의 남쪽 기슭을 내려다보고 있다. 북쪽을 바라보니 산의 형세와 연못의 빛깔이 가리키고 돌아보며 자세히 기록할 만하였다.

■ 황산(黃山)

일곱째 연못가에 산이 있어 솥을 엎어 놓은 듯이 둥글다. 산색이 항상 누래서 이름을 황산이라 한다. 매년 봄여름에 산이 홀연히 솟아올라 수목이 모두 나는 듯이 춤을 추어 누대와 거개(車蓋), 인물의 형상이 된다. 이 지역 사람들이 '산이 논다'라고 한다.

---

75 목조 왕비: 조선 태조 이성계(李成桂)의 증조부인 목조(穆祖)의 비 효공왕후(孝恭王后, ?~?)로, 천우위장사(千牛衛長史) 이숙(李肅)의 딸이다.

■ 아양관산(我羊串山)

아양산은 곧 옛 경흥 땅이다. 필단탄(匹段灘)과 진주지(眞珠池), 순지(蓴池)가 있다.

■ 녹둔도(鹿屯島)

경흥부 동쪽 두만강이 바다로 들어가는 지점에 녹둔도가 있다. 섬 안의 땅이 비옥하여 선조 연간에 둔전(屯田)을 설치하였다. 조산 만호(造山萬戶) 이순신(李舜臣)에게 둔전을 겸하여 관장하도록 명하였다. 그 후에 둔전이 점차 넓어져서 지금은 강 바깥 지역에 속한다.

■ 삼봉도(三峯島)

삼봉도는 큰 바다의 한 가운데에 있다. 서라성(西羅城) 망해대(望海臺)에 앉아 동남쪽 사이에서 바라보면 섬이 떠 있는 것이 보이는데, 청명하고 구름이 없는 날에는 섬의 머리를 볼 수 있다. 경흥 아오지보(阿吾地堡)에 허씨와 권씨 성을 가진 사람이 있었는데, 임진년의 왜란을 당하여 가족들을 이끌고 배에 올라 망망대해를 항해하여 이 섬에 이르러 집을 짓고 살았다. 그 후에 허씨와 권씨 두 사람이 한 번 아오지보를 방문하여 옛날 집터를 보고 돌아갔는데, 그 후로 다시 오지 않았다. 강남 및 중국과 서로 통하여 물화를 교역하였고, 중국인 역시 소금을 구워 수차례 왔다고 한다. 그곳에 사는 민호는 지금 오직 두 성씨만 있으며 400여 호가 된다. 의복과 언어가 아직도 조선의 것이라고 한다. 경흥 사람들이 한 번 가서 보기를 원하였으나 중도에 번번이 풍랑을 만나 돌아왔다고 한다. 이것은 실로 옛날의 도원거(桃源居),[76] 주진촌(朱陳村)[77]과 서로 비슷한 것이 아니겠는가? 야사에 따르면 울릉도(鬱陵島)에 삼봉이 있다고 한다. 성종 연간에 어떤 사람이 말하기를 "울릉도 밖에 별도로 삼봉도라는 것이 있다. 조정에서 사신을 보내 찾도록 하였으나 풍랑으로 인해 건너지 못하고 돌아왔다"라고 하였

---

76 도원거(桃源居): 신선이 산다고 하는 별천지로, 무릉도원(武陵桃源)과 같다.
77 주진촌(朱陳村): 당(唐)나라 시인 백거이(白居易, 772~846)의 시 제목이자 마을 이름이다. 서주(徐州)에 있으며 주씨와 진씨 두 성만이 살면서 세상과 통하지 않고 대대로 서로 혼인하며 살아가는데, 무릉도원처럼 깊숙하고 평화로운 마을이라고 하였다.

는데, 혹 이곳인가.

▪ 외공험진(外公嶮鎭)

고령진(高嶺鎭)에서 두만강을 건너 고라이(古羅耳)를 넘어 오장참(吾章站)과 영가참(英哥站)을 지나면 소하강(蘇下江)에 이르는데 강변에 공험진의 옛터가 있다. 남쪽으로는 구주(具州), 탐주(探州)와 닿아 있고, 북으로는 견주(堅州)와 접하고 있다. 우리나라 역사에 이르기를, 윤관(尹瓘)[78]이 이곳에서 땅을 개척하고 마침내 비를 세워 경계를 지었다고 한다.

▪ 현성(縣城)

현성은 경원에 있으며 두만강 동쪽 5리 지점의 땅이다. 진북보(鎭北堡)에서 회포천(檜浦川)을 건너면 너른 벌판 위에 토성이 있으니 이름하여 '현성'이라고 한다. 성안에 6개의 우물이 있다. 옛날에 해관성(奚關城)이라 칭했던 것이 이곳인 것 같다.

▪ 여탑(麗塔)

현성의 북쪽으로 이틀 정도 거리에 여탑이 있다. 고구려 때에 성의 경계를 한정하기 위하여 탑을 세운 것이다.

▪ 거양성(巨陽城)

'거(巨)'를 '관(關)'으로 쓰기도 한다. 현성에서 90리 되는 산 위에 옛날에 쌓은 돌성이 있는데, 어라손참(於羅孫站)이라 하며, 거기서 북쪽으로 30리가 되는 곳에는 허을손참(虛乙孫站)이 있고, 거기서 북쪽으로 60리가 되는 곳에는 유선참(留善站)이 있고, 거기서 동쪽으로 70리가 되는 곳에 흙으로 쌓은 옛 성터가 있는데, 이것이 바로 거양성이다. 성안에 돌기둥 두 개가 있는데 옛날에 종을 매달았던 곳이다. 높이가 3척이고

---

[78] 윤관(尹瓘): ?~1111. 자는 동현(同玄), 본관은 파평(坡平), 시호는 문숙(文肅)으로, 고려시대 무관이다. 여진을 정벌하다 실패해서 별무반(別武班)을 창설하여 군대를 양성하였고, 여진 정벌군의 원수로 9성을 쌓아 침범하는 여진을 평정하였다.

둘레가 4척이 조금 넘는다. 일찍이 경원 사람 예성(曳誠)이라는 자가 그 성에 와서 종을 부수고 말 아홉 마리에 싣고 갔는데 전체의 10분의 1에 불과하였다. 따라간 사람 30여 인은 모두 죽고, 그들이 남기고 간 철은 풀 속에 버려 두었는데도 아무도 감히 가져가는 사람이 없었다. 세상에서 전하기를, "이곳은 고려의 윤관이 쌓은 것인데, 서쪽으로 선춘령(先春嶺)까지 60리쯤 된다"라고 한다.

▰ 선춘령(先春嶺)

선춘령은 경원 북쪽에 있으며 두만강에서 700리 지점이다. 윤관이 땅을 개척할 때에 이곳 성의 공험진에 이르러 봉우리 위에 비를 세웠는데, '고려의 경계'라고 글자가 새겨져 있다. 비의 네 면에 글씨가 있는데 오랑캐가 새겨 놓고 간 것이라고 한다.

▰ 훈춘(訓春)

훈춘 부락은 경원의 강 북쪽 10여 리 지점에 있다. 세속에서 후춘(後春)이라 부른다. 집은 분간되지 않는데 바라보면 밥 짓는 연기가 보이니, 모두 연통(煙筒)을 만들어 마치 육진(六鎭)의 풍속과 같다. 관부는 선성(鄯城)이라고 한다. 후춘과 고개 하나 떨어져 있다. 경원에서 70리 거리에 장령(將領)이 있으니 우리나라의 변장(邊將)과 같다. 영고탑은 후춘에서 500리 지점에 있다고 한다. 매년 경원에서 개시가 열리면 훈춘사람들이 아침저녁으로 왕래한다.

▰ 동가강(佟家江)

북경과 심양에서 회령을 향해 북강(北江), 삼한강(三漢江), 후춘강(後春江), 동가강(佟家江), 벌가토강(伐加土江), 분계강(分界江)을 건너면 두만강에 다다른다. 홍흑석산(紅黑石山)이 동가강 북변에 있다. 봉우리 위에 붉은 돌과 검은 돌이 있어 그렇게 이름 지은 것이다. 동가강의 한 지류가 흑룡강(黑龍江)으로 흘러 들어가는데, 물의 색이 붉어 주온천(朱溫川)이라 부른다. 동가강에서는 진주가 많이 나는데, 매년 북경에서 올라와 영고탑으로 하여금 군인을 정해 채취하여 바치게 한다. 건륭 기축년(1769) 이후 선성 출신 장수가 군공(軍功)을 세워서 동가강 이북에서 나는 진주를 선성에 떼어 주었다.

▰ 분계강 안쪽[分界江內]

무산부로부터 한 갈래 길이 있는데 임강대를 거쳐 삼산덕창(三山德倉)과 와가창(瓦可倉)에 이른다. 대편봉(大編峯) 아래에 오래된 객관이 있는데 객관 곁에 연못 하나가 있다. 대편봉에 올라가 조망하면 하나의 띠 같은 긴 산이 구불구불 뻗어 마치 병풍 같고, 분계강 안쪽과 두만강 바깥에 걸친 너른 평야가 아득히 끝이 없으니, 숲이 우거지고 풀이 무성한 땅이 육진보다 더 넓다고 한다.

▰ 허전인(許全人)

흑룡강은 백두산 북쪽에서 발원하여 팍개(愎介)[79] 땅을 거쳐 혼동강(混同江)과 만나 바다로 들어간다. 강의 좌우에 허전인(許全人)이 산다. 허전인은 까마귀 고기, 사슴 몸통, 소 다리를 먹는다. 팍개인도 고기를 먹으며, 짐을 싣고 끄는 데 개 수레를 사용한다고 한다.

▰ 노차국(虜車國)

노차국은 북적(北狄)의 밖에 있는 나라이다. 국속(國俗)에 노차(虜車)라고도 하고 나선(羅先)이라고도 하는데, 여러 차례 북적을 침략하였다. 북적은 매번 싸움이 불리하면 우리나라에 구원을 청하였다. 조정에서 북도(北道)의 포수(砲手) 300명을 선발하여 북우후(北虞候)로 하여금 영솔하여 다녀오게 하였다.[80] 순치(順治) 갑오년(1654) 3월 회령강을 건너 험난한 산골짜기와 험준한 지름길로 700리를 가서 영고탑에 이르렀다. 목책으로 성을 만들었는데 성안에 공해(公廨)와 군기고 등이 있었으며, 크기가 좁고 사는 사람이 많지 않았다. 영고탑 앞 20리 정도 지점에 송개랑강(宋改郞江)이 있다. 그 땅은 동서로 좁고 남북으로 길다. 부락에서 종종 모여서 여러 날을 가면 사방으로 산

---

79 팍개(愎介): 흑룡강 하류 지역의 지명이면서 왈개(曰介)·개부(介夫)와 더불어 여진의 북쪽에 있던 세 토족국(土族國)의 하나이다. 청에서는 비아객(費雅喀·飛牙喀), 비아합(非牙哈) 등으로 표기하고, 조선에서는 팍합(愎哈)이라고도 표기하였다.

80 조정에서 …… 하였다: 북우후는 함경도 병마우후(兵馬虞候) 변급(邊岌, ?~?)을 말한다. 1654년(효종 5) 청나라가 흑룡강을 따라 남하하는 러시아군을 막기 위해 조선에 원병을 요청하자, 조선에서는 변급에게 조총군(鳥銃軍) 등 군사 150여 명을 주어 출전시켜 러시아군과의 전투에서 큰 전과를 올렸다. 이때의 전투를 일컬어 '제1차 나선정벌(羅禪征伐)'이라고 한다.

이 없고 눈앞에 가린 것이 없이 활연하여 넓고 아득한 땅이 매우 많았다. 전토가 비옥하여 오곡이 모두 난다.

여기로부터 7, 8일을 가면 백록강(白鹿江)과 흑룡강이 만나는 곳이 있다. 사방이 아득하게 끝이 없고, 땅이 습하고 풀이 무성하여 모기[81]와 파리가 모여든다. 노차국의 병사는 배에 타고서 요충지를 왕래한다. 근년에는 적이 오지 않아서 싸우지 않고 돌아왔다. 후에 무술년(1658)에 다시 병사 300명을 청하였다.[82] 6월 29일에 백록강에서 적과 조우하였다. 적선 가운데 큰 것은 수십 파(把)이며, 갑판 위에는 판목으로 집을 짓고 아래에는 방 2, 30칸을 지었는데, 그 판에 구멍을 뚫어 포를 발사한다. 포성이 마치 천둥소리처럼 컸다. 청나라 병사들도 또한 작은 배를 타고 가서 적선 곁에 대고서 급히 적선 위로 올라가 일제히 소리를 지르며 크게 때렸다. 활을 쏘거나 총을 쏘아 마침내 적을 패퇴시키고 3명을 포로로 잡았다. 서로 말이 통하지 않으므로 통역을 시켜 물으니, 답하기를 "우리는 죽을지언정 남에게 굴복하지 않는다. 이것이 우리나라의 풍속이다"라고 하고는 끝내 항복하지 않았다. 그들의 용모와 의복은 오랑캐도 아니고 왜놈도 아니다. 수염과 머리털이 길어 거의 1촌에 달하고 살짝 붉은데 둥그렇게 감아 올려 관을 썼다. 너울[83]의 제도와 비슷하고 턱 아래에 끈으로 걸었다. 옷은 자수를 놓은 비단이다. 그릇은 금과 은을 쓴다. 그 문자를 보니 오이의 흉터와 비슷하였으며 종이가 매우 두껍고 하얗다. 그 후 기유년(1669) 노봉(老峯) 민정중(閔鼎重)[84]이 사신으로 북경에 갔을 때 노차국에서 입공하였는데 나선국이라고 칭하였고, 벽 위의 글자가 이와 같았다고 한다.

---

81 모기: 원문은 '교(蛟)'로 되어 있는데, 『북로기략』에 의거하여 '문(蚊)'의 오기로 보아 바로잡아 번역하였다.
82 무술년(1658)에 …… 청하였다: 1658년(효종 9) 청나라에서 러시아 정벌을 위해 조선에 총수(銃手)의 파견을 요청하자, 조선에서는 혜산 첨사(惠山僉使) 신유(申瀏, 1619~1680)에게 총군 200명과 초관 60여 명을 주어 러시아군을 물리치게 하였다. 이때의 전투를 일컬어 '제2차 나선정벌'이라고 한다. 원문은 '무오년(戊午年)'으로 되어 있으나, 제2차 나선정벌은 1658년(효종 9) 무술년에 시행되었으므로 '무술년(戊戌年)'으로 바로잡았다.
83 너울: 여자들이 얼굴을 가리기 위해 머리에서 허리까지 내려오도록 자루 비슷하게 만들어 머리에 쓰던 것을 말한다.
84 민정중(閔鼎重): 1628~1692. 자는 대수(大受), 호는 노봉(老峯), 본관은 여흥으로, 조선 후기 문신이다. 좌의정, 이조 판서와 공조 판서 등 다양한 관직을 역임한 서인 계열의 대표적인 인물이다.

■ 번호의 부락[蕃胡部落]

삼국시대 이래 여진 야인의 부락은 관서(關西)와 관북(關北) 지역에 나란히 자리잡았다. 수시로 옮겨 다니더니 국초에 이르러 모두 금나라에 복속하였다. 절재(節齋) 김종서(金宗瑞)[85]가 곤수(梱帥)[86]로 재임하고 있을 때 역시 모두 두만강 바깥으로 쫓아내지는 못하였다. 이에 장성 밖, 두만강 안쪽에 흩어져 살다가 간혹 두만강 밖으로 옮겨 살기도 하였다. 경흥 지역의 부락은 220여 호이고, 경원 지방의 부락은 1,460여 호이고, 온성 지방의 부락은 1,580여 호이고, 종성 지방의 부락은 3,300여 호이고, 회령 지방의 부락은 2,000여 호이다. 매번 아침저녁으로 침입하고, 수시로 난리를 피웠다. 농사짓는 백성들 또한 무리를 지어 김을 매면서 뜻밖의 사태에 대비하였다. 이후 점차 〈우리나라에〉 귀순해서 우리나라 사람과 서로 통혼하고 또한 서울에 와서 벼슬을 하기도 하였다. 그러나 역시 수시로 변란을 일으켰다. 천순(天順) 경진년(1460) 세조 연간에 중국의 사신[天使]이 포주강(浦州江)의 올량합(兀良哈)[87] 동창(童蒼)과 이만주(李滿住),[88] 곤상(袞尙) 등 300여 명을 데리고 회령의 장성(長城) 밖에 이르러 말하기를, "나는 중국의 사신[天使]이다. 중국이 조선과 올량합이 서로 화친을 맺기를 바라는 까닭에 나를 보내서 오게 되었다"라고 하였다. 선위사(宣慰使)[89]가 회령에 이르러 병사와 함께 길주 이북의 군사 5,000인을 징발하여 나아가 영접하는 의례를 준비하였다. 번호 등은 곤상 등이 변란을 일으킬 것으로 의심하여 가족들을 데리고 성에 들어갔다. 곤상 등이 분노하여 중국 사신을 두고 물러나 운두성(雲頭城)에 주둔하였다. 다음날 중

---

85 김종서(金宗瑞): 1383~1453. 자는 국경(國卿), 호는 절재(節齋), 본관은 순천(順天)으로, 조선 전기의 문신이다. 세종 15년(1433) 함길도 도관찰사(咸吉道都觀察使)가 되어 두만강과 압록강 일대에 출몰하는 여진족들의 침입을 격퇴하고 육진(六鎭)을 설치하여 두만강을 경계로 국경선을 확장하였다. 세종 17년(1435) 함길도 병마도절제사(咸吉道兵馬都節制使)를 겸직하면서 확장된 영토에 조선인을 정착시키고 북방의 경계와 수비를 7년 동안 맡았다. 또한 여진족들의 정세를 탐지·보고하고, 그에 대한 대비로 비변책을 지어 건의하였다.
86 곤수(梱帥): 병사(兵使)나 수사(水使)를 높여 부르는 말이다.
87 올량합(兀良哈): 여진족의 한 부족이다. 원래 우수리강의 지류인 무링허[穆陵河] 유역에서 군집하였으나 고려 말기 두만강 지역으로 이주하여 간도(間島) 및 함경도 무산군 등지와 압록강 상류에 분포하였다. 고려와 명나라에 복속하기도 하였으나, 조선 초기 북방의 변경에서 준동하여 토벌되기도 하였다.
88 이만주(李滿住): ?~1467. 건주여진 후리가이 부족의 대추장이다. 15세기 중반 조선과 명나라 사이에서 조공과 약탈을 거듭하며 세력을 확장하였다. 세종 연간의 사군(四郡)·육진 개척 당시의 주적이었으며, 1467년(세조 13) 조선군의 공격을 받아 토벌되었다.
89 선위사(宣慰使): 조선시대 외국의 사신이 입국하였을 때 그 노고를 위문하기 위하여 파견된 관리이다.

국 사신도 돌아가니 조정에서 신숙주(申叔舟)[90]에게 명하여 곤상 등을 정벌하게 하였다. 부령부의 강 안쪽에 노토 부락(老土部落)이 있고, 강변에 마을우(亇乙亐)[91] 시배(施培)가 있다. '마을우'은 오랑캐 추장의 이름이고, '시배'는 오랑캐 말로 '보성(堡城)'을 말한다. 회령과 부령, 경성이 교차하는 곳에 있으며 또한 장백산 아래로부터 남행하면 도로가 명천(明川)과 단천(端川), 길주 등지로 흩어져 나가므로 수시로 침범하고 노략질하였다. 각 읍에서 모두 산보(山堡)를 설치하여 방비하였다. 청나라가 건주강(建州江) 안쪽에서 흥기하자 번호와 노토부락, 마을우부락은 모두 말을 타고 가 버렸고, 강 바깥쪽의 여러 부족도 모두 가 버렸다. 그런 까닭에 그 땅에는 지금 오랑캐의 자취가 없다.

▰ 홀라온(忽剌溫)

강 바깥쪽 수백 리 거리에 홀라온 부락이 있다. 만력(萬曆) 연간에 해마다 와서 노략질을 하여 사람과 가축을 모두 잡아갔다. 우리나라에서 정충신(鄭忠信)[92]을 파견하여 데리고 돌아왔다. 홀라온에 사는 오랑캐 추장의 이름은 하질귀(何叱貴)이다. 거주하는 곳에 벽돌과 나무로 겹성을 마구 쌓아 놓았는데, 집이 매우 화려하였다. 소속 부락은 각각 성을 쌓아서 산다. 정충신이 당도하자 하질귀가 의자에 앉아서 접견하고자 하였다. 정충신이 말하기를, "나는 나라의 명으로 이곳에 왔다. 하질귀는 마땅히 나와서 맞이하라. 그리하지 않으면 들어가지 않겠다"라고 하였다. 한참을 서로 따지니 그제야 빈례(賓禮)로써 정충신을 맞이하고 정성껏 대접하였다. 정충신의 이름이 오랑캐 사이에 떨쳐졌다. 보름 동안 머물면서 40여 인을 돌려보낼 수 있었다. 다른 오랑캐 추장이 준마와 초구(貂裘)를 그에게 주려고 하였는데, 정충신이 받지 않으며 말하기를 "만약 포로로 잡힌 사람들을 더 준다면 그 밖에는 원하는 바가 없다"라고 하니 오랑캐 추

---

90 신숙주(申叔舟): 1417~1475. 자는 범옹(泛翁), 호는 희현당(希賢堂)·보한재(保閑齋), 본관은 고령(高靈)으로, 조선 전기의 문신이다. 병조 판서, 대사성, 좌의정 등을 역임하였으며, 1460년(세조 6)에 강원도·함길도의 도체찰사에 임명되어 야인 정벌에 큰 공을 세웠다.
91 마을우(亇乙亐): 원문은 '마을궁(亇乙弓)'으로 되어 있는데 '궁(弓)'은 '우(亐)'의 오기이므로 바로잡았다.
92 정충신(鄭忠信): 1576~1636. 자는 가행(可行), 호는 만운(晩雲), 본관은 하동(河東)으로, 조선 중기의 무신이다. 임진왜란 당시 권율(權慄) 휘하에서 종군하였고, 1621년(광해군 13) 만포 첨사(滿浦僉使)로 재임한 시기에 여진족의 진에 들어가 여러 추장을 만나고 돌아왔다.

장이 마침내 4인을 더 주었다. 정충신이 다녀간 후 비로소 홀라온과 개시를 열고 화친하였다. 그 후에 홀라온이 와서 조공하니 직첩(職牒)을 주었다.

■ 청인이 처음 일어나다[淸人始起]

누르하치[老羅赤][93]가 강성하여 홀라온을 병합하고자 하였다. 그리하여 그 딸을 홀라온에게 시집보냈는데, 홀라온이 여전히 복속하지 않고 매번 서로 도모하려는 뜻이 있었다. 홀라온의 추장 하질귀가 방원보(防垣堡)를 침탈하고자 하여 무리를 이끌고 종성 건너편의 문암(門巖)에 이르렀다. 이때 누르하치 역시 병사를 일으켜 현성(縣城)의 오랑캐를 공격하였는데, 경원을 거쳐 강을 건너 종성 오갈암(烏碣巖)에 이르러 바라보니 홀라온이 건너편에 와서 주둔하고 있었다. 이에 병사 한 무리를 나누어 방원보를 거쳐 강을 건너 산 밖에 매복하고 있다가 마침내 홀라온을 맞이하여 공격하였다. 홀라온의 정예병은 거의 죽었다. 지금도 문암 주위에 백골이 있다고 한다. 남은 무리는 돌아가 굴혈(窟穴)에 이르렀는데 누르하치가 다시 모든 병사를 데리고 가서 공격하였다. 하질귀가 성을 나가 맞서 싸웠는데 누르하치가 병사를 나누어 산 사이에 매복하고 있다가 말을 달려 성안으로 들어갔다. 하질귀가 패하여 돌아가니 성이 이미 적들에게 점거되어 있었다. 이에 100여 기를 이끌고 여해 부락(如海部落)에 투항하였으나 여해에서 몰래 죽여 버렸다. 여해 부락 역시 누르하치에게 병합되었다. 이로 말미암아 누르하치는 거의 모든 부락을 병합하고 요동을 함락시켰다고 한다.

---

[93] 누르하치[老羅赤]: 1559~1626. 중국 청나라의 초대 황제로, 묘호는 태조(太祖)이다. 17세기 초반 여진족을 통일하고 '칸(汗)'의 자리에 올라 왕이 되었으며, 후금(後金)을 건국하였다. 1625년(천명 10) 심양(瀋陽)에 도읍을 정하여 팔기 제도를 확립하고, 만주 문자를 제정하는 등 청 제국 성립의 토대를 마련하였다.

『북로기략(北路紀略)』 「산천총요(山川總要)」 및 「북로고실(北路故實)」

정윤용(鄭允容)

해제

|1| 자료 개요

1830년경 정윤용(鄭允容, 1792~1865)이 백두산 및 함경도 지역의 정보를 정리한 책이다. 필사본 4권 4책으로, 현재 2종의 필사본이 규장각에 소장되어 있는데 모두 원본은 아니고 후대에 전사(轉寫)한 본으로 보인다. 두 필사본의 내용은 동일하다(청구기호 古4790-35/규11415). 서문과 발문이 없어 편찬자와 연대가 명확하게 밝혀져 있지는 않으나, 본문 중 "余十二代先祖翼惠公節度北營, 築穩城長城四十里……"(권1, 「관방(關防)」)라는 구절을 통해 저자가 정윤용이라는 것을 추측할 수 있다.

저자의 12대조라고 밝힌 '익혜공(翼惠公)'은 1477년(성종 8) 영안북도 병마 수군절도사를 지낸 정난종(鄭蘭宗, 1433~1489)이다. 한편 정원용(鄭元容, 1783~1873)이 쓴 「종제공조참의(윤용)묘지명(從弟工曹參議(允容)墓誌銘)」(『경산집(經山集)』 권17) 및 이건창(李建昌, 1852~1898)이 쓴 「정수암선생사략(鄭睡菴先生事略)」(『명미당집(明美堂集)』 권17)에서 정윤용의 『북로기략(北路紀略)』을 언급하고 있다. 정원용은 정윤용의 종형(從兄)으로, 정윤용의 묘지명에서 "내가 함경도 회령(會寧)을 다스리러 갈 적에 군(정윤용)이 한 필의 말을 타고 따라와서 바람 부는 저녁이나 눈 내리는 새벽에 좋은 시구를 얻어 서로 이어서 읊었다[余守朔北之會寧, 君匹馬從, 風夕雪曉, 得傑句相屬.]"라는 내용을 통해 1829년 정원용이 회령 부사가 되었을 때 정윤용이 동행하여 함경도를 견문한 뒤에 『북로기략』을 저술했음을 알 수 있다. 정원용의 문집 『경산집』에는 회령 부사 재임 시 북관(北關) 지역의 사정을 기록한 「철북습록(鐵北拾錄)」과 「북략의의(北略擬議)」에 붙인 서문이 실려 있는데, 이 기록들이 『북행수록(北行隨錄)』(규장각 소장, 필사본 3권 3책)에 수록되어 있다. 정윤용의 『북로기략』과 중복되는 내용이 많으므로 주의 깊게 살펴볼 필요가 있다.

|2| 저자 소개

저자인 정윤용은 자가 경집(景執), 호가 수암(睡庵)이며, 본관은 동래(東萊)이다. 부친은 정동일(鄭東逸)이다. 1819년(순조 19) 식년시에 급제하고, 1831년(순조 31) 의릉 참봉(懿陵參奉)에 제수된 후 공조 참의(工曹參議)·밀양 부사(密陽府使)·공주 판관(公州判官) 등을 지냈다. 묘지명과 사략에 따르면, 저서에 『수암만록(睡庵漫錄)』, 『사문편(思問編)』, 『종선록(從先錄)』, 『심의고증(深衣攷證)』, 『동래정씨가록(東萊鄭氏家錄)』, 『가학편(家學編)』, 『자류주석(字類註釋)』, 『북로기략(北路記略)』이 있다고 하는데, 현전하는 정윤용의 저술로는 『북로기략』과 『동래정씨가록』, 『자류주석』, 『가학편』이 있다.

|3| 본문의 구성

『북로기략』의 구성을 살펴보면, 권1은 「산천총요(山川總要)」, 「관방(關防)」, 권2는 「성적(聖蹟)」, 「주군지(州郡誌)」, 권3은 「북로고실(北路故實)」, 권4는 「부록(附錄)」으로 이루어져 있다. 먼저 권1의 「산천총요」에는 백두산(白頭山)에서 뻗어 내려온 함경도의 여러 산줄기와 대택(大澤, 천지)에서 발원한 두만강(豆滿江), 압록강(鴨綠江), 흑룡강(黑龍江)의 지리 정보를 기술하였다. 특히 백두산정계비를 세운 전후 사정과 관련 인물의 내력을 밝히면서 백두산 일대 200여 리가 조선의 영토라는 근거를 제시하였다. 「관방」에는 경흥(慶興)과 회령(會寧) 등 국경 지대의 방비에 관한 현황이 자세히 나타나 있다.

권2의 「성적」에는 태조(太祖) 이성계(李成桂)와 선조의 행적 및 북쪽 오랑캐를 물리친 공적, 그리고 성지(聖址)인 함흥(咸興)·덕원(德原)·안변(安邊)·문천(文川) 등지의 연혁과 고사, 전주 이씨 관련 사적 등을 기록하였다. 「주군지」에는 지리지의 기록 방식을 채택하여 산천(山川)·호구(戶口)·전부(田賦)·사원(祠院)·고적(古蹟)·인물(人物) 등의 명칭을 간략히 나열하고, 함흥십경(咸興十景)과 북관십경(北關十景) 등 명승지를 소개하였다.

권3의 「북로고실」에는 함경도에 속한 주군(州郡)의 연혁, 고려와 조선 때 변경을 개척한 역사, 여진(女眞)과 야인(野人)의 유래, 경흥(慶興)·경원(慶原)·온성(穩城)·종성(鍾城)·회령 등지에 있었던 여러 부락, 달단(韃靼, 達達)과 몽골(蒙古) 등 북방 민족, 두만강(豆滿江) 밖 훈춘(琿春)에서 심양(瀋陽)까지 주요 지역의 현황 등을 기록하였다. 함경도가 옛 숙신씨(肅愼氏)의 땅이었다가 고구려·신라 때에는 여진 땅이 되고, 고려와 조선을 거치면서 우리나라 땅이 된 역사적 사실도 소상히 밝혔다. 또 누르하치가 건주(建州)에서 흥기해 세력을 확장하여 청을 건국하게 된 과정을 기술하고, 회령과 경원 지역 개시(開市)의 연원·경과·교역 물품 내역을 정리하였다. 임진왜란 때 해구(海寇)인 왜(倭)가 침입한 과정과 그 폐해, 주요 의병 활동을 기술하였으며 정문부(鄭文孚)의 사적을 특기하였다.

권4의 「부록」에는 관리(官利), 풍속(風俗), 부역(賦役), 군제(軍制), 변금(邊禁), 학교(學校) 등의 항목으로 구분하여 관련 내용을 정리하였다.

정윤용은 전대 문헌을 인용하면서 자신이 직접 견문하고 수집한 내용에 '안(按)'을 붙여 기록하는 방식으로 『북로기략』을 저술하였다. 정윤용이 주로 참고한 문헌은 홍양호의 『북새기략(北塞記略)』과 『삭방풍토기(朔方風土記)』, 이단하(李端夏)의 『북관지(北關誌)』, 김기홍(金基泓)의 「북관기(北關記)」, 『동국문헌비고(東國文獻備考)』의 「여지고(輿地考)」, 『제승방략(制勝方略)』, 왕사진(王士禛)의 『지북우담(池北偶談)』 등이다. 본고에는 『북로기략』 중 권1의 「산천총요」와 권3의 「북로고실」을 번역하여 실었다.

『북로기략(北路紀略)』권1 「산천총요(山川總要)」

산천은 강역(疆域)¹의 줄기이다. 지금 『농포지도(農圃地圖)』²【정상기(鄭尙驥) 본이다.】・「여지고(輿地考)」³【『동국문헌(東國文獻)』이다.】・『삭방기(朔方記)』⁴【태학(太學) 홍양호(洪良浩)가 읍지(邑誌)와 잡기(雜記)에서 수집한 기록이다.】에 의거하여 아래에 발췌해 기록하니 태사씨(太史氏)가 다시 널리 상고하고 증명하여 바로잡기를 기다린다.

백두대간[白頭幹支]

백두산(白頭山)은 우리나라의 북쪽에 위치해 있다【무산부(茂山府) 서북쪽으로 300리, 갑산부(甲山府) 북쪽으로 330리에 있다.】. 산꼭대기에 대택(大澤, 천지)이 있으니 달문지(達門池)라 부른다. 산은 모두 3층으로 되어 있는데, 높이는 200리이고 1,000리에 웅장하게 서려 있다. 달문지는 둘레가 30리이다. 영조 정해년(1767) 갑산부 망덕산(望德山)【갑산 북쪽으로 80리에 있다.】에 제단을 설치하도록 명하여 망제(望祭)를 지냈다. 산의

---

1 강역(疆域): 원문은 '강성(疆城)'으로 되어 있는데 '강역(疆域)'의 오기로 보아 바로잡았다.
2 『농포지도(農圃地圖)』: 정상기(鄭尙驥, 1678~1752)가 제작한 『동국지도(東國地圖)』를 말한다. 『동국지도』는 영조 연간 정상기가 백리척(百里尺)을 사용하여 전국 8도를 정밀하게 그려서 9폭으로 제작한 채색 지도첩이다. 함경북도 도폭의 오른쪽 아래 여백에 지도를 만들게 된 동기와 범례가 실려 있어, 이전의 지도가 지녔던 결점과 지도 제작 원리를 설명하고 있다.
3 「여지고(輿地考)」: 『동국문헌비고(東國文獻備考)』의 한 부분으로 신경준(申景濬, 1712~1781)이 편찬을 담당하였다. 『동국문헌비고』는 1770년(영조 46) 홍봉한(洪鳳漢), 서명응(徐命膺), 채제공(蔡濟恭), 서호수(徐浩修) 등 8인이 왕명으로 우리나라의 문물제도를 분류・정리한 백과전서식 유서이다. 상위고(象緯考), 여지고(輿地考), 예고(禮考), 악고(樂考), 병고(兵考), 형고(刑考), 전부고(田賦考), 시적고(市糴考), 선거고(選擧考), 재용고(財用考), 호구고(戶口考), 학교고(學校考), 직관고(職官考) 등 13고 100권으로 구성되었다.
4 『삭방기(朔方記)』: 홍양호(洪良浩, 1724~1802)가 편찬한 『삭방풍토기(朔方風土記)』를 말한다. 『삭방풍토기』는 홍양호가 1777년(정조 1) 경흥 부사로 있을 때 함경도 지방의 지리, 풍속, 생활 등에 대해 견문한 내용을 정리한 책이다. 북변한로(北邊旱路), 북변수로(北邊水路), 산천(山川), 강외산천(江外山川), 자회령지영고탑노정(自會寧至寧古塔路程), 자영고지오라노정(自寧古至烏喇路程) 등의 내용이 수록되어 있다.

줄기가 동남쪽으로 뻗어 가서 연지봉(臙脂峯)이 되고, 소백산(小白山)이 된다. 또 서남쪽으로 뻗어 가서 침봉(枕峯)【지도에 실려 있지 않다. 여기서는 『길주지(吉州誌)』를 따른다.】이 되고, 또 남동쪽으로 뻗어서 허항령(虛項嶺)[5]【무산 서쪽으로 220리에 있다.】이 되며, 비스듬히 뻗어 가서 보다회산(寶多會山)【무산 서남쪽으로 250리, 갑산부 동북쪽으로 290리에 있다.】이 된다. 완항령(緩項嶺)[6]에 이르러 또 비스듬히 뻗어 가서 설령(雪嶺)이 되고, 두리산(豆里山)에 이르러 남쪽으로 비스듬히 뻗어 가다가 서쪽으로 돌아 또 비스듬히 가서 남쪽으로 꺾여 황토령(黃土嶺)【황토기(黃土岐)라고도 한다. 갑산 동남쪽으로 75리, 단천(端川) 서북쪽으로 250리에 있다.】에 이르러 비스듬히 뻗어 가서 천수령(天守嶺)【천수(天秀)라고도 쓴다. 단천 북쪽으로 □□리에 있다.】이 된다. 남쪽으로 비스듬히 뻗어 가서 서쪽으로 돌면 후치령(厚峙嶺)【후치(厚致)라고도 쓴다. 북청(北靑) 북쪽으로 100리에 있다.】이 된다. 북쪽에서 꺾여 서쪽으로 가서 태백산(太白山)【함흥(咸興) 동북쪽으로 300리에 있다.】이 되고, 또 비스듬히 뻗어 가서 부전령(赴戰嶺)【함흥 북쪽으로 140리에 있다.】에 이른다. 또 비스듬히 뻗어 가서 남쪽에서 꺾여 백악(白岳)【함흥 북쪽으로 □□리에 있다.】이 되고, 동남쪽으로 비스듬히 뻗어 가다가 서쪽으로 돌아서 가면 황초령(黃草嶺)【초황(草黃)이라고도 쓴다. 함흥 북쪽으로 110리에 있다.】이 된다. 또 남쪽에서 꺾여 검산(劍山)【상검(上劍)이라고도 쓴다. 영흥(永興) 서쪽으로 100리, 정평(定平) 서쪽으로 100리에 있다.】이 되고, 또 비스듬히 뻗어 가서 서쪽으로 돌면 마유령(馬乳嶺)【마유(馬踰)라고도 쓴다. 영흥 서북쪽으로 200리, 평안도 영원(寧遠) 동남쪽으로 140리에 있다.】에 이른다. 또 꺾여서 남쪽으로 가면 박달산(朴達山)【영흥 서쪽으로 20□리, 평안도 맹산(孟山) 동쪽으로 □리에 있다.】이 되고, 또 꺾여서 동쪽으로 가면 오강산(吳江山)【평안도 양덕(陽德) 북쪽으로 150리에 있다.】이 되며, 또

---

5 허항령(虛項嶺): 원문은 '허정령(虛頂嶺)'으로 되어 있는데 '허항령(虛項嶺)'의 오기이므로 바로잡았다. 이하 동일하다. 허항령은 지금의 양강도 삼지연군에 있는 고개로, 홍의영(洪儀泳, 1750~1815)의 『북관기사(北關紀事)』 「산천도리(山川道里)」에 "침봉의 북쪽으로 맥이 숨어 평지가 된 것이 수십 리쯤 되는데, 이름을 허항령이라 한다. 허항령은 무산에서 갑산과 삼수를 통과하여 평안도 길까지 다다랐다가 검천에서 빠져나온다"라고 하였다.

6 완항령(緩項嶺): 원문은 '완정령(緩頂嶺)'으로 되어 있는데 '완항령(緩項嶺)'의 오기이므로 바로잡았다. 이하 동일하다. 홍의영의 『북관기사』 「관방사의(關防事宜)」에 "완항령은 바로 무산과 삼수, 갑산을 왕래하는 대로이다"라고 하였다.

비스듬히 뻗어 가서 남쪽에서 꺾이면 구룡산(九龍山)【고원(高原) 서쪽으로 80리에 있다.】이 되고, 또 비스듬히 뻗어 가서 동쪽에서 꺾이면 기린산(麒麟山)【고원 서남쪽으로 □□리, 양덕 북쪽으로 45리에 있다.】이 된다. 동남쪽으로 가서 박달치(朴達峙)【안변(安邊) 서쪽으로 60리에 있다.】에 이르고, 동쪽으로 돌아 서남쪽에서 꺾여 비스듬히 뻗어 가서 설령【다른 본에는 실려 있지 않다. 여기서는 지도를 따른다.】이 된다. 또 비스듬히 뻗어 가다가 동쪽에서 꺾여 동북쪽으로 가면 분수령(分水嶺)【안변 동남쪽으로 100여 리, 강원도 평강(平康) 북쪽으로 50리에 있다.】이 되고, 동쪽으로 철령(鐵嶺)【안변 남쪽으로 80리, 강원도 회양(淮陽) 북쪽으로 40리에 있다.】에 이르며, 또 동쪽으로 기죽령(騎竹嶺)【안변 동쪽으로 60리에 있다.】에 이른다.

보다회산【남쪽은 갑산 땅이고 북쪽은 무산 땅이다.】에서 황토령 위쪽까지 여러 산줄기 중 오른쪽으로 뻗어 나온 것은 나뉘어서 갑산부의 여러 산이 되어 허천강(虛川江)에 이르는데, 가장 긴 산줄기는 동인보(同仁堡)의 산과 운총(雲寵)의 진산(鎭山)이다.[7] 설령의 아래, 두리산의 위에서 왼쪽으로 산맥 한 줄기가 뽑혀 나와 동쪽을 향해 간 것이 장백산(長白山)으로 100여 리에 걸쳐 웅장하게 서려 있다. 〈장백산의〉 여러 산줄기 중 오른쪽으로 뻗어 나온 것은 남동쪽에서 나뉘어 길주(吉州) 북쪽 경계, 명천(明川)의 남쪽과 북쪽, 경성(鏡城) 남쪽 경계의 여러 산이 되어 바다에 이른다. 그중 가장 긴 산줄기는 길주의 장덕산(長德山)과 명천의 칠보산(七寶山)이다. 〈장백산의〉 여러 산줄기 중 왼쪽으로 나온 것은 북쪽으로 무산 경계까지 뻗어 나가 두만강 상류에 이르는데, 그 산맥이 북동쪽으로 가서 왼쪽에서 산줄기 하나가 뽑혀 나와 북쪽으로 무산부가 되고, 오른쪽으로 산줄기 하나가 뽑혀 나와 동남쪽으로 경성부(鏡城府)가 된다. 북동쪽으로 가는 산맥이 북쪽에서 나뉘어 부령부(富寧府)의 여러 산이 되고, 또 동쪽으로 전괘령(錢掛嶺)【무산령(茂山嶺)이라고도 한다. 회령(會寧)의 남쪽 경계이다.】에 이르며, 또

---

[7] 보다회산에서 …… 진산(鎭山)이다: 홍양호의 『북새기략(北塞記略)』 「백두산고(白頭山考)」에 "보다회산의 정맥(正脈)이 동쪽으로 달려 가리봉(加里峯)과 완항령이 되며, 가리봉과 완항령 사이의 한 맥이 남쪽을 향해 내려가다가 허천강(虛川江)의 허봉(虛峯)에서 멈추니, 산의 동쪽 동(洞)에는 운총보(雲寵堡)를, 산의 서쪽 동에는 동인보(同仁堡)를 설치하였다"라고 하여 운총보와 동인보가 보다회산의 동서에 각각 위치했음을 알 수 있다.

동쪽으로 판탕령(板蕩嶺)에 이른다. 고개의 북쪽 산줄기가 나뉘어서 회령부·종성부(鍾城府)·경원부(慶源府)·온성부(穩城府)의 여러 산이 되어 두만강(豆滿江)에 이르고, 고개의 동쪽 산줄기가 나뉘어서 경흥부(慶興府)의 여러 산이 되어 바다에 이른다.

두리산은 남쪽으로 뻗어 가다가 서쪽으로 꺾이는데 서쪽으로 꺾일 때 남쪽에서 산줄기 하나가 뽑혀 나와 두류산(豆流山)【다른 본에는 실려 있지 않다. 여기서는 지도를 따른다.】이 되었다. 두류산의 줄기가 왼쪽으로 간 것은 응봉(鷹峯)이고, 오른쪽으로 간 것은 검의덕산(儉儀德山)【토라산(吐蘿山)이라고도 한다.】이다. 응봉이 나뉘어서 길주 남쪽과 단천부의 여러 산이 되어 바다에 이르니, 그중 가장 긴 산줄기가 마천령(摩天嶺)이다. 검의덕산이 나뉘어서 단천부의 여러 산이 되어 바다에 이른다【『단천지(端川誌)』에서 마천령을 검의덕산의 줄기라고 했으나 여기서는 지도를 따른다. 우복(愚伏) 정경세(鄭經世)의 「성진루기(城津樓記)」에서 마천령을 장백산의 줄기라고 했는데, 장백산은 이미 두리산의 위쪽 지역에서 〈여러 산줄기로〉 나뉜다.】. 후치령 북쪽에서 동남쪽으로 산줄기 하나가 뽑혀 나와 금창령(金昌嶺)【어떤 본에는 금창령(金唱嶺)으로 되어 있다.】이 된다. 금창령의 줄기가 왼쪽으로 가서 단천 남쪽 경계와 이원(利原) 북쪽 경계의 여러 산이 되어 바다에 이르는데 가장 긴 산줄기는 마운령(摩雲嶺)이며, 오른쪽으로 가서 이원의 남쪽 경계와 북청부(北靑府)의 여러 산이 되어 바다에 이르는데 가장 긴 산줄기는 만령(蔓嶺)과 거산(居山)이다.

태백산(太白山) 남쪽에서 산줄기 하나가 뽑혀 나와 서쪽으로 뻗어 가서 하난령(何難嶺)【다른 본에는 실려 있지 않다. 여기서는 지도를 따른다.】이 된다. 하난령의 동쪽 기슭의 여러 산줄기가 나뉘어 북청의 남쪽 경계와 홍원현(洪原縣)의 여러 산이 되어 바다에 이르는데, 가장 긴 산줄기는 쌍가령(雙加嶺)【상가(霜加)라고도 하고 삼가(三加)라고도 한다.】과 대문령(大門嶺)이다. 하난령의 남쪽 줄기가 함흥에 이르러 왼쪽으로 바다에 이르는데, 가장 긴 산줄기는 함관령(咸關嶺)【함관령의 줄기가 뻗어 가서 순릉(純陵)과 의릉(義陵)이 된다.】이며, 오른쪽으로 성천강(城川江) 북쪽의 강과 바다 사이에 이르는데, 가장 긴 산줄기는 반룡산(盤龍山)【반룡산 위쪽은 덕산(德山)이다. 산줄기가 뻗어

가서 정릉(定陵)과 화릉(和陵)이 된다. 또 본궁(本宮)과 경흥전(慶興殿)[8]이 있다.】이다.

부전령 동남쪽에서 산줄기 하나가 뽑혀 나와 성천강 상류에 이른다【부전령의 줄기는 덕릉(德陵)과 안릉(安陵)이다.】.

[9]태백산과 부전령 사이에 계산(階山)이 있다. 계산의 북쪽에서 뽑혀 나온 것이 병풍산(屛風山)인데, 〈병풍산이〉 나뉘어 갑산의 서남쪽 경계와 삼수부의 여러 산이 되어 북쪽으로 압록강(鴨綠江)에 이르고, 서쪽으로 장진강(長津江)에 이르며, 동쪽으로 허천강에 이른다. 검산에서 큰 산줄기가 뽑혀 나와 서쪽으로 가서 설한령(雪寒嶺)【설열우(薛列宇)라고도 쓴다.】이 된다. 설한령의 북쪽 줄기가 강계(江界) 땅을 지나 후주부(厚州府)의 여러 산이 되어 압록강과 후주강(厚州江)이 합류하는 곳에 이른다. 검산의 동쪽에서 산줄기 하나가 뽑혀 나와 백운산(白雲山)이 되는데, 그 왼쪽은 함흥 남쪽 경계의 여러 산이 되어 성천강 남쪽 강과 바다의 사이에 이르고, 오른쪽은 정평부(定平府)의 여러 산이 되어 바다에 이른다.

검산의 아래에서 서쪽으로 꺾인 곳이 차유산(車踰山)【다른 본에는 실려 있지 않다. 지금은 지도를 따른다.】인데, 동쪽으로 산줄기 하나가 뽑혀 나와서 나뉘어 영흥 북쪽 경계의 여러 산이 되어 바다에 이른다. 그중 가장 긴 산줄기는 광성령(光成嶺)이다. 기린산 북동쪽에서 산줄기 하나가 뽑혀 나와 영흥부(永興府)의 여러 산이 되어 용흥강(龍興江)에 이르는데, 가장 긴 산줄기가 국태산(國泰山)【국태산 줄기가 뻗어 가서 흑석리 본궁(黑石里本宮)이 된다.】이다. 기린산의 아래, 박달치(朴達峙)의 위에 고개 하나가 있는데 또한 마유령(馬踰嶺)이라 부른다. 동북쪽에서 산줄기 하나가 뽑혀 나와서 나뉘어 고원군(高原郡)의 여러 산이 되어 읍천(邑川)과 명덕(名德)의 여울에 이른다. 마유령 아

---

8   본궁(本宮)과 경흥전(慶興殿): 본궁은 이성계(李成桂)가 왕이 된 뒤 조상들이 살던 터에 건물을 지어 4대 조상의 신주를 모셔 놓고 제사를 지내던 함흥 본궁(咸興本宮)을 말한다. 경흥전은 이성계가 왕이 되기 전에 살던 집으로 이곳에서 정종과 태종이 태어났다.
9   "이 조목은 마땅히 부전령 위에 있어야 한다[此條當在赴戰嶺上.]"라는 두주(頭註)가 달려 있다.

래에서 동북쪽으로 두 개의 산줄기가 뽑혀 나오는데, 왼쪽으로 가서 문천(文川) 북쪽 경계의 여러 산이 되어 바다에 이르니 가장 큰 산줄기는 천불산(千佛山)【산줄기가 뻗어가서 숙릉(淑陵)이 된다.】이며, 오른쪽으로 가서 문천 남쪽 경계와 덕원부(德源府) 여러 산이 되어 바다에 이른다. 박달치 아래의 큰 산줄기가 오른쪽으로 뻗어 갈 때 왼쪽에서 몇 개의 산줄기가 뽑혀 나와 안변부(安邊府)의 여러 산이 되어 바다에 이르는데, 가장 큰 산줄기는 설봉산(雪峯山)이다【산줄기가 뻗어 가서 지릉(智陵)이 된다.】. 황초령의 아래, 검산의 위에 산줄기 하나가 서쪽으로 가서 낙림산(樂林山)이 되어 장진과 영원, 평안도 서쪽 경계 사이를 지나 나뉘어서 관서(關西, 평안도)의 여러 산이 되니,[10] 서북쪽으로 압록강에 이르고 서쪽으로 바다에 이르며 서남쪽으로 대동강(大同江)에 이른다. 기린산과 박달치 사이에 마유령이 있는데, 산줄기 하나가 서남쪽으로 간 것이 청량산(淸凉山)이 되어 곡산(谷山)【황해도이다.】과 이천(伊川)【강원도이다.】 두 경계 사이를 지나 나뉘어서 해서(海西, 황해도)의 여러 산이 되니, 서쪽으로 바다에 이르고 서북쪽으로 대동강에 이르며 서남쪽으로 임진강(臨津江)에 이른다.

분수령 한 줄기가 남쪽으로 간 것이 평강과 금성(金城)【강원도이다.】 두 경계 사이를 지나 산이 되니, 〈그 산이〉 나뉘어서 한강(漢江) 북쪽의 여러 산이 되어 서쪽으로 임진강에 이르고 남쪽으로 한강에 이른다.

기죽령이 남쪽으로 간 것이 회양(淮陽)과 흡곡(歙谷)의 두 경계 사이를 지나 금강산(金剛山)이 되니, 〈금강산이〉 나뉘어서 영동(嶺東, 강원도)과 영남(嶺南, 경상도), 호서(湖西, 충청도)와 호남(湖南, 전라도), 한강 남쪽의 여러 산이 되어 동쪽·서쪽·남쪽으로 바다에 이르고 서북쪽으로 한산(漢山)에 이른다.

철령은 남북의 경계로 백두산에서 철령까지는 거리를 헤아릴 수 없지만, 백두산은 무산부 북쪽으로 300리 떨어진 곳에 있고, 철령은 안변부 남쪽으로 80리 떨어진 곳에

---

10 "칠로(七路)는 여러 산의 큰 줄기이다[七路諸山大幹.]"라는 두주가 달려 있다. 칠로는 함경도를 제외한 7도(道)를 가리킨다.

있다. 무산부에서 안변부까지 1,300리이니, 산이 구불구불 뻗어 수천 리를 용납한다.

대택의 원류[大澤源流]【『일통지(一統志)』에 "대택은 둘레가 80리이다"라고 하였다.】

우리나라는 지형이 만곡(彎曲)을 이루면서 남북으로 길게 뻗어 사면을 둘러 있되 강이 바다를 일으킨다. 강의 둘레는 10분의 3 정도 되는데 서북쪽 모퉁이에서 강을 경계로 삼는다. 강의 근원은 모두 대택에서 발원하니 곤륜산(崑崙山)의 성수하(星宿河)[11]와 같다. 동남쪽으로 흐르는 것은 우리나라 땅으로 들어가고, 서북쪽으로 흐르는 것은 저쪽(중국) 땅으로 들어간다.

▃ 두만강(豆漫江)

대택 한 줄기가 암석 사이로 10여 리를 숨어 흘러 묘방(卯方, 정동쪽)으로 나오니 이 것이 토문강(土門江)의 원류이다. 곤방(坤方, 서남쪽)의 북증산(北甑山) 앞【북증산은 저쪽 땅에 있고 남증산(南甑山)은 무산에 있다.】에 이르러 무산 경계로 흘러 들어가서 두만강(豆漫江)【『삭방기』에 "분수령 정계비(分水嶺定界碑) 아래에 목책(木柵)과 토돈(土墩)을 설치하여 동쪽으로 대각봉(大角峯)에 이르는데, 정계비에서 대각봉까지는 40리이다. 대각봉 아래에서 샘물이 솟아나 동쪽으로 저쪽 땅 진장산(鎭長山)과 우리 땅 남증산 사이를 흐르니, 곧 두만강의 상류이다"라고 하였다. 『무산지(茂山誌)』에 "토문강에서 정계비를 세운 곳까지 30리 되는 거리에 토돈과 목책을 두었으니 바로 두만강이 솟아난 곳이다. 목극등(穆克登)이 토문강의 원류를 따라 살펴보았는데 수십 리를 흘러가도록 물의 흔적이 보이지 않다가 바위틈을 따라 숨어 흘러서 100리에 이르러서야 큰 강이 나타났다"라고 하였다.】이 된다.

---

[11] 성수하(星宿河): 중국 운남성(雲南省)에 있는 성수해(星宿海)로, 황하의 근원으로 알려져 있다. 기윤(紀昀)의 「하원기(河源記)」에, "곤륜(崑崙)은 곧 지금의 화전(和闐) 남쪽에 있는 산인데 황하의 물이 여기서 나온다. 원 세조(元世祖)가 도십(都什)을 보내어 찾았으나 겨우 성수하에 이르러 그쳤다. 그런데 지금 곧장 발원처에 이르러 그 땅을 직접 내 눈으로 보았다"라고 하였다.

대택 한 줄기가 술방(戌方)과 해방(亥方)¹² 사이로 숨어 흘러 서쪽으로 고개 아래에서 나오니, 이것이 분계강(分界江)의 원류이다. 북증산 뒤쪽 할난(割難) 땅【할난에서 회령강(會寧江) 밖까지 2일 거리이다.】에 이르러 바다로 들어가는데, 그 한 줄기가 온성 경계에 이르러 두만강에 다다른다【『삭방기』에 "병사봉(兵使峯) 앞에 철비(鐵碑)가 있고 서출령(西出嶺) 위에도 철비가 있는데, 옛날에 국경을 나눌 때 세운 것이라 한다"라고 하였다. 또 『삭방기』「백두산도(白頭山圖)」¹³에 "산의 서쪽과 북쪽 사이에도 비도(碑圖)가 있어 '옛 정계비[古定界碑]'이다"라고 하였는데, 지금 상고할 수는 없다. 그러나 「관곡기(寬谷記)」¹⁴에 "경원성(慶源城) 북쪽으로 2일 거리에 고구려 때 성(城)의 경계를 표시한 비석¹⁵이 있다고 한다"라고 하였으니, 서출령비(西出嶺碑)도 혹 그때의 유적인 듯하다. 분계강의 원류가 옛 정계비 아래에서 발원하니 서출령이 발원지인 증거가 될 만하다. 분계라는 이름도 옛 정계비 때문에 붙인 것이다.】.

『삭방기』 지도에는 분계강의 북쪽에도 분계강으로 흘러와서 합류하는 한 갈래의 물이 있는데 어느 땅에서 발원하는지 알지 못하지만, 『삭방기』에 "분계강에서 70리 떨어진 곳에 벌가토강(伐加土江)이 있고, 벌가토강에서 140리 떨어진 곳에 동가강(佟家江)이 있다"라고 하였으니 혹 그중 하나인 듯하다. 물줄기가 나뉘어서 바다로 흘러 들어가는 것일까. 토문강은 곧 두만강의 원류이고, 분계강도 두만강의 원류이다. 『삭방기』에 "토문강과 분계강의 사이는 110여 리이다"라고 하였으니 분계강의 원류가 더욱 멀다.

허항령 북쪽 아래에 삼지(三池, 三池淵)가 있다. 삼지 아래로 10여 리 되는 곳에서 물이 솟아 나와 북쪽으로 흘러 남증산 앞과 삼산덕(三山德)【모두 무산 땅이다.】을 지나 서북천(西北川)【설령 동북쪽에서 발원한다.】에 합류하여 두만강에 다다른다. 장백산

---

12 술방(戌方)과 해방(亥方): 술방은 정서쪽에서 북쪽으로 15도 각도 안의 범위이고, 해방은 정북쪽에서 서쪽으로 15도 각도 안의 범위이다.
13 「백두산도(白頭山圖)」: 이와 관련된 내용이 홍양호의 『북새기략』(『이계집(耳溪集)』 외집(外集) 권12)에 실려 있다.
14 「관곡기(寬谷記)」: 함경도 경흥 출신 문인 김기홍(金基泓, 1634~1701)의 「북관기(北關記)」를 가리킨다.
15 고구려 …… 비석: 원문은 '고구려시한성계비(高句麗時限城界碑)'이다. 김기홍의 『관곡집(寬谷集)』에 이 비석을 속칭 '검몰계탑(劍沒界塔)'이라고 부른다는 기록이 보인다.

북쪽 기슭의 여러 물이 합류해서 박하천(朴下川)【무산 서쪽으로 10리에 있다.】이 되는데, 또한 두만강에 다다른다.

『관곡기』【경원 사람 김기홍(金起洪)의 저술이다.】에 "동건(童巾)【경성 땅이다.】위쪽을 오이후강(於伊後江)이라 부르고, 그 아래를 두만강이라 부른다"라고 하였는데, 지금은 무산 아래쪽을 통틀어서 두만강이라 한다. 여진(女眞)의 속어에 '만(萬)'을 '두만(豆漫)'【두만이다.】이라 하니, 많은 강물이 이곳에 이르러 합류하기 때문에 붙인 이름이다【『흥왕조승(興王肇乘)』[16]은 태학 홍양호가 찬술한 것이다. 태조(太祖)가 동북쪽에서 왕업을 시작하여 여진의 두만이 모두 와서 조회하였으니, 두만은 만호(萬戶)[17]와 같다. 『일통지(一統志, 大明一統志)』에 "동쪽으로 흘러 아야고강(阿也苦江)이 된다"라고 하였는데, 〈두만은〉 저쪽과 우리의 칭호로 방언이 다른 것이다.】.

두만강이 무산부에 이르러 비로소 큰 강이 되어서 동쪽으로 흘러 회령을 지나고 동북쪽으로 종성을 지나며, 또 동쪽으로 온성을 지나고 동남쪽으로 경원【경원의 안원보(安原堡) 땅까지 가면 후춘(厚春) 땅에 한 갈래의 강이 있는데, 강물이 나뉘어 가고 합류해 오는 것을 마땅히 다시 상고해야 한다.】을 지나서 남쪽으로 경흥(慶興)을 지나 바다로 들어간다.

『무산지』에 "토문강에서 500리를 뻗어 가서 무산부 아래에 이른다"라고 하였다. 무산에서 경흥의 해변까지 육로로 500여 리이니, 강의 원류는 대략 1,000여 리이다【강의 깊이와 너비가 일정하지 않은데, 넓은 곳은 화살 하나의 깊이와 너비에 불과하여 겨우 작은 배를 실을 정도인 듯하다.】.

---

16 『흥왕조승(興王肇乘)』: 홍양호(洪良浩, 1724~1802)가 편찬한 책으로 태조가 북관(北關)에서 왕업을 일으킨 일에 대한 고적(古蹟)을 모아 4편으로 구성하였다. 이와 관련된 내용이 『정조실록』권52, 정조 23년(1799) 12월 21일 기사에서 확인된다.

17 만호(萬戶): 고려·조선시대에 외적 방어를 목적으로 설치된 만호부의 관직이다. 조선 초기에는 북방 이민족을 무마하기 위해 야인들에게 명예직으로서 만호직을 수여했으나, 1458년(세조 4) 영진 체제(營鎭體制)가 진관 체제(鎭管體制)로 바뀌면서 각 도 연해안의 요해처(要害處)나 북방 내륙의 여러 진(鎭)에 동첨절제사(同僉節制使)·만호·절제도위(節制都尉) 등을 두어 그 진을 다스리게 하였다.

압록강(鴨綠江)

대택 한 줄기가 산 아래에까지 숨어 흐르다가 진방(辰方)과 사방(巳方)[18] 몇 리쯤에서 골짜기를 열고 솟아 나오니, 이것이 압록강의 원류이다. 서남쪽으로 흘러 혜산(惠山)과 운총(雲寵) 경계【갑산 북쪽 땅이다.】에 이르고, 서쪽으로 흘러 허천강【북청의 후치령 북쪽과 삼수의 설이령[鈕乙耳嶺] 남쪽 여러 기슭에서 발원하고, 또 두리산 서쪽 기슭의 여러 강에 합류한다.】에 합류하며, 삼수의 신갈파[新加乙坡] 아래에 이르러 장진강【함흥의 황초령 북쪽 여러 산에서 발원하니 발원지가 더욱 길고 멀다.】에 합류하고, 강계와 후주 땅에 이르러 후주강【강계의 총전령(蔥田嶺) 북쪽 여러 산에서 발원한다.】에 합류한다. 또 서북쪽으로 구불구불 뻗어 폐사부(廢四部)의 옛 여연(閭延)의 바깥 경계와 저쪽 땅 오라(烏喇, Ula) 경계 사이를 지나 저쪽 땅의 십이도구하(十二渡溝河)【저쪽 땅의 늑극산(勒克山)에 모여든다. 또 서남쪽 산은 백두산에서 서쪽으로 뻗어 간 것이다.】에 합류하여 옛 우예(虞芮) 땅【폐사군 땅이다.】에 이르러 자성강(玆城江)【강계의 무성령(茂城嶺) 북쪽 여러 산에서 발원한다.】에 합류한다. 또 위원(渭源) 오로량(吾老梁)에 이르러 독로강(禿魯江)【함흥의 설한령(雪寒嶺) 북쪽 여러 산에서 발원한다. 초산(楚山)의 산양회(山羊會) 경내에 저쪽 땅이 있어 한 갈래의 강이 서로 통하여 합류해 오고 나뉘어 가는데 지금 상고하지 않는다.】에 합류하며, 또 점차 서쪽으로 가서 벽동(碧潼)·창성(昌城)·삭주(朔州)·의주(義州)를 지나 바다로 들어간다.

[19]압록강의 원류가 긴 것이 북쪽의 두만강보다 갑절도 넘는다【옛날에 황하(黃河), 대강(大江, 長江), 압록강을 천하의 삼대수(三大水)[20]라 하였으니, 발원지가 멀다는 것을 알 수 있다. 그런데 압록강이 바다로 들어가는 곳은 강이 그다지 크지 않다고 들은 적이 있으니 알지 못하겠다. 어떻게 대택이 동남쪽으로 흘렀다고 서북쪽에 강물이 적겠

---

18 진방(辰方)과 사방(巳方): 진방은 정동쪽에서 남쪽으로 15도 각도 안의 범위이고, 사방은 정남쪽에서 동쪽으로 15도 각도 안의 범위이다.
19 "거란의 압자하는 곧 혼동강이니, 압자와 압록은 그 명칭이 뒤섞인 것이다[契丹之鴨子河, 卽混同江, 卽鴨子鴨綠, 其名相混也.]"라는 두주가 달려 있다.
20 천하의 삼대수(三大水): 천하에서 크다고 하는 세 개의 강으로, 『주자어류(朱子語類)』에 "천하에 세 개의 큰 강이 있는데, 양자강(揚子江), 황하(黃河), 혼동강(混同江)이 바로 그것이다"라고 하였다. 여기서 혼동강은 압록강을 말한다.

는가. 어떻게 황외(荒外)의 보지 못한 땅에서 물줄기가 나뉘어 우리 경내로 흘러왔겠는가. 여러 본에 의거하면 대택의 지류가 혼동강과 흑룡강(黑龍江)에 합류해서 가장 큰 강이 되었는데, 어찌 혼동강과 압록강이 동일하게 대택에서 나왔으나 그 이름이 뒤섞여 마침내 압록강을 천하의 삼대수라 여기는가. 대택의 북쪽으로 흐르는 강은 그 원류가 곧장 산정할(山頂割)에서 나왔으니, 혼동강이 가장 큰 것은 그 이치로 인한 것이다.}.

흑룡강(黑龍江)[21]

흑룡강은 저쪽 땅이지만 모두 대택에서 발원하므로 아울러 여기에 덧붙여서 기록한다.

대택은 사면에 벽이 서 있는데 북쪽으로 열린 곳이 수문이다. 물이 넘쳐흘러 천상수(天上水)가 되어 저쪽 경내의 후죽봉(帿竹峯)과 칠성봉(七星峯) 사이에 흐르니 이것이 흑룡강의 원류이다. 『삭방기』 지도에서는 혼동강의 원류라고 하였다. 『삭방기』 지도에 대택의 서북쪽으로 흐르는 강이 모두 네 줄기가 있으니, 천상수가 첫 번째 강줄기이다. 두 번째 강줄기는 칠성봉과 청봉(靑峯) 사이에서 나와 황토동수(黃土洞水)가 되어 아래로 천상수와 합류한다. 세 번째 강줄기는 청봉과 부봉(缶峯) 사이에서 나와 호선동수(虎扇洞水)가 되어 아래로 천상수와 황토동수에 합류한다. 합류한 강 아래에서 서북쪽으로 흘러 혼동강이 되는데 8, 900리를 흘러 길림을 지나서 곧장 북쪽으로 백도눌(白都訥)을 지나며, 또 동쪽으로 삼성(三姓, 지금의 黑龍江省 依蘭縣) 땅 사방 1,000여 리를 지나 흑룡강에 합류하여 동북쪽으로 바다에 들어간다. 네 번째 강줄기는 부봉과 연지봉 사이에서 나와 서쪽으로 흘러 구항연수(九項淵水)가 되니 새음고눌하(賽音庫訥河)[22]라고 부른다. 오라 경계를 지나 서쪽으로 4, 500리를 흘러 혼동강에 합류한다. 다른 본에 의거하면 천상수를 흑룡강의 원류라고 하는데, 이는 혼동강의 원류가 하류

---

21 "『대청일통지』 지도에서 흑룡강은 별도로 하나의 원류라고 하였다[大淸一統地圖, 黑龍江別是一源]"라는 두주가 달려 있다.
22 새음고눌하(賽音庫訥河): 홍양호의 『북새기략』 「백두산고」에 "대택의 서북쪽 10리 아래에 구항연대수(九項淵大水)가 있는데, 저들은 '새음고눌하(賽音庫訥河)'라고 부른다"라고 하였다.

에 이른 것이며 또 흑룡강과 합류한 것이라고 생각한다. 또 구항연[23]의 하류가 혼동강에 합류한다고 하지만 흑룡강의 원류로 보이는 것이 없으니, 아마도 구항연이 흑룡강의 원류일 것이다. 『일통지』에 "북쪽으로 흐르는 물이 혼동강의 원류이다"라고 하였으니, 북쪽으로 흐르는 물이 혼동강의 원류인 듯하지만 혼동강과 흑룡강이 끝내 돌아가서 합류하기 때문에 마침내 그 이름을 무릅쓴 것일까.

『삭방기』에 "두만강에서 흑룡강까지 바다로 들어가는 곳이 550리이다"라고 하였고, 또 "분계강에서 벌가토강까지 70리이고, 벌가토강에서 동가강까지 140리이며, 동가강에서 주온천(朱溫川)까지 10여 리이고, 주온천에서 흑룡강까지 300여 리이다"라고 하였다.

【목극등이 백두산에 올랐을 때 그곳에 비석을 세우면서 "북쪽으로 흐르는 물은 무엇인지 알지 못하겠으나 오히려[24] 혼동강이라 하기도 하고 흑룡강이라 하기도 한다"라고 하였으니 흑룡강도 분명히 대택의 지류인데, 천상수 외에 세 줄기의 강도 모두 꼭대기에서 발원한다. 『삭방기』 지도에 의거하면 다른 물줄기가 많고 발원지가 높으니, 서북쪽으로 흐르는 물이 큰 강임을 알 수 있다. 각라무(覺羅武)의 주본(奏本)에서 자세히 갖춘 것을 의거하건대 북쪽으로 흐르는 물을 말하지 않아서 무엇인지 알지 못하겠으나 다만 올라하(兀喇河)[25]와 눌음하(訥陰河)에 의탁했을 뿐이다. 각라무가 백두산을 오갈 적에 모두 오라 땅을 거쳤으니, 〈그가〉 본 것은 아마도 구항연 아래 새음고눌하인 듯하다. 대체로 청초(淸初)에는 산과 들이 오히려 열려 있었는데도 저쪽 땅으로부터 산에 들어가는 것이 더욱 깊고 험하여[26] 인적이 드물게 이르렀으니, 근래에 채집하고 수렵하여 산 바깥 지역까지 두루 다니는 것과는 다르다. 게다가 물이 산을 따라 흐르다가 아래로 바위와 봉우리에 떨어지니 냇물이 흐르는 것과는 다르다. 이 때문에 각라무와 목극등은 모두 스스로 원류를 찾은 것이 아니다.

---

23 구항연: 원문은 '구정연(九頂淵)'으로 되어 있는데 '구항연(九項淵)'의 오기이므로 바로잡았다. 이하 동일하다.
24 오히려: 원문은 '하(何)'로 되어 있는데, 목극등(穆克登)의 비문에 의거하여 '하(何)'를 '상(尙)'으로 바로잡았다.
25 올라하(兀喇河): 원문은 '원라하(元喇河)'로 되어 있는데 '원(元)'을 '올(兀)'의 오기로 판단하여 바로잡았다.
26 험하여: 원문은 '검(儉)'으로 되어 있는데 문맥상 '험(險)'의 오기로 보아 바로잡았다.

『관곡기』에, "북쪽으로 흘러 소하강(蘇下江)이 된다. 흑룡강이라 하기도 하고 화라강(火剌江)이라 하기도 한다. 흑룡강은 본래 산경지지(山經地誌)에 예로부터 실려 있던 이름이 아니기 때문에 단지 그 방언에서 일컫는 말을 따랐으니 그 이름이 한 가지가 아니다"라고 하였다.

『북관지(北關志)』[27]에 "남쪽으로 흘러 압록강이 되고, 북쪽으로 흘러 송화강(松花江)이 되고 혼동강이 되며, 동북쪽으로 흘러 소하강이 된다"라고 하였다. 『대명일통지』에 "동쪽으로 흘러 아야고하가 된다"라고 하였는데 속평강(速平江)을 가리키는 듯하다.】

정계비(定界碑)【영조 6년(1730) 비변사 당상 송진명(宋眞明)이 지도 1폭을 바치며 "이것은 목극등(穆克登)이 백두산(白頭山)에 와서 국경을 정할 때 몰래 지도를 그려 본 것인데 회령(會寧)의 장교가 방수(房守)로서 베낄 수 있었던 것입니다"라고 하였다.[28]】

숙종(肅宗) 38년(1712) 임진년에 오라 총관(烏喇摠管) 목극등이 백두산에 와서 국경을 정하고 비석을 세웠다. 『무산지』에 "비문에 '오라 총관 목극등이 황제의 명을 받들어 변경을 조사하기 위하여 이곳에 이르러 살펴보니, 동쪽은 토문강이고 서쪽은 압록강이다'라고 하였다. 북쪽으로 흐르는 물은 무엇인지 알지 못하겠으니 혼동강이라 하기도 하고 흑룡강이라 하기도 한다"라고 하였다. 「유하기(柳下記)」[29]【홍세태(洪世泰)가 지은 것이다.】에 다음과 같은 내용이 있다. "목극등이 와서 경계를 정할 적에 우리나라에서 접반사(接伴使) 박권(朴權)과 함경 감사(咸鏡監司) 이선부(李善溥)를 보내어 삼수부의 연연(蓮㛚)에 가서 목극등을 만나게 하였다. 목극등이 다만 역관(譯官) 김응헌(金應憲), 김경문(金慶門)과 같이 산 위에 올라갔다. 괘궁정(掛弓亭) 아래에서 오시천(五時川)을 따라갔다. 오시천은 경성의 장백산으로부터 서쪽으로 흘러 이곳에 이르러 강물

---

27 『북관지(北關志)』: 1693년(숙종 19) 신여철(申汝哲, 1634~1701)에 의하여 간행된 함경도 지지이다. 1616년(광해 8) 북평사 이식(李植, 1584~1647)이 함경도의 사실을 모아 기술하고 '북관지'라는 이름을 붙였으나 완성하지 못했던 것을 그의 아들 이단하(李端夏, 1625~1689)가 북평사로 있으면서 완성했지만 간행하지 못하였다. 1693년 무신 신여철이 함경도 10부(府)의 읍지를 개괄하여 목판으로 간행하였으며, 1784년(정조 8) 신여철의 후손 신대겸(申大謙, ?~1807)이 중간하였다.
28 영조 …… 하였다: 이와 관련된 내용이 『영조실록』 권27, 영조 6년(1730) 9월 10일 기사에서 확인된다.
29 「유하기(柳下記)」: 홍세태(洪世泰, 1653~1725)의 『유하집(柳下集)』 권9, 「백두산기(白頭山記)」를 가리킨다.

과 합류하는데, 그 바깥 지역은 모두 황폐하여 거주하는 사람이 없었다. 북쪽으로 백덕(柏德)을 건너 70리를 가서 검문(劍門)에 도착하고 25리를 가서 곤장우(昆長隅)에 도착하였다. 15리를 가니 큰 산이 앞에 있어 서쪽으로 강물을 건넜다. 나무를 베고 강둑을 따라 5, 60리를 가니 길이 끊어져 있어서 다시 산언덕을 따라갔는데, 이름은 화피덕(樺皮德)으로 백덕과 비교하여 더욱 험준하였다. 80여 리를 가니 작은 못이 있었으며, 또 동쪽으로 30여 리를 가서 한덕립지당(韓德立支當)에 올랐다. 수십 리를 가니 나무가 점점 듬성듬성하고 산이 점점 형체를 드러냈는데, 여기서부터 산이 모두 뼈대만 남아 있고 빛깔은 창백하였다. 동쪽을 바라보니 봉우리 한 좌가 하늘을 뚫고 솟아 있는데 바로 소백산(小白山)이었다. 구불구불 산발치를 지나서 서쪽으로 10여 리를 가면 산꼭대기에 도착하는데 아직도 2, 30리가 남아 있었다. 조금 동쪽에 고개 하나가 있으니 소백산의 지맥이었다. 산마루에 올라 바라보니 백두산이 웅장하게 솟아 있고 1천 리가 한결같이 푸르렀다. 산꼭대기는 마치 높은 도마에 흰 독을 엎어 놓은 듯하였다. 고개 밑을 따라 두어 리를 가니 산이 모두 헐벗어 있고, 5, 6리를 가니 산이 갑자기 가운데가 움푹 파여 구덩이를 이루어 띠처럼 가로막고 있었는데 깊이는 끝이 없고 너비는 겨우 2자 남짓이었다. 뛰어넘기도 하고 손을 잡고 건너기도 하였다. 4, 5리를 가니 또 구덩이가 있어 나무를 베어 시렁을 만들어서 건너갔다. 조금 서쪽으로 수백 보를 가서 산꼭대기에 도착하였다. 〈산꼭대기에〉 못이 있어 마치 사람의 숫구멍[顖穴]과 같았는데, 둘레는 30리 정도 되고 깊이는 헤아릴 수 없었다. 사방에 벽이 깎아지를 듯 서 있는데 마치 붉은 진흙을 발라 놓은 듯하였다. 그 북쪽을 두어 자 터서 물이 쏟아져 나오니 흑룡강의 원류였다. 동쪽에 돌로 만든 사자가 있는데 색깔이 누렇고 꼬리와 갈기가 움직이려는 듯하여 중국 사람들이 망천후(望天吼)라 부른다고 한다. 산등성이를 따라 아래로 3, 4리를 가니 샘물이 나와 있고 수십 백 보를 가니 산골짜기가 터져서 큰 골짜기가 되어 그 안으로 물이 흐르고 있었다. 또 동쪽으로 낮은 언덕을 넘으니 샘 하나가 있는데 두 줄기로 나뉘어서 그 물살이 매우 가늘었다. 목극등이 물길이 갈라진 사이에 앉아서 김경문을 돌아보며 '이곳은 분수령이라 부를 만하다'라고 하고는 마침내 돌에 새겨 기록하였다."

『여지고(輿地考)』에 다음과 같은 내용이 있다. "목극등이 귀국한 뒤에 이문(移文)을 보내어 '비석을 세운 뒤에 토문강의 원류를 따라 살펴보았는데 수십 리를 흘러가도록 물의 흔적이 보이지 않다가 바위틈을 따라 숨어 흘러서 100리에 이르러서야 큰 강이 나타났다. 이렇게 물의 흐름이 없는 곳에서 어떻게 변방에 국경이 있음을 알겠는가'라고 하였다. 우리나라에서 토문강의 원류가 끊어진 곳에 흙이나 돌을 쌓아 놓거나 목책을 세워서 하류와 이어지도록 하였다."

그 후 북평사(北評事) 홍치중(洪致中)의 상소[30]로 인해 조정에서 장차 조정 신하를 별도로 파견하여 다시 조사할 것을 논의하였다. 비변사 당상 김진규(金鎭圭)가 다음과 같이 상소하였다. "물의 갈래를 살펴서 정하는 것은 이미 저들 차원(差員)과 함께 한 것이니, 지금 이미 정한 사안 외에 그 원류를 궁구하려 한다면 함께 맡은 뜻을 어기는 것일 뿐만 아니라 형세상 반드시 저들 땅에 깊숙이 들어가서 저쪽 사람과 만나게 될 것입니다. 조정에서 공문을 작성해 주어도 지금 우리가 다시 살피는 것을 저들이 알지 못하니, 공문으로는 국경을 침범한 일을 구제할 수 없습니다. 지난번 북평사를 파견한 것에 대해 설령 저들에게 힐문을 당하더라도 오히려 변경의 관리가 푯말을 설치하러 왔다고 하여 조정에서 보낸 것이 아니라고 핑계 댈 수 있거니와, 지금 조정 신하가 명을 받들어 간다면 체모가 저절로 구별될 것입니다. 하물며 가는 거리가 30리에 그치지 않는다면 어찌하겠습니까."[31]

중국에서는 장백산이라 부르다【각라무(覺羅武)[32]의 주본(奏本)을 덧붙인다.[어양(漁洋) 왕사진(王士禛)의 『지북우담(池北偶談)』에 나온다.]】

『대명일통지』에 "장백산은 옛 회령부 남쪽으로 60리에 있다. 1,000리에 걸쳐 뻗어

---

30 북평사(北評事) 홍치중(洪致中)의 상소: 홍치중(洪致中, 1667~1732)은 1712년(숙종 38) 북평사에 임명되어 목극등과 함께 국경을 정하고 백두산정계비를 세우는 데 참여하였는데, 목극등이 정한 원류와 백두산의 푯말을 세우는 위치가 잘못되었다는 상소를 올렸다. 이와 관련된 내용이 『숙종실록』 권52, 숙종 38년(1712) 12월 7일 기사에서 확인된다.
31 물의 …… 어찌하겠습니까: 이와 관련된 내용이 김진규의 『죽천집(竹泉集)』 권27, 「두만강의 발원지에 관원을 파견하여 다시 조사하는 것을 의론한 상소[論豆江源遣官更審疏]」에서 확인된다.
32 각라무(覺羅武): 원문은 '각수무(覺雎武)'로 되어 있는데 '각라무'의 오기이므로 바로잡았다.

있고, 높이는 200리이다. 산 위에 못이 있어 둘레가 80리인데, 남쪽으로 흘러 압록강이 되고 북쪽으로 흘러 혼동강이 되며 동쪽으로 흘러 아야고강이 된다"라고 하였다.

강희 16년(1677) 내대신(內大臣) 각라무[33]가 시위(侍衛)하는 신하 3명과 함께 황명을 받들어 올라(兀喇, Ula) 지방에 가서 장백산을 보기 위해 액혁눌음(額赫訥陰) 지방 사람을 찾아가 3개월치 식량을 가지고 6월 초2일에 출발하였다. 11일을 가서 액혁눌음 땅에 이르러 나무를 베어 길을 열고 높은 산꼭대기에 올라가서 바라보니 장백산이 대략 100여 리에 걸쳐 있고 산 위에 조각조각 흰 빛이 보였다. 17일에 길을 찾다가 지름길을 만나 곧장 장백산 아래에 이르니 구름과 안개가 산에 자욱하였는데, 앞으로 다가가서 윤음(綸音)을 읽고 절하기를 마치자 구름과 안개가 걷혀 장백산이 또렷해졌다. 또 바로 길 하나를 만나서 붙잡고 올라갈 수 있었다. 중간에 평탄한 명승지가 있는데 마치 망대(望臺) 터를 쌓아 만든 듯하였으며, 앞서 본 조각조각 흰 빛은 모두 얼음과 눈이었다. 산의 높이는 대략 100리이다. 산꼭대기에 못이 있고 다섯 개의 봉우리가 에워싼 채 물에 임하여 서 있었다. 푸른 물이 맑고 물결이 출렁였으며, 못가에는 초목이 없었다. 못 주변은 대략 3, 40리 되었는데 못을 에워싼 여러 봉우리는 형세가 마치 기울고 무너질 듯하였다. 정남쪽의 한 봉우리는 조금 낮아서 완연히 문과 같았으나 못의 물이 흐르지 않았다. 산 사이에는 곳곳에 물이 있는데 왼쪽으로 흐르는 것은 구아리올라하(扣阿里兀喇河)이고 오른쪽으로 흐르는 것은 대눌음하(大訥陰河)와 소눌음하(小訥陰河)이다. 산을 두르고 있는 것은 모두 평평한 숲이어서 멀리 바라보니 여러 산이 모두 낮았다. 예식을 마치고 산에서 내려오니 사슴 7마리가 있었는데, 산 아래로 왔다가 마침 먹을 것이 부족하였다. 이것은 산신령이 준 것인 듯하여 산을 바라보고 머리를 조아려 사례하고는 사슴 7마리를 거두었으니 산을 올라갈 때 원래 7명의 사람이 있었다. 물러나 2, 30보를 가니 구름과 안개가 산에 자욱하여 〈장백산을〉 다시 볼 수 없었다. 18일에 돌아가서 21일에 두 개의 눌음하가 합류하는 곳으로 되돌아왔다. 25일에 흡고하(恰庫河)에 이르렀으니 바로 눌음하의 동쪽 지류가 만나는 곳이다. 29일에 수로로 작은 배를 타고 대강(大江)과 구험(九險)을 지나 7월 초2일에 올라 지방으로 되돌

---

33 각라무: 원문은 '각최무(覺催武)'로 되어 있는데 '각라무(覺羅武)'의 오기이므로 바로잡았다.

아왔다. 또 영고탑(寧古塔) 등지를 보러 가서 12일에 영고탑에 이르러 회령부 등지를 두루 보고는 17일에 출발하여 8월 21일에 북경에 도착해서 황제의 뜻을 받들었으니, 장백산은 마땅히 봉호를 더해서 영원히 사전(祀典)에 드러내야 한다는 것이었다. 예부(禮部)에서 아뢰기를, "『금사(金史)』 대정(大定) 12년(1172)에 장백산을 흥국영응왕(興國靈應王)으로 봉하였고, 명창(明昌) 4년(1193)에 또 개천홍성제(開天弘聖帝)로 더 봉하였다. 명 홍무(洪武) 3년(1370)에 악진(岳鎭)의 봉호를 버리고 단지 신(神)으로 칭하였다. 지금 청조에서 〈오악(五岳)을〉 악진의 신이라 칭하는 것에 상응하여 장백산을 장백산의 신[長白山之神]으로 봉하고 길한 땅을 골라 사당을 세웠으니, 오악의 예에 비춘 것이다. 매양 봄가을로 두 번 제사 지내니 예의 또한 오악의 예에 비춘 것이다"라고 하였다.

『일통지』와 각라무의 기록을 살펴보면 두 개의 회령 땅이 있으니, 저쪽 땅에도 회령이라는 지명이 있는데 하나는 장백산과의 거리가 매우 가깝고 하나는 장백산과의 거리가 매우 멀다【그러므로 회령의 회인(會人)이 사는 땅인 듯하다. 다시 상고하기를 기다린다.】.

빠진 것을 보충하다[拾遺]【백두산 밖】

백두산 아래 곤방으로 40여 리에 북증산이 있는데 토문강과 분계강 두 원류 사이에 있다. 석성(石城)이 있어 둘레가 넓고 크며, 문루(門樓)와 해사(廨舍)는 그 터가 완연한 데다 폐지된 것도 오래지 않았다.

회령에서 강을 건너 서쪽으로 85리를 가면 폐지된 성지(城池)가 있는데 혹은 옛날에 번호(蕃胡)가 살던 곳이라고 한다. 여기서부터 분계강까지 5리쯤 된다.

무산부에서부터 한 갈래의 길이 있는데, 임강대(臨江臺)를 거쳐 삼산덕창(三山德倉)【북로(北路, 함경도)의 방언에 비탈[坂]을 '덕(德)'이라고 한다.】과 와가창(瓦可倉)에 다다른다. 대편봉(大編峯) 아래에 옛 객관이 있고 그 옆에 못 하나가 있다. 대편봉에 올라 조망하면 한 줄기 긴 산이 구불구불 뻗은 것이 마치 병풍 같고, 분계강 안, 두만강 밖은 평평한 육지와 넓은 들판이 아득히 끝이 없으니, 숲이 우거지고 풀이 무성한 땅이 우리 경내의 육진(六鎭)보다 크다.

후죽봉은 분계강과 천상수 두 원류의 사이에 있다. 큰 들판 가운데에 두 갈래로 바위가 서서 좌우로 깎아지른 듯이 있는데 빛깔이 하얘서 옥과 같다. 높이는 몇천 장인지 알지 못하겠으나 모두 오랑캐[胡人]가 채집하고 수렵하는 곳이다. 후죽봉 아래에서 북쪽으로 100여 리를 뻗어서 근선부와(勤善富窩)[34]가 되며, 또 북쪽으로 뻗어서 영고탑이 된다. 근선부와 북쪽에서 영고탑과의 거리는 600여 리이다.

천상수와 황토동수 두 원류의 사이에 평평한 들 가운데 우뚝 솟아 있는 것을 칠성봉이라 한다. 푸른 소나무와 늙은 전나무가 하늘을 찌를 듯 서 있는데, 그 아래는 평탄하고 광활하여 끝이 없다. 모두 인삼과 담비가 많이 나는 곳이다.

황토동수와 호선동수 두 원류의 사이에 청봉이 있다. 청봉의 옆에 두 봉우리가 있는데 하나는 방명(方命)이라 부르고 하나는 설령이라 부르니 모두 소나무와 전나무가 자라는 곳이다. 황토동(黃土洞)과 성토동(星兔洞)을 합하여 탁 트여[35] 광활하니 몇백 리나 되는지 알지 못하겠다. 호선동에 큰 마을이 있는데 옛날에 오랑캐 장수 이대재(李大才)가 살던 곳으로 백두산과의 거리가 300리이다. 칠성봉과 청봉은 모두 하류가 합류하는 안쪽에서 그친다.

호선동수와 구항연수[36] 두 원류의 사이에 부봉이 있으니 오라와의 거리가 700리이다. 부봉 아래에 또 사모봉(思母峯)이 있는데 서쪽으로 수백 리를 뻗어서 납진와집(納秦窩集)이 된다.

---

34 근선부와(勤善富窩): 홍양호의 『북새기략』「백두산고」에는 '늑부선와집(勒富善窩集)'으로 되어 있다.
35 탁 트여: 원문은 '척간(拓間)'으로 되어 있는데 문맥상 '간(間)'을 '개(開)'의 오기로 보아 바로잡았다.
36 구항연수: 원문은 '구정연수(九頂淵水)'로 되어 있는데 '구항연수(九項淵水)'의 오기이므로 바로잡았다.

구항연은 대택 서북쪽으로 10리 아래에 있다. 대택 옆에 학성(鶴城)이 있는데 어느 때 세웠는지 알지 못하겠으나 평평하고 넓은 들판은 인삼밭과 담비 굴이다.

구항연과 십이도구하 두 원류의 사이에 근극산(勤克山)[37]이 있다. 산이 구불구불 뻗어 오라 경계에 이른다. 산의 안팎이 모두 오라 경계이고, 구항연의 남북쪽도 모두 오라 경계이다.

십이구하(十二溝河)와 압록강의 두 원류 사이에 산이 있는데, 산줄기 하나가 압록강의 북쪽에서 그친다.

『경흥읍지(慶興邑誌)』에 아양관산(峨羊串山)[38]【〈경흥부(慶興府)〉 동쪽 60리에 있다.】과 초관산(草串山)【경흥부 동쪽 60리에 있다.】이 있다. 『승람(勝覽, 東國輿地勝覽)』에 하다산(何多山),[39] 남라이포(南羅耳浦),[40] 필단탄(匹段灘), 이사산(伊沙山),[41] 진주지(眞珠池) 등의 산천이 있는데, 두만강 바깥 지역이다.

빠진 것을 보충하다【백두산 안】

압록강의 발원지 동북쪽에 연지봉【"백두산 동남쪽으로 30리를 가면 있다."고 말하기도 하고, "대택 아래 10여 리에 있다"라고 말하기도 한다.】이 있는데, 그 아래가 소백산이 되고 침봉이 된다. 산의 형태가 베개와 같다. 흩어져 내려와 평판(平坂)으로 30여 리를 가면이 된다. 또 5, 60리를 가면 보다회산이 되고, 또 가리봉(加里峯, 加德峯)이 된다. 허항령 아래에서 보다회산까지 서남쪽을 향해 낙맥(落脈)된 것이 각각 하나의 동

---

37 근극산(勤克山):『북새기략』에는 '근극산'으로, 정약용(丁若鏞)의 『아방강역고(我邦疆域考)』와 정원용(鄭元容)의 『북행수록(北行隨錄)』에는 '늑극산(勒克山)'으로 되어 있다. 늑극산의 오기로 보인다.
38 아양관산(峨羊串山):『신증동국여지승람』에는 '아양관산(我羊串山)'으로 되어 있다.
39 하다산(何多山): 원문은 '□다산(□多山)'으로 되어 있는데,『신증동국여지승람』에 의거하여 바로잡았다.
40 남라이포(南羅耳浦): 원문은 '남라자포(南羅自浦)'로 되어 있는데,『신증동국여지승람』에 의거하여 바로잡았다.
41 이사산(伊沙山): 원문은 '사이산(沙伊山)'으로 되어 있는데,『신증동국여지승람』에 의거하여 바로잡았다.

(洞)을 이루니 임연수천(臨連水川), 자개수천(自開水川), 비비수천(飛飛水川), 검천(劍川)이라 한다. 각 동은 모두 사람이 없는 곳이다. 그 아래 오씨천동(吳氏川洞) 어귀에 비로소 혜산보(惠山堡)를 두었다. 여러 동천(洞川)의 물은 모두 압록강과 합류한다.

침산(枕山, 침봉) 아래에 포모산(抱慕山)이 있다. 포모산 남쪽에 대천(大川) 하나【아마도 남대천(南大川)인 듯하다.】가 있는데,[42] 수많은 봉우리 가운데 넓게 탁 트여 평평하게 펼쳐져 있으면서 황폐한 잡초가 가장 무성한 곳이다. 아마도 이곳이 무산부가 처음 설치된 곳인 듯하다. 포모산 아래에 연화암(蓮花巖)이 있고, 연화암 아래에 검덕산(劍德山)이 있으며, 그 아래에 문새봉(文塞峯)【『삭방기』를 상고하니 "이 봉우리로부터 뻗어 가서 장백산이 된다"라고 하였다.】이 있다. 연화암 위에는 서대동수(西帶洞水)【삼지에서 발원하여 남대천과 합류하여 두만강으로 들어간다.】가 있다.

가리봉 아래에서 완항령까지의 사이에 동남쪽으로 치봉(雉峯)[43]이 서 있다. 장백산 옥천동(玉泉洞) 뒤 봉우리에서 또 산맥 하나가 서북쪽으로 100여 리를 가서 삼봉(三峯)에서 그쳐 연암(蓮巖)과 결구(結口)하니 그 사이가 이른바 여진평(女眞坪)이다. 탁 트인 들판이 매우 넓다.

보다회산 뒤 봉우리에서 북쪽으로 달려 구불구불 100여 리를 뻗어 가면 중간에 진장성(眞長城)과 연암(蓮巖) 등지가 있다. 조금 동쪽을 향해 둘러 가다가 그 정맥이 곧장 강변(江邊)의 삼산덕으로 달려간다【무산 땅 풍성(豐城)의 아래쪽, 서북천의 위쪽에 있다.】.

연지봉 동북쪽에 천평(天坪)이 있는데, 백두산 동쪽, 장파(長坡) 서쪽, 허항령 북쪽,

---

42 대천(大川) …… 있는데: 원문은 '有一疑卽南大川大川'으로 되어 있는데, 문맥상 '有一大川, 疑卽南大川'의 오사(誤寫)로 보인다. '疑卽南大川'은 대천에 대한 세주로 간주하는 편이 자연스러우므로 바로잡아 번역하였다.
43 치봉(雉峯): 홍양호의 『북새기략』 「백두산고」에는 '추봉(錐峯)'으로 되어 있다.

각봉(角峯) 남쪽까지 넓고 탁 트인 큰 들판이 한번 바라보면 끝이 없으니, 바로 천평이다. 천평의 북쪽 대각봉의 아래에 감토봉(甘土峯), 입모봉(笠帽峯), 남증산, 노은산(蘆隱山) 등의 여러 산이 있다【지도에 국사현(國士峴)도 있다.】. 봉우리가 평지 위에 우뚝 솟았는데, 내려오는 산세가 연지봉으로부터 있는 듯 없는 듯하다가 산맥이 장파에서 멈춘다. 장파는 허항령의 삼지수(三池水)와 토문강이 합류하는 안쪽에 있다.

대각봉에 임진년(1712)에 국경을 정한 목책이 있으니, 바로 두만강 상류가 발원한 곳이다.

토문강과 분계강 사이에 산이 있는데 산줄기 하나가 동북쪽으로 가서 두 강이 합류하는 곳에서 그치는데, 합류하는 곳은 바로 온성 경계이다. 백두산에서 인방(寅方)[44]과 묘방(卯方) 사이를 향해 200여 리를 가면 비로소 우리 경내 무산의 사지촌(社地村)이다.

---

44 인방(寅方): 정동쪽에서 북쪽으로 15도 각도 안의 범위이다.

『북로기략(北路紀略)』권3
「북로고실(北路故實)」【주군(州郡)의 연혁을 아울러 덧붙인다.】

  북로(北路)는 옛 숙신(肅愼)의 땅으로 그 이전은 상고할 수 없다. 뒤에 고구려의 땅이 되었는데 신라가 통일했을 때 힘이 동북쪽에 미치지 못하여 모두 여진에게 함락되었다. 고려 태조가 삼한(三韓)을 통합하고 또한 단지 철령(鐵嶺)을 국경으로 삼았다. 그 후 차례로 〈여진을〉 제거하였으나 〈국토를〉 얻었다가 잃었다가 하였는데, 조선에 이르러 강을 경계로 삼아 국경을 정하여 강역이 비로소 온전해졌다. 지금 『여지고』, 『북관지』【외재(畏齋) 이단하(李端夏)가 택당(澤堂, 李植)의 초고를 이어받아 첨가하여 수집하고, 대장(大將) 신여철(申汝哲)이 증수하여 간행하였다.】, 『삭방기』를 아울러 채집하여 부류대로 기록한 것을 엮어 다시 고증을 기다린다.

숙신씨(肅愼氏)

  북청의 보청사(甫靑社)【북청부 동쪽 30리에 있다.】 허천평(虛川坪)에 옛 성터가 있는데, 숙신씨의 옛 도읍이라고 전해진다. 성안은 모두 좋은 밭이어서 백성들이 살고 있다. 밭을 가는 사람들이 땅을 파다가 혹 철로 만든 물건을 얻기도 하고 돌도끼나 돌화살촉을 얻기도 한다.
  『여지고』를 살펴보면 성터는 둘레가 3,490척이다. 일찍이 보니 그 사방의 넓은 들판 가운데 작은 성 터가 있고 사방이 모두 반듯하였다. 거주하는 사람이 말하기를 "그 길이는 260보이고 사방 중에 오로지 북쪽 성터를 분별할 수 있다. 높은 곳은 숨을 만하고 낮은 곳은 반 장(丈) 정도 된다. 간혹 작은 붉은 돈대가 있는데 초루(譙樓)의 옛터라고 전한다. 성터의 안에 거주하는 백성이 거의 100호(戶)이고 밭이 30일 갈이[日耕]가 되어서 이름을 토성촌(土城村)이라 한다"라고 하였다. 제가(諸家)의 야승(野乘)에는 또 다음과 같이 실려 있다. "흑수말갈(黑水靺鞨)【숙신의 옛 땅에 산다.】이 나뉘어 생여진(生女眞)과 숙여진(熟女眞)이 된다. 숙여진은 함관령(咸關嶺) 남쪽 땅에 있으니 『송사(宋史)』에 '혼동강 남쪽 땅이다'라고 하였으며, 생여진은 함관령 북쪽 땅에 있으니 『송사』의 혼동강 북쪽 땅이다." 이에 근거하면 숙신의 강계(疆界)를 구분한 곳을 비록 상고할 수 없으나 북쪽 땅은 대개 숙신의 옛 땅이 된다.

고구려(高句麗)·신라(新羅)·고려(高麗)【아울러 '주군의 연혁' 조에 덧붙인다.】

주군의 연혁[州郡沿革]

안변(安邊)은 본래 고구려의 비열홀군(比列忽郡)【천성(淺城)이라고도 부른다.】이다. 신라 진흥왕(眞興王) 때 비열홀주(比列忽州)【신라 때 비열홀성(比列忽城)을 쌓았는데 아마도 지금의 학포(鶴浦) 고산성(古山城)인 듯하다.】라 하고, 군주(軍主)를 두었다. 고려 때 등주(登州)【경덕왕(景德王) 때 삭정군(朔庭郡)으로 고쳤다.】로 고치고, 성종(成宗) 때 단련사(團鍊使)를 두었으며, 현종(顯宗) 때 등주 안변도호부(登州安邊都護府)로 고쳤다. 고종(高宗) 때 정평 이남 지역이 여러 차례 몽골군의 침략을 당하여 강릉도(江陵道) 양주(襄州)로 옮겨 머물다가 다시 간성(杆城)으로 옮긴 지 거의 40년 만인 충렬왕(忠烈王) 때 비로소 본성(本城)으로 돌아왔다. 우리 태종 3년(1403) 안변부 사람인 조사의(趙思義)가 반란을 일으켜 감무(監務)로 격하하였다가 이듬해 다시 도호부가 되었다. 세조(世祖) 때 진(鎭)을 설치하고, 성종 3년(1472)[45] 대도호부(大都護府)로 승격하였다가 중종 4년(1509) 다시 도호부로 격하하였다.

고구려의 가지달현(加支達縣)이다. 신라 때 청산(菁山)으로 고치고 삭정군(朔庭郡)이라 하였다. 고려 때 문산(汶山)으로 고치고, 또 문산(文山)【지금 안변 경내에 있다.】으로 고쳤다.

---

[45] 성종 3년: 『신증동국여지승람』 권49, 「함경도(咸鏡道)·안변도호부(安邊都護府)」에는 '성종 2년'으로 되어 있다.

어지탄현(於支吞縣) 익계(翊溪) 익곡(翼谷)

원곡현(原谷縣) 서곡(瑞谷)

기연현(岐淵縣) 파천(派川)

설한현(薛寒縣)[46] 상음(霜陰)【문종(文宗) 때 상음과 학포 두 현의 연해(沿海)를 적이 공격한다고 하여 고을에 수자리 사는 병사를 두고 안변 경내에 병합하였다.】

파천사(派川社) 바다 어귀에 작은 석성【살펴보건대 고려 덕종(德宗) 때 거란이 억류된 사신을 보내라고 하였으나 받아들이지 않고 마침내 삭주, 영인진(寧仁鎭), 파천 등의 현에 성을 쌓아 방비하였는데, 아마도 바로 이것인 듯하다. 지금은 철원수성(鐵垣戍城)이라 부른다.】이 있다.

덕원(德原)은 본래 고구려의 천정군(泉井郡)【오을매(於乙買)라고도 한다.】이다. 신라 때 정천군(井泉郡)으로 고치고, 고려 때 용주(湧州)라 불렀으며, 성종 때 방어사(防禦使)를 두었다. 뒤에 의주(宜州)로 고치고 예종(睿宗) 때 성을 쌓았다. 조선 태종 13년(1413) 의천(宜川)으로 고쳤다. 세종 19년(1437) 지금의 이름으로 고치고 군(郡)으로 삼았으며, 세종 27년(1445) 목조(穆祖)·익조(翼祖)·도조(度祖)·환조(桓祖) 4대의 어향(御鄕)이라 하여 도호부(都護府)로 승격시켰다【덕원부 북쪽 15리에 정천 고성(井泉古城)이 있다.】. 용진 폐현(龍津廢縣)은 덕원부 동쪽에 있다. 옛날의 호포(狐浦)[47]로 고려 목종(穆宗) 때 성을 쌓고 뒤에 문천에 예속하였다. 조선 세조 5년(1459) 현(縣)을 줄이고 〈문주(文州)에〉 예속하였다【지금의 용성사(龍城社)이다.】. 진명 폐현(鎭溟廢縣)은 덕원부 남쪽 24리에 있다. 그 동쪽으로 4리에 진명포(鎭溟浦)가 있는데 고려 말 왜구가 진명성(鎭溟城)을 약탈한 뒤에 비로소 병선을 포구 가에 설치하였다.

문천은 옛날에 매성(妹城)이라 불렀다. 고려 성종 때 성을 쌓고 문주 방어사(文州防禦使)라 하였다. 뒤에 의주(宜州)에 병합하였다가 충목왕(忠穆王) 때 다시 쪼개어 주(州)

46　설한현(薛寒縣):『신증동국여지승람』권49,「함경도·안변도호부」에는 '살한현(薩寒縣)'으로 되어 있다.
47　호포(狐浦): 원문은 '고포(孤浦)'로 되어 있는데,『신증동국여지승람』권49,「함경도·덕원도호부(德源都護府)」에 의거하여 바로잡았다.

로 삼았다. 조선 태종 13년(1413) 지금의 이름으로 고쳐서 군(郡)으로 삼았다. 용진 폐현은 또 '덕원' 조에 자세하니 문천군 동쪽 30리【지금의 명효사(明孝社)이다.】에 있다. 운림진 고성(雲林鎭古城)은 문천군 서쪽에 있다. 고려 현종 때 성을 쌓고 방어사【지금도 진사(鎭司)라 부른다.】라 하였다.

고원은 옛날의 덕령진(德寧鎭)【홍원군(洪源郡)이라고도 한다.】이다. 고려 광종(光宗) 때 성을 쌓고 성종 때 고주 방어사(高州防禦使)라 하였으며, 현종 때 봉화산(鳳化山) 남쪽에 성을 쌓아서 고을의 치소(治所)를 옮겼다. 공민왕(恭愍王) 때 지주사(知州事)로 고쳤다가 조선 태종 13년(1413) 지금의 이름으로 고쳐 군(郡)으로 삼았다. 성종 12년(1472)[48] 고을이 영흥군과 매우 가깝고, 또 화재를 입었다 하여 치소를 발산사(鉢山社)[49]【고군(古郡)으로 지금의 치소 북쪽 15리에 있다.】로 옮겼다. 애수진성(隘守鎭城)은 옛날에 이병(梨柄)이라 불렀는데, 옛 덕령진(德寧鎭)이라 하기도 하고, 옛 고구려진(高句麗鎭)【고려 성종 때 성을 쌓았다.】이라 하기도 한다.

영흥은 본래 고구려의 장령진(長嶺鎭)으로, 당문(唐文)【당문(堂文)이라고도 쓴다.】이라고도 부르고 박평군(博平郡)이라고도 부른다. 고려 초에 화주(和州)가 되었고, 광종 때 성보(城堡)를 쌓았으며, 성종 때 화주 안변도호부(和州安邊都護府)로 고쳤다. 현종 때 화주 방어사(和州防禦使)로 격하하여 본영(本營)으로 삼았는데, 고종 때 조휘(趙暉)와 탁청(卓靑)이 이 고을에서 배반하여 원나라에 귀부(歸附)하니, 원나라가 쌍성총관부(雙城摠管府)를 설치하고 등주와 합하였으나, 여전히 방어사(防禦使)라 부르다가 뒤에 통주(通州)와 병합하였다. 충렬왕 때 예전대로 회복하였는데, 공민왕 때 수복(收復)하고 화주목(和州牧)이라 하였으며, 또 화령부(和寧府)로 승격하여 부윤(府尹), 소윤(少尹), 판관(判官), 토관(土官)을 두었다. 조선 태조 2년(1393) 영흥진(永興鎭)이 외할아버지 최씨(崔氏)의 관향이라 하여 지금의 이름으로 고쳐 부(府)로 삼았다. 태종 3년(1403) 영흥부 사

---

48 성종 12년: 『신증동국여지승람』 권49, 「함경도·고원군(高原郡)」에는 '성종 22년'으로 되어 있다.
49 발산사(鉢山社): 원문은 '발산사(鉢山舍)'로 되어 있는데, 『신증동국여지승람』 권49, 「함경도·고원군(高原郡)」에 의거하여 바로잡았다.

람들이 조사의를 따라서 반란을 계획하였다 하여 군(郡)으로 격하하였다가 이듬해 다시 예전대로 회복하였으며, 16년(1416)에 다시 화주목으로 격하하여 목사(牧使)와 판관을 두고 토관을 혁파하였다. 세종 8년(1426) 영흥 대도호부(永興大都護府)로 고치고, 성종 원년(1470) 관찰사(觀察使)의 본영을 이곳으로 옮겼으며, 중종 4년(1509) 다시 〈관찰사의 본영을〉 함흥부로 옮겼다.

평주진(平州鎭)은 본래 영흥진이다. 고려 문종 때 성보를 쌓았고, 태조 2년 부(府)의 호칭으로 고쳤다가 진(鎭)으로 고치고 이름을 평주(平州)라 하였다. 정변진(靜邊鎭)은 고려 현종 때 진(鎭)을 설치하고 정종(靖宗) 때 성을 쌓았다. 요덕진(耀德鎭)은 본래 현덕진(顯德鎭)으로, 고려 현종 때 성을 쌓았다. 정평은 옛날에 파지(巴只)【선위(宣威)[50]라고도 한다.】라 불렀다. 고려 성종 때 천정만호부(千丁萬戶府)를 두었다. 정종 때 성보를 쌓고 관문(關門)을 설치하여 정주 방어사(定州防禦使)라 하였는데, 고종 때에 원나라에 함몰되었다가 공민왕 때 수복하고 도호부로 승격하였다. 조선 태종 13년(1413) 평안도 정주(定州)와 이름이 같다 하여 지금의 이름으로 고쳤다.

옛 장성(長城)은 고려 때 쌓은 것으로 여진을 막았으니, 이곳이 바로 삼관문(三關門) 땅이다【'척변(拓邊)' 조에 자세하다.】. 장곡 폐현(長谷廢縣)【지금의 장곡사(長谷社)이다.】은 고려 때의 장주(長州)【가림(椵林)이라고도 하고 단곡(端谷)이라고도 한다.】이다. 현종 때 방어사(防禦使)를 두었다가 뒤에 현(縣)으로 격하하였으며, 조선 세종 4년(1422) 혁파하였다. 예원 폐현(預原廢縣)【지금의 독산사(禿山社)이다. 군창(軍倉)이 있는데 별칭 원성(原城)이라고도 부른다.】은 고려 정종 때 생천(栍川)에 성을 쌓고 원흥진(元興鎭)이라 하여 진사(鎭使)를 두었다. 예종 때 예주(預州)에 성을 쌓고 방어사를 두었으며, 조선 태조 7년(1398) 예주와 원흥(元興)을 합하여 예원군(預原郡)으로 삼았는데, 세조 4년(1458) 혁파하였다.

함흥은 고려 예종 때 함주 대도독부(咸州大都督府)를 설치하여 진동군(鎭東軍)이라 이름 붙이고, 성을 쌓아 남쪽 경계의 정호(丁戶) 1,948호를 옮겨서 이곳에 채웠다. 얼

---

50 선위(宣威): 원문은 '선과(宣戈)'로 되어 있는데, 『신증동국여지승람』 권48, 「함경도·정평도호부(定平都護府)」에 의거하여 바로잡았다.

마 안 되어 성을 철거하고 그 땅을 여진에게 돌려주었는데, 뒤에 원나라에 함몰되어 합란부(哈蘭府)라 부르고 쌍성(雙城)에 예속하였다. 공민왕 때 환조에게 명하여 쌍성을 격파하게 하고 옛 강역을 수복하여 지함주사(知咸州事)로 삼았다. 곧 만호부(萬戶府)로 고쳐 영(營)을 설치하였으며, 강릉(江陵)·경상(慶尙)·전라(全羅) 등 여러 도(道)의 군마(軍馬)를 모아 변경을 방비하였다. 또 목(牧)으로 승격하였으며, 조선 태종 16년(1416) 지금의 이름으로 고치고 부(府)로 승격하여 관찰사의 본영으로 삼고 토관을 두었다. 세조 13년(1467) 고을 사람이 배반하여 이시애(李施愛)를 붙좇아 관찰사와 수령을 죽였으므로 성종 원년(1470) 군(郡)으로 격하하고 토관을 혁파하였으며, 관찰사의 본영을 영흥부로 옮겼다가 중종 4년(1509) 예전대로 회복하였다.

합란부는 원나라가 설치한 것으로, 지금의 영흥부 남쪽 5리에 있다. 『대명일통지』에 "개원성(開元城)이 삼만위(三萬衛) 서문(西門) 밖에 있다"라고 하였고, 『원지(元志)』에 "개원성 서남쪽을 영원현(寧遠縣)이라 하고, 또 그 남쪽을 합란부라 하며, 또 그 남쪽을 쌍성이라 하는데, 곧장 고려의 왕도(王都)에 다다른다"라고 하였다. 이른바 합란(哈蘭)이란 곧 이 쌍성이니, 즉 영흥부(永興府)의 삼만위는 바로 옛 읍루물길(挹婁勿吉)【여진의 선조를 물길(勿吉)이라 한다.】 땅이다. 초원폐성(草原廢城)【함흥부 동북쪽 50리에 있다.】은 세상에서 고구려 동명왕(東明王)이 쌓은 것이라 전한다.

홍원은 옛날에 홍긍(洪肯)이라 불렀고, 홍헌(洪獻)이라고도 불렀다. 고려 말에 현(縣)을 두었고, 조선 태조 7년(1398) 지금의 명칭으로 고쳐 함흥부에 예속하였다. 태종 2년(1402)에 쪼개어 현령(縣令)을 두었다가 얼마 안 되어 다시 함흥에 예속하였으며, 세종 15년(1433) 다시 현감(縣監)을 두었다.

대문령은 성과 고개가 서쪽에서부터 동쪽으로 달리고 남쪽으로 굽이굽이 바다에 이른다. 대문령에 서성(西城)이 있고, 성에 문 3개가 있어 다니는 길을 통하게 하였다. 서쪽 문을 대문(大門)이라 하고, 가운데 문을 중문(中門)이라 하며, 남쪽 문을 석문(石門)이라 한다. 석문은 해변에 있는데, 세 문의 거리가 각각 3리쯤 된다. 고려 말 심덕부(沈德符)가 왜적(倭賊)과 대문령 북쪽에서 싸워 패하였다【이 성은 어느 때 쌓은 것인지 알지 못하나 대개 고려 때에 있었다.】.

북청은 여진이 오랫동안 점거한 곳으로, 고구려의 옛 땅이다. 고려 예종 때 윤관(尹瓘)을 보내어 여진을 내쫓았으며, 9개의 성【명칭은 자세하지 않다.】을 설치하였다. 뒤에 원나라에 함몰되어 삼살(三撒)이라 불렸다. 공민왕 때 옛 지경을 수복하고 안북천호방어소(安北千戶防禦所)를 설치하였으며, 또 지금의 이름으로 고쳐서 주(州)로 삼고 안무사 겸 만호(安撫使兼萬戶)를 두었다. 조선 태조 7년 청주부(靑州府)로 고치고, 태종 17년(1417) 청주목(淸州牧)과 음이 같다 하여 다시 북청이라 불렀다. 세종 9년(1427) 고쳐서 도호부(都護府)로 삼았으며, 세조 12년(1466) 진(鎭)을 설치하고 병마절도부사(兵馬節度副使)라 부르고 부사(副使)로 겸하였다. 또 판관을 두었는데 얼마 안 되어 부사를 폐지하였다. 13년 이시애를 평정하고 남도와 북도의 거리가 멀다 하여 남도 절도사(南道節度使)를 설치하고 함흥부를 본영으로 삼았다.

이원은 옛날에 시리(時利)라 불렸다. 고려 때 복주(福州)【지금의 단천이다.】에 예속하였다. 조선 세종 18년(1436) 단천과 마운령 남쪽의 싯간[時叱間],[51] 시리(施利) 두 사(社)와, 북청부(北靑府) 동쪽의 다보사(多甫社) 북쪽 등의 땅을 떼어 현(縣)을 설치하고 지금의 이름으로 고쳤다.

단천은 본래 오림금촌(吳林金村)이다. 여진에게 점거되었다가 고려 예종 때 성을 쌓고 방어사를 두었는데, 얼마 안 되어 여진에게 돌려주었다. 뒤에 원나라에 함몰되어 독로올(禿魯兀)이라 불렸는데, 공민왕 때 수복하였고, 신우(辛禑) 때 단주 안무사(端州安撫使)로 고쳤다. 조선 태조 7년(1398) 지단주사(知端州事)로 고쳤으며, 태종 13년 지금의 이름으로 고쳐 군(郡)【지금은 부(府)가 되었다.】으로 삼았다.

갑산은 옛 허천부(虛川府)이다. 오랫동안 여진에게 점거되어 누차 병화(兵火)를 겪느라 인가가 없었다. 고려 공양왕(恭讓王) 때 비로소 갑주 만호부(甲州萬戶府)를 두었다. 조선 태종 13년 지금의 이름으로 고쳐 군(郡)으로 만들고, 세종 19년(1437) 진(鎭)을

---

51 싯간[時叱間]: 원문은 '시화간(時化間)'으로 되어 있는데, 『신증동국여지승람』 권48, 「함경도·이성현(利城縣)」에 의거하여 바로잡았다.

설치하고 겸절제사(兼節制使)라 불렀다. 세조 7년(1461) 도호부로 승격하고 그대로 진으로 삼았다.

삼수는 본래 갑산군(甲山郡) 삼수보(三水堡)였는데, 조선 세종 23년(1441) 만호를 두어 적의 길목을 막고, 28년 삼수군(三水郡)을 설치하였으며, 단종(端宗) 2년(1454) 군(郡)을 혁파하고 다시 만호를 두었다. 세조 7년(1461) 다시 군으로 삼고 도호부로 승격하였다가 10년에 다시 군【지금은 부(府)가 되었다.】으로 격하하였다.

장진(長津)은 본래 함흥이다.

후주(厚州)는 본래 폐사군 땅이다. 조선 현종 갑인년(1674) 관찰사 남구만(南九萬)이 삼수의 어면진(魚面鎭)을 후주로 옮길 것을 청하여 첨사(僉使)로 승격하였는데, 숙종 을축년(1685) 범월(犯越) 사건으로 인해 혁파하였다. 그 뒤에 다시 첨사를 두었다가 금상(今上, 純祖)이 부(府)로 승격하였다.

길주는 오랫동안 여진에게 점거되었다가 고려 예종 때 윤관이 여진을 쫓아내고, 궁한촌(弓漢村)에 성랑(城廊) 670칸을 쌓고 길주라 이름 붙였다. 방어사를 두고 중성(中城)을 쌓았는데 얼마 안 되어 여진에게 돌려주었다. 뒤에 원나라에 함몰되어 해양(海洋)【삼해양(三海洋)이라고도 한다.『용비어천가(龍飛御天歌)』의 주에, "해양은 땅 이름으로 길주에 있다. 해양에서 북쪽으로 50리를 가면 태신(泰神)에 이르고, 태신에서 동쪽으로 60리를 가면 적알발(的遏發)[52]에 이른다. 해양, 태신, 적알발 세 곳에 각각 맹안(猛安)이 있는데, 여진 추장의 이름으로 세속에서 그들을 삼해양이라 한다"라고 하였다.】이라 불렀다.

옛 웅주(雄州)는 윤관이 화관령(火串嶺) 아래에 성랑 992칸을 쌓고, 영해군 웅주 방어사(寧海軍雄州防禦使)를 설치했다가 얼마 안 되어 여진에게 돌려주었다. 뒤에 원나

---

52 적알발(的遏發): 원문은 '적과발(的過發)'로 되어 있는데,『신증동국여지승람』권50,「함경도·길성현(吉城縣)」에 의거하여 바로잡았다. 이하 동일하다.

라에 함몰되었다. 옛 영주(英州)는 윤관이 여진을 쫓아내고 몽라골령(蒙羅骨嶺) 아래에 성랑 990칸을 쌓고, 안녕군 영주 방어사(安寧軍英州防禦使)를 설치했다가 얼마 안 되어 여진에게 돌려주었다. 뒤에 원나라에 함몰되었다가 공민왕 때 수복하였다. 공양왕 때 길주등처 관군민만호부(吉州等處管軍民萬戶府)를 설치하고, 웅주【『고려사(高麗史)』에 "웅주는 남쪽에 있고 길주는 북쪽에 있다"라고 하였는데, 지금 그 지역이 자세하지 않다.】와 영주 및 선화진(宣化鎭)【또한 윤관이 쌓은 것이다.】을 영주에 병합하였다. 조선 태조 7년(1398) 길주목(吉州牧)으로 고쳤다가, 세조 13년(1467) 이시애가 이 고을에서 반란을 일으켜 토벌하여 평정하였다.

예종 원년(1468) 〈길주를〉 길성현(吉城縣)을 격하하고 고을 북쪽 영평(永平) 등지를 떼어 별도로 명천현(明川縣)을 설치하였다. 정덕(正德) 임신년(1512) 다시 주(州)로 승격하고 판관을 두었다가 명천주(明川州)를 혁파하여 예속하였으며, 계유년(1513) 다시 명천현을 설치하고 판관을 폐지하였다. 만력(萬曆) 을사년(1605) 방어사를 겸하였는데 뒤에 혁파하였다가 또 회복하였다. 소파온 고성(所波溫古城)【지금의 성진진(城津鎭)이다.】은 세속에서 이곳을 웅주성(雄州城)이라고 말한다. 태신 고성(泰神古城)【바로 삼해양 중 하나이다.】이 있다.

명천은 본래 길주의 명원역(明原驛)이다. 조선 예종 원년 장덕산 북쪽 땅을 떼어 별도로 현(縣)을 설치하여 명원역을 치소로 삼고, 명천이라 이름 붙였다. 중종 7년(1512) 도로 길주에 예속하였다가 이듬해 다시 〈명천현을〉 설치하였으며, 만력 을사년(1605) 부(府)로 승격하였다.

경성은 본래 명칭이 우롱(于籠)【『요동지(遼東誌)』에는 목랑고(木郞古)라 하였다.】이다. 오랫동안 여진에게 점거되었다가 고려 예종 때 윤관이 성【명칭은 자세하지 않다.】을 쌓았다. 뒤에 원나라에 함몰되었는데 공민왕 때 수복하였다. 조선 태조 7년(1398) 비로소 지금의 이름으로 부르고 만호를 두었다. 정종(定宗) 2년(1400) 군(郡)을 설치하고 병마사(兵馬使)로서 군의 사무를 겸하였다. 태종 4년(1404) 〈병마사를〉 도병마사(都

兵馬使)로 고치고 그대로 판군사(判郡事)를 겸하게 하였다. 세종 18년(1436) 군을 승격하여 도호부로 삼았으며, 병마도절제사(兵馬都節制使)로 판부사(判府使)를 겸하게 하고, 비로소 판관과 토관을 두어 절제사의 본영으로 삼았다. 세조 13년(1467) 북도 절도사(北道節度使)로 명칭을 고치고, 그대로 부사(府使)를 겸하게 하였다.

용성천(龍城川)은 경성부 북쪽 35리【근원이 회령의 여이현(餘伊峴)에서 나와 남쪽으로 100여 리를 흘러 바다로 들어간다.】에 있다. 고려 태조가 일찍이 변방을 순시하며 지은 시에, "용성(龍城)에 가을 해 맑은데, 옛 변경[53] 산속 연기가 서려 있네. 만 리에 전쟁이 없으니, 오랑캐 아이 태평 시절을 축하하네[54]"라고 하였다【지금의 수성(輸城)이 곧 용성 땅이다.】. 대량화(大良化)는 경성부 남쪽 185리 해변에 있는데, 폐현(廢縣)의 터가 있다. 옛날에 어떤 양천 현감(良川縣監)[55]이 현이 폐지된 뒤에 인장(印章)을 고을에 보관하였는데, 임진왜란 때 분실되었다.

부령(富寧)은 본래 경성군(鏡城郡)의 석막(石幕) 땅이다. 조선 세종 13년(1431) 동량(東良)이 북여진(北女眞)을 왕래하는 요충지라 하여 처음으로 영북진(寧北鎭)을 설치하고, 절도사(節度使)로 판경성군사(判鏡城郡事)를 겸하였다. 16년 영북진을 백안수소(伯顔愁所)【지금의 종성이다.】로 옮기고, 석막의 옛 땅은 토관의 천호가 지키게 하였다. 21년[56]에 부거현(富居縣)을 줄이고 백성들의 집을 석막으로 옮겼으며, 본 현의 굴포(堀浦) 서쪽, 회령부의 전괘현(錢掛峴) 남쪽과 황절파(黃節坡) 북쪽 지역을 떼어 예속하고 부령이라 이름 붙여 도호부로 승격하였다.

부거 폐현(富居廢縣)은 부령부의 동쪽 60리에 있다. 군창이 있는데, 본래 경성의 부가참(富家站)이었다. 태조 7년(1398) 〈군창을〉 떼어 경원부(慶源府)에 예속하여 치소로 삼았다가 세종 10년(1428) 경원의 치소를 횟가[會叱家]로 옮기고 별도로 이곳에 현(縣)

---

53 옛 변경: 원문은 결자(缺字)로 되어 있는데, 『신증동국여지승람』 권50, 「함경도·경성도호부(鏡城都護府)」에 의거하여 '고수(古戍)'를 보충해 번역하였다.
54 축하하네: 원문은 결자(缺字)로 되어 있는데, 『신증동국여지승람』 권50, 「함경도·경성도호부」에 의거하여 '하(賀)'를 보충해 번역하였다.
55 양천 현감(良川縣監): 원문은 '장천 현감(長川縣監)'으로 되어 있는데, 홍양호의 『북새기략』 「북관고적기(北關古蹟記)」에 의거하여 바로잡았다.
56 21년: 『신증동국여지승람』 권50, 「함경도·부령도호부(富寧都護府)」에는 '31년'으로 되어 있다.

을 설치하고, 부거 현감(富居縣監)이라 불렀다. 22년[57]에 현을 줄이고 이 지역에 합하였다. 뒤에 회수역(懷綏驛)으로 삼았다. 수성 찰방(輸城察訪)이 지금 이 지역에 머물고 있다.

회령은 오랑캐의 말로 알목하(斡木河)【오음회(吾音會)라고도 한다.】라고 한다. 조선 태종 때 알타리(斡朶里)의 동맹가첩목아(童孟哥帖木兒)가 비어 있는 틈을 타서 들어와 살았다. 세종 15년(1433) 올적합(兀狄哈)이 맹가(孟哥) 부자를 죽여 알목하[58]에 추장이 없어졌다. 16년 석막의 영북진을 백안수소로 옮겼는데, 얼마 안 되어 알목하[59] 서북 지역이 적의 요충지에 해당하고, 또 알타리의 남은 종족이 거주하는 곳이라 하여 특별히 성보를 설치하여 영북진 절제사(寧北鎭節制使)가 이곳을 겸하게 하였다. 그러나 그 땅은 영북진과 멀리 떨어져 있어서 소식과 원조가 현격히 단절되므로 같은 해 여름 별도로 알목하[60]에 진(鎭)을 설치하고, 풍산(豐山), 원산(圓山), 세곡(細谷), 유동(有洞), 고랑기(高郞岐), 아산(阿山), 고부거(古富居),[61] 부회환(釜回還) 등의 땅을 경계로 삼고 회령진(會寧鎭)이라 불렀으며, 첨절제사(僉節制使)를 두고 도호부사(都護府使)로 승격하여 판관과 토관을 두었다. 세종 23년 종성의 오롱초(吾弄草)의 서쪽 땅을 떼어 예속하였다.

운두성(雲頭城)은 둘레가 1만 7,000여 척이다. 운두성 서쪽은 절벽이 깎아지를 듯 서 있는데 어느 시대에 쌓은 것인지 알지 못한다. 고시(古詩)에 "누가 언제 경영하였나, 완안(完顔, 금(金)을 세운 거란족을 가리킴)이라 전한다네"라고 하였는데, 완안이 쌓은 것이 아닐까.

종성은 여진이 비어 있는 틈을 타서 고구려의 옛 땅에 들어와 살면서 수주(愁州)라 이름 붙였다. 조선 세종 16년(1434)에 이르러 별도로 알목하[62]에 회령진을 설치하고, 이듬해에 영북(寧北)의 본 진(鎭)에 군(郡)을 설치하고 종성이라 이름 붙였으며, 진절제

---

57 22년: 『신증동국여지승람』 권50, 「함경도·부령도호부」에는 '31년'으로 되어 있다.
58 알목하: 원문은 '알수하(斡水河)'로 되어 있는데, '알목하(斡木河)'의 오기이므로 바로잡았다.
59 알목하: 원문은 '알수하(斡水河)'로 되어 있는데, '알목하(斡木河)'의 오기이므로 바로잡았다.
60 알목하: 원문은 '알수하(斡水河)'로 되어 있는데, '알목하(斡木河)'의 오기이므로 바로잡았다.
61 고부거(古富居): 원문은 '고령거(古寧居)'로 되어 있는데 『신증동국여지승람』 권50, 「함경도·부령도호부」에 의거하여 바로잡았다.
62 알목하: 원문은 '알수하(斡水河)'로 되어 있는데, '알목하(斡木河)'의 오기이므로 바로잡았다.

사(鎭節制使)로 지군사(知郡事)를 겸하였다. 부계(涪溪), 임천(林川), 녹야(鹿野), 방산(防山), 조산(造山), 시반(時反)[63] 등 지역의 민가를 예속하였다. 22년 수주가 강 모퉁이에 들어가 있어서 적이 침입하는 요충지라 하여 마침내 군(郡)의 치소를 이곳으로 옮기고, 본 진(鎭)의 성을 도절제사(都節制使)의 행영(行營)으로 삼았다. 이듬해 도호부로 승격시켜 판관을 두고 토관을 설치하고, 또 남쪽 경계의 민가를 옮겨서 이곳에 채웠다.

온성은 여진이 비어 있는 틈을 타서 고구려의 옛 땅에 들어와 살면서 다온평(多溫平)이라 이름 붙였다. 조선 세종 22년(1440) 군(郡)을 설치하여 지금의 이름으로 고치고, 경원 및 길주 남쪽, 안변 북쪽 여러 고을의 민가를 옮겨서 이곳에 채웠다. 이듬해 도호부로 승격하고 판관을 두고 토관을 설치하였으며, 이듬해 진(鎭)을 설치하였다. 숭정(崇禎) 경오년(1630) 유원(柔遠)의 토병(土兵) 양사복(梁士福)과 유배인 양계홍(梁繼洪) 등이 반란을 도모하여 복주(伏誅)하고 현(縣)으로 격하하였다가, 계유년(1633) 다시 부(府)로 승격하였다. 읍치는 옛 사장 봉수(射場烽燧) 남쪽의 광야 안에 있는데, 옮겨 설치한 연월은 상고할 수 없다.

경원성 북쪽까지 2일 거리에 옛 탑이 있는데, 고구려한성계탑(高句麗限城界塔)이라고 전해진다. 옛날에는 공주(孔州)라 불렸으며, 광주(匡州)【후세 사람이 땅을 파다가 동인(銅印)을 얻었는데, 그 인문(印文)에 '광주방어지인(匡州防禦之印)'이라고 되어 있었다. 경원 읍치를 자주 옮겼으니 이 도장을 어느 땅에서 얻었는지 알지 못하겠다.】라고도 하였다. 오랫동안 여진에게 점령되었다가 고려의 윤관이 성채를 설치하고 공험진 내방어소(公險鎭內防禦所)【지금의 아오지보(阿吾地堡)이다.】로 삼았다. 조선 태조 7년(1398) 옛터에 석성을 쌓았는데, 이 땅에 덕릉과 안릉이 있고, 또 왕업의 기틀을 시작한 땅이기 때문에 지금의 이름으로 고치고 부(府)로 삼았으며, 경성부의 용성 북쪽을 떼어 예속하였다. 태종 9년 치소를 소다로(蘇多老)의 옛 영(營)【지금의 경원부 동쪽

---

63 시반(時反): 원문은 '시급(時及)'으로 되어 있는데, 『신증동국여지승람』 권50, 「함경도·종성도호부(鍾城都護府)」에 의거하여 바로잡았다.

10리에 야랑성(也郞城)⁶⁴의 옛 소다로가 있다.]으로 옮기고 목책을 설치하여 거주하였는데, 10년 여진이 쳐들어와 약탈하므로 백성들의 집을 옮기고 경성부에 병합하여 마침내 그 땅을 비워 두었다. 17년 경성⁶⁵의 두룡이현(豆龍耳峴) 북쪽 땅을 떼어 다시 부가참⁶⁶에 읍(邑)을 설치하고 도호부【바로 부거회수역(富居懷綏驛)⁶⁷이 있던 곳이다.】로 삼았다. 세종 10년(1428) 다시 부의 치소를 횟가 지방으로 옮기고, 남쪽 경계의 민가를 옮겨서 이곳에 채우고 토관을 두었다.

경흥은 옛 공주 땅이다. 경원부의 치소를 횟가로 옮기고 나자, 세종 때 옛 공주 땅과 거리가 멀어져서 방어하기 어려우므로 다시 공주 옛 성을 수리하고 만호를 파견하여 공주등처 첨절제사(孔州等處僉節制使)를 겸하게 하였다. 세종 17년(1435) 근방의 민가 300호를 떼어 예속하여 별도로 현(縣)을 설치하고 공성(孔城)이라 불렀으며, 첨절제사로 현사(縣事)를 겸하였다. 19년 목조가 왕업의 기틀을 시작한 땅이라 하여 군(郡)으로 승격하고 지금의 이름으로 고쳤다. 25년 다시 성을 넓혀 도호부로 승격하고 토관을 두었다.

무산은 본래 부령의 무산진(茂山鎭)이다. 현종 갑인년(1674) 관찰사 남구만이 장계를 올려 강변(江邊)으로 옮겼다. 숙종 갑자년(1684) 부(府)를 설치하고 부령의 차유령(車踰嶺) 서쪽과 회령의 노전항(蘆田項)⁶⁸ 남쪽 지역을 떼어 이곳에 예속하였다.

▬ 총괄하여 기록하다[總錄]

고구려 지방은 지금 강역의 경계가 자세하지 않지만 여러 읍지를 상고해 보니 고구려 때 평진(平鎭)이라는 명칭을 가지고 있던 곳은 지금의 안변, 덕원, 영흥의 몇 개

---

64 야랑성(也郞城): '삼랑성(三郞城)'의 오기인 듯하다.
65 경성: 원문은 '성경(城鏡)'으로 되어 있는데, '경성(鏡城)'의 오기이므로 바로잡았다.
66 부가참: 원문은 '□□站'으로 되어 있는데, 『신증동국여지승람』 권50, 「함경도·경원도호부(慶源都護府)」에 의거하여 '富家'를 보충해 번역하였다.
67 부거회수역(富居懷綏驛): 원문은 '부거회수역(府居懷綏驛)'으로 되어 있는데, 『신증동국여지승람』 권50, 「함경도·경원도호부」에 의거하여 바로잡았다.
68 노전항(蘆田項): 원문은 '노전정(蘆田頂)'으로 되어 있는데, '노전항(蘆田項)'의 오기이므로 바로잡았다.

고을이다. 주진(州鎭)이라는 명칭이 없고 단지 고구려의 옛 땅이라 말한 곳은 지금의 함흥, 북청, 길주, 회령, 종성, 온성, 경원의 여러 고을이다. 그 밖에도 전해 오는 옛 지명이 많은 곳은 어느 시대에 불렸던 것인지 자세하지 않으나 옛 아무개 땅으로 오랫동안 여진에게 점거당했다고 말한 곳은 반드시 고구려 때의 칭호가 많다.

신라 때 속했던 지방은 지금 안변과 덕원 이외에 상고할 수 없다.

고려 때 지방은 영토를 얻고 잃은 시기가 서로 이어졌다. 지금 '척변' 조 아래에 아울러 기록하니 여진을 쫓아내고 변경을 개척한 것은 실로 고려 때부터이다.

변경을 개척하다[拓邊]【이것은 고려 때이다.】

고려 태조 14년(931) 안북부(安北府)와 강덕진(剛德鎭)을 설치하였다. 〈태조가〉 유사(有司)에게 말하기를, "북번(北蕃) 사람은 사람의 얼굴을 하고 짐승의 마음을 품고 있어서 지금은 비록 복종하여 섬기고 있지만 따르거나 배반함이 일정치 않을 것이니 마땅히 지나가는 주(州)와 진(鎭)에는 성 밖에 관소를 지어서 그들을 대하라"라고 하였다.

성종 4년(985) 거란이 여진을 칠 적에 길이 우리 경내를 경유하였는데, 여진은 우리나라가 적을 인도했다고 말하며 송나라에 무고하고 참소하였다. 송나라 사신 한국화(韓國華)가 오자 왕이 말하였다. "여진은 탐욕스럽고 속임수가 많다. 지난겨울 재차 목계(木契)를 급히 보내어 거란이 장차 다다를 것이라고 말하였으나 우리는 오히려 거짓인가 의심하여 곧장 구원하지 않았는데, 거란이 과연 와서 우리 수졸(戍卒)을 불러 말하기를, '여진이 매양 우리 변경 지역을 약탈하여 지금 이미 복수하고 군사를 정돈하여 돌아간다'라고 하였다. 그래서 여진에서 우리나라에 도망 온 2,000여 명에게 모두 노자를 주어 돌려보냈는데, 뜻밖에 숨어 있던 군사가 문득 와서 관리와 백성을 죽이고 약탈하더니 도리어 우리를 무고하였다. 하물며 거란은 요하(遼河) 밖에 끼어 살고 또 두 강[69]에 가로막혀 있어 따를 수 있는 길이 없는 데다가 여진에서 피난 와서 우리나라의 관직을 제수받은 사람이 십수 명으로 아직도 망대(望臺)에 있으니, 경사(京師, 송나라 수도 開封)의 궁궐 뜰에 가서 〈우리나라 사신에게〉 분별하게 하면 실정을 알 수 있을 것이다." 한국화가 이를 허락하였다【거란이 여진을 칠 적에 서로(西路, 평안도) 경내를 경유하였는데, 이것은 여진의 일이므로 아래에 기록하되, 북로(北路, 함경도)와 관련한 일만 기록한다.】. 성종 10년(991) 서희(徐熙)가 압록강 밖의 여진을 내쫓아 백두산 밖에서 살게 하였다.

덕종 때 유소(柳韶)에게 장성을 쌓게 하였는데, 도련포(都連浦)를 경계로 삼고 서쪽으로 대령(大嶺)을 넘어 정주, 선덕(宣德), 원흥의 세 관문을 설치하고, 해자를 세 겹으로 둘러 여진을 방어하였다【예종 때 장성을 증축하니 금나라가 군사를 일으켜 저지하였다. 금나라 임금이 변경의 관리에게 칙서를 내리기를, "침노하여 일이 생기게 하지 말라"라고 하였다.】.

살펴보건대, 지금 정평과 함흥에 고려 때의 옛 장성 터가 있고, 의주(義州)의 옥강리(玉江里) 북쪽과 구룡연(九龍淵)[70] 북쪽에도 옛 장성 터가 있으니, 세속에서 만리장성(萬里長城)이라 부른다. 『여지고』에도 덕종이 쌓은 것으로 실려 있다. 안변의 노리현(老里峴)은 해서(海西, 황해도)에 곧장 도달하는 길인데 이곳에도 장성이 있으니 동시기에 쌓은 것인지 알지 못하겠다. 세 개의 관문이 있는 지역은 마땅히 널리 상고하기를 기다린다.

정종(靖宗) 때 동여진(東女眞)의 장군 등이 와서 말을 바치고, 문종 때에도 와서 말을 바쳤다. 문종 27년(1073)에 이르러 동여진의 귀순주도령(歸順州都領) 고조화(古ㅋ

---

69 두 강: 발해(渤海)의 요하와 혼하(渾河)를 가리킨다. 요하는 하북(河北), 내몽고자치구(內蒙古自治區), 길림에 걸쳐 있는 강으로, 남쪽으로는 발해만(渤海灣)을 통해 우리나라 서해와 접해 있고, 북쪽으로는 송화강 유역과 인접해 있다. 혼하는 요하의 지류 중 하나로, 심수(瀋水)라고 불렸는데, 요녕성과 길림성의 경계에서 발원하여 요동만으로 흘러나간다.
70 구룡연(九龍淵): 원문은 '구룡윤(九龍潤)'으로 되어 있는데 오기이므로 바로잡았다.

化)⁷¹ 등이 무리를 거느리고 와서 섬기고 따르며 군(郡)·현(縣)이 되기를 청하니, 〈고조화에게〉 손보새(孫保塞)라는 성명을 하사하여 회화대장군(懷化大將軍)에 제수하고, 나머지도 모두 성명과 작을 하사하였다. 서북면 병마사(西北面兵馬使)가 아뢰기를 "서여진(西女眞)의 만두불(漫豆弗) 등이 동번(東蕃, 동여진)의 전례를 따라 주(州)·군(郡)을 나누어 설치할 것을 청하고, 그 밖의 사람들도 우리 호적에 오르기를 원합니다"라고 하니, 따랐다. 처음 성종 14년(995) 경내를 나누어 10도(道)를 두었는데, 화주(和州)와 명주(溟洲) 등의 군현을 삭방도(朔方道)로 삼았다. 정종 2년(1036) 동계(東界)【북계(北界)와 함께 양도(兩道)가 된다.】를 보완하였고, 문종 9년(1055) 동북면(東北面)이라 불렀다가 뒤에 함주(咸州) 북쪽은 동여진에 함몰되었다.

숙종 9년(1104) 동여진의 이위(伊位, 함경남도 草黃嶺) 경계에 연산(連山)이 있었다. 동해에서 고개가 우뚝 솟아 우리나라 북쪽 변방에 이르는데 매우 험준하고 황폐하였다. 사이에 지름길 하나가 있는데 세속에서 병목[甁項]이라 하니, 드나드는 데 단지 한 개의 구멍만이 있음을 말한다【살펴보건대, 지금의 귀문관(鬼門關)으로, 일명 병항판(甁項坂)⁷²인데 아마도 바로 이곳인 듯하다.】. 만약 그 지름길을 막는다면 여진의 길이 끊어지기 때문에 공을 이루려는 사람이 이따금 출병해서 의견을 아뢰어 출병하였다. 이때에 이르러 변방의 장수 이일숙(李日肅)이 아뢴 일로 인하여 평장사(平章事) 임간(林幹)을 보내어 군사를 거느리고 여진을 쳤으나 패전하였다. 그리하여 여진이 승기를 타고 정주 선덕관(宣德關)에 난입하여 죽이고 약탈함을 셀 수가 없었다. 다시 추밀원사(樞密院使) 윤관을 보내어 여진을 쳤으나 또한 불리하여 겸손하게 낮추는 말로 화친을 청하고 돌아왔다.

예종 2년(1107) 윤관과 오연총(吳延寵)이 17만 군사를 거느리고 여진을 쫓아냈다. 유영(庾瑩)을 보내어 첩보를 알리니 왕이 국토의 경계를 확정하도록 명하였는데, 동쪽

---

71 고조화(古刁化): 원문은 '고도화(古刀化)'로 되어 있는데, 『고려사절요(高麗史節要)』에 의거하여 바로잡았다.
72 병항판(甁項坂): 원문은 '병정판(甁項坂)'으로 되어 있는데, 문맥상 '병항판(甁項坂)'의 오기이므로 바로잡았다.

으로 화관령(火串嶺)에 이르고, 북쪽으로 궁한령(弓漢嶺)에 이르며, 서쪽으로 몽라골령(蒙羅骨嶺)에 이르렀다. 윤관이 병마금할(兵馬鈐轄) 임언(林彥)을 시켜 영주의 관청 벽에 그 일을 기록하게 하였는데,[73] 그 내용은 대략 다음과 같다.

"여진이 우리나라에 대해 강하고 약함이 뚜렷이 다른데, 우리의 변방을 넘보다가 숙종 10년(1105) 틈을 타서 난리를 일으켰다. 숙종이 혁연(赫然)히 여진을 토벌하려 하였으나 그 공적을 이루지 못하였다. 지금 임금께서 왕위를 이어 좌우 신하들에게 말하기를 '여진은 본래 고구려의 한 부락(部落)으로, 개마산(蓋馬山)의 동쪽에 모여 살면서 대대로 우리나라에 조공하는 직분을 수행하면서 우리 조종(祖宗)의 은택을 받았다. 그런데 하루아침에 배반하였으므로 선왕께서 매우 분하게 여기셨다. 짐이 지금 선왕의 수치를 한꺼번에 씻어 버리겠다'라고 하고는, 곧바로 수사도 중서시랑 평장사(守司徒中書侍郎平章事) 윤관에게 명하여 행영 대원수(行營大元帥)로 삼고, 지추밀원사 한림학사 승지(知樞密院事翰林學士承旨) 오연총을 부원수(副元帥)로 삼아서 정예 병사 30만 명을 거느리고 토벌하는 일을 전담하게 하였다. 윤공(尹公, 윤관)은 업적이 걸출한데, 일찍이 김유신(金庾信)의 사람됨을 사모하여 이렇게 말하였다. '김유신은 6월에 얼어붙은 강물로 삼군(三軍)을 건너게 하였으니 이는 다름이 아니라 지극한 정성에서 나온 것일 뿐이다. 나는 또한 어떠한 사람인가.' 그의 지극한 정성에 감동되어 신령하고 기이한 행적이 여러 번 알려졌다. 오공(吳公, 오연총)은 당대에 두터운 명망을 지닌 분으로, 타고난 성품이 삼가고 조심하며, 좋은 계획과 큰 계책을 실시하여 들어맞지 않은 적이 없었다. 두 공이 임금의 명령을 듣고 동쪽으로 내려가서 삼군이 떨쳐 일어나 소리치니, 머리를 벤 수가 6,000여 급(級)이고, 항복한 자가 5,000여 명이며, 우리의 기세를 바라보고 달아난 자를 이루 다 셀 수 없었다.

이 땅은 사방 300리인데 동쪽은 큰 바다에 이르고, 서북쪽은 개마산을 경계로 하며, 남쪽은 장주와 정주에 인접해 있다. 산천이 수려하고 토지가 비옥하여 우리 백성을 거주시킬 수 있는데, 본래 고구려의 소유였으므로 옛 비석과 유적이 아직도 남아

---

[73] 윤관이 …… 하였는데: 「영주청벽기(英州廳壁記)」를 말한다. 1108년(예종 3) 윤관이 임언에게 여진과의 전투에서 승리한 전말을 영주의 관청 벽에 기록하게 하였는데, 그 전문(全文)이 『고려사(高麗史)』 권96, 「윤관열전(尹瓘列傳)」에 실려 있다.

있다. 고구려가 과거에 잃어버린 것을 지금 임금께서 뒤에 찾았으니, 어찌 하늘의 뜻이 아니겠는가. 그리하여 새로 여섯 곳의 성을 설치하였는데, 첫째는 진동군 함주 대도독부(鎭東軍咸州大都督府)로 병사와 주민이 1,948정호(丁戶)이고, 둘째는 안령군 영주 방어사(安嶺軍英州防禦使)로 병사와 주민이 1,238정호이며, 셋째는 영해군 웅주 방어사(寧海軍雄州防禦使)로 병사와 주민이 1,436정호이고, 넷째는 길주 방어사(吉州防禦使)로 병사와 주민이 680정호이며, 다섯째는 복주 방어사(福州防禦使)로 군대와 민간인이 632정호이고, 여섯째는 공험진 방어사(公嶮鎭防禦使)로 병사와 주민이 532[74]정호이다. 그들 중 현달하고 재능이 있는 사람을 뽑아서 그 지방을 진무하게 하였다."【길주 부사(吉州府使) 최유해(崔有海)의 기문에 이런 내용이 있다. "임언이 기록한 것은 바로 당시의 실제 사적이어서 지계의 거리와 고을의 크기에 모두 법과 제도가 있는데, 후세에 그 지형을 잃어버려 근거 없이 와전되었다. 지금 세세하게 추정해 보면 함주는 곧 함흥이고, 영주는 곧 지금의 북청이며, 웅주는 곧 지금의 단천이고, 길주는 곧 지금의 명천 등지이니, 『고려사』에 '웅주는 남쪽에 있고 길주는 북쪽에 있다'라고 한 것을 믿을 만하다. 다섯째로 말한 복주는 곧 지금의 경성과 부령 등지이고, 여섯째로 말한 공험진은 곧 지금의 회령과 종성 등지이다. 경원에도 윤관이 쌓은 성의 유적이 있다. 회령부와 공험진은 두만강 건너편 소하강 가에 있다." 멀고 가까움을 분별하는 데 정연하게 조리가 있다.】 공험진에 비석을 세워서 선춘령(先春嶺)을 국경으로 정하였다. 또 의주(宜州, 덕원), 통태(通泰, 함주), 평융(平戎, 함주) 세 곳에 진(鎭)을 쌓아 북계의 9성(城)으로 삼았다. 윤관이 여러 군(軍)에 명하여 내성(內城)의 재목과 기와를 거두어 와서 9성을 쌓았다. 병마사 김한충(金漢忠)이 안 된다고 고집하며 "만약 외성을 다 쌓기 전에 갑자기 위급한 일이 생기면 백성들을 어떻게 보호하겠는가"라고 하였는데, 그 뒤에 끝내 그의 말대로 되었다. 허재(許載)가 중군녹사(中軍錄事)로 와서 길주를 지켰다. 이때 여진이 와서 공격하였는데 하룻밤 사이에 중성(重城)을 쌓아 방어하였다. 뒤에 또 길주의 관문 밖에서 여진을 공격하여 크게 격파하였다.

『북관지』를 살펴보면 공주의 옛 성【지금의 아오지(阿吾地)이다.】에 처음 경원부를

---

[74] 532: 원문은 '五千三十二'로 되어 있는데, 『고려사』 권96, 「윤관열전」 및 『신증동국여지승람』 권50, 「함경도·길성현·고적(古跡)」에 의거하여 바로잡았다.

설치하고, 다시 경흥부를 설치하였으니 바로 윤 시중(尹侍中, 윤관)이 성을 설치한 곳이라고 하였다. 또 『북관지』에 "성을 설치하고 공험진 내방어소로 삼았다"라고 하였다. 『삭방기』에 "외공험진(外公嶮鎭)은 소하강 가에 있다. 선춘령 위에 비석을 세웠다"라고 하였으니, 공험진 방어소는 당시에 내외 진이 있었다. 선춘령은 지금 저쪽 땅에 있다. 『삭방기』에, "선춘령은 경원의 두만강 북쪽 700리에 있다. 윤관이 땅을 개척하여 이곳에 이르러 공험진에 성을 쌓고 마침내 선춘령 위에 비석을 세워 '고려의 경계[高麗之境]'라고 새겼다. 비석의 네 면에 글씨가 있었는데 호인(胡人)이 깎아내 없애 버렸다"라고 하였다. 혹자는 "종성의 북쪽 700리에 있다"라고 하는데 어느 곳에 있는지 알지 못하겠다. 또 〈『삭방기』에〉 "회령의 고령진(高嶺鎭)에서 두만강을 건너 고라이(古羅耳)를 넘고 오동참(吾童站)[75]과 영가참(英哥站)을 지나 소하강에 이르면 공험진의 옛터가 있다. 남쪽으로 구주(具州)와 탐주(探州)에 이웃해 있고 북쪽으로 견주(堅州)에 인접해 있다"라고 하였는데, 『동사(東史)』에 "윤관이 이곳에 이르러 비석을 세워 국경으로 삼았다"라고 하였다. 또 〈『삭방기』에〉 "거양성(巨陽城) 서쪽은 선춘령과의 거리가 60리쯤 되는데, 성은 곧 윤관이 쌓은 것이다. 거양성 남쪽은 현성(縣城)과의 거리가 250리이니, 아마도 흑룡강의 지경에 있는 듯하다"라고 하였다【살펴보건대 거양성은 『경원지(慶源誌)』에 실려 있다. 거(巨)는 관(關)[76]으로 되어 있기도 하다. 현성에서 북쪽으로 90리 되는 곳의 산 위에 옛 석성이 있는데, 어라손참(於羅孫站)이라 부른다. 그 북쪽 30리에 허을손참(虛乙孫站)이 있고, 그 북쪽 60리에 유선참(留善站)이 있으며, 그 동북쪽으로 70리에 토성(土城)의 옛터가 있으니 곧 거양성이다. 성안에 돌기둥 두 개가 있는데, 옛날에 종을 매달았던 곳이다. 높이가 3척이고 둘레가 4척이다. 경원 사람 유성(庾誠)이라는 자가 성에 와서 그 종을 부수고 말 아홉 마리로 싣고 갔는데, 겨우 전체의 10분의 1이었다. 종자(從者) 30여 인은 모두 죽고, 그들이 남기고 간 쇠는 풀 속에 버려 두었는데 감히 가져가는 사람이 없었다. 세상에서 전하기를 성은 바로 윤관이 쌓은 것이라고 한다. 현성 또한 『경원지』에 실려 있다. 진북보(鎭北堡)에서 훗가천[會叱家川]을

---

75 오동참(吾童站): 원문은 '오장참(吾章站)'으로 되어 있는데, 홍양호의 『북새기략』「북관고적기」에 의거하여 바로잡았다.
76 관(關): 『신증동국여지승람』권50, 「함경도·경원도호부·고적」에는 '개(開)'로 되어 있다.

건너면 큰 들판 가운데 토성이 있는데, 현성이라 부른다. 성안에 여섯 개의 우물이 있다. 『용비어천가(龍飛御天歌)』에[77] "해관성(奚關城) 동쪽으로 훈춘강(訓春江)까지의 거리가 7리이고, 서쪽으로 두만강까지의 거리가 5리이다"라고 하였는데, 아마도 이곳인 듯하다.[78] 또 『삭방기』에 "선성(鄯城) 서쪽으로 두만강까지의 거리가 5리이고, 동쪽으로 훈춘강까지의 거리가 7리이다. 성안에 여섯 개의 우물이 있다. 해관성이라고도 부른다"라고 하였다.[79] 이 기록에 의거하면 현성은 곧 지금 저쪽의 선성인 것 같다. 선(鄯)과 현(縣)은 발음이 비슷하다.】

처음 예종이 여진을 정벌하려 할 적에 사인(舍人) 김인존(金仁存)이 극간(極諫)하였다. 9성을 쌓을 때 김인존이 여진의 옛 땅을 돌려주어야 한다고 말하였고, 여진의 요사불두(褭思弗頭) 등이 조회하러 와서 옛 땅을 돌려 달라고 청하였다. 그리하여 신하들이 모여 4년을 논의하여 마침내 9성을 여진에게 돌려주고, 철령 이북 땅을 병합하여 요동에 귀속하였다.

고종 45년(1258) 원나라 군사가 침략해 왔는데, 용진현(龍津縣) 사람 조휘와 정주 사람 탁청이 병마사를 죽이고서 화주 이북 땅을 가지고 배반하여 원나라에 붙었다. 원나라가 화주에 쌍성총관부를 설치하여 조휘를 총관(摠管)으로 삼고 탁청을 천호로 삼았다.

고종 11년(1224) 동진국(東眞國)에서 확장(榷場: 매매를 감독하는 곳)을 설치하기를 청하여 사고파는 행위를 허락하지 않았다. 16년(1229) 동진이 화주에 쳐들어와 사람과 가축을 약탈하자, 장평진 장(長平鎭長) 진용갑(陳龍甲)이 약속으로 타이르니 모두 버리

---

77 『용비어천가(龍飛御天歌)』에: 원문은 '용비어천가백(龍飛御天歌白)'으로 되어 있는데, '백(白)'을 '왈(曰)'의 오기로 보아 바로잡아 번역하였다.

78 현성에서 …… 듯하다: 이상의 내용은 『신증동국여지승람』 권50, 「함경도·경원도호부·고적」에도 실려 있다.

79 선성(鄯城) …… 하였다: 이 내용은 홍양호의 『북새기략』「강외기문(江外記聞)」에 실려 있다. 「강외기문」은 두만강 건너편 만주 지역에 대한 정보를 정리한 글로, 영고탑, 길림·올라, 혼춘, 선성, 흥경 등의 성읍, 각 지점 간의 거리와 일정, 자연 경관 등에 대한 주요 정보를 서술한 것이다.

고 갔다【이 조목은 마땅히 위에 두어야 한다.】.

공민왕 5년(1356) 동북면 병마사(東北面兵馬使) 유인우(柳仁雨)[80] 등이 쌍성을 공격해 격파하고, 함주 이북 땅을 수복하였다. 쌍성 총관(雙城摠管) 조소생(趙小生)[81]와 탁도경(卓都卿) 등이 도망하여 이판령(伊板嶺) 북쪽의 입석(立石) 땅으로 들어갔다. 이인복(李仁復)을 보내어 원나라에 가서 표문을 올리게 하여 우리나라의 옛 강토인 쌍성과 삼살(三撒, 북청) 이북을 돌려주어 관방(關防)을 세우도록 허락해 달라고 청하였다. 11년(1362) 수춘군(壽春君) 이수산(李壽山)을 동북면 도순문사(東北面都巡問使)로 삼아 여진과의 강역을 정하였다. 신우 14년(1388) 철령 이북 땅에 원제가 철령위(鐵嶺衛)를 세우라고 명하자, 박의중(朴宜中)을 보내어 진달하게 하여 마침내 그만두었다.

조선[本朝]

환조가 북로(北路)를 수복하였다.

태조가 여진을 초안(招安: 회유하여 투항하게 함)하였다【모두 '용흥의 옛 사적' 조에 자세하다.】.

세종 계축년(1433) 올적합이 알목하【지금의 회령이다.】를 공격하여 맹가【알타리의 추장이다.】를 죽였다. 세종이 다음과 같이 교시하였다.

"예로부터 제왕이 왕업을 처음 일으킨 땅을 소중히 여기니, 예컨대 태조께서 경원부를 공주에 설치하고, 태종께서 소다로로 옮긴 경우이다. 경인년(1410) 좀도둑이 노략질한 것을 지키는 신하가 막지 못하고 부거(富居, 부거참)로 물러나 있었는데, 태종께서 일찍이 명하시기를 '만약 오랑캐들이 와서 살면 쫓아내어 적의 소굴이 되게 하지 말라'라고 하였다. 지금 소다로와 공주가 무성한 풀밭이 되어 오랑캐의 기마가 노닐며

---

80 유인우(柳仁雨): 원문은 '유인량(柳仁雨)'으로 되어 있는데, 『고려사절요』 권25, 「공민왕(恭愍王)」 1에 의거하여 바로잡았다.
81 조소생(趙小生): 원문은 '조소(趙小)'로 되어 있는데, 『고려사절요』 권25, 「공민왕」 1에 의거하여 바로잡았다.

사냥하는 곳이 되었으니, 나는 매양 몹시 마음 아파하노라. 또 알목하는 바로 두만강 남쪽이어서 우리 경내에 있으며, 토지가 기름져서 농사와 목축에 알맞고 요충지에 있으니, 거진(巨鎭)을 설치하여[82] 북쪽 문을 막아야[83] 한다. 그것이 합당하다. 태조 연간에 맹가첩목아(孟哥帖木兒)[84]가 효순(效順)하여 귀부하면서 울타리가 되기를 청하였다. 태조께서 사방의 오랑캐를 지키려는 뜻에서 우선 허락하였으나, 이제 그들이 스스로 멸망하여 울타리가 텅 비게 되었다. 기회를 놓칠 수 없으니 내가 선왕의 뜻을 이어받고자 다시 경원부를 소다로 옮기고, 영북진을 알목하로 옮겨 백성들을 모집하여 그곳에 채우려 한다. 삼가 조종으로부터 내려온 천험(天險)의 국경을 지키며, 변방 백성들이 번갈아 지키는 노고를 덜게 함이요, 떠벌리기 좋아하고 공적 세우기를 좋아하는 데 비할 일이 아니다."[85]

　동부승지(同副承旨) 김종서(金宗瑞)가 하교를 받들었다. 당시 김종서가 기의(機宜: 당시의 형편을 헤아려 강구한 대책)를 내어 임금에게 그 능력을 크게 인정받았다. 이듬해 절도사에 배수되어 마침내 사진(四鎭) 지역을 수복하고 남도의 장정과 백성을 뽑아서 그 지역에 들어가 살며 농사짓고 수자리 살게 하였다. 김종서의 「논행성사진소(論行城四鎭疏)」는 대략 다음과 같다.

　"고려의 시조(왕건, 王建)는 힘이 능히 삼한을 통합할 수 있었으나, 위엄이 삭방(朔方)에 미치지 못하였고, 다만 철령을 경계로 삼았을 뿐입니다. 그 후 예종 때 마침내 9성을 설치하였으나 얻었다가 잃었다가 하였습니다. 우리 태조께서는 하늘에서 타고난 성무(聖武)로 삭방에서 일어나 문득 큰 나라를 가지셨으니, 동남쪽으로 바다까지 가고, 서북쪽으로 압록강에 이르렀으며, 동북쪽으로 두만강에 이르렀습니다. 여기에 공주·경성·길주·단천·북청·홍원·함흥의 7주(州)를 설치하였으니, 참으로 동방에 없었던 성업(盛業)입니다. 태종께서 세상을 경영하여 점차 닦은 지 오래되고 나자

82　설치하여: 원문은 '몰(沒)'로 되어 있는데 '설(設)'의 오기로 보아 바로잡았다.
83　막아야: 원문은 '장(壯)'으로 되어 있는데 '두(杜)'의 오기로 보아 바로잡았다.
84　맹가첩목아(孟哥帖木兒): 청 태조 누르하치의 6대조인 여진족 대추장 몽거테무르를 말한다. '맹가첩목아(猛哥帖木兒)'로도 표기한다.
85　세종이 …… 아니다: 세종이 내린 교시의 내용은 허봉(許篈)의 『해동야언(海東野言)』「세종」에 전문이 실려 있다.

오랑캐가 백성이 되었습니다. 다만 태평한 날이 오래되니 변방을 지키는 신하가 막지 못하여 경성 이북이 함락되어 적의 소굴이 되었습니다. 태종께서 이를 염려하여 비로소 부거에 경원부를 설치하고 옛 땅을 회복할 뜻을 은미하게 보이셨습니다.

오랑캐를 물리치고 강토를 회복하는 일은 성상께서 이어 나가실 뿐입니다. 예전에 조정에서 의론하기를 '용성에서 경원부를 축소하면 북방의 조치가 편하게 될 것이고, 백성들의 폐단이 모두 없어질 것입니다'라고 하였으나, 성상께서는 '조종께서 지킨 것은 한 자 한 치의 땅이라도 버릴 수 없다'라고 하며 불가함을 고집하셨습니다. 조정의 의론이 다시 시끄러워지자, 미천한 신으로 하여금 대신들에게 가서 의론하게 하시고, 영북진을 석막에 추가로 설치하여 국경을 정하셨습니다. 신은 지금 북방에 있어서 보지 않는 곳이 없고 듣지 않는 말이 없는데, 부거와 석막은 모두 경계로 정할 수 있는 곳이 아니고, 용성 또한 관새(關塞)의 땅이 아닙니다. 의론하는 자들은 말하기를 '용성은 진(秦)나라의 함곡관(函谷關)과 같아서 험하기가 비길 데 없습니다'라고 하나, 이것은 크게 잘못된 말입니다. 가로막을 강이 없는데 무엇으로 요해지를 만들며, 의지할 산이 없는데 무엇으로 공고하게 만든단 말입니까. 참으로 이른바 사산(四散)과 사전(四戰)의 땅이라는 곳입니다. 만약 네 읍(邑)의 요충지로 삼으려면 마땅히 거진을 만들어야 합니다. 그리하여 주장(主將)이 있는 곳으로 삼고 네 읍을 지원하는 곳으로 삼는다면 말이 되는 것입니다. 만약 의론하는 자들의 말과 같이 용성으로 경계를 삼는다면 오히려 침략당하고 능멸당할 근심을 면하지 못할 것이니, 뒷날 의론하는 자들이 반드시 마천령을 경계로 삼자고 할 것이며, 또 근심을 면하지 못하면 곧바로 철령을 경계로 삼자고 한 뒤에야 그만둘 것입니다. 이는 전조(前朝)의 일로 거울삼을 수 있습니다.

용성을 경계로 삼는 것은 불리(不利)한 것이 두 가지 있고 불의(不義)한 것이 한 가지 있습니다. 선조의 땅을 줄이는 것이 한 가지 불의함이며, 산천의 험준함이 없는 것이 첫 번째 불리함이고, 방어의 편리함이 없는 것이 두 번째 불리함입니다. 두만강(豆滿江)을 경계로 삼는 것은 대의(大義)가 한 가지 있고, 대리(大利)가 두 가지 있습니다. 왕업을 일으킨 땅을 회복하는 것이 한 가지 대의이며, 긴 강의 험준함을 의지하는 것이 첫 번째 대리이고, 방어의 편리함이 있는 것이 두 번째 대리입니다. 하늘이 도가 있는 자를 도와서 흉악한 되놈들이 스스로 도망갔으며, 성상께서는 기회를 타서 한 명의 병사도 수고롭게 하지 않고 절로 옛 강토를 회복하여 여기에 네 읍을 설치하시어 전대의 공렬을 더욱 빛내셨습니다.

우리나라는 북쪽으로 말갈(靺鞨)에 이어져 있어 여러 번 침략과 능멸을 당했으므로, 전조로부터 지금에 이르기까지 성곽을 만들고 갑병(甲兵)을 훈련하는 것을 마땅히 다른 도(道)보다 백 배로 해야 합니다. 지난번에 부거를 경계로 삼았으나 수 척의 성조차 없었습니다. 변방의 고을이 이와 같은데 하물며 용성 이남의 고을은 어떻겠습니까. 성상께서 염려하시어 이미 회령에 성을 쌓고 나서 또 경원에 성을 쌓았으니, 공사가 시기를 넘기지 않고 일이 마침내 끝나게 되었습니다. 하물며 갑산과 경흥은 스스로 능히 성을 고쳐 쌓을 수 있어 모두 견고한 성을 보유하였으니, 북방의 근심은 이미 열에 일고여덟은 없어지게 되었습니다.

전조에서 철령을 경계로 삼았다가 뒤에 쌍성을 경계로 삼았는데, 여러 하도(下道)의 군사를 내어서 여기에 파견해 수자리 살게 하여 수졸들이 늙을 때까지 오히려 집에 돌아가지 못하였습니다. 오늘날의 일로 말씀드리면 하늘과 땅 차이입니다. 오늘날 네 읍을 세운 것은 오로지 북방의 번병(藩屛)으로 삼기 위한 것이며, 오늘날 성곽을 쌓은 것은 오로지 번병을 공고히 하기 위한 것이니, 오늘날의 일은 해도 좋고 안 해도 좋은 일이 아니고 백성의 힘을 가벼이 쓴 것도 아닙니다."[86]

임금이 곧장 〈김종서에게〉 중사(中使)를 보내어 위유(慰諭)하기를, "지금 경이 북방의 일을 쓴 것을 보니 나는 근심이 없도다"라고 하였다. 서애(西厓) 유성룡(柳成龍)이 김종서의 상소 뒤에 다음과 같이 썼다. "조선의 이름난 정승으로서 공업의 성대함은 육진을 설치한 것보다 더 나은 것이 없다. 지금 이 상소는 배치가 굉장히 넓고 의론이 광범위하니, 또한 한 시대의 뛰어난 재주이지만 실제로 세종이 임명을 잘하여 이루게 함이 있었기 때문이다."[87]

---

86 김종서의 …… 아닙니다: 김종서(金宗瑞, 1383~1453)의 상소는 「논오진형세소(論五鎭形勢疏)」라는 제목으로 『동문선(東文選)』 권55에 실려 있다.
87 서애 …… 때문이다: 선조 31년(1598) 5월 18일에 쓴 글로, 유성룡(柳成龍, 1542~1607)의 발문은 「서김좌상건치육진소후(書金左相建置六鎭疏後)」라는 제목으로 『서애집(西厓集)』 권18에 실려 있다.

세종 16년(1434)에 회령부를 설치하고, 17년에 종성군(鍾城郡)을 설치하였다. 22년에 온성군(穩城郡)과 경원·경흥을 설치하고 아울러 오진(五鎭)으로 삼았다. 그 후 31년에 부령부를 설치하여 육진으로 삼았다. 김종서가 육진을 설치했을 때 정사를 엄격하게 하여 아전들이 괴롭게 여겼다. 음식을 만드는 사람이 누차 독약을 넣었으나 그를 죽이지 못하였으니, 소주를 마시고 파를 밥으로 먹었기 때문이다. 어느 날 밤에 잔치를 열었는데 화살이 술동이를 맞혔으나 안색이 변하지 않고서 말하였다. "간인(奸人)이 나를 시험하는 것일 뿐이니 어떻게 가능하겠는가?" 공사가 완성되고 나서도 장수와 병사들과 함께 수자리 살았는데, 무릇 한번 잔치하면 비장(裨將) 100명에게 모두 커다란 쇠다리 고깃덩이를 베풀어 주며 "북새(北塞)에서 지금 다행히 강역을 개척하였으나 장수와 병사들이 10년 동안 멀리서 수자리 살고 있으니, 이렇게 잔치하지 않고서는 위로할 길이 없다. 하물며 일을 처음 할 때에는 썰렁하게 해서는 안 된다. 지금 비록 쇠다리 하나를 쓰더라도 10년 뒤에는 닭다리 하나도 넉넉하지 못할 것이다. 장수와 병사들이 노래를 부르며 고향으로 돌아가기를 생각한다면 누구와 함께 변방을 방비하겠는가?"라고 하였다.[88]

세종이 다시 육진을 개척하였는데, 번호 중 두만강 이내에 사는 사람들이 그 땅을 떠나게 될 것을 근심하여 그대로 살면서 영원히 두마음을 품지 않는 신하가 되기를 청하였다. 형세상 일시에 모두 쫓아내어 그들의 원망을 돋울까 하는 어려움이 있었으므로 부득이 강변에 장성을 쌓고, 두만강의 내지로서 장성 밖에 있는 모든 땅에서 그들을 살게 하였다. 23년(1441) 봄에 체찰사(體察使) 황보인(皇甫仁), 출척사(黜陟使) 정갑손(鄭甲孫), 절도사 김종서에게 명하여 행성(行城)을 쌓게 하였는데, 돌로 쌓기도 하고 흙으로 쌓기도 하였다. 가을이 되어서야 비로소 공사가 끝났다【'관방' 조에 자세하다.】.

갑인년(1434)【세종 16년이다.】 처음 사진(四鎭)【북로는 처음에 길주, 경원, 경성, 회령을 사진으로 삼았는데, 종성과 경흥을 설치하고 나서 종성, 회령, 경원, 경흥을 사

---

88 김종서가 …… 하였다: 이 일화는 허균의 『성소부부고(惺所覆瓿稿)』 권23, 「설부(說部) 2·성옹지소록(惺翁識小錄)」 4칙에 실려 있다.

진으로 삼았다. 온성과 부령을 설치하고 나서 아울러 육진으로 삼았는데, 무산을 설치하고 나서 부령이 영내(嶺內)에 있으므로 전괘령의 남쪽, 차유령의 동쪽에 있는 부령을 이남 지역의 사읍(四邑)에 속하게 하고 무산을 육진으로 삼다.】을 설치하고, 남쪽 땅에 논밭이 없는 백성을 뽑아서 나누어 배치하여 들어가 살게 하였다. 농사짓고 수자리 살면서 부역을 가볍게 해 주어 삶을 두텁게 해 주었다. 또 공사 천구(公私賤口)를 뽑아서 입속(入屬)시키고, 다시 충청·전라·경상 3도에 사는 백성들을 모집하여 들어가 살게 하였다. 양인(良人)은 토관직(土官職)과 서리(胥吏)를 상으로 제수하고 부역을 면제해 주었으며, 공사천(公私賤)은 방량(放良: 노비를 풀어 주어 양인이 되게 함)해 주고, 사천(私賤)은 되돌려 주었다. 또 남도(南道)의 부민(富民)과 호강(豪强) 1,000여 호(戶)를 옮겨서 변방에 채웠다【『북관지』를 상고하면, 함경도의 방언이 제일 다른데 오직 북도(北道)의 범관(凡官)[무산(茂山) 이전에 설치한 읍이다.]만은 방언이 없다. 본래 남도 백성을 모집하여 들어가 살게 했으므로 그 자손들이 모두 고향 말을 사용하기 때문이라고 한다. 현종 6년(1665) 병조 참판 유혁연(柳赫然)이 아뢰기를, "서북 변방의 백성들이 서로 추쇄(推刷: 본거지로 되돌려 보냄)하는데 북쪽 지역은 추위로 괴로움을 겪어 인호(人戶)가 점점 없어지고 있으니 북쪽으로 옮겨 간 서쪽 백성들을 우선 변경으로 쇄환(刷還)하지 말고 10년으로 제한하게 하십시오"라고 하였다.】.

정묘년(1447) 우의정 황보인이 건의하여 장성 밖에 둔전(屯田)을 설치할 것을 청하여 다시 이졸(吏卒)들이 수호하고 경작하여 노략질을 방비하였으니, 수호하라는 명령이 여기에서 비롯되었다.

번호를 토벌하여 부락이 철수하고 돌아갔다【아래의 '번호(藩胡)' 조에 자세하다.】.

차유령 밖에서 두만강 강변에 이르기까지 일찍이 노토(老土)와 마을우(亇乙于)[89]에

---

89 마을우(亇乙于): 원문은 '마을울(亇乙亐)'로 되어 있는데, 남구만(南九萬, 1629~1711)의 『약천집(藥泉集)』 권4, 「북쪽 변경의 세 가지 일을 아뢰고 이어 지도를 올린 소[陳北邊三事, 仍進地圖疏]」에 의거하여 바로잡았다. 이하 동일하다. 정확한 명칭은 마을우시배(亇乙于施培)로, '노토부락(老兔部落)' 조에 자세한 내용이 보인다.

게 점거되었다가【'노토부락(老土部落)' 조에 자세하다.】 경자년(1660) 청인(淸人)이 철수해 갔다. 인조(仁祖) 기묘년(1639)에 첨사(僉使)【지금은 폐지된 무산 첨사이다.】 박심(朴深)이 처음 차유령 밖에서 경작하였는데, 효종(孝宗) 경인년(1650)에 첨사 이만천(李晩天)이 감사(監司)에게 청하여 다시 토졸(土卒)들을 거느리고 들어가 경작하였다. 감사 정세규(鄭世規)가 장계를 올려 이 지역에 진(鎭)을 설치하는 것이 합당할 만하다고 하자, 조정에서 그대로 경작할 것을 허락하고, 토졸들이 추수한 뒤에 다시 본진으로 돌아오게 하였다. 또한 〈토졸 사이에〉 들어와 사는 유민(流民)들이 있었다.

현종 임자년(1672) 감사 남구만이 소(疏)를 올려 읍(邑)을 설치할 것을 청하고 아울러 지도를 진상하였는데,[90] 그 내용은 대략 다음과 같다. "부령과 차유령 밖에 있는 회령, 도곤(都昆) 이상은 200여 리가 되는 지역이니, 마땅히 부(府) 하나와 두세 개의 진보(鎭堡)를 설치해야 합니다." 조정에서 허락하여 진을 설치하고 무산 첨사를 옮겨서 살게 하였다.

숙종 갑인년(1674) 부(府)를 설치하였다. 23년(1697) 영의정 남구만이 차자를 올렸는데, 그 내용은 다음과 같다. "무산의 서쪽 박하천(朴下遷, 朴下川)과 천평(天坪),[91] 강계의 동쪽인 자성(慈城)과 서해평(西海坪) 등지는 비옥하여 농사짓기에 알맞아서 생업을 잃은 백성들이 들어가 살기를 원하는 자가 많습니다. 먼저 가까운 지역에 있는 변경의 장수로 하여금 개간을 주관하게 하여 점차 국경을 개척하는 방도로 삼아야 합니다. 규모가 한번 정해지고 소요가 없으면 두 강의 방비와 수비가 연결되는 형세가 몇 년 안에 이루어질 수 있을 것입니다. 신이 북관(北關)에 있을 때 북쪽에는 무산 등 세 진보를 설치하고, 서쪽에는 후주를 설치하여 강 연안의 북쪽을 점차 개척할 징조로 삼았습니다. 또한 계해년(1683) 병조 판서로 있을 때 다시 자성 등지에 변장(邊將)을 둘 것을 청하였으나 조정의 의론이 통일되지 못하여 겨우 설치했다가 곧바로 중지되었고, 을축년(1685) 백성들이 국경을 넘어가는 사건이 발생하자 조정의 의론은 무산과

---

90 현종 …… 진상하였는데: 남구만의 상소는 『약천집』 권4, 「북쪽 변경의 세 가지 일을 아뢰고 이어 지도를 올린 소」라는 제목으로 실려 있다. 단 현종 13년(1672)이 아니라 현종 14년(1673) 12월 함경도 관찰사로 있을 때 올린 것이다.

91 천평(天坪): 원문은 '평(坪)'으로 되어 있는데, 남구만의 『약천집』 권10, 「성경의 지도를 올리고 겸하여 북관의 일을 아뢴 차자[進盛京地圖, 兼陳北關事箚]」에 의거하여 바로잡았다.

후주를 함께 없애고자 하였습니다. 신이 없애서는 안 됨을 강력히 말하였으나 무산은 다행히 남게 되고 마침내 후주는 없어졌습니다. 지금 육진에 연이어 흉년이 들었으나 무산은 매년 풍년이 들어서 다른 고을도 그 도움을 입었습니다. 국경을 넘어가는 일을 일으키는 것은 다른 곳에서는 자주 있으나 무산에서는 발생하지 않으니, 국경을 넘어가는 폐단은 반드시 새로 설치한 곳에서만 우려할 것은 아닙니다."[92]

변방 오랑캐[邊胡]

북로는 옛날에 여진 야인(野人)에게 점거되었다. 지금 여러 책에서 그 부락의 대강을 기록한 것에 의거하여 변방을 개척한 사업의 어려움과 공적의 위대함을 볼 수 있다.

▪ 여진(女眞)

여진은 본래 고구려의 부락으로 개마산에 모여 살았다. 그 선조는 물길에서 나와서 옛 숙신의 땅에 살았다. 원위(元魏) 때 7부(部)가 있었는데, 속말(粟末), 백돌(伯咄), 안거골(安車骨), 불저(佛沮),[93] 호실(號室), 흑수(黑水), 백산(白山)이다. 수(隋)나라 때 이르러 물길의 호칭을 말갈(靺鞨)로 고쳤다. 당(唐)나라 초에 흑수말갈(黑水靺鞨)과 속말말갈(粟末靺鞨) 2부가 있었는데 모두 고려에 귀부하였다. 나머지 5부는 알려진 것이 없다.

이적(李勣)이 고려를 격파하자 속말부(粟末部)가 떠나서 동모산(東牟山)을 보전하였으니 이것이 발해국(渤海國)이다. 태중상(太仲象)이 그 무리와 함께 요수(遼水)를 건너서 태백산(太白山)을 보전하고 국호를 진달(震達)이라 하였다. 선천(先天: 당 현종(玄宗)의 연호로 712~713년) 연간에 발해군(渤海君)으로 봉하였다. 〈대조영의 아들 무예(武藝)가〉 대토우(大土宇)를 물리치고 마침내 성국(盛國)이라 하였으며, 이어서 발해국이라 하였다.

흑수부(黑水部)는 숙신 땅에 살면서 동쪽으로 바다에 닿아 있고, 남쪽으로 고려와 이웃하였다. 개원(開元) 연간에 흑수부를 두었는데, 흑수부의 백성들로 남쪽에 있는

92　23년 …… 아닙니다: 남구만의 차자는 『약천집』 권10 「성경의 지도를 올리고 겸하여 북관의 일을 아뢴 차자」라는 제목으로 있다. 숙종 23년(1697) 5월 18일에 올린 것이다.
93　불저(佛沮): 『북사(北史)』 「물길전(勿吉傳)」에는 '불열(拂涅)'로 되어 있다.

사람들은 요(遼)나라에 호적을 편입하여 숙여진(熟女眞)이라 부르고【함관령 이남 땅이다. 『송사』에는 혼동강 이남 땅이라고 하였다.】, 북쪽에 있는 사람들은 요나라에 호적을 편입하지 않고 생여진(生女眞)이라 불렀으며【함관령 이북 땅이다. 『송사』에는 혼동강 이북 땅이라고 하였다.】, 요나라에서 아주 멀리 떨어져 있는 사람들을 흑두여진(黑頭女眞)이라 불렀다. 얼마 지나지 않아 요나라 흥종(興宗)의 이름을 피하여 여직(女直)[94]으로 고쳤다. 아골타(阿骨打)에 이르러 비로소 세력이 커져서 부(部)를 고쳐 나라를 세우고 금(金)이라 하였다. 금나라가 망하자 원나라에 귀부하였다.

고려 때 동여진과 서여진이 있었다.

야인(野人)

삼국(三國) 말기에 평양(平壤) 이북은 모두 야인이 노닐며 사냥하던 곳이다. 안변 이북은 대부분 여진에게 점거되었다.

회령강 밖에 고라이【지금 고령(高嶺) 건너편 강변길로, 청(淸)의 차사원(差使員)이 나오는 길이다.】, 사오이동(沙吾耳洞), 상가하(常家下), 아적랑이(阿赤郎耳),[95] 하다가사(下多家舍), 벌인(伐引), 무을계(無乙界), 동량(東良)[96]【상동량(上東良)·중동량(中東良)·하동량(下東良)이 있다.】, 어후강(魚厚江), 후훈(厚訓), 박가천(朴加遷), 검천(檢天)이 있다【모두 야인의 지역에 속한다.】.

총괄하여 기록하다[總錄]

우리 태조가 처음 동북쪽에서 기틀을 닦아 위엄을 두려워하고 은덕을 생각하니,

94　여직(女直): 원문은 '여진(女眞)'으로 되어 있는데, 『금사(金史)·태조본기(太祖本紀)』에 의거하여 바로잡았다.
95　아적랑이(阿赤郎耳): 원문은 '부적랑이(附赤郎耳)'로 되어 있는데, 『신증동국여지승람』 권50, 「함경도·회령도호부·산천」에 의거하여 바로잡았다.
96　동량(東良): 원문은 '거량(車良)'으로 되어 있는데, 『신증동국여지승람』 권50, 「함경도·회령도호부·산천」에 의거하여 바로잡았다.

야인의 추장이 멀리서 오고, 이란두만(移闌豆漫)이 모두 와서 복종하고 섬기되, 항상 활과 칼을 차고 잠저(潛邸)에 들어와 호위하였으며, 동쪽으로 서쪽으로 정벌할 때에도 따라가지 않은 적이 없었다【알타리, 화아아(火兒阿), 탁온(托溫) 세 성(城)을 세속에서 이란두만이라고 하는데, 삼만호(三萬戶)라고 말하는 것과 같다. 만호 세 사람이 그 땅을 차지했기 때문에 붙인 이름이다. 경원에서부터 서북쪽에 의지하여 한 달을 가서야 비로소 그 지역에 도착한다.】.

여진은 알타리 두만(斡朶里豆漫)·화아아 두만(火兒阿豆漫)·탁온 두만(托溫豆漫)【알타리는 지명으로, 해서의 해사강(奚斯江) 동쪽, 화아강(火兒江) 서쪽에 있다. 화아아는 지명으로, 두 강이 합류하는 동쪽에 있다. 탁온은 지명으로, 두 강의 아래에 있다.】·합란도 다루가치[哈闌都達魯花赤]·삼산 맹안(參散猛安)【맹안은 천부장(千夫長)의 호칭이다.】·해양 맹안(海洋猛安)【해양은 지명이다. '길주의 연혁[吉州沿革]' 조에 자세하다.】·아도가 맹안(阿都哥猛安)【아도가는 지명이다. 이란두만에서부터 동쪽으로 나흘을 가면 도착한다.】·실안춘 맹안(實眼春猛安)【실안춘은 지명이다. 경원부에서부터 북쪽으로 이틀을 가면 도착한다. 동쪽으로 해관성까지 1일 거리이고, 남쪽으로 두만강(豆滿江)까지 2일 거리이다.】·갑주 맹안(甲州猛安)【지금의 갑산이다. 본래는 허천부인데 오랫동안 호인에게 점거당하였다.】·홍긍 맹안(洪肯猛安)【홍긍은 곧 지금의 홍원이다.】·해통 맹안(海通猛安)【해통은 지명으로, 실안춘에서부터 서북쪽으로 사흘을 가면 도착한다.】·독로올 맹안(禿魯兀猛安)【독로올은 지금의 단천이다.】·간합 맹안(幹合猛安)[97]【간합은 지명으로 지금의 경성 남쪽 120리에 있다. 그 지역에 둥근 돌이 200여 장이나 우뚝 솟아 있는데, 서쪽에 맹안천(猛安川)이 있어 동쪽으로 흘러 돌 아래를 지나 북쪽으로 바다에 들어간다. 세속에서 돌을 간합이라 하기 때문에 붙인 이름이다.】·올아홀리 맹안(兀兒忽里猛安)【올아홀리는 지명이다. 실안춘에서부터 북쪽으로 5일을 간다. 북쪽으로 속평강까지 2일 거리이다.】·아사 맹안(阿沙猛安)【아사는 지금의 이원이다.】·인출활실 맹안(紉出闊失猛安)【경흥부에서부터 북쪽으로 하루를 가서 두만강을 건넌다. 남쪽으로 알동(斡東)과의 거리가 90리이다. 그 지역에 큰 못이 있어 진주가 나

---

[97] 간합 맹안(幹合猛安): 원문은 '알합 맹안(幹合猛安)'으로 되어 있는데, 『태조실록』에 의거하여 바로잡았다.

는데, 세속에서 진주를 '인출활실'이라고 하기 때문에 지명으로 삼은 것이다.】· 오롱소 맹안(吾籠所猛安)【오롱소는 강 이름이다. 종성의 녹양현(綠揚峴)에서부터 동림성(東林城)을 지나 두만강으로 들어간다. 서북쪽으로 경원과의 거리가 60리이다.】· 토문 맹안(土門猛安)【토문(土門)은 지명으로, 두만강 북쪽에 있다. 남쪽으로 경원과의 거리가 60리이고, 서쪽으로 상가하까지 1일 거리이다.】· 아목라 당괄(阿木剌唐括)【아목라는 지명이다. 경원에서부터 북쪽으로 하루를 가서 아라손참(阿剌孫站)을 지나고, 또 5일을 가서 도착한다. 동쪽으로 실린 고성(實隣古城)까지 3일 거리이고, 북쪽으로 속평강까지 1일 거리이다. 당괄은 백호(百戶)와 같다.】이다.

올량합은 토문이고【올량합은 부종(部種) 이름이다.】, 혐진 올적합(嫌眞兀狄哈)은 고주(古州)이며【혐진 올적합은 부종 이름이다. 고주는 지명으로, 속평강 옆에 있다. 회령부에서 북쪽으로 이틀을 가서 아적랑귀(阿赤郎貴)에 이르고, 또 하루를 가서 상가하에 이르며, 또 나흘을 가서 고주에 이른다. 서쪽으로 선춘령까지 4일 거리이다.】, 남돌 올적합(南突兀狄哈)은 속평강이고【남돌 올적합은 부종 이름이다. 속평강의 근원이 고주의 지경에서 나와서 동쪽으로 바다에 들어간다. 남돌은 사람의 성으로 이름 붙인 것이다.】, 활아간 올적합(闊兒看兀狄哈)은 안춘(眼春)[98] 등이 이것이다【활아간 올적합은 부종 이름이다. 강에 살면서 물고기를 잡아 생업으로 삼는다. 안춘은 지명으로 동해의 남령(南嶺)에 있다. 남쪽으로 경흥과의 거리가 120리이고, 서쪽으로 해관성과의 거리가 150리이다.】.

살펴보건대, 여진 야인(女眞野人)은 두 종족이 있는데 모두 삼국시대 말부터 비롯하였으니, 그 유래가 이미 오래되었다. 삼국 말에 야인은 평양 이북 지역을 많이 점거하고 여진은 안변 이북 지역을 많이 점거했다고 하지만, 압록강 기슭도 여진의 옛 거처이며 두만강 기슭도 야인의 옛 거처이니, 그 종족이 옮겨 다니며 왔다 갔다 한 것을 지금 자세히 알 수 없다. 조선 초에 이르러 두 종족이 함께 공복(供服)하였는데, 두만 맹안(豆漫猛安)은 모두 여진의 종족이고, 올량합 이하는 아마도 야인의 종족인 듯하다. 북로(北路)에서 오랑캐를 경계한 것이 수백 년에 이르렀으나 중종·명종·선조 때

---

98 안춘(眼春): 원문은 '복춘(服春)'으로 되어 있는데 『태조실록』에 의거하여 바로잡았다. 이하 동일하다.

는 모두 '야인'이라 불렀고 '여진'의 명칭은 보지 못하였다. 그러나 조선 초에 회령 지역에 살던 알타리는 여진의 부락이니, 어찌 여진 야인의 종족이겠는가. 그 뒤로 마침내 다시 변증하지 못하고 야인이라 통칭한 것일까? 혹 여진의 세력이 미미해져서 야인의 종족만 남은 것일까? 마땅히 널리 상고하기를 기다린다.

■ 번호의 여러 부락[藩胡諸部]【부락의 호수(戶數)는 『제승방략(制勝方略)』[99]에 나온다. 혹자가 말하기를 "김절재(金節齋, 김종서)가 병마사로 있을 때의 일인 듯한데 증수(增修)[100]한 것은 병사(兵使) 이일(李鎰)이다"라고 하니, 만력 연간 장계를 올려 청하여 간행한 것이다. 국초에 변방을 개척할 때 호인 중 다 쫓아내지 못하고 그대로 두만강 이내에 거주하던 자들이 남아서 번호(藩胡)가 되었다. 그러나 『제승방략』을 상고해 보니, 여러 부락이 거주한 곳이 간혹 성 밑에 있기도 하고, 5리나 10리 안에 있기도 하며 수십 리나 4, 50리 멀리 떨어져 있기도 하고, 4, 5식정(息程: 1식정은 30리)이나 2, 3일 거리에 있는 연해의 여러 진(鎭) 아래에 이르기도 하였다. 또 섬 안에 거주하는 자들이 있었는데 그 도리(道里)를 헤아리면 대부분 두만강 밖에 있었다. 그들이 노략질할 때 또 강을 건너오는 경우가 많았으니, 번호의 명칭이 두만강 안에서만 그러했던 것은 아니다. 아마도 당시에 두만강 안에서 〈다른 곳으로〉 가 버린 자들이 비록 강 밖에 살았지만 모두 복종하여 번호가 되었으니, 그 밖에 본래 두만강 밖에 거주하던 자들이 있었더라도 우리 경내와 가까우면 똑같이 번호가 되었던 것이 아닐까. 지금 『제승방략』에 의거하여 번호의 여러 부락을 기록하되, 부락과 추장의 이름은 다 기재하지 못하고 그 총수만을 기록한다. 그들이 경화(梗化: 교화를 거스름)하고 토벌된 사실은 또 문헌과 『북관지』 등 여러 책에 의거하여 부류를 아울러 덧붙인다.】

---

99 『제승방략(制勝方略)』: 함경도 8진과 이에 소속된 각 보의 방어에 관한 병서이다. 조선 초 김종서(金宗瑞, 1383~1453)가 저술한 것을 1588년(선조 21) 함경북도 병마절도사 이일(李鎰, 1538~1601)이 증보하여 간행하였다. 현재 1670년(현종 11) 함경북도 병마평사 이선(李選, 1632~1692)이 목판본 2권 1책으로 중간한 본이 전한다. 함경도 각 진(鎭)의 위치와 산천의 형세, 노정(路程)의 원근, 성보의 배치, 행군(行軍)의 절목(節目), 각 진보에서 일어났던 야인의 침범 사건, 적침에 대비한 응변책(應變策)·봉수(烽燧)·복병(伏兵)·체탐(體探)·망해(望海) 등의 배치, 향화야인(向化野人) 부락의 위치와 추장·호수 등을 상세히 기록하였다.

100 증수(增修): 원문은 '증수(憎修)'로 되어 있는데 문맥상 오기로 보아 바로잡았다.

● 경흥부(慶興府)【부락은 5호(戶) 50여 명이다.】, 조산보(造山堡)【부락은 5호 20여 명이다.】, 무이보(撫夷堡)【부락은 7호 130여 명이다.】, 아오지보(阿吾地堡)【부락은 3호 20여 명이다.】

가정(嘉靖) 무자년(1528) 해적이 자피선(者皮船: 짐승 가죽으로 만든 배) 200여 척을 타고 서수라(西水羅)101의 목책으로 갑자기 들이닥쳐 포로로 잡힌 사람이 매우 많았다. 부사(府使) 김수문(金秀文)이 말을 달려가니, 적은 이미 배를 타고 바다로 내려간 뒤였다. 사람들이 그들의 배를 먼저 부수지 못한 것을 안타까워하였다.

가정 신해년(1551)102 적병이 조산(造山, 조산보)을 에워싸서 우리 군사가 힘을 다해 싸워 적병을 물리쳤다. 부사(府使) 나사종(羅嗣宗)이 달려가 혼자서 한 필의 말을 타고 들어갔다가 복병(伏兵)에 의해 전사하였다.103

갑인년(1554) 가을 적병 호인이 무수히 돌진해 와서 조산을 몇 겹으로 에워쌌다. 전(前) 만호 김정국(金定國)과 만호 최한정(崔漢貞)이 밤새도록 힘을 다해 싸워 적을 패퇴시켰다. 병사(兵使) 이사증(李思曾)이 마침 경흥에 있었으나 머뭇거리고 나아가지 않다가 적이 강을 건너가고 나서야 비로소 조산에 들어와서는, 도리어 김정국이 적을 제압하지 못했다고 하여 〈김정국에게〉 죄를 돌려 충군(充軍: 죄를 범한 자를 군역에 복무하도록 한 형벌)하였으나 공론(公論)이 신원하라고 하였다. 최한정104은 백마를 탄 호인에게 활을 쏜 공으로 훈련 판관(訓鍊判官)에 올랐다.105

---

101 서수라(西水羅): 함경북도 경흥에 있는 지명으로, 우리나라 최동북단에 위치한 곳이다. 학봉(鶴峯) 김성일(金誠一)의 『북정일록(北征日錄)』(선조 13년(1580) 1월 17일조)에 따르면, 1552년(명종 7) 무렵 부사 김수문이 이응거도(伊應巨島)에 보를 설치하자, 호인 300여 명이 자피선을 타고 와서 100여 일 동안 약탈하고 돌아간 일로 인해 성을 쌓고 권관(權管)을 두었다고 한다.
102 가정 신해년: 『성종실록』 권249, 성종 22년(1491) 1월 19일 기사에 올적합 1,000여 인이 조산보를 에워싸고 성안으로 들어와 노략질한 사건이 확인된다. 따라서 『북로기략』에서 가정 연간이라고 말한 것은 저자의 착오로 보이며, 홍치 연간에 일어난 일이므로 1491년이 되어야 한다.
103 복병(伏兵)에 의해 전사하였다: 『성종실록』 권250, 성종 22년(1491) 2월 6일 기사에 "경흥 부사 나사종이 심한 병중(病中)에 있으면서 적(賊)의 변고를 듣고 병을 참으며 바로 조산으로 달려갔다. (중략) 적이 복병을 배치하여 나사종이 지나가는 것을 엿보다가 협공하므로 나사종이 힘을 다하여 싸우기를 그치지 않았다"라는 기록을 참고하여 보충 번역하였다.
104 최한정: 원문은 '막정(漠貞)'으로 되어 있는데 문맥상 오기로 보아 바로잡았다.
105 최한정은 …… 올랐다: 『명종실록』 권16, 명종 9년(1554) 6월 5일 기사에 이 일이 자세히 실려 있다. 성이 거의 함락되기 직전에 조방장(助防將) 최한정이 백마를 타고 적병들을 지휘하던 적군 한 사람에게 편전(片箭)을 쏘아 맞추어 적병이 퇴각하는 데 결정적인 공을 세웠다.

만력 계미년(1583) 경원에서 적변(賊變)을 당한 뒤에 순찰사(巡察使) 정언신(鄭彦信)이 군량을 비축하고자 녹둔도(鹿屯島)에 둔전(屯田)을 설치하고 부사(府使) 원호(元豪)에게 개간하도록 하였다.[106] 그러나 본부(本府, 경흥부)는 힘이 없고 경작하는 사람이 매우 적었다. 병술년(1586) 조정에서 선전관(宣傳官) 김경눌(金景訥)을 보내어 둔전관(屯田官)이라 부르고, 녹둔도에 목책을 설치하여 남도(南道)의 궐군(闕軍: 병역의 복무에서 빠진 군사)을 예속시켜 농군(農軍)으로 삼고 농기구와 밭 가는 소를 많이 들여보냈으나 때마침 흉년이 들어 공력을 보태지 못하였다.

　　정해년(1587) 조산 만호(造山萬戶) 이순신(李舜臣)에게 둔전을 겸하여 관장하게 하였다. 9월에 이르러 부사(府使) 이경록(李景祿)이 군사를 거느리고 섬 안으로 들어와서 이순신과 함께 수확할 때 추도(楸島)[107]의 번추(藩酋) 마니응개(亇尼應介)와 사송아(沙送阿) 등이 무이(撫夷)의 경내에 전전(傳箭)[108]하였다. 시전(時錢)[109]의 중추(中樞) 하오랑아(何吾郞阿)[110]와 추장 후통아혼도(厚通阿渾道) 및 아오지(阿吾地) 경내의 추장 김금이(金金伊)[111]가 경원 경내의 거추(巨酋) 이청아(伊靑阿), 여처심처(如處深處), 울지개(亐知介)[112] 등과 함께 휘파람으로 여러 호인을 불러 모아 추도 뒤에 병사를 숨겨 두고는, 수비가 허술하고 농민이 들에 나가 있는 것을 보고서 온 무리가 갑자기 나와 먼저 기병에게 목책을 에워싸도록 하고 군사를 놓아 크게 노략질하였다. 수호장(守護將)으로 급제한 오형(吳亨)과 감타관(監打官) 임경번(林景藩) 등이 포위를 뚫고 갔는데, 오형은 화살에 맞고 임경번은 화살을 가지고 목책으로 들어가다가 또 화살에 맞았다. 당시 목책 안의 장수와 병사 들이 모두 버티지 못하여 우리 장리(將吏)들이 죽을힘을 다해 싸웠다.

---

106 만력 …… 하였다: 『선조수정실록』 권17, 선조 16년(1583) 12월 1일 기사에 "이해에 경흥 녹둔도에 둔전을 실시하였는데, 이는 순찰사 정언신의 건의를 따른 것으로 부사 원호가 주관하였다. 녹둔도는 강 북쪽 언덕과 가까워 사람들과 말이 통행하였으며 오랑캐 마을과 지극히 근접해 있었으므로, 방책(防柵)을 설치하고 이졸 약간 명을 두어 방수(防戍)하게 하였으나 수비가 매우 약하여 지방 사람들이 걱정하였다"라고 하였다.
107 추도(楸島): 함경도 경흥 북쪽 45리쯤에 있는 섬으로, 마니응개가 거느린 번호들이 살았다.
108 전전(傳箭): 여진인들이 화살에 서신(書信)을 매어 달아 소식을 전하는 것을 말한다.
109 시전(時錢): 함경도 경흥 무이보 쪽의 두만강 건너에 있던 여진 부락이다.
110 하오랑아(何吾郞阿): 원문은 '아오랑아(阿吾郞阿)'로 되어 있는데 『제승방략』에 의거하여 바로잡았다.
111 김금이(金金伊): 원문은 '김전이(金全伊)'로 되어 있는데 『제승방략』에 의거하여 바로잡았다.
112 울지개(亐知介): 원문은 '혜지개(兮知介)'로 되어 있는데 『제승방략』에 의거하여 바로잡았다.

마니응개는 참호를 뛰어넘어 목책을 넘으려다가 급제한 이몽서(李夢瑞)가 화살 한 발을 쏘아 쓰러뜨렸다. 적이 퇴각하여 돌아가자, 이순신과 이경록이 추격하여 50여 인의 포로를 빼앗아 돌아왔으나 군사가 적어서 끝까지 추격하지는 못하였다. 조정에서 이경록 등을 잡아야 한다고 의론하니, 임금이 백의종군하여 공을 세워 속죄할 것을 명하였다.[113]

이해 겨울에 병사(兵使) 이일이 순행하다가 경흥에 이르러 우후(虞候) 김우추(金遇秋)에게 분부하여 기병 400명을 거느리고 언 강을 몰래 건너서 새벽에 추도의 부락을 습격하여 여사(廬舍) 17구를 불태우고 돌아왔다. 이일이 또 하오랑(何吾郎, 시전의 추장 하오랑아) 등을 은밀히 사로잡아 수창하니 삼호(三胡)가 그를 주살하였다. 이듬해 정월 길주 이북과 온성 이남의 토병 및 영군사(營軍士)와 경장사(京將士), 경흥의 군마를 합하여 2,700여 명을 내보냈다. 회령 부사(會寧府使) 변언수(邊彦琇)를 좌위장(左衛將)으로 삼고 온성 부사(穩城府使) 양대수(楊大樹)를 우위장(右衛將)으로 삼아 함께 나아가서 적을 습격하여 집 200여 채를 불태웠다.[114] 이전 신해년에 조산이 포위당하고, 임자년에 서수라가 함락되고, 계미년에 경원부의 안원(安原, 안원보), 건원(乾原, 건원보), 아산(阿山, 아산보), 훈융(訓戎, 훈융진)에서 당한 적변은 모두 이 부락이 주동하여 모의한 것인데 즉시 군대를 충원하지 않았다. 녹도(鹿島, 녹둔도)에서 패배하자 비로소 토벌하여 섬멸하였다.

명종 9년(1554), 초관(草串)의 호인들이 인구가 점점 많아지고 때때로 변경의 백성들을 노략질하므로, 북병사(北兵使) 이사증에게 그들을 토벌하여 그 소굴을 불태우게 하였다.

---

113 정해년 …… 명하였다: 『선조수정실록』 권21, 선조 20년(1587) 9월 1일 기사에 따르면 이 일로 녹둔도의 둔전이 폐지되었다고 한다.
114 이해 …… 불태웠다: 『선조수정실록』 권22, 선조 21년(1588) 1월 1일 기사에 따르면 녹둔도를 침입한 죄를 물어 추도를 습격한 것이다.

● 경원부(慶源府)【부락은 34호 1,200여 명이다.】, 아산보(阿山堡)【부락은 4호 50여 명이다.】, 건원보(乾元堡)【부락은 2호 20명이다.】, 안원보(安原堡)【부락은 3호 60여 명이다.】, 훈융진(訓戎鎭)【부락은 3호 130명이다.】

영락(永樂) 경인년(1410) 4월 부사(府使) 곽승우(郭承祐)[115]가 때마침 사람과 가축을 적에게 약탈당한 것이 매우 많아서 성을 지키지 못하였다. 경원의 백성들이 경성 부사(鏡城府使) 및 도종무(都鍾撫) 왕숭로(王崇老)에게 핑계를 대어 모두 패하고 물러난 죄를 입었다. 무술년(1418) 회수참(懷綏站)에 성을 쌓고 그대로 경원의 백성들을 살게 하였다.

세종 정사년(1437) 적호(賊胡)가 군사를 일으켜 백성들이 약탈당하였다. 부사(府使) 송희미(宋希美)와 판관(判官) 이백경(李白慶)이 겁을 먹고서 문을 닫고 나오지 않으니, 군사(軍士) 김삼량(金三兩) 등이 도끼로 빗장을 부수고는 문을 열고 돌진하여 추격하여 빼앗아 돌아왔다. 일이 알려지자 김상량 등은 상직(賞職)을 받고, 송희미와 이백경은 머뭇거린 일로 주살당하였다. 당시 도절제사는 김종서였다.

만력 계미년(1583) 번호의 도추장(都酋長) 울을지내적(亐乙只乃赤)이 "아산(阿山)의 전(前) 만호 최몽린(崔夢麟)이 침노하여 포학한 행동을 저지른다"라고 소문을 내며 휘파람을 불어 멀고 가까운 번호들을 불러 모았다. 난을 일으키려 할 때 만호 유중영(柳重榮)이 사람을 시켜 적의 기습을 정탐하게 하였는데, 적이 잡아서 심처(深處)[116]로 보내고 그대로 에워쌌다. 아산이 거의 함락되려 할 때 이원 현감(利原縣監) 이지시(李之詩)

---

[115] 곽승우(郭承祐): 원문은 '정래우(鄭萊佑)'로 되어 있는데 『태종실록』에 의거하여 바로잡았다. 곽승우(?~1431)는 음보(蔭補)로 무관직에 나가 1404년(태종 4) 호군(護軍)으로서의 역량을 발휘하였고, 1408년(태종 8) 풍해도 조전첨절제사(豊海道助戰僉節制使)가 되었으며, 1410년(태종 10) 경원부 병마절도사(慶源府兵馬節度使)가 되었다. 이때 우디거[尤狄哈]·오도리(吾都里)의 야인들이 침입해 오자 이들을 막아 싸웠으나 패하여 호분시위사총제(虎賁侍衛司摠制)로 전직되었다가 다시 탄핵을 받아 동래부에 귀양 갔다. 이듬해 동지총제(同知摠制)가 되고, 내금위절제사(內禁衛節制使)·중군총제(中軍摠制)·내금위중군절제사(內禁衛中軍節制使)·이번절제사(二番節制使) 등을 거쳐 1431년(세종 13) 전라도 처치사(全羅道處置使)로 활약하던 중 죽었다.

[116] 심처(深處): 원문은 '보처(保處)'로 되어 있는데, 『선조수정실록』 선조 16년(1583) 2월 1일 기사에 의거하여 바로잡아 번역하였다. 백두산 북쪽에 사는 여러 오랑캐로서 아직 친부(親附)하지 않은 자들을 '심처호(深處胡)'라 한다고 하였다.

가 와서 구원하며 화살을 많이 쏘자 적호가 퇴각하였다. 그러나 번번이 와서 성을 에 워쌌는데, 우후(虞候) 이인로(李仁老)가 조방장(助防將)으로 지키러 왔으나 유중영과 함께 겁을 먹고 나가지 않았다. 적이 이로 말미암아 더욱 방자해졌다.

부사(府使) 김수(金璲)와 판관 양사의(梁士毅)가 아산 통사(阿山通事) 한옥(韓玉) 등 【유중영이 적의 기습을 정탐하도록 보낸 자이다.】이 번호에 포로로 잡혀갔다는 소식을 들었으나 여러 호인이 모두 배반한 사실은 알지 못하고서 경솔하게 스스로 병사를 거느리고 곧장 번호에게 갔는데, 〈적이〉 일시에 역습하여 화살을 쏘므로 인마(人馬)와 군량을 모두 약탈당하였다. 훈융 내금위(訓戎內禁衛) 백윤형(白允衡)이 죽을힘을 다해 싸우며 돌입하여 김수를 구해 내었다. 이틀 뒤에 적호 2만여 기가 와서 본부(本府, 경원부)를 에워싸니 부사와 판관이 각자 나누어 지켰다. 서문장(西門將) 전(前) 만호 이봉수(李鳳壽)가 적이 달아나는 것을 바라보았는데, 적이 서성(西城)을 함락시키고 온 성의 사람들을 죽이고 약탈하였다. 오직 군대의 병기와 창고의 곡식만은 김수가 힘껏 활을 쏘아서 온전하게 지켰다. 다음날 적이 다시 에워싸서 창고의 곡식을 가지고 가려 하였는데 모두 수레와 말을 가지고서 동문(東門)에서 서문(西門)까지 세 겹으로 포위하였다. 온성 부사(穩城府使) 신립(申砬)이 안원에서 변고를 듣고 먼저 성안에 와 있었는데, 성 머리에 늘어서서 죽을힘을 다해 싸웠다. 백마를 탄 호인 한 명이 달려오자 신립이 화살 하나를 쏘아 쓰러뜨리니 적의 기세가 꺾여 달아났다. 그러나 적은 많고 우리는 적어서 쫓아내지 못하였다. 이 상황을 목격한 종성의 율보리(栗甫里)와 회령의 이탕개(尼湯介)[117]가 모두 군사를 일으켰는데, 거추가 전전(傳箭)하니 울지개가 일시에 모두 배반하였다. 오직 온성 경내의 번호만이 신립의 위세를 두려워하여 끝내 감히 경화(梗化)하지 못하였다.

이 변고에 적호 1만여 기가 마전동(麻田洞)에서 와서 훈융진(訓戎鎭)을 에워싸고 충

---

117 이탕개(尼湯介): ?~?. 이탕개는 선조 초 우리나라에 귀화한 여진인으로, 육진(六鎭)에 출입하며 조정으로부터 관록과 여러 가지 후대를 받아 왔다. 조선은 세종대 육진 개척으로 동북 지방의 여진족에 대한 경략이 대체로 큰 문제가 없었으나, 중종 이후 내정이 문란해짐에 따라 북방에 대한 통제력이 약화되었다. 이러한 틈을 타서 여진족이 자주 국경을 침범하며 약탈 행위를 자행하고 변장을 살해하는 등 준동하기 시작하였다. 조선은 이러한 여진족을 상대로 소극적인 회유책으로 일관해 오던 중 선조 16년(1583) 경원부에 사는 번호들이 예전 진장(鎭將)의 허물을 이유로 소문을 퍼뜨려 민심을 선동하고 난을 일으키자, 이에 호응해 이른바 '이탕개의 난'을 일으켰다.

교(衝橋)를 만들어서 성을 허물어뜨리니 연기와 불꽃이 하늘을 뒤덮었다. 첨사 신상절(申尙節)과 조전장(助戰將) 종성 판관(鍾城判官) 원희(元熹)가 종일 싸웠으나 성이 함락되려 하였다. 그때 신립이 황척파(黃拓坡)[118]에서 관장하였는데, 유원 첨사(柔遠僉使) 이박(李璞), 군관(軍官) 차정(車楨)과 김경복(金景福) 등이 변고를 듣고서 사잇길을 따라 달려와서 빠르게 포위하고 공격하였다. 적호 중에 신립의 얼굴을 아는 자가 있었는데, 신립이 빠르게 활을 쏘아 오랑캐 괴수가 화살 한 개로 죽는 것을 보고는 놀라며 말하기를 "온성의 영공(令公)이 왔다"라고 하면서 즉시 퇴패하였다. 신상절 등이 밖에 구원병이 이르렀다는 것을 알고 문을 열어 추격하였다. 군사들이 승기를 타고 적이 나온 안두리부락(安豆里部落)으로 곧장 쳐들어가서 궁려(穹廬: 흉노가 치고 사는 장막)를 다 소탕하여 나라의 치욕을 조금 씻어 냈다. 경원의 여러 부락이 분탕한 일이 이때부터 시작되었다.

건원도 재차 포위되어 부령 부사(富寧府使) 장의현(張義賢)이 명장(名將)이 된 뒤에 이 성에 와서 지켰는데, 용맹을 떨치고 예봉을 꺾으니 성이 이에 힘입어 함락되지 않았다. 이 변고에 적의 기세가 성하여 큰 들을 뒤덮으니, 안원 권관(安原權管) 이우춘(李遇春), 조전장 병사(兵使) 이제신(李濟臣), 군관(軍官) 우림위(羽林衛) 김진경(金震經)이 모두 굳게 지킬 뜻이 없었다. 신립이 아산으로 전쟁을 도우러 가다가 안원을 경유하였는데, 도망하는 병사를 참수하여 사기를 북돋웠다. 적이 구원병이 있는 것을 알고는 감히 와서 침범하지 못하였다. 그러나 외로운 성에 남은 병사라 끝내 버티지 못하였다. 백성들은 첩입(疊入: 변방의 백성들을 외적의 약탈에서 보호하기 위하여 안전한 성안으로 들여보내 대피하게 함)하였으나 본부(本府, 안원부) 창고의 곡식은 미처 들여보내지 못하였으니, 적호가 난입하여 불태우고 약탈하고 갔다. 그때 신립과 신상절이 함께 공을 세워 호인이 그들을 지목하여 대비장(大飛將)과 소비장(小飛將)이라 하였다. 경원의 군사 오한춘(吳漢春)이 전진(戰陣)에서 그의 아버지를 구하려 칼날을 뽑아 싸우다가 함께 죽어 정문(旌門)을 세웠다.

---

118 황척파(黃拓坡): 원문은 '황척피(黃拓披)'로 되어 있는데 오기이므로 바로잡았다. 황척파는 온성 동쪽 27리에 있는 지명으로, 돌로 쌓은 보루인 황척파보(黃拓坡堡)를 가리킨다.

만력 을미년(1595) 병사(兵使) 김종득(金宗得)이 이항(伊項)·우허(于虛) 부락을 쳐서 점거하였다. 우후 성우길(成佑吉)이 그 공으로 가선대부(嘉善大夫)에 올랐다. 5월에 군사를 크게 일으켜 건가퇴(件加退)[119]를 쳤으나 대패하였다【아산보는 본래 건을가퇴보(件乙加退堡)이다.】.

● 온성부(穩城府)【부락은 19호 1,150명이다.】, 황척파보(黃拓坡堡)【부락은 1호 10여 명이다.】, 미전진(美錢鎭)【부락은 3호 130명이다.】, 유원진(柔遠鎭)【부락은 9호 190명이다.】, 영달보(永達堡)【부락은 4호 100여 명이다.】

만력 계미년(1583) 영적(零賊) 10여 기(騎)가 밤에 온성의 거을지대동(巨乙只大洞)에 들어와 사람들을 죽이고 물건을 약탈해 갔다. 영달 만호(永達萬戶) 김홍달(金弘達)이 군사를 거느리고 뒤쫓았으나 적이 이미 강을 건너가서 끝까지 붙잡지 못하였다.

갑오년(1594) 역수부락(易水部落)이 와서 영달보의 서북성(西北城)을 침범하였다. 만호 김수(金銖)가 활을 쏘아 삼호(三胡)를 죽이니, 적이 그제야 물러갔다.

숭정(崇禎) 경오년(1630) 유원(柔遠)의 토병 양사복(梁士福)의 아들 양계현(梁繼玄)[120]이 이보다 먼저 사로잡혔다. 무진년(1628) 겨울 통관(通官)이 회령개시에 나온 일로 유원에 이르러 그의 아버지를 만나보았다. 당시 혼조(昏朝)의 여얼(餘孼) 양사홍(梁士洪) 등이 온성에 유배 와서 양계현과 통하여 모의하고 노중(虜中, 후금을 가리킴)에 편지를 보내어 군사를 보내 달라고 청하였는데, 오랑캐가 그의 편지를 조정에 보내어 쫓아가 체포하여 주살하였다.

임진년(1592) 왜구가 쳐들어왔을 때 번호들이 모두 전전(傳箭)하여 노략질하였으나 오직 온성의 번호만은 흩어진 백성들을 받아들여 두고 노략질하지 않았다.

---

119 건가퇴(件加退): 두만강 건너편의 야인 거주 지역을 가리키는 지명이다. 여진어 'Burhatu'를 한자로 음차한 것인데, 조선에서는 건을가퇴(件乙加退), 건가퇴(件加退), 건가퇴(件加堆), 벌가토(伐加土) 등으로 음차하였고, 청에서는 복아합토(卜兒哈兔), 포이합도(布爾哈圖) 등으로 음차하였다.
120 양계현(梁繼玄): 『인조실록』에는 '양계현(梁繼賢)', '양계현(梁戒玄)' 등으로 나온다. 참고로 '양사복(梁士福)'은 기록에 따라 '양사복(梁嗣福)', '양사복(梁士卜)' 등으로 나온다.

● 종성부(鍾城府)【부락은 67호 2,830명이다.】, 동관진(潼關鎭)【부락은 11호 360명이다.】, 방원보(防垣堡)【부락은 7호 90명이다.】, 세천보(細川堡)【부락은 3호이다.】

만력 계미년(1583) 거괴(巨魁) 율보리와 이탕개가 군사를 모아 먼저 정예 기병 10여 명을 보내 우리 세력을 막고, 5, 6일째 되는 날 2만여 기를 세 패로 나누어 들판을 뒤덮으며 왔다. 병사(兵使) 김우서(金禹瑞)가 우후 장의현, 판관 원희, 군관 권덕례(權德禮) 등을 보내 병사 150여 명을 이끌고 강탄(江灘)의 요충지를 나누어 지키게 하였다. 적이 병사가 적은 것을 보고는 일제히 건너오니, 별시위(別侍衛) 김희령(金希齡)이 백마를 탄 호인 한 명을 쏘아 맞혀 물속으로 넘어뜨렸다. 그러나 적의 기세가 성하여 흐르는 물도 끊어질 듯하여 우리 군사가 버티지 못하고 서문으로 달려 들어가 종일 싸웠다.

날이 저물 때 온성 부사 신립이 영달(永達)에서 변고를 듣고 달려와서 소암(嘯巖)에 올라가 군대를 사열하였다. 적이 구원병이 왔음을 알고서 허둥지둥 물러가자 신립이 강변까지 추격하였다. 원희가 동문을 열고 달려 나갔으나 적이 정예 기병으로 후미를 추격하여 통쾌한 승리를 거두지 못하였다. 전사한 사람과 약탈당한 사람이 셀 수 없이 많았다. 다음 날 다시 에워쌌으나 도로 물러갔다.

이 변고에 적이 또 3만여 기로 동관진을 몇 겹으로 에워쌌는데, 조방장 박선(朴宣)과 첨사 정곤(鄭鵾)이 충군(充軍) 전(前) 부사(府使) 양사준(梁士俊)과 더불어 힘을 다해 싸웠다. 화포를 많이 쏘고, 또 해자 옆에 품방(品防: 얼음 구덩이를 파서 적의 진격을 막는 것)을 깊이 팠다. 이 때문에 성에 다가오지 못하고 물러갔는데, 박선 등의 병사가 적어서 감히 추격하지 못하였다. 그때 적호 5,000여 기가 와서 방원(防垣)을 에워싸고 곧장 동문에 이르렀다. 육박하여 오르려 할 적에 만호 최호(崔湖)가 순영 군관(巡營軍官) 전(前) 군수(郡守) 이천(李薦) 및 단천 군수(端川郡守) 이영심(李永深) 등과 함께 활과 쇠뇌를 어지러이 쏘니 적이 그제야 물러갔다.

이해 가을에 이탕개와 율보리 등이 수만 명의 무리를 거느리고 방원 밖에 이르러 다섯 곳에 나누어 주둔하고는, 각기 오색 깃발을 잡고서 시끄럽게 시끄럽게 소리치며 포위하였다. 방패와 긴 사다리를 만들어서 재차 해자 옆에 이르러 개미처럼 성에 붙으려 할 적에 조방장 이발(李潑)과 병영 군관(兵營軍官) 전(前) 현감 윤안성(尹安性) 등이 만호 최호 및 이천과 더불어 죽음으로 지켰다. 성 머리에 '승(勝)' 자를 쓴 총통(銃筒), 목전(木箭), 철환(鐵丸)을 많이 설치하니 적이 두세 번 나아가고 물러나다가 화살과 돌이 미치는 곳에서 모두 죽거나 다치고서야 마침내 물러갔다. 우후 장의현, 판관 윤담(尹潭), 병영 군관 이박(李璞), 충군 이극선(李克善) 등이 종성에서 변고를 듣고 달려와서 적이 물러가는 것을 보고는 기회를 타서 쫓아갔다. 이발 등도 문을 열고 합세하여 공격하였다. 적이 정예 군사로 후미를 추격하고 복병을 많이 두었으나 장성 문까지만 추격했다가 돌아갔다. 동관(潼關)의 번호 투을지(投乙只)가 나와 적이 밤중에 응곡(鷹谷)에 들어왔다고 고하였다. 우림위(羽林衛) 강만남(姜晚男)이 자원하여 중요한 길목에 군사를 매복하고 활을 쏘니 적이 허둥대며 흩어졌다. 율호(栗, 율보리)가 투을지를 제거하려 하여 을유년(1585) 여름에 1,000여 기를 거느리고 몰래 강을 건너 밤에 투을지의 집을 에워싸고서 죽이고 약탈하고 갔다. 또 군사를 크게 일으켜 침범하였는데, 종성 부사(鍾城府使) 이천이 그 사실을 미리 알고서 먼저 복병을 두고 추격하여 활을 쏘아 부상을 입히자 적이 그제야 멀리 달아났다.

만력 정해년(1587) 적호 수천 기가 성을 몇 겹으로 에워쌌다. 고을 사람 김사주(金嗣周)가 군관이 되어 혼자서 한 필의 말을 타고 동문을 열어 포위를 무너뜨리고 나갔는데, 적이 평소 김사주가 사납고 날쌔다는 것을 알고는 감히 가까이 가지 못하였다. 마침 나는 꿩이 있어 김사주가 화살 한 발을 쏘아 맞히자 적이 놀라서 물러가니, 당시 사람들이 화살 하나로 포위를 풀었다고 하였다【김사주는 일찍이 정 평사(鄭評事, 鄭斗卿)를 따라서 왜를 토벌하였다.】.

만력 임인년(1602) 봄 2월에 적호 수천 기가 몰래 와서 성을 에워쌌다. 때마침 한식이라 백성들이 모두 성묘하러 가서 오로지 남아 있는 군교(軍校)가 수십 명뿐이었다. 부사(府使) 정엽(鄭曄)이 고각(鼓角)을 울리게 하고는 네 개의 성문을 열고 누대에 올라서 군교를 데려와 옷을 바꾸어 입고 하루종일 군례(軍禮)를 받았다. 적이 무리가 많은 줄로 알고 감히 가까이 가지 못하였다. 그리하여 오랑캐 말을 잘하는 사람을 보내 침범해 온 뜻을 물으니, 적이 먹을 것이 없다고 고하여 마침내 쇠고기와 술을 주었다.

적이 그제야 물러갔다.

● 회령부(會寧府)【부락은 43호 1,100여 명이다.】, 고령진(高嶺鎭)【부락은 14호 230여 명이다.】, 보을하진(甫乙下鎭)【부락은 26호 600여 명이다.】, 풍산보(豐山堡)

세종 26년(1444) 동량북(東良北)에 사는 올량합의 낭보야은두(浪甫也隱豆)가 와서 조회하였다. 낭보야은두는 일찍이 강상(綱常)의 죄가 있는 자로, 임금께서 "천지가 용납하지 않을 것이다. 동량북은 우리 국경에 바짝 가깝고, 오랫동안 왕의 교화에 젖었으니 베지 않을 수 없다."라 여기고는 국경 위에서 찢어 죽이게 하고 하교하니, 야인들이 두려워하였다.[121]

세조 5년(1459) 처음에 모련위 올량합(毛憐衛兀良哈)[122] 낭복아합(浪卜兒哈)이 대대로 회령 땅에 살면서 우리나라 백성들과 더불어 대대로 혼인하여 편맹(編氓: 호적에 편입된 백성)과 다름이 없었다. 그 아들 역승가(亦升哥)[123]가 왕성(王城)에 와서 살면서 아내를 맞이하고 벼슬살이를 하였는데, 뒤에 낭복아합이 변장과 성내며 다투고는 역승가와 함께 여러 부락을 꾀어 같이 배반하기로 하였으나 〈변장이〉 그들을 잡아와서 법대로 조치하였다. 건주 우위 도지휘(建州右衛都指揮) 동화이치[佟火儞赤] 등이 날조하여 아뢰고 사신을 보내어 변명하였다.

중종 13년(1518) 회령의 성 밑에 사는 야인 속고내(速古乃) 등이 갑산부에 몰래 들어와서 죽이고 약탈해 갔다. 장수를 보내어 붙잡으려 할 적에 부제학(副提學) 조광조(趙光祖)가 계문을 올려 왕자(王者)가 오랑캐를 제어하는 도리가 아니라고 하여 그만두었다【이 조목은 마땅히 아래에 있어야 한다.】.

---

121 동량북(東良北)에 …… 두려워하였다: 이와 관련된 내용이 『신증동국여지승람』 권7, 「경기(京畿)·여주목(驪州牧)」에서 확인된다.
122 모련위 올량합(毛憐衛兀良哈): 원문은 '모린위 올량합(毛隣衛兀良哈)'으로 되어 있는데 『세조실록』에 의거하여 바로잡았다.
123 역승가(亦升哥): 원문은 '적승가(赤升哥)'로 되어 있는데 『세조실록』에 의거하여 바로잡았다.

천순(天順) 경진년 세조 6년(1460) 6월 천사(天使, 명 사신) 마감(馬鑑)과 서반(序班) 1명이 포주강의 올량합 동창(童蒼), 이만주(李滿住), 충상(充尙)¹²⁴ 등 300여 명을 거느리고 회령의 장성 밖에 이르러 말하기를, "나는 천사이다. 중국이 조선에 명하여 올량합과 화친하게 하고자 하므로 나를 보내어 온 것이다"라고 하였다. 7월 선위사(宣慰使) 예조 참판이 회령에 이르러 병사(兵使) 양정(楊汀)과 함께 길주 이북의 군사 5,000명을 내어 오자 의식을 갖추어 나가서 맞이하더니 잔치를 청하자 병이 있다고 사양하였다. 번호들이 충상 등이 그 아내를 도둑질하고 가족들을 성으로 다 몰아넣었다고 의심하니, 충상 등이 화를 내며 천사를 버리고 후퇴하여 운두성에 주둔하였는데, 다음 날 천사가 돌아왔다.

이해 9월 신숙주(申叔舟)가 올량합을 정벌한 뒤에 자주 호인을 경계할 일이 있었는데, 때마침 변경에서 다툼이 크게 일어나 이탄(伊灘)의 호인 1,000여 기가 와서 부성(府城)을 에워쌌다. 병사 양정과 부사 김사우(金思佑)가 싸웠으나 불리하였다. 다음날 적이 다시 성을 에워싸고 성 밖에 쌓아둔 곡식을 불태웠다. 종성 위장(鍾城衛將) 황생(黃生) 등이 200기로 와서 구원하니 적이 그제야 물러가서 운두성까지 추격하였다.

이해 11월 이림거(尼林車)의 호인 300명이 고령(高嶺)에 들어와 노략질하였다. 병마사 박형(朴炯)¹²⁵이 싸웠으나 불리하였는데, 종성 부사 강순(康純)이 허린(許麟) 등 1,000여 기를 거느리고 와서 구원하여 오랑캐 땅까지 60여 리를 추격해 들어갔다. 일이 알려지자 박형을 파직하고 강순으로 대신하였다.

만력 갑신년 선조 17년(1584) 처음에 번호 이탕개가 우리나라를 섬기기를 매우 공손하게 하고, 또 그 부모의 상에 상복을 입으므로 장성의 문 밖에 정표를 세워 그 부류와 다름을 권장하도록 명하였다. 이해 이탕개가 이웃 부락과 결탁하여 처음 배반

---

124 충상(充尙): 원문은 '연상(兗尙)'으로 되어 있는데 오기이므로 바로잡았다.
125 박형(朴炯): 원문은 '박동(朴炯)'으로 되어 있는데 『세조실록』에 의거하여 바로잡았다. ?~?. 1460년(세조 6) 종성 부사로서 야인을 정벌한 북정군공(北征軍功)으로 정헌(正憲)에 훈록(勳錄)되어 12월 함길도 도관찰사(咸吉道都觀察使)가 되었으나, 이듬해 야인의 침범을 막지 못하고 많은 군사를 죽이게 하였으므로 3월에 파직되었다.

하였는데, 1만여 기를 모아 두만강 밖 대암(臺巖)에 올라갔다가 날이 저물자 물러가서는 종성의 적과 합세하여 노략질을 그치지 않았다. 제압하여 정벌한 뒤에 여러 호인이 돌아와서 다시 귀부하였으나 이탕개만은 깊이 숨었다. 2년 뒤 가을에 비로소 강의 수자리에 나와서 하소연하며 "나는 국은을 입었으니 돌아가서 스스로 새로워지길 청합니다"라고 하고는 부관(府官)과 함께 한 필의 말을 타고 와서 서로 만나 맹약(盟約)을 받들고 갔다. 병사(兵使)가 판관 박지술(朴知述)에게 거짓으로 허락하고 자리에서 이탕개를 잡게 하였다. 당시 부방(赴防) 출신 김준민(金俊民)이 용맹함으로 모든 군사 중 으뜸이었는데 맨손으로 결박하겠다고 청하였으나 박지술이 그 공을 독차지하려고 허락하지 않았다. 〈박지술이〉 이졸을 데리고 소매에 칼을 숨기고 갑옷을 입고 있으니 이탕개가 의심하였는데, 마주 앉자 박지술이 안색이 변하여 감히 행하지 못하였다. 이탕개가 성이 나서 말에 올라타고 가며 말하기를, "나라를 믿은 것이 이와 같다고 말하지 말라"라고 하였다. 이때부터 관계를 끊고 통하지 않았다. 그 뒤 몇 년이 지나 죽었다.

선조 을유년(1585) 보을하 첨사(甫乙下僉使) 서예원(徐禮元)이 적호를 습격해 공을 세우고자 하여 곧바로 60여 명의 기보(騎保)를 거느리고 험한 지역으로 들어갔으나, 적에게 엄습당하여 겨우 죽음을 면하고 종성에 유배되었다. 이해 겨울 적이 사오이동에서 나와 약탈하여 수호장 조종계(趙宗繼)가 추격했다가 돌아왔다. 그 뒤 2월에 부사(府使) 이일과 도사 박희량(朴希亮)이 30급을 획득하고 궁려(穹廬)를 다 불살랐다.

선조 신묘년(1591) 번호 투거이(投巨伊)가 홀라온(忽刺溫)[126]에 들어가 변방을 침범해 함락시켰다. 부사(府使) 이빈(李贇)이 투거이를 꾀어 들여 힘센 장사에게 장성 밖에서 죽이게 하였다.

회령부 출신 진덕익(陳德益)은 용맹함과 힘이 뛰어나서 호인의 우두머리가 두려워하였다. 만력 정미년(1607) 호인과 싸워서 관직이 판관에 이르렀다.

---

126 홀라온(忽刺溫): 러시아 하바롭스크(Khabarovsk)의 아무르강, 즉 흑룡강 일대의 야인 여진(野人女眞) 가운데 한 부족이다.

●노토부락(老土部落)【이것은 지금 무산(茂山) 경내의 장백산(長白山) 후등(後等) 땅에 있는 것으로 백산부락(白山部落)이라고도 부른다. 또 마을우부락(亇乙于部落)이 있는데 여러 책에서 통틀어서 '노토(老土)'라고 말하는 경우가 많으니, 모두 부락 중 가장 큰 것이다.】

부령의 북쪽 차유령 밖은 바로 두만강 이내 수백 리의 땅이다. 무산진에서 북쪽으로 120여 리를 가서 정승파오달(政承坡吾達),[127] 죽돈(竹頓), 모로(毛老), 동량동(東良洞), 노토부락 등지를 지나 강변에 이르면 비로소 마을우시배(亇乙于施培)가 있으니, 마을우(亇乙于)는 호인 추장의 이름이고, 시배(施培)는 오랑캐 말로 보성(堡城)이다. 마을우시배에서 북동쪽으로 내려가면 헐연평(歇然坪), 서가선(西加先), 이시(利施), 도곤(都毘) 등 백수십여 리의 땅을 지나 비로소 회령의 풍산보로 나오니, 이른바 헐평(歇坪, 헐연평) 등지로 모두 옛날 호인의 취락(聚落)이 있었던 곳이다.

회령 이남의 각 읍이 매양 소요를 당하는 것은 모두 노토부락에서 연유하였다. 대체로 이 지역은 회령, 부령, 경성의 교차 지점에 위치하고, 또 장백산 아래에서 남쪽으로 가면 도로가 명천, 단천, 길주 등지로 흩어져 나온다. 그러므로 노토라는 지역은 지형이 편리한 땅이어서 오랑캐가 시도 때도 없이 몰래 도발하여 진실로 마음속의 병이요 가까운 곳의 우환이 되고 있다. 회령 이남에서부터 단천의 각 읍에 이르기까지 수십 개의 산보(山堡)를 설치하였는데, 모두 이들 적을 대비하기 위한 것이다.[128]

홍치(弘治) 연간에서 만력 연간까지 경성, 길주, 부령, 명천, 단천, 회령 등 여러 읍의 진보가 해마다 침노되어 약탈당하였다. 지금 다 기록할 수 없어 몇 개의 조항만 아래에 기록한다.

홍치 임술년(1502) 적호가 마구리(馬仇里)와 입암(立巖)을 거쳐 곧장 경성의 직동(直洞)을 침범하여 해정(海汀)을 노략질하였다. 우후는 박충동(朴忠洞)을 경유하고, 판관과

---

[127] 정승파오달(政承坡吾達): 원문은 '정승파오달(政承破吾達)'로 되어 있는데 『북새기략』 등에 의거하여 바로잡았다. 이하 동일하다. 조선시대에 부령에 속한 지명으로 군사적 요충지였다(『연산군일기』 권40, 연산군 7년 (1501) 윤7월 8일).

[128] 부령의 …… 것이다: 이 내용은 남구만의 『약천집』 권4, 「북쪽 변경의 세 가지 일을 아뢰고 이어 지도를 올린 소」에서 발췌한 것이다.

평사(評事, 북평사)는 오촌(吾村)을 경유하였으며, 병사(兵使, 병마절도사)는 곧장 주을온(朱乙溫)으로 쳐들어가서 다 섬멸하였다.

만력 정해년(1587) 영적(零賊)이 우리나라 체탐군(體探軍, 적의 실정을 탐지하는 군사)를 만나 갑자기 도발하여 주을온에서 전투를 벌였다. 만호 박유기(朴由己)가 힘을 다해 싸우다가 달아났다.

무자년(1588) 9월 적호가 밤에 길주의 서북보(西北堡) 옥천동(玉泉洞)을 침범하여 병사를 매복해 격파하였다. 만호 김범(金範)이 이 일로 승직(陞職)되었다.

만력 을해년(1575) 차유령 밖의 번호 100여 명이 부령의 옥련보(玉連堡)에 와서 노략질하였다. 토병 출신 동인국(董仁國)은 활쏘기를 잘하여 쏘기만 하면 다 맞혔는데, 적의 우두머리를 활을 쏘아 죽이니 적이 그제야 물러갔다.

노토부락의 잡호(雜胡)가 우리나라 땅에 침입하여 밭을 갈고 씨를 뿌려 병마사 이일이 회유하여 농사를 짓지 말도록 하니, 노토가 그가 보낸 토병을 다 죽이고는 마침내 무산으로 가는 길을 끊고서 사람과 가축을 죽이고 약탈하였다【『제승방략』을 상고하니 다음 내용이 있다. "국초에 국경을 나누어 두만강을 경계로 삼았다. 허수라(虛水羅) 하단(下端)도 이쪽 편 강가에 있다. 하단의 안쪽으로 5리 떨어진 곳에 마을이 있는데, 입구에 금표(禁標)를 세우고 금표 밖으로 나가지 못하게 하였다. 그러므로 금호(金胡) 주을(朱乙)이라는 자는 바로 조상이 동쪽에 살았으며, 벌이(伐伊)의 서응거(鉏應巨)는 조상이 서쪽에 살면서 밭을 갈고 농사를 지어 생계를 꾸리면서 장차 다른 도적에 대비하였다. 그 뒤 은밀히 배반할 계책을 품고 허수라 상단(上端)에 와서 점거하였다. 그 휘하를 부이서동(夫伊西洞) 입구에서 살게 하고 정승파오달에서 몰래 농사짓게 하며 배반한 호인들을 달래 모아들여 소굴[淵藪]이 되었다. 〈호인들이〉 마구 돌아다니며 도적질을 행하였으나 나라의 법령이 없어서 그 죄를 물어 회유할 수 없었다.】.

선조 경자년(1600) 4월 순찰사 윤승훈(尹承勳)과 병마사 이수일(李守一)이 3천 군사를 징발하였다. 이수일이 우후 이염(李琰), 회령 부사 조경(趙儆), 길주 목사(吉州牧使) 양집(梁諿), 명천 현감(明川縣監) 이괄(李适)을 거느리고 세 길로 나뉘어 갔는데, 한쪽은 보을하(甫乙下) 경내를 경유하였고 한쪽은 무산 경내를 경유했으며 한쪽은 어유간 경내를 경유하여 곧장 부락을 공격해 500여 명의 호인을 죽였다. 당시 보을하 첨사 구황(具滉)이 따라서 출정하였다. 그 뒤로 적이 항상 절치부심하였는데, 이해 6월 누르하치[老乙加赤]가 대군을 이끌고 보을하를 침범하여 구황이 전사하였다. 이수일은 전후로 세 차례 북병사가 되어[129] 북영(北營: 함경도 경성에 두었던 친군영)에 있은 것이 15년이다.

청인이 건주(建州)에서 일어나고 나서 두만강 이내의 번호와 노토부락과 마을우[130] 부락을 모두 몰고 갔으며, 두만강 밖의 부족들도 모두 옮겨 갔다. 그러므로 그 땅에 지금은 호인의 자취가 없다.

● 검천 이하 여러 부락[劍川以下諸部落]【이것은 압록강 상류의 삼수(三水), 갑산(甲山), 후주(厚州)의 경내에 있는 것이다.】

백두산 물의 근원이 곧장 운총과 검천(劍川)으로 통하여 펼쳐진 들판이 점점 넓어져 혜산진(惠山鎭)을 지나 압록강이 된다. 저쪽 땅에 지항포(池巷浦),[131] 사동(寺洞), 약수덕(藥水德) 등이 있는데 산비탈과 긴 골짜기가 곧장 강변으로 통한다. 예로부터 번호

---

129 이수일은 …… 되어: 이수일(李守一, 1554~1632)은 자가 계순(季純), 호가 은암(隱庵), 시호는 충무(忠武), 본관은 경주로, 조선 후기 무신이다. 1592년(선조 25) 임진왜란이 일어나자 의병을 일으켜 분전했으나 예천·용궁에서 패전하였다. 다음 해 밀양 부사로 승진, 이어 경상좌도 수군절도사에 발탁되고 왜적을 격퇴한 공으로 가선대부에 올랐다. 정유재란이 일어나자 지역의 중요성을 감안한 도체찰사 이원익(李元翼)의 요청으로 성주 목사가 되었으나 명령을 어겨 장형(杖刑)을 받고 종군하였다. 1602년(선조 35) 남도 병마절도사가 되어 변방을 침범하는 야인들의 소굴을 소탕했으며, 1606년(선조 39) 길주 목사로 방어사를 겸하고, 1611년(광해군 3) 지중추부사로 지훈련포도대장·원유제조(園囿提調)를 겸하였다. 1624년(인조 2) 이괄이 반란을 일으키자 평안도 병마절도사로 길마재[鞍峴]에서 반란군을 패퇴시켜 서울을 수복한 공으로 진무공신(振武功臣) 2등에 책록되고, 계림부원군(鷄林府院君)에 봉해졌다.
130 마을우: 원문은 '마을울(ケ乙ㅌ)'로 되어 있는데, 남구만(南九萬, 1629~1711)의 『약천집(藥泉集)』 권4, 「북쪽 변경의 세 가지 일을 아뢰고 이어 지도를 올린 소[陳北邊三事, 仍進地圖疏]」에 의거하여 '마을우(ケ乙于)'로 바로잡았다. 정확한 명칭은 마을우시배(ケ乙于施培)로, '노토부락(老兔部落)' 조에 자세한 내용이 보인다.
131 지항포(池巷浦): 원문은 '지항포(地巷浦)'로 되어 있는데 『세종실록』에 의거하여 바로잡았다.

가 이곳으로부터 나와서 동인(同仁)의 경내와 감평(甘坪) 지역을 약탈하였다. 땅이 광활하여 동쪽으로 길주의 경내에 인접해 있고, 북쪽으로 보다산(寶多山)에 인접해 있어 가장 요충지이다.

정통(正統) 연간에 삼수 폐현(三水廢縣) 부성(府城) 건너편의 고미동부락(古味洞部落) 100여 가(家)가 압록강을 따라 점점 들어와서 집을 지었다. 융경(隆慶)·만력 연간에 검천기부락(劍川岐部落) 15, 6가(家)와 약수덕부락(藥水德部落) 10여 가가 삼수에 거주하며 강을 따라 건너편의 고미동부락과 통하였다. 삼수의 가을파지(茄乙坡知)와 갑산의 혜산진은 모두 봄가을로 잔치를 베풀고 시장을 개설한다.

만력 경인년(1590) 건주위(建州衛) 추장 화락적(火落赤)[132]이 고미포(古味浦)에서부터 검천기(劍川岐)에 들어와서 노략질하고 갔다. 병진년(1616) 겨울 화락적이 또 들어와 검천에서 고미포까지 거주하는 잡호를 아울러 거느리고 갔으니, 이때부터 노략질이 조금 뜸해졌다.

중종 18년(1523) 야인 등이 여연과 무창에 와서 거주하여 점점 부락을 이루자 양계 절도사(兩界節度使)에게 명하여 군사를 거느리고 쫓아내게 하였다【여연은 본래 갑산 여연촌(閭延村)이다.】.

선조 2년(1569) 고미평(古未坪)이 옛날에는 오랑캐에게 버려져 있었는데, 이때에 이르러 남병사(南兵使) 변협(邊協)이 장계를 올려 "토지는 남에게 주어서는 안 됩니다"라고 하고는 마침내 오랑캐들을 회유하여 내보내고 거주지를 모두 철거하였다.

● 홀라온(忽剌溫)【이 부족은 두만강 밖에 있는데 우리나라 경내와의 거리가 상당히 멀어서 번호의 부락들과 조금 다른 듯하다.】

세종 갑인년(1434) 홀라온의 가온독(家穩禿)이 회령 땅을 약탈하니, 부사(府使) 이징

---

132 화락적(火落赤): 1570년대에 엄답(俺答, 1507~1581)을 따라 청해(靑海)로 가서 달라이라마를 영접하는 일을 하였다. '흑로적(黑勞赤)'으로도 표기한다.

옥(李澄玉)이 군관 손효은(孫孝恩)에게 명하여 추격하게 하여 그 아우 탕기(湯其)와 수고(愁古) 등 2명을 사로잡았다.[133] 절제사(節制使) 김종서가 즉시 참형에 처한 뒤에 장계를 올려 보고하였다.

이 일에 번호 범찰(凡察)이 따라서 출정하였다. 이보다 앞서 계축년(1433) 올적합이 알목하를 공격하여 맹가와 관독(管禿)을 죽였을 적에 오직 범찰과 이이(耳伊)[134] 등만이 다행히 죽음을 면하였다. 우리나라 사람을 만나서 경원과 시반 등지로 옮겨 가기를 원한다고 슬프게 호소하였으나 신하들이 안 된다고 하였다. 당시 경원은 내지에 있었는데, 범찰의 부락이 그 뒤 회령에 예속되어 그대로 그 땅에 거주하였으므로 이때에 이르러 따라서 출정한 것이다.

만력 계묘년(1603) 홀라온 1,000여 기(騎)가 와서 삼봉평(三峯坪)을 침범하여 농민들을 크게 약탈하였다. 갑진년(1604) 노략질하여 훈융 첨사(訓戎僉使) 임해(任解)가 홀로 추격하였다. 적이 또 미전(美錢)을 막 에워싸려는데, 훈융의 군사와 만나서 미전이 이 덕에 약탈을 면할 수 있었다.

을사년(1605) 종성에 몰래 들어와 성의 둘레를 측량하고는 군사가 적어 에워쌀 수 없음을 알고 마침내 동관으로 갔다. 그 하루 전에 강 언덕의 번호가 와서 홀온(忽溫, 홀라온)이 나왔다고 고하니, 첨사 전백옥(全伯玉)이 곧장 말을 달려 주진(主鎭)과 병영에 보고하여 성가퀴를 경계하여 지켰다. 다음 날 포위당했는데 군사가 적어 성이 함락되고 전백옥은 전사하였으며, 사람과 가축이 모두 약탈당하였다.

토병 양응전(梁應全)은 나이가 14세였는데 사로잡혀 갔다. 날이 밝기 전에 출발하여 별이 보이면 그치며 15일을 가서야 홀온이 사는 곳에 도착하였다. 호인 추장 하질귀(何叱貴)가 사는 곳은 벽돌과 나무를 섞어서 중성(重城)을 쌓았는데 건물이 웅장하고 화려하였으며, 소속된 부락은 각자 성을 쌓아 살고 있었다. 우리나라에서 종성 출신 최경수(崔敬守)를 보내고 이어서 온성 출신 오박(吳珀)을 보내어 피로인(被擄人)을 쇄환

---

[133] 세종 …… 사로잡았다: 이 일은 『세종실록』 권74, 세종 18년(1436) 9월 7일과 15일 기사에 실려 있으므로 갑인년(1434)의 일이라고 한 것은 착오로 보인다. 원문의 '가온독(家穩禿)'은 가은두(加隱豆)를 가리킨다.
[134] 이이(耳伊): 원문은 '이(伊)'로 되어 있는데 『연려실기술』, 『여유당전서』 등의 문헌에 의거하여 바로잡았다.

하였다. 맨 마지막에 병영 군관(兵營軍官) 정충신(鄭忠信)을 보냈는데, 하질귀가 의자에 앉아서 접견하려 하니 정충신이 말하였다. "나는 국명으로 왔으니 하질귀는 마땅히 직접 나와서 맞이해야 한다. 그렇지 않으면 죽음을 당하더라도 들어가지 않겠다." 한참 동안 힐난하자 비로소 예를 다해 그를 맞이하여 대접하니, 정충신의 이름이 노중(虜中)에 진동하였다. 반 개월을 머무르며 40여 명을 쇄환하였다. 장차 작별하려 할 적에 호인 추장이 준마와 담비 가죽을 예물로 주었는데, 정충신이 받지 않으며 말하였다. "만약 피로인을 더 보내 주면 선물을 받을 것이다. 이 외에는 원하는 것이 없다." 호인 추장이 마침내 4명을 더 보내 주었다. 정충신이 온 뒤에 처음 홀온과 시장을 개설하여 화친하였다. 홀온은 뒤에 누르하치에게 병합되었다【외재(畏齋, 이단하)가 북평사로 동관에 왔을 때 양응전은 이미 늙고 난 뒤였는데 옛일을 말해 준 것이 이와 같다.】.

병오년(1606) 홀라온이 와서 조공하여 백장(百將)의 직첩(職帖)과 녹봉을 주었다.

이웃 오랑캐[隣胡]

▰ 달달(達達)

태조(太祖, 고려 태조)가 변방을 편안히 하는 계책에 다음과 같이 말하였다. "북계는 여진, 달달, 요양, 심양의 지역과 인접해 있으니, 실로 국가의 요해지입니다. 지금 그곳 주민이 매양 저쪽[135] 사람들과 물자를 교역하며 서로 친압하여 혼인을 맺기까지 합니다."

세종 24년(1442) 달달이 사람을 시켜 문서를 가져와 우리나라 북문(北門)에 이르러서 초유(招諭)하였다. 변장이 말하기를, "하늘에는 두 개의 해가 없고, 백성에게는 두 명의 왕이 없다. 지금 대명(大明) 황제가 천하를 통일하였는데 너희들이 어찌 무도한 글을 보내는가"라고 하였다. 임금께서 북경에 사신을 달려 상주하니 황제가 조서를

---

135 저쪽: 원문은 '피(被)'로 되어 있는데 『고려사절요』 권32, 「신우(辛禑)」 3에 의거하여 '피(彼)'로 바로잡았다.

내려 상사(賞賜)하였다.[136]

몽골[蒙古]

고려 고종 때 정평 이남의 여러 성(城)이 몽골 군대에 핍박당하여 안변에서 양주로 옮겨 가 임시로 살다가 다시 간성(杆城)으로 옮겨 간 것이 거의 40여 년이었다. 덕원부에 죽도(竹島)가 있는데, 고려 때 정주 이남의 열두 성 사람들이 몽골 군대에 의해 이 섬에 들어왔다.

인조 정축년(1637) 북도(北道)의 근왕병(勤王兵)이 돌아가는 길에 몽골 군대가 옛 남산검동(南山劍洞) 작현(鵲峴) 아래에서 습격하였다. 전영장(前營將) 한기영(韓耆英), 후영장(後營將) 양명순(襄命純), 중영장(中營將) 채담(采湛)이 힘껏 싸웠으나 모두 전사하였다. 또 회령에 들어가서 창고의 곡식을 약탈하였다.

요양과 심양[遼瀋]

고려 공민왕 8년(1359) 요양과 심양의 유민 2,300여 호가 와서 투항하여 서북 지역의 군(郡)에서 나뉘어 살게 하였다.

청인이 처음 일어나다[淸人始起]【종성(鍾城)에 오갈암(烏碣巖)이 있는데, 누르하치[老羅赤]가 이곳에서 태어났다고 전해진다.】

홀라온(忽剌溫)이 사는 곳은 15일 거리이다. 누르하치가 강성했을 때 홀온(忽溫, 홀라온)을 병합하려고 그 딸을 아내로 삼게 하였으나, 홀온이 오히려 복종하지 않고 매양 서로 도모하려는 뜻이 있었다. 홀온의 추장 하질귀가 방원을 약탈하려고 무리를 거느리고 종성 건너편 문암(門巖)에 이르렀다. 당시 누르하치도 군사를 일으켜서 현성(縣城)【지금의 선성(鄯城)인 듯하다.】의 호인을 공격하였다. 경원을 거쳐 강을 건너 종

---

136 세종 …… 상사(償賜)하였다: 이 내용은 『신증동국여지승람』 권7, 「경기 · 여주목」에서 확인된다.

성의 오갈암(烏碣巖)에 이르렀는데, 홀온이 건너편에 와서 주둔하고 있는 것을 바라보고는 한 부대의 군사를 나누어 방원을 거쳐 강을 건너서 산 밖에 매복하게 하고 마침내 맞이하여 쳤다. 홀온의 정예병이 다 죽었는데 지금까지 문암에 백골이 있다고 한다. 남은 무리가 그 소굴로 돌아갔는데, 누르하치가 다시 군사를 거느리고 나아가 공격하니 하질귀가 성에서 나와 맞이하여 싸웠다. 누르하치가 군사를 나누어 산에 매복시켰다가 틈을 타서 성안으로 달려 들어갔다. 하질귀가 패하여 돌아갔는데 성이 이미 저들에게 점거당하여 100여 기(騎)를 거느리고 여해부락(如海部落)[137]으로 투항하였다. 여해부락에서 하질귀를 가두어 죽였는데, 여해부락도 누르하치에게 병합되었다. 이에 누르하치가 모든 부락을 다 병합하고 이어서 요동을 함락하였다고 한다.

청인이 건주(建州)에서 일어나자, 두만강 안의 번호(藩胡)와 두만강 밖의 여러 부족이 몰수되어 모두 옮겨 갔다.[138]

살펴보건대 건주는 우리나라 국경과 가깝다. 세조 4년(1458) 명나라가 건주의 추장 동산(董山)과 교통(交通)하여 관직을 내려 준 일로 칙서를 내려 엄하게 질책하여 사신을 보내 변무하였으니, 그때 건주에 이미 추장이 있었다. 또 누르하치가 사는 곳은 북쪽 경계와 매우 가깝다. 지금 회령의 보을하진(甫乙下鎭) 강 건너편에 높은 봉우리가 있는데 이름을 한생대(汗生臺: 칸이 태어난 곳이라는 뜻)라 한다. 그곳 사람들이 전하기를, "이곳은 누르하치가 살던 곳으로 숭덕 황제(崇德皇帝)가 이곳에서 태어났기 때문에 한생대라 이름 붙였다"라고 한다. 한생대는 두만강 북쪽의 여러 산 가운데 있다. 강 옆에 봉우리 하나가 우뚝 솟아 있는데, 사방의 토인(土人) 중 나무하고 사냥하는 자들이 혹 강을 몰래 건너 올라가서 보는 자가 있다. 한생대 가운데 웅덩이가 있어 둘레가 4, 5리 정도 되는데, 그 속에 주춧돌 따위가 있어 집터였음을 분간할 수 있다.

---

137 여해부락(如海部落): 누르하치[奴兒哈赤]가 후금(後金)을 건설하는 과정에서 병합한 조선 북방 지역의 여진 부락 가운데 하나이다. 『효종실록』 권14, 효종 6년(1655) 4월 23일 기사에, "흑룡강과 운라강(雲羅江) 사이는 몽고(蒙古) 땅이다. 흑룡강은 매우 넓고 강 어귀에 열진(列鎭)의 옛터가 있고 여해(如海)는 영고탑 서남에 있는데 우리나라와 멀지 않다"라는 기록이 보인다.
138 청인이 …… 갔다: 이와 관련된 내용이 남구만의 『약천집』 권4, 「북쪽 변경의 세 가지 일을 아뢰고 이어 지도를 올린 소」에서 확인된다.

또 다음 이야기가 전한다. 금남(錦南) 정충신이 보을하 첨사【옛날 진(鎭)을 설치했을 때이다.】가 되었을 때 당시 누르하치와 만났으니, 대체로 한생대는 강변에 있어 우리나라 국경과 몇 리 떨어져 있지 않다【또 전하기를, 회령 서쪽 10리쯤에 누르하치 조상의 묘지가 있는데 이름을 용의치(容依峙)라 한다. 혹 손의치(孫依峙)라고도 부르는데 한생대와 서로 바라보는 곳에 있다. 앞에 개오동나무 두세 그루가 있었는데 지금은 오래되어 있지 않다. 청인이 시장을 개설하여 나왔을 때 일찍이 이곳을 여러 번 방문하여 묘 앞에 개오동나무를 증거로 삼았는데, 토인들이 두려워서 감히 고하지 않았다고 한다. 그러나 우리나라 경내의 사람들이 어찌 숨기고 발설하지 않았겠으며 지우(智愚)와 귀천(貴賤)을 막론하고 모두 한결같을 수 있었겠는가? 아마도 최초에 청인이 한번 물어본 적이 있었으나 우리나라 사람이 개오동나무 이야기를 듣고서 마침내 손가락으로 가리켜 보이자 청인이 뒤에 또다시 묻지 않은 듯하다. 또 전하기를, 손가락으로 가리킨 곳은 봄과 여름 사이에 해가 따뜻하고 바람이 고요하니, 초혼(初昏: 땅거미가 질 무렵) 때 한 점 등불같이 밝은 빛이 10리 밖의 등불 빛과 서로 비치어 활을 쏘는 사람들이 많이 보았다고 한다. 이 말은 허황한 말에 가까우나 지금 그 땅에 아직도 옛 무덤 한 무더기가 있다. 또 전하기를, 보을하 옛 진(鎭)의 전천(前川)에 보검이 모래 안에 묻혀 있었는데 정금남(鄭錦南, 정충신)이 그것을 얻었다. 일찍이 누르하치를 만난 자리에서 숭덕 황제가 어려서 자기도 모르는 사이에 의자에서 떨어지려 하는 것을 보고는 일어나서 맞이하고 돌아와서 검을 주니, 누르하치가 크게 기뻐하며 천리마로 답례했다고 한다.】.

숭정 정축년(1637) 4월 몽골 군대와 청나라 군대가 남쪽에서 들어와 회령부에 가득하였다. 성 밖의 앞뒤로부터 강 건너편까지 진을 쳤는데 너비와 길이가 70여 리였다. 그중 명천 이남에서 약탈해 온 우리나라 인마가 절반이었으며, 그 친속(親屬)으로 들어왔다가 납속(納贖)하여 간 자들도 많았다. 그때 병사(兵使) 이항(李沆)【전후로 세 차례 병사가 되었다.】이 먼저 본부(本府, 회령부)에 와서 호인 장수 등을 접대하고, 종성 이하 네 부(府)의 부사가 함께 왔으며 또한 육진의 창고에 있던 쌀 수천 섬을 운반해 와서 성 앞에 쌓아 놓았다. 몽골 등이 쌀이 전지에 적으므로 서문(西門)으로 곧장 들어가 창고의 곡식을 다 약탈하고 3일을 머물다가 회령과 종성 경내를 경유하여 강을 건너갔다.

무인년(1638) 회령에 처음 시장을 개설하였으니, 저쪽 땅은 영고탑과 오라 두 곳에 농사짓는 소와 보습 등 농기구 및 소금이 부족하므로 설치한 것이다【이해는 숭덕(崇德) 3년이다.】. 순치(順治) 2년 을유년(1645) 경원에 처음 시장을 개설하여 선성(鄯城)과 혼춘(琿春)[139]의 상인들이 와서 보습 및 솥과 바꾸었다【아래의 '개시(開市)' 조에 자세하다.】.

순치 갑오년(1654) 저쪽 땅의 북쪽 변방에서 우리나라에 군사를 청하였다. 북적(北狄)은 국속(國俗)에 노차(虜車)라고도 하고 나선(羅先)이라고도 하는데,[140] 자주 북쪽 변방을 침범하여 북쪽 변방에서 매양 전투를 벌였으나 불리하여 병사를 청한 것이다. 조정에서 북도(北道)의 포군(砲軍) 300여 명을 선발하고 북우후(北虞候)에게 병사를 거느리게 하였다.

3일 만에 회령강(會寧江)【아마도 곧 저쪽 땅의 회령인 듯하다.】에 도착하였는데 산골짜기가 험준하고 길과 계곡이 험하여 7일을 가서 영고탑에 이르렀다. 성은 목책으로 둘러 있었으며, 성안에는 공해(公廨, 관청)와 군기고(軍器庫)가 있었는데 땅이 넓지 않고 거주하는 사람이 많지 않았다. 영고탑 앞 20리쯤에 송개랑강(宋改郞江)[141]이 있는데, 그 땅은 동쪽과 서쪽이 좁고 남쪽과 북쪽이 긴 지형이어서 부락이 이따금 모여 있다. 수일 거리를 가니 사방에 산이 없이 탁 트여 드넓어 부락이 즐비하고 밭과 토지가

---

139 혼춘(琿春): 조선의 경원부 대안의 청대 도시로, 오늘날 길림성(吉林省) 연변조선족자치주(延邊朝鮮族自治州)에 속한다. 1653년(순치 10) 혼춘 지역은 영고탑 앙방장경(寧古塔昂邦章京)의 관할로 봉금(封禁) 지역에 속하였다. 1714년(강희 53) 청에서는 혼춘협령(琿春協領)을 설치하였고 이를 통해 혼춘이라는 지명이 등장하였다. 1729년(옹정 7) 영고탑 부도통 관할에 포함시켰고, 1859년(함풍 9) 혼춘협령을 부도통 함협령(副都統銜協領)으로 승진시켰다. 1860년대부터 1870년대까지 조선·청 양국의 월경 사건과 관련해서 주로 혼춘 부도통이 일차적으로 조사 및 보고를 행했으며 조선 관원과도 일정한 교섭을 진행하였다.
140 노차(虜車)라고도 …… 하는데: 지금의 러시아 지역인 나선(羅禪)을 말한다. 이익(李瀷)의 『성호사설(星湖僿說)』 권8, 「인사문(人事門)·차한일기(車漢日記)」에 따르면, 나선을 '차한(車漢)'이라 부른다고 하였다. 참고로 이규경(李圭景)의 『오주연문장전산고(五洲衍文長箋散稿)』 「나선변증설(羅禪辨證說)」에서 나선의 명칭과 위치, 조선에서 나선을 정벌한 역사 등을 상세히 변증하면서 본문의 내용을 '或者所記'로 인용하고 있다.
141 송개랑강(宋改郞江): 송가라강(宋加羅江)을 가리키는 듯하다. 이익의 『성호사설』 권8, 「인사문·차한일기」에 "송가라강(宋加羅江)은 흑룡강과 합류하는데, 이 강이 바로 차한이 왕래하는 요충지이다"라고 하였다.

비옥하였다. 여기서부터 동쪽으로 7, 8일 거리를 가면 백록강(白鹿江)이 있으니, 흑룡강과 합류하는 곳이다. 사방이 아득하게 끝이 없고 땅이 더럽고 습한데 초목이 무성하여 모기와 파리가 모여드는 곳이요, 노차의 영적(零賊)이 배를 타고 왕래하는 요충지였다. 이해에 적이 오지 않아서 전쟁하지 않고 돌아왔다.

무술년(1658) 또 군사 300명을 청하여 6월 12일 이곳에서 적을 만났다. 강가에 있는 적의 배가 큰 것은 길이가 수십 파(把)였는데, 위에는 판각(板閣)을 만들고 아래에는 방 2, 30칸을 만들었으며, 판에 구멍을 내고 대포를 놓아 대포 소리가 우레와 같았다. 청인도 작은 배를 타고 강 복판에서 내려와 적의 배에 정박하고는 재빨리 배에 올라 공격하였다. 활을 쏘기도 하고 대포를 쏘기도 하여 적이 마침내 패하였다. 적 3명을 사로잡았는데 〈그들이〉 역관[舌人]에게 다음과 같은 말을 전하게 하기를 "우리는 차라리 죽을지언정 남에게 굴복하지 않는 것이 우리나라의 법이다"라고 하고, 끝내 항복하지 않았다. 용모와 의관이 호인도 아니고 왜인도 아니었으며, 수염은 약간 붉은데 길이가 1촌(寸) 정도 되었고 모두 구불구불 위를 향해 있었다. 관은 너울[羅兀]의 제도와 같아 턱 아래에서 갓끈을 매었으며, 옷은 무늬를 수놓고 금은(金銀)의 기물을 사용하였다. 그 문자는 손톱자국과 상당히 흡사하되, 종이는 매우 두껍고 희었다. 그 뒤 기유년(1669) 노봉(老峯) 민정중(閔鼎重)이 연경(燕京, 북경)에 사신으로 갔을 때[142] 노차의 사신이 조공하러 들어와서 나선국(羅先國)이라 칭하였는데, 글자를 쓴 것이 바로 이와 같았다고 한다【이상은 『관곡기』에 나온다.】.

강외잡기(江外雜記)[143]【『삭방기』에 나온다.】

선성(鄯城)과 혼춘[144] 지역은 들이 넓고 땅이 비옥하여 사람과 물건이 모여들어 매

---

142 민정중(閔鼎重) …… 때: 민정중(1628~1692)은 자는 대수(大受), 호는 노봉(老峯), 본관은 여흥(驪興)으로 조선 후기 문신이다. 숙종의 계비 인현왕후(仁顯王后)의 둘째 큰아버지이고, 숙종의 장인 민유중(閔維重)의 형이다. 민정중은 1669(현종 10)~1670년(현종 11) 동지정사로 청나라에 다녀왔는데, 그의 문집 『노봉집(老峯集)』 권10에 「연행일기(燕行日記)」와 「문견별록(聞見別錄)」으로 실려 있다.
143 강외잡기(江外雜記): 이 항목은 대체로 홍양호의 『삭방풍토기』 「강외산천(江外山川)」에서 발췌한 것이다. 압록강 바깥 지역을 다루었다.
144 혼춘: 『삭방풍토기』에는 '후춘(後春)'으로 되어 있다. '후(後)'는 기록에 따라 '훈(訓)', '후(厚)', '혼(琿)' 등

우 부유하다. 처음 가축을 기를 때 소, 말, 개, 돼지, 나귀, 노새, 염소, 양이 많았으니, 한결같이 요양, 심양과 같았다. 선성과 혼춘은 우리 경내와의 거리가 가장 가깝다. 두만강 지경에서 큰 들판이 나뉘는데 저쪽 땅의 촌락에서 이따금 바라볼 수 있다【선성은 두만강 하류에 있고, 혼춘은 또 그 아래에 있다.】.

혼춘 지방은 모두 주방만주(駐防滿洲)[145]에 속한다. 만주의 호구는 1만 7,400여 구이다【이 조목은 청시(淸市)에서 문답한 것이다. 혼춘도 연통(煙筒)을 만드니 육진과 같다. 혼춘은 경원강(慶源江)에서 북쪽으로 10여 리 떨어져 있다. 그 관부(官府)는 선성에 있는데 혼춘과 고개 하나를 사이에 두고 있으며, 경원과는 70리 떨어져 있다. 장령(將領)이 있으니 우리나라의 변장과 같다. 이 또한 『삭방기』에 나온다.】.

혼춘에서 흥개호(興開湖)[146]까지는 길이 흑룡강의 서쪽 강변으로 나 있고, 그 사이에 큰 읍이 많다.

후춘(厚春)【곧 혼춘이다. 발음으로 인해 후춘이라고도 한다.】에서 홍기포(紅旗浦)까지 15일 거리이고, 물길로 가면 20일 거리이다.

선성에서 오라와 영고탑으로 가는 길은 온성과 종성 경내의 건너편에 깊숙한 북쪽 땅을 지난다. 선성에서 오라까지는 7일 거리로 삼한수(三漢水)를 건너고, 영고탑까지는 9일 거리로 오룡강(烏龍江)을 건넌다【어떤 본에는 "혼춘에서 오라까지 1,300리이고, 영고탑까지 500리이며, 오모소리(吾毛所里)까지 800리이다"라고 하였다.[147] 선성과 혼춘 지역은 서로 인접해 있으니, 도리(道里)가 맞지 않는 것이 이처럼 아주 다르다.

으로 표기되어 있다. 분계강과 두만강이 합류하는 곳이 후춘강 위쪽으로 온성 부근인데, 후춘은 후춘강을 중심으로 한 두만강 건너편 동북 지역을 일컫는 듯하다.
145 주방만주(駐防滿洲): 청에서 기존의 만리장성을 기준으로 배치한 주방팔기(駐防八旗)를 말하는 듯하다.
146 흥개호(興開湖): 원문은 '여개호(與開湖)'로 되어 있는데 『삭방풍토기』에 의거하여 바로잡았다. 흥개호는 중국과 러시아 국경에 위치한 담수호로, 흑룡강성 동남쪽에서 우수리강으로 흘러든다.
147 어떤 …… 하였다: 이와 관련된 내용이 홍양호의 『북새기략』 「강외이문」에서 확인된다.

반드시 한쪽에 잘못됨이 있다.】.

　북경에서 산해관(山海關)까지 700리이고, 산해관에서 심양까지 700리이며, 〈심양에서〉 오라까지 700리, 〈오라에서〉 오모소리까지 500리, 〈오모소리에서〉 영고탑까지 300리, 〈영고탑에서〉 혼춘까지 500리이니, 합하여 3,400리이다. 말을 타고 왕복하면 40일이 걸리고 길을 재촉하면 20일이 걸린다【청시가 개설되었을 때 혼춘 사람에게 들으니, "혼춘에서 황성(皇城, 북경)까지 3,800여 리이다"라고 하였다.】.

　영고탑은 땅이 사방 5만 리이고, 인호(人戶)는 20여 만이다【이 조목은 청차호시(淸差互市) 때 문답한 것인데, 저쪽 사람이 필담하려 하지 않아서 자세히 묻지 못하였다. 지방 인호의 차이가 너무나 심하니, 혹자는 "저쪽 땅은 연해로부터 사막에 이르기까지의 지역이 매우 길지만 텅 비고 넓은 땅이 많기 때문에 영고탑이 관할하는 지역은 둘레가 비록 크지만 인호가 그다지 많지 않다"라고 말하고, 혹자는 "인호의 수는 영고탑 가까운 곳에서 관할하는 지역을 가리키는 듯하다"라고 말하는데, 모두 자세히 알 수 없다.】.

　우솔리등등기(寓率里登登磯)[148]는 영고탑 뒤에 있다. 영고탑에서 삼성까지 7일 거리이며, 삼성에서 우솔리등등기까지는 육로로 가면 15일이고 물길로 가면 20일 거리이니, 모두 아주 험하다.

　심양은 성경(盛京)이고, 노성(老城)은 흥경(興京)[149]으로, 심양으로부터 북쪽으로 가서 노성에 이르기까지 400여 리이다. 오라는 길림에 속한 지역이다. 길림은 장군직(將軍職)으로 외함(外銜)은 제후(諸侯)이다. 만주관(滿洲官)은 모두 무직(武職)이고, 민관(民官)은 모두 문직(文職)이다【저쪽 사람들은 한인(漢人)을 민인(民人)으로 삼으니 민관은 한족 관원을 가리키는 듯하다.】.

　산해관 밖의 3성(省)은 길림, 심양, 흑룡강으로, 모두 만주관이다. 무(武)의 관함(官

---

148 우솔리등등기(寓率里登登磯): 원문은 '부솔리등등기(富率里登登磯)'로 되어 있는데 『삭방풍토기』에 의거하여 '부(富)'를 '우(寓)'로 바로잡았다.
149 흥경(興京): 원문은 '여경(輿京)'으로 되어 있는데 오기로 보아 바로잡았다.

衙)은 장군이다. 그 아래에 속한 관직에 부도통(副都統)과 도통(都統) 1인이 있고, 그 아래에 속한 관직에 협령(協領) 2인이 있으며, 그 아래에 속한 관직에 좌령(佐領) 6인이 있다. 좌령은 장경(章京)【장경은 관직 이름으로, 효기수(驍騎授)라고도 한다.】으로 모두 무직이다. 길림, 심양, 흑룡강 3성에 각각 장군이 있다【이 조목은 청차호시 때 문답한 것이다.】.

흑룡강은 백두산 북쪽에서부터 나와서 퍅개(愎介) 땅을 거쳐【퍅개에서 오라까지 13일 거리이다.】 혼동강과 합류해 바다로 들어간다. 강의 좌우에 허전인(許全人)[150]이 있는데 까마귀 고기, 사슴 몸통, 소 다리를 먹는다. 퍅개 사람도 고기를 먹으며, 개 수레[狗子車]로 짐을 싣고 끌며 사용한다.

심양 이북에 신오라(新烏喇)가 있다. 오모소리, 삼성, 칠성(七姓), 유천(柳川), 후춘 등의 읍은 흑룡강 안에 있다【살펴보건대 혼춘은 지명으로 북쪽 사람들은 대부분 후춘이라 부른다. 지금 "유천, 후춘 등의 읍" 운운한 이 기록에 의거하면 저쪽 땅에 처음부터 후춘이라는 지명이 있었다. 후춘강(厚春江)과 동가강이 또 서로 가까우니, 훈춘과 구별된다.】. 심양에서 회령【이곳은 우리나라 땅의 회령을 가리킨다.】을 향해 가려면 북강(北江), 삼한강(三漢江), 후춘강, 동가강, 벌가토강[151]【쌍시(雙市)에서 해마다 종성으로부터 저쪽 사람들의 물화를 실어 와서 벌가토(伐加土)로 보내니, 두만강 밖 110리에 있다.】, 분계강을 건너야 두만강에 다다른다.

동가강 북쪽 가에 홍흑석산(紅黑石山)이 있는데, 봉우리에 붉은 돌과 검은 돌이 있기 때문에 붙인 이름이다. 동가강의 한 지류가 흑룡강으로 들어가는데 강물과 흙이 모두 붉어서 이름을 주온천이라 한다. 동가강에서 진주가 많이 생산된다. 매년 북경에서 오라와 영고탑으로 하여금 채취해 바치게 하였는데, 그 후 선성 장군(鄯城將軍)에

---

150 허전인(許全人): 흑룡강 하류에 사는 허저족을 말한다. 혁철(赫哲), 흑진(黑眞), 흑근(黑筋, 黑斤) 등으로도 표기한다. 중국 소수 민족 중 하나로, 러시아에서는 나나이(Nanai)족이라고 부른다.
151 벌가토강(伐加土江): 원문은 '벌가강(伐坚江)'으로 되어 있는데 오기이므로 바로잡았다.

게 군공이 있다 하여 동가강 이북 땅을 떼어 주었으므로[152] 진주가 선성에서 생산된다고 한다.【선성은 예로부터 장수의 종자가 끊이지 않는다고 일컬어 왔다. 근래 중국에 장격(張格)의 난[153]이 일어나 선성과 혼춘의 병사를 징발하였다. 두 지역의 정예병은 천하에 으뜸이어서 부득이한 일이 아니면 징발하지 않는데 모두 징발하여 간 것이다. 나귀와 노새에 수레를 매었는데 수레가 커서 수십 명을 수용할 수 있었다. 매 읍에서 황성까지 수레를 차례로 전해 보내며 갑옷, 병기, 전마를 지원해 주었는데, 전쟁에 이겨서 획득한 물품을 모두 매 읍에 주었으므로 먼 지방에 가는 고생이 없었다. 전쟁에서는 반드시 감히 앞서야만 가는 곳마다 당할 수 없다. 연경에 간 우리나라 사신이 전쟁에 이기고 돌아오는 사람들을 길에서 만났는데, 수레 안에 줄지어 앉아 있고 물품과 보물, 사람과 가축을 쌓아 놓아서 과시하고 있었다 하니, 징집되어 공을 이룬 선성의 장수는 당시 나이가 18세였다고 한다.】

할난에서 회령까지 2일 거리이고, 영고탑에서 할난까지 7일 거리이며, 오라에서 바로[154] 할난으로 나가면 9일 거리이다.

회령에서 강을 건너 서쪽으로 185리를 가면 벌가토리강(伐加土里江)[155]에 이른다. 그 강변에서 서남쪽으로 400여 리를 가면 오라에 이르고, 서북쪽으로 300여 리를 가면 영고탑에 이르며, 서쪽으로 160여 리를 가면 오모소리에 이르니, 모두 지름길이다.

회령에서 영고탑까지의 노정은 다음과 같다. 과저구(鍋底溝)까지 60리, 광비고령(光庇股嶺)까지 120리, 생격전자(生格甸子)까지 120리, 납서령(拉西嶺)까지 110리, 우집구자(寓集口子)까지 110리, 마련하잡로(馬連河卡路)[156]까지 80리로【이 아래에 마땅히 '영

---

152 주었으므로: 원문은 '전(典)'으로 되어 있는데 문맥상 '여(與)'의 오기로 보아 바로잡아 번역하였다.
153 장격(張格)의 난: 1827년(도광 7) 신강(新疆) 지역에서 장격이(張格爾), 즉 자항기르가 일으킨 난을 가리키는 듯하다. 도광제(道光帝)는 장령(長齡)과 양우춘(楊遇春) 등을 파견하여 반란군을 토벌하였고, 조선에서는 청이 회족(回族)을 토벌하여 평정한 것을 하례할 목적으로 순조 28년(1828) 4월에 진하 겸 사은사를 파견하였다.
154 바로: 원문은 '진(眞)'으로 되어 있는데 문맥상 '직(直)'의 오기로 보아 바로잡았다.
155 벌가토리강(伐加土里江): 원문은 '벌가상강(伐加上江)'으로 되어 있는데 『삭방풍토기』에 의거하여 바로잡았다.
156 마련하잡로(馬連河卡路): 원문은 '마련하하로(馬連河下路)'로 되어 있는데 『삭방풍토기』에 의거하여 바

고탑까지 몇 리이다.'라는 내용이 있어야 하는데 없으니 미상이다.】, 합하여 600리이다.

영고탑에서 오라까지의 노정은 다음과 같다. 사령참(沙嶺站)까지 80리, 필이한참(必爾漢站)까지 60리, 탑랍참(搭拉站)까지 60리, 아미소참(蛾眉所站)까지 80리, 이서참(伊西站)까지 40리, 추통참(推通站)까지 80리, 납법참(拉法站)까지 70리, 액아목참(厄阿木站)까지 80리, 오라까지 90리로, 합하여 640리이다.

회령에서 북경까지 3,400여 리이다【훈춘에서 북경까지의 거리가 3,400여 리라고 하는데, 저쪽 사람들은 3,800리라고 말하니, 회령에서 북경까지의 거리 또한 마땅히 이와 같다.】.

개시(開市)

살펴보건대 북로 개시(北路開市)에 관해서는 고려조부터 여진이 각장(榷場: 국가에서 관리하는 시장)을 청하고 사신을 보내어 호시(互市: 국경 무역)를 감독하는 법이 이미 있었다. 조선에 이르러서도 홀온 개시(忽溫開市)가 있었는데 청인이 들어오기 이전 시기이다. 경원 개시(慶源開市)는 당시 청나라의 호부(戶部)가 옛날에 중강시(中江市)를 개설한 사례를 참조하여 열린 것이니, 중강시도 이미 이전에 있던 것이다. 다만 시장을 열기도 하고 거두기도 했는데, 오늘날의 청시(淸市)는 지금까지 수백 년 동안 항상 열렸다.

회령 개시(會寧開市)는 매년 열리고, 경원 개시는 격년으로 열린다. 개시는 매년 동짓날 전【근래에는 세전(歲前)에 나오니 해가 조금 길어졌기 때문이다.】에 다섯 두호(頭戶)가 나오는데, 통관(通官) 2인【조선어 역관이다.】이 북경에서부터 장차(將差)【본래는 장경(章京)이라 부른다.】 1인, 차장(次將)【본래 효기교(驍騎校)라 부르며, 분두발고(分頭撥庫)라고도 부른다.】 1인, 박씨(博氏)【본래 필첩식(筆帖式)이라 부른다.】 1인을 파견해

로잡았다.

오되 오라와 영고탑 사람이 한 해를 걸러 교대로 차임해 오니 이를 오방 두호(五房頭戶)라고 한다.

통관이 오라에 이르러 영고탑에 전전(傳箭)하여 할난【노숙하기 어려워 매양 먼저 강을 건넌다. 그들이 올 때 선래관(先來官)과 지방관(地方官)이 나가서 맞이하는 등의 절차가 있는데 5, 6일 만에 비로소 마치고 관소에 도착한다.】에서 만나기로 약속한다. 다섯 두호가 다 도착한 뒤에 하마연이 있다. 꽃을 꽂고 음악을 연주하면 통관이 고시방(告示榜)을 걸어서 보고(甫古)에게 읽도록 하였는데, 그 내용은 이러하다.

"예부에서 금단(禁斷)하는 일은 다음과 같다. 조선국의 회령에서 교역할 때 6품 통관과 7품 통관이, 영고탑의 장경, 효기교, 필첩식 등이 지위(知委: 명령을 내려 알려줌)하여 영고탑의 고이객(庫爾咯)【지명이다.】 등을 거느리고 온다. 회령과 경원에서 교역할 때 사람들이 담비, 오소리, 사슴, 개, 산양 가죽 등의 물건을 가지고 오는 것을 알 수 있는데, 두 지역에서 소, 보습, 소금 등의 물건을 교역하기를 원하였으나 표범 가죽, 스라소니, 강달(江獺: 흑룡강에 사는 수달) 등의 물건은 가져오지 말도록 하여 흥성(興成)에서 노략질하고 폐단을 일으키는 것을 빙자하지 말도록 하였으니, 이 뜻은 너희들이 각기 30필의 총이말을 가져오라고 개유(開諭)한 것이다. 담비 가죽 등의 물건은 사지 말아야 하니, 만일 금령을 어기고 조선 사람의 물건을 억지로 사다가 사건을 일으키거나 혹 다른 사람이 관리의 죄를 조정에 아뢴다면 마땅히 중죄를 입을 것이므로 결코 용서할 수 없다."

방(榜)은 청서(淸書, 만주 문자)로 쓰여 있었다. 앞에서 방을 걸고 읽을 때 저쪽 사람들이 상국(上國) 사람을 접대하는 글이라며 사칭하고 경고하여 속이고 위협하였다. 임신년(1752) 역학(譯學) 박도관(朴道貫)이 고시방 앞에 가서 보고 읽으니 저쪽 사람이 놀라고 부끄러워하며 감히 다시는 속이지 못하였다. 지방관이 접견할 때 두호가 앉아서 손을 들었는데, 박도관이 또한 간쟁하여 일어나 읍할 것을 정식(定式)으로 삼았다.

단시(單市)[157]가 열리는 해에는 두호가 각자 말을 타고 짐[輜重]을 운반하여 강을 건

---

[157] 단시(單市): 회령에서 단독으로 개설된 시장을 말한다. 홍양호의 『북새기략』「교시잡록(交市雜錄)」에 "매년 11, 12월에 청인(淸人)과 교시(交市)한다. 처음에 회령에서 시장을 여는데 이를 단시라고 하고,

너서 간다. 쌍시가 열리는 해에는 오라와 영고탑의 장차와 차장이 먼저 돌아가고, 두 통관과 박씨는 가정(家丁)을 거느리고 경원으로 향한다. 가정을 시켜 혼춘에 전전(傳箭)하게 하면 장차와 두호 2인이 발십고(撥什庫)【우리나라의 서자지[書字的]¹⁵⁸와 같다.】를 거느리고 와서 만난다. 경원의 시장에 들른 뒤에 혼춘의 장차와 두호가 먼저 돌아가고 통관과 박씨는 2, 3일을 더 머물다가 종성으로 돌아가 강을 건너서 간다. 회령에서 경원을 오갈 때 모두 마필(馬匹)을 책립(責立: 책임지고 차출함)하고, 또 경유하는 읍【온성과 종성이다.】에서 각각 2, 3일을 머무른다. 종성에서 또 인마를 보내어 그 짐을 싣고【사람은 1,100여 명이고, 말은 400여 필이다.】 발가토(孛加土)¹⁵⁹【두만강 밖 150리 거리이다.】에 이른다. 다섯 두호가 차례로 관소에 이르는데 매양 5, 6일 만에 비로소 다 도착한다. 다 도착하기 전에는 접대하는¹⁶⁰ 데 기한을 정하지 않지만 다 도착한 뒤에는 20일 동안 급료를 주도록 정하였는데, 혹 기한 전에 돌아가게 되면 양식을 계산하여 받아 간다. 시장을 개설하기 전에는 격일로 접견하고 시장을 개설한 뒤에는 매일 접견하는데, 접견하는 책상이 있어 돌아갈 때 돈을 낸다.

▰ 시장을 개설할 때 모든 정해진 수[開市時凡百定數]

순치 경자년(1660) 부사(府使, 회령 부사) 이여발(李汝發)이 시장에 나온 사람과 가축이 너무 많아서 양식의 공급을 감당하지 못하므로 양관(兩管)에 자문(咨文)을 보내어 수효를 정하기를 청하였다. 〈예부에서〉 회자(回咨)하여, 혼춘(琿春)에서는 일찍 나아가서 교역하고 늦게 돌아올 수 있게 하였으나¹⁶¹ 상응하는 것은 의논하지 않았다【응접

한 해 걸러 경원에서 함께 여는데 이를 쌍시(雙市)라고 한다"라고 하였다.
158 서자지[書字的]: 기록을 담당하는 병사를 말한다.
159 발가토(孛加土): 정확한 위치는 미상이다. 이범윤(李範允, 1856~1940)이 편찬하고 김노규(金魯奎, ?~?)가 보완·간행한『북여요선(北輿要選)』「강역의 경계를 살핀 공문에 대한 고찰[察界公文攷]」에 "분계강과 장인강(長引江) 사이에 모자산(帽子山)이라는 이름의 산이 있고, 발가토(孛加土)라는 지명이 있다. 전부터 개시(開市)를 하였던 수백 년 동안 청나라의 관리와 상인이 종성에서 철수하여 돌아갈 적에 화물의 수송은 모두 우리나라 백성들을 시켰는데, 짐이 이 90리에 지점에 이르면 '조선 땅의 경계는 이곳에서 끝난다'라고 하였다"라는 기록이 보인다.
160 접대하는: 원문은 '지궤(支饋)'인데 문맥상 '궤(饋)'의 오기로 보아 바로잡았다.
161 순치 …… 하였으나: 이 내용은『만기요람(萬機要覽)』재용편(財用編) 5,「북관개시(北關開市)·교역인마정식(交易人馬定式)」에 보인다.『만기요람』에는 이여발의 이름을 명시하지 않고 순치 연간의 일이라고만 하였다.

하는 것은 논하지 않는다.】. 통관과 근역(跟役: 관리를 수행하는 사람) 외에 영고탑과 오라 사람 320명, 말·소·낙타 640필로 수효를 정하였다. 장경(章京) 등 여러 사람과 근역 및 오곡(烏谷)에도 정해진 수효가 있으니, 모두 계산하면 사람은 333명인데, 그중 99인은 하루 세 끼 대미(大米)를 주고, 234인은 하루 두 끼 소미(小米)를 준다.

공시(公市)는 2일이고【보습과 소금, 소를 공급한다.】, 사상(私商)은 3일이며, 마시(馬市)는 2일이다.

〈회령〉 공시의 소 114마리【육진을 합하여 계산한다.】[162]는 5등으로 나누어 회례(回禮)한다【1등은 양구(羊裘) 1벌, 소청포(小靑布) 2필이며, 5등은 소청포 6필인데 그 너비는 5, 6촌(寸)이고 길이는 4, 5척(尺)이다.】.
보습 2,600개【북관의 10개 읍을 합하여 계산한다.】[163]는 5개마다 소청포 1필이다【근년에는 보습과 소금을 모두 도로 사들여 간다.】.
소금 855석【10개 읍을 합하여 계산한다.】은 매 석에 소청포 1필이다.

경원 공시의 소 50마리【경원, 경흥, 종성, 온성 4개 읍을 합하여 계산한다.[164] 아래도 같다.】는 5등으로 나누어 회례한다. 사슴 가죽 또한 3등으로 나눈다【1등 소는 모두 17벌이고, 5등 소는 모두 10벌이다.】.
보습 48개는 1개마다 작은 사슴 가죽 1벌이다. 솥 55개는 1개마다 작은 사슴 가죽 2벌이다.

양식의 공급은 대미 68석, 예미(穧米)와 전미(田米) 107석, 장두(醬豆) 9석 영(零), 소

---

162 육진을 …… 계산한다: 『만기요람』 재용편 5, 「북관개시·회령시시공총수(會寧市市供總數)」에 회령 27마리, 경흥 15마리, 경원 19마리, 종성 20마리, 온성 15마리, 무산 18마리로 나와 있다.
163 북관의 …… 계산한다: 『만기요람』 재용편 5, 「북관개시·회령시시공총수」에 회령 337개, 경흥 182개, 경원 307개, 온성 272개, 종성 312개, 무산 62개, 부령 182개, 경성 357개, 명천 282개, 길주 307개로 나와 있다.
164 경원 …… 계산한다: 『만기요람』 재용편 5, 「북관개시·경원시시공총수(慶源市市供總數)」에 경원 10마리, 경흥 9마리, 온성 18마리, 종성 13마리로 나와 있다.

금 42석, 포우(脯牛) 1개를 회령에서부터 접대한다. 다른 10개 읍은 나누어 정하는데 【다 기록할 수 없어 몇 개의 조항만 기록한다.】, 돼지 300여 마리, 대구 130여 동(同), 가어(加魚) 940여 마리, 감곽(甘藿) 1,890여 동, 생닭 1,660여 마리, 기름 3석 6두, 꿀 2두 3천(舛) 영이다. 경원은 조금 줄이고 순병영(巡兵營)은 원래대로 주거나 더 주는데 예단에 다섯을 빠뜨리거나 혹은 여섯을 빠뜨리기도 한다. 베, 흰 종이, 대미, 전미, 소금, 돼지, 대구, 문어, 담배[南草], 담배통[煙杯], 흰 사슴 가죽, 차는 칼[佩刀], 해삼, 홍합은 오방 두호가 각각 차등이 있다. 오방의 가정 23명도 각각 쌀, 소금, 종이, 칼이 있어 예대로 준다.

저쪽 사람이 가장 중요하게 여기는 해삼은 금지 물품이기 때문에 만약 밀수를 엄금한다면 저들은 반드시 온갖 계책으로 문제를 일으킬 것이며, 우리나라 사람 중 이익을 꾀하는 자들도 온갖 계책으로 이익을 도모할 것이다. 많은 폐단이 함께 일어나서 감시 어사(監市御史)[165]와 지방관도 어찌할 방도가 없이 큰 금령만 베풀 뿐이니, 가혹하고 자잘하지 않음이 이미 심하다. 마필 중에 좋은 놈은 간혹 6, 7마리의 소와 바꾸기도 하는데, 해삼은 10근이 소 1마리에 해당하니 마땅히 양쪽에서 이러한 이익에 모이는 것이다. 혹자는 "저쪽 사람은 수 놓은 비단으로 풀칠하기 때문에 매우 진귀하게 여기는데, 오라에 이르면 매 근을 천은(天銀) 1냥 2전으로 바꿀 만큼 비싸다"라고 한다.

시장을 개설할 때 공시는 지방관과 차사원이 다섯 두호와 함께 관문 밖에 마주해 앉고, 사상과 마시는 오직 지방관이 두호와 함께 감시(監市)할 뿐이다. 평사가 시장에 갈 때에는 객사에 오기로 먼저 약속하며, 시장을 지나간 뒤에는 감시 어사의 이름이 있으나 관례상 관문을 나가 감시할 수 없다.

---

165 감시 어사(監市御史): 청과의 교역에서 부정 행위를 감독하기 위해 파견하던 어사로, 주로 북관 개시의 감독을 맡았다. 허가받지 않은 상행위나 무역에 관여해 부정을 저지르는 관리들을 감독하였으며, 북관 지역의 각종 폐단을 파악하고 민심을 달래는 일도 수행하였다.

해구(海寇)【왜(倭)】

고려 말에 왜구로 인해 덕원의 진명포(鎭溟浦)에 병선(兵船)을 두었는데, 물길이 질퍽거리고 얕아서 안변의 낭성포(浪城浦)로 옮겨서 정박하였다.

왜구가 함주를 약탈하였다【'용흥의 옛 사적[龍興舊蹟]' 조에 자세하다.】.[166]

■ 임진년 왜구[壬辰倭寇]【이들은 남쪽에서 북쪽으로 들어와서 해로로 침입해 온 왜구와는 다르지만 비슷한 부류로서 여기에 붙인다. 『창렬사지(彰烈祠志)』,[167] 『현충사지(顯忠祠志)』,[168] 『북관지』가 『구암집(龜巖集)』에 합록되어 있으니, 경성 사람 이원배(李元培)[169]가 저술한 것이다.】

임진년(1592) 6월 왜장 청정(淸正)[170]이 군사를 몰고 북쪽으로 쳐들어와서 12일에 철령의 군대가 궤멸하였다. 북병사 한극함(韓克諴)[171]이 마천령을 지키려 하였으나 군대가 궤멸하여 달아났다. 적이 마침내 길주, 명천, 경성 등 여러 읍에 들어와 부령 부사 원희가 전사하였다.

7월에 적이 회령에 들어와서 왕자를 포로로 잡고 마침내 강을 건너 노토부락을 공략(攻掠)하였다. 돌아갈 때 종성의 문암을 거쳐 강을 건너 온성, 경원, 경흥으로 들어와서 연해로 난 길을 취하여 경성으로 돌아왔다. 이에 진보(鎭堡)의 반란군이 다투어 수장(守將)을 사로잡아 온 성이 적에게 붙었다.

8월에 청정이 장수 1명으로 하여금 군사를 거느리고 길주를 점거하여 여러 진을

---

166 용흥의 …… 자세하다: '용흥의 옛 사적[龍興舊蹟]' 조는 『북로기략』 권2의 「성적(聖蹟)」 편에 실려 있다.
167 『창렬사지(彰烈祠志)』: 이단하(李端夏, 1625~1689)가 편찬한 책으로, 창렬사는 1665년(현종 6) 함경도의 공론에 따라 북평사 이단하가 정문부(鄭文孚)를 배향하기 위해 경성에 세운 사당이다.
168 『현충사지(顯忠祠志)』: 백봉석(白鳳奭, ?~?)이 편찬한 책으로, 현충사는 1702년(숙종 28) 회령 유생의 발의로 정문부를 제향하기 위해 세운 사당이다.
169 이원배(李元培): 1745~1802. 자는 여달(汝達), 호는 구암(龜巖), 본관은 공주(公州)로, 조선 후기 문인이다. 12대조 이겸(李謙)이 함경도 경성으로 유배된 이후 대대로 경성에 거주하였다. 1798년(정조 22) 전국의 경학에 밝은 선비들을 선발할 때 함경도의 추천을 받았으며, 이후 함경도 분교관(分敎官)으로 임명되어 강학과 제자 양성에 힘썼다. 경성의 도북서원(道北書院)에 배향되었다. 저서에 『구암집(龜巖集)』이 있다.
170 청정(淸正): 임진왜란 때 선봉으로 조선에 쳐들어온 가토 기요마사(加藤淸正)를 말한다.
171 한극함(韓克諴): 원문은 '한극성(韓克誠)'으로 되어 있는데 오기로 보아 바로잡았다.

통솔하게 하고는 자신은 남도(南道)로 돌아갔다. 북청과 안변에 각각 중요한 병력을 두고서 성원(聲援)하였다.

■ 북로의 의병[北路義兵]【평사(評事) 정문부(鄭文孚)[172]】

당시에 왜구가 들끓고 흉도(凶徒)가 발동하니, 명천의 말수(末守)와 목남(木男), 경성의 국세필(鞠世必), 회령의 국경인(鞠景仁)은 모두 적의 괴수였다. 평사(評事) 정문부(鄭文孚)가 토인(土人)이 쏜 화살에 맞아 거의 죽을 뻔하여 적에게 잡혔다가 몸을 벗어나 도망하였다. 구걸하고 다니며 용성에 이르러 무속인 한인간(韓仁侃)의 집에 의탁하였다. 한인간이 자세히 보고는 "평사공(評事公)이 아니십니까?"라고 하였다. 정문부가 두려워하며 "나는 서울 상인에게 몸을 빌며 다녔네"라고 하였다. 한인간이 내심 그를 알고서 곧장 집안으로 데리고 들어와 후하게 대우하였다. 추석날 한인간이 제사 음식을 먼저 내오며 말하기를 "제 할아버지는 적인(賊人)입니다. 비록 생존해 있으나 감히 평사를 앞서겠습니까?"라고 하였다. 5, 6일을 우거(寓居)하였다. 정문부가 사잇길로 몰래 가다가 서생 2인을 만났으니, 곧 최배천(崔配天)과 지달원(池達源)이었다. 짊어지고[173] 손잡고 가서 어난리(禦亂里)【지금은 이름을 고쳐서 어랑리(漁郎里)가 되었으니, 판관 이윤우(李潤雨)가 고친 것이다.】의 무계(武溪)[174]에 있는 이붕수(李鵬壽)의 집에 이

---

172 정문부(鄭文孚): 1565~1624. 자는 자허(子虛), 호는 농포(農圃), 시호는 충의(忠毅), 본관은 해주(海州)로, 조선 후기 문신이다. 1592년(선조 25) 임진왜란 때 회령의 국경인이 임해군(臨海君)·순화군(順和君) 두 왕자와 이들을 호종한 김귀영(金貴榮)·황정욱(黃廷彧)·황혁(黃赫) 등을 사로잡아 왜장 가토 기요마사(加藤清正)에게 넘기고 항복하였다. 이에 격분해 최배천·이붕수와 의병을 일으킬 것을 의논하였고, 종성 부사 정현룡, 경원 부사 오응태(吳應台), 각 진의 수장(守將)·조사(朝士) 들과 합세해 의병을 조직하였다. 먼저 국경인·국세필을 참수(斬首)하고, 이어 명천·길주에 주둔한 왜적과 장덕산에서 싸워 승리하였으며, 쌍포(雙浦) 전투와 이듬해 백탑교(白塔郊) 전투에서 대승해 관북 지방을 완전히 수복하였다. 1615년(광해 7) 부총관·병조 참판에 임명되었으나 출사(出仕)하지 않다가, 1623년(인조 1) 인조 반정 이후 전주 부윤이 되었는데, 이괄의 난에 연루되어 고문을 받다 죽었다. 후에 신원되어 좌찬성에 추증되었고, 경성의 창렬사, 부령의 청암사(靑巖祠)에 배향되었다. 저서로 『농포집(農圃集)』이 있다.

173 짊어지고: 원문은 '혈(頁)'로 되어 있는데 박흥종(朴興宗)의 「정의록(義旅錄)」에 의거하여 '부(負)'의 오기로 보아 바로잡았다.

174 무계(武溪): 함경도 경성에 있는 지명이다. 남구만의 『약천집』 권28, 「북관십경도기(北關十景圖記)·창렬사」에 "경성부 남쪽 100리 지점에 어난리가 있는데, 어랑리(漁郎里)라고도 한다. 이 마을에 팔경대(八景臺)가 있고 팔경대 남쪽 10리쯤 되는 곳에 무계호(茂溪湖)가 있으니, 바로 임진왜란 때 의사(義士) 이붕수가 평사 정문부를 맞이하여 의병을 일으킨 곳이다"라고 하였다.

르렀다. 이붕수가 크게 기뻐하며 가산을 기울여 정문부를 받들어 모시고 주장(主將)으로 추대하였다. 이 사실을 전하여 〈동지들을〉 불러서 타이르니, 강문우(姜文佑)가 가장 먼저 오고 경성 부사(鏡城府使) 정현룡(鄭見龍)도 와서 모여 정문부를 추대하여 창의대장(倡義大將)으로 삼고, 이붕수를 별장(別將)으로 삼았으며, 정현룡을 중위장(中衛將)으로 삼고, 강문우를 척후병(斥候將)으로 삼았다.

9월 10일 정문부가 병사를 일으켜 경성으로 들어가서 유정(柳亭)에 진을 쳤는데 병사가 겨우 100여 명이었다. 먼저 국세필에게 사람을 보내고는 마침내 병사를 거느리고 성에 들어가서 국세필을 만나 이해(利害)를 말하였다. 국세필은 당시 이미 왜에 복종하여 왜의 관직을 받고 왜와 내통하고 있었는데 그 친속이 좌우에서 모시고 있었다. 정문부가 성에 올라 싸우고 지키게 하고는 남문(南門)에 올라가 대장기(大將旗)를 세우고 강문우 등에게 국세필을 자리로 잡아오게 하여 참수해 조리돌렸다. 무리를 병합하여 그날로 이끌고 남쪽으로 가서 명천에 주둔하여 말수와 목남 등을 참수하고 병사를 모으니 수천 명에 이르렀다. 11월 길주의 장평석현(長坪石峴)에서 왜와 전투를 벌여 격파하고, 12월 길주의 쌍포(雙浦)에서 또 전투를 벌여 철기(鐵騎)로 돌진해 크게 격파하여 왜장을 치고 그 죄를 따졌다.

계사년(1593) 정월 단천의 마흘(馬屹) 경내에서 전투를 벌여 세 차례 승리하고 길주로 돌아왔다. 왜가 대군을 파견했다는 소식을 듣고 길주에 주둔한 왜가 남쪽으로 돌아가는 것을 맞이하여 싸우고 추격하였다. 최배천에게 첩서(捷書: 승리를 보고하는 글)[175]를 품고 사잇길로 몰래 가서 영유(永柔)의 행재소에 전달하게 하였다. 임금이 불러들여 보고는 눈물을 흘렸으니, 정문부가 손수 작성한 장계(狀啓)와 보첩(報牒)이 모두 10편이었다.[176]

당시 관찰사 윤탁연(尹卓然)[177]【칠계군(漆溪君)이다. 본가 자손 중에 『근변록(謹辨錄)』

---

[175] 첩서(捷書): 원문은 '정서(挭書)'로 되어 있는데 박흥종의 「정의록」에 의거하여 바로잡았다.
[176] 당시에 …… 10편이었다: 이 내용은 박흥종(朴興宗)이 쓴 「정의록」을 요약 발췌한 것으로 보인다. 박흥종의 「정의록」은 『농포집』에 부록으로 실려 있다.
[177] 윤탁연(尹卓然): 1538~1594. 자는 상중(尙中), 호는 중호(重湖), 시호는 헌민(憲敏), 본관은 칠원(漆原)으로, 조선 후기 문신이다. 1591년(선조 24) 종계변무(宗系辨誣)의 공으로 광국공신(光國功臣) 3등에 책록되어 칠계군(漆溪君)에 봉해졌으며, 이듬해 임진왜란이 일어나자 왕을 모시고 북으로 가던 도중 검찰사(檢察使)에 임명되었다. 당시 왕자 임해군과 순화군이 회령에서 적의 포로가 되자, 그는 왕의 특명으

이 있다.)이 정문부의 명성과 공적을 질투하여 자신의 잘못은 덮고 정문부를 비난하며 말하기를, "정문부는 본래 막좌(幕佐)로서 부당하게 스스로 대장이 되어 자기의 절도를 어겼다. 또한 단천의 전투로 다른 사람의 공을 빼앗았다"라고 하였다. 정문부가 회답하여 보고하기를, "다른 사람의 공을 빼앗는 것은 등창을 빨고 치질을 핥는 자[178]도 하지 않는 일입니다. 신하 된 자가 공리(功利)를 추구하는 마음을 조금이라도 가지고서 적을 토벌하는 것을 급선무로 여기지 않았으니 반드시 하늘의 재앙이 있을 것입니다. 세태와 인간사는 돌아볼 겨를이 없습니다"라고 하였다. 윤탁연이 크게 노하여 그 사실과 반대로 행재소에 알리고, 또 정현룡 등에게 격문을 보내어 정문부의 군대를 주관하게 하고 6명의 장수를 바꾸니 군인들이 흩어져 가 버려 부득이하게 정문부를 기용하여 그들을 다스리게 하였다. 그사이에 전쟁의 기미를 그르친 것은 대부분 이 때문이었다. 정현룡이 처음에는 겁내고 두려워하였으나 공을 세우자 또 정문부와 틈이 생겼다. 윤탁연이 은밀히 주도하여 매양 군법으로 정문부를 죽이려 하였으며, 정문부의 장좌(將佐)도 이따금 쫓기거나 매질을 당하여 죽을 위기에 처했으나 정문부에게 두마음을 품지 않았다. 이듬해(1594) 정현룡을 절도사로 발탁하였다. 정문부가 북쪽으로 육진에 가서 번호를 불러 복종시키고 반당(叛黨)을 찾아 주벌하여 마침내 관북(關北)을 평정하였으니, 대체로 모두 그의 힘이었다. 그러나 포상을 행하지 않고 단지 국적(鞠賊, 국세필)을 주벌한 공으로 길주 목사에 올려 제수하였다.[179] 그 뒤 북쪽 사람들이 정문부의 공을 호소하므로 비로소 표창하여 가선대부에 올랐다. 정문부는 처음부터 끝까지 공을 자랑하지 않았으며, 평소 성품이 명예나 이익에 뜻이 없고 물러나기를 좋아하여 끝내 크게 현달하지 못하였다.

    광해군(光海君) 때에 이르러 시사(時事)가 크게 어긋나는 것을 보고, 또 흉적(凶賊) 정조(鄭造)가 불행하게 가까운 집안사람이었기 때문에 문을 닫아걸고 자취를 감추었

    로 함경도 도순찰사가 되어 의병을 모집하고, 왜군에 대한 방어 계획 등 시국 타개에 종사하다가 객사하였다. 함흥의 창의사(彰義祠)에 배향되었다. 저서에 『계사일록(癸巳日錄)』이 있다.
178 등창을 …… 자: 원문은 '연옹지치(吮癰舐痔)'이다. 『장자(莊子)』 「열어구(列禦寇)」에 나오는 말로, 비굴하고 악착같이 윗사람에게 아첨하는 행위를 뜻한다.
179 당시 …… 제수하였다: 이 내용은 이식(李植)이 쓴 「기임진거의사(記壬辰擧義事)」를 요약 발췌한 것으로 보인다. 이식의 「기임진거의사」는 『농포집』에 부록으로 실려 있다.

다. 혹 정조가 오는 것을 보면 잔뜩 취해서 살피지 않거나 눈을 감고 말을 하지 않았다. 이이첨(李爾瞻)과는 한 동네 떨어져 살았는데, 이이첨이 항상 교유를 맺으려고 하였으나 정문부가 한 번도 가지 않고 마침내 술로 제 몸을 버렸다. 학곡(鶴谷)【이 사람은 홍서봉(洪瑞鳳)이다.】[180]은 정문부의 중표(中表: 내외종 사촌) 형제이다. 계해년(1623) 봄에 공의 거처를 자주 방문하였는데, 번번이 공이 취한 채 누워 있었다.

인조가 반정(反正)했을 때 정문부가 문무(文武)의 재능이 있어 원수(元帥)로 천거를 받았으나 정문부가 부모의 봉양을 청하여 전주 부윤(全州府尹)으로 나갔는데, 상을 당하고 종기를 앓았다. 갑자년(1624) 이괄의 난이 일어나자, 다시 병을 무릅쓰고 용강(龍江)에 도착했으나 병이 심해져 〈임금을〉 호종하지 못하였다. 역적이 평정되자 상례를 마칠 수 있었다. 이해 10월 박내장(朴來章) 등이 반란을 모의하면서 사사로이 의논하기를 "정문부는 대장의 재목이 있다"라고 하였다. 국옥(鞫獄)이 있어 정문부가 체포되었다가 장차 석방되려 하였는데, 대간의 시안(詩案)에 대한 의론이 이어서 일어나 형틀에서의 원통함을 면하지 못하였다【무오년(1618) 창원(昌原)의 임소에 있을 때 지은 「영사(詠史)」[181] 시에 초 회왕(楚懷王)에 대한 일이 있었다. 이 일에 미쳐 대간이 논의하여 가리키는 바가 있다고 한 것이다.】. 당시 택당 이식과 포저(浦渚) 조익(趙翼)[182]이 문사

---

180 이 사람은 홍서봉(洪瑞鳳)이다: 원문은 '此洪瑞鳳'인데 학곡에 대한 세주로 간주하는 편이 자연스러우므로 고쳐서 번역하였다. 홍서봉(1572~1645)은 자가 휘세(輝世), 호는 학곡(鶴谷), 시호는 문정(文靖), 본관은 남양(南陽)이다. 1608년(광해군 즉위) 중시 문과에 갑과로 급제하였고, 1610년(광해 2) 강원도 관찰사를 거쳐, 이듬해 동부승지 재직 중 김직재 옥사(金直哉獄事)에 장인인 황혁(黃赫)이 연루되어 삭직되었다. 1623년(인조 1) 인조 반정을 주동하여 정사공신(靖社功臣) 3등에 책록되었고, 익녕군(益寧君)에 봉해졌으며, 1628년(인조 6) 유효립(柳孝立)의 모반을 고변하여 영사공신(寧社功臣) 2등에 책록되고 지의금부사가 되었다. 1636년(인조 14) 병자호란이 일어나자 화의(和議)를 주장하며 최명길(崔鳴吉)·김신국(金藎國)·이경직(李景稷) 등과 청나라 군사 진영을 내왕하고 실무를 수행하였다. 1639년(인조 17) 부원군(府院君)에 봉해지고, 이듬해 영의정에 올라 사망할 때까지 국왕을 적극적으로 보필하였다.

181 「영사(詠史)」: 정문부의 『농포집』 권1에 실려 있는 7언 절구이다. 총 4수 중 제1수에서 제2수에서 초 회왕을 읊었다. 그 전문은 다음과 같다. "초나라 땅에 구의산이 있는데, 회왕은 무슨 일로 장의를 믿었나? 상오 6백 리는 끝내 할양받지 못했으니, 상수는 덧없이 흘러 슬픔이 끝없어라.[楚地靑山有九疑, 懷王何事信張儀? 商於六百終難割, 湘水空流不盡悲.] 초나라가 세 집만 남아도 진나라가 망한다는 남공의 말, 꼭 맞는 것은 아니네, 한번 무관에 들어가자 백성의 희망 끊어졌는데, 잔약한 후손이 무슨 일로 또 회왕이 되었던가.[楚雖三戶亦秦亡, 未必南公說得當. 一入武關民望絶, 孱孫何事又懷王.]"

182 조익(趙翼): 1579~1655. 자는 비경(飛卿), 호는 포저(浦渚)·존재(存齋), 본관은 풍양(豐壤)으로, 조선 후기 문신이다. 임진왜란 중 음보로 정포 만호(井浦萬戶)가 되어 1598년(선조 31) 군량미 23만 석을 운반하는 공을 세웠다. 전후 1602년(선조 35) 문과에 급제하여 삼사의 관직을 두루 지내던 중 1611년(광해군 3) 김굉필(金宏弼)·조광조(趙光祖)·이언적(李彦迪)·정여창(鄭汝昌) 등을 문묘에 배향할 것을 주

낭청(問事郎廳)으로서 곧장 위관(委官) 앞에 나아가 말하기를, "어찌 이 시를 가지고 이 사람을 죄줄 수 있겠습니까?"라고 하였다. 그 뒤에 택당이 『선조실록(宣祖實錄)』을 수정할 때 특별히 강(綱)을 세워 정문부의 일을 매우 상세히 드러내었다.[183]

현종 갑진년(1664) 택당의 아들 외재 이단하가 평사로 북쪽에 들어가서 택당이 평사로 있을 때 캐물은 것을 기록하고, 또 북쪽 사람들을 찾아가 정문부의 일과 동 시기 의사(義士)들의 일을 매우 상세히 얻었다. 순찰사 노봉 민정중에게 북도에 사당을 세우기를 청하니, 민공이 계문을 올려 동 시기의 여러 의사에게 관직을 추증하고 사당에 배향하기를 청하였다. 이공이 조정에 돌아가서 또 상소를 올려 정문부를 신원하게 하였다.[184] 을사년(1665) 12월 영의정 정공이 경연에서 아뢰기를, "정문부가 북평사로서 의병을 일으켜 적을 토벌하였으니 그 공이 큽니다. 그러나 당로자(當路者)에게 미움을 받아 공이 크게 드러나지 못하고, 뒤에 「영사」 시로 형장에서 죽었습니다. 고(故) 상신(相臣) 조익이 늘 그의 원통함을 말하며 정문부는 형장에서 죽었을 뿐 죄적(罪籍)에 걸려 있지 않으니 별도로 신원할 일이 없습니다. 그와 일을 함께한 사람들은 이미 추증된 것을 마땅히 상고해야 하니, 정문부도 수공(首功)으로 증직하고 그의 자손을 녹용(錄用: 사람을 뽑아 씀)해야 합니다." 임금이 품계를 뛰어 증직하고 자손들을 녹용하라고 명하였다.[185] 찬성(贊成)에 추증되고 뒤에 시호를 충의(忠毅)라 하였다. 어난리 무계호에서 의병을 일으킨 곳에 가서 사당을 세우고 '창렬(彰烈)'이라는 편액을 내려 주었

장하다가 고산도 찰방으로 좌천되었다. 인목대비(仁穆大妃)가 유폐되자 벼슬을 그만두고 은거하다가 1623년(인조 1) 인조가 즉위하자 이조 좌랑에 임용되었다. 효종 6년(1655) 3월 중추부영사(中樞府領事)로 죽기까지 우의정·좌의정과 중추부 판사·영사의 자리를 거듭 역임하였다.

[183] 택당이 …… 드러내었다: 택당 이식(李植, 1584~1647)은 이단하의 아버지이다. 광해군 때 이이첨이 주도하여 편찬한 『선조실록』은 편찬 당시부터 편파적이고 왜곡된 내용이 많다는 혐의를 받았다. 인조 반정 이후 이수광(李睟光), 이정귀(李廷龜) 등의 발의로 수정이 시작되었고, 1641년(인조 19) 이식이 주도하여 초고를 완성하였으며, 1657년(효종 8) 채유후(蔡裕後)를 중심으로 완성되었다. 이식은 『선조실록』을 수정하면서 정문부가 경성을 수복한 일과 길주에서 왜적을 패퇴시킨 일 등을 강목체(綱目體)로 상세히 기술하였다.

[184] 이공이 …… 하였다: 이단하의 상소로 정문부를 우찬성에 추증하고, 유응수(柳應秀)에게 병조 판서를, 이유일(李惟一)·한인제(韓仁齊)에게 병조 참의를, 강문우에게 군기시 정을, 최배천에게 사복시 첨정을, 원충서(元忠恕)에게 군기시 부정을, 이붕수에게 지평을, 지달원에게 호조 정랑을, 허진(許珍)·김국신(金國信)에게 의금부 도사를 추증하였다(『현종실록』 권12, 현종 7년(1666) 5월 23일).

[185] 을사년(1665) …… 명하였다: 영의정 정공은 정태화(鄭太和, 1602~1673)를 말한다. 이와 관련된 내용이 『현종실록』 권11, 현종 6년(1665) 12월 27일 기사에서 확인된다.

다. 정문부를 위주로 하고 이붕수 등 여러 사람을 종향(從享)하였다. 또 정문부를 회령의 현충사(顯忠祠)에 배향하였다.

| 창렬사
(彰烈祠) | 【추배(追配)】 | 정문부
(鄭文孚)
이희당
(李希唐) | 이붕수
(李鵬壽)
서수
(徐遂) | 강문우
(姜文佑)
이기수
(李麒壽) | 최배천
(崔配天)
박유일
(朴惟一) | 지달원
(池達源)
오경헌
(吳慶獻) |

3

『관암존고(冠巖存藁)』
「요야기정(遼野記程)」

홍경모(洪敬謨)

해제

|1| 자료 개요

『관암존고(冠巖存藁)』「요야기정(遼野記程)」은 19세기 전반에 활동한 소론계(少論系) 문신 홍경모(洪敬謨, 1774~1851)의 저작이다. 여행 및 답사 기록인 유기(遊記)의 방식으로 서술하였으며, 요동(遼東) 일대의 역사·지리 정보를 담고 있다. 조선 후기 지식인들의 상당수는 요동 일대가 한반도 역사에 포함된다는 인식을 가지고 해당 지역의 강역 및 연혁을 고증하고자 하였다. 홍경모 역시 이러한 지적 흐름과 두 차례의 연행(燕行) 경험, 조부로부터 이어진 청 문인과의 교류 등의 영향 아래 요동의 역사지리를 체계적으로 정리하였다. 따라서 「요야기정」은 19세기 전반 요동 일대에 관한 조선의 역사지리 인식의 수준과 상황을 보여 주는 지표라고 할 수 있다.

|2| 저자 소개

홍경모의 본관은 풍산(豐山), 자는 경수(敬修), 호는 관암(冠巖), 또는 운석일민(耘石逸民), 시호는 문정(文貞)이다.

부친은 홍낙원(洪樂源)이다. 모친은 전주 이씨(全州李氏)로 사간원 정언을 지낸 이존원(李存遠)의 딸이다. 3세(영조 52) 때 부친상을 당하였다. 당시 부친의 나이는 24세였다. 13세(정조 10) 조홍진(趙弘鎭)의 딸과 혼인하였다. 18세(정조 15)에는 조부 홍양호(洪良浩, 1724~1802)를 따라 평양에 거주하였으며, 29세(순조 2)에 조부상을 당하여 우이동(牛耳洞)에 머물렀다. 32세(순조 5)에 진사시에 급제하여 성균관에 들어갔고 이후 참봉 직을 역임하였다. 36세(순조 9) 문과에 급제하여 가주서(假注書), 검열(檢閱), 송화 현감(松禾縣監)을 거쳤으나, 40세(순조 13) 전세(田稅) 미납이 문제가 되어 의금부에 갇혔다. 40대에는 세자시강원과 대간(臺諫)으로서 활동하였고, 45세(순조 18)에는 승지가 되었다. 이후 대사성(大司成), 강원도 관찰사, 대사간, 예조 참판, 공조 판서, 형조 판서, 함경도 관찰사, 대사헌 등을 거쳤다. 70세(헌종 9)에는 기로소에 들어갔다. 같은 해 조부 홍양호의 『이계집(耳溪集)』을 간행하였다. 77세(철종 1)에 진천(鎭川)으로 이거했다가 다음해(철종 2)에 진천에서 죽었다.

홍경모의 저술은 15종 190책에 달한다. 이 중 『대동장고(大東掌故)』, 『관암기년(冠巖紀年)』, 『중정남한지(重訂南漢志)』, 『국조악가(國朝樂歌)』, 『기사지(耆社志)』 등 5종은 별도의 저술이며, 『운석외사(耘石外史)』, 『관암산방신편운석외사(冠巖山房新編耘石外史)』, 『관암산방신편운석외사속편(冠巖山房新編耘石外史續編)』, 『총사(叢史)』, 『관암유사(冠巖遊史)』, 『운석문선(耘石文選)』, 『시유집(始有集)』, 『관암존고(冠巖存藁)』, 『추사(秋史)』, 『관암전서(冠巖全書)』 등 10종은 문집에 해당한다.

3. 본문의 구성

현재 서울대학교 규장각한국학연구원에 소장되어 있는 『관암존고』(古3428~263(3))는 총 10책이다. 글이 완성된 시점은 명확하지 않으나 홍경모의 2차 연행(1834) 이후로 추정된다. 간행은 고종 연간에 이루어진 것으로 보인다.

3-1) 『관암존고』의 체제

홍경모의 다양한 여행과 답사 경험, 그리고 사신으로서 중국을 왕래했을 때의 견문에 기초하여 작성되었다. 모든 항목은 유기(遊記)로 명명되어 있다. 제1책 [유기; 관동(關東)], 제2책 [유기; 관서(關西)], 제3책 [유기; 관북(關北)], 제4책 [유기; 해서(海西)·교남(嶠南)·사군(四郡)], 제5책 [유기; 근교(近郊)·이계(耳溪)], 제6책 [유기; 해악기행(海嶽記行)], 제7책 [유기; 옥하섭필(玉河涉筆)], 제8·9·10책 [유기; 요야기정(遼野記程)]이다. 이 중 제1책부터 제6책까지는 조선의 명승지 및 특정 지역에 대한 유람기이며, 제7책부터 제10책까지는 의주(義州)에서 북경(北京)에 이르는 공간에 대한 유람기이다.

제5책의 이계(耳溪)는 서울 도봉산 우이동 일대로, 그의 조부 홍양호의 호가 '이계'인 것에서도 알 수 있듯이 홍경모 가문의 전장(田莊)이 있던 지역이다. 제7책 「옥하섭필(玉河涉筆)」은 사신으로 청에 갔을 때 북경에 있던 조선 관사 옥하관(玉河館)에서의 기록이라는 뜻이다. 북경 주변의 명승지에 관해 서술하였는데, 저술 목적은 『운석외사속편(耘石外史續編)』 '옥하섭필인(玉河涉筆引)'에서 확인할 수 있다. 이에 따르면 고적을 통해 오늘날을 경계하고, 청의 정세를 파악하는 '첩국(貼國)'을 위해 청의 고적을 방문하여 기록을 남긴 것이었다. 구체적인 항목은 〈연경기(燕京記)〉, 〈연경형승기(燕京形勝記)〉, 〈연경산천기(燕京山川記)〉, 〈연도연혁기(燕都沿革記)〉, 〈연도세기기(燕都世紀記)〉, 〈요기(遼紀)〉, 〈금기(金紀)〉, 〈원기(元紀)〉, 〈명기(明紀)〉, 〈청기(淸紀)〉, 〈청개국기(淸開國記)〉, 〈황도기(皇都記)〉, 〈경성기1(京城記一)〉, 〈경성기2(京城記二)〉, 〈내외성문총기(內外城門總記)〉, 〈내성구문기(內城九門記)〉, 〈외성칠문기(外城七門記)〉, 〈황성기(皇城記)〉, 〈자금성기(紫禁城記)〉, 〈경성사문석도기(京城四門石道記)〉, 〈성호기(城濠記)〉 등이다. 이상의 항목들은 이번 번역 대상에 포함되지 않지만, 홍경모의 청 인식과 지리고증 등을 위해 사용한 전거들을 확인할 수 있다는 특징을 지닌다.

제8·9·10책 「요야기정(遼野記程)」은 요동 지역에 대한 견문록으로 홍경모가 「요야기정」을 작성한 목적은 『운석외사속편(耘石外史續編)』 '요야정사인(遼野程史引)'에서 확인할 수 있다. 이에 따르면 압록강 밖에서 산해관까지 2천 리 중 요야(遼野)가 3분의 2를 차지하는데, 여정이 힘든 동시에 명승지가 가장 많기 때문에 관찰 결과를 엮었다고 한다. 다만 인문(引文)이 『운석외사속편』에 실려 있는 점, 『운석외사후편』 16에 실려 있는 〈안시성기(安市城記)〉, 〈산해관기(山海關記)〉, 〈청석령기(靑石嶺記)〉 등은 『관암존고(冠巖存藁)』 9책에서 편폭이 크게 늘었는데, 이와 같은 점을 고려하면 『운석외사후편』에 수록된 글을 수정·보완하여 「요야기정」을 만든 후 『관암존고』에 편입시켰을 가능성도 있다.[1]

「요야기정」의 구체적인 항목은 다음과 같다. 8책은 〈요양기1(遼陽記一)〉, 〈요양기2(遼陽記二)〉, 〈동경기(東京記)〉, 〈성경기(盛京記)〉, 〈성경기하2(盛京記下二): 성지(城池), 궁궐(宮闕), 직관(職官), 황릉(皇陵), 가람(伽藍), 시포(市鋪), 강역(疆域)〉, 〈요심연혁기 상(遼瀋沿革記上) 중국(中國)〉, 〈요심연혁기 하(遼瀋沿革記下) 동국(東國)〉, 〈광녕현기(廣寧縣記)〉, 〈금주기(錦州記)〉, 〈영원주기(寧遠州記)〉, 〈무령현기(撫寧縣記)〉, 〈영평부기(永平府記)〉, 〈풍윤현기(豐潤縣記)〉, 〈옥전현기(玉田縣記)〉, 〈옥전기(玉田記)〉, 〈계주기(薊

---

[1] 임유의, 「관암 홍경모의 청대 문인과의 교유와 연행록 연구」, 고려대학교 석사학위논문, 2015, 150~151쪽.

州記)〉, 〈삼하현기(三河縣記)〉, 〈통주기(通州記)〉, 〈통주조창기(通州漕倉記)〉로 구성되어 있다.

9책에는 〈도압강기(渡鴨江記)〉, 〈온정평노숙기(溫井坪露宿記)〉, 〈구련성기(九連城記)〉, 〈책문기(柵門記)〉, 〈안시성기1(安市城記一)〉, 〈안시성기2(安市城記二)〉, 〈봉황성기(鳳凰城記)〉, 〈봉황성시기(鳳凰城市記)〉, 〈연산관기(連山關記)〉, 〈산해관기1(山海關記一)〉, 〈산해관기2(山海關記二)〉, 〈산해관익성기(山海關翼城記)〉, 〈장성기(長城記)〉, 〈송산보기(松山堡記)〉, 〈황기보기(黃旗堡記)〉, 〈중후소기(中後所記)〉, 〈노룡새기(盧龍塞記)〉, 〈연대기(煙臺記)〉, 〈위원대기(威遠臺記)〉, 〈망해대기(望海臺記)〉, 〈구혈대기(嘔血臺記)〉, 〈금석산기(金石山記)〉, 〈총수산기(蔥秀山記)〉, 〈봉황산기(鳳凰山記)〉, 〈청석령기1(靑石嶺記一)〉, 〈청석령기2(靑石嶺記二)〉, 〈천산기(千山記)〉, 〈의무려산기(醫巫閭山記)〉, 〈십삼산기(十三山記)〉, 〈월봉기(月峯記)〉, 〈문필봉기(文筆峯記)〉, 〈각산기(角山記)〉, 〈반산기1(盤山記一)〉, 〈반산기2(盤山記二)〉, 〈공동산기(空同山記)〉, 〈압록강기1(鴨綠江記一)〉, 〈압록강기2(鴨綠江記二)〉, 〈팔도하기(八渡河記)〉, 〈태자하기(太子河記)〉, 〈주류하기(周流河記)〉, 〈대릉하기(大凌河記)〉, 〈환향하기(還鄕河記)〉, 〈호타하기(滹沱河記)〉, 〈노하기(潞河記)〉, 〈발해기(渤海記)〉, 〈요야기(遼野記)〉를 담았다.

10책에는 〈고죽고적기(孤竹古蹟記): 청절묘(淸節廟), 청풍대(淸風臺), 수양산(首陽山), 난하(灤河), 고죽군묘(孤竹君廟)〉, 〈조씨석궐기(祖氏石闕記)〉, 〈송가성기(宋家城記)〉, 〈정녀방기(貞女坊記)〉, 〈조선관기(朝鮮館記)〉, 〈고려보기(高麗堡記)〉, 〈문경묘기(文景廟記)〉, 〈삼황묘기(三皇廟記)〉, 〈무묘기(武廟記)〉, 〈관제묘기1(關帝廟記一)〉, 〈관제묘기2(關帝廟記二)〉, 〈강녀묘기(姜女廟記)〉, 〈계명사기(鷄鳴寺記)〉, 〈독낙사기(獨樂寺記)〉, 〈영안교기(永安橋記)〉, 〈유하교기(柳河橋記)〉, 〈석하교기(石河橋記)〉, 〈김원수묘기(金元帥墓記)〉, 〈조선사신항절도기(朝鮮使臣抗節圖記)〉, 〈갈석기(碣石記)〉, 〈백탑기(白塔記)〉, 〈사호석기(射虎石記)〉, 〈우정기(牛鼎記)〉, 〈고수기(枯樹記)〉를 기술하였다.

「요야기정」의 각 항목들은 공간적으로는 의주에서 북경에 이르는 사행로에 있는 지역을 대상으로 하며, 시간적으로는 요·순 이후 요동의 연혁을 고증하는 방식을 선택하였다. 제8책에서는 요동 일대의 핵심 지역인 요양(遼陽)과 성경(盛京)의 연혁을 우선적으로 고증하였다. 항목의 구성에 따르면 요동 일대의 역사는 바로 이 두 지역의 역사와 맞물리는 것이라고 할 수 있다. 아울러 요동 일대, 즉 요심(遼瀋)의 연혁을 중국 측과 아국(我國)으로 구분해서 서술함으로써 해당 지역의 역사를 두 세력이 공간적으로 공유하고 있다는 점을 명확히 하였다.

제9책에서는 요동 일대의 주요 구조물 및 자연지리를 중심으로 서술하였다. 즉 성곽, 책문, 관문, 보(堡)와 같은 인간이 만든 시설물과 함께 금석산, 청석령, 총수산, 봉황산, 의무려산 등의 산과 압록강, 팔도하, 태자하 등의 하천을 서술하였다.

제10책은 주로 인문지리에 해당하는 내용을 서술하였다. 핵심 주제는 충절·의리 등에 관한 것으로, 은나라에 대한 의리를 지킨 백이숙제, 명을 배반한 조대수(祖大壽) 일가, 절개를 지킨 관우 및 정녀(貞女) 등과 관계된 장소들이 여기에 해당한다.

3-2) 『관암존고』「요야기정」의 인용서목

홍경모는 요동 지역의 역사적 변천의 고증을 위해 국내외의 다양한 지리서를 이용하였으며, 동시에 인문적 일화들은 기존 연행록의 관련 부분을 적극적으로 활용하였다. 이와 같은 지리서 및 연행록의 활용은 홍경모의 학문적 특징이자, 19세기 조선 지식인이 이용할 수 있었던 지식 정보의 범위를 구체적으로 보여 준다고 할 수 있다.

중국 측 사료로는 『사기(史記)』, 『한서(漢書)』, 『후한서(後漢書)』, 『수경주(水經注)』, 『사기정의(史記正義)』, 『당서(唐書)』, 『신당서(新唐書)』, 『요사(遼史)』, 『대명일통지(大明一統志)』, 『명사기사본말(明史紀事本末)』, 『광여기(廣輿記)』, 『대청일통지(大淸一統志)』, 『대청회전(大淸會典)』, 『성경통지(盛京通志)』, 『어제전운시(御製全韻詩)』, 『개국방략(開國方略)』 등을 활용하였다. 조선 측 사료로는 자신에 앞서 중국을 방문했던 사행록(使行錄)을 주로 이용하였는데, 최립(崔岦)의 「정축행록(丁丑行錄)」(『간이집(簡易集)』), 홍대용(洪大容)의 「연기(燕記)」(『담헌서(湛軒書)』), 이의봉(李義鳳)의 『북원록(北轅錄)』, 박지원(朴趾源)의 『열하일기(熱河日記)』 등이 여기에 해당한다.

이상의 인용서목은 19세기 전반 경화(京華) 지식인이 활용했던 정보의 범위를 잘 보여 준다. 홍경모의 상황이 개인적인 특징에만 국한되지 않는다면, 그가 인용했던 서목은 당시 조선-청 지식 교류의 현황으로 판단해도 무리가 없을 것이다.

3-3) 홍경모와 가문의 연행 전통

홍경모의 가문은 조선 중기 이래의 명문으로 특히 그의 조부인 홍양호는 정조대 대제학(大提學)으로 문명(文名)이 높고 고증학을 수용했던 인물로 잘 알려져 있다. 홍경모는 어린 시절 부친을 여의고 조부 홍양호로부터 큰 영향을 받았다. 이는 『관암존고』의 내용과도 밀접히 연관되므로 기본적인 검토가 필요하다. 홍양호에게서 홍경모로 이어지는 공통적인 특징은 청 문화의 적극적인 수용 및 조선 북방 지역에 대한 관심으로 정리할 수 있다.

첫 번째 청 문화의 수용과 관련하여 홍양호는 만년에 두 차례의 연행(1782, 1794)을 통해 중국 문인과의 다양한 교류를 시도하였고, 특히 두 번째 연행에서 예부상서(禮部尚書) 기윤(紀昀)과 인연을 맺은 이후 교류를 지속하였다.[2] 홍경모는 1830년 사은겸동지부사(謝恩兼冬至副使)로서 연행에 참여하여 기윤의 손자인 기수유(紀樹蕤), 진연은(陳延恩), 육경이(陸慶頤) 등과 학문, 서화, 시문 등을 통해 밀접한 관계를 맺었다.[3] 이를 기반으로 1834년 진하겸사은행에서는 1차 연행 때 교류를 행한 기수유 이외에도 수방울(帥方蔚), 탁병염(卓秉恬), 진근광(陳瑾光), 섭지선(葉志詵) 등 새로운 인물들과의 교류를 확대하였고, 귀국 후에도 이들과 서신을 왕래하며 청의 문헌 정보 등을 수집하였다.[4] 청 문인과의 만남은 인적 교류를 넘어 청의 학문을 적극적으로 수용하는 계기가 되었다.

홍양호에서 홍경모로 이어지는 두 번째 학문적 특징은 북방 지역에 대한 관심이다. 홍양호는 1777년 1년 남짓 경흥 부사(慶興府使)로 재직하면서 현지에서 경험한 바를 바탕으로 「삭방풍토기(朔方風土記)」 등을 저술하였다. 홍양호의 문집인 『이계집(耳溪集)』에 『북새기략(北塞記略)』이 수록되어 있는데, 해당 저술은 「공주풍토기(孔州風土記)」, 「북관고적기(北關古蹟記)」, 「교시잡록(交市雜錄)」, 「강외기문(江外記聞)」, 「백두산고(白頭山考)」, 「해로고(海路考)」, 「영로고(嶺路考)」 등 북방 지리에 관한 체계적인 정보를 담고 있

---

2 진재교, 「이계(耳溪) 홍양호(洪良浩) 문학(文學) 연구(研究)」, 성균관대학교출판부, 1999.
3 이군선, 「관암(冠巖) 홍경모(洪敬謨)의 중국문인(中國文人)과의 교유(交遊)와 그 의의-1차 연행을 중심으로-」, 『동방한문학회』 23, 2002.
4 이군선, 「관암(冠巖) 홍경모(洪敬謨)의 중국문인(中國文人)과의 교유(交遊)와 그 양상(樣相)-2차 연행을 중심으로-」, 『퇴계학과 한국문학』 33, 2003.

다. 그런데 최근 연구에 따르면 그간 홍양호의 저술로만 알려진 『북새기략(北塞記略)』은 홍양호 사후 홍경모가 보완하여 간행한 것으로 보인다.[5] 홍경모는 홍양호의 북방 지리 연구를 계승·발전하여 그 성과를 『관암존고』에 투영하였다.

『관암존고』의 「요야기정」은 홍경모 가문이 갖고 있던 가학(家學)의 전통을 보여주는 동시에 북방 지리 정보에 관한 당대의 흐름과 이를 고증하기 위해 활용한 지리 정보 등을 종합적으로 기술한 연구서이다.

---

[5] 손성필, 「『북새기략』의 편찬 경위와 편찬자 문제」, 『민족문화』 43, 2014.

『관암존고(冠巖存藁)』 8책, 「요야기정(遼野記程)」

요양기(遼陽記) 1

요양(遼陽)은 옛 유주(幽州)와 영주(營州)의 땅이니, 바로 한(漢)나라 요동 태수(遼東太守)가 과거에 다스렸고 명(明)나라 영원백(寧遠伯) 이성량(李成梁)[6]이 관부(官府)를 연 곳이다.

기자(箕子) 때에는 고조선[朝鮮]의 서쪽 경계가 되었다. 진(秦)나라 때 비로소 내부(內附)하여 '요동(遼東)'이라 불렸는데, 그 영역을 나누어 반은 조선에 속했다. 『사기(史記)』 「항우본기(項羽本記)」에 "연왕(燕王) 한광(韓廣)을 옮겨 요동왕(遼東王)으로 삼았다"[7] 라고 한 것이 이것이다. 한나라 이후 압록강(鴨綠江) 서쪽이 중국 판도로 들어갔다. 진(晉)나라 때 요동의 국치(國治)로 삼았고, 대흥(大興)[8] 초에 모용외(慕容廆)[9]에게 점거당하였다. 후연(後燕) 때 땅이 고구려(高句麗)로 들어가 요동성(遼東城)이 되었다. 당 태종(唐太宗)이 고구려를 정벌하여 승리한 후 그 땅을 요주(遼州)로 삼고 안동도호부(安東都護府)[10]를 이곳에 옮겨 설치했다가 뒤에 폐지하였다. 요(遼)나라 초기에 동평군(東平郡)

---

6 이성량(李成梁): 1526~1615. 자는 여계(如契), 호는 인성(引城), 요동 철령위(鐵嶺衛) 출신으로, 명나라 후기 무신이다. 고조부가 조선에서 귀부한 이래 대대로 요동 철령위의 지휘첨사(指揮僉事) 직위를 세습해 왔다. 1570년(융경 4) 이후 두 차례에 걸쳐 30여 년 동안 요동 총병(遼東總兵)의 지위에 있으면서 여진족을 초무(招撫)하고 요동의 방위에 기여하는 등 그 공로를 인정받아 1579년(만력 7)에 영원백(寧遠伯)으로 봉작되었다. 이여송(李如松), 이여백(李如伯), 이여정(李如楨), 이여장(李如樟), 이여매(李如梅) 등 다섯 아들이 모두 무장으로 이름을 떨쳤는데, 임진왜란 당시 장자(長子) 이여송이 평왜제독(平倭提督)으로 임명되어 형제 및 명군을 이끌고 전쟁에 참여하였다.
7 『사기(史記)』 …… 삼았다: 이와 관련된 내용이 『사기(史記)』 권7, 「항우본기(項羽本紀)」 22장에 나온다.
8 대흥(大興): 동진(東晉) 원제(元帝)의 두 번째 연호로서 기원후 318~321년까지이다.
9 모용외(慕容廆): 269~333. 중국 5호 16국 시대 전연(前燕)의 시조이다. 선비(鮮卑)의 단부(段部)·우문부(宇文部) 및 고구려를 격파하고, 전연 건국의 기초를 이룩하였다.
10 안동도호부(安東都護府): 당나라가 668년(보장왕 27) 고구려를 멸망시킨 뒤 평양에 두었던 통치 기구로, 677년(문무왕 17)에 지금의 심양으로 후퇴하였다가 756년(경덕왕 15)에 폐쇄하였다.

을 〈이곳에〉 건립하였고 곧이어 남경(南京)으로 승급하였으며, 다시 동경(東京)으로 고쳐 부르고는 요양부(遼陽府)를 설치하였다. 다시 요양현(遼陽縣)을 설치해서 부치(府治)로 삼았다. 금(金)나라에서는 이를 계승하였다.

원(元)나라 초에 동경총관부(東京總管府)를 설치하였다.[11] 지원(至元, 1264~1294) 연간에는 요양등처행중서성(遼陽等處行中書省)을 설립하였고[12] 얼마 후에 동경을 요양로(遼陽路)로 바꾼 후 요양현을 로(路)의 치소로 삼았다.[13]

명 홍무제(洪武帝) 초에는 정료도위(定遼都衛)[14]를 설치하였다. 〈홍무〉 8년(1375)에는 요동도지휘사사(遼東都指揮使司)로 고치고 25위(衛)와 2주(州)[15]를 관할하도록 하였다. 도사(都司)가 다스리는 바는 정료좌위(定遼左衛)·정료우위(定遼右衛)·정료전위(定遼前衛)·정료후위(定遼後衛), 동녕위(東寧衛), 자재주(自在州)의 중·좌 2개의 천호소, 좌우 전후 4개의 천호소이다. 지금은 요양주(遼陽州)가 되어 성경(盛京) 봉천부(奉天府)에 속해 있다.

처음 청 숭덕제(崇德帝, 태종)가 요동을 취하고자 태자하(太子河) 동쪽에 성을 짓고 동경이라고 불렀다. 심양(瀋陽)을 얻자 다시 요동을 취하였다. 순치(順治) 10년에 요양부를 설치했다가 곧 혁파하고 현(縣)으로 삼았다. 강희(康熙, 1661~1722) 초에 주(州)로 고치고는 지주(知州)[16]·학정(學正)[17]·창관(倉官)[18]·이목(吏目)[19] 등을 두고 성내에서 주둔하며 다스렸다. 관병(官兵)은 동경성(東京城) 안에 주방(駐防)하였다.

주(州)는 바로 옛 〈요동〉 도사(都司)의 성이다. 명 홍무(洪武, 1368~1398) 초에 도지

---

11 지원(至元) 6년의 일이다(『대청일통지(大淸一統志)』).
12 지원 24년의 일이다(『대청일통지』).
13 지원 25년의 일이다(『대청일통지』).
14 1371년(홍무 4)의 일이다. 명초의 군사제도는 '대도독부(大都督府)-도지휘사사(都指揮使司)-위(衛)-소(所)'로 구성되어 있었는데, 위는 5개의 천호소로 나누어지고, 천호소는 10개의 백호소로 나누어졌다. 군사 요충지에 설치된 위와 소는 관할 지역의 군호(軍戶)를 통괄하면서 군사뿐만 아니라 행정·감찰·경제·법률·교육·징세 등의 모든 권한을 가지고 있었다.
15 2주(州): 자재주(自在州)와 안동주(安東州)를 말한다.
16 지주(知州): 중국의 관직명이다. 주(州)의 장관(長官)으로 송(宋)나라 때에 비롯되어 청(淸)나라 때까지 설치되었다.
17 학정(學正): 중국의 관직명이다. 학규(學規)의 집행, 시험의 주관, 교육 등을 담당하였다. 청대에는 8품에 해당하였다.
18 창관(倉官): 창고 관리를 말한다.
19 이목(吏目): 서무(庶務)를 담당한 하급 관리이다. 청대에는 형률(刑律)과 문서 행정을 담당하였다.

휘(都指揮) 마운(馬雲), 섭왕(葉旺)이 원나라 때 옛터를 고쳐서 성을 쌓았는데, 둘레는 16리이고 기문(奇門)은 6개이다. 또 동쪽 성을 1리쯤 확장하였고, 그 북쪽에는 다시 토성(土城)을 붙여 쌓았다. 영락(永樂, 1402~1424) 중에 북성(北城)을 다시 고쳐 쌓았는데 남북으로는 1리, 동서로는 4리이며, 문은 3개로 남성(南城)에 합하였는데 총 둘레는 24리, 385보였다. 성은 원래 낮고 좁았는데, 웅정필(熊廷弼)[20]이 진수(鎮守)할 때 적의 기병이 경내에 들어왔다는 것을 듣고 성을 비우게 하였다. 청나라 사람들이 괴이하게 여겨 감히 돌입하지 못하다가 고쳐 쌓는다는 것을 첩보로 알게 되자 병사를 이끌고 성 아래로 왔더니, 새 성이 높고 험준하게 하룻밤 만에 완성되어 있었다. 이후 웅정필이 떠나고 요양이 함락되자 청나라 사람들이 성이 견고해서 함락시키기 어려웠던 것에 분을 품고 결국 무너뜨렸다. 그런데 한창 승리를 하던 병사들로 10일이나 훼손했지만 다 하지 못했다고 한다.

성의 제도는 모두 봉황성[鳳城]과 같다. 네 개의 문에 옹성(甕城)을 설치하였는데, 동쪽은 '수원(綏遠)', 남쪽은 '풍악(豐樂)', 서쪽은 '순안(順安)', 북쪽은 '공극(拱極)'이라 한다. 〈성의〉 네 귀퉁이에는 포루(砲樓)가 있다. 거리와 호통(衚衕)은 바르고 곧고 가지런하며 한 곳도 구불구불한 데가 없어 흡사 바둑판과 매우 비슷하다. 사통팔달하고 사방이 서로 마주 보아 동문으로 들어가면 서문이 보이고 북문으로 들어가면 남문이 보인다. 큰 지붕과 높은 들보를 〈가진 집들이〉 처마와 처마를 맞닿고 있고 시사(市肆)의 좁은 길에서 휘황찬란하게 사람을 비추니, 풍요롭고 번성함이 봉황성보다 배가 되므로 하나의 도회지이다. 그런데도 힘들고 어려운 자리로 여기니 혹시 사람이 많이 다니는 요충지라서 그렇게 여기는 것인가.

요양 지역은 임려(臨閭)의 서쪽, 해양(海陽)의 북쪽에 위치하며, 산을 등지고 강으로 막힌 채 동쪽 땅을 통제한다. 앞으로는 큰 들판을 임하고 있는데 형세가 광활하니

---

[20] 웅정필(熊廷弼): 1569~1625. 자는 비백(飛百), 호는 지강(芝岡), 시호(諡號)는 양민공(襄愍公), 호광(湖廣) 강하(江夏, 지금의 湖北 武昌) 출신으로, 명나라 말기 무신이다. 1598년(만력 26)에 과거에 급제하여 진사(進士)가 되었고, 어사(御史)로서 요동(遼東)에 파견되어 오랜 기간 그곳에서 근무하였다. 1619년 (만력 47) 요동 경략(遼東經略)에 임용되어 후금(後金)에 맞서 요동을 지켰으나 탄핵되었고, 이후 청나라 군대의 침략으로 재차 기용되었으나, 순무 왕화정(王化貞)과의 불화로 청군에 패한 후 그 책임을 뒤집어쓰고 처형되었다. 의종(毅宗, 재위 1627~1644) 즉위 후 대학사(大學士) 한광(韓爌)이 웅정필의 억울함을 호소하였고, 결국 1629년(숭정 2)에 사면되어 '양민공'의 시호를 받았다.

진실로 하늘이 내린 명당이다. 그리고 사람들은 모두 농상(農桑)에 힘쓰고 글과 예를 익힌다. 청나라 이후 만주인과 몽골인이 그들(요동인)과 섞여 살면서 풍속이 점차 각박해졌다. 성품은 강하고 거칠어 중국의 풍속은 적고 변방의 습속이 많다. 그러나 요심(遼瀋)은 바로 왕조가 일어난 지역이므로 근본을 강하게 하는 기술은 역대와 비할 바가 아니다. 그러므로 뽕나무와 마가 빽빽하고 닭과 개의 〈소리가〉 서로 이어지며 백성은 그 업을 즐겁게 여기고 그 삶을 편안하게 생각하며 병사를 보지 못한 지가 거의 200년이다.

살펴보건대 명 천계(天啓) 원년(1621) 3월 청나라 사람이 심양을 얻은 다음 다시 병사를 요양으로 향하게 하여 5일 후에 성 아래에 이르렀다. 성이 함락되자 경략(經略) 원응태(袁應泰)[21]는 성 북쪽의 진원루(鎭遠樓)에 올라 불을 붙여 누를 불사르고 죽었다. 분수도(分守道) 하정괴(何廷魁)는 처자를 이끌고 우물에 투신해서 죽었다. 감군도(監軍道) 최유수(崔儒秀)는 목을 매었다. 총병(總兵) 주만량(朱萬良) 등 8인은 모두 전사하였다. 어사(御史) 장전(張銓)은 사로잡혔지만 굴복하지 않았다. 청주(淸主, 누르하치)가 살려 주고자 부드럽게 여러 차례 타일렀으나 끝내 〈마음을〉 뺏을 수 없자 부득이하게 목을 매단 후 장례를 치러 주었다. 건륭(乾隆) 황제가 『전운시(全韻詩)』[22]에 성을 함락시킨 시말을 자세히 실었다. 또 "명나라 신하 중 항복하지 않은 자들에게는 우리 조종에서 오히려 은혜를 더해 주었다. 그러나 〈당시〉 연경(燕京)의 군신들은 아무런 상관없

---

21 원응태(袁應泰): ?~1621. 자는 대래(大來), 봉익(鳳翔, 지금의 陝西 寶雞) 출신으로, 명나라 말기 관원이자 동림당(東林黨)에 속하였다. 1595년(만력 23)에 진사에 급제하여 임장지현(臨漳知縣)에 제수되었다가 이내 공부주사(工部主事)로 옮겨졌으며, 하남우참정(河南右參政)을 거쳐 병부시랑(兵部侍郎)에 이르렀다. 태창 1년(1620) 9월 우첨도어사(右僉都禦史)로 발탁되어 주영춘(周永春)을 대신해 요동 순무가 되었으며, 1개월 후 웅정필을 대신해 요동 경략이 되었다. 누르하치[努爾哈赤]와 여러 차례 전투를 치렀는데, 요양성 전투가 발발하자 성 동북의 진원루에서 전투를 독려하다 성이 격파된 후에 불을 질러 자살하였다. 명조에서는 병부 상서로 추봉했으며, 청조 건륭 연간에 '충절(忠節)'이라는 시호를 내렸다.
22 『전운시(全韻詩)』: 『어제전운시(御製全韻詩)』를 말한다. 청 건륭제가 직접 편찬을 명령하였고, 1779년(건륭 44)에 우민중(于敏中)이 각본을 올렸다. 상평성(上平聲), 하평성(下平聲), 거성(去聲), 상성(上聲), 입성(入聲) 5부분으로 나누고 각 부분을 1책으로 만들었다. 모두 106편으로 상평성과 하평성은 주로 청조가 동쪽에서 발상(發祥)한 내용 및 창업하여 수통(垂統)하거나 계지(繼志)하는 등의 내용을 담고 있다. 상성, 입성, 거성은 당우(唐虞)에서 명조까지 역대 제왕의 득실을 거론하는 등 각 왕대의 대략적인 흥망성쇠를 볼 수 있다.

는 듯이 〈요양 함락의〉 공과 죄를 분명히 하지 않았으니 〈명나라가〉 망하지 않으려고 해도 가능했겠는가"라고 하였다.

주(州)는 봉천부 남쪽 120리에 있다. 동서의 거리는 130리이고 남북의 거리는 140리이다. 연경까지는 1,584리라고 한다.

요양기(遼陽記) 2

요양 고성(故城)은 지금 요양의 치소(治所)이다. 『요사(遼史)』「지리지(地理志)」에 따르면 신책(神冊) 4년(919)에 요양 고성을 만들었는데 발해(渤海)의 한호(漢戶)들로 동평군(東平郡)을 지었다. 천현(天顯) 3년(928) 동단국(東丹國)의 백성을 옮겨 거주하게 하였다. 남경성(南京)으로 승급하고 성의 이름은 '천복(天福)'이라고 하였다. 너비는 30리, 문은 8개이며 궁성(宮城)은 동북쪽 구석에 있다. 남으로 3개의 문이 있으며 웅장하게 누각을 설치하였다. 네 모퉁이에 각루(角樓)[23]가 있으며 서로의 거리는 2리이다. 외성(外城)은 한성(漢城)으로 불렀다. 천현 30년[24]에 동경부(東京府)를 고쳐 요양이라 하고, 요양현(遼陽縣)을 다스렸다.

구지(舊志) 〈에 따르면〉 금・원 나라는 모두 옛 성을 유지하였다.

명나라 홍무 초기에 정료성(定遼城)을 다시 고쳐 지었으니, 지금의 주성(州城)이다.

『대명일통지(大明一統志)』[25]에 "요(遼)의 옛 궁궐은 성내 동북쪽 모퉁이에 있다. 궁의

---

23 각루(角樓): 성벽 모서리 위에 지은 다락집으로, 성을 지키는 보초병이 망을 보는 곳이다.
24 30년: 『성경통지』에는 천현 13년으로 되어 있다.
25 『대명일통지(大明一統志)』: 1370년(홍무 3)에 위준민(魏俊民) 등이 『대원대일통지(大元大一統志)』의 체제를 따라 초안을 잡아 『대명지서(大明志書)』라는 이름으로 처음 편찬하였다. 1373년(홍무 6)에 편찬된 이 책은 1384년(홍무 17) 『대명청류천문분야서(大明淸類天文分野書)』 24권에 편성되었고, 1456년(경태 7) 119권으로 완성되어 『환우통지(寰宇通志)』라 하였다. 체제는 강(綱), 목(目), 문(門)으로 구성하였는데, 양경(兩京), 13포정사(布政司)는 강으로, 부주(府州)는 목으로 하고, 건치(建置)・연혁(沿革)・관할 군읍(郡邑)의 이름・산천・형승(形勝)・풍속(風俗)・토산(土産) 등 38개 항목은 문(門)으로 되어 있었다. 홍무제 때 편찬된 『대명지서』는 현재 전하지 않으며, 새로 중수된 『환우통지』에 추후에 이 이름이 붙었다. 이후 홍치(弘治), 만력(萬曆) 연간에 중수되면서 다시금 수정을 거쳤고, 가정(嘉靖), 융경(隆慶) 연간에 이후의 내용이 더 추가되었다. 15세기부터 조선에서는 대표적으로 『동국여지승람(東國輿地勝覽)』(성종 12, 1481) 및 『신증동국여지승람(新增東國輿地勝覽)』(중종 25, 1530)과 같이 여러 종의 지지(地誌)가 편찬되었는데, 이 책의 영향을 크게 받았다.

담장은 3장(丈)이고 둘레는 8리이다. 네 모퉁이에 각루가 있으며, 가운데에 전각 2개가 있다. 외성(外城)은 한성(漢城)이라고 부른다. 남시(南市)와 북시(北市)로 나누고 간루(看樓)를 만들었다. 새벽에는 남시에 모이고, 저녁에는 북시에 모인다"라고 하였다.

또 『대명일통지』에 "동단(東丹) 왕궁은 성내 동북쪽 모퉁이 안에 있다. 그 안에 양국황제어용전(讓國皇帝御容殿)을 지었다. 「대동단국신건남경비명(大東丹國新建南京碑銘)」이 궁문 남쪽에 있다.

요해정(遼海亭)에 금(金)나라 고사담(高士談)의 시가 있다.

잔설이 누대에 있는데 산이 앞뒤에 있고	殘雪樓臺山向背
석양은 성곽을 비추고 물은 서쪽에서 동쪽으로 흐르는구나	夕陽城郭水西東

마지막은 다음과 같다.

스스로 화표학(華表鶴)만 못함에 탄식하고	自歎不如華表鶴
고향은 여전히 흰 구름 속에 있네	故鄉常在白雲中

화표주(華表柱)는 고루(鼓樓) 동쪽에 있다. 정영위(丁令威)[26]가 학으로 변해 돌아와 이곳에 머물렀다고 하니 모두 요양의 고적이나 지금은 사라져 그 장소를 모른다고 한다.

살펴보건대, 요양은 본래 한(漢)나라 현(縣)의 이름으로 요동군(遼東郡)에 속한다. 후한(後漢) 안제(安帝)[27] 초에 현도군(玄菟郡)에 소속시켰다가 진(晉)나라 때 폐지하였으니, 그 옛터가 마멸된 지 오래되었다. 『한서(漢書)』 「지리지(地理志)」 및 『수경주(水經注)』[28]는 수경의 주석이라는 의미임. 고증해 보면 그 땅은 마땅히 지금 요양주의 서북

---

26 정영위(丁令威): 전설상의 인물이다. 고향을 떠나 영허산(靈虛山)으로 들어가서 선도(仙道)를 배워 학이 되어 돌아왔다. 어떤 소년이 활로 쏘려고 하니 화표주(華表柱)에 앉아 "내가 집을 떠난 지 천 년이 되어 돌아왔는데, 성곽은 여전하나 사람들은 변했구나[去家千年今始歸, 城郭如故人民非]"라고 말한 뒤 공중을 배회하다 스스로 정령위라 부르면서 천 년 뒤에 돌아오겠다는 말만 남기고 떠났다고 한다.
27 안제(安帝): 중국 후한(後漢)의 6대 왕으로 재위는 106년부터 125년까지이다.
28 『수경주(水經注)』: 중국 북위(北魏) 역도원(酈道元)이 지은 중국 지리책이다. 중국의 하천 등 수계(水系) 및 관련 지리를 서술한 『수경(水經)』에 주석(註釋)을 단 것으로, 한국의 지리와 관련해서 패수의 위치를

지역에 있으며 승덕(承德)과 요양의 사이이자 양수(梁水)와 혼하(渾河)가 교차하는 곳이다. 금주는 바로 요나라 및 금나라의 요양이다. 『요사』「지리지」에서 말하기를 "본래 한나라 패수현(浿水縣)이었는데, 고려가 구려현(句麗縣)으로 바꾸었다. 발해는 상락현(常樂縣)으로 삼았다"라고 하였다. 패수는 한나라 낙랑군(樂浪君)에 있는데 지금 조선의 국경 안에 있다. 금덕현(金德縣)과 상락현은 바로 발해 중경(中京) 현덕부(顯德府)의 현(縣) 이름인데, 모두 이곳에 없다.

또 살펴보건대, 『신당서(新唐書)』에 발해가 세운 부(府)와 주(州)에는 요양이라는 이름이 없다. 그런데 『요사』「지리지」에는 이를 '요양 고성(故城)'이라고 하고 『금사(金史)』「지리지」에는 바로 '발해 요양 고성'이라고 하였다. 아마도 당나라 중엽 안동부(安東府)가 폐지된 이후 발해가 이곳에 성을 두고 요양이라고 부르는 일이 간혹 있었던 듯하다. 그러나 『요기(遼記)』를 살펴보면, "태조(太祖) 3년 요동에 행차하였고 신책 3년(918) 요양 고성을 행차하였으며, 신책 4년(919) 동평군(東平郡)을 세웠다. 천현 원년(926) 비로소 발해 부여성(扶餘城)을 공격하여 무너뜨리고 홀간성(忽汗城)으로 진격하여 포위한 후 대인선(大諲譔)[29]을 항복시키고 동단국을 설치하였다. 태종 3년 동단국의 백성을 동평국으로 옮겼다"라고 하였다. 이는 발해가 평정되기 앞서 요양 땅이 거란에 들어갔는데 요동으로 부르다 다시 요양으로 불렀거나 혹은 요나라 때 명명한 것이니 발해로 말미암은 것은 아니다. 『요사』「지리지」에서는 지리를 고증하지 않은 채 동경을 평양성(平壤城)이라고 하거나 또는 홀간주(忽汗州)라고 하거나 또는 중경 현덕부라고 하는데, 각각의 거리가 1,000여 리인데 합쳐 하나로 간주하니 오류가 심하다.

동경기(東京記)

동경성(東京城)은 태자하(太子河)에 있다. 동쪽으로 요양과 8리 떨어져 있다. 청(淸)나라 천명(天命) 6년(1621)에 만들어졌다. 혹은 '마상성(馬上城)'이라고 부르는데, 말 위

고증하고 위만이 도읍한 왕검성(王儉城)의 위치를 확정하였다.
29 대인선(大諲譔): ?~?. 발해의 제15대 왕이다. 세계(世系)가 자세하지 않으며, 926년 거란으로부터 나라가 멸망당해서 시호가 없다.

에서 벽돌을 전달해 하룻밤 만에 성을 쌓았기 때문에 이름 붙였다. 둘레는 6리 10보이며 높이는 3장 5척이다. 동서의 너비는 280장이고 남북의 길이는 262장 5척이다. 문은 8개로, 동편 좌측은 '영양문(迎陽門)', 우측은 '소양문(韶陽門)', 남편 좌측은 '용원문(龍源門)', 우측은 '대순문(大順門)', 서편 〈좌측〉은 '대요문(大遼門)', 우측은 '현덕문(顯德門)', 북편 좌측은 '회원문(懷遠門)', 우측은 '안원문(安遠門)'이라고 한다.

〈청이〉 연경으로 천도할 때 성수장경(城守章京) 1명, 방어(防禦) 8명, 파이좌령(巴爾佐領)[30] 1명, 효기교(驍騎校)[31] 9명, 필첩식(筆帖式, bithesi, 寫字官) 1명을 두고, 만주 및 몽골 병사 650명을 거느리고 주방(駐防)하도록 하였다. 강희 20년(1681)에 주방을 금주성(錦州城) 안으로 옮겼다.

궁전과 성은 동시에 지었다. 성은 들판에 위치하며 벽돌로 쌓은 것은 봉황성과 같지만 높이와 크기는 훨씬 크다. 지금은 역참관 및 수호군을 관리한다. 구요성(舊遼城)이 있기 때문에 신요동(新遼東)이라고 부른다. 사람이나 시장의 번화함은 구요성만 못하며 담장과 성가퀴가 낡아서 지금은 볼만하지 않다. 성 안에는 팔각용전(八角龍殿) 터가 남아 있다. 또 상제묘(上帝廟), 관령(管寧)과 왕렬(王烈)의 사당, 종고루(鍾鼓樓)가 있다. 성의 네 구석에는 각각 몇 개의 처마가 있는 초루(譙樓)가 있다. 그 서남쪽에는 망경루(望京樓)가 있다. 전에 〈조선〉 사행원 중 이곳에 올라온 사람이 많다. 최립(崔岦)[32]의 『간이집(簡易集)』에 '망경루에 오르다[登望京樓]'라는 시가 있는데 바로 이것이다.[33]

---

30 파이좌령(巴爾佐領): '파이(巴爾)'는 다른 기록에서 '파이호(巴爾虎)' 또는 '파이호(巴爾呼)' 등으로 표기되어 있다. 파이호는 청 태조 및 태종 시기 흑룡강 북변 지역을 가리키는 것으로 보이며 '파이호 좌령'은 그곳에서 차출한 니루[牛彔]의 수장으로 추정된다.

31 효기교(驍騎校): 청대 군사 제도인 팔기(八旗)에서 도통(都統), 부도통(副都統), 참령(參領), 좌령(佐領) 밑에 있는 정6품 벼슬이다. 좌령마다 1개의 효기교를 두는데, 군사는 50명에 정원이 없고 오직 인원수의 다소를 따져 배치하여 이를 '마군영(馬軍營)'이라 한다.

32 최립(崔岦): 1539~1612. 본관은 통천(通川), 자는 입지(立之), 호는 간이(簡易)·동고(東皐), 부친은 진사 최자양(崔自陽)이다. 1555년(명종 10) 17세의 나이로 진사가 되었고, 1559년(명종 14) 식년 문과에 장원으로 급제하였다. 1577년(선조 10)과 1581년(선조 14)에는 주청사(奏請使)의 질정관(質正官)으로 명나라에 다녀왔으며, 임진왜란이 발발하자 조선 정세의 위급함을 알리고 원군과 군량을 요청하기 위해 선조 26년(1593) 11월에 주청사로 파견되었고, 이듬해에 윤근수(尹根壽)를 정사로 하는 주청사의 부사로 참여하였다. '망경루에 오르다'라는 시는 1577년 사행 도중에 작성하였다.

33 『간이집』 권6, 「정축행록(丁丑行錄)」, "三月三日 登望京樓 遼陽城: 城上高樓勢若鶩, 危梯一踏一驚魂, 遙空自盡無山地, 淡靄多生有樹村, 北極長安知客路, 東風上巳憶鄉園, 閑愁萬緖那禁得, 料理斜陽酒一樽."

대개 청주(淸主, 청 황제)는 만주에서 일어나 오라(烏喇, Ula)[34] 및 영고탑(寧古塔, Ningguta) 등의 지역을 모두 소유하고 결국 계번(界蕃, Jaipiyan), 살이호(薩兒虎, Sarhū),[35] 무순(撫順)을 거쳐 요동에 이르러 이 성을 쌓음으로써 천하를 도모하였다. 당시 황명(皇明) 만력(萬曆) 무오년(1618)이었다.

무릇 만이(蠻夷)가 중하(中夏)를 어지럽히는 일은 당우(唐虞)가 융성할 때부터 시작하였다. 한당(漢唐)에 이르러서는 흉노(匈奴)가 강성해서 변경을 침략하는 일이 허구한 날 있었지만 중국을 넘본 적은 없었다. 송이 있을 때부터 금·원이 중하를 어지럽히면서, 비로소 팔주(八州, 중국)를 넘어서 우내(宇內)에 머무를 뜻을 보였다. 그럼에도 수십 세대를 거쳐 근기가 공고해지고 굳건한 형세가 있은 연후에 송 왕조를 혁파할 수 있었다. 그러나 불과 백 년 만에 곧 멸망하였다. 지금 청주가 굴기하여 참칭한 지 겨우 수 세대가 지났으니, 시간의 오래됨과 근본의 공고함은 금·원만 못하다. 지방의 크기와 병갑의 숫자도 또한 금·원만 못하다. 그러나 이 성에서부터 요동을 삼키고 심양에 웅거하며 제업(帝業)을 이루었으니 이것이 어찌 천명(天命)이 내린 바가 아니겠는가. 이 성은 비록 〈청조〉 초년에 임시로 지었으나 〈제업이〉 처음 열린 지역이니 〈다른〉 군현(郡縣)이나 성지(城池)와는 견줄 수 없다. 그래서 동경(東京)이라 칭하는 것이라고 한다.

성경기(盛京記)

성경은 『서경(書經)』「우공(禹貢)」의 기주(冀州)[36]와 청주(靑州) 지역으로, 지금의 심

---

34 오라(烏喇): 길림성(吉林省) 송화강 동쪽에 있던 나라로, 명나라 신종(神宗) 때 만주족(滿洲族)에게 멸망당하였다. 그 유민(遺民)들이 우리나라의 북쪽 접경 지역에 거주하면서 교역하자 청나라 조정이 이곳에 총관을 설치하였다(『만기요람(萬機要覽)』 재용편(財用篇) 5, 「북관 개시(北關開市)·회령 개시(會寧開市)」).

35 살아호(薩兒虎): 누르하치의 본거지 허투알라[赫圖阿拉]와 무순 중간에 있던 지역으로, 살이호(薩爾滸)라고도 한다. 이곳에서의 전투로 명나라는 크게 기울게 되고 청나라가 득세하게 되었으며, 이때 명나라를 도왔던 조선의 강홍립(姜弘立, 1560~1627) 등은 후금에 항복하고 김응하(金應河, 1580~1619) 등은 전사하였다.

36 『서경(書經)』「우공(禹貢)」의 기주(冀州): 「우공」은 『서경』의 편명으로 일종의 중국 지리서이며, 기주는 중국 고대의 구주(九州) 가운데 하나로, 지금의 하북·산서의 두 성(省), 하남·황하 북쪽 지역, 만주

양이다. 천문(天文)은 북극성이 지면으로부터의 각도가 42도이고 천성석목(天星析木)에 해당하며 미수(尾宿) 10도에 들어간다. 형승(形勝)은 동쪽은 큰 바다에 닿아 있고 서쪽은 몽고(蒙古)에 접해 있으며 남쪽은 조선의 발해(渤海)에 임하여 있고 북쪽은 대흥안산(大興安山)37에 이르며 흑룡강(黑龍江) 상류에서 악라사(鄂羅斯, 러시아) 북쪽 경계를 이루고 있다. 명산(名山)은 장백산(長白山), 의무려산(醫巫閭山)38이 있고, 대천(大川)은 혼동강(混同江),39 흑룡강, 압록강, 요하, 혼하가 있다. 중험(重險)은 산해관(山海關), 봉황성(鳳凰城), 위원보(威遠堡)40이다. 강역(疆域)은 동서 5,100여 리, 남북 3,000여 리이며 경사(京師, 북경)까지 1,470여 리로 동북 지역의 큰 도회지 중 하나이다.

건치(建置)를 살펴보면 요(堯) 임금 시대에 청주의 강역으로 삼았다가 순(舜) 임금이 나누어 영주(營州)로 삼았고 주(周)나라 때 기자조선(箕子朝鮮)의 지역이 되었다. 한(漢)나라에 이르러 요동군에 속했는데 지금 남소수(南蘇水)의 북쪽에 고구려의 옛 성이 있으니 바로 현도군의 치소이다. 당나라 때 안동도호부에 속해 있었고 단문진(段文振)41과 설인귀(薛仁貴)42가 고구려를 정벌할 때 모두 이 길을 경유하였다. 요와 금 2대(代)에 이르러 비로소 요양에 동경을 세우고 여기에 심주소덕군(瀋州昭德軍)을 설치하였다. 원나라 때에는 심양로(瀋陽路)로 삼았고 명나라 때에는 심양위(瀋陽衛)를 두었으니 지금의 성경이 되었다.

청나라 태조가 흥경(興京)【바로 만주(滿洲)이다.】에서 창업할 때 처음에 엽혁(葉赫, Yehe),43

요녕성 요하 서쪽 지역을 말한다.
37 대흥안산(大興安山): 현재의 흑룡강성 대흥안령지구(大興安嶺地區)이다.
38 의무려산(醫巫閭山): 만주(滿洲) 요령성(遼寧省) 북진현(北鎭縣) 서쪽에 있는 산 이름으로, 의무려(醫無閭) 혹은 어미려(於微閭) 등으로 쓰기도 하고, 줄여서 의려(醫閭)라고 하기도 한다.
39 혼동강(混同江): 일반적으로 송화강(松花江)을 지칭하는데, 간혹 흑룡강과 압록강을 지칭하기도 한다.
40 위원보(威遠堡): 현재 요녕성(遼寧省) 철령(鐵嶺)에 있다.
41 단문진(段文振): ?~612. 북주(北周), 수나라에서 활동하였다. 수나라 양제에게 고구려 정벌의 주의할 점을 상소하였다.
42 설인귀(薛仁貴): 613~683. 이름은 예(禮), 자는 인귀(仁貴), 강주(絳州) 용문(龍門, 지금의 山西省 河津) 출신으로, 당나라 장수이다. 665년(인덕 2, 보장왕 24) 고구려의 연개소문(淵蓋蘇文)이 죽은 뒤 내분이 일어나자 요동의 신성(新城)을 공격하여 점령하였고, 연남생(淵男生, 634~679)의 반란군과 합류하여 남소성(南蘇城)·목저성(木底城)·창암성(蒼巖城)·부여성(扶餘城) 등을 함락하였으며, 이적(李勣, ?~669)의 군대와 함께 고구려 평양성까지 평정하였다. 이후 검교안동도호(檢校安東都護)에 임명되었고, 671년(함형 2, 문무왕 11)에는 계림도행군(鷄林道行軍) 총관(總管)으로 신라(新羅)와의 전쟁에 나섰으나, 천성(泉城)과 금강(錦江) 하구 기벌포(伎伐浦)에서 패배하였다.
43 엽혁(葉赫): 호륜(扈倫) 4부(部)의 하나이다. 오륜은 금(金)나라의 후예가 만주의 송화강 서쪽, 요하 동

휘발(輝発, Hoifa),⁴⁴ 오라, 영고탑 등의 여러 지역을 소유하였다. 천명 3년(1618) 성(城)을 계번에서 살이호(薩爾虎)로 옮기고 6년 심양과 요양을 취하여 요(遼) 지역에 동경을 세웠다. 천명 10년(1625) 동경에서 심양으로 천도하고 드디어 도읍으로 정하였다가 천총(天聰) 5년(1631) 이를 높여서 성경으로 삼았다. 태종(太宗, 숭덕제, 1626~1644) 때에 이르러 요의 전 지역을 안정시킨 후 건호(建號)하고 개원(改元)하였다. 성읍은 이미 정해져 있었으므로, 단묘(壇廟)를 세우고 궁궐을 만들었으며 관직을 설치하고 학교를 정비하여 경궐(京闕)의 규모를 갖추었다. 순치 원년(1644) 연경에 수도를 정하고 성경을 유도(留都)로 삼아 역대 양도(兩都)의 제도를 본받고 모든 곳을 방어하기 위해 앙방장경(昂邦章京, Amban janggin)⁴⁵과 부도통(副都統)을 설치하여 진수(鎭守)하였다. 또 오부시랑(五部侍郎) 이하 차등 있게 관원을 두어 동쪽 지역의 사무를 관장하도록 하고 영고탑에도 앙방장경과 부도통을 설치하였다. 순치 14년(1657) 요양부를 축소하여 성경에 봉천부를 설치하였는데 부윤(府尹)를 두고 승덕지현(承德知縣)이 그를 보좌하도록 하였다. 강희 원년(1662) 앙방장경을 장군(將軍)으로 바꿔서 군정(軍政)을 총관하고 팔기(八旗)⁴⁶의 군대[軍旅]를 관할하게 하였으며 항시 정병(精兵) 수만 명을 주둔시켜 진수하게 하였다. 영고탑 장군(寧古塔將軍)을 옮겨 길림(吉林)과 오라를 지키게 하고 흑룡강에도 장군과 부도통을 설치하였으며 백도눌(白都訥)에 부도통을 두었다. 그리하여 서쪽으로는 산해관, 동쪽으로는 해남(海南) 및 토문강(土門江), 북쪽은 악라사에 이르기까지 모두 성경, 영고탑, 흑룡강의 장군에 속하게 하고 통괄하는 편호(編戶)⁴⁷의 백성들은 모

쪽에 세웠던 나라인데, 호륜(呼倫)이라고 하기도 한다. 오랍(烏拉)·합달(哈達)·엽혁·휘발 등 4부로 나뉘어 있었으며, 그중에서 엽혁이 가장 강성하였다. 조선에서는 엽혁을 여허(汝許)라고도 칭하였는데, 이는 '葉赫(Yehe)'을 음에 따라 표기한 것이다.

44 휘발(輝發): 송화강 상류의 휘발하(輝發河) 일대를 말한다.

45 앙방장경(昂邦章京): 청나라의 지방 군사, 행정 조직인 주방팔기(駐防八旗)의 정1품 최고위 관직으로, 이후 장군(將軍)으로 고쳐 불렀다. 만주 지역에는 성경 장군(盛京將軍), 길림 장군(吉林將軍), 흑룡강 장군(黑龍江將軍)을 두었다.

46 팔기(八旗): 청나라 태조 때의 병제(兵制)로 청 건국에 공을 세운 자들의 자손으로 조직된 군대이다. 만주인, 몽골인, 한인을 각각 팔기로 편성하였는데, 팔기는 양황(鑲黃)·정황(正黃)·정백(正白)·양백(鑲白)·정홍(正紅)·양홍(鑲紅)·정람(正藍)·양람(鑲藍)의 여덟 가지 색깔의 군기(軍旗)를 의미한다.

47 편호(編戶): 호적에 편입된 가호라는 뜻으로, 평민을 의미하기도 한다. 『한서(漢書)』 권67, 「매복전(梅福傳)」에 "지금 중니(仲尼)의 사당은 궐리를 벗어나지 못하고, 공씨(孔氏)의 자손들은 편호를 면치 못한다[今仲尼之廟不出闕里 孔氏子孫不免編戶]"라는 내용이 있다.

두 부주현(府州縣)에 예속시키고 봉천 부윤(奉天府尹)에게 속하게 하였다. 또 문무 관리들을 증설하여 각 주현의 벽지(闢地)부터 흑룡강 이북의 흑진(黑眞), 비아객(飛牙喀)의 여러 부 및 대흥안산의 밖에 파견하였다. 옹정(雍正, 1722~1735) 연간에 주현을 더 설치하여 주방(駐防)을 증설하기에 용이하게 하였으니 경획(經劃)이 매우 잘 이루어져서 대대로 교체하지 않았다고 한다. 청나라 사람들은 동북 지역의 일개 부락이었는데 아타리성(俄朵里城)에서 기틀을 세워 명나라 만력(萬曆, 1573~1620) 말기부터 요양과 심양을 잠식하더니 호시탐탐 중국을 삼킬 뜻을 가지고 있다가 이때 관내(關內, 산해관 안)로 들어가 틈적(闖賊)[48]을 몰아내고 연경을 점거하여 황제의 지위에 올랐다. 순치, 강희, 옹정, 건륭, 가경(嘉慶)을 거쳐 지금 도광(道光) 11년(1831)이니 심양에서 참호(僭號)한 천명, 숭덕(崇德) 두 군주가 28년〈을 통치하였고〉, 중국으로 들어가 주인이 되어 여섯 황제가 188년〈을 통치하였다〉.

성경기(盛京記) 하 2

■ 성지(城池)

성경은 요나라와 금나라 때 심주(瀋州)의 치소이자, 명나라의 심양위(瀋陽衛)이다. 홍무 21년(1388) 지휘(指揮) 민충중(閔忠重)이 성을 수축하였는데 둘레 9리 30보, 높이 2장 5척이다. 해자[池]는 2중으로 안쪽 해자는 너비 3장, 깊이 8척, 둘레 10리 30보이며 바깥쪽 해자는 너비 3장, 깊이 8척, 둘레 11리로 기이한 성문이 4개 있다. 청나라 때 심양으로 천도한 후 구성(舊城)을 확대한 것이다. 그 제도는 안팎을 벽돌로 만들었는데 높이 3장 5척, 두께 1장 8척이며 여장(女墻: 성가퀴)은 7척 5촌, 둘레 9리 331보에 4면의 타구(垜口)는 651개이다. 적루(敵樓)는 팔각루(八角樓) 4개이며 구문(舊門)을 고쳐 8개로 만들었다. 동문의 왼쪽을 '무근문(撫近門)', 오른쪽을 '내치문(內治門)'이라고 하고, 남문

---

[48] 틈적(闖賊): 명나라 말 유구(流寇)인 고영상(高迎祥, ?~1636)과 이자성(李自成, 1606~1645)을 합하여 틈왕(闖王)이라고 한다. 이자성은 역졸(驛卒) 출신이었는데 연수(延綏)의 기근을 기화로 봉기하여, 틈왕으로 자칭하였다. 1644년(숭정 17) 명조(明朝)를 멸망시켰으나 이듬해 오삼계(吳三桂)를 선도(先導)로 하는 청군(淸軍)에게 패하여 죽었다(『명사(明史)』 권309, 「유적열전(流賊列傳)·이자성(李自成)」).

의 왼쪽을 '덕성문(德盛門)', 오른쪽을 '천우문(天祐門)'이라고 한다. 서문의 왼쪽을 '회원문(懷遠門)', 오른쪽을 '외양문(外攘門)'이라고 하고, 북문의 왼쪽을 '복승문(福勝門)', 오른쪽을 '지재문(地載門)'이라고 한다. 해자는 너비 14장 5척, 둘레 10리 204보이다. 종루(鍾樓)는 복승문 안쪽 큰 거리[大街]에 있고 고루(鼓樓)는 지재문 안쪽 큰 거리에 있는데 8개의 문이 정면으로 마주하여 네모반듯하다. 강희 19년(1680) 흙으로 관장(關墻)을 쌓았는데 높이 7척 5촌, 둘레 32리 48보이다. 동남쪽 귀퉁이에 수책(水柵) 2곳을 두었는데 각각 10여 장이다. 심수(瀋水)가 남쪽에서 나와 관장으로 들어와 2리를 지나서 내성(內城)에 이른다. 문을 설치한 곳은 옹성(甕城)으로 호위하였으며 옹성의 좌우에도 동서(東西)로 서로 마주하는 문이 있다. 남문이 그 가운데 위치하여 성문을 연다. 남문의 높이가 10여 장이 되는데 그 위에 3층 누각을 설치하였으니, 공중으로 높이 솟아 있어 수십 리 밖에서도 볼 수 있다. 홍예문(虹霓門)은 깊고 넓어 밖에서부터 안쪽까지 10여 걸음은 된다. 상부에 돌을 꽂아 세로로 '덕성문(德盛門)' 세 글자를 새기고 옆에 청서(淸書, 만주 문자)로도 썼다. 문밖에는 호석교(濠石橋)가 있어서 다리를 건너 성에 들어간다. 성의 모서리 1리쯤 되는 곳에 모서리마다 각각 문이 2개씩 모두 8문이 있다. 8문의 북쪽 양문로(兩門路)와 상동(上東), 상서(上西)의 양로(兩路)가 종횡으로 정자(井字) 모양으로 성 가운데를 관통한다. 남문 도로가 교차하는 곳에는 모두 십자루(十字樓)가 있다. 동성문(東城門)의 제도는 남문과 같으나 옹성에 문이 하나뿐이다. 성에서 수십 보 떨어진 곳에 해자가 있는데 이때가 가물 때였지만 그 깊이가 여전히 몇 척은 되었다. 북문 역시 동문과 같다. 번화한 거리에 대(臺)를 쌓아서 3층 처마로 된 높은 누각을 만들었다. 누각의 아래는 십자로로 통하는데 수레바퀴가 서로 맞닿고 사람의 어깨가 서로 부딪혀 모래 먼지가 조수나 바다처럼 일어나니 정말로 산해관 밖[關外]의 큰 도회지이다. 대체로 성의 해자의 장려함은 요양보다 훨씬 낫고 사람들이 많은 것은 연경에 다음간다. 그러나 광야 한가운데 위치하여 사방이 막힌 견고함이 없고 단지 융마(戎馬)가 내달리는 장소에 적합하니 중앙에 자리를 잡고 대업을 도모할 만한 땅이 절대 아니다. 청나라 사람들은 산과 바다를 둘러싸고 먼 변방을 제압함으로써 황제의 위업을 이루었다고 말하는데, 어찌 지리(地理)에 의지한 것이겠는가.

■ 궁궐(宮闕)

무근문(撫近門)을 지나 들어가서 십자패루(十字牌樓)에서 서쪽으로 꺾어 대호통(大衚衕)으로 들어갔다. 조금 앞으로 가니 왼쪽 도로 곁에 줄지어 주책(朱栅)을 세워 놓았고 수십 칸 안에 전(殿)이 하나 있었다. 전의 제도는 2중 처마에 팔각(八角)이고 용마루[甍栭]는 날개를 펼친 듯하며 푸른색과 황색 기와를 덮었다. 뜰 사이는 광활한데 무늬 있는 벽돌을 가득 깔았다. 이것이 대정전(大政殿)으로, 조회를 보는 대전(大殿)이다. 좌우에 각각 사면각(四面閣)과 여러 관서 10칸이 있으니 여러 왕과 신하들이 정사를 의논하는 곳이다. 주책을 지나 수십 걸음을 가니 청와문(靑瓦門) 3칸이 있었다. 그 앞에 세워진 비석에 '친왕(親王) 이하는 여기에 이르러 말에서 내리라'라고 쓰여 있었다. 패문(牌門)이 하나 있는데 바로 앞은 편액에 '문덕방(文德坊)'이라 쓰여 있고 마주 보고 있는 문에는 '무공방(武功坊)'이라고 쓰여 있었다. 청와문의 안쪽에 '대청문(大淸門)'이라는 문이 있기에 그 문으로 들어가 몇 걸음 가니 문지기가 들어가지 못하게 하였다. 결국 문 곁에 앉아 궁실(宮室)의 제도에 대해 간략히 물어보았다. 문지기가 말하기를 "대내(大內)의 궁전은 대정전의 서쪽에 있는데 남북 세로의 길이는 85장 3척, 동서 너비는 32장 2척입니다. 그 정문(正門)은 대청문이며 그 옆은 동각문(東角門)과 서각문(西角門)이라고 합니다. 좌우에 주악정(奏樂亭)과 2개의 조방(朝房)[49]이 있고 동쪽과 서쪽으로 각각 기둥이 5개 있습니다. 정전(正殿)은 숭정전(崇政殿)이며 옛 이름은 독공전(篤恭殿)으로 좌우에 2개의 익문(翊門)이 있습니다. 정전 앞 왼쪽은 비룡각(飛龍閣)이고 오른쪽은 상봉각(翔鳳閣)입니다. 왼편에 각(閣)이 하나 높이 솟아 있는데 2중 처마에 8칸[八楹]으로 위에 큰 종을 매달아 놓았습니다. 정전 북쪽은 봉황루(鳳凰樓)이며 봉황루 앞 동쪽은 사선재(師善齋)입니다. 사선재 남쪽은 일화루(日華樓), 서쪽은 협중재(協中齋)이며 협중재 남쪽은 하기루(霞綺樓)입니다. 봉황루 북쪽은 청화궁(淸華宮)이며 청화궁 동쪽이 연경궁(衍慶宮), 관저궁(關雎宮)이고 서쪽이 영복궁(永福宮), 인지궁(麟趾宮)입니다. 숭정전(崇政殿) 동쪽은 이화전(頤和殿)이고 이화전 뒤쪽이 개지궁(介趾宮), 북쪽이 경전각(敬典閣)입니다. 숭정전 서쪽은 적광전(迪光殿)이고 적광전 뒤쪽이 보극궁(保極宮)입

---

49 조방(朝房): 입궐을 대기하는 조관들이 임시로 사용하는 장소이다. 각 관사마다 조방을 두어 입조(入朝) 시간을 기다리거나 재숙(齋宿)하고 직숙(直宿)하는 등의 용도로 쓰였다. 직방(直房)과 같다.

니다. 보극궁 뒤편 서쪽에 있는 복도를 지나 계사재(繼思齋)에 이르게 되며 계사재의 뒤쪽이 숭모각(崇謨閣)입니다. 대청문 동남쪽에 내무부(內務府)를 설치하였는데 철에 따라 수리하는 모든 일은 내무부에서 감독합니다. 궁궐은 숭덕 2년(1637)부터 건립하였으며 건륭 병인년(1746)에 옛 규모를 토대로 증설하였고 건륭 11년(1746) 오조(五朝)의 실록(實錄)을 봉황루에 저장하였고 계묘년(1783)『사고전서(四庫全書)』를 문소각(文溯閣)에 보관하였습니다"라고 하였다.

▪ 직관(職官)

청주(淸主)가 동경에서 심양으로 천도하면서 국호를 청(淸)으로 바꾸고 기원(紀元)을 숭덕이라 하였다. 심양을 성경이라고 칭하고 성지(城池)를 다듬고 궁궐을 세웠다. 관직을 설치하고 내각(內閣), 6부(六部), 도찰원(都察院), 이번원(理藩院)[50] 등의 아문(衙門)을 두었다. 연경에 도읍을 정할 때 문무 각 관(官)의 상조(上朝)[51]는 지난 왕대에서 유도(留都)를 다스렸던 규례대로 하였다. 장군부(將軍府)를 설치하고 장군과 부도통을 두어 진수하였다. 부(部), 원(院)의 각 관을 적당히 남겨서 호부(戶部)·예부(禮部)·병부(兵部)·형부(刑部)·공부(工部) 5부의 아문을 열었다. 시랑(侍郞)만 설치하고 상서(尙書)는 두지 않았다. 이부(吏部)는 병부에서 함께 섭행하도록 하였다. 또한 봉천부를 설치하여 주현의 업무를 분담하도록 하였는데 승덕지현이 보좌하도록 하였다.

▪ 황릉(皇陵)

성경에서 서쪽으로 10리를 가서 탑원(塔院)를 지나면 길 오른쪽에 구릉 하나가 있는데 나무가 우거져 있고 가운데 백탑(白塔)이 세워져 있었다. 높이가 10장은 되었고

---

50 이번원(理藩院): 청의 관청명이다. 처음에는 몽골의 여러 부족을 통치하기 위해 몽골 아문을 설치하였는데, 1638년(숭덕 3) 이를 개편해서 이번원으로 삼았다가, 1659년(순치 16)에 예부의 관할 아래 두었다. 1661년(순치 18) 다시 독립 관청으로 되었고, 1706년(강희 45) 이번부(理藩部)로 개칭되었다. 장관에는 상서(尙書), 그 보좌에는 시랑(侍郞)을 두었다. 청의 통치 방침은 민족에 따라 다르나, 원칙적으로는 자치가 허용되며 중앙에서 장군·대신(大臣)을 파견해서 자치 기관의 감독·봉작(封爵)·봉록(俸祿)·조공(朝貢)·역전(驛傳)·호시(互市, 무역)·재판 등의 사무를 시행하게 하였다.

51 상조(上朝): 일반적으로는 신하가 군주의 조정에 가서 사안을 아뢰어 논의하는 일을 말하는데, 여기에서는 북경 조정과 성경 아문 사이의 보고 체계를 가리킨다.

어느 정도 채색된 각(閣)이 탑 뒤쪽에서 은근히 비치고 있었으니 이것이 황릉(皇陵)이라고 한다. 살펴보건대, 『성경지(盛京志, 盛京通志)』에서 "태조 고황제(太祖高皇帝, 누르하치)의 복릉(福陵)은 성경성(盛京城) 동북쪽 20리 천주산(天柱山)에 있는데 가까이는 혼하가 앞에 둘러 있고 휘산(輝山)이 뒤에 우뚝 서 있으며 멀리는 장백산에서 발원하여 창해(滄海)를 굽어보고 있으니 정말로 왕기(王氣)를 타고난 곳이다"[52]라고 하고 "태종 문황제(太宗文皇帝)의 소릉(昭陵)은 성경성 서북 10리 융업산(隆業山)에 있는데, 요수(遼水)가 오른쪽에서 돌아 나가고 혼하가 왼쪽에서 에워싸고 있으니 천자를 보필할 경륜[輪囷]이 울창하여 황실의 기틀을 영원토록 공고히 한다"라고 하였다.[53] 소릉은 곧 탑원에서 바라보이는 곳이다. 성에서 동북쪽으로는 첩첩산중인데 이곳에 이르면 평지가 갑자기 나타나는데, 평탄하고 널찍하며 맑고 아름다운 곳을 겹겹이 머금고 있으니 아마도 의무려산의 지맥(支脈)인 듯하다. 대개 요령 왼편의 산세가 모두 장백산에서 일어나서 서쪽으로 흥경에 이르기까지 나무가 우거지고 숲이 깊어 하늘과 해를 가리고 있는데, 그 지방 사람들은 이를 납록와집(納綠窩集)이라고 부른다. 이대로 흥경 입구로 들어가 계운산(啓運山)이 된다. 계운산은 흥경성 서북 10리에 있으며 조조(肇祖), 흥조(興祖), 경조(景祖), 현조(顯祖)를 함께 한 산에 장사 지내고 아울러 영릉(永陵)이라고 부른다. 납록와집 북쪽에 한 산등성이가 40여 리 이어지는데 그 지방 사람들은 이를 가이민주돈(歌爾民朱敦)이라고 부른다. 그대로 서쪽 영액(英額) 변문(邊門)으로 들어가서 북쪽은 천주산이 되고 남쪽은 융업산이 된다. 계운, 천주, 융업의 세 산은 능으로 봉해진 후에 이름 붙였다고 한다.

그 능의 제도는 벽돌로 지궁(地宮)을 만들고 황토를 쌓아 보성(寶城)을 두르고 앞에 방성(方城)을 세워 명루(明樓)를 덮었는데 위에 능의 이름을 제액하였고 내비(內碑)에 묘호(廟號)와 존호(尊號), 시호(諡號)를 한번에 새겼다. 방성의 계단 아래에 제대(祭

---

52 태조 고황제(太祖高皇帝)의 …… 곳이다: 관련 내용은 『성경통지』 권25 산천(山川)1, "天柱山【城東二十裏福陵在焉. 近則渾河環於前, 輝山興隆嶺峙於從, 遠則發源長白, 俯臨滄海, 洵王氣所鍾也.】"에 보인다.

53 태종 문황제(太宗文皇帝)의 …… 기틀이다: 관련 내용은 『성경통지』 권25 산천1, "隆業山【城西北十里昭陵在焉. 自城東北疊巘層巒至此. 而寬平宏敞, 有包羅萬象統御八荒之勢. 遼水右迴, 渾河左遶, 輪囷隆業與蔥鬱, 永固不基.】"에 보인다.

臺)를 설치하고 그 위에 석향로(石香爐) 1개, 촉대와 화병 각각 2개를 진설하였다. 제대 앞에 돌기둥 2개의 문 하나가 있는데 붉은 살창이다. 또 제대 앞에 유리화문(琉璃花門) 3좌를 능침문(陵寢門)으로 삼았다. 그 앞이 융은전(隆恩殿)으로 2중 처마에 5칸이며 융은전 가운데에 난각(暖閣)과 침실(寢室)을 설치하였는데 태묘의 제도와 같다. 동무(東廡)와 서무(西廡)는 각각 5칸으로 좌우에 요로(燎鑪)가 1개씩 있다. 그 앞이 융은문(隆恩門)으로 5칸 3문이며 붉은 담장[朱垣]으로 둘러 있다. 융은문 밖의 동상(東廂)과 서상(西廂)은 각각 5칸으로 수호관군반방(守護官軍班房)은 동서에 각각 3개씩이다. 문 앞에 신도비(神道碑)를 만들어 묘호·존호·시호를 새기고 정자로 덮었는데 오색을 칠하고 금으로 장식하였다. 정자 앞에 석교(石橋)가 3개 있고 석교 좌우에 하마비가 각각 1좌씩 있다. 재생정(宰牲亭), 신주(神廚), 신고(神庫), 정정(井亭)은 모두 채색하였다. 다리 남쪽 신로(神路)의 정중앙이 용봉문(龍鳳門)이고 용봉문 밖 양쪽 곁에 반방(班房)을 각각 3칸씩 두었다. 문신(文臣), 무사(武士) 및 기린, 사자, 코끼리, 말, 낙타 등의 석상(石像)이 좌우에 순서대로 서 있고 그 앞에 망주(望柱) 2개를 만들었다. 또 그 앞에 석교 하나가 있고 석교 앞에 성덕신공비(聖德神功碑)를 세워 정자로 덮고 경천주(擎天柱)를 앞뒤에 각 2개씩 세웠다. 신로 앞은 대홍문(大紅門)인데 문은 3칸에 채색하였고 풍경을 4개 달아 놓았다. 그 아래 좌우에 각문(角門)이 2개 있으며 문의 남쪽에 석방(石坊) 1개, 동서에 석방 2개가 있고 좌우에 하마비가 1개 있다. 대홍문 안의 왼쪽은 구복전(具服殿) 3칸으로 주원(周垣)을 둘렀고 서향이며 누런 유리 기와[琉璃瓦]를 덮었는데 여(輿)에 오르기 위해 옷을 바꿔 입는 곳이다. 신로의 양쪽 옆에 나무를 10그루 심어 다닐 수 있게 하였는데 각 칸의 너비는 2장이다. 능 밖은 모두 대주원(大周垣)이며 대주원 밖에 붉은 기둥을 심어 경계로 삼아 초목(樵牧)과 경작을 금지하였다.

특지(特旨)로 종실의 왕(王), 패륵(貝勒),[54] 공(公), 대신(大臣) 및 시위(侍衛) 등을 파견하여 수호하도록 하였다. 내무부(內務府)에서는 상주(上奏)하여 예부 관원을 파견하여 제사를 받들게 하였으며, 공부 관원이 해마다 수리하게 하였다. 이부에서 승판사

---

54 패륵(貝勒): 청나라 때 만주와 몽고의 귀족에게 주던 여섯 가지 작호 가운데 하나이다. 여섯 가지의 작위는 친왕(親王), 군왕(郡王), 패륵, 패자(貝子), 진국공(鎭國公), 보국공(輔國公)이다. 본래 만주어로 부장(部長: 마을의 어른)이라는 뜻이다.

무아문(承辦事務衙門)의 주사(主事)를 선발하여 보내고 병부에서 무직관(武職官)을 선발하여 보내어 두 능을 살펴 지키게 하였다. 각각 총관(總管) 및 장관방처(掌關防處) 관원, 팔기장경(八旗章京) 등의 인원을 설치하였다. 4계절의 사전(祀典)은 각기 그때에 맞추도록 하였다. 주제관(主祭官)은 순치 원년(1644)부터 17년까지 종실(宗室) 이하 각라(覺羅)와 아달합합번(阿達哈哈番)[55] 이상, 혹 내대신(內大臣), 혹 성경 앙방장경, 부도통, 사부시랑(四部侍郞) 등의 인원을 보내어 제사를 주관하게 하였다. 강희 18년(1679) 비로소 봉천 장군(奉天將軍) 및 부도통, 사부시랑을 정하여 제사를 주관하게 하였다. 매해 청명(淸明), 중원(中元), 동지(冬至), 세모(歲暮) 및 기신(忌辰)을 모두 대제(大祭)로 삼고, 종실장군(宗室將軍)을 능관(陵官)으로 파견하여 모두 제사에 배종하게 하였다. 매월 초하루 상향(上香)하고 만수성절(萬壽聖節)에는 삭망(朔望)에 따라 행례하게 하였다. 대경(大慶)이나 대전(大典: 국가의 큰 의례)을 맞이하면 관원을 보내어 치제(致祭)하였다. 매해 청명에는 흙을 한 짐 떠서[增土] 서쪽 등도(磴道)를 통해 석책(石柵)으로 올라가 모두 한 광주리를 만들고, 승제관(承祭官)으로 하여금 능 위 보정(寶頂)에 무릎 꿇고 올리게 하거나, 간혹 황제가 친히 부토례(敷土禮)를 행하였다. 탄일을 맞이하면 봉사관(奉祀官)이 주과(酒果)를 진열하고 상향하며 예를 행한다. 10년마다 황제가 몸소 가마를 타고 알릉(謁陵)하는 것이 상례이다.

태조 고황제의 능을 복릉이라 하는데 효자고황후(孝慈高皇后)[56]를 합장하고 수강태비(壽康太妃)·신비(宸妃)·안포복진(安布福晉)·작기덕화(綽奇德和)는 모두 합장하지 않았다. 능의 보성은 둘레 59장 5척이며 앞에 방성과 명루가 있다. 명루 앞에 향전(享殿)을 만들었는데 융은전이라고 한다. 융은전의 제도는 삼영(三楹, 3칸)에 좌우의 배전(配殿)이 각각 오영(五楹, 5칸)으로 문은 융은문이다. 신도(神道)의 남쪽에 신도비가 있고 정자의 밖은 홍문(紅門)으로 요장(繚墻)은 길이 611장 5척이다. 순치 8년(1651) 복릉으로

---

55 아달합합번(阿達哈哈番): 청대 세습 작위 중의 하나이다. 만주어로 'adaha hafan'이라고 하며 건륭 연간에 한문식으로 '경차도위(輕車都尉)'라고 표기하였다.
56 효자고황후(孝慈高皇后): 성은 여허 나라[葉赫那拉, Yehe Nara], 이름은 몽고저저[孟古哲哲, Monggojeje]이다. 해서 여진 예허부[葉赫部]의 국주(國主) 양기누[楊機奴, Yangginu]의 딸이다. 누르하치의 측복진(側福晉, 측실) 중 한 명으로, 청 태종 숭덕제의 생모이다.

봉하면서 산을 천주산으로 삼고 지단(地壇)을 만들어 제사를 지냈다. 순치 13년(1656) 제액을 만들고 사방 둘레와 경계를 정하였다. 강희 2년(1663) 고쳐서 지궁을 만들고 향전에 보좌(寶座)를 봉안하였다.

태종 문황제의 능을 소릉이라고 하는데 효단문황후(孝端文皇后)[57]를 합장하고 의정대귀비(懿靖大貴妃)·강혜숙비(康惠淑妃)·격격(格格) 등 9위(位)를 함께 장사 지냈다. 능의 보성은 둘레 61장 3척이며 앞에 방성과 명루가 있다. 명루 앞에 향전을 만들었는데 융은전이라고 한다. 융은전의 제도는 삼영에 좌우의 배전이 각각 삼영으로 문은 융은문이다. 신도의 남쪽에 신도비가 있고 정자의 밖이 홍문으로 요장은 둘레 570장 2촌이다. 순치 8년 소릉으로 봉하면서 산을 융업산으로 삼고 지단을 만들어 제사를 지냈다. 순치 13년(1656) 제액을 만들고 사방 둘레와 경계를 정하였다. 강희 2년(1663) 고쳐서 지궁을 만들고 향전에 보좌를 봉안하였다. 강희 31년(1692) 대전을 중건하였다.

비(妃)의 원침(園寢)에는 유리화문(琉璃花門) 3칸을 세웠다. 그 앞은 향전(饗殿) 5칸이며 동무와 서무가 각각 5칸에 요로가 1좌이다. 앞에 문이 3칸 있는데 초록 유리로 덮어 오색을 칠하고 금으로 장식하였으며 주원(周垣)을 둘렀다. 대문 밖의 동상방(東廂房)과 서상방(西廂房)은 각각 5칸, 수위관군반방이 각각 3칸으로 골고루 붉은색으로 꾸몄으며 문 앞에 석교 1좌가 있다. 황귀비(皇貴妃)의 원침은 특별히 건립하였는데 명루 1좌를 덧붙여 세웠다. 안쪽에 광(壙)을 만들 때 비(妃) 이상은 돌[石]을 사용하고 빈(嬪) 이하는 벽돌[磚]을 사용하였으며, 각자 위차(位次)를 고려하여 안장하였다. 황귀비, 귀비(貴妃), 비(妃)의 신패(神牌)는 각자 위차를 고려하여 향전에 공봉(供奉)하였다. 빈(嬪)과 귀인(貴人) 이하로 부장(祔葬)된 사람은 신위(神位)를 설치하지 않고 함께 제사를 지낸다. 4계절 황제가 알릉할 때 관리를 보내어 치전(致奠)한다.

수강태비, 의정대귀비의 원침에는 각각 수호수령(守護首領) 1명을 두고 별도로 관

---

57 효단문황후(孝端文皇后): 1600~1649. 성은 보르지기트[博爾濟吉特, Borjigit], 이름은 저저[哲哲, Jerjer]이다. 몽골 코르친 패륵 망고사(莽古斯)의 딸로 청 태종의 첫 번째 정비이다.

원을 두지 않는다. 일체의 제사와 관련된 일은 두 능관이 겸하여 맡아 처리하고 또 제사를 주관한다.

■ 가람(伽藍)

성경 4문 밖에 각각 절이 하나씩 있다. 동쪽은 영광사(永光寺)로 무근문 밖에 있고 남쪽은 광자사(廣慈寺)로 덕성문 밖에 있으며, 서쪽은 연수사(延壽寺)로 외양문 밖에 있고 북쪽은 법륜사(法輪寺)로 지재문 밖에 있다. 4개의 절은 라마승(喇嘛僧)의 상지술(相地術)을 써서 모든 절에 백탑을 세웠는데 숭덕 3년 무인년(1638) 칙령으로 한꺼번에 건립했다고 한다.

광자사 문 밖을 지나서 길에 수레를 세워 두고 절 문으로 들어가 옆으로 꺾어 몇 걸음 나아갔다. 전우(殿宇)는 깊고 웅장하며 넓고 화려하였다. 대(臺)의 높이는 1장으로 둘레에 돌난간을 설치하고 전(殿) 위에는 농조(籠罩)[58]와 부시(罘罳)[59]를 설치하였다. 편액에 쓰여 있는 '심공피안(心空彼岸)'[60]은 건륭제의 어필이다. 전의 안쪽에는 삼불(三佛)을 안치하여 탁자 앞에 각각 작은 감실[小龕]을 두었다. 가운데 감실은 3층으로 금불(金佛) 9좌를 두고 좌우에 옥불(玉佛)을 각각 1좌씩 두었다. 또 108개의 나한(羅漢)을 두었는데 길이가 겨우 몇 촌(寸)이지만 하나하나가 정묘하다. 강희제가 손수 만든 소탑(小塔)이 수백 개인데 지름이 1촌이니 조각한 기교가 입신의 경지이다.

부도(浮圖)는 높이 10여 장에 윗부분은 원형이고 아랫부분은 방형이며 전체적으로 사자를 조각해 넣었다. 뜰에는 종고루(鍾鼓樓)가 있고 오래된 소나무 세 그루가 있었다. 나뭇가지들이 서로 교차하여 푸른빛이 뜰에 가득 차 그윽하고 시원하였다. 좌우에 각(閣) 2채가 있고 각 안에 큰 비(碑)를 세워 놓았다. 오른쪽은 앞뒷면 모두 몽고(蒙古, 몽골)와 서번(西番, 티베트) 글자여서 분별할 수 없었다. 왼쪽은 절 건립의 전말을 기

---

58 농조(籠罩): 원래는 물고기를 잡는 데 쓰는 대로 만든 제구를 말하는데, 여기서는 새를 막는 가리를 의미하는 것으로 보인다.
59 부시(罘罳): 처마나 창 위에 새를 막기 위해 쳐 놓은 금속이나 실로 만든 그물을 말한다.
60 심공피안(心空彼岸): 마음을 비우고 피안(彼岸)으로 간다는 말이다. 피안은 생사가 있는 차안(此岸)을 떠나서 생사를 초탈한 열반의 경지에 오름을 의미한다.

록하였는데 그 제액에 '칙건호국광자사비(勅建護國廣慈寺碑)'라고 되어 있었다. 비문의 내용은 다음과 같다.

"무릇 깊은 골짜기는 사심이 없어서 이르는 것이 있으면 울리는 것이고 큰 종은 텅 비어 있어서 두드리면 울리지 않음이 없는 것이다. 게다가 법신(法身)은 둥글고 크며 법식은 그윽하게 서 있어서 한마디 말씀으로 모든 사물을 표현하고 음률로 몰래 운행하신다. 그러므로 여래께서 가유국(迦維國)[61]을 만나는 일을 이롭게 여기셔서 왕실에 의탁해 태어나셨다. 오연(五衍)의 수행 방식[62]에 기대어 욕망의 물길에서 건지고 팔정(八正)의 문을 열어 세상과 도가 서로 상실되었음을 한탄하는 현자를 크게 비호하셨다.[63]

법신을 팔극(八極, 온세상)에서 유지하고 자위(慈威)를 여러 마귀 사이에서 떨치셨네. 큰 지혜를 고요히 머금고 신령스런 근원을 붙잡았도다. 성주(聖主)께서 도를 가지고 백성들을 구제하고 제도하여서 무외(無外)의 덕을 높이셨으니, 이 공덕을 생각하면 우러러 의지하는 데 부합하였도다. 공부(工部)에 특칙(特勅)을 내려 인위라마실부차조아길(遴委剌麻悉不遮朝兒吉)·필토(畢兎)·낭소(郎蘇)로 하여금 잘 헤아려서 성경으로 장인을 불러 모아 사면에 각각 장엄한 좋은 절을 세우게 하였다. 절마다 대불(大佛) 1좌, 좌우불(左右佛) 2좌, 보살 8위(位), 천왕(天王) 4위, 부도 1좌를 두었다. 동쪽은 '지혜의 등불이 비추는 곳[慧燈所照]'이라는 뜻으로 영광사(永光寺)라 하고, 남쪽은 '백성들을 보배롭게 여기고 편안하게 해 준다[寶安衆庶]'라는 뜻으로 광자사(廣慈寺)라 하며, 서쪽은 '성주의 장수를 공경히 빈다[虔祝聖壽]'라는 뜻으로 연수사(延壽寺)라 하고, 북쪽은 '정법을 널리 퍼지게 한다[流通正法]'라는 뜻으로 법륜사(法輪寺)라 하였다. 각각 큰 비석

---

61 가유국(迦維國): 부처가 태어난 나라 이름이다.
62 오연(五衍)의 수행 방식: 원문은 '五衍之軾'이다. 오연은 오승(五乘)과 같은 말이다. 해탈의 경지를 얻게 하는 불타의 교법을 수레를 타는 것에 비유해서 승(乘)이라고 한다. 여기에 5가지 구별을 세운 것을 오승이라 하는데, 삼귀(三歸) 오계(五戒)를 통하여 인간 세계에 태어나게 하는 인승(人乘), 십선(十善) 및 사선(四禪) 팔정(八定)을 통하여 천상 세계에 태어나게 하는 천승(天乘), 사제(四諦) 법문(法門)을 통하여 아라한과(阿羅漢果)를 얻게 하는 성문승(聲聞乘), 십이인연(十二因緣) 법문을 통하여 벽지불과(辟支佛果)를 얻게 하는 연각승(緣覺乘), 육도(六度) 법문을 통하여 무상보리(無上菩提)의 경지에 이르게 하는 보살승(菩薩乘) 등이다.
63 무릇 …… 비호하셨다: 원문의 '夫幽谷無私'에서부터 '大庇交喪'까지는 『문선』 권59, 「두타사비문(頭陀寺碑文)」의 내용이다.

[穹碑]을 세워서 영원히 제사[禩]가 이어지도록 하였다. 명(銘)에,

황도(皇圖)가 처음 열리고	皇圖肇啓
보성(寶城)이 활짝 열리네	寶城弘開
이 부처의 광명을 우러르며	仰玆佛日
춘대(春臺)를 밟네	躋于春臺
비와 햇볕이 제때에 차례대로 있고	雨暘時敍
나라에는 천재지변이 없네	國無祲災
삼도(三塗)가 미혹됨이 없으니	三塗靡惑
오복(五福)이 이에 오도다	五福斯來

라고 하였다. 대청(大淸) 숭덕 8년 계미년(1643) 중춘(仲春)에 공사를 시작해서 순치 2년 을유년(1645) 중하(仲夏)에 이르러 완공하였다. 태학사(太學士) 강림(剛林)이 찬(撰)하고 학사(學士) 이덕(里德)이 한문으로 번역하였으며, 이자(尼者, 승려) 석대(石岱)가 몽고의 글로 번역하고 동목장고습(東木藏古習)이 서역(西域)의 글로 번역하였다."

만수사(萬壽寺)는 강희 55년 병술년(1716)에 중수하였다. 절 앞에 큰 비가 1좌 있는데 그 누각의 편액에 '만수무강(萬壽無疆)'이라고 쓰여 있었다. 전우의 장엄하고 화려하기가 성자사(聖慈寺)보다 지나친데, 다만 마당에 가득한 소나무 숲만 없을 뿐이었다. 강희황제가 전액(殿額)을 썼는데 '요해자운(遼海慈雲)'이라 하였다. 향정(香鼎), 보로(寶鑪) 및 다른 보물들[64]은 다 기록할 수 없었다. 라마 10여 인이 있었는데 모두 황의(黃衣)와 황모(黃帽)를 착용하고 있었다.

실승사(實勝寺)는 성 서쪽 외양문(外攘門) 밖 5리에 있다. 청조 숭덕 2년에 태종이 적은 군사로 황조(皇朝) 총독(總督) 홍승주(洪承疇)의 병사 13만을 송산(松山)과 행산(杏

---

[64] 향정 …… 보물들: 『열하일기(熱河日記)』에는 '香鼎寶鑪及他寶' 다음에 '瓿' 자가 하나 더 있다.

山)에서 격파하고 돌아오는 길에 이 절을 지어 공덕을 자랑하였다. 절 문 밖에 패루(牌樓)[65] 3좌를 세웠는데 길가에 언덕을 마주하고 금색으로 단청하여 햇빛처럼 비추고 있었다. 주문(籀文)으로 제액을 썼는데 '만수무강(萬壽無疆)', '자항보제(慈航普濟)'라고 하였다. 전우는 크고 우뚝하며 넓고 화려하였다. 누런 기와와 푸른 기와를 덮었고 유리와 같이 밝았다. 용마루와 처마 둘레에 부시를 묶어 두었다. 앞에 걸어 둔 금방(金牓: 과거 급제자 명단)에는 '해월상휘(海月常輝)'라고 썼다. 전 안쪽 걸상[榻] 위에 대불(大佛) 3좌를 줄지어 놓았는데 몸체의 높이가 2, 3장은 되었으며 자황의(柘黃衣)를 입혔다. 좌우의 상층에는 9개의 감실을 두었는데 각기 불상 하나씩 있었다. 하층에는 불상 4좌를 줄지어 놓았는데 3불의 앞 탁자 위에 강진(降眞)과 화류(樺榴)로 만든 작은 감실이 있었고 가운데 감실은 3층으로 만들어 황금을 둘렀다. 9소불(小佛) 역시 황의를 입혔고 9면(面)은 유리로 장식하였다. 감실 앞에 둘러 있는 소불은 수를 헤아릴 수 없었다.

전의 안쪽에 있는 상과 걸상, 향로와 기[幡]는 금구슬로 눈부시게 장식하여 매우 화려하였다. 용장식[雲螭]을 한 것 안에 금자금강경(金字金剛經)을 보관하고 있는데 이것은 내각학사(內閣學士) 화신(和珅)[66]의 글씨이다. 용마루, 대들보, 창문, 벽에는 모두 비단에 용과 봉황을 수놓은 듯한 그림이 있었고 기둥 전체에 용을 조각해 넣었는데 발톱과 비늘이 살아 있는 듯하였다. 이런 기술력은 동국(東國)이 미칠 수 있는 것이 아니었다. 안쪽 기둥 좌우에 긴 활과 큰 동개를 걸어 두었는데 각각 수놓은 자루에 넣어 누런 휘장으로 감쌌다. 하나는 건륭제가 사용하던 것이고 하나는 가경제(嘉慶帝)가 사용하던 것이다. 승려가 말하기를, "황제[萬歲爺]께서 사냥한 뒤에 바친 것입니다"하였다.

동서로 양전(兩殿)이 있는데 각각 불상을 모셔 두었으며 전의 서쪽에 2층의 장식한 각(閣)을 세우고 건륭제와 가경제의 화상(畫像)을 안치하였다. 또 마합갈라루(嗎哈

---

[65] 패루(牌樓): 문짝이 없는 대문 모양의 건축물이다. 궁전이나 능(陵) 또는 사찰의 앞면에 세우는데, 도시의 십자로 등에도 장식 또는 기념으로 세운다.

[66] 화신(和珅): ?~1799. 자는 치제(致齊), 정홍기 만주기인(正紅旗滿洲旗人)이다. 비천한 출신으로 입신양명하여 건륭제의 총애를 받고, 1776년(건륭 41) 군기대신(軍機大臣)에 이어 호부 상서(戶部尙書)·의정대신(議政大臣)에 임명되기에 이르렀다. 건륭제가 퇴위한 후 가경제는 그를 체포하였고, 대죄 20조를 들어 스스로 목숨을 끊게 하였다.

噶喇樓)가 있다. 천총 9년(1635)에 원(元)나라의 후예(後裔) 찰합이림단(察哈爾林丹)의 모친이 흰 낙타에 전국새(傳國璽)[67] 및 마합갈라금상(嗎哈噶喇金像)과 금자라마경(金字喇嘛經)을 싣고 여기에 이르자 낙타가 누워서 일어나지 않기에 결국 이 누각을 세웠다. 뜰의 동서에 2개의 비가 있는데 매우 거대하다. 동비(東碑)의 앞면 제액에 '매화정토(邁華淨土), 실승사 숭덕 3년 무인년에 건립되다'라고 하였고 뒷면은 청서(淸書)로 쓰여 있었다. 서쪽 비석의 앞뒷면은 모두 청서라 해독할 수 없었다. 절의 동쪽에 행궁(行宮)이 있는데 용마루와 서까래가 서로 맞닿아 있어 매우 화려하였다. 사람이 들어가지 못하게 막고 있었는데 절에 있는 몽고라마승(蒙古喇嘛僧)이 지키고 있었다. 라마(喇嘛)란 서번(西番, 티베트)에서 도덕(道德)을 일컫는 말이다. 그 법호(法號)는 대포단(大布丹)인데 사람됨이 깊은 눈에 누런 눈동자로 모습이 이상하며 모두 누런 옷을 입는다. 이를 라마복(喇嘛服)이라고 하며 그 제도가 만주의 의관(衣冠)과 같다. 글씨는 범어[梵字]와 같이 어지러운 글자[胡書]이며 횡으로 쓰되 칸을 만들어 가지런히 쓴다. 불경과 생활문자도 그러하며 몽골 역관도 해독할 수 없다고 한다.

시포(市鋪)

봉황성[鳳城] 요양에서부터 심양까지 걸쳐 있는 시포(市鋪)는 사치스럽거나 검소한 것의 차이가 없지 않았는데, 성경이 가장 심하였다. 토성으로 들어가면서부터 시문(市門) 길을 싸고 있고 내성(內城)은 더 번화한데 아마 요양 4문의 도로가 교차하는 곳보다 10배는 될 것이다. 거리에 들어서면 모두 3층 처마로 된 누각이 있고 밑에는 사홍문(四虹門)을 열고 십자로를 만들어 수레와 말이 지나다니도록 하였다. 인산인해에 흙먼지가 하늘을 가리고 채색된 각(閣)과 조각된 용마루, 금방(金牓)과 화패(畫牌)가 화려함을 다툰다. 백화(百貨)가 모여들고 가운데에는 물자가 넘쳐난다. 시장에 앉아 있는 사람은 모두 무늬 있는 비단옷에 여우털 겉옷을 걸치고 있다. 대개 산동(山東), 산서(山西), 강남(江南)의 부상(富商)과 대고(大賈) 들이 수레에 싣고 배로 운송할 때 심양에 와서 머무르면서 조선이나 오라 등과 교역을 하는데 간혹 수십 년간 돌아가지 않는 사

---

[67] 전국새(傳國璽): 진(秦)나라 시황(始皇) 때부터 후한(後漢) 순제(順帝) 때까지 전하여 오던 옥새를 말한다.

람도 있다. 먼 지방의 이색적인 물건이 유통되지 않는 것이 없고 풍습이 이와 같이 이윤을 중하게 여긴다. 시문 좌우의 온갖 공장(工匠)과 기술자[逞技] 들은 톱질하는 사람, 수레 만드는 사람, 관(棺) 만드는 사람, 의자와 탁자 만드는 사람, 유기와 철 그릇을 두드려 만드는 사람 및 쌀 도정하는 사람, 바느질하는 사람, 솜을 타는 사람 등과 같은 사람들이며 기계가 편리하지 않은 것이 없으니 1인이 우리나라 10인의 일을 겸할 수 있다. 이것은 대략 비교한 것이지만 이로 미루어 보면 이왕의 관내 황성(皇城) 중에 매우 번화한 곳이라고 말하는 곳도 그 규모와 제도가 모두 여기를 넘어서지는 못한다. 단지 크냐 작냐의 차이가 있을 뿐이다.

▰ 강역(疆域)

성경의 경계는 동서 5,100여 리, 남북 3,000여 리이며 동쪽으로 바다에 이르기까지 4,300여 리, 서쪽으로 산해관과 직례(直隸) 영평부(永平府)의 경계에 이르기까지 800여 리, 남쪽으로 바다에 이르기까지 730여 리, 북쪽으로 몽고 과이심(科爾沁, Khorhcin) 지역을 넘어 흑룡강 밖 악라사의 경계까지 2,000여 리이다. 동남쪽으로 희객탑산(希喀塔山)까지 2,900여 리, 서남쪽으로 바다까지 800여 리, 동북쪽으로 바다까지 4,000여 리, 서북쪽으로 몽고 토묵특(土默特) 경계까지 690여 리, 경사까지 1,470여 리이다.

심양의 동쪽은 개원(開原)에서 변문을 나와 오라와 선창(舡廠, 길림)을 경유하여 영고탑에 이르기까지 1,300여 리이다. 그 서쪽은 산해관을 따라 나와 연경에 이르기까지 1,400여 리이다. 요동에서 동팔참(東八站)[68]을 넘어 봉성로(鳳城路)로 길을 잡으면 의주까지 500여 리이고 흥경에서 애하(靉河) 변문을 나와 우모령로(牛毛嶺路)로 길을 잡으면 창성(昌城) 경계까지 400여 리가 채 안 된다. 그러므로 무오년(1618, 사르후 전투) 우리 군사가 서쪽을 건넜을 때, 정묘년(1627) 청나라 병사가 동쪽으로 출격했을 때 모두 이 길을 따랐다.

---

68 동팔참(東八站): 원(元)나라 때 압록강과 요동 사이에 설치한 8개의 역참이다. 시대에 따라 명칭에 조금씩 차이가 있으나, 대체로 구련성(九連城)·탕참(湯站)·봉황성(鳳凰城)·송참(松站)·통원보(通遠堡)·연산관(連山關)·첨수참(甛水站)·두관참(頭關站)을 가리킨다.

봉천 장군(奉天將軍)이 봉천부에 주둔하며 통치하는 지역은 동쪽으로 장백산까지 1,300여 리, 서쪽으로 요하 금주(錦州)까지 100여 리, 북쪽으로 장령현책(長寧縣柵)까지 870여 리로 모두 몽고 땅과 경계이다. 남쪽으로는 영해현(寧海縣) 연해(沿海)까지 730여 리이다.

봉천 장군이 관할하는 지역은 동쪽으로 흥경대문(興京臺門) 오라의 경계까지 280여 리, 서쪽으로 산해관까지 800여 리, 남쪽으로 금주(金州) 연해까지 730여 리, 동북쪽으로 개원 위원보까지 230여 리, 서북쪽으로 구관대(九官臺) 변문 몽고의 경계까지 450여 리이다. 승덕현(承德縣)의 관할은 동쪽으로 무순까지 80여 리, 서쪽으로 거류하(巨流河) 광령현(廣寧縣)까지 100여 리, 남쪽으로 십리하(十里河) 요양 경계까지 60리, 북쪽으로 의로참(懿路站) 철령(鐵嶺) 서쪽 경계까지 70리이다. 의로(懿路)에서 2참(站)을 거쳐 위원보까지 합하면 160리, 위원에서 14참을 거쳐 영고탑까지 합하면 1,120리이다. 서쪽으로 아막하오라(俄莫賀烏喇) 경계까지 250리, 북쪽으로 법특합(法式哈, 法特哈)가 몽고의 경계까지도 100여 리이다.

성경의 변장(邊墻)은 남쪽 봉황성에서 시작하여 북쪽 개원에 이르렀다가 꺾여서 서쪽으로 산해관에 이르러 변성(邊城)에 접하니 둘레 1,950여 리이다. 또 개원의 위원보에서 시작하여 동쪽으로 영주(永州), 길주(吉州)의 북쪽 경계를 거쳐 법특합에 이르게 되니 길이 690여 리이다. 버드나무를 심고 새끼줄로 묶어 안팎을 정하였기 때문에 유조변(柳條邊)이라고 한다.[69] 영주, 길주, 개원의 서변(西邊) 밖은 몽고 과이심 등의 여러 부(部)가 머무르면서 목축하는 곳이다. 흥경, 봉황성의 변외(邊外)에 위장(圍場) 변문을 만들었는데 모두 20곳이다. 산해관 밖을 통해 서쪽부터 동쪽까지 명수당(明水堂), 백석자(白石觜),[70] 이수구(梨樹溝), 신대(新臺), 송령자(松嶺子), 구관대(九官臺), 청하(淸河), 백

---

69 개원의 …… 한다: 청대의 유조변은 노변(老邊)과 신변(新邊)으로 구분된다. 노변은 명대에 만든 요동변장(遼東邊墻)을 이용하여 산해관에서 개원(開原)으로, 그리고 개원에서 남쪽의 봉황성으로 연결된다. 신변은 길림 지역의 유조변을 가리키며, 강희 연간에 만들어졌다. 개원의 위원보에서 북으로 법특동각자산(法特東殼子山)에 이른다.
70 명수당(明水堂), 백석자(白石觜): '明水堂'은 '明水塘', '鳴水塘' 등으로도 표기하며, '白石觜'는 '白石嘴'

토창(白土廠), 장고대(章古臺), 법고(法庫), 위원보이고, 꺾어서 남쪽은 영액(英額), 흥경(興京), 감창(鹼廠), 애합(愛哈), 봉황성이다. 또 개원의 위원보부터 동쪽은 포이덕고소파한(布爾德庫蘇巴漢, 布爾圖庫),[71] 흑이소(黑爾蘇, 克爾素), 일통(一統, 伊通), 법특합이다. 문마다 장경(章京), 필첩식, 관병 등을 두어 분계(分界)를 관할하고 출입자를 계찰(稽察)하도록 하였다.

요심연혁기(遼瀋沿革記) 상(上)【중국(中國)】

성경은 『서경(書經)』 「우공(禹貢)」의 기주(冀州) 지역이다. 순 임금이 기주의 동북 지역을 나누어 유주(幽州)로 삼았으니, 즉 지금의 요하 서쪽 지역이며, 청주(靑州)의 동북 지역을 영주(營州)로 삼았으니, 즉 지금의 요하 동쪽 지역이다. 상(商)·주(周)시대에는 숙신씨(肅愼氏)의 영토였는데, 기자(箕子)가 몸을 피해 조선(朝鮮)으로 달아나자 주 무왕(周武王)이 기자를 그 땅에 봉해 주니, 마침내 조선의 지역이 되었다. 전국시대에는 요하의 좌우가 연(燕)나라에 속하였고, 진(秦)나라는 유주를 요서군(遼西郡)으로, 영주를 요동군으로 삼았다. 한나라 초기에 그대로 따르다가 무제(武帝)가 조선 땅까지 영토를 확장하여 낙랑(樂浪)·현도(玄菟)·진번(眞蕃)·임둔(臨屯) 4개의 군(郡)을 설치하였는데, 후에 진번과 임둔은 요서군과 요동군으로 바꾸었고 현도와 낙랑은 그대로 두었다. 동한(東漢) 때에 다시 속국도위(屬國都尉)를 두었고, 한나라 말기에 공손탁(公孫度)[72]이 요동을 취하고 요서군과 중요군(中遼郡)으로 나누니, 동방의 제국(諸國)이 많이 귀부(歸附)하였다. 위(魏)나라가 공손씨(公孫氏)를 물리치고 요동에 교위(校尉)를 두어 양평(襄平)에 머물게 하고, 요동·창려(昌黎)·현도·대방(帶方)·낙랑 5개 군으로 나누어 평주(平州)를 두었다가, 뒤에 도로 합쳐서 유주로 삼았다. 진(晉)나라 때에 고구려

를 잘못 쓴 것으로 보인다.
71 포이덕고소파한(布爾德庫蘇巴漢): 해당 변문의 명칭은 『대청일통지』 권45 「원락오청일걸(園落塢請日乞)」, "布爾德庫蘇爾罕邊門【在蹶西北五百六十八里, 東距克前索邊門百五十里, 西至開原縣威遠壁邊界一百七十八里(생략).】"에 보인다.
72 공손탁(公孫度): ?~204. 자는 승제(升濟), 요동 양평 출신으로 후한의 관리이다. 현도 군리(玄菟郡吏), 상서랑(尙書郞), 기주 자사(冀州刺史), 요동 태수(遼東太守)를 역임했으며, 전소(田韶) 등의 반란을 진압하였고, 이후 고구려, 오환, 동래(東萊) 등을 공격하였다.

가 요동을 침략하자, 백제(百濟)도 요서군·진평군(晉平郡)[73] 2개 군을 점거하였다. 〈진은 요동군을〉 요동국(遼東國)으로 바꾸고, 창려·현도·대방·낙랑 4개의 군을 전처럼 평주에 예속시켰다. 얼마 되지 않아 모용외에게 점거되었고, 후위(後魏)에 귀속되어서는 그대로 요동군이 되었다. 수나라 초기에는 고구려가 점거하였다. 당나라 태종은 고구려를 정벌하여 개주(蓋州)·요주(遼州)·암주(巖州) 3주(州)를 설치하였으며, 고종(高宗)은 고구려를 평정하여 9도독부(都督府)·42주(州)·100현(縣)을 두고, 또 안동도호부를 두어 통치하게 하였다. 당 개원(開元, 713~741) 초에 대씨(大氏, 대조영)를 봉해 발해국(渤海國)으로 삼았다. 발해는 5경(京)·15부(府)·62주(州)를 두었는데, 요나라 지역이 비로소 번성하였다. 오대시대(五代時代)에 이 지역은 요나라에 흡수되었는데, 요나라 태조(太祖)는 요동의 옛 성을 수리하여 그곳에 거처하되, '동평군(東平郡)'이라 이름하였다. 얼마 뒤, 남경으로 승격시키고 또 동경이라 개칭하였다. 금나라는 처음에 그대로 따랐다가 후에 요양부를 두었다. 그러나 한나라 이래로 판도(版圖)에 예속된 곳은 대체로 모두 봉군(奉郡)과 금군(錦郡) 2군이 다스리는 지역이었고, 혼동강 이동(以東)까지는 미치지 못하였다. 그런데 요나라와 금나라의 두 태조가 땅을 개척하고 나서 비로소 지경이 넓어지고, 군읍(郡邑)의 연혁(沿革) 또한 많아졌다. 요나라와 금나라는 모두 발해를 그대로 따라 각각 오경(五京)을 두었는데, 그 가운데 세 곳은 모두 지금의 성경에 속하는 땅이다. 요나라는 지금 개원 서북변 밖의 임황(臨潢)을 상경(上京)으로, 지금의 광녕(廣寧) 서북변 밖을 중경으로, 지금의 요양을 동경으로, 또 동쪽으로 혼동강을 경계로 하여 빈주(賓州)·영강주(寧江州)·장춘주(長春州) 등의 땅으로 삼았다. 금나라는 혼동강 이동을 상경으로, 혼동강 이서(以西)를 함평로(咸平路)로 삼았으며, 요나라의 동경은 그대로 두고, 중경을 바꾸어 북경으로 삼았다. 해릉왕(海陵王)이 연경(燕京, 북경)으로 천도하고 나서 금나라의 상경을 회령부(會寧府)로 바꾸었다. 이후 세종(世宗)이 상경으로 되돌렸지만, 규모는 예전만 못하였다. 원나라는 처음에 동경을 그대로 두었다가 이윽고 요양등처행중서성으로 고쳐 7개의 로(路)를 통솔하였는데, 요하

---

[73] 진평군(晉平郡): 원문은 '후평(後平)'이나, 『문헌통고(文獻通考)』와 『양서(梁書)』에는 '진평(晉平)'으로 나와 이를 참고하여 번역하였다(『문헌통고(文獻通考)』 권326, 「사예고삼(四裔考三)」; 『양서』 권54, 열전(列傳) 48, 「백제전(百濟傳)」).

이서를 '대녕로(大寧路)', '광녕로(廣寧路)'라 하고, 요하 이동을 '동녕로(東寧路)', '요양로(遼陽路)', '심양로(瀋陽路)', '개원로(開原路)'라고 하였으며, 개원 동쪽은 합란부 수달달등로(哈蘭府水達達等路)로 삼아 다섯 군민만호부(軍民萬戶府)를 통솔하게 하되 혼동강 남북의 백성은 나누어 다스렸다. 명나라는 홍무 4년(1371)에 정료도위를 설치하였다가 곧 요동도지휘사사로 고쳐 위(衛)를 통솔하게 하였다. 홍무 10년(1377)에는 소속 주현을 개혁해 25위를 두었다. 영락 7년(1409)에는 안락(安樂)과 자재(自在) 2개의 주(州)를 다시 두어 산동도(山東道)에 속하게 하였다. 이 밖에도 184위와 20소(所)가 설치되었으나, 봉역(封域)에 속한 지역이 아니었다.

대개 진나라·한나라에서 당나라에 이르기까지 요서에 소속된 읍이 많았고, 요나라·금나라 이후로 요동에는 개간한 땅이 넓었다. 원나라는 남으로는 고려와 접하고 북으로는 대막(大漠)과 이어졌는데, 명나라에 이르러서야 비로소 산해관 이내를 연경에 예속시키고 개원 동쪽은 마침내 변경[疆圍]으로 나누었다. 영락 때에 또 삼분하(三坌河)를 경계로 하여 북으로 수백 리를 타안(朶顔)에게 주목지(駐牧地)로 주어 동서를 구분하였으니, 그 결과 군현이 폐해졌을 뿐만 아니라 그 폭원(幅幀)[74] 역시 끊어지게 되었다.

청나라 태조는 홍경에서 창업하고 또 요양에 신성(新城)을 쌓았으며, 천명 10년(1625)에는 험한 곳을 살펴 자리 잡고 심양이 왕기(王氣)가 모이는 곳이라고 하여 마침내 그 성을 증수(增修)해 성경으로 삼았다. 태종은 모든 요(遼) 땅을 평정하고 궁궐의 제도를 갖추었다. 세조(世祖)는 경사(京師, 북경)를 수도로 정하고 성경을 유도로 삼았으니, 그 땅은 서로는 기보(畿輔)와 접하고 북으로는 대막을 마주하며, 동남으로는 바다에 가까이 닿아 있다. 순치 원년(1644)에, 여러 위(衛)를 조정하여 앙방장경을 설치하고 부도통이 총괄해 다스리게 하였다. 순치 10년(1653)에는 요양을 부(府)로 삼아 요양, 해성(海城) 두 현을 두었고, 영고탑에 앙방장경과 부도통 여러 인원을 설치하였다. 순치 14년(1657)에는 요양부의 명칭을 없애고, 심양을 봉천부로 삼아서 부윤을 두었다. 강희 원년(1662)에 봉천의 앙방장경을 진수영고탑등처장군(鎭守寧古塔等處將軍)으로, 영

---

[74] 폭원(幅幀): 원문은 '폭공(幅幀)'으로 되어 있는데, 『성경총부휘고1(盛京總部彙考一)』에 의거하여 바로잡았다. 봉역(封域)의 의미이다.

고탑의 앙방장경을 영고탑 장군으로 고쳤다. 강희 3년(1664)에는 금주(錦州)를 금현(錦縣)으로, 광녕(廣寧)을 광녕부(廣寧府)[75]로 바꾸고 광녕현(廣寧縣)과 영원주(寧遠州)를 두었다. 강희 4년(1665)에는 광녕부를 조정하여 금주부를 설치하고 금주로 이주시켰는데, 이해에 봉천부에 또 승덕 및 개평(蓋平)·개원·철령의 4개의 현을 더 설치하고 요양을 요양주로 고쳤다. 강희 23년(1684)에는 흑룡강 연안에 애혼성을 쌓고 장군과 부도통을 두어 방어하게 하였다. 여기에서 서로 산해관, 동으로 개원에 이르기까지는 봉천 장군이 통솔하였으며, 서로 개원의 위원보와 가까이, 동으로 해변에 이르기까지는 영고탑 장군이 통솔하였고, 동으로 영고탑에 접하고, 서로 객이객(喀爾喀), 남으로 송화강, 북으로 아라사(俄羅斯)에 이르기까지는 흑룡강 장군이 통솔하였다.

요심연혁기(遼瀋沿革記) 하(下) 【동국(東國)】

요동은 옛 조선 땅이다. 당우(唐虞, 요순) 시대에 『서경』「우공」의 청주 지역으로, 주(周)가 기자를 조선에 봉하면서 마침내 조선 땅이 되었다. 기자가 단씨(檀氏, 단군)를 대신하여 왕 노릇을 하였는데, 그 봉해진 강역의 반이 바로 요동 지역이니, 단군 시대에도 조선의 땅에 해당한다. 『고기(古記)』에서 말하기를, "북부여(北扶餘)는 단군의 후예이다. 부여는 요동의 북쪽으로 1000여 리에 있었는데, 대개 단씨의 세상이 쇠하자 자손들이 북쪽으로 천도하였으니, 옛 강역은 그대로 기자의 봉토에 들어갔다"라고 하였다. 살펴보건대, 『한서』에서는 "현도와 낙랑은 본래 기자를 봉한 곳이다"[76]라고 하였고, 『당서(唐書)』에서 "배구(裴矩)가 요동은 본래 기자의 나라이다"[77]라고 하였다. 『요사(遼史)』「지지(地志)」에서는 "요동은 본래 조선 땅이었는데, 주 무왕이 갇혀 있던 기자를 풀어 주자, 그가 조선으로 가니 그대로 봉해 주었다"[78]라고 하였고, 『요동지(遼東志)』에

---

75 광녕부(廣寧府): 원문에는 광녕현(廣寧縣)이나 『성경총부휘고』와 『청사고(清史稿)』에는 광녕부(廣寧府)로 나와 이를 참고하여 번역하였다.
76 『한서』 권28하, 「지리지 하(地理志下)」.
77 『구당서(舊唐書)』 권199, 열전 제149, 「동이(東夷)·고려(高麗)」.
78 『요사(遼使)』 권38, 지(志) 제8, 「지리지(地理志)·동경도(東京道)」.

서는 "요동은 본래 기자가 봉해진 땅이다"[79]라고 하였다. 청나라『성경지』에 "심양 봉천부와 의주 광녕은 모두 조선의 지계(地界)이다. 그렇다면 요지의 태반은 기자가 책봉받은 지역이다. 후손대에 이르러 연(燕)나라 말년에, 서쪽 경계 1,000여 리를 잃고 만현(滿縣)·반현(潘縣)·한현(汗縣)으로 경계를 삼았으니, 바로『한서』「지리지」에서 요동군의 속현(屬縣)인 반현과 한현이다"[80]라고 하였다. 반현과 한현은 요동의 동쪽에 있는데 몇 리쯤인지는 알 수 없으며, 요동에서 서쪽으로 수천 리를 가면 오늘날 영원주를 지나게 된다. 또한 지금의 광녕과 영평(永平)은 옛날 고죽(孤竹) 땅으로, 고죽은 일찍이 조선의 소유였다. 그러므로『당서(唐書)』에 다만 기자가 여기에 봉해졌다고만 한 것인데, 실제로 고죽이 조선으로 들어간 것은 대개 춘추시대 이후이다. 이는 조선이 가장 강성하였을 때로, 연나라가 왕을 참칭(僭稱)한다는 이유로 조선이 군대를 일으켜 토벌하려 한 것을 보면 그 강대함을 알 수 있다. 진개(秦開)[81]가 조선을 공격하여 2,000여 리의 땅을 빼앗아 만현·반현·한현까지를 경계로 삼았었는데, 진(秦)나라가 연나라를 멸망시키고서 요동에서부터 장성을 세우고 패수 넘어서까지 요새를 쌓으니, 요하 동쪽의 태사(太師, 기자)의 경토(境土)를 거의 모두 잃었다. 조선이 거의 멸망할 즈음에 이에 요지(遼地)가 중국에 편입되었다. 저 위만(衛滿)이 기씨(箕氏)의 왕위를 찬탈함에 이르러 그 영토의 서북 지역은 만현·반현·한현을 경계로 하고, 또 주변의 소읍(小邑)을 침략하여 항복시켰다. 진번과 임둔은 동북쪽 변새(邊塞) 밖이 되게 하였는데, 뒤에 멸망하자 땅이 한나라에 편입되어 사군(四郡)이 되었다.

고구려는 처음 요좌(遼左, 요동)의 졸본(卒本) 땅에서 일어났으니, 즉 오늘날 심양·봉천부·흥경 등의 땅이 바로 이곳이다. 한나라는 애제(哀帝)·평제(平帝) 이후로 호령이 약해졌는데, 거기다 왕망(王莽)과 경시(更始)의 난리[82] 때문에 고구려가 〈그 틈을 타

---

79 『요동지(遼東志)』 권1, 「연혁(沿革)」.
80 『성경지』 …… 반한(潘汗)이다:『성경지』에는 보이지 않으나,『동사강목(東史綱目)』 부하(附下), 「지리고(地理考)·기자강역고(箕子疆域考)」에 동일한 문장이 확인된다.
81 진개(秦開): 전국시대 연(燕)나라의 무장이다. 연의 소왕(昭王) 때에 동쪽 지역을 침략하여 동호(東胡)를 경략하고, 기자조선에 침입하여 만현(滿縣)·반현(潘縣)·한현(汗縣)까지 점령하여 2,000여 리의 땅을 장악하였다. 이후 연나라는 상곡·어양·우북평·요서·요동의 5군(郡)을 두고 장성을 축조하였다.
82 왕망(王莽)과 경시(更始)의 난리: 8년(거섭 3) 왕망이 자신이 옹립한 평제(平帝)를 독살해 전한(前漢)을 멸망시키고 신(新)나라를 건립한 것과 23년(지황 4) 경시제(更始帝) 유현(劉玄)이 신나라를 멸망시키고

서〉 전 강역을 얻었다. 또한 고구려의 북쪽은 바로 부여이고, 부여의 서북쪽은 바로 흉노이다. 흉노가 오선우(五單于)[83]와 남북선우(南北單于)의 난을 겪고 달아나자 그 땅이 다시 비게 되었는데, 고구려가 이때를 틈타서 남북으로 침벌(侵伐)하니 국토가 날로 확장되었다. 건무(建武) 때에, 고구려가 우북평(右北平)·어양(漁陽)·상곡(上谷)·태원(太原)을 침략하였다. 무릇 우북평은 오늘의 봉천부 땅인데, 어양은 북평(北平)의 서쪽이며, 상곡도 어양의 서쪽, 태원 역시 상곡의 서쪽에 위치하니 모두 한나라의 북쪽 변방으로, 흉노의 공격과 고구려의 침략을 당했을 때 〈앞의〉 4개 군을 경유했던 것이다. 그러니 대개 고구려가 일찍이 북쪽으로 그 땅을 개척하면서 점차 서쪽으로 확장해 이 4개 군의 경계와 서로 가까웠음을 알 수 있다. 그 후에 삼국(三國)이 중원(中原)에서 세력을 다투었는데, 공손강(公孫康)[84]은 해외로 왕성한 기세를 떨쳤고, 관구검(毌丘儉)[85]은 고구려의 환도성(丸都城)을 무너뜨리니, 고구려가 마침내 쇠약해졌다. 『통전(通典)』에 "고구려가 조위(曹魏) 때에 이르러 남북으로 점점 축소되어 겨우 1,000여 리가 되었다"라는 것이 바로 이것이다.[86] 또 그 뒤에 모용씨(慕容氏)가 요북(遼北)에서 일어나 근공술(近攻術)[87]을 쓰자, 고구려가 견디지 못하고 동쪽으로 압록강을 건너 평양(平壤)에 도읍하여 마침내 동방의 나라가 되었다. 또 그 후에 모용씨가 잔멸(殘滅)하고 풍씨(馮氏)[88]가 와서 투항하였으며, 북조(北朝)의 동위(東魏)와 서위(西魏)가 우열을 다투어 중국이 전쟁으로 피폐해지자, 고구려가 다시 강성해져서 영토를 널리 개척하였다.

후한(後漢)을 재건한 것을 말한다.

83 오선우(五單于): 서한(西漢) 후기에 흉노가 약해지고 내분이 생기자 5개로 분열된 세력으로, 호한야선우(呼韓邪單于)·도기선우(屠耆單于)·호게선우(呼揭單于)·거리선우(車犁單于)·오자선우(烏藉單于)이다.

84 공손강(公孫康): ?~221. 후한(後漢) 말기에서 위(魏)나라 초기의 장군이다. 부친인 공손탁의 뒤를 이어 요동 태수로 있으면서 고구려를 공격해 환도성으로 도읍을 옮기게 하고, 또 낙랑 지방에 세력을 뻗쳐 대방군을 설치하였다.

85 관구검(毌丘儉): ?~225. 자는 중공(仲恭), 삼국시대 위(魏)나라의 무신이다. 242년(정시 3, 동천왕 16) 고구려가 요동을 공략하며 공방전이 벌어지자, 이듬해 유주 자사(幽州刺史) 관구검이 1만 명의 군대로 비류수(沸流水)에서 고구려 동천왕(東川王)의 군대를 패퇴시키고 환도성까지 점령하였다.

86 『통전(通典)』 권186, 「동이 하(東夷下)·고구려(高句麗)」.

87 근공술(近攻術): 인근(隣近)의 나라를 공격하는 술책이다.

88 풍씨(馮氏): 원문은 '빙씨(憑氏)'이나 '풍씨(馮氏)'의 오자로 보인다. 풍씨는 북연(北燕)을 가리킨다. 북연은 오호십육국시대(五胡十六國時代)의 한 나라로, 후연(後燕)이 혼란한 틈을 타서 시조인 풍발(馮跋)이 창려(昌黎)를 근거로 하여 나라를 세웠으며, 현재의 중국 요령성(遼寧省) 남부와 하북성(河北省)의 북부를 영유하였다. 이때 이르러서 북연왕 풍홍(馮弘)이 북위(北魏) 태무제(太武帝)의 공격을 받고 고구려로 망명해 왔다.

『통전』에서 또 "수나라 때에 이르러 점점 거대해져서 동서로 땅이 6,000리였다."라는 것이 이것이다.[89] 대개 고구려는 처음에 부여·낙랑·대방·현도 등 요동을 병합하였고, 요서의 경우에 고구려가 땅을 개척한 것은 대부분 광개토왕(廣開土王) 때였는데 그 영토가 동서로 바다와 닿고 동남으로 산맥을 넘어 신라와 접하며 남으로 한강을 넘어 백제와 수백 리를 잇닿고 북으로 옛 부여에 이르며 동북으로 말갈(靺鞨)에 도달하고 서북으로 요수를 건넜으니 그 넓이의 광대함이 이때가 가장 성하였다. 고구려가 쇠약해지자 수인(隋人)이 동쪽으로 침략하고 얼마 되지 않아 요동이 당나라에 들어가 나라가 갑자기 멸망하였다.

발해의 대씨(大氏, 대조영)는 고구려의 옛 장수로, 꺼져 가는 불길에서 일어나 11년 만에 고구려의 영토를 모두 회복하고, 태백산(太白山)의 동북에서 여진(女眞)의 동모산(東牟山)으로 도읍을 옮겼으니, 동모산은 오늘의 성경성 밖의 동산(東山)이다. 『동사찬요(東史纂要)』에 "그 땅은 동서로 대해(大海)에 이르고, 남으로 한강에 이르며, 북으로 요하에 이른다"라고 하니 그 대강을 말한 것이다.[90] 문종(文宗) 태화(太和, 827~835) 연간에 이르러 해동성국(海東盛國)이 되어 5경(京) 15부(府)를 갖추었고, 아울러 영주(營州)에서 동으로 2,000여 리를 소유하였다. 요나라는 발해를 멸망시켰으나 통치권이 압록강과 두만강 남쪽까지는 미치지 못하였고, 고려도 처음에는 수복했으나 평안도의 폐사군(廢四郡)과 함경도의 철령 이북 지역에는 미치지 못하였기 때문에 여진이 그 땅을 차지하여 요지(遼地)의 동서가 그대로 중국의 소유가 되었으니, 그렇다면 고려의 영토는 얼마 되지 않았다. 충렬왕(忠烈王)이 공주에게 장가든 이후 비로소 평양을 수복하였고, 공민왕(恭愍王)은 원나라가 쇠약해진 틈을 타 쌍성총관부(雙城摠管府)를 공파(攻破)하였다. 그렇다면 압록강 이내를 거의 잃을 뻔한 것이니 더군다나 그 서쪽은 말해 무엇하랴. 이때부터 이후로 압록강 일대를 서쪽 경계로 삼고 엄격히 제한하였다. 지금 천하에 일이 없고 구변(九邊)[91]이 조용하지만, 봉성·요양·거류하 같은 곳은 차

---

89 『통전(通典)』 권186, 「동이 하·고구려」.
90 『동사찬요(東史纂要)』 권3, 「고구려(高句麗)」.
91 구변(九邊): 명나라 때 북방에 설치한 아홉 군데의 요진(要鎭)인 요동(遼東)·계주(薊州)·선부(宣府)·대동(大同)·산서(山西)·연수(延綏)·영하(寧夏)·고원(固原)·감숙(甘肅)이다(『명사』「병지(兵志)」3).

례로 성을 쌓았으니, 중국의 요동에 대한 의도가 또한 이와 같다.

광녕현기(廣寧縣記)

광녕은 일명 험독(險瀆)으로, 기자조선(箕子朝鮮)의 옛 경계이다. 『대명일통지』에 "산해관 밖은 즉 기주와 청주 지역으로, 순 임금이 12주(州)로 나누어 기주의 동북을 유주로 삼고, 청주의 동북을 영주(營州)로 삼았다."[92]라고 하였는데, 이것으로 미루어 보아 광녕은 대개 옛 유주와 영주 사이이다. 서북으로 5리에 의무려산이 있어 육지와 바다의 경계를 가로지르고 중화와 이적의 사이를 웅장하게 감싸 드넓게 100여 리에 뻗쳐 있으니, 『주례(周禮)』에 이른바 "동북(東北)을 유주로 삼았는데, 그 진산(鎭山)은 의무려(醫巫閭)이다."[93]라는 것이 바로 이것이다. 주나라 초기에는 조선 땅이었다가 후에 연나라에 속하였고, 진나라·한나라 때에는 요동과 요서를 군현으로 예속시켰다. 동한 말에 오환(烏桓)에게 함락되었으나 조조(曹操)가 오환을 정벌해 요군(遼郡)에 환속시켰고, 수나라에 이르러 고구려에 병합되었다. 당나라가 고구려를 평정하고 무려도호부(巫閭都護府)를 설치하였으며, 후에 발해로 들어가 현덕부가 되었다. 요나라·금나라 때에 다시 중국의 영토가 되어 비로소 광녕부라고 불렸으며, 원나라 때에는 그대로 따르다가 명나라에 이르러 광녕위(廣寧衛)로 개칭하였다. 청나라 강희제는 처음에 광녕부를 설치했다가 곧바로 현(縣)으로 삼아 금주(錦州)에 예속시키고, 지현(知縣)·훈도(訓導)·창관(倉官)·전사(典史) 각 1인을 두었다.

광녕현은 연해의 충(衝)·번(繁)·피(疲)·난(難)[94]의 곳이니, 대개 천하의 주현은 충·번·피·난으로 그 등차(等次)를 나누는데【어떤 곳은 '충·번·난', 어떤 곳은 '번·피·난', 어떤 곳은 '번·난', 어떤 곳은 '충·피', 어떤 곳은 '충·난', 어떤 곳은 '충·번·

---

92 『대명일통지(大明一統志)』 권25, 「등주부(登州府)」.
93 『주례(周禮)』 권8, 「하관사마 하(夏官司馬下)」.
94 충(衝)·번(繁)·피(疲)·난(難): 중국 청대의 주현의 등급을 나눈 것으로, 충(衝)은 교통의 요지, 번(繁)은 정무가 많고 번잡한 곳, 피(疲)는 세금이 자주 체납되는 곳, 난(難)은 민풍(民風)이 교활하고 강한 곳인데, 일반적으로 네 개의 글자를 다 갖춘 곳이 가장 중요하고, 3개의 글자, 2개의 글자, 1개의 글자 혹은 글자가 없는 순서대로 등급이 낮아진다.

피·난'이라고 하여 난이(難易)로 구별한다.】, 사람의 능력에 따라 관리를 파견한다. 현의 치소는 뒤로 의무려를 등지고, 앞으로 넓은 평야와 마주하며, 강물을 끌어다 해자를 만들었고, 두 개의 탑(塔)이 하늘 높이 솟아 있다. 좌우의 산자락이 둘러쳐져 가려진 곳 사이에 성이 있는데, 왈자형(日字形)으로 남쪽을 외성으로 하고 북쪽을 내성으로 하였다. 그 사이를 가로막은 성이 4분의 1을 차지하였는데 남쪽에 가까웠다. 내성은 동쪽, 서쪽, 북쪽에 각각 문이 하나씩 있고, 남쪽에 문이 2개가 있으며, 외성은 동쪽, 서쪽, 남쪽에 각각 문이 하나씩 있어 모두 8개의 문이 있었다. 국세(局勢)와 형승(形勝)은 요동과 심양 시사(市肆)의 성세보다 훨씬 뛰어나서 또한 심양에 버금가며, 도로가 매우 넓으며 크고 작은 골목 어귀에는 돌기둥을 마주 세워 놓았는데, 모두 높이가 4, 5척이었다. 비록 구석진 골목이라 해도 또한 이와 같으니, 아마도 이것은 과거 이문(里門)의 기둥인 것 같았다. 이는 다른 곳에는 없었던 것으로 당시에 정밀하게 설치해 놓았음을 여전히 볼 수 있었다.

영원백(寧遠伯) 이성량(李成梁)의 패루는 성의 북쪽에 있다. 제1층에는 '세작(世爵)'이라 쓰여 있고, 그 아래에는 두 줄로 '천조고권(天朝誥券)'이라 썼으며, 하층에는 가로로 '진수요동총병관 겸 태자태보영원백 이성량(鎭守遼東總兵官兼太子太保寧遠伯李成梁)'이라고 적혀 있다. 이성량은 명의 명장인데, 일찍이 광녕을 지켰기 때문에 이런 패루가 있는 것이다. 동문 밖에는 요동총병 영하후 이여송묘(遼東總兵寧夏侯李如松廟)가 있는데, 이여송[95]은 이성량의 아들이고 그 형제는 임진년(1592)에 동쪽을 구원해 준 공이 있다. 천계 갑자년(1624)에 달로(㺚虜)의 진지를 정벌하다 죽으니, 황조에서 그의 충절

---

[95] 이여송(李如松): 1549~1598. 자는 자무(子茂), 호는 앙성(仰城), 요동 철령위 출신으로 명나라 후기 무신이다. 조선 출신인 이영(李英)의 후손이며 아버지는 이성량(李成梁, 1526~1615)으로, 전공을 세워 광녕총병(廣寧總兵)이 되었다. 이여송의 동생은 이여백(李如柏), 이여정(李如楨), 이여장(李如樟), 이여매(李如梅)이며 모두 무장으로 이름을 떨쳤다. 철령위 지휘동지(指揮同知)를 세습하다가 1583년(만력 11)에 산서 총병관(山西總兵官)이 되었고, 1592년(만력 20) 감숙 영하에서 일어난 보바이의 난에 토벌군을 이끌고 제독으로 참전하여 동생인 이여장과 함께 반란 진압에 큰 공을 세웠다. 그 공으로 도독(都督)으로 승진하였으며, 임진왜란이 일어나자 흠차제독계요보정산동등처방해어왜군무총병 중군도독부도독동지(欽差提督薊遼保定山東等處防海禦倭軍務總兵中軍都督府都督同知)로 임명되어 조선으로 파병되었다. 1593년(만력 21) 4만 명의 병력을 이끌고 도강하여 조선의 승군, 관군과 연합해 평양성을 함락시키고 평안도와 황해도, 개성(開城) 일대를 탈환하였지만, 서울 부근 벽제관(碧蹄館)에서 일본군에 패하여 개성으로 퇴각하였다. 그 뒤에는 전투에 적극적으로 나서지 않고 화의 교섭에 주력하다가 명으로 철군하였다. 조선 조정에서는 그의 공적을 기려 생사당(生祠堂)을 세웠다.

(忠節)을 기리는 사당을 세웠다.

　옛날에 기자묘(箕子廟)에 후관(帿冠)을 쓴 기자의 입상이 있었는데, 가정(嘉靖, 1522~1566) 연간에 병화로 소실되었다. 성에서 북으로 5리, 높은 언덕 위에 북진묘(北鎭廟)가 있어 북악(北嶽)의 신을 제사 지낸다. 남으로 18리 지점에 광녕점(廣寧店)이 있는데, 강희 기미년(1679)에 심양으로 거둥하는 직로를 만들어 신광녕(新廣寧)이라 부르고 이 성은 구광녕(新廣寧)이라고 하였다. 조선의 공로(貢路)는 예전에는 요동에서 안산(鞍山)과 해주위(海州衛)를 지나 광녕에 이르렀는데, 기미년에 지금의 공로로 바뀌고선 심양을 거쳐 곧장 신광녕에 이른다고 한다.

　아! 관외의 일로(一路)는 천계(天啓, 1621~1627)·숭정(崇禎, 1628~1644) 연간의 전쟁터였다. 광녕을 잃고 천하의 대세가 이미 떠나갔으니 어찌 애통하지 않은가. 천계 원년 신유년(1621)을 살펴보건대, 조정에서 왕화정(王化貞)[96]에게 광녕을 순무(巡撫)하게 하였는데 모두 다섯 번 출병하였다가 번번이 퇴각하였다. 요동 경략(遼東經略) 웅정필(熊廷弼)은 왕화정을 제재하여 신중하게 행동하고자 하였으나, 왕화정이 상소를 올려 구원병 6만 명을 청해 일거에 평정하고자 하니, 섭향고(葉向高) 등이 자못 그를 도와 웅정필의 제재를 받지 못하게 하였다. 당시 중외(中外)가 모두 경략과 순무만 알았지, 필시 봉강(封疆)의 대사를 그르칠 것을 알지 못한 것이다. 임술년(1622)에 이르러 청의 군대가 먼저 요양을 평정하고 삼분하(三岔河)를 건너 사령(沙嶺)을 침범하니, 광녕에서 150리 떨어진 곳이었다. 반장(叛將) 손득공(孫得功)이 성안에 들어와 급히 외쳐대자, 군민(軍民)들이 서둘러 머리를 깎고 항복하였고 온 성 안이 소란해져 앞을 다투며 성문을 탈출해 달아났다. 참장(參將) 강조동(江朝棟)이 이를 듣고 급히 왕화정의 침소 안에 들어가 보니 왕화정은 막 일어나서 책을 읽고 있었다. 강조동이 급히 그를 끌어당기면서 "사세가 급합니다"라고 하자, 왕화정은 어찌할 바를 몰라 마침내 광녕을 버리고 허둥지둥 여양(閭陽)으로 달아났다. 때마침 웅정필이 우둔(右屯)으로부터 병졸을 이끌고

96　왕화정(王化貞): ?~1632. 자는 초건(肖乾), 산동 제성(諸城) 출신으로 명나라 말기의 무신이다. 1622년(천계 2) 후금을 공격하였다가 전군이 몰살당하는 패배를 당하였으나, 위충현(魏忠賢, ?~1627)의 비호 아래 처형을 면하였다. 의종(毅宗, 재위 1627~1644)이 즉위한 뒤 위충현이 축출되자, 왕화정의 죄를 물어 처벌해야 한다는 공론이 높아졌고, 결국 1632년(숭정 5년)에 처형되었다.

와서 왕화정과 대릉하(大陵河)에서 만났다. 왕화정이 통곡하자 웅정필이 웃으며 "6만 군졸이 소탕당했으니 요동은 마침내 어찌 되겠는가"라고 하니, 왕화정이 부끄러워하였다. 영원(寧遠)과 전둔위(前屯衛)를 지킬 것을 의논하자, 웅정필은 "이미 늦었으니, 다만 난민을 보호해 관내로 들어가는 것만 할 수 있을 뿐이오"라고 하고 백성들을 호위하여 서쪽으로 갔다. 청의 군사가 마침내 광녕에 들어오니 40여 성이 모두 투항하였다. 대개 요동과 심양을 잃은 뒤에 왕화정은 싸우기를 주장하고 웅정필은 지키기를 주장했는데, 왕화정이 패배하게 되자 웅정필 또한 군사를 잃고 땅을 잃은 죄를 입어 결국 저자에서 목이 베였으니 원통하다. 강병겸(江秉謙)이 말하기를 "조정에서 웅정필을 기용하여 경략으로 삼아 3방(方)[97]을 절제하게 했으면, 3방에서의 진격과 수비 모두는 온전히 웅정필이 부서를 지휘하는 명령을 듣게 해야 했다. 그런데 왕화정이 진격하려고 하면 웅정필에게 왕화정을 따라 진격하게 하고 왕화정이 물러나려 하면 웅정필에게 그를 따라 물러나게 하였으며, 왕화정이 급히 진격하고 급히 물러나자 또 웅정필로 하여금 진격할 때 진격하는 까닭을 알지 못하게 하고 물러날 때 물러나는 까닭을 알지 못하게 하였다. 이는 왕화정은 절제의 권한을 갖고 있었으나, 경략은 일찍이 3방을 절제하는 권한이 없었기 때문이었다. 그런데 국가는 또 어찌 이것으로 경략을 처벌하였는가"라고 하였으니, 이 논의는 당시의 병폐를 적절하게 지적했다고 할 만하다.[98]

금주기(錦州記)

금주는 옛 기주 지역으로, 순 임금이 기주의 동북쪽을 나누어서 유주가 되었는데 금주는 그 땅을 통합한 것이다. 하(夏)나라 때 그대로 따랐다가 상(商)나라 때 고죽국(孤竹國)[99]의 서쪽 경계가 되었으며, 주(周)나라 때 그대로 유주 땅이 되어 연나라에 속

---

97 3방(方): 삼방포치책(三方布置策)을 말한다. 웅정필은 산해관의 방어를 굳건히 하되, 천진(天津)과 산동(山東) 등지의 수군을 활용하고 조선의 도움을 받아 후금을 배후에서 견제하는 삼방포치책을 구상하였다.
98 임술년(1622)에 …… 만하다: 이와 관련된 내용이 김창업(金昌業)의 『노가재연행일기(老稼齋燕行日記)』에서 확인된다.
99 고죽국(孤竹國): 중국 은(殷)나라 때 제후국의 하나로, 주나라 무왕(武王)이 은나라를 멸망시키자 고죽군

하였다. 진(秦)나라 때 유주를 요서군으로 삼았고, 한(漢)나라 때 무려현(無慮縣)과 망평현(望平縣)이 되어 요동에 속하여 유주 자사(幽州刺史)가 다스렸다. 동한 때 도하(徒河)가 되었는데 요동과 함께 유주에 속했으며, 진(晉)나라 모용씨가 서락군(西樂郡)을 두었다. 당(唐)나라 때에는 유성현(柳城縣)이라 하고 영주에 예속시켰으며, 요(遼)나라 때는 금주(錦州) 임해군(臨海軍)이라 하여 영락군(永樂郡)과 안창군(安昌郡)을 다스리게 하고 중경 대정부(大定府)에 예속시켰다. 금(金)나라가 그대로 따르고 겸하여 신수현(神水縣)을 다스리게 하였다. 원(元)나라 때 군현을 폐지하고 금주(錦州)라 일컬었으며 대령로(大寧路)에 예속시켰다. 명(明)나라 홍무 26년(1393) 광녕위·중좌위(中左衛)·중우위(中右衛) 세 곳의 위(衛)와 송산·대릉하·십삼산(十三山)·이천호소(二千戶所)를 설치하고, 이듬해 십삼산을 옮겨서 이곳에 주둔하였다.

청(淸)나라 강희 초에 금주를 금현(錦縣)으로 삼고 봉천부에 예속시켰으며, 또 고쳐서 광녕에 예속시켰다. 강희 4년(1665) 금주부(錦州府)를 설치하고 주(州)를 두어서 부도통을 금현으로 이주(移駐)하게 하고, 금현을 간주 부곽현(附郭縣: 府城이 소재한 현)으로 삼았다. 옹정 2년(1724) 광녕에 속한 의주 땅을 나누어 부의 경계로 편입하였고, 부를 옮겨서 통판(通判)이 그곳을 다스리게 하다가 옹정 12년(1734) 승격하여 주로 삼았다. 영원과 광녕이 아울러 금주에 속하여 도합 주 2개, 현 2개를 다스렸는데, 모두 봉천부에 통합하여 연해의 번잡하고 어려운 소굴이 되었으니 황제의 뜻을 청하여 마침내 설치되었다.

동쪽으로 요양을 경계로 삼고 서쪽으로 산해관을 경계로 삼으며, 남쪽으로 바다를 경계로 삼고 북쪽으로 변장을 경계로 삼고 있으니, 금주를 산해관의 요충지요 변관(邊關)의 자물쇠라고 말한다. 성시(城市)가 번성하고 민물(民物)이 풍부하며, 바다와의 거리가 멀지 않기 때문에 동남쪽 바다 장사치들의 배와 수레가 모두 모여들어 또한 하나의 관외의 도회지이다. 외동문(外東門) 서북쪽으로 10리쯤 되는 곳에 대산(帶山)이 있

의 아들인 백이와 숙제가 수양산에 들어가 충절을 지키다 굶어죽었다는 내용이 전해진다. 또 기자가 봉해진 곳으로도 알려져 고죽국과 기자를 연관시키기도 한다. 『삼국유사(三國遺事)』 권1, 「기이(紀異)」 1, 〈고조선(古朝鮮)〉 조에는 "『당서』「배구전」에 이르기를, 고려는 본래 고죽국(지금의 해주)이고 주나라 때 기자를 봉하여 조선이라 하였다[唐裵矩傳云, 高麗本孤竹國[今海州], 周以封箕子爲朝鮮]"라고 하였다.

고, 그 바깥은 모두 몽골 지방으로 가깝기가 혹 5, 60리 정도이다. 몽골에서 북경으로 가는 사람은 금주에서 길을 취한다. 이 마을 사람들은 바로 몽골의 다른 종족인데 황제의 명으로 이 땅에 와서 살게 되어 저절로 하나의 마을을 이루었다.[100]

금현(錦縣)은 바로 도하이다. 도하의 옛 성이 금주 서북쪽에 있는데 혹자가 말하기를, "순 임금 때 이미 이 성이 있었는데 제(齊)나라 환공(桓公)이 산융(山戎)을 격파하고 하성(河城)을 도륙하였다"라고 한 것이 바로 이곳이다. 소릉하(小凌河)가 금주부 성의 서쪽을 에워싸고 돌아 흐르는 것이 비단 무늬 같았기 때문에 주의 이름을 '금(錦)'이라 한 것이다. 금주 사람들이 세속에서 말하기를 "자형관(紫荊冠)을 쓰고 홍라(紅羅) 옷을 입고 여홍(呂洪) 띠를 매고 양마(亮馬)를 타고 두 용하(龍河) 가로 가서 경치를 즐긴다"라고 하는데, 이것은 금주의 형승을 가리켜 말한 것이다. 대개 금주 동쪽에 자형산(紫荊山)이 있고 서쪽에 홍라산(紅羅山)이 있으며 남쪽에 여홍산(呂洪山)이 있고 북쪽에 양마산(亮馬山)이 있으니, 이것은 네 개의 이름난 큰 산이다. 두 용하는 바로 대릉하와 소릉하이다.

숭정 말 조대수(祖大壽)[101]가 금주(錦州)를 지킬 적에 청나라 사람이 성을 공격하기를 잘하였으나 끝내 이기지 못하였다. 송산이 함락되고 나자 조대락(祖大樂)[102]을 보내어 꾀어서 투항하게 하였는데, 명나라[皇朝]에서는 금주를 조대수 형제에게 맡겨 승승장구하는 오랑캐를 막도록 하였다. 그들이 〈청나라 사람에게〉 포위당한 채 해를 넘기게 되자 군대가 다하고 군량이 끊어져 아침저녁에 반드시 함락될 형세가 있었으나 〈명나라에서〉 끝내 구원하지 않아 마침내 모두 몰살하는 지경에 이르렀으니, 통탄을 이길 수 있겠는가. 군사를 버린 책임은 돌아갈 곳이 있으나 조대수가 항복한 것은 깊

---

100 서북쪽으로 …… 이루었다: 이 대목은 김창업의 『노가재연행일기』 권8, 1713년 2월 28일자의 문장을 전재하였다.
101 조대수(祖大壽): ?~1656. 자는 복우(復宇), 요동 출신으로, 명말 청초의 장수이다. 원숭환의 부하로서 숭정 연간에 청군에 대항하여 금주를 수비하였다. 1631년(숭정 4) 금주성(錦州城)의 외곽 요충지인 대릉하에서 포위되어 세 달을 버티다 희망이 없게 되자 청군에 거짓으로 항복하였다가 다시 금주성으로 들어가서 청군과 항전하였다. 1642년(숭정 15) 금주성이 포위되어 식량이 떨어져 참혹하게 되자 부대를 이끌고 청군에 투항하여 한군(漢軍) 정황기(正黃旗)에 예속되고, 총병에 올랐다.
102 조대락(祖大樂): ?~?. 명나라 말기의 장수이다. 요동 흥성 사람으로 조대수의 사촌동생이다. 숭정 연간 조대수와 함께 요동 총병 원숭환의 부장(部將)이 되어 영원성(寧遠城)을 방어했으나 1642년(숭정 15) 청나라 군대에 투항하였다.

이 주벌할 일이 아니다.[103]

『심양일기(瀋陽日記)』에 다음과 같은 내용이 있다.

"신사년(1641) 8월 15일 세자(世子, 소현세자)와 대군(大君, 봉림대군)이 심양에서 출발한 지 6일이 되었을 때 어느 가로놓인 언덕에 이르니, 호행(護行)하는 사람이 말하기를 '한인(漢人) 장수 조대수가 이 성을 견고하게 지키고 성 밖에 대포를 많이 묻어 놓아서 청나라 사람이 감히 가까이 가지 못합니다. 성에서 5리 떨어진 곳에 협성(夾城: 적을 포위하기 위해 쌓는 보루)을 쌓고 포위하여 머문 지 이미 1년이 지났으며, 유림(柳琳)이 그 동쪽 모퉁이에 있습니다'라고 하였다. 협성을 지나 두 냇물을 건너니, 청나라 사람이 몽골군과 함께 산 위에 진(陣)을 쳐서 10여 리나 뻗어 있었다. 진 앞을 지나 송산을 바라보며 겨우 7리 되는 거리를 산을 따라 남쪽으로 가서 칸[汗]의 진영에 이르러 진 뒤의 언덕에 머물렀다. 청나라 사람이 송산성(松山城)을 향하여 대포를 쏘자 송산성에서도 이에 맞서 대포를 쏘았는데 대포 소리가 우레와 같았다. 크기가 거위알만 한 포환이 여러 번 세자의 막차(幕次)에 떨어져서, 흙담을 쌓아 포환을 막았다."

지금 이 땅에 이르러 당시의 일을 상상하니 뜻있는 선비의 감회를 이기지 못하겠다.

영원주기(寧遠州記)

영원은 『서경』 「우공」의 기주 지역으로 우(虞, 舜) 임금 때 유주 땅이 되었고, 상(商)나라 때 고죽국이 되었으며, 주(周)나라 때에는 연(燕)나라에 속하였다. 진(秦)나라와 한(漢)나라 때 요서군에 속했다가 동한 때 그대로 따랐다. 진(晉)나라 때 모용황(慕容皝)이 집령현(集寧縣)을 두었고, 당(唐)나라 때 서주(瑞州)로 삼았으며, 요(遼)나라와 금(金)나라 때에는 평해군(平海軍) 해양현(海陽縣)이라 하였고, 원(元)나라 때에는 서주라 하고 대령로에 예속시켰다. 명(明)나라 초에는 본래 광녕의 전둔위와 중둔위(中屯衛) 땅이었다가 선덕(宣德) 3년(1428) 전둔위와 중둔위 땅을 나누어서 영원위(寧遠衛)를 두고 중좌천호소(中左千戶所)와 중우천호소(中右千戶所)를 통합하였다.

---

103 금주 사람들이 …… 아니다: 이 대목은 김창업의 『노가재연행일기』 권8, 1713년 2월 28일자 일기의 문장을 변용하거나 그대로 전재하였다.

천계 6년(1626) 청(淸)나라 군사가 영원에 주둔하자, 요동 경략 고제(高第)[104]와 총병 양기(楊麒)가 군사를 끼고서 구원하지 않았다. 영전 참정(寧前參政) 원숭환(袁崇煥)[105]이 장사(將士)를 모아서 죽기를 맹세하고 지켜 영원성(寧遠城) 밖의 민가[民居]를 다 불사르고 이끌고 지켜 함께 성으로 들어가 전둔위와 산해관에서 도망해 온 장사들을 다 참수하니, 인심이 비로소 견고해졌다. 청나라 군사가 방패를 머리에 이고서 성벽을 파내었는데, 화살과 돌로도 물러나게 할 수 없었다. 원숭환이 민(閩, 福建省) 땅 출신 병사 나립(羅立)으로 하여금 서양 대포[巨礮, 紅夷砲]를 쏘게 하여 다 불살라 버리니, 청나라 군사들이 한 사람도 살아남은 자가 없었다. 청주(淸主, 누르하치)가 겨우 나귀 한 마리를 타고 목숨을 걸고서 달아나 영원성 밖 계명산(鷄鳴山)에 올라 피를 토했는데, 후대 사람들이 그곳을 '구혈대(嘔血臺)'라 일컫는다. 일이 〈명나라 조정에〉 알려지자 원숭환을 첨도어사 순무요동(僉都御史巡撫遼東)에 발탁하여 영원에 주둔하게 하였다. 숭정 2년(1629)에 이르러 청나라 군사가 여러 번 〈영원을 공격했다가〉 패하자, 마침내 명나라에 첩자를 보내어 이간하며 말하기를 "원숭환이 무리를 끼고 앉아 다른 뜻을 품고 있으니 모문룡(毛文龍)[106]을 제멋대로 죽인 것이 바로 그 증거이다"라고 하였다. 모

---

104 고제(高第): 1558~1639. 자는 등지(登之), 난주(灤州) 출신으로 명나라 말기 문신이다. 1589년(만력 17) 진사가 되어 산동 안찰부사(山東按察副使)·섬서 우포정사(陝西右布政使) 등을 지내다가 1622년(천계 2) 부름을 받고 북경에 들어가 병부 우시랑(兵部右侍郎)이 되었다. 1625년(천계 5) 병부 상서로서 계요 경략(薊遼經略)에 임명되었으며 이듬해 사직하였다.

105 원숭환(袁崇煥): 1584~1630. 자는 원소(元素), 호는 자여(自如), 광동성(廣東省) 출신의 명나라 후기 무신이다. 1619년(만력 47) 진사가 된 후 병부직방사 주사 등에 올랐으며, 희종(熹宗) 때 첨사로 승진하여 관외의 군사를 지휘하면서 영원성을 쌓고 홍이포를 배치하였다. 1626년(천계 6) 영금대첩에서 누르하치의 후금의 군세에 맞서 싸운 영원성 전투에서 승전해 누르하치를 전사시켰고, 이듬해에는 영원성과 금주성에서 홍타이지[皇太極]를 격퇴하였다. 1628년(숭정 원년), 병부상서 겸 우부도어사(兵部尙書兼右副都御史) 독사계료등래천진(督師薊遼登萊天津)이 되어, 조선 가도(椵島, 皮島)를 거점으로 부정부패를 자행하고 있던 명의 수군 좌도독 모문룡을 해적질, 가도 양민 학살, 갖은 행패, 명군 농락의 이유로 참형에 처했다. 그러나 1630년(숭정 3년) 후금과 모반했다는 누명을 쓰고 능지처참(凌遲處斬)을 당했는데, 그 여파로 명 장수들이 잇달아 후금에 투항하면서 명나라는 급격히 몰락하게 되었다. 저서에 『원독사유집(袁督師遺集)』이 있다.

106 모문룡(毛文龍): 1576~1629. 호는 진남(振南), 절강(浙江) 인화(仁和) 출신으로 명나라 후기 무신이다. 처음에는 요동 총병관 이성량 밑에서 유격 활동을 하다가 1621년(천계 1) 누르하치가 요동을 공략하자, 광녕의 순무 왕화정의 휘하로 들어갔다. 뒤에 평안도 가도에 진을 치고 연안의 섬들을 끌어들이는 한편, 조선을 이용하여 후금을 공격하려 하였다. 이러한 전략은 후금의 침공을 저지하는 데 효력이 있었으나, 조선에 군량을 강요하고 조공 무역에 세금을 매겨 폭리를 취했으며, 사병(私兵)을 양성하고 해외의 천자를 자임하다가 원숭환에게 살해되었다.

문룡의 무리가 따라서 무함하여 마침내 원숭환을 얽어매어 죽였으니, 뜻있는 선비들이 지금까지 슬퍼한다.

청나라가 천하를 평정한 후 강희 2년(1663)[107] 주(州)를 설치하고 동쪽으로 탑산소(塔山所) 땅을 할양하여 금현(錦縣)에 편입했으며, 서쪽으로 전둔위 땅을 병합하여 모두 영원주에 편입하고 봉천부에 예속시켰다. 강희 3년 광녕부에 예속시키고 강희 4년에 다시 금주부(錦州府)에 예속시켰다. 영원주는 연해의 번화한 곳이지만 난리에 고달픈 흠이 있다. 지주(知州)·훈도(訓導)·이목(吏目)·우중(牛衆) 2인, 효기교 2인, 필첩식 1인을 두었다. 성은 선덕 3년(1428)에 쌓고 천계 연간에 감군(監軍) 원숭환이 증축했고 청나라가 너무 크고 무너진 곳이 많다고 여겨 다시 쌓았는데 그 절반 규모로 축소하였다.

대개 영원 땅은 많은 산으로 둘러싸여 있고 한쪽 면이 바다에 닿아 있다. 옛 성은 흙으로 쌓았고 성안에 새로 쌓은 옹성이 있으며, 누대와 성가퀴가 웅장하고 견고하였다. 외성문(外城門)으로 1리쯤 가서 또 내문(內門)으로 들어갔다. 외문은 영안(寧安)이라 하고 내문은 동안(東安)이라 하여 모두 문 위의 석면(石面)에 글자를 새겨놓았다. 내문으로 들어가서 100여 보를 가니 십자로[十字街]와 삼층루(三層樓)가 있었다. 백성과 물건의 성대함이 비록 심양에는 미치지 못하지만 거리와 누대의 제도는 거의 심양의 거리보다 더 성대하였다. 남쪽으로 100여 보를 가면 명나라 총병 조대수·조대락 형제의 석궐(石闕)이 길가에 마주 서 있는데 그 제도가 상당히 웅장하고 화려하였다. 동남쪽으로 5리를 가면 온정(溫井)이 있는데 온천물의 근원이 자못 대단했다. 맨 위의 온천이 어정(御井)인데, 돌로 쌓은 수로벽이 매우 사치스러웠고 욕실에 난간까지 있으니 또한 하나의 작은 행궁이었다. 온정 둘레에 수십 호의 민가가 있어 모두 목욕탕[湯沐]으로 생계를 이어 나간다. 이곳에서 구외(口外, 만리장성 밖)까지의 거리가 멀지 않아서 몽골의 남녀들도 목욕하러 오는 자들이 많다고 한다.[108]

---

107 2년: 원문은 '三年'으로 되어 있는데, 『성경통지(盛京通志)』에 의거하여 2년으로 바로잡았다.
108 동남쪽으로 …… 한다: 이 대목은 홍대용(洪大容)의 『연기(燕記)』「연로기략(沿路記略)」의 문장을 전재하였다.

무령현기(撫寧縣記)

　　무령현은 한(漢)나라 때 양락현(陽樂縣)으로 요서군에 속하였다. 수(隋)나라 때 노룡현(盧龍縣)이 되었고, 당(唐)나라 때 나누어서 무령현이 되었다가 뒤에 폐지하고 노룡현에 편입하였다. 금(金)나라 때 다시 무령현을 두었으며, 명(明)나라와 청(淸)나라 때 그대로 따라서 지금은 영평부(永平府)에 속한다. 지현(知縣), 교유(敎諭), 훈도(訓導), 전사(典史) 각 1인을 두었다. 두 개의 아문이 있는데, 하나는 '총독육진(總督六鎭)'이라 씌어 있고 하나는 '쇄약양경(鎖鑰兩京)'이라 씌어 있었다.

　　산해관에서부터 동쪽으로는 현(縣)과 읍(邑)이 모두 평야에 있는데, 오로지 무령현에서 처음 산세를 보았으니 〈산이〉 빙 둘러 안고 있는 것이 마치 울타리 같았다. 들빛이 평평하고 둥글었으며 좋은 밭이 만 이랑이나 펼쳐져 있었다. 인가가 부유하고 시사가 번화하였다. 고가 대족(故家大族)의 패루와 금방이 길에 빛나고 있었는데, 혹은 청현(淸顯)을 자랑하기도 하고 혹은 덕망(德望)을 드러내기도 하였으며, 혹은 세덕(世德)을 기술하기도 하고 혹은 정렬(貞烈)을 정려(旌閭)하기도 하였으니, 거의 집집마다 모두 그러한 지경이었다. 패루의 제도는 대략 조가패루(祖家牌樓)와 같았는데 나무로 얽어 만들고 붉은 칠을 하였다. 명나라 병부 상서(兵部尙書) 적붕(翟鵬) 이하로 왕침(王忱), 소승(蕭陞), 황유정(黃惟正)의 패방(牌坊) 같은 것들은 기록하지 못한 것이 많다. 그 풍속이 비록 부박하고 사치하지만 또한 성대하던 때의 유풍(遺風)임을 알 수 있다.[109]

　　대개 무령현은 관내에서 제일 풍수(風水)가 좋은 곳으로 읍치(邑治)가 들판 가운데 있다. 동쪽은 언덕이 겹겹이 있고 서남쪽은 빼어난 봉우리가 늘어서 있으며, 양하(洋河)가 북쪽에서 흘러와 성을 따라 남쪽으로 흘러 수십 리 사이에 둘러 있었다. 맑고 아름다운 기운이 산천에서 일어나 그 영기(靈氣)를 모아 수재(秀才)를 낳기에 적합하니 인문(人文)의 번성함이 이와 같다.[110] 또 들으니 산속에서 원숭이가 난다고 하는데 형촉(荊蜀)의 풍기(風氣)가 오직 이곳에만 나타난다. 요양에서 연경까지 소나무와 잣나무

109　그 풍속이 …… 있다: 이 문장은 홍대용의 『연기』 「무령현(撫寧縣)」 기사를 그대로 차용하였다.
110　대개 …… 같다: 이 대목은 김창업의 『노가재연행일기』 권3, 1712년 12월 20일자 일기의 문장을 전재하였다.

가 전혀 없는데, 영평 이하로 100여 리 사이에 이따금 숲을 이루고 있었으니 땅의 영기가 특별히 다름을 알 수 있다.[111]

서남쪽으로 창려현(昌黎縣)과 인접했는데, 기이한 봉우리가 하늘 밖으로 우뚝 솟아난 것이 뾰족한 붓과 같아 세속에서 '문필봉(文筆峯)'이라 일컫는다.[112] 무령현이 예로부터 문명(文明)이라 일컬어지는 것은 이 때문이다. 성의 동남쪽 사이 산기슭 높은 곳에 돌을 쌓아 탑을 만들었는데 또한 문필봉을 본떠 만든 것이라고 하니, 이곳은 성에서 동남쪽이 된다.

영평부기(永平府記)

영평부는 당(唐)나라 때 기주의 지역이고, 천문(天文)으로 미성(尾星)의 분야(分野)이다. 우(虞) 임금이 기주의 동북쪽을 나누어 영주로 삼았는데, 북쪽이 바로 영평부 땅이다. 상(商)나라 때 고죽국이 되었고, 주(周)나라 때 유주가 되었으며, 춘추 때 산융국(山戎國)과 비자국(肥子國)이 되었고, 진(秦)나라 때 요서군과 우북평군(右北平郡)이 되었다. 한(漢)나라 말에 공손탁에게 점거당하고 위(魏)나라 때 노룡군(盧龍郡)으로 고쳤으며, 북연(北燕) 때 평주와 낙랑군을 두었다가 후위 때 고쳐서 북평군(北平郡)으로 삼았다. 수(隋)나라 때 평주로 고쳤다가 뒤에 군(郡)으로 삼았다. 당(唐)나라 때 다시 평주가 되고 천보(天寶, 742~756) 초에 또 북평군으로 고쳤다가 건원(乾元) 초에 다시 평주가 되었다. 오대(五代) 당(唐)나라 때 요흥군(遼興軍)으로 삼았으며, 금(金)나라 때 남경으로 승격했다가 천회(天會) 초에 다시 평주가 되고 흥평군(興平軍)으로 승격하였다. 원(元)나라 때 고쳐서 부(府)로 삼았다가 다시 승격하여 평만로(平灣路)가 되었으며, 대덕(大德) 연간에 영평로(永平路)로 고쳤다.

명(明)나라 홍무(洪武) 2년(1369)에 영평부로 고치고 북평 포정사(北平布政司)에 예속

---

111 또 …… 있다: 이 대목은 홍양호(洪良浩)의 『연운속영(燕雲續詠)』(『이계집(耳溪集)』 권7), 「撫寧古多名臣, 石樓金榜, 照耀城內, 又聞猿狙産於山中, 荊蜀風氣, 獨見於此, 自遼至燕, 絶無松柏, 而永平以下百餘里, 往往成林, 可見地靈殊異也, 詩以識之」의 시제(詩題)와 동일하다.
112 서남쪽으로 …… 일컫는다: 이 대목은 홍대용의 『연기』「무령현」 기사를 그대로 차용하였다.

했으며, 영락 연간에 직례의 경사(京師)에 예속하였다. 청(淸)나라 때 영평으로 고치고, 그대로 따라서 직례에 예속하여 총병관(總兵官)·부도통·독리(督理)·지부(知府)·이사(理事)·동지(同知)·교수(敎授)·훈도·경력·산해관 통판(山海關通判) 각 1인을 두었다. 또 노룡현을 설치했으니, 바로 옛 노룡새(盧龍塞)로 지금은 영평에 속하며, 지현·교유·훈도·전사 각 1인을 두었다. 성안에 두 개의 아문이 있는데, 지부 아문에 '고지우북평(古之右北平)'이라 쓰여 있고, 현 아문은 '이부부(貳部府)'라 부른다.

　동쪽으로 봉천과 영원을 경계로 삼고, 서쪽으로 준화(遵化)와 인접하며, 남쪽으로 바다와 닿아 있고, 북쪽으로 도림(桃林)을 베고 있다. 북경과의 거리가 550리인데, 누택원(漏澤園)에서부터 길이 산등성이를 따라 험하고 평탄하지 않아서 몇 리를 가서 성문에 이르기까지 모두 그러하였다. 성에 들어가니 지세가 낮고 깊었는데, 이는 동쪽 성이 언덕이고 서쪽으로 난하(灤河)에 인접하기 때문이다. 지형이 우리나라 평양과 매우 비슷하되[113] 탁 트여 넓은 것은 배나 된다. 다만 대동강(大同江)과 청천강(淸川江)이 없을 뿐이다. 들밭은 절반이 닥나무와 뽕나무인데 잎은 누에를 치고 껍질은 종이를 만드니, 이것을 심으면 밭 가는 것을 대신할 수 있다고 한다. 줄지어 심은 것이 가지런하여 조금도 구부러진 데가 없었으니, 그들의 거대한 규모와 세심한 마음씨를 어찌 쉽게 말하겠는가.[114]

　홍무 4년(1371) 옛 토성을 따라서 벽돌로 쌓았는데, 둘레가 9리 13보였고 높이가 3장이었다. 해자[濠池]가 성 밖을 둘러 있어 돌다리로 건넌다. 동쪽 문으로 들어가니 밖에 옹성이 있고 초루(譙樓)가 옹성의 위에 있었으며, 내문에는 문루(門樓)가 없고 '영욱(迎旭)'이라는 편액을 달았다. 문밖에 대포를 설치하여 밖을 향하게 하며 문안에 시렁을 설치하고 병기(兵器)를 꽂아 두었으니, 변고에 대비하여 그런 듯하였다. 모두 4개의 문이 있으나 문이 서로 마주하고 있지 않으니, 지세가 그러한 것이다.[115] 성의 네 모퉁이에 모두 적루가 있는데, 높이가 문루와 같았다. 성안에 삼둔협 좌우영(三屯協左

---

113 누택원(漏澤園)에서부터 …… 비슷하되: 이 대목은 김창업의 『노가재연행일기』 권3, 1712년 12월 20일자 일기의 문장과 유사하다.
114 들밭은 …… 말하겠는가: 이 대목은 홍대용의 『연기』 「연로기략」의 내용을 전재하였다.
115 문밖에 …… 것이다: 이 대목은 김창업의 『노가재연행일기』 권3, 1712년 12월 20일자 일기의 내용을 차용하였다.

右營)이 주차(駐箚)해 있어 준화, 노봉로(蘆峯路), 반가구(潘家口), 계주(薊州)의 4영(營)을 통할(統轄)하고, 고북구 제독(古北口提督)·직례 총독(直隸總督)의 절제(節制)를 받는다. 좌병영(左營兵)이 180명이고, 우병영(右營兵)이 183명이다.

이곳은 옛날에 궁벽한 변경이었으나 요(遼)나라와 금나라 이후부터 오랫동안 기보(畿輔) 지역이 되었고, 명나라에 이르러 부(府)를 설치하여 요좌(遼左, 요동)의 목구멍[咽喉]과 경사(京師, 북경)의 울타리[屛翰]로 삼았다. 성지(城池)의 웅장함과 시사(市肆)의 번화함이 심양과 비슷했으며, 이름난 벼슬아치와 진사들의 석루(石樓)와 금방이 무령현보다 더욱 성대하나 선비들이 명예와 절조를 중시하여 절약하고 검소하며 농사에 힘쓰니, 또한 관내의 하나의 도회지이다.

성안의 십자로[十字街]에 3층 처마로 된 높은 누각이 있고, 아래는 방성으로 에워쌌으며, 앞에는 패문(牌門)을 세우고 '성교기동(聲敎幾東)'이라 새겼다. 협문(夾門)을 따라 그 위로 들어가니 땅은 모두 벽돌을 깔았고, 좌우에 돌을 세워서 깃발을 세우는 곳을 만들었다. 구름사다리를 따라 또 위로 올라가니, 이곳은 문루의 중간층이다. 앞에는 '산해승평(山海升平)'이라는 편액을 달았고, 뒤에는 '동점어해(東漸於海)'라는 편액을 달았다. 또 사다리를 따라 제일 높은 누각에 오르니 '명원루(鳴遠樓)'라고 하는데, 멀리 조망할 수 있었다. 누각의 서남쪽에 무묘(武廟)가 있어 주(周)나라 태공(太公)을 배향하였다. 동쪽과 서쪽에 신위를 배향하고 양쪽 낭무(廊廡)에 종향하여 그 제도가 문묘(文廟)와 같았는데, 모두 역대 명장들이었다. 성 남쪽 7리 되는 곳이 난하인데, 그 위에 고죽고성(孤竹故城)이 있어 백이(伯夷)와 숙제(叔齊)를 제사 지낸다. 또 10리 되는 곳이 양산(陽山)인데, 한(漢)나라 비장군(飛將軍) 이광(李廣)의 사호석(射虎石)이 있다.

풍윤현기(豐潤縣記)

풍윤현은 본래 옥전현(玉田縣)의 영제무(永濟務)이다. 금(金)나라 태화(泰和, 1201~1208) 연간에 풍윤현을 두어 계주에 예속시켰다. 원(元)나라 지원 초에 〈계주에서〉 떼어내어 옥전현에 편입했다가 길이 요충지에 해당하므로 다시 〈현(縣)을〉 두어 22년에 풍윤(豐閏)을 세우고 대도로(大都路) 계주의 풍윤현에 치소를 두었다. 명(明)나라 홍무 초에 '윤(閏)'을 '윤(潤)'으로 고치고 계주에 예속시켰는데, 고을에 소금 나는 곳이 있기 때문에 이름을 '풍윤'이라 하였다. 청(淸)나라가 그대로 따라서 직례 준화주(遵化州)에 예속시키고, 지현·훈도·교유·주부(主簿)·전사 각 1인을 두었다.

풍윤현에 남관성(南關城)이 있으니, 바로 옛 간성(垠城)으로 조(趙)나라 무령왕(武靈王)이 쌓은 것이며, 동쪽 성이 지금의 현(縣)의 치소이다. 명나라 정통 14년(1449)에 비로소 벽돌로 쌓았는데 둘레가 4리였고, 아울러 여장을 쌓았는데 높이가 2장 5척이었다. 문이 4개 있는데, 동쪽은 내원(來遠)이고 서쪽은 공진(拱宸)이며 남쪽은 관해(觀海)이고 북쪽은 진삭(鎭朔)이다. 융경 2년(1568)에 증수하여 높이가 5척이고, 각루 4개를 세웠는데 동남쪽은 강복(羌伏)이고 서남쪽은 해윤(海潤)이며 동북쪽은 정변(定邊)이고 서북쪽은 보극(保極)이다.

무릇 연로(沿路)의 성지(城池)는 사람이 오르는 것을 허락하지 않아서 범한 자는 죄가 사형에 이르기 때문에 아래에서 올려다 바라볼 뿐이다. 풍윤현에 오니 금법(禁法)이 그다지 엄하지 않아서 성에 오를 수 있었다. 성 안팎의 여장은 그 너비가 말 10마리를 달릴 수 있을 정도이며, 벽돌을 깔아서 평평하고 윤이 나는 것이 숫돌과 같았다. 여장에 기대어 서북쪽을 바라보니, 꺾여서 각진 것이 곱자에 맞고 굽어서 곧은 것이 먹줄에 맞아 간 듯하고 깎은 듯하여 반점도 비뚤거나 기울어진 곳이 없었다. 중국 사람이 일을 하는 것이 매양 이와 같아서 작은 현(縣)에서 큰 부(府)를 미루어 알 수 있으니, 경성(京城, 북경)의 웅장하고 화려함은 말할 것도 없다.[116]

성안에 도사 1인, 파총(把摠) 2인, 병사 170명을 주차(駐箚)시켰다. 원나라 손경유(孫慶瑜)의 「풍윤현기(豐潤縣記)」에 다음과 같이 말하였다.

"영제무는 왼쪽으로 고죽에 이어지고, 오른쪽으로 무종(無終, 무종산)에 닿아 있으며, 명해(溟海)가 앞에 떠 있고 예천(醴泉)이 뒤에서 누르고 있다. 백성들은 근면하고 검소하여 농사에 힘쓰며 밭이 넓고 멀어 지극히 기름지니, 생산하는 것은 사시(絲枲)와 어염(魚鹽)이고 알맞은 것은 도량(稻粱)과 서직(黍稷)이다. 만약 검푸른 물이 새어 나와 배를 띄우고 남쪽으로 내려가서 가는 대로 놓아두면 붉은 게와 금빛 비늘을 마음대

---

116 무릇 …… 없다: 이 대목은 홍대용의 『연기』「연로기략」의 내용을 차용하였다.

로 얻게 될 것이니, 비록 큰 고을이라도 대단할 것이 못 된다. 이 때문에 예로부터 땅이 비옥하고 백성이 순박하다고 일컬어졌다."

지금은 오히려 시사(市肆)가 풍성하고 사치하며, 읍리(邑里)가 번화하고 성대한데, 그 사이에 글 읽는 소리가 있으니 대체로 이 지역의 풍속이 그러하다. 명나라의 운수가 끝나자 사대부의 집안이 이곳으로 물러나 살아서 서적이 많았으나 들으니 지금은 없다고 한다.

옥전현기(玉田縣記)

옥전은 옛 유주의 지역으로, 또 춘추시대에는 무종자국(無終子國)이라 불렸으며, 한대(漢代)에는 무종현(無終縣)이 되었다. 주(周)나라 소공(召公)이 봉해 받은 지역인데, 『모시정의(毛詩正義)』에는 "소공이 처음 무종에 봉해졌다가 뒤에 계(薊)로 옮겼다"라고 하였고, 「시서(詩序)」에는 "부풍(扶風) 옹현(雍縣)의 남쪽에 소공정(召公亭)이 있으니, 곧 소공의 채읍(采邑, 食邑)이다"라고 하였는데 어느 것이 옳은지 모르겠다. 『대청일통지(大淸一統志)』[117]에는 "소주(蘇州)가 옛 무종국이고 옥전은 당나라 초기에 따로 설치한 곳이니, 무종현은 지금의 옥전이지 옛 무종이 아니다"[118]라고 하였으며, 혹자는 "양옹백(陽雍伯)이 돌을 심어 옥(玉)을 얻었기 때문에 '옥전'이라 이름하였다"[119]라고 하였다.

수나라 대업(大業) 초기에 어양군(漁陽郡)으로 삼았다가 치세 말년에 금세 폐하였다. 당나라 건봉(乾封, 666~667) 연간에 다시 설치했으며, 만세통천(萬歲通天) 원년(696)에 옥전으로 이름을 고쳤다. 송나라 선화(宣和) 4년(1122)에 경주(經州)로 바꾸어 설치하였고, 금대(金代)에 옥전으로 되돌렸으며, 원대(元代)와 명대(明代)에는 그대로 두었다. 청나라 건륭 8년(1743)에 준화현(遵化縣)을 직례주(直隸州)로 승격시켜 옥전을 예속시켰

---

117 『대청일통지(大淸一統志)』: 청조의 관찬지리서이다. 1686년(강희 25)부터 1842년(도광 22)까지 모두 『강희대청일통지(康熙大淸一統志)』, 『건륭대청일통지(乾隆大淸一統志)』, 『가경중수일통지(嘉慶重修一統志)』 3종이 편찬되었다. 『가경중수일통지』의 경우는 1820년(가경 25) 이전 청대 지리서뿐만 아니라 이전 각 왕대의 지리지 내용까지 포함하고 있다. 이 때문에 현재 중국 역사 및 지리 연구에서 필수적인 자료로 활용되고 있다.
118 『대청일통지』 권6, 「순천부3(順天府三)」.
119 『대명일통지』 권1, 「순천부(順天府)」.

다. 명나라 성화(成化) 3년(1467)에는 현성(縣城)을 새로 쌓았는데, 둘레는 1,220보로 3리 남짓이고, 높이는 3장(丈)이며, 넓이 역시 이와 같았다. 성문은 3개로, 동문은 '영욱(迎旭)', 서문은 '공신(拱宸)', 남문은 '내훈(來薰)'이라 하며, 북문은 막은 지 오래되었다. 융경 원년(1567)에 3장을 증축하였고, 숭정 8년(1635)에는 그 안을 모두 벽돌로 바꾸었는데, 얼마 후 다시 해자를 파고 팽가교(彭家橋)의 물을 끌어들였다. 성은 삼하현(三河縣)과 비교해 조금 작아서 마을이 번성하였는데도 길이 복잡하고 어려운 것이 흠이다. 지현·훈도·교유·주부·전사 각 1인을 두었으며, 도사 1명과 파총 1명, 병사 185명을 주둔시켰다.

현의 무종산(無終山)에는 연나라 소왕(昭王)의 묘가 있다. 서무산(徐無山)은 후한의 전주(田疇)[120]가 병난을 피한 곳인데, 한나라 건안(建安) 11년(206) 조조가 오환을 칠 때, 전주를 향도(鄕導)[121]로 삼아 서무산에 올랐으니, 바로 이곳이다. 〈개산도(開山圖)〉에 "산에서 타지 않는 나무와 불을 내는 돌이 나온다"[122]라고 하였다. 서북쪽에는 연산(燕山)이 있다. 산 정상의 낭떠러지 언저리에는 돌북[石鼓]이 있는데, 지면과 100여 장이 떨어져 있어 멀리서 바라보면 수백 개의 석균(石囷) 같다. 돌다리[石梁]가 북을 꿰뚫고 있고, 북의 동남쪽에는 돌사람[石人]이 북채를 잡은 듯한 형상이다. 나이 많은 사람들의 말에 "돌북[石鼓]이 울면 전쟁이 일어난다"[123]라고 하였다. 소동파(蘇東坡: 蘇軾)의 시[124]에 다음과 같이 말하였다.

연산은 기다란 뱀 같아서	燕山如長蛇
천 리에 오랑캐와 한족을 구분 지었네	千里限夷漢
머리는 서산의 기슭을 머금고 있고	首銜西山麓

---

120 전주(田疇): 169~214. 자는 자태(子泰), 우북평 무종 출신으로 후한 말기 관리이자 학자이다. 그가 종족을 거느리고 서무산에 들어가 은거해 살면서 잘 다스리니 일대가 그의 위세에 신복(臣服)하였다. 후에 조조가 오환을 칠 때 길을 향도하여 큰 공을 세웠다(『삼국지(三國志)』 권11, 「위서(魏書)·전주전(田疇傳)」).
121 향도(鄕導): 군대를 인솔해 갈 때 길을 인도하는 관원을 말한다.
122 서무산(徐無山)은 …… 나온다: 서무산에서의 전주의 활약과 〈개산도〉에 대한 내용은 『대청일통지』에서 확인된다(『대청일통지』 「준화 직례주(遵化直隸州)」).
123 돌북[石鼓]이 …… 일어난다: 이와 유사한 내용이 서호수(徐浩修)의 『연행기(燕行紀)』에서 확인된다(『연행기』 권4, 「기연경지진강성(起燕京至鎭江城)·칠일갑신(七日甲申)」).
124 소동파(蘇東坡)의 시: 실제는 소철(蘇轍)의 시이다. 동파는 소식(蘇軾)의 호이다.

꼬리는 동쪽 해안에 걸쳐 있네　　　　　　　　　　　　　尾挂東海岸[125]

대개 연산의 산맥이 태항산(太行山)[126]에서부터 연달아 이어져 동쪽으로 옥전에 이르러 곧장 해안가에 닿으니, 연나라라는 것은 이것을 말미암아 이름 지었다고 한다.[127]

옥전기(玉田記)

옥전현(玉田縣) 북쪽 수십 리 지점의 마산(麻山)에는 양옹백(陽翁伯)이 옥을 심었다는 밭이 있다. 마산은 무종산의 기슭 중 하나이다.

살펴보건대, 『선전습유(仙傳拾遺)』[128]에 다음과 같은 기록이 있다. "양옹백은 노룡(盧龍) 사람으로, 효성으로 부모를 모셨고 무종산에다가 부모를 장사 지냈다. 무종산은 높이는 높으나 물이 없었기에, 양옹백이 무덤가에 여막(廬幕)을 짓고 밤낮으로 울부짖으니 신명(神明)이 감동하여 그 무덤가에 샘을 내주었다. 그러자 양옹백이 그 물을 끌어다 관도(官道: 국가에서 관리하는 큰길)로 내어 행인을 구제해 주었다. 일찍이 말에게 물을 먹이는 자가 그에게 흰 돌 한 말[斗]을 주며 '이것을 심으면 분명 아름다운 옥이 날 것이다'라고 하였다. 과연 백벽(白璧: 희고 둥근 옥)이 났는데 길이가 2척이 되는 것이 몇 쌍이나 되었다. 북평 서씨(徐氏)에게 여식이 있어 양옹백이 그녀와 혼인하기를 청하자, 서씨가 중매하는 이에게 '백옥 한 쌍을 주면 그렇게 하겠다'라고 하니, 양

---

125 소철(蘇轍), 「봉사글안이십팔수기칠연산(奉使契丹二十八首其七燕山)」. "燕山如長蛇, 千里限夷漢. 首銜西山麓, 尾掛東海岸. 中開哆箕畢, 末路率一線. 卻顧沙漠平, 南來獨飛雁. 居民異風氣, 自古習耕戰. 上論召公奭, 禮樂比姬旦. 次稱望諸君, 術略亞狐管. 子丹號無策, 亦數遊俠冠. 割棄何人斯, 腥臊久不澣. 哀哉漢唐餘, 左袵今已半. 玉帛非足雲, 子女罹踏踐. 區區用戎索, 久爾麋郡縣. 從來帝王師, 要在侮亡亂. 政堅甚攻玉, 乘叚易冰泮. 中原但常治, 敵勢要自變. 會當挽天河, 洗此生齒萬."
126 태항산(太行山): 중국 중북부 산서성(山西省)과 하남성(河南省)의 경계를 이루는 산맥으로 북경, 하북성, 산서성, 하남성에 걸쳐 있다.
127 연산의 …… 한다: 연산이라는 명칭의 유래는 『흠정일하구문고(欽定日下舊聞考)』에서 확인된다(『흠정일하구문고』 권144, 「부편(附編)·옥전현(玉田縣)」).
128 『선전습유(仙傳拾遺)』: 당말(唐末) 오대시기 두광정(杜光庭, 850~933)이 편찬한 신이(神異)한 내용의 소설이다.

옹백이 백옥 다섯 쌍을 주고 마침내 서씨의 사위가 되었다. 몇 년 뒤 구름 속에서 용이 내려와 맞이하니, 부부가 함께 하늘로 올라갔다. 지금 그가 살던 곳을 옥전방(玉田坊)이라 하는데, 양옹백이 신선이 되어 떠난 후에 자손들이 밭 가운데에 큰 비석을 세워 그 일을 기록하였다." 「양씨보서(陽氏譜敍)」에 말하기를 "양옹백은 주나라 경왕(景王)의 자손으로, 양번(陽樊)을 식읍으로 삼았다. 춘추시대 말엽에는 무종에서 살았는데 양번을 식읍으로 삼았기에 양씨로 바꾸었다. 남을 아끼고 널리 베풀었기에 하늘이 옥전을 내려 주었다"[129]라고 한다.

무릇 옥전현은 지금 우리가 지나는 곳으로, 비록 마산에 올라 옛 흔적을 찾아서 옥을 심었다는 밭을 볼 수는 없지만, 옥을 심어 백벽이 생겼다는 것은 이치상 절대 불가능한 일이니 매우 괴기하고 황당무계한 말이 아닌가. 대개 양옹백의 효성이 신명을 감동하게 해 상서를 내려 주기를 보통 그 이상으로 한 것이다. 그러므로 샘물이 나온 것이 이미 조짐이 되었으니, 그렇다면 또한 옥을 심는 기이함은 없었겠는가. 이것은 이치의 유무를 따질 수 없는 것이다. 또 『오후청(五侯鯖)』에 "설경(薛瓊)은 지극한 효자로, 집이 가난하여 나무하러 갔다가 늙은 사람을 만났는데, 노인이 물건을 주면서 '이것은 은(銀) 열매이니 서쪽 벽의 흙을 파내다가 구리로 만든 독에 채우고 이 열매를 심으면, 은을 얻게 될 것이다'라고 하였다. 노인의 말대로 심었더니 열흘이 되어 싹이 나고 다시 열흘이 지나 꽃이 피었는데 꽃은 은빛이어서 자개[螺鈿] 같았고, 열매를 맺게 되자 모두 은이었다"[130]라고 하였으며, 『원사(元史)』에 "서역에서는 양의 배꼽을 심는데, 양을 잡아다가 먼저 배꼽을 따서 이를 두터운 땅에 심으면 1년 만에 양이 생긴다. 양이 땅 위에 엎드려 있을 적엔 형상이 가축 같았다가 천둥소리를 들으면 배꼽이 떨어진다"라고 하니, 양의 배꼽도 심을 수 있다면 은과 옥도 역시 심을 수 있는 것이다.[131]

---

129 양옹백은 …… 주었다: 양옹백에 대한 일화는 『흠정일하구문고』와 『대청일통지』에서 확인된다(『흠정일하구문고』 권144, 「부편·옥전현」; 『대청일통지』, 「순천부2(順天府二)」).
130 『오후청(五侯鯖)』에 …… 은이었다: 설경(薛瓊)과 관련된 일화는 『향조필기(香祖筆記)』 권3에서 확인된다.
131 『원사(元史)』에 …… 것이다: 양의 배꼽과 관련된 설명은 『원사』에는 확인되지 않으나, 박지원(朴趾源)의 『열하일기(熱河日記)』에 동일한 글이 나온다. 박지원은 이 설을 태사(太史) 고역생(高棫生)으로부터 들었으며 그가 『원사』에 실려 있다고 언급하고 있는데, 『관암존고』와 원문도 거의 유사한 것으로 보아 홍경모가 이를 참고하여 기술한 것으로 보인다(『열하일기』, 「동란섭필(銅蘭涉筆)」).

계주기(薊州記)

　　계주는 『서경』 「우공」의 기주의 지역으로, 주나라 무왕(武王)이 요나라 임금의 후손을 이곳에 봉하였다. 춘추시대에 연(燕)나라에 속하였고, 진(秦)나라 때에 어양군을 두었으며, 한(漢)나라 이후 거진(巨鎭)이 되었다. 위(魏)나라 때에는 유주에 속하였고, 진(晉)나라 때에 연국(燕國)이 되었다가 후위 때 그대로 어양군을 두었다. 수나라 초기에 현주(玄州)를 이곳으로 옮기고 총관부(總管府)를 세웠다가 뒤에 어양군으로 되돌렸다. 당나라 초기에 군이 폐해지자 유주에 속했고, 무후(武后) 때 영주가 거란에게 함락되자 어양에 기탁하여 다스렸다. 개원 연간에는 유주의 어양, 삼하, 옥전 3현을 분할하여 계주를 설치하고 옛 계문관(薊門關)을 따서 주를 이름하였으니, 계문관은 주의 동남쪽에 있다. 천보 초에 다시 어양군으로 삼아 곧장 정새군(靜塞軍)을 두었고, 건원 원년(758)에 다시 계주로 바꾸었다. 오대(五代)에 석진(石晉)[132]이 할양(割讓)하여 요나라에 뇌물로 주자 요는 상무군(尚武軍)이라 불렀다. 금나라가 이곳을 송나라에게 돌려주자 송나라는 광천군(廣川郡)이라는 이름을 내렸는데, 금나라가 금세 그 땅을 취하고서 옛 이름을 따라 계주로 하고 중도로(中都路)에 예속시켰다. 원나라는 계주를 대도로로 삼았고, 명나라는 순천부(順天府)에 예속시켰으며, 지금 청나라 또한 그대로 따랐다. 지주·훈도·학정·이목 각 1인을 두며, 주둔하는 군대로는 계주성수영(薊州城守營)이 있어 삼둔협 부장(三屯協副將)·고북구 제독의 지휘를 받는다. 도사 1명, 천총 2명, 파총 2명, 병사 282명이다.

　　살펴보건대, 『주지(州志)』에 주치(州治: 지방관의 행정 거점)는 성의 동북 지역에 있는데 요나라와 금나라의 옛터 그대로 두었다가, 원나라 지정(至正, 1341~1367) 연간에 다루가치[達嚕噶齊]가 확장하여 새롭게 만들었고, 명나라 홍무 연간 초에 벽돌로 쌓았다. 산원(山原)의 남쪽으로 고수(沽水)가 인접해 있다. 3개의 성문에는 각각 성루(城樓)가 있어 동쪽은 '위원(威遠)', 남쪽은 '평진(平津)', 서쪽은 '공극(拱極)'이라 하였는데, 숭정

---

[132] 석진(石晉): 석경당(石敬瑭, 892~942)이 세운 오대의 후진이다. 석경당은 후당 명종(明宗)의 사위로서 거란의 도움을 받아 황제가 되었다. 유(幽)·계(薊) 등 16주(州)를 요(遼)에 주고 신하로 섬겼는데, 2대인 출제(出帝)가 즉위한 후 신하되기를 거부하다가 946년(개운 3)에 요에 멸망하였다.

임오년(1642)에 성이 무너져 겨우 터의 반만 남았다. 청나라 강희 연간에 중수하며 3개의 성문에 각각 성루 한 좌(座)씩을 세웠는데, 동쪽은 '영고(永固)', 서쪽은 '영녕(永寧)', 남쪽은 '영강(永康)'이라 하였으며, 네 모서리에 각각 각루가 있다고 하였다.[133] 정북(正北)에는 문은 없고 성 위에 '북극대(北極臺)'라는 누대가 있다. 서문 안에는 옹성이 있는데, 옹문 밖으로 조금 물려서 3, 4칸 정도에 좌우로 성을 쌓고 또 문을 내었으니, 실로 삼중 문이다. 성루의 2층 안쪽 편액에는 '북공신경(北拱神京)'[134]이라는 네 글자가 쓰여 있었다. 성안의 사거리 양옆에 편액이 있는데 하나는 '고어양(古漁陽)'이라 썼고 하나는 '동경쇄약(東京鎖鑰)'이라고 썼다.

계주는 옛날의 소안문관(小雁門關)으로, 성의 서북쪽은 숭산(崇山)의 높은 산봉우리가 겹겹이 둘러싸고 있으며, 동쪽에는 강이 있고 강에는 '어양교(漁陽橋)'라고 불리는 다리가 있다. 남쪽으로는 큰 평야에 접하고 있는데 형세가 매우 뛰어나고 광활하다. 성의 연못의 모습은 심경(瀋京)에 버금가고 백성의 재물과 시장의 가게는 영평과 서로 우열을 다투니, 수도 동쪽의 거진이다. 예전에 팽총(彭寵)과 안녹산(安祿山)의 반란이 다 여기에서 있었던 것은 아마 어양의 돌격 기병[突騎]을 천하에 대적할 사람이 없는 것을 믿었기 때문일 것이다. 지금 풍속 또한 무(武)를 숭상한다고 한다.

명나라 융경 무진년(1568)에 도독동지(都督同知) 척계광(戚繼光)[135]이 계주·영평·산해관 등 여러 지역을 진수(鎭守)할 적에, 적대(敵臺)[136] 1,200좌(座)를 세웠는데, 대의 높이는 5장(丈)이고, 성가퀴[睥睨]가 사방으로 이어져 있었다. 중심을 비우고 3층으로 만들어 한 대당 100명이 숙위(宿衛)하였으며, 무기[鎧仗]와 식량을 모두 갖추고 있었다.

---

133 『계주지(薊州志)』 권3, 『계주지(薊州志)』 권3, 「성지(城池)」; 「관서(官署)」.
134 북공신경(北拱神京): '서공신경(西拱神京)'의 오자(誤字)로 보인다. 서쪽의 성문을 설명하고 있는 데다 황재(黃梓)의 『갑인연행록(甲寅燕行錄)』, 김정중(金正中)의 『기유록(奇遊錄)』 등 다른 기록들에서는 모두 '西拱神京'으로 기재되어 있다.
135 척계광(戚繼光): 1528~1588. 자는 원경(元敬), 호는 남당(南塘)·맹제(孟諸), 시호는 무의(武毅), 산동 출신으로 명나라 후기 무신이다. 가정제(嘉靖帝)와 융경제(隆慶帝) 연간에 남으로 왜구와 북으로 타타르족[南倭北虜]의 침입을 물리치는 데 큰 공을 세웠다. 만력제(萬曆帝) 연간에 장거정(張居正)의 지지를 받아 북경의 방위와 장병의 훈련을 담당했으나, 장거정이 죽은 뒤 탄핵을 받고 파면되었다. 그는 『기효신서(紀效新書)』·『연병실기(練兵實紀)』·『무비신서(武備新書)』·『이융요략(茌戎要略)』 등 많은 병서를 남겼는데, 그 가운데 『기효신서』는 조선 후기 군제 편성에 큰 영향을 미쳤다.
136 적대(敵臺): 적을 방어하기 위하여 성 위에 설치하는 대(臺)를 말한다. 허대(虛臺)와 실대(實臺)로 되어 있는데, 마음을 놓고 적을 관망 대적할 수 있고 적의 화살을 막을 수 있으므로 '적대'라 하였다.

매우 견고하고 웅장하여 2,000리까지 성세(聲勢)가 이어졌으나, 척계광이 떠나고 변방의 경비가 이내 허물어져 청의 군대가 휩쓸고 들어오는 것을 막아 낼 방법이 없었으니, 탄식을 금할 수가 있겠는가. 지금 관 내외에 남아 있는 적대가 여전히 사방에 별처럼 무수히 흩어져 있으니, 당시 변방을 방어했던 계책을 볼 수 있고 또한 제도의 훌륭함을 충분히 알 수 있다.

삼하현기(三河縣記)

삼하현은 본래 한나라의 임구현(臨泃縣)이었는데, 당나라 때에 노현(潞縣)의 땅을 떼어 내서 삼하현을 설치하고 유주에 예속시켰다.[137] 칠도(七渡), 포구(鮑邱), 임구(臨泃) 등 세 물길과 가까우므로 삼하라고 이름한 것이다. 당나라 정관(貞觀) 초기에 폐하였다가 경룡(景龍) 3년(709)에 임구로 고치고 삼하를 두었고, 개원 4년(716)에 노현을 떼어 내서 삼하현을 설치하고 유주에 속하게 하였으며, 개원 18년(730)에 계주로 고쳤다. 오대 초기에 폐하였다가, 후당(後唐) 장흥(長興) 3년(932)에 다시 삼하를 두었다. 진(晉)나라 천복(天福, 936~943) 연간에 요나라에 들어가 계주 상무군(薊州尙武軍)에 소속되었다. 보대(保大) 말기에 금나라에 들어갔다가, 이윽고 송나라에 포함되어 선화 5년(1123)에 광천군에 예속되었는데, 선화 7년(1125)에 그대로 금나라에 포함되었다. 금나라 천덕 3년(1151)에 노현을 통주(通州)로 승격시켜 삼하를 통솔하게 하였다. 원나라는 대도로에 예속시켰다. 명나라는 순천부 통주에 예속시켰는데, 홍무 10년(1377)에 평곡현을 폐지하고 삼하에 편입시켰으며, 13년(1380)에 그대로 평곡을 설치하고 계주에 예속시켰다. 청나라는 이를 그대로 따랐다. 지현·교유·훈도·전사 각 1인을 두었다.

살펴보건대, 『대명일통지』에서는 "삼하는 본래 한의 임구현 땅이다."라고 하였는데, 지금 『전한서(前漢書)』와 『후한서(後漢書)』를 살펴보면 모두 임구현이 없다. 『당서』 「지리지」 '유주 범양군 노현(幽州范陽郡潞縣)' 아래에 "무덕(武德) 2년(619) 임구현을 두었고, 정관 원년(627)에 임구현을 폐지하였다"라고 하였으며, '계주 어양군 삼하' 아래에

---

[137] 『대명일통지』 권1, 「건치연혁(建置沿革)」.

"개원 4년에 노현을 떼어 내서 삼하를 설치하였다"라고 하였다. 그러므로 본래 이것은 하나의 땅이었는데, 먼저 나뉜 것은 임구가 되고 후에 나뉜 것은 삼하가 된 것이니, 모두 당나라에서 말미암은 것이지 한나라가 아님을 알겠다.[138]

현의 치소는 명 홍무 초기에 건립되었고, 옛 성은 지금의 현 동쪽 3리 지점의 구하(泃河) 남쪽에 있었는데, 물길에 의해 폐해졌다. 후당 장흥 3년(932), 조덕균(趙德勻)이 유주 절도사가 되어 지금의 현성을 세웠으니, 계주의 운로(運路)와 연결시켰다. 사방 6리이고, 해자의 넓이 3장, 깊이는 그 반이다. 명 가정 연간에 증수하여 5척을 높이고, 적대와 각루를 두었다. 청 강희 18년(1679)에 다시 중수하니 둘레 4리이고, 높이 2장 5척이다. 문은 4개인데, 동문은 '취일(就日)', 남문은 '내훈(來薰)', 서문은 '첨운(瞻雲)', 북문은 '승은(承恩)'이라 하였다. 성안에 도사 1명, 파총 1명, 병사 165명이 주둔하고 있다.

통주기(通州記)

통주는 본래 『서경』 「우공」의 기주 지역이다. 춘추시대에는 연(燕)나라에 속하였고, 진(秦)나라 때에는 어양군으로 삼았으며, 한나라는 노현을 두어 어양군을 예속시켰다. 수나라와 당나라에 이르러 현을 폐지하고 탁군(涿郡)에 편입시켰다가 다시 노현으로 삼았는데, 후에 수해(水害) 때문에 치소를 안락의 고성(古城)으로 옮기니, 지금 주의 동북 지역은 바로 옛 치소였다. 오대에 걸쳐 모두 그대로 따랐다. 금나라 때에 통주로 승격시키니, 조운(漕運)을 활발하게 소통시키는 뜻을 취한 것이다. 원나라에서도 그대로 따르되, '노현'과 '삼하현' 두 영현(領縣)을 대도로에 예속시켰다. 명나라 홍무 연간 초에는 내부(內附)하니 노현을 아울러 통주에 편입시켰으며, 삼현(三縣)을 예속시키고 북평부(北平府)에 소속시키니, 지금의 순천부에 소속시킨 것이다. 순치 16년(1659)에는 노현을 폐지하여 통주에 편입시켰다. 지주 · 교유 · 훈도 · 이목 각 1인을 두었으며, 또 병마(兵馬), 부장(副將), 도사, 천총, 파총, 수비(守備), 포도(捕盜) 등의 관원을 두고 나

---

138 『대명일통지』에서는 …… 알겠다: 고염무(顧炎武)의 『일지록(日知錄)』에서 인용한 것으로 보인다(『일지록(日知錄)』 권31, 「전명일통지(前明一統志)」).

누어 순찰하여 통주를 지키도록 하였다.

　명나라 이전에는 성이 없어 울타리와 목책(木柵)으로 막았다. 성이 만들어진 것은 홍무 연간 초에 비롯하였는데, 두 성을 쌓아 서쪽과 남쪽의 두 조창(漕倉)을 보호하자는 주문(奏文)이 정덕(定德, 1506~1521) 연간에 있었으며, 신성(新城)의 증수는 가정 6년(1527)부터 시작되었다. 또 성을 중수하면서 구성(舊城)과 연결하여 순치(脣齒)의 형세로 서로 의지하도록 한 것은 만력 19년(1591)에 비롯되었다. 22년(1594)에는 두 성의 해자가 모두 연못을 만들만 하였기에 통혜하(通惠河)의 물을 끌어다 대고 수문 하나와 다리 넷을 세웠다. 숭정 4년(1631) 독부(督部) 범경문(范景文)[139]이 통주의 구성 동북쪽과 신성 서남쪽이 모두 적의 공격을 받은 것을 하나하나 살피고는 마침내 각각 돈대(墩臺) 1좌(座)를 세웠다. 돈대의 모양은 부채와 같고, 좌측에서 우측까지 길이는 12장(丈) 높이는 3장 7척쯤이며, 그 가운데를 비우고 포(礮: 돌 쇠뇌)를 가설(架設)하였다. 강희 9년(1670) 신구(新舊) 두 성이 무너지자 다시 수리하였다. 건륭 30년(1765)에는 신구 두 성을 합해서 하나로 만들었는데, 구성은 서쪽 면을 허물어 제거하였다. 문은 모두 5개로 각각 중루(重樓, 2층의 높은 누각)를 세웠는데, 구성의 '통운(通運)'·'영훈(迎薰)'·'응취(凝翠)'라는 세 문의 이름과 신성의 '망범운표(望帆雲表)'·'척오첨천(尺五瞻天)'이라는 두 문의 이름은, 모두 그 구성을 따른 것이다.[140]

　시장은 화려하고 민물은 번성하여 부유함이 성경이나 산해관에 비교가 되지 않으며, 상인들의 교역은 밤이 되어도 끊이지 않아 야시(夜市)라는 명성이 천하에 알려지게 되었다. 시문(市門)의 현판에는 '만소운집(萬艘雲集)'이라고 씌어 있고, 길가에 2층 처마가 달린 고루(高樓)를 세우고 아래엔 '성문구천(聲聞九天)', 위에는 '사공분서(司空分署)'라고 써 붙였다. 누각 위에는 창과 난간을 설치하였는데, 아득하기가 마치 허공에서 내려다보는 것 같아서 성안의 마을들과 수십 리 밖의 숲과 하천이 모두 한눈에 들

---

[139] 범경문(范景文): 1587~1644. 자는 몽장(夢章), 호는 사인(思仁), 시호는 문정(文貞), 하간부(河間府) 출신으로 명나라 말기 문인이다. 1613년(만력 41)에 진사가 되어 동창부추관(東昌府推官), 이부문선낭중(吏部文選郎中)을 역임했으나, 위충현(魏忠賢)과 동림당(東林黨) 어디에도 호응하지 않고 귀향하였다가 숭정 연간에 다시 기용되어 기무(機務)에 참여하였다. 명나라가 망하자 자살하였다.

[140] 명나라 …… 것이다: 통주성의 구성에 관한 내용은 『흠정일하구문고』에서 확인된다(『흠정일하구문고』 권108, 「경기(京畿)·통주(通州)」).

어왔다. 성 가까이 노하(潞河)의 곡식 창고는 강가에 가로 걸쳐 있는데, 조운할 때마다 절강(浙江)과 호북(湖北) 여러 지역의 십만여 척의 배가 모두 성 밖에 운집하여 온 천하의 배로 운반된 물건이 통주에 모이니, 노하의 배들을 보지 않는다면 황제의 도읍의 웅장함을 어찌 알겠는가.[141] 대개 통주는 위로는 수도를 껴안은 형세이고, 아래로는 천진(天津)을 두르고 있으며, 노하와 혼하 두 개의 강이 동남쪽에 와서 만나고, 유연(幽燕)의 여러 산이 서북쪽에 우뚝 솟아 있다. 배와 수레가 몰려들고 관원[冠蓋]들이 끊임없이 왕래하니, 참으로 경기[畿輔]의 요충지요, 물과 육지의 중요한 곳이라 할 수 있다.

통주조창기(通州漕倉記)

조창(漕倉)은 통주의 성 밖에 있으니 천자의 외창(外倉)이다. 원나라 때 십삼창(十三倉)을 두고 도조운사(都漕運司)가 관장하게 하였다. 명나라 때 오위창(五衛倉)을 설치하고, 총독(總督)·창장(倉場)·태감(太監) 등의 관리를 두었다. 청나라 때에는 제도를 정해 두 개의 조창을 두니, 하나는 '대서창(大西倉)'이라 하고 하나는 '중창(中倉)'이라 한다. 매 창의 만(滿)·한(漢) 감독 각 1원(員)은 창장과 총독에게 소속된다. 총독은 호부시랑(戶部侍郞)의 직함을 띠며, 역시 만·한 각 1인으로 조정(漕政)을 전담한다. 통주와 경성에 각각 아서(衙署)가 있어 매년 봄에는 통주에서 머물다가 겨울에는 경성의 아서로 돌아와 일을 처리한다. 좌량청(坐糧廳)은 만·한 각 1인으로, 어사(御史)와 육부(六部)의 사원(司員)들로 충당하는데, 양곡을 모아 거둬 각 창에 넘기고 또 어사에게 운송선을 순시(巡視)하도록 명한다. 명의 오위창 가운데 좌위창과 우위창 2개만 그대로 두고, 각각 천총(千總) 1원을 설치해 운송을 감독하게 한다. 또 북문 밖에 전창(甎廠)을 설치하였는데, 매년 임청(臨淸)에서 벽돌을 조선(漕船)에 실어 해운을 통해 전창으로 넘기면, 통영도(通永道)에서 관리하다가, 공부(工部)에서 가져다 쓸 일이 있으면 징수한다.

---

141 절강(浙江)과 …… 알겠는가: 통주의 선운(船運) 제도에 대해 연암(燕巖) 박지원(朴趾源)도 "천하의 선운들이 모두 통주에 모여들게 되니, 만일 노하의 선박들을 구경하지 못한다면 이 나라 수도의 장관을 말할 수 없을 것이다[天下船運之物, 皆湊集於通州, 不見潞河之舟楫, 則不識帝都之壯也]"라고 하여 동일한 평가를 내렸다(『열하일기』 「관내정사(關內程史)」).

조운할 때마다 절강·호북의 전운사(轉運使)가 300만 석을 이끌고 오는데, 회안부(淮安府)에서 남쪽으로 이동해 직고해(直沽海)를 통해 천진위(天津衛)를 거쳐 장가만(張家灣)으로 모여 통주의 노하에 이른다. 경도(京都)로 조운해 들어갈 때에는 영통교(永通橋) 아래를 따라가면 곧장 황성(皇城)의 조양문(朝陽門) 밖에 이르고, 다시 작은 배로 수문을 열어 태창(太倉)에 실어 들인다.

　　무릇 조운선은 6,969척으로, 매년 출항하여 운송하는 배는 직예 37척【모두 하동(河東)으로 운송하는 것을 돕는다.】, 산동 975척【조운군이 스스로 갖추는 배가 311척, 하남(河南)으로 운송을 돕는 배가 268척이다.】, 소강(蘇江) 양도(糧道) 소속 589척, 강안(江安) 양도 소속 3,084척【하남으로 운송을 돕는 배가 25척, 소강으로 운송을 돕는 배가 1,997척이다.】이고, 그중 백량(白粮)을 운송하는 배는 136척이다. 통성(通省)의 조운선에서 선발하며 3년에 한 번씩 교체한다. 강서(江西)는 708척, 절강은 1,214척이고, 그중 백량을 전적으로 운반하는 것은 63척이다. 〈호북(湖北)은 180척,〉 호남(湖南)은 182척이라고 한다.[142]

142　무릇 …… 한다: 해당 부분의 원문에는 호북의 배 180척이 빠져 있는데, 이를 합쳐야 위에서 언급한 조운선의 총수(6,969척)와 일치한다(『대청회전(大淸會典)』 권13, 「호부(戶部)·조운(漕運)」. "凡漕船六千九百六十有九, 每歲出運者, 直隸三十七, 均協運河南, 山東九百七十五, 運軍自備者, 三百十有一, 協運河南, 二百六十八, 蘇松糧道所屬五百八十九, 江安糧道所屬三千八十四, 協運河南, 百二十五, 協運蘇松, 千九百九十七內, 運白糧者, 百三十六, 於通省漕船內, 簡調三年踐更, 江西七百有八, 浙江千二百十有四內專運白糧者, 六十三, 湖北百八十, 湖南百八十二.").

『관암존고(冠巖存藁)』 9책, 유기(游記), 「요야기정(遼野記程)」

도압강기(渡鴨江記)

이해의 동짓달 27일에 강을 건너 서쪽으로 가려 하자 의주 사람들[灣人]이 압록강 머리에 장막을 펼치고 전별해 주었다. 술잔이 몇 차례 돌고서 이내 인마(人馬)를 점열(點閱)하고 차례대로 길을 떠날 적에, 한겨울의 추위는 매섭고 북풍은 거셌으며 강은 두껍게 얼고 빙설이 거셌다. 강에 이르자 의주 사람들 가운데 배웅하는 자가 모두 강머리에서 작별을 고하였다. 만 리 길 송별에 떠나는 자와 남은 자가 같은 마음이었다. 마침내 수레를 몰아 강을 건너 이윽고 피안(彼岸)에 오르니, 여기서부터는 중국의 경계이다. 눈 속에서 말을 세우고 고개를 돌려 동쪽을 바라보니 작별을 고한 이들이 여전히 강가에 있었는데 까마득히 콩알만 해 보였다. 서울은 아득하여 천상과 같고 집은 멀어져 구름 밖에 있으니, 절로 그리운 심정을 금치 못하여 더욱더 쓸쓸해진다.

무릇 인생에서 가장 괴로운 일은 이별보다 괴로운 것이 없으니, 「별부(別賦)」의 첫머리에 '암연소혼(黯然消魂: 넋이 나가도록 서글프다)'이라는 네 자로 그 이별의 괴로움을 형용하였다. 저 한 사람은 살고 한 사람은 죽는 이별의 순간은 말할 것도 없지만, 그 다음으로 괴로운 이별은 한 사람은 가고 한 사람은 남겨질 때이다. 전송하는 사람은 매번 멀리까지 전송하는 경우가 많아 저절로 이별하는 장소가 생긴다. 이별이 적당한 곳을 찾으면 그곳이 이별의 괴로움을 돋우는데, 그곳은 산도 아니요, 들판도 아니요, 언제나 물가에서이다. 천고의 이별 가운데 유독 소무(蘇武)[143]와 이릉(李陵)[144]만을 거론

---

143 소무(蘇武): 기원전 140~기원전 80. 자는 자경(子卿)으로, 한나라의 무신이다. 한 무제(漢武帝) 때의 중랑장(中郞將)의 자격으로 흉노에 사절로 갔다가 19년간 억류되어 북해(北海)에서 고초를 겪었으나 굴복하지 않았다. 한 소제(漢昭帝)가 흉노와 화친하면서 풀려나 귀국하였다.

144 이릉(李陵): ?~기원전 74. 자는 소경(少卿)으로, 한나라의 무신이다. 기원전 99년에 흉노를 치러 갔다가 포위되어 투항하였는데, 흉노에서 선우(單于)의 부마(駙馬)가 되어 우교왕(右校王)이 되었다. 무제는

하는 것은 소무와 이릉만이 천하의 정이 있는 사람이기 때문이 아니요, 그 땅이 바로 하량(河梁)¹⁴⁵이기 때문이다. 저 하량이라는 장소가 이별하기에 적당한 곳이었기 때문에 또한 괴로운 마음이 든 것이다. 「별부」에서 또 "남포에서 그대를 보내려니, 이 아픈 마음을 어찌할까"라고 하였고,¹⁴⁶ 시남자(市南子, 熊宜僚)¹⁴⁷는 "그대는 강을 건너 바다에 배를 띄우고, 그대를 전송했던 이는 강둑에서 돌아오니, 그대의 모습은 이로부터 멀어졌구나"¹⁴⁸라고 하였으니, 이는 모두 물가에서 이별한 것이니 이별하기에 적당한 곳을 찾았기 때문에 이런 애끓는 어구(語句)가 있는 것이다.

옛날 유우석(劉禹錫)이 상수(湘水)에 이르러 유종원(柳宗元)과 헤어졌는데,¹⁴⁹ 5년 후에 유우석이 옛길을 따라 계령(桂嶺)을 나와 다시 예전에 이별하던 곳에 이르러 다음과 같이 시를 읊어서 유종원을 애도하였다.

내 말은 구슬피 숲 가린 채 울건마는	我馬映林嘶
임 싣고 가는 배는 산 너머 아득하구나	君颿轉山滅¹⁵⁰

그가 흉노의 군대 양성에 협조한다는 이유로 삼족을 멸하였다. 소제가 즉위하여 귀국을 권유하였으나 응하지 않고 병사할 때까지 20여 년을 흉노에서 살았다.

145 하량(河梁): 하수(河水)의 다리로, 이별을 나타내는 말이다. 한나라 이릉이 흉노에서 소무와 이별하면서 지은 시에 "손을 잡고서 하수의 다리에 오르노니, 그대는 저물녘 어디로 가는가.[携手上河梁, 遊子暮何之?]"라고 한 데서 유래하였다.

146 남포(南浦): 남쪽의 물가를 말하는데, 흔히 이별하는 장소를 뜻하는 말로 쓰인다. 남조(南朝)의 문인 강엄(江淹)이 지은 「별부」 가운데 "봄풀은 푸르고, 봄물은 초록 물결, 남포에서 그대를 보내니, 이 슬픔 어이하리[春草碧色, 春水綠波, 送君南浦, 傷如之何]"에서 유래하였다.

147 시남자(市南子): ?~?. 춘추시대 초(楚)나라 사람으로, 원명(原名)은 웅의료(熊宜僚)이고, 시남(市南)에 살아 시남의료(市南宜僚) 또는 시남자(市南子)로 불렸다. 농환(弄丸: 방울놀이)의 명수로, 『장자(莊子)』「서무귀(徐无鬼)」 편을 살펴보면, 송나라와의 전쟁에서 전세가 불리해지자 군진(軍陣) 앞에서 농환을 보여 적군의 정신을 분산시키고 그 틈에 공격하여 송의 군대를 패주시켰다고 한다.

148 그대는 …… 멀어졌구나: 시남자가 노(魯)나라 임금에게 이상향인 건덕지국(建德之國)으로 안내하면서 한 말이다(『장자(莊子)』 3, 제20편 「산수(山木)」).

149 옛날 …… 헤어졌는데: 유우석과 유종원은 당나라 문인으로, 왕비(王伾)·왕숙문(王叔文)의 혁신 정치에 참여하였으나 실패하여 유종원은 유주 자사(柳州刺史)에 좌천되고, 유우석은 파주 자사(播州刺史)에 좌천되었다.

150 유우석(劉禹錫), 『유빈객문집(劉賓客文集)』 권30, 「애만비상삼십팔수(哀挽悲傷三十八首)·중지형양상유의조(重至衡陽傷柳儀曹)」. "憶昨與故人, 湘江岸頭別. 我馬映林嘶, 君颿轉山滅. 馬嘶循故道, 颿滅如流電. 千里江蘺春, 故人今不見."

귀양 가는 이의 이별은 예부터 무한히 많지만, 이것이 가장 괴롭게 느껴지는 이유는 역시 물가에서 이별했기 때문이다.

우리나라는 땅이 협소한지라 살아서 멀리 이별하는 일이 없으므로 이별이 그리 심하게 괴롭지는 않지만, 다만 수로(水路)로 천조(天朝)에 갈 때가 가장 괴로운 정경이었다. 그러므로 우리나라 악부(樂府) 가운데 배를 떠나보내는 곡이 있으니 다음과 같다【세속에서는 '배따라기곡[排打羅其曲]'[151]이라고 한다.】.

닻 들어라, 배 떠난다	碇擧兮船離
이제 가면 언제 오나	此時去兮何時來
만경창파에 가는 듯 돌아오게	萬頃滄波去似廻

이것은 우리나라에서 제일 눈물지을 때요, 또한 물가에서의 이별이다.

지금 내가 강을 건너 서쪽으로 가는 것은 배를 타고 바다로 가는 것과 달라 눈비가 내리거나 버들이 푸르른 시절[152]도 눈 한번 깜빡이는 순간에 불과하다. 그 이별의 정이 괴로움이 되기에는 부족하지만, 이 땅은 큰 강이 경계를 나누고 있고 이 시기는 행인이 강을 건너려는 상황이다. 오랑캐의 산은 몹시 쓸쓸하고 추운 날씨는 음산하니, 갑자기 국경을 벗어난 시름에 젖는다. 게다가 이 강을 한번 건너면 이국(異國)이요, 타향임에랴. 한 사람은 떠나고 한 사람은 남겨짐에, 떠나는 이는 만 리 밖에 있을 사람을 만나고 머무는 이는 만 리 길 가는 행인을 배웅한다. 인정이 여기에 이르면 어찌 떠나고 어찌 머물겠는가? 떠나는 이는 암담한 심정 없지 않고 머무는 이 역시 이와 같을 것이니, 이 또한 이별하기에 적당한 곳을 얻은 것이기에 마음에 심한 괴로움을 느낀다. 그 생이별의 심정이 이처럼 매우 괴롭다면, 오직 강이나 바다, 하량만이 이별의 장소가 될 뿐만이 아니라, 이국과 타향도 내가 이별하는 장소이며 내가 이별하는 때가 된다. 이별하는 땅에 와서 이별하는 시기를 당한 자치고 누가 능히 심장이 찢어

---

151 배따라기곡[排打羅其曲]: 추탄(楸灘) 오윤겸(吳允謙)이 지었다고 한다.
152 눈비가 …… 시절: 버드나무가 푸르를 때 떠나 오랫동안 전쟁터에 있다가 돌아올 때 눈이 온다는 내용으로, 타국에 갔다가 고국으로 돌아오는 것을 말한다(『시경(詩經)』 권9, 소아(小雅)·녹명(鹿鳴)·채미(采薇)).

질 듯한 괴로움이 없겠는가. 그런데 당(唐)나라 때 회골(回鶻)로 사절 가는 은원외(殷員外)[153]는 유독 근심의 빛이 없었기 때문에 한 문공(韓文公, 韓愈)이 글을 써서 전송하며 이 일을 들어 그를 칭송하였다. 그러나 어찌 심장이 찢어질 듯한 괴로움이 없어서 그랬겠는가. 타국에 사신 가는 자가 힘써야 하는 바를 알았기 때문이니, 임금의 명을 욕되게 하지 않길 바래서였다.[154]

온정평 노숙기(溫井坪露宿記)

청나라 숭덕 병자년(1636) 후에, 봉황성에 책문을 세우고, 동으로 책문 밖에서부터 압록강 변에 이르기까지 100여 리의 땅을 비워서 양국의 경계로 나누었다. 이전 명나라 때에는 100리 사이에 진부(鎭府)가 나열되어 있고, 여염이 즐비하여 닭과 개의 소리가 만(灣)에 서로 들렸는데, 지금은 황폐해져 사람이 없어진 지 거의 200년이 되었다. 우리 사신이 연경에 갈 때, 용만(龍灣, 의주)에서 하루 만에 책문에 도달할 수 없어서 구련성(九連城)과 총수산(蔥秀山) 두 곳에서 노숙했었는데, 근년 이래로 온정평(溫井坪)에서만 하룻밤을 지내고 책문에 들어간다. 온정평은 금석산(金石山)에서 8리쯤에 있는데, 그곳에 온정(溫井, 온천)이 있어서 이름하였고, 평(坪)은 속칭(俗稱)이다.

이날 압록강을 건너 서쪽으로 60여 리를 가서 온정평에 도착하였다. 산천과 숲은 여전히 우리나라의 풍토이지만, 산이 돌고 길이 굽어져 마치 무릉(武陵)의 안개가 낀 듯하였다. 의주 사람[灣人]이 기일에 앞서 야차(野次)에 막(幕)을 설치하였는데, 땅 수척(尺)을 파서 그 안에 숯을 피우고 판자를 가설하여 위에는 궁려(穹廬: 유목민이 거주하는 게르(Ger))를 덮어 놓으니, 둥글고 긴 것이 마치 종(鐘)을 엎어 놓은 것 같았다. 막사 안은 몇 사람을 수용할 수 있었는데, 세 개의 막사가 가로로 늘어서 있어 삼사(三使)가

---

153 당나라 …… 원외(員外): 당나라 한유가 지은 「회골(回鶻)로 사신 가는 원외랑(員外郞) 은유(殷侑)를 전송하는 서[送殷員外使回鶻序]」에 나오는 인물로, 만리타국으로 떠나면서도 태도가 의연한 그를 참으로 경중을 아는 대장부라고 칭송하였다.
154 임금의 …… 때문이다: 『논어(論語)』 「자로(子路)」 편의 "염치 있게 행동하며, 사방에 사신으로 나가서 임금의 명을 욕되게 하지 않아야 선비라고 할 수 있다.[行己有恥, 使於四方, 不辱君命, 可謂士矣.]"에서 유래되었다.

묵었다. 비장(裨將)과 역관은 '인(人)' 자 모양의 휘장을 쳐서 서로 겹치게 했고, 종인(從人)과 하례(下隷)는 5명씩 또는 10명씩 무리 지어 노천에 모여 앉아 나무를 베서 둘러싸 놓고 밤새도록 모닥불을 피웠는데, 불꽃이 활활 타올라 마치 화성(火城)과 같았다. 만상(灣商: 의주 상인) 한 무리는 저희끼리 시냇가에 나무를 엮었다. 밥 짓는 연기가 서로 잇따르고 말과 사람 소리가 소란하여 번듯한 한 마을을 이루었다. 날이 저물자, 또 횃불을 놓아 환하게 밝히고 때로는 나팔을 불고 고함을 질러 호랑이를 경계하였다. 높은 언덕에 서서 눈 들어 사방을 바라보니, 장막[亥閻]이 별처럼 널려 있고, 사람과 말이 구름처럼 주둔해 있는 것이 마치 삼군이 진을 이뤄 수많은 장막과 열 지은 군영처럼 또 하나의 장관을 이루었다. 밤이 깊어지자, 비로소 옷을 입은 채로 누웠는데 차가운 기운에 소름이 돋았다. 올 겨울은 그다지 춥지 않은데도 이와 같으니, 매우 추울 때에는 그 고통을 상상할 수 있었다.

온정은 길가에 있는데 물색이 검푸르고 더운 기운이 마치 연기 같았다. 삼면은 돌을 쌓아 난간을 만들고 한 면은 물을 통하게 하였는데, 좌우의 돌 사이로 물이 모두 따뜻하다. 『박물지(博物志)』를 살펴보니, "무릇 물 중에 석류황(石硫黃)이 있는 경우 그 샘이 따뜻한데, 혹자는 '신인(神人)이 물을 따뜻하게 한 것이다'라고 하였다. 주로 사람들의 질병을 치료한다"라고 하였으며, 당자서(唐子西)[155]는 "어떤 설에는 귀주(貴州) 땅의 성질이 매우 더우므로 산과 계곡에 온천이 많다"라고 하였다. 지금 유황을 물에 넣어도 반드시 뜨거워지지 않고, 이른바 신인이 따뜻하게 했다는 말도 매우 황당무계한 이야기이다. 또한 난하의 온천은 정북(正北)에 있고 임동(臨潼)의 온천은 정서(正西)에 있는데, 귀주의 모든 물이 반드시 뜨거운 것이 아니니 땅의 성질과 관련된 설 역시 정확한 의론이 아니다.[156] 아마도 온천은 천지 사이에서 따로 한 종류로 불과 같이 성질이 뜨거

---

155 당자서(唐子西): 송나라 당경(唐庚, 1071~1121)을 말한다. 문장에 재능이 있어 당시 사람들이 소식(蘇軾), 즉 소동파(蘇東坡)와 비교해 소동파(小東坡)라고 하였다.
156 『박물지(博物志)』를 …… 아니다: 『박물지』와 『당자서문록(唐子西文錄)』에는 본 내용이 확인되지 않지만, 고사기(高士奇)의 『송정행기(松亭行紀)』에 이와 같은 내용이 나온다(『송정행기』 권상(上), 『강희이십일년삼월이십일계유(康熙二十年三月二十日癸酉)』. "博物志云, 凡水有石流黃, 其泉則溫, 或云, 神人所煖主療人疾. 唐子西云, 或說貴州地性酷烈, 故山谷多湯泉. …… 今臨潼湯泉乃在正西, 而貴州餘水, 未必皆熱, 則地性之說固已失之. 以硫黃置水中, 水未必皆熱, 則硫黃之論, 亦未爲得.").

운 것이며, 소구(蕭丘)[157]에 있는 찬 불꽃이 기다린다고 따듯해지지 않는 것이다.

구련성기(九連城記)

구련성은 명의 진강부(鎭江府)로, 산의 남쪽 둘레를 성으로 삼은 것이다. 옛터는 압록강에서 서쪽으로 20여 리에 있으며, 본래 고구려의 국내성 땅이었는데, 고구려가 멸망하고 발해에 소속되었으며 후에 금나라가 차지하였다. 『금사(金史)』에서는 "합라전(合懶甸) 지역에 구련성을 쌓고 고려와 서로 대치하며 나가서 싸우고 들어와서는 지켰다"[158]라고 하니, 이것이다. 명나라 때에 이르러서는 진강부를 설치하고 유격 장군을 두어 지키게 하고, 구련성을 지나 앞으로 30리를 가서 또 중강추세 경력아문(中江抽稅經歷衙門)을 두었으니, 지금 이른바 '중아문(中衙門)의 옛터'이다. 두 강 사이에는 단청이 하늘 높이 솟아 있고 여정(閭井)이 바둑판처럼 늘어서 있어, 밥 짓는 연기가 용만과 서로 이어져 있다. 청인이 요동을 함락하자 진강 백성들이 변발을 꺼려 가도의 모문룡에게 투항하거나 우리나라에 투항하였다. 그 뒤에 우리나라에 투항했던 자들은 모두 청인에게 쇄환(刷還)되었으며, 가도로 투항한 자들은 대부분 유해(劉海)의 난[159] 때 죽었다.

대개 책문이 설치된 이후부터, 압록강에 이르는 100여 리 사이의 땅을 비워서 백성이 거주하지 못하게 한 것이 거의 200여 년에 이르렀다. 이 땅은 지형이 탁 트여 평평하고 산수는 아름다우며, 토지는 비옥하여 경작하고 개간하기에 좋다. 수풀이 우거지고 시내가 흘러 오히려 우리나라 풍토 같다. 이따금 산이 돌고 길이 굽이치지만, 닭 울음소리와 개 짖는 소리가 여진히 있다. 패강(浿江, 대동강) 서쪽과 압록강 동쪽에

---

157 소구(蕭丘): 남해에 있다는 전설 속의 섬으로, 찬 기운을 뿜는 불꽃을 지니고 있으며, 작고 검게 그을린 나무들이 자란다고 전해진다.
158 『금사(金史)』 권71, 「열전 제9(列傳第九)·알로전(斡魯傳)」.
159 유해(劉海)의 난: 1630년(숭정 3) 유흥치(劉興治)가 가도에서 모반을 일으켜 부총(副摠) 진계성(陳繼盛) 등을 죽인 사건이다. 유흥치는 요동 출신 한인으로 후금에 귀부(歸附)하여 활동하다가 가도의 모문룡에게 투항했던 인물이다. 모문룡이 죽고 당시 가도를 관장하던 부총병(副摠兵) 진계성이 후금과의 관계를 의심하자 모반을 일으켜 진계성 등 100여 명을 죽였다. 이후 명으로부터 병권을 인수받고 가도를 관리하였으나 이듬해 유격(遊擊) 장도(張燾)에 의해 피살되었다.

이곳과 견줄 만한 곳이 없으니 거진이나 웅부(雄府)를 설치하는 것이 합당한데도, 저쪽과 우리 양쪽이 모두 버려두어 결국에는 빈 구역이 되었다. 이는 곧 조위(曹魏)[160]와 촉한(蜀漢)이 강회(江淮) 사이의 땅 1,000리를 버린 것과 같은 의미이다. 만력 병진년(1616)에 이월사(李月沙, 李廷龜)가 북경으로 가면서 이곳을 지날 적에, 진강 유격(鎭江遊擊) 구탄(丘坦)[161]이 진강성을 지키고 있었는데 10리 밖까지 마중을 나와 장막을 성대하게 설치하고 크고 작은 음식을 준비하였으며 채붕(彩棚)을 설치하고 온갖 놀이를 벌여 흥을 돋우었다.[162] 예우가 매우 성대하였으니, 우리나라 사람들은 여전히 이를 즐거웠던 일이라 전한다. 그런데 지금 사신이 연경에 갈 적에는 눈으로 언 벌판에 장막을 치고 노숙하며, 잡목이 우거진 숲에 호랑이와 표범의 발자국들이 사방을 에워싸고 있으니, 아! 오늘날 어떻게 다시 성대했던 일을 볼 수 있을까. 심히 애석하다 할 뿐이다.

책문기(柵門記)

책문은 성경의 변문(邊門)으로, 청나라 숭덕 병자년(1636) 후에 설치한 것이다. 우리나라 사람들은 '책문'이라고 하고, 본 지역 사람들은 '가자문(架子門)'이라 하며, 내지(內地) 사람들은 '변문'이라 한다. 거목(巨木)을 엮어 10여 리를 줄지어 세웠는데, 높이는 어깨를 넘지 않고 성기고 짧은 것이 울타리 같다. 가운데에 판목으로 문짝을 내었는데, 위에는 기와로 덮고 넓이는 수레가 나란히 지날 정도에 불과하다. 문미(門楣: 문 위에 가로댄 나무)에는 '조선진공문(朝鮮進貢門)'이라고 크게 썼다. 책문의 개폐는 봉황성장(鳳凰城將)이 주관하는데, 매번 우리 사신이 책문에 도착하면 봉황성장과 책문어사(柵門御史)가 함께 앉아 문을 열고 사람과 물건을 검사하며 돌아올 때에도 똑같이 한다. 또 이곳에서 만상과 시장을 열고 교역한다.

---

[160] 조위(曹魏): 중국 삼국시대 조조(曹操, 155~220)의 아들 조비(曹丕, 220~265)가 동한(東漢)의 헌제(獻帝)를 강압하여 제위를 양위받아 세운 국가를 지칭하는 말이다.

[161] 구탄(丘坦): 1564~?. 자는 단지(坦之), 호는 장유(長孺)로, 명나라 후기의 무신이다. 1602년(만력 30) 황태자 책립의 조서를 반포하기 위해 파견된 고천준(顧天埈)의 종사관(從事官)으로 동행하였다. 이때의 만남 이후 월사(月沙) 이정귀(李廷龜)와 편지를 주고받으며 우의를 다졌다.

[162] 만력 …… 돋우었다: 구탄이 이정귀를 맞이해 사행길을 위로한 이야기는 『월사집(月沙集)』에서 확인된다(『월사집』 부록(附錄)5, 「비명(碑銘)【安東金尙憲撰】」).

책문이 예전에는 봉황성 동쪽으로 5리쯤에 있었으니, 압록강에서 130여 리 되는 곳인데 땅을 비워 놓고 살지 않는다. 이것은 옛 구탈(甌脫)[163] 같은 것으로 대개 피차의 간민(奸民)들이 서로 통하는 길을 막기 위함인 듯하다. 그러던 것이 100여 년 전에 봉성에서 20리 바깥으로 옮겨 설치하였는데, 이는 봉성에 인구가 차츰 불어나자 경작지를 넓히려고 한 이유에서이다. 그러나 압록강과의 거리가 더욱 가까워졌으니, 당초에 책문을 설치한 의도는 아니다. 대개 심양의 경계는 남쪽은 봉황성에서부터 북쪽은 개원현(開原縣)에 이르고, 다시 꺾어 서쪽으로 산해관까지이다. 둘레는 1,950여 리이고 21개의 변문을 열지어 설치하였으며, 버드나무를 꽂고 노끈으로 묶어 안과 밖의 한계(限界)로 삼으니 이곳도 그 하나이다. 문마다 방어하는 장경(章京)을 두었고, 기민(旗民) 1명이 8리의 목책을 지키며 매년 보수한다. 봉황성 변문은 봉황성의 남쪽 30리에 있는데 우리나라의 용만과 가깝다. 애하(靉河) 변문은 봉황성의 북쪽 120리에 있는데 우리나라의 옥강진(玉江鎭) 신후수동(辛後水洞)과 가깝다. 왕청 변문은 즉 흥경 변문으로, 흥경의 동남쪽 30리에 있는데 우리나라의 창성 운두리(雲頭里)와 가깝다. 감창 변문은 흥경의 동남쪽 140리에 있는데, 우리나라의 초산(楚山) 파저강(婆猪江)과 가깝다. 영액 변문은 개원의 동쪽 200리에 있는데 우리나라의 강계(江界) 만포진(滿浦鎭)과 가깝다. 청하 변문은 의주의 동북쪽 15리에 있고, 백토창 변문은 의주의 동북쪽 130리에 있으며, 구관대 변문은 의주의 서북쪽 30리에 있다. 이상 8개의 변문은 모두 우리와 땅을 접하고 있고, 그 나머지는 모두 몽골 과이심 등의 여러 부족이 거주하며 유목하는 지역이다. 성경 장군이 통할하는 것은 17개의 변문이고 봉황성 역시 〈이에〉 속한다. 영고탑 장군이 통할하는 것은 또 4개의 변문이다. 봉황성은 즉 지금의 동로(東路) 책문이며, 감창은 즉 우리나라 회령 개시로 가는 길이라고 한다.

무릇 책문은 하나의 울타리로, 이하(夷夏)의 강계가 여기에서 나뉘니 진실로 양국의 문호(門戶)이다. 요동에서 동쪽으로 1,000여 리 사이는 본래 기자의 옛 봉역이었는데, 신라와 고려 이래로 대대로 나라가 줄어들어 압록강 일의대수(一衣帶水)[164]가 경계

---

163 구탈(甌脫): 변경에 설치한 척후병들이 머무는 토실(土室)이다.
164 일의대수(一衣帶水): 옷의 한 가닥 띠처럼 건너기 쉬운 강물이라는 뜻으로, 압록강을 표현한 말이다. 수(隋)나라 문제(文帝)가 "나는 백성의 부모이다. 어찌 일의대수가 가로막는다고 백성을 구하지 않을 수

가 되었다. 지금은 또 이 책문을 만들어 경계로 삼았으니, 이것은 비록 버들가지를 꺾어 남새밭에 울타리를 친다[165]는 뜻에서 나왔으나, 오히려 온 세상을 뜰이나 앞길처럼 여긴다[166]는 것에는 부족함이 있다. 병자년(1636) 이전에는 우리 사신이 송골(松鶻) 남쪽에서 탕참(湯站)과 이도하(二道河)를 거쳐 북으로 가서 백안동(伯顔洞)에 이르렀으니, 지나는 길이 90여 리에 불과하였다. 그러나 책문을 설치한 후에는 우리 사신이 탕참에서 총수(蔥秀)를 거쳐 책문으로 들어가서 삼차하(三叉河)를 건너 백안동에 이르게 되어 120여 리가 되었으니, 30여 리가 멀어졌다고 한다.

안시성기(安市城記) 1

상룡산(翔龍山)은 거대한 1,000개의 봉우리가 땅에서 우뚝 솟아올라 병풍처럼 둘러 감싸며 벼랑에는 석성(石城)이 있다. 옛터는 세상에서 말하는 고구려의 안시성(安市城)으로, 당나라 문황제(文皇帝)가 고구려를 정벌할 때, 성주인 양만춘(楊萬春)[167]이 굳게 지키고 항복하지 않았던 곳이다. 역사서에서는 "당나라 태종(太宗)이 요동을 정벌할 적에 개모성(蓋牟城)과 백암성(白巖城) 등 여러 성을 함락하고 안시성으로 진격했으나 이기지 못하였다. 이에 성 아래에서 진을 치고 시위하다가 돌아가면서 성주에게 비단 100필을 하사하여 그가 굳게 지킨 것을 가상히 여겼다"[168]라고 한 것이 이것이다.

내가 변문에서부터 그 아래로 가는 도중에 사방의 깎아지른 석봉(石峯)이 구름 위까지 우뚝 솟아 절로 철옹성을 이루었다. 오직 남북으로 하나의 길만 통하고 양쪽 벼

있겠는가[我爲百姓父母, 豈可限一衣帶水, 不拯之乎]"라고 하고는, 남조(南朝) 진(陳)나라를 공격해서 멸망시켰다는 고사가 『남사(南史)』 권10, 「진후주본기(陳後主本紀)」에 보인다.

165 버들가지를 …… 친다: 변경의 방비를 잘하여야 한다는 뜻으로, 『시경』 「동방미명(東方未明)」의 구절에서 따온 것이다(『시경』 권5, 「제풍(齊風)·동방미명(東方未明)」).
166 온 …… 여긴다: 호탕하면서도 세상을 협소하게 여기는 지기(志氣)를 뜻하는 것으로, 진(晉)나라 유령(劉伶)의 「주덕송(酒德頌)」에서 나온 말이다.
167 양만춘(楊萬春): ?~?. 고구려의 무인이다. 645년(정관 19, 보장왕 4) 당나라 태종이 고구려를 침공하여 개모성·비사성(卑沙城)·백암성 등을 함락하고, 이세적(李世勣)의 건의로 요충지인 안시성을 공격하였다. 안시성의 성주였던 양만춘은 당나라의 총공세에 맞서 60여 일 동안 병사와 주민 들과 함께 완강히 저항하였다. 결국 추위와 식량난을 우려한 태종은 철수를 결정하였고, 그의 무공을 높이 평가해 비단 100필을 하사하였다고 전해진다.
168 『기언(記言)』 권34, 「동사(東事)·고구려세가 하(高句麗世家下)」.

랑은 점점 낮아져 흡사 문터[門址] 같으니 진실로 하늘이 만든 금성(金城)이요, 한 명의 장부가 관문을 막으면 1만 명의 대장부도 열 수 없는 땅이었다. 지리(地利)가 의지할 만한 데다가 또 양만춘으로 그곳을 지키게 했으니 장수는 그 적임자를 얻은 것이다. 비록 태종의 뛰어난 무용(武勇)과 훌륭한 지략을 가졌으나 어찌 군사가 지치고 사기가 꺾여 무기를 거두고 빨리 돌아가지 않겠는가. 비록 그러하나 성이 산중에 있어 그 크기가 탄환(彈丸)만 하여 굳게 지켜 항전할 만한 곳이 아니요, 지리지를 살펴보아도 의심이 없지 않다. 『대명일통지』에서는 "안시폐현(安市廢縣)은 개주위(蓋州衛) 동북쪽 70리에 있다"라고 하였다. 『대청일통지』에서는 "안시고성(安市故城)은 개평현(蓋平縣)의 동북쪽에 있는데, 한나라가 현을 설치해 요동군에 속하게 하였고, 그 뒤에는 고구려에 편입되어 안시성이 되었다. 당나라 정관 19년(645)에 고구려를 정벌하면서 안시성을 공격하였으나 함락시키지 못하고 군사를 이끌고 돌아갔다. 함형(咸亨) 3년(672)에 고구려의 유민들이 다시 반란을 일으키자 장수 고간(高侃)을 보내어 이들을 치게 해 안시성에서 격파하였다. 요나라는 철주(鐵州)로 바꾸어 설치하였다"라고 하였다. 『금사』에서는 "개주에서 관할하는 현 가운데 탕지현(湯池縣)이 있는데, 바로 요나라의 철주, 고구려의 안시성, 옛 한나라의 현이다"라고 하였다.[169] 상고하건대 지금의 탕지보(湯池堡)는 안시폐현에서 겨우 10리 되는 곳에 있으니, 참으로 옳다. 『동국여지승람(東國輿地勝覽)』에서는 "안시성은 평안도(平安道) 용강현(龍岡縣) 오석산(烏石山)에 있으며, 현의 치소와의 거리는 5리이다"[170]라고 하여, 대대로 이 성을 당 태종이 친히 정벌하였으나 함락시키지 못한 곳이라고 여기고 있다.

저 안시성은 하나는 개주에, 하나는 요동에, 하나는 우리나라에 있다. 그러나 태종이 고구려를 정벌할 때에 일찍이 압록강을 건넜다고 하지 않았으니, 용강에 있다고 하는 것은 잘못된 것이다. 개주는 요동군의 남쪽에 있는데, 군대가 가기엔 너무 멀어 태종이 굳이 여기를 경유하지 않았을 것이므로 개주에 있다고 하는 것 역시 옳지 않다. 그런데 한나라·당나라 이래로 고구려의 공도(貢道)는 모두 압록강을 경유하니

---

[169] 『대명일통지』에서는 …… 하였다: 『대명일통지』와 『금사』에는 별도로 확인되지 않으나, 『대청일통지』에 이에 관한 문장이 수록되어 있다(『대청일통지』 「봉천부2(奉天府二)」).
[170] 『신증동국여지승람』 권52, 「평안도(平安道)·용강현(龍岡縣)」.

그렇다면 요동이 경로에 있어서 가장 지름길이 되나 이 성은 바로 요충지에 해당하므로 그 형세상 반드시 와서 공격해야 한다. 이것은 또한 이적(李勣)[171]이 태종에게 "건안(建安)은 남쪽에 있고 안시는 북쪽에 있으며, 우리의 군량은 요동에 있는데 안시를 제쳐 두고 건안을 공격했다가 적이 만약 우리의 군량 보급로를 끊는다면 장차 어찌하겠습니까"[172]라고 고하고 결국 안시성을 공격하였으니, 어찌 가까이에 있는 요동의 안시를 버리고 개주의 안시를 공격하려 했겠는가. 그렇다면 요동에 있는 것이 태종에게 공격을 받은 안시성인 듯하나, 역시 이 성이 안시성인지는 정확하게 알지 못하겠다. 『성경지』에 "봉황성 위에 누석(壘石)이 있고, 옛 성에는 10만 명을 수용할 수 있었는데, 당 태종이 이곳에 잠시 머물렀다"[173]라고 하니, 바로 이 성을 가리킨다. 고구려 방언에 큰 새를 안시라고 하고, 지금 속어에도 이따금 봉황을 안시라 하며 뱀을 백암(白巖)이라 한다. 수·당 때에는 국어에 따라 봉황성을 안시성으로, 사성(蛇城)을 백암성이라고 하였으니, 그 말이 자못 이치가 있는 듯하다.[174] 또 강하왕(江夏王) 이도종(李道宗)이 "여기에서 곧장 평양으로 질주하면 900리가 된다"라고 한 말은 노정[程道]상 이곳과 부합한다. 그러나 유적이 이미 묻히고 사실이 각각 다르니, 믿을 만한 것이든 의심스러운 것이든 전해지는 이야기는 우선 적어 둔다.

안시성기(安市城記) 2

나는 연경에서 돌아오는 길에 삼사와 함께 안시고성을 유람하였다. 책문 안에서부터는 오던 길을 버리고 서북쪽으로 5, 6리 가서 산골짜기 사이를 뚫고 들어갔다. 또 1리가량 가서 계곡 입구로 이동했는데, 층층의 봉우리가 날카롭게 서서 사면을 성처

---

171 이적(李勣): ?~669. 자는 무공(懋功), 시호는 정무(貞武), 하북(河北) 출신으로 당나라 고조(高祖) 때부터 고종(高宗) 때까지의 무장이다. 645년(정관 19, 보장왕 4) 요동도 행군대총관(遼東道行軍大總官)으로 고구려를 원정하여 안시성을 침공하였으나 함락시키지 못하고 회군하였다. 666년(건봉 1, 보장왕 25) 재차 침공하여 신라군과 연합해 평양성을 함락하고 고구려를 멸망시켰다.
172 『자치통감(資治通鑑)』 권198, 「당기십사(唐紀十四)」.
173 『흠정성경통지(欽定盛京通志)』 권25, 「봉황산(鳳凰山)」.
174 고구려 …… 듯하다: 박지원의 『열하일기』에서 이 구절이 확인된다(『열하일기』 「도강록(渡江錄)【起辛未, 止乙酉, 自鴨綠江, 至遼陽十五日】」).

럼 둘러싸고 있었다. 다만 남북으로 통하는 길 하나가 있었고, 양쪽 벼랑이 점점 낮아져 겨우 수레 한 대만 지나갈 만하였으니, 옛날에 문을 세운 곳인 듯하였다. 산의 내부 둘레는 10여 리가 되는데, 석봉이 주위를 둘러 성을 이루니 이곳을 파고 저곳을 뚫을 틈도 없다. 성들 중에 석봉 사이에 딱 붙어 있는 것이 거의 없으니 진실로 하늘이 만든 금성이다. 산기슭 하나는 서남쪽에서 내려온 후 구불구불하게 평평한 곳으로 들어가다가 갑자기 끊기며 층암(層巖)이 되었는데 둥글고 평평하여 앉을 만하였다. 좌측 언덕의 석벽(石壁)에는 '찬운암(攢雲巖)'이라는 세 글자가 새겨져 있고, 곁에는 공용경(龔用卿)[175]이 썼다는 여섯 글자가 있었다. 옛날 우리 조부[176]께서 부사(副使)로 연경에 가셨다가 계묘년(1783) 봄 돌아오시던 길에 책문에 머물며 이곳을 유람하셨는데, 찬운암에 올라 행적을 남기고 또 다음과 같이 시를 지으셨다.

안시성에 필마로 달려오니	安市城中疋馬來
흰 구름은 끝이 없고 새들은 빙빙 돌며 나네	白雲無盡鳥飛廻
허공을 찌르는 검각(劍閣)에 천 봉우리 서 있으니	撑空劒閣千峯立
계곡으로 들어오는 수레길 하나만 열렸네	入谷車箱一線開
천자가 배회하던 옛 보루 남았고	天子徘徊餘舊壘
장군들 장읍(長揖)하던 높은 누대 남아 있네	將軍長揖有高臺
삼한(三韓)의 사신들 이름 적고 가노니	三韓使者題名去
붓글씨 거침없이 푸른 이끼 가르네	墨字縱橫破碧苔[177]

계묘년에서 49년 후에 소자가 또 부사로서 뒤따라 유람하니, 암벽을 둘러봐도 먹

---

[175] 공용경(龔用卿): 1500~1563. 자는 명치(鳴治), 호는 운강(雲岡)이며, 복건 회안 출신으로, 명나라 문인이다. 1526년(가정 5)에 진사시에 급제하여 수찬유덕 겸 시독직경연(修撰諭德兼侍讀直經筵)을 지냈으며, 『명륜대전(明倫大典)』과 『명회전(明會典)』 편찬에 참여하였다. 1537년(중종 32) 황사(皇嗣) 탄생의 조서를 반포하기 위해 조선에 사신으로 왔었는데, 후에 조선에서 경험하고 수정한 외교 의례를 정리하여 『사조선록(使朝鮮錄)』을 저술하였다.
[176] 우리 조부: 저자의 조부인 홍양호이다. 홍양호는 1782년(정조 6) 동지 겸 사은부사(冬至兼謝恩副使)로 정사인 정존겸(鄭存謙), 서장관인 홍문영(洪文泳)과 함께 연경에 갔다가 이듬해에 돌아왔다.
[177] 『이계집』 권6, 「연운기행(燕雲紀行)·서장관과 함께 가서 안시성을 보고 찬운암에 올라 이름을 적다(同三价往見安市城, 登攢雲巖題名)」.

의 흔적은 없으니 마모된 지 오래였다. 이에 찬운암의 전면에 크게 '조선부사홍경모(朝鮮副使洪敬謨) 신묘삼월서(辛卯三月書)'라고 쓰고, 상사(上使)와 서장관(書狀官)이 또 그 아래에 연명하였으니, 앞으로 몇 해 동안 이 흔적이 남아 있을지 모르겠다.

멀리 북성(北城)을 바라보니 아래에 석단(石壇)이 있었는데, '장대(將臺)'라고 불린다. 장대 아래의 언덕은 형세가 조금 낮아서 언덕을 따라 위로 올라가면 수십 명이 앉을 수 있을 정도니, 모든 골짜기를 골고루 지켜보고 삼군을 지휘하기에 충분하였다. 그리고 서북쪽은 기이한 봉우리들이 더욱더 많았는데, 모두 노상(路上)에서는 보지 못한 것이었다. 언덕 아래는 평평하고 넓어 밭이 될 만하였고 역시 집터[屋址]가 있었다. 때때로 갑군(甲軍) 몇 사람이 말을 달려왔는데 평지를 달리듯 언덕에 오르니, 오랑캐가 활을 잘 쏜다는 것을 증험할 수 있었다.

봉황성기(鳳凰城記)

봉황성은 옛 예(濊)나라의 땅이다. 한나라에 이르러 현도에 소속되었고, 진(晉)나라 때에는 평주에 예속되었으며, 수나라 때에는 고구려의 경주(慶州) 지역이었고, 당나라 때에는 안동도호부에 소속되었다. 후에 발해에 편입되어 대씨(大氏)가 이곳을 점거하고 동경 용원부(東京龍原府)로 삼았다. 요나라는 '개주 진국군(開州鎭國軍)', 금나라는 '석성현(石城縣)', 원나라는 '동녕로(東寧路)', 명나라는 '봉황성보(鳳凰城堡)'라고 하여 군사를 두고 진수(鎭守)토록 하였는데, 보(堡)가 봉황산 아래에 있었기 때문에 이렇게 이름한 것이다. 『명사(明史)』에 의하면, 가정 임술년(1562)에 토묵특(土默特)【달단(韃靼)의 소왕자(小王子)이다.】이 무순으로 들어와 봉황성을 다시 공격하였는데, 봄에 파총 전경(田耕) 등이 3일 밤낮을 싸웠고 총병관(總兵官) 흑춘(黑春)이 전사했다는 곳이 이곳이다.[178] 청나라 천총 8년(1634)에 통원보(通遠堡)에 관병(官兵)을 설치하였다가, 숭덕 3년(1638)에 관병을 이곳으로 옮겨서 진수하게 하였다. 방수위(防守尉) 1인, 파이호 좌령(巴爾呼佐領) 1인, 방어(防禦) 8인, 효기교(驍騎校) 8인, 몽고 효기교(蒙古驍騎校) 1인,

---

[178] 『명사』 권327, 열전 제215, 「외국8(外國八)·달단(韃靼)」.

필첩식 1인, 영송관(迎送官) 3인, 주객사(主客司) 1인, 조선 통사(朝鮮通事) 2인이 주둔하며, 수위가 거느린 만주군·한군·몽고병은 705명이다. 영송관과 주객사 및 통사는 우리나라 사행을 관장하는 자이다. 방수위는 뒤에 장군(將軍)이라 칭해졌는데, 변방을 살피는 일을 전담한다.

우리 사신이 책문에 도착하면 미리 수장(守將)에게 보고하여 봉성 장군(鳳城將軍)이 오도록 청하고, 함께 앉아 책문을 열고 사람과 물건을 수색하고 검사한다. 돌아올 때에도 이와 같이한다. 장군이 주기적으로 압록강을 순시하는 것을 찰변(察邊)이라고 부르는데, 황성에서 만약 우리나라에 자문(咨文)하는 일이 있으면 봉성 성장(鳳城城將)에게 우편으로 전해 갑군이 의주에 출송(出送)하게 한다. 우리나라가 회자(回咨)할 때에도 의주 통사로 하여금 삼강(三江)의 갑군에게 전하면, 갑군이 다시 봉성에 전하여 봉성에서 황성으로 도달한다.

『전요지(全遼志)』를 살펴보건대, 개주성(開州城)은 요양성(遼陽城)의 동쪽으로 360리 지점에 있으니, 지금의 봉황성이다. 사면이 매우 가파른 바위 절벽으로, 동쪽과 북쪽에 2개의 문이 있으며, 성은 산을 따라 겹쳐 쌓아서 십만 명을 수용할 수 있다고 한다.[179] 또 『통지』에서 "봉황성은 개주부의 동남쪽 420리에 있는데, 요양이 120리 지점에 있다"라고 하였으니,[180] 420리에서 120리를 빼면 봉황성에서 요양까지의 거리가 과연 300여 리임을 알겠다. 명나라 성화(成化, 1465~1487) 연간에 조선 사신이 환국하는 길에 봉황산 아래에서 약탈을 당하자, 옛길의 남쪽으로 공도(貢道)를 다시 열어 주기를 주청하니, 인하여 이 성을 쌓았다고 한다.[181]

무릇 성에 올라 외적을 방어하려면 반드시 유병(游兵)을 분포시켜야 하고, 강을 경계로 강 밖을 지키려면 반드시 명성(名城)을 두어야 하니, 그러한 후에야 성을 온전히

---

[179] 『전요지(全遼志)』에 …… 한다: 이 구절은 『전요지』에서 일부만 확인되는 반면, 『대청일통지』에서는 전문이 보인다(『전요지』 권4, 「개주성(開州城)」; 『대청일통지』 「봉천부2」).
[180] 『흠정성경통지(欽定盛京通志)』 권100, 「고적1(古蹟一)·봉황성(鳳凰城)」. "開州【舊志云, 鳳凰城在府東南四百二十里, 遼陽一百二十里, 四百二十, 減一百二十, 知城去遼陽, 果三百餘里也.】"
[181] 명나라 …… 한다: 1480년(성화 16, 성종 11) 정주 목사(定州牧使) 허희(許熙)가 흠차 내관(欽差內官) 정동(鄭同)의 귀국길에 차견되었는데, 동팔참 개주(開州)에서 건주위 야인(建州衛野人)에게 습격당해 인명과 재산의 큰 피해를 입었다. 이에 조선은 한명회(韓明澮)를 사신으로 차견해 적의 경계와 먼 동팔참 옛길 이남의 길을 개통하도록 요청하였다(『성종실록』 권124, 성종 11년 12월 9일; 『대청일통지』 권38, 「봉황성」).

할 수 있고 강을 보전할 수 있다. 봉황성은 강 밖의 명성(名城)이자 우리나라의 문호(門戶)이다. 또한 봉성 서쪽으로 석문령(石門嶺)까지가 바로 동팔참이다. 300리의 석혈(石穴)이 밖으로 적을 엿보고 안으로 군대를 동원해 맹렬히 싸우면 입을 벌려 이빨로 물어뜯는 격이라 두려울 만하다. 이것이 고구려가 동방의 패권을 장악한 연유인데, 고려는 거란에게 땅을 빼앗겨 압록강을 경계로 해서 이빨을 뽑아 버리고 목구멍을 드러내었으니 누가 두려워하겠는가. 고려의 용병술이 끝내 고구려에 미치지 못한 것은 이 때문이다. 우리나라의 경우는 고구려와 비슷한가, 고려와 비슷한가. 100여 년 이래, 나라 안은 태평하나 강가에 목책을 세우고 약조가 삼엄하니 강 밖은 말하지 않아도 될 것이다. 봉황성에서 서쪽으로 50리 떨어진 곳을 해구(海口)로 삼아 이곳을 거쳐 곧장 통주의 백하(白河)에 도달한다. 9,900여 리 떨어진 강남(江南)의 상선들도 많이 와 이곳에 정박한다.

봉황성 성시기[鳳城城市記]

봉황성은 봉황산 아래 10리에 있는데, 동쪽으로는 압록강이 두르고 있고 서쪽으로는 요양과 심양이 보이며 북으로는 건주(建州)[182]를 움켜쥐고 남으로는 대해(大海)를 당기고 있으니 형세가 뛰어난 지역이다. 들판에 위치한 성은 앞으로는 봉산(鳳山)을 마주하고, 서남쪽은 광활하여 평원(平遠)한 산과 맑은 물로 이루어져, 우거진 버드나무가 우뚝 서 있고 아침 안개가 희미하게 피어나며, 띠풀로 엮은 지붕과 성긴 울타리가 숲 사이로 이따금 드러나고, 너른 둑의 고운 모래에는 소와 양이 여기저기서 풀을 뜯고 있었다. 멀리 다리를 건너는 사람들이 짐을 메거나 짐을 끌고 가는 모습을 서서 바라보고 있노라니, 사행길의 고됨을 잊을 만하기에 마침내 수레를 이끌고 성 아래를 두루 살펴보았다.

그 만들어진 구조를 보면 둘레가 3리 80보이고, 남쪽에 문 하나가 있다. 성을 벽돌로 축조하였는데, 종횡으로 번갈아 서로 겹쳐 쌓고 기름과 석회로 그 틈을 메웠으니,

---

[182] 건주(建州): 오늘날 중국 흑룡강성(黑龍江省) 동남부 일대이다.

곧기가 먹줄로 깎은 것 같고 매끄럽기가 숫돌을 갈아 놓은 것 같았다. 둘레는 네모반듯하고 안팎이 똑같았으며, 견고하고 치밀한 것이 무너뜨리기 어려우니 석성과 비교할 것이 아니다. 문은 무지개 모양으로 만들어졌고 위에는 2층 처마로 된 높은 누각이 있었는데 아스라하고 정교하였다. 동쪽과 남쪽에만 문이 있으니 남쪽은 '집서문(集瑞門)', 동쪽은 '영희문(迎曦門)'이라고 한다. 봉황 성장의 관아는 그다지 높지 않은데 큰 지붕 위에 구멍을 내고 작은 집을 만들어 그 위를 덮었으니 이른바 '천창(天窓)'이라 한다. 갑군 수십 명이 창을 잡고 문을 지키고 있었다.

주민은 매우 적지만, 성 밖은 여염집과 가게 들이 길 좌우에 즐비하게 이어지며, 붉은 누각과 채색한 편액이 휘황찬란하여 눈을 어지럽게 하니, 이곳은 중국의 외진 변방 구석에 불과하나 변화하고 풍요로움은 이미 우리나라 도시가 미칠 바가 아니었다. 시루(市樓) 밖에는 각각 높은 장대를 세우고 소장하고 있는 물명을 금색으로 썼는데, 이를 '조패(照牌)'라고 한다. 또한 팔고 있는 기물의 종류를 그림으로 그려서 전랑(前廊)에 걸어 두어 도로에서 잘 보이도록 하였다. 가게마다 '인화당(仁和堂)', '만보루(萬寶樓)', '보취장(寶聚庄)' 등의 당호(堂號)가 각각 있으니, 곳곳마다 모두 그러하였다. 초행길에다 처음 보는 것이므로 이목(耳目)이 모두 새로우니, 이 길이 제일 마음에 드는 곳이다.

무릇 봉황성은 변방의 황벽(荒僻)한 땅으로, 습속이 어리석고 사나우며 생리(生理)는 오로지 조선(朝鮮)에 의지한다. 만부(灣府) 사람 보기를 이웃 친척같이 하고 우리나라의 사정을 익숙하게 알아, 그 이득을 노려 교활(狡猾)한 것이 모두 우리나라의 습속과 같다. 그렇지만 그 문호(門戶)는 가지런하고 거리는 평평하고 곧으며, 양쪽 가장자리는 먹줄을 친 것 같이 반듯하였다. 저잣거리의 배치도 단정하고 반듯하여 한 가지 일도 구차하게 대충하는 법이 없었으며, 한 물건도 마구 무너져 잡란(雜亂)한 모습이 없었다. 심지어 외양간이나 돼지우리에도 법도가 있었으며, 나뭇더미나 거름 무더기들도 모두 정돈되어 있었다. 아아! 이처럼 한 후에야 비로소 '이용(利用)'이라 말할 수 있을 것이니, 이용이 있고 난 뒤에야 후생(厚生)이 될 것이요, 후생이 된 뒤에야 정덕(正德)이 될 것이다. 그 쓸을 이롭게 하지 않고서 생활을 풍족하게 할 수 있는 예는 있지 않으니, 생활이 이미 제각기 풍족하지 못하다면 어찌 그 덕을 바르게 할 수 있겠는

가. 이를 통해 중화 풍속의 정핵(精核)을 볼 수 있었고, 또한 '규모가 거대하면서도 마음 씀씀이는 세심함[大規模細心法]'[183]을 경험할 수 있었다.

연산관기(連山關記)

연산관은 옛 아골관(鴉鶻關)이다. 만력 무오년(1618) 7월, 청병(淸兵)이 아골관을 거쳐 들어가 청하성(淸河城)을 포위하자 유정(劉綎)[184]이 사로(四路)로 출병하니,[185] 이곳이 그중 한 곳이다. 연산관은 분수령(分水嶺)과 회령령(會寧嶺) 사이에 있으며, 준엄한 고개와 첩첩한 산봉우리가 잇닿아 구불구불 뻗쳐 있으므로 이렇게 이름하였다. 가운데로 한 길을 통하여 요양과 심양의 요충지가 되니, 대개 요나라와 금나라의 거방(巨防)이었고 지금도 역시 순찰하는 기병을 두어 비상시에 대비한다고 한다. 혹자는 명나라 성화 연간에 관문을 두어 행려자(行旅者)들을 기찰하였다고 하나, 최인재(崔訒齋, 崔晛)의 『연행기(燕行記)』에는 "보(保)는 있었지만, 관(關)은 없었다"라고 하였다. 그 시기가 성화 연간과 멀지 않으므로 이미 관이 없었거나 아니면 단지 보만 두고 관문을 설치하지 않았던 것이 아닐까 한다. 여기서부터 지름길로 심양을 거치지 않고 곧바로 산해관에 이를 수 있다. 그래서 성화 16년(1480)에 공로(貢路)를 바꾸기를 청하였으나, 병부상서 유대하(劉大夏)가 조선의 공로는 아골관으로부터 서너 군데 큰 진(鎭)을 우회하여 비로소 산해관에 이르는 것이 조종(祖宗)의 은미한 뜻이라고 하여 마침내 허락하지 않

---

183 규모가 …… 세심함[大規模細心法]: 홍대용의 연행록에서도 확인된다. 그는 청나라 문물의 특장(特長)으로 규모가 크면서도 마음 씀씀이가 세심한 점을 들었다(『담헌서(湛軒書)』 외집(外集) 권8, 「연기·연로기략」).
184 유정(劉綎): 1558~1619. 자는 자신(子紳), 호는 성오(省吾)이며, 강서 남창부(南昌府) 홍도현(洪都縣) 출신으로 명나라 장수이다. 도독 유현(劉顯)의 아들로, 음서로 지휘사(指揮使)의 관직을 받았으나, 이후 누차 전공을 세우면서 사천 총병(四川總兵)까지 승진하였다. 1592년(만력 20, 선조 25) 임진왜란이 발발하자 부총병으로 군사 5천 명을 거느리고 조선에 와서 부산, 대구, 충주 등지에 주둔하며 왜적을 무찌르는 데 공헌을 하였으며, 1597년(만력 25, 선조 30) 정유재란이 일어나자 재차 참전하여 고니시 유키나카(小西行長)의 군대를 공격하였다. 이후 후금으로부터 요동을 지키다가 1619년(만력 47) 삼하 전투에서 전사하였다.
185 사로(四路)로 출병하니: 1618년(만력 46) 후금의 누르하치가 요동 무순을 함락하자 총사령관 양호(楊浩)는 군사 10여만 명을 총병관 마림(馬林), 두송(杜松), 이여백, 유정에게 나누어 주고 사로로 공격하였으나 심하 부근에서 결국 패배하였다(『명사』 권259, 「양호열전(楊鎬列傳)」).

았다고 한다.[186] 만력 말에 청주(淸主)가 요양과 심양을 점거하고, 숭정 병자년(1636)에 제위(帝位)를 참칭하며 연호를 세우고 개원(改元)하여 여러 부족의 조하(朝賀)를 받을 적에, 조선의 사신 나덕헌(羅德憲)과 이확(李廓)이 조하에 참여하지 않자 신하들이 그들을 죽이기를 요청하였다. 청주는 그들을 구속하였다가 얼마 뒤에 귀국시키게 하였는데, 답서를 보지 못하게 하고 100여 명의 기병으로 압송하게 하여 연산관에 이르자 그들을 두고 떠났다. 나덕헌이 끝내 답서를 버리고 돌아오니 바로 이곳이다.[187] 혹자는 "통원보에 이르러 종이상자[紙筒]에 답서를 담고 말 한 필에 실어 심양으로 돌려보냈다"라고 하니 어느 것이 맞는지 모르겠다.

산해관기(山海關記) 1

산해관은 장성(長城)의 동문이다. 장성은 의무려산을 따라 구불구불 내려와 거용관(居庸關)[188]과 고북구(古北口)에서 산 정상을 감싸고, 동쪽으로 각산(角山)에 이르러 점점 내려와 평지로 들어간다. 우측으로 창해(滄海)를 끼고 있어 화이(華夷)의 군사상 요충지[咽喉之地]가 되며, 바다와 산 사이의 평지는 겨우 10여 리이고 관문은 바로 그 사이에 있으니, 바로 명나라의 서중산(徐中山)[189]이 장성을 따라 관(關)을 둔 것이다. 관성의 둘레는 8리이고 문이 4개이며, 해자의 넓이는 2장(丈)이다. 또 서라성(西羅城)은 둘레가 6리, 동라성(東羅城)은 둘레가 3리 146보이다. 남신성(南新城)은 둘레가 2리 반이

---

186 『명사』 열전 제70, 「유대하(劉大夏)」
187 만력 …… 이곳이다: 1636년(숭정 9) 후금 태종이 국호를 청(淸)이라 하고 황제(皇帝)를 칭하며 즉위식을 거행하자 당시 사신으로 심양에 온 나덕헌과 이확에게도 축하 반열에 참석하라고 강요하였다. 청나라는 항거하며 하례를 거부하는 이들을 구타와 회유를 거듭하다가 볼모를 요구하는 국서를 지참시켜 100여 명의 기병으로 호송해 돌려보냈다. 나덕헌 등은 통원보에서 감시가 풀리자 호인(胡人)에게 국서를 맡기고 귀국하였다.
188 거용관(居庸關): 중국 북경의 서북쪽에 위치한 만리장성의 한 관문으로, 오늘날 북경시 창평구(昌平區)에 있다.
189 서중산(徐中山): 서달(徐達, 1332~1385). 자는 천덕(天德), 시호는 무녕(武寧)이며, 안휘성(安徽省) 농민 출신으로, 명나라의 초기의 무장이다. 주원장(朱元璋)의 부하로 많은 전공(戰功)을 세워 명나라 제일의 개국 공신이 되었다. 산해관은 북제(北齊)에서 당조(唐朝) 시기 사이에 건축되었다고 하는데, 서달이 다시 개축하고 산과 바다 사이에 위치해 있다고 하여 산해관이라 칭했다고 전해진다. 죽은 뒤 중산왕(中山王)에 추봉되었다.

고 북신성(北新城)은 둘레가 1리 42보인데, 두 성 모두 남북에 2개의 문이 있다. 이 다섯 성이 고리처럼 서로 연결되어 자리를 이루고 있다.

동쪽의 첫 관은 옹성이어서 다락이 없으며, 옹성의 남쪽·북쪽·동쪽을 뚫어서 문을 만들었는데 그 둥근 문지방[虹楣]에 '위진화이(威振華夷)' 네 자를 새겼다. 제2관은 4층의 적루로 되어 있고 문지방에 '산해관'이라는 세 글자를 새겼으니 이것은 장성이다. 성의 높이는 대략 수십 장이고, 두께는 이것의 반이며, 홍예(虹霓) 안은 컴컴한 동굴에 들어가는 듯하다. 제3관은 3층 처마로 된 누각에다 '천하제일관(天下第一關)'이라는 편액을 세웠다. 편액 아래에는 또 3개의 현판이 있었는데, 하나는 '좌보금탕(左輔金湯)', 다른 하나는 '강구영고(康衢永固)', 다른 하나는 '병번(屛藩) 운운(云云)'이라 하였다【아래의 두 글자는 잊어버려 기억나지 않는다.】. 편액은 모두 명나라의 급사(給事) 소현(簫顯)이 썼다고 한다. 이것이 중성(中城)이고 또 옹성이 있는데 바로 옛날의 장성으로, 내외가 각각 중관(重關)으로 가로막혀 있다. 수백 보를 가면 십자가(十字街)에 방성을 둘렀으며, 사면에 둥근 문[虹門]을 내고 그 위에 3층 처마로 된 누각을 두었는데, 금색 글자로 '상애부상(祥靄榑桑)'이라고 편액을 썼으니, 이는 옹정제의 어서(御書)이다. 또 수십 궁(弓: 땅을 재는 단위)을 가면 복성(複城: 외성 안에 있는 내성)이 있는데, 위로는 누각이 없고 아래로는 편액이 없으니 이것이 성의 서문이다. 일곱 성의 내부에는 5, 6리 혹은 2, 3리마다 망루가 하늘 높이 솟아 있는데 장엄하게 만들어졌으며, 각 문은 부도통을 두어 지키게 하였다.

이곳은 심양을 지난 후에 있는 큰 도회지이다. 삼사(三使)가 모두 일산(日傘)을 거두고 문·무로 반열을 이루니 심양에 들어갈 때와 같다. 세관(稅官)과 수비(守備)가 관내의 익랑(翼廊)에 앉아서 사람과 말을 점검하는데, 봉성의 청단(淸單, 조사서)에 준한다. 수비는 모두 만인(滿人)인데, 붉은 일산과 파초선(芭蕉扇)을 들었으며 앞에는 군졸 100여 명이 칼을 차고 늘어섰다. 원수부(元帥府)의 문 밖에는 두 돌사자가 앉아 있는데, 높이가 각기 수 장이다. 여염과 저자의 번성함이 성경보다 뛰어나고 수레와 말이 가장 많으며, 청춘 남녀들은 더욱더 곱고 아름다우니, 그 번화함과 풍요로움이 이제껏 지나온 곳 가운데 제일이었다. 대개 이곳이 천하의 웅관(雄關)이며 관의 서쪽으로 황도(皇都)가 멀지 않아 그러한 것이다.

산해관기(山海關記) 2

　　산해관은 북극고도[北極出地]에 40도 못 미치는 곳으로, 옛 유관(渝關)이다. 왕응린(王應麟)의 『지리통석(地理統釋)』에서 "우(虞)나라의 하양(下陽), 조(趙)나라의 상당(上黨), 위(魏)나라의 안읍(安邑), 연(燕)나라의 유관, 오(吳)나라의 서릉(西陵), 촉(蜀)나라의 한락(漢樂)은 지세(地勢)로 보아도 반드시 의거해야 하고, 성세(城勢)로 보아도 반드시 지켜야 할 곳이다."[190]라고 하였다. 명나라 홍무 17년(1384)에, 대장군 서달(徐達)이 유관을 이곳으로 옮겨 다섯 겹의 성을 쌓고 이름을 '산해관'이라고 하였다. 요계(遼界)의 으뜸가는 관애(關隘, 요충지)로, 조선과 몽고 등 여러 나라가 모두 이곳을 거쳐 출입한다. 수나라 개황(開皇) 3년(583)에 처음 이 관문을 두었고, 당나라 태종(太宗)은 동서 협석(東西狹石), 녹주(綠疇), 장양(長揚), 황화(黃花), 자몽(紫蒙), 백랑(白狼) 등을 널리 설치하고 수자리를 두어서 거란[契丹]을 제압하였다. 관외에 또 동·서로 나성(邏城)이 있는데, 관문과 나성이 고리처럼 연결되어 다섯 자리[五座]를 이루고 있으므로 '오화성(五花城)'이라고 이름하였다.

　　황조(皇朝)에 이르러 제도를 마련[制置]하고 경영하기를 더욱 엄격하고 치밀하게 하였는데, 3리 되는 성과 7리 되는 외성[191]으로 겹겹이 관문을 잠그고 첩첩이 둘러싸니, 나는 새도 넘을 수 없고 원숭이도 오를 수 없었다. 그리하여 비록 순치(順治)의 병력으로도 오삼계(吳三桂)에게 막혀 서로 대치한 것이 거의 10년으로, 끝내 관내를 한 발자국도 넘보지 못하였다. 숭정 연간에도 이곳을 여러 번 침범하였으나, 희봉구(喜峯口)를 통하거나 용정관(龍井關)·거용관 등을 경유하였던 것이니, 모두 가까이 산해관을 버리고 수천 리를 연이어서 들어간 것이었다. 오삼계가 관문을 열고 구원병을 요청한 연후에야 비로소 감히 산해관으로 들어갔으니, 여기에서 서중산이 변방을 막아 나라를 지킨 공이 후세에까지 미쳤음을 볼 수 있다.

　　산해관부터 서쪽으로는 계진(薊鎭, 薊州鎭)이 담당한다. 변성은 모두 1,474리(里)이

---

190 『통감지리통석(通鑑地理通釋)』 권7, 「공(鞏)」.
191 3리 …… 외성: 성곽이 작은 곳을 말한다(『맹자(孟子)』..

며, 성보(城堡)는 71좌(座), 부장대(附墻臺)는 146좌, 적대는 1,095좌, 주병(主兵)은 7만 3,562명, 객병(客兵)은 3만 7,573명이다. 명나라의 변방이 여기에서 견고해졌고, 또 그 적임의 지형을 얻었으니 참으로 이른바 '천하제일관'이라고 할 것이다.

아! 몽염(蒙恬)[192]이 장성을 쌓아 오랑캐를 막았는데 진(秦)나라를 멸망시킨 오랑캐는 내부에 있었고, 서중산이 이 관문을 쌓아 오랑캐를 대비했으나 오삼계가 관문을 열어 맞아들였으니, 나라의 흥폐는 하늘에 달려 있지 사람에게 있는 것이 아니다. 어찌 금성탕지(金城湯池)라고 믿을 수 있겠는가.

관문의 기찰(譏察)이 매우 엄격한 것은 명나라 때부터 이미 그러하였다. 표문(票文)이 없는 자는 출입을 허락받지 못하며, 관적과 나이, 용모, 흉터를 모두 살핀 후에 통과시키고, 조패(早牌)와 만패(晩牌)가 있어도 하루에 불과 두 차례만 사람의 왕래를 허락한다. 청나라의 법에도 황포(黃布)를 잘라 깃 조각을 만들어 출입의 신표(信標)로 삼았는데, 이것을 잃어버리면 한 번 나간 후에는 다시는 들어오는 것을 허락받지 못한다. 행상인 역시 모두 장부에 성명과 주소, 물화의 이름과 숫자를 기록하니, 간사함을 조사하고 허위를 방비함이 매우 엄격하며 세금 또한 매우 무거워서 행인들이 매우 괴롭게 여긴다고 한다.

산해관 익성기(山海關翼城記)

산해관의 남쪽과 북쪽으로 몇 리 지점에 익성(翼城)이 있으니, 남쪽은 '남익성(南翼城)', 북쪽은 '북익성(北翼城)'이라고 한다. 둘 다 장성에 붙여서 쌓았으며 사방이 100여 보(步)이고, 남과 북에 모두 문이 있다. 북성은 끊어진 곳이 있어 허물어진 곳이 수십 무(武)에 달하였다. 세상에 전하기를 오삼계가 청병에게 구원을 요청하면서 성을 허물어 들어오게 한 곳인데, 청인이 다시 보완하지 않고 쇠 그물로 막고서 다만 갑군이 지키게 하였다고 하니, 아마도 이로 인하여 천하를 얻었기 때문에 그대로 남겨 두어 후

---

[192] 몽염(蒙恬): ?~기원전 209. 진(秦)나라의 무장이다. 기원전 221년 제(齊)나라의 멸망과 기원전 215년 흉노 정벌에 큰 공을 세웠으며, 연·조·진나라가 쌓았던 장성을 연결하여 북쪽 변방에 거대한 방어선을 완성하였다. 시황제(始皇帝)가 죽자, 환관 조고(趙高)와 승상(丞相) 이사(李斯)의 흉계로 자결하였다.

인에게 보이고자 한 것이거나, 아니면 장성 이내를 여관으로 여겨 중국을 자물쇠로 굳게 채워 지키려 하지 않아서 그런 듯하다. 비록 그렇지만 『개국방략(開國方略)』[193]에서 "오삼계가 영알(迎謁)할 적에 앞서 달려가 관으로 들어갔다"[194]라고 하였고, 건륭제의 『어제전운시(御製全韻詩)』에도 이 일이 기재되어 있으며, 고염무(顧炎武)의 시에서도 "관문을 열고 원수(元帥)가 항복하였다"[195]라고 하였으니, 그 성을 무너뜨리지 않은 것이 분명하다. 『개국방략』에서 또 "숭정황제(崇禎皇帝)가 태감(太監)의 첩보를 믿고서 원숭환을 하옥시키자, 부하 조대수와 하가강(何可剛)[196]이 병사를 데리고 동쪽으로 달아나 산해관에 이르렀는데, 문이 닫혀 있자 성을 무너뜨리고 달아났다"라고 하였다.[197] 『명사』에 의하면, 원숭환이 체포되어 갇히자 조대수 등이 그 부하를 이끌고 금주(錦州)로 도망갔다고 하는데,[198] 성을 무너뜨렸다는 말은 없으니 이 역시 반드시 그런지 모르겠다. 게다가 조대수와 하가강이 훼손한 것을 청 조정이 어찌 보수하여 쌓지 않고 단지 방어만 하겠는가. 혹자가 말하기를 "오삼계가 관문을 열고 구원병을 청하였으나, 청조(淸祖)가 오삼계에게 몰살당할까 두려워하여 오히려 머뭇거리며 나아가지 않으므로, 오삼계가 성을 무너뜨려서 청군에게 믿음을 보여주자, 그제야 관에 들어왔다"라고 하였다. 이에 대해 혹자는 말하기를 "장성의 남북에는 예전에 수문(水門)이 있었는데, 오삼계가 관을 지키며 군사를 정비할 때 북쪽 수문을 통해 나왔다가 남쪽 수문으로 들어가면서 옷을 갈아입고 말을 갈아타 병사가 많은 것을 보여 주었다. 이자성(李自成)[199]을 격파할 때에, 이자성이 군사를 석하(石河) 서묘당(西廟堂) 앞에 주둔시

---

[193] 『개국방략(開國方略)』: 서명이다. 원래 명칭은 『황청개국방략(皇淸開國方略)』이다. 1773년(건륭 38)에 아계(阿桂, 1717~1797, 滿洲正白旗人) 등이 찬수 명령을 받아 1785년(건륭 51)에 완성되었다. 총 32권으로, 청조의 입관(入關) 이전의 개국 사실을 서술하였다. 다만 불리한 일에 대해서는 분식한 경우가 많아 만문노당(滿文老檔)과 청실록보다는 사료 가치가 떨어진다. 그래도 내용이 매우 풍부하여 만주족 개국사 연구에는 일정한 가치가 있다.
[194] 『황청개국방략』 권32, 「세조 장황제(世祖章皇帝)」.
[195] 『정림시집(亭林詩集)』 권3, 「산해관(山海關)」.
[196] 하가강(何可剛): 1590~1631. 명나라 말기의 장수이다. 대릉하 전투에서 조대수가 청군에 항복하려는 것을 만류하다가 피살되었다.
[197] 『황청개국방략』 권12, 「태종 문황제(太宗文皇帝)」.
[198] 『명사』 권250, 열전 제138, 「손승종(孫承宗)」.
[199] 이자성(李自成): 1606~1645. 본명은 홍기(鴻基)이며, 연안부(延安府) 미지현(米脂縣) 출신으로, 명 말기 농민군의 영수이다. 명말 농민군을 이끈 틈왕 고영상(高迎祥, ?~1636)을 계승하여 서안을 점령하고 국호를 대순(大順)으로 정하였다. 1644년(숭정 17) 북경을 점령해 명을 멸망시켰으나, 이내 도르곤이 이끄

키자, 오왕(吳王, 오삼계)이 관문을 열고 나와 먼저 싸움을 걸어 거짓으로 패하여 쫓기는 척 유인하였고, 청의 군사는 좌우익으로 나누어 양쪽 수문을 통해 들어가 관을 따라 서쪽으로 가서 급히 공격하였다. 오왕이 다시 군사를 돌려 힘껏 싸우자, 이자성이 크게 패하여 달아났다. 이것은 원래 기문가(奇門家)의 생문법(生門法)[200]이니, 성을 헐고 군사를 불러들인 일은 처음부터 없는 일이다. 또 성 무너진 곳을 보수하여 쌓지 않았으니, 전조(前朝)에서는 변방이 평온하지 못하였으므로 성을 보수하는 것이 형세상 당연하였으나, 지금은 천하가 일가가 되어 관외가 바로 청인들의 본가이니 성을 보수해서 장차 누구를 방어할 것이겠는가"[201]라고 하였다. 이치상 그럴 듯하지만, 상고할 곳이 없는 것이 유감이다.

장성기(長城記)

산은 태항산에서 구불구불 수천 리를 지나 동북에서 각산을 이루어 겹겹이 이어진 산봉우리가 중천까지 깎아지른듯 서 있는데, 그중 한 가닥이 곧장 발해에 다다르니 화이(華夷)의 인후(咽喉)의 지역이 된다. 장성 역시 고북구와 거용관에서 동쪽으로 천 리를 달려 각산에서 우뚝 솟았다가 확 꺾어져 평지를 이루고 남쪽으로 바다에 이른다. 역사서에 "진시황(秦始皇)이 북쪽으로 흉노를 정벌하고 몽염을 파견해 장성을 쌓게 하였는데, 임조(臨洮)에서 시작하여 요동에 이르기까지 길이가 만여 리에 이른다."[202]라는 것이 이것이다. 동쪽에서 바라보면 장성 일대는 서북으로 가로 뻗어 봉우리와 인하고 계곡에 걸터앉았으며, 수많은 성가퀴가 우뚝우뚝 치솟았다. 산으로부터 바다에 이르기까지는 20리(里)인데, 100장(丈)의 벽돌 성으로 안팎이 완전히 단절되어 있으니 참으로 철옹성이다.

　　는 청군과의 전투에서 패배하여 섬서 지역으로 철수하였고, 이듬해에 사망하였다.
200　기문가(奇門家)의 생문법(生門法): 남의 눈을 현혹해 자기의 몸을 감추는 술수의 일종이다. 천간(天干)에서 을(乙)·병(丙)·정(丁)을 삼기(三奇)라 하고, 휴문(休門)·생문(生門)·상문(傷門)·두문(杜門)·경문(景門)·사문(死門)·경문(驚門)·개문(開門)의 여덟 문이 있는데, 생문이 제일 좋다고 한다.
201　장성의 …… 것이겠는가: 홍대용의 『담헌서』 외집 8권, 「연기【손진사(孫進士)】」에 이와 유사한 글이 확인된다.
202　『사기』, 권88, 「몽염열전(蒙恬列傳)」.

명나라의 서중산이 몽염의 옛 성을 따라 개축하여 동북으로 구성(舊城)의 안팎을 거듭 성으로 막아 가리니 이것이 산해관이다. 또 장성의 남쪽 머리에 작은 방성을 쌓고, 방성의 남쪽에 누각을 세워 '징해(澄海)'라고 하였으니, 이곳이 장성 땅의 끝자락이며 산해관과 서로 접하는 곳이다. 대개 몽염이 쌓아 올린 것은 임조에서 시작하여 요서에 이른다. 요서는 지금의 임유현(臨楡縣)과 동가구(董家口)인데, 형지(形址)만 남아 있으니 바로 이른바 '노변성(老邊城)'이다. 그리고 서중산이 쌓은 곳은 안문(鴈門)에서 시작하여 동가구에 이르러 다시 몽염이 쌓은 곳과 만나니, 이른바 '신변성(新邊城)'이다. 노성(老城)은 외부에 있고 신성(新城)은 내부에 있는데 서로의 거리는 수십 리이고, 또 동가구에서부터 이어져 징해루에서 끊기는 것이 바로 지금의 관성(關城)이다.

　무릇 장성이라는 명칭은 이미 육국(六國)의 시대부터 있었다. 조(趙)나라의 이목(李牧)은 흉노를 대파하고 장성을 쌓되 대(代)와 음산(陰山) 아래에서부터 고궐(高闕)에 이르기까지 요새를 만들었고, 진(秦)나라는 의거(義渠)를 멸하고 비로소 농서(隴西)와 북지(北地)에 장성을 쌓아 오랑캐[胡]를 막았으며, 연(燕)나라는 동호(東胡)를 쳐서 땅을 천 리나 넓히고 또 장성을 쌓았다. 진시황이 육국을 겸병(兼幷)하고 천하를 통일해 천자가 되자 또 몽염으로 하여금 대대적으로 장성을 쌓게 하였다. 그 결과 화이의 강계가 나뉘고 내외가 구분되어 마침내 천하에 살기 좋은 곳이 되었고 중국에서 대대로 이를 지켜 왔다. 사람들이 지금에 이르기까지 진시황의 웅장한 계획을 칭송하니, 만일 뛰어난 역량과 훌륭한 규모가 아니었다면 어찌 이 일을 할 수 있었겠는가. 그런데 관성 밖 강녀묘(姜女廟) 기둥에 새겨진 글에 "진시황은 어디에 있는가. 부질없이 만리성을 쌓았네"라고 하였으니, 이것은 바로 강녀의 원망하는 말이요 또 그 부질없음을 기롱하는 의미이다. 대개 진시황은 안으로 호해(胡亥, 진나라 2대 황제)를 알지 못하고, 밖으로 흉노에게 일을 벌려 백성을 수고롭게 하고 원망을 쌓다가 얼마 지나지 않아 나라가 멸망했으니 아마도 후세 사람의 기롱인 듯하다. 그러나 내 생각에 장성의 축조는 공이 만세에 미쳤으니 어찌 부질없다고 할 수 있겠는가.

　무릇 중국의 우환은 오랑캐[胡虜]보다 큰 것이 없으니, 오랑캐가 중국을 침략한다는 것은 그들이 상류에 의거하고 있어 그 형세가 물병을 거꾸로 들어 쏟는 것과 같기 때문이다. 요 임금 당시 9번이나 홍수가 나자 곤(鯀, 우 임금 부친)으로 하여금 치수하게 하였는데, 곤은 역량과 재주가 뛰어나 오랑캐가 중국의 만세의 근심이 될 것을 알고, 유주와 기주를 소통하고 항산(恒山)과 대산(岱山)을 파내 구주(九州)의 물을 끌어 사막에 흐르게 해서, 중국이 도리어 그 상류에 웅거하여 호(胡)를 견제해 보려고 하였다. 그런 이유로 장차 홍수[懷襄]에 대한 우려는 부차적인 일로 여겨 지형을 측량하지도 않고 공비(工費)를 아끼지도 않으며 기어코 거꾸로 개울을 파서 거슬러 흐르게 하였다. 그러나 산을 파내고 구덩이를 파며 물길을 소통하게 하고 트이게 하는 도중에 지세가 점차 높아져 생각지 않게 흙이 저절로 메워졌고, 결국에는 9년 동안 실패가 쌓이게 되었다. 아! 만약 곤으로 하여금 이 사업을 성공하게 했더라면, 중국은 오랑캐를 막고 황하(黃河)를 막아 일거양득이고, 그 뛰어난 공로와 업적은 당연히 우(禹) 임금보다 위에 있었을 것이다. 진시황에 이르러 또한 오랑캐가 중국 만세의 근심이 될 것을 알고, 흉노를 북쪽으로 2,000리 내쫓고 대대적으로 장성을 쌓아 내외의 경계를 한정 지었다. 이때 이후로 오랑캐는 감히 화하(華夏)를 침범하지 못하여 비록 천하가 소란스러워지는 때를 당해서도 또한 감히 남쪽으로 내려가 말에게 물을 먹이지 못하였다. 그러므로 한·당나라 이후로 중국이 지금에 이르기까지 의지하여 울타리로 삼아, 관외의 요동과 계주 지역이 모두 중국의 판도에 들어갔으니, 이 어찌 공이 만세에까지 이어지지 않겠는가. 그러나 백곤(伯鯀)의 치수는 그 형세가 어려워서 공을 이룰 수 없었고, 진시황의 축성은 그 일이 수월했기 때문에 공을 이룰 수 있었던 것이다. 공을 이루느냐 마느냐는 비록 형세와 일의 난이도에 관계되어 있으나, 만약 역량과 재주가 보통보다 훨씬 뛰어나다면 어찌 성패를 논할 수 있겠는가? 게다가 하늘이 요동의 벌판을 낸 것이 광활하기가 끝이 없다. 서북 지역의 텅 빈 땅은 다시 의무려(醫巫閭)의 천 리나 되는 장산(長山)으로 한 면을 차단하여 화이의 경계를 지정하였고, 진나라는 또 만리장성으로 동북 지역을 차단하여 화이의 문호로 만들었으니, 이는 의무려와 나란히 칭송받을 만한 것으로서 영웅의 신통한 계책과 탁월한 식견을 보기를 다만 어찌 헛수고라고 하여 비웃겠는가.

송산보기(松山堡記)

송산보는 소릉하의 서남쪽 20리(里) 되는 지점에 있으며, 행산보(杏山堡)와 송산의 거리는 18리이다. 아마 명나라 이전에 변관이 늘 전쟁에 시달리므로 마을마다 보루를 둔 것 같은데, 지금은 사람과 가축이 들에 널려 있고, 성과 보루는 허물어진 채 보수하지 않으니, 사방 변방의 전쟁으로 인한 근심이 없어진 지가 이미 백 년이다. 천운(天運)이 좋은 때인 것일까? 사람의 계책이 잘 맞은 것일까?

아! 이곳은 숭정 연간에 용호(龍虎)가 서로 싸운 땅이니, 건륭제(乾隆帝)의 전운시(全韻詩)에 다음과 같은 주(注)가 있다. "숭정 6년(1633) 8월에, 명나라의 총병 홍승주(洪承疇)가 송산에 구원병 18만 명을 모으자 태종(太宗)은 곧 군사를 통솔하고 정벌에 나섰다. 이때 마침 태종은 코피가 났는데, 급히 행군하는 바람에 피가 더욱더 심하게 나서 사흘이 되어서야 그쳤기에 제왕과 패륵(貝勒)이 천천히 가기를 청하였다. 그러자 태종은 '행군에서 승리하는 방법은 신속한 데 있다'라고 타이르고는 빨리 달려가 6일 만에 송산에 이르러 송산과 행산 사이에 진을 쳐 큰길을 가로로 차단하였다. 명나라의 총병 여덟 명이 선봉(先鋒)을 범하자 모두 공격해 무너뜨리고, 필가산(筆架山)에 쌓아 둔 양식을 빼앗았으며, 해자를 파서 송산과 행산의 길을 끊었다. 이날 밤에 명의 제장(諸將)들은 칠영(七營)의 보병을 거두어 송산성(松山城) 가까이 진을 쳤다. 태종이 여러 장수들에게 '오늘 밤에 적병(賊兵)이 반드시 도망칠 것이다.'라고 효유하고, 호군(護軍) 오배(鰲拜) 등에게 명하여 사기(四旗)의 기병을 거느려 선봉으로 몽고병과 함께 대오를 갖추어 곧바로 해변에 가도록 하였다. 또 몽고 고산액진(固山額眞) 고로극(固魯克) 등에게 행산 길에 매복하였다가 막아 습격하게 하고, 예군왕(睿郡王)에게는 금주(錦州)로 가서 탑산(塔山)의 큰길에 이르면 가로질러 공격하게 하였다. 이날 밤 초경(初更)에 명나라 총병 오삼계 등이 바닷가로 몰래 도망치자 서로 이어 추격하고, 또 파포해(巴布海) 등에게 명하여 탑산의 길을 차단하게 하였으며, 무영군왕(武英郡王) 아제격(阿濟格)에게 탑산에 가서 절단하여 치게 하고, 또 패자(貝子) 박락(博洛)에게 군사를 인솔하고 상갈이채(桑噶爾寨)²⁰³에 가서 절단하여 치게 하였다. 또 고산액진 담태주(潭泰柱)에게 소릉하에 가서 곧바로 해변에 이르러 그 귀로를 끊게 하고, 다시 매륵 장경(梅勒章京) 다제리(多濟里)²⁰⁴에게 패배한 군사를 추격하게 하며, 고산액진 이시(伊時) 등에게 명하여 행산의 사면에서 행산으로 도망쳐 들어오는 명의 군사를 치게 하였다. 또 몽고의 고산액진 사격도(思格圖) 등에게 명하여 도망하는 군사를 추격하게 하고, 국구(國舅) 아십달이한(阿什達爾漢) 등에게 명하여 행산의 주둔지를 가서 보고, 만약 그곳이 좋지 않으면 즉시 좋은 곳을 골라 군영을 이동하게 하였다. 이튿날 예군왕과 무영군왕을 시켜 탑산의 사대(四臺)를 에워싸고 홍의포(紅衣礮)로 공격하게 하여 함락시키자, 총병 오삼계와 왕박(王樸)은 행산으로 도망쳐 들어갔다. 이날 태종은 군영을 이동해 송산에 이르러 호를 파고 포위하려 하였는데, 그날 밤 총병 조변교(曹變蛟)²⁰⁵가 산채를 버리고 포위망을 뚫고서 나가려고 한 것이 서너 차례 있었다. 다시 내대신(內大臣) 석한(錫翰) 등과 사자부락(四子部落) 도이배(都爾拜) 등에게 명하여 각각 정병 250명을 거느리고 고교(高橋) 및 상갈이보(桑噶爾堡)에 매복하게 하였다. 그리고 태종도 친히 군사를 거느리고, 고교의 동쪽에 이르러 패륵 다탁(多鐸)을 매복하게 하였다. 오삼계와 왕박 등이 패주하여 고교에 이르자, 복병이 사방에서 일어나, 겨우 목숨만 건졌다 이 싸움에서 죽인 명나라 군사가 5만 3,700명, 노획한 말이 7,400필, 노획한 낙타가 60필, 갑옷이 9,300벌이다. 행산에서 남으로 탑산에 이르기까지 바다에 떠 죽은 자가 매우 많았으니, 표류하는 것이 마치 기러기와 따오기가 떠가는 것 같았다. 그러나 청의 군사는 부상자가 여덟 명뿐이었고 나머지는 상처 하나 입지 않았다"²⁰⁶라고 하니 이것이 세상에서 말하는 송산과 행산에서의 전쟁이다.

---

203 상갈이채(桑噶爾寨): 원문에는 '상갈이새(桑噶爾塞)'로 되어 있으나, 『태종문황제실록(太宗文皇帝實錄)』에 의거하여 오기로 보아 '상갈이채(桑噶爾寨)'로 수정하였다.
204 다제리(多濟里): 원문에는 '다재경(多濟更)'으로 되어 있으나, 『태종문황제실록』에 의거하여 오기로 보아 '다제리(多濟里)'로 수정하였다.
205 조변교(曹變蛟): 원문에는 '조변교(曺變蛟)'로 되어 있으나, 『태종문황제실록』에 의거하여 오기로 보아 '조변교(曹變蛟)'로 수정하였다.
206 숭정 6년 …… 않았다: 본 내용은 『어제시사집(御製詩四集)』 권47, 「전운시(全韻詩)」에 확인된다. 다만 박지원의 『열하일기』 「일신수필(馹汛隨筆)」에도 기재되어 있는데, 원문을 비교하였을 때 일부 명칭과 숫자를 제외하고 『열하일기』와 거의 동일한 것으로 보아 『열하일기』에서 참고한 것으로 생각된다.

이때 이자성이 남쪽에서 들어오고 청인은 동쪽에서 이르러 안팎에서 이른 병사가 천하를 크게 진동시켰다. 청인은 관외의 이자성이요 이자성은 관내의 청인이니, 명나라가 비록 망하지 않으려 한들 할 수 있었겠는가. 오삼계와 홍승주(洪承疇)의 지략(智略)과 용맹함은 세상에 대적할 자가 없으나, 한번 청나라의 군대를 맞게 되자 지략은 나올 곳이 없고 용맹은 베풀 곳이 없었다. 게다가 18만 대군이 수천의 청나라 군대에 포위되어 순식간에 잡초를 베고 물거품이 사라지듯이 한 명의 군사도 돌아가지 못하였다. 이에 하늘에 책임을 돌리지 않을 수 없으니, 싸움을 잘못한 탓이 아니다. 청나라의 군대가 송산을 포위했을 때 우리 효묘(孝廟, 효종)께서 청의 진영에 머무시며 막차를 잠깐 다른 곳으로 옮겼는데, 총병 오삼계가 휘하의 기병 1만 명을 이끌고 포위망을 무너뜨리며 돌진해 왔다. 막차를 처음 설치하였던 곳이 바로 오삼계가 돌진해 온 길이니,[207] 이러한 일은 왕의 영령이 있는 곳이었기 때문이라고 하지만 또한 어찌 하늘의 뜻이 아니겠는가. 아아!

황기보기(黃旗堡記)

성경의 서쪽으로 100여 리 되는 곳에 둔보(屯堡)가 별처럼 늘어서 있는데 대부분 기(旗)로 이름을 붙였으니, '황기보(黃旗堡)'·'백기보(白旗堡)'·'홍기영(紅旗營)'이 이것이다. 대개 청나라의 군제(軍制)는 12기(旗)가 있으니, '정황(正黃)'·'정백(正白)'·'정홍(正紅)'·'정람(正藍)'·'양황(鑲黃)'·'양백(鑲白)'·'양홍(鑲紅)'·'양람(鑲藍)'·'상황(廂黃)'·'상백(廂白)'·'상홍(廂紅)'·'상람(廂藍)'이다. 이는 만주 지역을 12개로 나누어 각각 기의 이름으로 부른 것인데, 기내(旗內)에 거주하는 인민으로서 기하(旗下)에 속한 자는 그 기인(旗人)이라고 일컬으니, 위로는 중당(中堂)과 상서(尙書)로부터 아래로는 백성과 노비에 이르기까지 모두 그러하다. 몽고와 한인(漢人) 가운데 기하에 소속되기

---

[207] 청나라의 군대가 …… 길이니: 이 이야기는 인평대군(麟坪大君)의 『송계집(松溪集)』에서 확인된다(『송계집』 권6, 「연도기행 중(燕途紀行中)·구월팔일(九月八日)」). 그런데 본 내용도 박지원의 『열하일기』 「일신수필」에 기재되어 있는데, 원문을 비교하였을 때, 일부 표현을 제외하고 『열하일기』와 거의 동일한 것으로 보아 이 역시 『열하일기』에서 참고한 것으로 추측된다.

를 원하는 자도 예속시키는데, 기하에 예속된 한인을 모두 '한군(漢軍)'이라 부른다. 지금 지나는 3개의 기보(旗堡)는 아마도 청나라의 군주가 심양에 있을 때, 연로 지방에 여러 기를 분속해서 이름한 듯하다. 대개 기하군(旗下軍) 16인 혹은 18인은 본읍(本邑)에서 윤번(輪番)으로 집에 머무는데, 항상 비상시에 대비하여 궁시(弓矢)와 총(銃), 창(槍)을 정비하며 대기한다. 만인(滿人)은 비록 기하에 예속되었다고 하더라도 백성과 군인에게는 저마다 정해진 제도가 있다. 관내의 군료(軍料)는 매월 은(銀) 3냥(兩), 1년에 대미(大米) 44담(擔)【10두(斗)가 1담이다.】을 지급하고, 관외(關外)는 은 3냥에 대미 또한 수를 줄여 지급한다. 그러나 봉록이 넉넉하므로 예속되기를 원하는 자가 많고, 내리는 상이 매우 후하여 전쟁에서 죽으면 은택이 몇 세대에 미치므로 용감하게 전쟁에 나아가 죽음을 각오하고 싸운다고 한다.

중후소기(中後所記)

중후소는 영원 서쪽에 있다. 명나라 홍무 연간에 요양현을 폐하고 그 땅에 정료위(定遼衛)를 설치하였다가, 정료좌위·정료우위·정료전위·정료후위·동녕위 5위 모두를 요동 도지휘사사[208]가 다스렸다. 영락 연간에 자재주를 이곳으로 옮기고, 또 중·좌 2개의 천호소와 좌·우·전·후 4개의 천호소를 설치하였는데, 각각 다스리는 보(堡)가 있으니 이것이 그중 하나다.

옛 성이 무너지자 그 터에 새로 성을 쌓았다. 문은 4개가 있는데, 동쪽은 '윤화(潤和)', 남쪽은 '가훈(歌薰)', 서쪽은 '열택(說澤)', 북쪽은【잊어버려 기록하지 않는다.】삼하가 가로 두르고 깨끗한 모래가 아름다웠으며, 긴 숲으로 둘러싸여 있는 것이 완연히 패강의 풍경같이 넓게 트였다. 성 밖을 지나니 거리가 번화하고 사람이 우글거렸는데, 시장 문에서 몇 리 사이는 매우 복잡하여 걸어 다닐 수가 없었으니 영원위(寧遠衛)나 신민둔(新民屯)과 서로 겨룰 만하다. 관제묘(關帝廟)가 있으니 장려하기가 요동에 버금가며 매우 영험하였다. 일행들이 모두 폐백을 올리고 길흉을 점쳐 보았다. 뒤 전

---

208 요동 도지휘사사: 원문은 '요동 군지휘사사(遼東郡指揮使司)'로 되어 있는데 '군(郡)'을 '도(都)'의 오기로 보아 바로잡아 번역하였다.

각은 편액에 '문창궁(文昌宮)'이라고 썼으니, 이른바 문창진군(文昌眞君)[209]이다. 〈그 모습은〉 가는 눈에 멋진 수염을 달았는데 풍채가 고상하였으며, 옷은 곤룡포에 사모(紗帽)를 썼다. 오른쪽에는 안장을 갖춘 흰 말이 서 있고 병졸 하나가 말고삐를 잡고 있는데, 소상(塑像)이 모두 생기가 돌고 있었다. 안팎의 집들은 단청이 현란하였고, 동서에는 각각 낭옥(廊屋)이 있었다. 오른쪽에는 작은 금부처가 있었으며, 왼쪽에는 백의(白衣)의 관세음보살이 묵화로 그려져 있었는데 그 필법이 속되지 않았다. 탁자 위에는 작은 화로가 놓였는데, 녹색 바탕에 꽃을 새기고 금을 입혀 자못 정교하고 우아하였으니, 흙으로 만들어서 구운 것이었다. 문안의 비치는 담[照墻]에 그려진 청사자(靑獅子)는 감로사(甘露寺) 오도자(吳道子)[210]의 붓놀림을 모방한 듯하였다. 소동파가 찬(贊)에서 이른바 '위엄은 이에서 드러나고 기쁨은 꼬리에서 드러난다.[威見齒, 喜見尾.]'[211]라고 한 것은 참으로 잘 형용한 것이다. 오삼계의 집이 옛날에 성안에 있었고, 그 선조의 분묘(墳墓)가 성에서 동쪽으로 5리에 있었는데, 오삼계가 배반하자 청인이 모두 도굴해 버렸다. 아마 오삼계가 이 지역 사람이기 때문인 듯하다.

마을 옆에는 진씨(陳氏)의 절효(節孝)를 기리는 정문(旌門)이 있었으니, 진씨는 바로 최숭(崔崇)의 처이다. 그 모양이 패루와 같았는데, 작은 돌기둥이 나란히 서 있어 마치 문과 같았다. 위에는 가로 들보가 있었으며 많은 처마가 갖추어져 있었고, 중간 들보에는 가로로 성명이 새겨져 있었다. 좌우 두 개의 기둥에 새겨 있기를 '얼음 서리 힘껏 때리고[氷霜勵揉]', 오른쪽에는 '금석(金石)이 더욱 빛나다[金石增輝]'라고 하였는데, 바빠서 실적(實跡)을 고문(考問)하지 못하였다. 주민들은 전모(氈帽) 만드는 것을 업으로 삼고, 별도로 동인(東人)을 위해 모자를 만들었는데 오랑캐 모자는 만드는 법이 다르기 때문이다. 모두 3개의 공장이 있으며, 하나의 공장이 30~50칸은 되고 일하는 공인은 모두 100여 인이 넘는다. 우리나라 상역(商譯)들도 모두 이곳에서 구매하니 예약했다

---

209 문창진군(文昌眞君): 문창성(文昌星)을 상징하는 화상이다. 문창제군(文昌帝君)이라고도 한다. 사람의 녹적(祿籍)이나 문장(文章)을 맡은 신(神)으로, 과거(科擧)가 있는 해에는 수험자들이 신봉하였다.
210 오도자(吳道子): ?~?. 오도현(吳道玄)으로, 당나라 때의 화가이다. 초명(初名)은 도자(道子)이며 하남 사람이다. 현종(玄宗)이 그의 명성을 듣고 도현이라는 이름을 하사한 뒤 궁정에서 그림을 그리게 하였다. 특히 도석인물화(道釋人物畫)에 뛰어났으며 산수화에도 일가를 이루어 동양 회화에 큰 영향을 미쳤다.
211 소동파가 …… 드러난다: 소식(蘇軾)이 육조시대(六朝時代) 송(宋)나라의 화가인 육탐미(陸探微)가 병풍에 그린 사자를 보고 찬한 구절이다(「육탐미화사자병풍찬(陸探微畫獅子屛風贊)」).

가 돌아갈 때 가져간다고 한다.

노룡새기(盧龍塞記)

무령현(撫寧縣)에서 양하(羊河)를 건너 노봉구(盧峯口)를 지나면 산세(山勢)가 빙 둘러싸고 그 사이에 길이 나 하나의 좁은 입구를 만드니, 구(口)는 관애의 칭호이다. 산에는 소나무가 있고 들은 모두 버드나무이며, 나무숲과 인가가 서로 잇닿아 있다. 쌍망보(雙望堡)에 이르면 들의 경치가 다시 활짝 트이고 북쪽으로 먼 산을 바라보면 이에 뒤질세라 빼어나게 아름답다. 부락령(部落嶺)에 도착하자 평원(平原)이 길게 뻗어 높고 언덕과 골짜기는 이리저리 꺾이고 굴곡져 수 리가 연이어 있었는데, 길 옆에 세워진 나무 팻말에 '고노룡새(古盧龍塞)'라고 써져 있었다.

『대명일통지』에 "노룡진(盧龍鎭)은 평주(平州)에서 서쪽으로 109리 지점에 있는데, 그 흙의 색이 흑색이며 산이 용 모양을 하고 있기 때문에 그렇게 이름한 것이다. 위(魏)의 조조가 북쪽으로 정벌하러 갔을 때, 전주(田疇)가 군대를 인도하여 노룡새로 나와 500여 리의 산을 파고 계곡을 막은 곳이 바로 이곳이다"[212]라고 하였다. 무릇 노룡새는 중국 동북 변방의 요새로, 한나라와 위나라 때부터 비로소 역사서에 보이는데, 그 내용에 "평주는 옛날의 우북평인데, 지금은 영평부가 되었다"라고 하였다. 그 지역을 지나면 산봉우리들이 거듭 이어져 있고, 길은 산이 끊어져 있는 곳에 있어 험하고 좁아 겨우 수레 하나가 지날 만하니 과연 바로 변방의 땅이다. 황경(皇京)의 전복(甸服)[213] 지역이기도 해서 수레와 말이 끊이지 않고 닭과 개 짖는 소리가 서로 들린다. 오랑캐들이 활 쏘며 사냥하던 때와 비교한다면 지금 번화한 낙토(樂土)라고 할 수 있겠다. 『수경주(水經注)』를 살펴보니, "노룡새에서 동쪽으로 청경(青陘)을 넘어 범성(凡城)까지 200여 리이며, 범성 동북쪽에서 평강(平剛) 고성(古城)으로 나오면 180리가 된

---

[212] 『대명일통지』 권5, 「영평부(永平府)」.
[213] 전복(甸服): 천자의 관할지인 경기(京畿)를 기준으로 500리 이내의 근교이다. 오복은 전복·후복(侯服)·빈복(賓服)·요복(要服)·황복(荒服)의 제후국이며, 그 가운데 전복은 황경에서 500리 이내의 근교이다.

다"[214]라고 하였다. 평강은 한나라의 우북평 읍치이니 이것으로 미루어 보면 노룡은 평강의 서쪽에 있다. 또『삼국지(三國志)』「전주전(田疇傳)」을 보면, "조조가 북으로 오환을 정벌할 적에, 군대가 무종에 주둔하였는데, 때마침 비가 쏟아져 해변의 낮은 곳이 물에 막혀 건널 수 없었다. 조조가 근심하여 전주에게 물으니, 그가 말하기를 '옛날 북평은 치소가 평강에 있고 길이 노룡으로 나서 유성(柳城)까지 닿았었는데, 건무 이래로 허물어지고 단절되어 200년을 내려왔습니다. 그러나 여전히 지름길이 있어 다닐 만합니다. 지금 오랑캐는 대군을 몰고 무종을 경유해야 하는데 전진하지 못하고 후퇴하게 되어 해이해지고 무방비 상태일 것입니다. 만일 조용히 회군하여 노룡 어귀로 해서 백단(白檀)의 험지를 넘어 빈 땅으로 나간다면 길도 가깝고 편리할 것입니다.'라고 하였다. 조조는 곧 군대를 이끌고 회군하여 전주를 향도(嚮導)로 삼아 서무산을 넘고 노룡으로 나와서 평강을 지나 백룡퇴(白龍堆)에 오르니, 이곳은 유성과 200여 리의 거리였다. 그제야 오랑캐가 놀라 깨달았다"[215]라고 하였다.

무종은 바로 지금의 옥전현인데, 조조가 무종에서 회군하여 처음 노룡 어귀로 나왔다면 노룡은 평강의 서쪽에 있을 뿐만 아니라, 옥전에서도 서쪽에 있는 것이다. 이곳에서 옥전까지 거리가 오히려 200여 리이니 이곳을 '고노룡(古盧龍)'이라 한 것은 아마도 착오인 듯하다. 유성은 바로 흥중(興中)으로, 수(隋)나라의 요서군과 영주가 모두 유성에 치소를 두었으니, 바로 그곳이다. 지도를 참고해 보면, 흥중은 장성 바깥에 있고 영원에서 북쪽으로 곧장 600리인데,『대명일통지』에 "유성의 폐현(廢縣)은 영평부의 서쪽 20리 지점에 있다"[216]라고 하였으니 역시 잘못이다. 대개 산천과 도리(道里)를 지도로 확인해 보면 원근(遠近)과 동서(東西)가 고금(古今)과 맞지 않은 곳이 많으니, 이와 같은 것은 우선 기록하고 박아(博雅)한 사람을 기다린다.

214『수경주(水經注)』권14,「유수(濡水)」.
215『삼국지』권11,「위서・전주전」.
216『대명일통지』권5,「영평부」.

연대기(煙臺記)

　　연대는 명나라의 유적으로, 관외의 것을 '연대'라고 하고 관내의 것을 '돈대(墩臺)'라고 한다. 연대는 십리강자(十里扛子)와 소흑산(小黑山) 사이에서 시작하여 관외에 이르기까지 5리나 10리 간격으로 서로 바라보며 끊이지 않고 이어져 있다. 대개 연경은 길이 곧게 뻗고 산릉(山陵)이 없기에 모두 평야에다가 벽돌로 연대를 쌓아 위급한 상황을 알리게 한 것이다. 만들어진 연대의 제도는 방형이나 원형으로, 방형은 한 면이 3장(丈) 정도이고, 원형은 그 둘레가 19아름[把]에 높이는 5장 이상이며, 네 둘레는 깎아 놓은 것 같았다. 3분의 2 가까이 올라가면 앞뒤로 두 개의 문을 내었는데 겨우 사람이 출입할 만하니, 생각건대 거기를 오르내리는 데 긴 사다리[雲梯]를 써야 할 것이다. 대 위에는 또 층대(層臺) 하나가 있는데 높이가 반 장이나 되니, 이것은 장령(將領)이 앉는 곳이다. 위아래 대에는 모두 성가퀴[堞堞]가 있고, 대포와 화살을 쏘는 구멍을 뚫었다. 대 앞에는 벽돌로 둘레를 항아리 모양처럼 쌓은 것이 5개가 있고, 대 뒤로는 집이 있어 수졸(守卒)들을 두었으며, 옆으로는 창고를 만들어 군기(軍器)를 보관하였다. 한 대를 100명이 지키는데 경보가 있으면 봉화를 올려 알린다.

　　돈대는 관내의 홍화포(紅花鋪)에서 연경에 이르기까지 가깝게는 5리, 멀게는 10리마다 바둑판처럼 늘어서 있다. 모두 방정하게 지었으며, 높이는 5장이다. 대 위에는 3칸의 집을 두었고, 옆에는 3장의 깃대를 세웠으며, 대 아래에는 5칸의 집을 두었다. 담장에다 활집[弓鞬]²¹⁷·화살집[矢服]·표창(標鎗)·화포(火砲)를 그려 놓고, 집 앞에는 도(刀)·창(鎗)·검(劒)·극(戟)을 꽂아 놓았으며, 봉화 드는 것과 망보는 일에 관한 모든 조목을 써서 벽에 붙여 놓았다.²¹⁸

　　또 장성 밖은 산을 따라 성을 만들되, 들쭉날쭉 굽고 꺾여 있는 곳에는 속이 빈 적대를 세웠다. 모든 요충지에는 4, 50보(步)쯤에 적대 1개씩 세우고, 완충지에는 200보마다 적대 1개를 세웠다. 적대마다 백총(百總)이 지키고, 10대의 적대마다 천총(千摠)

---

217 활집[弓鞬]: 원문은 '방장(方鞬)'으로 되어 있는데 '방(方)'을 '궁(弓)'의 오기로 보아 바로잡아 번역하였다.
218 돈대는 …… 놓았다: 이와 유사한 내용이 박지원의 『열하일기』에서 확인된다(『열하일기』, 「관내정사」).

이 지킨다. 1, 2리마다 풍경 소리가 서로 들려서 어떤 이가 경보를 울리면 좌우에서 봉화를 들어 수백 리 사이를 나누어 전달하니, 모두 보고 신속히 응하여 미리 대비한다. 이는 도독 척계광이 고안한 것으로, 계주를 진수(鎭守)할 때 관외에 적대 1,200소(所)를 세웠는데 5리마다 1대씩 동일한 성제(城制)로 쌓았다. 대의 높이는 5, 6장 정도이고, 위에는 포를 쏘는 구멍을 뚫었는데, 성첩(城堞)에 방대(方臺)를 세운 것과 같아서 역시 연대라고 부른다고 한다.

대개 명이 관방을 설치하여 변방을 견고하게 하려는 대책이 이르지 않는 곳이 없는데, 더욱 동쪽에 관심을 쏟아 오중관(五重關)을 세워 지키게 하였다. 연도(燕都, 북경)에서 압록강에 이르기까지 수천 리 사이에 세워진 위(衛)와 보(堡)는 별처럼 무수하고 뿔처럼 우뚝 솟아 있고, 또 연대와 돈대를 설치해 요망(瞭望)하는 장소를 갖추었으니 이것은 대개 훗날의 우환이 동쪽에 있기 때문이었다. 그러나 산해관 동쪽의 민력(民力)을 이 역사(役事)에 쏟아부은 탓에 인심이 원망하고 이반(離叛)하여 결국에는 뒤엎어져 망하는 화(禍)를 초래하였으니, 이른바 '나라를 견고히 하는 방법은 금탕(金湯, 金城湯池)에 있지 않다'라는 것이 실로 틀림없는 말이다. 청인(淸人)이 처음 연경에 들어갔을 때, 의논하는 자들이 관외의 성지를 수축하려 하자, 구왕(九王) 다이곤(多爾袞)[219]이 말하기를 "명조(明朝)가 백성들의 고혈(膏血)을 짜서 성지에 온 힘을 다한 것은 우리를 대비하기 위해서였을 것인데 결국 우리에게 땅을 빼앗겼다. 우리는 응당 생령(生靈)을 쉬게 해 주어야 하니, 어찌 다시 민력을 번거롭게 하여 무익한 일을 벌이겠는가"[220]라고 하니, 그 의논이 결국 중지되어 시행되지 않았다고 한다. 그 탁월한 식견으로 이와 같이 할 수 있었으니 매우 잘한 일이다.

지금의 방어책은 관외 1,000여 리에 참(站)마다 각각 천총(千總) 1인을 두고, 심양한 곳 이외에는 군사를 기르거나 군량을 저장하는 곳이 없으니, 이른바 '참을 설치하

---

[219] 다이곤(多爾袞): 1612~1650. 청나라 초기 황족으로, 태조 누르하치의 14번째 아들이다. 태종 홍타이지(皇太極)에게 중용되었고, 순치제(順治帝)가 어린 나이에 즉위하자 섭정왕으로서 실질적인 최고 권력자가 되었다. 1644년(순치 1) 오삼계를 유인하여 투항을 받아내었고, 북경에 진격해 이자성을 토벌하였으며, 남명의 홍광(弘光) 왕조를 멸망시키는 등 중국 전역을 평정하는 데 큰 공을 세웠다. 동시에 명나라의 유교적 이념과 체제를 도입하고 한인 관료를 등용하는 등 청 왕조의 전국 통치 기반을 확립하였다.

[220] 명조(明朝)가 …… 벌이겠는가: 다이곤의 언급은 오도일(吳道一)의 『병인연행일승(丙寅燕行日乘)』에서 확인된다(『서파집(西坡集)』 권26, 「병인연행일승」).

고 천총을 두는 곳'이 겨우 큰 촌락 한 곳에 불과하다. 환란에 대비하는 것은 국가가 빠뜨릴 수 없는 일인데 변방에 대한 소홀함이 이 지경에 이르렀으니, 어찌 만전(萬全)의 장구한 계책이 되겠는가. 혹자가 말하기를 "청인은 궁마(弓馬)로 돌격하는 것이 장기이지만, 관방에서 성을 지키는 등의 일에서는 전력을 다하지 않으니, 대개 그 습속이 그래서 그렇다"라고 한다.[221] 대개 청나라는 일개 장백산의 작은 부족이었는데, 사해(四海)를 삼키고 육합(六合, 천지와 사방)을 차지하여 거만하게 중국에서 황제를 칭했으니, 어찌 영웅의 원려(遠慮)가 없겠는가. 그러나 성지를 보수하지 않을 뿐 아니라 관동의 봉화를 지키는 일도 모두 그만두었으니, 그 뜻이 장성 이내를 객사(客舍)로 여기고 중국을 굳게 자물쇠로 채우려 하지 않기 때문이다. 어찌 단지 습속 때문에 그러겠는가.

위원대기(威遠臺記)

산해관 밖 2, 3리 되는 곳에 언덕이 우뚝 솟아 있고, 언덕 위에 방성이 있다. 성안에 장대(將臺)가 있는데, 옛날에 전하기를 〈장대는〉 오삼계가 쌓은 것으로 청병(淸兵)을 방어한 곳이므로 '오왕대(吳王臺)'라 부른다고 하였다. 혹자는 "만력 연간에 경략 웅정필과 양응창(楊應昌)이 쌓은 것으로 산해관성[關城]과 기각(掎角)[222]의 형세를 이루는데 오왕이 군사를 청할 때 장대 위에서 피를 마셨다"라고 한다.

방성은 높이가 10여 장(丈)이고 둘레가 수백 보(步)이다. 남쪽에 작은 홍문(虹門)이 있으며 홍문 안에 옹성을 둘렀다. 또 작은 문이 있는데 가운데가 비어 있고 네모반듯해서 마치 독 안에 들어간 것과 같았다. 중성(中城)의 네 면에 각각 규두(圭竇)[223]를 설

---

221 지금의 …… 한다: 청의 관방 정책과 수성(守城)에 대한 평가는 오도일의 『병인연행일승』에서 확인되는데, 그렇다면 본문에서 말하는 '혹자'는 오도일을 지칭하는 것으로 보인다(『서파집』권26, 「병인연행일승」).
222 기각(掎角): 사슴을 잡을 때 뒤에서는 다리를 잡고 앞에서는 뿔을 잡는 것으로, 적을 앞뒤에서 공격하는 형세를 뜻한다. 『춘추좌씨전(春秋左氏傳)』 양공(襄公) 14년 조에, "비유하면 사슴을 잡을 때 진나라 사람들은 뿔을 잡고 융족들은 다리를 잡는 것과 같다[譬如捕鹿, 晉人角之, 諸戎掎之]"라고 한 데에서 유래한 말이다.
223 규두(圭竇): 홀 모양의 길쭉한 쪽문을 말한다. 『춘추좌씨전』 양공 10년 조에, "보잘것없는 초라한 집에 사는 미천한 사람이 모두 윗사람을 능멸하니, 윗사람 노릇하기 어렵다[蓽門圭竇之人, 而皆陵其上, 其難爲上矣]"라는 구절이 있는데, 이에 대한 두예(杜預)의 주에 "규두는 작은 집인데, 벽을 뚫어서 문을 만

치하여 병사를 숨겨 두는 곳으로 삼았으며, 문밖의 옹성에도 두세 개의 규두가 있다. 네 모서리에 벽돌을 쌓아 사다리를 만들었는데, 동쪽과 서쪽에 있는 사다리 두 개는 꺾여서 2층으로 되어 있고, 남쪽과 북쪽에 있는 사다리 두 개는 곧게 1층으로 되어 있으며, 높이는 각각 3, 40층계이다. 사다리를 타고 올라가니 성의 네 면은 너비가 각각 14장이고 면마다 각각 성가퀴가 7개소였다. 장대 위 네 모서리에 성가퀴[雉堞]를 물려서 쌓았는데 너비가 각각 1칸[間]이며, 장대를 쌓은 안팎은 두께가 각각 2칸이었다. 장대 북쪽에 단을 쌓되 성가퀴보다 조금 높이 쌓아서 대장(大將)의 자리로 삼고, 아래에는 수도(隧道)를 만들어서 장성 안으로 통하게 하였다.

대개 오왕이 산해관을 지킬 때 지하도를 통해 불시에 장대에 올라 호포(號砲: 신호포)를 쏘자, 산해관 안에 있던 수만 명의 병사가 일시에 고함을 질러 소리가 천지를 진동하고, 산해관 밖의 여러 돈대에 있던 수병(戍兵)들도 모두 함성에 호응하여 두세 시간 만에 호령(號令)이 1천 리에 퍼졌으니,[224] 장대의 제작과 규모가 그처럼 굉장하였다. 당시를 상상하면 삼군(三軍)이 범처럼 굳세고 수많은 장막이 바둑알처럼 펼쳐있으며, 깃발이 광채를 더하고 바람과 구름이 변화했을 것이다. 나도 모르게 장성에서 말에게 물을 먹이고[225] 이오(伊吾)에서 검을 울리는[226] 생각이 들었다.

성가퀴에 기대어 멀리 바라보니, 장성이 북쪽으로 뻗어 있고 푸른 바다가 남쪽에 가득 차 있으며, 동쪽으로 큰 들판에 닿아 있고 서쪽으로 산해관 안을 내려다보고 있어 두루 조망하는 웅장함이 또한 장성과 더불어 비할 바가 없었다. 만리장성을 보지 않으면 중국의 거대함을 알지 못하고, 산해관을 보지 않으면 중국의 제도를 알지 못

들되 위는 뾰족하고 아래는 네모나서 모양이 홀[圭]과 같은 것이다."라고 하였다.

224 아래에는 …… 퍼졌으니: 이 대목은 박지원의 『열하일기』 「일신수필·장대기(將臺記)」의 문장을 전재(轉載)하였다.

225 장성에서 …… 먹이고: 만리장성 아래에 물이 나오는 굴이 있어 그곳에서 말에게 물을 먹일 수 있었다고 한다. 진시황이 장성을 쌓을 때 수졸들이 고통을 겪은 일을 소재로 한 「음마장성굴행(飮馬長城窟行)」이라는 고악부(古樂府)가 있다.

226 이오(伊吾)에서 검을 울리는: 이오는 이오로(伊吾盧)로, 오늘날 신강(新疆) 합밀현(哈密縣)에 있는 변방 지역이다. 『후한서』 권18, 「장궁열전(臧宮列傳)」에 "장궁(臧宮)과 마무(馬武)의 무리는 검을 어루만지고 손뼉을 치면서 이오의 북쪽에서 뜻을 치달린다.[臧宮馬武之徒, 撫鳴劍而抵掌, 志馳於伊吾之北矣.]"라고 하였는데, 변방에서 공훈을 세우는 것을 의미한다.

하며, 위원대(威遠臺)를 보지 않으면 대장의 위엄을 알지 못한다.[227] 혹자는 "청나라 태조[淸祖, 누르하치]가 산해관을 공격할 때 성안을 조감하려고 하룻밤에 성을 쌓았다"라고 하는데, 이것은 장대가 잘못 전해진 것이다.

망해대기(望海臺記)

장성을 따라 15리를 가서 남쪽으로 바다에 들어가는 곳에 쇠를 녹여서 터를 닦아 성을 쌓고, 성을 의지해서 대(臺)를 만들어 '망해(望海)'라 하였으니, 바로 명나라의 관해정(觀海亭)으로, 서달이 쌓은 것이다.

산해관에서 네거리와 남문을 지나 장성의 남쪽 끝까지 작은 방성을 둘러 쌓았는데 둘레가 2, 3리 정도였다. 성문으로 들어가서 층계를 따라 올라가니 성 머리에 이층 처마가 달린 큰 누각을 세우고 '징해루(澄海樓)'라는 편액을 달았다. 징해루를 돌아가니 또 성안에 벽돌을 깔아 놓고 앞에는 섬돌을 세워 놓았다. 둘러보고 내려가서 수백 무(武)를 가니, 13층계의 돌사다리를 만들었는데 성에 비스듬히 닿아 있었다. 방향을 꺾어 남쪽으로 가니 작은 홍문(虹門)을 만들었으며, 문밖에 협성을 쌓고 용도(甬道)와 같은 돌길을 쌓아 곧장 바닷속으로 들어갔다. 성이 다하고 길이 끝나는 곳에 또 돌을 쌓아 대(臺)를 만들었는데, 높이는 6, 7장이고 길이는 5, 6칸이며 너비는 그 3분의 2였다. 위에는 벽돌을 쌓고 사방에는 성가퀴를 세웠으니, 이것이 망해대(望海臺)이다.

망해대 아래에 또 돌을 쌓았는데 너비가 망해대와 같았으며, 길이는 7, 8칸이고 높이는 1장 정도였다. 물에 들어가 있는 것이 북두성의 자루와 같았는데, 삼면이 물에 둘러싸여 마치 배 안에 앉아 있는 것처럼 출렁이니, 이른바 '돌을 몰아 바다 나루를 만들었네[驅石駕滄津]'[228]라는 것이 이것이다. 망해대 남쪽은 바다와 하늘이 맞닿아 아득히 끝이 없으니, 이곳이 바로 발해이다. 동쪽으로 바다 가운데를 바라보니, 돌이 지주

---

227 방성은 …… 못한다: 이 대목은 박지원의 『열하일기』 「일신수필·장대기」의 문장을 일부 자구와 순서를 바꾸어 차용하였다.
228 돌을 …… 만들었네[驅石駕滄津]: 당(唐)나라 이백(李白)의 「고풍(古風)」 제48수에 "해를 좇아 바닷가 서쪽을 순행하여, 돌을 몰아 바다 나루를 만들었네[逐日巡海右, 驅石駕滄津]"라는 구절이 있다.

(砥柱)처럼 우뚝 서 있어 '갈석(碣石)'이라 하는데, 「우공」에 실린 '오른쪽으로 갈석을 끼고 있다.[夾右碣石]'²²⁹라는 것이다.²³⁰ 서쪽으로 수십 리를 가면 모래더미가 바다로 달려들었으니 '진황도(秦皇島)'라 한다. 망해대 아래의 성 밑에는 모두 돌을 쌓고 쇠를 녹여서 가마솥을 뒤집어 놓은 모양을 만들었는데, 이것이 노룡두(老龍頭)이다. 이곳에 이르면 다시는 육지가 없다.

망해대에 올라 사방을 바라보니 구름과 바다가 눈 안에 가득 들어왔다. 이날은 바람이 불지 않아 수면이 거울과 같았다. 해가 뜬 지 오래지 않아서 붉은빛이 바닷물에 닿아 수은처럼 반짝였다. 조금 뒤에 거대한 물결이 솟구쳐 오르고, 뜬 성엣장이 맞부딪쳐서 큰 것은 집과 같고 작은 것은 배와 같았다. 앞 파도가 그치기 전에 뒤 파도가 다시 일어났는데, 높이 솟아나기가 10여 장이고 깊이 들어가기도 10여 장이었다. 잠깐 사이에 1만 번이나 변화하고 소리가 우레처럼 울려서 천지가 이 때문에 요동쳤다. 그러나 목을 빼고 바라보니, 동북쪽은 뭇 산이 고요하게 하늘가에 서서 대략 구름 안개와 함께 뒤섞여 있었으며, 동남쪽은 온통 푸른빛이 끝없이 펼쳐져서 바람과 파도가 있는지는 보이지 않고, 오로지 돛대만 이따금 베틀 위의 북처럼 나왔다 들어갔다 할 뿐이었다. 또 노룡두에 올라 가까이 다가가서 내려다보니, 조수 소리가 더욱 높이 치솟아 성 위까지 뒤흔들어 두려워서 오래 머무를 수 없었다.

북쪽으로 각산을 바라보니, 겹겹의 산과 층층의 성가퀴가 치달려서 1만 리에 뻗어 이곳에서 끝났다. 망해대에 올라 눈초리가 찢어지고 머리털이 관을 찌르지 않는다면 참으로 나약한 사내이다. 돌아보면 평생을 우물 안에 앉아서 졸렬하고 둔하기가 날벌레와 같은데 마침내 눈을 밝게 하고 쓸개를 크게 펴서²³¹ 함부로 천지의 일을 이야기하고 있으니, 스스로 헤아리지 못함이 심하다.²³²

---

229 오른쪽으로 …… 있다[夾右碣石]: 『서경』「우공」에 "오른쪽으로 갈석을 끼고 돌아서 황하로 들어간다[夾右碣石, 入于河]"라는 구절이 있다.
230 산해관에서 …… 것이다: 이 대목은 홍석모(洪錫謨)의 『유연고(游燕藁)』천(天), 「등망해대(登望海臺)」시의 제목에 달린 세주를 대부분 전재하였다.
231 눈을 …… 펴서: 원문은 '명목장담(明目張膽)'으로, 두려워하지 않고 용감하게 행동하는 것을 의미한다.
232 북쪽으로 …… 심하다: 이 대목은 홍대용의 『연기』「망해정(望海亭)」의 문장을 전재하였다.

구혈대기(嘔血臺記)

　　영원위 성 남쪽으로 5리 떨어진 들판 가운데 '계명(鷄鳴)'이라는 작은 산이 있는데 영원성과 서로 바라보고 있다. 계명산 꼭대기에 '구혈(嘔血)'이라는 석대(石臺)가 있는데, 세상에서 전하기를 청나라 태조가 영원을 공격했을 적에 순무 원숭환에게 몰살당하여 이곳에서 피를 토했기 때문에 이름 붙인 것이라고 한다.

　　명나라[皇明] 말에 청나라 사람이 만주에서 일어나 요양과 심양을 점유하고 길게 치달리고 크게 진격해서 향하는 곳마다 대적할 자들이 없었다. 당시에 원공(袁公, 원숭환)이 영원을 진무하여 방어했는데, 하루는 청나라 태조가 친히 대군을 거느리고 와서 에워쌌으나 공은 방 안에 앉아 가운데 책을 쌓아 두고서 의기(意氣)가 한가롭고 고상하였다. 성안이 적막한데 밤이 깊어 한 장수가 밖에서 들어와 고하는 말을 하자, 공은 머리를 끄덕일 뿐이었다. 이윽고 대포 소리가 하늘을 뒤흔들 듯이 들리고 산하(山河)가 요동쳐서 보니 오랑캐의 기마가 연기와 불꽃 속에서 날아올라 성안으로 떨어지는 자들이 많았다. 이는 성 밖에 미리 홍이포(紅夷砲)를 파묻어 두었다가 적이 이르자 쏜 것이다. 청나라의 용맹한 장수와 정예 병사들이 한 사람도 벗어나지 못하였다. 청나라 태조가 홀로 말을 타고 달아나 계명산에 올라가서 겨우 몸을 피하였다. 원공이 양고기와 술을 보내어 위로하고, 또 태조에게 말하기를 "이후에는 다시 오지 말라"라고 하였다. 청나라 태조가 마침내 분하고 성이 나서 피를 토했다고 한다. 다음 날 아침 원공이 성에 올라가서 탄식하기를, "사람을 이렇게 많이 죽였으니, 아, 나는 화를 면치 못할 것이다!"라고 하였다.[233]

　　틈적(闖賊, 이자성)이 거용관을 지날 적에 경사(京師, 북경)가 크게 진동하였다. 원공에게 명하여 총병 조대수와 하가강을 거느리고 〈북경에〉 들어와 구원하도록 하니, 〈원숭환이〉 지나는 여러 성에 군사를 남겨 지키게 하였다. 황제가 공이 왔다는 소식을 듣고 몹시 기뻐하여 〈원숭환에게〉 원군(援軍)을 모두 통솔하도록 하였다. 청나라 사람

---

233 성안이 …… 하였다: 이 대목은 김창업의 『노가재연행일기』 권2, 1712년 12월 15일 자 일기의 문장을 차용하였다.

이 이에 이간질하여 원숭환의 장수 고홍중(高鴻中)으로 하여금 사로잡아 온 명나라의 태감(太監) 두 명 앞에서 일부러 귓속말을 하게 하여 "오늘 군대를 철수한 것은 아마도 원 순무(袁巡撫, 원숭환)가 비밀 약속을 해서인 듯합니다. 조금 전에 보니 두 사람이 와서 칸[汗]을 뵙고 이야기를 하다가 한참 뒤에야 갔습니다"라고 하였다. 태감이 잠든 체하고서 몰래 엿듣다가 〈청나라가〉 곧바로 〈원숭환을〉 놓아주어 돌려보내자, 마침내 황제에게 고하였다. 황제가 원숭환을 잡아 책형(磔刑)에 처하였다. 조대수가 크게 놀라 하가강과 함께 무리를 거느리고 동쪽으로 달아났다. 그 뒤에 금주(錦州)를 지키다가 〈청나라 군대에〉 포위되어 나가서 항복하였다.[234]

대개 원공이 죽을 당시는 한창 청나라 군대가 관외(關外)에 가득 차 있을 때여서 이기지 않은 전투가 없고 무너지지 않은 성이 없었는데, 유독 원공에게만 여러 번 패배당하다가 이 영원성 전투에 이르러 전군(全軍)이 잿더미가 되고 겨우 몸을 피하였으니, 크고 작은 전투는 일찍이 보지 못하였다. 북방(北方)의 영웅이 갑자기 원공의 손에 칼끝이 꺾였으니 어찌 분하고 성이 나서 피를 토하지 않을 수 있었겠으며, 이간질하여 제거하려 하지 않을 수 있었겠는가? 아, 조정에서 등용하고 버림이 뒤바뀌고 공과 죄가 분명치 않았으니, 웅공(熊公, 熊廷弼)이 죽고 천하의 대세가 어찌할 수 없게 되었다. 이 일은 뜻있는 선비가 이른바 장성을 스스로 무너뜨려 후세의 비난을 받을까 슬퍼한다는 것이다. 영원성 전투의 경우는 비록 한때의 승리였지만 또한 당시의 통쾌한 일이 되기에 충분하다. 청나라 『개국방략』에 공격하여 싸운 시말(始末)이 모두 실려 있는데, 유독 〈청나라 태조가〉 피를 토한 일만 쓰지 않고 기휘(忌諱)한 듯하다.

금석산기(金石山記)

압록강을 건너 서쪽으로 60리를 가면 '금석(金石)'이라는 산이 있으니 일명 '송골산(松鶻山)'이다. 혹자는 "금석산(金石山)이 송골산과 대치해 있다"라고 한다. 이 산은 통군정(統軍亭) 서쪽으로 바라다보이는 가장 높은 산이다. 돌 봉우리가 우뚝 솟아 있고,

---

234 원공에게 …… 항복하였다: 이 대목은 박지원의 『열하일기』 「일신수필」 7월 19일 자 기사의 문장을 차용하였다.

초목이 나지 않으며, 크기는 우리나라의 관악산(冠嶽山)과 같은데 기이하고 빼어나기가 〈관악산보다〉 더 낫다. 산 위에 못이 있는데 운무(雲霧)가 피어나면 문득 비바람이 친다고 한다. 지나가는 사람이 손가락으로 가리키며 말하기를, "이 산은 바로 강세작(康世爵)[235]이 도망하여 숨은 곳이다"라고 하였다.

대개 강세작은 만력 무오년(1618) 요양에서 유정의 군대에 나아갔다. 유정의 군사가 〈청나라 군대에〉 패하자 유정이 죽고, 강세작은 도망하여 금석산에 숨어서는 양가죽으로 만든 갖옷을 불에 구워 나뭇잎에 싸 먹으면서 두어 달 동안 죽지 않았다. 마침내 압록강을 건너 관서(關西, 평안도)에 살면서 좌임(左衽)하고 치발(薙髮)한[236] 것을 부끄럽게 여겼다. 관서에서 관북(關北, 함경도)의 회령 땅으로 옮겨와 살면서 항상 초(楚)나라 제도의 관을 쓰고 스스로 그 집을 '초관당(楚冠堂)'이라 부르며 〈명나라에 대한〉 지조를 드러냈다고 한다.[237]

무릇 압록강 서쪽의 지나온 여러 산은 좌우로 나란히 늘어서 있지만 오로지 이 금석산은 특별히 책문 밖에 드러나 있다. 행인과 과객 들이 손으로 가리키고 눈으로 돌아보며 일컫는 것은 강세작 때문이다. 돌이켜 생각해 보건대 강세작의 당시 일은 백대 후에도 사람들로 하여금 슬퍼하고 탄식하게 하는데, 〈강세작은〉 홀로 맨주먹으로 깨끗한 땅을 얻어서 오랑캐에 항복하는 치욕을 면할 수 있었으니, 이름이 이 금석산과 더불어 세상에 같이 드러났다. 이것은 강세작의 행운이라고 말할 만하거니와, 또한 어찌 이 산의 행운이 아니겠는가. 우리나라 사신이 연경(燕京, 북경)으로 갈 적에 매양 금석산 아래에 이르러 막차를 설치하고 노숙하는데, 배회하고 조망하면서 번번이

---

235 강세작(康世爵): ?~?. 중국 형주부(荊州府) 사람이다. 1617년(만력 45)에 아버지 강국태(康國泰)를 따라 종군했는데, 명나라 유정의 군대가 패하자 자신만 겨우 살아남았다. 결국 청나라 군사에게 잡혔으나 운 좋게 탈출하여 온갖 우여곡절 끝에 조선으로 들어와 회령 서쪽의 도곤(都昆)에 정착해 살다가 80세가 넘어 죽었다.

236 좌임(左衽)하고 치발(薙髮)한: 좌임은 옷깃을 왼쪽으로 여미는 것이고, 치발은 변발(辮髮)이라고도 하는데 머리의 앞부분은 깎고 뒷부분은 땋아 늘어뜨리는 것으로, 모두 오랑캐의 풍속이다. 명나라가 망하고 북방의 만주족이 세운 청나라가 들어선 후에 한족들이 만주족의 풍속을 따랐음을 의미한다. 『논어』 「헌문(憲問)」에 "관중이 아니었으면, 나는 머리를 풀어헤치고 옷깃을 왼쪽으로 여미게 되었을 것이다[微管仲, 吾其被髮左衽矣]"라는 공자의 말에서 유래하였다.

237 강세작은 …… 한다: 강세작의 생애와 사적에 대해서는 박세당(朴世堂)과 남구만(南九萬)이 지은 「강세작전(康世爵傳)」에 각각 전하며, 『열하일기』의 「도강록」과 「동란섭필」에도 자세히 실려 있다. 초관당의 내력은 황경원(黃景源)의 「초관당기(楚冠堂記)」(『강한집(江漢集)』 권10)에 상세히 밝혀져 있다.

강세작의 일을 말하니 지금까지 탄식을 그칠 수 없다. 아, 슬프다!

총수산기(蔥秀山記)

총수(蔥秀)는 책문 밖의 아름다운 곳이다. 돌 봉우리가 높이 솟아 빼어난 것이 가느다란 파[削蔥]와 같기 때문에 '총수'라 이름 지은 것이다. 산은 우리나라 평산(平山)[238]의 총수산(蔥秀山)과 같으나 조금 작다. 명나라 조사(詔使)가 평산을 지나면서 〈총수산과〉 꼭 닮은 것을 보고는 '총수'라는 이름을 붙였다고 한다.

총수산은 어룡퇴(魚龍堆)와 이어졌는데, 암벽이 가로로 펼쳐져 있고, 물이 주위를 둘러싸고 있어 푸르고 맑은 것이 거울로 삼을 만하였다. 구련성에서 총수산까지 모두 70여 리로 산이 돌고 물이 굽이치며 곳곳에 들판이 펼쳐져 있는데, 토질이 비옥하여 모두 밭이 될 만하였다.[239] 골짜기가 깊숙하고 아름다우며 무성한 숲과 아름다운 나무가 이어져 무릉(茂陵)의 그윽함[240]과 호복(濠濮)의 생각[241]이 아닌 곳이 없는데, 조선과 청나라의 경계에 끼어 있어 텅 비고 버려진 지 거의 200년이 다 되어 가니 마음이 기쁘고 상쾌했다가 또다시 애달파졌다.

대개 압록강 서북쪽의 여러 산은 모두 장백산으로부터 강을 끼고 서쪽으로 요하에 다다라서야 끝난다. 그러므로 동팔참의 산천은 전부 우리나라의 강역과 비슷하다. 비록 〈나라는〉 다르지만 기맥(氣脈)이 상통함을 알 수 있다. 또한 책문 안의 가시울타리와 판자벽, 산에서 나무하고 숲을 태워 김매는 법은 대부분 우리나라 풍속이니, 이곳

---

238 평산(平山): 오늘날 황해북도 평산군이다.
239 구련성에서 …… 만하였다: 이 대목은 김창업의 『노가재연행일기』 권1, 1712년 11월 21일 자 일기의 문장을 거의 전재하였다.
240 무릉(茂陵)의 그윽함: 원문의 '무릉(茂陵)'은 '무릉(武陵)'의 오기로 보인다. 동진(東晉) 때 무릉의 한 어부가 복사꽃이 떠내려오는 시내를 따라 거슬러 올라갔다가 진(秦)나라 때 피난 온 사람들이 모여 살던 무릉도원(武陵桃源)에 이르렀다는 고사가 도잠(陶潛)의 「도화원기(桃花源記)」에 보인다.
241 호복(濠濮)의 생각: 원문의 '호복(濠濮)'은 호량(濠梁)과 복수(濮水)를 병칭한 말이다. 『장자』 「추수(秋水)」에서 호량은 장자와 혜자(惠子)가 물고기의 즐거움에 대해서 논한 곳이고, 복수는 장자가 초 위왕(楚威王)의 초빙을 거절하고 낚시를 하던 곳으로, 모두 속세에서 벗어난 곳을 의미한다. 진(晉)나라 간문제(簡文帝)가 화림원(華林園)에 들어가서 좌우를 돌아보며, "마음에 맞는 곳이 반드시 멀리 있지는 않다. 울창하게 우거진 이 숲과 물에서 호량과 복수 사이에 있는 듯한 생각이 절로 든다[會心處不必在遠, 峠然林水, 便自有濠濮間想也]"라고 했다는 고사가 『세설신어(世說新語)』 「언어(言語)」에 보인다.

이 기자의 옛 강역임을 믿겠다. 장수(莊叟, 莊子)의 말에 "다른 나라에 간 사람이 자기 나라 사람과 비슷한 사람을 보면 기뻐한다"라고 하였으니,[242] 사람만 비슷해도 오히려 기쁘거늘 더군다나 땅이 서로 비슷한 경우는 더 말할 것이 있겠는가.

봉황산기(鳳凰山記)

상룡산(翔龍山)[243]이 구불구불 뻗어서 마치 용이 날고 범이 웅크린 듯 좌우로 날아올라 거대한 들판에 두루 이어져 있는데, 산줄기 하나가 서북쪽으로 달려 굽이굽이 수십 리를 가서 봉황산이 된다. 돌 봉우리가 땅에서 솟아나 특히 빼어나니, 손바닥 위에 손가락을 세운 듯하고 연꽃이 반쯤 피어 있는 듯하며 하늘 끝에 여름 구름이 기이하고 가파르게 떠 있는 것과 같아서 말로 형용할 수 없었다.[244]

대개 이 봉황산은 크기가 우리나라의 수락산(水落山)과 같은데, 돌 빛깔이 푸르고 윤기가 난다. 동쪽과 서쪽의 네다섯 개의 봉우리는 더욱 기이하고 빼어나니, 아마도 우리나라에는 비길 만한 산이 없을 것이다. 그러나 이곳의 산은 대체로 모두 깎아지른 벽이고, 나머지 산기슭에도 비탈이 없어서 우리나라의 산세와 전혀 다르다. 산발치에서 방향을 꺾어 왼쪽으로 가니 봉우리의 형세가 더욱 기이하고 절벽의 빛깔이 더욱 윤기 나서 남옥(藍玉)[245]과 같았다. 돌 사이로 물이 쏟아져 폭포가 되고 못이 되었다. 또 1리 남짓 가니 왼쪽에 수십 인(仞) 정도 되는 절벽이 있는데, 돌이 층층이 쌓여 있고 길이 벽 사이로 나 있었으니 이것이 이른바 석문(石門)이다. 석문으로 들어가니

---

242 장수(莊叟)의 …… 하였으니: 장수(莊叟)는 장자(莊子)를 가리킨다. 『장자』「서무귀」에 "본국을 떠나 며칠이 지나면 〈귀양살이하는 사람은〉 자기가 알고 있는 사람을 만나면 기뻐하고, 본국을 떠나 열흘이나 한 달이 지나면 본국에서 잠깐 본 적 있는 사람을 만나도 기뻐하고, 일 년이 지남에 이르러서는 자기 나라 사람 비슷한 사람만 보아도 기뻐한다[去國數日, 見其所知而喜, 去國旬月, 見所嘗見於國中者喜, 及期年也, 見似人者而喜矣]"라는 구절이 있다.
243 상룡산(翔龍山): 상룡산은 봉황산 동쪽 30리에 책문과 가까운 곳에 위치한 산이다. 홍양호의 「안시성기(安市城記)」(『이계집』권13)에 따르면, 1782년(정조 6) 홍양호가 동지 부사로 연행 갔을 때 그곳에 사는 사람이 안시성의 옛터가 있다고 알려 주어 방문했다고 한다.
244 땅에서 …… 없었다: 이 대목은 박지원의 『열하일기』「도강록」6월 27일 자 기사의 문장을 전재하였다.
245 남옥(藍玉): 남전(藍田)에서 나는 좋은 옥을 말한다. 중국 섬서성(陝西省)에 위치한 남전현(藍田縣)은 옥의 품질이 좋기로 이름난 곳이다.

무성한 숲이 울창하고 양쪽 산이 골짜기를 끼고 있었다. 서남쪽으로 가서 대령사(大靈寺)[246]에 이르니, 절터가 평평하고 넓었으며, 샘이 있어 〈물이〉 콸콸 쏟아져 나왔다. 곧장 북쪽으로 가니 돌 봉우리가 땅에서 수십 장(丈) 떨어져 있는데, 절벽에 기대어 작은 집을 지었으니 '관음굴(觀音窟)'이라 한다. 서북쪽 봉우리 아래에 1만 그루 소나무가 둘러서 있고 가운데에 '조양사(朝陽寺)'라는 전각이 있었다.

산 위에 옛 성터가 있어 10만 명의 무리를 수용할 만했으니, 바로 발해국 태자(太子)가 차지한 곳이다. 혹자는 안시성이라고 하는데 누가 옳은지 모르겠다. 산 아래에 성을 쌓고 부(府)를 설치했는데, 봉황성에서 장군을 두어 지키는 것이라고 하였다.

청석령기(靑石嶺記) 1

중국에 가는 사람들이 압록강을 건너서 산골짜기 안을 따라 300여 리를 가면 거대한 산기슭에 고개가 우뚝 솟아 있다. 거의 구곡양장(九曲羊腸)처럼 길이 험하여 곳곳에 1만 명의 갑병(甲兵)을 숨겨 둘 만한데 회령령(會寧嶺)과 청석령(靑石嶺)이 더욱 험하다. 연산관(連山關)을 지나면 회령령이 있는데, 웅대하고 험준함이 요좌(遼左, 요동)에서 첫째가는 관문이다. 또 30리를 가면 청석령이 있는데, 동쪽은 평탄하고 서쪽은 험준하며 높이가 회령령에 버금가되 깎아지를 듯 솟은 것이 〈회령령보다〉 더 심하다. 봉우리 끝이 뾰족하게 솟아 있고 암벽이 한데 모여 서 있는데, 중간으로 실처럼 가느다란 길이 열려서 겨우 수레 한 대를 용납할 정도이다. 행인들이 이곳에 이르면 문득 먼저 사람을 시켜서 오는 수레 중에 가까이 닿는 것이 없는지 보게 하니, 측륜(側輪)이 멍에와 교차하고 나서야 지나간다.

이곳에서부터 서쪽은 돌의 빛깔이 순청색(純靑色)이기 때문에 고개를 '청석'이라 이름 지었다. 고갯길이 굽어 꺾였으며, 어지러운 돌이 무더기로 쌓여서 옷이 걸리고 발

---

[246] 대령사(大靈寺): 대령사(大寧寺)를 가리킨다. 홍대용의 『연기』 「봉황산(鳳凰山)」에, "봉황산 안에 대령사(大寧寺)·조양사(朝陽寺)·관음굴(觀音窟)·약왕전(藥王殿)·낭랑묘(娘娘廟) 등 여러 명승과 각종 기이한 경치가 있다[中有大寧寺·朝陽寺·觀音窟·藥王殿·娘娘廟諸勝, 種種幽奇]"라고 하였다. 「봉황산기」 본문 곳곳에서 홍대용의 「봉황산」 기사의 문장을 차용하였다.

이 찔려 말이 앞으로 나아가지 못하고 얼음에 미끄러져 걸어가기 어려웠다. 깊은 골짜기를 굽어보니 구름인지 눈인지 분명치 않았는데, 막 해가 떠올라 햇살이 비치자 그 색이 노을과 같아서 이 때문에 여러 번 돌아보았다. 서쪽으로 바라보니 봉우리가 우뚝 서 있고 산마루 근처에 석벽이 병풍처럼 가로로 펼쳐져 있었다. 너비는 거의 두세 장이며 높이는 모두 5층인데 한 층의 높이가 두세 장 정도였으니 청석령의 나머지 자락이다.[247]

숭정 병자년(1636) 청나라 사람이 우리나라를 침략하고, 정축년(1637) 우리 세자(소현세자)께서 심양에 갔는데, 당시 효종(孝宗)께서 대군(大君)의 신분으로 따라갔다. 말을 타고 이 청석령을 지날 적에 찬비가 죽죽 내리고 요동의 산이 참담하여 이에 노래를 지어[248] 슬퍼하였다. 지금까지 200년이 되었으나 그 노래를 외우고 그때를 생각하는 나라 사람들이 오히려 눈물이 나는 것을 금치 못하는데, 더군다나 당시 신하의 이로(泥露)[249]의 한(恨)은 더 말할 것이 있겠는가. 을유년(1645) 비로소 동쪽(조선)으로 돌아왔는데 〈효종이〉 왕위에 오른 이후로 항상 와신(臥薪)[250]의 원통함을 품고 있었으나 날은 저물고 길은 멀어[251] 끝내 천하에 대의(大義)[252]를 소리치지 못하였다. 조공[253]의 예

---

247 어지러운 …… 자락이다: 이 대목은 김창업의 『노가재연행일기』권2, 1712년 12월 3일자 일기의 문장을 일부 순서를 바꾸어 전재하였다.
248 노래를 지어: 효종(당시 봉림대군)이 초하구(草河口)를 지나고 청석령을 넘으면서 지은 시조를 말한다. "청석령 디나거냐 초하구ㅣ 어드메오/ 호풍도 차도 찰샤 구즌 비는 므스일고/ 뉘라셔 내 행색 그려내야 님 겨신 듸 드릴고." 이 시조는 『청구영언(靑丘永言)』과 『해동가요(海東歌謠)』에 수록되어 있다.
249 이로(泥露): 군주가 남의 나라에 얹혀 지내는 상황을 뜻하는데, 여기서는 조선이 청나라에 굴복한 일을 가리킨다. 『시경』「패풍(邶風)·식미(式薇)」에, "임금의 이유가 아니라면 어찌 이슬 가운데 있으리오. (중략) 임금의 몸이 아니라면 어찌 진흙 속에 있으리오[微君之故, 胡爲乎中露. …… 微君之躬, 胡爲乎泥中]"라고 한 데서 유래한 말이다.
250 와신(臥薪): 원수를 갚기 위해 마음을 다잡고 고난을 견뎌 냄을 의미하는 말로, 여기서는 효종이 청나라에 볼모로 있으면서 원수를 갚고 치욕을 씻고자 다짐한 일을 가리킨다. 『사기』「월왕구천세가(越王句踐世家)」에 따르면, 월(越)나라 왕 구천(句踐)이 오(吳)나라 왕 부차(夫差)에게 패하여 회계산(會稽山)에서 굴욕적인 화친을 맺고 풀려난 후에 밤마다 땔나무 위에 누워 자면서 복수를 다짐했다는 고사에서 유래하였다.
251 날은 …… 멀어: 원문은 '일모도원(日暮途遠)'으로, 『사기』권66, 「오자서열전(伍子胥列傳)」에 출전을 둔 표현이다. 『효종실록』18권, 효종 8년 5월 5일 기사에 효종이 "지극한 원통함이 가슴에 있는데, 날은 저물고 갈 길이 멀구나[至痛在心, 日暮道遠]"라고 비답을 내렸다는 내용이 보인다.
252 대의(大義): 춘추대의(春秋大義), 즉 대명의리(大明義理)를 의미한다.
253 조공: 원문은 '피폐(皮幣)'로 가죽과 비단 등의 공물이라는 의미인데, 여기서는 청나라에 바치는 예물을 가리킨다. 『맹자』「양혜왕 하(梁惠王下)」에, "옛날 태왕이 빈(邠) 땅에 거주할 적에 적인(狄人)이 침략하자, 그들을 피폐로 섬겨도 화를 면하지 못하였다[昔者, 大王居邠, 狄人侵之, 事之以皮幣, 不得免焉]"라고

를 매년 행하여 지금까지 200년이 되었으나 청석령을 넘으면서 그 노래를 외우는 행인들이 팔뚝을 휘두르며 마음 아파하지 않는 이가 없다. 아, 슬프다!

청석령기(靑石嶺記) 2

장백산 한 줄기가 서남쪽으로 200여 리를 치달려서 분수령(分水嶺)이 된다. 또 서쪽으로 500여 리를 달려가 요동의 회령령이 되고, 회령령 남쪽의 한 줄기가 뻗어서 청석령이 되니, 이 회령령과 청석령은 하늘이 세운 험준한 고개이다.

예로부터 고구려(高句麗)의 옛 경계라 일컬었다. 산등성이가 서남쪽으로 달리고, 금주(金州)·복주(復州)·해주(海州)·개주(蓋州) 등 남쪽 사방의 땅이 모두 첩첩의 산등성이와 겹겹의 가파른 산이다. 고구려가 번성했을 때 수(隋)나라와 당(唐)나라의 백만 군사가 머뭇거리며 감히 들어오지 못한 것은 험준함을 믿을 만했기 때문이다. 삼한(三韓)과 중국은 하늘이 이곳에 한계를 지어 놓은 것인데 고려 말에서 오늘날까지 압록강을 천연의 요새라 믿고 있으니, 일의대수(一衣帶水)가 어찌 그 사이에 있기도 하고 없기도 할 수 있겠는가? 여기서부터 넓디넓어 막힌 곳이 없으니, 병자년(1636) 오랑캐가 3일 만에 성 아래에까지 이를 수 있었던 까닭이다. 의론하는 자들이 "금천(金川)[254]은 막을 만하고, 극성(棘城)[255]은 방어할 만하며, 연평령(延平嶺)[256]은 지킬 만하다"라고 말하는데, 땅이 흩어져 있고 길이 많아서 곳곳마다 음평(陰平)이고 채석(采石)이니[257] 누가 몰래 넘어오는 기세를 막을 수 있겠는가. 양서(兩西, 황해도와 평안도)를 보호하려고 먼저 청석령과 아골관을 지켰으니 이것이 고구려의 법이었다. 더구나 건주 지역은 옛날 우리 태조(太祖)께서 공격한 동녕부 올라성(兀剌城) 등의 땅이다. 『여람(輿覽, 동국여

한 데서 유래한 말이다.
254 금천(金川): 오늘날 황해북도 금천군이다.
255 극성(棘城): 오늘날 황해북도 황주군이다.
256 연평령(延平嶺): 오늘날 평안북도 삭주군이다.
257 음평(陰平)이고 채석(采石)이니: 음평은 오늘날 감숙성 문현(文縣)이고, 채석은 오늘날 안휘성 마안산(馬鞍山) 서남쪽의 채석기(采石磯)이다. 두 지역은 모두 지형이 험준한 요충지로 역사적인 전투가 있었던 곳이다. 위(魏)나라 등애(鄧艾)가 음평을 넘어 촉한(蜀漢)을 공격해 들어가 멸망시켰고(『삼국지』 권28, 「위서·등애전(鄧艾傳)」), 남송(南宋)의 우윤문(虞允文)이 채석에서 금(金)나라 군대를 격파한 일이 있었다(『송사』 권383, 「우윤문열전(虞允文列傳)」).

지승람)』에서는 압록강 바깥 지역이라고 하였으나 우리나라의 옛 땅이다. 우모령(牛毛嶺)과 파저강은 모두 웅거할 만하지만 험준한 요해처로 압록강 안쪽 지역에는 청석령 등에 관어할 곳이 없으니, 요컨대 〈청석령은〉 하늘이 설치한 삼한의 한계이거니와 또한 중국의 영역[幅員]에 관계됨이 없다. 만약 하늘의 운수가 더러움을 싫어하여 팔기가 동쪽으로 달아난다면 이 땅은 장차 누구에게 속할 것인가? 훗날 뜻있는 선비가 마땅히 도모해야 할 곳이다.258

천산기(千山記)

천산은 요양주 남쪽 60리에 있다. 사하보(沙河堡) 서쪽으로 30리 떨어져 있고 봉우리와 골짜기가 요좌(遼左, 요동)에서 제일가는 명승지인데, 산에 990개의 봉우리가 있기 때문에 산의 이름을 '천산'이라 하였다. 거의 우리나라의 금강산(金剛山)에 1만 2천 개의 봉우리가 있는 것과 같다. 산 위에 조월사(祖越寺)·용천사(龍泉寺)·향암사(香巖寺)·중회사(中會寺)·대안사(大安寺) 다섯 개의 절이 있고, 연화봉(蓮花峯)·월아봉(月芽峯)·사자봉(獅子峯)·미륵봉(彌勒峯)·정병봉(淨甁峯)·발우봉(鉢盂峯)·해라봉(海螺峯)·와상봉(臥象峯)·헌보봉(獻寶峯)·발합봉(鵓鴿峯)·삼대봉(三臺峯)·수경봉(漱瓊峯)·송태봉(松苔峯)·상협봉(上夾峯)·하협봉(下夾峯)·필가봉(筆架峯) 등의 봉우리가 있으며, 태극석(太極石)·연마석(煉魔石)·앵가석(鸚哥石) 세 개의 돌, 석불암(石佛巖)·편석암(片石巖)·화암(花巖) 세 개의 바위, 진의강(振衣岡)·송석병(松石屛)·나한동(羅漢洞)·석동(石洞)·옥황각(玉皇閣)·만불각(萬佛閣)·탁영천(濯纓泉)·송문(松門)·쌍정(雙井)·서호정(西湖井)·헐량대(歇凉臺)·선인대(仙人臺)·선인혁기(仙人奕碁) 등 여러 명승이 있다. 우리나라 사람 중에 〈천산을〉 노닐며 감상한 사람으로 월사(月沙) 이공(李公)과 가재(稼齋) 김공(金公) 이후에 가서 구경한 사람이 없으니,259 대체로 산길이 우회하고 험준하여 공무의 일정상 자유를 얻지 못하기

---
258 예로부터 …… 곳이다: 이 대목은 이종휘(李鍾徽)의 『수산집(修山集)』 권14에 실린 「동국여지잡기(東國輿地雜記)·동방지명지변(東方地名之辨)」의 '청석령' 조를 그대로 전재하였다.
259 월사(月沙) …… 없으니: 월사(月沙) 이공(李公)은 이정귀(李廷龜, 1564~1635)를 가리키고, 가재(稼齋) 김공(金公)은 김창업(金昌業, 1658~1722)을 가리킨다. 이정귀는 총 4차례 사신으로 임명되어 중국에 다녀왔는데, 1616년(광해군 8) 제3차 사행 때 조선 사신 중 최초로 천산을 유람하고 「유천산기(遊千山記)」(『월

때문이다.

내가 압록강을 건너 서쪽으로 가면서 모든 지나간 곳은 반드시 마음대로 찾아다녔는데, 요양의 천산, 광녕의 의무려산, 산해관의 각산은 기이하고 빼어나다는 말을 들었으나 그저 멀리서 바라보며 상상만 더했을 뿐이다.

월사의 기문은 다음과 같다.

"이 산은 그다지 웅장하고 크지 않으나 기이한 봉우리와 깎아지른 절벽이 칼과 창을 한데 묶어 세운 듯하니, 우리나라의 삼각산(三角山, 북한산)을 도봉산(道峯山)과 합하면 이 산에 필적할 만할 것이다. 불우(佛宇)와 정사(亭榭)는 금빛과 푸른빛이 휘황찬란하고, 온 바위와 골짜기마다 모두 아름다운 명칭이 있으며, 웅크린 호랑이 같고 서 있는 사람 같으며 갈라 놓은 큰 옹기 같고 드리운 천궐(天闕) 같은 바위들이 셀 수 없을 정도였다. 길이 꺾이는 곳에 반드시 대(臺)가 있고, 대의 위아래에는 반드시 기이한 소나무와 아름다운 나무가 있는데 대부분 사람의 힘으로 꾸민 것이다. 간혹 조물주가 저절로 기이하여 지혜롭고 재주가 뛰어난 사람이 만들어 놓은 듯하였으니, 이는 삼각산과 도봉산에 없는 것이다."

가재의 기문은 다음과 같다.

"천산의 산맥이 남쪽으로부터 와서 동쪽을 향해 세 줄기로 뻗어 나갔다. 첫 번째 줄기는 가장 길지만 봉우리가 없고 단지 구불구불 높았다 낮았다 하면서 동쪽에서 북쪽으로, 북쪽에서 서쪽으로 무릇 수십 리에 걸쳐 있었다. 두 번째와 세 번째 두 줄기가 그 가운데를 빙 둘러 안고 있는데 그 모양이 마치 '야(也)'자형과 같았다. 이른바 천산은 바로 그 남은 기맥이 모인 곳이다. 요양성 또한 이 지맥을 따라 나뉘어 아래로 떨어져 평야가 되었으니, 풍수가 더할 나위 없이 좋음을 알 수 있다. 용천사와 향암사의 물은 처음에 모두 동쪽으로 흐르다가 산어귀를 벗어나서는 갑자기 방향을 돌려 서쪽으로 흐르니, 세 번째 산줄기를 따라 흘러가기 때문이다. 천산이 터를 잡은 지반의 크기는 겨우 삼각산만 하나 높이는 삼각산에 미치지 못한다. 월사가 말하기를 '삼각산

사집(月沙集)』 권38)를 지었다. 김창업은 1712년(숙종 38) 동지정사에 임명된 형 김창집(金昌集)의 자제군관으로 연행을 다녀와서 『노가재연행일기』를 남겼는데, 그중 1713년 3월 8일자 일기에 천산을 유람한 기록이 상세히 실려 있다.

과 도봉산을 합하면 이 산에 필적할 만할 것이다'라고 하였는데, 이 말이 또한 그러하다. 그러나 이 산의 봉우리를 삼각산에 비교하면 인수봉(仁壽峯)이 본래 없는 것과 같다. 난새와 봉황이 날아오르는 듯, 부용(芙蓉)이 빼어나게 피어 있는 듯 우뚝하고 아름다운 자태와 같은 것은 삼각산에 없는 것일 뿐만 아니라, 비록 금강산일지라도 또한 쉽게 당하지 못할 것이다. 또 봉우리 밖으로 기이한 바위와 우뚝한 절벽이 층층이 드러나고 겹겹이 솟아나 있어 이따금 지혜롭고 재주가 뛰어난 사람이 조각해 만든 것 같았다. 다만 부족한 점은 물이었다."

이 두 기문을 읽으니 요좌의 명산을 더욱 징험할 수 있어 훌훌 〈유람을〉 실행하려 했으나 끝내 할 수 없었으니, 그 대략을 아울러 기록하여 마음으로 노닐고 기억하는 자료로 남길 따름이다.

의무려산기(醫巫閭山記)

요양에서 서쪽으로 연경(燕京)까지, 남쪽으로 바다까지 모두 들판인데, 들판이 큰 것으로 학야(鶴野)[260]만 한 것이 없다. 북쪽으로 몽골까지, 동쪽으로 조선의 경계까지 모두 산인데, 산이 거대한 것으로 의무려산[巫閭]이 제일이다. 산은 선비(鮮卑, 선비족)의 절막(絶漠)으로부터 와서 북방을 가로질러 들이 끝나는 곳에 우뚝 솟아 요좌의 여러 산 중 조산(祖山)이 되었으니 외몽골 땅이다. 순(舜) 임금이 12산을 봉했는데[261] 의무려산을 유주의 진산(鎭山)으로 삼았으니, 중국의 다섯 개 이름난 진산으로 의무려산이 그중 하나이다.

의무려산은 꼬리가 먼 변방[荒裔]에 서려 있고 머리가 큰 들판을 향해 가서, 바다에 이르러 요양과 광녕의 주산[主嶽]이 되었다. 예로부터 이 산에 제사를 올리지 않은

---

260 학야(鶴野): 요동 들판을 말한다. 한(漢)나라 때 요동 사람 정영위(丁令威)가 신선술을 배워 학으로 변해 고향 땅에 돌아와 화표주(華表柱)에 앉아 울었으나 아무도 알아보는 사람이 없었다는 고사에서 유래하였다(『수신후기(搜神後記)』권1).
261 순(舜) …… 봉했는데:『서경』「순전(舜典)」에 "순 임금이 12주(州)를 처음으로 설치하고 12개의 산을 봉하였다.[肇十有二州, 封十有二山.]"라고 하였다. 참고로 12주는 기주(冀州)・연주(兗州)・청주(靑州)・서주(徐州)・형주(荊州)・양주(揚州)・예주(豫州)・양주(梁州)・옹주(雍州)・유주(幽州)・병주(幷州)・영주(營州)이다.

제왕이 없고, 명나라에 이르러서는 연경에 도읍을 세워서 이 산이 국도(國都)에서 가장 가까운 산이 되었다. 요양과 광녕은 또 산동을 관할하는 관외의 큰 번진(藩鎭)으로 땅이 크고도 중요한데 의무려산이 그 진산이 되었다. 그러므로 영락 연간부터 시작하여 산 아래에 사당을 세워 신에게 제사를 올리고[262] 이름을 '북진묘(北鎭廟)'라 하였다. 대개 하늘이 요동 들판을 열어서 1천 리에 끝이 없는데 서북쪽 지역은 태허(太虛)였기 때문에 또 1천 리 되는 장산(長山)을 만들고 한 면을 막아서 화이의 경계를 한정하였다. 금(金)나라 채규(蔡珪)의 시에 '유주의 북진묘가 높고도 웅대하니, 하늘에 기대어 1만 길이나 하늘 동쪽에 서려 있네[幽州北鎭高且雄, 倚天萬仞蟠天東]'라고 한 것[263]이 이것이다.

『지(志, 대청일통지)』를 상고하면 다음과 같다.

"의무려산은 광녕현 서쪽 10리에 있다. 높이는 10여 리이고 둘레는 240리이며, 여섯 겹으로 둘러싸고 있으므로 또한 '육산(六山)'이라 부른다. 산 아래에 북진묘가 있다. 북진묘 동북쪽에 선인암(仙人巖)이 있는데 돌 하나가 높이 솟아 있고 위에 여선(呂仙)의 상을 새겨서 '여공암(呂公巖)'이라고도 부른다. 북진묘 서쪽에 취운병(翠雲屛)이 있는데 돌 1개의 너비가 1장 남짓이고, 아래에 구멍이 있어 남북으로 통하는데 명나라 순무 장학안(張學顔)이 '보천석(補天石)' 세 글자를 위에 새겨 놓았다. 또 도화동(桃花洞)이 있는데 이내와 안개가 골짜기에서 나와 겹겹의 봉우리를 빙 두르고 있으니 이름난 승경을 다 기술할 수 없다. 그 형세가 넓고 특별하며 깊고 오묘하고 웅장하고 기이한데, 요하의 오른쪽이 장백산과 더불어 왕의 기운을 보호하여 홍도(鴻圖)[264]를 왕성하게 하는 것이다. 요(遼)나라 인황왕(人皇王) 돌욕(突欲)이 그 기이하고 빼어남을 사랑하여 수만 권의 책을 사서 산의 맨 꼭대기에 두고는 당(堂)을 쌓아 '망해(望海)'라 하였는데, 그가 죽자 마침내 이곳에 장사지냈다."

의무려산은 백기보(白旗堡)에서 처음 보았는데 마치 한 줄기 푸른 연기와 같아 하

---

262 요양에서 …… 올리고: 이 대목은 이정귀의 『무술조천록 상(戊戌朝天錄上)』, 「유서악묘(遊西嶽廟)」(『월사집』 권2)를 거의 전재하였다.
263 금(金)나라 …… 것: 이 시는 금나라 시인 채규의 「의무려(醫巫閭)」 시 제1~2구이다.
264 홍도(鴻圖): 나라를 다스리는 큰 계책을 의미하는 말이다.

늘 끝에 나타났다 사라졌다 하였다. 이도정(二道井)에 이르러 북쪽으로 바라보니 검푸른 빛이 휘장 같았고, 일판문(一板門)에 이르자 층층의 봉우리와 늘어선 산들이 서북쪽으로 치달려 웅대하고 단단하게 서서 요황(要荒)²⁶⁵을 진무하고 있었다. 〈의무려산이〉 직방(職方)²⁶⁶에 실려 있는 것은 까닭이 있어서이다. 지금 내가 본 것은 길가에서 멀리 바라본 것에 불과할 뿐이니, 또한 어찌 산의 심오함을 다 알 수 있겠는가. 그러나 그 특별한 모양과 변화하는 양상은 구름과 안개 속에서 기이함과 공교함을 다투어 맑은 기운이 모인 것이 안팎으로 동일한 형태이니, 돌이 윤기 나고 봉우리가 빼어나며 물이 맑고 모래가 흰 것은 필연의 이치이다. 아름다운 아내는 못생긴 아이를 낳지 않고, 고기 한 점으로 온 솥 안의 맛을 알 수 있으니, 이 산의 전형(典形)을 또 어찌 여섯 겹의 산을 두루 구경하기를 기다려서야 알 수 있겠는가.²⁶⁷ 헤아려 보건대 내년 봄 돌아가는 길에 가죽신을 신고 여장을 짚고서 찾아가리니, 참으로 산신령과 더불어 약속하노라.

십삼산기(十三山記)

산을 '십삼(十三)'이라 이름 지은 것은 산이 모두 13개여서다. 의무려산이 요양에서 끝나 평원이 아득하여 일망무제(一望無際)한데 갑자기 평지에서 돌 봉우리가 솟아나 아스라이 여기저기 떨어져 서 있다. 그다지 높거나 크지 않으나 또한 뻗어 온 산맥은 보이지 않고 괴이한 돌이 뜰에 서 있는 듯하니, 이것이 십삼산(十三山)이다. 봉우리를 대강 세어 보면 〈그 수량이〉 부족하고, 세세히 세어 보면 남음이 있었다. 봉우리의 크기는 똑같지 않은데 특별한 땅에 기이하게 나와서 검푸른 눈썹이 옅고 아름답기가

---

265 요황(要荒): 요복(要服)과 황복(荒服)의 준말로, 도성에서 멀리 떨어진 변방 지역을 의미한다. 『서경』 「우공」에서 왕기(王畿)를 중심으로 사방 500리씩 다섯 지역, 즉 전복(甸服), 후복(侯服), 수복(綏服), 요복(要服), 황복(荒服)으로 구분하였는데, 요복까지는 내지(內地, 內服)에 속하고 황복은 황제의 교화가 미치지 않는 곳이다.
266 직방(職方): 천하의 지도와 공물을 담당한 관직명으로 『주례(周禮)』「하관사마」에 나온다. 여기서는 지리서를 의미한다.
267 직방(職方)에 …… 있겠는가: 이 대목은 김창업의 『노가재연행일기』 권9, 1713년 3월 2일 자 일기의 문장을 차용하였다.

여름 하늘의 구름 끝과 같았다. 다만 돌 빛깔에 빼어난 윤기가 적으니 이는 나무가 없는 곳에 있어서이다. 그러나 대체로 가까이서 보는 것은 먼 데서 바라보는 것의 기이함에 미치지 못한다.

대개 요양과 심양 이후로는 모두 드넓은 들판인데, 소흑산에서부터 비로소 낮은 산과 끊어진 언덕이 있으나 모두 작디작은 구릉이고 아름다운 곳은 전혀 없었다. 의무려산은 단단히 모여서 거칠고 웅장하지만 또한 밝고 아름다운 기상이 없었는데, 십삼산을 보았더니 짙은 안개가 엷게 걷혀 우리나라 산의 형태와 흡사하였다. 휘장을 걷어 올리고서 한눈에 바라보니 황홀하게 하늘 끝에 있는 친구를 만난 듯 몹시 기뻤다.[268]

『지(志)』에 "십삼산은 금주(錦州) 동쪽 75리에 있다. 높이가 1리 남짓이고 둘레가 20리이며, 봉우리 13개가 있기 때문에 〈십삼산이라〉 이름 지었다"라고 하였다. 산 아래에는 금우동(金牛洞)이 있고 위에는 못이 있다. 봉우리가 늘어서 있는데 크고 작은 것들이 뒤섞여 있었다. 산해관을 나와 십삼산을 바라보니 대황(大荒) 가운데 이내가 엉겨 있고 푸른빛이 쌓여 있는데, 멀리 있는 것 같기도 하고 가까이 있는 것 같기도 하여 완연히 해산(海山)의 기이한 장관을 다 그려 놓은 듯하였다. 혹자는 말하기를, "이 산은 돌 봉우리가 특히 빼어나기 때문에 중국 사람[華人]이 '석산(石山)'이라 부르는데, 중국 음으로 석(石, shi)이 십삼(十三, shisan)과 동일하므로 와전되어 십삼산이 된 것이다"라고 한다. 그러나 『오대사(五代史)』「호교북행기(胡嶠北行記)」에 "동쪽으로 가다가 산 하나를 지났는데 이름이 십삼산이다. 여기서부터 유연까지 2천 리이다"라고 하였고, 『요사』에 "연왕(燕王) 순(淳)이 무조언(武朝彦)을 토벌하여 건주의 십삼산에 이르렀다"라고 하였으며, 금(金)나라 채규의 시에 '의무려산 끝나는 곳에 십삼산이 있어, 시내 굽이 인가가 화폭 사이에 있네[閭山盡處十三山, 溪曲人家畫幅間]'라고 하였으니, 아마도 또한 와전된 것은 아닌 듯하다.

---

268 검푸른 …… 기뻤다: 이 대목은 오도일의 『병인연행일승』(『서파집』 권26)의 일부를 전재하였다.

월봉기(月峯記)

요양에서 서쪽으로 300리를 가면 대륙이 멀고 멀어 끝이 없으며, 해와 달이 들판에서 나오고 들판에서 진다. 신점(新店)에 이르니 마을 뒤에 작은 언덕이 솟아 있어 큰 길을 가로막고 있었는데, 이것을 '월봉(月峯)'[269]이라 한다. 걸어서 꼭대기에 올라 동쪽 서쪽으로 눈을 놓아 보니 하늘 끝과 땅 끝이 마치 아교를 붙이고 실을 꿰맨 듯하여 100리 사이에 뻗어 있는 지세가 모두 눈 안에 들어와서 흉금이 탁 트였다.

무릇 평야를 갈 적에 사방을 바라봐도 십수 리에 불과하지만 지금 이 월봉에 오르니 1,000리 요동 들판이 그 전면을 드러내어 빙 둘러 있기가 마치 바둑판에 안배해 놓은 듯 하나의 기운이 희미하게 그칠 곳이 없었다. 바다를 보지 않고 요동을 지나지 않으면 지원설(地圓說)을 행할 수 없다. 비록 그렇지만 우리나라 사람이 산골짜기에 살아서 100리 들판을 본 적이 없다가 처음 요동 들판을 보고는 들판이 큰 것으로 요동 들판만 한 것이 없다고 여기면서 마침내 천하의 장관이라고 말한다.

무릇 천하는 대지(大地)이다. 추연(鄒衍)[270]의 말에 "중국은 천하에 있어서 81분의 1이다. '신주(神州)'라고 부르는 곳이 비해(裨海)로 둘러싸여 있고, 비해의 밖에 또 신주와 같은 곳이 9개가 있으며, 큰 바다가 그 밖을 둘러싸고 있다"라고 하였다. 태서인(泰西人)이 말하기를, "천하에 오대주(五大洲)가 있다. 아세아주(亞細亞洲)에는 또 100여 개의 나라가 있으며 중국은 그중 하나를 차지한다"라고 하였다.[271] 그렇다면 천하의 들판은 그 크기를 헤아릴 수 없다. 천하를 놓고 중국을 보면 곧 말 한 마리가 돌고 있는 작은 뜰이고, 중국을 놓고 요동 들판을 보면 또한 손바닥 위의 손금 하나와 같다. 중국도 크다고 말할 수 없는데 요동 들판을 어찌 크다고 말할 수 있겠는가. 그렇다면 이는 우리나라 사람들이 본 것이 작아서 크다고 말하는 것이니, 큰 것도 오히려 알지 못하는데 어찌 작은 것을 알겠는가. 이미 크고 작음을 모르는데 또한 어찌 천하의 장관

---

269 월봉(月峯): 오늘날 금주시(錦州市) 흑산현(黑山縣) 호가진(胡家鎭) 호가와촌(胡家窩村)이다.
270 추연(鄒衍): 중국 전국시대 제(齊)나라 사상가로, 음양오행설을 제창하였다.
271 태서인(泰西人)이 …… 하였다: 태서인은 서양인을 뜻하는 말인데, 여기서는 이탈리아 출신 선교사 마테오 리치(Matteo Ricci, 利瑪竇, 1552~1620)를 가리킨다. 본문에서 인용한 내용은 1602년(만력 30) 마테오 리치가 북경에서 제작한 세계 지도 「곤여만국전도(坤輿萬國全圖)」에 기록되어 있다.

을 논하겠는가.

문필봉기(文筆峯記)

문필봉은 산해관 안의 명산이다. 내가 무령현에 도착하니 서북쪽의 여러 산이 구름 끝에 가로놓여 있는데, 가장 멀리 있는 네다섯 개의 봉우리가 웅장하게 솟아 빼어나고 기이하였다. 멀리 조망하며 탄성을 지르고 있으니 역부(驛夫)가 서남쪽의 한 봉우리를 가리키며 말하기를, "저것이 창려현의 문필봉입니다"라고 하였다. 문필봉을 바라보니 맑고 험하며 밝고 고왔으며, 정기가 무성하고 우뚝하게 뛰어나 사람으로 하여금 정신이 황홀하여 춤추고 싶게 하였다.

문필봉은 무령현과의 거리가 20리이다. 대개 유주와 기주의 산세는 힘차고 단단하다. 태항산이 서쪽으로 뻗어 와 연도(燕都, 북경)를 에워싸고 있으며, 의무려산이 동쪽으로 치달려 후진(後鎭)이 되어 용이 날고 봉황이 춤추듯 하다가 각산에 이르러 크게 끊어져서 산해관이 되었다. 산해관에 들어간 이후로 여러 산이 더욱 대막의 거칠고 장대한 기세를 벗어나서 남쪽을 향해 탁 트인 국면이 맑고 고우며 아름다웠다.[272] 창려현과 무령현에 이르자 여러 산이 더욱 기이했는데 문필봉과 오봉산(五峯山)[273] 같은 산들이 그러하다.

선인정(仙人頂), 황애정(黃厓頂), 흑우정(黑羽頂), 백우정(白羽頂), 낭랑정(娘娘頂)이 오봉(五峯)이다. 선인정 위에 한상(韓湘)[274]의 사당이 있고, 또 동쪽으로 25리를 가면 한 문공(韓文公, 韓愈)의 유택(遺宅)이 있다. 혹자가 말하기를 "문공(文公)의 선영이 산 아래에 있기 때문에 이곳에 영기가 모여 있다"라고 하는데, 참으로 그런지는 모르겠다. 『당서』본전(本傳)에 "공은 등주(鄧州) 남양인(南陽人)이다"라고 하였고, 『광여기(廣

---

272 대개 …… 아름다웠다: 이 대목은 박지원의 『열하일기』「관내정사」 7월 25일자 기사의 문장을 거의 전재하였다.
273 오봉산(五峯山): 이해응(李海應, 1775~1825)의 『계산기정(薊山紀程)』 권5, 「부록(附錄)·산천(山川)」에, "오봉산은 현 동북쪽 25리 지점에 있는데 다섯 봉우리가 우뚝 솟아 있으니, 동쪽은 쾌목(快目), 남쪽은 서운(瑞雲), 북쪽은 호암(虎巖), 서쪽은 홍취(紅翠), 중앙은 자개(紫蓋)라 한다"라고 하였다.
274 한상(韓湘): 당나라 문장가 한유의 조카로, 신선이 되었다고 한다.

興記)』²⁷⁵에 "창려인(昌黎人) 선유(先儒)이다"라고 하였다. 한유가 스스로 창려(昌黎)라 칭하고, 송(宋)나라 때 〈문공을〉 창려백(昌黎伯)으로 봉한 것은 모두 그 관향[郡望]을 취한 것이지만 공은 실제로 창려 사람이 아니다. 원(元)나라 지원 때 비로소 이곳에 사당을 세워 문공의 소상을 두었다고 한다.

아, 나는 동이(東夷) 사람으로, 머나먼 변방에서 늦게 태어나 젊어서부터 고문(古文)을 좋아하였는데, 오로지 문공의 문장만을 좋아하여 괴로운 벽(癖)이 되었다. 비록 가죽끈이 끊어질 정도는 아니었으나²⁷⁶ 점차 문장의 맛이 더욱 특별함을 깨닫게 되었다. 지금 길 위에서 문필봉 등의 봉우리가 눈에 가득 들어오는데 신령하고 밝은 기운이 허공에 떠 있고 향기로운 것이 과연 다른 산과 달랐다. 그러나 한번 선인정 위에 오르지 못하고 또 문공의 선적(先跡)과 신선 한상의 사당을 찾아가지 못한 것이 한스럽다.

옛날 갑진년(1784) 영평 사람 이미(李美)가 문공의 필적을 나의 할아버지 문헌공(文獻公)²⁷⁷에게 탑본하여 보냈다. 그것은 문공이 서원산(書院山)의 절벽을 깎아서 '이제독서처(夷齊讀書處)' 다섯 글자를 크게 쓴 인본(印本)이었다. 필력이 웅매하고 자형이 기고하여 송대(宋代) 이후의 필적 같지 않았거니와, 거의 평범한 사람의 필적이 아닌 듯하였다. 집에 보물처럼 소중히 보관한 지 여러 해가 되었다. 지금 이 땅을 지나면서 지역 사람에게 물어보니, 서원산이 창려현 서쪽 70리에 있는데 벼랑의 글씨가 아직도 남아 있다고 한다. 천년 뒤에 사모함이 더욱 심하다. 문공의 필적이 문장보다 못하지는 않지만 문장에 눌려서 세상에 드러나지 못했으니 이것이 진실로 애석할 만하다. 봉우리의 이름을 '문필'이라 부르는 것은 혹시 이 때문에 그런 것인가.

---

275 『광여기(廣興記)』: 명나라 육응양(陸應陽, 1542~1624)이 지은 지리서이다. 청나라 강희 연간에 채방병(蔡方炳, 1626~1709)이 증보하였다.
276 가죽끈이 …… 아니었으나: 원문은 '위편지절(韋編之絶)'이다. 『사기』 「공자세가(孔子世家)」에, 공자가 『주역(周易)』을 좋아하여 가죽으로 엮은 끈이 여러 번 끊어질 정도로 독서에 전념했다는 고사에서 유래한 표현이다.
277 문헌공(文獻公): 홍양호를 가리킨다. 문헌(文獻)은 그의 시호이다. 홍양호의 본관은 풍산(豐山)이고, 자는 한사(漢師)이며, 호는 이계(耳溪)이다. 1782년(정조 6)과 1794년(정조 18) 두 차례 사신으로 임명되어 북경에 가서 기윤(紀昀) 등 청나라 석학들과 교유하며 문명(文名)을 떨쳤다. 홍양호의 뒤를 이어 아들 홍희준(洪羲俊, 1761~1841)과 손자 홍석모(洪錫謨, 1781~1857), 홍경모(洪敬謨, 1774~1851) 등이 잇달아 연행에 참여했는데, 홍양호의 연행 체험이 그들의 대청관(對淸觀)에 깊은 영향을 주었다.

각산기(角山記)

　　각산은 의무려산의 남은 지맥으로 산해관 성[關城]의 주산(主山)이 된다. 대막으로부터 와서 왼쪽은 태항산과 상당이 되고, 아래쪽은 거용관, 고북구, 희봉구가 되며, 오른쪽은 대청산(大靑山), 소모산(小毛山), 황토령(黃土嶺)이 되었다. 구불구불 길게 1천여 리에 뻗어 있는데 이곳에 이르러 쌍봉(雙峯)이 우뚝 솟아 완연히 뿔이 서 있는 것 같았다. 거대한 바다에 닿아 있고 경도(京都, 북경)를 껴안고 있는데 층층의 봉우리와 겹겹의 산이 곧장 삭막(朔漠)에 닿는다. 진(秦)나라의 장성이 그 꼭대기에 두루 얽혀 있으며 점차 아래로 내려가 산해관 성과 접해 있으니 산해관 북쪽에서 20리 떨어져 있다.

　　각산의 서북쪽 모퉁이가 가장 높은데 산꼭대기에 '각산(角山)'이라는 절이 있다. 산해관 서쪽의 나성(羅城: 성의 외곽) 밖에서 성을 돌아 북쪽으로 10여 리를 가니 산기슭에 돌길이 가파르게 이어져 있어, 비탈길을 더위잡고 오르며 좁은 산길을 다투어 갔다. 수백 무(武)를 가니 앞에 홍문(虹門)이 있는데 '부상관일(扶桑觀日)'이라는 편액을 달았다. 길이 더욱 가파르고 험하여 모두 돌을 깔아서 계단을 만들었는데 섬돌을 이룬 것과 같았다. 길을 굽이 꺾어 2, 3리를 가니 산의 3분의 1이 되는 지점이었다. 또 2, 3리를 올라가니 정자가 있는데 '완방정(玩芳亭)'이라는 편액을 달았다. 이곳은 산의 3분의 2가 되는 지점이었으나 절은 여전히 아득하였다. 산 밑의 길에서 성까지 수백 보 정도 떨어져 있는데, 위로 올라갈수록 성이 점점 가까워졌다. 길을 꺾어 서쪽으로 골짜기 하나를 넘어가서 쉬기도 하고 오르기도 하며 마침내 절에 이르렀다.

　　각산사 뒤에 원봉(圓峯)이 있는데 그다지 높이 솟아 있지 않고, 좌우로 각각 산기슭 하나가 나와서 용호(龍虎)를 이루고 있었다. 절은 그 사이에 있는데 땅이 비록 높으나 평탄하였다. 절 앞뒤로는 솔숲이 우거져 있고, 절 동쪽의 석단(石壇) 위에는 오래된 잣나무가 있어 검푸른 빛이 하늘을 찌르고 있었다. 승려가 말하기를 "몽염이 장성을 쌓을 때 심은 것이다"라고 하였는데, 비록 믿지는 못하지만 잣나무는 오래된 것이었다. 불전(佛殿) 앞에 겹으로 된 정문 하나가 있고 좌우에 낭옥이 4, 5채 있었으며, 거주하는 승려들도 6, 7명이어서 정원이 적막하여 사람이 없는 듯하였다. 방향을 돌려 절의 서쪽 산등성이에 올라가니 산등성이가 모두 바위로 층층이 쌓여 마치 대(臺)와 같앗다. 절 서편 산마루로 올라가니, 산마루는 모두 암석이 층층이 쌓여서 대(臺)처럼 되어 있었다. 서쪽은 절벽으로 깊은 골짜기를 굽어보니, 골짜기 안의 물이 상당히 크게 꺾여서 남쪽으로 흘러나갔다. 이곳이 바로 석하(石河)의 상류라고 한다.[278]

대개 절은 산의 가장 높은 꼭대기에 있는데, 앞산이 갑자기 둘로 나뉘어 열려 큰 골짜기를 이루어 수만 명의 병마(兵馬)를 수용할 만하다. 성은 골짜기를 피해 산등성이를 따라 동쪽으로 꺾여서 치달렸는데, 은은히 이어져서 나타나기도 하고 가려지기도 하다가 다시 방향을 돌려 서쪽으로 가서 하늘의 절반을 가로지른다. 골짜기를 만나서 꺾이고 절벽을 따라 감겨 있는 것이 몇백 굽이인지 알지 못하거니와 산이 성과 함께 높이 솟았다 낮아졌다 하는 것을 또 형언할 수 없었다. 서쪽 산등성이에서 더위잡고 나아가 맨 꼭대기에 이르니 수백 명이 앉을 만하였다. 산해관 성을 내려다보니 무릎 아래에 있는 듯하였고, 성지(城池)와 여정(閭井)이 종횡으로 비단을 깔아 놓은 듯 뒤섞여 있었다. 동남쪽은 은빛 파도가 허공을 치고 있었는데 쌓인 기운이 흐릿한 것은 모두 바다였다. 서남쪽은 엎어 놓은 솥과 같고 가로놓인 집과 같았으니, 물이 띠처럼 휘감고 물결이 술잔처럼 고여 있는 것은 청주(靑州)와 제주(齊州)의 여러 산이었다.[279] 서북쪽의 봉우리가 가장 기이하고 장대하며 깎아지른 듯 우뚝하였다. 깊은 골짜기에서 솟아올라 곧장 천 장(丈) 높이까지 뻗어 있어 간담이 서늘하여 두려워할 만하였는데, 다만 그 빛깔이 쇠와 같고 빼어난 기운이 없을 뿐이었다.

맨 꼭대기에서 동쪽으로 10여 보를 가서 대략 한 층을 내려가면 바로 장성이다. 성의 높이는 1장 남짓에 불과하고 잡석(雜石)으로 쌓았는데, 오로지 여장(女墻: 성 위에 쌓은 낮은 담)만은 벽돌로 쌓았다. 매우 험준한 곳은 이따금 성을 쌓지 않았고, 성 밖으로 산기슭이 높은 곳은 모두 연대(煙臺, 봉수대)를 설치하였다. 끊어지고 캄캄한 골짜기에 보이지 않는 곳이 없어 적병이 몸을 숨기지 못하도록 하였으니, 성을 설치한 것

---

278 대막으로부터 …… 한다: 이 대목은 김창업의 『노가재연행일기』 권8, 1713년 2월 23일자 일기의 일부 순서를 바꾸거나 생략하여 전재하였다. 참고로 김창업은 중간중간에 이정귀의 「유각산사기(遊角山寺記)」(『월사집』 권38)를 삽입하였는데, 홍경모 역시 두 글을 적절히 혼용하여 배치하였다.
279 대개 …… 산이었다: 이 대목은 이정귀의 「유각산사기」를 전재하였다. 다만 "從西岡爬進至絶頂上, 可坐數十百人, 俯視關城, 如在膝下, 城池閭井縱橫綺錯"은 『노가재연행일기』의 문장이다.

이 장대하고도 치밀하였다.[280]

성가퀴를 따라 배회하니 생각이 호방하고 장쾌해졌다. 천하의 영역이 모두 내 도량 안에 들어왔으나 시력에 한계가 있고 하늘도 끝날 뿐이다.[281]

반산기(盤山記) 1

반산은 계주 25리에 있다. 산의 형세가 위는 풍만하고 아래가 가늘어서 소반과 비슷하기 때문에 '반산'이라고 한다. 옛 이름은 '사정산(四正山)'인데, 옛날에 전반 선생(田盤先生)이 제(齊)나라로부터 와서 이 산에 깃들어 한가로이 지냈기 때문에 '전반산(田盤山)'이라 하였다. 지금 '전반산'이라 부르지 않고 '반산'이라 부르는 것은 광려산(匡廬山)을 '여산(廬山)'이라고 하는 것과 같다.

산에 삼반(三盤)이 있으니, 양갑석(晾甲石)이 하반(下盤)이 되고, 고중반(古中盤)이 중반(中盤)이 되며, 운조사(雲罩寺)가 상반(上盤)이 된다. 상반의 승경은 소나무로 삼고, 중반의 승경은 돌로 삼으며, 하반의 승경은 물로 삼는다. 또 '오대(五臺)'라고 일컫는데, 자래봉(自來峯)이 북대(北臺)이고, 선사대(先師臺)가 남대(南臺)이며, 자개봉(紫蓋峯)이 중대(中臺)이고, 구화봉(九華峯)이 동대(東臺)이며, 무검대(舞劍臺)가 서대(西臺)이다.

『지(志)』에 다음과 같은 내용이 있다.

"산은 일명 '반룡산(盤龍山)'으로, 높이가 2,000인(仞)이고 둘레가 100여 리이다. 남쪽으로 창명(滄溟)과 떨어져 있고, 서쪽으로 태항산과 이어져 있으며, 동쪽으로 갈석이 놓여 있고, 북쪽으로 장성을 지고 있다. 꽃잎이 포개어 있고 벌이 모여 있는 듯 면마다 열려 있다. 산의 형체는 겉모습은 골산(骨山)이나 속은 흙이 풍부하다. 겉모습이 골산이기 때문에 깎아지른 돌이 높이 서 있어 바라보면 마치 칼과 창, 곰과 호랑이가 모여 있는 숲 같지만, 속은 흙이 풍부하기 때문에 과실나무가 무성하다. 소나무가 돌

---

[280] 맨 …… 치밀하였다: 이 대목은 김창업의 『노가재연행일기』 권8, 1713년 2월 23일 자 일기의 문장을 전재하였다.
[281] 천하의 …… 뿐이다: 이 대목은 이정귀의 「유각산사기」를 전재하였다.

을 뚫고 틈새로 나온 것이 높이 솟아 굽이굽이 얽혀서 돌과 더불어 성냄을 다툰다.[282]

산의 북쪽에 두세 개의 봉우리가 숲처럼 서서 깎아지를 듯한 것을 '자개봉(紫蓋峯)'이라 하고, 산의 중앙에 있는 것을 '숙원봉(宿猿峯)'이라 하며, 더욱 기발(奇拔)한 것을 '괘월봉(挂月峯)'이라 하니 산의 가장 높은 곳이 된다. 정광불탑(定光佛塔)이 산꼭대기에 있는데 탑 속에 계주(戒珠) 16과(顆)와 불아(佛牙) 1구(具)를 보관하였다. 섣달 그믐날 밤에 불등(佛燈)이 통주(通州)의 고산탑(孤山塔) 위에서 나와 수천 수백 개로 나뉘는데 멀리 반산의 여러 절을 돌아서 정광불탑에 이르러 그치니, 혹자는 '탑 속의 사리(舍利)에서 나는 빛이다'라고 한다. 이곳이 바로 상반이다. 꼭대기에 운조사가 있고 거대한 돌이 앞에 우뚝 서 있는데, 세로가 2장(丈)이고, 너비가 1장 5척이다. 손가락으로 밀면 움직여서 '동석(動石)'이라 이름 지었다.

위에는 두 곳의 용담(龍潭)이 있고, 아래에는 조정(潮井)과 택발천(澤鉢泉)이 있다. 조금 아래에 있는 것이 고중반으로, 자개봉·연화봉(蓮花峯)·비로봉(毘盧峯)의 세 봉우리 사이에 있으며, 혜인사(慧因寺)가 있다. 구화봉에서 가장 아름다운 절은 '천상사(千像寺)'인데, 천문개(天門開)의 두 바위가 서로 읍하고 있으며 깎아지른 절벽이 골짜기에 끊어져 있어 반드시 줄을 매단 뒤에야 오를 수 있다. 천상사는 당(唐)나라의 우당사(祐唐寺)로, 존자(尊者)가 석장(錫杖)을 끌고 와서 우두커니 서 있었던 곳이라고 전해진다. 승실(僧室)의 동북쪽 바위 아래에 징천(澄泉)이 있어 황홀한 사이에 보니 수많은 승려가 바리때를 씻고서 순식간에 사라져 버린 것이었다. 이 일로 인해 정사(精舍, 절)를 짓고 계곡의 시냇가 돌의 표면에 1천 개의 불상(佛像)을 새기고는 절의 이름을 지었다고 한다.

돌 가운데 더욱 괴상하고 특이한 것이 양갑석인데 평평해서 10명에서 100명을 용납할 수 있는 정도이다. 양갑석은 하반에 있는데 당나라 태종(太宗)이 동쪽을 정벌할 적에 이곳에서 갑옷을 씻었다고 전해진다. 건륭의 시에 '정관(貞觀: 당 태종의 연호)의 남은 자취 뭇 벼랑에 날리는데, 폭포수가 여울돌과 함께 쏟아져 흐르네[貞觀遺蹤群崖飛, 瀑與磯石相確寫]'라고 하였다. 양갑석 아래로 길이 끝나는 곳에 가로로 뻗은 것이 난간

---

282 산의 …… 다툰다: 이 대목은 원굉도(袁宏道)의 「유반산기(遊盤山記)」를 인용한 것이다.

과 같은데, 빠르게 흐르는 물이 이곳에 이르러 뛰어올라 세차게 부딪히며 나와서 구슬이 뛰고 옥이 뿜어지는 듯 아래로 깊은 못에 흘러내렸다. '천척설(千尺雪)', '부석방(浮石舫)'이라 쓰여 있는 돌이 동북쪽 봉우리 꼭대기에 있는데 모양이 해선(海船)과 같았다. 가랑비가 내리고 캄캄한데 때때로 바라보면 둥둥 떠서 움직이려 하였다. '무검대'라 쓰여 있는 돌은 이위공(李衛公, 李靖)이 검무를 춘 곳으로, 대의 돌이 울퉁불퉁 높이 솟아 족히 회포를 펼 만하였다. 무검대의 동쪽에 옛 이정암(李靖庵)이 있는데 지금은 만송사(萬松寺)이다. 왼쪽에는 선인교(仙人橋)가 있고, 오른쪽에는 탁타석(橐佗石)이 있다. 산의 돌이 모두 아래는 가늘고 위는 풍만하기 때문에 나는 듯이 움직이는 것이 많다. 벼랑 앞에 현공석(懸空石)이 있는데 돌이 하늘에 닿도록 서서 푸르게 깎아지른 듯이 땅에 엎어져 있었다. 정람(精藍)과 범우(梵宇) 같은 것들은 산의 채색[設色]이 되지만 다 기록할 수 없다.

건륭이 산의 오방(午方, 정남쪽)에 행궁을 세우고 '정기산장(靜寄山莊)'이라 이름 지었다. 앞의 산등성이는 병풍과 같고 뒤의 산은 병풍과 같은데, 옥석장(玉石莊)에서 뻗어나가 동쪽으로 가서 에워싼 담장의 남쪽에 도달한다. 담장은 무늬 있는 돌로 쌓았고, 둘레가 10여 리이다. 산길의 높고 낮음을 따라서 우회로가 되거나 직로가 되는데, 시냇물 몇 줄기가 담장 안으로 흘러서 산 아래에 갑문을 설치하여 때때로 여닫는다. 정기산장의 내팔경(內八景)은 정기산장, 태고운람(太古雲嵐), 층암비취(層巖飛翠), 청허옥우(淸虛玉宇), 경원상조(鏡圓常照), 중음송취(衆音松吹), 사면부용(四面芙蓉), 정관유종(貞觀遺蹤)이고, 외팔경(外八景)은 천성사(天成寺), 만송사(萬松寺), 무검대, 반곡사(盤谷寺), 운조사, 자개봉, 천상사(千相寺), 부석방(浮石舫)인데, 모두 건륭이 정한 것이다."

반산기(盤山記) 2

내가 연경에서 돌아올 적에 조양문(朝陽門)을 나서서 저녁에 통주(通州)에 도착해 묵었다. 다음날 삼하현에서 묵고, 또 다음날 방균점(邦均店)에서 점심밥을 먹고 계주로 가는 길을 취하였으니 반산을 유람하기 위해서였다. 방균점에서 북쪽을 향해 20리를 가서 산 아래의 난석촌(亂石村)에 도착하니, 바로 산의 동구(洞口)였다. 난석촌을 지나 비로소 산길로 들어가서 수백 무(武)를 가니 작은 산기슭에 높은 담장을 둘렀는데, 담장이 산을 반쯤 안고 안에는 행궁이 있었으니, 이것이 정기산장이다.

지키는 사람이 들어가는 것을 허락하지 않아 담장 밖을 따라 서쪽으로 2, 3리를 가니 암벽이 더욱 푸르고 윤기가 났다. 길은 모두 울퉁불퉁한 흰 돌인데 층층이 쌓인 것이 계단과 같았다. 온 산에 소나무와 삼나무가 있고 간간이 복숭아나무와 살구나무가 있었다. 바위 위에서 조금 쉬다가 행궁의 담장 안을 굽어보니, 수풀이 울창하고 정사(亭榭)가 은은히 비치는데 백탑 10여 개가 떨어져 서 있는 것이 숲과 같았다. 중간에 채색한 정자가 있고, 정자 북쪽에 평평하고 넓은 돌이 있었다. 한줄기 폭포수가 흰 비단을 펼쳐 놓은 듯 떨어지고 물이 휘돌아 못이 되었는데, 깊고 푸르고 맑고 상쾌하였다. '천척설(千尺雪)'이라 새겨져 있었다. 산 중턱을 바라보니 또 대(臺)와 같은 돌이 있었는데 수십 명의 사람이 앉을 만하였다. '정관유종(貞觀遺蹤)'이라 새겨져 있었는데, 양갑석인 듯하였다. 아래에 또 '반천(盤泉)'이라는 두 글자가 새겨져 있었다. 북쪽에 바위가 있는데 몹시 고색창연했으며, '나암(蘿巖)'이라 새겨져 있었다.[283]

조금 남쪽으로 가니 시냇가에 육각의 작은 정자가 세워져 있고 돌난간을 둘러놓았으며, 바위 위에 '창랑지수청혜, 가이탁아영(滄浪之水淸兮, 可以濯我纓)'[284]이라 새겨져 있었다. 행궁의 서쪽 담장 아래에는 수갑(水閘)을 설치하여 담장 안의 물이 빠져나오게 하였다. 담장 밖에서부터 돌길이 시냇물을 따라 구불구불 여러 번 돌다리를 지나는데 암석이 바둑알처럼 펼쳐 있고 계곡물 소리가 잔잔하였다. 산 위로 1백여 보(步)를 가니 감나무가 숲을 이루고 있으며, 숲이 끝나는 곳에 작은 절이 있었다. 그곳을 지나서 북쪽으로 갔다가 또 서쪽으로 돌아 올라가니 길에 모두 돌이 깔려 있었다. 산 위에 석탑 1개와 벽돌탑 7개가 있었다. 이곳을 지나니 울퉁불퉁한 흰 돌이 있고, 옆에 있는 시내를 1, 2리 올라가니 바로 소림사(小林寺)였다. 절은 층층의 산에 기대어 있었다. 문 앞에 석대(石臺)가 있는데 높이가 10여 장(丈)이며, 세 면에 기이한 봉우리가

---

283 방균점에서 …… 있었다: 이 대목은 홍대용의 『연기』「반산(盤山)」의 내용을 부분부분 차용하였다.
284 창랑지수청혜, 가이탁아영(滄浪之水淸兮, 可以濯我纓): 굴원(屈原)의 「어부사(漁父辭)」의 "창랑의 물이 맑으면 나의 갓끈을 씻을 수 있다"라는 유명한 구절로, 세상 모든 일은 자연에 맡기고 이 세상과 거슬리지 않음이 좋다는 뜻이 담겨 있다.

겹겹이 서 있는 것이 대나무가 모여 있는 듯하였다. 남쪽으로 바라보니 큰 들판이 끝 없이 두르고 있는 것이 반석(盤石)과 같았으니, 이곳이 이른바 중반이다. 문안에 비석이 있는데, 겉면에 '어양반산소림사(漁陽盤山少林寺)'라 새겨져 있었다. 소림사는 옛 법흥사(法興寺)로, 원(元)나라 때 장춘진인(長春眞人)이 이곳에 터를 잡아 절을 짓고는 '서운관(棲雲觀)'이라 이름 지었다. 동쪽으로 1백여 보를 가니 바위 위에 돌을 쌓아서 길을 만들고 좌우로 석가산(石假山)을 벌여 놓았다. 아래에는 자연적으로 이루어진 석지(石池)가 있는데 길이는 3장 정도이고 너비는 1장이며, 외벽에는 '홍룡지(紅龍池)'라는 세 글자가 크게 새겨져 있었다. 채색한 용마루와 아로새긴 난간이 아스라이 솟아 나와 있었는데, 또한 행궁이다. 왼쪽에는 13층의 백탑이 있고, 그 아래 시냇가에는 거대한 바위가 있는데, 앞과 뒤, 왼편과 오른편에 모두 건륭(乾隆) 어제(御製) 「반산시(盤山詩)」 여러 작품이 새겨져 있었다. 벼랑을 타고 수십, 수백 보를 올라가서 탑 밑에 이르니, 탑은 돌로 쌓았고 탑의 허리에 감실을 만들어서 불상을 두었다. 탑의 뒤편에서부터 돌계단 수십 층을 만들어 오를 수 있게 하여 마침내 감실 안으로 들어가니 네 면에 홍예문[虹門]을 만들었으며, 문밖에는 돌난간을 두르고 불상 3개를 놓아두었다. 마침내 돌난간을 따라 두루 다니며 탑신(塔身)을 한 바퀴 돌고 나서 탑의 북쪽으로 내려오니 소림사의 뒤편이었다.

반석이 산의 정 가운데에 있는데 산기슭이 감싸 안고 있으며, 소나무와 돌이 밝고 고왔다. 행궁을 굽어보니 못[池]과 대(臺)의 위치가 무릎 아래에 있는 듯이 또렷하였다. 동쪽과 서쪽으로 들빛이 끝없고 연수(煙樹)가 아득하여 기이하고 황홀함을 형용할 수 없었다. 반석 꼭대기에도 수십 층의 백탑이 있는데 더욱 뾰족하고 높았다. 층마다 달아놓은 5, 6개의 금탁(金鐸)이 바람을 따라 쨍그랑거리는 소리가 마치 생경(笙磬)을 연주하는 것 같았다.[285] 백탑의 옆에 운조사가 있다. 여러 봉우리 중에 북쪽에서 가장 높은 것이 자개봉이고, 오른쪽은 선석대(仙石臺)이다. 상방사(上方寺)는 자개봉 동쪽에 있고, 만송사는 선석대 서쪽에 있다. 현공석은 운조사 동쪽에 있는데, 봉우리 허리 위에 날아갈 듯이 놓여 있었다. 반정(盤頂)은 마치 죽순이 막 솟아난 것처럼 날카로우

---

285 반석이 …… 같았다: 이 대목은 홍대용의 『연기』 「반산」의 내용을 전재하였다.

면서 둥글었는데 위에 솔도파(窣堵波)²⁸⁶를 만들었다. 햇빛이 가로 비치고 그림자가 변방 밖에 드리워 오래 머물러 있을 수가 없어서 이에 내려왔다. 멀고 후미진 데다 돌계단이 없는 곳이 '천문개(天門開)'인데, 계석(砌石)을 따라 길을 취해서 다시 올라갔다 내려가서 겨우 넘을 수 있었다. 두 바위의 아래에서 칭석(稱石)을 얻었는데 네모지고 널찍한 것이 궤연(几筵)만 하였다.²⁸⁷

대체로 반산은 계주의 명산이다. 상반에는 동석, 용담, 조정, 발천(鉢泉)의 명승이 있다. 여순양(呂純陽, 呂洞賓)이 일찍이 칼을 날려 황룡 선사(黃龍禪師)를 이곳에서 죽였는데, 선검(仙劍)이 아직도 상반에 있는 정자 안에 간직되어 있다고 한다. 중반에 소림사가 있고 절에는 팔경(八景)이 있으니, 자개봉, 등운봉(騰雲峯), 선석령(仙石嶺), 양갑석, 투한교(投閑橋), 장방석(帳房石), 능각석(菱角石), 홍룡지이다. 또 석탑이 있어 오를 만했으나²⁸⁸ 산길이 험준하여 끝까지 찾을 수 없었다. 마침내 슬퍼하며 내려왔다. 수레를 타고 빨리 달려 계주성(薊州城) 밖에 이르니 해가 이미 저물었다.

공동산기(崆同山記)

공동산은 반산의 남은 지맥이다. 일명 '옹동산(翁同山)'으로, 계주성 북쪽 5리 되는 곳에 있는데, 위에 최부군(崔府君)의 사당이 있어서 '부군산(府君山)'²⁸⁹으로도 부른다. 『명승지(名勝志)』에 "공동산은 황제(黃帝)가 도를 물었다고 전해지는 곳이다"라고 하였고, 『노사(路史)』의 주(注)에 "준화 남쪽 30리에 또한 공동산이 있는데, 세상에서 '황제가 광성자(廣成子)를 이 산에서 알현하였다'라고 한다"라고 하였는데, 잘못이다.

살펴보건대, 민주(岷州)·원주(原州)·숙주(肅州)·여주(汝州)·계주(薊州)·감주(巔州)에 모두 공동산이 있다. 『사기(史記)』「황제본기(黃帝本紀, 五帝本紀)」에 "서쪽으로 공

---

286 솔도파(窣堵波): 산스크리트어로 인도의 탑 양식을 뜻하는 말인데, 불탑이라는 의미로 사용된다. 솔도파(窣都波·窣覩波), 소두파(掃兜婆), 사유파(私鍮簸), 수두파(藪斗波) 등으로도 표기한다.
287 동쪽으로 …… 하였다: 이 대목은 명나라 문장가인 원굉도의 「유반산기」 구절을 부분부분 인용하였다. 단 해당 대목은 이기지(李器之)의 「유반산기(遊盤山記)」(『일암집(一菴集)』 권2)에도 인용되어 있어, 홍경모가 원굉도의 작품을 직접 보았는가에 대한 여부는 면밀한 검토가 필요하다.
288 상반에는 …… 만했으나: 이 대목은 홍대용의 「연기」「반산」의 내용을 전재하였다.
289 부군산(府君山): 오늘날 중국 하북성 천진시(天津市)에 있는 산이다.

동산(空桐山)²⁹⁰에 이르러 계두산(鷄頭山)에 올랐다"라고 하였는데, 세상에서 농우(隴右)²⁹¹의 산이라 여기고 의심하는 자가 없다. 『좌전(左傳)』 애공(哀公) 26년에 "송(宋)나라 경공(景公)이 공택(空澤)에서 유람하다가 연중(連中)에서 졸하였다. 대윤(大尹)이 공택의 갑사(甲士) 1,000명을 일으켜 경공의 시신을 받들고 공동산으로부터 들어갔다"라고 하였으니, 〈이 공동산은〉 여주(汝州)의 산이다. 산 아래에 광성성(廣成城)과 광성택(廣成澤)이 있고, 산 위에 광성관(廣成觀)이 있다. 송나라 선화 연간에 여수림(汝守林)이 때때로 조정에 청하여 건립했는데, 말하는 자들이 "양성(襄城)과 구자산(具茨山)은 땅이 서로 이어져 있다"라고 하였으니, 아마도 헌황(軒皇, 黃帝 軒轅氏)이 마땅히 이곳에서 도를 물었을 것이다. 그러나 『이아(爾雅)』를 상고해 보면, "북쪽에 두극(斗極)을 이고 있는 것이 공동(空桐)이니, 공동의 사람은 굳세다"라고 하였고, 사마표(司馬彪)가 『장자』에 주를 달면서 또한 "공동산은 북두성에 해당하는 산이니, 공동산은 마땅히 북쪽에 있다"라고 하였다. 또 〈황제가 광성자에게〉 도를 물었다는[問道] 글이 『장자』에 실려 있는데, "황제가 처음 가서 만났을 적에 광성자가 황제에게 말하기를, '지극한 도를 말하기에 부족하다'라고 하였다. 황제가 물러나 홀로 머무는 집을 짓고 흰 짚으로 자리를 깔고서 석 달 동안 한가로이 거처하다가 다시 가서 만남을 요청하였다. 광성자가 머리를 남쪽으로 놓고 누워 있었는데 황제가 아래쪽에서 무릎으로 기어 나아갔다"라고 하였다.²⁹² 그날 황제가 탁록(涿鹿)의 기슭에 도읍을 정했는데, 계주와의 거리가 매우 가까웠기 때문에 다시 요청하기가 어렵지 않았다. 또 『환우기(寰宇記)』에 "계현(薊縣)에 계두산(笄頭山)이 있다"라고 하였는데, 공동산과 계두산(笄頭山)은 거리가 서로 멀지 않다. 진자앙(陳子昂)의 「계구람고(薊邱覽古)」 시에 '아직도 광성자를 생각하니, 남은 자취 흰 구름 모퉁이에 있네[尙思廣成子, 遺跡白雲隈]'라고 하였다. 그렇다면 계주의 공동산은 확정할 수는 없으나 아마도 황제가 도를 물은 곳은 아닐 것이다.²⁹³

---

290 공동산(空桐山): 오늘날 중국 감숙성 평량시(平涼市)에 있는 산이다.
291 농우(隴右): 농서(隴西), 즉 중국 감숙성 일대를 가리킨다.
292 도를 물었다는 …… 하였다: 이 내용은 『장자』 「재유(在宥)」 편에 나온다.
293 공동산은 …… 것이다: 「공동산기」는 『흠정일하구문고』 권114의 '경기계주(京畿薊州)' 조에서 대체로 발췌한 것으로 보인다.

압록강기(鴨綠江記) 1

　　압록상은 소선 의주부(義州府) 성 밖에 있는데, 압록상 밖은 바로 중국의 경계이나. 일명 '마자수(馬訾水)'로, 그 근원은 장백산에서 나온다. 산꼭대기에 못이 있어 둘레가 80리로 여러 물의 발원지가 되는데, 작은 것은 하(河)가 되고 큰 것은 강(江)이 된다. 강은 세 줄기가 있는데 서남쪽으로 흘러 압록강이 되고, 동남쪽으로 흘러 토문강이 되며, 북쪽으로 흘러 흑룡강이 된다. 지금 봉천부 영길주(永吉州)에 속하는데, 영길주 동남쪽 1,300여 리에서 서남쪽으로 흘러 바다로 들어가는 것이 압록강이다. 서쪽으로 염난수(鹽難水)와 합류하고, 또 서남쪽으로 동가강(佟家江)과 만나 5백여 리를 가서 봉황성을 돌아 동남쪽으로 가서 바다로 들어간다. 이것은 중국의 경계를 가지고 말한 것이다.

　　조선의 경계에서는, 장백산에서부터 복류(伏流)하여 남쪽으로 나와 혜산강(惠山江)이 되는데, 오른쪽으로 임연천(臨連川), 자가천(自可川), 비검천(飛劍川), 오씨천(吳氏川)을 지나고, 왼쪽으로 허천강(虛川江)과 만난다. 꺾여서 서북쪽으로 흘러 회진강(會津江)과 만나 평안도 옛 무창현(茂昌縣)에 이르는데, 왼쪽으로 포도천(葡萄川)을 지나며, 오른쪽으로 변경 밖의 십이도구(十二道溝)를 지나서 여연(閭延), 우예(虞芮), 자성(慈城)을 거쳐 강계(江界)와 위원(渭原)의 경계에 이르러 독로강(禿魯江)과 합류한다. 초산의 산양회(山羊會)에 이르러 변경 밖의 동가강【일명 '파저강'이다.】과 만나 합류하여 아이진(阿耳鎭)에 이르고, 왼쪽으로 동건강(童巾江)과 만나 벽동(碧潼)과 창성(昌城)을 거쳐 의주에 이른다. 적도(赤島) 동쪽에서 세 갈래로 나뉘니, 한 줄기는 남쪽으로 흐르다가 모여 구룡연(九龍淵)이 되고, 한 줄기는 서쪽으로 흘러 서강(西江)이 되며, 한 줄기는 가운데로 흘러 소서강(小西江)이 되었다가 검동도(黔同島)에 이르러 다시 합류하여 하나가 된다. 청수량(淸水梁)에 이르러 또 나뉘어 두 갈래가 되니, 한 줄기는 서쪽으로 흐르다가 적강(狄江)과 합류하고, 한 줄기는 남쪽으로 흘러 대강(大江)이 된다. 위화도(威化島)를 돌아 암림곶(暗林串)에 이르러 서쪽으로 흐르며, 미륵당(彌勒堂)에 이르러 다시 적강과 합류하여 대총강(大總江)이 되어 서해(西海)로 들어간다.

　　상고하건대 『당서』에, 고려(高麗)의 마자수(馬訾水)는 말갈의 백산(白山)에서 나오는데 빛깔이 오리 머리와 같기 때문에 '압록(鴨綠)'이라 이름 붙였다. 주자(朱子)가 말하기를 "여진이 일어난 곳에 압록강이 있다"라고 하였고, 『황여고(皇輿攷)』에 "천하에 세 개의 큰 강이 있는데 황하, 장강(長江), 그리고 압록강이다. 그러나 압록강은 또한 외이(外夷)에 있다"라고 하였으며, 『송사』에 "고려 때 이 강이 가장 커서 물결이 맑고 깨끗하였다. 지나가는 나루터[津濟]는 모두 큰 배를 댈 수 있어 그 나라가 이 강을 의지하여 천연의 요새로 여긴다. 강의 폭이 300보이다"라고 한 것이 바로 이것이다.[294] 압록강을 건너 서북쪽으로 5리를 가면 중강(中江)이 되고, 또 10리를 가면 애하(靉河)가 되니, 이를 총괄하여 '삼강(三江)'이라 부른다. 봉황성 변문과의 거리가 120리가 되고, 또 요양주 성과의 거리가 560리가 된다고 한다.

압록강기(鴨綠江記) 2

압록강의 물이 장백산에서 나와 1,500리를 흘러가서 국내성(國內城)에서부터 바다로 들어간다. 개마대산(蓋馬大山)의 서쪽과 북쪽, 우모령의 동쪽, 남쪽, 서쪽의 물이 모두 이곳에 모인다. 동서로 1,000여 리, 남북으로 7, 800여 리로, 옛 기자의 땅이고 부여의 남쪽 경계이며, 고구려의 옛 도읍인 국내성과 환도성(丸都城)이 모두 그 안에 있다. 뒤에 발해에 속하였고, 요(遼)나라와 금(金)나라 시대에는 여진과 고려가 그 땅을 나누어 근거지로 삼았다. 국조(國朝, 조선)에 들어와서는 강의 남쪽이 우리나라에 속하고, 강의 북쪽이 중국에 속한다.[295]

아, 조선의 옛 강역은 고려 때부터 중국에 다 잃어버렸는데, 지금 일의대수(一衣帶水)를 두 나라의 경계로 삼아서 천연의 요새라 믿고 있으니 어찌 탄식하지 않겠는가. 또한 압록강을 가리켜 패수(浿水)라고 한 것이 『사기』에 실려 있으나 시대가 비교적 앞선다고 하여 이것을 믿고 저것을 의심해서는 안 된다.

---

294 지금 …… 이것이다: 이 대목은 홍양호의 『북새기략』 「백두산고(白頭山考)」의 내용을 대부분 전재하되 일부 자구의 순서를 바꾸었다.

295 압록강의 …… 속한다: 이 대목은 이종휘의 『수산집』 권14에 실린 「동국여지잡기·수경(水經)」을 그대로 전재하였다.

상고하건대, 『사기』「조선전(朝鮮傳)」에 "전연(全燕) 때 일찍이 진번조선(眞番朝鮮)을 침략해 복속시켜 관리를 두고 방비하는 요새를 쌓았는데, 진(秦)나라가 연(燕)나라를 멸망시키고 요동의 외요(外徼, 변성)에 예속시켰다. 한(漢)나라가 일어나자 멀어서 지키기 어려우므로 다시 요동 고새(故塞)를 수리하고 패수에 이르러 경계로 삼아 연(燕)나라에 속하게 하였다"라고 하였으며, 또 "위만이 동쪽으로 달아나 변방으로 나가서 패수를 건너 진나라의 옛 공지(空地)에 살면서 점차 진번조선을 복속시켜 왕 노릇을 하고 왕검(王儉)을 도읍으로 삼았다"라고 하였다.

대체로 연나라가 조선과 더불어 패수를 분할하여 경계로 삼았으니, 만약 대동강을 이 패수라고 한다면 어찌 다시 조선이 있을 수 있겠는가? 왕검이라는 것은 평양이다. 위만이 이미 대동강을 건너서 스스로 다시 평양을 도읍으로 삼지 못했으니, 패수가 압록강이 되는 것은 이미 명백하지 않은가? 한나라가 일어나 다시 요동 고새를 수리했으니 이미 〈요수를〉 건넌 것이다. 이미 요수를 건넜는데 어찌 다시 요수를 경계로 삼겠는가? 요하와 압록강 사이에 큰물이 더 없으니, 패수라는 것은 압록강이다. 장수절(張守節)이 말한 바 '낙랑현(樂浪縣)은 평양이다. 대동강은 평양의 동쪽에 있다'라고 하였는데, 장수절이 이미 패수가 낙랑현 서쪽에 있다고 하였으니 또한 압록강이 패수가 되는 것이다.

『사기』에 또 다음과 같은 내용이 있다. "원봉(元封) 2년(기원전 109)에 섭하(涉何)가 우거(右渠)를 달래고 회유하였으나 끝내 조서를 받들지 않았다. 섭하가 경계에 이르러 패수에 임하여 마부로 하여금 비왕(裨王)을 찔러 죽이게 하고, 즉시 강을 건너 달려가서 변방으로 들어갔다." 또 다음과 같은 내용이 있다. "누선장군(樓船將軍) 양복(楊僕)이 배를 타고 발해를 건너고, 좌장군(左將軍) 순체(荀彘)가 요동으로 나가서 우거를 토벌하였다. 누선장군이 먼저 왕검에 이르렀는데, 우거가 누선장군을 치니, 양복이 그 무리를 잃고 산속으로 달아났다가 10여 일 만에 다시 모여서 좌장군이 패수 서군(浿水西郡)을 쳤다." 우거의 궁성은 패수의 서쪽에 있어서 곧장 패수에 닿아 있었는데, 섭하가 어떻게 경계에 이르러 패수에 임할 수 있었겠으며, 또 어떻게 패수를 건너서 달려가 변방으로 들어갈 수 있었겠는가? 패수는 압록강이다.

『사기』에 또 다음과 같은 내용이 있다. "위산(衛山)이 우거에게 가서 회유하자 우거가 태자(太子)를 보냈다. 패수를 건너려 할 적에 좌장군이 속여서 죽일까 의심하여 마침내 패수를 건너지 않았다." 또 다음과 같은 내용이 있다. "좌장군이 패수 가의 군대[浿水上軍]를 격파하고는 앞으로 나아가서 성 아래에 이르러 그 서북쪽을 포위하였다. 누선장군도 가서 성 남쪽에 모여 거처하였다." 위만이 출사(出師)하여 압록강의 서북쪽에 군대를 주둔했으니, 이것이 이른바 패수 가의 군대이다. 이미 이 패수 가의 군대를 격파하고 나서야 진군(進軍)하여 평양성의 서북쪽을 포위하였다.

『한서』「지리지」에 "패수가 서쪽으로 증지(增地)에 이르러 바다로 들어간다"라고 하였고, 또 "마자수가 서북쪽으로 염난수에 들어가 서남쪽으로 서안평(西安平)에 이르러 바다로 들어간다"라고 하였다. 『통전』에 "평양성은 남쪽으로 패수에 닿아 있다"라고 하였고, 또 "마자수는 일명 '압록수(鴨綠水)'로, 근원이 동북쪽 말갈의 백산에서 나와 국내성 남쪽을 지난다. 또 서쪽으로 하나의 강과 합류하니, 바로 염난수이다. 이 두 강이 합류하여 서남쪽으로 안평성(安平城)에 이르러 바다로 들어간다"라고 하였다. 증지는 지금의 증산현(甑山縣)이고, 염난수는 지금의 파저강이며, 서안평은 용만(龍灣, 의주)에서 강을 건너면 있는 땅이니 옛 현(縣)의 이름이다. 백산이라는 것은 옛 개마산(蓋馬山)으로, 우리나라 사람이 백두산이라고 한다. 반고(班固)[296]가 「조선열전(朝鮮列傳)」에서 『사기』의 글을 순수하게 사용하여 개정한 내용이 없는데, 「지리지」를 찬술함에 이르러 비로소 두 강을 구별하였으니, 대개 그 학술이 상흠(桑欽)[297]의 연원과 같기 때문에 자세하고 해박함이 전인(前人)보다 나은 것이다.[298]

팔도하기(八渡河記)

하(河)를 '팔도(八渡)'라 이름 지었으니, 강 전체가 굽이 돌아 흘러서 모두 여덟 곳에서 건넌다. 봉황성에서 소장령(小長嶺)을 넘어 5리를 가면 옹북하(甕北河)가 있는데, 강

---

296 반고(班固): 23~92. 자는 맹견(孟堅), 부풍(扶風) 안릉(安陵, 지금의 섬서성 함양) 출신로 후한의 역사가이다. 아버지 반표(班彪)의 뒤를 이어 『한서(漢書)』를 저술하였다.
297 상흠(桑欽): 한(漢)나라 때 『수경(水經)』을 저술했다고 알려진 인물이다.
298 또한 압록강이 …… 것이다: 이 대목은 정약용(丁若鏞)의 『아방강역고(我邦疆域考)』「패수변(浿水辨)」을 전재하였다.

의 근원이 분수령에서 나와 서쪽에서 흘러온다. 강의 너비는 우리나라의 저탄(猪灘)과 같다. 동쪽으로 중강(中江)에 흘러드는데, 답동하(沓洞河) 이하의 강이 모두 이 팔도하에 들어간다. 여기서부터 답동(沓洞)까지 80리 사이에 처음으로 옹북하를 건너고, 둘째로 금가하(金家河)를 건너며, 셋째로 사초하(蛇梢河)를 건너고, 넷째로 용봉산전하(龍鳳山前河)를 건너며, 다섯째로 반절대하(半截臺河)를 건너고, 여섯째로 반절대전하(半截臺前河)를 건너며, 일곱째로 초하(草河)를 건넌다. 강의 가장 상류로 여덟째 답동하를 건너니, 이를 팔도하(八渡河)라고 한다. 옹북하, 금가하, 초하, 답동하는 지나는 길에 있는데 얕게 흘러서 어지러울 만하다. 사초하 이하의 네 강은 연로(沿路)가 아니기 때문에 위치한 곳이 확실하지 않다.

대개 황하 북쪽의 물은 비록 얕은 시내이라도 '하(河)'라는 이름을 붙이고, 장강 남쪽의 물은 '강(江)'이라는 이름을 붙인다. 산해관 밖에서 북경까지 모두 하(河)로써 내[川]의 이름을 붙였으니, 『시경』 주(註)에 이른바 "하(河)는 북방에서 흐르는 물의 통칭이다"라고 한 것이 이것이다. 『양산묵담(兩山墨談)』에 다음과 같은 내용이 있다. "장회(長淮, 淮河)는 남북의 큰 한계가 된다. 장회에서부터 북쪽은 북조(北條)가 되는데, 물이 모두 대하(大河, 황하)를 조종으로 삼아서 '강(江)'이라는 이름을 붙인 것이 없고, 장회에서부터 남쪽은 남조(南條)가 되는데, 물이 모두 대강(大江, 장강)을 조종으로 삼아서 '하(河)'라는 이름을 붙인 것이 없다. 북조와 남조 이외에 북쪽의 고려(高麗)에 있는 물은 혼동강과 압록강이고, 남쪽의 만조(蠻詔)[299]에 있는 물은 대도하(大渡河)인데, 우(禹) 임금의 자취[300]에 생략된 것이다." 이 말은 옳지 않으니, 강(江)과 하(河)는 맑고 흐린 것으로 구분한 듯하다.

내가 압록강을 건널 적에 강의 너비가 경도(京都, 漢陽)의 한강을 넘지 않으나 맑기는 비길 만하였다. 요양과 심양에서부터 모두 10여 차례 강을 건너면서 배를 타고 건너기도 하고 말을 타고 건너기도 하였는데, 혼하·요하·태자하·백하라는 이름의 여러 강은 모두 누렇고 탁했으니, 대체로 들판에 흐르는 물은 탁하고, 산골짜기에 흐르는 물은 맑다. 압록강은 장백산에서 발원하여 변방의 여러 산속을 흘러가기 때문에

---

299 만조(蠻詔): 8세기에 중국의 운남성(雲南省) 서부에서 일어난 옛 타이족 왕국인 남조(南詔)를 말한다.
300 우(禹) 임금의 자취: 우 임금이 구주(九州)의 홍수(洪水)를 다스린 일을 가리킨다.

항상 맑다. 동팔참의 여러 물이 모두 맑으니, 이것이 그 증거이다. 나는 비록 장강을 보지 못했으나 민아산(岷峨山)³⁰¹의 첩첩산중에서 발원하여 삼협(三峽)을 뚫고 내려오니 물이 맑다는 것을 알 수 있다. 이른바 남조(南條)의 물들이 '하(河)'라고 이름 붙인 것이 없는 것은, 초(楚)의 남쪽은 산도 많고 돌도 많으므로 물이 모두 맑기 때문이다. 그렇다면 남조(南詔)의 대도하는 생각건대 평야에서 발원하여 물이 탁하므로 '하(河)'라고 불렀을 것이다.³⁰²

태자하기(太子河記)

요양의 북쪽 15리 되는 곳에 강이 있는데, 들판을 종횡으로 흘러 산만하게 멀리 뻗어 있고, 편안히 흘러서 소리가 없다. 깊은 곳은 배를 띄울 수 있고 얕은 곳은 옷을 걷고서 걸을 만한데 위에 다리가 놓여 있어 사람을 건네게 하니, 이름을 '태자하(太子河)'라고 한다. 상고하건대, 태자하는 바로 옛 대량수(大梁水)로, 일명 동량하(東梁河)이다. 그 근원이 변경 밖의 길림오라(吉林烏喇) 살목선산(撒木禪山)에서 나와 위자욕(葦子峪) 동쪽에서 변경으로 들어가 서남쪽으로 흘러 주(州) 서북쪽에 이르러 혼하와 합류하여 작은 어귀가 된다. 또 서북쪽으로 요하와 만나 바다에 들어간다. 〈태자하의〉 한 갈래가 요동성 밑에 이르러 고여서 해자가 되었는데 몹시 넓으니, 웅정필이 요동을 진무할 때 파서 만든 것이다.

『방여기요(方輿紀要)』에 "태자하는 바로 옛 연수(衍水)이다. 연(燕)나라 태자 단(丹)이 연수에 숨었기에 후대 사람들이 이 일로 인해 이름을 태자하라 하였다"라고 하였다. 혹자는 다음과 같이 말한다. "상류 30리쯤 되는 곳에 석성이 있는데, 세상에서 전하기를, 당(唐)나라 문황(文皇: 太宗의 시호)이 고구려를 정벌할 적에 고구려[高麗] 태자가 이 성을 지켰는데, 성이 함락되자 강으로 뛰어들어 죽었기 때문에 〈태자하라고〉 이름 붙인 것이다. 무릇 고구려는 평양에 도읍을 정하였으니, 태자가 응하지 않고 멀리 국도

---

301 민아산(岷峨山): 중국 사천성(四川省)에 있는 민산(岷山)과 아미산(峨眉山)을 가리킨다.
302 『양산묵담(兩山墨談)』에 …… 것이다: 이 대목은 박지원의 『열하일기』「동란섭필」의 내용을 전재하였다.

(國都)를 떠나 요양으로 와서 지킨 것인가? 혹 막리지(莫離支)의³⁰³ 아들이 이 성을 지키면서 거짓으로 태자라 칭한 것인가?"³⁰⁴

내기 요동에서부터 성곽 문을 뚫고 나가서 백탑을 구경할 적에, 태자하에 다가가서 탄식하며 이렇게 말하였다. "연나라 태자 단[燕丹]은 천하의 어리석은 사내이고, 형가(荊軻)는 천하의 허술한 사람이다. 무단한 작은 분(忿)으로 예측할 수 없이 강한 진(秦)나라를 도발하려고 한 것은 진실로 이미 어리석은 계책이다. 선비가 지기(知己)를 위해 은혜를 갚고 원수를 갚는 것이 비록 전국시대(戰國時代) 열협(烈俠)의 풍모라 하더라도, 지금 1척 8촌의 비수로 열세 살 어린아이와 굶주린 범의 입에서 함께 일을 도모하여 창과 칼을 든 무사들이 뜰에 가득한 곳에서 만승(萬乘)의 천자를 겁박하려 했으니, 그 일이 쉽다고 말할 수는 있지만 누가 〈가능하리라〉 믿을 수 있겠는가? 역수(易水)에 찬 바람이 부는데 축(筑)을 치고 슬픈 노래를 부르며 애오라지 그날의 즐거움을 다하였으나 끝내 나라가 망하고 몸이 죽는 데 이르렀으니, 그 계책을 돌아보면 어찌 어리석고도 허술하지 않은가? 저 전광(田光)이라는 자는 열사(烈士)라고 말할 만하나, 형가가 큰일을 맡길 수 없는 사람인 줄 알지 못하고서 한마디 말을 듣고 스스로 목을 찔렀으니, 어찌 그리도 허망한가. 아마도 당시에 삶을 가볍게 여기고 명예를 좋아하던 습속 때문일 것이다."³⁰⁵ 들판 나루에 사람은 없고 지는 해는 황량하며 차가운 물결은 오열하였으니, 당시에 불평하는 울음이 길 가는 사람의 시름을 거드는 듯하였다.

주류하기(周流河記)

주류하는 바로 요하로, 일명 '구락하(句駱河)'이고, 혹은 '구류하(枸柳河)'라고도 부

---

303 혹 막리지(莫離支)의: 원문은 '막혹리지(莫或離支)'로 되어 있는데 오기로 보아 '혹막리지(或莫離支)'로 바로잡았다.
304 상류 …… 것인가: 이 대목은 이정귀의 『월사집』 권5, 「송이첨추수준여경서(送李僉樞壽俊如京序)」에서 전재하였다.
305 연나라 …… 것이다: 이 대목은 이정귀의 『월사집』 권5에 실린 『갑진조천록 하(甲辰朝天錄下)』의 「余讀荊軻傳, 廢書而笑曰, 燕丹之爲計, 固愚甚, 乃軻之所爲, 術亦疏矣, 夫士爲知己, 酬恩報怨, 要之得遂其計, 斯亦可矣, 尺八匕首, 數年淬礪, 是不過欲一甘心於所讐者耳, 今乃與十三歲小兒, 共事於餓虎之喙, 而欲生劫萬乘於盈庭劍戟之上, 誰得以信之, 彼田光者, 亦可謂烈士, 然不知軻之不可以屬大事, 一言刎頭, 何其容易, 豈當時輕生好名之習歟, 遂爲詩以弔荊軻」라는 시제에서 차용하였다.

르니 이곳에 구기자나무와 버드나무가 많기 때문이다. 요동 전역의 강은 태반이 이 주류하에 모여 넘쳐흘러서 언덕이 보이지 않기 때문에 '거류하(巨流河)'라고도 부른다. 주류하는 심양의 서쪽에 있는데, 그 근원은 동쪽으로 오라의 길림봉(吉林峯)에서 나오고, 서쪽으로 몽골의 황수하(潢水河)에서 나와 남쪽으로 혼하와 태자하에 모여서 합류하여 삼분하가 되어 남쪽으로 바다에 들어간다. 『한서』와 『수경』에는 모두 대요수(大遼水)라 하였으니, 요수의 좌우는 곧 요동과 요서가 나뉘는 경계이다. 위(魏)나라 공손연(公孫淵)이 사마의(司馬懿)를 물리치고 장수로 하여금 요동에 주둔하도록 하고는 마침내 스스로 굳건히 하였는데, 사마의가 그 남쪽에 군대를 자랑하고 몰래 그 북쪽으로 건넜으니 바로 주류하이다.

당(唐)나라 태종이 고구려를 칠 적에 진창 200여 리에 흙을 깔아 다리를 놓아서 건너갔다. 지금까지 이 지역의 100여 리 안쪽은 비를 만나 진창이 되면 오히려 다니지 못한다. 강희·옹정 연간에 잇달아 수축(修築)하여 점차 평탄한 길이 되었다. 강가의 양쪽 언덕이 서로 마주한 채 길게 연이어 있어 완연히 용과 호랑이 같았다. 강물은 구불구불 4, 5리를 흘러 모두 세 번 건넜으며, 물빛이 흐려 강바닥이 보이지 않았다. 물의 깊이는 말의 배까지 닿는 데 불과했으나 진흙이 빠져서 건너기가 어려웠다. 매양 봄에 사신이 돌아올 때 성장(城將)이 강가에 배를 대고 갑군을 거느려 건너는 것을 호위하였다. 배의 제도는 대략 우리나라의 상유선(上游船)과 같되, 위에 판자를 깔아서 수레를 싣기에 편리하게 하였다. 양쪽 언덕에 나무 말뚝을 박고 동아줄을 매어서 동아줄에 의지해 배를 끌어 건너니, 마치 촉(蜀) 땅 장가강(牂牁江)의 법과 같았다. 서쪽 언덕에 날리는 모래가 높이 쌓여서 구릉을 이루었으니, 이는 바람에 날려서 그러한 것이다.

강을 건너 몇 리를 가니 작은 성이 있는데, 누각과 성가퀴가 견고하고 높았으니, 주류하보(周流河堡)이다. 남북으로 1백여 보이고 동서로 50보이며, 높이는 2, 3장(丈)이다. 2층 처마가 달린 초루에 '공고(拱高)'라는 편액이 달려 있었다. 성안의 아문이 매우 작고 인가[人戶]가 200여 채에 불과했으며, 갑군 또한 200명이었다. 이곳은 바로 숭덕 원년(1636)에 쌓은 것으로, 건륭 계묘년(1783)에 중수하여 벽돌로 쌓았는데 둘레가 2리이다. 좌령(佐領) 2인과 효기교 2인을 주둔시켜 방어했는데, 〈이들이〉 거느린 만한

군(滿漢軍) 140명은 광녕부에 예속시켰다. 만력 연간의 옛 보(堡)가 주류하 서쪽 언덕에 있는데, 오로지 토성의 대지(臺址)만 남아 있다.

대릉하기(大凌河記)

대릉하는 금현(錦縣) 동쪽 40리 되는 곳에 있다. 그 근원은 변경 밖의 객라심(喀喇沁) 미소도산(尾蘇圖山)에서 나오고 '오목륜하(敖木倫河)'라 이름 지었는데, 동쪽으로 흘러 의주 서북쪽의 구관대문(九官臺門)에서 동쪽으로 변경에 들어가 대릉하가 된다. 강의 크기는 혼하와 같다. 대릉하 서쪽에 보(堡)가 있고 거주하는 백성이 수백 호(戶) 정도 되는데, 매양 조선 사신이 대릉하를 건널 때 보에서 군사를 내어 건너는 것을 호위한다.

소릉하는 대릉하 서쪽 25리, 금현 동쪽 15리 되는 곳에 있다. 그 근원은 변경 밖의 토묵특 명안객라산(明安喀喇山)에서 나오고 '수루하(水壘河)'라 이름 지었는데, 동남쪽으로 흘러 송령문(松嶺門)에서 나와 서쪽으로 5리를 가서 변경의 안에 들어가 소릉하가 된다. 이 소릉하는 서북쪽에서 성 서쪽을 돌아 남쪽으로 흐르다가 다시 꺾여서 북쪽으로 흘러 성의 동쪽을 지나서 또 방향을 바꾸어 남쪽으로 흐르는데, 돌아 흐르는 것이 비단과 같기 때문에 〈금수(錦水)라고〉 이름 붙인 것이다. 강가에 거주하는 백성이 또한 수백 호인데, 매양 몽골에 노략질을 당해서 그 땅을 비우고 옮겨가서 산다. 2, 3리쯤 가니 길옆에 무너진 담장이 둘러 있고 네 개의 벽만 서 있어 강을 따라 위아래로 흰 장막을 설치하여 수자리를 살았다. 대개 몽골의 경계가 소릉하와 50리 떨어져 있다고 한다.

아, 이곳은 명나라 말에 온갖 전쟁이 벌어진 땅이다. 만력 때부터 청나라 사람이 요양과 심양에서 범처럼 웅거하고, 토묵특과 공도(恭圖) 등 여러 추장이 대릉하와 소릉하 사이에 출몰했는데, 숭정 말에 이르러 더욱 어육(魚肉)의 장이 되었다. 지금 2백여 년이 지나 아득히 보니 산은 높고 물은 푸른데, 전사한 병사들[306]이 온통 적막하고

---

306 전사한 병사들: 원문은 '충사원학(蟲沙猿鶴)'이다. 갈홍(葛洪)의 『포박자(抱朴子)』에 "주(周)나라 목왕(穆王)이 남정(南征)할 때, 일군(一軍)이 모두 변화하여 군자들은 원숭이와 학이 되고 소인들은 벌레와 모

강물이 오열하여 해가 없고 바람이 없으니, 어떻게 슬피 우는 원혼 없이 이 지경에 이를 수 있겠는가. 여기서부터 송산, 행산, 고교보(高橋堡), 탑산에 이르기까지 100여 리 사이에 비록 마을과 시장이 있기는 하지만 가난하고 쇠잔하여 부유해질 뜻이 전혀 없으니, 당시 용과 범이 싸우던 자취를 상상해볼 수 있다.307

환향하기(還鄕河記)

풍윤현 서쪽 8리 되는 곳에 '편수(便水)'라는 강이 있다. 그 근원이 애아구(崖兒口)에서 나와 풍윤현과 옥전현을 지나고 혼하를 거쳐 바다로 들어간다. 모든 물은 다 서쪽에서 동쪽으로 흐르는데 이 강만은 서쪽으로 흐르기 때문에 세속에서 '환향하(還鄕河)'라고 한다. 송(宋)나라 휘종(徽宗)이 환향하의 다리를 지나다가 말을 세우고 사방을 돌아보며 슬피 말하기를, "이곳을 지나면 점차 대막(大漠)에 가까워지는데, 내가 어떻게 이 물처럼 고향으로 돌아올까?"라고 하고는 먹지 않고 갔다 하여, 그 다리를 '사향교(思鄕橋)'라고 한다. 혹자는 "석소주(石少主)가 이름을 붙인 것인데, 사람들이 지금까지 부른다"라고 하니, 대개 석소주라는 자는 석진(石晉)308의 젊은 군주 중귀(中貴)인 듯한데, 또한 거란에 사로잡혀 이 환향하를 지나갔다.

살펴보건대『송사』에, 흠종(欽宗) 정강(靖康) 2년(1127) 여름 4월에 금(金)나라 사람이 두 황제와 후비(后妃), 태자(太子), 종친(宗親)과 외척(外戚), 신하 들을 북쪽으로 데려갔는데 모두 3,000여 인이었다. 황제가 청성(靑城, 중국 河南省 開封縣)을 떠날 때부터 청전립(靑氈笠)을 쓰고서 말을 탔고, 뒤에는 감군(監軍)이 따라갔다. 정문(鄭門)에서 북쪽으로 가다가 매양 성 하나를 지났는데, 문득 얼굴을 가리고 흐느꼈다. 대(代) 땅에 이르니 공부 원외(工部員外, 工部員外郞)는 바로 등무실(滕茂實)이었는데 흐느끼며〈황제를〉맞이해 알현하였다. 등무실은 일찍이 노윤적(路允迪)을 도와 고려에 출사(出使)한 자이다. 점몰갈(粘沒喝)이 등무실을 핍박하여 오랑캐의 옷을 입게 했으나 등무실이 힘껏 거

래가 되었다"라고 한 데에서 유래하였다.
307 강가에 …… 있다: 이 대목은 박지원의『열하일기』「일신수필」7월 18일자 내용을 대체로 차용하였다.
308 석진(石晉): 석경당(石敬瑭)이 세운 후진(後晉)을 가리킨다. 본문의 중귀(中貴)는 석경당의 아들이다.

부하였다. 등무실이 옛 군주를 모시고 함께 가기를 청했으나 점몰갈이 허락하지 않았다. 황제가 마침내 대 땅을 거쳐 태화령(太和嶺)을 넘어 운중(雲中)에 이르렀다. 이보다 앞서 연성(淵聖, 흠종)이 운중에서 연산(燕山)으로 옮겨가서 비로소 태상황(太上皇: 휘종)과 만났는데, 이때에 이르러 함께 습군(霫郡)으로 옮겨갔다. 습(霫)은 옛 계국(溪國)으로, 연산에서 북쪽으로 1,000리 되는 곳에 있다. 금나라 사람이 태상황과 황제에게 소복(素服) 차림으로 아골타(阿骨打)의 사당을 알현하게 하였다. 마침내 건원전(乾元殿)에서 금나라 군주를 알현하니 금나라 군주가 태상황을 혼덕공(昏德公)으로 삼고, 황제를 중혼후(重昏侯)로 삼았다. 얼마 지나지 않아 그들을 한주(韓州)로 옮기고, 또 두 황제를 오국성(五國城)으로 옮겼으니 상경 동북쪽에서 1,000리 떨어져 있다. 이곳으로 옮긴 지 한 달이 지나 태상황후(太上皇后) 정씨(鄭氏)가 붕어하고, 고종(高宗) 소흥(紹興) 5년(1135)에 태상황이 붕어했으며, 28년(1158)에 정강제(靖康帝, 흠종)도 오국성에서 붕어하였다.

아, 정강의 변[靖康之變]은 천고에 없던 일인데, 휘종이 욕심을 모으고 법도를 손상하여 화를 쌓고 난을 재촉했으니, 어찌 나라가 깨지고 몸이 욕되어 이렇게 천고에 없던 변고를 만나지 않을 수 있었겠는가? 그러나 북쪽을 순수(巡狩)할 적에 매양 성 하나를 지나다가 문득 얼굴을 가리고 흐느꼈으며, 환향하에 이르러 서글프게 한마디 말을 하여 사람으로 하여금 간장이 끊어지게 했거늘, 더군다나 강을 지날 때야 더 말할 나위가 있겠는가. 두 황제가 고향으로 돌아가지 못하고 오국성에서 죽었으니, 오국성은 지금 조선의 회령부 보하진(甫下鎭, 甫乙下鎭)이다. 보하진의 남쪽에 무덤이 있어 크기가 언덕만 한데, 그곳 사람들이 '황제총(皇帝塚)'이라 부르니, 바로 두 황제를 장사 지낸 곳이라고 한다.[309]

---

309 두 황제가 …… 한다: 함경도 회령의 오국성(또는 雲頭山城)에 송 휘종과 흠종의 무덤, 즉 황제총이 있다는 사실은 영조(英祖)가 주관한 경연(經筵)의 화제로 오를 만큼 18~19세기 조선 문인들의 깊은 관심의 대상이었다. 이중환(李重煥)의 『택리지(擇里志)』「팔도론(八道論)·함경도(咸鏡道)」를 비롯하여 유득공(柳得恭)의 「오국성(五國城)」(『고운당필기(古芸堂筆記)』 권5), 정약용의 『대동수경(大東水經)』「만수(滿水)」, 성해응(成海應)의 「오국성변(五國城辨)」(『연경재전집(研經齋全集)』 권15) 등 많은 문인이 이 사적에 대해 기록하거나 변증을 시도하였다. 홍경모의 조부 홍양호 역시 『북새기략』의 「북관고적기(北關古蹟記)」와 『삭방풍요(朔方風謠)』의 「황제총사(皇帝塚詞)」(『이계집』 권5)에서 황제총을 비중 있게 다루었다.

호타하기(滹沱河記)

　　삼하현 동쪽 5리 되는 곳에 '호타하(滹沱河)'라는 강이 있다. 세상에서 전하기를, 한(漢)나라 왕패(王覇)가 흰 얼음이 두껍게 얼었다고 거짓으로 속인 곳이라고 하는데 잘못이다. 살펴보건대 『지지(地志)』에, 호타하는 역수의 남쪽에 있다. 그러므로 소진(蘇秦)이 연(燕)나라 문후(文侯)에게 "조(趙)나라가 연나라를 공격할 적에 호타하를 건너고 역수를 건너서 4, 5일이 못 되어 국도(國都)에 다다르게 됩니다"라고 유세하였다. 이 강은 계주의 동쪽에 있으니 한(漢)나라의 호타하가 아님이 분명하다. 또 『일통지(一統志)』를 상고하면, 이 강은 바로 구하(泃河)로, 일명 '착하(錯河)'라고 한다. 그렇다면 호타라는 이름을 어느 때부터 불렀는지 알지 못하겠다.

　　대개 호타하는 보정부(保定府) 동록현(東鹿縣) 남쪽 30리에 있다. 그 근원은 산서(山西) 번치현(繁峙縣) 진희산(秦戲山)에서 나와 영수현(靈壽縣) 등을 거쳐 직고(直沽)에 이르러 바다로 들어가니, 연경과의 거리가 380리인데 역수는 또 그 서북쪽에 있다. 『사기』에 "광무제(光武帝)가 북쪽으로 계주에 이르렀다가 남쪽으로 달아나 호타하에 이르렀다"라고 하였다. 계주는 바로 지금의 연경 동쪽이고 호타하는 그 남쪽에 있으니, 이 강을 광무제가 얼음을 건넌 곳이라고 여기는 것은 무엇을 근거로 그러한 것인지 모르겠다.[310] 대체로 지나온 산천과 도리의 원근(遠近)과 동서(東西)에 착오가 많은 것이 이와 같으니, 이것을 분별하지 않아서는 안 된다.

노하기(潞河記)

　　노하는 통주의 동문 밖에 있는데, 일명 '백하(白河)'이고 '고수(沽水)'라고도 부른다. 그 근원은 몽골의 패납이(覇納爾) 지경에서 나와 변경 밖에서 사도하(土都河)가 되고, 장성에 들어가서 성동하(城東河)가 된다. 동남쪽으로 통주에 이르러 북쪽으로 대통하(大通河)와 함께 혼하로 들어가며, 또 동남쪽으로 천진교(天津橋) 이르러 직례와 산서의

---

[310] 『일통지(一統志)』를 …… 모르겠다: 이 대목은 김창업의 『노가재연행일기』 권3, 1712년 12월 25일 자 일기를 차용하였다.

여러 큰 강을 만나 바다로 들어가서 경사(京師, 북경)의 조도(漕道)가 되니, 바로 곽수경(郭守敬)이 강을 파서[311] 강회(江淮)의 조운(漕運)[312]을 통하게 한 것이 이것이다.

　강이 성을 안고 돌아 흘러 성 밖의 인가(人家)가 모두 물에 인접해 있어서 바라보면 그림 같다. 강물이 얼어붙어서 언덕을 건너 강을 지나가니 너비가 1백여 보인데, 크고 작은 배가 얼어붙은 강물에 정박한 것이 위아래로 10여 리에 걸쳐 화살촉처럼 뻗어 있었다. 가까운 언덕에 배 한 척이 있어 사다리로 올라가니, 길이가 10여 장(丈)이고 위에는 판자를 깔아서 이층집을 세웠다. 뱃머리에서 5, 6보를 가면 문이 있는데 분합문(分閤門)을 설치했으니, 이것이 중간층이다. 문안은 반 칸[間] 정도 되는데, 문이 끝나고 또 문이 있었다. 문으로 들어가서 둘러보니, 안은 2칸이고 좌우의 벽 아래에 의자와 탁자가 가지런히 마주 놓여 있으며, 탁자 위에는 서함(書函), 화첩(畫帖), 향정(香鼎), 다창(茶鎗)이 죽 벌여 있었다. 아로새긴 난간과 그림을 그린 기둥, 무늬 있는 창과 수놓은 문이, 그 제도가 육지의 집과 같았으나 기이하고 공교함은 그보다 더하였다. 또 한 개의 문으로 들어가니 문안이 외합(外閤)과 같고, 사다리가 있어 위로 놓여 있었다. 사다리를 타고 올라 위층으로 통하니 위층의 간가(間架)가 중간층과 같았는데, 이곳은 부녀(婦女)가 머무는 곳이다. 외합 뒤에 또 문이 있고 문밖에 주방을 설치했으며, 주방 뒤에 또 앞서와 같이 반 칸을 띄워 놓았다. 이층집 아래가 바로 배이고 안에 창고를 만들어 양미(粮米)와 선구(船具)를 보관하였으며, 그 뒤는 바로 배의 꼬리이다. 이층집 좌우에 난간을 설치하여 사람이 다닐 수 있게 하였다.

　위층과 중간층의 패액(牌額), 영련(楹聯), 유제(帷帝), 서화(書畫) 등이 아득히 신선이 사는 곳과 같았으니, 참으로 이른바 물 위에 뜬 집[313]이다. 집 위에는 쌍돛을 세웠으니, 가는 등나무로 몇 폭을 엮었다. 온 배에 연분(鉛粉)을 기름에 섞어서 두껍게 바르

---

311 곽수경(郭守敬)이 강을 파서: 원(元)나라 때 수리학자 곽수경이 대도(大都, 지금의 북경)에서 통주까지 물길을 건설하여 '통혜하(通惠河)'라고 이름 붙였다.
312 강회(江淮)의 조운(漕運): 수(隋)나라 양제(煬帝)가 절강성 항주(杭州)에서 북경까지 조성한 대운하인 경항운하(京杭運河)를 말한다. 강회는 장강과 회하를 가리킨다.
313 물 위에 뜬 집: 원문은 '부가지택(浮家泛宅)'이다. 당(唐)나라 때 안진경(顔眞卿, 709~784?)이 호주 자사(湖州刺史)로 있을 때, 은사(隱士) 장지화(張志和, ?~?)의 배가 낡아서 물이 새는 것을 보고 바꾸어 주려 하니, 장지화가 "원컨대 물 위에 뜬 집을 만들어 초삽(苕霅) 사이에 왕래하고자 합니다[願爲浮家泛宅, 往來苕霅間]"라고 하였다는 고사가 『신당서』 권196, 「은일열전(隱逸列傳)·장지화(張志和)」에 나온다.

고, 그 위에 누런색을 칠하여 한 방울의 물도 스며들지 않았으니, 비가 내려도 걱정이 없다. 모든 배의 크기가 같지 않으나 그 제도는 같다. 대개 강남의 상선 중에 〈노하에〉 와서 정박한 배는 겨울을 만나면 돌아가지 못하고 얼음이 풀려야 돌아간다고 한다.

고을 사람이 말하기를 "매년 5월에 호북 전운사(湖北轉運使)가 장강과 회하 등의 조운선을 거느리고 와서 노하에 정박한다"라고 하였다. 거대한 배 10만 척[艘]이 모두 용과 봉황을 그려 놓은 배이고, 깃발에는 '절강(浙江)' 등의 호칭을 크게 써 놓았다. 강을 따라 100리 사이에 돛대가 대숲처럼 빽빽이 들어서 있으니, 배의 성대함이 장성의 웅장함에 대적할 만하다. 남쪽으로 직고해(直沽海)에 통하여 천진위(天津衛)에서부터 장가만(張家灣)에 모여서 천하의 배로 운송하는 물건들이 모두 통주에 모여든다. 노하의 배를 보지 못하면 제도(帝都, 북경)의 웅장함을 알지 못한다.[314]

발해기(渤海記)

발해는 중국의 동해(東海)이고 우리나라의 서해(西海)이다. 『청일통지(淸一統志, 대청일통지)』에 다음과 같은 내용이 있다. "발해는 영평부 남쪽 160리에 있다. 동쪽으로 요해(遼海)에 이어지고, 서쪽으로 천진에 다다르며, 남쪽으로 산동과 등래(登萊, 登州와 萊州)에 통하여 1,000여 리에 광대하게 펼쳐져 있다. 직고(直沽)의 북쪽에서부터 꺾여서 동쪽으로 흐르는데, 풍윤(豐潤)과 난주(灤州) 남쪽과의 거리가 각각 120리이고, 낙정현(樂亭縣) 남쪽과의 거리가 45리이다. 또 동북쪽으로 뻗어서 창려현과 무령현 두 현을 돌고, 동남쪽으로 산해관을 지나 영원주(寧遠州)의 경계에 인접한다. 창려현 남쪽에 있는 바다는 또 명해(溟海)로 창려현과의 거리가 30여 리이다. 바다가 이곳에 이르러 갑자기 북쪽으로 나가 7리에 가득 넘쳐흘러서 '칠리해(七里海)'라고도 하는데, 30여 리에 뻗어 마름, 물고기와 게의 이로움이 있다. 또 창려현 남쪽에 흑상해(黑祥海)가 있으니, 바로 명(明)나라 때의 해도(海道)이다."

또 다음과 같은 내용이 있다. "발해는 금현(錦縣) 남쪽 40리 되는 곳에 있다. 서남

---

314 길이가 …… 못한다: 이 대목은 박지원의 『열하일기』 「관내정사」 8월 1일 자 내용을 부분부분 차용하였다.

쪽으로 뻗어서 영원주 동남쪽과의 거리가 겨우 15리인데, 동쪽으로 금주(金州)에 이어지고, 서쪽으로 산해관에 다다르며, 남쪽으로 천진과 등래(登萊)에 통한다. 명나라 때 바다로 운송하는 상선이 모두 영원에서 해안으로 올랐다. 창려현 남쪽에 바다를 방비하는 5개의 성이 있으니, 바로 식량을 저장하는 곳이다."

또 다음과 같은 내용이 있다. "발해는 봉천부 남쪽 730리 되는 곳에 있다. 동쪽으로 봉황성 남쪽 압록강 어귀에서부터 영해현 동·남·서 삼면을 돌아 흐른다. 또 동북쪽으로 뻗어 복주(復州), 웅악(熊岳), 개평(蓋平), 해성(海城)의 서쪽을 거쳐 금주(錦州)의 경계에 인접해서 2,000여 리를 굽이 돈다. 길이 산동군(山東郡)과 등래군(登萊郡), 직례(直隸)의 천진부(天津府)에 통하여 '발해(渤海)'라고도 한다."

대개 요동 서쪽으로 2,000리에 뻗어 있는데, 그 남쪽은 바다로 빙 둘러 있다. 행산보(杏山堡)에서부터 20여 리를 가서 홍기영(紅旗營)을 지나 산등성이 하나를 넘어서 서쪽을 바라보니, 바닷물이 하늘과 접해 있어 길에서 바다가 비로소 이곳에서 나타나는데 가까운 것은 2, 3리가 되고, 먼 것은 10여 리가 된다. 여기서부터 왼쪽을 끼고 가면 탑산에서 오호도(嗚呼島)를 바라볼 수 있고, 청돈대(靑墩臺)에서 일출을 구경할 수 있다. 또 장성을 돌아 내려가서 징해루(澄海樓)에 올라 서쪽을 바라보니, 갈석이 우뚝 솟아 있고, 그 남쪽은 낭야(琅琊)의 여러 산이 구름 끝에서 숨었다 보였다 하였다. 오로지 동쪽을 향해 보면 바닷물과 하늘이 붙어 있어서 끝이 보이지 않는다. 그러나 겉으로 보이는 형세를 헤아려 보면 바로 우리나라의 서해와 인접해 있다. 『지(志)』에 "영평부의 바다가 남쪽으로 등래 1,000여 리에 통하여 우리나라 서해에서 물고기를 잡는 등래의 배가 2, 3일 만에 이르니, 물길이 1,000리에 불과하나 다만 시력이 여기에 미치지 못할 뿐이다"라고 하였다. 우리나라의 서해와 비교하면 이 발해는 요좌(遼左, 요동)의 한 도랑이다. 「제도부(齊都賦)」에 '바다의 옆으로 나간 줄기를 발(渤)이라 한다'라고 하였으니, 발(渤)이 바다의 옆으로 나간 줄기라는 말은 큰 바다가 아니라는 것인데 어찌 바다[海]라고 부를 수 있겠는가. 『박물지(博物志)』에 "동해에 별도로 발해(渤澥)가 있기 때문에 동해를 모두들 발해라고 부른다"라고 하였다.

요야기(遼野記)

　　요양의 동쪽에 들판이 있는데, 드넓게 하늘과 닿아 끝이 없다. 서쪽으로 1천 리를 가면 한 치의 푸른빛과 한 조각의 산도 보이지 않고 둥근 하늘 덮인 곳에 눈이 그와 더불어 어울리니, 진실로 광대한 들판이다. 나는 산골 사람으로 우물 안에 살면서 천하의 거대함을 알지 못했는데, 요동 벌판에 들어와서는 새가 새장을 벗어나고 물고기가 바다를 노니는 것과 같이 눈으로 보고 정신이 혼미해져서 아득히 스스로를 잃어버린 듯하였으니, 사람이 태어나서 의탁할 곳은 없고 다만 하늘을 이고 땅을 덮고서 갈 수 있음을 알게 되었다. 그리하여 수레를 멈추고 사방을 돌아보며 한숨을 쉬고 탄식하여 말하였다.

　　"요동 벌판이란 천하의 큰 땅이며 천고의 좋은 전쟁터이다. 왼쪽은 만주이고, 오른쪽은 몽골[蒙古]이며, 남쪽으로 등주(登州)·내주(萊州)와 통하고, 동쪽으로 조선에 닿아 있으니, 수만 개의 연대(煙臺)에서 멀리 내다볼 수 있는 정도의 지역이 아니다. 시절이 평안하면 뽕나무와 삼이 울창하고, 세상이 어지러우면 융마(戎馬)가 종횡무진하니, 이적(夷狄)이 소유할 수 없고, 중국(中國)[315]이 지킬 수 없는 곳이다. 심주(瀋州, 심양)는 요양의 굳건한 요새[316]이지만 또한 족히 믿을 곳이 못 된다.

　　대개 오랑캐[胡虜]가 중국을 침범한 것은 주(周)나라 때부터 시작하였는데, 진(秦)나라와 한(漢)나라가 방어하고 토벌한 것은 오로지 서북쪽의 소관(蕭關)[317]과 옥문관(玉門關)[318]에 있었다. 매양 관곡(綰轂)의 요충지가 되어 거용관 동쪽은 등한시 여겼기 때문에 우북평 한 부(府)는 다만 이광(李廣)이 활 쏘고 사냥하는 곳이 되어 선우(單于)의 한

---

[315] 중국(中國): 황하 유역을 중심으로 한 중원(中原)을 가리키는 말로, 현대 국가인 중국, 즉 중화인민공화국과는 다른 개념이다.
[316] 굳건한 요새: 원문은 '금성탕지(金城湯池)'이다. 쇠로 만든 성곽과 끓는 물로 채운 연못이라는 뜻으로, 방어 시설이 튼튼한 성을 비유하는 말이다. '금탕(金湯)'이라고도 한다. 『한서』「괴오강식부전(蒯伍江息夫傳)」에 출전을 둔 표현이다.
[317] 소관(蕭關): 오늘날 섬서성 지역인 관중(關中)의 네 관문 중 북쪽 관문이다. 참고로 관중의 동쪽 관문은 함곡관(函谷關), 서쪽 관문은 산관(散關), 남쪽 관문은 무관(武關)이다.
[318] 옥문관(玉門關): 중국에서 서역으로 들어가는 관문으로, 장안(長安)에서 서쪽으로 3,600리 떨어진 돈황군(敦煌郡)에 있었다.

을 당하지 못하는 지경에 이르렀다. 수(隋)나라와 당(唐)나라가 이른바 동쪽을 정벌한[東征] 경우는 모두 조선을 일삼은 것이었으나 군대가 나가면 번번이 패하였다. 그때 우리나라 땅은 서쪽으로 봉황성까지 닿고, 북쪽으로 선춘령(先春嶺)을 한계로 삼았기 때문에 말갈의 옛 땅에 흩어져서 거처한 번호(蕃胡)와 야인(野人)이 모두 우리나라에 복속되었으니, 나라의 형세가 절로 강해져서 거의 강역[疆場]의 근심이 없었다. 송(宋)나라 이후로 여진과 만만(滿萬)의 종족이 백두산[白山] 밖에서 점점 〈세력이〉 커져 끝내 하(夏)[319]를 어지럽혔다. 금나라를 멸망시킨 것은 원(元)나라로 타안(朶顔)의 추장이고, 명(明)나라를 대신한 것은 청(淸)나라로 또한 건주의 부족이다.

금나라·원나라·청나라 세 나라는 모두 동북쪽의 종족 부락으로 번갈아 중국의 주인이 되었는데 더군다나 다시 연경 한 지역이 연달아 다섯 대(代)의 도읍이 되었으니, 요양의 동쪽 또한 구변(九邊)[320] 중에 들어가서 산해관을 큰 성(城)으로 삼아 '천하제일관(天下第一關)'이라 일컬었다. 중국의 근심이 마침내 동쪽에 있고 천하의 안위가 항상 요동 벌판에 달려 있으니, 요동 벌판이 편안하면 해내(海內)의 풍진(風塵)이 일어나지 않았으며, 요동 벌판이 한번 요란하면 천하의 금고(金鼓)가 서로 울렸다. 진실로 평평한 들과 넓은 벌판이 한번 바라보면 1,000리가 되어 지키자니 힘을 다하기 어렵고, 버리자니 오랑캐가 길게 치달려 와서 일찍이 문과 뜰의 한계가 없었다. 이곳은 중국이 반드시 다투어야 할 땅이 되어 비록 천하의 힘을 다하더라도 지킨 뒤에야 천하가 편안할 수 있다.[321]

또한 우리나라를 비록 해외의 한 지역이라고 말하지만, 천문(天文)의 분야(分野)와 토양의 풍기(風氣)가 연경과 관련되기 때문에 매양 중국에 일이 있을 때면 남은 기운이 의주[灣]를 넘어왔으니 이미 거울로 삼아야 할 지난 일이 되었다. 대체로 지세(地勢)를 가지고 논하면 저곳은 이른바 '측왕(測汪)'으로 연도(燕都, 연경)의 서쪽 거용관 밖으로 5, 6천 리 먼 곳에 있고, 우리나라와 연경의 거리 또한 3,000여 리이니, 통틀어서 1만

---

319 하(夏): 화하(華夏), 즉 중원(中原)을 뜻하는 말이다.
320 구변(九邊): 명나라 때 북방에 설치한 아홉 곳의 군사 요충지, 즉 요동(遼東)·계주(薊州)·선부(宣府)·대동(大同)·산서(山西)·연수(延綏)·영하(寧夏)·고원(固原)·감숙(甘肅)을 말한다.
321 천하의 안위가 …… 있다: 이 대목은 박지원의 『열하일기』 「성경잡지(盛京雜識)」의 내용을 전재하였다.

리 정도이다. 지금 역내(域內) 수천 리의 일을 근심하지 않고 멀리 1만 리 밖을 근심하는 것은 혹 크게 오활한 듯하다. 그러나 몽골의 성쇠는 측왕의 강약에 달려 있고, 중원의 안위는 몽골의 성쇠에 달려 있으며, 요양과 심양의 득실은 중원의 안위에 달려 있고, 우리나라의 동정은 요양과 심양의 득실에 달려 있다. 이것으로 말하면 비록 수미(首尾)와 순치(唇齒)의 근심이라고 말하더라도 잘못이 아니다."

『관암존고(冠巖存藁)』 10책, 「요야기정(遼野記程)」

고죽고적기(孤竹古蹟記)

■ 청절묘(淸節廟)

영평부는 옛 고죽국이다. 영평부의 북쪽에 '수양산(首陽山)'이라는 작은 언덕이 있고, 산의 북쪽에 '고죽성(孤竹城)'이라는 작은 성곽이 있다. 그 제도는 오래되고 그 주위는 작아서 사방에서 이르면 겨우 2, 3후(帿)가 된다. 동쪽과 남쪽에 각각 문이 하나씩 있는데, 남문 홍미(虹楣) 위에는 '고죽성'이라 쓰고, 아래에는 '현인구리(賢人舊里)'라 썼다. 문을 들어서면 북쪽에 패문(牌文)이 있는데 '청절묘(淸節廟)'라는 편액을 달았다. 문의 동남쪽에 각각 궁패(穹碑)가 있는데, 하나는 '충신효자(忠臣孝子)'라 새겼고 다른 하나는 '지금칭성(至今稱聖)'이라 새겼다. 패문 안의 북쪽에는 석방(石坊)이 있고 '청풍가읍(淸風可挹)'이라는 편액을 달았는데 건륭(乾隆)의 어서(御書)이다. 문의 양쪽 벽에는 가로로 '백세청풍(百世淸風)'이라 새겼는데 주부자(朱夫子, 朱熹)의 글씨를 본떠 쓴 것이다.

문밖에는 또 두 개의 석방이 있어 동쪽과 서쪽으로 서로 마주하였다. 동쪽은 '천지강상(天地綱上)'이라는 편액을 달았고, 서쪽은 '고금사범(古今師範)'이라는 편액을 달았다. 문 안쪽 정북쪽에 전각이 있는데, '고현인전(古賢人殿)'이다. 전각 안쪽에는 소의청혜공(昭義淸惠公) 백이(伯夷)와 숭양인혜공(崇讓仁惠公) 숙제(叔齊)를 봉안하였는데, 곤의(袞衣)를 입고 한관(哻冠)을 썼으며, 손에는 벽옥규(碧玉圭)를 잡고 있었다. 바라보니 엄숙하여 나도 모르게 공경심이 생겼다. 탁자 앞에는 만력 연간에 제작된 황화석(黃花石) 향로(香爐)가 있는데, '서직비성, 명덕유성(黍稷匪聲, 明德惟聲)'이라는 여덟 글자가 새겨져 있었다.

전각의 양쪽 벽에는 건륭의 어제시를 음각하였으며, 흰 돌로 만든 난간으로 전각을 둘렀다. 뜰에는 고송(古松) 수십 그루가 있었고 청풍(淸風)이 시원하게 불었다. 전각 뒤에는 절벽이 강 가까이에 있고 대(臺)를 만들었는데 '청풍대(淸風臺)'라고 한다. 물이 푸르고 모래가 맑아 경치가 그림과 같았다. 강의 북안(北岸)에 사당이 있는데 '고죽군사(孤竹君祠)'로, 청풍대와 마주하고 있다. 청풍대에서 동쪽으로 가니 벽돌을 쌓아 담장을 만들었는데, 담장 위에 벽돌을 깔아 왕래할 수 있게 하였다. 담장 옆에는 행각(行閣)을 늘어세웠는데, 모두 쌍량(雙梁)으로 시렁을 만들었으니, 그 제도가 매우 특이하였다.

담장을 따라 내려가니 또 벽돌로 만든 문이 있었다. 벽돌문의 제도는 담장을 뚫어 구멍을 만들었는데, 보름달처럼 둥글어서 사람이 다닐 수 있게 하였다. 문을 따라 나오니, 바로 황제가 심양을 순행할 때의 행궁이었다.

청절묘가 영평부에 있은 지 오래되었다. 비석에 당나라와 송나라 이후에 치유(致侑)[322]한 글이 있으나, 언제 만들어졌는지 알지 못한다. 혹자가 다음과 같이 말하였다. "옛날 북평태수(北平太守) 장(張) 아무개가 꿈에서 노옹(老翁)을 만났는데 먹 2개를 주면서 '그대는 청혜(淸惠)한 덕이 있어 이것을 주는 것이다'라고 하였다. 장 아무개가 깊이 생각했지만 〈의미를〉 알기 어려웠다. 경내에 노승이 도를 알고 신(神)을 통한다는 것을 듣고 가서 물었더니, 노승이 한참 뒤에 이렇게 말하였다. '이번에 난하에 가면 고죽군의 유적이 있을 것입니다. 고죽군은 성이 묵태(墨胎)인데, 그의 두 아들이 바로 백이와 숙제입니다. 세상에 덕을 숭상하는 사람이 없기 때문에 옛 자취가 파묻혀 버렸으니, 아마도 고죽군의 두 아들이 그대에게 드러내 달라고 부탁한 듯합니다.' 장 아무개가 즉시 난하로 달려가 그 유적을 방문해서 나무를 자르고 땅을 소제하여 제사를 지내고는 주청하여 사당을 세웠다. 그 뒤에 여러 대에 걸쳐 영광이 더하여 향화(香火)가 더욱 정성스러웠다." 또 다음과 같이 말하였다. "홍무 초에 영평부 동북쪽 언덕에 옮겨 지었다가 경태(景泰, 1450~1457) 연간에 다시 이곳에 세웠다."

---

[322] 치유(致侑): 임금이 특정한 사람의 제사를 위해 제물을 보내는 일을 말한다.

▰ 청풍대(淸風臺)

청절묘 뒤에 '읍손당(揖遜堂)'이라는 당(堂)이 있고, 읍손당 뒤에 '청풍대(淸風臺)'라는 대(臺)가 있다. 벽돌을 쌓아 대를 만들었는데, 높이는 1장 정도이고, 너비는 6, 7장이며, 동쪽과 서쪽은 담장에 닿아 있다. 〈청풍대〉 위에 채색한 누각이 있는데, '산고수장(山高水長)'과 '심광신이(心曠神怡)'라는 편액을 달았고, 또 '재수지미(在水之湄)'[323]라는 편액을 달았다. 기둥의 두 주련(柱聯)에는 '산은 인자(仁者)와 같이 고요하고 바람은 성인과 같이 맑구나[山如仁者靜, 風似聖之淸]'라고 하고 또 '산수 아름다운 고죽국에 우열을 가리기 어려운 옛 성인이 있구나[佳水佳山孤竹國, 難兄難弟古聖人]'라고 하였다. 동쪽과 서쪽의 두 개의 문에 하나는 '백대산두(百代山斗)'라 쓰여 있고, 다른 하나는 '만고운소(萬古雲霄)'라 쓰여 있었다. 청풍대의 양옆에는 각각 작은 홍예문[虹門]이 있는데, 동쪽에는 '고도풍진(高蹈風塵)'이라 쓰여 있고 서쪽에는 '대관환우(大觀寰宇)'라 쓰여 있었다. 청풍대를 올라가는 사람은 모두 홍예문을 거친다. 문 안쪽에는 벽돌을 쌓아 계단을 만들었다. 담장 옆으로 올라가니, 청풍대의 북쪽에 짧은 담장이 있는데 담장의 바깥이 난하이다.

강물은 서북쪽에서 흘러와 청풍대 앞에 이르러 두 갈래로 나뉜다. 난하 가운데 작은 섬이 있어 청풍대와 마주하고 있다. 섬 가운데 돌이 병풍처럼 쌓여 있고, 병풍석 앞에 고죽군사가 있다. 청풍대 아래에 절벽이 깎아지른 듯하였다. 두 갈래로 나뉜 물이 청풍대 아래에서 합류하여 맑은 연못을 이루는데, 물결은 맑고 모래는 희며, 들은 넓고 나무는 멀리까지 있었다. 강에 임한 수십 호의 집이 모두 난하에 비쳐 있는데, 어선 3, 4척이 강물을 거슬러 올라가고 있었다. 강 언덕에는 큰 소나무[長松] 수십 그루가 강을 뒤덮어 그늘져서 울창하였다. 소나무 아래에는 돌 여울 두 개가 있었다.[324] 중류(中流)에는 5, 6장 되는 돌 봉우리가 있는데, 기암괴석이 기둥을 두르고 모여서 있었다. 해오라기와 비오리가 모래밭에 앉아 있고, 깃을 털고 있는 흰 갈매기 두세 무리

---

323 재수지미(在水之湄): 만나고 싶은 사람을 만나지 못함을 비유한 말이다. 『시경』「진풍(秦風)·겸가(蒹葭)」에 "저기 저 사람이 물가에 분명 있도다. 물길 따라 좇아가려 하나 모래톱에 완연히 보이네[所謂伊人, 在水之湄, 遡游從之, 宛在水中坻]"라고 한 데에서 온 말이다.

324 강물은 …… 있었다: 이 대목은 김창업의 『노가재연행일기』 권3, 1712년 12월 21일 자 일기의 내용을 부분부분 차용하였다.

가 수면에서 오가며 날아다니고 울어대는데 더욱 기이하다고 느꼈다.

대개 고죽성 터는 들 한가운데 치솟아 있는데, 산에 기대고 물을 등지고 있으며, 2, 3리 되는 성곽을 둘렀다. 묘우(廟宇)는 엄숙하고 정원(庭院)은 그윽하니 그 문에 들어간 사람은 절로 자기도 모르게 삼가 공경심이 생겨난다. 청풍대는 아래로 맑은 강에 임하고 있어 경치가 그림과 같다. 맑은 바람이 오싹하고 서늘하며 먼지 하나 이르지 않는다. 북쪽을 바라보니 멀리 산들이 겹겹이 쌓여 가로로 뻗어 있고 장성 일대가 어렴풋이 대략 보였으니, 모두 연경과 요양 동쪽에서 첫째가는 호수와 산의 지역이거니와, 붉게 채색한 누각이 겹겹이 있어 사람의 마음과 눈을 기쁘게 하고 사람의 성령(性靈)을 통하게 하였다. 두루 돌아다니며 놀다가 즐거워서 돌아갈 것도 잊었는데, 쓸쓸히 속세에서 벗어날 생각이 들었으니, 옛일을 애도하는 감정뿐만이 아니다.

■ 수양산(首陽山)

고죽성의 남쪽에 작은 언덕이 있다. 들판 한가운데 치솟아 있고, 둘레는 300보이며, 높이는 겨우 1장 정도이다. 세상에서 '수양산(首陽山)'이라 부른다. 살펴보건대, 『후한서』「군국지(郡國志)」에 "우북평 영지(令支)에 고죽성이 있다"라고 하였고, 그 주(註)에 "백이와 숙제의 본국으로, 영평은 옛 우북평이다"라고 하였으니, 지금 말하는 고죽성이라는 것은 후세에 그들의 높은 절개를 공경하여 그 유적으로 인해 사당을 지어 백이와 숙제를 제사하고, 그 사당을 둘러서 성을 만든 것이다. 또 성 남쪽의 작은 언덕을 '수양'이라 부르는데, 이는 진실로 억지로 이름 붙인 것이다. 무릇 이 땅이 만약 백이와 숙제의 본국이라면 수양산은 아마도 이곳에 있지 않을 것이다. 이 산이 만약 백이와 숙제의 은거지라면 고죽성은 아마도 이곳에 있지 않을 것이다. 더군다나 '수양산'이라 부르는 곳은 들판 가운데 작은 언덕에 불과하니 아마도 은거한 곳이 아닐 것이다. 백이와 숙제가 주(周)나라를 피해 수양산에 은거했다면 어떻게 본국 경내에 은거할 수 있겠는가.

중국에서 '수양산'이라 부르는 곳은 다섯 곳이 있다. 마융(馬融)[325]은 "수양산은 하

---
[325] 마융(馬融): 79~166. 자는 계장(季長)이며 부풍군(扶風郡) 무릉현(茂陵縣) 사람으로, 후한의 학자이자 관료이다.

동(河東) 포판(蒲坂)에 있다"라고 하였다. 조대가(曹大家)[326]의 「유통부(幽通賦)」 주(注)에 "농서(隴西) 머리에 있다"라고 하였으며, 또 대연지(戴延之)의 「서정기(西征記)」에 "낙양 동북쪽 수양산에 이제사(夷齊祠)가 있는데, 지금 언사현(偃師縣)의 서북쪽에 있다"라고 하였다. 허신(許愼)의 『설문해자(說文解字)』에는 "수양산은 요서에 있다"라고 하였다. 그렇다면 요서에 있다는 것이 바로 이곳이다. 전기(傳記)를 고증해도 어느 것이 옳은지 알지 못한다. 『사기정의(史記正義)』에서 『장자』를 인용하여 "백이와 숙제가 서쪽으로 기양(岐陽)에 이르러 주 무왕(周武王)이 은(殷)나라를 정벌하는 것을 보았다. 두 사람이 북쪽으로 수양산에 이르러 마침내 굶어 죽었다"라고 하였다. 청원현(淸源縣) 수양산이 기양의 서북쪽에 있으니 분명히 바로 백이와 숙제가 굶어 죽은 곳이다. 거리[道里]로 추정하건대 상교(商郊)에서 말고삐를 잡은 뒤에[327] 어찌 반드시 멀리 고국으로 돌아갔겠는가. 청원현에 있다는 말도 옳다.

그러나 우리나라 해주에도 수양산이 있어 백이와 숙제를 제사 지내지만 천하에서 알지 못하는 바이다. 내 생각에는 기자가 동쪽으로 조선에 간 것은 주나라의 오복(五服) 내에 머무르려 하지 않은 것이다. 백이와 숙제는 의리상 주나라의 곡식을 먹지 않았으니, 혹 기자를 따라와서 기자가 평양에 도읍을 정하자 백이와 숙제가 해주에 살았던 것일까. 당나라 이발(李渤)[328]이 말하기를 "고려 해주에 수양산이 있는데 백이와 숙제가 은거한 곳이다. 기자가 왕래한 자취가 있다." 이발은 박식하고 고아하기에 그 말에 근거가 없다고 말할 수 없다.

■ 난하(灤河)

고죽성 북쪽에 강이 있어 '난하(灤河)'라 부르니, 난하는 영평부 서쪽 5리 되는 곳에 있다. 그 근원은 독석구(獨石口)에서 나온다. 수원지는 두 곳으로, 하나는 대연령(大

---

[326] 조대가(曹大家): 45~116. 반소(班昭)를 가리킨다. 반표(班彪)의 딸이자 반고(班固)와 반초(班超)의 여동생으로, 14세에 조세숙(曹世叔)에게 시집을 갔기 때문에 조대가(曹大家)로 불리었다. 반고가 죽자 유지를 이어 『한서』를 완성하였다.
[327] 상교(商郊)에서 …… 뒤에: 백이와 숙제가 은나라를 공격하려는 주 무왕의 말고삐를 잡고 전쟁의 중지를 간언한 것을 가리킨다(『사기』 권67, 「백이열전(伯夷列傳)」).
[328] 이발(李渤): 773~831. 중국 당(唐)나라의 문신이다. 이균(李鈞)의 아들로, 형인 이섭(李涉)과 함께 백록동(白鹿洞)에 은거하였다가 후에 태자빈객(太子賓客) 등을 지냈다.

衍嶺)에서 나오는데 '의현하(宜縣河)'로 곧장 남쪽으로 흐른다. 다른 하나는 오량해산(五浪海山)에서 나오는데 '상도하(上都河)'로 북쪽으로 300리를 흐르다 꺾여서 동쪽으로 흐르고 다시 방향을 돌려 남쪽으로 가서 열하(熱河)에 이르러 화유령(樺楡嶺)을 거쳐 의현(宜縣)에서 합류한다. 또 남쪽으로 흘러 천안현(遷安縣)을 거쳐 서쪽으로 방향을 돌려 동쪽으로 가서 영평부성(永平府城)을 지나 서쪽에서 칠수(漆水)와 합류한다. 또 남쪽으로 난주를 거쳐 수백 리를 흘러 남쪽에서 바닷물로 들어간다.

『경(經)』[329]에 "유수(濡水)는 변새 바깥에서 흘러와 요서를 지나간다"라고 하고, 그 주(注)[330]에 "유수는 노룡(盧龍)에 있다"라고 하였다. 『오음집운(五音集韻)』[331]에 "유(濡)는 강 이름으로 난(渜)이라고도 한다"라고 하고, 또 "유(濡)는 노(奴)와 관(官)의 반절음(反切音)으로 음이 난(灤)이다"라고 하였다. 그렇다면 유수는 바로 난하이다. 원나라 송본(宋本)의 시(詩)에,

난하 상류[332]는 좁으니	灤河上水陿
가느다란 물줄기가 겨우 띠와 같네	涓涓僅如帶
외딴 고개 아래에서 가로로 건너	扁嶺下橫渡
다시 고죽국의 도성 밖을 에워싸고 있네	復遶竹都外
많은 물이 모인다 들었는데	頗聞會衆潦
먼데다 수세(水勢)가 광대하고 많다네	旣遠勢滂沛
비록 우공(禹貢)이 남긴 것이지만	雖爲禹貢遺
홀로 동남쪽과 만나네	獨與東南會

---

329 『경(經)』: 『수경(水經)』을 가리킨다. 중국 각지의 하천, 수계(水系)를 간략히 기록한 지리서이다. 삼국시대에 만들어졌다고 알려져 있으나 찬자(撰者)는 미상이다.
330 주(注): 북위(北魏) 역도원(酈道元)이 지은 『수경주(水經注)』를 가리킨다. 『수경』에 주석(註釋)을 단 것으로, 한국의 지리와 관련해서 패수의 위치를 고증하고 위만이 도읍한 왕검성(王儉城)의 위치를 확정하였다.
331 『오음집운(五音集韻)』: 금나라 한도소(韓道昭)가 지었다. 한도소는 자가 백휘(伯暉), 진정(眞定) 출신으로, 『사성편해(四聲篇海)』를 지은 한효언(韓孝彦)의 아들이다. 『오음집운』은 총 15권으로 1208년(태화 8)에 완성되었다. 일설에는 1212년에 완성되었다고도 한다. 이 책에 수록된 글자들은 대부분 『광운(廣韻)』을 남본(藍本)으로 하고, 증입(增入)한 글자는 『집운(集韻)』을 남본으로 하였다. 당시 실제 사용하는 어음을 고려하여 수정해서 지었으며, 이는 운서(韻書)를 개량한 대표적 작품이다.
332 상류: 원문은 '상수(上水)'로 되어 있는데, 『대명일통지』에 의거하여 '상유(上遊)'로 보아 해석하였다.

| 스스로 이룰 수 있음을 알게 되었으니 | 乃知能自致 |
| 하늘과 땅은 광대함이 없구나 | 天壤無廣大 |

라고 한 것이 이것이다. 난하의 물이 서북쪽에서부터 흘러와 구불구불한 것이 '파(巴)' 자와 같은데, 청풍대 아래에 이르러 수심이 깊고 검푸른 빛을 띤다. 두 갈래로 나뉘어 북문 밖으로 흘러 모여서 맑은 못이 되는데 청풍대 아래를 향해 가서 깊어진 것이다. 강 가운데 작은 섬이 있어 청풍대와 마주하고 있으며, 고죽군묘(孤竹君廟)가 그 위에 있다. 못은 동서로 수백 보(步)이며, 위아래에 각각 돌 여울이 있어 양치질을 할 수 있고 씻을 수 있다. 석벽이 강을 베고 있어 저절로 성곽의 형태를 띠며 삼면을 두르고 있는 것이 모두 푸른 벽이다. 동북쪽 언덕에는 일대 촌락이 있는데 모두 고기잡이 하는 집이다.

　요양 이후로는 모두 평탄한 땅이어서 빼어난 구경거리가 없다. 오로지 천산과 도화동, 난하가 가장 아름다운 곳이라 일컬어지는데, 천산은 길과 너무 멀리 떨어져 있어 근세에는 본 사람이 없고, 도화동은 내년 봄에 보기로 약속하였다. 지금 난하 가에 이르러 비로소 아름다운 산과 넘치는 물을 얻었으며, 기이한 바위와 오래된 돌도 성령(性靈)을 통하고 여정의 피곤함을 잊기에 충분하였다. 명나라 때 서헌(西軒) 한응인(韓應寅)이 어사(御史)로 있다가 〈벼슬에서〉 물러나 난하에 살면서 난하 가에 조어대(釣魚臺)를 지었는데, 아직도 우뚝이 난하 북쪽의 일주봉(一柱峯) 위에 있다. 절벽은 강에 잠겨 있으며, 언덕은 모두 흰 모래이고, 좌우에는 어촌이 있어 바라보면 그림 같다고 한다.

고죽군묘(孤竹君廟)

　고죽성을 따라 남문으로 나가서 산을 따라 가다가 성 북쪽의 언덕 아래에 이르니, 석벽이 둘러서 솟아 있고 아래는 난하에 닿아 있었다. 난하를 건너 강 언덕으로 올라가니, 언덕에 사당이 있어 '고죽군묘(孤竹君廟)'라는 편액을 달았다. 사당 안에는 고죽군의 소상(塑像)을 봉안하였는데, 창백한 얼굴에 머리가 하얗게 세었으며, 구류관을 쓰고 면복과 곤의를 입고 옥홀(玉笏)을 잡고 있었다. 묘우는 황량하고 박쥐 똥이 탁자에 가득하였다. 고죽군묘는 고죽성과 마주하고 있었다. 청풍대가 소나무 사이로 은은하게 비쳐 그윽하고 빼어난 경치를 다시금 느꼈다. 사당의 서쪽 담장을 따라 조금 앞으로 가자 작은 집 한 채가 있었는데, 두세 명의 승려가 살고 있으니 바로 사당을 지키는 자들이었다. 당(堂)에는 불상을 공양하였다. 벽에 병풍 그림 하나가 걸려 있었는데, 꽃과 새 및 수선화, 매화를 그렸는데 필치가 좋았다.

대개 성안의 사당에서 백이와 숙제를 제사 지내기 때문에 '고죽군사(孤竹君祠)'라고도 한다. 살펴보건대 『광여기(廣輿記)』에, "고죽군의 무덤 세 개가 영평부 서북쪽에 있으니, 쌍자산(雙子山)에 장군(長君)의 묘(墓)가 있고, 단자산(團子山)에 차군(次君)의 묘가 있으며, 마편산(馬鞭山)에 소군(少君)의 묘가 있다. 나라 사람이 세운 것은 바로 차군의 묘이다. 지금 하북(河北)에 쌍자산이 있다"라고 하였다.

조씨석궐기(祖氏石闕記)

영원(寧遠) 동안문(東安門)은 성안의 동쪽 문이다. 문을 들어가 100여 보를 가면 십자로가 나온다. 처마가 세 개인 화려한 누각이 네 면에 있고 홍문(虹門)이 그 가운데 서 있다. 거리의 남쪽에는 수십 개의 무이석(武二石)이 있고 석궐(石闕)이 동서로 마주하고 있다.

하나는 명나라 장수 조대락 패루[祖大樂樓]이다. 오색의 문석(文石)으로 시렁을 만들었고, 옆으로 네 개의 기둥을 세워 세 개의 문을 배치하였다. 문의 높이는 2, 3장(丈)이며 좌우가 조금 낮고 가운데 두 기둥은 사자 등 위에 세웠다. 사자 역시 1장쯤 되었다. 위에는 세 개의 시렁을 얽고 용마루[飛甍]를 더했는데 높이가 6, 7장이었다. 서까래와 들보, 용마루, 처마, 창, 기둥에 나무 하나 쓰지 않고 만들었다. 연결해 올리는 공법과 조각의 교묘함이 거의 인력으로 할 수 있는 바가 아니었다. 첫 번째 층에는 가로로 들보를 세우고 '옥음(玉音)' 두 자를 새겼다. 두 번째 들보에는 가로로 '원훈초석(元勳初錫)'이라고 새겼고 바깥쪽에는 '등단준열(登壇峻烈)'을 새겼다. 옆에는 작은 글씨로 '숭정무인(崇禎戊寅, 1631)'이라고 썼다. 세 번째 들보에는 조진(祖鎭)·조인(祖

仁)·조승교(祖承敎)·조대락(祖大樂) 4대의 세습하는 관직과 성명을 썼다. 좌우 기둥에는 연구(聯句)를 새겨서 걸었다.

다른 하나는 조대수 패루[祖大壽樓]인데, 역시 하얀 돌이 옥처럼 윤이 나는 것으로 만들었고, 만듦새는 조대락 패루와 같았지만 높이는 조금 낮았다. 상층에는 가로로 '곽청지열충정첨지(廓淸之烈忠貞膽智)'라는 여덟 글자를 썼다. 중층에는 또 가로로 '사세원융소부(四世元戎小傅)'라고 썼다. 하층에는 4대의 세습직과 증조 및 조부, 조대락과 동부(同父)인 조승훈(祖承訓),³³³ 조대수의 관명과 성명을 썼다. 옆에는 '숭정신미(崇禎辛未)'라고 썼다. 기둥에는 연구를 앞뒤로 새겼고, 기둥과 들보 사이에는 금수와 병마가 전투하는 형상을 그린 것이 많았다. 작게 쓴 글씨는 모두 기록할 수 없지만 대개 칭송하는 글이다.

중국에서 관직이 높은 자가 집 앞에 패루를 세워 영예를 과시하는 것은 명나라의 제도이다. 조씨는 요동·계주 지역의 세습 장수로서 공훈의 훌륭함이 저와 같이 융성하니 패루를 만들었다. 하나는 신미년에 세웠고 다른 하나는 무인년에 세웠다. 그 당시 건주 오랑캐와 틈적(闖賊, 이자성)이 〈중국〉 내외에서 날뛰었다. 조대수 형제는 대군을 가지고 관외에 진(鎭)을 치고서도 목숨을 내놓으려는 마음을 가지지 않고 문려(門閭)를 크게 꾸미는 일에 이와 같이 경쟁적으로 기교를 부렸으니, 옛 사람이 어떻게 집을 위하겠는가 했던 것과 비교하면 어떠한가.

조대수의 부친 조승훈은 요동 부총병(遼東副總兵)으로 임진년에 이 제독(이여송)과 가장 먼저 우리를 구하러 온 사람이다. 조대락은 조대수와 같은 조상의 형제가 되는데 나란히 큰 진을 지키며 청나라 병사들과 능하(凌河)에서 백 번을 싸웠으니 공적이 적지 않다. 그러나 끝내 포로가 되어 농서(隴西)의 가성(家聲)은 이미 사라져 버리고, 지금은 그 패루만이 우뚝 홀로 서 있지만 한갓 후인들에게 비웃음만 당하니 무슨 유익함이 있겠는가.

---

333 조승훈(祖承訓): ?~?. 자는 위적(偉績), 호는 쌍천(雙泉), 요녕(遼寧) 흥성(興城) 출신으로, 명나라 말기 무신이다. 좌도독(左都督) 조인(祖仁)의 아들, 조대수(祖大壽)의 아버지이며, 조대락(祖大樂)의 백부이다. 1582년(만력 10) 요동 부총병(遼東副總兵)에 임명되어 요동을 방어하였으며, 1592년(만력 20) 임진왜란이 발발하자 병사 5,000명을 이끌고 평양을 공격하였으나 크게 패하였다. 정유재란 당시 울산 전투에 참여한 이후 행적은 분명하지 않다.

그러나 조대수가 처음 능하를 지킬 때 번번이 말하기를 "대장부는 마땅히 이 성에서 죽어야 한다"라고 하였고, 탄환같이 작은 성으로 청인의 수만 무리를 막아내 해를 넘겨 공격했지만 끝내 함락시킬 수 없었다. 〈조대수가〉 항복을 하고 달아났을 때 금주(錦州)를 사수하고자 하였다. 그러나 조씨 친속은 모두 오랑캐 진영에 있었는데, 청인이 훈구(勳舊)같이 대우해 주었다. 여러 차례 서신을 보내 항복을 권유했는데 그 내용이 매우 공손했으며 심지어 하늘을 가리켜 맹세하였다. 조대수가 적에게 꺼림을 당한 것이 이와 같았다.

또한 명나라에서 금주를 조대수 형제에게 맡겨 장구(長驅)하는 오랑캐를 막도록 했지만, 수년 째 포위되는 동안 병사는 다하고 식량은 끊겨 조만간 반드시 함락될 상태였으나 끝내 구원을 하지 않아 결국 포로가 되게 만들었다.

이로써 보건대 조대수 형제는 양양(襄陽)의 여문환(呂文煥)[334] 사건과 비슷한 것 같다. 그러나 여문환은 금인(金人)의 향도(嚮導)가 되어 결국 송나라를 뒤집었다. 조대수가 청인을 위해 쓰였다는 것을 듣지 못했으니, 여문환의 죄와 견주어 매우 차이가 난다. 혹은 조대락이 영원성으로 도망 와서 전사했다고도 하는데, 이는 이릉(李陵)도 하지 않은 바이니 어찌 기이하지 않겠는가.

송가성기(宋家城記)

송가성은 계주 동쪽 30리 되는 곳에 있다. 명나라 도지휘사(都指揮使) 송욕(宋峪)이 지은 것이다. 송씨는 본래 강남인이며 송욕은 무공으로 집안을 열었고 관직은 도지휘사에 이르렀다. 성조(成祖, 영락제) 황제를 따라 연경의 집에 왔었는데 이 성은 이때 개인적으로 지었다. 종족과 함께 수비(守備)를 하였으니 지금 이미 14대째이다. 성의 둘

---

[334] 여문환(呂文煥): ?~1298?. 호는 상산(常山), 안풍군(安豐軍) 곽구현(霍丘縣, 지금의 안휘성 霍邱) 출신으로, 남송(南宋) 후기 무신이다. 1268년(함순 4) 양양(襄陽)의 태수로 원나라와 6년 동안 대립하다가, 1273년(함순 9) 병사와 양식이 끊기자 투항하였다. 이후 원나라를 위해 계획을 세워 악주(鄂州, 오늘날 호북성 무한)를 공격하였고, 백안(伯顔)의 향도가 되어 원나라 군대를 이끌고 남하하여 연해의 여러 주현을 격파하거나 항복시켰다. 1276년(지원 13) 원나라가 남송의 도성 임안(臨安)을 점령하자 백안과 함께 입성하였다. 관직은 강회행성우승(江淮行省右丞)에 이르렀으며, 1286년(지원 23) 나이를 이유로 고향으로 돌아갔고 대덕(大德) 연간 사망하였다.

레는 1리쯤이고 나성(邏城)을 둘렀다. 체성(體城)은 나성보다 높다. 문은 홍예(虹霓)로 만들었다. 높은 누(樓)와 큰 집들이 복도와 처마를 접하고 있었다. 서루(書樓)는 4층이었는데 높이가 하늘까지 닿아 위원성(威遠城)보다 배는 되었다. 문을 열고 들어가 계단이 9개인 사다리를 올라가니 제4층이었다. 사면에 홍예를 뚫어 조망할 수 있게 하였다. 꺾어서 남쪽으로 가서 열네 계단을 오르니 제3층이었다. 다시 서쪽으로 가서 열네 계단을 오르니 제2층이었고 모두 홍예문이 있었다. 다시 동쪽으로 가서 열두 계단을 오르니 제1층이었다. 사면을 성가퀴[雉堞]로 둘렀다. 누각은 위험했지만 탁 트여 계문(薊門)을 내려다보았다. 누각의 북쪽에 적루(敵樓)가 있어 큰길에 닿아 있는데, 높이는 누각보다 낮았다.

청나라 군대가 산해관에 들어왔을 때 견고히 지키며 스스로를 보존하였다. 순치 3년(1646) 천하가 정해지자 비로소 항복하였다. 청나라 황제가 바로 귀순하지 않은 것에 대노하여 해마다 벌은(罰銀) 1만 냥을 부과하였다. 강희 말에 그들의 수절을 가상히 여겨 벌은을 줄이고 그 마을을 정려하였다고 한다.

조선 사신[東使] 중 〈송가성을〉 지나가던 사람이 그 후예를 보고 묻기를 "사가(私家)에 어떻게 성이 있나요?" 하니, 송씨가 말하기를 "전조(前朝) 때 변경 방어가 매우 위급하여 금하지 않은 것입니다" 하자, 묻기를 "그러면 어째서 유독 그대 집안[尊府]에만 이러한 성이 있는 것입니까" 하니, 송씨가 말하기를 "도지휘사는 2만 인부를 통솔하여 둔전(屯田)을 하니 이 또한 국사(國事)입니다. 겸하여 당시 여분의 재물이 있었으니 다른 사람과 비교할 수 있겠습니까"라고 하였다. 말하기를 "듣건대 본조에서 처음 벌금 1만 냥을 바치게 했다고 하는데 믿을 수 있습니까" 하니, 송씨가 말하기를 "모두 헤아려 보면 친족들이 해마다 조(租) 1,200여 냥을 바칩니다" 하자, 말하기를 "토지는 모두 몇 무(畝)인가요?" 하니, 송씨가 말하기를 "240보의 무가 모두 290여 경(頃)입니다. 해마다 1,200여 냥이 나오고 남은 것을 가지고 먹고삽니다" 하였다.[335] 성안에 10대호(大戶)가 있는데 모두 송씨의 종족이다. 그리고 노정(奴丁)이 여전히 500여 인이 있어 사람들이 모두 대단하게 여긴다.

---

335 사가(私家)에 …… 하였다: 이와 관련된 내용이 홍대용의 『연기』「송가성(宋家城)」에 확인된다.

청나라의 병력으로 이 작은 요새를 없애지 못했겠는가. 천하가 모두 한나라에 귀부했으나 노나라만 유독 함락하지 않은 것은 그 충의를 이루게 해 주려고 한 것이다. 송씨가 이 성을 쌓아 자손의 기업을 만든 것 역시 원대하다고 이를 만하다. 또 지방 사람들이 전하는 바를 들으니 봉황산 아래부터 토부(土阜)가 겹겹이 끊이지 않고 들판에서 연달아 솟아 있다. 높이는 수 장(丈)인데 이 또한 송씨가 주산(主山)에서 오는 맥을 연결하기 위해 만든 것이라고 한다.

정녀방기(貞女坊記)

영원성을 나와 10리를 가면 길 가에 석방(石坊) 한 좌(座)가 있다. 처마 위에 '옥음(玉音)' 두 글자를 새겼고, 그 아래에는 '요법주(姚法珠)의 약혼녀 가 정녀(賈貞女)의 려(閭)[姚法珠未嫁妻賈貞女之閭]'라고 썼다. 혹은 요씨와 가씨가 혼인을 논의하기만 하고 초례(醮禮)를 하지 않았는데, 남편이 죽자 가씨가 정절을 지켰기 때문에 이를 정녀라 부르며 정려를 세운 것이라고도 한다.

가씨가 정절을 지켰다는 것은 자세히 알 수 없지만 결혼하지 않은 사람을 어떻게 처라고 부를 수 있는가. 『예기(禮記)』 「증자문(曾子問)」에 "'여자가 〈시집와서〉 묘(廟)에 알현하지 못하고 죽으면 묘에 영구를 옮기지 않고 시어머니 신주에 부제(祔祭)를 지내지 않으며, 남편은 장(杖)을 짚지 않고 초구(草屨)를 신지 않으며 상차(喪次)에 머물지 않아, 아직 부인이 되지 못함을 보인다"[336]라고 하였다. 또 "신부를 취하는데 길일을 받아놓고 신부가 죽으면 사위 될 사람은 재최복[齊衰]을 입고서 조문하고 장사를 지낸 후 〈상복을〉 벗으며, 남편 될 사람이 죽었을 경우도 또한 이와 같이 한다고 하였다.[337] 주(註)에는 '만약 남편 될 사람이 죽으면 신부 될 사람이 참최복[斬衰]으로 가서 조문하고 장사를 지낸 후 〈상복을〉 벗는다' 하고, 소(疏)에서는 '남편은 신부에 대해 기년

---

[336] 여자가 …… 보인다: 『예기』 원문은 다음과 같다. "曾子問曰: '女未廟見而死, 則如之何.' 孔子曰: '不遷於祖, 不祔於皇姑, 壻不杖, 不菲不次, 歸葬于女氏之黨, 示未成婦也.'"
[337] 신부를 …… 하였다: 『예기』 원문은 다음과 같다. "曾子問曰: '娶女有吉日而女死 如之何.' 孔子曰: '壻齊衰而弔, 旣葬而除之, 夫死亦如之.'"

(朞年)의 은정이 없고 신부는 남편에 대해 3년의 은정이 없는 것이다' 하였다"라고 하였다.

요씨가 이미 납징(納徵)과 납채(納采)를 한 후 죽었다면 가씨는 참최복을 입고 조문하고서 장례가 끝나면 〈상복을〉 제가할 따름이다. 성혼한 것을 자처할 필요가 없다. 만일 뛰어나게 정려할 행적이 있었다면 가 정녀라고 해야지, 미가처(未嫁妻)라고 말하면서 지아비라는 내용과 연관시켜서는 안 된다. 중국에서는 이 일이 나쁜 풍속으로 되어 간혹 납채하고서 아직 초례를 하지 않거나 합환주를 마셨지만 첫날밤을 치르지 않았는데 불행한 일이 생긴 경우, 종신토록 수절한다. 심지어 가문끼리 매우 친해서 뱃속에 있을 때 혼인을 논했거나 모두 장성하여 부모의 유언이 있었을 때 불행한 일을 당하면, 심지어 독약을 먹고 목을 매달아 순장[殉葬]할 것을 요구하니 예가 아닌 것이 이보다 클 수 없다. 군자가 시분(尸奔)이라고 기롱하거나 또는 절음(節淫)이라고 부르지만 결국 풍속을 이루었으며 동남 지방이 더욱 심하다. 〈그렇기〉 때문에 유식한 집의 여자는 비녀를 한 이후 비로소 중매를 넣는다.[338] 이것들은 모두 말세의 일이니 슬프다.

조선관기(朝鮮館記)

어째서 관의 이름을 조선으로 붙였는가. 조선 사람을 묵게 하기 때문이다. 어째서 조선 사람을 묵게 하는가. 조선 사람이 거처하도록 관소를 주었기 때문이다. 조선관은 어디에 있는가. 심양에 있다. 연경과 요양 수천 리 사이에 조선 사람이 왕래하면서 머무는 곳은 많다. 어째서 심양에 가는데 '관(館)'이라고 부르는가. 연경과 요양을 왕래하며 머무는 곳은 '찰원(察院)'이라고 하지, 관이 아니다. 조선 사람은 자연히 찰원에 머물렀고 조선 사람에게 관을 주지 않았다. 그렇다면 관이 어째서 심양에 있으며, 어째서 관을 주었다고 말하는가.

숭정 병자년 12월(1637. 1) 청나라 사람들이 침략하였다. 우리 조선은 약소국이라

---

338 중국에서는 …… 넣는다: 이와 관련된 내용이 박지원의 『열하일기』「태학유관록(太學留館錄)」에 확인된다.

어쩔 수 없이 화친을 청하였고 세자와 대군이 청나라에 인질로 가서 심양에 들어갔다. 심양은 청 황제가 기업을 시작한 지역이다. 세자와 대군을 성안에 거처하게 하고 인질들을 근처에 나누어 머물게 하고는 아울러 관을 주었다. 그래서 조선관이라고 부른다. 아! 당시 일을 여전히 어떻게 말하겠는가. 세자와 대군이 8년 동안 관에 거처하면서 온갖 어려움과 험난함을 맛보았다. 다행히 조선으로 돌아왔지만 이미 주군이 당한 치욕을 씻을 수 없었다. 또한 융적(戎狄)을 몰아내 중원을 깨끗이 일소하여 선왕의 옛 제도를 회복할 수 없게 되었다. 이에 온 나라 신민들이 아픈 마음으로 분을 참으며 200년을 하루같이 보냈다.

조선관은 성 동쪽 작은 거리에 있다. 동서에 낭옥(廊屋)이 있고 뒤에 조선 사신이 머무를 곳을 만들었는데, 지금은 거의 무너져서 들어가 머무를 수 없다. 다만 인마(人馬)가 거주하는 곳으로 삼는다. 심양 사람들이 말하기를 "이곳은 바로 정축년 이후 조선의 인질들이 머문 집이며 세자관(世子館)은 지금 아문이 그곳이다." 하였다. 성 밖에 강이 있는데 혼하라고 한다. 또 달리 야리강(耶里江)이라고 한다. 세상에 전하기를, 효종[孝廟]께서 심양관[瀋館]에 있을 때 강가에 정자를 지었다고 한다. 『시강원일기(侍講院日記)』에 "오랑캐[胡人]가 야판전(野坂田)을 세자에게 주어 채소를 심게 하였다"라고 하였으니 그 땅이다. 삼학사(三學士) 및 여러 신하가 구금되었던 곳의 경우는 '남관(南館)', '북관(北館)'이라 불렀는데 지금은 아는 사람이 없다.

고려보기(高麗堡記)

풍윤성(豐潤城) 밖으로 50리를 가면 길가에 마을 하나가 있는데 띠풀[茅茨]로 덮어 매우 검소하였다. 역부(驛夫)가 가리키며 "여기가 고려보(高麗堡)입니다"라고 하였다. 내가 "중국 사람이 보(堡)의 이름을 '고려'라고 한 것은 무슨 까닭인가"라고 묻자, 〈역부가〉 다음과 같이 대답하였다. "예전에 들었는데, 정축년(1637) 우리나라의 피로인이 심양에서 이 성으로 옮겨 와서 마을을 이루었기 때문에 중국인이 '고려보'라고 부르는 것입니다. 중국인이 우리나라 사람을 '조선'이라고 하지 않고 '고려'라고 하는 것은 우리나라 사람이 중국을 '당'이라고 부르는 것과 같습니다." 나는 이를 듣고 기뻐서 수레를 멈추고 마을을 보니 거주하는 사람의 의복과 집들이 모두 중국식 제도였다. 그러나 마을 앞에 두세 무(畝)의 수전(水田)이 있는데, 남북의 도랑과 밭두둑이 완연히 우리나라와 같았다. 산해관 동쪽[關東] 1,000여 리에 수전이 없었다가 유독 이 땅에서만 물에 심으며, 파는 떡과 엿이 대부분 본국의 풍속과 비슷하였다. 역부를 시켜 마을 사람에게 고려인의 자손인지 물어보니 답하기를 "고려인은 이미 산서(山西)로 이동하였고 지금은 남아 있는 사람이 없습니다."라고 하였는데, 어느 때 일인지는 알지 못하겠다. 당나라 총장(總章, 668~670) 때 신라 사람을 교치(僑治)[339]로 두고 양향(良鄕)의 광양성(廣陽城)을 '신라호(新羅戶)'라고 불렀다.[340] 지금 청나라 사람들이 조선 사람들을 산서로 옮기고도 여전히 '고려보'라고 부르는 것과 같은 것인가. 조선 사람의 자손을 비록 볼 수는 없었지만, 이역(異域)을 가다가 갑자기 고국의 호칭을 들었고 또 수전과 밭두둑을 보니 고향을 생각하는 마음이 맴돌아 오래도록 떠날 수 없었다.

문경묘기(文景廟記)

산해관 안밖의 묘당(廟堂)을 꾸미고 받드는 것은 관제(關帝)와 부처, 약왕(藥王)만 한 것이 없다. 그다음은 문창(文昌)[341]이고, 또 그다음은 문창성군(文昌星君)[342]인데 천하의 문사(文事)를 주관한다. 그래서 사인(士人)들이 받들면서 영달하기를 요구하는 것이다. 문창에 제사 지내는 곳은 반드시 주현에 있는데, 풍윤현에 이르자 비로소 알현하였으니 길가에 있었기 때문이다. 묘는 성 동쪽 영욱문(迎旭門) 안에 있고 '문경(文景)'이라는 편액을 달았으니, 바로 이른바 문창각(文昌閣)이다.

작은 담으로 둘렀다. 문 안쪽에는 아래에 층층의 누대가 있고, 위에는 채색한 누각을 지었다. 벽돌을 쌓아 집을 만들었다. 사면이 반듯하고 가운데를 비워 사방으로 통

---

339 교치(僑治): 교군(僑郡)를 통해 다스린다는 의미이다. 교군은 원래 자리를 떠나 다른 곳에 임시로 운영되는 군현을 말한다.
340 당나라 …… 불렀다: 이와 관련된 내용이 박지원의 『열하일기』「구외이문(口外異聞)」에서 확인된다.
341 문창(文昌): 북두칠성(北斗七星)의 여섯째 별로, 학문을 주관한다.
342 문창성군(文昌星君): 학문을 주관하는 신으로, '문창제군(文昌帝君)' 또는 '문곡성(文曲星)', '문성(文星)'이라고도 한다. 옛날에 이 별이 문운(文運)과 공명(功名)을 주관한다고 여겼다.

하였다. 운제(雲梯)를 걸어 놓고 〈건물을〉 반으로 나눠 2층으로 만들었다. 운제를 따라 올라가자 문이 헌저(軒底)에 있었다. 첫 번째 층을 올라가면, 각(閣)은 육면으로 되어 있고 남문만 열어 놓았다. 난감(欄檻)으로 둘렀는데 제작 방식이 기려하였다. 가운데에는 감실이 있고 재동제상(梓潼帝像)을 안치하였는데, 채관(彩冠)·금포(錦袍)·옥대(玉帶)·규홀(圭笏)을 하고 남향하여 앉아 있었다. 의엄(椅儼)한 것이 마치 왕과 같았고, 골상(骨相)이 뛰어나 진실로 선령도군(仙靈道君)이었다. 좌우에는 선관(仙官) 두세 명이 늘어서 있는데, 각각 잡고 있는 물건이 있었다. 우측의 어떤 사람은 오른쪽에 백마를 끌고 왼손으로 채찍을 잡고 있었다.

감실 위에는 '여아존심(如我存心)'이라고 하였는데 황제의 어필이었다. 들보에는 '미원병위(薇院炳蔚)'라는 편액을 달고, 문 안쪽에는 '자극문형(紫極文衡)'이라는 편액을 달았는데, 바로 왕몽린(王夢麟)의 글씨이다. 문창각 밖에는 '문창각'이라는 편액을 달았으며, 왼편에는 '문요려천(文曜麗天)'이라는 편액을 달고, 오른편에는 '광소운한(光昭雲漢)'이라는 편액을 달았다.

난간에 기대어 내려다보니 마치 공중에 떠 있는 것 같았다. 성안의 집들과 산천이 낱낱이 시야에 들어왔다. 층대가 구름에 닿아 광야가 달과 같으니, 훨훨 날개가 돋아나 신선이 되어 하늘로 올라갈 생각이 났다.

다시 문밖으로 나와 북쪽으로 수십 보를 가니 또 층층의 누각이 있었는데 문경묘와 마주하고 있으며 제작 방식도 그와 같았다. 문으로 들어가 사다리를 따라 올라갔다. 첫 번째 층의 전각에는 '괴성(魁星)'이라고 하였다. 전각 안에는 괴성신상(魁星神像)을 안치하였다. 용모가 뛰어나고 동그란 눈에 높은 코, 머리에는 육각(肉角)이 있었으며, 입을 벌리고 치아를 드러냈다. 오른손에는 붓을, 왼손에는 복숭아와 같은 금덩어리를 잡고 있었다. 오른발로 용의 머리를 밟고 서 있었는데 용은 바닷속에서 머리 끝만 드러내고 있었다. 왼발은 들어서 뒤쪽을 향하고 있었다. 괴신(魁神) 또한 문사(文事)를 주관하기 때문에 〈문창각과〉 함께 지었다. 봄가을 상정일[二丁]에 지현이 직접 공향을 한다.

살펴보건대, 『천관서(天官書)』에 "문창 6성(星)은 북두괴전(北斗魁前)에 있으며 하늘의 6부(府)이다"³⁴³라고 하였다. 섭향고(葉向高)의 「복청문창각기(福淸文昌閣記)」에 "오늘날 장봉(章縫)³⁴⁴ 집안에서도 문창에게 제사를 많이 지내 천조(天朝)에 급제하는 방도로 삼으니 신(神)이 맡은 바는 혼령에 빌어 현달로 이어지는 것이다"라고 하였으며, 또 다음과 같은 내용이 있다. "『화서(化書)』³⁴⁵에서 '재동제의 변신은 오로지 충효를 근본으로 하는데 여러 겁(劫)을 수련하면 비로소 삼계(三界)를 넘어선다'라고 하였다."

이를 보건대 화인(華人)이 숭배하고 기도하는 짓이 풍속을 이루어 폐단이 천고에 흐르게 되었으니, 군자가 마땅히 경계해야 할 바가 아니겠는가.

삼황묘기(三皇廟記)

사하역(沙河驛) 서문(西門) 밖에 삼황묘가 있다. 복희(伏羲)·신농(神農)·황제(黃帝)를 모신 곳이다. 전(殿) 안쪽에 삼황(三皇)의 소상(塑像)이 있었는데, 모두 곤의(袞衣)를 입었고 관(冠)은 하지 않았다. 복희와 신농은 맨발이었고 황제는 신을 신었다. 용모는 넓고 배도 컸다. 좌우에는 약왕(藥王)이 늘어서 있고 동쪽 벽과 서쪽 벽에는 고금의 명의(名醫) 상이 순서대로 서 있었다. 동무(東廡)에는 주 문왕(周文王)이 주벽(主壁)이며, 곤복[袞服]을 입고 아들을 안고서 모퉁이에 앉아 있는 사람은 태사씨(太姒氏: 주 문왕의 왕비)인 듯하였다. 또 열몇 비빈(妃嬪)이 아이를 안고 늘어서서 모시고 있었다. 서무(西廡)에는 주벽【잊어버려 기록하지 않는다.】이 있고 여러 선관(仙官)과 신장(神將)이 옆에 서 있었다. 지키는 승려에게 물어보니 모른다고 하였다.

전 뒤에는 불사(佛舍)였다. 불상 5, 6구를 모셨다. 좌측에는 작은 감실이 하나 있었고 '충지의진(忠至義盡)'이라고 하였다. 열어 보니 관제(關帝) 소상(小像)이었다. 문과 전에는 신장(神將)이 있었는데, 생기 있고 늠름하여 최근에 만든 것이 아닐 듯하다.³⁴⁶

---

343 문창 …… 6부(府)이다: 해당 구절이 『진서(晉書)』「천문지(天文志)」에 수록되어 있다.
344 장봉(章縫): '장보봉액(章甫縫掖)'의 줄임말로, 유자(儒者)로서의 지위를 이른다. 『예기』「유행(儒行)」에 "저는 어려서 노나라에 살 때에는 봉액의 옷을 입었고, 장성하여 송나라에 살 때에는 장보의 관(冠)을 썼습니다.[丘少居魯, 衣縫掖之衣, 長居宋, 冠章甫之冠.]"라는 구절에서 유래하였다.
345 『화서(化書)』: 오대(五代) 남당(南唐)의 담초(譚峭, ?~?)가 지은 것으로, 만물 변화의 도리를 가지고 논리를 만들었기 때문에 '화서'라고 이름하였다.
346 전 뒤에는 …… 듯하다: 이와 관련된 내용이 이의봉(李義鳳, 1733~1801)의 『북원록(北轅錄)』 권3, 영조

복희·신농·황제는 오제(五帝) 중 삼황이다. 만물 중에 으뜸으로 나와[首出庶物][347] 하늘의 뜻을 이어 법칙을 세우고[繼天立極][348] 사업을 이루도록 하여[開物成務][349] 만세가 영원히 힘입으니[萬世永賴] 그 성신(聖神)한 덕은 본디 마땅히 천하에서 함께 배향해야 하는 것이니, 한 가지 명목을 가지고 사적으로 숭봉해서는 안 된다. 지금 사하역에서 삼황으로 묘를 만들었지만 배향하는 사람의 〈묘가〉 언제 만들어졌는지 모르며, 역대 명의를 〈삼황과 함께〉 배향했으니 이는 〈삼황을〉 약왕으로 제사 지내는 것이므로 조두(俎豆)의 예는 아닌 것이다.

　신농과 황제는 풀을 맛보고 약을 만든 일이 있지만 복희가 언제 그러했는가. 더구나 주 문왕이 동무에 배향되고 아울러 태사에까지 이르는 것은 더욱 의미가 없다. 이 묘는 이름은 도리에 맞지 않고 일은 혼령에 제사를 지내는 것이니, 단지 촌락에서 여러 신을 모시는 사당[叢祠]일 따름이다. 이에 촌락의 노파와 마을의 백성이 아침저녁으로 휩쓸리듯이 분향하고 절을 하며 복을 바라는 기반으로 사용한다. 신귀(神鬼)를 숭신하는 풍속은 대개 금·원 때 시작하여 오늘에 이르렀는데 풍속이 더 널리 퍼졌다. 여러 방면에서 〈삼황을〉 숭봉하지만 조두로 제사 지내지 않으니, 삼황에게 혼령이 있다면 예에 맞지 않는 술을 누리겠는가.

　혹자는 "삼황은 바로 천황씨(天皇氏), 지황씨(地皇氏), 인황씨(人皇氏)이고 복희씨(伏羲氏), 신농씨(神農氏), 황제씨(皇帝氏)는 오제이다"라고 하는데, 〈이〉 때문에 천지인 삼황이라고 하는 것인가. 황성(皇城)에는 약왕묘(藥王廟)가 있고 천, 지, 인, 복희, 신농, 황제씨를 모셨는데 이는 삼황이 묘의 이름으로 있기 때문에 천, 지, 인을 삼황이라고

　　36년(1760) 12월 22일(임진) 기사에 확인된다.
[347] 만물 …… 나와[首出庶物]: 『주역』 「건괘(乾卦) 단사(彖辭)」에서 건도(乾道), 즉 성군(聖君)의 자격을 갖춘 제왕의 도를 논하면서 "만물 중에 으뜸으로 나와 만국이 모두 편안하게 되었도다.[首出庶物, 萬國咸寧.]"라고 한 말에서 나온 것이다.
[348] 하늘의 …… 세우고[繼天立極]: 주희(朱熹)의 「대학장구 서(大學章句序)」에 "총명하고 슬기로워 그 본성을 완전히 발휘할 수 있는 자가 그사이에 나오면 하늘이 반드시 그를 명하여 억조 백성들의 임금과 스승이 되게 한다. 그리하여 그로 하여금 백성을 다스리고 가르쳐서 각자의 본성을 회복하게 하였으니, 이것이 바로 복희와 신농과 황제와 요(堯)와 순(舜)이 '하늘의 뜻을 이어받아 법칙을 세우게 된 소이[所以繼天立極]'이다"라는 말이 나온다.
[349] 사업을 이루도록 하여[開物成務]: 『주역』 「계사 상(繫辭上)」 11장(章)에 있는 구절로, 주자의 『본의(本義)』에서 "사람으로 하여금 점을 쳐서 길흉을 알아서 사업을 이루도록 하는 것이다[使人卜筮, 以知吉凶]"라고 하였다.

하는 것인가.

무묘기(武廟記)

무묘는 주 태공(周太公)의 묘이다. 묘는 영평부 성 안쪽 거리에 있다. 묘 맞은 편에는 패루가 있고 묘문 밖에도 패루가 있다. 우측에는 '조황(釣璜)'이라고 썼고 좌측에는 '표해(表海)'라고 썼다. 바깥 담에는 세 개의 홍문(虹門)을 뚫었다. 문안에는 가운데 패루를 세웠다. 밖에는 '영성문(靈星門)'이라고 썼다. 안에는 '응양(鷹揚)'라고 썼으며, 내문에는 '무묘(武廟)'라고 편액하였다.

묘 안쪽에는 전(殿)이 있고 태공의 신위를 모셨으며 '선성주태공신위(先聖周太公神位)'라고 썼다. 〈신위〉 동쪽에는 손무(孫武)·제갈량(諸葛亮)을 배향하고 서쪽에는 장량(張良)·곽자의(郭子儀)를 배향하였는데 문묘의 사성(四聖)과 같았다. 동쪽의 배향 뒤에는 악비(岳飛)·사마양저(司馬穰苴)·범려(范蠡)·한신(韓信)·관중(管仲)·유기(劉基)의 신위가 늘어서 있었다. 서쪽 배향 뒤에는 배도(裴度)·주아부(周亞夫)·조빈(曹彬)·이정(李靖)·악의(樂毅)의 신위가 늘어서 있었다. 마치 문묘의 십철(十哲)과 같았다. 동무와 서무에는 전국시대 및 한·당 이래의 명장 각 40인이 배열되어 있었다.

내가 영평에 이르러 무묘를 조알(朝謁)하고 또 고죽성을 방문해 청절사(清節祠)에 절을 하였다. 청절사는 백이와 숙제를 제사하는 묘이다. 하루 사이에 두 어르신의 남겨진 상(像)을 보았는데, 의관이 엄숙하고 청풍이 스며오니 풍모는 본받을 만하고 위엄은 두려워할 만하여 그 훌륭한 이름이 천하에 드리우는 것이 마땅하였다.

두 어르신은 각각 변하지 않는 법도[經權]를 가지고 한때의 큰일을 처리하여 끝내 후인들이 사모하게 되었다. 젊어서 독서할 때 백대(百代) 위의 일에 마음이 쏠렸었는데, 지금 다행히 직접 이곳에서 와서 두 묘를 배알하니 높은 산을 우러르는 마음은 고금에 차이가 있는 것이 아니다. 묘가 언제 설치되었는지는 모르겠지만 『대명일통지』 영평부에 실려 있지 않으니 아마도 청초에 건립된 것 같다. 다만 묘의 주벽과 배향의 위치가 모두 문묘와 같으니 세대와 선후에 따라 배열이 많이 바뀌었을 터인데 혹 재품(才品)의 고하로 했기 때문인가.

관제묘기(關帝廟記)[350] 1

　요양성 서쪽 순안문(順安門) 밖에 큰 돌다리가 있는데 바로 해자이다. 다리 맞은편 북쪽으로 가면 높고 훌륭한 전각(殿閣)이 있다. 문에서 무(廡)에 이르기까지 단청에 회칠을 해서 길가까지 펼쳐졌는데 바로 관제(關帝)의 혼령을 모신 곳이다. 묘문 밖에는 세 개[座]의 패루를 세웠다. 겉에는 운룡(雲龍)과 수선(水仙)를 새겼는데 그림이 모두 숨은 듯 돋아나 있었다.

　패루에 들어가니 다시 담장을 따라 막아 놓았다. 담장의 높이는 10여 장(丈)이었고 너비는 거의 5, 6칸이었다. 중간에 문석(紋石)을 포함하고 있었는데, 이룡(螭龍)을 새겼다. 불상 이마 위에는 '수석성경증복수(修惜聖境增福壽), 손상신물융재앙(損傷神物隆災殃)'이라고 가득 새겼다. 대개 오래된 나무로 문을 막는 제도이다.

　문의 좌익과 우익에는 주창(周倉)과 적토마를 빚어 놓았는데 우리나라 관제묘의 문과 같다. 주창의 키는 집과 나란하고 적토마의 크기는 코끼리만 하였다. 문으로 들어서니 동쪽에 큰 누각이 있고, 그 아래에 문이 있는데 '적금(摘錦)'이라고 편액하였다. 두 기둥에는 금색으로, '봄빛이 도원에 가득한데／ 여덟 번 절을 하고 인연을 맺으니 진정한 골육이었고／ 가을바람이 철기에 비꼈으니／ 천년이나 계속되는 사당의 모습이 큰 영웅이다[春色滿桃園, 八拜結緣眞骨肉, 秋風橫鐵騎, 千年廟貌大英雄]'라고 썼다.

　여기에서 15단의 사다리를 올라가니 청석(靑石)으로 쌓았다. 동쪽에는 종루(鍾樓)가 있고 '용함(龍吟)'이라고 하며, 서쪽에는 고루(鼓樓)가 있고 '호소(虎嘯)'라고 하였다. 세 번째 문에는 '대장부문(大丈夫門)'이라고 편액하였다. 안쪽에는 돌을 쌓아 대를 만들고 대 위에는 전이 있었는데, 높이가 5, 6장이고 상하전후에 모두 금색으로 '만고영풍(萬古英風)', '협천호국(協天護國)'이라고 하였다. 전 안쪽에는 관제의 소상을 모셨고 여러 장수가 좌우에서 모시고 서 있었다. 전우(殿宇)는 웅장하게 높이 솟아 있었고 비단 창문과 채색한 처마, 금색 벽에 눈이 어지러웠다.

---

[350] 관제묘기(關帝廟記): 이와 관련된 내용이 이의봉의 『북원록』 권2, 영조 36년(1760) 12월 5일(을해) 기사에 확인된다.

동무(東廡)에는 장비(張飛)의 상을 안치하였다. 앞에는 두 역사(力士)가 있고 등에는 한 사람을 묶어 놓았는데, 그 사람이 얼굴을 들고 장비를 보고 있었다. 상황상 아마도 촉나라 장수 엄안(嚴顏)인 듯하였다. 서무(西廡)에는 조운(趙雲)의 상을 설치하였다.

순치 9년(1652) 〈관우를〉 제(帝)로 봉하여 '충의신무관성복마대제(忠義神武關聖伏魔大帝)'로 삼고는 묘를 세워 제사 지냈다. 강희 61년(1722) 관제의 후예로 하여금 한림원(翰林院)의 오경박사(五經博士)를 세습하게 하였다. 묘의 뜰에는 홀궁비(笏穹碑) 몇 개가 늘어서 있었는데 모두 창건 시말을 기록하였다. 또 건륭의 어제비(御製碑)가 있었는데 세상 사람들이 〈관우를〉 존모할 줄 모르는 것을 흠전(欠典)으로 여겨 천하 곳곳에 관제묘를 세우도록 조서를 반포했다고 한다.

무릇 관제의 묘우는 그 유래가 오래되었다. 세상의 왕공과 귀인에서부터 시골의 벼슬아치나 부인과 젖먹이에 이르기까지 관제를 알지 못하는 이들이 없다. 그 사우가 있는 곳은 도성과 군읍에서 길가 언덕과 산촌의 높은 곳까지도 관제에게 제사를 지내지 않는 사람이 없다. 〈이에〉 거의 불사와 학교[學宮]가 도성을 가득 채운 것과 같다. 천억만겁이 지나도 나는 그 무궁할 것을 알겠다.

관제묘기 2

관제는 한나라의 한수정후(漢壽亭侯)이다. 그 뜻은 『춘추(春秋)』에 두었고 그 기상은 호연하여 천지에 가득 찼으며 정충(貞忠)과 큰 절개는 해와 별같이 환하여 천년 후에도 늠름하게 살아 있는 기운이 있다. 이것이 어찌 바탕을 둔 바도 없으면서 그러한 것이겠는가. 묘우의 설치가 천하에 두루 이루어졌는데, 황명(皇明) 때 여러 차례 표창하였고 청에 이르러서는 더욱 현창하였다. 옹정 때 관제의 삼대(三代)를 추봉하여 상공(上公)으로 관직을 높였고, 관제의 증조 광소공(光昭公), 조부 유창공(裕昌公), 부친 성충공(成忠公)을 추가로 봉했는데 이름은 전하지 않으니 역사에서 빠진 부분이다.

살펴보건대 서애(西崖)[351]의 『담징(談徵)』[352]에서 "관제는 해주(解州) 상평(常平) 하마

---

351 서애(西崖): 청나라 학자 이병수(伊秉綬, 1754~1815)의 호이다.
352 『담징(談徵)』: 방언(方言), 민간의 설화(說話) 등을 설명한 책이다. 청대 이병수가 편찬했으며, 명부(名

촌(下馮村) 보지리(寶池里) 오갑인(五甲人)이다. 조상의 무덤[祖塋]은 상평 중조산(中條山)에 있다. 세계(世系)는 대부분의 역사서에 실려 있지 않다. 강희 17년 무오(1678) 상평의 선비 우창(于昌)이라는 사람이 탑묘(塔廟)에서 과거 공부를 하고 있었는데 그곳이 관우 조상의 거주지였다. 우창이 낮에 꿈속에서 '역비(易碑)'라는 큰 두 글자를 받았다.

놀라서 깨어 보니 우물을 파던 자가 커다란 벽돌을 주웠는데 상당 부분 깨져 있었고, 벽돌 위에 글자가 있었다. 우창이 〈깨진 조각을〉 합쳐서 읽어 보니 바로 관우의 할아버지와 아버지 양대의 이름과 자, 생몰년의 간지(干支)의 대략이었다. 이로 인해 산을 두루 다니며 묘도(墓道)를 찾아냈다. 그래서 급히 해주 태수(解州太守) 왕주조(王朱朝)에게 알리자 왕주조가 이 관후(關侯)의 조부 묘비기(墓碑記)를 지었다.

묘비기에는 다음과 같은 내용이 실려 있었다. 관우 조부의 휘는 심(審)이고 자는 문지(問之)이다. 호는 석반(石磐)이다. 화제(和帝) 영원(永元) 2년 경인생이며, 해주 상평촌에 거주하였다. 온화하고 씩씩하며 도를 좋아하여 『주역』과 『춘추』로 그 집안을 가르쳤다. 환제(桓帝) 영수(永壽) 3년 정유(丁酉, 157)에 죽었다.

부친의 휘는 의(毅)이고 자는 도원(道遠)이다. 성품이 매우 효성스러워 아버지가 죽자 여묘살이를 했는데 3년이 돼서야 상복을 벗었다. 환제 연희(延熹) 3년 경자(160) 6월 24일에 후(侯)를 낳았다. 오룡(烏龍)이 집을 감싸자 후가 태어났다. 영리하고 뛰어나 『춘추』와 『주역』을 받고는 옆에 두고 완전히 익혀서 고금의 일들을 자신의 임무로 여겼다. 장성해서는 호씨(胡氏)에게 장가들었고, 영제(靈帝) 광화(光和) 5년 무오(178) 5월 3일에 아들 평(平)을 낳았다. 지금 세속에서 5월 13일을 후의 생일로 여기는 것은 잘못 전해진 것이다"[353]라고 하였다.

그 대략이 이와 같다. 이는 역사서의 빠진 부분을 보충할 수 있다. 아, 공은 살아서는 충정(忠貞)했고 죽어서는 명신(明神)하니 위엄 있는 혼령이 성대하여[赫濯] 천만 세대 동안 밝게 비추니, 이것이 어찌 세덕(世德)이 있는 가문에서 잘 길러 그러한 것이 아니겠는가. 더욱 공경스럽다.

部)·언부(言部)·사부(事部)·물부(物部)로 구성하였다.
[353] 관제는 …… 것이다: 이 내용은 이병수, 『담징』 사부(事部) 「관성제세계(關聖帝世系)」에 나온다.

강녀묘기(姜女廟記)

　　산해관 동쪽 팔리보(八里堡)의 남쪽 작은 언덕이 들판 가운데서 우뚝히 솟아 있다. 흙과 돌이 섞여 있고 소나무로 둘렀고 돌을 깎아 지붕을 얽어 놓았는데 정녀묘(貞女廟)라고 한다. 벽돌을 쌓아 길을 만들었는데 얼추 수십 계단쯤 되고 좌우에 돌난간을 세웠는데 조각이 꽤 정교하다. 사당 동쪽에 우뚝 선 바위에는 태원(太原) 백휘(白暉)의 글씨로 '망부석(望夫石)'이 쓰여 있고, 바위 왼쪽에 뚫어 놓은 듯 조금 패인 곳이 있는데 정녀가 남편을 기다릴 때 난 발자국이라 전한다. 사당 안에 정녀의 상이 있는데 촌스러운 차림새에 순수하고 소박하며, 왼쪽에 동자가 있고 오른쪽에 우산을 짊어진 사람이 있는데 아들을 데리고 남편을 찾는 모습을 본뜬 것이다. 문에 '성지정(聖之貞)' 3자가 새겨져 있고 좌우의 기둥에는 '진시황은 어디에 있는가? 헛되이 수고롭게 만리에 원한을 쌓았네. 강녀는 죽지 않았도다[秦皇安在哉, 虛勞萬里築怨, 姜女不死]'라고 새겨져 있는데 송(宋)의 승상 문천상(文天祥)[354]이 쓴 것이다. 뜰에는 공적을 기록한 비 3개가 있다. 살펴보니 정녀의 성은 허씨(許氏)이고 이름은 맹강(孟姜)이며 섬서성(陝西省) 동관(同官) 사람이다. 범칠랑(范七郎)에게 시집갔는데 진(秦)나라 장군 몽염이 만리장성을 쌓자 범랑이 그 일에 속하였다가 육라산(六螺山) 아래에서 죽었는데 아내와 꿈에서 만나니, 맹강이 손수 옷을 짓고 홀로 만 리 길을 가서 생사를 알아보고는 이 바위에 올라 만리장성을 바라보며 곡을 하다가 바위로 변하였다고 한다.[355] 또 "맹강이 마침내 남편의 유해를 얻어 바닷가에서 바위를 베고 누웠고, 동남쪽으로 60리쯤 떨어진 곳 바다에 선 바위 하나가 있는데 참으로 사람의 모습 같고[356] 또 누운 바위 세 개는 다 서로 베고 누워 있어 강녀의 무덤이라 전한다"라고 한다. 또 "맹녀(孟女)의 남편이 오래도록 만리장성의 부역에 가 있자 강녀가 옷을 지어 찾아 나서 만 리 길을 고생 끝

---

354 문천상(文天祥): 1236~1282. 자는 송서(宋瑞), 호는 문산(文山), 강서(江西) 출생으로 송나라 말기 충신이다. 1276년(경염 1) 수도 임안(臨安)이 함락되자 단종(端宗)을 받들고 근왕군(勤王軍)을 편성하여 원(元)에 대항하였으나, 결국 포로가 되어 참수(斬首)되었다. 저술로 『문산집(文山集)』이 있다
355 정녀의 성은 …… 한다: 이와 유사한 내용이 박지원의 『열하일기』에 확인된다.
356 참으로 …… 같고: 원문은 '殊有人形'으로, 김경선(金景善, 1788~1853)의 『연원직지(燕轅直指)』에 동일한 표현이 보인다.

에 이르자 하늘이 곧은 절개를 보시고 언덕을 밀어 성을 무너뜨렸다"라고 한다. 여러 기이한 일이 기록에 실려 있다. 혹자는 범랑이 기량(杞梁)이라고도 하는데 기량의 사적은 「단궁(檀弓)」에 있으므로 춘추시대의 일이니 그 오류는 의심할 것이 없고 모두 논할 가치가 없다. 산해관 밖 팔리보의 남쪽에 망부산(望夫山)이 있다는 것만은 옳다. 또 동남쪽으로 20리를 가면 요해(遼海) 가운데 강녀의 무덤 한 봉분이 우뚝이 서 있는데 가까이 가 보면 바위이다. 그곳에 사는 사람들은 북쪽으로 비스듬히 올라가면 있는 큰 바닷가가 만리장성의 오래된 자취라고 전한다. 이른바 '성의 서쪽 임조(臨洮)에서부터 요동까지'라는 것이다. 강녀가 남편을 찾아 이곳에 이르러 이 산에 올라 바라보았고 후에 어쩌다 이곳에 묻혔다고 하는데 무덤을 흙으로 쌓았다면 우뚝한 하나의 바위는 무엇을 이른 것인가? 혹자는 "맹강이 자기 남편이 죽었다는 소식을 듣고 홀로 가서 뼈를 수습해 짊어지고 바다로 들어갔는데 며칠 뒤에 바위가 바다 속에서 나와 조수가 이르러도 가라앉지 않았다"[357]라고 한다. 여러 설이 각각 다른 데다 허황된 것이 많아 상당히 의심스럽다. 저 망부석이라는 것이 당송대부터 이미 시가(詩歌)에 전파되고 읊어진 것인데, 지지(地志)에 "망부석은 무창(武昌)에 있고 하나는 태평(太平)에 있다"라고 한다. 남편을 바라보다 돌이 된 일은 더러 있지만 시가에서 읊어지는 데가 딱 어느 곳인지는 모르겠다. 건륭의 시(詩)가 있다.

처량한 바람결 앙상한 나무가 사양에 울부짖으니	凄風禿樹吼斜陽
슬픈 소리 흩어져 낭군을 조문하네	散作悲聲弔乃郎
천고에 무심히 절의를 자랑하고	千古無心誇節義
한 몸이 죽어 강상이 되었구나	一身有死爲綱常
그날부터 이 땅에는 강녀로 칭송되어	由來此地稱姜女
당년에 기량을 곡하였다고 모두 말하네	盡道當年哭杞梁
떳떳한 마음 아름다운 덕 길이 보리니	長見秉彝公懿好
이곳이라 잘못 전한들 나쁠 것 없다네	訛傳是處也無妨

---

357 맹강이 자기 …… 않았다: 이와 동일한 내용이 박지원의 『열하일기』에 확인된다.

왕건(王建)[358]이 시로 지은 「망부석」은 무창에 있고 이곳은 요동에 있기 때문이다. 또 진(秦)나라 때 섬강(陝姜)이라 말한 적이 없는데 이는 제나라 여자의 호칭이니 정녀를 섬서 사람이라고 한 것은 더욱 그릇된 것이다.

계명사기(鷄鳴寺記)

계명사는 낭자산(娘子山) 서쪽 기슭의 위에 있다. 당나라 때의 옛 사찰이다. 윗 기슭에는 돌사다리 10여 계단이 있는데 계단이 다하면 문이 있고 문에 들어가면 당이 있는데 '용왕(龍王)'이라 편액을 달았다. 사당 안에는 금으로 만든 불상을 안치하고 좌우에는 신위(神衛)를 설치했으며 묘(廟) 뒤에는 작은 감실이 있다. 감실 안에 아미불(阿彌佛) 3좌를 안치하고 앞에는 향로를 두고 곁에는 작은 닭을 두었는데 벼슬과 엄지발톱이 살아 있는 것 같다. 등에는 날개가 둘 있고 그 색깔은 흰데, 살펴보니 바위였다. 감실 뒤는 산기슭의 상층으로 아름다운 나무와 무성한 숲이 울창하여 그윽한 아치가 있다. 숲 사이에는 바위가 있어 작은 닭 모양 같은데, 승려의 이야기로는 이것이 옛날부터 있던 것인데 근래에 비바람에 마멸되어 닭대가리만 남게 되었고 그래서 석회로 그 모양을 보수해 주었다고 한다. 뜰에는 공적을 기록한 비(碑)가 있는데 청나라 옹정 연간에 세운 것이다. 그 비문에 '옛적에 당나라 천자가 동쪽을 정벌할 적에 밤중에 문득 닭 한 마리가 울었다. 날이 밝아 찾아보니 돌 닭 한 마리를 얻었다. 이 일로 인해 절을 세웠다'라고 적혀 있다. 당나라 천자는 태종이고 태종이 고려를 정벌할 적에 군대가 패해 산 아래에 이르렀는데, 밤이 어두워져 길을 헤매다가 문득 닭 소리가 숲에서 나오자 잠시 소리를 찾다가 들어가니 작은 집 하나가 보였다. 그 문을 두드리니 한 여자가 나와 맞이하고는 먹거리를 갖추어 황제의 식사로 바쳤다. 피곤해서 잠들었다가 깨어나니 빈 산에 사람은 없고 단지 닭의 형상과 같은 작은 바위만 보였다. 대단

---

[358] 왕건(王建): 767?~831?. 자는 중초(仲初)이며, 영천(穎川) 출신으로, 당나라 시인이다. 헌종(憲宗) 원화(元和) 때 관직에 나아간 이래 태부시승(太府寺丞)·태상시승(太常寺丞)·비서승(秘書丞)을 거쳐 섬주사마(陝州司馬)를 역임하다가 만년에 함양(咸陽)에 은거하였다. 특히 궁사(宮詞)와 악부시(樂府詩)에 뛰어났으며, 저서로 『왕사마집(王司馬集)』이 있다.

히 경이롭게 여겨 절을 지어 보호하라고 명하고는 마침내 그 절을 '계명'이라 이름하고 산을 '낭자'라 이름하였다.[359] 이는 아마도 떠돌아다니는 설에서 나온 것일 텐데 역시 허탄하고 망녕되어 정상적이지 않은 데 가깝다. 그런데 빗돌에 새겨 이 절의 기적비로 삼았으니 '틀림없이 이런 일이 없다'라고는 하지 못할 것이다. 아! 태종은 당나라를 개창한 군주다. 신령스러운 무예와 위대한 지략으로 전쟁에서 승리하고 공격하면 취하여 향하는 곳마다 대적할 이가 없었으며, 집안을 변화시켜 국가를 다스려 태평 시절을 이룩함에 미쳐서는 그 능력을 쓰지 못한 바가 없었다. 문득 이름 없는 군대에서 일어나 석권하며 동쪽으로 왔으나 끝내 탄환처럼 작은 안시성에서 뜻을 얻지 못하고 허둥지둥 군대를 돌려 돌아갔으니 어찌 그리 고달팠던가? 세상에 전하기로 안시성 성주 양만춘이 황제를 쏘아 눈을 적중시켰다고 하는데, 이는 『당서』와 우리나라 『삼국사』에는 실려 있지 않다. 그런데 고려 이목은(李牧隱)의 「정관음(貞觀吟)」[360]에 "주머니 속 한 물건인 줄 여겼더니 검은 눈동자가 흰 화살에 떨어질 줄 어찌 알았으랴"라고 하였으니 '검은 꽃[玄花]'이란 눈을 말하고 '흰 깃'이란 화살을 말한다. 본조의 삼연(三淵) 김창흡(金昌翕)이 가재 김창업이 연경에 갈 때 전송해 준 시[361]에 "천추의 대담한 양만춘, 황제에게 화살을 쏘아 눈을 떨어뜨렸네"라고 하였다. 두 노인이 읊은 바는 우리 땅에서 만들어진 옛 소문에서 나온 듯하다. 낭자산 돌닭의 사적 또한 믿을 만한 것과 의심할 만한 것의 중간에 있어야 하겠지만, 태종의 이 일은 다름 아닌 풍부(馮婦)가 범을 때려잡던 버릇[362]으로 외국에다 한번 시험해 본 꼴이라 뜻이 교만하고 적을 얕보다 결국 군대를 잃고 위엄을 손상시켜 자주 위험에 처한 경우다. 비록 온 신령이 지켜

---

359 당나라 천자는 …… 이름하였다: 이와 유사한 내용이 이해응의 『계산기정』에서 확인된다.
360 이목은(李牧隱)의 「정관음(貞觀吟)」: 이목은은 이색(李穡, 1328~1396)이다. 「정관음」은 『목은시고(牧隱詩藁)』에 「정관음 유림관작(貞觀吟榆林關作)」이라는 제목으로 실려 있고, 『동문선(東文選)』에도 수록되어 있다.
361 삼연(三淵) …… 시: 김창흡의 『삼연집(三淵集)』에 실려 있는 「송대유수백씨부연(送大有隨伯氏赴燕)」을 말하며, 여기에서 인용한 대목은 그 작품의 제7수에 나온다. 홍경모는 이 글에서 이색과 김창흡의 시구를 나란히 인용하였는데, 앞서 김경선의 『연원직지』와 박지원의 『열하일기』에도 이와 같이 인용한 양상이 보인다.
362 풍부(馮婦)가 …… 버릇: 자기가 하던 버릇을 완전히 고치지 못함을 일컫는 말이다. 풍부는 범을 잘 잡기로 유명한 사람이었는데 하루아침에 그 일을 그만두고 선량한 선비가 되었다. 어느 날 다른 사람들이 범을 쫓다가 뜻대로 되지 않아 풍부에게 도움을 청하니, 풍부가 소매를 걷어붙이고 수레에서 내려왔다. 그러자 사람들은 모두 좋아하였지만, 선비들은 풍부가 절제할 줄 모른다고 비웃었다.

주기는 하였지만, 어찌 만승의 존귀함을 가벼이 여기고 원대한 계략을 부지런히 하기를 숙고하지 않았던 것인가? 도읍으로 돌아올 때 뉘우치며 "위징(魏徵)[363]이 만약 살아 있다면 어찌 짐으로 하여금 이 원정길에 오르게 하였겠느냐?"라고 말하였다. 아! 방현령(房玄齡)[364]과 위징이 다시 태어날 수 없고 절간 하나만 천년토록 전해 오고 있으니, 어찌 탄식하지 않으랴!

독락사기(獨樂寺記)

독락사는 계주성 내 주치(州治)의 서쪽에 있다. 밖은 비치는 담으로 좌우를 가렸고 절 문에 이르니 '독락사(獨樂寺)'라는 편액이 있다. 안쪽 문으로 들어오니 경계하는 신들이 가호(呵護)하며 동서로 열을 지어 서 있는데, 형상이 사납고 장엄하며 형형히 생기가 있어 사람에게 아주 바짝 다가오는 듯하였다. 소상을 빚는 솜씨가 뛰어나서였다. 안쪽에 이층 전각을 지어 놓았는데 '관음지각(觀音之閣)' 넉 자가 걸려 있다. 필세가 나는 듯하고 뛰어오르는 듯하며 곁에 '태백(太白)' 두 자가 쓰여 있어 세상에서는 이백(李白)의 필체라고 전하는데 나는 믿지 못하겠다. 아래층에는 '자비대사전(慈悲大士殿)'이라는 방이 붙어 있고, 전각 내에는 '장륙금신(丈六金身)'을 안치해 두었으니 바로 '관음상(觀音像)'이다. 머리에 작은 부처 열둘을 이고 있는데 눈썹과 눈이 관음과 같고 황금 두루마기를 걸치고 있으며 두루마기의 위아래로 접히는 부분에는 작은 부처가 많이 있다. 왼손을 드리워서 병을 잡고 있고 오른손을 들어 가슴에 두었는데 두어 개의 구슬을 쥐고 있어 그 모습이 살아 움직이는 듯하며 빛깔을 넣은 것이 정교하다. 앞에는 부처 둘이 마주 보고 서 있으며 길이가 얼추 두어 장쯤 된다. 전각의 서쪽은 겹

---

[363] 위징(魏徵): 580~643. 자는 현성(玄成), 시호는 문정공(文貞公)이며, 곡성(曲城) 출생으로, 당나라 초기 공신이자 학자이다. 수(隋)나라 말기에 이밀(李密)의 군대에 참가하였으나 곧 당 고조(唐高祖)에게 귀순하였으며, 태종의 측근으로 여러 요직을 역임한 후 재상(宰相)으로 중용되었다. 특히 태종의 그릇된 점에 대하여 논하는 상소를 많이 올린 것으로 유명하다.

[364] 방현령(房玄齡): 578~648. 이름은 교(喬), 자는 현령(玄齡), 시호는 문소공(文昭公)이며, 제주(齊州) 임치(臨淄) 출신으로, 당나라 초기의 공신이자 재상이다. 18세에 수(隋)나라의 진사(進士)가 되었다가 당 태종에게 귀부하여 측근으로 주요한 관직을 두루 거쳤다. 특히 지모(智謀)가 뛰어나고 공평한 태도로 일관하였기 때문에 두여회(杜如晦)와 함께 현상(賢相)이라는 칭송을 받았다.

으로 벽이 쳐져 있고 가운데는 널빤지로 된 사다리가 있는데 북쪽을 향해 수십 계단 올라갔다가 벽을 만나면 다시 돌고 남쪽을 향해 수십 계단 올라가면 비로소 누각에 오르게 된다. 누각은 모두 널빤지를 깔았고 가운데를 비웠으며 곁에 난간과 헌함을 설치하여 부처의 몸이 그 위로 나와 있고 어깨가 누각과 가지런하다. 버팀목과 들보와 불상 머리 위의 사방에 난간을 따라 돌고 돌아 아래에서 쳐다보니 높은 줄을 몰랐었다. 여기에 이르러 보니 비로소 그 형상을 다 보게 되었다.[365] 어깨로부터 그 위는 그래도 두 장쯤 되고 귀를 재어도 한 장 남짓하니 위대하고 웅장함을 미루어볼 수 있다. 혹자는 6, 70척이라고도 한다. 누각 밖에는 창 여덟 개를 내어놓았는데 난간을 두어 기댈 만하며 사방으로 바라보매 대단히 상쾌하다. 다시 층층의 사다리를 내려와 전각에서 나오니 뒤에 여덟 면이 있고 누각 안에 금불(金佛)을 안치해 두었다. 또 후문으로 들어와 어느 전각에 이르니 부처 셋이 있는데 각기 사자·코끼리·거북을 타고 있다. 전각의 오른편 무(廡)에는 부처가 있는데 길이가 한 장 남짓이고 몸을 기울이고 눈을 감고서 수놓은 요 위에 누워 있으며 비단 이불을 덮고 전신을 반쯤 드러내 보이고 있는데 취해서 자는 사람 같기도 해서 보면 나도 모르게 일어서게 된다. 혹자는 석가(釋迦)의 원적상(圓寂像)이라고도 하고 또 혹자는 이백이 취해서 잠든 상이라고도 한다.[366] 절의 남쪽으로 수백 보를 가면 탑 하나가 있다. 누각과 마주보고 언덕과 나란하여 그 높이가 요동 벌판의 백탑과 어슷비슷하다고 할 만하였다. 월대에는 측백나무 한 그루가 있으니 역시 오래된 것이다. 절은 어느 시대에 창건되었는지 모르겠으나, 요(遼)나라 때에 중수되어 한림학사 승지 유성(劉成)의 비(碑)가 있다. 건륭 18년(1753)에 탕금(帑金)을 하사하시어 중수하였고 절의 안쪽에 황제의 글씨가 걸려 있는데 '보문향계(普門香界)'라 편액이 되어 있고, 주련에 "절간이 신령스런 경기에 가까이 있으니 자애로운 구름이 널리 그늘을 만들어 주네. 법연에서 옛 자취 전하니 보배로운 달이 늘 새롭구나"라고 쓰여 있다. 또 "티끌이 초지(初地)를 물들일 일 절대 없으니 필시 천화(天花)가 강론하는 자리에 떨어지겠구나"라고 하였다. 곁에 행궁이 있는데 굳게 닫아 관람을 허용하지 않는다.

---

365 안쪽에 …… 되었다: 이 부분은 김창업의 『노가재연행일기』에서 차용한 것으로 보인다.
366 혹자는 …… 한다: 이 부분은 서호수의 『연행기』에 보인다.

영안교기(永安橋記)

　　심양에서 서쪽으로 20여 리를 가면 다리가 있는데 '장원교(壯元橋)'라 한다. 또 7, 8리를 가면 영안교(永安橋)가 있다. 돌을 쌓아 놓은 것이 물을 아래에 두고 있으며 너비가 3장(丈)쯤 되고 길이는 20여 장이다. 좌우의 돌난간이 각각 16칸이며 전후로 두 마리 돌사자가 마주보며 웅크리고 있는데 조각이 매우 정교하다. 아래에는 삼홍문(三虹門)을 건축해 놓았다. 다리의 양쪽 끝 뭍으로 들어가는 곳은 모두 팔(八) 자 형태의 날개 담장을 만들어 보호하였다.[367] 곁에 비석을 세워 다리 이름을 써 놓았고 또 '숭덕 4년에 세웠다'라고 써 놓았다. 요동의 지세가 낮아서 진펄이라 다니기가 어렵다. 청 황제가 자주 성경(盛京, 심양)에 거둥하기 때문에 장원교부터 시작해서 길을 만들었다. 아름드리 나무로 엮어 다리를 만들고 다리로 길을 내었는데, 길의 높이가 두어 장이고 너비가 다섯 장이며 양쪽 가장자리의 나무 끝은 가지런하기가 한 칼로 자른 듯하였다.[368] 길에서 몇 걸음 가면 수문을 설치해 물길을 통하게 하여 장마와 진펄에 방비하는데 신점(新店)에 이르러서야 그친다. 모두 250리이다. 200여 리 사이에 하나의 다리로 길을 내었으니 재화의 넉넉함과 인력의 장성함 뿐만 아니라 그 제작 기술의 정교함을 볼 수 있다. 그러므로 민간에서 일상적으로 만드는 것도 이를 본받아 규모가 대체로 같으니, 중국의 심법(心法) 중에 가장 대적할 수 없는 것이 바로 이런 것들이다.[369] 교량 길은 3년에 한 번 개수(改修)한다고 한다.

유하교기(柳河橋記)

　　영안교에서 100여 리를 가면 유하구(柳河溝)이다. 돌을 얹어 다리를 만들었는데 너비가 대여섯 걸음 정도이고 길이가 10여 칸이다. 좌우에 돌난간을 설치하여 영안교와

---

[367] 다리의 …… 보호하였다: 이 대목은 박지원의 『열하일기』 「일신수필」 7월 15일자 기사의 문장을 전재하였다.
[368] 아름드리 …… 듯하였다: 이 대목은 박지원의 『열하일기』 「성경잡지」 7월 13일자 기사의 문장을 전재하였다.
[369] 장마와 …… 것들이다: 이 대목은 박지원의 『열하일기』 「성경잡지」 7월 14일자 기사의 문장을 차용하였다.

같이 제작하였다. 곁에는 분각(粉閣)을 지어 놓았는데, 황색 기와와 붉은 두공(枓栱)이라 형세가 훨훨 날아오르는 듯하다. 안에 어제(御製) 어필(御筆)의 기사비(紀事碑)가 있는데, 그 내용은 대략 다음과 같다.

"성경의 서쪽은 지난날에 진펄이 많았다. 심양에 가까운 데는 태조[370]가 손수레길 120리를 닦으라고 명령한 것으로부터 태종이 다시 영안교를 놓아 지나다니는 자들에게 편의를 제공하여 오늘에 이르도록 혜택을 받고 있다. 그렇게 하였는데도 유하구는 여름철 장맛비 내리는 때를 당하면 여전히 진펄을 근심하였는데 병신년[371]에 승덕(承德)·금현(錦縣)·영원(寧遠)·광녕(廣寧) 네 곳에 사는 상인들이 사재를 털어 첩도(疊道)를 만들고 중간에 나무다리를 얹어 더러운 진창에 통하게 하였다. 지금 그 땅을 지나보니 번듯한 탄탄대로라 하겠다. 때가 이미 8월이나 맑고 갠 지 열흘[372] 남짓 되어 막힘 없이 편안히 다닐 수 있었다. 길을 닦고 다리를 만드는 것은 왕이 정사를 행하면서 숭상하는 바인데, 시정인에 가까운 사람들이 능히 대의분(大義分)이 할 바를 알아 순박한 풍속에 보탬이 되었으니 또한 가상히 여길 만하다. 그래서 시로 기록한다.

심양의 첩도는 광녕에 이어졌지만	瀋陽疊道接廣寧
진펄은 해마다 깊어져 지체하게도 하네	沮洳年深或重停
삼태기로 다리 만든 민중의 뜻 절실하여	畚楊成梁衆情切
마차와 낙타 길 따라 지나며 8월을 넘기네	車駝遵路仲秋經

다리를 완성하는 것을 통해 백성들의 풍속을 알기에 넉넉하다. 그래도 왕정의 모범에는 부끄럽다. 남양(南陽)의 여러 부로(父老)보다 훨씬 뛰어나나 부역의 면제를 요구하지 않았고 공적인 것을 듣는 데 우선시하였다.[373] 건륭 43년 무술년 가을 8월 상한

---

[370] 태조: 원문은 '태종(太宗)'으로 되어 있는데, 『흠정성경통지』와 『어제시집(御製詩集) 4집(集)』 권52에 의거하여 '태조(太祖)'로 바로잡았다.
[371] 병신년: 원문은 '이신세(而申歲)'로 되어 있는데, 『흠정성경통지』와 『어제시집 4집』 권52에 의거하여 '병신세(丙申歲)'로 바로잡았다.
[372] 열흘: 원문은 '물(勿)'로 되어 있는데, 『흠정성경통지』와 『어제시집 4집』 권52에 의거하여 '순(旬)'으로 바로잡았다.
[373] 다리를 …… 우선시하였다: 『성경통지』에는 '鄙之足識民風古除也'가 '攻之足識民風古除也'로 되어 있

(上瀚)." 뒷면에도 계묘년에 지은 어제시를 새겨 놓았다.

대체로 요동 벌판 천 리는 흙이 밀가루처럼 가늘어 비를 맞으면 끈적끈적해져 엿이 녹은 것 같다. 봄이 되어 얼음이 녹으면 진흙바다가 되는데 그 속에 잘못 들어가면 사람의 허리와 무릎까지 빠지게 된다. 다리 하나를 빼면 다리 하나가 점점 깊이 빠져 애를 써서 발을 뽑아 올리지 않으면 땅속에서 끌어당기는 것이 있는 듯하여 전신이 다 빠져서 빠진 흔적조차 보이지 않게 된다.[374] 또 간혹 오래도록 비가 오지 않으면 물이 조금 마르기도 해서 속이 문드러진 상태로 채워진다. 사람이 밟으면 불안해하고 말이 달리면 느려 터지게 되며 수레가 지나면 진흙투성이가 된다. 끌어서 동쪽으로 가게 하면 동쪽으로 빠지고 끌어서 서쪽으로 가게 하면 서쪽으로 빠진다. 열 걸음에 아홉 번 고개를 숙이게 되니 신속히 나아가기가 어렵다. 그러므로 '난니(爛泥)'로 보(堡)의 이름을 짓고 '영안'으로 길을 내며 '유하'로 다리를 올린 것은 모두 이러한 이유이다. 일판문(一板門)과 이도정(二道井)에 이르러 진펄이 가장 심한 곳이 되는데 어느 해 봄에 산서의 장사치 20여 명이 모두 건장한 나귀를 타고 일판문에 이르렀다가 일시에 빠져 버렸고, 우리나라 말몰이꾼도 2명이 빠졌다고 한다. 『당서』[375]를 살펴보건대, 태종이 고구려를 정벌하려다 뜻을 얻지 못하고 돌아가다가 발착수(渤錯水)에 이르자 진펄이 80리라 수레와 기병이 통할 수 없게 되고 장손무기(長孫無忌)와 양사도(楊師道) 등이 1만 명을 이끌고 나무를 베어 길을 내고 수레를 연결하여 다리를 만들었다. 황제도 말을 탄 채 스스로 섶나무를 짊어지고 일을 도왔고 눈이 심하게 내리자 횃불을 들고 건너라고 명하였다. 지금 발착수가 어느 곳에 있는지는 알지 못하겠다.[376] 그런데 지금 이곳을 지나니 일판문과 이도정의 사이인 듯하다.

　고 '不求道急公聽'이 '不求道賦急公聽'으로 되어 있다.
374 요동 …… 된다: 이 대목은 박지원의 『열하일기』 「성경잡지」 7월 14일자 기사의 문장을 거의 차용하였다.
375 『당서』: 인용한 대목은 『신당서』 권220 열전 제145에 나온다.
376 일판문(一板門)과 …… 못하겠다: 이 대목은 박지원의 『열하일기』 「성경잡지」 7월 14일자 기사의 문장을 거의 차용하였다.

석하교기(石河橋記)

산해관 서쪽 성을 나와 두어 리 가면 큰 내가 있는데 이름이 석하(石河)로 크기는 양하(羊河)만 한데 오삼계가 이자성을 격파한 곳이다. 곡응태(谷應泰)[377]의 『황명기사(皇明紀事)』[378]에는 다음과 같이 기록되어 있다.

"오삼계가 영원으로부터 산해관에 들어왔는데 수도가 함락되어 황제와 황후가 난리에 죽었다는 말을 듣고, 드디어 흰 상복을 입고 애도를 표한 뒤에 청(淸)에 군사를 요청하고 토적 격문(討賊檄文)을 원근에 전하였다. 이자성은 이 소식을 듣고 깜짝 놀라 오삼계의 아버지 오양(吳襄)을 위협하여, 오삼계를 불러들일 편지를 쓰게 하였다. 옛 장수 당통(唐通)을 오삼계에게 보내어 항복할 것을 권유하고 동궁의 무사함을 전하였다. 오삼계는 답하지 않고 그의 아버지에게 편지를 썼는데, 그 글은 대략 '아버지가 이미 충신이 되지 못했는데 제가 어찌 효자가 되겠습니까? 오늘부터 저와 아버지는 결별하겠습니다.'라고 하였다. 편지가 도달하자 이자성은 더욱 두려워하였다. 오삼계가 충의를 들어 장사들에게 격려하며 '나는 불충불효하니 무슨 낯으로 천지간에 살겠는가?' 하고 스스로 목을 찌르려고 하니, 부하들이 모두 '장군은 어찌 이렇게까지 하십니까? 우리들이 마땅히 죽기로써 싸우겠습니다'라고 하였다. 이리하여 경성 밖 곳곳에 오삼계의 격문이 나붙고 백성들은 상복을 입고 원수를 갚기로 약속하니, 도성 안 백성들도 모두 흰 수건을 몰래 만들었다. 이때 이자성은 군병 6만을 거느리고 동쪽으로 갔는데, 태자・영왕(永王)・정왕(定王)을 대동하였고, 오양은 스스로 따랐다. 이들의 정예병은 수만에 불과하였고 이르는 곳마다 허세로 위협할 뿐 큰 상대는 겪어 본 적이 없었으므로 변방의 군병이 굳세다는 소문을 듣고 떨지 않는 자가 없었다. 이자성은 성패가 한 번의 싸움에 결정된다는 것을 알고, 더욱 몰아쳐서 병영을 연결하여 나란히 전진하였다. 모두 정예병으로 출전한 오삼계의 군사는 일당백으로 분전하여

---

[377] 곡응태(谷應泰): 1620~1690. 자는 갱우(賡虞), 호는 임창(霖蒼)이며, 청나라 초기의 관료이자 역사학자로 당시 '청대 제일의 문원(文苑)'이라고 불렸다. 저술로 『축익당집(築益堂集)』과 『명사기사본말(明史紀事本末)』 80권이 있다.

[378] 『황명기사(皇明紀事)』: 『명사기사본말』의 별칭으로 보인다.

수천 명의 적을 격살하였으며, 적들도 용기를 내어 거듭 전진하였다. 이자성이 태자를 대동하고 높은 언덕에 올라 말을 멈추고 관전하니, 자기의 군병이 삼면으로 오삼계의 군병을 에워쌌는데, 오삼계의 군병이 동서로 치달으며 돌격하자 흩어졌다가 다시 모이곤 하였다. 이때 청병이 와서 빙 돌아 오삼계 군사의 우측으로 나오니 향하는 곳마다 쓰러졌다. 이자성이 말을 채찍질하여 달아나니 진영은 드디어 완전히 붕괴되었으며, 저희들끼리 밟혀 죽은 자가 수만 명이었다. 군병들은 길을 나눠 추격하여 장수 다섯을 죽였으며 짐수레를 빼앗은 것은 셀 수 없을 정도였다"라고 하였다.

또 『시강원일기』를 살펴보건대 다음과 같이 기록되어 있다.

"갑신년(1644, 인조 22) 4월, 구왕(九王, 도르곤)이 군병을 거느리고 서쪽을 침범했는데, 세자(世子, 소현세자)가 역관을 보내어 탐문해 보았더니, 산해관 총병 오삼계가 부총 한 사람과 유격 한 사람을 보내 말하기를 '산서(山西)의 유적(流賊, 李自成)이 초봄에 황성을 범하여 포위해서 함락했습니다. 황제는 스스로 목을 맸고 후비는 자기 몸을 불에 태웠습니다. 나랏일이 이 지경에 이르렀으니 이미 어찌할 도리가 없어졌습니다. 적병이 동쪽으로 향하니 열군(列郡)이 와해되고 오직 산해관만 남았으나 힘은 약하고 군병은 고단하여 형세가 감당하기 어렵습니다. 대왕이 출병했다는 말은 이미 들었습니다마는, 만약 이때에 와서 구해 준다면 관문을 열어 맞이하겠습니다. 대왕께서 일단 관문에 들어오신다면 북경을 찾을 날은 이미 정해진 것이나 다름없으니, 대왕께서는 속히 진군하기 바랍니다' 하였다. 구왕이 사실 여부를 탐지해 보기 위해서 처남 배연(拜然)에게 한장(漢將) 한 사람을 딸려 산해관으로 보냈다. 한장 한 사람은 청의 진영에 남겨 두었다고 하였는데, 군기가 어찌나 삼엄하고 빈틈이 없었던지 자세한 것은 알 수 없었다. 저녁에 아역(衙譯)이 구왕의 말을 전하기를, '내일은 갈 길이 머니 세자 일행은 멀리 갈 수 있는 인마를 가려 놓았다가 수행하라' 하였다. 20일에 연산역(連山驛)에 이르러 자려고 하였는데, 오삼계가 또 구왕에게 장관(將官)을 보내어 말하기를 '적병이 가까이 왔으니, 군병을 독촉해서 빨리 구원하기 바랍니다' 하였다. 그리하여 구왕은 즉시 떠났으며 세자에게도 간편한 기마만 거느리고 뒤따를 것을 급히 명했다. 세자 일행은 허겁지겁 불도 켜지 못하고 밤새도록 달렸는데 사하보(沙河堡)의 성 밖에 이르자 구왕이 말을 멈추고 잠시 쉬었다. 세자는 밭이랑 사이에 앉아 조금 쉬고 여명에 다시 떠나서 관문을 15리쯤 남겨 둔 곳에 멈추었으니 하루 밤낮에 200리 길을 달린 것이다. 청병은 무장을 차리고 밤중에 진을 관 위로 옮겼는데 포성이 밤이 깊도록 그치지 않았다. 22일 새벽에 청병은 관문에서 5리밖에 안 떨어진 연대 밑으로 바싹 다가왔다. 포성이 요란하더니 조금 후에 오삼계가 장수 수십 원(員)과 갑군 수백 기를 거느리고 성을 나와 구왕을 맞이하며 항복하니, 구왕은 진중에서 배례(拜禮)를 받고 군병을 이끌고 성 밑 몇 리 거리로 진군하고 말에서 내려 앉았다. 한인과 청인이 쉴 새 없이 왕래하더니 청병의 좌진, 우진이 일시에 관문으로 달려 들어가 성 위에 백기를 꽂았으며 이어서 구왕이 뒤따라 들어갔다. 아마도 오삼계는 유적과 교전하다가 나온 모양이었다. 양 진영이 성에서 치열하게 접전하는데, 성문으로 탄환이 난사되었다. 이때 세자는 성 밑에 있는 채소밭 담벼락에 앉아 있었다. 구왕이 있는 곳과는 겨우 대여섯 집이 떨어진 거리였다. 구왕이 오라고 청하므로 세자가 갔는데, 채 앉기도 전에 구왕이 다시 일어나 말에 오르면서 말하기를 '세자는 전쟁터로 따라오라'라고 하였다. 세자가 부득이 갑옷을 입고 전장에 서니 포성은 우레 치듯 하고 화살은 비 오듯 하였다. 호각이 세 번 울리고 고함 소리가 세 번 나자 청병은 일시에 적진으로 돌진하여 칼날에서 불꽃이 튀고 화살도 몇 순(巡)이나 쏘아 댔다. 이때 바람이 크게 일어 한바탕 누런 먼지가 멀리 씻어 나가서 비로소 적병의 패배를 알 수 있었다. 잠깐 사이에 싸움터는 텅텅 비고 시체는 이리저리 서로 포개어져 들판에 가득하였다. 또 달아나는 기마들을 20리를 뒤쫓아 가서 성의 동쪽, 바다 입구에서 모조리 죽였으며, 스스로 물에 몸을 던져 죽은 자도 그 수가 얼마인지 몰랐다. 초경(初更)에 구왕은 진을 돌며 관문에서 5리 떨어진 전장(戰場) 근처로 돌아왔고, 세자는 따라나와 진 밖에서 잤다. 이튿날 구왕은 처음으로 섭정왕(攝政王, 도르곤)이라고 칭하고 군병에게 영을 내려 백성을 침략하는 일이 없도록 하였다. 오 장군은 예하 군병들과 함께 모두 머리를 깎고 기병 수만을 거느리고 청인과 함께 일시에 서쪽으로 갔다. 5월 5일에 북경에 도착해 보니 유적이 이미 궁궐을 불태우고 내탕고와 궁녀들을 약취하여 남쪽으로 도망한 뒤였다. 뒤에 들으니, 산해관 싸움에 참여한 유적은 기병이 10만, 보병이 22만이었는데 패전한 뒤에는 겨우 6,000여 기가 남아서 달아났다고 한다."

『황명기사』와 『시강원일기』에 기록되어 있는 것이 자세하고 소략한 차이가 있기는 하지만 당시의 형세를 대략 떠올려 볼 수 있다. 세상에서 혹자는 오삼계가 관문을 열어 청병을 받아들인 것을 죄로 삼는데, 이것은 옳지 않다. 당시에 황성이 이미 함락되고 황제는 사직을 위해 죽어 명나라가 이미 망하였는데, 오삼계 홀로 관문을 보존하려 한들 되었겠는가! 이자성에게 깨뜨려지지 않으면 청병에게 깨어졌을 터이니, 당시의 형세로 보아 그것이 결코 오삼계의 주장 탓은 아니다. 또 이자성의 죄는 크다. 명나라 신하 된 자면 누구나 마땅히 그를 불공대천의 원수로 토죄해야 한다. 오삼계가 깨부수어질 것이 확실한 산해관을 포기하고 군부의 원수를 갚았으니, 다급한 상황에서 의리에 처했다고는 할 수 있다. 만일 오삼계가 완전한 의[一切之義]를 지켜 청병과 힘을 합하지 아니했다면 끝내는 이자성에게 패했을 것이며, 청병도 자연스럽게 산해관에 들어왔을 것이다. 천하의 일에 도대체 무슨 보탬이 있겠는가! 다만 오양이 죽고 나서 오삼계도 죽었다면 좋았을 터인데, 죽지 못하였으니 이는 오삼계의 죄다. 30년을 은인자중하여 평민으로서 거사하여 천하를 진동시켰으니, 그 또한 장하다. 그렇지만 절의를 잃고 명예를 잃어 끝내 패하여 사라지고 말았으니 어찌 그때 저 두 사람과 같이 의롭게 처사한 것과 같겠는가! 오삼계가 운남(雲南)에 있을 적에 사졸(士卒)을 만나면 술 마시기가 일쑤였으며, 연극은 악 무목(岳武穆, 岳飛)의 일을 좋아하여 보고 나면 한바탕 울고 운 뒤에는 다시 술을 마셨다. 이로 보아 그의 뜻이 어디에 있었는지 알 수 있다. 후반의 일이 사람들에게 만족을 주지는 못했으나, 영걸이라고 하겠다.[379]

김원수묘기(金元帥墓記)

김 원수(金元帥)는 조선 사람이다. 만력 무오년(1618)에 청나라 사람이 요양을 함락하자 황제가 양호(楊鎬)[380]와 유정(劉綎)에게 명하여 그들을 토벌하고 우리 군대를 징발

---

379 곡응태(谷應泰)의 …… 하겠다: 『황명기사』와 『시강원일기』를 인용한 부분은 김창업의 『노가재연행일기』 권3 임진년 12월 19일 기사의 문장을 거의 전재한 것이다.
380 양호(楊鎬): ?~1629. 자는 경보(京甫), 호는 풍균(風筠)이며, 하남 귀덕부(歸德府) 상구현(商丘縣) 출신으로, 명나라 후기 장수이다. 1580년(만력 8)에 진사가 되었고, 정유재란 당시 1597년(만력 25)에 흠차경리조선군무 도찰원우첨도어사(欽差經理朝鮮軍務都察院右僉都御史)로 조선에 왔다. 울산에서 벌어진 도산성(島山城) 전투에서 크게 패하였는데, 이를 승리한 것으로 보고하였다가 들통이 나서 파면되었다. 조선에서는 그의 공을 기리기 위해 선무사(宣武祠)에 배향하고 그 앞에 양호거사비(楊鎬去思碑, 서대문

하여 협공하도록 하였다. 광해군은 강홍립(姜弘立)[381]을 도원수로 삼고 김경서(金景瑞)를 부원수로 삼았는데 교서(敎書)와 절월(節鉞)[382]을 주지 않았다. 김경서가 누차 요청했으나 답하지 않았다. 강홍립이 통제권을 독차지하는 데 탐욕을 부려 중간에서 막았기 때문이었다. 김경서는 평안 병사로서 이 명을 받았는데, 임진년에 전쟁이 일어났을 때부터 명나라 조정에서 김경서의 이름을 일찌감치 들어 알고 있었다. 이때에 이르러 그가 장수가 된 사실을 알고 특별히 기와 검과 차패(箚牌)를 하사하고 '김 원수'라 칭하였다. 김경서는 더욱 감격하여 죽음을 바치고자 하였으나 강홍립에게 견제당하여 손이 묶인 채 군중에 앉아 있을 수밖에 없었다. 기미년(1619) 2월에 군대가 압록강을 건너자 강홍립이 "하나의 군영에 두 명의 장수가 있을 수 없다. 부원수는 좌영으로 옮겨 주둔함이 마땅하다"라고 명령을 내렸다. 김경서는 마땅하지 않다고 여겨 "부원수로서 도리어 선봉이 되는 경우가 어디에 있는가?"라고 말하였다. 심하(深河)에 이르러 강홍립이 몰래 역관과 결탁하여 화친하려 하였는데 김경서는 알지 못하였다. 부차령(夫車嶺)에 이르러 적의 군대가 산골짜기 사이에 숨었다가 명나라 군대를 습격하니 유정이 패하여 죽었고 적이 거의 승기를 잡아 우리를 공격하는 바람에 좌영이 위급해졌고 좌영의 장수 김응하(金應河)[383]가 힘써 싸우다 죽었다. 강홍립은 멀리 바라만 볼 뿐 기가 질려 구원하려는 마음이 없었다. 김경서가 분해하며 "명나라 군대와 우리 군

구 명지대학교 교정)를 세웠다.
[381] 강홍립(姜弘立): 1560~1627. 자는 군신(君信), 호는 내촌(耐村), 본관은 진주(晉州)로, 조선 중기 문신이다. 1618년(광해 10) 외교에 능숙하고 중국어에 능통해 5도도원수(五道都元帥)로 임명되었고, 명나라가 후금(後金)을 공격하기 위해 파병한 조선 지원병 1만 3,000명의 군사를 이끌고 출정하였다. 이듬해 조명 연합군이 부차(富車)에서 대패하자 강홍립은 군사를 이끌고 후금에 항복하였다. 1620년(광해 12)부터 후금에 억류된 조선 포로들은 석방되어 귀국하였으나 강홍립과 부원수 김경서(1564~1624) 등은 여전히 억류되었는데, 이 과정에서 강홍립이 후금의 상황을 밀지로 광해군에게 보고하였다. 그사이 조선에서는 1623년에 인조반정(仁祖反正)이 일어나 인조가 등극하였고, 1627년(인조 5) 정묘호란(丁卯胡亂)이 발발하자 후금군과 함께 귀국하여 화의(和議)를 주선하였다. 이로 인해 모든 관직을 삭탈당하고, 같은 해 7월 병사하였다.
[382] 절월(節鉞): 절(節)이라는 기(旗)와 부월(斧鉞)이라는 도끼로, 제왕이 장수에게 병권(兵權)의 상징으로 주던 물건이다.
[383] 김응하(金應河): 1580~1619. 1618년(광해군 10) 명나라가 후금을 칠 때 조선에 원병을 청해 오자, 부원수 김경서의 휘하에 좌영장(左營將)으로 있다가 이듬해 2월 도원수 강홍립을 따라 압록강을 건너 후금 정벌에 나섰다. 그러나 명나라 군사가 대패하자, 3,000명의 휘하 군사로 수만 명의 후금군을 맞아 고군분투하다가 중과부적으로 패배하고 전사하였다. 명나라 신종(神宗)이 특별히 조서를 내려 요동백(遼東伯)에 봉하였다.

대가 계속해서 패하여 죽어가는데 어찌 차마 혼자만 살리오?"라고 말하고 말을 채찍질하며 나가려 하였다. 강홍립이 "나에게 비밀 교지가 있다"라고 말하고, 김경서를 붙잡아 밑에서 내리게 하고 말과 명나라 조정에서 하사한 기와 칼을 빼앗았다. 김경서가 크게 호통치며 "적의 군대가 800보 내에 있는데 헛되이 죽을 수 없다. 나를 만류하는 건 어째서냐?"라고 말하였는데, 강홍립이 답하지 않고 오히려 화친의 편지를 써서 김경서의 이름을 채워 넣으려 하며 이렇게 꾀었다. "적이 우리 귀한 장수를 만나 보고 싶어 하오. 일을 논의해 보니 장군이 아니면 갈 만한 사람이 없소"라고 말하였다. 김경서가 고래고래 소리치며 꾸짖기를 "강홍립 너는 어떤 벼슬아치길래 국가가 경내의 〈군사를〉 쓸어다가 너에게 황조를 위해 적을 토벌하는 직을 맡겼는데, 너는 오랑캐에게 항복하기를 달게 여기고 도리어 나를 속이며 으르는 게냐?"라고 말하였다. 강홍립이 발끈하며 "영을 어기면 군율이 있을 뿐이다"라고 말하고는 마침내 적의 군영에 데려다 놓았다. 다음 날 강홍립이 무리를 이끌고 항복하였는데, 김경서는 이미 잡혀 있었고 적장이 을러서 항복하도록 종용하였다. 김경서가 사나운 목소리로 "나에게는 죽음이 있을 뿐이다"라고 말하였다. 적장이 손을 잡으며 "참으로 충신이로다"라고 말하였다. 건주로 보내져 온갖 방법으로 꾀고 을러 보았지만 끝내 굴복하지 않았다. 적은 새로 쌓은 성의 울짱에 가두었다.

　김경서는 감금된 지 6년이 지나 비분에 차서 죽으려고 하다가 스스로 생각하니 자신이 외국 땅에 감금된 채 한 번 본심을 드러내지도 못한다면 강홍립과 함께 똑같은 부류가 될 것이었다. 이에 포로로 잡힌 본말과 적의 사정을 몰래 기록하여 일기로 삼고 손수 상소를 초하여 가까이 지내며 신뢰하는 번호에게 주어 우리 조정에 아뢰게끔 하였으나 광해(光海)가 살펴보지 않았다. 후에 조선 차사(差使)가 심양에 들어가는 것을 통해 집안 사람이 재화를 보내 속환하는 방도를 도모하였다. 김경서는 "뇌물을 써서 돌아가야 한다면 나는 하지 않겠다"라고 답하였다. 적이 우리와 화친을 맺을 때 김경서를 끝내 자기들을 위해 쓸 수 없었기 때문에 "이 사람은 고집을 꺾지 않으니 강홍립의 부류가 아니다"라고 하며 송환하려는 뜻을 비추자, 강홍립은 그가 살아 돌아가면 자기의 죄가 더욱 드러날까 염려하여 마침내 적에게 은밀히 고하여 그 전대를 뒤져서 비밀 상소와 일기의 초고를 얻었다. 적의 장수가 매우 노하여 동문 밖에 묶어다 내

놓고 죽였다. 〈그의〉 노비 동이도 따라 죽었다. 이때가 천계 갑자년(1624) 4월 18일이다. 적이 의롭게 여겨 그 시신을 거두어 태자하(太子河) 변에 묻어 주었다고 한다.

나는 일찍이 원수의 후손을 통해 이 유사를 알고 있었다. 절의를 온전히 함은 소자경(蘇子卿)과 같고 자기 목숨을 바침은 안청신(顔清臣)과 같다.[384] 부고가 전해진 날에 아들 김득진(金得振)이 남겨진 의관으로 기를 갖추고 압록강 가에서 초혼(招魂)을 하자, 갑자기 비바람이 몰아치고 구름안개가 하늘을 가리더니 은은히 징과 북 소리가 났다.[385] 아, 기이하도다! 초혼하던 때에 '초사(楚些)' 소리가 없었던 것이 애석하다. 그래서 이에 송옥(宋玉)의 소(騷)를 본떠 조문하노라. 지금 태자하를 지나며 푸른 비가 어느 가에 묻혀 있는지 알지 못하겠다. 생각건대 높은 충성과 큰 절개가 비분의 마음을 더욱 격동시키나니 유하 장군(柳下將軍, 김응하)과 천추에 이름을 드날려야 할 터이다. 또한 조선에 사람이 있다고 말할 만하다.[386]

조선사신항절도기(朝鮮使臣抗節圖記)

심양에 들어와 왕씨(王氏) 성 사람 집에 묵었다. 집의 서쪽 벽에 그림이 있는데 공연 마당에서 여러 유희를 하는 것으로 다 인쇄한 본이었다. 또 한 폭의 그림이 있는데, 하나의 큰 궁실 안에 왕노릇 하는 자가 의자에 기대어 앉아 있고 좌우에서 호위하는 병사들이 매우 많았으며 호위하는 자들 외의 군졸들 수십 사람이 두 사람을 끌고 있는데 두 사람은 머리를 풀어헤치고 땅에 누워 있는 형상을 그려 놓았다. 위에 '조

---

384 절의를 …… 같다: 소자경은 한(漢)나라의 충신 소무(蘇武, 기원전 140~기원전 80)로, 자경은 그의 자(字)이다. 한 무제의 명을 받고 흉노의 지역에 사신으로 갔다가 북해(北海) 부근에서 19년간 유폐되었다. 앞서 흉노에게 항복한 이릉(李陵, ?~기원전 74)이 설득하였으나 따르지 않고 절개를 지켜 귀국하였다. 안청신은 당나라 현종 때의 명신(名臣) 안진경(顔眞卿, 709~785)으로, 청신은 그의 자이다. 평원 태수(平原太守)로 있으면서 안녹산(安祿山, 703?~757)이 배반할 것을 알고서 미리 대비하여 안녹산의 군대를 토벌하는 데 공을 세웠다. 서법(書法)에서 일가를 이룬 것으로도 유명하다.

385 김 원수(金元帥)는 …… 났다: 이 글에서 홍양호의 「부원수김장군경서전(副元帥金將軍景瑞傳)」(『이계집』권18)의 문장을 차용한 대목이 많이 확인된다.

386 '김원수묘기(金元帥墓記)'처럼 강홍립, 김경서 등과 관련된 기록들은 조선에서 사르후 전투 및 청에 대한 인식과 계승성을 잘 보여 준다. 당대 조선 지식인들은 각자의 정당성을 주장하기 위해 다양한 자료들을 만들고 유통시켰는데, '김원수묘기'와 다른 입장에서 서술한 글로는 사르후 전투에 종사관으로 참여한 이민환(李民寏, 1573~1649)의 저서 『책중일록(冊中日錄)』이 있다.

선사신항절도(朝鮮使臣抗節圖)'라는 제목이 있다. 청나라 군주가 국호를 세우고 하례를 받을 때 조선 사신 나공(羅公)과 이공(李公)이 하례에 참석하지 않고 굴복하지 않은 형상인 것 같다. 숭정(崇禎) 병자년에 나덕헌(羅德憲) 공이 신사(信使)로서 심양에 가느라 의주에 머물고 있었는데, 회답사(回答使) 이확(李廓) 공도 이르러 함께 심양에 당도하였다. 이때 청나라 군주가 항복한 서달(西㺚)을 불렀는데 강토를 크게 넓혔기에 장차 황제의 칭호를 더하려 하였다. 부역(俘譯) 정명수(鄭命壽)[387]가 두 공에게 가서 관람하라고 청하며 의중을 떠보았다. 나공은 거절하며 따르지 않았다. 4월 11일이 되자 청나라 수십 기가 와서 "황제가 지금 하례를 받으시니 의복을 가지런히 하고 기다리도록 하라"라고 말하였다. 나공이 "내가 죽을 곳을 얻었구나"라고 말하였다. 마침내 이공과 함께 동쪽을 향해 네 번 절을 하고 모자를 품고 도포를 찢으며 차고 있던 칼을 꺼내어 정명수에게 주며 "필시 나를 겁박하고자 할 터이니 내 머리를 속히 잘라라!"라고 말하고는, 머리를 풀어헤치고 고개를 나란히 하고 손을 맞잡으며 얽어매고 갈고리로 연결하여 누웠다. 청나라 군주가 이미 존호를 받았는데 '관온인성황제(寬溫仁聖皇帝)'[388]였고 국호는 '대청(大淸)'이라 하였으며 숭덕(崇德)으로 원년을 고쳤다. 팔고산(八固山) 여러 왕자와 장사(將士) 수천 명이 앞에 벌여 서서 공이 반열에 이르기를 재촉하였고, 교졸 수십 명이 두 공을 끌고 가서 머리털과 수염이 다 빠져 버렸다. 나공은 당시에 나이가 60여 세였는데 힘을 다해 싸우다 헐떡이며 숨이 끊어질 듯하였다. 포로로 저쪽의 장수가 된 자들이 근심스레 말하기를 "형제의 나라에 한번 절한다고 무어 해가 된다고 자신을 돌보지 않기를 이와 같이 하는가?"라고 하였다. 나공이 "임금의 명이 있

---

387 정명수(鄭命壽): ?~1653. 조선인으로 청에 귀순하여 통역관 및 사신으로 활동하였다. 만주식 이름은 굴마훈(Gūlmahūn, 古兒馬紅)이다. 평안도 은산 출신으로 천민이었던 것으로 보인다. 병자호란 때 청 장수 용골대(龍骨大)의 통역관으로 조선과의 교섭 과정에서 일정한 역할을 하였다. 청에서 조선으로 파견되는 사행에 거의 참여하였으며, 훗날 호부 주사(戶部主事)로까지 승진하였다. 1653년(순치 10)에 조선 여인을 첩으로 취한 것, 조선에 있는 자신의 친인척을 위해 관직을 청탁한 것, 조선 사신에게 내린 황제의 하사품을 갈취한 것, 조선의 무역 담당관을 모욕한 것, 조선을 방문하면서 지방의 관리들에게 물건과 돈을 요구한 것, 조선인과의 접촉을 독점하여 다른 팔기들에게 손해를 끼친 것, 황제의 허락 없이 범인을 조선으로 데려간 것 등의 이유로 효수되었다.

388 팔고산(八固山): 팔기(八旗)를 가리킨다. 후금(청)의 팔기제는 200~300명을 니루[牛彔, niru]로, 5개의 니루를 1개 자란[甲喇, jalan]으로, 5개의 자란을 1개의 구사(gūsa)로 편제하였다. 고산은 구사의 다른 표현이다.

지 않다면 죽는다 해도 어찌 절해서야 되겠는가?"라고 말하였다. 그 사람들이 서로 돌아보며 "多也, 多也"라고 하였다. '多也'라는 것은 감탄하는 말이다. 청나라 군주가 축하를 받는 예가 끝나자 공을 쫓아내 관(館)에 들였다. 다음 날 동교에 나가자 또 두 공을 잡아와 청나라 장수 영고이대(英固爾岱, Inggūldai)가 "오늘 절하지 않으면 크게는 죽음을 당하고 작게는 구금당할 것이다"라고 하자, 나공이 "죽이려면 죽이고 가두려면 가둬라!"라고 하고는 크게 꾸짖었다. 그 사람들이 떼를 지어 때려 왼쪽 갈비뼈를 부러뜨렸다. 청나라 임금이 관사에 구금하라고 명령하였다. 또 다음 날 대회합에서 죽이자고 의논하려 하였는데 청나라 군주의 조카 요퇴(要魋, Yoto)가 간언하여 마침내 죽이지 않고 신속히 동쪽으로 돌아가게 되었다. 〈그러나〉 국서를 보는 것을 허락하지 않자, 나공이 "보지 않으면 받을 수 없다"라고 하였다. 영고이대가 협박하며 행장(行裝) 속에 두게 하고 100여 기(騎)로 압송하게 하여 연산관(連山關)에 이르자 가 버렸다. 나공이 이에 지포(紙布)를 넣은 상자에 〈국서를〉 끼워 넣어 말 한 필에 실어 놓고 〈청의〉 보인(堡人)에게 "말은 병들었고 행장이 무거우니 〈이 말을〉 우선 심양으로 보냈다가 후일을 기다리겠다"라고 말하였다. 얼마 지나지 않아 청나라 장수 마복탑(馬福塔, 馬夫大, Mafuta, ?~1640)이 돌려보낸 국서를 가지고 와서 사신이 하례에 참석하지도 않고 국서를 받지도 않은 죄를 다스려 달라고 청하였다. 두어 달이 지나 청나라 군대가 크게 일어나 남한산성을 포위하였다. 주상께서 청나라 군영에 거둥하시니, 청나라 군주가 "나덕헌은 어디 있는가?"라고 물었다. 이때부터 우리나라 사람으로서 심양에 가는 자가 공의 일을 많이 알게 되었다. 가도 도독(椵島都督) 심세괴(沈世魁)가 포로를 통해 두 공이 굴복하지 않았던 정황을 듣고 명나라 조정에 상주(上奏)하여, 황제가 어사(御史) 황손무(黃孫茂)를 보내 조서를 내려 포유(襃諭)하였으나, 가도는 이미 함락되어 우리나라에서는 아무도 듣지 못하였다. 충민공(忠愍公) 임경업(林慶業)이 등주(登州)에서 북경에 이르자 어떤 사람이 구타당해 피가 얼룩덜룩한 형상을 그린 그림을 보여 주었는데 완연히 어젯일 같았다. 정랑(正郎) 이치(李稺)가 심양 사람의 벽 위에 있는 두 공의 항절도(抗節圖)를 본 적이 있었다.

건륭제가 지은 전운시에 숭덕이라는 연호를 세웠을 때의 사적을 성대하게 기술해 놓았는데 '조선 사신이 있었는데, 절을 하지 않아 〈태종의〉 뜻이 유독 틀어졌네[乃有朝

鮮使, 不拜志獨乖]'라는 구절이 있었다. 그리고 "태종이 존호를 받고 나서 뭇 신하들이 모두 절하고 조아리는 예를 행했으나, 유독 조선 사신 나덕헌과 이확이 절을 하지 않았다. 좌우에서 죽이려 하지 태종이 '사신이 무례한 것은 원한을 맺으려는 의도를 품고 우호적인 맹약을 막는 것이다. 짐은 끝내 한때의 하찮은 분풀이를 마구 해서 사신을 죽이지 않겠노라. 불문에 부침이 좋겠다'라고 하였다"라는 내용의 자주(自註)를 달았다. 이 시가 한번 나오자 공의 대절(大節)이 환히 천하에 알려졌다. 아! 청나라 사람이 요동과 심양에 범처럼 웅크리고 있을 때, 명나라 조정을 위해 목숨을 바친 조선의 신하들이 많았다. 힘써 싸우다 죽은 자로 유하 장군이 있고, 감금되었으나 굴복하지 않은 자로 김 원수(金元帥, 김경서)가 있으며, 화친을 물리치고 인(仁)을 이룬 자로 삼학사(三學士, 홍익한·윤집·오달제)가 있으니, 조선에 사람이 이리 많았던 것인가! 청나라 군주가 큰 연호를 세우고 여러 부(部)에서 조회를 받을 적에 또 하례에 참여하지 않은 두 사신이 있었으니 위태로움과 욕됨이 만 갈래였지만 우뚝이 서서 꿈쩍도 하지 않았으니 갈비뼈를 부러뜨릴 수 있을지언정 무릎을 꿇릴 수는 없었다. 매서운 장부이자 참된 충신이라 할 만하다. 그러므로 저들이 연호를 세우던 초기에 장차 천하에 위엄을 세우려 하였지만 오히려 위해를 가하지 않고 되레 위로는 서책에 쓰고 시로 형상화하고 아래로는 그 정황을 그림으로 그리고 '조선사신항절도'라고 제목을 붙였다. 충의(忠義)가 사람을 감동하게 함이 있지 않았다면 어찌 이와 같이 하였겠는가? 비록 김 원수 등 여러 사람과 함께 죽지는 못하였지만 절의를 온전히 하는 것 또한 어려운 일이다. 절의를 온전히 함이 죽는 것보다 더 어렵기 때문에 명성이 화이(華夷)에 진동하여 오늘에까지 이르렀다. 조선이 예를 지켜 나가는 풍속에 대하여 바로 이런 점에서 천하 만세에 할 말이 있을 것이다. 어찌 위대하다고 하지 않겠는가?[389]

갈석기(碣石記)

갈석은 창려현(昌黎縣)의 서남쪽에 있다. 『서경』「우공」에 "오른쪽으로 갈석을 끼고

---

389 숭정(崇禎) …… 않겠는가: 이 글은 홍양호의 「삼도통어사증병조참판충렬나공묘갈명(三道統禦使贈兵曹參判忠烈羅公墓碣銘) 병서(幷序)」(『이계집』 권30)의 문장을 많이 차용하였다.

황하로 들어갔다"라고 하였는데 공안국(孔安國)은 "갈석은 바닷가 산[海畔山]이다. 우(禹)가 이 산의 오른편을 끼고 가서 황하로 들어갔다"[390]라고 풀이하였다. 『산해경』에는 "갈석의 산에 승수(繩水)가 나온다"[391]라고 하였다. 『전국책(戰國策)』에는 "소진(蘇秦)이 '연나라 남쪽에는 갈석과 안문이라는 풍요로운 곳이 있다'라고 말하였다"[392]라고 하였다. 『사기』에는 "진시황 32년에 갈석에 가서 갈석문을 새겼다"[393]라고 하였다. 『한서』「무제기(武帝記)」에는 "원봉 원년에 동쪽으로 바닷가를 순시하다가 갈석에 이르렀다"라고 하였다. 『한서』「지리지」에는 "여성현(驪城縣)의 큰 갈석산이 서남쪽에 있다"라고 하였다. 문영(文穎)은 "요서 유현(絫縣)에 있다. 유현은 지금은 없고 임유(臨渝)에 속해 있다. 이 돌이 바닷가에 드러나 있다"라고 하였다. 『위서(魏書)』「문성제기(文成帝紀)」에 "대안(大安) 4년에 동쪽으로 평주(平州)로 순행 갔다가 갈석산에 올라 창해(滄海)를 바라보았다. 갈석산을 고쳐 낙유산(樂遊山)으로 삼았다"[394]라고 하였다. 『위서』「지형지(地形志)」에 "비여현(肥如縣)에 갈석이 있다"라고 하였다. 『수경주』에 "유수(濡水)가 동남쪽으로 흘러 유현(絫縣) 갈석산에 이른다. 지금 침해(枕海)에 용도(甬道)와 같은 돌이 수십 리까지 뻗어 있으며, 산 정상에는 큰 돌이 있는데 기둥 모양과 같고 큰 바다 속에 서 있다. 세상에서는 천교주(天橋柱)라고 하였다. 위소(韋昭)도 이것을 가리켜 갈석산이라고 하였다"[395]라고 하였다. 『괄지지(括地志)』에는 "갈석산은 노룡현의 남쪽 23리 되는 곳에 있다"라고 하였고, 『당서』「지리지」에는 "석성현(石城縣)에 갈석산이 있다"라고 하였다. 『대명일통지』에는 "갈석산은 창려현 서남쪽 50리 되는 곳에 있다. 바다와 30리만큼 떨어져 있다"라고 하였다. 곽조경(郭造卿)의 부지(府志)에 "곧 지금의 창려현 북쪽 선인대(仙人臺)이다"라고 하였다.

  옛날 말들을 살펴보건대, 갈석이라는 것이 하나가 아니다. 공안국이 '바닷가 산[海畔山]'이라고만 했지, 어느 군현에 있는지는 상세히 말하지 않았다. 『한서』「지리지」에

---

390 갈석은 …… 들어갔다: 『상서정의(尙書精義)』「상서주소(尙書注疏)」 권6 「하서(夏書)」, 「우공(禹貢) 1」에 보인다.
391 갈석의 …… 나온다: 이와 관련된 내용이 『산해경』 권3에 보인다.
392 소진(蘇秦)이 …… 말하였다: 이와 관련된 내용이 『전국책』 권29에 보인다.
393 진시황 …… 새겼다: 이와 관련된 내용이 『사기』 권6에 보인다.
394 대안(大安) …… 삼았다: 이와 관련된 내용이 『위서』 권5, 「고종기(高宗紀)」에 보인다.
395 유수(濡水)가 …… 하였다: 이와 관련된 내용이 『수경주』 권14에 보인다.

는 여성현 서남쪽에 있다고 했지만 지금 여성현 또한 적확한 장소가 없다. 노룡에 있다고 말한 것은 『후위서(後魏書)』와 『수서(隋書)』「경적지(經籍志)」, 『괄지지』, 『통전』 및 『통고(通考)』의 여러 설이 서로 이어받아 익거할 만한 듯하다. 그러나 노룡의 남쪽은 바닷가가 아니다. 지금 현지(縣志)에는 또한 이런 산이 없다. "유현(絫縣)에 있으며 〈유현은〉 곧 지금의 창려현의 경계이다"라고 말하는 것은 문영으로부터 시작되었다. 곽박(郭璞)이 『산해경』에 "임유의 남쪽 수중에 있다"라는 주를 내었는데 유현이 이미 폐지되어서 임유에 들어갔기 때문으로 역시 문영의 설이다. 『수경주』는 문영을 종주로 삼고 겸하여 『한서』「지리지」를 인용하였으며 또 왕횡(王橫)[396]의 말을 채록하여 〈갈석산이〉 바닷속에 잠겨 있다고 했으며, 유수(濡水)에 대한 주에서는 〈갈석산의 위치를〉 '침해(枕海)'라고 하였다.[397] 『대명일통지』에는 "창려 서북쪽 50리에 있다"라고 하였고, 부지(府志)에는 또 "지금의 현 북쪽 10리에 위치한 선인대(仙人臺)이다"라고 하였다. 여러 설이 모두 창려 지역에 있음을 말하였지만 또 동일하지 않음이 이와 같다. 『사기색은(史記索隱)』에 이르러 따로 『태강지지(太康地志)』를 인용하여 말하기를 "낙랑(樂浪)의 수성현(遂城縣)에 갈석장성(碣石長城)이 있다"라고 하였다. 기록한 바 유소(劉昭)의 『군국지보주(郡國志補註)』에 "상산(常山) 구문현(九門縣)에 갈석산이 있다"라고 말하였고, 왕응린의 『지리통석』에 또 "수성에 있는 것이 좌갈석(左碣石)이고, 평주에 있는 것이 우갈석(右碣石)이다"라고 하였다. 멀어질수록 근거가 없게 되기에 지금 우선 상세히 열거하여 참고할 거리로 대비해 둔다.[398]

백탑기(白塔記)

요동의 벌판에 탑이 있는데 벌판 가운데 우뚝이 서서 요동 벌판과 웅장함을 다투고 있다. 중국에서 탑으로 이름이 난 것들은 모두 바람 아래에 있으니 참으로 천하의 장관이라 하겠다. 탑은 벽돌로 만들었는데 아래에 삼층 석대(石臺)를 세워두었다. 대

---

396 왕횡(王橫): ?~?. 자는 평중(平仲)이며, 한(漢)나라 낭야(琅耶) 사람이다.
397 유수(濡水)에 …… 하였다: 이와 관련된 내용은 『수경주』 권14에 보인다.
398 '갈석기' 전체는 『대청일통지』 권13 「영평부」 산천(山川)의 갈석산 항목을 전재하였다.

의 길이는 100보이고 너비도 그와 같고 높이는 2장(丈)이며, 대에 탑을 안치하여 팔면으로 깎아 13층까지 쌓았다. 아래는 풍성하고 위는 좁아지며 높이는 36장이고 둘레는 17, 8장이며 한 면의 너비는 얼추 한 칸[間]쯤이며 한 층의 높이는 두어 장쯤 된다. 면들은 모두 나한(羅漢) 하나와 신장(神將) 둘을 양각으로 새겨 놓아 기운이 활발하여 살아 있는 듯하다. 담화(曇華)³⁹⁹와 같은 법물은 정교하여 사람의 능력으로 만들 수 있는 것이 아니다. 층에는 모두 처마가 있고 처마에는 다 방울을 매달아 놓았다. 상층부에는 상륜(相輪)을 설치해 놓았는데 아래는 소반 같고 가운데는 종(鍾)과 같으며 위는 창과 같으며 구릿줄로 네 겹으로 묶어 두었으며 높이는 몇 장이다. 제4층에는 '벽한유광(碧漢流光)' 4자가 가로로 새겨져 있는데 높이는 알아볼 수 없다. 요동은 왼쪽으로 창해를 끼고 있고 앞에는 큰 벌판에 임해 있어 막힌 데가 없어 천 리가 아마득하다. 백탑이 벌판 형세의 3분의 1을 차지하고 있는데 아스라이 가파르게 하늘 높이 솟아 있어 사방 100리 되는 지역 내에서 눈에 들어오지 않는 것이 없을 정도다. 바람이 불어 방울이 울리면 소리가 요동 벌판을 떨친다. 변주(汴州, 중국 河南省 開封)의 개보사탑(開寶寺塔)이 이것에 견주어 어떠한지 모르겠다. 앞에는 비(碑)가 있는데 글자가 마멸되어 읽을 수 없다. 인재(訒齋) 최현(崔晛)⁴⁰⁰이 그 글을 본 적이 있는데 "당 태종이 고려를 정벌할 때 울지공(尉遲恭)에게 이 탑을 세우라고 명하였다"라고 쓰여 있었다. 탑의 남쪽에 옛 사찰이 있는데 광우사(廣祐寺)이다. 요 땅 사람들은 "절이 한대(漢代)에 창건되었는데 당 태종이 동쪽을 정벌할 때 수산(首山)에 주필(駐蹕)하고서 울지공(尉遲公)에게 중수(重修)하도록 하였다"라고 말하는데, 이 탑 또한 그때에 세워진 것인 듯하다. 요양에서 동쪽으로 20리를 가면 또 백탑이 있는데 길가의 마을에 우뚝이 서 있다. 높이는 십수 장이고 둘레는 10여 보이며 층은 13층이고, 면은 8면이며 면마다 8척이며 벽돌로 쌓아 올려 속은 비어 서로 통한다. 층마다 둥근 벽돌로 포개어 기둥을 삼았고 네모난 벽돌로 벽을 만들었는데 둥근 문 네 개를 열어 놓고 모서리끼리 만나게 하여 방위가

---

399 담화(曇華): 삼천 년에 한 번씩 핀다고 하여 불교에서 상서로운 징조로 간주되는 우담바라꽃을 말한다.
400 최현(崔晛): 1563~1640. 저서로 『인재집(訒齋集)』과 『인재선생속집(訒齋先生續集)』이 있는데, 1608년(광해 즉위) 동지사의 서장관으로서 명나라에 다녀왔을 때 남긴 『조천일록(朝天日錄)』이 『인재선생속집』에 실려 있다.

서로 호환되며 층층마다 다 이중으로 된 처마가 있고 나무를 시렁 삼아 포갠 벽돌에 이어 놓았다. 가장 아래에 있는 문으로 들어가 위층을 올려다보니 사방이 시원하게 트여 있다. 제도 또한 매우 기이하다. 옛날에는 나무 사다리를 두어 제1층에까지 이어져 사람이 올라갈 수 있었는데 후에 몽고에 의해 불타 버렸다고 한다.

사호석기(射虎石記)

영평부를 지나 왼쪽으로 청룡하(靑龍河)를 끼고 두어 리를 가서 호두점(虎頭店)을 지나면 길이 꺾이면서 바뀐다. 또 1리를 가면 흙산이 꼬불꼬불한데 산기슭 하나가 돌올히 일어나 있다. 그 앞에 큰 바위가 수풀더미 사이에 반쯤 드러나 있는데 둥그스름하게 엎드려 있는 모습이 범과 같아 세상에서 '한(漢) 비장군(飛將軍)의 사호석(射虎石)'[401]이라 일컬어지는 것이다. 산 앞에 비석이 있는데 '한 비장군이 범을 쏘아 맞힌 곳'이라고 새겨져 있고 왼쪽에는 '강희 임술년(1682) 겨울 곡조(穀朝: 길일)'가 새겨져 있고 오른쪽에는 '흠명(欽命) 유원 장군(綏遠將軍) 채육영(蔡毓榮)이 다시 세운다'가 새겨져 있다. 일찍이 송(宋) 범지완(范志完)이 초서로 크게 쓴 '비장군(飛將軍)' 3자가 있었는데 비석이 부러지고 묻혀서 채 장군이 다시 세운 것이다. 지형을 두루 살펴보니 산은 양산(陽山)이라 칭해지는데 처음에 깊거나 험하지 않고 나무가 거의 없고 암석이 뒤죽박죽 있고 산 아래 오솔길이 물을 끼고 있으면서 평탄하지 않을 뿐이었다. 가만히 생각해 보건대 당시의 북평은 끊어진 변새로 거친 땅이라 산중 나무들 사이에 숲과 나무가 필시 빽빽해서 인적이 드물게 이르러 단지 활 쏘고 사냥하는 곳이었을 뿐이리라. 그런데 산마루의 조각 돌이 길짐승처럼 느닷없이 나타났으니, 달밤에 술에 취해 지날 때 범인 줄 알고 쏘아 맞힌 일도 괴이하게 여길 것이 없다. 언덕 위를 배회하다가 그가 술에 취해 활을 당기며 범을 개로 본 일을 떠올려 보매 천년이 지나서도 영웅의 풍모가 사람을 감동시킨다. 이제 이 돌을 보니 사람의 기운이 산처럼 솟아오르니 열 말

---

401 한(漢) 비장군(飛將軍)의 사호석(射虎石): 이광(李廣)이 우북평 태수(右北平太守)였을 때 사냥을 나갔다가 호랑이로 착각하여 쏘아 맞힌 바위를 말한다.

의 좋은 술로 이 가슴속의 응어리를 씻어 버리지 못하는 게 한스럽도다.[402] 옛날에 초나라의 웅거자(熊渠子)가 밤에 누워 있는 바위를 보고서 범인 줄 알아 쏘아 살촉이 안 보일 정도로 박혔다. 돌인 줄을 알게 되어 다시 쏘았으나 박히지 않았다. 이 일이 이미 이 장군(李將軍) 이전에 있었다. 또 북주(北周) 이원(李遠)이 사책(莎栅)에서 사냥하다가 숲속에서 바위를 보고 엎드려 있는 토끼인 줄 알고 쏘았는데 살촉이 한 마디쯤 들어갔었다. 살펴보니 다름 아닌 돌이었다. 문제(文帝)가 듣고 기이하게 여겨 글을 하사하였는데 "옛적에 이 장군이 이런 일이 있었는데 공이 지금 재현하셨으니 대대로 그 덕을 갖추었다고 할 만하오"라고 하였다. 저 세 가지 일은 똑같은데 그중에 요점은 모두 의심에서 나온 것이다. 그러므로 의심이 한번 생기면 지붕 위의 활도 다 뱀이 되고, 두려워하는 마음이 한번 생기면 산속의 풀도 다 병졸이 되어 버린다. 혹자는 돌인가 의심하였다고 일컫는데 '의심한다'라는 것은 정하지 못해서 하는 말이다. 수(隋)나라 『도경(圖經)』에 "어양에 북평의 고성(故城)이 있는데 한(漢) 장군 이광이 군수였을 때 사냥을 나갔다가 풀 속의 바위를 만나 엎드려 있는 범이라 여겨 활을 당겨 쏘아 맞히니 살깃이 박혔다는 곳이 바로 이곳이다"[403]라고 하였다. 『괄지지』에 "어양현(漁陽縣)에서 동남쪽으로 70리를 가면 북평성(北平城)이 있다. 연산(燕山)에 기대어 판축(版築)을 삼았다"라고 하였다. 『방여기요』에는 "한의 우북평군의 군치(郡治)가 평강이다"라고 하였다. 혹자는 "곧 이 성(城)이다"라고 여겼다. 오늘날 사호석을 관람하는 자들은 영평부로부터 남쪽으로 7, 8리를 가서 양산에 이른다. 만약 『도경』에서 이른 바를 근거로 삼아 진실이라고 여긴다면 양산의 바위를 무엇 때문에 일컫는 것인가? 양산의 아래에 비석을 세우고 사적을 기록해 놓기까지 했으니 근거 없이 일컫는 것은 아닐 듯하다. 『일하구문고』에는 "어양 북평 고성의 남은 터는 상고할 수 없다. 연산이 계주와의 거리가 동남쪽으로 55리이니 옥전현과 지역을 접한다"라고 하였다. 영평에서 어양까지의 거리가 300여 리이고 풍윤현과 옥전현이 그 사이에 있으니 역시 양산의 바위를 가지고 어양의 범이라고 할 수는 없다. 우선 기록해 두어 다시 상고할 날을 기다린다.

---

402 그가 …… 한스럽도다: 이 내용은 홍대용의 『연기』를 거의 전재하였다.
403 어양에 …… 이곳이다: 이 내용은 『태평환우기(太平寰宇記)』 권70, 「하북도(河北道)·어양(漁陽)」에 보인다.

우정기(牛鼎記)

풍윤현의 현학(縣學)에 오래된 솥이 있는데 색이 어둡고 옅어 검붉은 구리 같다. 배는 둥글고 입은 작으며 귀는 둘이고 발은 네 개인데 발 위에 소머리를 본떠놓았고 발은 소발굽을 본떠 놓았으며, 높이는 한 척 남짓이고 직경은 그 두 배였다. 안에 주문(籀文)이 새겨져 있는데 "갑오년 8월 병인일에 황제가 옛날을 상고해서 송기(宋器)를 만들라 하셨다. 이에 그 형상을 자세히 살펴 우정(牛鼎)을 만들었다. 태실(太室)에 이르게 하여 제향에 쓰면 만민이 편안하고 신들이 쉴 것이니 황제가 제때에 보존한다면 만세토록 길이 힘입을 것이다"라고 되어 있다. 교수(教授) 유혁화(劉奕華)[404]가 그것을 보여 주고 말하기를 "옛날부터 문왕 때의 솥이라고 전합니다"라고 하였다. 나는 옳고 그름을 변별할 수 없었지만 관지(款識)가 삼대 때의 문자 같지는 않았기에 속으로 의심하여 『광여기』를 찾아보았다. 『광여기』에는 "상정(商鼎)은 홍치(弘治, 1488~1505) 연간에 흙 속에서 파내어 얻은 것이다. 약 300근이며 전자(篆字)를 변별할 수 없다"라고 되어 있다. 『장안객화(長安客話)』[405]에는 "현치(縣治) 내에 있는 오래된 솥은 홍치 연간에 그 땅에 살던 사람이 우물을 파서 얻은 것이다. 무게가 500근이고 관지가 매우 오래되었다. 혹자는 상(商)나라 때 물건이라고 여긴다"라고 하였다. 유혁화의 설은 옛날의 기록을 바탕으로 해서 말한 것이고, 『장안객화』는 불확실하게 말한 것을 기록으로 실어 놓은 것이라 단정적인 말은 아니다. '혹(或)'이라는 것 또한 의심하는 말이다. 상나라, 주나라 때의 오래된 물건으로 간주해서는 안 되겠다. 『풍윤현지(豐潤縣志)』에 "유송(劉宋) 효건(孝建) 원년"이라 하였는데[406] 바로 갑오년이니, 송나라 시대 솥임은 의심할 것이 없다. 또 희준(犧樽) 하나가 있는데 청색과 황색이 섞여서 채색되어 있고 제도 역시 예

---

404 유혁화(劉奕華): 한필교(韓弼教, 1807~1878)의 『수사록(隨槎錄)』에 '교유(教諭) 유혁화. 천진(天津) 사람'이라는 기록이 보인다.
405 『장안객화(長安客話)』: 명나라 장일규(蔣一葵)가 만력 연간에 북경의 역사와 지리 연혁을 기록하여 편찬한 책이다.
406 『풍윤현지(豐潤縣志)』에 …… 하였는데: 『풍윤현지』에 "이는 유송 효건 원년 8월 2일에 만든 것으로 태묘에 향사하였다[此是劉宋孝建元年八月二日作, 以享太廟]"라고 되어 있으므로, 홍경모가 이를 인용하여 주장의 근거로 삼은 것이다. 참고로 효건은 중국 남조 송나라 4대 황제 효무제(孝武帝) 유준(劉駿)의 연호이다.

스럽고 전아하였다. 위에는 뚜껑이 있는데 문묘 창건 때 땅 속에서 얻었는데, 이 술통 역시 효건 때 만든 것으로 문묘에 제향할 때 쓴다고 한다.

고수기(枯樹記)

옥전현을 지나 서쪽으로 30리를 가면 객점(客店) 뒤에 산허리가 오목한 곳에 나무가 있다. 머리는 대머리 같고 가지는 듬성듬성하며 가운데는 우뚝 서 있다. 가까이서 보니 길이가 얼추 서너 장쯤 되고 크기가 기둥만 하며 위에는 줄기가 셋이 있고 가장귀가 나뉘어 있으며 가지는 가늘고 잎은 빽빽해서 우듬지에서 열매를 맺는다. 한 방에 많게는 10여 매가 열리는데 모양은 대두 같은데 무슨 나무인지 모르겠다. 그 땅에 사는 사람에게 물어보니 4월에 잎이 생기고 8월에 꽃이 피어 이윽고 씨를 맺는데 그 잎이 여름에도 무성하지 않고 겨울에도 시들어 떨어지지 않는다고 하며, 지금 수백 년이 되도록 늘 마른 나무와 같기에 '고수(枯樹)'라고 일컫는다고 한다. 산 아래에 두 객점이 있는데 또한 이것을 차용해서 '대고수(大枯樹)', '소고수(小枯樹)'라고 한다. 또 말하기를 "세속에서 진인(眞人)을 기다렸다가 자라나므로 지금은 마른 나무와 같다고 전한다"라고 하였다. 나는 듣고서 이상하게 여겨 사람을 시켜 작은 가지를 꺾어 오게 하였다. 거죽은 푸르러 진액이 나오고 잎은 시들지 않았으며 씨는 아직 있으니 마른 것이 아니었다. 『이아』에 "나무를 '영(榮)'이라 한다. 꽃 피지 않고 열매 맺는 것을 수(秀)라 한다"라고 하였다.[407] 이 나무는 산 위에 우뚝이 서서 살아 있는 것도 아니요 말라 있는 것도 아닌 채로 몇백 년이나 된 줄도 모른다. 그러는 바람에 고금에 의심거리로 전해져 오래도록 지나다니는 사람들이 가리키고 점찍게 만드니, 이것이 거의 꽃피지 않고 열매 맺는 것에 가까운 듯하다. 일컫는 명칭이 없는 것은 『이아』에 실려 있지 않아서인가? 아니면 『본초(本草, 本草綱目)』에 누락되어서인가? 『이아』와 『본초』에 실려 있더라도 세상에 평실(萍實)을 가려낼 성인(聖人)[408]이 없어 무슨 나무인지 알지 못

---

407 『이아』에 …… 하였다: 『이아』에는 "나무에 피는 꽃은 화(華), 풀에 피는 꽃은 영(榮)이다.[木謂之華, 草謂之榮.]"라고 되어 있어 홍경모의 기록과 차이가 있다.
408 평실(萍實)을 가려낼 성인(聖人): 『공자가어(孔子家語)』에 출전을 둔 표현으로, 평실은 과실 이름이고 성

하고 말라 있는 것 같다고 여겨 억지로 '고수'라 이름 붙인 것인가? 공자가 "초목과 조수의 이름을 많이 안다"[409]라고 하였는데, 중화(中華)와 같은 대국에 필시 박학하고 우아한 선비가 많을 터인데 그 이름을 아는 자가 없었다. 나무가 황량한 객점과 궁벽한 산속에 있어 사람들의 아낌을 받지 못하고 심상한 잡목처럼 보아넘겨져 그런 것이리라. 우선 기록해 두어 초목의 이름을 많이 아는 사람을 기다리노라.

인은 공자(孔子)를 가리킨다. 초 소왕(楚昭王)이 강을 건널 적에 둥글고 붉으며 크기가 말[斗]만 한 물체가 배에 다가오자, 괴이하게 여겨 건져 올리게 하고는 주위에 물어보았으나 아무도 알지 못하였다. 공자에게 사신을 보내어 물어보니, 공자가 "이것은 평실이라는 것으로 쪼개서 먹을 수 있는데, 길상의 조짐입니다. 오직 패왕(霸王)만이 얻을 수 있습니다[此所謂萍實者也, 可剖而食之, 吉祥也. 唯霸者爲能獲焉]"라고 하였다(『공자가어』「치사(致思)」 8).

409 초목과 …… 안다 : 『논어(論語)』「양화(陽貨)」에서 인용한 것으로, 『논어』에 '多識於鳥獸·草木之名.'으로 되어 있다.

『동환록(東寰錄)』
「압수외지(鴨水外地)」

윤정기(尹廷琦)

해제

|1| 자료 개요

『동환록(東寰錄)』은 1859년(철종 10) 방산(舫山) 윤정기(尹廷琦, 1814~1879)가 저술한 역사지리서이며, 「압수외지(鴨水外地)」는 압록강 이북 지역의 내용을 담고 있다.

|2| 저자 소개

윤정기의 본관은 해남(海南)이고, 자는 경림(景林), 호는 방산(舫山)·색금(塞琴)이다. 조부는 옹산(翁山) 윤서유(尹書有, 1764~1821), 부친은 안암(鴈菴) 윤영희(尹榮喜, 1795~1856)이며, 모친은 다산(茶山) 정약용(丁若鏞, 1762~1836)의 딸인 나주 정씨(羅州丁氏)이다. 어려서는 조부인 윤서유에게 학문을 배우고, 장성해서는 강진(康津) 유배기 이후 저술 활동에 집중하던 외조부 정약용과 외숙인 유산(酉山) 정학연(丁學淵)의 훈도 속에서 성장하면서 다산의 만년 학문과 사상을 흡수하였다. 또한 윤정기는 추사 김정희(金正喜, 1786~1856)의 추사학파와의 교유를 통해 영향을 받으며 권돈인(權敦仁)·이명적(李明迪)·한계원(韓啓源)·김병학(金炳學) 등 당대의 문인들과 교유를 맺었다.[1] 그의 명성은 중국에까지 전해졌는데, 1853년(철종 4) 동지사(冬至使)를 통해 자신의 시집인 『단풍시권(丹楓詩卷)』을 연경(燕京)에 보내 소백(少白) 주당(周棠, 1806~1876)으로부터 "백홍(白虹)의 기상이 있다"라는 비평과 함께 '방산'이라는 호를 받았다.[2] 정약용의 사후에 그는 평생 정약용의 저작을 보완하는 데 정력을 쏟아부었으며, 『역전익(易傳翼)』·『시경강의속집(詩經講義續集)』·『동환록』·『물명고(物名考)』·『금란분합계(金蘭分合契)』·『방산유고(舫山遺稿)』 등 다양한 저서를 남겼다.

---

1 박철상, 「다산학단(茶山學團)에서 방산(舫山) 윤정기(尹廷琦)의 위상」, 『다산과 현대』 2, 2009, 150~154쪽.
2 박철상, 「다시 보는 강진 관련 학술 문집 – 다산(茶山)과 방산(舫山) 윤정기(尹廷琦)」(《강진일보》, 2015년 1월 20일 자).

| 3 | 본문의 구성

『동환록』은 4권 4책으로 구성된 역사지리서이다. 윤정기는 기존 역사서의 오류를 정정하고 역사 체계를 재구성하여 우리 영토를 확정하고자 정약용의 연구를 보완하여 기술하였다. 그는 서문에서 우리 역사책의 오류로 인해 조선인들이 우리의 역사지리에 대해 제대로 알지 못한다고 한탄하며 중국의 사서 및 정약용이 이미 변증(辨證)한 기록들을 모아 보완하고 고조선에서 발해에 이르기까지 고대 국가의 강역과 역사를 고증하고자 하는 간행의 목적을 밝혔다.

이 책은 여러 필사본과 간행본이 존재한다. 1911년 조선고서간행회(朝鮮古書刊行會)에서 연활자본으로 간행해 널리 보급되었으며, 1939년 윤정기의 문집인 『홍엽전성집(紅葉傳聲集)』을 간행하면서 함께 인쇄된 석인본이 1991년 원주문화사에서 다시 영인되었다. 한편 필사본으로는 국립중앙도서관, 일본 천리대도서관(天理大圖書館), 미국 버클리대학의 아사미문고(淺見文庫)에 소장되어 있으며, 서울대학교 규장각한국학연구원의 『해동기략(海東記略)』(古4200-4)도 『동환록』의 필사본으로 추정되고 있다.[3]

『동환록』은 자서(自序)와 지도·목록(目錄)으로 구성되어 있다. 권1은 「방역총목(方域總目)」·「역대(歷代)」, 권2는 「역대」·「제국(諸國)」, 권3은 「강역(疆域)」·「팔도주현(八道州縣)」, 권4는 「팔도주현」·「방언(方言)」·「악부(樂府)」·「압수외지(鴨水外地)」이다. 서술 방식은 대체로 항목별 표제를 제시하고 관련된 여러 자료들을 증거로 삼으며, 비교·분석한 자신의 견해를 더하는 등 고증적인 연구 태도를 취하고 있다. 표기 방식은 다른 사람의 견해를 인용할 경우 인용처를 명시하였으며, 자신의 견해는 '안(案, 按)'으로, 정약용의 견해는 단을 낮추거나 '다산공왈(茶山公曰)'로 구분해 기술하였다.[4]

「압수외지」는 『동환록』의 제일 마지막 부분에 수록되어 있는데, 구체적인 32개의 항목과 활용한 사서(史書)는 다음과 같다.

3　양보경, 「『동환록』과 19세기 역사지리학」, 『문헌과 해석』 50, 2010, 188~190쪽.
4　전영준, 「방산(舫山) 윤정기(尹廷琦)의 『동환록(東寰錄)』에 투영된 다산(茶山)의 역사지리관」, 『인문학연구』 23, 2017, 89~91쪽.

⟨항목⟩

동가강(佟家江), 파속부(婆速府), 파사부(婆娑府), 갈소관(曷蘇館), 박작성(泊灼城), 황성평(皇城坪), 신주(神州), 봉황성(鳳凰城), 애하(靉河), 구련성(九連城), 만현(滿縣)·번현(潘縣)·한현(汗縣), 영평부(永平府) 조선현(朝鮮縣), 계번성(界蕃城), 요양(遼陽), 태자하(太子河), 거류하(巨流河), 광녕현(廣寧縣), 송산보(松山堡)·행산보(杏山堡), 안시성(安市城), 개평현(蓋平縣), 금주(金州), 해성현(海城縣), 어니하(淤泥河), 흥경(興京), 성경(盛京), 열하(熱河), 진자점(榛子店), 혼하(渾河), 고구려현(高句麗縣), 개원현(開原縣), 악국벽탑(鄂國甓塔), 유성(柳城) 등 32개소

⟨사서⟩

중국: 『성경통지(盛京通志)』, 『통전(通典)』, 『한서(漢書)』, 『후한서(後漢書)』, 『위서(魏書)』, 『위략(魏略)』, 『당서(唐書)』, 『원사(元史)』, 『요사(遼史)』, 『금사(金史)』

아국: 『고려사(高麗史)』, 『고려도경(高麗圖經)』, 『열하일기(熱河日記)』

항목을 살펴보면, 압록강 이북 지역에 설치한 관소(館所), 주(州)·부(府)·현(縣), 성(城), 보(堡), 점(店) 등 주요 행정 지역을 비롯하여 강, 들[坪] 등의 자연환경이나 탑(塔)과 같은 기념비적인 대상까지 포괄하고 있다. 그 체제는 상기한 대로, 해당 항목과 관련이 있는 중국이나 조선의 옛 자료들을 나열하고, 그 명칭·연혁·유래·역사·통치 체제를 설명하고 있다. 그리고 지역에 대한 이칭을 소개하되, 이칭에 오류가 있을 경우 고증을 통해 지적하였다. 그 내용을 살펴보면, 대체로 정약용의 『아방강역고(我邦疆域考)』와 『대동수경(大東水經)』을 계승하고 있으며, 특히 기자조선(箕子朝鮮)과 발해(渤海)에 대한 기록이 상대적으로 많은 비중을 차지하고 있어 정약용의 고대사 인식을 계승하고 있음을 확인할 수 있다. 또한 『열하일기』 등 정약용의 저서에서 인용되지 않던 연행록(燕行錄)을 적극적으로 활용하여 압록강 이북 지역에 대한 위치 비정, 문학 등의 내용을 새로이 추가한 점이 흥미롭다.

이렇듯 『동환록』은 정약용의 『아방강역고』를 충실하게 계승하고 보완한 것이다. 학

계에서는 일찍부터 이러한 점에 주목하여 『동환록』에서 확인되는 정약용의 역사지리 인식을 분석하거나 19세기 역사지리학의 발달 과정에서 『동환록』의 위치와 가치를 고찰하는 연구를 진행하였다. 『동환록』은 정약용의 『아방강역고』·『해동역사속(海東繹史續)』과 1903년 장지연(張志淵)이 증보해서 발간한 『대한강역고(大韓疆域考)』를 이어 주는 중간 고리로서의 역사지리서로 평가받고 있다. 그리고 『동환록』의 「압수외지」는 압록강 이북 지역이 조선의 옛 권역이라는 인식 아래, 중국과 조선의 다양한 사료를 근거로 각 지역의 위치를 비정하고 역대 강역과 연혁을 서술하였으며 해당 지역의 전설·언어·문학 등 문화와 풍속까지 포함하여 개괄하는 백과사전식 인문지리서라 할 수 있다.

■ 동가강(佟家江)

『통지(通志, 盛京通志)』에서 "동가강은 옛날 염난수(鹽難水)로, 수원(水源)은 장백산(長白山)의 분수령(分水嶺)에서 나온다. 남쪽으로 압록강(鴨綠江)과 만나 500여 리를 흘러 봉황성(鳳凰城) 동남쪽을 돌아 바다로 들어간다"라고 하였다[5]【안정복(安鼎福)은 동가강이 염난수가 분명하다고 하였다.[6]】.

○ 『성경지(盛京志)』에서 "장백산의 남쪽 기슭에서 두 줄기로 갈라지는데, 그중 하나가 서남쪽을 가리키는 것으로, 동쪽으로는 압록강을, 서쪽으로는 통가강(通加江)【즉 동가강이다.】을 경계로 하다가, 그 산줄기가 끝나는 곳에서 두 강이 만난다"라고 하였다.[7]

○ 『당서(唐書)』에서 "마자수(馬訾水)는 장백산에서 나오는데, 색이 오리 목처럼 짙은 녹색이어서 압록(鴨綠)이라고 하였다. 서쪽으로 염난수와 만나고 또 서남쪽으로 안평(安平)에 이르러 바다로 들어간다"라고 하였다.[8]

○ 『통전(通典)』에서 "압록강은 국내성(國內城)을 지나서 동가강과 합류한다"라고 하였다.

○ 파저강(婆豬江)이라고도 불린다.

■ 파속부(婆速府)

파속부는 압록강 서쪽에 있다. 『고려사(高麗史)』에서 "황기자군(黃旗子軍)【금(金)나라의 별부(別部)이다.】이 파속부에서 압록강을 건너와서 옛 의주성(義州城)에 주둔하였다"라고 하였다.[9]

○ 갈소(曷蘇)라고도 불린다【『성경통지(盛京通志)』에서 "금나라 천덕(天德) 2년(1150)

---

[5] 『성경통지(盛京通志)』 권27, 「동가강(佟家江)·압록강(鴨綠江)」.
[6] 안정복(安鼎福)은 …… 하였다: 안정복은 『동사강목(東史綱目)』에서 "염난수는 지금의 파저강(波猪江)으로 일명 동가강이다"라고 하였다(『동사강목』 부록 하권, 「마자수고(馬訾水考)」).
[7] 『대청일통지(大淸一統志)』 권45, 「길림(吉林)」. "山川長白山【南麓蜿蜒磅礴, 分爲兩幹, 其一西南指者, 東界鴨綠江, 西界佟家嘉江, 麓盡處, 兩江會焉." 참고로 『성경통지』 권18, 「길림각속(吉林各屬)」에서는 '佟家嘉江'이 아닌 '俗裏輻'으로 기재되어 있다.
[8] 『신당서(新唐書)』 권220, 열전(列傳) 제145, 「동이(東夷)·고려(高麗)」.
[9] 『고려사(高麗史)』 세가(世家) 권22, 「고종 4(高宗四)」.

에 파속로 총관(婆速路總管)을 두었다"라고 하였다.】.

▰ 파사부(婆娑府)

파사부는 오늘날 의주(義州)와 강을 사이에 두고 떨어져 있는 지역이다. 『원사(元史)』에서 "지원(至元) 13년(1276)에 정주(靜州)·의주(義州)·인주(麟州)【오늘날의 인산보(麟山堡)이다.】·위원진(威遠鎭)【지금의 의주 남쪽으로 25리에 있다. ○ 모두 의주 지방에 있다.】으로 나누어 파사부에 예속시켰다"라고 하였다.[10]

▰ 갈소관(曷蘇館)

갈소관은 지금의 창성(昌城)과 강을 사이에 두고 떨어져 있다. 『요사(遼史)』에서 "만약 대군(大軍)이 갈소관의 여진(女眞) 북쪽을 경유하여 곧장 압록강을 건넜으면 고려를 함락해 소유할 수 있었을 것이다"라고 하였다.[11]

○ 합소(合蘇)라고도 불린다.

『대청일통지(大淸一統志)』를 살펴보건대, 한(漢)나라 안평현(安平縣)은 고구려의 박작성(泊灼城)에 있었는데, 금나라 때에는 파속로(婆速路)로 불렸고, 원나라 때에는 파사부로 불렸다. 그곳은 봉황성(鳳凰城) 동쪽에 있는데, 바로 갈소와 만나는 곳에 위치한다[地分].

▰ 박작성(泊灼城)

박작성은 지금의 의주 옥강보(玉江堡)의 서쪽강 건너편 지역으로, 바로 서안평(西安平)이다. 『당서』「지리지(地理志)」에서 "영주(營州)는 남쪽으로 압록강에 이르고, 북쪽으로 박작성까지 700리이다"라 하고, 그 주석에 "박작성은 옛날 서안평현(西安平縣)이다"라고 하였다.[12]

---

10 『원사(元史)』 권59, 지(志) 제11, 「지리 2(地理二)」.
11 『요사(遼史)』 권15, 본기(本紀) 제15, 「성종 6(聖宗六)」.
12 『성경통지』 권101, 고적(古蹟) 2, 「영원주(寧遠州)」. 참고로 본 내용은 『신당서(新唐書)』에서는 확인되지 않는다.

■ 황성평(皇城坪)

황성평은 압록강과 파저강 사이에 있다. 『고려사절요(高麗史節要)』[13]에서 "공민왕(恭愍王) 당시 우리 태조가 기병(騎兵) 5,000명과 보병(步兵) 1만 명으로 압록강을 건너니【명(明)나라가 천하를 다스리게 되었기 때문에 북원(北元)과의 관계를 끊고 원나라에 몰수되었던 강토(疆土)를 확장한 것이다.】여러 성이 풍문(風聞)만 듣고 모두 항복하고자 하였다. 동쪽으로 황성(皇城)에 이르고 서쪽으로 바다【압록강이 들어가는 곳이다.】에 이르기까지 모두 텅 비게 되었다"라고 하였다.[14]

○ 오늘날 만포(滿浦) 건너편 강의 북쪽에 있는 큰 들판을 사람들이 황제평(皇帝坪)이라고 부르는데, 바로 황성평 지방에 해당하니, 이는 곧 황성평이 잘못 전해져서 칭해진 것이다.

■ 신주(神州)

신주는 발해(渤海) 압록부(鴨綠府)의 지역이다. 오늘날 우예(虞芮)와 자성(慈城)【강계(江界)의 폐사군이다.】의 북쪽에서 강을 사이에 두고 있는 곳이다. 『당서』「지리지」에서 "환도성(丸都城)에서 동북으로 200리 거슬러 올라가면 신주에 이르고, 또 육지로 400리 가면 현주(顯州)의 중경(中京)【발해의 현덕부(顯德府)이다.】에 이른다"라고 하였다.[15]

■ 봉황성(鳳凰城)

봉황성은 흥경(興京)의 서남부에 있으며, 의주와 130리 떨어져 있고, 개주(開州)라고도 한다. 고려(高麗) 예종(睿宗) 12년(1117)에 금(金)나라가 요(遼)나라의 개주를 공략해 함락했는데, 그 동남쪽이 바로 발해 장령부(長嶺府)로, 가주(珂州)와 하주(河州) 2주가 있던 곳이다. 또 발해는 솔빈(率賓)의 옛 땅에 솔빈부(率賓府)를 두어 화주(華州)·

---

13 『고려사절요(高麗史節要)』: 원문은 '고려사(高麗史)'로 되어 있는데 본문이 『고려사절요』에서 확인되어 『고려사절요』로 번역하였다.
14 『고려사절요』 권29, 공민왕(恭愍王) 4, 「경술19년(庚戌十九年)【大明, 洪武三年】」.
15 『신당서』 지(志) 제33하, 지리(地理) 7하, 「우예봉주도호부(右隷峯州都護府)」.

익주(益州)·건주(建州)의 3주를 관할하였다. 지금 살펴보니, 건주(建州)는 흥경의 경계 안에 있고, 솔빈부 및 화주·익주의 2주는 모두 봉황성의 경계와 가깝다【지금의 봉황성에서 동남쪽으로 120여 리를 가면 조선의 경계 가운데 익주성(益州城)이 있는데, 세속에서는 은주(恩州)¹⁶라고 잘못 부른다.】.『당서』에서 말하기를, "발해가 '솔빈의 말[馬]'을 귀중하게 여긴다"라고 하였다.¹⁷ 금나라는 솔빈 지역에 휼품로(恤品路)를 두고 또 소빈부(蘇濱部)로 삼았다【봉황성은 때로 안시성(安市城)으로 부른다. 강역조(疆域條)에 보인다.】.

애하(靉河)

애하는 적강(狄江)으로, 흥경 서남부의 봉황성 근처에 있다.

구련성(九連城)

구련성은 지금의 봉황성 변경 밖에 있는 곳으로, 옛 자취가 그대로 남아 있다【『성경지』에서 말하기를, "『대명일통지(大明一統志)』에서 구련성은 삼만위(三萬衛)의 동북쪽으로 90리에 있는 곳이다"라고 하였다.¹⁸ 삼만위는 개원현(開元縣)이므로, 오라(烏喇, Ula)의 서쪽을 이웃하고 있다.『금사(金史)』에서 "알로(斡魯)가 〈고려가 쌓은〉 합라전(合懶甸)¹⁹ 등지의 구성(九城)에서 고려와 상대하였다"라고 하였다.²⁰ 여기서 상대했다는 것은 윤관(尹瓘)의 구성과 마주 쌓았다는 것이므로, 우리나라의 길주(吉州)·함흥(咸興) 지역이다. 만약 봉황성의 변경 밖에 있다면 우리나라 의주강(義州江)의 서쪽 변방이 되니, 구련성이 대체 어디에 있다는 말인가.】. 야사(野史)에서 말하기를 "청인(淸人)이 구

---

16 은주(恩州):『성경통지』에는 애주(愛州)라고 나온다.
17 『당서』에서 …… 하였다: 본문은『신당서』에서 확인된다. 이를 살펴보면 발해가 귀중히 여기는 것으로 솔빈의 말 이외에 태백산(太白山)의 토끼, 남해(南海)의 다시마, 책성(柵城)의 된장[豉], 부여(扶餘)의 사슴, 막힐(鄚頡)의 돼지, 현주(顯州)의 베, 옥주(沃州)의 솜, 용주(龍州)의 명주, 위성(位城)의 철, 노성(盧城)의 벼, 미타호(湄沱湖)의 가자미, 구도(九都)의 오얏, 악유(樂游)의 배[梨]가 있다고 하였다(『신당서』 권219,「북적열전(北狄列傳)·발해(渤海)」).
18 『성경통지』권29, 성지(城池) 1,「봉천부각속(奉天府各屬)·영해현(寧海縣)」.
19 합라전(合懶甸): 원문에서는 '합라전(合懶甸)'으로 나오나,『금사』에서는 '갈라전(曷懶甸)'으로 확인된다.
20 『금사(金史)』열전 제9,「알로(斡魯)」.

련성 밖에서 군사의 위엄을 떨쳤다"라고 하였고, 박지원(朴趾源)[21]은 『열하일기(熱河日記)』에서 "압록강을 건너 그날 구련성에서 유숙하였다"[22]라고 하였으니, 구련성의 경계는 봉황성 변경 밖에 있으며, 연행(燕行) 가는 사신들의 첫 번째 참(站)이다.

▰ 만현(滿縣)·번현(潘縣)·한현(汗縣)

기자(箕子)가 조선에 봉해진 뒤 주(周)나라 말기에 이르러 땅을 개척하고 넓혀서 서쪽으로 요하(遼河)를 넘었다. 연(燕)나라가 장수 진개(秦開)[23]【진무양(秦舞陽)[24]의 조부이다.】를 보내어 조선을 공격하여 그 서쪽 지역 2,000여 리의 땅을 함락하고 만(滿)·번(潘)·한(汗)을 경계로 삼았으니, 이른바 만·번·한이라는 것은 요동(遼東)의 3개의 현(縣)이다.

○ 『한서(漢書)』에 요동군에 속해 있는 현 가운데 문현(文縣)이 있고, 번현(潘縣), 한현(汗縣)이 있는데【『후한서(後漢書)』에도 그렇게 말했으나, 문(文)이 문(汶)으로 작성되어 있다.】, 만·번·한이 문(汶)·번(番)·한(汗)이다【문(汶)과 만(滿)의 소리가 서로 비슷하다.】.

▰ 영평부(永平府) 조선현(朝鮮縣)

『위서(魏書)』「지형지(地形志)」에 "북평군(北平郡)의 영현(領縣)은 조선현에 있다"라고 하였다. 『대명일통지』에서 "조선성은 영평부 경내에 있는데, 기자가 봉해 받은 땅이

---

21 박지원(朴趾源): 1737~1805. 자는 중미(仲美), 호는 연암(燕巖)이며, 본관은 반남(潘南)이다. 일찍이 박제가(朴齊家)·유득공(柳得恭)·홍대용(洪大容)·이덕무(李德懋) 등과 교유하면서 청의 문물이나 서학에 관심을 갖고 긍정적으로 수용하고자 하였으며, 「허생전(許生傳)」, 「양반전(兩班傳)」 등 자유로운 문체로 당대의 모순된 사회상을 비판하는 다수의 한문 소설을 썼다. 특히 1780년 삼종형 박명원(朴明源)이 청나라 건륭제의 70세 진하 사절 정사로 파견되자, 자제 군관의 자격으로 북경과 열하(熱河) 등지를 수행하고 돌아와 작성한 『열하일기(熱河日記)』가 유명하다. 원문은 '박지원(朴址遠)'으로 되어 있는데 '박지원(朴趾源)'의 오기로 보아 바로잡았다.
22 박지원, 『열하일기』「도강록서(渡江錄序)」, 6월 24일 신미(辛未).
23 진개(秦開): ?~?. 전국시대 연(燕)나라 소왕(昭王) 때의 명장이다. 『한서』나 『위략』 등에 따르면, 연나라가 동호(東胡)와 고조선 등을 공격해 영토를 넓히는 데 큰 공을 세웠다.
24 진무양(秦舞陽): ?~기원전 227. 연(燕)나라 출신의 자객으로 고조선을 침략한 진개(秦開)의 손자이다. 13세의 어린 나이로 형가(荊軻)의 부사(副使)가 되어 진나라 시황제(始皇帝)의 암살 임무를 수행하다가 실패하고 살해되었다(『사기(史記)』 권86, 「자객열전(刺客列傳)」).

서로 전해졌다. 후위(後魏) 때에는 현을 두어 북평군에 포함시켰으며, 북제(北齊) 때에는 신창현(新昌縣)에 편입시켰다"라고 하였다.[25]

○살펴보건대, 지금의 영평부는 옛날의 북평군이다. 또 『위략(魏略)』을 근거로 '번현·한현에서 서쪽으로 2,000여 리를 가면 옛날 기씨(箕氏) 성을 가진 사람들이 소유했던 곳'[26]이니, 오늘날 요동에서 서쪽으로 2,000여 리 가면 바로 영평부 경계이다.

계번성(界蕃城)

『성경지』에서 "철배산(鐵背山)은 흥경에서 서북쪽으로 120리에 있고, 위에는 계번성이 있다"라고 하였다.[27]

○ 살펴보건대, 오늘날 소자하(蘇子河)와 납록하(納綠河)가 합금(合襟)[28]하는 곳【흥경의 북쪽에서 물을 사이에 둔 곳이다.】이 철배산인데, 그 성을 계번성이라고 한다. 청 태조가 개국(開國)의 터를 닦은 곳이다. 동인(東人)은 이곳을 편성(片城)이라고 부른다.

요양(遼陽)

요양은 옛 평양(平壤)으로, 요(遼)나라【거란(契丹)이다.】의 동경(東京)이고 명(明)나라의 요동도사(遼東都司)이다. 또 요동성(遼東城)이라고도 부른다.

태자하(太子河)【옛 명칭은 백랑(白浪)이다.】

거류하(巨流河)

거류하는 옛날에 황암수(黃嵓水)라고 불렀으니, 바로 대요수(大遼水)[29]이다. 『고려도경(高麗圖經)』에서 "압록강 서쪽에 또한 백랑수(白浪水)와 황암수 두 강이 합류하여 요

---

25 『대명일통지』 권5, 「영평부(永平府)」.
26 『삼국지』 권30, 위서(魏書) 30, 「오환선비동이전(烏丸鮮卑東夷傳)」.
27 『성경통지』 권29, 성지(城池) 1, 「흥경(興京)」.
28 합금(合襟): 풍수지리에서 혈 뒤에서 나뉘었던 물이 혈 앞에서 다시 합쳐지는 것을 말한다.
29 대요수(大遼水): 원문은 '태요수(太遼水)'로 되어 있는데 '대요수(大遼水)'의 오기로 보아 바로잡았다.

수(遼水)가 되다"라고 하였는데,[30] 그 강물이 얕고 좁다.

▀ 광녕현(廣寧縣)

광녕현은 의무려산(醫巫閭山)【의무려산은 유주(幽州)의 진산(鎭山)이다.】의 아래에 있다. 『성경지』에서 "요서의 광녕현은 주(周)나라 때 조선 경계에 위치한다"라고 하였다.

▀ 송산보(松山堡) · 행산보(杏山堡)

천계(天啓) 숭정(崇禎) 연간에 명나라 장수들이 이곳에서 전사하였다.[31]

▀ 안시성(安市城)【「강역(疆域)」 조에 보인다.】

▀ 개평현(蓋平縣)

개평현은 본래 기자조선(箕子朝鮮)의 땅으로, 당(唐)나라 장수 이적(李勣)[32]에게 공격을 받은 개모성(蓋牟城)이다.

▀ 금주(金州)

금주는 본래 기자조선의 땅이다.

---

30 『선화봉사고려도경(宣和奉使高麗圖經)』 권3, 「성읍(城邑) · 봉경(封境)」.
31 천계(天啓) …… 전사하였다: 1640~1641년까지 청나라가 본격적으로 서진을 하면서 명나라와 금주(錦州) 아래의 송산(松山)과 행산(杏山) 등지에서 격돌한 송금(松錦) 전투를 말한다. 『심양일기(瀋陽日記)』에 따르면, 당시 소현세자(昭顯世子)와 봉림대군(鳳林大君)이 머물던 곳에까지 포탄이 떨어졌다고 하는 등 양국이 치열하게 전투를 벌이며 많은 사상자가 나왔다.
32 이적(李勣): 584~669. 본성은 서(徐), 자는 무공(懋功), 시호는 정무(貞武)로, 당나라 때의 무장이다. 본명은 서세적(徐世勣)이었으나, 후에 당 고조에게 이씨 성을 하사받아 이세적이 되었다가, 당 태종 이세민(李世民)이 즉위하고 나서 피휘(避諱)하기 위해 이적으로 개명하였다. 수나라 말년 이밀(李密) 아래에 있다가 620년경 당나라에 귀순하여 황제의 신임 아래 돌궐을 격파하고 설연타(薛延陀)를 평정하는 등 당나라 대제국 건설에 공헌하였다. 644년(정관 18)에는 요동도 행군대총관(遼東道行軍大總官)으로서 당 태종과 함께 고구려에 출전하여 개모성을 함락하고 요동성을 포위했지만 결국 실패하고 당나라로 돌아갔다.

■ 해성현(海城縣)

해성현은 원래 기자조선의 땅으로, 요하 동쪽 기슭에 위치한다. 본래 고구려의 사비성(沙卑城)으로, 지금의 용만(龍灣)과 600여 리 떨어져 있다. 『당서』에서 말한 "당나라 장수 이적이 요수를 건너 먼저 개모성을 함락시키고, 다시 동쪽으로 사비성을 함락시켰다"[33]라는 곳이 바로 이곳이다. 또 해성현에는 요수현(遼隧縣)이 있었는데, 오늘날 삼차하(三汊河) 우장(牛庄) 지역이다.

■ 어니하(淤泥河)

『성경지』에서 말하기를 "어니하는 해성현(海城縣)에서 서쪽으로 65리[34] 되는 곳에 있다. 어니하의 근원은 성수산(聖水山)에서 나와 미진산(迷眞山)의 서쪽에 이르러서 흩어진다"[35]라고 했는데, 바로 요동 지방의 헌우락(軒芋濼)이다【일명 패수(浿水)라고도 한다.】. 당나라 태종이 타던 말이 빠진 곳으로, 강물이 남쪽으로 개평현(蓋平縣)의 경계에 이어져 있다.

■ 흥경(興京)

흥경은 즉 건주(建州) 지역이다. 『성경지』에서 "흥경은 본래 당나라 연주(燕州)로, 뒤에 대씨(大氏)【발해국(渤海國)이다.】가 근거지로 삼아 정리부(定理府)로 고쳐서 예속시켰다. 요나라와 금나라 때에는 심주(瀋州)에 속했으며, 명나라 때에는 건주위(建州衛) 지역이다"라고 하였다.[36] 고구려 땅이다【어유소(魚有沼)가 건주의 이만주(李滿住)를 멸망시킨 이야기[37]는 「방역총목(方域總目)」의 강계(江界)・사군(四郡) 조에 보인다.】.

---

33 『신당서』본기 제2, 「태종(太宗)」.
34 서쪽으로 65리: 『성경통지』에는 "서남쪽으로 65리[西南六十五里]"라고 되어 있다.
35 『성경통지』권25, 산천(山川) 1, 「봉천부각속(奉天府各屬)」.
36 『성경통지』권25, 「건치연혁(建置沿革)」.
37 어유소(魚有沼)가 …… 이야기: 1467년(세조 12) 명나라 요동의 백호(百戶) 백옹(白顒)이 칙유를 가지고 와서 건주위의 이만주를 협격(挾擊)하게 하자, 조선에서 어유소와 강순(康純) 등을 파견해 토벌하게 하였다. 어유소 등은 1만 여 명의 군사를 거느리고 압록강을 건너 이만주 및 그의 아들 고납합(古納哈)・타비랄(打肥剌)을 전사시켰으며, 집을 불태우고 사람과 가축을 사로잡고, 사로잡힌 중국의 남녀를 모두 돌려보냈다(『국조보감(國朝寶鑑)』권13, 「세조조」 4).

■ 성경(盛京)

성경은 번주(藩州)이다. 『일통지(一統志)』에서 "심양위(瀋陽衛)는 본래 읍루국(挹婁國)【읍루는 의로(懿路)의 발음을 차용한 것이다. 「방역총목(方域總目)」의 발해 15부(府) 조에 자세하다.】의 땅이다. 발해가 번주를 두었고, 요나라 때에는 소덕(昭德)으로, 금나라 때에는 현덕(顯德)으로, 원나라 때에는 또 심양로(瀋陽路)로 개칭하였다"[38]라고 하였다.

■ 열하(熱河)

열하는 성경의 경내(境內)에 있으며, 황성에서 동북으로 420리에 위치해 있고【실제는 700여 리이나 참(站)을 줄이면 이와 같다고 한다.[39]】, 장성(長城)에서 나와 200여 리 밖에 있다. 황제가 때때로 이곳에서 더위를 피하면서 몽고(蒙古)를 방어하였다.

■ 진자점(榛子店)

진자점은 심양성(瀋陽城) 서쪽에 있다. 강희제(康熙帝) 당시, 조선의 김석주(金錫冑)[40]가 연경(燕京)에 갔다가 돌아오는 길에 진자점에 도착하여 다음과 같은 벽 위의 시를 보았다.

머리의 쪽은 슬프게도 옛 모양 그대로인데　　　　　　　　　　　椎髻空悲舊日粧

38　『대명일통지』 권25, 「등주부(登州府)」.
39　실제는 …… 한다: 박지원과 산동 도사(山東都司) 혁성(郝成)의 대화에 따르면, 원래는 북경에서 열하까지 700여 리이나 강희제가 일부러 참(站)을 줄여 400여 리로 만든 것이라고 한다(박지원, 『열하일기』, 「막북행정록(漠北行程錄)」).
40　김석주(金錫冑): 1634~1684. 자는 사백(斯百), 호는 식암(息庵), 시호는 문충(文忠)이고, 본관은 청풍(淸風)으로, 조선 후기 문신이다. 조부는 영의정 김육(金堉), 부친은 김좌명(金佐明), 모친은 신익성(申翊聖)의 여식인 평산 신씨이며, 현종의 비인 명성왕후(明聖王后)와 사촌 관계이다. 1674년(현종 15)에 있었던 기해예송(己亥禮訟)에 남인과 함께 송시열(宋時烈)·송준길(宋浚吉)·김수항(金壽恒) 등을 비판하였고, 곧이어 14세의 숙종이 즉위하자 그를 보좌하여 남인 중심의 정권을 수립하였다. 이후 숙종의 최측근으로 활약하며 남인 세력을 견제하다가 1680년(숙종 6) 경신환국(庚申換局)에서 반역 사건을 보고하여 보사공신(保社功臣)으로 봉해졌다. 진자점에서의 시는 김석주가 1683년(숙종 9) 사은사로 청나라에 갔을 때 보았던 시로 보이는데, 그의 문집인 『식암집(息庵集)』에서는 확인되지 않는다. 해당 원문은 '김양주(金陽冑)'로 되어 있는데 '김석주(金錫冑)'의 오기로 보아 바로잡아 번역하였다.

나들이 치마는 월라상(越羅裳)⁴¹으로 바뀌었네	征裙換盡越羅裳
부모의 생사를 어느 곳에서 알거나	爺孃生死知何處
봄바람에 눈물을 흩날리며 심양으로 가네	淚酒春風上瀋陽

그 아래에 계문란(季文蘭)이 천하의 뜻이 있는 사람에게 한 말씀 부친다고 기록되어 있었다. 대개 계문란은 본래 강남(江南)의 여성으로 수재(秀才)의 아내였는데, 심양의 왕 장경(王章京)【청나라 군관의 호칭이다.】의 포로가 되어 이곳에 도착해 시를 지은 것이다.⁴²

그 후에 몽고 사람 박명(博明)이 다음과 같이 쓴 시가 있다.

붉은 단장하고 양황기(鑲黃旗)【청나라 부오(部伍)의 기명(旗名)이다.】에게 팔려 가게 되었으니	紅粧凋落鑲黃旗
상심됨은 「호가십팔박(胡笳十八拍)」⁴³의 다섯 번째 곡조로다	笳拍傷心第五詞
천하의 사내 가운데 맹덕(孟德, 조조)이 없으니	天下男兒無孟德
천금이 있다 한들 뉘라서 채문희(蔡文姬)를 속량할까⁴⁴	千金誰贖蔡文姬

조선의 홍세태(洪世泰)도 시를 지어 말하였다.

강 남녘과 강 북녘에 자고(鷓鴣)【자고는 대부분 짝을 지어서 우	江南江北鷓鴣啼

---

41 월라상(越羅裳): 월(越) 지역에서 생산되는 가볍고 부드러운 비단으로 만든 치마이다.
42 대개 …… 것이다: 현존하는 연행록들을 살펴보면 본 시 아래에 계문란이 쓴 것으로 보이는 소서(小序)가 있다. 그 내용은 "노(奴)는 강우(江右)의 수재 우상경(虞尙卿)의 아내였다. 남편은 살해되고 노는 사로잡혀 지금 왕 장경에게 팔렸다. 무오년 정월 스무하루에 눈물을 씻어 벽에 뿌리며 이 글을 쓰는데, 이는 오직 천하의 인정 있는 어떤 사람이 이 글을 보고 불쌍히 여겨 구해 줄 것을 바라는 것이다"라고 하였다(김창업(金昌業), 『노가재연행일기(老稼齋燕行日記)』 권3, 1712년 12월 22일).
43 「호가십팔박(胡笳十八拍)」: 채문희(蔡文姬, 177~?)가 흉노(匈奴)에게 납치되어 12년 동안 살다가 돌아온 뒤 그 슬픔을 담아 지은 노래이다. 채문희는 후한 때의 문인이자 열녀로, 본명이 채염(蔡琰)이며 채옹(蔡邕)의 딸이다.
44 천금이 …… 속량할까: 조조(曹操)가 천금을 주고 채문희를 속환하여 준 사실에 빗대어 계문란을 구해 줄 이가 없을 것임을 탄식한 것이다.

는데, 항상 남쪽을 향하고자 하고 북쪽으로 갈 생각이 없다.
　　비록 동서쪽을 향해 배회하며 날다가도[徊翔]⁴⁵ 날개를 펼치
　　고 반드시 먼저 남쪽으로 날아간다.}가 울었으니

풍우에 놀라 날아 옛날 깃들었던 곳을 잃었도다　　　　　　　　　風雨驚飛失舊棲

한번 떨어지매 하늘 가에 돌아감을 얻지 못하니　　　　　　　　　一落天涯歸不得

심양성 아래 풀이 우거져 있도다　　　　　　　　　　　　　　　瀋陽城下草萋萋

▪ 혼하(渾河)

혼하는 소요수(小遼水)로, 그 근원은 구려현(句麗縣)의 요산(遼山)에서 나온다. 서남쪽으로 요수현(遼隧縣)에 이르러 대요수로 들어간다.

▪ 고구려현(高句麗縣)

고구려현은 한(漢)나라 현도(玄菟)의 군치(郡治)로, 흥경의 경내에 있다{「강역」조에 보인다.}. 현에는 요산(遼山)이 있는데, 소요수{즉 혼하이다.}가 나온다. 『후한서』에서 "고구려는 요동의 동쪽 천 리에 있는데, 남쪽으로는 조선(朝鮮){즉 평양(平壤)이다.}·예맥(濊貊){오늘날의 강릉 춘천이다.}과 동쪽으로는 옥저(沃沮){오늘날의 함경도이다.}와 북쪽으로는 부여(夫餘){오늘날의 개원(開原)이다.}와 접해 있다"라고 하였다.⁴⁶

▪ 개원현(開原縣){「북부여국(北扶餘國)」 조에 보인다.}

▪ 악국벽탑(鄂國甓塔)

탑은 요동에 있는데, 사람들이 악국(鄂國)의 공적을 새긴 탑이라고 한다.⁴⁷

45　배회하며 날다가도[徊翔]: 원문은 '회삭연(回朔然)'으로 되어 있는데, 『지봉유설(芝峯類說)』에 의거하여 바로잡아 번역하였다(이수광, 『지봉유설(芝峯類說)』 권14, 문장부(文章部) 7, 「가사(歌詞)」).
46　『후한서(後漢書)』 권115, 「동이열전(東夷列傳)」 제75.
47　탑은 …… 한다: 요양의 백탑(白塔)을 말하는 것으로 보인다. 백탑은 8각에 13층으로 높이가 36장, 둘레가 17, 8칸으로, 탑 위에는 '벽한류광(碧漢流光)'이 새겨져 있다. 당시 이 탑에 대해 당 태종이 울지공(尉遲恭)에게 명하여 세웠다고 하거나, 이성량(李成樑)이 만든 것이라고 하거나, 동한(東漢) 이래로 이미 있었다는 등 여러 유래가 전해진다. 본문에서 말하는 악국(鄂國)은 당나라 울지공으로, 자는 경덕(敬

■ 유성(柳城)

『통전(通典)』에서 "영주(榮州)의 땅은 유성현(柳城縣)에 있고, 동쪽으로 480리를 가면 요하에 이른다. 은(殷)나라 때에는 고죽국(孤竹國)이 되었으며, 주(周)나라 때에는 산융(山戎)의 땅이 되었다【지금의 영원주(寧遠州)에서 북으로 240리이다.】"[48]라고 하였다.

德), 시호는 충무(忠武)이며, 수나라 말년에 당나라에 귀부한 이래 여러 차례 공을 세워 능연각 24공신(凌煙閣二十四功臣)이 되고 악국공(鄂國公)에 봉해졌다.
48 『통전(通典)』 권178, 부군(州郡) 8, 「고기주(古冀州)」.

5

『영고탑북정지(寧古塔北征誌)』

김광우(金光雨) 외

해제

|1| 자료 개요

『영고탑북정지(寧古塔北征誌)』「북정일기(北征日記)」는 1871년(고종 8) 청나라 영토로 넘어간 조선의 유민(流民)을 쇄환해 오는 과정을 기록한 일기이다. 서울대학교 규장각한국학연구원에 소장(想白古951.054-Y42)되어 있으며, 책 표지에 '北征日錄'으로 표기되어 있다.

|2| 저자 소개

『영고탑북정지』에 수록된 「북정일기」는 건원 권관(乾原權官) 김광우(金光雨)의 일기이다.[1] 김광우는 비교적 낮은 직급의 무반으로 자세한 인적사항을 파악하기 어렵지만, 『승정원일기(承政院日記)』에 따르면 고종 5년(1868) 7월 "출신(出身) 김광우를 초사(初仕)로 조용(調用)하라"라는 내용이 있다. 고종 7년(1870) 2월에는 영의정 김병학(金炳學)이 경흥부(慶興府)의 의군(義軍) 설치를 논의하면서 김광우의 무예가 쉽게 얻을 수 없으므로 도내 변장(邊將) 중에 자리를 만들어 파견하자고 건의하였다(『승정원일기(承政院日記)』 고종 7년 2월 30일)는 기록도 있다. 그는 1870년(고종7) 러시아로 넘어간 조선 월경민들을 송환하는 임무에 파견되었으며, 다음 해인 1871년에는 영고탑에 구류되어 있던 조선 유민을 쇄환하는 임무를 맡았다(『청계중일한관계사료(清季中日韓關係史料)』).

영고탑 조선 유민의 쇄환은 1870년 청 황제의 명으로 청에 유입된 조선 월경민을 조사하는 과정에서 비롯된 것이었다. 청은 조사의 결과에 따라 조선인의 쇄환을 결정하였으며, 이에 조선에서는 김광우를 비롯한 관료를 즉각 영고탑으로 파견하였다.[2]

---

[1] 권혁래, 「도생(圖生)의 북방공간, 1871년 북간도 풍경」, 『고전과 해석』 19, 2015.
[2] 관련 내용은 『동문휘고(同文彙考)』 원편속(原編續) 범월(犯越) 2 아국인(我國人), 48b~50a; 같은 자료, 51a~53a에 보인다. 아울러 동일한 자료의 상세한 역주는 김형종, 『1880년대 조선-청 국경회담 관련 자료 선역』, 서울대학교출판문화원, 2015, 1-005 및 1-006 문서 참조.

김광우는 북변 지역에서 어느 정도 두각을 나타낸 무인이었으며, 월경민 송환 임무를 맡은 경험이 있어서 도민영회차사원(逃民領回差使員)으로 차출되어 영고탑에 파견된 것으로 보인다. 김광우 이외에도 별정 군관(別定軍官) 황계현(黃繼賢), 최신묵(崔愼默), 회령 통사(會寧通事) 최인검(崔仁儉)이 선발되어 함께 동행하였다.

3. 본문의 구성

영고탑은 청조의 조상 여섯 부락을 아우르는 '영고탑 패륵(貝勒)'이라는 의미를 가지며, 장소적 의미에서 발해 시대에 우리의 상경 용천부가 설치되어 있었던 지역이자 청조의 발상지인 지역의 명칭이기도 하다. 현재는 '영고탑 구성(舊城)'이라는 장소 명칭을 가지며, 중국 헤이룽장성(黑龍江省) 무단장시(牡丹江市) 닝안현(寧安縣)에 위치해 있다.[3]

김광우 일행은 영고탑으로 가서 조선 유민을 데리고 오기 위해 고종 8년(1871) 3월 6일에 출발하여 같은 해 6월 3일에 귀국하였다. 더 구체적으로 고종 8년 경원(慶源)에서 3월 6일 출발하여 혼춘(琿春, 3월 6일) – 발차막(撥車幕, 3월 7일) – 삼한(三漢, 3월 8일) – 덕통(德通, 3월 11일) – 대감자(大坎子, 3월 12일) – 왕청(王淸, 3월 13일) – 오태(五台, 3월 14일) – 낙타뢰자(駱駝磊子, 3월 15일) – 삼태(三台, 3월 16일) – 마륵호리(瑪勒瑚哩, 3월 17일) – 신관(新官, 3월 18일) – 간구자(干溝子, 3월 19일) – 영고탑성(3월 20일)에 도착하였다. 3월 20일부터 5월 17일까지는 청 측의 조선 유민 수색이 마무리되어 유민이 집결할 때까지 영고탑성에서 대기하였다. 4월 13일 군관 및 통사의 인솔하에 유민 300명을 먼저 출발시켰고, 5월 18일에는 김광우 자신이 직접 그때까지 찾아낸 조선 유민을 데리고 출발하여 6월 6일 훈융진(訓戎鎭) 근방에 도착하는 것으로 마무리된다. 관련 자료를 참고하면 청에서 조선에 인계한 유민의 숫자는 524명이었지만,[4] 조선에 도착한 인원은 중간에 도망간 이들을 제외하고 454명이었다.[5]

---

3 문상명, 「고지도와 문학 텍스트에 그려진 닝구타(寧古塔)의 경관과 인식」, 『열상고전연구』, 제47집, 145~196쪽.
4 『청계중일한관계사료(淸季中日韓關係史料)』 문서번호 184.
5 『동문휘고』 원편속, 범월 2 아국인, 51a~53a.

유민 쇄환과 관련된 공적인 내용과 함께 지역별 이동 거리, 풍속, 자연 지형 등에 대해 비교적 상세히 서술하였다. 또한 삼한(三漢)에 도착한 뒤에 말을 요청하는 '청마이문(請馬移文)' 및 4월 23일 당시까지의 상황을 조정에 보고하는 '치보(馳報)'가 첨부되어 있다.

『영고탑북정지』는 19세기 후반 영고탑에 대한 지리 인식과 지리 정보, 조선 유민의 월경 상황과 월경민에 대한 조선과 청의 처리 과정 등을 파악할 수 있다.

동치(同治) 11년 신미년 3월
영고탑북정지(寧古塔北征誌)

경원(慶源)에서 혼춘(琿春) 거리까지 60리

우리 백성과 나라를 생각해 보면 나라는 그 백성에 의지하고 백성은 그 나라에 의지하니 팔역(八域) 전체가 여러 차례 풍년이었다. 그런데 어째서인지 근래 백성들의 사나운 운수가 매우 심해 농사 상황이 거듭 흉년이라 〈백성들 중〉 흩어져 사방으로 간 자들에 대해 그 수를 알 수 없었다.

〈이에〉 특별히 대국(大國) 영고탑 부도통(寧古塔副都統)[6] 양오(楊烏)[7]가 황성(皇城, 북경)에 주달(奏達)하여 쇄환(刷還)하라는 은혜로운 성지[恩旨]를 받게 되었다.[8] 동치(同治) 10년 경오년(1870) 12월 12일에 두 폭(幅)의 공문을 작성하여 회령 개시(會寧開市)[9] 차장

---

[6] 영고탑 부도통(寧古塔副都統): 부도통은 청대 관명이다. 청대에는 각지에 팔기(八旗)를 주둔시켰는데 이를 주방(駐防)이라고 하고 주방 장관(駐防長官)을 도통(都統)이라고 하였다. 주방 장관 즉 도통이 없는 지역에는 일반적으로 부도통을 설치하였다. 관품은 정2품이며 각 지역의 장군(將軍)의 통제를 받았다. 조선과 관련 있는 팔기 주방 지역은 성경(盛京), 길림(吉林), 흑룡강(黑龍江) 세 곳으로 각각의 주방 편제는 다음과 같았다. ① 성경: 성경 장군(盛京將軍), 성경 부도통(盛京副都統), 금주 부도통(錦州副都統), 웅악 부도통(熊嶽副都統), 금주 부도통(金州副都統), 흥경 부도통(興京副都統). ② 길림: 길림 장군(吉林將軍), 영고탑 부도통(寧古塔副都統), 백도눌 부도통(伯都訥副都統), 삼성 부도통(三姓副都統), 길림 부도통(吉林副都統), 아륵초객 부도통(阿勒楚喀副都統), 납림 부도통(拉林副都統), 혼춘 부도통(琿春副都統). ③ 흑룡강(黑龍江): 흑룡강 장군(黑龍江將軍), 흑룡강 부도통(黑龍江副都統), 흑이근 부도통(墨爾根副都統), 제제합이 부도통(齊齊哈爾副都統), 포특합 부도통(布特哈副都統), 호란 부도통(呼蘭副都統), 호륜패이 부도통(呼倫貝爾副都統), 통긍 부도통(通肯副都統).

[7] 양오(楊烏): 당시 영고탑 부도통은 오늑흥아(烏勒興阿, Ulhingga)였다(『동문휘고(同文彙考)』 원편속(原編續) 범월(犯越) 아국인(我國人), 47a; 『청계중일한관계사료(清季中日韓關係史料)』 문서번호 112.

[8] 특별히 …… 되었다: 관련 사료에 따르면 해당 사건은 영고탑 부도통이 직접 주달한 것이 아니라 길림 장군에게 보고하고 그것을 다시 예부 및 군기처를 통해 황제의 지시가 이루어진 사안이다(『청계중일한관계사료』 문서번호 122).

[9] 회령 개시(會寧開市): 북관 개시(北關開市) 중 회령에서 시행한 개시를 말한다. 조선 초기 1406년(태종 6)에 경성·경원에 무역소(貿易所)를 설치하고 여진인에게 무역을 허락한 것이 북관 개시의 전신이었다. 1627년(인조 5) 정묘호란 직후부터 후금의 강요로 인해 회령 개시를 열었는데, 병자호란 전후 잠시 중단되었다가 1638년(인조 16) 영고탑의 사람들이 청나라 호부(戶部)의 표문(票文)을 가지고 와서 농기구를 무역하면서 재개되었다. 회령 개시에서는 매년 양국 관리의 감시 아래 일정한 수량에 한정해 교

(次將) 김영록(金英祿)으로 하여금 신미년(1871) 1월 2일에 회령부(會寧府)와 경원부(慶源府)로 가지고 가서 전달하도록 하였다. 이에 따라 회령 부사(會寧府使) 이기수(李祺秀)[10]가 〈고종 8년(1871)〉 1월 3일 두 영문(營門)에 대신 전달하였고, 경원 부사(慶源府使) 김한웅(金漢雄)[11]은 1월 5일에 또한 이를 보고하였다. 그리고 절도사(節度使) 김기석(金箕錫)[12]이 1월 7일에 치계(馳啓)하였고, 관찰사(觀察使) 김수현(金壽鉉)[13]이 1월 14일에 〈국왕께〉 전장에 곳에 서니 계달(啓達)하였다고 한다. 동년 2월 22일에 삼가 회답 전교(傳敎)를 수령하여[14] 병영(兵營)에서부터 순영(巡營)의 관문(關文)을 통해 모든 사항을 알렸다. 그리고 건원 권관(乾原權管) 김광우(金光雨)[15]를 차사원(差使員)으로 택정(擇定)하였

역을 허락하는 공무역을 하도록 되어 있었다. 초반에는 주로 영고탑·울라(Ula, 烏喇) 지방의 상인이 모여들었다가, 점차 봉천·북경 등지의 상인들까지 합류하였다. 조선에서는 함경도 지방 상인을 중심으로 서울 등지에서도 모여들어 교역하였다. 개시의 시기는 봄·가을 또는 겨울에 열렸으나 효종 때부터 동지 이후로 결정되었다.

10 이기수(李祺秀): 원문은 '이지수(李枝秀)'로 되어 있으나 '이지수(李祺秀)'의 오기이므로 바로잡아 번역하였다. 이지수는 1839년(헌종 5) 기해(己亥) 무과 정시(庭試) 갑과(甲科)에서 1위를 하였다. 1864년(고종 1) 내금장(內禁將), 1866년(고종 3) 공충 수사(公忠水使), 이듬해에 훈련 별장(訓鍊別將) 및 경상좌 병사(慶尙左兵使) 등을 거쳐 1870년(고종 7) 회령 부사에 임명되어 1874년(고종 11) 무렵까지 재직한 것으로 보인다(『승정원일기』 고종 7년 8월 28일; 고종 11년 6월 8일).

11 김한웅(金漢雄): ?~?. 1869년(고종 6) 부령 부사(富寧府使)로 재직하다가 이듬해 윤10월 경원 부사 신표(申杓)와 상환하여 경원 부사직을 맡았다. 이후 1872년(고종 9)에는 온성 부사에 임명되었다(『승정원일기』 고종 6년 12월 21일; 고종 7년 윤10월 29일; 고종 9년 7월 19일).

12 김기석(金箕錫): ?~?. 자는 성극(聖極), 시호는 정무(貞武)로, 본관은 광산(光山)이며, 조선 후기 무신이다. 고종 즉위 이후 경상좌도 수군절도사(慶尙左道水軍節度使) 및 경상좌도 병마절도사(慶尙左道兵馬節度使)에 임명되었으며, 1870년(고종 7) 함경북도 병마수군절도사에 임명되었다. 1876년(고종 13)에 어영대장에 이르렀으며, 1877년(고종 14) 총융사·무위도통사·통제사·금위대장·강화부 유수 등을 역임하였다. 1882년(고종 19) 임오군란 이후 흥선대원군이 다시 집권했을 때 복설한 삼군부(三軍府)의 지삼군부사(知三軍府事)에 임명되었다. 흥선대원군 실각 이후에도 주요 관직을 역임하였는데, 1884년(고종 21) 수원부 유수, 같은 해 설치된 친군영(親軍營)의 우영사(右營使)·별영사(別營使) 및 병조 판서, 1886년(고종 23) 해방영사(海防營使), 1888년(고종 25) 춘천 유수를 지냈다.

13 김수현(金壽鉉): 1826~?. 자는 원경(元卿)·경일(景一)·원일(元一), 본관은 광산(光山)으로, 조선 후기 문신이다. 현령으로 1861년(철종 12) 문과에 급제하여 동부승지와 좌부승지 등을 지냈다. 1864년(고종 1) 우승지가 된 뒤 이조 참의·대사성·이조 참판, 개성부 유수를 역임하였다. 병조 판서·한성부 판윤을 비롯하여 1870년(고종 7) 함경도 관찰사에 임명되었다. 1872년(고종 9)에는 동지정사(冬至正使)로 청나라에 다녀와 혼란한 대내외 사정을 알렸다.

14 동년 …… 수령하여: 문서의 수발 일자는 다른 자료와 비교할 때 약간의 차이가 있다. 『동문휘고』에 따르면 회령 부사가 영고탑 부도통의 조회를 받은 일자는 1871년(고종 8) 정월 4일이며, 조선 조정에서 회령 부사의 보고서를 첨부한 함경 감사 등의 장계를 받은 것은 같은 해 정월 27일이었다(『동문휘고』 원편 속, 범월 아국인, 48b~50b).

15 김광우(金光雨): 김광우에 대한 상세한 내용은 확인되지 않지만, 『승정원일기』에 따르면 고종 5년(1868) 7월 "출신(出身) 김광우를 초사(初仕)로 조용(調用)하라."라는 내용이 있으며, 고종 7년 2월에는 영의정

고, 행영(行營)의 전 가선대부(嘉善大夫) 황계현(黃繼賢)16을 별정 군관(別定軍官)으로, 경원(慶源) 최신묵(崔愼默)은 또 해사필리(解事筆吏)로 정하였다. 그리고 회령 통사(會寧通事) 최인검(崔仁儉)과 하예(下隸) 등 12명, 기복마(騎卜馬) 7필은 전례대로 데리고 갔다.

나는 신미(辛未, 고종8, 1871) 3월 6일 경원부에서 출발하여 강을 건너 수천 리를 왕래하며 3~4개월 동안 갖은 고생을 하였다. 길은 질척거리고 멀었으며 물정(物情)은 매우 달랐다[齟齬]. 그 대략을 뽑아 살펴볼 바탕을 대비하였다.

신미년(1871) 3월 6일

도망민을 데리고 오고자 자루에 약간의 식량을 챙기고 인마(人馬)를 대동하였다. 같은 날 오시(午時, 11~13시)쯤 뗏목을 만들어 강을 건너 동쪽으로 갔다. 동쪽 방향으로 30리쯤 가니 관왕묘(關王廟)가 있다고 하였다. 그리하여 일행은 가는 길에 들러 차례로 배례(拜禮)를 하였다. 은은(隱隱)한 가운데 경치를 보니 사우(祠宇) 하나가 높이 솟아 있고 사방의 벽은 금으로 칠하였다. 전정(前庭)에는 6개의 화죽(華竹)이 있었는데 '기간(旗竿)'이라 하였다. 양포(洋布)로 싸고 장단(長丹)17·백납(白鑞)으로 서로 단단하게 발랐다. 위에는 납주(鑞冑)를 입혔고 아래에는 석주(石柱)가 연이어 있는데 높이는 수십 장(丈)이었다. 허다한 물력(物力)을 이루 말할 수 없었다. 내정(內庭)에는 또 두 개의 사당이 있었다. 하늘[諸天]의 신들이 꽃비[花雨]를 내린 곳이다.18 한 사당에는 남불(男佛)이 있었고 다른 사당에는 여불(女佛)이 있었다. 좌우 노소(老少) 불상들은 면목(面目)이

김병학(金炳學)이 경흥부의 의군(義軍) 설치를 논의하면서 김광우의 무예가 쉽게 얻을 수 없으므로 도내 변장(邊將) 중에 자리를 만들어 파견하자고 건의하였다(『승정원일기』 고종 7년 2월 30일). 아울러 1870년(고종 7) 러시아로 넘어간 조선 월경민들을 송환하는 임무에 파견되었다(『청계중일한관계사료』). 김광우가 북변 지역에서 어느 정도 두각을 나타낸 무인이었다는 점, 월경민 송환 임무를 맡은 경험이 있었던 점을 고려하여 이번 임무를 책임지는 도민영회차사원(逃民領回差使員)으로 차출된 것으로 보인다.

16 황계현(黃繼賢): ?~?. 조선 후기 무신으로 1871년(고종 8) 동관 첨사(潼關僉使)에, 이듬해에는 오위장(五衛將)에, 1881년(고종 18)에는 고풍산 만호(古豐山萬戶)에 임명되었다(『승정원일기』 고종 8년 4월 5일; 고종 9년 12월 4일; 고종 18년 3월 21일).
17 장단(長丹): 길게 단청을 칠한 것을 말하는 것으로 보인다.
18 하늘의 …… 곳이다: 원문의 '제천(諸天)'과 '화우(花雨)'는 모두 불교 용어이다. 제천은 하늘의 신을 총칭하는 말로, 제천이 부처가 설법한 공덕에 감탄하여 비처럼 꽃을 뿌렸다는 데에서 화우는 고승이 찬미한 불법을 칭찬하는 말로 쓰인다.

기발(機發)하여 마치 살아 있는 모습 같으니 사람의 절묘한 솜씨가 정말 뛰어나다고 할 수 있었다.

구경을 마치고 동쪽 평야로 10리쯤 이동하자 토성(土城) 하나가 있었는데 이곳이 이른바 혼춘 거리였다. 여염(閭閻)이 즐비하고 닭과 개 짖는 소리가 사방에서 이르렀다. 마침 몇 사람이 나와서 맞이하며 말하기를, "협령(協領)[19]이 귀가하여 관헌은 텅 비었고 다만 고이공(稿伊貢) 한 사람만이 있습니다"라고 하였다. 그래서 그에게 이문(移文)을 건네 주고 오랫동안 이야기를 한 후 객점(客店)으로 이동하였다. 양식을 꺼내 밤늦게 밥을 지어 먹었는데 모래가 또한 반이었다. 맛있게 먹는 사람도 있었고 먹기 싫어하는 자도 있었으니, 이 또한 운수일 뿐이다. 그에게 말을 전해 주기를 부탁하고 억지로 눈을 붙였으나 잠이 오지 않아 칼을 어루만지다가 일어나 앉았더니 동방이 이미 밝아 왔다. 심회(心懷)를 억누르기 어려워 방문을 열고 바라보니, 거주민은 만여 호(戶)나 되었고 땅은 사방이 200리나 되는 큰 평야였으니 이는 진실로 하늘이 내려 준 땅이었다. 그 안에는 거리에 있는 집이 수백 호나 되었고 물화의 풍부함과 누방(樓房)의 사치스러움은 그 화려함을 비할 바가 없었다. 벌레나 새길 수 있는 조그마한 기술을 가지고는[20] 정말로 모두 기록하기 어려웠다.

3월 7일 혼춘(琿春) 거리에서 발차막(撥車幕)까지 20리

당일 아침 식사 후 통사(通事)로 하여금 협령에게 가서 말을 전하니 공문(公文) 1장을 발급해 주었고, 또 카룬[卡論][21] 2명을 정해서 경계가 교차하는 곳에서 파수를 교대[替把]하기 위해 반행(伴行: 함께 이동함)하도록 신칙했다고 한다. 다시 통사로 하여금 협령에게 다녀와서 보고하도록 하니 답장 내에 또 그의 상사가 반드시 다시 신칙(申飭)

---

19 협령(協領): 청대 무관명이다. 지위는 부도통의 아래이자 좌령(佐領)의 위이다.
20 벌레나 …… 가지고는: 문장을 작성하는 능력을 겸사로 하는 말이다. 당나라 시인 이백(李白, 701~762)이 형주 자사(荊州刺史) 한조종(韓朝宗)에게 자신을 천거해 달라고 보낸 편지에서 "벌레를 조각해 놓은 것 같은 작은 재주라 대인의 마음에 들지 모르겠습니다[恐雕蟲小伎, 不合大人]"라고 한 것에 보인다.
21 카룬[卡論]: 청대에 설치한 방어 및 관리 시설을 말한다. 동북쪽에는 주로 유조변(柳條邊)에 설치되었으며, 월경 문제로 인해 종종 조선 국경과 인접한 곳에 카룬 초소를 설치해야 한다는 논의가 있었다.

할 것이니 돌아오는 길에 마땅히 그것을 행하면 될 것이라고 하였다. 날이 이미 오후라 따로 출발하도록 재촉했으나 땅은 본래 낮고 습하며 길이 모두 진흙탕이었고, 산등성마루에 올라가고 옛길을 따라 내려가다 왕왕 방황하고 여기저기서 주저하였으니 종일 힘을 써도 겨우 20리를 갔다. 이곳이 이른바 발차막(撥車幕)이고 또한 파수막(把守幕)이라고 한다. 앞의 점(店)까지 여전히 멀고 날은 장차 저녁이 되려 하였다. 부득이 이곳에서 숙박하였다. 반행하는 카룬이 그가 어떤 좋은 뜻인지 술 몇 병을 꺼내 종종 권하니 이것으로 시름을 덜 수 있었다.

3월 8일 발차막(撥車幕)에서 삼한지(三漢地)까지 60리

올해는 늦봄이라 봄기운이 사람을 피로하게 만들었다. 사람은 피곤하고 말은 모자라니 한 번에 갈 길을 반일 동안 가고 반일에 갈 길은 종일 간다. 겨우 60여 리를 가고서 숙박했는데 바로 삼한지였다.

발차막을 출발해 길을 가다 호통(胡洞)을 거쳐 대반령(大盤嶺)에 올랐다. 대반령 위에 총사(叢祠)가 있었고 총사 아래에 대로(大路)가 있었는데 돌을 뚫어 길을 통하게 하였다. 좌우가 모두 석벽이었다. 대개 길을 가는 어려움이 이번처럼 힘든 적이 없었다. 회령의 복마(卜馬)가 피로해서 심지어 죽기까지 하였다. 필리(筆吏)가 탄 말 또한 탈진하여 길을 떠날 수 없었다. 이로 인해 지체하며 머물렀으니 우울하고 답답하기가 형언할 수 없었다.

3월 9일 그대로 삼한(三漢)에 머무름

회령 복태마(卜駄馬)가 어제 죽어 버렸다. 필리의 말의 병도 낫지 않아 이곳에서 지체하며 머무르니 근심스러운 심정을 너무나도 견디기 어려웠다. 가뭄 끝에 비가 부슬부슬 내리니, 백성들의 일을 생각하면 실로 너무나도 다행이었다. 그러나 공궤(供饋)[22]

---

22 공궤(供饋): 공적인 업무에 대한 식사를 제공하는 것을 말한다.

라는 것은 조촐한 나물에 멥쌀[粒米]도 매번 스스로 내야 했으니 물고기와 술은 물론이거니와 강개(薑芥)[23]조차도 오히려 여유로운 일이다. 간이 없는 국과 모래가 섞인 밥이 매일 올라오자 곳곳에서 원망하고 탓하니 사안이 창피해서 차라리 아무 말도 하고 싶지 않다. 때로는 때를 넘겨 한 번 먹고 때로는 이틀에 한 번 마시니 우레 소리가 장과 배[腸肚] 사이에서 울리고 소름이 피부 위에 돋아나니 굶주림과 추위가 뼈까지 이르러 우울한 심사를 억누르기 어렵다. 그러나 왕사(王事)가 앞에 있으니 잘 이루어질 것을 낮이나 밤이나 동동(憧憧)하는[24] 근심으로 삼을 따름이었다.

3월 10일 삼한(三漢)에 머무름

삼한은 삼동(三洞)을 가리킨다. 거주민은 500여 호(戶)이고 호들은 모두 부유한 백성이고 성격 또한 억세다. 북쪽 강은 남쪽으로 이동하는 지름길로 북도(北道, 함경도)의 어물(魚物)과 나무를 끌어오는 곳이자 상고(商賈)가 왕래하는 곳이다. 보이는 바는 쓸쓸하지 않지만 행로를 지체하니 실로 근심이 몰려온다. 이틀 동안 지체됨이 마치 삼추(三秋, 3년)와 같고 한 번의 소박한 식사가 산해진미보다 어려우니 결코 머무를 곳이 아니었다. 그러므로 경원(慶源)에 말을 요청한 일[責馬]에 대한 회답을 기다리지 않고 내일 마땅히 출발하려고 했으나, 필리가 탈 말이 필시 죽어 버리고 말 것이다. 앞의 일정을 생각하니 너무나도 근심스러웠다.

동일(同日) 말을 청하는 이문(移文)[25]

도민영회차사원(逃民領回差使員)이 상고(相考)하는 일. 짐과 양식을 실은 말이 이곳에 이르러 죽어 버렸습니다. 필리가 탄 말도 현황(玄黃)이라 전진할 수 없습니다. 이틀

---

23 강개(薑芥): 형개(荊芥)를 말한다. 꿀풀과에 속한 식물로 한의학에서 풍열(風熱), 마진(痲疹), 풍진(風疹) 등의 질환을 치료할 때 사용하는데, 맛은 대체로 쓰다. 여기에서는 쓰고 맛없는 반찬에 비유하였다.
24 동동(憧憧)하는: 마음이 확정되지 않고 왔다 갔다 하는 모양을 말한다.
25 이문(移文): 상호 간에 동등하거나 그에 상응하는 관서 사이에 왕래하는 공문서 또는 공문서를 보내는 행위를 말한다(『조선왕조실록사전』).

동안 이동을 지체하여 출발이 갈수록 늦어지니 나아가는 일이 시급합니다. 부근에서 문서를 보내니 필리가 탈 말과 복태마에 대해 군마(軍馬)로 신속히 차출하여 즉시 유원(柔遠)[26] 건너편으로 발송함으로써 무탈하게 인솔하여 이동할 수 있도록 해 주십시오.

이상 온성부(穩城府)[27]로 보냄.

3월 11일 삼한(三漢)에서 덕통(德通)까지 100리

온성부에서 보낼 복태마와 필리의 말이 제때 도착하지 않았다. 이 때문에 필리는 걸어가고 짐바리[行擔]는 하예들에게 나누어 지게 해서 각각 운반하도록 하였다. 그러나 어떤 이는 발바닥이 부르터서 걷기 어려운 사람도 있고 혹은 머리가 아파 걸을 수 없는 자도 있었다. 보이는 바가 몹시 가슴 아팠다. 삼한에서 덕통까지 비록 90리라고는 하나 우리나라와 비교하면 족히 100여 리는 되었다. 길은 강변을 거치는 곳이 40여 리이고 골짜기에서 서북쪽으로 가는 길이 50여 리였다. 석각(石角, 바위너설)에 오르고 고개를 넘어 동구(洞口)로 들어가 시내를 건넜다. 산짐승들이 봄을 알리고 담장에 핀 꽃이 사람을 희롱한다. 줄곧 울퉁불퉁한 길을 걷다가 해질 무렵 어떤 장소에 도착했는데 바로 덕통관(通德館)이었다.

이른바 카룬 〈관원은〉 한 명은 관씨(關氏)이고 다른 한 명은 태씨(太氏)씨였는데, 모두 배움이 부족한 이들이었다. 영접은 무례하였고 체송(替送)에 대해서는 위협하니 교린(交隣)의 떳떳한 논의라고 할 수 없었으나 또한 어떻게 관변(官弁)의 전례로서 책할 수 있겠는가. 보고 있자니 통탄스러웠고 말 또한 괴이하였다. 통사가 책마(責馬) 왕래 문서를 기다리고자 일단 온성 강변에 머무르며 필담을 하고자 하였다. 그러나 그들 모두 배우지 않았기 때문에 글을 써도 알지 못하고 말을 해도 통하지 않았다. 물을

---

26 유원(柔遠): 온성부에 속한 군진이다. 부의 서쪽 18리에 있으며 병마첨절제사(兵馬僉節制使)의 영(營)이 있다(『신증동국여지승람(新增東國輿地勝覽)』 권50, 「함경도(咸鏡道)·온성도호부(穩城都護府)」).

27 온성부(穩城府): 함경북도 최북단에 위치한 도시이다. 원래는 다온평(多溫平) 등으로 불렸는데 1440년(세종 22)에 처음으로 군(郡)을 설치하면서 온성으로 고치고, 경원(慶源) 및 길주(吉州)의 남쪽과 안변(安邊)의 북쪽에 있는 여러 고을 백성의 세대를 이곳으로 옮겨 살게 하였다. 1441년(세종 23)에는 도호부(都護府)로 승격시켰고, 이듬해에는 진(鎭)을 설치하였다(『신증동국여지승람』 권50, 「함경도·온성도호부」).

게 있어도 묻지 못하고 답할 것이 있어도 답할 수 없었다. 말은 제나라와 초나라의 차이였고 사람은 진나라와 월나라의 차이 같았다. 개탄스러울 따름이다. 이 동(洞)에는 파발이 두 막(幕)만 있었고 달리 동한(同閈, 마을)은 없었다.

3월 12일 덕통(德通)에서 대감자(大堪子)까지 100리

덕통관에서 온성에서 말을 보내기를 기다렸다가 오후 늦게 출발하였다. 가다가 10여 리쯤 이르자 고려령(古麗嶺)이 있었고, 고려령 위에는 국사당(國師堂)이 있었으며, 국사당 아래에 고려동(古麗洞)이 있었다. 길은 모두 진창이라 지적도 이동하기 어려워 겨우 90리쯤 갔는데 또한 대감자 지역이었다. 어둠을 타고서 도달하였다. 아주 큰 객점(客店)이었지만 공교롭게도 상고(商賈)의 도회(都會)를 만났다. 인마가 매우 많았고 마당이 비좁아 밖에는 말을 맬 곳이 없고 안에는 손님이 머무를 처소가 없었다. 비가 마침 엄청 내렸고 바람 또한 심하게 불어 대는데, 잠시 자려 했지만 할 수 없어 불을 켜고 밤을 새웠으니 그 고통을 헤아릴 만하다.

3월 13일 대감자(大堪子)에서 왕청(王淸)까지 80리

대감자로부터 왕청관(王淸館)까지 평야가 100리나 펼쳐졌다. 북쪽에는 강 한 줄기가 있었다. 수목은 하늘을 가렸고 노루와 사슴이 거리낌 없이 다녔다. 때마침 늦봄이라 풍광은 각각 달랐고, 떨어지는 꽃은 말이 없었으며 향기로운 풀은 다정하였다. 땅이 별천지라 사람 또한 영기(靈氣)를 모아 놓은 것인가. 오직 이곳의 카룬은 접대하기를 마땅한 예로써 하고 연향(宴享) 역시 의례대로 하였다. 천 번의 고생 끝에 한 번 배불리 대접받았으니, 사례하지 않을 수 없고 인정이 없을 수 없어 장지(壯紙) 한 묶음을 꺼내어 후의(厚誼)에 사례하니 그들 또한 매우 겸양하였다. 이것은 한번 웃을 만한 거리였다. 그러나 땅은 낮고 습하였으며 갈수록 진흙탕이라 앞서 가는 자가 빠지면 뒤에 가는 자가 이내 꺼내 주었다. 어제 온 길이 오늘 온 길과 같고, 오늘의 고통이 어제의 고통과 같았다. 종일토록 비를 무릅쓰고 밤이 늦도록 이동해서 숙박하였다. 힘든 상황에 대해서는 말하고 싶지 않고, 대략 거리의 멀고 가까움을 기록하였다.

3월 14일 왕청(王淸)에서 오태(五台)까지 100리

왕청에서 아침 일찍 출발하였다. 가다가 5리쯤에 이르자 자피선(者皮船)[28]을 타고 북쪽 강을 건너 서쪽으로 가다가 45리에 이르러 점심을 먹었다. 지명은 황편(黃片)이라고도 하고 황구(黃溝)라고도 하였다. 점주(店主)는 '장적지(掌積知)'라고 부르는데,[29] 장적지(掌積知)는 영접을 조금 이해하였고 접대를 잘하였다. 이는 바로 영고탑 근방의 풍속이 아니겠는가. 황구 지역은 강이 많은데 바로 세 강이 합류하는 곳이다. 하나는 '약수하(若水河)'라고 하고 또 다른 강은 '호주하(乎珠河)', '알아하(嘎呀河)'라고 하였는데, 모두 큰 강이었다. 배를 타고 서쪽으로 건너가 겨우 50리쯤을 이동하니 산봉우리 하나가 있었는데, 호주령(乎珠嶺)이었다. 호주령 밑에 오태점(五台店)이 있었으니 바로 영고탑 지역이다. 전체적인 형세는 평야를 두르고 있고 강이 흘러 산으로 들어간다. 땅은 넓고 사람은 적으며 평야가 100리에 이른다. 산은 높고 물은 길게 흐르며 깎아지른 언덕은 천 척(尺)에 이르렀다. 하루 힘을 다해서 겨우 도착한 곳은 카룬관[卡論館]이었다. 카룬은 공무로 영고탑에 올라갔다. 영접할 사람이 없으니, 접대는 말해 무엇하겠는가. 이른바 저녁이라는 것은 곡식과 모래가 반반이었다. 국도 채소도 없었다. 쌀을 빻고자 했으나 공이가 없으니 어떻게 하겠는가. 또 국을 끓이려고 했으나 장(醬)이 없으니 어떻게 하겠는가. 다만 산수의 경치가 뛰어나니 훤초(諼草)[30]를 얻어 근심을 잊을 따름이다.

3월 15일 오태(五台)에서 낙타뢰자(駱駝磊子)까지 150리

오태에서 새벽에 출발하였다. 50리를 가서 아침 식사를 하였는데, 아목달점(阿木達

---

28 자피선(者皮船): 피선(皮船)이라고도 한다. 짐승의 털가죽으로 만든 작은 배를 말한다.
29 장적지(掌積知): '적(積)'은 '궤(櫃)'의 오자인 듯하다. 중국어로 상점 주인을 '장구이더(掌櫃的)'라고 한다.
30 훤초(諼草): 『시경(詩經)』「위풍(衛風)·백혜(伯兮)」에 나오는 풀 이름으로 어머니를 뜻한다.

店)이었다. 막 출발하려고 할 때 파발 한 사람이 공문 몇 통을 가지고 아목달점에 들렀다. 그 공문에 대해 물으니 탑성(塔城)에서 동쪽 방향으로 80리쯤에 삼성(三姓)[31] 지역이 있는데, 근래 백성의 재산을 약탈하는 변고가 나와 혼춘에서 병사를 뽑고자 이러한 공문이 있게 되었다고 하였다.

출발하여 30리쯤 가니 산봉우리가 하나 있었다. 바로 납기령(拉奇嶺)이었다. 납기령 길은 50리가 넘었다. 수목이 울창하여 지척도 구분하기 어려웠다. 산과 계곡이 넓고 깊어 노루와 사람 들이 많이 살았다. 일행은 모두 걸어서 겨우 고개 아래로 빠져나왔을 때 또 기발(騎撥) 한 사람이 있었다. 그 이유를 물으니 삼성의 변고가 한시가 급하기에 혼춘의 병사를 다시 재촉하는 일로 또한 이렇게 문서가 나왔다고 한다. 그 변을 일으킨 수괴를 물으니 모른다고 답하였다.

다시 20리쯤 가니 살가고하(薩哥庫河)가 있었다. 살가고하는 큰 강이었다. 배를 타고 건너가 북쪽으로 가니 곧 낙타뢰자점(駱駝磊子店)이었다. 또한 카룬관이 있었다. 카룬은 이미 탑으로 올라가 버려 낙타점주(駱駝店主)만 있었는데 영접이 무례하고 대접에 절차가 없었다. 꾸짖는 것은 불가하고 탄식해도 또한 무익하였다. 마음이 자연히 울적해져 묵묵히 옷소매를 내려뜨리는 사이에 어떤 10여 인이 말머리를 함께하며 이동하고 있었는데 곧장 낙타점(駱駝店)에 들어왔다. 행차의 목적을 물으니 공무로 인해 혼춘으로 가는 사람들이었다. 두호(頭胡)는 회시(會市)로 인해 부도통(副都統)의 이문을 가지고 전했던 사람으로 통사 최인검이 또한 파견되어 일을 했던 사람이었다. 저 두 사람은 예기치 못하게 만났고 구면이라 서로 기뻐하며 소작(小酌)으로 서로 권하였다. 두호가 먼저 찾아왔고, 온 이후에는 떡을 만들게 하여 곧 풍족하게 대접하였다. 여러 날 기갈(飢渴)한 뒤라 뱃속을 윤택하게 할 수 있었다.[32]

---

31 삼성(三姓): 청대 동북 지역 군진(軍鎭)의 하나를 말한다. 현재 흑룡강성(黑龍江省) 의난현(依蘭縣)에 있으며 지리적으로는 목단강(牡丹江)과 송화강(松花江)이 합류하는 곳에 위치한다.
32 원문에는 3월 15일 기사 끝에 '十六日'이 있는데, 이는 다음 기사 일자인 16일의 연문(衍文)이다.

3월 16일 낙타뢰자(駱駝磊子)에서 삼태(三台)까지 100리

　　낙타뢰자점에서 이른 새벽에 출발하였다. 산이 모두 사방을 둘렀다. 들은 또한 병탄하였다. 서북쪽으로 40리쯤에 이르자 큰 산봉우리가 있고 봉우리 정상에는 작은 암자가 있었는데, 〈산봉우리는〉 수인령(修仁嶺)이라고 하고 암자 역시 수인사(修仁寺)라고 하였다. 산은 단단하고 사방은 막혀 있으니 보배가 아니라면 신령한 곳이다. 천상의 신선들이 이따금 와서 거주하여 인간의 화복(禍福)이 그때마다 오르락내리락 한다. 땅은 비록 별천지이지만 길은 험준하였다. 송백(松柏)이 빽빽하게 남쪽에 있는데 무성하게 비취색을 머금고 있고 화목(樺木, 벚나무)은 꼿꼿이 북쪽에 있으니 하나하나가 흰색을 입었다.

　　아름답구나. 청색과 백색의 두 물건이 좌우에 나누어져 있는데, 백로(白露)의 백색인지, 창가(蒼葭)³³의 창색(蒼色)인지 알지 못하겠구나. 풍광의 뛰어남이여. 행로의 어려움이여.

　　석각(石角)을 딛고 가다 엎어지고 건너는 초입에 임해서 실족하였다. 물이 솟는 곳에 길을 뚫었으니 바로 수로(水路)였다. 내외 고갯길이 족히 60여 리는 되었다. 종일토록 힘을 다했으나 밤이 되어서야 숙박했으니 바로 삼태점(三台店)이었다. 말은 일부가 지치게 되었고 사람은 모두 설사를 했는데, 수토(水土) 때문이 아니라면 행로의 고생 때문이 아니겠는가. 다만 앞으로 행로를 생각하면 실로 너무나도 걱정스럽다.

3월 17일 삼태(三台)에서 마륵호리(瑪勒瑚哩)까지 50리

　　삼태점에서 아침 일찍 출발하였다. 일행이 거의 설사를 하였다. 때로는 한 마장[場]을 가고서 쉬고 때로는 몇 걸음 가고서 멈추며 겨우 50리를 갔다. 바로 마륵호리(瑪勒瑚哩)의 카룬관이었다. 마을 이름은 또 도두구자(徒斗溝子)라고도 하였다. 부득이

33　창가(蒼葭): 겸가(蒹葭)라고도 한다. 『시경』「진풍(秦風)·겸가(蒹葭)」 시를 말한다. 이 시는 그리워하는 남녀가 서로 만날 수 없음을 안타까워하는 내용이다.

숙박하였다. 땅은 본래 광활하고 집 또한 즐비하니 이것은 필시 엄연히 하나의 촌점(村店)이었다.

3월 18일 마륵호리(瑪勒瑚哩)에서 신관(新官)까지 50리[34]

마륵호리관(瑪勒瑚哩館)에서 아침 이후 출발하였다. 북쪽으로 50리를 가서 신관(新官)에 도착하였다. 카룬 한 명이 접대하였는데 차를 권했을 따름이었다. 들은 넓고 산은 낮았으며, 경치가 조금 나았다. 밭은 큰 밭[甫田]이라 봄 경작이 다른 것보다 배가 되었다. 이곳에는 칠성신사당(七星神祠堂)이 있었다. 사당 안에는 12개의 불상이 있었는데, 영령(英靈)한 기상이 정말로 분명하였다. 또 방사(房舍)의 사치스러움과 누각의 화려함은 처음 보는 것이자 듣지도 못한 것이었다. 뜰 앞에는 화죽(華竹) 두 개가 있었는데, 높이는 하늘을 찌를 듯하였고 무늬는 그림을 빼앗아 놓은 듯하였다. 조용히 관람을 마치고 나왔다.

날이 이미 저녁이라 부득이하게 숙박하였다. 땅은 사방 100여 리이고 가호 또한 100여 호였다. 남녀노소가 대부분 이곳에 살았다. 혹은 멀리서 바라보는 자도 있었고 혹은 영접하는 자도 있었으니, 말이 다르고 복장이 다르기 때문이 아니겠는가. 그들의 용모와 모습을 살펴보니 비록 아름답다고 할 수는 없지만 금으로 된 귀고리나 머리에 꽂은 꽃은 아름답다고 하지 않을 수 없었다. 이른바 환발(鬠髮)이라는 것은 끈으로 〈머리를〉 송곳처럼 묶어서 아랫배 뒤까지 늘어뜨리는 것으로, 모습은 마치 이마를 동여맨 것 같다. 객이 비록 좋지 않게 보더라도 세속의 정경을 또 어찌하겠는가. 이 또한 한바탕 웃음거리일 뿐이다.

3월 19일 신관(新官)에서 구자(溝子)까지 100리

신관 지역에서 아침 일찍 출발하였다. 50리쯤에 이르자 작은 황무지가 있어 잠시

---

34 신관(新官)까지 50리: 원문은 '至新官里五十里'로 되어있는데 '신관(新官)' 뒤의 '리(里)'는 연자(衍字)로 보아 번역하지 않았다.

말에게 꼴을 먹인 후 그곳에서 50리를 가니 바로 간구자(干溝子)였다. 그대로 숙박하였다. 가호는 수십에 불과하고 사람은 100여 명이 안 되었다. 땅은 넓고 사람은 드물었고 별달리 볼만한 것도 없다고 하였다.

3월 20일 간구자(干溝子)에서 영고탑성까지 55리

간구자에서 아침 일찍 출발하였다. 겨우 50리쯤을 가니 바로 영고탑까지 5리가 남았다. 탑성(塔城)에서 4품 관변을 정해 〈그가〉 맞이하러 와서 같이 들어갔다. 성 동쪽에 목단강(牧丹江)이 있는데, 큰 강이었다. 배를 타고 건넜는데, 혹은 토성(土城)이 있었고 때로는 목책(木柵)도 있었다. 여염이 즐비하고 닭과 개 짖는 소리가 시끄럽게 들렸다. 따르는 자들은 뒤에 꽉 찼고, 맞이하러 온 자들은 앞에서 인도하였다. 따로 길을 가는 까닭은 알지 못했지만 허다한 광경은 기록할 수 없었다.

들은 넓고 하늘은 낮으며 푸른 소나무는 고고히 빼어났다. 산은 넓고 물은 길게 흐르고 푸른 노을이 저물녘에 나타났다. 또 공화가(公和家)는 모두 돌을 쌓아 벽을 만들었다. 매우 높고 큰 각(閣)은 비늘 같은 기와로 지붕을 만들었고 층층마다 벽사(碧舍)가 있었다.

성 남쪽에 또 2층의 괴성루(魁星樓)가 있었는데 단청의 절묘함과 동량(棟樑)의 목재는 저쪽이나 이쪽 〈모두〉 고금에 드문 것이었다.

구경을 끝내지 못하고 그 지역의 넓이를 물으니 넓어서 알지 못하겠다고 하였다. 가호의 숫자를 물으니 많아서 모두 기억할 수 없다고 하였다. 필시 과장하려고 하는지는 실로 알지 못하겠지만 알지 못하는 자에게 물어본 것은 분명하였다. 아문의 제호(題號)를 물으니 답하기를 '만리봉후(萬里封侯)'라고 하였으니 이를 통해 땅이 넓고 가호가 많다는 것을 알 수 있었다. 또한 관위(官位)를 물으니 네 개의 관직이 있는데, 첫 번째는 '부도통(副都統)'이고, 두 번째는 '좌사(左司)'이고, 세 번째는 '우사(右司)'이고, 네 번째는 '정당(正堂)'이었다. 여러 날 동안 힘들게 이동한 끝에 비로소 지령(地靈)한 곳을 보았다.

3월 21일 탑에 머무름

어제 저녁에 탑관(塔館)에 도착했는데, 영접을 예로써 하고 대접 또한 절차에 맞았다. 담당하는 사람은 성은 관(關)이고 이름은 춘록(春祿)이라고 했는데, 그를 춘노야(春老爺)라고 불렀다. 또 4명이 있었는데 모두 관직(關直)[35]이었다. 성조(聖朝)의 어떤 관변한 사람이 공당(公堂)으로 들어가기를 청하였다. 〈공당에〉 주장(主將)이 홀로 당상(堂上)에 앉아 있었다. 옷은 금색 치마였고 자리 또한 홍색 양탄자였다. 그 말은 별로 없었고 그 행동거지는 무거웠다. 이가 바로 부도통이었다. 좌우 문무 관원이 차례로 대기하였다. 혹은 패주(佩珠)를 드리웠고 혹은 현옥(懸玉)을 차고 있었다. 사람들은 모두 준수했으며 진퇴를 알고 있었으니 이것 또한 대방(大邦)의 풍모일 것이다. 몇몇의 문답은 이미 별건에 있기 때문에 중복해서 쓰지 않는다. 말먹이는 태당(太唐)에서 사서 날마다 먹이라고 주의를 주었다. 그러나 타던 말 한 필이 어제 죽었다. 이 또한 객지에서 느끼는 슬픔의 하나일 것이다.

3월 22일부터 23일까지

이른바 객공(客供)[36]은 외관(外館)으로부터의 별공(別供) 3일치에 그쳤다. 준비된 반찬, 훌륭한 술과 안주는 살진 진나라의 사슴[秦鹿][37]이 아니면 향기로운 초나라의 귤[楚橘][38]과 같은 것이었다. 3일 후에는 다시 점례(店例)로 급작스럽게 〈바뀌어〉 대접을 하니 격식으로 되어 있는 관례인지 모르겠다.

유민(流民)이 이동할 때의 양식 문제로 지루하게 문답하였다. 처음에는 전미(碾米, 멧쌀) 20석을 허가했다가 쌀을 구매하는 것으로 바꾸었고 수량대로 〈돈을〉 빌려주기

---

35 관직(關直): 직(直)은 의미상 '씨(氏)'가 되어야 한다.
36 객공(客供): 공무로 인해 방문한 사람에게 지급하는 비용 또는 접대를 말한다.
37 살진 진나라의 사슴[秦鹿]: 진록(秦鹿)은 황제의 자리를 비유하는 말이다. 『사기』 권92, 「회음후열전(淮陰侯列傳)」에 "진나라가 사슴을 잃자 천하의 사람들이 함께 뒤를 좇았다.[秦失其鹿 天下共逐之.]"라고 하였다.
38 초나라의 귤[楚橘]: 『초사(楚辭)』 구장(九章) 중에서 귤송(橘頌)을 가리키는 것으로, 훌륭한 성품과 의지 등을 귤의 특성에 빗대어 표현한 말이다.

로 하였다. 그리고 스스로 관원을 선발하여 보고서 두 통을 만들고 그의 상사에게 갖추어 올렸는데 하나는 길림(吉林)에 올리고 하나는 본 아문에 두려는 뜻이었다. 물어보니 답하기를, "그렇습니다. 대저 쌀을 빌려주었다가 받는 것은 본래 히려는 일이 아니었습니다. 취소하고 쌀을 빌려주되 받지 않은 것으로 하려고 했기 때문에 며칠을 끌었으나 부득이 빚을 요청하는 것으로 보고서를 갖추었습니다. 23일에 길림에 보고했습니다"라고 하였다. 내려올 지시가 어떠할지 모르겠지만 여러 사람의 말을 채택해 보니 젊은 여인들은 거의 권호(權胡)를 잊지 못해 저마다 자취를 감추어 데리고 오는 일에 기약이 없다고 한다. 저쪽은 이쪽을 어찌하며, 이쪽은 저쪽을 어찌하겠는가. 다만 하는 것을 보고서 반드시 공적으로 해야 할 따름이다.

3월 24일에서 25일까지

3월 24일 아침부터 비가 부슬부슬 내렸다. 25일 밤에는 눈이 더해져 흩날렸다. 아득한 지역이라서 그런 것인지, 멀리 떨어진 곳이라고 그런 것인지 모르겠다. 대저 데리고 갈 사람은 510명으로 명확하게 수를 정하여 날마다 엄히 단속하고 또 빚으로 빌릴 쌀에 대해서는 여러 번 주의를 주어[飭纏] 성실히 〈상인을〉 골라서 거래한다고 한다. 이 때문에 통사에게 몰래 그 이유를 물어보니 일이 사람을 살리는 것에 관계되므로 경솔히 할 수 없고 또한 대방의 의리를 보여 주어야 한다고 했다고 한다.

3월 26일에서 29일까지

26일에는 비와 눈이 함께 내렸다. 27일에는 줄곧 장맛비가 뿌려지다가 28일에서야 그쳤고, 29일에는 해가 나왔다. 통사에게 소일거리가 있는지 주인 관씨(關氏)에게 물어보게 하니 관광할 곳이 있다고 하였다. 그리하여 바로 그와 함께 출발하였다. 거리의 한 관소(館所)에 이르니 시민(市民)들이 이곳에 운집해 있었다. 앞으로 가려고 해도 전진할 수 없고 뒤로 가려고 해도 물러날 수 없어 오랫동안 머뭇거리고 있었는데, 갑자기 관현(管絃) 소리가 가까운 곳에서 들렸다. 그 장소를 물어보니 바로 신인공열당

(神人供悅堂)이라고 하였다.

이른바 관현은 한 사람은 바라를 치고 한 사람은 퉁소를 불고 한 사람은 피리를 불고 한 사람은 행금(行琴, 해금)을 타고 한 사람은 목각(木角)을 불고 두 사람은 쇄눌(鎖吶)을 부니, 이것이 이른바 오음(五音)과 육율(六律)이었다. 가운데 여자 두 사람은 각기 넓은 소매의 화복(華服)을 입고 머리에는 채화(彩花)를 꽂았으며 손에는 죽인(竹釰)을 쥐고 서로 등지고서 함께 춤을 추며 나눠서 이야기를 하고 각기 노래를 불렀다. 또 세 남자가 있었는데 한 사람은 모대(帽帶)를 갖추고 화복(花服)을 입고 겸하여 말 갈기털로 삼각 수염을 달고서 때로는 노래하고 때로는 춤을 추는데 어린아이 같기도 하고 미친 사람 같기도 하였다. 또 한 사람 역시 화복을 입었는데 옷이 가사(袈裟)와 같고 모습은 승려 같았다. 다른 한 사람은 비록 달리 착용한 것은 없었지만 묵(墨)과 분(粉) 두 가지 물건으로 흑색 눈동자와 흰색 수염을 그려 내고 여자처럼 가장하였다. 이들의 말은 처음에는 가늘고 낭랑했으며, 그 모습은 부드러우면서 돈후하고 거리낌이 없었으니, 괴상한 모습이 천 가지 만 가지라 이루 다 말할 수 없다.

즐기는 바를 물으니 이 땅에는 다섯 가지 기도하는 바가 있는데, 첫째는 천신(天神)이고 둘째는 지신(地神)이며 셋째는 산신(山神)이며 넷째는 강신(江神)이고 다섯째는 진신(震神)이다. 이날은 바로 진신에게 기도하는 날이다.

공열당 남쪽에는 소지당(小紙堂) 하나가 있는데 이른바 소고장(小鼓匠)이다. 그곳에 마땅히 걸린 것은 고(鼓) 하나와 쟁(錚) 하나인데, 치면 두 소리가 함께 섞인다. 안쪽[恩]에는 삼경혈(三鏡穴)이 있다. 치는 것을 따라서 그 혈(穴)을 보니 그 안에 '요지선경(瑤池仙境)'이라고 쓰여 있었다. 한 칸에는 백화(白花)가 다투어 피어 있고 벌과 나비가 분분하다. 다른 칸에는 송백(松柏) 사이에 아름다운 산수가 있고 연기와 노을 사이에는 봉황과 학이 왕래한다. 다른 칸에는 하늘은 검고 땅은 누르며 해는 밝고 달은 환하다. 유학하는[負笈] 선비들이 셀 수 없이 모여 있고 홀(笏)을 잡은 관원이 부지런히 학문을 권한다. 다른 한 칸은 지명은 색계(色界)이다. 남녀 수백 인이 모두 연소한 맨몸으로 백주에 짝을 짓고 사람마다 술에 취해 곳곳에서 놀며 즐긴다. 그 모습이 저와 같아 보이는 바가 매우 추악하다. 이는 볼만한 것이 못 된다.

그 북쪽에는 큰 당(堂)이 있었는데 '신신지존(宸神之尊)'이라고 쓰여 있었다. 전후

이동로는 모두 돌을 쌓아서 넓게 통하게 하였고 좌우의 담장 벽도 또한 돌을 쌓아 견고하게 하였다. 그 밖이 이와 같으니 그 안은 상상할 수 있다. 대저 화상(畫像)은 대단히 기이하니 공도자(公都子)[39]의 손으로도 그 교묘함을 다할 수 없을 것이고, 물건마다 금을 칠했으니 석숭(石崇)[40]의 부유함으로도 힘을 다할 수 없을 것이다. 노소(老少)의 여러 부처와 수많은 학과 용은 그 숫자를 알 수 없었다.

　보는 것을 마치고 다시 동쪽 당(堂)으로 들어가니 태상노군(太上老君)의 자리였다. 홍안(紅顔)에 백빈(白鬢)으로 곤룡포가 매우 위엄 있었다. 시동(侍童)과 배장(陪將)의 금색 단장이 매우 선명하였다.

　보는 것을 마치고 서쪽 건물로 들어가니 지물당(紙物堂)이었다. 수많은 지물(紙物)은 모두 장례(葬禮)를 위한 대비였다. 또 오색(五色)으로 당 하나를 만들었는데 이곳은 이른바 '혼당(魂堂)'이었다. 거북이 등 위에 비석을 세웠고 높이는 10장(丈)이 되었는데 이것은 또한 묘갈(墓碣)이라고 하였다. 금실로 수놓은 수많은 꽃이 색색이 자태를 다투고, 봄바람이 사이로 불어오는데 벌과 나비가 춤추듯이 하였다. 또 장수 2명, 아이 2명, 학 1마리, 사슴 1마리가 있었는데, 벙어리처럼 말없이 절을 하였으며, 춤추는 〈모습이〉 날아올랐다가 걷는 듯했으니 이러한 용안(龍眼)의 조화는 단지 기이한 광경으로 논할 것이 아니었다. 옆에 큰 수레 하나가 있었는데, 학이 날면서도 우뚝 서 있는 듯하였고, 사슴은 달리면서도 머리를 들고 있는 듯하였다.

　보기를 마치고 다시 괴성루(魁星樓)에 오르니 여러 가지 큰 각(閣)이 있었다. 앞에는 큰 당(堂)이 하나 있었고, 당 아래에는 작은 연못 하나가 있었는데 반월지(半月池)와 같은 모습이었다. 앞에는 또 작은 삼문(三門)이 있었고 쌍무지개와 같은 모습이었다. 벽은 벽돌로 하였고 뜰 역시 벽돌이었다. 깨끗하고 견고하니 더할 것이 없었다. 괴성루 아래의 당 안에는 문창제군(文昌帝君)의 신위가 있었고 '존숭지신(尊崇之神)'이라고 편액하였다. 괴성루 위의 당 안에는 괴성신장(魁星神將)이 있었는데 용머리 위에 서서 한 손에는 지필(枝筆)을 쥐고 다른 한 손에는 광주리[斗子] 하나를 쥐고 있었는데, '도

39　공도자(公都子): 전국시대 사람으로 맹자의 제자이다. 다만 문맥상 다른 사람을 가리키는 것으로 보인다.
40　석숭(石崇): 249~300. 중국 서진(西晉)시대의 문인이자 관리로, 항해와 무역으로 큰 부자가 되었는데 사치스러운 생활에 대한 여러 가지 일화가 전해지며 후대에 부자의 대명사로 알려졌다.

면천년수(桃面千年壽)'라고 하였다.

　위아래 층칸은 12층이었고 각(閣)은 팔각이었으며 높이는 50여 장, 너비는 40여 파(把)였다. 난간은 모두 죽엽(竹葉) 모습으로 하여 사계절 내내 늘 봄과 같았고 〈난간〉 끝 또한 용 머리 형상으로 실로 오채(五彩)가 영롱하였다. 장단(長丹)과 백랍(白鑞)으로 서로 칠을 하여 붙였기에 비바람에도 쓰러지지 않았다. 네 모서리 위에 각기 다섯 거북이를 앉혔고 네 모서리 아래에는 각기 2개의 봉황 방울을 달았다. 기기하고 괴이한 모습은 필설로 일일이 거론할 수 없다.

4월 1일부터 4일까지

　1일에 비로소 비가 보슬보슬 내리기 시작하였다.
　2일 때로는 어둡고 때로는 밝아졌다.
　3일에 줄곧 비가 내렸다.
　4일에야 그치고 하늘이 개어 쾌청하였다.
　반 달 동안 체류하였는데 성 주위를 두루 탐색해 보니 사람은 많고 땅은 넓었으며 산천은 깨끗하였다. 민호(民戶)가 비록 십여만 호라 하였으나 호수(戶數)를 모두 셀 수는 없었다. 땅은 사방 만여 리라 하였으나 거리는 모두 기록할 수 없었다. 다만 매매하는 것으로 보면 귀한 바는 곡식이었다. 완두(完斗)[41] 10두(斗) 남짓을 1석(石)이라고 하였다. 천하게 여기는 것은 전(錢)이었다. 소전(小錢) 다섯 꾸러미를 1냥(兩)이라고 하였다. 또 거리에 대해 말하면 서쪽에서 동쪽으로 3, 40개의 가게가 있었다. 북쪽에서부터 남쪽으로 3천 개의 창고가 있었다. 사치스럽고 번성한 물화와 층층이 〈높은〉 누대는 눈으로 볼 수 있어도 말로는 형용할 수 없었다. 한편으로 길림에서 어떠한 지시가 내려올지 기다리면서, 다른 한편으로는 〈청나라〉 겸원(僆員)이 찾아내는 백성의 숫자를 기다릴 따름이었다.

41　완두(完斗): 곡식을 부피를 측량할 때 1두를 꽉 채우는 것을 말한다.

4월 5일

이날 아침 이후에 다시 비가 내리기 시작하였다. 비가 매우 지루하게 내렸다. 길림의 회답이 어제 도착했으나 일의 여부와 내용이 어떠한지 막연히 알지 못하니 진실로 매우 근심되고 답답하였다. 이른바 호통사(胡通事)는 이름은 모르고 장가(張哥)였는데, 관시(觀市)만 오랫동안 했기 때문에 "통사(通事)가 이곳에 와서 머물고 있는데 이름은 통사지만 말은 통사가 아니니 허통(虛通)이라고 할 수 있습니다"라고 하였다. 이것은 두 벙어리가 상봉한 것이 아니겠는가. 물을 것이 있어도 묻지 못하고 답할 것이 있어도 답하지 못하니, 앉아서 그쪽 관원이 문서를 보내오기를 기다릴 뿐이었다.

4월 6일

일기가 고르지 못하고 하늘의 뜻을 헤아리기가 어려웠다. 서쪽에서는 바람이 불고 동쪽에는 비가 내렸다. 푸른색으로 연기가 일다가 검은 구름이 생기니 이는 필시 북쪽의 머나먼 곳이기 때문일 것이다. 마침 어떤 행차 음악 소리가 들려 통사를 시켜 관 밖으로 나가 살피게 하였더니 예전에 사대부였던 사람의 운구 행렬이었다. 〈행사에〉 들어간 것이 몇천 금이나 되는지 알지 못할 정도였다. 깃발과 창검은 모두 금으로 장식했고, 행렬이 6, 7리에 이르렀다. 깃발이 하늘을 가렸으며 명정(銘旌)과 만시(輓詩)는 모두 금색으로 썼다. 각 폭마다 수십[42] 줄의 글을 썼고 일월(日月)처럼 영롱하였다. 또 제사 지내는 물건을 관찰해 보니 진귀한 과일과 화려한 떡이 수백 개가 넘을 뿐 아니라 양, 돼지 등의 날고기가 수십 마리가 충분히 넘었다. 〈이들을〉 모두 교자(轎子)에 각각 싣고서 쌍쌍이 짊어지고 차례대로 나와서 항오(行伍)를 이루어 나아가고 물러났다. 살아 있을 때 장군의 반열에 있었는데 죽어서도 또한 장수의 행차였다. 좌우에서는 행차 음악을 울리고 끊임없이 포를 쏘았다. 조문하는 사람은 앞으로 보내고 따르는 자는 뒤쪽을 메웠다. 이른바 상을 당한 사람은 집에 있을 때에도 몇 번 곡(哭)할 뿐

---

42 수십: 원문은 '수천(數千)'으로 되어 있는데 문맥상 '수십(數十)'의 오기로 보아 바로잡았다.

이었으며, 발인할 때도 애당초 한 번도 우는 일이 없었다. 또 옷은 완전한 흰색이 아니었고 다만 흰색 두건을 쓴다고 하였다. 보고 들은 것이 이와 같을 뿐이었다.

4월 7일에서 10일까지

4월 7일부터 8일까지 때로 흐리고 때로는 밝았다. 〈이〉 지역에서 비록 불교를 숭상하지만 애당초 관등(觀燈) 같은 것이 없었다. 4월 9일에는 다시 비가 내렸다. 10일 아침 이후 출발하였다. 비로소 개었다. 함께 조사하여 최근 찾아낸 사람은 수백 명에 불과하였다. 3월 22일에 시작하여 각 점(店)에 나눠 주고 두 번 식사를 제공하였다. 전후 도망민이 숫자가 적지 않고 우리 일행 또한 여러 날 체류하였으니, 사람의 식사와 말의 풀이 수없이 들어가는 바는 헤아릴 수 없다. 일마다 폐를 끼치니 너무나도 염려되었다.

4월 11일

이날 아침 이후 어떤 행차 음악이 머리에서 가까이 이르렀다. 통사로 하여금 문 밖으로 나가 보게 하니, 신랑(新郞)의 행차였다. 나이가 어린 남자 10명이 모두 은색 안장을 한 백마를 타고 쌍쌍이 앞에서 인도하였다. 옥안(玉顔)의 여자 10명이 또한 빼어난 나귀가 끄는 금색 수레를 타고 덜그럭덜그럭 뒤를 쫓았다. 그 중간에 교자 두 개가 있었는데, 하나는 신랑이라고 하고 다른 하나는 신부라고 하였다. 오색 채색한 비단으로 모두 새롭게 교자를 쌌다. 위에는 생생한 꽃 모양으로 묶었고 아래는 떨어지는 낙엽 모양으로 쌌다. 신랑과 신부가 그 사이에서 감춰지기도 하고 비춰지기도 하였다. 의심컨대 천상의 사람 같았다. 아니면 지상의 신선을 만든 것인가. 대저 길일의 행차 음악 중에 이보다 과한 것은 없었다.

4월 12일에서 15일까지

12일부터 유민을 점검하고 사열하였다. 13일 오후에 출발하였다. 300명이었는데 늙은이는 부축을 받고 여자는 또한 인도되었다. 그런데 암암리에 서로 도모하여 성 밑으로 도피한 자가 수십 명이 넘는 듯하였다. 이때로부터 다시 수색하여 숫자를 채워 넣었다. 14일에는 반예(伴隸)를 뒤쫓아 보냈다. 다만 생각건대 뒤늦게 인솔을 끝마치게 되어 이번 행차를 지연시키니 나그네의 마음[客懷]을 억누르기 어려웠다.

치보(馳報)하는 일. 지난 3월[43] 6일 경원부에서 출발하여 같은 달 20일에 겨우 탑성에 도착했습니다. 유민의 이동시 식량은 이미 상사(上司)가 비록 곡식을 배정했지만 일단은 정박할 수 없어 가져오지 못했다고 했습니다. 지리하게 문답하였거니와 지금 여기에서 데리고 돌아갈 인원은 510명으로 숫자를 정했고 이동 양식은 시장의 쌀 20석으로 수량을 확정했습니다. 한 석은 현재 가격으로 은자 8냥씩 합계 은자 160냥입니다. 한 석의 태가(駄價, 이동비)는 은자 6냥 6전 5푼씩 합계 은자 133냥입니다. 모두 은자 293냥[44]입니다. 이곳에서 빌려주겠다는 뜻으로 지난달 23일에 부도통 아문에서 길림 장군(吉林將軍)에게 보고하였고 이번 달 4일에 허락한다는 답을 받았습니다. 관변을 다수 정해서 길을 나누어 수색을 하였고 우선 유민 300여 명을 거두어들였습니다. 또 좌사(左司)와 우사(右司)를 시켜 쌀을 구매하고 태마(駄馬, 짐말)를 확보하도록 했고 별도로 이동 물품에 대해 주의를 주었습니다. 그런데 지금 장맛비가 내려 쌀을 구매하는 일이 조금 어렵고 짐말을 빌리는 것도 쉽지 않아 여러 날에 이르게 되니 허다한 식사 제공과 민폐 또한 걱정됩니다. 앞서 조사 중 유민 300명은 병영 군관(兵營軍官) 황계현, 회령 통사 최인검 등을 시켜 먼저 함께 내보내며, 백성 성명을 적은 책과 전후의 문정(問情)은 인솔이 끝난 후에 거행하려고 합니다. 〈이러한〉 내용을 아울러 치

---

43 3월: 원문은 '오월(五月)'로 되어있는데, 김광우 등은 3월 6일에 출발했으며, 또한 '五月初六日' 기사에 첨부된 치보의 발송 일자가 4월 23일이므로, '삼월(三月)'로 바로잡았다.

44 은자 293냥: 실제로 빌린 액수는 303냥 2전이었다. 애초에 빌린 은 293냥에 추가로 확보한 유민들로 인해 쌀 구입과 짐말 대여료로 은 6냥 2전을 추가로 빌렸고, 여기에 이동 중 추가로 잡은 13명의 양식 구매용으로 은 4냥이 추가되었다. 자세한 사항은 『동문휘고』 원편속, 범월 2 아국인, 51a~53a 참조.

보합니다【신미 4월 23일 탑성에서 순병영(巡兵營)으로 보고합니다.】.

4월 16일에서 19일까지

16일에 비가 오기 시작했다가 17일에 이내 그쳤다. 18일에는 우박비가 두 차례 내린 후에 갑자기 맑게 개었다. 이번 5~6일 동안 유민 중 압송된 자가 불과 십수 인이라고 한다. 이와 같이 하면 어느 날에 인솔을 마칠 것인가. 생각하면 울적하고 말하자면 답답하다. 그 동정을 탐문해 보니 간혹 뇌물을 받고서 조종하는 자가 있고, 혹은 공무를 받들어 열심히 잡는 자가 있었다. 좌사의 조융복(趙隆福)은 일심으로 공무를 받들어 밤낮으로 고민하고 계획하였고 종종 찾아와 묻기도 하고 일일이 지시하기도 하였다. 겉은 비록 언어와 복장이 달랐지만 안은 실로 마음과 일을 같이하는 사람이었다. 감사하지 않을 수 없고 또 정(情)이 없을 수 없어, 청심환(淸心丸) 2개와 장백지(壯白紙) 1속(束)을 감사 인사와 함께 보냄으로써 잊지 않는다는 뜻을 보였다.

부도통 양오는 사람이 본디 성품이 관후하여, 창고의 재물 수천 금(金)을 출연하여 도망민 450명과 하인 및 마필 20여 마리에 대해 줄곧 식사를 제공한 것이 거의 3개월에 이르렀다. 전후에 폐를 끼친 것 중 백에 하나도 보고하기 어려웠다. 조세포(皁細布) 1단(端), 청심환 2개, 장백지 1속으로, 총명지(聰明紙)[45]를 녹출(錄出)하여 감사를 알리는 문서를 만들고 이와 함께 보냈다. 좌사 관서징(關瑞徵)은 쌀을 구매하고 태마를 확보하였는데 그 노고를 또한 위로하기 어려웠다. 청심환 2개, 장백지 1속을 갖추어 보내서 감사하였다. 주인 관춘록(關春錄)은 또한 일을 하는 사람이었다. 또한 맹은수(孟恩壽)는 앞서 맞이하러 나와서 처음으로 대접을 한 사람이며 또한 조사와 노고를 함께 한 사람이다. 모두 감사가 없을 수 없었다. 청심환 각각 2개, 장백지 각각 1속씩을 으레 싸서 보냈다. 지금 비가 지루하게 내려 진창이 더욱 심해졌고 체류하는 백성은 질병이 허다하니 다만 돌아갈 길을 생각하면 더욱 근심스럽다.

---

45 총명지(聰明紙): 지방의 수령 등이 연말에 서울에 있는 고관이나 친지에게 선물을 보낼 때 그 물건의 목록을 적은 쪽지를 말한다.

4월 20일에서 21일까지

시난밤에 비가 내리기 시작했다가 오늘 오후에 잠깐 그쳤는데 곧 내렸다. 온종일 개지 않아 김매는 일을 멈추었으니 농시(農時)를 빼앗기 쉽다. 이 들판이 이와 같으니 다른 골짜기는 알 만하다. 다만 민사(民事)를 생각하면 어찌 저들과 우리의 구분이 있겠는가. 올해가 또 이와 같으니 백성은 무엇으로 지탱하고 보존하겠는가. 대저 근심스러운 것은 이것이다. 또 수색에 기한이 없어 행차의 지체가 여러 날이다. 하루의 긴 시간이 삼추보다 심하고 한 끼의 식사가 여덟 가지 진미보다 달콤하다. 울고 싶어도 그럴 수 없고 곡(哭)을 하고 싶어도 그럴 수 없다. 쓰러져 누워 말없이 침묵하며 생각해 보니, 필시 도끼 자루(爛柯)[46]가 될 것이라 백성〈의 숫자〉는 완전하지 않고 일은 급박하니 아무 말도 하고 싶지 않다.

4월 22일부터 27일까지

당일 새벽 초엽에 다시 어둡고 구름이 꼈다. 비가 장차 아침 아니면 저녁에 올 것 같았다. 성저(城底)[47] 유민들이 이번에 데리고 돌아가는 행차를 듣고서는 미리 대부분 도망가거나 숨어 버려서 남아 있는 사람이 거의 없었다. 이른바 함께 가서 수색하는 행차가 사방으로 갔는데 멀리는 8, 900리, 가까워도 5, 600리가 되었다. 빽빽이 수색하고 성실히 잡아왔는데 그 숫자를 채우지 못했다. 지금 다시 수색한다고 하지만 지체될지 신속하게 될지 어떻게 확신할 수 있겠는가. 대저 폐가 되는 것도 이것이고 근심스러운 것도 이것이다.

---

46 썩은 도끼 자루[爛柯]: 하염없이 시간이 흘러가는 것을 말한다. 옛날 왕질(王質)이라는 사람이 산에 나무를 하러 갔다는데, 신선들이 바둑 두는 것을 구경하고 일어나 보니, 가져온 도끼 자루[柯]가 썩어 있었고 집에 돌아오니 벌써 수백 년이 되었다고 한다.
47 성저(城底): 원문은 '괴저(怪底)'이나 문맥상 '성저(城底)'로 바꾸어 해석하였다.

4월 28일부터 5월 15일까지

일기를 보니 날마다 비가 내리지 않는 적이 없고 날마다 개지 않는 적도 없다. 5월 3일에 쾌청하였다. 오늘에서는 때로는 흐리고 때로는 맑았다. 도망민 90명은 여전히 도착하지 않았다. 민박(憫迫)하다고 말할 수 있을 뿐 아니라 대개 일이 오랫동안 지속되면 나태해지고 나태함이 오래되면 〈일이〉 폐지된다. 이 때문에 대관(大官)은 이때부터 분노하고 소변(小弁: 낮은 무관)은 모두 원망하며 하나도 잘 풀리는 것이 없으니 이를 장차 어찌해야 할까. 도망민 120명은 전에 구속된 자들이다. 객지의 단오절에 먹을 것이 없을 수 없기에 사람마다 떡 4개씩을 사다가 주었다. 또한 부도통 아문에서 백면(白麵) 한 근을 〈보내 주었기에〉 혹 명절을 쇠는 데 쓰도록 하였다. 그러나 수직(守直)하는 문제는 두 나라의 큰 폐해였다.

5월 17일부터 6월 9일까지

'체류(滯留)' 두 글자는 말할 수 없을 듯하다. 5월 16일에 좌사가 관소에 와서 나에게 말하기를, "전후로 현재 얻은 백성 중 이곳에서 혹은 도망갔기에 지금 남은 자는 150명뿐입니다. 510명[48]으로 상헌(上憲)에게 보고했으니 응당 숫자를 줄일 수 없을 것입니다. 그러나 여러 공(公)께서 이곳에서 체류하는 일은 근심이 될 뿐 아니며, 지금은 풀이 많이 자라고 큰 나무가 〈풍성한〉 시기라 성저 유민들이 대부분 도망가고 숨었지만 실로 잡아들여 숫자를 채울 방법이 없습니다. 지금 현재 잡아들인 백성으로 〈원래〉 숫자를 줄여서 데리고 돌아가십시오"라고 하였다.[49] 따라서 그 말에 따라 5월 18일에

---

48 510명: 청 측 기록에 따르면 청에서 조선에 인계 유민의 숫자는 524명이었다(『청계중일한관계사료』 문서 번호 184). 한편 조선에 도착한 인원은 중간에 도망간 이들을 제외하고 454명이었다(『동문휘고』 원편속, 범월 2 아국인, 51a~53a). 한편 유민을 인솔하여 돌아오는 도중에 약 70명의 도망민이 발생하였고, 이로 인해 북병사 김기석은 인솔을 담당했던 권관 김광우와 동관 첨사 황계현에 대해 처벌할 것을 요청하며 스스로 대죄하였다. 다행히 고종은 유민 중에 비류(匪類)가 포함되어 형세상 어쩔 수 없다고 판단하여 처벌을 면제하였다(『승정원일기』 고종 8년 7월 19일).

49 좌사가 …… 하였다: 고종 연간 조선인의 월경 규모는 이전 시기에 비해 커졌다. 1865년(동치 4) 길림 장군의 보고에 따르면 러시아 경내 조선 개간민은 1천여 명이었고, 1870년(동치 9)에는 8, 9천 명으로

인솔하여 출발하였다. 간혹 병이 있는 사람이나 혹은 의지할 데가 없는 사람 중에 스스로는 몇 발자국도 걸을 수 없는 사람이 5, 6인이었다. 부득이 장정(壯丁)을 뽑아서 그들로 하여금 힘을 나누어 짊어지게 하였다. 길고 긴 시간과 고단하디 고단한 이동은, 조금 가면 3, 40리도 안 되었고 멀리 가도 6, 70리를 넘지 않았다. 이 때문에 날은 정해져 있고 비용은 많이 들어가니 객지에서의 고단함은 더욱 심하였다. 6월 6일 겨우 훈융(訓戎) 위쪽 여울에 도착해서 탈 없이 강을 건너니, 근심과 걱정이 자연히 씻겨 내려가고 기쁨의 눈썹이 자연히 실룩거리니 이를 어찌하겠는가. 성덕(聖德)이 도와 준 덕분이리니 진실로 너무나도 감축할 따름이다.

추정되었다. 1872년(동치 11)에 작성된 『강북일기(江北日記)』에 따르면 압록강 상류 이북의 조선인은 6, 7천 명이었다. 1891년(광서 17) 압록강 연변 9읍의 불법 월경민은 10여만 명에 이르렀으며, 1902년(광서 28) 중일 간 간도 교섭을 진행할 때 연길 지역의 조선인은 5만여 호, 30만 명이 거주하고 있었다. 이와 같은 대규모 월경의 원인으로는 첫째 '기경대재(己庚大災)'라고도 불리는 흉년에 따른 기근을 거론할 수 있다. 아울러 서북 지역의 인구 팽창도 주요 요인으로 볼 수 있는데, 17세기 중반 평안도와 함경도의 인구는 각각 14만 6,000명과 6,900명에서 19세기 후반 평안도 87만 3,000명, 함경도 69만 6,000명으로 크게 증가하였다. 인구 팽창으로 인해 개간지의 필요성이 더욱 증대되었다고 할 수 있다. 이 외에도 자수하는 월경자에 대한 사형을 면제하거나 월경 사실의 은폐를 방지하기 위해 지방관의 처벌을 면제해 주던 조치도 월경 확대의 또 다른 요인이 되었다(이화자, 『조청국경문제연구』, 집문당, 2008, 229~232쪽).

『강북일기(江北日記)』

최종범(崔宗範)

해제

|1| 자료 개요

『강북일기(江北日記)』는 고종 9년(1872) 최종범(崔宗範), 김태흥(金泰興), 임석근(林碩根) 세 사람이 관가(官家)의 명령으로 압록강 이북 만주 지역에 파견되어 청인과 조선인의 취락 상태, 지리, 방위 실태 등을 조사하고 기록한 보고서이다. 최종범은 후창군(厚昌郡)의 군관(軍官)으로 좌채장(左寨將)이었고, 김태흥은 급제 출신의 방장(防將)이었으며, 임석근은 중국어 능통자인 것으로 보아 역관으로 추정된다. 저자는 명확하게 기재되어 있지 않지만, 일기체 형식으로 기록된 것으로 보아 순찰 업무를 담당한 세 사람의 공저(共著)라는 설과 선임의 역할을 담당한 최종범이라는 설이 있는데, 최근에 후자가 좀 더 무게를 두고 있다.[1]

|2| 본문의 구성

『강북일기』는 국내외 기관에 여러 이본이 존재한다. 서울대학교 규장각한국학연구원에 소장된 『강북일기』는 1책 32장의 필사본(古 4850-3)으로, 권말의 '原本所藏者: 李王職, 原本刊寫別: 寫本, 謄寫年月: 昭和十八年 一月 二十五日, 校正者: 鄭啓燮'이라는 기록을 보아 1943년 1월 25일에 이왕직의 소장본을 정계섭이 교정해 등사했음을 확인할 수 있다. 연세대학교 중앙도서관 고서실에는 『강북지(江北誌)』라는 표제로 1책 46장의 필사본(고서(귀)-3780)이, 한국학중앙연구원 장서각에는 1책 35장 필사본(K2-4510)이, 미국 버클리대학 동아시아도서관에도 1책 20장의 필사본(청구기호:

---

[1] 이동진과 허경진은 『강북일기』의 저자가 최종범이라고 추측하였으며, 최강현은 세 사람의 공저에서 최종범의 저서로 수정하였고, 이왕무는 세 사람의 공저로 보았다(이동진, 「1872년 '강북(江北)'의 조선인 사회-『강북일기(江北日記)』에 나타나는 민족, 국가, 지역」, 『동북아역사논총』 8, 동북아역사재단, 2005; 이왕무, 「조선후기 『강북일기』에 나타난 만주지역 인식」, 『동북아역사논총』 4, 동북아역사재단, 2005; 허경진, 「중국 조선족 문학 최초의 작품과 그 창작 배경에 대하여」, 『한문학보』 18, 2008; 최강현 역주, 『간도개척비사』, 신성출판사, 2004).

3481.93.2138)이 존재하는데 모두 필사한 연대가 명시되어 있지 않다. 이상의 이본들 가운데 연세대본·장서각본은 글자의 크기에 따라 분량의 차이가 있을 뿐, 첫 부분에 채색 지도(彩色地圖)가 있고 이어서 본문이 실려 있는 등 그 체제와 내용이 동일하다.[2] 한편 규장각본은 체제면에서 본문이 먼저 나오고 말미에 채색 지도가 실려 있으며, 내용면에서 몇 글자의 오자(誤字)를 제외하고 연세대본·장서각본과 동일하다. 반면 버클리대학본은 채색 지도도 없으며 중간중간에 내용이 많이 삭감되고 간결하게 기재되어 있음을 확인할 수 있다.

최종범 일행의 정찰 목적은 크게 두 가지로 나눌 수 있다. 우선 고종 8년 12월에 있었던 마록포(馬鹿泡) 사건 후 만주 일대 지역민들의 동태를 살피기 위해서였다. 마록포 사건은 압록강변의 청인들이 조선 국경에 잠입하여 벌목(伐木)을 자행하면서 조선 군관과 갈등을 빚다가 후창군 부성면(富盛面) 두지동(杜芝洞)에 침입하여 도벌(盜伐)·민가 약탈·방화 등 물리적인 충돌로 확대된 사안이었다. 당시 만주의 벌목꾼들은 월경한 조선인들을 규합하여 두지동의 월변(越邊)인 마록포에서 조선의 진압군을 상대로 10여 일간 치열하게 총격전을 벌였으나 탄약을 조달할 수 없어 100여 명의 희생자를 내고 후퇴하였다. 결국 마록포 전투는 주모자인 청인 왕양춘(王陽春)·한오정(韓五亭) 등이 다시는 침범하지 않겠다는 맹약서를 연명으로 작성해 보내면서 일단 마무리되었다. 그런데 청나라에서 이 소요의 상황을 파악하고자 조선 조정으로 하여금 청 내지(內地)와 인접한 조선 북경(北境) 지역에서의 사태에 대해 회신하도록 요구하였다. 이에 조선 정부는 사건의 발생지는 물론 첩보원을 파견해 만주 지역 주민들의 동향을 살피고, 정보를 수집하여 청의 국경 조사 및 추후의 국경 충돌을 막고자 했던 것으로 보인다.

다음 목적은 김 유사(金有司)의 위서(僞書)에 관한 진위 및 월경인들의 실태를 확인하고 그들의 조선 정부에 대한 태도를 조사하기 위해서였다. 위서는 1864~1865년경 김 유사가 작성한 것으로, 압록강 이북 지역에 나선동(羅善洞)·양화평(楊花坪)·옥계촌(玉鷄村)·철포성(鐵鋪城) 등 별세계가 있으며, 채 선생(蔡先生)·곽 장군(郭將軍)·갈

---

2   허경진, 위의 논문, 2008, 1314~1315쪽.

처사(葛處士)·김 진사(金進士) 등 고인(高人)이 살고 있다는 유언비어(流言蜚語)를 담고 있었다. 그는 위서의 신뢰성을 높이기 위해 별세계의 지도를 첨부하였고, 이수(里數)까지 자세히 기재하였다. 이 위서는 자성군(慈城郡)을 비롯하여 조선 서북 지역을 중심으로 크게 유행하였고, 조선 정부의 과중한 조세와 탐관오리의 가혹한 학정을 피해 유토피아를 꿈꾸는 사람들이 대거 월경하게 되는 원인이 되었다. 그러자 조정에서는 위서의 진위를 조사하고 월경인들의 성향을 탐색하여 더 이상의 북방 이탈자가 없도록 조처할 필요성이 대두되었다.

이러한 목적 아래, 최종범 일행은 후창 군수(厚昌郡守) 조위현(趙瑋顯, 1839~?)의 밀명(密命)을 받고 고종 9년(1872) 5월 30일에 후창군 관아(官衙)를 출발하여 압록강 이북 지역을 체탐(體探)한 후 돌아와 동년 7월 15일 관아에 귀국을 보고하였다. 이 가운데 그들이 만주 지역에 들어가서 세작(細作)으로 활동한 기간은 6월 1일에 압록강을 건너가서 7월 11일에 다시 건너오기까지 약 40일간이다. 이들이 탐문한 지역은 평안북도 후창, 자성의 월변 지역으로, 압록강 이북의 강계(江界), 위원(渭原) 등지에서 흑룡강(黑龍江) 남변에 이르는 1,500여 리의 노정이었다.

최종범 일행은 매일 이동 거리, 날씨, 지형, 지명 등 이동 과정에서 확인한 정보는 물론, 도중에 만난 사람이나 숙박집 주인으로부터 탐문한 사항을 매우 상세하게 기록하였다. 이들은 더 정확한 정보를 확보하기 위해서 상대를 높이 칭송하거나 뇌물을 주면서 환심을 사려고 노력하였다. 때로는 도중에 길을 잃어 며칠 동안 헤매기도 하였고, 세작이라는 정체를 들켜서 목숨이 위험한 지경에 빠지기도 하였다. 이런 우여곡절 끝에 일행은 무사히 귀국하여 만주 지역에서 얻은 정보를 정리하고 정찰한 지역을 채색 지도로 첨부하여 『강북일기』를 제출한 것으로 보인다. 이때 채색 지도는 산줄기를 검은색으로, 강과 하천을 푸른색으로, 이동 경로는 붉은색으로 구분하여 표시함으로써 지리적 이해도를 높였다.

『강북일기』에서 확인되는 최종범 일행이 머문 숙소나 이동 경로, 획득한 정보, 소요 비용 등을 정리하면 다음과 같다.

날짜	이동 경로	숙박 주인 (朝鮮·淸·漢)	획득한 정보	소요 비용
고종 9.5.30	官衙, 竹田里			
고종 9.6.1	河山面 金昌里, 馬鹿浦	林浩範(朝)	-만주 지역 조직 구성 (會上·會頭·統首)	
고종 9.6.2		林浩範(朝)		-식비: 錢 2兩 4戔(4끼)
고종 9.6.3	馬鹿浦, 穴巖坪	辛太(朝)	-三水 仁遮外~淸金洞의 朝·淸 人戶·人丁·武器 -생업: 농사·採蔘·사냥·採金	-식비: 錢 1兩(2끼) -뇌물: 淸心丸 2, 蘇合元 7, 白紙 1
고종 9.6.4	七道溝	方城民(朝)	-別世界와 高人의 진위	-식비: 錢 1兩 2戔(2끼)
고종 9.6.5	淸金洞[五道溝]	朴文權(朝)	-別世界와 高人의 진위 -생업 및 조선과의 거리	-식비: 錢 2兩 4戔(4끼) -사례: 淸心丸 2, 白紙 2
고종 9.6.7	雲嶺, 華蓋山	노숙		
고종 9.6.8	板乃洞[三道溝]	金汝玉(朝)	-마록포 전투 정황 -가을에 청인의 소요 계획 -월경인들의 생활과 심경 -淸金洞 三道溝~往絶路의 朝·淸 人戶·人丁·武器 -청 두목에 대한 정보	
고종 9.6.9		金汝玉(朝)	-악질적인 월경 조선인[權實, 金利正] 정보 -천주교 박해로 월경한 安鳳龍의 행방	-식비: 錢 1兩 5戔 (10일에 줌) -사례: 淸心丸 3, 蘇合元 10, 白紙 3
고종 9.6.10	場毫里	金汝白(朝)	-別世界와 高人의 진위	-식비: 錢 1兩(2끼)
고종 9.6.11	高麗城	陳財東(淸)	-別世界와 高人의 진위 -월경인들의 생활	-숙박비: 金 1分 -식비: 金 3分(2끼)
고종 9.6.12		노숙		
고종 9.6.13	楡巨于子	王把頭(淸)		-숙박비: 金 1分 -식비: 金 3分
고종 9.6.14		노숙		
고종 9.6.15	王溝, 小溝	許有司(朝)	-別世界와 高人의 진위	-식비: 金 2分(1끼)
고종 9.6.16		노숙		
고종 9.6.17	紅實羅阿子	劉成云(淸)	-別世界와 高人의 진위 -천주교 박해로 월경한 安鳳龍의 행방	-숙박비: 金 1分 -식비: 金 3分
고종 9.6.18	三千洞, 八頭江	王把頭(淸)		-숙박비: 金 半分 -식비: 金 3分
고종 9.6.19	暴濤川, 巴潞坪, 卵峯	王保太(淸)	-월경인들의 생활과 인식	-숙박비: 金 半分 -식비: 金 3分

고종 9.6.20	巴潢江邊	金鍊之(朝)	-別世界와 高人의 진위 -약탈자 紅胡子 정보	-식비: 金 2分 -배삯: 金 1分
고종 9.6.21	六頭江	金寧邊(朝)	-別世界와 高人의 진위 -월경인들의 생활	-식비: 金 2分
고종 9.6.22	巴江	李訓長(朝)	-別世界와 高人의 진위 -약탈자 紅胡子 정보	-식비: 金 2分 -배삯: 金 1分 -식료 구입비: 玉唐米 1말, 金 7分
고종 9.6.23	五頭江	노숙		
고종 9.6.24	四頭江	張淳(漢)	-別世界와 高人의 진위 -만주 지역 명칭과 里數	-숙박비: 金 1分 -식비: 金 3分 -사례비: 淸心丸 1, 蘇合元 5, 白紙 1(25일에 줌)
고종 9.6.25		노숙		
고종 9.6.26	六頭江	金寧邊(朝)		-식비: 金 2分
고종 9.6.27		王保太(淸)		-식비: 金 3分
고종 9.6.28	六頭江, 山次子	노숙		
고종 9.6.29	小春嶺	노숙		
고종 9.7.1	方出羅阿子	崔掌議(朝)	-別世界와 高人의 진위	-사례비: 白紙 1
고종 9.7.2	始頭河, 大營	李德禧(朝)	-別世界와 高人의 진위 -茂山人 월경 원인과 생활 -청 官府의 관할 구역	-배삯: 金 1分 -사례비: 白紙 1(3일에 줌)
고종 9.7.3	始頭河	李成允(朝)	-마록포 전투 정황 -가을에 청인의 소요 계획	-식료 구입비: 좁쌀 2되, 金 16分
고종 9.7.4		노숙		
고종 9.7.5	雲嶺	노숙		
고종 9.7.6	葛物伊	노숙		
고종 9.7.7		노숙		
고종 9.7.8		노숙		
고종 9.7.9	東臺洞, 八道溝 [浮雲洞]	許亘(朝)	-근처 인가 정보 -청인의 소요 계획	-식비: 金 半分
고종 9.7.10	馬鹿浦, 巨柴洞	林好範(朝)		
고종 9.7.11	竹田里			
고종 9.7.15	官衙			

　일행은 월강(越江)한 이후 조선인·청인·한인의 집에 머물거나 주변에 인가가 없으면 노숙을 하였다. 이들이 지불한 총 금액은 숙박비, 뱃삯, 식량 구입비, 도합 전

(錢) 9냥 5전, 금(金) 62여 푼이며, 뇌물 혹은 사례비로 수응한 물품은 청심환(淸心丸) 8알, 소합원(蘇合元) 22알, 백지(白紙) 9권이었다. 이 가운데 조선인 숙소에서 머무를 경우 식비만 지급했는데, 3인의 1끼 식비가 5~6전 정도였고, 전(錢)과 금(金)이 모두 통용되었다. 반면 청인이나 한족의 숙소에 머물 경우 식비와 숙박비를 전부 지급해야 했으며, 이때의 식비와 숙박비, 청인에게 구입한 식료비, 청인이 운영하는 뱃삯은 모두 금으로 지불하였다.

최종범 일행은 이 정찰에서, 만주 지역 거주자들이 회상제(會上制)라는 일정한 조직에 소속되어 있으며, 대회두(大會頭)·도회두(都會頭) 등의 지도자를 중심으로 병사(兵事)와 민사(民事)를 관장하고 각 촌락을 관리하고 있음을 파악하였다. 그리고 마록포 전투 이후 만주 지역 주동자들이 가을에 재차 소요를 일으키기 위해 화약을 마련할 계획이라는 정황을 포착하였다. 또한 북방 조선인들 가운데 대다수가 김 유사의 위서에 속거나 조선에서의 가난과 지방관의 폭정에서 벗어나기 위해 월경하였으나, 대부분이 청인에게 고용되어 노예와 같은 삶을 살거나 마적(馬賊)에게 부녀자와 재물들을 약탈당해 빈곤을 면치 못하고 있음을 확인하였다. 특히 이주한 조선인 가운데 함경도 무산(茂山) 출신이 많은 이유로, 1867년(고종 4)에 무산 부사(茂山府使)로 부임한 마행일(馬行逸)이 환포(還逋) 10여만 석을 거둔 것을 주요한 원인으로 보았다. 물론 조선인 가운데 스스로 청인을 자칭하며 치발(薙髮)과 좌임(左袵)을 하고, 그들과 함께 조선 북방의 산지에서 몰래 벌목하며, 다른 조선인들을 괴롭히고 공격하는 이들도 있었다. 그러나 최종범 일행이 만난 대부분의 조선인들은 월경한 것을 후회하고 조선으로 다시 돌아갈 계획을 하고 있었으며, 일행이 세작이라는 것을 짐작하면서도 정보를 제공하였고, 이들이 무사히 조선으로 돌아갈 수 있도록 돕기도 하였다.

1880년대 초부터 조선과 청나라 사이에 동북 간도의 영유권을 둘러싸고 분쟁이 발생했다는 점을 고려할 때, 『강북일기』는 19세기 후반 압록강 대안(對岸) 지역에서 거주하는 조선인의 상황과 만주 지역 청인과의 관계를 생생하고 상세하게 전달하는 매우 귀중한 자료이다. 그래서 학계에서는 일찍부터 『강북일기』의 희소성과 가치를 인정하여 몇 편의 해제가 소개되었으며,[3] 이와 함께 당대 조선인의 만주 지역에 대한 인식을

---

3 『강북일기』의 해제와 관련된 것은 최강현, 「강북일기(江北日記)」, 『국학자료』 26, 1977; 김구진, 『강북일

살펴보거나 조선 정부의 만주 이주민 정책을 분석하고 조선인 최초의 디아스포라라는 측면에서 해석하는 등, 지리학·지역학·지성사·한문학 등 여러 분야에서 연구가 진행되었다.[4]

이렇듯 『강북일기』는 고종대 조·청 국경 지역에서의 범월, 잠채, 벌목 등의 외교 분쟁을 분석할 수 있는 자료이며, 1903년 김노규(金魯圭)의 『북여요선(北輿要選)』과 함께 19~20세기의 간도(間島) 지역에서 형성된 조선 이주민 사회의 실태와 간도에 대한 조선인의 인식 양상의 변화 등을 확인할 수 있는 중요한 자료이다.[5]

  기(江北日記)』해제(解題)」, 『백산학회』 34, 1987; 류승주, 「조선후기 서간도이주민에 대한 일고찰-『강북일기(江北日記)』의 해제에 붙여」, 『아세아연구』 21, 1978; 허경진, 「강북일기(江北日記)」, 『고서해제』 Ⅲ, 평민사, 2005 등이 있다. 이 밖에 중국 측 연구 성과는 김형종, 『1880년대 조선-청 공동감계와 국경회담의 연구』, 서울대학교출판문화원, 2018, 41~42쪽 각주 7번 참고.

4 이동진, 앞의 논문, 2005; 이왕무, 앞의 논문, 2005; 허경진, 앞의 논문, 2008; 이흥권, 「19세기~20세기초 조선의 만주(滿洲) 이주민 정책에 대한 연구」, 강원대학교 박사학위논문, 2017.
5 본 번역에서는 최강현 역주, 『간도개척비사』, 신성출판사, 2004를 참고하는 동시에 규장각 및 장서각에 소장된 『강북일기』 원문을 비교·검토하였다.

임술년(1872) 5월 30일

최종범(崔宗範), 김태흥(金泰興), 임석근(林碩根)[6] 세 사람이 관청의 명령을 받들어 하직(下直)하고, 죽전리(竹田里)[7]의 주중겸(朱重謙) 집에 도착하였다. 이미 관청에서 마련해 보낸 여행 장비가 있었으므로 세 사람은 이를 나누어 짊어지고 출발하였다.

6월 1일

신시(申時, 오후 3~5시) 즈음에 하산면(河山面) 금창리(金昌里)[8]의 상류를 따라 오구비(五仇俳)에 이르러 사람이 없는 곳에서 뗏목을 만들어 타고 강을 건넜다. 마록포(馬鹿浦)[9]라고 불리는 곳에 오랑캐들의 움막 8채[坐], 우리나라 사람들의 움막이 17채가 있었다. 우리나라 사람 18명이 오랑캐 2명과 함께 강변에 늘어앉아 사금(砂金)을 거르고 있다가 우리를 보고 얼굴색을 바꾸고는 찾아온 이유를 물었다. 답하기를, "이곳에 별세계(別世界)가 있다는 소문을 익히 듣고 진인(眞人)을 찾아 이곳에 이르렀소"라고 하였다.

그들이 또 말하기를, "이곳은 비록 관장(官長)은 없지만, 역시 도맡아 관장하는 사람이 전혀 없을 수 없소. 그리고 근래에 그대 나라 사람들이 헤아릴 수 없이 건너와서 겉으로는 가난한 척 구걸하고는 빈번히 도적질을 하고 있소. 그래서 지난달부터 의논하여 두목(頭目)을 정하고 회상(會上)의 회두(會頭)·회상의 통수(統首)[10]라고 이름하고

---

6 최종범(崔宗範), 김태흥(金泰興), 임석근(林碩根): 최종범은 후창군(厚昌郡) 수향(首鄕)으로 전(前) 좌채장(左寨將)이었고, 김태흥은 무과에 급제한 선달(先達)로 전 조방장(助防將)이었으며, 임석근은 만주어(滿洲語) 통역으로 마록포(馬鹿浦) 전투에 참가한 적이 있었다(허경진, 앞의 논문, 『한문학보』18, 2008, 1316쪽).

7 죽전리(竹田里): 조선시대 폐사군 가운데 하나인 자성군(慈城郡) 내의 죽전현(竹田峴)이라고 불리던 곳으로, 평안북도 압록강 상류의 남부에 위치해 있다(『신증동국여지승람(新增東國輿地勝覽)』권55, 「평안도(平安道)·강계도호부(江界都護府)」).

8 금창리(金昌里): 오늘날 양강도(兩江道) 후창군 북서부의 압록강 변에 있는 지역으로, 동쪽으로 죽전리와 압록강을 사이에 두고 중국과 마주하고 있는데, 금이 많이 나는 곳이라는 데서 지명이 유래하였다.

9 마록포(馬鹿浦): 오늘날 중국 길림성(吉林省) 백산시(白山市) 장백(長白) 마록구(馬鹿溝)로, 마록포(馬鹿泡)라고 불리기도 하였다(『고종실록』권9, 고종 9년 6월 10일).

10 회상(會上)의 …… 통수(統首): 회상은 압록강 건너편 지역의 자체 조직으로, 우리나라의 면에 해당한다. 회상제의 수령은 '도회두(都會頭)' 혹은 '대회두(大會頭)'라고 칭하였으며, 각 마을의 두목은 '회두

수상한 사람을 금하며 법을 몹시 엄하게 세워서, 언제나 처음 오는 사람들을 보면 그들이 가지고 있는 재물과 양식을 약탈하고 으레 매질을 하여 오는 길을 단단히 막고 있소. 비록 여기에서 그대들을 풀어 준다고 하더라도, 앞으로 길을 갈 수 있도록 허가해 주는 책임은 우리가 져야 하기 때문에 결코 이대로 가도록 허락할 수 없소"라고 하였다.

그리하여 우리는 붙잡혀 출발하지 못하고 임호범(林浩範)의 집에 머무르게 되었다. 임호범도 연전(年前)에 금창리에서 몰래 월경(越境)한 자였는데, 일찍이 사귀어 온 정분이 있어서 처음 대하는 다른 사람보다 조금 나았지만, 그래도 방심할 수 없었다.

6월 2일

해질 무렵, 오랑캐 무리 50여 명이 총을 메고 몽둥이를 끌고 몰려와서 말하기를, "지난해 겨울 교전(交戰) 당시[11] 너희들 가운데 한 놈은 채장(寨將),[12] 한 놈은 방장(防將)[13]이 되어 우리를 원수처럼 매우 심하게 죽였는데, 지금 무슨 계략을 꾸미고 있길래 진인을 찾는다고 칭탁하여 온 것인가?"라고 하였다.

그러고는 즉시 우리를 때려서 죽이려는 상황이었다. 동행인 임석근이 저들의 말을 꽤 능숙하게 이해하였기 때문에 여러 가지 사정을 말하며 애걸하기를, "우리는 우리

(會頭)', '통수(統首)'라고 하였다. 한인 마을에서는 한인이 통수가 되고, 청인 마을에는 청인이 통수가 되었다(김태국·김춘선, 「조선후기 한인의 북방이주와 만주개척」, 『한국사론』 34, 1995, 178쪽; 허경진, 앞의 논문, 『한문학보』 18, 2008, 1317쪽).

11 지난해 …… 당시: 고종 8년(1871) 10월 후창군 일대에서 발생한 범월(犯越) 사건을 가리킨다. 당시 후창 군수(厚昌郡守) 조위현(趙瑋顯)의 보고에 따르면, 동년 10월 20일 압록강 밖에서 벌목하던 70여 명의 비적(匪賊)들이 후창군 지산동(芝山洞)으로 월경하였는데, 조선군에 의해 축출당하자 11월 24일에 4,500명이 다시 월경하여 지산동 일대를 공격하였다. 이로 인해 조선 측 민가 28호가 불타고, 비적 측은 19명의 사상자가 발생하였다(『동문휘고(同文彙考)』 원편속(原編續), 강계(疆界) 2, 30a~31a.

12 채장(寨將): 진보(鎭堡)의 5가지 제도 가운데 해방(海防)의 채(寨)가 되는 곳을 관장하는 장수를 말한다. 채는 '물가 진 터[砦]'라고 하여, 서쪽으로 용만(龍灣, 義州)에서 바다를 둘러, 남동쪽으로 명주(溟州)까지 방수하는 지역에 설정하였다. 크기에 따라 대채(大寨)와 소채(小寨)로 나뉘는데, 대채의 장은 일찍이 선전관(宣傳官)을 지냈거나 경사(京司, 서울 관청)에 5품관을 지낸 자로 임명하되 선전관을 지내지 못한 자는 현령을 지낸 자라야 할 수 있으며, 소채의 장은 정관(正官)이나 잡기에 관계 없이 임명하였다(『경세유표(經世遺表)』 권15, 「하관수제(夏官修制)」, 〈진보지제(鎭堡之制)〉).

13 방장(防將): 조방장(助防將)을 의미하며, 주장(主將)을 도와서 적의 침입을 방어하는 장수를 말한다. 주로 관할 지역 내에 있는 무재(武才)를 갖춘 수령이 이 임무를 맡는다.

나라에 있을 때 채장과 방장 등의 임무에 정성을 다했습니다. 그러나 이곳에서 살기 좋은 곳을 얻어 그대들과 함께 거주한다면 당신들을 위해 돕는 것이 또한 우리나라에서 채장과 방장 때 한 일만 못하겠습니까. 그대들이 비록 우리가 채장과 방장의 임무를 맡고 있었던 때의 일을 가지고 지금까지 원수 보듯 하지만, 우리는 때로는 죄를 입어 파면되기도[汰任] 하고, 때로는 참소로 인하여 문책을 받기도 하였기 때문에 우리나라에서 즐거운 마음으로 살 뜻이 없었습니다. 그런데 이곳의 풍속이 순후(淳厚)하다고 듣고 반가워서 이렇게 찾아와 같이 살고자 간절히 애원하였습니다. 그런데 그대들은 대국인의 넓은 포부를 지녔으면서도 지난날의 일로 불평불만이 가득 차 있다가 또한 우리를 곤욕스럽게 하고자 이러한 지경에 이르렀으니 우리가 비록 죽지 않고자 한들 될 수 있겠습니까? 그대들이 우리를 결박하고 때려 죽이든 찔러 죽이든 마음대로 하십시오. 다만 원망스러운 것은 궁박한 새가 사람들에게 의지했는데 사람들이 또 그 새를 그물로 잡으려 하니 세상사가 진실로 이와 같구려"라고 하였다.

회상 통수라는 오랑캐는 이른바 이서팔(李瑞八)이라고 하는 자였는데, 가호(假胡) 통수인 추성률(秋成律)과 김성필(金成必)을 돌아보고 말하기를, "말하는 것을 보니 진정(眞情)에서 나온 것 같은데, 장차 어찌하는게 좋겠소?"라고 하였다. 또 말하기를, "이미 죽이지 않기로 한다면 보내지 않을 수 없고, 이미 보내기로 한 마당에는 차라리 통행증[許送帖]을 만들어 주어서 그들이 우리를 고맙게 여기게 하는 것이 낫겠소"라고 하였다.

인하여 통행증을 만들어 보여 주면서 말하기를, "이것을 가지고 가다가 앞으로 만나게 되는 통수에게 보여 주면 가지 못하게 막지 않을 것이오"라고 하였다.

이어서 반갑게 맞이하고 술을 권하며 말하기를, "애초에는 그대들을 죽이려 하였으나, 지금은 이미 살려서 앞으로 보내기로 결정하였으니 우리의 도리를 다하지 않을 수 없소. 지난달 각지의 파두(把頭)[14]들이 회의하여 두건으로 머리를 두르고 다니기로 정했으니, 비록 그대 나라의 사람으로 이곳에 온 자라도 감히 어겨서는 안 되오. 만약

---

14 파두(把頭): 1860년대 압록강 유역에서 대규모의 벌목이 이루어졌는데, 나무를 뗏목으로 운반하는 노동자를 '목파(木把)', 이들을 고용하는 이를 '파두'라고 불렀다(김선민, 「19세기 압록강 유역의 환경과 개발」, 『사총』 91, 2017, 209~210쪽).

의관(衣冠)을 갖추고서 다니면, 이곳에 처음 온 자라고 지목되어 매번 물건을 뺏기는 일이 있을 것이오. 의관을 벗고 두건으로 머리를 두르고 가시오"라고 하였다.

저녁에 아무 일 없이 임호범의 집에서 숙박하였다. 4끼의 밥값으로 돈[錢] 2냥(兩) 4전(戔)을 냈다.

6월 3일

마록포에서 비로소 출발하였다. 의관은 임호범의 집에 맡겨 두고, 포건(布巾)으로 머리를 싸매고 북쪽으로 20리를 가서 혈암평(穴巖坪)에 이르러 도회두(都會頭) 신태(辛太)의 집에 머물렀다. 이곳은 우리나라 두지동(杜芝洞)[15]의 맞은편인 칠도구(七道溝)[16]를 관리하는 부락이었다.

신태는 본래 우리나라 사람으로, 10여 년 전에 불법으로 넘어와 지금까지 치발(薙髮)[17]과 좌임(左衽)을 하며 오랑캐 행세를 하는 자였다. 일찍이 신태의 사람됨이 마음씨가 음험하고 스스로 높은 체한다고 들었기 때문에, 그의 환심을 사고자 청심환(淸心丸)[18] 2알과 소합원(蘇合元)[19] 7알, 백지(白紙) 1권을 뇌물로 주면서 말을 낮추고 공손한 말로 하나의 이야기를 지어내어 그를 칭찬하며 말하기를, "저는 후창(厚昌)에 살고 있는데 금년 봄에 이곳에서 건너온 사람의 이야기를 들으니, 그대가 비록 이곳에서 살고 있으나 여전히 고국(故國) 사람들을 생각하며 재물을 덜어 곤궁한 이들을 도와주고 우리나라 사람들을 살려 낸 것이 수백 수천 명이나 된다고 하였습니다. 이와 같은 훌

---

15 두지동(杜芝洞): 오늘날 북한의 김형직군(金亨稷郡) 두지리(杜芝里)로, 압록강을 사이에 두고 중국의 임강현(臨江縣)과 접하고 있다.
16 칠도구(七道溝): 오늘날 길림성 임강시(臨江市)로, 1871년(고종 8) 겨울 후창군(厚昌郡)의 변경에서 소요가 일어났을 때에 비적(匪賊)들이 모였던 곳 가운데 한 곳이다(『승정원일기』 고종 9년 6월 10일).
17 치발(薙髮): 중국 북방 이민족 남자들의 머리 모양으로 앞부분만 깎고 뒷부분은 남기어 길러서 땋아 늘인 형태이다. 북경을 점령한 청의 세조(世祖)는 1644년(순치 1) 체두변발령(剃頭辮髮令)을 내려 한족(漢族)들에게 만주족의 두발형을 강요하였고, 이후 중국인의 일반적인 풍속이 되었다.
18 청심환(淸心丸): 심장의 열을 풀어 주고 마음을 안정시키는 데 사용하는 환약으로, 중국에서도 인기가 많아서 각종 사행(使行) 기록에서 조선 사신들이 중국인에게 주는 사례품으로 자주 사용되었다.
19 소합원(蘇合元): 소합향(蘇合香) 나무의 진을 원료로 하여 작고 동그랗게 환으로 만든 약으로, 위장병을 치료하거나 중풍으로 인해 담이 생긴 증상을 치료한다. '소합향원(蘇合香元)', '소합환(蘇合丸)', '소합원(蘇合圓)'이라고도 한다(『구급이해방(救急易解方)』).

륭한 뜻에 누군들 감격하고 흠모하지 않겠습니까. 이러한 이야기가 관가(官家)에까지 미치게 되었으니, 관가에서도 역시 그렇게 여기며 탄식해 말했습니다. '비록 다른 지역에서 살고 있으나 오히려 우리나라 사람들을 살렸으니 곧 그는 우리나라 백성이다. 만약 그가 가까이에서 있었다면 먹을 것을 주고 입을 것을 주어도 나는 당연히 아깝지 않다. 그런데 오갈 수 없는 곳에 있어서 말 한마디 보낼 수 없고, 심지어 전령(傳令)으로 각 면(面)에서 표창하는 일도 하지 못하니 매우 한스럽다'라고 하였습니다. 이제라도 제가 마주 대하여 보니 실로 진심으로 정(情)이 생깁니다"라고 하였다.

그러면서 칭찬하는 말을 그치지 않았더니, 신태가 과연 매우 기뻐하고 술과 음식을 갖추어 정성껏 대접하며 말하기를, "내가 이번에 회상의 도회두가 되었기에 회상의 문서들을 모두 여기에 가지고 있으니, 그대들이 한번 보시지요"라고 하였다.

그러고 나서 책 두 개를 꺼내 보여 주었다. 하나는 주민과 장정(壯丁)들에 관한 문서이고, 다른 책은 병기(兵器)에 관한 문서였다. 자세히 살피면서 마음속으로 그 모든 기록을 다 외웠다. 삼수(三水) 인차외(仁遮外)[20]의 경계 건너편에서부터 아래로 후창군 경계 끝 건너편 청금동(淸金洞)에 이르기까지 400리 사이에 있는 18개 부락을 합해 1회상(會上)으로 삼았다. 회상[21]이라고 하는 것은 우리나라 각 읍의 1면(面)과 비슷한 종류이고, 그 가운데에 회두(會頭)라고 하는 것은 바로 이임(里任)[22]과 비슷한 부류이며, 도회두(都會頭)라고 하는 것은 각 읍면 내에 풍헌(風憲)[23]이 있는 것과 같은 것이다. 각 부락의 명칭은 다 기억하지 못하지만, 우리나라 인호(人戶)는 193호이며, 인정(人丁)은 1,673명이고, 오랑캐들의 움막은 163개였다. 인명(人名)은 기록되어 있지 않기 때문에 상세히 알 수 없으나 인정 외에 군인이라고 일컬어지는 사람들은 310여 명이

---

20 인차외(仁遮外): 지명으로, 인차외보(仁遮外堡)는 삼수군(三水郡)의 동쪽 85리, 갑산부(甲山府) 북쪽 135리에 위치하였다. 옛날에는 갑산에 예속되었는데, 1502년(연산군 8)에 삼수로 옮겨 예속시켰다(『신증동국여지승람』 권49, 「함경도·삼수군」).

21 회상: 원문은 '회회상(會會上)'으로 되어 있으나, 장서각본과 비교하고 문맥상 '회상(會上)'의 오기로 보아 바로잡았다.

22 이임(里任): 지방의 동리(洞里)에서 호적이나 기타 공공 사무를 맡아 보는 마을의 대표로, 지금의 이장(里長)과 같다.

23 풍헌(風憲): 지방에서 수령을 도와 각 면(面)의 수세(收稅), 차역(差役), 금령(禁令), 권농(勸農), 교화(敎化) 등의 행정 실무를 주관하던 자를 말하는데, 일반적으로 동장(洞長)·집강(執綱)·풍헌이 그런 역할을 담당하였다.

었다. 병기에 관한 책에는 호총(胡銃)이 85자루, 대총(大銃)이 20자루, 우리나라 사람들의 조총(鳥銃)이 48자루였다. 그런데 다만 우리나라 사람들의 총은 입동(立冬)[24]에 거두어 회두의 집에 맡겨 두었다가, 이듬해 한식(寒食)[25]에 나누어 준다. 항상 한식과 입동을 기한으로 거두고 나누는 것은 한식에는 얼음이 녹고 입동에는 얼음이 어는데, 얼음이 언 후에는 우리나라 사람들이 오랑캐들을 공격하기 쉬우니, 혹시라도 그들 지역에 사는 우리나라 사람들이 뒤에서 내응(內應)할까 봐 우려하였기 때문이었다. 직업은 농사를 지었으며, 또 채삼(採蔘), 노루 사냥, 담비 포획, 채금(採金)에도 힘썼고, 때로는 인삼밭에서 인삼 재배를 업으로 삼기도 하였다. 저들은 넉넉하고 우리나라 사람들은 가난하여 우리나라 사람들 가운데 저들에게 품팔이하는 경우가 10명 가운데 8, 9명이나 되었다. 비록 오랑캐에게 품팔이를 하지 않는 사람이라도, 마치 은퇴한 노비가 그 주인을 섬기는 것처럼 모두 오랑캐들에게 빌붙어서 살고 있다. 2끼 밥값으로 돈[錢] 1냥을 냈다.

6월 4일

강가를 따라 거슬러 올라갔다. 40리 동안 한 줄기 물이 굽이굽이 흘러 12굽이[曲]를 건넜다. 칠도구의 경계 끝에 이르러 방성민(方城民)의 집에 유숙하였다. 방성민 역시 우리나라 사람인데 3년 전에 몰래 월경한 자이다.

그가 부끄러워하며 말하기를, "저는 본래 무산(茂山)의 향족(鄕族)인데, 나라를 배신하고 이곳에 왔기에 그 죄가 만 번 죽어 마땅하니 어찌 감히 얼굴을 들고 마주 대할 수 있겠습니까? 그런데 그대들은 고국(故國)의 예의를 아는 사람으로 어찌하여 이곳에 왔습니까?"라고 하였다.

내가 말하기를, "이곳에 있는 나선동(羅善洞)·양화평(楊花坪)·옥계촌(玉鷄村)이 천하에서 좋은 지역이며, 또 채 선생(蔡先生)·곽 장군(郭將軍)·갈 처사(葛處士)·김 진사(金進士)가 오늘날의 영웅(英雄)이라는 소문을 들었기 때문에 찾아서 여기까지 온 것입

24　입동(立冬): 24절기 가운데 하나로, 11월 7일이나 8일이 된다.
25　한식(寒食): 명절의 하나로, 동지(冬至)가 지난 뒤에 105일이 되는 날인데 4월 5일이나 6일쯤이다.

니다. 그대는 이미 먼저 와서 살고 있으니, 이와 같은 곳과 이와 같은 사람들을 본 적이 있으신지요?"라고 하였다.

방성민이 말하기를, "저 역시 무산에 있을 때 이러한 이야기를 듣고 가족들을 이끌고 옮겨 왔지만 끝내 보지 못했습니다. 그리고 이 땅에 잘못 떨어져 오도 가도 못하는 처지가 된 지 3년이란 시간이 흘렀습니다. 저희들은 즐겁게 살아갈 의지가 전혀 없고 후회만 막급한데, 어찌 차마 그대들이 우리처럼 우물에 빠지도록 내버려 두겠습니까? 모름지기 즉시 오신 길을 되돌아 고국으로 돌아가고 다시는 절대 앞으로 나아가지 마십시오"라고 하였다.

2끼 밥값으로 돈[錢] 1냥 2전을 냈다.

6월 5일

방성민의 집에서 출발하였다. 문을 나서며 사방을 둘러보니, 산세가 백두산에서 서대령(西大嶺) 쪽으로 가로지르는데 갑묘(甲卯, 정동)에서 100여 리 갈라지고 길게 뻗은 것이 기둥과 같았다. 그 양쪽의 산세는 우뚝 솟아 하늘에 다다를 듯하였다. 고개를 돌려 지나온 길을 살펴보니 바로 마록포는 주맥이 솟아오른 곳이었다. 도로는 굉장히 험했다. 물의 색은 매우 검었으며 폭은 30여 보(步)이고 모래와 돌들도 모두 검은색이었다. 걸어서 물을 건넌 후 동쪽을 바라보니 헤아리건대 백두산이 불과 4, 5일이면 도착할 수 있을 거리였다. 북쪽으로 큰 고개를 넘으며 50리를 갔는데, 수목이 하늘까지 이어져 있었고 풍성한 초목이 길가를 가득 메웠다. 온갖 고생을 하며 고개를 내려오자 갑자기 산골짜기가 나타났다. 시냇물 폭은 50보였는데, 물색이 검어 건너기 어렵다고 여겼으나 지팡이로 재어 보니 옷을 걷어 올리면 건널 만하였다. 동쪽으로 7리 정도를 거슬러 올라가자 산이 낮아지고 들판이 펼쳐지면서 비로소 인가(人家)가 보였다. 바로 무산에서 온 박문권(朴文權)이라는 사람의 집이라고 하였는데, 날이 저물어 그곳에서 머물렀다. 지명에 대해 물으니, "이곳은 청금동(淸金洞)의 가장 깊은 곳입니다"라고 하였다.

오랑캐들이 오도구(五道溝)라고 부르는 곳이었다. 청심환 2알과 백지 2권을 주고,

또 나선동·옥계촌·양화평 등의 지역과 갈 처사·곽 장군·채 선생·김 진사 등의 인물이 사는 곳을 물었다. 그러자 박문권이 답하기를, "저 역시 이러한 이야기에 속아서 3년 전에 가족들을 데리고 이곳에 이르렀으나, 들은 바와 같은 것을 보지도 못하였습니다. 가난하여 살아갈 수 없어서 오랑캐에게 고용되어 품을 팔기도 했습니다. 심지어는 강물에 뗏목을 띄워 파강(巴江)에서 봉황성(鳳凰城)을 거쳐 우리나라 경계인 용천(龍川)의 건너편 고산(孤山)에 이르기까지 일 년 내내 돌아봤지만 끝내 별계(別界)도, 고인(高人)[26]이 사는 곳도 없었습니다. 오랑캐에게 빚을 져 가을이 되면 돌아가려고 하는데 처자식들은 이미 갑산(甲山)[27]으로 보냈습니다. 당신들도 먼 곳에서 고생스럽게 찾지 말고 여기서 돌아가십시오"라고 하였다.

농사에 관해 물으니, "이곳은 지대(地帶)가 높고 추워서 감자밖에 심을 수 없고, 때로 보리밭이 있기는 하나 6월에도 싹이 나지 않습니다. 거주하는 사람들은 13호인데, 모두 우리나라 사람들로 채삼과 담비 사냥을 업으로 삼고 있습니다. 그 가운데 초산(楚山)[28]에서 온 최 선달(崔先達)·최 도감(崔都監)·김 장의(金掌議) 등 세 집은 고향으로 돌아가고자 하는 마음이 제일 간절해 장차 차례대로 돌아갈 것입니다"라고 하였다.

또 우리나라와의 접경지로 여기서 가장 가까운 곳과의 거리를 물었더니 박문권이 말하기를, "이곳에서부터 마을을 나가 150리 사이에 우리나라 사람 7호가 거주했었는데, 올봄에 향마적(响馬賊)[29]에게 공격을 받아 달리 인가가 없습니다. 마을 입구 건너편이 바로 후창군의 종계(終界)로, 16파소(把所)인 이평(梨坪)[30] 땅입니다"라고 하

---

26 고인(高人): 벼슬을 사양하고 세상의 물욕에 뜻을 두지 않는 고상한 사람을 말한다.
27 갑산(甲山): 함경도의 삼수와 함께 지세가 험하기로 유명한 곳이다. 본래 허천부(虛川府)였는데 오랫동안 여진(女眞)에게 점거되었다가 1354년(공양왕 3)에 비로소 갑주 만호부(甲州萬戶府)를 두었다. 1413년(태종 13)에 지금의 이름으로 고쳐 군(郡)으로 만들었고, 1437년(세종 19)에는 진(鎭)을 설치하고 겸절제사(兼節制使)라 일컬었으며, 1461년(세조 7)에 도호부(都護府)로 승격시키고 그대로 진을 두었다(『신증동국여지승람』 권49, 「함경도·갑산도호부」).
28 초산(楚山): 평안북도 중북부에 위치한 곳으로, 북쪽 압록강을 경계로 만주 지방과 접하고 있다. 본래는 여진족이 살던 두목리(豆木里)였으나, 고려 공민왕 이래 이주민이 늘면서 조선 태종 대에 주변 지역을 합쳐 이주(理州) 혹은 이산(理山)·초산이라고 하였다. 1724년(경종 4) 평안 감사 오명항(吳命恒, 1673~1728)의 장청(狀請)으로 초산도호부(楚山都護府)로 승격하면서부터 초산이 공식 명칭으로 사용되기 시작하였다(『신증동국여지승람』 권55, 「평안도·이산군」).
29 향마적(响馬賊): 중국의 마적 떼로, 말의 목에 방울을 달고 다닌다고 해서 붙은 명칭이다(이동진, 앞의 논문, 『동북아역사논총』 8, 2005, 309쪽).
30 이평(梨坪): 4군 중의 하나인 평안북도 자성군의 이평면(梨坪面)을 말한다.

였다.

밤사이에 최종범이 흉복통(胸腹痛)을 앓았는데, 아침에 일어나서도 낫지 않아 그대로 머무르고 출발히지 않았다. 4끼 밥값으로 돈[錢] 2냥 4전을 냈다.

6월 7일

최종범이 병을 무릅쓰고 2리쯤 가니 바로 운령(雲嶺) 아래 산 중턱이었다. 지형이 점차 완만해졌으나, 길이 점점 없어지고 진창이라 사람이 빠지기도 하며 수목이 하늘을 가렸다. 북쪽으로 60리를 가자 산봉우리 하나가 하늘을 떠받들고 있었는데 바로 화개산(華蓋山)이라고 하였다. 날이 저물고 길이 막혀서 전대 안에서 쌀가루를 꺼내어 물에 타서 마셨다. 세 사람이 나무 밑에 모여 앉았는데, 귀신 소리가 슬피 들리고 호랑이 소리가 우레와 같아 잠을 이룰 수 없었다.

6월 8일

최종범의 복통이 조금 좋아졌다. 화개산 중턱에 오르니, 백두산은 여전히 동쪽에 있었고, 여러 산이 모두 한 눈에 들어 왔는데, 마치 지붕 위에서 땅에 있는 사람들을 보는 듯하였다. 서북쪽으로 곧장 40리를 내려가니 판내동(板乃洞)[31]으로, 오랑캐들이 말하는 삼도구(三道溝)였다. 산이 점점 웅장해지고 골짜기는 점점 깊어지며 물빛도 점점 검어졌다. 산에서 내려와 5리쯤 가니 김여옥(金汝玉)의 집에 도착하였다. 김여옥이라는 자는 본래 무산(茂山) 사람으로, 10여 년 전에 몰래 월경하여 유명한 가호가 되었다. 그는 가호 가운데 가장 말을 잘했고 조금 의리도 있는 자였다. 처음 만나자마자 정성껏 대접하며 말하기를, "어디서 오신 분들로, 어떻게 이곳에 이르게 되신 것입니까?"라고 물었다.

---

31 판내동(板乃洞): 압록강 이북 지역으로, 강을 건너 중강(中江) 파수(把守) 길로 들어가면 식양동(食養洞), 벌초령(伐草嶺), 대암동(大巖洞), 소암동(小巖洞), 판내동(板乃洞)의 5길이 있다(『연경재전집(研經齋全集)』 외집(外集) 권51, 「사군고(四郡考)·관방 제3(關防第三)·연강파수(沿江把守)」).

답하기를, "이곳에 좋은 지역이 있고, 또 고인이 백성들을 모으고 있다고 하므로 이주하기 위해 먼저 살펴보면서 이곳에 도착하게 되었습니다"라고 하였다.

살펴보니 상석에 한 노인이 앉아 있었는데, 바로 김여옥의 부친이라고 하기에 그의 앞으로 다가가서 안부 인사를 여쭈었다. 김여옥이 말하기를,

"그대들이 비록 땅을 살펴보기 위해 이곳에 왔다고 하셨지만 저는 그대들이 온 이유를 알고 있습니다. 지난번 연경(燕京)에서 차사원(差使員)이 와서 탐문하고 돌아갔고, 자성군(慈城郡)[32]에서도 변문에서 관할하는 바를 살피러 온 적이 있었으니, 그대들이 온 것이 어찌 후창의 정탐꾼이 아닌 줄 알겠습니까. 비록 제가 이곳에 있더라도 고국을 배반할 사람은 아니니, 어찌 내 나라를 해칠 마음을 갖고 있겠습니까? 그런데 작년 겨울 서로 교전할 때, 제가 오랑캐들에게 핍박을 받았고, 또 가호인 권실(權實)에게 모해를 받았습니다. 심지어 저의 아버지로 하여금 오랑캐에게 인질을 바치게 하고, 저를 전쟁에 나아가도록 재촉하니 스스로 피하지도 못하고 결국 마록포의 회전(會戰)[33]에 참여하게 되었습니다. 그래서 이미 그대들이 당시의 채장(寨將)과 조방장(助防將)이었던 것을 알고 있는데, 지금 그대들을 마주하니 매우 부끄럽고 괴롭습니다. 당시 양군이 대진(對陣)하고 있을 때, 오랑캐 군인들이 비록 수가 많았으나 화약과 탄환을 모두 소진한 상태였었습니다. 만약 그때 후창 군인들이 위엄을 한번 떨쳤다면 북을 한번 울리고 모두 전멸시킬 수 있었을 것입니다. 이러한 때를 당하여 저쪽이나 이쪽이나 할 것 없이 죽음이 조석(朝夕) 사이에 있었으니, 오랑캐들은 멀리 도망가 숨었고 우리는 죽음을 기다리면서, 이 강가의 근 천 리 땅에 거의 사람의 자취가 모두 텅 비게 되었습니다. 그러나 수법(守法)에 문제가 있어 강을 건너와 몰아붙이지 못하고,[34] 결국

---

32 자성군(慈城郡): 폐사군 가운데 하나로 평안북도 최북단에 위치해 있으며, 압록강을 경계로 하여 만주의 임강현(臨江縣)과 접하고 있다. 본래는 여연부 시번강(時番江)의 자작리(慈作里)였는데, 1424년(세종 6)에 소보리(小甫里) 등 여덟 곳에 사는 백성들을 시번(時番)의 장항(獐項)으로 모아 지키게 하였으나, 여진족의 공격에 제대로 대응하지 못하자 자작리(慈作里)에 성을 쌓고 군을 두어 강계부 소관으로 삼았다. 세조에 이르러 그 땅을 비우고 그 백성을 부로 옮겼다(『신증동국여지승람』 권55, 『평안도 · 강계도호부』).

33 마록포의 회전(會戰): 고종 8년(1871) 10월에 후창의 오랑캐들이 백두산의 작목(斫木) 금지 등에 불만을 품고 한 달 동안 두지동(杜芝洞) 대안(對岸)인 칠도구와 금창리(金昌里) 대안인 마록포 등지에서 방화, 살상, 약탈 등을 자행하자 조선에서 관원을 파견하여 교전한 사건을 말한다(『고종실록』 권9, 고종 9년 1월 3일; 고종 9년 6월 10일).

34 수법(守法)에 …… 못하고: 17세기 이래 조 · 청 간의 변경에서는 채삼을 위해 월경해서 타국인을 해치는

약조문(約條文)³⁵을 받은 후 진영을 파했으니 애석하고도 애석합니다. 만약 그때 강을 건너와 몰아붙였으면 저 역시 응당 죽었을 것입니다. 하지만 돌아보건대, 저처럼 죄를 범한 사람이 죽어도 또한 무슨 한이 있겠습니까. 이 변경에 거주하는 자들 중 오랑캐는 도적이요, 우리나라 사람들은 역도(逆徒)들이니, 비록 후창에서 와서 전멸시켰다고 하더라도 하늘이 반드시 노여워하지 않았을 것입니다. 그런데 범금(犯禁)에 얽매여 강을 건너지 않았다는 소식이 여기까지 흘러들어 와서 저 어리석은 오랑캐들과 반역한 무리로 하여금 기운을 북돋아 주고 교만한 마음을 낳게 하였습니다. 그래서 오히려 가을을 기다려 다시 소요를 일으킬 것이라는 이야기가 있으니 어찌 이 분함을 이길 수 있겠습니까. 저 역시 이곳에 왔으니 어찌 감히 충성을 말할 수 있겠습니까마는, 이곳에 온 것은 고국을 배반하고자 한 것이 아니라 궁곤(窮困)함에 쫓겼기 때문입니다. 지난 임술년(1862, 철종 13)에 백두산 중턱에서 사냥을 했었는데, 빚을 지고 사냥에 실패하자 마을로 돌아가 빚 갚기를 독촉받으니 차라리 스스로 죽을지언정 돌아가지 않겠노라 여겼습니다. 이곳에서 구차하게 보전하며 모질고 사나운 목숨을 끊지 못하고 살아가는 것이 어찌 제 본심이겠습니까. 이곳에 도착해서는 돌아가고 싶어도 갈 곳이 없고, 살고 싶어도 즐거움이 없습니다. 비록 그대들을 처음 보자마자 사사로이 온 것이 아님을 알았기 때문에 나의 죄가 불충한 것이 아님을 호소하였습니다. 최근에 듣건대, 후창에서 등사(謄寫)해 올린 작년 겨울의 약조문 가운데 있는 여러 오랑캐의 이름을 중국에 이자(移咨)하였기 때문에,³⁶ 중국에서 기록된 이름들을 가지고 이곳에 와서 조사한 일이 있었고 결국 청나라와 조선이 우리를 협공할 거조(擧措)가 있을 것이라고 합니다. 이곳에 거주하는 자들은 모두 항아리 안의 자라와 같은 신세가 되었습

등의 문제가 발생하여 국제적인 분쟁으로까지 비화되었기 때문에 상호 월경을 엄금하였다.

35 약조문(約條文): 당시 평안 감사(平安監司) 한계원(韓啓源)과 병사(兵使) 조태현(趙台顯)이 올린 장계(狀啓)에 따르면, 후창군 건너편의 비적들이 집결해 있자 조선 측에서 경계를 엄하게 하며 위세를 보였더니, 청나라 사람인 왕양춘(王陽春)과 한오정(韓五亭) 등이 감히 다시는 침범하지 않겠다는 내용으로 여러 번 맹세하는 말을 하고 이름을 열거한 서약서를 보내왔다(『고종실록』 권9, 고종 9년 1월 3일). 아울러 약조문 및 청에 보낸 자문 내용은 『동문휘고』 원편, 강계 2, 30a~31a에 보인다.

36 후창에서 …… 때문에: 약조문에 언급된 중국 측 이름은 왕양춘(王陽春), 한오정(韓五亭), 왕소려(王沼呂), 가빈대(嘉賓對), 부운회(浮雲會), 말인등(末人等), 형사운(邢士雲), 형사영(邢士英), 왕복근(王福勤), 정천익(丁天益), 왕대발(王大發), 이부귀(李富貴), 왕성익(王成益)으로, 총 13명이 증인으로 기재되어 있다(『동문휘고』 원편속, 강계 2, 30a~31a).

니다. 스스로 돌아보건대, 이 목숨이 불타는 지붕 위의 제비와 무엇이 다르겠습니까. 저 역시 우리나라 사람인지라 지금이라도 돌아가고 싶지만, 죄를 입을까 두려워 이처럼 시간만 보내고 있습니다. 그런데 양국에서 과연 소문대로 협공한다면, 차라리 귀국하여 형벌을 받는 것이 여기에서 죽어 없어지는 것보다 낫습니다. 만약 그대들이 먼저 귀국하여 상황을 탐지하고 즉시 통지해 주어서 이곳의 죄를 범한 사람들로 하여금 귀국하여 죽을 수 있게 해 준다면 얼마나 다행이겠습니까. 최근에 이곳에 와서 살고 있는 우리나라 사람들이 200여 호인데, 모두 저를 우두머리로 여기고 있으니, 제가 돌아가면 200여 호의 사람들도 모두 저를 따라 돌아갈 결심을 할 것입니다. 비록 제가 벌을 받고 죽음을 당한다 하더라도 나머지 사람들은 마땅히 살려내고 싶습니다. 제가 고국을 배신했다고 여기지 마시고 즉시 통지해 주어 모름지기 이곳의 여러 인명을 살려 주십시오"라고 하였다.

최종범이 말하기를, "이번 길은 본래 진경(眞境)을 찾기 위한 것이지, 애초부터 세작(細作)을 하러 온 것이 아니니, 저에게 이렇게 말하는 것은 모두 뭔가 잘못인 듯합니다"라고 하였다.

계속해서 가세(家勢)의 빈부를 물으니 답하기를, "빈손으로 이곳에 와서 오랑캐들에게 거의 1만 냥의 빚을 지게 되었습니다. 게다가 근래에 이곳에 오는 우리나라 사람들이 매우 많은 데다 굶주려 있는지라, 돈을 빌리는 데 보증서서 그들을 구제하여 살리다 보니 채무가 점점 더 많아지게 되어 장차 어떻게 감당할지 모르겠습니다. 그런데 저희 집 근처에 와서 살고 있는 우리나라 사람 270여 호가 모두 저를 따르는 사람들이니, 권력으로 말하자면 우리나라에 있을 때 보다 백 배나 낫습니다. 이 270여 호의 사람들이 제가 데리고 온 것이 아니더라도 제가 여기에 있기 때문에 구차하게 살면서 떠나지 않고 있으니, 마침내 고국을 배반하는 백성들로 만든 것이므로 이 역시 저의 죄입니다"라고 하였다.

그리고 책 두 개를 가져와서 보이고 말하기를, "저의 아버지가 최근에 대회두(大會頭)가 되셨는데, 청금동 아래 삼도구에서 왕절로(往絶路)라고 하는 곳에 이르기까지 150리의 사이에 거주하는 인정(人丁)과 군물(軍物)이 모두 여기에 기재되어 있습니다"라고 하였다.

그 책을 살펴보니, 서두(書頭)에 '대회두 김원택(金元澤)'이라고 쓰여 있었는데, 원택은 김여옥의 아버지 이름이었다. 우리나라 사람들의 집은 277채, 인정은 1,465명, 조총은 73자루, 오랑캐들의 움막은 220채, 오랑캐 사람들은 792명, 대총은 20자루, 호총은 216자루였다. 이곳에 살고 있는 우리나라 사람 가운데 이춘경(李春京)과 이흥실(李興實) 3형제는 모두 장사(壯士)로, 올봄에 향마적 2명을 때려죽였고, 맨손으로 호랑이 2마리와 곰 1마리를 잡아서 많은 오랑캐들이 두려워하였다. 그리고 오랑캐 우두머리는 왕양춘(王陽春) · 한오정(韓五亭)[37] · 이만성(李萬成) · 유실인자(柳實仁子) 네 사람인데 이들은 각각 1개씩의 부락을 통솔하고 있으며, 왕양춘은 왕절로에, 한오정은 죽엄동(竹巖洞)에, 이만성은 판내동구(板乃洞口)에, 유실인자는 이도구구(二道溝口)에 살면서 모두 하나의 회상을 관리하고 있다.

6월 9일

비에 막혀 그대로 머물렀다. 술을 갖추어 권하기에 청심환 3알, 백지 3권, 소합원 10알로 보답하였다. 최종범이 말하기를, "지금 우리도 여기에 왔으니 모두 나라를 등진 사람들이라 어찌 의리를 말할 필요가 있겠는가마는, 본국은 갑자년(1864) 이래 태산처럼 안정되었고 풍년[大有]이 잇따라 백성들이 모두 즐겁게 생활하고 편안히 본업에 종사하고 있습니다. 또한 양화평이나 옥계촌과 같은 곳의 이야기도 역시 어딘가로 사라졌는데, 그대의 재능과 덕으로 이곳에서 무엇이 즐거워 쟁기와 호미를 잡고서 기꺼이 교화가 미치지 못하는 곳의 백성이 되려 합니까? 무릇 사람은 잘못이 있어도 그것을 고치면 착하게 되는데, 그대와 같은 사람이 어찌하여 이 지역에서 사람들과 함께 귀국하여 공을 세우지 않습니까?"라고 하였다.

김여옥이 답하기를, "근래에 양국에서 합공(合攻)한다는 소문을 듣고 곧바로 귀국을 생각했으나, 저 역시 사람인지라 무슨 면목으로 세상에 설 수 있겠습니까?"라고

---

37 왕양춘(王陽春) · 한오정(韓五亭): 왕양춘과 한오정은 국경에서의 교전 이후, 조선 지방관에게 이름을 열거하며 다시는 침범하지 않겠다는 서약서를 써서 보낸 만주 지역 대표자이다(『고종실록』 고종 9년 1월 3일; 『동문휘고』 원편속, 강계 2, 30a~31a).

하였다.

최종범이 말하기를, "사람이 세상에서 살면서 진실로 목숨을 바쳐 의리를 지키는 경우도 있지만, 그대가 말한 것처럼 양국의 협공을 받아 차라리 죽을지언정 돌아가지 않겠다는 것도 의리가 있는 것이겠습니까? 지금 귀국하면 비록 수치스러우나 사리는 마땅할 것이요, 만약 돌아가지 않고 죽음을 기다린다면 의리를 잃고 더욱 수치스러울 것이니, 저는 그대의 생각이 어떠한지 모르겠습니다"라고 하였다.

김여옥이 말하기를, "그대의 말씀이 매우 훌륭합니다. 앞서 이곳으로 건너온 사람들이 천이나 만 명에 그치지 않는데 일찍이 이런 말을 꺼내는 경우를 들어보지 못했습니다. 지금 그대의 말씀을 들으니 사람을 매우 감동시키고 흐느끼게 하여 어떻게 말씀을 드려야 할지 모르겠습니다. 제가 돌아가고자 하고 요행히 그대의 힘을 빌린다면 주륙(誅戮)을 당할 일이 없을 수 있겠습니까? 비록 그렇지만 여기에서 권력이 작은 수령(守令)보다 못하지 않는데, 빈손으로 귀국하면 장차 어떻게 살아가겠습니까? 만약 중국이 와서 공격할 것을 명확히 알게 되면 결코 이곳에서 머물 수 없겠으나, 이전에 통순(統巡)[38]하던 행차에서는 으레 모두들 돈을 토색(討索)하니 약간의 뇌물을 마련해 주면 저절로 무사합니다. 비록 파견된 갑군(甲軍)이 있어도 돈을 쓰면 아마도 무사할 것이기 때문에 귀국하고자 하는 마음을 결정할 수 없었습니다"라고 하였다.

최종범이 말하기를, "중국이 와서 공격할 것이라는 소문이 이미 명확하지 않은 데다 비록 혹 공격한다고 하더라도 돈을 써서 무사하다면 또 무엇 때문에 겁을 내는 것입니까?"라고 하였다.

김여옥이 말하기를, "매년 통순하러 올 때 반드시 갑군을 거느리며 비도(匪徒)들을 쫓아내겠다고 큰소리치지만 언제 일찍이 쫓아낸 적이 있었습니까? 으레 인정(人情)을

---

38 통순(統巡): 청과 조선의 국경 지대에 있는 만주 봉금(封禁) 지역에 민인(民人)이 불법적으로 월경하여 개간·벌목·채삼 등을 하는 것을 금지하기 위해 청에서 변문(邊門) 내외 지역에 설치한 초소 '카룬[卡倫]'에 정기적으로 관리를 파견하여 실시하던 감사를 말한다. 건륭(乾隆) 연간에 조선 방면에 수축된 변문인 동육변(東六邊, 威遠堡邊門·英額邊門·旺淸邊門·鹼廠邊門·靉陽邊門·鳳凰邊門) 내외에는 변내(邊內)에 18좌(座), 변외(邊外)에 19좌로 모두 37개의 카룬이 설치되었고, 이후 1846년(도광 26)까지 가감이 있었다. 각 카룬에는 관원과 병력 20~40명이 배치되었고, 카룬의 임무 수행을 감독하기 위해 총순관이 파견되었으며, 1809년(가경 14)을 전후로 1년에 1차례 통순에서 사계 통순(四季統巡)으로 시행되었다(이동진, 앞의 논문, 『동북아역사논총』 8, 2005, 299쪽; 구범진, 「19세기 성경 동변외 산장의 관리와 조청 공동회초」, 『근대 변경의 형성과 변경민의 삶』, 2010, 16~26쪽).

지급하니 바로 세금을 거두는 행차와 동일합니다. 이 때문에 비록 가을 사이에 대대적으로 살육한다는 소문이 있더라도 모두 두려워하지 않으나, 다만 돈이 떨어지는 일을 곤란하게 여깁니다"라고 히였다.

대개 그 말이 앞뒤가 맞지 않아 뜻을 헤아리기 매우 어려웠는데, 때로는 귀국하고자 하는 마음이 없지 않으면서도, 한편으로는 처벌을 받을까 두려워하고 있으며, 한편으로는 오랑캐와의 인연을 놓칠까 두려워하였다.

이 마을에 거주하는 사람들은 모두 무산에서 온 자들로, 저절로 하나의 촌락을 이루며 100여 채가 서로 이웃하여 살고 있었다. 그 가운데 좌수(座首) 이상철(李相哲), 풍헌(風憲) '한덕여(韓德女)', 강 도감(姜都監), 이 도감(李都監)은 모두 향족의 후예라고 하였다. 우연히 만나 그들과 대화하기를, "이 근처에 권실이라는 자가 어느 곳에 살고 있습니까?"라고 물었다.

그러자 네 사람이 모두 말하기를, "권실은 본래 강계(江界)에서 넘어온 자로, 오랑캐들과 서로 무리를 이루며 우리나라에 해를 끼치려 할 뿐만 아니라, 이곳에 있는 우리나라 사람들을 죽이려고 모략한 것이 이미 여러 차례입니다. 김여옥 역시 권실에게 해를 입고 거의 죽을 뻔하다가 살아난 적이 있어서 호랑이처럼 두려워합니다. 여기에 있는 사람들 가운데 누군들 고국을 등진 사람이 아니겠습니까마는 모두 고국을 배반하고자 하는 마음은 없었습니다. 그런데 오직 권실과 무산에서 온 김이정(金利正)이라는 자만은 고국을 배반했을 뿐만 아니라 고국을 해치고자 하는 마음이 있으니 진실로 매우 분개스럽습니다. 이곳에 사는 오랑캐들은 모두 중국에서 망명한 흉도(凶徒)로, 이익을 도모하기 위해 무리를 모으고 월경하여 벌목(伐木)하는데 후창·자성·삼수·갑산 등지에 출몰하며 약탈하였으나 일찍이 금단한 적이 없습니다. 여기에 있는 우리도 오히려 분함을 참기 어려운데, 하물며 우리나라에서 관장(官長)이 된 사람은 어떻겠습니까? 작년 겨울 후창 관아에서의 일은 여러 해 동안 쌓인 원통함을 씻어낼 만하였으나, 수법(守法)에 문제가 있어 도강(渡江)하여 멀리까지 축출하지 못한 것이 한스럽습니다. 만약 후창에서 강을 건너 한번 북을 크게 울렸더라면, 이곳에 사는 우리도 모두 함께 일어나 그들을 도륙(屠戮)하고 귀국해서 죄를 청함으로써 한편으로는 분을 풀고 한편으로는 치욕을 씻으려는 계획을 세우고자 했을 것입니다. 손을 이마에 대고 간절히 기다렸지만, 끝내 뜻을 이루지 못했으니 지금까지도 매우 애석하게 여깁니다"라고 하였다.

최종범이 또 말하기를, "권실과 김이정은 모두 우리나라 사람인데 비록 이 땅에 살고 있다고 하더라도 어찌 차마 고국을 해할 마음을 갖고 있겠습니까? 이미 고국을 해할 마음을 갖고 있다면 그가 고국을 해치고자 하는 계획이 과연 무엇인지요?"라고 하였다.

네 사람이 답하기를, "권실과 김이정은 모두 무뢰한(無賴漢)이나 장량(張良)이나 진평(陳平) 같은 계책도 없고 관우(關羽)나 장비(張飛) 같은 용맹함도 없으니, 어찌 대단히 나라의 해가 되는 데에까지 이르겠습니까. 그런데 작년 겨울 교전할 때, 오랑캐 군이 수가 적어 감히 크게 기병할 엄두를 내지 못하고 있었는데, 권실과 김이정 이 두 사람이 이곳에 살고 있는 우리나라 사람들을 협박하여 그들과 합세하게 하였습니다. 우리가 애초에 따르려 하지 않으니, 오랑캐에게 부탁하여 와서 때리고 심지어 가족들을 오랑캐에게 인질로 데려가게 하였으며, 채찍질하고 몰아내어 끝내 우리나라 사람들이 살던 집을 방화(放火)하기까지 하였으니, 고국을 해하는 마음이 누군들 이들보다 더 크겠습니까?"라고 하였다.

최종범이 그 뜻을 자세히 알 수 없어 혹시 대답하는 가운데 곤혹을 당할까 우려하여 다른 이야기를 꺼내 물으며 말하기를, "무산 사람 안봉룡(安鳳龍)[39]이 일찍이 후주(厚州)에서 살다가 6, 7년 전에 이곳으로 몰래 넘어왔다는데 지금 어디에 살고 있습니까?"라고 하였다.

그들이 답하기를, "안씨는 사학(邪學, 천주교)에 미혹되어 장차 한 마을을 잘못되게 하려 했기 때문에 올봄에 김여옥이 그를 동네 밖으로 내쫓았습니다. 지금은 고개 넘어[嶺後] 홍실라아자(紅實羅阿子)에 살고 있습니다"라고 하였다.

---

[39] 안봉룡(安鳳龍): ?~?. 안봉룡은 이 당시 삼정(三政)의 문란을 피해 간도로 월경한 다른 사람들과 달리 병인사옥(丙寅邪獄)의 박해를 피해 도망간 것으로 보인다(이동진, 앞의 논문, 『동북아역사논총』 8, 2005, 315쪽).

6월 10일

김여옥의 집에서 출발하였다. 밥값을 내려 하였으나 김여옥이 굳이 사양하고 받지 않으니 돈[錢] 1냥 5전을 그 집 가동(家僮)에게 주었다. 서쪽으로 물길을 따라 50리 내려오니 산세(山勢)는 개의 이빨처럼 서로 엇물려 있었고, 수세(水勢)는 굽이굽이 돌아 흘렀는데, 물줄기 하나를 무릇 20번 돌아서 건넜다. 장걸리(場乬里)라고 하는 곳으로 풍헌(風憲) 김여백(金汝白)의 집을 찾아 들어갔다. 김여백은 무산에서 후주로 와서 잠시 지내다가 4, 5년 전에 몰래 월경한 자이다. 일찍이 교분이 있던 사이였기 때문에 별계와 고인이 있는지 없는지에 대해 상세히 물으니, 다음과 같이 말하였다. "나도 완전히 속았는데 그대들도 속았구려. 이처럼 겹겹이 포개진 산봉우리를 멋대로 별계로 간주하고, 짧은 베잠방이에 봉두난발로 지저분한 사람을 가리켜 고인이라고 한다면 말이 되겠습니까. 별계는 이곳에 보이지 않고, 고인은 내가 가장 고령자이니, 헛되이 가지 마시고 여기에서 돌아가십시오. 내가 몇 년 동안 사귄 우정이 있는데 어찌 차마 남의 일[楚越]⁴⁰처럼 보고 직언(直言)하지 않겠습니까."

인하여 그 집에서 머물렀는데, 김여옥과 말한 것이 대략 동일하였다. 2끼 밥값으로 돈[錢] 1냥을 냈다.

6월 11일

또 물가를 따라 다시 70리를 갔는데, 그 사이 셀 수 없을 정도로 강을 건너니 문득 동북쪽에 우뚝 솟은 산봉우리가 보였다. 산봉우리는 땅바닥에서 우뚝 솟아 하늘에 닿을 듯했는데, 산체(山體)는 2층을 이루고 서남쪽으로 구불구불 휘어져서 끊어질 듯하다가 다시 솟아나 일어선 것이 기괴하기가 이루 헤아릴 수 없었다. 10리쯤을 가니 산세가 팔자(八字)처럼 열려 있었고, 그 산세를 따라 성을 쌓았는데 이름을 고려성(高麗

---

40 남의 일[楚越]: 초(楚)는 호남성(湖南省)·호북성(湖北省), 월(越)은 절강성(浙江省)에 있던 춘추전국시대 국가들로, 서로 멀리 떨어져 있어 아무 상관이 없음을 이르는 말이다.

城)이라고 하였다. 성의 높이는 3장(丈), 둘레는 15리 정도였고, 군데군데 허물어진 곳이 있었다. 성의 좌우로는 산골짜기가 매우 빠르게 흘러 하늘이 만든 금성탕지(金城湯池)라고 이를 만하였다. 서쪽을 바라보니 양국이 회초(會哨)[41]하는 두도구(頭道溝)가 약 10리가량 떨어져 있었다. 들으니, 권실이 오랑캐 왕양춘의 양자가 되어 한창 여러 사람을 모아 도금(淘金)[42]하면서 때때로 우리나라 사람들을 해칠 뜻을 품고 있다고 하여 가 볼 수 없었다. 성 밑으로 오랑캐의 움막 수십 채가 있었는데, 진재동(陳財東)이라고 하는 오랑캐의 집을 찾아가 머물렀다. 주인인 오랑캐는 자못 순하고 어진 인물로, 임석근에게 서로 이야기를 나누게 하여 그가 하는 말을 들어보니 기이한 땅과 호걸(豪傑)에 대한 이야기는 과연 허망한 전설이었다. 우리나라 사람으로 오랑캐에게 품팔이 하지 않는 사람이 없었는데, 우리나라 사람의 경우는 김원택의 회상에 그 이름들이 매여 있고, 오랑캐의 경우는 왕양춘이 거느리는 곳에 매여 있다고 한다. 2끼 밥값으로 금(金) 3푼, 방값으로 금 1푼을 냈다.

6월 12일

비로 인해 늦게 출발하였다. 넓은 들판이 가로지르고 앞들 너머의 긴 압록강(鴨綠江)이 양국의 경계를 나누고 있는데, 자성군과 여연면(閭延面)[43]의 30리 넓은 들판이 서로 접해 있었다. 고국을 떠난 후 처음 우리나라의 국경을 보니 고국으로 돌아가고 싶은 마음이 배나 더해져 견디기 어렵게 하였다. 물을 거슬러 북쪽으로 30리쯤 가자 양

---

[41] 회초(會哨): 도광(道光) 연간 청과 조선은 양국의 백성들이 봉금(封禁) 정책을 어기고 유조변(柳條邊) 동쪽으로 진입하여 소요를 일으키자, 이 지역의 순찰 역량을 강화하고 봉금 지역을 보호하기 위해 조·청 양국의 관원들이 두도구구(頭道溝口)에 모여 함께 압록강 서안을 통순한 것을 말한다. 이 공동 회초(公同會哨)는 매년 하계와 추계 2회 실시되었으며, 청에서는 황제가 지명한 관원이 흠차대신으로 파견되었고, 조선에서는 승정원 관리가 파견되어 흠차대신을 영접하는 동시에 선박 4, 5척을 제공하였다(구범진, 앞의 논문, 『근대 변경의 형성과 변경민의 삶』, 2010, 52~58쪽).

[42] 도금(淘金): 물에 모래를 일어서 금을 취하는 일을 말한다.

[43] 자성군과 여연면(閭延面): 폐사군(廢四郡)의 한 곳으로, 1811년(순조 11) 홍경래(洪景來)의 난에서 사용된 격문(檄文)에 성인이 장성하여 머문 땅으로 등장하였다. 격문에 의하면, 그곳에서 황명(皇明)의 세신 유족을 거느리고 철기(鐵騎) 10만으로 조선을 평정할 뜻을 가지게 되었다고 하는데, 당시 진인의 출현에 대비하여 몰래 철기를 마련한다는 소문도 널리 퍼졌다고 한다(이동진, 앞의 논문, 『동북아역사논총』 8, 2005, 313쪽).

쪽 강 언덕이 서로 엇갈려 있고 한 줄기 물이 굽이쳐 흐르는데, 5리마다 한 집, 또는 10리마다 움막 두 채가 있었다. 많이 가려다가 날이 저물었는데 하필이면 사람이 살지 않는 곳에 도착하였다. 이둠 속에서 길을 찾기 어려워 시냇가에 열 지어 자리를 잡았다. 저녁 비는 으스스하게 내리고, 산 계곡 소리는 더욱 시끄러웠다. 가령 다른 사람으로 하여금 보게 한다면 〈우리를〉 가리켜 "삼귀(三鬼)야!" 하고 놀라 도망칠 것 같았다.

6월 13일

밤새 오던 비가 개지 않았다. 새벽 내내 잠을 이루지 못하고, 아침도 먹지 못하였다. 종일 40리를 가서 유거우자(楡巨于子)라는 곳에 도착하였다. 이곳은 진재동의 집으로부터 거슬러 올라가 북쪽으로 70리 떨어진 곳으로, 그 사이 여울 37곳을 건넜다. 그곳에 오랑캐들의 움막은 모두 34채, 우리나라 사람의 집은 27채가 있었다. 오랑캐에게 머슴살이하는 우리나라 사람은 집도 없고 갈 곳도 없었으며, 집이 있는 자 역시 오랑캐의 노예 신분을 벗어나지 못하였다. 고국을 배반한 것을 매우 원통하고 분하게 여겼으나 도리어 오랑캐의 노예가 되었으니, 천도(天道)가 매우 밝은 것을 알 수 있어 또한 통쾌한 일이었다.

한 오랑캐의 움막을 찾아 들어가서 숙박하고, 밥값으로 3푼, 방값으로 1푼을 냈다. 주인인 오랑캐 왕 파두(王把頭)라는 사람은 매우 추하고 어리석었는데, 간략히 물어본 것이 있었으나 더불어 말할 만한 것은 없었다. 김태흥이 안질(眼疾)로 너무 괴로워하며 새벽까지 잠을 이루지 못하였다. 세 사람이 다닐 때 공거(蛩蚷)와 같아서[44] 이역(異域) 땅에서 서로 불쌍히 여기는 것이 형제가 걱정하는 것보다 더하였다.

---

44 공거(蛩蚷)와 같아서: 매우 친하며 서로 의지하는 사이를 가리킨다. 공(蛩)은 공공(蛩蛩)이고, 거(蚷)는 거허(距虛)로, 모두 전설상의 닮은 짐승인데 서로 붙어서 떨어지지 않는다고 한다. 일설에는 공공거허(蛩蛩距虛)는 잘 달리는 짐승이고 궐(蟨)은 감초(甘草)를 잘 찾는 짐승인데, 궐의 앞발은 쥐의 발 같고 뒷발은 토끼의 다리와 같아서 빨리 뛰거나 걸으면 넘어지기 때문에 궐이 항상 감초를 찾아 공공거허에게 주고 대신 급한 일이 있어 멀리 가야 할 때는 공공거허에게 업혀 간다고 한다(『회남자(淮南子)』「도응훈(道應訓)」).

6월 14일

비로 인하여 늦게 출발하였다. 서쪽으로 큰 고개를 넘었는데, 이 고개는 압록강의 북쪽과 파강(巴江)의 남쪽에 위치하는 가장 높은 고개로, 이를 일러 하늘이 남북을 나누었다고 하는 것이다. 산세는 이 고개를 따라 나뉘는데, 토착인들은 압록강을 향하는 전체를 '영전(嶺前)'이라고 통칭하였고, 나뉘어 북쪽 파강을 향하는 것을 '영후(嶺後)'라고 총칭하였다. 고갯길은 곧장 하늘 한가운데로 올라가는데, 10걸음 가다가 9번 쉬면서 거의 20리를 가서야 비로소 고개 정상에 올랐다. 쌀가루로 요기를 해결하고 북쪽으로 10여 리를 내려와도 여전히 고개 중턱이었다. 수목이 하늘을 가리고 저녁 빛이 땅을 가득 메우자 앞으로 갈 수 없어서 나무에 의지하여 밤을 보냈다.

6월 15일

20리를 가서 고개를 내려오니 왕구(王溝)라는 곳이었고, 5리쯤 좀 더 내려오니 소구(小溝)라는 곳이었다. 사방이 높은 산으로 에워싸여 있고 한 조각의 하늘이 작게 보이니, 옛말에 '우물 속에서 하늘을 본다'라고 하는 것이 이것을 말하는 것이리라. 물의 색은 매우 검고 깊었는데 이는 팔두강(八頭江)의 근원이 된다. 강의 너비는 30보로 옷을 벗고 건너자 비로소 오랑캐 움막들이 이따금 보이기 시작하였다. 또한 우리나라 사람들 가운데 오랑캐에게 머슴살이하는 자들이 이루 셀 수 없었는데, 본업은 대부분 수렵과 채집이었으나 농사를 짓거나 삼(蔘)을 기르기도 하였다. 마침 무산에서 온 허 유사(許有司)를 만났는데, 이름은 기억이 안 나지만 모두 그의 집에 가서 머물렀다. '철포성(鐵鋪城)'[45] · 양화촌(楊花村)의 진위와 채 선생 · 곽 장군의 허실에 대해 자세히 물으니 허 유사가 말하기를, "내가 고국에 있었을 때 나 역시 이 이야기를 듣고 이곳에 이르러 보니, 그런 곳도 없고 그런 사람도 없었으며, 단지 이런 곳만 있고 이런 사

---

45 철포성(鐵鋪城): 원문은 '철포성성(鐵鋪城城)'으로 되어 있으나, 장서각본과 교감하고 문맥상 '철포성(鐵鋪城)'의 오기로 보아 바로잡았다.

람들만 있을 뿐이었습니다. 수고롭게 앞으로 가지 말고 아무쪼록 여기서부터 여정을 돌리십시오. 만약 진짜로 그런 곳과 그런 사람이 있다면, 이곳에 온 사람들이 어찌하여 이곳에서 울타리에 뿔이 걸린 양의 신세처럼 나아가지도 물러서지도 못하고 있겠습니까?[46]"라고 하였다.

또 여기에서 나가서 〈다음〉 마을 입구까지 몇 리이고 인가가 어느 정도인지 물으니 답하기를, "여기에서 나가서 마을까지 거리가 80리 정도이고, 오랑캐들의 움막은 20여 채, 우리나라 사람의 집은 6채가 있는데, 역시 이곳과 다르지 않습니다"라고 하였다.

1끼 밥값으로 2푼을 냈다.

6월 16일

북쪽으로 6, 7리를 가서 한 고개 밑에 이르자 홀연히 큰 길이 가로놓여 있었는데, 청나라의 통순 통사(統巡通使)가 드나드는 길이라고 하였다. 비록 위험한 곳은 없지만 양쪽의 수목이 하늘까지 이어져 있었다. 40리 정도를 가니 빈 집 한 채가 있었는데, 통사가 오고 갈 때에 지공(支供)하던 곳이었다. 달리 인가가 없고, 날이 저물어 이곳에서 잤다.

6월 17일

서쪽으로 20리를 가서 고개를 내려갔는데 역시 인가가 없었다. 쌀가루로 허기를 채우고 또 큰길을 따라 10리쯤 가니 비로소 오랑캐의 움막이 있었다. 지명은 홍실라아자였다. 물빛은 조금 맑았고 산세는 매우 수려하였다. 너른 벌판에 촌락이 드물었는데, 오랑캐 유성운(劉成云)이라는 사람의 집을 찾아갔으니 바로 넓은 인삼밭 주인이었다. 인삼밭은 모두 흰색 서양목(西洋木, 광목)으로 덮여 있었으며, 산에서 내려온 뒤

---

46 울타리에 …… 있겠습니까: 진퇴양난(進退兩難)의 곤경에 빠졌다는 것으로, 『주역(周易)』「대장괘(大壯卦)·상육(上六)」에 나오는 말이다.

에 처음 본 큰 집이었다. 임석근으로 하여금 안부 인사를 하고 진경과 진인을 찾아왔다는 뜻을 말하게 하였더니, 유성운의 대답 역시 앞에서의 여러 사람이 한 말과 조금도 차이가 없었다. 또 안봉룡이 올봄에 이곳에 왔다고 하던데 어디에서 지내는지에 대해 묻자 답하기를, "올봄에 처음 와서 홍호자(紅胡子)가 되었다가 향마적에게 곤욕을 치르고, 40리 깊은 산속으로 피해 들어가, 김맹탕(金孟湯)의 사냥 움막에서 더부살이를 하고 있는데, 그곳은 골짜기가 깊어서 갈 수 없습니다"라고 하였다.

그곳에서 머물렀는데 아무 일 없었다. 밥값으로 금(金) 3푼, 방값으로 1푼을 냈다.

6월 18일

서쪽으로 30리 정도에 있는 삼천동(三千洞)까지 오랑캐의 움막 20여 채를 지났다. 모두 인삼 재배를 업으로 삼으며 살고 있는데 2, 3일 갈이[耕]⁴⁷나 5, 6일 갈이 정도의 밭에 모두 하얀 서양목을 덮었다. 셀 수 없이 많은 우리나라 사람들이 오랑캐의 머슴을 살았는데, 모두 가정을 이루지 못한 홀아비였다. 40리를 가서 팔두강(八頭江) 강변에 이르렀다. 대개 영전은 여러 산의 긴 산골짜기 중 압록강을 향해 있는 것을 통칭하여 도구(道溝)라고 하였고, 영후는 긴 산골짜기 중 파강을 향해 있는 것을 통칭하여 두강(頭江)이라고 하였는데, 이 팔두강이라고 하는 것은 즉 영후의 여러 강 가운데 8번째를 말하는 것이었다. 산과 물의 경치가 곱고 아름다우며, 계곡마다 거주할 만하였다. 날이 저물어 어떤 오랑캐의 작은 움막에서 유숙하였다. 밥값으로 3푼, 방값으로 반 푼을 냈다. 주인 오랑캐는 왕 파두(王把頭)라고 하는 자였는데 달리 말을 나누지 않았다.

6월 19일

아침에 온 비가 뒤늦게 개었다. 15리를 가자 팔두강 물이 불어 파강으로 들어가

---

47 갈이[耕]: 소 한 마리가 하루 낮 동안 갈 수 있는 밭의 넓이나 그 넓이를 헤아리는 데 쓰는 말이다. 적어도 고려시대부터 민간에서 관행적으로 사용된 토지 측량의 단위로, 조선시대의 군사적 요충지인 양계(兩界)에서 사용되었다. 지방에 따라 다르지만 대체로 1일 갈이는 700평(坪)부터 3,000평까지이다.

협곡 사이에서 서로 싸우듯이 하였다. 넘실넘실 물결이 철썩댔고, 물결 소리가 우레와 같아서 옆에 있는 사람이 큰소리를 내어도 자세히 알아듣기 어려웠다. 흐르는 강물이 매우 난폭하여 별명이 폭도천(暴濤川)이었다. 강 근처[逼江]는 산자락이 끊어졌고, 협로(挾路)는 험하디험해 한 사람이라도 마주치면 결코 지날 수 없었다. 강가로 2, 3리를 가자 홀연히 눈앞에 아름답고 빼어난 산들이 보였는데, 높은 산봉우리는 용마(龍馬)가 달리는 듯하고, 낮은 산봉우리는 파문(波紋: 물결 무늬)이 층을 이루는 듯하니, 바라보고 있노라면 신선들이 사는 듯했다. 앞에 80리 큰 벌판이 있었는데, 압록강을 건넌 후 처음 보는 들판으로 이를 파저평(巴瀦坪)이라고 한다.

　어떤 산봉우리 하나가 서 있는 모습이 알과 같았는데, 이를 '알봉(卵峯)'이라고 불렀다. 알봉 아래에 오랑캐 움막 하나가 있었다. 주인은 오랑캐 왕보태(王保太)로 영후의 여러 회상 가운데 대회두였다. 임석근에게 서로 여러 가지를 대화하도록 하였으나 회상 장부는 끝내 볼 수 없었다. 사람들의 다소(多少)를 물으니 왕보태가 매우 큰소리치며 말하기를, "이 영후에 있는 수천 명의 병사들은 모두 내 회상의 문서 안에 있으며, 나의 명령을 받지 않는 자가 없습니다"라고 말하였다.

　이곳에 와서 거주하는 우리나라 사람들의 수를 물었더니 답하기를, "모두 자기 집이 없이 우리의 고용살이를 하고 있습니다. 작년 겨울에 400여 호가 흘러들어 왔으나 모두 홍호적(紅胡賊)에게 약탈당했고, 납치된 부녀자의 수가 수백 명에 이릅니다. 그런데도 여전히 오는 자는 많고 떠나는 자는 적으니 그 이유를 모르겠습니다"라고 하였다.

　마침 왕보태 집안에서 고용살이 하고 있는 우리나라 사람 7, 8명을 보니 통탄함을 이기지 못하였다. 그들에게 이곳으로 오게 된 이유를 물어보니 우리나라 사람들이 답하기를, "오랑캐들은 본래 국경과 상관없이 돈을 빌려주고, 초면에 돈을 빌려도 역시 어려워하는 기색이 없으며, 비록 혹 빚을 져서 도망가도 와서 찾을 곳이 없습니다. 겉으로는 오랑캐가 주인으로 보이지만 먹는 것과 입는 것은 모두 우리나라 사람들의 것입니다. 우리가 이 오랑캐들을 보기를 옷 주머니와 밥 주머니로 여기기 때문에 여기에서 떠나지 않는 것입니다. 그런데 근래 우리나라 사람이 매우 많이 넘어오자 오랑캐들 역시 우리가 많이 와서 해를 끼칠까 봐 염려하여 때때로 길을 막고 물건을 약탈하는 일도 있었습니다. 봄이 되자 이런 상황은 더욱 심해져 우리나라 사람들 가운데 길가에서 피해를 본 자들이 부지기수(不知其數)입니다. 적이 그대들이 걱정됩니다"라고 하였다.

일행 3명이 이 이야기를 듣자 마음이 섬뜩하여 가시방석에 앉아 있는 것처럼 느껴질 때 왕보태가 옆에서 옷을 당기며 말하기를, "그대들이 여기에 올 때 반드시 귀중품을 감추고 있을 것이니, 주머니 안을 살펴보고 아울러 등에 지고 있는 짐보따리도 뒤져 보아야겠다"라고 하였다.

진실로 빼앗길 만한 물건이 없다는 것을 알기에 두려운 마음이 배나 생겨 죽을 지경이었다. 왕보태가 짐을 뒤져 봐도 빼앗을 만한 물건이 없으니 멋쩍게 웃으면서 말하기를, "애초에 물건이 많다고 하더니 이처럼 텅텅 빈 가난뱅이구려"라고 하였다.

그곳에서 유숙하고, 밥값으로 3푼, 방값으로 반 푼을 냈다.

6월 20일

서쪽으로 20리를 가서 파저강(巴瀦江) 변에 도착하였다. 강은 잔잔하고 들판은 넓으며, 하늘은 멀고 산은 낮았다. 두루 보이는 광경이 기쁜 사람은 즐거움을 더해 주고 근심 있는 사람은 슬픔을 더해 줄 만하였다. 배를 타고 강을 건넜다. 선주(船主)인 오랑캐는 강 머리에 움막을 짓고 행인에게 돈을 받고 건네게 해 주는 일을 업으로 삼았다. 뱃삯은 1푼이었다. 강변에 잠시 앉아 생각하니, 고국에서 천 리 길이나 떨어진 이역에 와서 머문 지 수십 일 만에 점점 중지(重地)에 이르게 되었다. 세 사람이 서로 돌아보며 마치 초나라에서 잡혀 온 포로들이 서로 마주 보는 것[48] 같아, 자신도 모르게 두 눈에 눈물이 가득 차올랐다.

큰길을 따라 20리를 가는 중간중간에 오랑캐의 움막을 지났는데, 역시 고용살이 하는 우리나라 사람들이 많았다. 초산에서 왔다는 김연지(金鍊之)라는 사람의 집이 길

---

48 초나라에서 …… 것: 고국을 그리워한다는 뜻이다. 서진(西晉) 말년에 중원을 잃고 강남으로 피난 온 뒤에 주의(周顗), 왕도(王導) 등 여러 재상이 신정(新亭)에서 주연(酒宴)을 즐기다가 과거 서진을 그리워하며 탄식하고 눈물을 흘리자 승상 왕도가 "의당 왕실과 힘을 합쳐 중원을 회복해야 할 마당에, 어찌하여 초나라에서 잡혀 온 포로들처럼 서로 마주 보며 슬퍼하기만 하는 것인가[當共戮力王室, 克復神州, 何至作楚囚相對]"라며 질타했다는 고사에서 나왔다(『세설신어(世說新語)』「언어(言語)」).

가에 있어서 잠시 들어가 다리를 쉬고는 옥계촌·양화평 등의 지역과 갈 처사·곽 장군·김 진사·채 선생 등의 허실에 대해 자세히 물으니 답하기를, "나 역시 그런 소문을 많이 듣고 이곳에 이르러 3년 동안 동서남북을 두루 다녀 봤으나 끝내 찾지 못했습니다. 무릉도원(武陵桃源)을 봤다는 사람이 대체 누구입니까. 그대들의 이 걸음은 바람을 잡고 그림자를 붙드는 일이라고 할 만합니다. 끝내 이루지 못할 것이니 모름지기 즉시 돌아가십시오. 강을 따라 내려가면 곳곳에 홍호자 수천 명이 있는데, 향마적 노릇을 하며 재물을 보면 번번이 약탈하고 조금만 자신들의 뜻에 어긋나면 살해하니, 그곳을 지날 수 있는 사람은 없습니다"라고 하였다.

김태홍이 말하기를, "우리는 본래 재물이 없으니 그들의 뜻을 순순히 따른다면 또 어찌 까닭 없이 사람을 죽일 이치가 있겠습니까?"라고 하였다.

그러자 김연지가 답하기를, "이곳은 중국의 변방(邊方) 밖의 지역입니다. 그래서 변방을 지키는 파수(把守)를 이 강 30리 안쪽에 설치했습니다. 파수 바깥은 법이 없는 곳입니다. 힘이 있는 자는 윗사람이 되고, 무리가 많은 자가 강한 도적이 되니, 이러한 곳에 들어와 누가 법을 말하겠습니까?"라고 하였다.

임석근이 이 말을 듣고 눈물을 흘리며 돌아가기를 재촉하면서 말하기를, "이곳에 잘못 도착했으니 장차 예측하지 못한 화가 있을 것입니다. 고개를 돌려 고국을 바라보아도 흰 구름만 끝이 없는데 장차 어떻게 합니까?"라고 하였다.

김흥태가 말하기를, "사람이 세상에 태어나 살아가면서 죽음은 항상 있는 일이다. 이미 이곳에 도착했으니 죽음을 두려워해서야 어떻게 하겠는가?"라고 하였다.

그대로 유숙하고 밥값으로 2푼을 냈다.

6월 21일

북쪽으로 30리를 갔는데 육두강(六頭江)이라는 곳이었다. 가는 동안 오랑캐들의 움막 23채, 우리나라 사람들의 집 6채가 있었는데, 모두 오랑캐들에게 빌붙어 살아가고 있었다. 그 가운데 김영변(金寧邊)이라는 사람의 집이 있었는데, 영변(寧邊)[49]에서 왔기

---

[49] 영변(寧邊): 평안북도 영변군(寧邊郡)과 안주군(安州郡) 일부 지역에 있었던 곳이다. 본래 연산(延山)·

때문에 그렇게 불렸다. 이때 파강에서 마을의 장[尊位]을 맡고 있었기에 방문하여 안부 인사를 하고 진경과 진인을 찾아왔다는 사연을 말하자, 김영변이 한 말도 김연지가 한 말과 같았다. 김태흥이 묻기를, "여기에도 와서 거주하는 우리나라 사람들이 몇 명 있습니까?"라고 하였다.

김영변이 답하기를, "여기에도 많습니다만, 모두 오랑캐에게 더부살이를 하며 살고 있지, 본업을 하면서 스스로 생활하는 자는 한 명도 없습니다"라고 하였다.

인하여 말하기를, "올봄에 의주(義州)에서 살던 홍 진사(洪進士)라는 사람이 교자(轎子)를 타고 왔는데, 자신의 집 장정들을 전배군뢰(前陪軍牢)처럼 꾸며 앞에서 인도하게 했습니다. 집안 사람들이 탄 가마 역시 수십 채였는데, 뒤따르는 인부가 거의 300명에 가까웠습니다. 강계에서 대낮에 강을 건너오는데 그 위의(威儀)가 매우 성대했습니다. 그러나 도리사아치(道里沙阿峙)라는 곳에 이르러 홍호적의 무리를 만나 부녀자들과 재물을 몽땅 빼앗겼고, 죽거나 다친 사람도 30명에 가까웠습니다. 지금은 산골에 집을 짓고 구차하게 살고 있는데, 식솔은 많고 식량이 없어서 데리고 왔던 사람들 역시 오랑캐의 더부살이를 면치 못합니다. 작년 가을 이후 강계에서 넘어온 자가 4, 500호(戶) 뿐이 아닌데, 모두 흩어져 오랑캐의 노비가 되었으니 죄를 지은 사람은 하늘이 반드시 그들을 죄준다는 것을 비로소 알았습니다"라고 하였다.

최종범이 말하기를, "그대가 이곳에 온 것도 역시 죄를 지은 것이 아닙니까?"라고 하였다.

김영변이 말하기를, "나 역시 이 죄를 어찌 면하겠습니까. 이곳에 잘못 떨어져 법이 두려워 돌아가지 못하니 나 역시 온전할 수 없음을 스스로 알고 있습니다. 다른 사람이나[50] 저나 논할 것도 없이 다투어 이곳으로 사람들이 모여드는 것도 역시 하나의 천운(天運)입니다. 그러나 이곳에 이르는 자가 반드시 모두 가난해서 오는 것이 아닌데도 곧장 오랑캐에게 고용되어 영원토록 스스로 괴로워하고 있습니다. 아내가 있어도 오랑캐의 처가 되는 사람이 10명에 8, 9명이고, 재산이 있어도 스스로 살아갈 수

부산(撫山) 두 현(縣)으로 분리되어 있었는데, 조선 세종 때에 병합하여 영변도호부(寧邊都護府)가 되었다(『신증동국여지승람』 권54, 「평안도·영변대도호부(寧邊大都護府)」).

50 다름 사람이냐: 원문은 '입(入)'으로 되어 있으나, 장서각본과 교감하여 '인(人)'의 오기로 보아 바로잡았다.

있는 자가 100명에 1, 2명도 안 되니, 진실로 하늘이 내린 재앙이 아니면 어찌 이 지경까지 이르겠습니까? 그대는 속히 돌아가 이러한 정상을 알려서 많은 우매한 백성들로 하여금 이곳에 대한 생각을 단절히도록 해 주십시오"라고 하였다.

인하여 유숙하고, 밥값으로 2푼을 냈다.

6월 22일

양식이 떨어져 옥당미(玉唐米) 1말을 김영변으로부터 7푼에 샀다. 서쪽으로 50리 가는 동안 오랑캐들의 움막이 21채가 있었고, 품팔이를 하는 우리나라 사람도 역시 많았는데, 자기 집을 짓고 스스로 살아가는 자는 한 명도 없었다. 세 사람이 이곳에 이르러 비록 앞으로 가고자 하였으나, 홍호적이 살해하고 약탈한다는 이야기를 가면 갈수록 많이 듣게 되자 깊이 들어갈 수 없었다. 그래서 파강 하류를 따라 배를 타고 강을 건너 돌아왔다. 뱃삯은 1푼이었고, 선주(船主)는 상류에서처럼 움막을 짓고 살았다.

2리 정도를 가자 집 하나를 보았는데, 선천(宣川)[51]에서 왔다는 이 훈장(李訓長)의 집이라고 하였다. 들어가 안부를 묻고 또 진경과 진인을 찾으러 왔다고 말하니 이 훈장이 말하기를, "이와 같은 무법한 땅에 어찌 별계가 있겠습니까? 근거 없는 말로 민심을 선동하여 서북 양도(兩道)의 백성들을 그르치게 하였으니, 진실로 이 말을 지어낸 자가 어찌 후손이 온전할 수 있겠습니까?"라고 하였다.

문득 어떤 사람이 방 안에서 신음하며 누워 있는 것을 보고 그의 병에 대해 물으니 답하기를, "우리는 본래 초산 사람으로 성은 김씨(金氏)입니다. 5월 사이에 세 사람이 동반하여 강계를 따라 강을 건넜고, 나단동(羅段洞)에서 큰 고갯길을 넘다가 홍호적 무리를 만나서 옷과 보따리를 빼앗기고 2명은 피살당했습니다. 저는 수풀 속을 급히 도망가다가 잘못하여 벼랑에서 떨어져 팔이 부러지고 거의 죽을 뻔했는데, 겨우 살아서

---

51 선천(宣川): 평안북도 선천군의 중남부이다. 본래는 안화군(安化郡)이었는데, 고려 초기에 통주(通州)라고 불렀으며 1413년(태종 13)에 지금 이름으로 고쳐서 군(郡)이 되었다. 1536년(명종 18)에 도호부로 승격되었다가 군으로 강등되었고, 1623년(인조 원년)에 다시 승격되었다가 병자호란 후에 치소(治所)를 임반역(林畔驛)으로 옮겨졌다.

여기에 도착했으나 고통이 심해 죽을 것 같습니다"라고 하였다.

세 사람이 이 이야기를 듣고 마음이 서늘해지고 간담이 떨어질 듯 두려워 견딜 수 없었다. 밤에 아무 일 없이 유숙하고, 밥값으로 2푼을 냈다.

6월 23일

도적을 만날까 봐 겁이 나서 길을 따라가지 못하고 무성한 풀숲에 몸을 숨기며 우거진 나무숲 사이로 몰래 30리를 갔다. 오두강(五頭江)이라는 곳에는 오랑캐들의 움막이 7채가 있었고, 역시 우리나라 사람이 머슴살이를 하고 있었다. 날이 장차 저물어 갔으나 홍호적의 이야기에 겁을 먹고 끝내 다시 오랑캐의 움막에 들어가지 못하고, 길가 밭고랑에 몸을 숨긴 채 쌀가루로 요기를 하고 밤을 지냈다.

6월 24일

서쪽으로 10리쯤 가자 사두강(四頭江)이라는 곳에 이르렀다. 저 멀리 강변을 살펴보니, 대략 수삼백 호 되는 오랑캐의 움막들이 즐비해 있었고, 수천 명이 나란히 앉아서 도금(淘金)을 하고 있었는데, 도둑의 소굴로 의심되어 길을 바꾸어 갔다. 반 리를 가서 사두강을 건너 한 모퉁이를 지나자 커다란 오랑캐 움막 한 채가 있었는데, 마치 우리나라 큰 대로의 주막과 같은 곳으로, 역시 우리나라 사람이 많이 고용되어 있었다. 장순(張淳) 선생이라는 자는 나이가 70여 세였고, 사람됨이 엄숙하여 장자(長者) 같았다. 임석근에게 이 일대의 별계에 대해 묻고 또 패주(霸主)라고 불리는 고인이 과연 있는지 없는지 묻게 하였다. 장순이 말하기를, "나는 본래 대명(大明) 신하의 후예로 이곳에 흘러들어 와 산지 지금 3, 40년이 되었으나 이러한 이야기를 들어보지 못했습니다. 그런데 그대들 나라의 사람들 가운데 이러한 이야기를 허투루 듣고는 거처를 옮겨 여기까지 왔다가 죽은 자가 부지기수입니다. 그런데도 여전히 이렇게 뉘우치지 않으니 얼마나 어리석습니까? 그대들이 지나온 곳의 산과 절벽이 모두 얼마나 깊고 가파른지 말할 것도 없겠지요. 이 파저강은 일명 혼강(渾江)이라고 하는데, 그 근원인 선춘령(先春嶺)에서 여기까지 300리 사이에 비록 넓은 들판은 있어도 애초에 패주는 없었습니다. 여기에서 서쪽으로 30리 내려가면 삼두강(三頭江)이 있고, 또 40리를 가면 이두강(二頭江)이 있으며, 또 40리를 가면 초두강(初頭江)이 있으니, 바로 봉황성(鳳凰城)⁵² 뒤 강이 북쪽으로 흘러와서 이 강과 합류하는 곳입니다. 또 봉황성 뒤 강을 따라 위로 80리를 가면 신병보(新兵堡)라는 곳으로 초두강에서 합류하는 곳이고, 물을 따라 남쪽으로 300리를 내려가면 압록강과 초산의 산양회진(山羊會鎭)이 서로 마주하는 곳입니다. 북쪽으로 200리를 가면 즉 고성관(古城館)으로 중국 관아에서 관리하는 곳이고, 남쪽으로 대령(大嶺)을 넘으면 장사복동(長沙福洞)이 나오는데, 복동(福洞)⁵³은 진강(鎭江)⁵⁴과 190리 떨어져 있습니다. 손가락처럼 갈라져 있는 산 사이사이 살고 있는 자들은 우리 같은 자들이고 고용된 자들은 그대들 같은 자들일 뿐이니, 어찌 다시 그 사이에 패주라고 부르는 자가 있겠습니까?"라고 하였다.

인하여 웃으면서 일어나 안으로 들어갔다. 조금 후에 소주 한 병과 만두 한 그릇을 손수 들고 나와서 말하기를, "함부로 가지 말고 이것이나 들고 돌아가시오. 이 앞으로는 홍화적의 소굴이 아닌 곳이 없으니, 어찌 스스로 그 몸을 아까워하지 않고 이 깊은 곳으로 들어가려 한단 말이오"라고 하였다.

최종범과 김태홍이 몹시 피곤하여 기력이 없는 데다 오한(惡寒)을 느껴 출발하지 못하고 그대로 유숙하였다. 밥값으로 3푼, 방값으로 1푼을 냈다.

6월 25일

출발하려고 할때 청심환 1알, 소합원 5알, 백지 1권을 장순에게 뇌물로 주었는데,

---

52 봉황성(鳳凰城): 중국 요령성(遼寧省) 봉성시(鳳城市)에 위치해 있던 옛 지명이다. 한치윤은 『해동역사(海東繹史)』에서 『성경통지(盛京通志)』를 근거로, 본래 예(濊)의 지역이었는데 한나라 때에는 현도군에 속하였고, 진나라 때에는 평주에 예속되었으며, 수나라 때에는 고구려에 속하였다고 하였다(한치윤, 『해동역사』 속집 제4, 지리고(地理考) 4, 「사군(四郡)」).
53 복동(福洞): 연변조선족자치주 화룡시(和龍市)에 위치한 곳으로, 광서(光緒, 1875~1908) 말년에 간민(墾民)들이 이 지역에 석탄과 금이 난다고 해서 복덩이가 있는 복지(福地)라는 의미로 마을 이름을 삼았다.
54 진강(鎭江): 평안도 영변부(寧邊府)에서 서쪽으로 48리에 위치하고 있으며, 원천은 삭주(朔州)이다(정약용, 『여유당전서(與猶堂全書)』 제6집, 『대동수경(大東水經)』).

두세 번 거듭 거절하다가 비로소 받으면서 다시 말하기를, "어제 제가 한 말은 범연히 듣지 마십시오. 나는 본래 대명 사람으로, 지금 비록 치발을 하고 이곳에 살고 있으나 그대 나라 사람들과 한집안이나 마찬가지이니, 어찌 그대들을 아껴서 살리고자 하는 마음이 없겠습니까? 이 앞길은 볼만한 것이 없고 흉도(凶徒)들이 많으니 조심하고 가지 마십시오"라고 하였다.

일행이 두려워 다시 앞으로 가지 못하고 동쪽으로 거슬러 올라가니 강기슭의 갈대가 길게 자라서 마치 먼 산의 머리털 같았다.

50리쯤 지나가는 곳에 오랑캐들의 움막 30여 채가 있었는데, 모두 농사를 업으로 삼았다. 토양은 매우 비옥하지만 전부 가문 밭이어서 물을 대어 농사를 지을 수 없으니 애석하였다. 햇볕이 너무 더워 세 사람 모두 지쳤기 때문에 물 맑고 모래 투명한 곳에 함께 앉았다. 점점 해가 저물었지만 다시 출발할 생각이 없었다. 돌을 포개어 솥을 걸어서 짊어지고 온 쌀을 꺼내 밥을 지었다. 나란히 앉아 손에 움켜쥐고 먹었는데, 그런 스스로들을 돌아보니 한차례 웃을 만하였다. 다 먹고 나서 음식을 정리하고 돌베개를 높이 베고 잤다. 옛날에 이른바 '돌을 베개 삼고 흐르는 물에 양치한다'[55]라는 것이 바로 이날의 일을 말하는 것이리라.

6월 26일

동쪽으로 60리를 가니, 도로 육두강의 어구였다. 재차 파강을 건너 김영변의 집을 찾아가 그곳에서 잤다. 밥값으로 2푼을 냈다. 김영변이 웃으면서 말하기를, "엿보러 간 지 여러 날인데 신기한 땅을 발견하였습니까? 지난번에는 저의 말을 믿지 않더니 지금은 제가 속이지 않았다는 것을 믿으시겠지요"라고 하였다.

---

55 돌을 …… 양치한다: 산수 좋은 곳에서 숨어 사는 것을 비유한 말이다. 진(晉)나라 손초(孫楚)가 장차 은거하려 하면서 "돌을 베고 물로 양치질하련다.[枕石漱流.]"라고 말해야 할 것을 "물을 베고 돌로 양치질하련다[枕流漱石]"라고 잘못 말했는데, 왕제(王濟)가 그 말을 듣고는 잘못을 지적하자 손초가 "물을 베는 것은 속진(俗塵)에 찌든 귀를 씻어 내기 위함이요, 돌로 양치질하는 것은 연화(煙火)에 물든 치아의 때를 갈아서 없애려 함이다"라고 대답한 고사에서 유래된 것이다(『세설신어』「배조(排調)」).

6월 27일

전에 갔던 길을 따라 70리를 가서 다시 왕보태의 집에 이르러 머물렀다. 밥값으로 3푼을 냈고, 방값은 지난번의 인연으로 받지 않았다.

6월 28일

팔두강을 건너 동쪽으로 90리를 가니 산차자(山次子)라는 곳이었다. 어떤 빈집이 하나 있어 밥을 지어 먹고 잤다.

6월 29일

동쪽으로 5리쯤을 가자 우리나라 사람들의 집 9채가 있었다. 모두 무산에서 온 사람들로 다들 굉장히 가난했다. 남자들은 오랑캐의 옷을 입었으며, 여자들은 치마를 입지 못하고 고쟁이도 다 떨어져 붉은 허벅지를 드러내니 진실로 차마 볼 수 없었다. 한 고개에 이르러 내려갔더니 소춘령(小春嶺)이라는 곳으로, 수목이 하늘에 닿아 있고 밝은 대낮에도 어두웠으나 그렇게 높고 험하지는 않았다. 50리를 가서야 비로소 정상에 이르렀는데, 너무 피곤해서 더 이상 가지 못하고 밥을 지어 먹고 노숙하였다.

7월 1일

25리를 가서 고개 아래로 내려가니 방출라아자(方出羅阿子)라는 곳이었다. 실개천이 있었는데 매우 탁했다. 냇가에 오랑캐의 사냥 움막 하나가 있었고 녹용(鹿茸) 4개가 걸려 있었다. 사슴을 잡는 기술에 대해 물어보니 답하기를, "사슴을 잡는 것은 어렵지 않으니, 돈이 많으면 많이 잡을 수 있습니다. 나무를 잘라 울타리를 만들어서 3, 400리를 포위하고 사이사이에 문을 만들되, 문밖에 구덩이를 파 놓으면 울타리 안의 사슴을 모두 잡을 수 있습니다. 매년 그 구덩이를 메우고 사슴으로 하여금 스스로 들어

가게 하였다가, 때가 되면 다시 구덩이를 파고 울타리 안에서 사슴들을 몰면 사로잡지 못하는 것이 없습니다. 돈이 많으면 울타리를 더욱 넓게 만들 수 있고 울타리가 넓으면 사슴을 더욱 많이 잡을 수 있으니, 이것이 이른바 돈이 많으면 사슴을 많이 잡을 수 있다는 것입니다"라고 하였다.

사슴 고기를 사고자 하였으나 마침 잡은 것이 없다고 하였다. 그래서 잠시 쉬고 다시 북쪽으로 10리를 가니 바로 탕하(湯河)의 수원(水源) 초입이었다. 산은 점점 낮아지고 들판은 점점 넓어졌다. 토양이 매우 비옥하여 심어 놓은 옥당(玉唐, 옥수수) 한 뿌리에 열매가 무성하게 자라 줄기마다 많게는 10개의 이삭이 달려 있었는데, 지역 사람들이 서양종(西洋種)이라고 하였다. 오랑캐 움막이 11채, 우리나라 사람의 집이 4채가 있었는데, 모두 무산 사람들이었다. 그 가운데 최장의(崔掌議)라는 사람이 있었는데, 양화촌·옥계촌과 갈 처사·곽 장군 등의 허실을 물어보았더니 답하기를 "나 역시 이곳에 온 지 3년 동안 그 이야기를 듣기만 했을 뿐, 그런 곳이나 그런 사람들을 보지 못했습니다. 파강 이외의 지역은 비록 가 보지 못했으나, 파강의 남쪽 지역과 압록강의 북쪽 지역은 제 족적(足跡)이 이르지 않은 곳이 없는데 본 적이 없습니다"라고 하였다.

인호(人戶)가 얼마나 되는지 물으니 답하기를, "자세한 것은 회상 도록(都錄)에 기재되어 있는데, 전부 기억하지 못합니다"라고 하였다.

날이 저물어 그대로 유숙하였다. 쌀을 꺼내 밥을 지었으므로 밥값을 받지 않겠다고 해서 백지 1권을 답례로 주었다.

7월 2일

북쪽으로 10리를 가니 강이 동쪽으로 흘러 탕하와 합류하는 곳이 있었는데, 바로 시두하(始頭河)의 하류였다. 강변에 있는 오랑캐 움막 3채는 모두 대규모 인삼밭의 주인이었는데, 밭마다 큰 것은 10여 일 갈이, 작은 것은 6, 7일 갈이 이상이었으며, 모두 흰색 서양목으로 덮여 있었다. 인삼밭을 바라보고 있노라니 마치 흰 구름이 너른 들판에 가득한 듯하여 또 하나의 장관을 이루었다.

북쪽으로 20리를 가니 서대령에서 발원해 내려오는 강이 있었다. 배를 타고 북쪽으로 건너는데 배 주인은 오랑캐 사람 황태(黃太)로, 바로 탕하의 여러 부락 통수라고 하였다. 뱃삯으로 금(金) 1푼을 냈다. 30리를 가니 대영(大營)이라는 곳인데, 먼 산은 눈썹 같고, 넓은 들판은 바둑판 같았다. 오랑캐 움막이 7채, 우리나라 사람의 집이 3채 있었다. 그 가운데 무산에서 온 이덕희(李德禧, 1823~?) 선생이 있어서 찾아가 대화를 나눠 보니 문자를 조금 알았다. 그는 우리가 고개를 넘어 온 후 만난 우리나라 사람 중에 가장 나은 사람이었다. 밤에 그의 집에서 머물렀는데, 이덕희가 말하기를, "그대도 별계와 고인에 대한 설에 속아서 그것을 찾아 이곳에 이른 것입니까?"라고 하였다.

최종범이 말하기를, "우리는 후창 사람으로, 이곳에 양화평·옥계촌·나선동·철포성 등의 별계와 채 선생·갈 처사·곽 장군·김 진사 등의 고인이 있다는 것을 여러 차례 들었기 때문에 이를 찾으러 두루 다니다가 이곳에 이르게 되었으나 끝내 찾지 못했습니다. 그대는 먼저 이곳에 왔으니 반드시 그 허실을 아실 것입니다. 분명히 알려 주시면 고맙겠습니다"라고 하였다.

이덕희가 말하기를, "저는 본래 무산 사람으로 왕족의 후예입니다. 그래서 갑자년(1864) 이후 전주 이씨의 족보를 편찬하는 유사(有司)로서 서울에 오랫동안 머물다가, 경오년(1870) 9월에 이 이야기에 미혹되어서 식구들을 이끌고 강을 건너다가 도중에 어머니를 여의었습니다. 처음에는 후주에 맞닿아 있는 강 건너편 팔도구(八道溝)로 갔다가, 선회하여 삼도구에 이르렀습니다. 다시 파저강 가에서 거슬러 올라갔다가 이곳에 임시로 머물게 되었습니다. 가 보지 않은 곳이 없었으나 별계와 고인은 없었습니다. 그래서 그런 이야기를 지어낸 사람을 자세히 찾아보니, 무산에 살던 이름을 알 수 없는 유사 김씨라는 자가 7, 8년 전에 몰래 이 근처에 이르렀다가 조선으로 돌아가서 거짓된 글을 만들어 내었습니다. 그는 갈 처사와 곽 장군의 덕을 과장되게 칭하고, 산수의 아름다움을 달콤한 말로 꾸몄으며, 심지어는 지형도까지 그림으로 그리고 이수(里數)도 자세히 기록하였습니다. 일부러 자성군과 여연면에 유포시키자 이 글이 비로소 전파되었고, 각지의 사람들이 그 소문에 미혹되어 건너서 몰려왔다가 비명횡사(非命橫死)한 자가 몇천 명인지 알 수 없습니다. 구차하게 살아 있는 자도 모두 오랑캐에게 머슴살이를 하고 있고, 집안에 아녀자들이 있으면 모두 오랑캐의 아내가 되었으며, 가지고 있는 재산은 모두 오랑캐의 소유가 되었습니다. 우리 서북 양도(西北兩道: 평안도·함경도)의 사람들을 절반은 길가에 죽게 하고 절반은 오랑캐에게 고용되게 만들었으니, 세상 천하에 어찌 이런 일이 있겠습니까. 그 김 유사란 놈의 시체를 만 갈래로 찢고 그 뼈를 천 갈래로 만든다고 하더라도 이 재앙을 만에 하나라도 갚을 수 있겠습니까. 저의 죄 역시 만 번 죽어도 마땅하나 아직도 돌아가지 못하는 것은 여전히 법이 두려워 죽기 싫은 마음이 있기 때문입니다. 죽기 싫은 마음은 사람들이 모두 갖고 있습니다. 그러므로 압록강 이북에서 와서 사는 사람들은 오랑캐에게 목숨을 맡겼기에 차마 하지 못할 일을 하고 주야로 통곡하면서도 돌아가지 못하는 것입니다. 만약 그 김 유사가 애초부터 거짓된 글을 만들지 못하게 했더라면 이곳에 건너오는 사람들은 없었을 것입니다. 이미 왔는데 법이 무서워 돌아가지 못하니, 변금(邊禁)의 법은 오고 가는 것에 똑같이 적용되나, 오는 것은 쉽지만 가는 것은 어려우니 이 역시 하늘이 그렇게 되도록 만든 것이겠습니까"라고 하였다.

최종범이 말하기를, "진실로 그대 말처럼 김 유사란 놈이 위서(僞書)를 만든 죄는 만 번 찢어 죽여도 오히려 가벼울 것이오. 그런데 만약 위서 때문에 함께 몰려왔다면 서북 지역〈양도〉사람들이 다름이 없어야 하는데, 이곳까지 오는 1,000여 리 사이에서 만난 우리나라 사람들은 무산에서 온 자가 10명 가운데 7, 8명이니 이는 무슨 까닭입니까?"라고 하였다.

이덕희가 말하기를, "정묘년(1876) 여름, 마행일(馬行逸)[56]이 무산 부사(茂山府使)가 되어 명목이 없는 환포(還逋)[57] 10여만 석을 색출해 내기를 이리와 범이 잡아먹는 것처

---

[56] 마행일(馬行逸): ?~?. 흥선대원군(興宣大院君, 1820~1898) 집권 초기부터 함경도 지역에서 중앙 정부의 시책을 적극적으로 봉행한 인물이다. 그는 함경도에 거주하여 민속을 잘 알고 있다는 점을 인정받아, 병인양요(丙寅洋擾) 이후 북관 초모사로 활약하였으며, 1866년(고종 3) 서북 백성들의 범월이 문제가 되자 함흥 중군(咸興中軍)에 차하(差下)되어 민심을 수습하였다. 1867년(고종 4) 무산 부사가 된 마행일은 10만 냥의 포흠(逋欠)을 쇄환해서 성첩과 군사 기물을 수선하였는데, 그 공로를 인정받아 아마(兒馬)를 하사받고 품계가 높아지게 되었다. 이를 보면 대원군이 추진한 국방 강화 정책으로 세금 부담이 가중된 것이 조선인의 강북 이주를 촉진시킨 것으로 보인다(이동진, 앞의 논문, 『동북아역사논총』 8, 2005, 316~317쪽).

[57] 명목이 없는 환포(還逋): 두만강 연안의 육진(六鎭) 지역에 대한 환포의 피폐에 관해서는 이보다 앞선 1858년(철종 9) 각지를 암행어사로 다닌 홍승유(洪承裕, ?~?)의 보고에서도 확인된다. 그의 조사 보고서에 따르면, 육읍(六邑)의 환포는 호(戶)마다 정곡(正穀) 5, 60석(石)에 달하고 엽호(獵戶)에도 수십 석에 달하였기 때문에 수많은 백성들이 흩어져 유랑 생활을 할 수밖에 없다고 기록하였다. 또한 무산 사

럼 강제로 하니, 반년 사이에 한 읍의 백성이 도탄(塗炭)에 빠져서 부자는 가난해지고 가난한 자는 죽게 되었습니다. 심지어 곡성(哭聲)이 거리에 끊이지 않는 것이 병화(兵火)보다 심했습니다. 백성들이 이미 고할 곳이 없어 하늘을 향해 울부짖으며 목숨을 호소할 때, 마침 이 땅에 별계가 있다는 소문이 낭자하게 퍼지자 백성들은 모두 기쁜 나머지 서로 재촉하며 바다로 달려가는 강물처럼 출발했습니다. 백두산 중턱으로 나오는 길은 500여 리인데, 사람이 살지 않는 곳입니다. 여름에는 더위에 병들고 겨울에는 추위에 굶어서 도중에 죽는 자가 이루 셀 수 없이 많아 지금까지도 비린내가 납니다. 다행히 죽지 않은 자들이 모두 이곳에 도착하였으니, 이 때문에 이곳에 거주하는 사람 가운데 무산 출신이 많고 다른 지역 출신이 적은 것입니다. 오늘날 다행히 좋은 관원을 만나 백성들이 즐겁게 살아갈 수 있다는 희망을 가지게 되었다고 들었습니다. 그래서 이곳에 사는 사람들이 이 소식을 듣고는 기쁨을 감추지 못하고 일전에 귀국한 자가 이미 50여 호에 이르며, 가을을 기다려 돌아가고자 하는 사람 역시 많습니다. 고을 백성들의 편안함은 사마(司馬)[58]의 공이 아니라고 누가 말하겠으며, 고을 정사가 무너짐은 사마의 죄가 아니라고 누가 말하겠습니까"라고 하였다.

또 이곳과 중국 관부가 다스리는 곳까지의 거리가 몇 리 정도 되는지 물었다.[59] 그가 답하기를, "이곳에서부터 북쪽으로 300리 가면 창계성(唱鷄城)이라는 곳이 있는데, 중국 길림(吉林)에서 관리하는 곳입니다. 우리나라 사람 가운데 그곳에 가서 사는 자가 결코 없으나, 그 근처의 오랑캐가 하는 말을 들어보니 창계성 가에 우리나라 사람 30여 호가 있는데 언제부터 와서 살게 된 것인지는 알지 못한다고 합니다. 그런데 그들이 모두 변발을 하고 오랑캐 옷을 입고서, 세금을 내거나 역(役)에 부응하는 등의 일들을 오랑캐와 다를 바가 없이 하며 영원히 오랑캐 백성이 되었다고 합니다. 이 어찌 인정(人情)에 있어서 가능한 일이겠습니까. 저의 이러한 말들은 함께 목욕하고서 서로

람들의 대량 이주에는 당시 무산에서 실시되고 있는 어공(御貢)도 한 원인이 되었다. 무산은 백두산 남쪽 기슭에 위치하고 있어서 수렵에 종사하는 엽호들이 많았다. 엽호들은 대체로 매년 5월에 수렵에 착수하여 7월에 조정에 어공하는데, 만약 수렵에 실패하면 책벌을 받아야만 했기 때문에 그 죄를 두려워하여 월경하는 일이 많았다(김태국·김춘선, 앞의 논문, 『한국사론』 34, 1995, 180~181쪽).

58 사마(司馬): 중국 주(周)나라 때 벼슬로, 나라의 군정(軍政)을 맡아보았다.
59 물었다: 원문은 '문(聞)'으로 되어 있는데 문맥상 '문(問)'의 오기로 보아 바로잡았다.

비웃는 것과 다를 바가 없겠습니다마는 실로 개탄스럽습니다"라고 하였다.

  인하여 한 편의 부(賦)와 한 편의 시(詩)를 손수 써서 주면서 말하기를, "그대는 이것을 잘 간직하고 있다가 훗날 인연의 증거로 삼길 바랍니다"라고 하였다.

  부(賦)의 내용은 다음과 같다.

무릇 하늘과 땅 사이에	夫蓋載之間
재물은 넉넉하면서 마음이 가난한 자도 있고	人或有財富而心貧者
마음은 넉넉하면서 재물이 가난한 자도 있네	心富而財貧者
나는 삼청(三淸)을 좋아하는 병이 있으니	愚下癖於三淸
삼청이란 산 맑고 물 맑고 사람이 맑은 것	三淸者山淸水淸人淸也
스스로 나 혼자만 맑다고 생각하여	自謂獨淸之人
밝고 아름다운 땅 이야기 곧이 듣고	好聽明麗之地
아내와 자식 이끌고	乃挈妻孥
9월에 산에 올랐네	九月登山
빈 산에 낙엽 쓸어	掃空山之落葉
무릎 시린 추위를 막고	以掩穿膝之寒
서리 내린 나무에서 마른 열매를 따서	摘霜樹之枯果
주린 창자를 채웠네	以充虛腸之飢
달포를 연명하며	延拖月餘
바라던 곳에 겨우 이르렀건만	僅到所望之地
보고 듣는 것이 아주 달라서	見聞頗殊
맑은 것이 도리어 흐려질까 염려되네	反有變淸爲濁之慮
교화 미치지 않은 곳에서 임금을 저버려	背君主於化外
하늘에는 충성 못함이 두려웠고	畏天不忠
사랑하는 어머니 도중에 잃고서	哭慈母於途中
사람에게는 효도 못함이 부끄러웠네	恥人不孝
무릉도원 이야기 잘못 들어	虛聽桃源之說

뒤늦게 후회해야 소용없으니	噬臍莫及
신선 세계에 잘못 든 어리석음	誤入蓬島之晦
마음을 좀먹어 견디기 어렵네	蠹心難堪
눈을 들어 높은 곳 바라보니	是以擡眼望高
청산이 만 폭일세	萬幅靑山
모두가 낯선 얼굴들이라	盡是生踈面目
머리 들어 하늘 보니	擧首觀天
반쪽의 맑은 달은	半輪明月
바로 옛날 모습 그대로구나	正當依舊精神
고향 그리는 꿈을	思鄕之夢
사흘 밤이나 잇달아 꾸다가	連有三夜
사물을 바라보는 마음은	觀物之情
잠깐 사이에 두 번 봄을 보냈네	暫送二春
풍진세상의 일을 묵묵히 헤아리며	默數塵世之事
이미 지난 잘못을 탓하지 않고	勿咎已往之過
허물을 고쳐 바로 되면	改過遷善者
처음부터 잘한 것보다 더 나아지리라	尤益善於初善
나쁜 마을을 떠나 어진 이들의 마을에 살면	去惡處仁者
본래 어진 것보다 차츰 더 훌륭해지리라	漸佳美於本仁
그래서 잠시 동안 시끄러운 속세를 떠났건만	是故暫避囂塵
마음 돌려 고향으로 돌아가는 게 참 바라는 바일세	回心歸鄕實所望願
다행히 날 알아주는 이 만나 진심을 표하니	幸逢知己以表眞情
이 글로써 내 마음 헤아려 주소서	以此下諒焉

시(詩)는 다음과 같다.

친구가 어찌 술 없이 친할 수 있나	友何無酒以前親

하룻밤 정겹게 이야기하니 바로 친구가 되었네	一夜淸談卽故人
오늘 부평초처럼 물 위에 떠돌며 약속하노니	今日浮萍流水約
내년 꽃 지는 봄날에 다시 만나세	明年芳草落花春

이덕희가 삼가 드림. 자(字)는 양오(養五), 계미생(癸未生, 1823).

7월 3일

　출발할 때 밥값을 내려 했더니, 쌀을 내어서 같이 지어 먹은 터라 받지 않겠다고 해서 백지 1권으로 성의를 보였다. 이덕희가 말하기를, "우리나라 사람들을 차마 집에서 송별하지 못하겠습니다"라고 하였다.
　그러고는 그대로 함께 동행하였다. 오던 길로 30리를 가서 다시 황태(黃太)의 배에 올랐는데 오랑캐 역시 다시 뱃삯을 받지 않았다. 동남쪽으로 50리를 가니 시두하라는 곳에 오랑캐 움막 3채, 우리나라 사람의 집 2채가 있었다. 다시 5리를 가니 무산 출신의 포수(砲手) 이성윤(李成允)의 집이 있어서 이덕희와 함께 들어가 유숙(留宿)하였다. 쌀을 꺼내 밥을 지어 먹고는 이야기가 작년 겨울에 있었던 변방의 소요에 관해 이르자 이윤성이 말하기를, "저는 포수로서 오랑캐의 압박을 받아 역시 마록포의 전투에 참여하였습니다. 그런데 지금 그대들이 후창에 있었다고 들으니 지극히 부끄럽습니다. 막 오랑캐들의 화약이 소진되었을 때 멀리 쫓아서 건너왔으면 거의 이 지역 사람[人煙]들을 모두 텅 비게 만들었을 텐데, 안타깝게도 수법(守法)에 문제가 있어서 오히려 우리 같은 죄인들로 하여금 이 땅에서 살아가게 만들었으니 매우 한탄스럽고 한탄스럽습니다. 금년 봄 이래로 영전과 영후의 여러 부락에서 거주하는 오랑캐들이 별도로 규칙을 세우고, 4개의 회상으로 나누어 만들어, 회상마다 인정(人丁)과 병기를 일일이 기록하고, 도회두에게 임시로 보관하게 하고 있습니다. 이 지역의 도회두 오랑캐 왕씨는 노대외(老大外)라는 사람입니다. 오랑캐와 우리나라 인정(人丁)은 자세히 알지 못하지만, 조총 50여 자루는 도회두 집에 모아 두고 전보다 훨씬 엄밀하게 방비하고 계책을 세우고 있습니다. 영전의 두 회상이 화약을 구매해 오기 위해 돈 2,000냥을 거두어들였다는 이야기가 있었는데, 이것을 이번 가을에 사용할 것이니 어찌 분하고 한탄함을 이길 수 있겠습니까"라고 하였다.

7월 4일

장차 이별하려고 하는데 이성윤이 말하기를, "들으니 후창에서 새로 포과[60]를 설행(設行)하였다고 합니다. 제가 총을 잘 쏘는 포수인지라 귀국해 포과에 응시하려 하는데, 운 좋게 과거에 합격하여 머리에 어사화(御賜花)[61]를 꽂게 된다면 지금 여기에서 있었던 일을 다른 사람에게 말하지 마십시오. 가을 사이에 포과를 시험하는 장소에서 만납시다"라고 하였다.

이덕희가 말하기를, "가을 추수 뒤에 귀국할 계획을 결단하였습니다. 다시 고향으로 갈 면목이 없으니 그대들과 이웃이 되고 싶습니다. 그대들은 떠나고 나는 남아 있으니 서글픈 마음 어찌 다하리오. 가을에 돌아가고 나서 장차 그대들을 찾아가 의탁하고자 하니 모름지기 불쌍히 여겨 주시길 바라오"라고 하였다.

함께 2리쯤 가서 이덕희가 동쪽의 여러 산을 가리키며 말하기를, "이곳에서 운령까지 70리입니다. 운령에서 위로 180리를 가면 서대령이고, 동쪽으로 50리를 올라가면 강물이 산골짜기를 따라 쏟아져 나오니 이것이 송화강(松花江)[62]의 수원이며, 또 30리를 올라가면 흑룡강(黑龍江)[63]의 발원지입니다. 모두 사람이 살지 않는 곳이니 아무쪼

---

60 포과(砲科): 조선시대 말기 감사(監司)나 방어사(防禦使)가 해마다 9월에 총포의 사격술에 뛰어난 사람을 뽑던 무과 시험이다. 1868년(고종 5)부터 해마다 연해(沿海) 각 고을의 포소(砲所)에 소속된 총수(銃手)를 방어영(防禦營)에 모아 사격술을 시험하고, 이에 합격한 사람들을 순영(巡營)에서 다시 모아 시험하여 3인을 뽑아 전시(殿試)에 응시할 자격을 주었다.
61 어사화(御賜花): 문무과(文武科)에 급제한 사람에게 임금이 하사하던 종이꽃이다.
62 송화강(松花江): 백두산 천지에서 발원하여 북서쪽으로 흐르는 강으로, 중국 동북 지방의 길림성과 흑룡강성(黑龍江省)을 관통해 흑룡강과 합류한다(『신증동국여지승람』 권50, 「함경도 · 회령도호부(會寧都護府)」).
63 흑룡강(黑龍江): 중국 동북부와 러시아 남동부의 국경을 따라 동쪽 타타르 해협으로 흐르는 큰 강으로, 흑룡강 또는 아무르강이라고 불린다. 성호(星湖) 이익(李瀷)은 『삼재도회(三才圖會)』나 『외이고(外夷考)』 등을 근거로 흑룡강의 근원에 대해 백두산에서 서북으로 흐르는 혼동강(混同江), 중국 서북 사막 지역의 아로찰리(阿魯札里), 유주(幽州)의 유수(渝水), 옹주(雍洲)의 유엽하(榆葉河) 등이라고 하였다. 한편 홍양호(洪良浩)는 『대청일통지(大淸一統志)』에 근거하여, 흑룡강의 옛 이름은 흑수(黑水) · 완수(完水) · 실건하(室建河) · 알난하(斡難河) 등이며, 할하[喀爾喀]의 긍특산(肯特山)에서 발원하여 동쪽으로 흐르다가 액이고납하(額爾古納河) · 정계리강(淨溪里江) · 우만하(牛滿河) · 혼동강 · 오소리강 · 혁림하(革林

록 조심히 잘 가십시오"라고 하였다.

그런 후 헤어졌다. 동쪽으로 10리에 있는 오랑캐 장씨(張氏)의 움막에 들러서 좁쌀 2되를 샀는데, 값은 16푼이었다. 그대로 사람이 없는 지역을 60리 가서 오래된 측백나무에 기대어 노숙하였다.

7월 5일

큰 산봉우리를 넘자 고개가 평탄하고 넓었는데, 이곳이 운령이었다. 운령을 넘다가 길을 잃어 자오침반(子午針盤, 나침반)으로 남쪽을 확인하고 갔으나 4, 50리 정도를 가도 끝내 길이 보이지 않았다. 도중에 뇌우(雷雨)를 만나 나무에 기대 밤을 지새웠는데, 귀신 소리와 범의 울음소리가 매우 무서웠다.

7월 6일

남쪽으로 4, 5리 가다가 채집하는 오랑캐를 만나 길을 물으니, 남쪽으로 20리를 가면 갈물이(葛物伊)라는 곳이 나온다고 하였다. 그래서 남방[午方]으로 종일 가니 한 작은 개울가에 이르렀는데, 역시 통행로도 없고 인가(人家)도 없었다. 나무에 기대어 자고 있었는데, 한밤중에 닭 울음소리만 세 번 들려 인가가 있는가 싶었는데, 아침에 일어나 사방을 바라보았으나 여러 산이 첩첩이 겹쳐 푸른빛만 끝없이 펼쳐져 있으니, 또한 기이한 일이었다.

7월 7일

이미 한 가닥 길도 없어지고 어디로 향해 가야 하는지도 모르는 상황에서 수원을 따라 동쪽으로 20리를 갔지만 역시 인적이 없었다. 자오침반으로 산봉우리 하나를 넘

河)·형곤하(亨滾河) 등의 여러 하천과 합류하여 바다로 들어간다고 하였다(이익, 『성호사설(星湖僿說)』 권1, 「천지문(天地門)·흑룡강원(黑龍江源)」; 홍양호, 『북새기략(北塞記略)』, 「백두산고(白頭山考)」).

어 저녁 무렵에야 비로소 한 골짜기로 내려와 매우 혼탁한 좁은 냇물에 이르렀는데, 지명을 물어볼 사람이 없었다. 세 사람이 함께 큰 나무 아래에 앉았다. 나무 옆에 있는 또 하나의 작은 나무에는 대추와 비슷한 크기의 청록색 열매가 달려 있었는데, 한 번 시험 삼아 따서 맛보니 산미가 가득하면서도 단맛을 띠었다. 사람을 만났을 때 물어보니 금강수(金剛樹) 열매인데, 가을이 되면 무르익어 붉은색으로 변한다고 한다. 나무 밑에서 노숙하였다.

7월 8일

아직도 길을 찾지 못해 물길을 따라 남쪽으로 종일 올라가다가 작은 시내에 이르러 함께 물가에서 노숙하였다.

7월 9일

세 사람이 상의하며 말하기를, "길을 잃은 지 여러 날이 되었는데도 끝내 통하는 길이 보이지 않고 사람도 한 명 만나지 못했습니다. 지금 만약 다시 남쪽으로 가다가 인가를 만나지 못하면 장차 어찌 살아야 합니까? 매번 물길이 다하는 곳을 보건대 간혹 인가가 있었지만, 우리들이 물을 따라 내려가다 사람을 만나서 길을 확인한 후에 가는 것이 낫겠습니다"라고 하였다.

물길을 따라 20리를 내려가니 과연 사냥 움막 한 채가 있었으나 역시 사람은 없었다. 그래도 한 가닥 오솔길이 있어 비로소 그 길을 따라 30리를 내려오니 동대동(東臺洞) 입구라는 곳이었다. 동대동을 나오니 지명은 팔도구요, 다른 이름은 부운동(浮雲洞)이라는 곳이었다. 바로 우리나라 후창군 부성면(富盛面) 포평(蒲坪) 맞은편이었는데, 고국의 산천이 옛 모습 그대로 얼굴을 드러내고 있었다. 세 사람은 기쁘고 즐거워 몸은 가벼워지고 발걸음은 빨라져 고단함을 잊었다.

희미하게 맑은 작은 시냇가는 너비가 40보 정도로, 옷을 걷어 올리고 건넜다. 작은 집이 있어 방문해 보니, 곧 전에 알고 지내던 허긍(許亘)이라는 사람의 집이었다.

마침 모친상을 당했기에 조문하고 위로한 뒤에 해가 저물어 그곳에서 유숙하였다. 밥값으로 금(金) 반 푼을 내고 이 근처에 인가가 어느 정도 있는지 물으니 답하기를, "오랑캐 움막이 7채, 우리나라 사람의 집이 18채로 모두 도회두 신태의 회상에 소속되어 있습니다. 이 근처의 오랑캐들은 작년 겨울 후창에서 방비를 엄하게 하여 벌목한 목재를 물로 내려보내지 못했기 때문에 손해를 본 것이 거의 수십만 냥에 이르렀고, 용병을 고용하여[請兵] 접전(接戰)하는 비용 역시 만여 금이나 되었습니다. 그래서 강변의 오랑캐들이 함께 의논하여 우리나라 사람들에게 1천 냥, 자기들에게 1천 냥, 합쳐서 2천 냥을 거두어서, 장차 화약을 구매하여 반드시 벌목하는 길을 열고자 한다고 합니다. 그런데 근래에 청나라와 우리나라가 병사를 합해 공격한다는 소문이 있어서 이곳에 사는 사람들이 모두 살고 싶은 마음이 없습니다. 저 역시 이곳에서 우리나라로 귀국하고 싶지만, 후창에는 실로 얼굴을 들고 다시 돌아갈 수 없으니, 장차 어디에 거처할지 알지 못하는 나그네의 근심과 탄식이 얼마나 심하겠습니까.

7월 10일

허궁과 작별하고 곧바로 강을 건너 귀국하려 하다가, 옷과 갓 들이 모두 마록포에 있었기 때문에 서쪽으로 한 고개를 넘어 55리를 가서 신태의 집에 도착하였다.

신태가 웃으며 말하기를, "좋은 곳 몇 군데와 고인 몇 명을 찾았습니까? 지난번 제가 한 말을 믿지 않고서 부질없이 한 달 동안 다니니 무엇 때문에 이렇게 사서 고생을 하십니까"라고 하였다. 인하여 감주(甘酒) 1병과 오이[苽子] 4, 5개를 가지고 와서 권하며 말하기를, "산속에는 물건이 없어서 손님을 접대할 수 없으니 무례하지만 이상하게 여기지 마십시오"라고 하였다.

세 사람이 마시기를 마치니 신태가 얼굴빛을 바꾸고서 말하기를, "오랑캐들이 국경을 넘어 벌목한 것은 매년 해 오던 것이고 일찍이 금지한 적이 없었는데, 갑자기 작년 겨울(1871년)에 조 관원(趙官員, 趙瑋顯)[64]이 오고 나서 어째서 엄격히 막고 심지어 병

---

64 조 관원(趙官員): 후창 군수(厚昌郡守) 조위현(趙瑋顯, 1839~?)을 말한다. 자(字)는 경보(景寶), 본관은 평양(平壤)이며, 철종 9년(1858) 무오 식년시 무과에 급제하였다(『무보(武譜)』(K2-1741)』. 고종 대에 이르

사를 보내 살육까지 하는 것입니까. 이 근처의 농사를 업으로 삼은 오랑캐들은 벌목하는 사람들에게 곡식을 파는 것으로 이익을 삼고 있습니다. 벌목으로 얻은 이익이 매년 백만을 헤아릴 정도서서 멀리까지 오는 것을 꺼리지 않습니다. 그렇게 온 자들이 이곳에서 곡식을 구매했기에 곡식이 많아도 파는 것이 어렵지 않았고, 곡식을 팔면 이익이 매우 많았기 때문에 점차 많이 와서 농사에 힘썼습니다. 그런데 작년 겨울에는 벌목하는 오랑캐를 엄하게 막아서 벌목하는 오랑캐가 없게 되자 자연히 곡식을 팔 곳이 없어졌습니다. 그러니 곡식이 비록 많다 하더라도 먹지 않으니[65] 쓸 곳이 없게 되었습니다. 무릇 사람이 살아가면서 오로지 먹는 것으로 법을 삼을 뿐만 아니라 허다하게 사용하는 것이 모두 곡식에서 나오는데, 곡식이 이미 쓸모가 없으면 장차 어떻게 살아가야 합니까. 만약 해마다 엄하게 금지한다면 벌목하는 사람들은 장차 다시 오지 않을 것이고, 이곳에 사는 오랑캐들은 곡식이 있어도 팔지를 못할 것이니, 백성을 죽이는 또 하나의 법이 될 것입니다. 형세상 장차 돌아가는 사람이 점점 많아지겠지만, 이곳에 와서 살고 있는 우리도 모두 오랑캐들의 비호 속에 살아가고 있는데, 오랑캐들이 이곳에 거주하지 않으면 우리는 장차 어떻게 살아갑니까. 조 관원이 한 일은 너무나도 혹독하고 혹독합니다. 이번 가을에 벌목하는 사람들이 장차 죽음을 무릅쓰고 길을 열려고 하고, 여기에서도 많은 화약을 구매하는 일이 있는데, 조 관원이 이번에도 다시 허락하지 않을지요?"라고 하였다.

최종범과 김태흥이 말하기를, "작년 겨울에 엄하게 금지했는데 올해라고 어떻게 허락하겠습니까. 작년 겨울의 일로 말하면, 허다한 군비가 4,000금에 이르렀는데, 관에서는 그 돈을 모두 스스로 마련하면서 말하기를, '오랑캐를 방어하는 일은 한편으로는 나라에 보답하는 일이요, 한편으로는 백성을 위하는 일이다. 그러니 올해에도 만

러 중추도사(中樞都事)·훈련첨정(訓鍊僉正)·명천 부사(明川府使)·경주 영장(慶州營將) 등을 역임하였으며, 하직할 때마다 장궁(長弓) 1장, 장전(長箭) 1부(部), 편전(片箭) 1부, 통아(筒兒) 1개를 사급(賜給)받았다. 특히 명천 부사가 되어서는 문서를 철저히 관리하고, 관아의 비용만으로 큰 건물을 중건(重建)하였으며, 녹봉에서 지출해 군기(軍器)를 수선하고, 포군(砲軍)을 설치하는 등 군사력 및 재정 강화에 힘써 상전(賞典)으로 아마(兒馬)를 하사받았다(『승정원일기』 고종 5년 10월 13일). 1871년 후창 군수로 제수되어 동년에 비적들의 변고를 맞았으나, 죄의 논감(論勘)보다 우선 죄를 띤 채로 직무를 수행하도록 윤허를 받는 등 조정으로부터 신뢰를 받았다(『고종실록』 권8, 고종 8년 12월 23일).

65 먹지 않으니: 원문은 '不不食'으로 되어 있으나, 장서각본과 교감하여 '不食'의 오기로 보아 바로잡았다.

약 군대를 동원하는 비용을 백성들에게 미루어 충당하려 한다면, 이 어찌 백성을 편안하게 하는 정사가 되겠는가.'라고 하고서 끝내 한 푼도 백성에게 거두지 않았습니다. 또한 병화를 당한 백성에게 식량을 주고 구휼한 것이 역시 오백여 금이나 이릅니다. 그러니 온 고을의 백성들이 이에 감복하여 팔뚝을 걷어붙이고 용기를 내지 않는 자가 없이 모두 관(官)을 위해 목숨을 바치려는 마음을 갖고 있으니, 이러한 무리의 마음이 성과 같이 굳셉니다. 또한 지난달에는 각 면리(面里)에 거듭 전령(傳令)을 내리기를, '지역은 비록 변방이지만 우리 예의지국(禮儀之國)의 백성들이 어찌 차마 하루라도 오랑캐와 마주 보며 살 수 있겠는가. 가을에 다시 오랑캐들이 국경을 범하는 일이 있을 경우, 먼저 채장과 방장의 목을 베어 강상(江上)에 효시하고, 마땅히 스스로 거느리고서 박멸시킬 것이다.'라고 하였습니다. 그의 뜻은 결코 〈벌목〉 허락을 기꺼워하지 않을 것입니다. 봄·여름 이래로 병기를 수보하였고, 염초를 굽고 탄환을 주조하였는데, 그 수를 헤아릴 수 없습니다. 또한 그의 지모(智謀)와 용력(勇力)이 남보다 백 배는 더 출중하니, 어찌 일찍이 오랑캐가 쳐들어오는 것을 겁내겠습니까?"

신태가 얼굴색이 바뀌고 억지로 웃으면서 말하기를, "여기에서 들은 소문도 역시 그대가 한 말과 같습니다. 하지만 작년 겨울 이후 그대의 관가에서는 날마다 이곳의 오랑캐들에게 욕을 먹고 있으니 먹지 않아도 배가 절로 부를 것입니다"라고 하였다.

세 사람이 이를 듣고 분함을 이기지 못해 죽이고 싶은 마음이었으나, 힘이 약하여 어찌할 수 없었으므로 차라리 더 이상 듣고자 하지 않고 곧장 일어나 문을 나서자, 신태가 말하기를, "날이 장차 저무는데 이곳에서 머물고 가시지요"라고 하였다.

그러나 세 사람 모두 그와 더불어 대화하고 싶지 않아, 돌아가고 싶은 마음 때문에 날마다 재촉하고 있다고 답하였다. 10여 리를 지나 거시동(巨柴洞)이라는 곳에서 한 오랑캐 움막을 지나는데, 움막 안에서 10여 명의 오랑캐가 나와서 최종범의 행낭을 약탈하려 하면서 여러 사람이 모욕하며 말하기를, "너희들은 지난번 후창에서 온 자들이라고 했는데, 그사이 어디를 갔다 다시 온 것이냐? 조 장수(趙將帥, 조위현)가 지난겨울에 우리를 거의 100명을 죽였는데도 여전히 부족하게 여기고, 화약과 탄환을 많이 만들어 장차 우리를 모두 죽이려고 한다던데, 우리가 너희들을 죽여야 이 원한이 사라질 것이다"라고 하였다.

기세가 매우 위급한 상황에서 갑자기 우리나라 사람 한 명이 오랑캐의 움막에서 나와 말하기를, "지나가는 사람이 후창 사람인지 어찌 알 수 있습니까? 설혹 후창에 살고 있다고 하더라도 후창의 백성이 도리어 무슨 죄가 있단 말이오?"라고 하였다.

오랑캐 무리가 말하기를, "지난번에 마록포에 있을 때 후창의 거주민 세 사람을 잡았으나 하루가 지나 풀어 주어서 강쪽으로 내려갔다는 소식을 들었다. 지금 이 세 사람의 몰골과 행동을 보니 생각건대 지난번에 마록포를 지난 자들이다"라고 하였다.

오랑캐 움막에서 나온 우리나라 사람이 또 말하기를, "마록포에서 놓아준 것은 바로 호의를 베푼 것인데 지금 만약 이들을 해친다면 어찌 불미스러운 일이 아니겠습니까"라고 하였다.

오랑캐 무리가 한참 동안 노려보다가 빨리 꺼지라며 크리 소리치며 말하기를, "우리가 너희를 죽여 조 관원이 우리를 해친 분함을 조금이라도 풀고자 하였으나 정씨(鄭氏)가 만류하니 끝내 뜻을 이루지 못하는구나"라고 하였다.

그들이 말하는 정씨라는 자가 아마도 움막에서 나온 우리나라 사람을 말하는 것 같았다. 세 사람이 급히 100여 보를 가서 돌아보니 오랑캐 무리가 여전히 문밖에 서서 소리내어 웃고 있었다.

10여 리를 가다가 어둠에 쫓기어 다시 마록포로 돌아가 임호범(林好範)의 집에 들러 유숙하였다. 첫 닭이 울자 임석근이 와서 우리를 흔들며 일어나라고 독촉하며 말하기를, "제가 지금 문밖에 나가서 소변을 보는데, 앞의 오랑캐 움막을 보니 등불이 깜빡이고 몇 명의 오랑캐들이 모여서 이야기하고 있었습니다. 그래서 몰래 가서 조용히 들어보니 4, 5명의 오랑캐들이 모여 앉아서 말하기를, '임씨네 집에 온 세 사람은 정탐객(偵探客)이 분명하다. 그렇지 않다면 전임 채장과 방장으로서 한 놈은 후창의 수향(首鄕)[66]이고, 한 놈은 과거에 급제한 출신인데 어찌 이곳에 올 리가 있겠는가. 임씨 그놈도 작년 겨울 서로 접전할 때 우리를 굉장히 죽이고 싶어 했던 놈이니 그들이 온 것은 반드시 이유가 있을 것이다. 우리는 저놈들이 우리를 해치고자 하는 것을 명확히 알고 있는데도 저놈들을 좋게 보내 주어야 하는가? 내일 아침에 마땅히 그놈들을

66　수향(首鄕): 좌수(座首)의 별칭이다. 좌수는 조선시대 각 군현의 자치 기구인 유향소(留鄕所)·향청(鄕廳)·향소(鄕所)의 여러 직임(職任) 가운데 우두머리를 의미한다.

결박하고 두들겨 패서 추궁해 공초(供招)를 받아 내고야 말겠다'라고 하였습니다. 그러자 그 가운데 한 오랑캐가 '내일 아침에 곡소리를 듣겠구려'라고 하였고, 또 다른 오랑캐는 '이유 없이 사람을 때리는 것은 본래 도리가 아닌 데다, 만약 그들이 진짜 정탐객인데 우리에게 죽음을 당하는 일이 있으면 장수 조위현의 분노를 격동시켜 다시 살상하는 일이 있을까 두렵구려'라고 하였습니다. 그러자 한 오랑캐가 다시 큰소리로 말하기를, '작년 겨울 전투에서 우리가 저들에게 죽음을 당했는데 어째서 그들을 죽이지 못하는가.'라고 하면서 그대로 나가 큰 오랑캐 움막을 향해 갔습니다. 우리는 서둘러 강을 건넌 후에야 화를 면할 수 있을 것입니다"라고 하였다.

최종범과 김태흥이 이 이야기를 듣고 모골(毛骨)이 송연해져 급히 짐보따리를 가지고 매우 서둘러 문을 나서려는데, 임호범 역시 밖에서 급히 들어와 말하기를, "장차 화를 예측할 수 없으니 속히 강을 건너십시오"라고 하였다.

세 사람이 강변으로 달려갔으나 건널 수 있는 배가 없어서 오구배(五仇俳) 별파 방장(別把防將) 이언표(李彦杓)를 급히 불러 건너게 해 달라고 부탁하였다. 그러자 이언표가 총을 들고 나와 말하기를, "어디서 온 가짜 오랑캐놈이 감히 나에게 건너게 해 달라고 부탁하는가. 내 탄환을 한번 맛보고 싶은가?"라고 하였다.

그러면서 곧장 총을 쏘려고 하자 최종범이 급히 말하기를, "나는 바로 작년의 좌채장(左寨將) 최종범으로, 선달(先達) 김태흥과 같이 이 땅에 왔는데, 본래 죄를 지어서 온 것이 아니오. 강을 건넌 후에 모두 다 말해 주겠으니, 문짝 하나라도 띄워 보내서 속히 우리의 목숨을 살려 주시오"라고 하였다.

여러 차례 애걸하자 이언표가 비로소 방군(防軍)으로 하여금 문짝 2개를 띄워 보냈다. 우리 세 사람이 거기에 급히 올라타 반 정도 건넜을 때 오랑캐 무리 수십 인이 이미 강변으로 추격해 왔다. 그 가운데 신태가 한 손에 나무 방망이를 들고 웃으며 말하기를, "이 나무 방망이로 네놈들을 두들겨 패서 보내려 하였는데, 네놈들이 지레 돌아가 버리니 일이 매우 안타깝구나. 작년 겨울에 네놈들이 우리를 죽이려고 했던 글들이 우리 집에 모두 있는데, 만약 네놈들이 나라면 어찌 서로 살리고자 하는 마음이 있겠는가"라고 하였다.

오랑캐들과 같이 강 머리에서 욕을 하고 물러갔다. 그는 아마도 어제 오후 우리가 출발하려 할 때, 우리에게 미움을 받고 〈우리를〉 만류해 머물게 하지 못하자 해칠 뜻을 품고 추격해 와서 행패를 부린 것이다.

7월 11일

오후에 주중겸의 집으로 돌아왔다. 최종범과 김태흥이 갑자기 오한이 나기 시작해 4일간 크게 앓다가, 15일에야 관가에 나아가 돌아온 것을 보고하였다.

원문 표점본

『北行隨錄』「北略擬議」「鐵北拾錄」

鄭元容

『北行隨錄』卷1,「北略擬議」上

山川【海路附】

　　白頭山在茂山府西三百五里, 甲山府北三百三十里. 山凡三層, 其頂有大澤, 名達門池. 西流爲鴨綠江, 北流爲蘇下江, 或云黑龍江, 或云火剌江. 東流爲豆滿江. 英宗丁亥命設壇於甲山望德山, 以望祭焉. 一統志云:"長白山【彼人謂白頭爲長白.】在故會寧府南【彼地亦有會寧地.】六十里, 橫亘千里, 高二百里, 上有潭, 周八十里, 南流爲鴨綠江, 北流爲混同江, 東流爲阿也苦江." 王士禎記云:"康熙十六年內大臣覺羅武, 與侍衛臣三人奉旨, 長白山係國朝發祥之地, 爾等前赴兀剌地方, 選取識路之人, 往看明白, 酌量行禮. 五月起行, 至兀剌地方, 訪額赫訥陰地方人, 持三月糧, 六月至訥陰地. 伐木開路, 至一高山頂, 望見長白山, 約百餘里, 山上見片片白光. 至山下雲霧迷山, 誦綸音拜畢, 雲霧開散, 長白山歷歷分明, 可以躋攀. 中間有平坦勝地, 如築城臺基. 遙望山形長濶, 近觀地勢頗圓. 所見片片白光, 皆氷雪也. 山高約有百里, 山頂有池, 有五峯圍繞臨水. 而碧水澄清, 波紋蕩漾. 池畔無草木, 池周約有三四十里. 繞地諸峯, 正南較低, 宛然如門. 山間處處有水, 左流者爲扣阿里兀剌河, 右流者爲大訥陰河·小訥陰河. 繞山皆平林. 遠望諸山皆低禮拜. 下山有七鹿滾至收之. 上山之時原有七人, 此山靈賜與. 望山叩謝. 退至二三十步, 雲霧迷山, 不得復見. 四日而回, 至訥陰下合流處. 又四日而至拾庫阿, 乃訥陰東流會合之所. 乘小舟, 歷大江九險, 七月至兀剌地方, 八月抵京奉旨, 長白山宜加封號永著祀典. 禮部奏:'金史大定十二年封長白山爲興國靈應王, 明昌四年又加封開天弘聖帝. 明洪武三年竝去岳鎭封號, 止稱爲神. 今國朝俱稱岳鎭之神, 相應將長白山封爲長白山之神, 相擇吉地建祠, 照五岳例. 每春秋二季致祭, 禮儀亦照五岳.'" 肅宗三十八年壬辰兀剌摠管穆克登來白頭山, 定界立碑. 碑文曰:"烏剌摠管穆克登奉旨查邊,至此審視, 東爲土門, 西爲鴨綠." 北流之水未知何向, 或爲混同江, 或爲黑龍江. 洪世泰記曰: "克登來定界我國. 遣接伴使朴權·咸鏡監司李善溥, 往遇克登於三水府之蓮坎. 克登但與譯官金應瀗·金慶門, 同上山上. 自掛弓亭下, 沿五時川. 川自鏡城之長白山, 西至此, 與江水合. 其外皆荒磧, 無人居. 北度伯德七十里, 劍門二十五里, 昆長隅十五里, 有大山當前, 乃西渡江水. 斬木緣岸, 行五六里, 路斷, 復從山坡, 名樺皮德, 視柏德尤峻. 行八十餘里, 有一小澤. 又東行三十餘里, 登韓德立支當, 行數十里, 樹漸疎山漸露. 自此山皆純骨, 色蒼白. 東望一峯揷天, 卽小白山也. 迤過山址西十餘里, 至山頂, 尙有二三十里. 稍東有一嶺, 小白之支也. 陟其上春, 望見白頭山雄峙, 千里一蒼. 從嶺底行數里, 山皆童濯. 行五六里, 山忽中陷, 成塹橫如帶, 深無底, 廣僅二尺, 或躍過, 或接手以度. 四五里又有塹劈, 木作架以度. 稍西數百步行, 至山頂, 有池如頣穴, 周可三十里, 深不可測, 四壁削立, 若糊丹埴圻. 其北數尺水溢出, 爲黑龍江源. 東有石獅, 色黃尾鬣欲動, 中國人謂望天吼云. 從岡脊下三四里, 有泉出數十百步, 峽圻爲大壑中注. 又東踰一短岡, 得一泉二汎, 其流甚細. 克登坐汊水間顧慶門曰: '此可名分水嶺.' 遂勒石爲記." 克登歸後移文曰: "立碑後從土門源審視流, 至數十里, 不見水痕, 從石縫暗流至百里, 方現巨水. 此無水之處, 如何知有邊界." 我國土門源斷處, 或聚土石, 或樹柵, 以接下流. 重臣洪良浩記曰: "碑下立木柵數十里, 柵下築土墩東抵大角峯, 距碑四十里." 野史曰: "穆克登定界後, 因北評事洪致中疏, 朝議將別遣朝臣更審備堂金鎭圭疏曰: '水派審定, 旣與彼差同之, 則今乃於已定之外, 欲窮其源流, 不但違共莅之意, 勢必深踐他地. 與彼人相遇, 朝家成給公文, 而今我之更審, 非彼之所知, 則公文不足, 救其犯越. 日者評事所遣, 說令被其詰問, 猶可諉以邊吏爲設標來, 非朝家所送, 而今朝臣之奉使, 體貌自別, 況所行不止三十里耶.' 英宗六年備堂宋眞明進地圖一幅曰: '此穆克登來定白頭疆界時, 潛寫地圖以觀, 而會寧將校以房守乃得移摹者也. 六鎭器械精利, 然可守之山城'云. 頭山城池實爲天作, 宜修築, 上可之."

謹按地圖·邑誌前人記錄而統論之, 則我國山川以白頭爲祖宗. 山之幹東南行爲臙脂峯爲小白山, 又西南爲枕峯, 又東南爲虛項嶺, 迤爲寶多會山【茂山西南二百五十里, 甲山東北二百九十里.】, 爲雪嶺及豆里山, 至黃土嶺【甲山東南七十五里也, 端川西北二百五十里.】, 西南爲厚峙嶺【北靑北百里.】, 北西爲太白山【咸興東北三百里.】, 西爲赴戰嶺【咸興北一百四十里.】, 西爲黃草嶺【咸興北一百十里.】, 南爲上劍山【永興西百里, 定平西百里.】, 西爲馬乳嶺【永興西北二百里.】, 東南爲麒麟山【高原西南里.】, 東南爲朴達峙, 東北爲分水嶺【安邊東南一百餘里.】, 東爲鐵嶺【安邊南八十里.】及黃龍山【安邊東六十里.】. 自寶多會山左右爲甲山·茂山諸山, 自雪嶺東爲長白山, 播爲長德山【吉州】·七寶山【明川.】鏡城諸山, 北迤爲富寧諸山, 東爲錢掛嶺【一名茂山嶺, 在會寧南九十里.】, 播爲會寧·鍾城·穩城·慶源·慶興諸山, 至于海. 自赴戰嶺北播爲三水·甲山·長津諸山, 北至于鴨綠江. 自豆里山西南爲豆流山, 左爲鷹峯, 迤爲摩天嶺及吉州諸山, 右爲儉義德山, 播爲端川諸山, 至于海. 自厚峙嶺東南爲金昌嶺·摩雲嶺, 自金昌左爲端川·利原諸山, 右爲利原【北靑.】諸山, 竝至于海. 自太白山西爲何難嶺, 爲三嘉嶺·北靑大門嶺【洪原.】, 播爲北靑·洪原諸山. 南爲咸關嶺【咸興.】, 爲純陵·義陵. 又爲德山·盤龍山, 爲定·和陵. 自赴戰嶺東南爲咸興諸山, 爲德·安陵. 自上劍山東爲白雲山, 又爲定平諸山. 西爲車踰山, 東播爲永興諸山. 自麒麟山東北爲國泰山, 爲黑石里本宮. 東北爲高原諸山, 左爲千佛山【文川】, 爲淑陵. 右爲文川·德源諸山. 自朴達峙右爲雪峯山, 爲智陵. 又播爲安邊諸山, 竝至于海. 自黃草嶺西爲樂林山, 由長津·寧遠, 播爲關西諸山. 自麒麟山由馬踰嶺, 西南爲淸凉山, 由谷山·伊川, 爲海西諸山. 自分水嶺南由平康·金城, 入爲漢北諸山. 自黃龍山南由淮陽·歙谷, 入爲漢南諸山. 又播爲關東·嶺南·湖南·湖西諸山, 竝至于海.

達門池源于諸江. 猶九江之皆發於岷山, 諸河之同出於星宿. 東南流爲豆滿江·鴨綠江, 西北流爲黑龍江·豆滿江. 大澤一派隱流層峯·巖石之間, 是爲土門江. 西南過北甑山【北甑山在彼地, 南甑山在茂山】前, 至茂山, 始爲豆滿江. 一派留西出嶺底, 是爲分界江. 又分流, 一過北甑山後割難地【距會寧江外二日程】, 達于海, 一過穩城界, 合于豆滿江. 虛項嶺北有三池. 池下十餘里其水湧出, 北過南甑山前三德山【茂山地】, 合西北川【源發於雪嶺東北】, 達于豆滿江. 長白山北麓諸水合爲朴下川【在茂山西十里】, 亦達于豆滿江. 豆滿江, 自土門江逶迤五百餘里, 至茂山府, 始大衆水俱合, 過會寧·鍾城·穩城·慶源·慶興五百餘里, 入于海. 江之源流約千有餘里, 古則自鍾城以上稱於伊後江, 其下稱豆滿江, 今則茂山以下通稱豆滿江. 女眞俗語稱萬爲豆漫, 以衆水至此合流, 故取萬之義而名之. 今公文以滿爲漫, 以字音近也. 鴨綠江, 大澤一派隱流數里許壑湧出, 是爲鴨綠江源. 西南流至惠山·雲寵之界【甲山北地】, 西流合虛川江【源發於北靑厚峙嶺北及三水鈕乙耳嶺南諸麓, 又合豆里山西麓諸水】, 至三水之新加乙坡, 下合長津江【源發於咸興之黃草嶺北諸山, 發源又長遠】, 到江界·厚州之地, 合厚州江【源發於江界之慈田嶺北諸山】. 又西北迤過廢四郡古閭延以外界彼地烏剌界之間, 合彼地十二度溝河【源發於彼地勒克山, 卽白頭山一支】. 又西南至古虞芮地【廢四郡地】, 合玆城江【源發於江界之茂城嶺北諸山】. 又至于渭原吾老梁, 合禿魯江【發源於咸興之雪寒嶺北諸山】. 又漸西過碧潼·昌城·朔州·義州, 入于海. 黑龍江, 大澤之西北流者有四派, 一曰天上水, 出於帿竹峯·七星峯之間. 一曰黃土洞水, 出於七星峯·靑峯之間, 與之合流. 一曰虎扇洞水, 出於靑峯·缶峯之間, 至天上·黃土分流之下, 又與之合流, 爲混同江. 西北流八九百里, 過吉林直北過白都訥. 又東過三姓地方千餘里, 合黑龍江東北, 入于海. 一曰九項淵水, 彼人稱爲賽音庫訥河. 出於缶峯·臙脂峯之間, 過烏剌界, 西流四五百里, 會諸水合混同江.

山上環大澤, 而群峯列立. 北東間曰緱竹峯, 北曰七星峯, 北西間曰靑峯, 西北間曰缶峯, 南爲兵使峯·思母峯, 西南間爲臙脂峯. 臙脂峯之西支爲勒克山, 山之內外爲烏剌界. 臙脂峯之東南行者, 爲小白山, 爲我地. 東南間曰大編峯, 東北行土門江源發於前, 分界江源發於後.

兵使峯前有鐵碑, 西出嶺上亦有鐵碑. 是古分界時所建云.

大澤下西北十里之下, 有九項淵, 淵傍有鶴城, 未知何時建築, 而中有平原廣野. 西南間四十里, 爲北甑山. 有石城, 周迴廣大. 門樓廨舍基址, 至今宛然云. 設廢時代不可攷.

甑峯·缶峯·思母峯距烏剌七百里, 而虎扇洞卽古之胡將李大才所居也, 距山爲三百里. 靑峯之傍有兩峯, 一名方命, 一名雪嶺, 未知孰是. 合黃土·星兔洞, 拓開廣濶, 未知幾百里. 而平原之中七星峯起, 蒼松老檜, 參天而立, 平濶無際云.

自茂山府有一條路, 由臨江臺抵三山德倉及瓦可倉. 大編峯下有古館, 館傍有一池. 登大編峯眺望, 則一帶長山屈曲逶迤如屛障, 而分界之內·豆江之外, 平陸曠野杳無際涯, 叢林亂茅之地, 大於六鎭之廣云矣.

臙脂峯下有小白山, 小白山之下有三小池. 又其下有枕山, 山形如枕, 故名. 傍有虛項嶺路, 而卽通惠山·雲化諸鎭及三甲之路, 峙嶇險絶, 人不敢行. 枕山之下有抱慕山. 山之南有一大川. 雖是重峯萬嶂之中, 開濶平布, 而荒蘆宿草最深云矣.

吉州. 長德山【在東五里.】. 長白山【在北一百十里.】. 圓山【一名頭里山, 在西一百九十里.】. 起雲山【在北九十里.】. 刀山【在西四十四里.】. 雪峯山【在南四十二里.】. 浮瑞山【在西南三十里.】. 斜下洞川【在西六里.】. 臨溟川【在南六十二里. 源出德萬洞東流入于海.】.

明川. 永平山【在南三十二里.】. 七寶山【在東南五十六里.】. 峯有千佛萬獅, 臺有開心會像. 寺有金剛窟三浮屠, 最其名著者也. 大焚開田, 則蘿葍自生, 一山皆然. 馬乳山【在東南一百六十四里.】. 白鹿山【在西五十九里.】. 加乙个山【在東南一百七十三里.】. 菊花臺山【在南一百二十五里.】. 崇山【在南三十一里.】. 大川【俗稱于禾川, 在西十二里. 其源有二, 一出白鹿洞, 一出長白山, 合而東流入海.】. 明澗川【在東一里. 源出楸洞, 北流環西南, 合于禾川.】. 阿澗川【在西四十五里. 源出將軍坡, 南流入于海.】.

鏡城. 祖白山【在西五里.】. 長白山【輿地勝覽作白山. 在西一百十里.】. 山勢甚峻, 盤據數百餘里. 五月雪始消, 七月復有雪山. 石亦皆色白, 故名白山. 雲住山【四編四板作雲駐. 在南六十里.】. 鬼門關【邑誌作瓶項板. 在南一百九里.】. 雪峯山【在北三十里.】. 諸王山【在南四十五里.】. 西連長白, 東濱大海. 中峯山【在南一百八里. 白鹿山在南一百四十里.】. 江陵山【在南一百三十里.】. 立巖【在南一百二十里. 高二百餘丈.】. 廣巖【或稱臥巖. 在南一百十七里.】. 笠巖【在南一百五十里.】. 三巖鼎峙甚奇. 龍成川【在北三十里. 源出會寧餘伊峴, 南東入于海.】. 魚遊澗川【在北十七里. 源出虛項羅峴, 南流入于海.】. 朱乙溫川【在南三十里. 源出長白山, 南流入海.】. 明澗川【在南一百十五里. 源出長白山, 南流會白鹿洞川・明川・東川・魚卽川・雲加委川, 入海.】.

富寧. 白沙峯【在東北四十八里.】. 青巖山【在南九十里.】. 青溪山【一名雙溪. 在東南二十里.】. 兄弟巖【在南十九里.】. 兩巖對峙, 一大一小, 故名. 豆里山【在東南十一里.】. 石幕山【在南十一里.】. 山底以石爲幕, 故名. 回峯山【在南六十七里.】. 馳駱山【在東南八十四里.】. 雲峯山【一名雲龍. 在東六十八里.】. 冬郞山【在東六十七里.】. 穿串【一云雙介, 在東五十八里.】. 有山斗入海中數里, 其上高平. 有巖當前, 其竅如門, 漁舟可通. 大川【在東二里. 源出梁永萬洞, 經茂山堡, 南流至靑巖, 入海.】. 茂山潭【在南六十一里.】. 水色澄澈, 隆寒不氷. 雖大水, 流沙不塡. 世傳有龍.

會寧. 鰲山【在西北二里. 小豐山之西北條枕豆江邊突起爲山. 其形似鰲, 故名.】. 巖明山【在東南八十里. 極險峻, 本府人巖明山居此山中, 故因名.】. 小豐山【在東南二十三里. 向西北而峙, 爲邑之鎭山.】. 黿山【勝覽作圓山. 在東二十五里. 其形似黿, 故名.】. 花豐山【在北二十五里】. 上有宋帝塚云. 靈通山【在東南六十里.】. 五峯山【在南十八里. 上有三泉, 禱雨有應.】. 豆滿江【在西六里.】. 甫乙下川【在西二十二里. 源出車踰嶺.】. 城川【古云斡木河. 在西一里. 達于豆滿.】. 八下川【在東三里. 源出黿山.】. 細谷川【在東五十里.】. 魚雲洞川【在東六十里. 源出巖明山.】. 紫淵【在東南一百五十里. 源出加應石嶺, 東流入海.】.

茂山. 鶴棲山【在東二十五里許.】. 白沙峯【在南四十里.】. 白頭山【在西三百五十里.】. 寶多會山【在南二百五十里.】. 長白山【在南三百餘里.】, 橫截百餘里, 不知里數. 蘆隱洞山【在南一百五十里.】, 尖峯特立, 望之亭亭如車蓋. 儉德山【在南八十里.】. 三山【在西七十里.】, 三峯鼎峙. 南甑山【在西百四十五里.】, 形如甑, 北望彼地亦如甑山, 對峙於雲霧杳冥之中, 故謂之南北甑山. 豆滿江【在北一里.】. 西北川【在西九十里.】. 博河川【在西八十里.】. 城川【在南一里.】.

鍾城. 禁山【在東五里.】. 小白山【在東南四十里.】, 春夏雪猶在. 羅端山【在東四十五里.】. 甑山【在東三十五里.】. 鹿野峴【在東百二十里.】. 童巾山【在北二十五里.】, 形如覆鍾, 府之得名以此. 廣德山【在東四十里.】, 上有龍澤, 下有龍川. 林泉山【在東南八十里.】. 斛巖【在東南四十里.】, 形如積斛. 豆滿江【在西一里.】. 西豐川【在北一里.】. 五龍川【在東一百里.】. 潼關川【在北十八里.】.

穩城. 南山【在西五里.】. 小甑山【在南十五里.】. 雲駐山【在南三十五里.】. 北松山【在東三十里.】. 萬壽山【在南一百三十五里.】. 大甑山【在南六十里.】. 豆滿江【在北五里.】. 壓江灘【在西二十里.】. 龜巖灘【在北十一里.】. 柳田灘【在北六里.】. 漁汀灘【在北八里.】. 立巖灘【在東二十八里.】. 犬灘【在西四十里.】. 美錢灘【在北二十二里許.】. 黃拓坡川【在東二十里. 源出慶關嶺, 入豆滿江.】. 南山川【在西五里. 源出雲駐山, 入豆滿江.】. 金連德【在東一百九十五里.】. 鐵柱德在德明南·安和北松眞山下. 周迴六十餘里. 峯巒秀麗, 洞壑開濶, 土肥泉甘, 而爲累百年陳棄之地, 大木森立而已. 自丁亥春始令民人入居焉.

慶源. 甑山【在西三十一里.】. 羅端山【在南三十四里.】, 上有七石序立, 謂之七寶石. 希嶽山【一名白嶽, 在南八十五里.】. 雲峯山【在南二十二里.】. 惠我山【在西二十里.】, 頂上有淵. 伏胡峯【在東十里.】. 馬乳峯【在北二十五里.】. 東林山【在東四十里.】, 東有龍堂, 穆祖舊基. 基之四圍皆山, 周三里. 石确成城, 鑿石開逕. 乃關北十景之一. 祭豆滿江神于此, 故名龍堂. 豆滿江【在東十六里.】. 五龍川【在南五十里.】.

農圃川【在南十九里. 源出羅端山, 北東入于豆滿江.】. 會叱家川【在南一里. 源出甑山, 入于豆滿.】. 安原川【在南三十里. 源羅端山, 東入豆滿江.】. 林盛洞川【在南十九里. 源出雲峯山, 東入于豆滿江也.】.

慶興. 咸林德【在西十里.】. 松眞山【在西七十里.】. 長白山來脈. 山上多瀦澤, 稱名山. 白嶽山【在西南五十七里.】. 絶頂石間有水, 旱不渴雨不溢. 祈雨有應. 造山【在南三十里.】. 西水羅串山【在南六十里.】. 我羊串山【在東六十里.】. 草串山【在東六十里.】. 豆滿江【在東門外.】. 愁濱江【在南十里. 豆滿江下流.】. 赤池【在南十里, 周數十里. 與豆滿江合流. 度祖嘗夢有告之者曰:"我白龍也. 今在赤池, 黑龍欲奪我居. 請救之." 度祖覺而異之, 帶弓失往射黑龍, 謂其池曰赤池. 屈伸浦【在南十里】. 黑龍扶岸而走, 屈折數百步, 仍名其溝, 爲屈伸浦. 農畔洞川【在西五十里.】. 山城川【在西四十里.】. 翻浦【在南四十里.】. 萬曆丁未年間翻浦數十里, 成陸民多畔種. 至庚戌年間, 水復如舊日樣. 屈浦【在南三十里.】. 浦東五里許有倉基, 俗傳高麗北戍時漕運轉輸處. 赤島【在南五十里. 周八里.】. 蔴田島【在北四十里.】. 卵島【在南七十里.】. 周十三里. 三四月之間海梟鷹鳥鶩之屬, 多聚生卵, 故名. 楸島【在北四十五里.】.

海路

西水羅至蘆丘山十五里, 赤島五里, 雄尙津十里, 慶源屈項十里, 琵琶項五里, 倉仇味五里, 愁裡端十里, 督串十里, 穩城廣古介十五里, 彌造仇味五里, 新津十里, 鍾城新無於仇味十里, 楡津十里, 方下串三里, 被仇味五里, 草島境十里, 會寧新房基十五里, 般仇味二十里, 茂山判坂仇味二十五里, 可憐端十五里, 寶東洞十里, 富寧新叱同津二十五里, 龍臍浦十里, 床浦津十五里, 連川十五里, 碁道仇味五里, 青津二十里, 鏡城鹽盆仇味三十里, 獨仇味四十里, 朱乙溫四十里, 魚大津六十里, 舡津二十里, 梁花津二十五里, 楸津二十里, 明川黃津十五里, 上古津三十五里, 木津四十里, 無水巖二十五里, 露積仇味三十五里, 兩島三十里, 黃巖津十五里, 倉仇味二十里, 射乙浦十五里, 五叱浦二十五里, 吉州羅治端三十五里, 三斤伊十五里, 夢尙端十五里, 床浦津三十五里, 城津十五里, 獐項十五里, 端川二十五里, 射浦津三十五里, 甘湯仇味四十里, 情石二十五里, 場津三十里, 利原曲耳二十五里, 運船仇味二十五里, 煮友三十五里, 黃端四十里, 物安伊十五里, 梁萬春八里, 北靑新津二十五里, 赤津五里, 場津十里, 羅安島三十五里, 楊花津十五里, 洪原馬良島三十五里, 永無塘七里, 沈菜仇味二十五里, 梁道城十里, 細浦十五里, 漆浦十五里, 衫舡津二十五里, 松古浦十五里, 節巖三十里, 兩巖津十五里, 色仇味三里, 穿巖五里, 全津四里, 門巖三里, 鱕石十里, 揮伊峴五里, 咸興武溪津二十五里, 全椒島十五里, 場洞三十五里, 馬仇味二十五里, 大仇味二十五里, 島島十五里, 良人岐二十五里, 鵲島十里, 雄造仇味二十五里, 定平串島津三十里, 道安津二十五里, 金良串二十五里, 白鷹津十里, 彼仇味二十里, 永興加津三十里, 松島津三十五里, 大江端三十五里, 高原石島四十里, 人仇味十五里, 屈島十五里, 文川於銀仇味津十五里, 沙島十里, 女島十里, 北島十五里, 月光島五里, 德源長峴島五里, 豆島伊十里, 薪島十五里, 安邊國島二十五里, 鶴浦津十里, 合二千一百七十五里.

臣元容議曰: "國之有高山大澤, 其國賴以長遠. 故稱之曰國之望, 又稱之曰國之鎭. 雲雨施焉, 草木生焉, 寶藏興焉, 澤及生民, 厥施甚博. 而有土有民, 則爭難生焉. 不能不爲之備焉. 故又相其形審, 其勢以爲保障捍禦之所, 故易曰: '王公設險以守其國'者也. 今白頭雄渾磅礴, 峻極于天. 與五岳同其德, 而其餘麓之播布者, 大則爲名山, 小則爲關嶺. 疆域之制由此而定焉, 華夷之分由此而限焉. 關北十邑處大山初落之下, 合抱綿連, 結峙盤旋. 處處成隘, 金堅鐵利, 如手足之捍衛, 咽喉之通吸. 一路鎖鑰, 飛鳥莫越, 邊門之設此險此實, 天之爲我國之福也. 豈人力所可施爲者也. 然而爲之城郭臺堠, 爲之甲刃干櫓, 爲之部伍將卒, 凡所以備禦之策, 在乎人. 故古之明於守國者, 必制安于未危, 而不待危而後安之也. 詩曰: '迨天之未陰雨, 撤彼桑土'者也. 今以嶺隘而言之, 則有如魚游·澗梁·永古·豊山等鎭堡, 以沿江而言之, 則有如潼關·柔遠·美錢等鎭堡, 爲之策者, 可謂修矣. 但海防甚爲疎虞. 自慶興至吉州之間, 以陸路則爲七百餘里, 以海路則爲九百餘里, 而慶興置西水羅, 吉州置城津, 其間則海邊無一, 府與鎭之設置者, 茫茫千里無所防守. 固邊之策豈容如是. 富居之設鎭, 前已言之, 而設鎭於此, 則於興於吉道里居中, 以爲左右聲援之地. 而又鏡城之千年德是朱站之上, 而去府爲九十里地也. 沿海而石壁繞圍可近十里. 又與漁郞浦相近, 閭里殷盛, 海防山關, 兩合便近. 故自前有移邑之議, 則其不可空閑而置之者明矣. 如鏡城之朱乙溫·森森坡·吾村等堡, 俱在於深山僻遠之處, 蓋古則彼地, 老土部落居長白山之後, 數有侵掠之患. 故多設鎭堡於山路要衝之地矣. 今則老土舊墟便成無人之界, 則此鎭有無, 無所輕重. 就其中羅其尤無繁要之鎭, 移設於千年德, 則亦似合便宜矣."

『北行隨錄』卷2,「北略擬議」下

開市

　　會寧創於崇德三年戊寅. 大國以寧古塔·烏喇兩處, 民人之乏農牛·犁口·食鹽而設. 慶源創於順治二年乙酉. 厚春商人來易牛·犁·釜而設. 會寧逐年開市, 慶源間年開市. 北京禮部有派送頭戶咨文, 畢市後我國有完市咨文. 每年十月冬至前頭戶家丁數名, 自高嶺鎭越邊古羅耳洞出來, 此所謂先來也. 將差【本稱章京.】一員·次將【本稱驍騎校, 或稱分頭撥庫.】一員·博氏【本稱筆帖式.】一員, 以寧古塔·烏喇之人間年交差而來. 通官二員自北京輪回差來. 是謂五房頭戶. 古例通官到烏喇, 送箭通奇於寧古塔, 期會於害難地【距會寧一日程.】, 必等待齊到. 而中年以來通官難於露處, 先爲越來. 自到館後, 間日接見, 開市以後每日接見. 接見時相揖, 近歲臘月望念間出來.

　　雙市年會市罷, 將差次將直還, 兩通官及博氏, 各率家丁, 轉向慶源到館. 翌日使家丁四五人待通官, 佩箭, 通報厚春. 厚春將一人·頭一人率撥什庫【如我國書字的之類.】三十八名, 翌日來會.

　　會寧開市創設後二十年來, 大國之人畜出來者, 其數滋多. 故順治十七年庚子我國以供億芻糧, 民不支堪, 咨請定式則. 其回咨以爲: "厚春只隔一河, 早進交易晚可回還, 相應不議. 外寧古塔人三百二十名, 馬牛駞六百四十四定數. 章京一員跟役家丁之稱五·馬十五, 分頭撥庫一員跟役三·馬十, 筆帖式一員跟役二·馬七. 通官二人及跟役不在此數中"云. 寧·烏兩處人竝頭戶·家丁爲三百三十三名, 畜竝爲六百七十二匹. 但通官一行人畜無定額, 而取考贍給定式, 則上·副兩房家丁受贈者, 只十三名. 此必是當初定額. 且北京咨文中頭戶·馬額, 大抵三倍於跟役, 以此率之兩通官牛馬, 要不過四十四, 而近年所率人畜甚多, 至於寧·烏兩處人畜名額, 則彼此遵守定式外, 不給料待. 五頭戶畢到逐日, 以大·小米及饌物給料, 間日一開宴饗. 下馬宴時五頭戶列坐, 工人奏樂, 通官出揭告示榜令讀之, 榜卽淸書, 而戒飭和同交易禁斷禁物之文也. 宴罷, 給巡兵營禮單.

下馬宴後許開鹽城·盛器【卽藁草苞.】·條索【卽治任之具.】之市, 翌日始開公市, 地方官差使員出坐於館所外三門, 請頭戶出來, 分東西序坐, 先入給鹽·犁兩鍾於九固山商人等處【固山, 卽八旗之稱也. 寧古塔別有皇庄牌頭, 謂之九固山.】, 鹽則各固山抽柱斗量【九固山各九十五名.】, 犁則計數分給【九固山各二百十箇, 兩通官各一百五十箇, 將差·次將·博氏各五十箇.】, 鹽·犁畢給後又入給牛【烏喇章京一等牛八首, 二等牛十二首, 寧古塔皇庄甫古三等牛二十七首, 烏喇固山大四等牛十首, 將差四首, 次將三首, 博氏二首, 烏喇··寧古塔·甫古十六名五等牛三十二首, 烏喇·寧古塔甲軍十六名五等牛十六首.】, 牛價回禮, 一等每首羊裘一領·小靑布二疋, 二等每首羊裘一領·小靑布一疋, 三等每首小靑布八疋, 四等每首小靑布七疋, 五等每首小靑布六定. 犁價五箇小靑布一疋. 鹽價每石小靑布一疋. 羊裘與布竝換木, 付差需庫供億. 大小米鹽醬猪鷄魚藿等屬, 竝自巡營從會付, 穀均稅中劃定. 南北關各邑, 各有定例. 牛·犁·鹽各邑排數入給價, 本竝自公穀中會減.

慶源公市牛五十首, 犁四十八箇, 釜五十五坐, 回禮牛價竝以大中小鹿皮, 而牛每首爲十領, 犁每箇一領, 釜每箇二嶺.

鹽犁市爲二日, 牛市爲三四日, 所謂公市無過六七日. 公市畢翌日, 許私市無過三日. 私市後又有馬市. 自北京至山海關爲七百里, 自山海關至瀋陽爲七百里, 自瀋陽至烏喇爲七百里, 自烏喇至吾毛所里爲五百里, 自吾毛所里至寧古塔爲三百里, 自寧古塔至厚春爲五百里, 合三千四百里. 騎馬往來則行四十日, 倍道二十日云.

自鄐城往烏喇·寧古路, 出穩城越邊由鍾城界深北之地. 自鄐城距烏喇七日程,涉三漢水, 距寧古塔九日程, 涉烏龍江云.

自會寧距寧古塔爲六百里, 鍋底溝六十里, 光庇股嶺一百二十里, 生格甸子一百二十里, 拉西嶺一百十里, 寓集口子一百十里, 馬連河卡路八十里.

自寧古距烏喇爲六百四十里, 沙嶺站八十里, 必爾漢站六十里, 搭拉站六十里, 蛾眉所站八十里, 伊西站四十里, 推通站八十里, 拉法站七十里, 扼阿木站八十里, 烏喇九十里.

自會寧渡江, 西行一百八十五里, 至伐加土里江. 自江邊西南行四百餘里, 至烏喇, 西北行三百餘里, 至寧古塔, 西行一百六十里, 至吾毛所里, 皆捷路也.

臣元容議曰: "開市爲一道之弊, 而會寧爲尤甚. 英宗朝觀察使李彝章, 往復廟堂, 印行開市定例, 至今按行. 諸弊多省, 然例外浮費, 不一其端定例中. 淸人留館限二十日, 供億之費準此磨鍊. 而人畜之數亦有定額. 然彼人初不一時齊到, 連續出來, 而旣來之後不得不接待, 畢來計數之前, 勿論幾日, 自本府策應, 其弊一也. 出來後入把房軍爲七百六十餘名, 而計數付料之後, 會寧·鍾城·茂山三邑分當入把, 而其前本府獨爲擧行, 逐戶括丁, 一境騷撓, 其弊二也. 淸房炭爲三百石. 而每石以五十文錢給價, 以本價分給各社民. 每戶出添價正穀十許斗, 其弊三也. 房紫·馬草自本府擔當, 而不足之數加定於民結. 雖略略給價, 自多勞費, 其弊四也. 簟子·笆子·牛馬槽·籬杖·抹木·杖木, 各色器皿, 竝責出於各社之民, 雖自差需庫給價, 民戶添斂倍於本價, 其弊五也. 雙市時淸人之往慶源也, 彼人所騎各物卜駄, 竝自本府責立. 故兵營本府所屬馬兵, 許責馬入用. 臨時厭避, 推捉紛挐. 而近來彼人或以馬劣點退, 私捧綿布, 馬兵之規免甚於他丁, 其弊六也. 淸房日供及贈給乾魚物, 旣有各邑分當之例, 而生魚物, 則本府海津之戶全數進排. 海津距本府爲一百五十里, 而大嶺又隔之, 冬節來往動費四五日. 男負女載, 連續不絕, 漁戶漸散應役漸繁, 其弊七也. 淸人留接之館舍爲三百餘間, 墻垣爲四百餘把. 一經之後, 便成頹垣敗壁修理之役, 無歲無之, 而本府十六社內, 每年輪回兩社調發民丁, 材瓦土石覆蓋紫荊, 竝皆責納, 齎糧赴役日爲六七, 其弊八也. 留住首尾殆近一朔, 巡綽將卒爲三百餘名, 防其攔出, 達夜道路, 各定信地, 不許擅離, 獰風虐雪砭膚皸體, 而初無一升米給料之例, 其弊九也. 本府廩捧至薄, 一年所需田米爲七八百石, 而淸市時各般策應, 及御史·差員其他公行許多, 支供進上馬添價, 竝自本府擧行, 經市之後, 所入每爲三四百石, 以此薄廩不能成官府貌樣, 奚暇責鐲惠捐施之政耶. 官不能支害自及民, 其弊十也. 本府各衙門穀, 雖過數萬, 元會穀則未滿千斛. 故差需不足之穀, 每自巡營劃茂山穀, 差需所用先以本府穀放下, 還分時始送民受來於茂山各倉. 蹂險涉川, 來往數日之程, 農節之民虛費多日於道路, 其弊十一也. 蓋此諸條弊端皆由於市, 而市不可罷, 則弊不必說矣. 然而會民徭役之繁·徵斂之稠, 其情誠可矜矣. 市事卽年年課設之事, 則似若有規模之恒定, 而見其多弊, 皆從無規模中出來. 淸人先來渡江之後, 一府官屬城村居民, 擧皆遑遑擾擾, 奔走顚倒, 惟以滿日挨過爲主, 無一先事之備整, 而臨時猝辦隨事, 錯雜, 破東補西, 拔下撐上. 還渡之後自官及民視館舍與什物, 視若芭籬, 若認以明年則不復用, 弊安得不生, 而矯之亦何用哉. 以館舍言之, 一番堅實修改, 雖有目前倍費, 可至屢年安閑. 如什物·馬槽等物若堅緻完造, 用後藏守勿失, 年年取用, 何至煩民, 不此之爲, 而每年改備. 雖使一有心之守令, 着力爲久圖之計, 來者又遺察飭, 則前功可惜. 且一經淸市之後, 皆以遞歸爲心, 無意於再經, 且再經者絶罕此所. 以規模尙不立也. 邑民之願則自前曰: '茂山初設邑時, 會寧四·社地兩海津割給茂山, 今茂山則地廣戶多, 雖還此地, 可成府樣, 而此地於會則近, 於茂則遠, 社與海津竝還屬會寧, 以爲添力均役之地.' 而疆界割屬, 事旣重大, 且四社民之添却新役, 近於移疾, 恐不可行矣. 但就諸弊中如干條件之不可不少加變通處, 施行好矣. 本府以至薄之廩, 多數公行, 一時支供事, 力不逮, 主客俱困. 且差員不過牛·鹽之看捧入給而已, 數旬滯留, 無所繁幹. 此後則差員不必另差, 以本官兼行, 而御史及譯學一行, 以鍾城·慶源分供, 雙市年則以富寧·茂山分供, 以省一弊合宜. 且本府津戶比前半減, 而若不及今紓力, 竟至空虛乃已. 淸供生魚物折半以富寧津戶策應, 而價本以會寧差需庫出給, 恐爲兩便之方. 且差需穀他邑移轉, 爲弊不少. 本府穀摠雖夥, 而以元會耗條之無多故也. 以各衙門穀量所入換作元會, 以此府元會耗條支應, 一年應下, 則在他邑無輪送之費, 在本府無移致之勞矣. 此三條自廟堂行會, 而其餘則雖有些弊, 此在營邑通變之事矣."

又曰: "市時禁物禁亦弊, 不禁亦弊, 而不禁之弊猶勝於禁之之弊矣. 他物雖不禁, 元無賣買, 而彼人所欲專在海蔘, 我人所利專在海蔘. 防禁之權在於御史及本官, 而旣無以躬自搜驗, 則操縱濶狹, 係於把守·通事等輩, 反藉官令作爲賂賣. 而或自官府勒取貧殘津商之物, 謂之屬公, 反作貿遷之資, 故取怨於我民, 取笑於彼人. 又假使如法嚴禁, 萬茂一效, 若於舘門近處緊束嚴防不得. 使一片海蔘得行, 則各處商賈皆以海蔘定價, 先取彼物, 而及其回還之時, 牛輪馬載, 傳給於路次, 又或計給於來年. 許多弊端不可毛擧, 有名無實, 莫此爲甚. 而自巡兵營贈給皆有海蔘一種, 他種亦以海蔘代給. 各官官屬狼藉無碍. 而惟是殘商貧賈四方行旅之物, 往往見奪, 此後則海蔘一鍾特爲勿禁, 每斤稅錢十文, 每市不過四五千斤, 稅錢可爲四五百緡. 十一則給譯學備行資, 其餘則付差需庫, 以爲需用之資, 而就其中, 捐出若干, 以爲胡舘時巡羅將卒之料, 則可無濫雜之弊, 而於防禁之方亦似有益矣."

『北行隨錄』卷3,「鐵北拾錄」

豆外補聞

■ 斡東八池

斡東在慶興府東北三十里. 有大池八, 綿延數十里. 流入豆滿江. 第三池之上有山, 曰黑角峯. 峯下有村, 曰金塘, 卽穆祖舊居之地也. 八池出明珠, 有五色蓮竝發. 北有大山, 逆流彎回, 乃穆祖王妃舊陵寢. 左山腰稍低, 鑄銅以爲龍, 以補地脈云. 池中菱芡交蔽, 游魚衆多, 慶興村民多潛採以食. 撫夷堡壓豆江南岸, 北望則山勢池色, 可指顧而詳領矣.

■ 黃山

第七池之上有山, 圓如覆釜, 色常黃, 名曰黃山. 每春夏之交, 山忽騰起, 樹木皆飛舞, 爲樓臺車蓋人物之形. 土人謂之山遊.

■ 我羊串山

我羊山卽舊慶興地也. 有匹段灘·眞珠池·蕁池云.

■ 鹿屯島

慶興府東豆滿江入海處有鹿屯島. 島中土沃, 宣廟朝設置屯田. 令造山萬戶李舜臣掌其事. 其後屯田漸廣, 今屬江外.

■ 三峯島

島在大洋中. 坐西羅望海臺, 泛東南間遠望, 則有小島浮泛如島頭, 晴明無雲靄, 可見之. 慶興阿吾地堡有許·權兩姓人, 當壬辰倭亂, 與家屬乘舟, 放大海行行到此島, 仍作家幕居之. 其後許·權兩人一來到阿吾訪, 見其舊家基而還, 其後更不來. 與江南及中國相通, 物貨互相交易, 中國人亦爲煮鹽數至焉. 其居戶至今惟有兩姓而爲四百餘戶. 衣服·言語尙爲朝鮮云. 慶興人每欲一往見, 而中路輒被風浪還來云. 此眞與古之桃源居·朱陳村相似者歟. 野史鬱陵島有三峯. 成宗時有人言: "鬱陵島外別有三峯島者. 朝廷遣使求之, 因風浪, 不得渡而還"云. 或此地歟. 未可知也.

■ 外公嶮鎭

自高嶺鎭渡豆滿江, 踰古羅耳, 歷吾章站·英哥站, 至蘇下江, 江邊有公嶮鎭古基. 南隣具州·探州, 北接堅州. 東史云: "尹瓘拓地于此, 遂立碑以爲界也."

■ 縣城

縣城在慶源豆滿江東五里地. 自鎭北堡渡檜浦川, 大野中有土城, 名曰縣城. 城內有六井, 古稱奚關城, 似是.

■ 麗塔

縣城北二日程有麗塔. 乃高句麗時限城界立塔者也.

■ 巨陽城

巨一作關. 縣城九十里山上有古石城, 名曰於羅孫站, 其北三十里有虛乙孫站, 其北六十里有留善站, 其東七十里有土城古基, 卽巨陽城也. 內有兩石柱, 古懸鍾處. 高三尺, 圓徑四尺有奇. 嘗有慶源人庾誠者, 至其城碎其鍾, 用九馬駄來, 纔十分之一. 從者三十餘人皆死, 其遺鐵置草中, 人不敢取之. 世傳城乃高麗尹瓘所築, 西距先春嶺六十里許.

■ 先春嶺

先春嶺在慶源北豆滿江七百里. 尹瓘拓地, 至此城公嶮鎭, 遂立碑於嶺上, 刻曰高麗之境, 碑之四面有書, 胡人剝去云.

訓春

訓春部落在慶源江北十餘里. 俗呼爲後春. 未辨室屋. 望見炊煙. 皆作煙筒如六鎭之俗. 官府稱曰鄒城. 與後春隔一嶺. 去慶源七十里. 有將領如我國邊將. 寧古塔在後春五百里云. 每年慶源開市時, 訓春人朝夕來往.

佟家江

自北京瀋陽向會寧. 渡北江·三漢江·後春江·佟家江·伐加土江·分界江. 抵豆滿江. 紅黑石山在佟家江北邊. 嶺上有紅石黑石. 故名. 佟家一支流入黑龍江. 而水皆丹. 故曰朱溫川. 佟家江多産眞珠. 每年自北京使烏喇·寧古塔定軍人採納矣. 乾隆己丑以後以鄒城將有軍功. 割與佟家以北地. 産於鄒城云.

分界江內

自茂山府有一條路. 由臨江臺抵三山德倉及瓦可倉. 大編峯下有古館. 館傍有一池. 登大編峯眺望. 則一帶長山屈曲逶迤如屛障. 而分界之內·豆滿之外. 平陸曠野杳無涯際. 叢林亂葦之地大於六鎭之廣云.

許全人

黑龍江出自白頭山北. 由愎介地. 合混同江. 入海. 江左右有許全人居之. 許全人食烏肉·鹿身·牛足. 愎介人亦食肉. 以狗子車擔曳使喚云.

虜車國

虜車國. 北狄之外有國. 俗云虜車. 又云羅先. 累侵北狄. 北狄每戰不利. 請救於我朝. 朝家擇北道砲手三百名. 使北虞候嶺兵以往. 順治甲午三月渡會寧江. 山峽崎嶇. 蹊徑阻險. 行七百里. 至寧古塔. 以木柵爲城. 城內有公廨軍器庫. 而地不廣. 居人不多. 塔前二十里許有宋改郎江. 其地東西狹南北長. 部落往往屯聚. 行數日程. 則四無山岳. 眼界豁然廣漠. 土胡甚衆. 田土沃饒. 五穀皆生. 自此七八日行. 有白鹿江與黑龍江合流處也. 四方一望無際. 地濕而草密茂. 蚊蚋之聚也. 虜車國之兵徒

乘舟, 往來要衝之會也. 比年則賊不至, 故不戰而還. 後戊午年又來, 請兵三百. 六月二十日遇賊於白鹿江上. 賊船大者數十把, 上作板閣, 下作房二三十間, 穿其板而放砲. 砲聲大如雷. 清人亦以小船中流而下, 泊于賊船, 急登賊船上, 而齊聲大打, 或射或砲, 遂敗賊兵, 而禽其三人. 語不相通, 使舌人問情. 答以吾等寧死, 不屈於人, 是吾國之俗也. 終不降焉. 容貌與衣服非胡非倭. 鬚髮長可一寸而微赤, 皆蟠旋上指冠. 如羅兀之制, 結纓於頤下. 衣以紋繡. 器皿用以金銀. 見其文字, 則似瓜疤狀, 而紙甚厚白. 其後己酉年閔老峯使燕時, 虜車國入貢而稱羅先國, 壁上書字正如右云.

▰ 蕃胡部落

自三國以來, 女眞野人部落竝據關西・關北之地. 遷徙無常, 至國初悉服金. 節齋制梱時亦不能悉逐於江外. 仍散居長城外豆江內, 或徙居江外. 慶興地部落二百二十餘戶, 慶源地部落一千四百六十餘戶, 穩城地部落一千五百八十餘戶, 鍾城地部落三千三百餘戶, 會寧地部落二千餘戶. 每朝夕侵掠, 無時起亂. 畊民亦作隊而耘, 以備不虞. 其後漸漸歸順, 與我國人民相婚嫁, 亦有上京從仕者. 然亦變亂無常. 天順庚辰世祖時天使率浦州江兀良哈童蒼・李滿住・裒尙等三百餘名, 到會寧長城外曰: "我天使也, 中國欲令朝鮮與兀良哈和親, 故送我來也." 宣慰使到會寧, 與兵使發吉州以北軍五千人, 備儀出迎. 蕃胡等疑裒尙等作變, 盡驅家屬入城. 裒尙等怒, 棄天使退屯雲頭城. 明日天使還, 朝廷命申叔舟征之. 富寧府江內有老土部落, 江邊有亇乙弓施培. 亇乙弓者胡酋之名, 而施培者胡語堡城也. 處會寧・富寧・鏡城之交, 而又自長白山下南行, 則道路散出於明川・端川・吉州等地, 故無時寇竊, 各邑皆設置山堡以禦之. 及淸人起於建州江內, 蕃胡及老土・亇乙弓部落沒數驅去, 江外作種亦皆盡徙. 故其地今無胡人形跡.

▰ 忽剌溫

江外累百里程有忽剌溫部落. 萬曆間連年來寇, 人畜皆被掠. 我國遣鄭忠信刷還. 忽溫所居胡酋名何叱貴. 所住處以磚木雜築重城. 屋舍壯麗. 所屬部落各自築城以居. 忠信至何叱貴欲坐椅接見. 忠信曰: "我以國命來, 何叱貴當爲出迎, 不然, 不入." 良久相詰, 始以賓禮迎之款待. 忠信名震虜中. 留半月, 刷得四十餘人. 將別胡酋以駿馬·貂裘贈之, 忠信不受曰: "若加被虜人, 則當受此外無所求." 胡酋遂加給四人. 忠信來後始與忽溫開市爲和. 其後忽溫來貢, 給職帖.

淸人始起

老羅赤强盛, 欲竝忽溫. 以其女妻之, 忽溫猶不服, 每有相圖意. 忽溫酋長何叱貴欲寇防垣, 率衆到鍾城越邊門巖. 時老羅赤亦起兵擊縣城胡, 由慶源渡江, 至鍾城烏碣巖, 望見忽溫來屯越邊. 分一枝兵, 由防垣渡江, 伏山外, 遂迎擊之. 忽溫精兵盡死, 至今門巖有白骨云. 餘衆還至窟穴, 老羅赤復悉兵進攻. 何叱貴出城迎戰, 老羅赤分兵伏山間, 馳入城中. 何叱貴敗歸, 城已爲彼所據. 以百餘騎投如海部落, 如海幽殺之. 如海亦爲老羅赤所竝. 於是老羅赤盡竝諸部落, 仍陷遼東云.

『北路紀略』「山川總要」「北路故實」

鄭允容

『北路紀略』卷1,「山川總要」

　　山川疆域之綱紀也. 今據農圃地圖【鄭尙驥本.】·輿地考【東國文獻.】·朔方記【洪太學良浩集諸邑誌及雜記.】, 撮錄于左, 史更俟博考證正.

白頭幹支

　　白頭山居國之北維【茂山府西北三百里, 甲山府北三百三十里.】. 山頂有大澤, 名達門池. 山凡三層, 高二百里, 雄蟠千里. 池周三十里. 英宗丁亥命設壇於甲山府望德山【府北八十里.】, 以望祭. 爲山之幹, 東南行爲臙脂峯, 爲小白山. 又西南爲枕峯【地圖不載, 此從吉州誌.】. 又南東爲虛頂嶺【茂山西二百二十里.】, 迤爲寶多會山【茂山西南二百五十里, 甲山東北二百九十里.】. 至于綏頂嶺, 又迤爲雪嶺, 至于豆里山, 南迤西轉, 又迤而行, 南折而至于黃土嶺【一本作黃土岐, 甲山東南七十五里, 端川西北二百五十里.】, 迤爲天守嶺【一作天秀, 端川北□□里.】. 南迤西轉爲厚峙嶺【一作厚致, 北靑北百里.】. 北折西行爲大白山【咸興東北三百里.】. 又迤而行, 至于赴戰嶺【咸興北百四十里.】. 又迤而南折爲白岳【咸興北□□里.】. 東南迤西轉而行爲黃草嶺【一作草黃, 咸興北百十里.】. 又南折爲劍山【一作上劍, 永興西百里, 定平西百里.】, 又迤而西轉, 至于馬乳嶺【一作馬踰, 永興西北二百里, 平安道寧遠東南百四十里.】. 又折而南行爲朴達山【永興西二百□里, 平安道孟山東□里.】, 又折而東行爲吳江山【平安道陽德北一百五十里.】. 又迤而南折爲九龍山【高原西八十里.】, 又迤而東折爲麒麟山【高原西南□□□, 陽德北四十五里.】. 東南行至于朴達峙【安邊西六十里.】, 東轉西南折迤爲雪嶺【他本不載, 此從地圖.】. 又迤而東折, 東北行爲分水嶺【安邊東南一百餘里, 江原道平康北五十里.】. 東至于鐵嶺【安邊南八十里, 江原道淮陽北四十里.】. 又東至于騎竹嶺【安邊東六十里.】.

自寶多會山【南爲甲山地, 北爲茂山地.】至黃土嶺以上, 諸支之右發者播爲甲山府諸山, 至于虛川江, 其最長者爲同仁堡山及雲寵鎭山. 雪嶺之下・豆里之上, 左抽一幹向東而行者爲長白山, 雄蟠百餘里, 諸支之右發者南東播爲吉州北界・明川南北・鏡城南界諸山, 至于海. 其最長者爲吉州長德山・明川七寶山. 諸支之左出者北播于茂山界, 至于豆漫江上流. 其幹北東行, 左抽一支北爲茂山府, 右抽一支東南爲鏡城府. 幹之北東行者北播爲富寧府諸山, 又東至于錢掛嶺【一名茂山嶺, 會寧南界.】. 又東至于板蕩嶺. 嶺之北支播爲會寧・鍾城・慶源・穩城府諸山, 至于豆漫江. 嶺之東支播爲慶興府諸山, 至于海.

豆里山南迤西轉, 西轉之際, 南抽一支爲豆流山【他本不載, 此從地圖.】. 山之支左去爲鷹峯, 右去爲儉儀德山【一名吐蘿山.】. 鷹峯播爲吉州南・端川府諸山, 至于海. 其最長者爲摩天嶺. 儉儀德山播爲端川府諸山, 至于海【端川誌以摩天嶺爲儉儀山支, 而此從地圖. 鄭愚伏城津樓記以摩天爲長白之支, 而長白已分於豆里山上.】. 厚致嶺之上東南抽一支爲金昌嶺【一本金唱嶺.】. 嶺之支左去爲端川南界利原北界諸山, 至于海. 其最長者爲摩雲嶺. 右去爲利原南界及北青府諸山, 至于海. 其最長者爲蔓嶺及居山.

太白山南抽一支西迤爲何難嶺【他本不載, 此從地圖.】. 嶺之東麓諸支播爲北青南界及洪原縣諸山, 至于海. 其最長者爲雙加嶺【或作霜加, 或作三加.】・大門嶺. 何難嶺之南幹至于咸興, 左至于海. 其最長者爲咸關嶺【嶺之支去爲純陵・義陵.】, 右至于城川江北江海之間, 其最長者爲盤龍山【山之上爲德山, 山之支去爲定陵・和陵. 又有本宮・慶興殿.】.

赴戰嶺東南抽一支至于城川江上流【嶺之支爲德陵・安陵.】.

大白・戰嶺之間有階山. 山之北抽者爲屛風山, 播爲甲山西南界及三水府諸山, 北至于鴨綠江, 西至于長津江, 東至于虛川江. 劍山抽大支西去爲雪寒嶺【一作薛列宇.】, 嶺之北支歷江界地, 爲厚州府諸山, 至于鴨綠江·厚州江合流之內. 劍山東抽一支爲白雲山, 左爲咸興南界諸山, 至于城川江南江海之間, 右爲定平府諸山, 至于海.

劍山之下西轉處爲車踰山【他本不載, 今從地圖.】. 東抽一支播爲永興北界諸山, 至于海. 其最長者爲光成嶺. 麒麟山北東抽一支爲永興府諸山, 至于龍興江. 其最長者爲國泰山【山之支去爲黑石里本宮.】. 麒麟之下·朴達峙之上有一嶺, 亦名馬踰嶺. 東北抽一支播爲高原郡諸山, 至于邑川名德之灘. 馬踰嶺下東北抽兩支左去爲文川北界諸山, 至于海. 其最長者爲千佛山【山之支去爲淑陵.】, 右去爲文川南界及德源府諸山, 至于海. 朴達峙下大幹右去之際, 左抽數支爲安邊府諸山, 至于海. 其最長者爲雪峯山【山之支去爲智陵.】. 黃草嶺之下·釖山之上, 一幹之西去者爲樂林山, 由長津·寧遠·平安道西界之間, 播爲關西諸山, 西北至于鴨綠江, 西至于海, 西南至于大同江. 麒麟·朴達之間有馬踰嶺, 一幹之西南去者爲淸凉山, 由谷山【黃海道.】·伊川【江原道.】兩界之間, 播爲海西諸山, 西至于海, 西北至于大同江, 西南至于臨津江.

分水嶺一幹之南去者由平康·金城【江原道.】兩界之間爲山, 播爲漢北諸山, 西至于臨津江, 南至于漢江.

騎竹嶺之南去者由淮陽·歙谷兩界之間爲金剛山, 播爲嶺東南·湖西南·漢南諸山, 東西南至于海, 西北至于漢山.

鐵嶺爲南北之限, 自白頭至鐵嶺, 里數不可考, 而白頭在茂山府北三百里, 鐵嶺在安邊府南八十里. 自茂山府至安邊府, 爲一千三百里, 則山之透迤納數千里矣.

大澤源流【一統志謂: "澤周八十里."】

我東地形彎曲, 而南北袤長四周, 而江與海也. 江之周可十之三, 而西北隅以江爲界. 江之源皆發於大澤, 猶崑崙之星宿河也. 東南流者入我地, 西北流者入彼地.

■ 豆漫江

大澤一派隱流巖石間十餘里, 出卯方, 是爲土門江源流. 至坤方北甑山前【北甑山在彼地, 南甑山在茂山.】, 流入茂山界, 爲豆漫江【朔方記曰: "分水嶺定界碑下府木柵及土墩, 東抵大角峯, 自碑至峯四十里. 峯下水泉湧出, 東注于彼地鎮長山·我地南甑山之間, 乃豆漫江上流." 茂山誌曰: "土門距立碑處爲三十里, 有土墩·木柵, 卽豆江湧出處. 穆克登從土門源審視, 流至數十里, 不見水痕, 從石縫暗流至百里, 方現巨水."】.

大澤一派隱流出戌亥間, 西出嶺底, 是爲分界江源流. 至北甑山後割難地【割難距會寧江外二日程.】, 入于海, 其一支至于穩城界, 達于豆漫江【朔方記曰: "兵使峯前有鐵碑, 西出嶺上亦有鐵碑, 昔年分界時所建"云. 又朔方記白頭山圖: "山之西北間亦有碑, 圖曰古定界碑." 今未可考, 而寬谷記: "慶源城北二日程, 有高句麗限城界碑"云, 則西出嶺碑或亦其時之遺歟. 分界之源發於古碑之下, 可爲西出嶺發源之証矣. 分界之名亦以古定界碑之故也.】.

朔方記地圖分界江之北又有一派水, 來合於分界江者, 未知發源於何地, 而朔方記: "分界江七十里有伐加土江, 自土江一百四十里有佟家江." 是或其一歟, 其分流入海者歟. 土門江卽豆漫之源也, 分界江亦豆漫之源也. 朔方記: "土門分界之間爲一百十餘里." 分界之源尤遠矣.

虛頂嶺北下有三池, 池之下十餘里地水湧出, 北流過南甑山前及三山德【俱茂山地.】, 合西北川【源發於雪嶺東北.】, 達于豆漫江, 長白山北麓諸水合爲朴下川【在茂山西十里.】, 亦達于豆漫江.

寬谷記【慶源人金起洪著.】曰: "自童巾【鍾城地.】以上稱於伊後江, 其下謂豆漫江." 今則茂山以下通謂豆漫江, 女眞俗語以萬爲豆漫【두만.】, 以衆水至此合流, 故名【興王肇乘, 洪太學良浩撰. 太祖肇其東北, 女眞豆漫皆來朝豆漫, 猶萬戶也. 一統志: "以東流爲阿也苦江." 彼我之稱號, 以方言之異也.】.

豆漫江, 至茂山府始大, 東流過會寧, 東北過鍾城, 又東過穩城, 東南過慶源【到慶源安原堡地, 有厚春地江一派, 其分去合來, 當更考.】, 南過慶興, 入于海.
茂山誌曰: "自土門江透迤五百里, 至府下." 自茂山至慶興之海邊, 陸路爲五百餘里, 則江之源流約千餘里矣【江之深廣不一, 爲廣處似不過一箭之深廣, 纔可載小舟矣.】.

▇ 鴨綠江

大澤一派隱流到山下, 辰巳方數里許開壑湧出, 是爲鴨綠江源. 西南流至惠山·雲寵之界【甲山北地.】, 西流合虛川江【源發於北靑厚峙嶺北及三水鉏乙耳嶺南諸麓, 又合豆里山西麓諸水.】, 至三水之新加乙坡下, 合長津江【源發於咸興之黃草嶺北諸山, 發源尤長遠.】, 到江界·厚州之地, 合厚州江【源發於江界之蔥田嶺北諸山.】. 又西北迤過廢四部古閭延以外界·彼地烏喇界之間, 合彼地十二渡溝河【淫藪於彼地勒克山, 又西南山從白頭西去者.】, 至古虞芮地【廢四郡地.】, 合玆城江【源發於江界之茂城嶺北諸山.】. 又至于渭源吾老梁, 合禿魯江【源發咸興之雪寒嶺北諸山. 楚山山羊會之境有彼地, 江一派相通, 合來分去, 今未考.】. 又漸西過碧潼·昌城·朔州·義州, 入于海.

鴨綠源流之長, 北豆江又過倍矣【古以黃河·大江·鴨綠爲天下三大水, 發源之遠可見, 而嘗聞鴨綠入海處, 水不甚鉅, 是未可知也. 豈澤注東南而西北少水歟. 豈荒外未見之地派分于地境歟. 據諸本, 大澤之流混同·黑龍爲合流而最大, 豈以混同·鴨綠同出於大澤, 而其名相混, 遂以鴨綠爲天下之三大歟. 大澤之北流者, 其源直出于山頂割, 混同之最大因其理也.】.

■ 黑龍江

此係彼地而俱發源於大澤, 故竝此附錄.

　大澤四面壁立, 北開爲門, 水溢爲天上水, 流於彼境帳竹峯·七星峯之間, 是黑龍江之源也. 朔方記圖作混同江源. 朔方記圖大澤之西北流者共有四派. 天上水爲第一派, 其第二派出於七星峯·靑峯之間, 爲黃土洞水, 下與天上水合流. 第三派出於靑峯·缶峯之間, 爲虎扇洞水, 下合於天上·黃土二水. 合流之下西北流爲混同江, 八九百里過吉林, 直北過白都訥, 又東過三姓地方千餘里, 合黑龍江, 東北入于海. 第四派出缶峯·臙脂峯之間, 西流爲九項淵水, 名賽音庫訥河, 過烏喇界, 西流四五百里, 合混同江. 據他本, 以天上水爲黑龍之源, 而此以爲混同江源至下流, 又以爲與黑龍合流. 又以九項淵下流爲合於混同江, 而黑龍之源無所見, 豈九項淵或是黑龍之源歟. 一統志: "以北流之水爲混同之源." 意北流水實混同之源, 而混洞江黑龍江終歸合流, 故遂冒其名歟. 朔方記曰: "自豆漫至黑龍, 入海處爲五百五十里." 又曰: "自分界江至伐加土江七十里, 自加土江佟家江一百四十里, 自佟江至朱溫川十餘里, 自溫川至黑龍三百餘里."

　【穆克登上山時立碑此, 爲北流之水, 未知何何, 或爲混同江, 或爲黑龍江云云, 則黑龍亦明是大澤之流, 而天上水以外三派亦皆發於高頂. 據朔方記圖, 可見他派衆而源高, 則水之西北流者爲大矣. 據覺羅武奏本[詳加.], 不言北流之水, 未知何也. 只託元喇河·訥陰河而已. 覺羅武之來去, 皆由烏喇之地, 則所見疑卽九項淵下賽音庫訥河也. 蓋淸初山野猶亦闢, 自彼地入山尤深儉, 人跡罕到, 非如近日之採獵遍於山外也. 且水從山下溜於嚴峯, 非如川流之可, 是故覺羅武穆克登俱未自源尋流也.

　寬谷記曰: "北流爲蘇下江, 或云黑龍江, 或云火刺江. 此本非山經地誌之自古載名者, 故只隨其方言所稱, 而其名不一也."

　北關志曰: "南流爲鴨綠江, 北流爲松花江, 爲混同江, 東北流爲蘇下江." 大明一統志云: "東流爲阿也苦河." 疑指速平江也.】

定界碑【英宗六年備堂宋眞明進地圖一幅曰: "此穆克登來定白頭疆界時潛寫地圖以觀, 而會寧將校以房守得摹者也."】

　　肅宗三十八年壬辰烏喇摠管穆克登來白頭山, 定界立碑. 茂山誌曰: "碑文曰: '烏喇摠管穆克登奉旨查邊, 至此審視, 東爲土門, 西爲鴨綠.' 北流之水未知何, 尙或爲混同江, 或爲黑龍江"云云. 柳下記【洪世泰著.】曰: "克登來定界, 我國遣接伴使朴權·咸鏡監司李善溥, 往遇克登於三水府之蓮囷. 克登但與譯官金應憲·金慶門, 同上山上, 自掛弓亭下, 沿五時川, 川自鏡城之長白山, 西至此, 與江水合, 其外皆荒磧, 無人居. 北度柏德, 七十里劍門, 二十五里昆長隅, 十五里有大山當前, 乃西渡江水, 斬木緣岸, 行五六里, 路斷, 復從山坡, 名樺皮德, 視柏德尤峻. 行八十餘里, 有一小澤, 又東行三十餘里, 登韓德立支當. 行數十里, 樹漸疎, 山漸露, 自此山皆純骨, 色蒼白. 東望一峯揷天, 卽小白山也. 迤過山趾, 西十餘里, 至山頂, 尙有二三十里, 稍東有一嶺, 小白之支也. 陟其上脊, 望見白頭山雄峙, 千里一蒼, 頂如覆白甕于高俎. 從嶺底行數里, 山皆童濯, 行五六里, 山忽中陷成塹, 橫如帶, 深無底, 廣僅二尺, 或躍過, 或接手以度. 四五里又有塹, 劈木作架以度, 稍西數百步, 行至山頂, 有池如顋穴, 周可三十里, 深不可測. 四壁削立, 若糊丹堁, 坼其北數尺, 水溢出, 爲黑龍江源. 東有石獅色黃, 尾鬣欲動, 中國人謂望天吼云. 從岡脊下三四里, 有泉出, 數十百步, 峽坼爲大壑中注. 又東蹠一短岡, 得一泉二派, 其流甚細. 克登坐汊水間, 顧慶門曰: '此可名分水嶺.' 遂勒石爲記."

　　輿地考: "克登歸後移文曰: '立碑後從土門源審視, 流至數十里, 不見水痕, 從石縫暗流至百里, 方現巨水, 此無水之處, 如何知有邊界.' 我國以土門源斷處, 或聚土石, 或樹柵, 以接下流【朔方記: "自碑下立木柵數十里, 柵下築土墩, 東抵大角峯, 距碑四十里."】. 後因北評事洪致中疏, 朝議將別遣朝臣更審, 備堂金鎭圭疏曰: '水派審定, 旣與彼差同之, 則今乃於已定之外, 欲窮其源流, 不但違共莅之意, 勢必深踐他地, 與彼人相遇. 朝家成給公文, 而今我之更審, 非彼之所知, 則公文不足救其犯越. 日者評事所遣設令被其詰問, 猶可諉以邊吏爲設標來, 非朝家所送, 而今朝臣之奉使, 體貌自別, 況所行不止三十里耶.'"

中國稱長白山【覺雖武奏本附[出漁洋王士禛池北偶談.].】

　　大明一統志: "長白山在故會寧府南六十里, 橫亘千里, 高二百里. 上有澤, 周八十里, 南流爲鴨綠江, 北流爲混同江, 東流爲阿也苦江." 康熙十六年內大臣覺催武與侍衛臣三人奉旨, 赴兀喇地方, 往看長白山, 訪額林訥陰地方人, 携三月糧, 六月初二日起, 行十一日, 至訥陰地, 伐木開路, 至一高山頂, 望見長白山, 約百餘里, 山上見片片白光. 十七日尋路, 遇路蹊, 直至山下, 雲霧迷山, 近前誦綸音拜畢, 雲霧開散, 長白山歷歷分明. 又正値一路, 可以躋攀, 中間有平坦勝地, 如築成臺基, 遙望山形長闊, 近觀他勢頗圓, 所見片片白光, 皆氷雪也. 山高約有百里, 山頂有池, 有五峯圍繞, 臨水而立, 碧水澄淸, 波紋蕩漾, 池畔無草木. 池週約省三四十里, 繞池諸峯, 勢若傾頽. 正南一峯, 較低宛然如門, 池水不流. 山間處處有水, 左流者爲扣阿里兀喇河, 右流者爲大訥陰河·小訥陰河, 繞山皆平林, 遠望諸山皆低, 禮拜下山, 有七鹿, 滾至山下, 正在乏食, 此殆山靈賜, 與望山叩謝, 收其七鹿, 上山之時, 原有七人也. 退至二三十步, 雲霧迷山, 不得復見. 十八日言旋, 二十一日回至二納陰河合流處, 二十五日至恰庫河, 乃訥陰東流會合之所. 二十九日自水路乘小舟, 歷大江九險, 七月初二日回至兀喇地方. 又往看寧古塔等處, 十二日至寧古塔, 偏看會寧府等處, 十七日起行, 八月二十一日抵京奉旨, 長白山宜加封號, 永著祀典. 禮部奏: "金史大定十二年封長白山爲興國靈應王, 明昌四年又加封開天弘聖帝, 明洪武三年幷去岳鎭封號, 止稱爲神, 今國朝俱稱岳鎭之神相應, 將長白山封爲長白山之神, 相擇吉地建祠, 照五岳例, 每春秋二季致祭, 禮儀亦照五岳."

　　按一統志及覺羅武所記, 有二會寧地, 彼地亦有會寧地名, 而一去白山甚近, 一去白山甚遠矣【故會寧會人所居之地歟. 俟更考.】.

拾遺【山外】

白頭山下坤方四十餘里有北甑山, 在土門·分界兩源之間. 有石城, 周回廣大, 門樓廨舍, 基址宛然, 而廢亦不久去.

自會寧渡江, 西八十五里有廢城池, 或是古蕃胡所住也. 自此至分界江五里許.

自茂山府, 有一條路, 由臨江壃, 抵三山德【北路方言以坂爲德.】倉及瓦可倉. 大編峯下有古館, 旁有一池. 登大編峯眺望, 則一帶長山屈曲逶迤如屛幛, 而分界之內·豆江之外, 平陸曠野杳莫際涯, 叢林亂茅之地, 大於我境之六鎭矣.

帿竹峯在分界江·天上水兩源之間, 大野中兩條立巖, 左右削成, 色白如玉. 高不知幾千丈, 而盡是胡人採獵之所也. 峯之下北迤百餘里, 爲勤善富窩, 又北迤爲寧古塔. 自勤善富窩北, 距寧古塔六百餘里.

天上水·黃土洞水兩源之間, 平原之中突起, 曰七星峯. 蒼松·老檜參天而立, 其下平闊無際, 而皆蔘貂之田也.

黃土洞水·虎扇洞水兩源之間有靑峯. 峯之傍有二峯, 一名方命, 一名雪嶺, 皆松檜之田也. 合黃土·星兔洞, 拓間廣闊, 未知幾百里. 虎扇洞有大村, 昔胡將李大才所居, 距白頭山三百里. 七星峯·靑峯皆止於下流合流之內.

虎扇洞水·九頂淵水兩源之間有缶峯, 距烏喇七百里. 峯之下又有思母峯, 西迤數百里, 爲納秦窩集.

九頂淵在大澤西北十里之下. 淵傍有鶴城, 未知何時建築, 而平原廣野爲蔘田貂窟也.

九頂淵·十二渡溝河兩源之間有勤克山, 山逶迤至烏喇界. 山之內外皆爲烏喇界, 而九頂淵之南北亦皆烏喇界也.

十二溝河·鴨綠江兩源之間有山, 一支止于鴨綠江之北.

慶興邑誌有峨羊串山【東六十里.】·草串山【東六十里.】, 勝覽又有□多山·南羅自浦·匹段灘·沙伊山·眞珠池等山川, 而係江外之地.

拾遺【山內】

鴨江之源東北有臙脂峯【一云白頭山東南走三十里, 一云大澤下十餘里.】, 下爲小白山, 爲枕峯, 山形如枕也. 散落平坂, 三十餘里爲虛頂嶺, 又五六十里爲寶多會山, 又爲加里峯. 自虛頂嶺下至寶多山, 向西南落脈者, 仍各成一洞, 曰臨連水川, 曰自開水川, 曰飛飛水川, 曰劍川, 各洞皆無人之境. 其下吳氏川洞口, 始有惠山堡, 諸洞川水皆合於鴨綠江.

枕山之下有抱慕山, 山之南有一疑卽南大川大川, 重峯萬嶂之中開闊平布, 而荒蠱宿草最深之地, 疑此是茂山府初刱之處也. 抱慕山下有蓮花巖, 巖下有劍德山, 其下有文塞峯【考朔方記曰: "山山圖自是峯立去, 爲長白山."】. 蓮花巖上有西帶洞水【發源於三池, 與南大川合流, 入豆漫江.】.

自加里峯下至緩頂嶺之間, 東南立雉峯. 自長白山玉泉洞後嶂, 又一脈西北行百餘里, 止于三峯, 與蓮巖結口, 其間所謂女眞坪, 開野甚廣.

寶多會山後嶂北走, 逶迤百餘里, 中有眞長城及蓮巖等地. 稍向東回抱, 正脈直走于江邊三山德【在茂山地豐城之下·西北川之上.】.

臙脂峯之東北有天坪,白山以東·長坡以西·虛頂以北·角峯以南,廣開大野,一望無際,卽天坪也. 坪之北大角峯之下有甘土峯·笠帽峯·南甑山·蘆隱山諸山【地圖又有國士峴.】. 峯垂突起於平地上,而來勢自臙脂,若存若無,山脈止于長坡. 坡在虛頂嶺三池水及土門江合流之內.

大角峯有壬辰定界木柵,卽豆江上流發源處也.

土門江·分界江之間有山,一支東北行,止于二江合流處,合流處卽穩城界也. 自白頭山向寅卯間二百餘里,始爲我境茂山社地村.

『北路紀略』卷3,「北路故實」【州郡沿革並附.】

北路舊係肅愼之地, 而以前無考焉. 後爲高句麗地方, 而及夫新羅統一之時, 力不反於東北, 悉淪於女眞. 高麗太祖統合三韓, 亦只以鐵嶺爲界. 其後以次剪除, 然旋得旋失, 至于我朝, 限江爲界, 疆域始全. 今幷採輿地考·北關誌【李畏齋端夏因澤堂草本添輯, 申大將汝哲增修刊行.】·朔方記, 編爲類錄, 更俟考證.

肅愼氏

北靑甫靑社【府東三十里.】虛川坪有故城址, 流傳是肅愼氏故都也. 城內皆是良田, 人民居之. 耕者掘地, 或得鐵物, 或得石斧·石鏃.

按輿地考, 城址周三千四百九十尺, 而嘗見其四野曠然之中有小城址, 四方均正. 居人言:"其長爲二百六十步, 四方惟北城址可辨. 其高處可隱, 低可半丈. 或有小丹墩, 傳爲譙樓舊基. 城址內居民近百戶, 田爲三十日耕, 仍名爲土城村"云. 諸家野乘又載:"黑水靺鞨【居肅愼故地.】分爲生女眞·熟女眞, 熟女眞在咸關嶺以南之地, 宋史混同江以南之地. 生女眞在咸關嶺迤北之地, 宋史混同江迤北之地." 據此則肅愼疆界所限, 雖未可考, 而北地槪爲肅愼之舊矣.

高句麗·新羅·高麗【幷附見於州郡沿革.】

州郡沿革

安邊本高句麗比列忽郡【一名淺城.】. 新羅眞興王爲比列忽州【新羅築比列忽城, 疑今鶴浦古山城.】, 置軍主. 高麗改登州【景德王改朔庭郡.】. 成宗置團鍊使, 顯宗改登州安邊都護府. 高宗時定平以南數被蒙兵, 移寓江陵道襄州, 再移杆城, 幾四十年,忠烈王時始還本城. 我太宗三年以府人趙思義作亂, 降爲監務, 明年復都護府. 世祖朝置鎭, 成宗三年陞大都護府, 中宗四年降都護府.

　　句麗加支達縣, 新羅改菁山, 爲朔庭郡, 高麗改汶山, 又改文山【今在安邊境內】.
　　　於支呑縣, 翊溪, 翼谷.
　　　原谷縣, 瑞谷.
　　　岐淵縣, 派川.
　　　薛寒縣, 霜陰【文宗時以霜陰·鶴浦二縣沿海賊衝, 置君戍, 竝安邊境內】.

　　派川社海口有小石城【按高麗德宗時, 契丹遣所留使, 不納, 遂城朔州·寧仁鎭·派川等縣, 以備之, 疑卽此也. 今稱鐵垣戍城】. 德原本句麗泉井郡【一云於乙買】, 新羅改井泉郡, 高麗稱湧州, 成宗置防禦使, 後改宜州, 睿宗築城. 我太宗十三年改宜川, 世宗十九年改今名爲郡. 二十七年以穆·翼·度·桓四代御鄕, 陞都護府【府北十五里有井泉古城】. 龍津廢縣在府東, 古孤浦, 高麗穆宗築城, 後屬文川. 我世祖五年省縣來屬【今龍城社】. 鎭溟廢縣在府南二十四里, 其東四里有鎭溟浦, 高麗末倭寇鎭溟城後, 始設兵船于浦邊.

　　文川古稱妹城, 高麗成宗築城, 爲文州防禦使, 後合于宜州, 忠穆王復析爲州. 我太宗十三年改今名爲郡. 龍津廢縣又詳德源, 在郡東三十里【今明孝社】. 雲林鎭古城在郡西, 高麗顯宗築, 以爲防禦使【今仍稱鎭司】.

　　高原古德寧鎭【一云洪原郡】. 高麗光宗時築城, 成宗爲高州防禦使, 顯宗城鳳化山南, 以徙州治. 恭愍王改知州事, 我太宗十三年改今名爲郡. 成宗十二年以郡距永興甚邇, 且被火災, 移治于鉢山舍【古郡在今治北十五里】. 臨守鎭城古稱梨柄, 一云古德寧鎭, 一云古高句麗鎭【高麗成宗築城】.

　　永興本句麗長嶺鎭, 或稱唐文【一作堂文】, 或稱博平郡, 高麗初爲和州, 光宗築城堡. 成宗時改和州安邊都護府. 顯宗降和州防禦使, 爲本營. 高宗時趙暉·卓靑以州叛附于元, 元置雙城摠管, 因合于登州, 猶稱防禦使, 後幷于通州. 忠烈王時復舊, 恭愍王時收復爲和州牧, 又陞和寧府, 置府尹·少尹·判官·土官. 我太祖二年以永興鎭外祖崔氏之鄕, 改今名爲府. 太宗三年以府人從趙思義搆亂, 降爲郡, 明年復舊, 十六年降爲和州牧, 置牧使判官, 罷土官. 世宗八年改永興大都護府. 成宗元年移觀察使本營于此, 中宗四年復移于咸興府. 平州鎭本永興鎭, 高麗文宗時築城堡, 我太祖二年改府號, 因改鎭, 名爲平州. 靜邊鎭, 高麗顯宗時置鎭, 靖宗時築城. 燿德鎭本顯德鎭, 高麗顯宗時築城. 定平古稱巴只【一云宣戈】. 高麗成宗時置千丁萬戶府, 靖宗時築城堡, 置關門爲定州防禦使, 高宗時沒于元, 恭愍王時收復, 陞都護府. 我太宗十三年以與平安道定州同名, 改今名. 古長城高麗時所築, 以禦女眞, 此乃三關門之地【詳拓邊.】. 長谷廢縣【今長谷社.】高麗時長州【一云椵林, 一云端谷】. 顯宗時置防禦使, 後降爲縣, 我世宗四年革. 預原廢縣【今禿山社, 有軍倉, 別號原城.】高麗靖宗城柱川, 爲元興鎭, 有鎭使. 睿宗城預州, 置防禦使, 我太宗七年合預州·元興, 爲預原郡, 世祖四年革.

咸興高麗睿宗時置咸州大都督府, 號鎭東軍, 築城徙南界丁戶一千九百四十八以實之. 尋撤城, 以其地還女眞, 後沒於元, 稱哈蘭府, 隷于雙城. 恭愍王時命我桓祖, 攻破雙城, 收復舊疆, 爲知咸州事. 尋改萬戶府置營, 聚江陵·慶尙·全羅諸道軍馬防戍, 又陞爲牧. 我太宗十六年改今名, 陞爲府, 爲觀察使本營, 置土官. 世祖十三年府人叛附李施愛, 殺觀察使·守令. 成宗元年降爲郡, 革土官, 移觀察營于永興, 中宗四年復舊. 哈蘭府元所置, 在今府南五里. 大明一統志云: "開元城在三萬衛西門外." 元志: "開元城西南曰寧遠縣, 又南曰哈蘭府, 又南曰雙城, 直抵高麗王都." 所謂哈蘭卽此雙城, 卽永興三萬衛卽古挹婁勿吉【女眞之先曰勿吉.】之地. 草原廢城【府東北五十里.】, 世傳句麗東明王所築.

洪原古稱洪肯, 或稱洪獻. 高麗末置縣, 我太祖七年改今名, 屬于咸興, 太宗二年析置縣令. 未幾還屬咸興, 世宗十五年復置縣監. 大門嶺城嶺自西東走, 南迤至海,嶺有西城, 城有三門, 以通行路. 西曰大門, 中曰中門, 南曰石門. 石門在海濱, 三門相距皆三里許. 高麗末沈德符與倭戰于嶺北而敗【此未知何時所築, 而槩在高麗時也.】.

北青女眞久據, 高句麗舊地. 高麗睿宗遣尹瓘逐女眞, 置九城【稱號未詳.】. 後沒于元, 稱三撒. 恭愍王時收復舊境, 置安北千戶防禦所, 又改今名爲州, 置安撫使兼萬戶. 我太祖七年改青州府, 太宗十七年以與淸州同音, 復稱北青. 世宗九年改爲都護府, 世祖十二年置鎭, 稱兵馬節度副使, 以副使兼之. 又置判官, 未幾罷副使. 十三年平李施愛, 以南道距北道遠, 置南道節度使, 以府爲本營.

利原古稱時利. 高麗時屬福州【今端川.】. 我世宗十八年割端川·摩雲嶺迤南時化間·施利兩社及北青府東多甫社迤北等地置縣, 改今名.

端川本吳林金村久. 爲女眞所據, 高麗睿宗築城, 置防禦使, 尋還女眞. 後沒于元, 稱秃魯兀. 恭愍王時收復, 辛禑時改端州安撫使. 我太祖七年改知端州事, 太宗十三年改今名爲郡【今爲府.】.

甲山古虛川府. 久爲女眞所據, 屢經兵火, 無人居. 高麗恭讓王始置甲州萬戶. 我太宗十三年改今名爲郡, 世宗十九年置鎭, 稱兼節度使. 世祖七年陞都護府, 仍爲鎭.

三水本甲山郡三水堡. 我世宗二十三年置萬戶, 以扼賊路, 二十八年置三水郡, 端宗二年罷郡, 復置萬戶. 世祖七年還爲郡, 陞都護府, 十年復降爲郡【今爲府.】.

長津本咸興.

厚州本廢四郡地. 我顯宗甲寅觀察使南九萬請移三水之魚面鎭於厚州, 陞僉使. 肅宗乙丑因犯越事革罷. 其後復置僉使, 今上陞爲府.

吉州久爲女眞所據, 高麗睿宗時尹瓘逐女眞, 於弓漢村築城廊六百七十間, 號吉州, 置防禦使, 築中城, 尋還女眞, 後沒於元, 稱海洋【一云三海洋, 龍飛御天歌註: "海洋地名, 在吉州, 自海洋北行五十里, 至泰神, 自泰神東行六十里, 至的過發, 海洋·泰神·的過發三處各有猛安, 女眞酋長之名, 其俗謂之三海洋."】. 古雄州尹瓘於火串嶺下築城廊九百九十二間, 置寧海軍雄州防禦使, 尋還女眞, 後沒於元. 古英州尹瓘於蒙羅骨嶺下築城廊九百九十間, 置安寧軍英州防禦使, 尋還女眞, 後沒於元, 恭愍王時收復, 恭讓王時置吉州等處管軍民萬戶府, 以雄州【麗史雄在南, 吉在北, 今未詳其地.】·英州及宣化鎭【亦尹瓘所築.】幷于州, 我太祖七年改吉州牧, 世祖十三年李施愛以州叛討平之. 睿宗元年降吉城縣, 割州北永平等地, 別置明川縣. 正德壬申復陞爲州, 置判官, 革明川來屬, 癸酉還置明川, 革判官. 萬曆乙巳兼防禦使, 後罷又復. 所波溫古城【今成津鎭.】, 俗以此謂雄州城. 泰神古城【卽三海洋之一.】.

　　明川本吉州明原驛. 我睿宗元年割長德山迤北之地, 別置縣, 以明原驛爲治所, 號明川. 中宗七年還屬吉州, 明年復置, 萬曆乙巳陞爲府.

　　鏡城本號于籠【遼東誌作木郎古.】, 久爲女眞所據, 高麗睿宗時尹瓘城之【稱號未詳.】, 後沒于元, 恭愍王時收復. 我太祖七年始稱今名, 置萬戶. 定宗二年置郡, 以兵馬使兼郡事. 太宗四年改都兵馬使, 仍判郡事. 世宗十八年陞郡爲都護府, 以兵馬都節制使兼判府使, 始置判官及土官, 爲節制使本營. 世祖十三年改稱北道節度使, 仍兼府使. 龍城川在府北三十五里【源生會寧餘伊峴, 南流百餘里入海】. 高麗太祖嘗巡塞有詩云: '龍城秋日淡, □□山煙橫, 萬里無金革, 胡兒□太平【今輸城卽龍城地.】.' 大良化在府南百八十里海邊, 有廢縣基. 古有長川縣監, 廢後有印藏于府, 壬辰倭寇時見失.

　　富寧本鏡城郡石幕之地. 我世宗十三年以東良北女眞往來之衝, 始置寧北鎭, 以節度使兼判鏡城郡事. 十六年移鎭于伯顔愁所【今鍾城.】, 石幕舊地則土官千戶守之. 二十一年省富居縣, 移民戶于石幕, 割本縣堀浦以西·會寧府錢掛峴以南·黃節坡以北屬之, 號富寧, 陞都護府. 富居廢縣在府東六十里. 有軍倉, 本鏡城富家站我. 太祖七年割屬慶源府爲治所, 世宗十年移慶源治于會叱家, 而別置縣于此, 稱富居縣監, 二十二年省縣, 來合其地, 後爲懷綏驛. 輸城察訪今居其地.

會寧胡言斡木河【一云吾音會.】. 我太宗時斡朶里童孟哥帖木兒乘虛入居. 世宗十五年兀狄哈殺孟哥父子, 斡水河無酋長. 十六年移石幕寧北鎭于伯顏愁所, 尋以斡水河西北當賊衝, 且斡朶里遺種所居, 特設城堡, 令寧北鎭節制使兼之. 然其地距鎭阻隔, 聲援懸絶, 是年夏別置鎭于斡水河, 以豐山·圓山·細谷·宥洞·高郞岐·阿山·古寧居·釜回還等地爲界, 稱會寧鎭. 置僉節制使, 陞都護府使, 置判官及土官. 二十三年割鍾城吾弄草西偏地來屬. 雲頭城周一萬七千餘尺, 城西絶壁削立, 不知某代所築. 古詩云: '經營誰甲子, 傳道是完顏.' 無乃完顏之所築歟.

鍾城女眞乘虛, 入句麗舊地, 號愁州. 至我世宗十六年, 別置會寧鎭于斡水河, 明年於寧北本鎭置郡, 號鍾城, 以鎭節制使兼知郡事. 以涪溪·林川·鹿野·防山·造山·時及等地民戶屬之. 二十二年以愁州徙入江隈, 賊路要衝, 遂移郡治于足, 乃以本鎭城爲都節使行營. 明年陞都護府, 置判官, 設土官, 又徙南界民戶實之.

穩城女眞乘虛, 入句麗舊地, 號多溫平. 我世宗二十二年置郡, 改今名, 徙慶源及吉州南·安邊北諸邑民戶實之. 明年陞都護府, 置判官, 設土官, 明年置鎭. 崇禎庚午柔遠土兵梁士福與流配人梁繼洪等謀亂伏誅, 降爲縣, 癸酉還陞爲府. 邑治故在射場烽燧南廣野中, 移設年月不可考.

慶源城北二日程有古塔, 相傳是高句麗限城界塔云. 古稱孔州, 一云匡州【後人掘地得銅印, 其文曰匡州防禦之印, 慶源邑治屢移, 此印未知得於何地.】. 久爲女眞所據, 高麗尹瓘設砦, 爲公嶮鎭內防禦所【今阿吾地堡.】. 我太祖七年因古址築石城, 以其地有德陵·安陵, 且肇基之地, 改今名爲府. 割鏡城府龍城以北屬之. 太宗九年移治于蘇多老古營【今慶源府東十里有也郞城古蘇多老.】, 設木柵以居, 十年因女眞入寇, 徙民戶, 倂于鏡城, 遂虛其地. 十七年割城鏡豆籠耳峴迆北之地, 復置邑於□□站, 爲都護府【卽府居懷綏驛之地.】. 世宗十年又移府治于會叱家之地, 徙南界民戶以實之, 置土官.

慶興古孔州之地. 慶源府旣移治於會叱家, 世宗以距孔州古地隔遠, 難於守禦, 復修孔州舊城, 差萬戶, 兼孔州等處僉節制使. 十七年割傍近民戶三百屬之, 別置縣, 稱孔城, 以僉節制使兼縣事. 十九年以穆王肇基之地, 陞爲郡, 改今名. 二十五年更廣其城, 陞都護府, 置土官.

茂山本富寧茂山鎭. 顯宗甲寅觀察使南九萬啓移於江邊, 肅宗甲子置府, 割富寧車踰嶺以西・會寧蘆田頂以南屬之.

▪ 總錄

高句麗地方, 今未詳疆界, 而考諸邑誌, 有句麗持平鎭名者, 今安邊・德源・永興數邑也. 無州鎭之名而只言句麗故地者, 今咸興・北靑・吉州・會寧・鍾城・穩城・慶源諸邑也. 其外亦多舊地名之傳來者, 未詳何代所稱, 而其言古某地, 久爲女眞所居云者, 必多句麗時稱號也.

新羅時所屬地方, 今安邊德源以外無考焉.

高麗時地方, 得失相仍, 而今幷錄于拓邊條下, 以逐女眞拓邊境, 實自高麗時也.

拓邊【此係高麗時.】

高麗太祖十四年置安北府及剛德鎭, 謂有司曰: "北藩人面獸心, 今雖服事, 向背無常, 宜於所過州鎭, 築館城外待之."

成宗四年契丹伐女眞, 路由我境, 女眞謂我導敵, 誣譖于宋. 宋使韓國華至, 王曰: "女眞貪而多詐. 前冬再馳木契, 言契丹將至, 猶疑虛僞, 未卽救援. 契丹果至, 呼我戍卒言: '女眞每寇我邊, 今已復讐, 整兵而廻.' 於是女眞來奔者二千餘人, 皆給資遣還, 不意反潛師奄至, 殺掠吏民, 反相誣告. 況契丹介居遼河之外, 復有二河之阻, 無路可從, 且女眞逃難, 受本國官職者十數人, 尚在望台, 赴京闕庭辨得實." 國華許之【契丹之伐女眞, 由西路境, 而此係女眞事, 故錄之以下, 只記北路所關.】. 成宗十年徐熙逐鴨綠江外女眞, 於白頭山外居之.

德宗時令柳韶築長城, 以都連浦爲界, 西踰大嶺, 置定州·宣德·元興三關門, 三周其隍, 以禦女眞【睿宗時增築長城, 金發兵止之, 金主勅邊吏曰: "無得侵軼生事."】.
　　按今定平·咸興有麗朝古長城址, 義州玉江里北及九龍潤北亦有古長城址, 俗稱萬里長城. 輿地考亦載德宗朝所築. 安邊老里峴卽達海西之路, 而此亦有長城, 未知同時所築歟. 三關門所在之地, 當俟博考.

靖宗時東女眞將軍等來獻馬, 文宗時又來獻馬. 至二十七年, 東女眞歸順州都領古刀化等率衆來附, 乞爲郡縣. 賜姓名孫保塞, 授懷化大將軍, 餘皆賜姓名及爵. 西北面兵馬使奏: "西女眞漫豆弗等請依東蕃, 分置州郡, 其外亦願附籍者." 從之. 初成宗十四年分境內爲十道, 以和州·溟洲等郡縣爲朔方道. 靖宗二年補東界【與北界爲兩道.】. 文宗九年稱東北面, 後咸州迆北沒于東女眞.

肅宗九年東女眞伊位界上有連山, 自東海岑崛起, 至我北鄙, 險絶荒翳. 間有一徑, 俗謂瓶項, 言其出入一穴而已【按今鬼門關, 一名是瓶頂坂, 疑卽此.】. 若塞其徑, 則女眞路絶, 故邀功者往往獻議出師. 至是因邊將李日肅所奏, 遣平章事林幹率師, 伐之敗績. 於是女眞乘勝, 闌入定州宣德關, 殺掠無數. 復遣樞密院使尹瓘伐之, 亦不利, 卑辭請和而還.

睿宗二年尹瓘·吳延寵率兵十七萬, 逐女眞. 遣兪瑩告捷, 王命畫定地界, 東至火串嶺, 北至弓漢嶺, 西至蒙羅骨嶺. 瓘使兵馬鈐轄林彦, 記其事于英州廳壁, 略曰: "女眞之於國家, 强弱懸殊, 而窺覦邊鄙, 肅宗十年乘隙搆亂. 肅宗赫然將討之, 厥功未集. 今上嗣位, 謂左右曰: '女眞本高句麗之部落, 聚居于蓋馬山東, 世修貢職, 被我祖宗恩澤, 一日背畔, 先考深憤. 朕今一灑先君之恥.' 乃命守司徒中書侍郞平章事尹瓘爲行營大元帥, 知樞密院事翰林學士承旨吳延寵爲副元帥, 率精兵三十萬, 俾專征討. 尹公事業傑然, 嘗慕庾信氏之爲人曰: '庾信六月冰河以渡三軍, 此無他至誠而已. 予亦何人哉.' 其至誠所感, 靈異之跡屢聞焉. 吳公時之重望, 天性愼謹, 良圖大策, 施無不中. 兩公聞命東下, 三軍奮呼, 斬六千餘級, 降五千餘口, 其望塵奔走, 不可勝數. 其地方三百里, 東至于大海, 西北界于蓋馬山, 南接于長·定二州. 山川之秀麗·土地之膏腴, 可以居吾民, 而本高句麗之所有也, 古碑遺跡尙有存焉. 高句麗失之於前, 今上得之於後, 豈非天歟. 於是新置六城, 一曰鎭東軍咸州大都督府, 兵民一千九百四十八丁戶, 二曰安嶺軍英州防禦使, 兵民一千二百三十八丁戶, 三曰寧海軍雄州防禦使, 兵民一千四百三十六丁戶, 四曰吉州防禦使, 兵民六百八十丁戶, 五曰福州防禦使, 兵民六百三十二丁戶, 六曰公嶮鎭防禦使, 兵民五千三十二丁戶. 選其顯達而有材能者, 鎭撫之"云云【吉州府使崔有海記曰: "林彦所記, 乃當時實蹟, 地界之遠近·郡邑之大小, 皆有法制, 後世失其地形, 訛傳無據. 今細推之, 則咸州卽咸興, 英州卽今北靑, 雄州卽今端川, 吉州卽今明川等地. 麗史云: '雄在南, 吉在北'者, 信矣. 五曰福州, 卽今鏡城富寧等地, 六曰公嶮鎭, 卽今會寧·鍾城等地. 而慶源亦有尹瓘築城遺蹟, 會寧府·公嶮鎭在於豆滿江江越邊蘇下江濱"云. 遠近分別, 井井有條.】. 立碑公險鎭, 以先春嶺定界, 又築宜州·通泰·平戎三鎭, 爲北界九城. 瓘命諸軍, 撤內城材瓦, 以築九城. 兵馬使金漢忠執不可曰: "如外城未畢, 而卒有緩急, 民特何保." 後竟如其言. 許載以中軍錄事來守吉州, 時女眞來攻, 一夜築重城以禦之. 後又擊女眞于吉州關外, 大破之.

按北關誌, 孔州舊城【今阿吾地.】初設慶源府, 再設慶興府處, 卽尹侍中設砦處也. 誌曰: "設砦爲公險鎭內防禦所." 朔方記曰: "外公嶮鎭在蘇下江濱, 立碑嶺上"云云, 則公險鎭防禦當時有內外之鎭也. 先春嶺今在彼地. 朔方記曰: "先春嶺在慶源豆滿江北七百里. 尹瓘拓地, 至此, 城公嶮鎭, 遂立碑於嶺上, 刻曰高麗之境. 碑之四面有書, 胡人剝去. 或云: '鍾城北七百里.' 未知的在何方." 又曰: "自會寧高嶺鎭, 渡豆滿江, 踰古羅耳, 歷吾章站·英哥站, 至蘇下江, 有公嶮鎭古基. 南隣具州·探州, 北接堅州. 東史云: '尹瓘至此, 立碑爲界.'" 又曰: "巨陽城西距先春嶺六十里許, 城卽尹瓘所築. 而南距縣城二百五十里, 疑在黑龍界."【按巨陽城, 載慶源誌, 而巨一作關. 縣城北九十里山上有古石城, 名曰於羅孫站. 其北三十里有虛乙孫站, 其北六十里有留善站, 其東北七十里有土城古基, 卽巨陽城. 內有兩石柱古縣鍾處, 高三尺, 圍四尺. 有慶源人庾誠者, 至其城, 碎其鍾, 駄九馬, 纔十之一. 從者三十餘人皆死, 其遺鐵置草中, 人不敢取. 世傳城乃尹瓘所築. 縣城亦載慶源誌, 而自鎭北堡渡會叱家川, 大野中有土城, 名曰縣城. 城內有六井. 龍飛御天歌曰: "奚關城東距訓春江七里, 西距豆滿江五里." 疑是. 又朔方記曰: "郡城西距豆江五里, 東距訓春江七里, 內有六井, 亦稱奚關城." 據此則縣城, 意卽今彼之郡城. 郡與縣, 音相近也.】

初睿宗將伐女眞, 舍人金仁存極諫. 及築九城, 仁存言宜還其地, 女眞褎思弗頭等來朝, 請還舊地. 於是會群臣議四年, 遂以九城還女眞, 鐵嶺迤北幷合, 歸之遼東.

高宗四十五年元兵來侵, 龍津縣人趙暉·定州人卓靑殺兵馬使, 以和州迤北叛附元. 元置雙城摠管府于和州, 以暉爲摠管, 靑爲千戶.

高宗十一年東眞國請置榷場, 買賣不許. 十六年東眞寇和州掠人畜, 長平鎭長陳龍甲諭以約束, 皆棄去【此條當在上.】.

恭愍王五年東北面兵馬使柳仁雨等攻破雙城, 收復咸州以北. 雙城摠管趙小·卓都卿等逃入伊板嶺北立石之地. 遣李仁復如元上表, 請歸舊疆雙城·三撒以北, 許立關防. 十一年以壽春君李壽山爲東北面都巡問使, 定女眞疆域. 辛禑十四年鐵嶺迤北元帝命立衛, 遣朴宜中陳達, 遂寢.

本朝

桓祖收復北路.

太祖招安女眞【竝詳龍興舊蹟】.

世宗癸丑兀狄哈攻斡木河【今會寧】, 殺孟哥【斡朶里酋長】. 敎曰: "自古帝王重興王之地, 太祖如置慶源府于孔州, 太宗移于蘇多老. 庚寅寇盜草竊, 守臣失禦, 退守富居, 太宗常命: '若胡人來居, 使行斥逐, 勿使窟穴.' 今蘇多老·孔州鞠爲茂草, 胡騎爲遊獵之所, 予每痛切. 且斡木河直豆滿之南, 在吾境內, 土地汰饒, 宜于耕牧, 正當要衝, 合沒巨鎭以壯北門. 太祖之世, 孟哥帖木兒效順來歸, 請爲藩籬. 太祖軫守在四夷之義, 姑許之, 玆者自底滅亡, 藩籬一空. 機不可失, 欲紹述先志, 還復慶源于蘇多老, 移寧北鎭于斡木河, 募民以實之, 謹守祖宗天險之封疆, 以寬邊民迭守之勞苦, 非好大喜功之比." 同副承旨金宗瑞奉下敎, 時宗瑞出納機宜, 大被器遇. 明年拜節度使, 遂復四鎭地, 抄南道壯民, 入居耕戍. 宗瑞論行城四鎭疏略曰: "高麗始祖力能統合三韓, 威不及於朔方, 只以鐵嶺爲界. 其後睿宗遂置九城, 然旋得旋失. 我太祖天縱聖武, 起於朔方, 奄有大, 東南盡于海, 西北至于鴨綠, 東北至于豆滿. 爰置孔州·鏡城·吉州·端川·北靑·洪原·咸興七州, 誠東方未有之盛業也. 太宗經世, 漸磨旣久, 夷化爲民, 第因昇平日久, 守臣失禦, 鏡城以北陷爲賊藪. 太宗軫念, 始置慶源於富居, 微示復舊之意, 其擴斥恢復, 在聖上繼述耳. 曩者朝議以爲蹙慶源於龍城, 則北方措置得宜, 而民弊盡去, 聖上以爲祖宗所守, 尺寸不可棄也, 固執不可. 其議復喧, 乃令微臣, 往議大臣, 加置寧北鎭于石幕, 以定界域. 臣今在北方, 無處不見, 無言不聞, 富居·石幕皆非限域之處, 龍成亦非關塞之地. 議者曰: '龍城如函谷, 阸險無比.' 是大不然. 無水可阻, 何以設險, 無山可據, 何以爲固. 眞所謂四散四戰之地也. 若以四邑要衝, 宜作大鎭, 以爲主將之所, 以爲四邑之授, 則然矣. 倘如議者之言, 以龍城爲界, 猶未免侵凌之患, 則後之議者必以摩天嶺爲界, 而又未免, 則乃以鐵嶺爲界而後已. 前朝之事可鑑矣. 以龍城爲界者, 有二不利·一不義, 蹙先祖之地, 一不義也, 無山川之險, 一不利也, 無守禦之便, 二不利也. 以豆漫江爲限者, 一大義·二大利. 復興王之地, 一大義也. 據長江之險, 一大利也. 有守禦之便, 二大利也. 天相有道, 孼胡自竄, 聖上乘機, 不勞一兵, 坐復舊疆, 爰置四邑, 增光前烈. 我國北連靺鞨, 屢被侵凌, 自前朝至丁今, 城郭之修·甲兵之鍊, 當百倍於他道. 往者以富居爲界, 而尙無數尺之城. 塞邑如是, 況龍城以南之州郡乎. 聖上軫念, 旣築會寧, 又築慶源, 役不踰時, 功乃告訖. 況甲山·慶興自能修築, 皆有堅城, 北方之憂十已去其七八矣. 前朝以鐵嶺爲關, 後以雙城爲界, 出諸下道之軍, 遣戍於此, 戍卒倒老, 尙未歸家, 以今日之事言之, 霄壤不侔矣. 今日之建四邑, 專以藩屛北方也, 今日之築城郭, 專以鞏固藩屛也. 今日之事非可已不已而輕用民力也." 上卽遣中使慰諭曰: "今見卿書北方之事, 予無憂矣." 柳西厓成龍題其後曰: "國朝名卿, 功業之盛莫過於建置六鎭. 今此疏布置宏遠, 議論恢張, 亦一代之奇才, 而實世廟之善任, 有以致之也."

世宗十六年置會寧府, 十七年置鍾城郡, 二十二年置穩城郡與慶源·慶興, 幷爲五鎭. 後三十一年設富寧府爲六鎭. 金宗瑞設六鎭, 爲政嚴厲, 吏士苦之. 膳夫累置不能殺, 以飮燒酒, 飯蔥也. 一日夜宴, 矢中酒尊, 色不動曰: "奸人試我耳, 何能爲哉." 及旣成而與將士戍之, 凡一宴, 裨將百人皆設牛脚大嚼曰: "北塞今幸拓疆, 將士十年遠戍, 不若是, 無以慰之. 況作事之始不可以涼. 今雖用一牛脚, 後十年則雞脚亦不瞻, 將士謳歌思歸, 則誰與固圉乎."

世廟復開六鎭, 藩胡之在江內者, 以離土爲悶, 請仍居, 永爲不二之臣. 其勢有難一時盡逐, 挑其仇怨, 故不得已築長城於江邊, 而凡江之內地在城外者使居之. 二十三年春命體察使皇甫仁·黜陟使鄭甲孫·節制使金宗瑞築行城, 或石或土, 至秋始訖【詳關防.】

甲寅【世宗十六年.】初設四鎭【北路初以吉州·慶源·鏡城·會寧爲四鎭, 及設鍾城·慶興, 以鍾·會·源·興爲四鎭, 及設穩城·富寧, 幷爲六鎭, 及設茂山, 以富寧之在嶺內, 故錢掛嶺南·車踰嶺東富寧屬南四邑, 茂山爲六鎭】, 抄南土無田莊民, 分布入居, 且耕且戍, 輕徭薄賦, 以厚其生. 又抄公私賤口入屬, 更募湖·嶺三道居民入居. 良人則賞授土官職胥吏, 免役, 公私賤放良, 私賤換給. 又移南道富民·豪强千餘戶實邊【按北關誌, 咸鏡一道鄕音最別, 而惟北道凡官(茂山前設邑也.)無鄕音. 本募南民入居, 故其子孫皆用故鄕音云. 顯宗六年兵參柳赫然奏: "西北邊民互相推刷, 而北地寒苦, 人戶漸虛, 西民之移北者, 姑勿刷邊, 令限十年."】. 丁卯右相皇甫仁建議, 請於長城外設屯田, 更吏卒守護耕耘, 以防寇掠, 守護之命始此.

藩胡征討及部落撤歸【詳下藩胡】.

車踰嶺外至豆滿江邊, 曾爲老土·亇乙亐所據【詳老土部落.】, 庚子淸人撤去, 仁祖己卯年間僉使【今廢茂山.】朴深始爲作耕車踰嶺外, 孝宗庚寅年間僉使李晩天請於監司, 更率土卒, 入往耕作. 監司鄭世規啓以可合設鎭, 朝廷仍許耕作, 土卒秋收後還歸本鎭, 亦有流民之入居者. 顯宗壬子監司南九萬疏請設邑, 兼上圖本, 略曰: "富寧·車踰嶺以外會寧·都昆以上二百餘里之地, 宜置一府數鎭堡." 朝廷許之, 置鎭, 移茂山僉使居之. 肅宗甲寅設府. 二十三年領相南九萬箚曰: "茂山之西朴下遷·坪·江界之東慈·城西海坪等地, 膏沃宜耕, 失業之民願入者多. 先使近地邊將主管開墾, 以爲漸次開拓之圖. 規模一定無撓, 則二江防守聯絡之勢, 不多年可成矣. 臣在北關, 北置茂山等三鎭堡, 西置厚州, 以爲漸拓沿江之兆. 且癸亥本兵時又請設邊將於慈城等地, 以朝議不咸, 纔設旋罷, 乙丑因犯越事發, 朝議欲幷罷茂山厚州. 臣力言其不當罷, 而茂山幸存, 厚州遂罷矣. 今六鎭連歉, 而茂山每豐, 他邑亦賴. 而犯越生事, 頻開於他處, 不發於茂山, 則犯越之患, 非必新設處爲可憂也."

邊胡

北路舊爲女眞野人所據. 今据諸書記其部落之大槪, 以見拓邊之業艱而功偉焉.

女眞

女眞本高句麗之部落, 聚居于蓋馬山. 其先出于勿吉, 居古肅愼之地. 元魏時有七部, 曰粟末・曰伯咄・曰安車骨・曰佛涅・曰號室・曰黑水・曰白山. 至隋, 勿吉改號靺鞨. 唐初有黑水靺鞨・粟末靺鞨二部, 皆附于高麗, 其五部則無聞焉. 李勣破高麗, 粟末部去保東牟, 是爲渤海國. 太仲象與其徒渡遼水, 保太白山, 國號震達. 先天中封渤海君, 斥大土宇, 遂爲盛國, 因爲渤海國. 黑水部居肅愼地, 東濱海, 南鄰高麗. 開元中置黑水部, 部民在南者, 繫籍于遼, 號熟女眞【咸關嶺以南之地, 宋史混同江以南之地.】, 在北者不籍于遼, 號生女眞【咸關嶺迤北之地, 宋史混同江迤北之地.】, 極遼遠者號黑頭女眞, 已而避遼興宗諱, 改曰女眞. 至阿骨打始大, 易部建國曰金. 金亡, 歸于元.

高麗時有東女眞・西女眞.

野人

三國之末, 平壤以北悉爲野人遊獵之所. 安邊以北多爲女眞所占.

會寧江外古羅耳【今高嶺越邊江路, 淸差出來之路.】・沙吾耳洞・常家下・附赤郞耳・下多家舍・伐引・無乙界・車良【有上中下.】・魚厚江・厚訓・朴加遷・檢天【皆係野人地.】.

總錄

我太祖肇基東北, 畏威懷德, 野人酋長遠至, 移闌豆漫皆來服事, 常佩弓劍, 入衛潛邸, 東征西伐, 靡不從焉【斡朶里・火兒阿・托溫三城, 其俗謂之移闌豆漫, 猶言三萬戶也. 蓋以萬戶三人領其地, 故名. 自慶源依西北行一月而始至焉.】. 女眞則斡朶里豆漫・火兒阿豆漫・托溫豆漫【斡朶里, 地名, 在海西奚斯江之東・火兒江之西. 火阿兒, 地名, 在二江合流之東. 托溫, 地名, 在二江之下.】・哈蘭都達魯花赤・參散猛安【猛安, 千夫長之稱.】・海洋猛安【海洋, 地名, 詳吉州沿革.】・阿都哥猛安【阿都哥,地名. 自移闌豆滿東行四日而至.}·實眼春猛安{實眼春, 地名. 自慶源府北行二日而至. 東距奚關城一日程. 南距豆滿江二日程.}·甲州猛安{今甲山. 本虛川府. 久爲胡人所據.}·洪肯猛案{洪肯, 卽今洪原.}·海通猛安{海通, 地名. 自實眼春西北三日而至.}·禿魯兀猛安{禿魯兀, 今端川.}·斡合猛安{斡合, 地名. 在今鏡城南一百二十里. 其地有圓石. 屹立二百餘丈. 西有猛安川, 東流過立石下. 北入于海. 其俗謂石爲斡合, 故名.}·兀兒忽里猛安{兀兒忽里, 地名. 自實眼春北行五日程. 北距速平江二日程.}·阿沙猛安{阿沙, 今利原.}·紉出闊失猛安{自慶興北行一日. 渡豆滿江. 南距斡東九十里. 其地有大澤. 出眞珠. 其俗以珠爲紉出闊失. 故爲地名.}·吾籠所猛安{吾籠所, 水名. 自鍾城綠揚峴過東林城. 入豆滿江. 西北距慶源六十里.}·土門猛安{土門, 地名. 在豆滿江北. 南距慶源六十里. 西距常家下一日程.}·阿木剌唐括{阿木剌, 地名. 自慶源北行一日. 經阿剌孫站. 又行五日而至焉. 東距實隣古城三日程. 北距速平江一日程. 唐括, 猶百戶}. 兀良哈則土門{兀良哈, 部種名.}. 嫌眞兀狄哈則古州{嫌眞兀狄哈, 部種名. 古州, 地名. 在速平江之傍. 自會寧府北行二日. 至阿赤郞貴. 又行一日. 至常家下. 又行四日. 至古州. 西距先春嶺四日程.}. 南突兀狄哈則速平江{南突兀狄哈, 部種名. 速平江源出古州界. 東入于海. 南突, 因人姓以名之.}, 闊兒看兀狄哈則服春等是也{闊兒看兀狄哈, 部種名. 水居以捕魚爲生. 服春, 地名. 在東海南嶺. 南距慶興一百二十里. 西距奚關城一百五十里.}.

按女眞野人是二種, 而俱自三國之末, 則其來已久矣. 三國之末, 雖曰野人多據平壤以北, 女眞多據安邊以北, 而鴨綠江邊亦有女眞舊居, 豆漫江邊亦有野人舊居, 則種類之遷徙往來, 今未可詳也. 暨我國初, 二鍾供服. 豆漫猛安皆女眞之種, 而其兀良哈以下意皆爲野人之種也. 北路胡警, 迄于屢百年, 而中宗·明廟·宣廟之時皆稱野人, 而未見女眞之名. 然國初如斡朶里居會寧者, 是女眞部落也, 豈女眞野人之種. 後來遂不能復辨, 而通稱野人歟. 或女眞遂微, 而只有野人之種歟. 當俟博考.

■ 藩胡諸部{部落戶數, 出制勝方略. 或曰: "意金節齋制梱時事, 而其憎修則兵使李鎰也."} 萬曆間啓請印行國初拓邊也. 胡人之不能悉逐, 而仍居江內者, 留爲藩胡. 然考制勝方略, 諸部落所居, 或在城底, 或在五里·十里之內, 或數十里·四五十里遠, 或至四五息程·數日程沿海諸鎭之下. 又有居島中者, 計其道里, 多在江外. 其寇掠也, 又多渡江而來, 則藩胡之名不獨江內爲然. 豈當時自江內徙去者, 雖在江外, 而皆服事爲藩胡, 其外雖有本居江外者, 亦近於我境, 而同爲藩胡也歟. 今依制勝方略, 錄藩胡諸部, 而部落及酋長之名, 不能悉載. 只記其摠數, 其梗化剿討事實, 又據文獻及北關誌諸書, 幷類附焉.】.

●慶興府【部落五戶五十餘】, 造山堡【部落五戶二十餘】, 撫夷堡【部落七戶一百三十餘】, 阿吾地堡【部落三戶二十餘】.

嘉靖戊子水賊乘者皮船二百餘隻, 猝入西水羅木柵, 被擄甚多. 府使金秀文馳赴, 則賊已乘船下海. 人以其不先破其船爲恨.

嘉靖辛亥賊兵圍造山, 我軍力戰退兵. 府使羅嗣宗馳進, 單騎入, 伏兵而死. 甲寅秋賊胡無數突至, 圍造山數重. 前萬戶金定國與萬戶崔漢貞撤夜力戰, 賊敗退. 兵使李思曾適處到慶興, 逗遛不進, 賊已越江, 始入造山, 反以定國不能制敵, 歸罪充軍, 公論稱寃. 漢貞以射白馬胡, 陞訓鍊判官.

萬曆癸未慶源賊變後, 巡察使鄭彥信欲儲軍糧, 設屯田于鹿屯島, 使府使元豪開墾. 然本府力薄, 所耕甚少. 丙戌朝廷遣宣傳官金景訥, 號屯田官, 設柵於島, 以南道闕軍隷爲農軍, 多入農器及耕牛, 適年歉, 得不補功. 丁亥令造山萬戶李舜臣兼掌屯田. 至九月, 府使李景祿率軍入島中, 與舜臣收穫之際, 楸島藩酋亇尼應介·沙送阿等, 傳箭於撫夷境. 時錢中樞阿吾郎阿·酋長厚通阿渾道等及阿吾地境酋長金全伊, 與慶源境巨酋伊靑阿·如處深處·兮知介等, 嘯聚群胡, 藏兵於楸島後, 見守護單弱, 農民布野, 擧衆突出, 先使騎兵, 來圍木柵, 縱兵大掠. 守護將及第吳亨及監打官林景藩等, 突圍而走, 亨被箭, 景藩帶箭入柵, 又中箭. 時柵中將士皆出場頭, 不能支, 吾諸將吏死戰. 亇尼應介跳濠, 將踰柵, 及第李夢瑞一箭射倒. 賊退歸, 舜臣與景祿追擊之, 奪還五十餘人, 兵少, 不能窮追. 朝廷議拿景祿等, 上命白衣從軍, 立功自效. 是冬兵使李鎰巡到慶興, 以虞候金遇秋部分四百餘騎, 乘氷暗渡, 曉襲楸島部落, 焚廬舍十七而還. 鎰又密擒何吾郎等首唱, 三胡誅之. 翌年正月發吉州以北·穩城以南土兵及營軍士·京將士·慶興軍馬幷二千七百餘名, 會寧府使邊彦琇爲左衛將, 穩城府使楊大樹爲右衛將, 幷進襲賊, 焚二百餘家. 其前辛亥造山之圍, 壬子西水羅之陷, 癸未慶源·安原·乾原·阿山·訓戎之變, 皆此部之首謀, 而不卽加兵. 及鹿島之敗, 始致討殲滅. 明宗九年草串胡人生聚漸多, 時抄邊民, 令北兵使李思曾討之, 焚其巢穴.

● 慶源府【部落三十四戶一千二百餘】, 阿山堡【部落四戶五十餘】, 乾元堡【部落二戶二十】, 安原堡【部落三戶六十餘】, 訓戎鎭【部落三戶一百三十】

永樂庚寅四月府使鄭萊佑時人畜爲賊被掠者, 不知其數, 不能守城. 其民退托於鏡城府使及都鍾撫王崇老, 竝被退北之罪. 戊戌築城於懷綏站, 仍以慶源之民居之.

世宗丁巳賊胡起兵, 人民被掠. 府使宋希美·判官李伯慶恐㤼, 杜門不出, 軍士金三兩等以斧破鑰, 開門馳突, 追擊奪還. 事聞, 金三兩等賞職, 希美·伯慶以逗遛誅. 時都節制使金宗瑞. 萬曆癸未藩胡都酋長亐乙只乃赤聲言: "阿山前萬戶崔夢麟侵暴." 嘯聚遠近. 將作亂時, 萬戶柳重榮使人探賊奇, 賊執送保處仍圍. 阿山幾陷, 利原縣監李之詩入援多射, 賊胡却退. 然輒來圍城, 虞候李仁老以助防來守, 與柳重榮怇惸不出, 賊由是益肆. 府使金瓚·判官梁士毅聞阿山通事韓玉等【柳重榮所遣探賊奇者也】擄在藩胡, 不知諸胡皆叛, 輕自領兵, 直到藩胡, 一時逆射, 人馬兵糧盡被奪掠. 訓戎內禁衛白允衡死戰突入, 救出金瓚. 後二日, 賊胡二萬餘騎來圍本府, 府使·判官各自分守. 西門將前萬戶李鳳壽望賊逃遁, 賊陷西城, 殺掠滿城, 惟軍器及倉穀上荷賴金瓚力射獲全. 翌日賊再圍, 欲持倉穀而去, 皆持車馬, 自東門至西門, 圍布三迊. 穩城府使申硈自安原聞變, 已先在城中, 列立城頭, 殊死戰. 一胡騎白馬馳突, 硈一箭射倒, 賊氣靡奔潰. 然賊衆我寡, 不得追逐. 目此鍾城粟甫里·會寧尼湯介皆以擁兵, 巨酋傳箭, 亐知介一時皆叛, 惟穩城境藩胡憚於申硈之威, 終不敢梗化. 是變也, 賊胡萬餘騎自痲田洞來圍訓戎鎭, 作衝橋毀城, 煙焰漲天. 僉使申尙節·助戰將鍾城判官元憙終日相戰, 垂陷之. 時申硈自黃拓披典, 柔遠僉使李璞·軍官車楨·金景福等聞變, 從間門道馳來, 突圍急擊之. 賊胡有知硈面者, 見其快射, 魁醜一矢而斃, 驚曰: "穩城令公來也." 卽退北. 尙節等知外救至, 開門追擊, 諸軍乘勝, 直擣賊所由來安豆里部落, 盡蕩穹廬, 少雪國恥. 慶源諸部落焚蕩之擧, 自此始. 乾原亦再被圍, 富寧府使張義賢以名將之後, 來守是城, 奮勇挫銳, 城賴而不陷. 是變也, 賊勢熾張, 彌滿大野, 安原權管李遇春·助戰將兵使李濟臣·軍官羽林衛金震經幷有不固之志. 申砬以阿山助戰, 路經安原, 斬逃兵鼓士氣. 賊知有援, 不敢來犯. 然孤城殘卒, 竟不能支. 疊入, 本府倉穀未及輸入, 賊胡闌入, 焚掠而去. 時申砬·申尙節共立功, 胡人目之爲大·小飛將. 慶源軍士吳漢春救其父於戰陣, 推鋒幷死, 有旌門.

萬曆乙未兵使金宗得伐伊項·于虛部落得據. 虞候成佑吉以功陞嘉善. 五月大擧伐件加退, 敗績【阿山堡, 本件乙加退堡.】.

● 穩城府【部落十九戶一千百五十.】, 黃拓坡堡【部落一戶十.餘】, 美錢鎭【部落三戶一百三十.】, 柔遠鎭【部落九戶一百九十.】, 永達堡【部落四戶百餘】

萬曆癸未零賊十餘騎夜入穩城巨乙只大洞, 殺掠而去, 永達萬戶金弘達率兵追蹤, 賊已過江而去, 不能窮捕.

甲午易水部落來犯永達堡西北城. 萬戶金銖射殺三胡, 賊乃退. 崇禎庚午柔遠土兵梁士福之子繼玄先是被擄. 戊辰冬以通官出來會寧開市, 到柔遠, 覲其父. 時昏朝餘孽梁士洪等配穩城, 與繼玄通謀, 遺書虜中請兵, 虜以其書送于朝廷, 追捕誅之.

壬辰倭寇時藩胡皆傳箭搶掠, 惟穩城藩胡接置散民, 不擄掠.

● 鍾城府【部落六十七戶二千八百三十.】, 潼關鎭【部落十一戶三百六十.】, 防垣堡【部落七戶九十.】, 細川堡【部落三戶.】

萬曆癸未巨魁栗甫里與尼湯介聚軍, 先遣精騎十餘, 攔我勢, 第五六日二萬餘騎分三運, 蔽野來. 兵使金禹瑞遣虞候張義賢·判官元憙·軍官權德禮等引兵百五十餘,分守江灘要害. 賊見兵少, 一齊渡涉, 別侍衛金希齡射中白馬一胡倒水. 然賊勢熾張, 水爲之斷流, 我軍不能支, 走入西門, 終日相戰. 日暮時穩城府使申硡自永達聞變馳來, 上嘯巖觀兵. 賊知援兵之來, 蒼黃退去, 硡追至江邊. 元熹開東門馳出, 然賊以精騎殿後, 不能快捷. 戰亡及被掠者無數, 翌日再圍還退. 是變也, 賊又以三萬餘騎以圍潼關鎭數重, 助防將朴宣僉使鄭鷗與充軍前府使梁士俊力戰. 多放火砲, 加以壕邊深掘品防, 以故不能逼城而退. 朴宣等兵少, 不敢追. 時賊胡五千餘騎來圍防垣, 直至東門. 將肉薄而登, 萬戶崔湖與巡營軍官前郡守李薦及端川郡守李永深等弓弩亂射, 賊乃退.

是年秋尼湯介·栗甫里等率衆數萬, 到防垣外, 分屯五處, 各執五色旗旛, 呼噪圍抱. 作防牌長梯, 再至壕邊, 將欲蟻附, 助防將李璲·兵營軍官前縣監尹安性等與萬戶崔湖及李薦死守. 城頭多設勝字銃筒·木箭·鐵丸, 賊再三進退, 矢石所及皆死傷, 乃退去. 虞候張義賢·判官尹湛·兵營軍官李璞·充軍李克善等自鍾城聞變馳來, 見賊退, 乘機追逐. 李璲等亦開門合擊. 賊以精壯殿後, 多設伏兵, 只追到長城門而還. 潼關藩胡投乙只進告賊夜入鷹谷, 羽林衛姜晚男自願伏兵要路, 射之, 賊蒼黃而散. 栗胡欲除投乙只, 乙酉夏率千餘騎潛渡, 夜圍投乙只家, 殺掠而去. 又大擧犯, 鍾城府使李薦預知之, 先設伏兵, 追擊射傷, 賊乃遠遁.

萬曆丁亥賊胡數千騎圍城數重. 邑人金嗣周爲軍官, 以單騎開東門, 潰圍出, 賊素知驍勇, 不敢逼. 適有飛雉, 嗣周一發中之, 賊驚逐引退, 時以爲一箭解圍【嗣周曾從鄭評事討倭.】.

萬曆壬寅春二月賊胡數千騎潛來圍城. 時值寒食, 民皆上墓, 惟餘軍校數十人. 府使鄭曄令鳴鼓角, 開四門登樓, 引軍校易衣服, 終朝受軍禮. 賊知衆多, 不敢逼. 乃遣善胡語者問來犯之意, 賊告以無食, 遂與牛酒, 賊乃退.

●會寧府【部落四十三戶一千一百餘】, 高嶺鎭【部落十四戶二百三十餘】, 甫乙下鎭【部落

二十六戶六百餘】. 豐山堡

　　世宗二十六年東良北住兀良哈浪甫也隱豆來朝. 隱豆曾有綱常之罪者, 上以爲天地所不容. 東良北密邇我境, 久沾王化, 不可不誅. 令轘之境上, 下敎諭, 野人震慴.

　　世祖五年初毛隣衛兀良哈浪卜兒哈世居會寧地面, 與我國人民世相婚嫁, 無異編氓. 其子赤升哥來住王城, 聚妻從仕. 後浪卜兒哈與邊將忿爭, 與赤升哥煽誘諸部落同叛, 拿致之法. 建州右衛都指揮佟火儞赤等構捏奏聞, 遣使辨明.

　　中宗十三年會寧城底野人速古乃等潛入甲山府, 殺掠. 將遣將掩捕, 副提學趙光祖啓, 非王者御戎之道, 罷之【此條當在下.】.

　　天順庚辰世祖六年六月天使馬鑑·序班一人率蒲州江兀良哈童蒼·李滿住·克尙等三百餘名, 到會寧長城外曰: "我天使也. 中國欲令朝鮮與兀良哈和親, 故送我來也." 七月宣慰使禮曹參判到會寧, 與兵使楊汀發吉州以北軍五千人, 備儀出迎, 請宴則辭以疾. 藩胡等疑充尙等竊其妾, 盡驅家屬入城, 充尙等怒棄天使, 退屯雲頭城, 明日天使還. 是年九月申叔舟征兀良哈後, 數有胡警, 時邊釁大開下, 伊灘胡人千餘騎來圍府城. 兵使楊汀府使金思佑戰不利, 翌日賊更圍城, 焚城外積穀. 鍾城衛將黃生等以二百騎來援, 賊乃退, 追至雲頭城.

　　是年十一月尼林車胡三百人入寇高嶺. 兵馬使朴垌戰不利, 鍾城府使康純領許麟等千餘騎來救, 追入虜地六十餘里. 事聞罷垌, 以純代之.

　　萬曆甲申宣祖十七年初藩胡尼湯介事國甚恭, 又服其父母喪, 命立旌標長城門外, 以聳異其類. 是歲湯介結隣部首叛, 聚萬餘騎, 登江外臺巖, 日暮退去, 與鍾城賊合, 爲寇不止. 及制征後, 諸胡還, 復款附, 獨湯介深匿. 後年秋始來訴于江戍云: "吾負國恩, 請回自新." 與府官單馬相會, 奉盟約而去. 兵使使判官朴知述僞許因座取之. 時赴防出身金俊民勇冠一軍, 請徒手反接, 知述欲專其功, 不許. 帶吏卒袖刃裹甲, 湯介已疑之, 及對坐, 知泚色動不敢發. 湯介怒, 跳上馬去曰: "不謂信國之如此." 自是絶不通, 後數年死.

宣祖乙酉甫乙下僉使徐禮元欲襲賊胡以立功, 徑率六十餘騎保, 入險阻, 爲賊所掩, 僅免, 竄于鍾城. 是冬賊自沙吾耳洞出掠, 守護將趙宗繼追奪而還. 後二月府使李鎰·都事朴希亮獲三十級, 盡焚穹廬.

宣祖辛卯藩胡投巨伊, 入忽刺溫, 以侵邊陷之. 府使李薲誘入投巨伊, 使力士誅之長城外.

府出身陳德益勇力絶倫, 胡首畏之. 萬曆丁未戰胡, 官判官.

●老土部落【此在今茂山境長白山後等地者, 或稱白山部落, 又有亐乙亐部落, 而諸書多統言老土, 共其部落之最大者也.】

富寧北車踰嶺外, 乃江內數百里之地. 自茂山鎭北行百餘里, 歷政承破吾達·竹頓·毛老·東良洞·老土部落等地, 至江邊, 始有亐乙亐施培. 亐乙亐者, 胡酋之名, 而施培者, 胡語堡城也. 自亐乙亐施培北東下, 則歷歇然坪·西加先·利施·都毘等地一百數十里, 始出於會寧豐山堡, 所謂歇坪等地, 皆昔日胡人聚落之所也. 會寧以南各邑每擾者, 皆由老土, 蓋其地處會寧·富寧·鏡城之交, 而又自長白山下南行, 則道路散出於明川·端川·吉州等地, 故老土處形便之地, 無時竊發, 誠爲腹心之疾, 肘腋之患. 自會寧以南至端川, 各邑設置數十山堡, 皆所以備此賊也.

自弘治年間至萬曆年間, 鏡城·吉州·富寧·明川·端川·會寧諸邑鎭堡, 歲被侵掠. 今不能悉錄, 只錄數條于下.

弘治壬戌賊胡由馬仇里·立巖, 直犯鏡城直洞, 寇掠海汀. 虞候由朴忠洞, 判官·評事由吾村, 兵使直衝朱乙溫, 盡殲之.

萬曆丁亥零賊遇我體探軍猝發, 相戰朱乙溫. 萬戶朴由己根力戰走之.

戊子九月賊胡夜犯吉州西北堡玉泉洞, 伏兵擊破之. 萬戶金範以此陞職. 萬曆乙亥車蹤嶺外藩胡百餘名來寇富寧玉連堡. 土兵出身董仁國善射, 發無不中, 射殺賊酋, 賊乃退.

老土部雜胡侵入我地耕種, 兵馬使李鎰諭使勿耕, 老土皆殺其所遣土兵, 遂截茂山路, 殺掠人畜【按制勝方略曰: "國初分界以豆漫江爲限. 虛水羅下端亦在濱江此邊, 而自下端內距五里有洞, 口立禁標, 無令滋蔓禁標之外. 故胡朱乙者乃祖上居東, 伐伊鉏應巨祖上居西, 耕田作農以資生, 且備他盜. 其後陰蓄叛謀, 來占虛水羅上端. 使其麾下居生於夫伊西洞口, 冒耕於政承破吾達, 誘聚叛胡, 作爲淵藪. 橫行作賊, 不有國令, 其罪可問, 不可懷綏."】.

宣祖庚子四月巡察使尹承勳與兵馬使李守一發三千軍, 守一領虞候李琰·會寧府使趙儆·吉州牧使梁諿·明川縣監李适分三道, 一由甫乙下境, 一由茂山境, 一由魚游澗境, 直擣部落, 戮五百餘胡. 時甫乙下僉使具滉從征. 自後賊常切齒, 是年六月老乙加赤以大軍犯甫乙下, 滉戰死. 李守一前後三爲北兵使, 在北營十五年.

淸人起於建州, 江內藩胡及老土·亇乙亐部落沒數驅去, 江外作種亦皆盡徙. 故其地今無胡人形跡.

● 劍川以下諸部落【此在鴨江上流三·甲·厚州境者.】
白頭山水之源直通雲寵·劍川, 開野箱廣, 過惠山鎭, 爲鴨綠江. 彼地有地巷浦·寺洞·藥水德等, 山坂長谷直通于江邊. 自古藩胡從此出, 掠同仁境·甘坪處. 地廣闊, 東連吉州界, 北接寶多山, 最是咽喉.

正統間三水廢縣府城越邊古味洞部落百餘家, 沿江漸入, 作家. 隆慶·萬曆間劍川岐部落十五六家·藥水德部落十餘家居三水, 沿江越邊與古味洞相通. 三水茄乙坡知·甲山惠山鎭皆春秋設饗開市. 萬曆庚寅建州衛酋火落赤, 自古味浦入劍川岐, 抄掠而去. 丙辰冬火落赤又入來, 自劍川至古味所, 居雜胡幷爲率去, 自是寇掠少息.

中宗十八年野人等來居于閭延·茂昌, 漸成部落, 命兩界節度使領兵驅逐【閭延, 本甲山閭延村.】.

宣祖二年古未坪舊棄于虜, 至是南兵使邊協啓以土地不可與人, 遂諭出之, 盡撤其居.

●忽剌溫【此在江外, 而距我境頗遠, 似與藩胡部落稍異.】

世宗甲寅忽剌溫家穩禿寇會寧地, 府使李澄玉令軍官孫孝恩追擊, 擒其弟湯其·愁等二口. 節制使金宗瑞卽莅斬後啓聞. 是役也, 藩胡凡察從征. 先是, 癸丑兀狄哈攻斡木河, 殺孟哥·管禿, 惟凡察·伊等幸免. 見本國人, 哀訴願徙慶源·時反等處, 群臣議不可. 時慶源在內地也, 凡察部後屬會寧, 仍居其地, 至是從征.

萬曆癸卯忽剌溫千餘騎來犯三峯坪, 大掠農民. 甲辰寇, 訓戎僉使任解獨追擊之. 賊又方圍美錢, 與訓戎兵遇, 美錢賴以得免. 乙巳潛入鍾城, 量度城周, 知兵寡不能圍, 遂往潼關. 前一日, 江岸藩胡來告忽溫出來, 僉使全伯玉卽馳, 報主鎭及兵營, 仍把守城堞. 明日被圍, 兵少城陷, 伯玉死之, 人畜皆被掠去. 土兵梁應全年十歲, 被擄而去. 未明發行, 見星而止, 行十五日, 始到忽溫所居. 胡酋名何叱貴所住處, 以磚木雜築重城, 屋舍壯麗, 所屬部落, 各自築城以居. 我國遣鍾城出身崔敬守, 繼遣穩城出身吳珀, 刷還被擄人. 最後遣兵營軍官鄭忠信, 何叱貴欲坐椅接見, 忠信曰: "我以國命來, 何叱貴當自出迎. 不然, 雖死, 不入." 良久相詰, 始以賓禮迎之款待, 忠信名震虜中. 留半月, 刷得四十餘人, 將別, 胡酋以駿馬貂皮贈之, 忠信不受曰: "若加被擄人則當受, 此外無所求." 胡酋遂加給四人. 忠信來後始與忽溫開市, 爲和忽溫. 後爲老羅赤所幷【畏齋以評事到潼關, 梁應全已老, 爲言其故事如此.】.

丙午忽胡來貢, 給百將職帖祿俸.

隣胡

■ 達達

太祖安邊策若曰: "北界與女眞·達達·遼·瀋之境相連, 實國家要害之地. 今其居民每於被俗互市, 互相親押, 至結婚姻."

世宗二十四年達達使人賫書, 至我北門, 招諭. 邊將語之曰: "天無二日, 民無二王. 今大明皇帝統一天下, 汝何發不道之書乎." 上馳奏京師, 降勅嘉獎.

■ 蒙古

高麗高宗時定平以南諸城被蒙兵侵撓, 安邊移寓襄州, 再移杆城, 幾四十年. 德源府有竹島, 高麗時定州以南十二城人物被蒙兵, 入此島.

我仁祖丁丑北道勤王兵回路, 蒙兵襲擊于古南山劍洞鵲峴下. 前營將韓耆英·後營將襄命純·中營將采諶力戰, 皆死之. 又入會寧, 掠倉穀.

■ 遼瀋

高麗恭愍王八年遼·瀋流民二千三百餘戶來投, 分處西北郡.

淸人始起【鍾城有烏碣巖, 相傳老羅赤生於此地云.】

忽剌溫所居十五日程. 有老羅赤疆盛, 欲幷忽溫, 以其女妻之, 忽溫猶不服, 每有相圖意. 忽溫酋長何叱貴欲寇防垣, 率衆到鍾城越邊門巖. 時老羅赤亦起兵, 擊縣城【疑今郡城】胡, 由慶源渡江, 至鍾城烏碣巖, 望見忽溫來屯越邊, 分一枝兵, 由防垣渡江, 伏山外, 遂迎擊之. 忽溫精兵盡死, 至今門巖有白骨云. 餘衆還其窟穴, 老羅赤復悉兵進攻, 何叱貴出城迎戰. 老羅赤分兵仗山, 間馳入城中. 何叱貴敗歸, 城已爲彼所據, 以百餘騎投如海部落. 如海幽殺之, 如海亦爲老羅赤所幷. 於是老羅赤盡幷諸部落, 仍陷遼東云.

淸人起於建州, 江內藩胡及江外作種沒數盡徙.

按建州與我境相近, 世祖四年大明以與建州酋董山交通授職事, 降勅切責, 遣使辨明, 則其時建州已有酋長矣. 又老羅赤所居切近北境. 今會寧甫乙下鎭江越邊有高峯, 名汗生臺. 土人傳言: "是老羅赤所居, 崇德皇帝誕於是地, 故名汗生臺." 臺在豆漫江北衆山之中, 臨江一峯陡起, 而四方土人之樵獵者, 或有潛渡登見者. 臺中窪而周可四五里, 中有柱礎之屬, 可辨宅基. 又傳鄭錦南忠信爲甫乙下僉使【舊鎭時.】時, 時與老羅赤相逢, 蓋臺在江邊, 與我境不幾里也【又傳會寧西十里許有老羅赤祖墓地, 名容依峙, 或稱孫依峙, 與汗生臺相望處也. 前有楸木幾株, 今年久不在. 淸人之開市出來時, 曾以此訪問屢次, 以墓前楸木爲証, 而土人懼, 不敢以告云. 然我境之人豈能秘而不泄, 無智愚貴賤, 皆能如一乎. 意最初淸人嘗一問之, 而我人聞其楸木之說, 遂以指點也, 淸人後亦不復問也. 又傳指點處, 春夏之交, 日暖風靜, 則初昏時有氣光明如一點燈, 與十里外燈光相映, 射人多見之云. 此說近誕, 而今其地尙有古塚一堆. 又傳甫乙下舊鎭前川有寶劍埋沙中, 鄭錦南得之, 嘗於老羅赤座, 見崇德方幼, 不覺墜椅, 起迎歸以劍贈之, 老羅赤大喜, 以千里馬爲答禮云.】

崇禎丁丑四月蒙古兵及淸兵, 自南入來, 彌漫會寧府. 城外前後至江越邊列陣, 廣袤七十餘里. 其中我國人馬自明川以南掠來者居半, 其親屬入來贖去者亦多. 其時兵使李沆【前後三爲兵使.】先到本府, 接待胡將等, 鍾城以下四府使幷來, 且運六鎭倉米數千石, 積城前. 蒙古等以米少旧, 西門直入, 盡掠倉穀, 留三日, 由會寧·鍾城境, 越江而去.

戊寅始開市於會寧, 彼地以寧古塔·烏喇兩處, 乏農牛·犁具及鹽而設也【是年爲崇德三年.】 順治二年乙酉, 始開市於慶源, 以鄂城·琿春商人來易于犁及釜也【詳下開市.】.

順治甲午彼地北邊請兵于我. 北狄有國俗云虜車, 又云羅先, 累侵北邊, 北邊每戰不利, 乃請兵. 朝廷擇北道砲軍三百, 使北虞候領兵. 三日到會寧江【疑卽彼地會寧.】, 山峽崎嶇, 徑谿險阻, 七日行至寧古塔. 城以木柵, 城內有公廨·軍器庫, 而地不廣, 居人不多. 塔前二十里許有宋改郞江, 其地東西挾, 南北長, 部落往往屯聚. 行數日程, 四無山岳, 豁然廣遠, 部落櫛比, 田土沃饒. 自此東向七八日程, 有白鹿江, 與黑龍江合流處也. 四方杳然無際, 地汚濕, 草木暢茂, 蚊蚋之所聚也. 虜車零賊, 乘舟往來之要衝也. 是年賊不來, 不戰而還. 戊戌又請兵三百, 六月十二日遇賊于此. 江上賊船大者長數十把, 上作板閣, 下作房二三十間, 引板竅放砲, 砲聲如雷. 淸人亦以小船中流而下, 泊于賊船, 急登船擊之. 或射或砲, 賊遂敗. 遂擒三名, 使舌人傳言曰: "吾等寧死, 不屈於人, 吾國之法也." 終不降. 容貌衣冠非胡非倭, 鬚髮微赤而長可一寸, 皆蟠旋上指. 冠如羅兀之制, 結纓於頤下, 衣以佼繡, 用以金銀器. 其文字頗似爪疤狀, 而紙甚厚白. 其後己酉閔老峯鼎重使燕時, 虜車使入貢而稱羅先國. 其書字正如此云【右出寬谷記.】.

江外雜記【出朔方記.】

鄂城·琿春地野廣而土沃, 人物輻集, 殷富甚加. 於初畜牧多牛·馬·犬·豕·驢·騾·羔·羊, 一如遼·瀋. 鄂城·琿春距我境最近. 豆江界分大野, 而彼地村落往往可望見【鄂城在豆江下流, 琿春又在其下.】.

琿春地方俱係駐防滿洲. 滿洲戶口一萬七千四百餘口【此一條淸市時問答. 琿春亦作煙筒如六鎭. 琿春去慶源江北十餘里, 其官府在鄂城, 與琿春隔一嶺, 去慶源七十里. 有將領, 如我國邊將. 此亦出朔方記.】.

自琿春至與開湖, 路出黑龍江西邊, 其間多巨邑.

自厚春【卽琿春. 因語音, 或稱厚春.】至紅旗浦十五日程, 水行二十日程.

自鄁城往烏喇·寧古塔, 路由穩城·鍾城界越邊深北之地. 鄁城距烏喇七日程, 涉三漢水, 距寧古塔九日程, 涉烏龍江【一本自琿春至烏喇一千三百里, 至寧古塔五百里, 至吾毛所里八百里云云. 鄁城·琿春地界相連, 道里不當, 如此之懸殊也. 必有一誤.】. 自北京至山海關爲七百里, 自關至瀋陽七百里, 烏喇七百里, 吾毛所里五百里, 寧古塔三百里, 琿春五百里, 合三千四百里. 騎馬往來則四十日, 倍途則二十日【淸市時聞之琿春人曰: "自琿春至皇城三千八百多里."】. 寧古塔地方五萬里, 人戶二十餘萬【此一條淸差時問答, 而因彼人之不欲筆談, 不得詳問. 地方人戶太相懸絶, 或言: "彼地沿海至沙漠之地, 甚長而多空曠, 故寧古塔所管, 地周雖大, 而人戶不甚多也." 或言: "人戶數意指寧古塔近地所管." 俱未詳.】.

富率里登登磯在寧古塔之後. 自寧古塔至三姓七日程, 自三姓至寓率里登登磯, 陸行十五日, 水行二十日, 皆極險.

瀋陽是盛京, 老城是與京, 從瀋陽北行, 至老城四百餘里. 烏喇是吉林所屬地界. 吉林係將軍職, 外銜諸侯. 滿洲官俱係武職, 民官俱係文職【彼人以漢人爲民人, 民官似指漢官.】. 山海關以外三省係吉林·瀋陽·黑龍江, 俱係滿州官. 武的官銜係將軍, 屬下有個副都統·都統, 屬下有兩個協領, 屬下有六個佐領. 佐領係章京【章京, 官名, 一稱驍騎授.】, 俱係武職, 吉林·瀋陽·黑龍江三省各有將軍【此一條淸差問答.】.

黑龍江出自白頭山北, 由愎介地【愎介距烏喇十三日程.】, 合混同江, 入海. 江左右有許全人, 食烏肉·鹿身·牛足. 愎介人亦食肉, 以狗子車擔曳使喚.

瀋陽以北有新烏喇, 吾毛所里·三姓·七姓·柳川·厚春等邑在黑龍江內【按琿春, 地名, 北人多稱以厚春. 今據此柳川·厚春等邑云云, 則彼地自有厚春地名. 厚春江·佟家江又相近, 則與琿春別矣.】. 自瀋陽向會寧【此指我地會寧.】, 渡北江·三漢江·厚春江·佟家江·伐塁江【雙市年, 自鍾城輸載彼人物貨, 致之伐塁, 在江外一百十里.】·分界江, 抵豆漫江.

佟家江北邊有紅黑石山, 嶺上有紅石黑石, 故名. 佟家江一支入黑龍江, 而水土皆丹, 故名曰朱溫川. 佟家江多產珍珠, 每年自北京使烏喇·寧古塔採納, 後以都城將有軍功, 割典佟家以北地, 故珠產於郶城【郶城自古稱以將種不絶. 近歳中國有張格之亂, 徵郶城·琿春兵, 兩地兵精甲於天下, 非不得已則不徵, 具徵赴也. 以騾·驢駕車, 車大容數十人. 每邑遞傳到皇城, 授以衣甲·兵器·戰馬, 其勝戰所獲者悉以與之, 故行無遠役之勞. 戰必敢先, 所向莫當. 我使之赴燕者, 路見勝戰而歸者列坐車中, 積其貨寶及人畜, 誇示之云. 郶城將之赴徵成功者, 時年十八云.】, 割難距會寧二日程, 自寧古塔至割難爲七日程, 自烏喇眞出割難爲九日程.

自會寧渡江西行一百八十五里, 至伐加上江, 自江邊西南行四百餘里, 至烏喇, 西北行三百餘里, 至寧古塔, 西行一百六十餘里, 至吾毛所里, 皆捷路也.

自會寧至寧古塔路程, 鍋底溝六十里, 光庇股嶺一百二里, 生格甸子一百二十里, 拉西嶺一百十里, 寓集口子一百十里, 馬連河下路八十里【此下宜有寧古塔幾里而無之, 未詳.】, 合六百里.

自寧古塔至烏喇程, 沙嶺站八十里, 必爾漢站六十里, 搭拉站六十里, 蛾眉所站八十里, 伊西站四十里, 推通站八十里, 拉法站七十里, 厄阿木站八十里, 烏喇九十里, 合六百四十里.

自會寧至北京三千四百餘里【琿春距北京三千四百餘里云, 而彼人言三千八百

里, 則會寧之距北京, 亦應類此也.】

開市

按北路開市, 自麗朝已有女眞請榷場及遣使監互市之法. 至于本朝, 亦有忽溫開市, 在淸人之前矣. 慶源開市時因淸國戶部吝照舊開中江市, 則中江市亦已在前矣. 但或開或撤, 而今之淸市, 迄今數百年歲, 以爲常也.

會寧開市每年, 慶源間年. 開市每年冬至前【近以歲前出來, 以日稍長也.】五頭戶出來, 通官二員【朝鮮語譯官.】自北京差來將差【本稱章京.】一員·次將【本稱驍騎校, 或稱分頭撥庫.】一員·博氏【本稱筆帖式.】一員, 以烏喇·寧古塔人間年交差而來, 是謂五房頭戶. 通官到烏喇, 送箭於寧古塔, 期會割難【以露宿之難, 每先渡江. 其來有先來及地方官出迎等節次, 五六日始畢到館.】. 五頭戶畢到後有下馬宴. 揷花奏樂, 通官揭告示榜, 令甫古讀之曰: "禮部爲禁斷事. 朝鮮國會寧交易, 六品通官·七品通官·寧古塔章京·驍騎校·筆帖式等知委, 率寧古塔庫爾咯【地名】等. 會寧·慶源交易時, 得料人持貉·土猪·鹿·狗·山羊皮等物, 從兩願交易牛·犁·鹽等物, 勿持豹皮·猞猁猻·江獺等物, 勿憑藉輿成攄掠作弊, 此意開諭汝等各以三十四毛靑持云. 勿買貂皮等物, 萬一違禁, 抑買朝鮮人物件而生事, 或他人陳告劾奏, 當被重罪, 決不可赦." 榜卽淸書. 自前揭讀之際, 彼人詐稱戒飭接待上國人之文, 以誑脅之. 壬申譯學朴道貫就見讀之, 彼人驚愧, 不敢復誑. 地方官接見時, 頭戶坐而擧手, 道貫亦爭之, 以起揖定式.

單市年頭戶各騎其馬, 自運其輜重, 渡江而去. 雙市年則烏喇·寧古將差次將先還, 兩通官及博氏率其家丁向慶源. 使家丁傳箭於琿春, 將·頭二人率撥什庫【如我國書字的.】來會. 過市後琿春將·頭先還, 通官·博氏更留數日, 還到鍾城, 渡江而去. 自會寧往慶源去來時皆責立馬匹, 又留所經邑各數日【穩城·鍾城】. 自鍾城又發人馬, 輸其輜重【人一千百餘人, 馬四百餘匹.】, 至字加土【距江外一百五十里.】. 五頭戶次第到館, 每五六日始畢到. 畢到前支饋不限日, 畢到後準二十日給料, 或限前還歸, 則計糧受去. 開市前間日接見, 開市後每日接見, 有接見床, 歸日有錢.

■ 開市時凡百定數

順治庚子府使李汝發以人畜出來者甚衆, 供億不堪, 報兩管吿請定. 回吿以琿春早進交易, 晚可交還, 相應不議【應接勿論也.】. 通官·跟役以外寧古·烏喇人三百二十名, 馬·牛·駝六百四十匹定數, 章京諸人·跟役及烏谷有定數, 幷計人三百三十三名, 內九十九人日三時饋大米, 二百三十四人日二時小米.

公市二日【給犁·鹽及牛.】, 私商三日, 馬市二日.

公市牛一百十四首【六鎭幷計.】分五等回禮【第一等羊裘一領, 小靑布二匹, 五等小靑布六匹, 布廣五六寸, 長四五尺.】.
犁二千六百箇【北關十邑幷計.】, 每五箇小靑布一匹【近年則犁鹽皆還賣而去.】.
鹽八百五十五石【十邑幷計.】, 每石小靑布一匹.

慶源公市牛五十首【源·興·鍾·穩四邑幷計, 下同.】, 分五等回禮, 鹿皮亦分三等【一等牛合十七領, 五等牛合十領.】.
犁四十八箇, 每箇小鹿皮一領. 釜五十五坐, 每坐小鹿皮二領.

供億大米六十八石, 醴米田米一百七石, 醬豆九石零, 鹽四十二石, 脯牛一, 自會寧支饋. 其他十邑分定【不能悉錄, 只錄數條.】. 猪三百餘口, 大口一百三十餘同, 加魚九百四十餘級, 甘藿一千八百九十餘同, 生鷄一千六百六十餘首, 油三石六斗, 蜜二斗三舛零. 慶源稍減, 巡兵營元贈加贈, 禮單五舛或六舛, 布·白紙·大米·田米·鹽·猪·大口·文魚·南草·煙杯·白鹿皮·佩刀·海蔘·紅蛤, 五房頭戶各有差等, 五房家丁二十三名, 亦各有米·鹽·紙·刀, 例贈.

彼人最重海蔘是禁物, 故若嚴禁潛貨, 則彼必百計生頭, 我人之牟利者亦百計圖利. 衆弊俱起, 故監市御史及地方官亦無如之何, 只設大禁而已, 不苛細已甚也. 馬匹之駿者或易之以六七牛, 而以海蔘則十斤可當一牛, 宜兩萃於是利也. 或言: "彼人以爲錦繡之糊, 故甚珍之, 至烏喇, 以每斤換天銀一兩二錢重"云. 開市時公市則地方官及差使員與五頭戶對坐館門外, 私商及馬市則惟地方官與頭戶與監市而已. 評事趂市時先期來到客舍, 至過市後, 有監市御史之名, 而例不得出館門監市也.

海寇【倭】

麗末因倭寇設兵船于德源鎭溟浦, 水道淤淺, 移泊安邊浪城浦.

倭寇咸州【詳龍興舊蹟.】.

壬辰倭寇【此從南入北, 異於海路來寇, 而以類附此. 彰烈祠志·顯忠祠志·北關誌合錄龜巖集, 鏡城人李元培著.】

壬辰六月倭將淸正長驅入北, 十二日鐵嶺軍潰. 北兵使韓克誠欲守摩天嶺, 軍潰而走. 賊遂入吉·明·鏡諸邑, 富寧府使元熹戰沒. 七月賊入會寧, 擄王子, 遂渡江攻掠老土部落. 還由鍾城門巖, 渡江, 入穩城·慶源·慶興, 取沿海路, 還鏡城. 於是鎭堡叛兵爭縛守將, 擧城附賊. 八月淸正使一將領兵, 據吉州, 以摠諸鎭, 身歸南道. 北靑·安邊各置重兵, 以爲聲援.

北路義兵【評事鄭文孚】

時倭寇充斥, 凶徒竊發, 明川之末守木男·鏡城之鞠世必·會寧之鞠景仁皆賊魁也. 評事鄭文孚爲土人所射, 幾死, 陷賊中, 脫身逃. 行乞至龍城, 投巫人韓仁侃家, 仁侃熟視曰: "豈評事公耶." 文孚惕然曰: "我京商行乞身." 仁侃心知之, 卽引入其家, 厚遇之. 秋夕日仁侃以祭饌先進之曰: "吾祖賊人也. 雖生存, 敢先評事乎." 居五六日, 文孚間行, 遇書生二人, 卽崔配天·池達源也. 貢携而行, 至禦亂里【今改爲漁郞里, 李判官潤雨所改.】武溪李鵬壽家. 鵬壽大喜, 傾家奉之, 仍推爲主將. 傳相招諭, 姜文佑最先至, 鏡城府使鄭見龍亦來會, 遂推文孚爲倡義大將, 鵬壽爲別將, 見龍爲中衛將, 文佑爲斥候將. 九月十日文孚起兵, 入鏡城, 陣于柳亭, 兵纔百餘. 先遣人於世必, 遂領兵入城, 見世必, 語以利害. 世必時已納款受倭職, 與倭相通, 以其屬扶侍左右. 文孚使登城戰守, 上南門, 建大將旗, 使文佑等執世必於座, 斬以徇. 幷其衆, 卽日引而南, 屯于明川, 斬末守·木男等, 募兵至數千. 十一月戰倭于吉州長坪石峴, 破之, 十二月又戰于吉州雙浦, 以鐵騎突之, 大破之, 撤倭將, 數其罪. 癸巳正月戰于端川馬屹境, 三勝之, 還吉州. 聞倭遣大兵, 迎吉州所住倭南還, 且戰且追. 使崔配天懷掟書間行, 達永柔行在所. 上引見流涕, 文孚所手草狀啓·報牒凡十篇. 時觀察使尹卓然【漆溪君. 本家子孫有謹辨錄.】嫉文孚聲績, 掩己噴言: "文孚本一幕佐, 不當自爲大將, 違己節度, 且以端川之戰爲奪人之功." 文孚回報: "以奪人之功, 吮癰舐痔者之所不爲. 爲臣子者, 少有功利之心, 不以討賊爲急, 必有天殃. 世情人事有不暇顧"云云. 卓然大怒, 反其實以聞于行在, 又檄見龍等主文孚軍, 六易將, 軍人輒散去, 不得已起文孚領之. 其間誤戰機, 多以此也. 見龍初悒怏, 及有功, 又與文孚郤, 而卓然陰主之, 每欲以軍法殺文孚, 將佐往往追掠危死, 然不貳於文孚. 明年見龍擢節度使. 文孚北行六鎭, 招服藩胡, 搜誅叛黨, 卒定關北, 大抵皆其力也. 然賞不行, 只以誅鞠賊功, 陞吉州牧使. 後北人爲文孚訟功, 始褒美陞嘉善. 文孚終始不伐, 素性恬退, 竟不大顯. 及光海時, 見時事大乖, 凶賊鄭造又不幸近出門族, 因杜門屛跡. 或見造來, 則或沈醉不省, 或瞑目不語. 李爾瞻居隔洞, 常欲結納而不一造, 遂以酒自汙. 鶴谷, 此洪瑞鳳, 於文孚中表兄弟也. 癸亥春數訪公, 輒醉臥. 仁廟改玉, 以文武材被元帥薦, 乞養出全州, 丁憂病腫. 甲子适亂起, 復力疾, 到龍江, 疾劇不及從. 賊平, 得終制. 是年十月朴來章等謀亂, 私議以文孚有將材. 及鞠獄, 文孚被逮, 將釋, 臺論詩案繼發, 未免梧棘之冤【戊午在昌原任所, 詠史有楚懷王事, 及是, 臺言謂有所指.】時李澤堂植·趙浦渚翼以問事, 卽就委官前曰: "何可以此罪此人也." 後澤堂修宣廟實錄, 特筆立綱, 著文孚事甚詳. 顯宗甲辰澤堂子畏齋端夏以評事入北, 以澤堂評事時採詢錄, 又訪於北人, 得文孚事及同時義士事頗詳. 請於巡察使閔老峯鼎重, 請立祠於北, 閔公啓請與同時諸義士贈職享祠. 李公還朝, 又疏伸文孚寃. 乙巳十二月領議政鄭公筵奏: "文孚以北評事倡義討賊, 其功大矣. 見忤當路, 功不大顯, 後以詠史詩死於杖下. 故相臣趙翼常言其寃, 文孚死於杖下而已. 不在罪籍, 別無伸寃之事, 同事之人旣贈當考, 則文孚以首功尤當贈職, 錄用其子孫矣." 上命超品贈職, 錄其子孫, 贈贊成, 後諡忠毅. 就禦亂里武溪湖起義處立祠, 賜額彰烈, 以文孚主之, 以李鵬壽諸人從享. 又享文孚于會寧顯忠祠.

彰烈祠	鄭文孚	李鵬壽	姜文佑	崔配天	池達源
【追配】	李希唐	徐遂	李麒壽	朴惟一	吳慶獻

『冠巖存藁』「遼野記程」

洪敬謨

『冠巖存藁』冊8, 游記,「遼野記程」

遼陽記一

　　遼陽, 古幽營之地, 卽漢之遼東太守舊治, 而明之寧遠伯李成梁開府處也. 自箕子時爲朝鮮西界. 秦時始內附, 名曰遼東. 而分其界, 半屬朝鮮. 史記項羽本記曰: "徙燕王韓廣爲遼東王." 是也. 漢以後鴨江以西皆入中國版圖. 晉爲遼東國治. 大興初爲慕容廆所據. 後燕時地入高句麗爲遼東城. 唐太宗征麗克之, 以其地爲遼州, 移置安東都護府於此, 後徙廢. 遼初建東平郡, 旋升爲南京, 又改曰東京, 置遼陽府. 復置遼陽縣爲府治, 金因之. 元初置東京總管府. 至元間立遼陽等處行中書省, 尋改東京爲遼陽路, 以遼陽縣爲路治. 明洪武初置定遼都衛. 八年改遼東都指揮使司, 領衛二十五州二. 都司所治, 爲定遼左·右·前·後四衛·東寧衛, 自在州中·左二千戶所, 左·右·前·後四千戶所. 今爲遼陽州, 屬盛京奉天府. 初淸崇德帝圖取遼東, 築城於太子河之東, 號曰東京, 及得潘復取遼. 至順治十年, 設遼陽府, 旋罷爲縣. 康熙初改爲州, 置知州·學正·倉官·吏目等員, 駐治城內. 官兵則於東京城內駐防. 州卽故都司城. 明洪武初都指麾馬雲·葉旺因元舊址, 改築城, 周十六里, 有奇門六. 又展築東城一里, 其北又附築土城. 永樂中復改築北城, 南北一里, 東西四里, 門三合於南城, 共周二十四里三百八十五步. 城故卑挾, 熊廷弼鎭守, 聞敵騎入境, 令夷城. 淸人怪之, 不敢逼及, 諜知改築, 引兵至城下, 新城峨峨一夜而成. 後廷弼去而遼陷, 淸人忿其城堅難拔, 遂毀之. 以方興得勝之兵十日而毀, 猶未盡云. 城制一如鳳城. 四門設甕城, 東曰綏遠, 南曰豐樂, 西曰順安, 北曰拱極. 四角皆有砲樓. 街衢衙術正直齊整, 一無迂曲, 恰與棋盤相似. 四通八達, 方位相對, 入東門則見西門, 入北門則見南門. 而大屋高樑聯楣接檐, 市肆夾路金碧照人, 富庶繁麗, 倍於鳳城, 亦一都會之地. 而猶爲疲難之窠, 抑以孔路要衝而然歟. 蓋遼陽之地處臨閭之西·海陽之北, 負山阻河, 控制東土. 前臨大野, 面勢宏闊, 眞是天府之奧區. 而人皆務農桑習文禮. 自淸以後, 滿人·蒙古與之雜處, 俗浸澆薄. 性且强悍, 少中國之風, 多邊鄙之習. 然遼·瀋乃其肇興之地, 則壯其根本之術, 非歷代所比. 故自入遼東, 桑麻翳鬱鷄狗相聞, 民自樂其業, 安其生, 不見兵者垂二百年矣. 按明天啓元年三月, 淸人旣得瀋, 又移兵向遼, 五日而至城下. 及城陷, 經略袁應泰登城北鎭遠樓, 擧火焚樓而死. 分守道何廷魁率妻子投井死. 監軍道崔儒秀自經. 統兵朱萬良等八人皆戰死. 御史張銓被擒不屈. 淸主欲生之, 婉諭再三, 終不可奪, 不得已縊而葬之. 乾隆於全韻詩詳載陷城始末. 且曰: "明臣之不降者, 我祖宗尙加恩, 而燕京君臣漠不相關, 功罪不明, 欲其不亡得乎." 州在奉天府南一百二十里, 東西距一百三十里, 南北距一百四十里. 至燕京一千五百八十四里云.

遼陽記二

　　遼陽故城, 今遼陽州治. 遼史地理志, 神冊四年葺遼陽故城, 以渤海漢戶建東平郡. 天顯三年遷東丹國民居之. 升爲南京, 城名天福. 幅員三十里, 八門, 宮城在東北隅. 南爲三門, 壯以樓觀. 四隅有角樓, 相去各二里. 外城爲漢城. 三十年改爲東京府, 曰遼陽, 治遼陽縣. 舊志: "金·元皆因舊城. 明洪武初改建定遼城, 卽今州城也." 明一統志云: "遼故宮在城內東北隅, 宮墻高三丈, 周八里, 四隅有角樓, 中有二殿, 外城謂之漢城, 分南北市, 爲看樓, 晨集南市, 夕集北市." 又云: "東丹王宮在城內東北隅, 內建讓國皇帝御容殿, 大東丹國新建南京碑銘在宮門之南." 有遼海亭, 金高士談詩: '殘雪樓臺山向背. 夕陽城郭水西東.' 末云: '自歎不如華表鶴, 故鄕常在白雲中.' 華表柱在鼓樓東. 丁令威化鶴歸來處此, 皆遼陽古蹟, 而今湮滅不知其所云. 按遼陽本漢縣名, 屬遼東郡, 後漢安帝初改屬玄菟郡, 晉廢. 其舊址久湮. 以漢志及水經注考之, 其地當在今州西北界承德·遼陽之間, 梁水·渾河交會之處. 今州乃遼·金之遼陽也. 遼志云: "本漢浿水縣, 高麗改爲句麗縣, 渤海爲常樂縣." 浿水在漢樂浪郡, 今朝鮮界內. 金德·常樂乃渤海中京顯德府縣名, 皆不在此. 又按新唐書, 渤海所建府州無遼陽之名. 而遼志謂之遼陽故城, 金志直云: "渤海, 遼陽故城." 疑唐中葉安東府廢後, 渤海置城於此, 謂之遼陽事或有之. 然考遼記, 太祖三年幸遼東, 神冊三年幸遼陽故城, 四年建東平郡, 天顯元年始攻拔渤海扶餘城, 進圍忽汗城, 降大諲譔, 置東丹國, 太宗三年遷東丹國民於東平郡. 是渤海未平之先, 遼陽之地早入契丹, 而名遼東, 復名遼陽, 或卽遼時命名, 非由渤海也. 遼志不考地理, 遂謂東京卽平壤城, 亦卽忽汗州, 又卽中京顯德府, 以相去各千餘里之地, 合而爲一, 誤其甚也.

東京記

東京城在太子河. 東離遼陽州八里. 淸天命六年所建也. 或稱馬上城, 以馬上傳甄, 一夜成城, 故名. 周六里十步, 高三丈五尺. 東西廣二百八十丈, 南北袤二百六十二丈五尺. 門爲八, 東之左曰迎陽, 右曰韶陽, 南之左曰龍源, 右曰大順, 西之左曰大遼, 右曰顯德, 北之左曰懷遠, 右曰安遠. 及夫遷都燕京, 置城守章京一·防禦八·巴爾佐領一·驍騎校九·筆帖式一, 所領滿州·蒙古兵六百五十名, 駐防. 康熙二十年移駐金州城內. 宮殿與城同時建. 城處野中, 甓築如鳳城, 而高大過之. 今管理驛站官守護. 以有舊遼城, 故稱以新遼東. 而人民市肆之盛不如舊遼, 頹垣敗堞, 今無可觀. 城內有八角龍殿遺址. 又有上帝廟·管寧王烈祠·鍾鼓樓, 城之四隅各有數檐譙樓. 其在西南者望京樓. 前時使行多登之者. 崔簡易集有登望京樓詩, 卽是也. 蓋淸主起自滿州, 盡有烏喇·寧古塔諸地, 遂由界藩·薩兒虎·撫順, 而至遼東, 築是城, 以圖天下. 時皇明萬曆戊午也. 夫蠻夷猾夏, 蓋自唐虞盛時. 而曁乎漢·唐匈奴强盛, 侵掠邊境, 殆無虛日, 未嘗覬覦中國. 自夫有宋, 金·元亂華, 始超八州, 御宇內之志. 猶於歷世數十, 根基已固, 有不拔之勢, 然後乃能革宋祚. 而不過百年, 旋卽滅亡. 今淸主之崛起僭號, 纔爲數世, 歷年之多·根本之固, 非如金·元. 地方之大·兵甲之衆, 又非如金·元. 而自是城吞遼據瀋, 遂成帝業, 斯豈非天命之所啓乎. 是城也, 雖是初年暫建, 然乃以始創之地, 不得與郡縣城池竝列. 仍稱之以東京云.

盛京記

盛京, 禹貢冀·靑二州之域, 卽今之瀋陽也. 天文則北極出地四十二度, 當天星析木之次, 入尾宿十度之分. 形勝則東窮大海, 西接蒙古, 南臨朝鮮渤海, 北抵大興安山在黑龍江上流, 北界鄂羅斯. 名山則有長白·醫巫閭山, 大川則有混同·黑龍·鴨綠江·遼河·渾河. 重險則有山海關·鳳凰城·威遠堡. 疆域則東西五千一百餘里, 南北三千餘里, 至京師一千四百七十餘里, 東北一大都會也. 若其建置則在堯爲靑州之域, 舜分爲營州, 周爲箕子朝鮮界. 至漢而屬遼東郡, 今南蘇水北, 有高句麗故城, 卽玄菟郡治也. 唐屬安東都護府, 段文振·薛仁貴征麗時皆由此路. 遼·金二代始建東京於遼陽, 置瀋州昭德軍於此. 元爲瀋陽路, 明置瀋陽衛, 今爲盛京. 淸太祖肇基興京【卽滿州】, 初有葉赫輝發烏喇·寧古塔諸地. 天命三年城界蕃移薩爾虎, 六年取瀋陽·遼陽, 築東京於遼. 十年自東京遷瀋陽, 遂定都. 天聰五年尊爲盛京. 及太宗底定全遼, 建號改元. 城邑旣定, 建壇廟, 營宮闕, 設官職, 修學校, 而京闕之規模備. 及順治元年, 定鼎燕京, 改盛京爲留都, 監往代兩都之制, 悉裁諸衛, 置昂邦章京, 副都統鎭守. 又設五部侍郞以下等員, 掌關以東事. 又於寧古塔設昂邦章京·副都統. 十四年省遼陽府, 於盛京設奉天府, 置府尹, 以承德知縣佐之. 康熙元年改昂邦章京爲將軍, 摠軍政, 管轄八旗軍旅, 常宿精兵數萬以鎭之. 移寧古塔將軍, 守吉林·烏喇, 於黑龍江又設將軍·副都統, 於白都訥設副都統. 而西抵山海關, 東至于海南曁土門江, 北屈鄂羅斯, 皆屬盛京·寧古塔·黑龍江將軍, 所總編戶之民, 皆隷府州縣, 屬奉天府尹. 又增置文武官吏, 與各州縣闢地. 至黑龍江以北黑眞·飛牙喀諸部及大興安山之外. 雍正間添置州縣, 增易駐防, 經畫盡善, 世以勿替云. 夫淸人東北之一部落也, 肇起於俄朶里城, 自明萬曆末, 蠶食遼·瀋, 耽耽虎視, 乃有呑中國之志, 於是乎入關內而逐闖賊, 據燕京而履帝位. 歷順治·康熙·雍正·乾隆·嘉慶, 而今爲道光十一年, 在瀋陽僭號天命·崇德二主爲二十八年, 入主中國爲六帝一百八十八年矣.

盛京記下二

城池

　　盛京遼·金之瀋州治, 而明之瀋陽衛也. 洪武二十一年指揮閔忠重修築城, 週圍九里三十步, 高二丈五尺, 池二重, 內闊三丈, 深八尺, 週一十里三十步, 外闊三丈, 深八尺, 週一十一里, 有奇城門四. 清祖遷瀋陽, 因舊城增拓. 其制內外甎石, 高三丈五尺, 厚一丈八尺, 女墻七尺五寸, 週圍九里三百三十一步, 四面垜口六百五十一. 敵樓八, 角樓四, 改舊門為八. 東之左曰撫近, 右曰內治, 南之左曰德盛, 右曰天祐. 西之左曰懷遠, 右曰外攘, 北之左曰福勝, 右曰地載. 池闊十四丈五尺, 週十里二百四步. 鍾樓在福勝門內大街, 鼓樓在地載門內大街, 八門正對, 方隅截然. 康熙十九年以土築關墻, 高七尺五寸, 週三十二里四十八步. 東南隅留水柵二處, 各十餘丈. 瀋水自南出焉, 入關墻, 行二里, 至內城. 設門處, 護以甕城, 甕城左右亦有東西對門, 南門當中而開城. 高可十餘丈, 上設三層樓, 高入半空, 在數十里外可見. 虹霓深廣, 自外至內, 可為十餘武. 上頭插石, 橫刻德盛門三字, 傍以淸書又書之. 門外有濠石橋, 跨上度橋而入內城. 城方一里許, 而每方各二門, 共八門. 八門之北兩門路, 與上東上西兩路, 縱橫貫城中, 如井字形. 南門之路交界處, 皆有十字樓. 東城門制如南門, 而甕城只有一門. 去城數十步有濠, 是時水縮而其深猶數尺. 北門亦如東門. 通衢築臺, 為三檐高樓, 樓下出十字路, 轂擊肩磨, 塵沙之漲, 如潮如海, 誠關外之大都會也. 蓋其城池之壯麗遠過於遼陽, 人民之繁庶亞於燕京. 而處在曠野之中, 無四塞之固, 只合戎馬馳突之場, 殊非宅中圖大之地. 清人之謂以環山海而控要荒, 遂成帝業之所基云者, 豈是地理之足憑歟.

宮闕

　　追撫近門入, 自十字牌樓, 西折入大衕衙. 少進而左路, 傍列竪朱柵, 數十間內有一殿. 殿制重檐八角, 甍桷如翬, 覆靑黃瓦, 庭際廣闊, 滿鋪紋甎. 是為大政殿, 卽視朝之大殿. 左右各有四面閣·列署十, 為諸王大臣議政之所也. 過朱柵數十武, 有靑瓦門三. 前立碑, 書曰: '親王以下, 至此下馬.' 有一牌門, 當前扁曰文德坊, 其對門曰武功坊. 靑瓦門之內有門, 曰大淸門, 入門行數步, 閽者不許入. 遂坐於門傍, 略問宮室之制, 閽者曰:"大內宮殿在大政殿之西, 南北袤八十五丈三尺, 東西廣三十二丈二尺. 其正門曰大淸門, 旁曰東西角門, 左右奏樂亭二朝房, 東西楹各五. 正殿曰崇政殿, 舊名篤恭殿, 左右二翊門. 殿前左曰飛龍閣, 右曰翔鳳閣. 左有一閣聳出, 重檐八楹, 上懸大鍾. 殿北曰鳳凰樓, 樓前東曰師善齋. 齋南曰日華樓, 西曰協中齋, 齋南曰霞綺樓. 鳳凰樓北曰淸華宮, 宮之東曰衍慶宮·關雎宮, 西曰永福宮·麟趾宮. 崇政殿東曰頤和殿, 頤和殿後曰介趾宮, 北曰敬典閣. 崇政殿西曰迪光殿, 迪光殿後曰保極宮. 宮後偏西有廊達繼思齋, 齋後曰崇謨閣. 大淸門東南設內務府, 歲時修理, 皆府董之. 宮殿自崇德二年建, 乾隆丙寅因舊規模, 益加增建, 十一年貯五朝實錄於鳳凰樓, 癸卯藏四庫全書於文溯閣"云.

■ 職官

淸主自東京移都于瀋陽, 改國號曰淸, 紀元曰崇德. 稱瀋陽曰盛京, 修城池, 建宮闕. 設官職, 置內閣·六部·都察院·理藩院等衙門. 及夫定鼎于燕京也, 文武各官上朝如制監往代留都之規. 設將軍府, 置將軍·副都統鎭守. 量留部·院各官, 開戶·禮·兵·刑·工五部衙門. 只設侍郞, 而無尙書. 吏部則以兵部幷攝之. 又置奉天府, 分莅州縣, 以承德知縣佐之.

■ 皇陵

自盛京西行十里, 過塔院, 路右有一坡陀, 林樹蔥蒨, 中立白塔. 高可數十丈, 多少彩閣, 隱映於塔後, 是云皇陵. 按盛京志:"太祖高皇帝福陵, 在盛京城東北二十里天柱山, 近則渾河環於前, 輝山興隆, 嶺峙於後, 遠則源長白, 俯臨滄海, 洵王氣所鍾. 太宗文皇帝昭陵在盛京城西北十里隆業山, 遼水右迴, 渾河左遶, 輪囷鬱蔥, 永固不基."昭陵卽塔院望見處也. 自城東北, 疊巘層巒, 至此而平地突起, 寬平弘敞, 韞藉明媚, 似是巫閭支脈. 而蓋遼左山勢, 皆起於長白山, 西至興京, 茂樹深林, 幕天翳日者, 土人呼爲納綠窩集. 而從此入興京門, 遂爲啓運山. 山在興京城西北十里, 肇祖·興祖·景祖·顯祖共葬一山, 竝稱曰永陵. 自納綠窩集北一岡袤四十餘里者, 土人呼爲歌爾民朱敦. 復西入英額邊門, 北爲天柱山, 南爲隆業山. 啓運天柱隆業三山封陵後命名者云. 若其陵制, 甃石爲地宮, 築黃土環以寶城, 前起方城, 覆以明樓, 上題陵名, 內碑一鐫廟號尊諡. 方城階下, 設祭臺, 上陳石香爐一, 燭臺·花瓶各二. 祭臺前二石柱一門朱櫺. 又前琉璃花門三, 爲陵寢門, 前爲隆恩殿, 重簷五間, 殿中設暖閣寢室, 如太廟制. 東西廡各五間, 左右燎·鑪各一, 前爲隆恩門, 五間三門, 繚以朱垣. 門外東西廂各五間, 守護官軍班房東西各三. 門前爲神道碑, 備鐫廟號尊諡, 覆以亭, 皆繪五彩餙金. 亭前石橋三, 橋左右下馬石碑各一. 宰牲亭·神廚·神庫·井亭皆繪彩. 橋南神路正中龍鳳門, 門外兩旁班房各三間. 文臣武士及麒麟·獅·象·馬·駝等石像, 左右序立, 前爲望柱二. 又前石橋一, 橋前聖德神功碑, 覆以亭, 擎天柱前後各二. 神路前爲大紅門, 門三繪彩脊四. 下左右角門二, 門南石坊一, 東西石坊二, 左右下馬石碑一. 大紅門內左爲具服殿三間, 繚以周垣, 西向覆以黃琉璃瓦, 爲乘輿更衣之所. 凡神路兩旁植樹十株, 爲行各間二丈. 陵外總爲大周垣, 垣外植紅柱, 以爲界限, 禁樵牧耕種. 以特旨派用宗室王·貝勒·公大臣及侍衛等, 遣往守護. 內務府奏派禮部官奉祀, 工部官歲修. 吏部選往承辦事務衙門主事, 兵部選往武職官, 看守二陵. 各設總管及掌關防官·八旗章京等員. 四季祀典, 各隨其時. 主祭官, 自順治元年至十七年, 遣宗室以下覺羅·阿達哈哈番以上, 或內大臣, 或盛京昂邦章京·副都統·四部侍郎等員主祭. 康熙十八年始定奉天將軍及副都統·四部侍郎主祭. 凡每歲淸明·中元·冬至·歲暮及忌辰均爲大祭, 以宗室將軍欽派陵官, 均陪祀. 每月朔上香, 萬壽聖節照朔望行禮. 如遇大慶典, 遣官致祭. 每歲淸明, 增土一擔, 由西磴道, 升至石柵, 竝爲一筐, 令承祭官跪上於陵上寶頂, 或皇帝親行敷土禮. 遇誕日, 奉祀官陳列, 酒果上香行禮, 每十年皇帝躬駕謁陵以爲例.

太祖高皇帝陵曰福陵, 孝慈高皇后合葬, 壽康太妃·宸妃·安布福晉·綽奇德和母竝從葬. 陵寶城周五十九丈五尺, 前爲方城明樓. 樓前爲享殿曰隆恩殿. 殿制三楹, 左右配殿各五楹, 門爲隆恩門. 神道南爲碑, 亭外爲紅門, 繚墻長六百十一丈五尺, 順治八年封福陵, 山爲天柱山, 從祀地壇. 十三年題, 定四周立界. 康熙二年改造地宮, 奉安寶座於享殿.

太宗文皇帝陵曰昭陵. 孝端文皇后合葬. 懿靖大貴妃·康惠淑妃·格格等九位竝從葬. 陵寶城周六十一丈三尺, 前爲方城明樓. 樓前爲享殿, 曰隆恩殿. 殿制三楹, 左右配殿各三楹. 門爲隆恩門. 神道南爲碑, 亭外爲紅門, 繚墻周五百七十丈二寸. 順治八年封昭陵, 山爲隆業山, 從祀地壇. 十三年題定四周立界, 康熙二年改造地宮, 奉安寶座於享殿, 三十一年重建大殿.

妃園寢總建琉璃花門三. 前爲饗殿五間, 東西廡各五間燎鑪一. 前爲門三間, 覆以綠琉璃, 繪五彩, 飾以金, 繚以周垣. 大門外東西廂房各五間守衛官軍班房各三間, 均朱飾. 門前石橋一. 特建皇貴妃園寢, 添建明樓一座. 內營壙, 妃以上用石, 嬪以下用磚, 各按位次安葬. 皇貴妃·貴妃·妃神牌各按位次, 供奉饗殿. 嬪貴人以下祔葬者不設神位, 竝祭. 四時皇帝謁陵時, 遣官致奠.

壽康太妃·懿靖大貴妃園寢各設守護首領一, 而不另設官員. 其一切祭祀事宜兩陵官兼辦爲之, 亦主祭.

伽藍

盛京四門外各有一寺. 東曰永光寺, 在撫近門外, 南曰廣慈寺, 在德盛門外, 西曰延壽寺, 在外攘門外, 北曰法輪寺, 在地載門外. 四寺用喇嘛相地術, 每寺建白塔, 一竝崇德三年戊寅勅建云. 行過廣慈寺門外, 駐車于路, 入寺門, 折旋數步而進. 殿宇深嚴宏麗. 臺高一丈, 周設石欄, 殿上籠罩罘罳, 扁曰心空彼岸, 卽乾隆筆也. 殿內安三佛, 卓前各有小龕. 中設三層, 置金佛九坐, 左右玉佛各一坐. 又有八百羅漢, 長纔數寸, 箇箇精妙. 康熙皇帝手造小塔數百, 如徑寸, 刻鏤之工奇巧入神. 浮圖高十餘丈, 上圓下方, 遍刻獅子. 庭有鍾鼓樓, 有三株古松, 交柯互枝, 蒼翠滿庭, 窈冥陰森. 左右有二閣, 閣內樹大碑. 在右者前後面皆蒙古西番字, 不可辨. 在左者記建寺顚末, 題其額曰勅建護國廣慈寺碑, 其文曰: "夫幽谷無私, 有至斯響, 洪鍾虛受, 無叩不鳴. 而況于法身圓大, 規矩冥立, 一音稱物, 宮商潛運. 故如來利見迦維, 托生王室. 憑五衍之軾, 拯溺逝川, 開八正之門, 大庇交喪. 法身維持乎八極, 慈威震慴乎群魔. 大智靜涵, 靈源普挹. 聖主道濟蒼生, 化隆無外, 念玆功德, 允合瞻依. 特勅工部, 遴委喇嘛悉不遮朝兒吉, 畢兎郞蘇, 相度鳩工于盛京, 四面各建莊嚴寶寺. 每寺大佛一, 左右佛二, 尊菩薩八, 尊天王四位, 浮圖一座. 東爲慧燈所照, 名曰永光寺, 南爲寶安衆庶, 名曰廣慈寺, 西爲虔祝聖壽, 名曰延壽寺, 北爲流通正法, 名曰法輪寺, 各立穹碑, 永垂來禩. 銘曰: '皇圖肇啓, 寶城弘開. 仰玆佛日, 躋于春臺. 雨暘時敍, 國無祲災. 三塗靡惑, 五福斯來.' 大淸崇德八年癸未仲春起工, 至順治二年乙酉仲夏告竣. 太學士剛林撰, 學士里德譯漢文, 尼者石岱譯蒙古文, 東木藏古習譯西域文."

萬壽寺, 康熙五十五年丙戌重修. 寺前有一座大牌樓, 扁曰萬壽無疆. 殿宇壯麗, 過於聖慈寺, 而但無滿庭松陰. 康熙皇帝書殿額曰遼海慈雲. 香鼎寶鑪及他寶, 不可殫記. 有喇嘛十餘人, 皆黃衣黃帽.

實勝寺, 在城西外攘門外五里. 淸祖於崇德二年以偏師, 破皇朝總督洪承疇兵十三萬於松山·杏山, 歸建此寺, 以誇功德. 寺門外立三座牌樓, 夾道對峙, 金膌照日. 以繙文額曰萬壽無疆, 曰慈航普濟. 殿宇穹崇宏麗, 覆黃碧瓦, 瑩若琉璃, 甍檐環結罘罳. 前揭金牓曰海月常輝. 殿內榻上列大佛三, 軀高可二三丈, 被服袻黃衣. 左右上層有九龕, 各有一佛. 下層列四佛, 三佛之前卓上以降眞樺榴, 作小龕, 中作三層, 環列黃金. 九小佛亦被黃衣, 九面餙以琉璃, 龕前環列小佛, 不計其數. 殿內床榻鑪幡, 金珠絢爛, 備極奢麗. 雲螭中貯金字金剛經, 乃內閣學士和珅筆也. 棟樑窓壁皆畫作錦繡龍鳳形, 遍柱雕龍, 爪鱗如活, 卽此技力, 已非東國所及也. 內柱左右懸長弓高鞬, 各具繡帒覆黃帕. 一是乾隆所御, 一是嘉慶所御. 僧言: "萬歲爺打圍後, 所供獻者"云. 東西有兩殿, 各供佛像. 殿之西起二層彩閣, 安乾隆嘉慶畫像. 又有嗎哈噶喇樓. 天聰九年元順帝後裔察哈爾林丹之母, 以白駝載傳國璽及嗎哈噶喇金像, 竝金字喇嘛經, 至此, 駝臥不起, 遂建此樓. 庭之東西有兩碑極高大. 東碑前面題曰邁華淨土實勝寺崇德三年戊寅立, 後面淸書. 西碑前後皆淸書, 不可解也. 寺東有行宮, 甍桷相連, 極其華侈. 禁不許人, 寺中以蒙古喇嘛僧守之. 喇嘛者, 西番道德之稱. 其法號大布丹, 爲人深目黃瞳, 形貌異常, 皆衣黃衣. 是謂喇嘛服, 其制如滿洲衣冠. 書如梵字胡書, 而橫書作旁行鴈, 佛經及俗用文字亦然, 蒙譯亦未能解云.

▰ 市鋪

　　自鳳城·遼陽至于瀋陽, 所經市鋪不無奢儉之別, 而盛京爲最. 自入土城, 市門夾道, 內城尤繁, 庶十倍遼陽四門之路交界處. 當街, 皆有三檐樓, 下開四虹門, 爲十字路, 以通車馬. 人山人海, 塵沙蔽天, 彩閣雕甍, 金牓畫牌, 競侈爭華. 百貨雲委, 充物于中. 坐市者皆衣紋緞, 御狐裘. 蓋山東·山西·江南之富商大賈, 車載舟運, 來留於瀋, 以通貨於朝鮮·烏喇等處, 或有數十年不歸者. 遠方異物無不流通, 俗尚之重利如此. 市門左右百工逞技, 如鉅木·造車·造棺·造椅·卓打·造錫鐵諸器及礱米·縫衣·彈綿之類, 而器械無不便利, 一人可兼我國十人之事. 此是大較, 而推此以往關內皇城之所稱極繁華處, 其規模制度皆不過如斯, 特有大小之異也.

▰ 疆域

　　盛京之界, 東西五千一百餘里, 南北三千餘里, 東至海四千三百餘里, 西至山海關直隷永平府界八百餘里, 南至海七百三十餘里, 北踰蒙古科爾沁地, 至黑龍江外鄂羅斯界二千餘里. 東南至希喀塔山二千九百餘里, 西南至海八百餘里, 東北至海四千餘里, 西北至蒙古土黙特界六百九十餘里, 至京師一千四百七十餘里.

　　瀋陽之東, 自開原出邊門, 歷烏喇·舡廠, 抵寧古塔爲一千三百里. 其西從山海關, 抵燕京爲一千四百餘里. 自遼東越東八站, 取鳳城路, 則抵義州爲五百餘里, 自興京出靉河邊門, 取牛毛嶺路, 抵昌城界, 不滿四百餘里. 故戊午我師之西渡, 丁卯淸兵之東出, 皆從此路.

　　奉天將軍駐奉天府所統者, 東至長白一千三百餘里, 西至遼河錦州一百里, 北至長寧縣柵八百七十餘里, 皆蒙古地界也. 南至寧海縣沿海七百三十里.

奉天將軍所轄, 東至興京臺門烏喇界二百八十里, 西至山海關八百餘里, 南至金州沿海七百三十餘里, 東北至開原威遠堡二百三十餘里, 西北至九官臺邊門蒙古界四百五十餘里. 承德縣所轄, 東至撫順八十里, 西至巨流河廣寧縣一百里, 南至十里河遼陽界六十里, 北至懿路站鐵嶺西界七十里. 自懿路歷二站, 至威遠堡共一百六十里, 自威遠歷十四站, 至寧古塔共一千一百二十里. 西至俄莫賀烏喇界二百五十里, 北至法忒哈邊蒙古界亦百餘里.

盛京邊墻, 南起鳳凰城, 北至開原, 折而西至山海關, 接邊城, 周一千九百五十餘里. 又自開原威遠堡, 而東歷永吉州北界, 至法忒哈, 長六百九十餘里. 挿柳結繩以定內外, 謂之柳條邊. 永吉開原, 以西邊外, 爲蒙古科爾沁等諸部駐牧地. 興京鳳凰城邊外, 爲圍場邊門, 凡二十. 由山海關外, 自西而東, 曰明水堂·白石觜·梨樹溝·新臺·松嶺子·九官臺·淸河·白土廠·章古臺·法庫·威遠堡, 折而南, 曰英額·興京·鹻廠·愛哈·鳳凰城. 又自開原威遠堡而東, 曰布爾德·庫蘇·巴漢·黑爾蘇·一統·法忒哈. 每門設章京筆帖式官兵, 分界管轄, 稽察出入.

遼·瀋沿革記上【中國】

盛京, 禹貢冀州之域. 舜分冀東北爲幽州, 卽今遼河以西之地, 靑東北爲營州, 卽今遼河以東之地. 商·周爲肅愼氏地, 箕子避地朝鮮, 武王卽其地封之, 遂爲朝鮮界. 戰國則遼河左右屬燕, 秦以幽州爲遼西郡, 營州爲遼東郡, 漢初因之, 武帝拓朝鮮地, 置樂浪·玄菟·眞番·臨屯四郡, 後改眞番·臨屯爲遼西·遼東郡, 玄菟·樂浪仍舊. 東漢復置屬國都尉, 漢末公孫度取之, 分遼東爲遼西·中遼郡, 東方諸國多附焉. 魏克公孫氏置遼東校尉居襄平, 分遼東·昌黎·玄菟·帶方·樂浪五郡, 置平州, 後還合爲幽州. 晉世高句麗略有遼東, 百濟據有遼西·後平二郡, 改爲遼東國, 昌黎·玄菟·帶方·樂浪四郡隷平州如故. 尋爲慕容廆所據, 歸後魏仍爲遼東郡. 隋初高句麗據之. 唐太宗伐高麗, 置蓋·遼·巖三州, 高宗平麗, 置都督府九·州四十二·縣百, 又置安東都護以統之. 開元初封大氏爲渤海國. 渤海置五京·十五府·六十二州, 而遼地始盛. 五代時地入遼. 遼太祖修遼東故城以居, 號東平郡. 尋陞南京, 又改東京. 金初因之. 後置遼陽府. 然自漢以來, 版圖所隸, 大抵皆奉·錦二郡所治之域, 未及混同江以東也. 遼·金二祖闢地始廣, 而郡邑沿革亦多. 遼·金皆襲渤海, 各置五京, 其三皆今盛京所屬之地. 遼以今開原西北邊外臨潢爲上京, 今廣寧西北邊外爲中京, 今遼陽爲東京, 又東界混同江爲賓州·寧江·長春等州之地. 金以混同江以東爲上京, 江以西爲咸平路. 遼之東京不改, 而易中京爲北京. 自海陵遷都於燕, 而金之上京改爲會寧府. 世宗雖復上京, 而規模非舊矣. 元初存東京, 尋改爲遼陽等處行中書省. 統路有七, 遼河以西曰大寧路·廣寧路, 河以東曰東寧路·遼陽路·瀋陽路·開原路. 開原以東爲哈蘭府水達達等路, 統軍民萬戶府五, 而混同江南北之民分治焉. 明洪武四年置定遼都衛, 旋改遼東都指揮使司, 領衛. 十年革所屬州縣, 置衛二十五. 永樂七年復置安樂·自在二州, 隸山東道. 此外雖有一百八十四衛·二十所之設, 然非封域之內也. 蓋秦·漢迄唐, 遼西之屬邑多, 遼·金以後遼東之闢地廣. 元則南兼高麗, 北通大漠, 明始以山海之內隸之燕京, 而開原以東遂分疆圉. 永樂時又界三坌河以北數百里, 與朶顏駐牧, 限隔東·西, 固不獨郡縣廢, 而幅頓亦殊矣. 淸祖肇基興京, 又築新城於遼陽. 天命十年相隂宅中, 以瀋陽爲王氣所聚, 遂增修其城爲盛京. 太宗底定全遼, 而宮闕之制備. 世祖定都京師, 以盛京爲留都, 其地西接畿輔, 北臨大漠, 東南瀕海. 順治元年悉裁諸衛, 設昂邦章京, 副都統總治之. 十年以遼陽爲府, 置遼陽·海城二縣, 寧古塔設昂邦章京·副都統諸員. 十四年除遼陽府名, 以瀋陽爲奉天府, 置府尹. 康熙元年奉天昂邦章京改鎭守奉天等處將軍, 寧古塔昂邦章京改寧古塔將軍. 三年錦州改爲錦縣, 廣寧改爲廣寧縣, 設廣寧縣·寧遠州. 四年裁廣寧府. 設錦州府, 移駐錦州, 是年奉天府又添設承德縣及蓋平·開原·鐵嶺四縣, 遼陽改爲遼陽州. 二十三年於黑龍江岸築愛渾城, 設將軍·副都統駐防. 自是西抵山海關, 東抵開原, 奉天將軍統之, 西接開原威遠堡, 東抵海濱, 寧古塔將軍統之, 東連寧古塔, 西至喀爾喀, 南至松花江, 北至俄羅斯, 黑龍江將軍統之.

遼·瀋沿革記下【東國】

遼東, 舊朝鮮地也. 在唐虞爲禹貢靑州之域, 周封箕子于朝鮮, 遂爲朝鮮地. 而箕子代檀氏而王, 其提封半是遼地, 則檀君之世亦當爲朝鮮之地. 古記云: "北扶餘爲檀君之後, 扶餘在遼東之北千餘里. 蓋檀氏世衰, 子孫北遷, 而舊壇仍入箕封矣." 按漢書曰: "玄菟·樂浪本箕子所封矣." 唐書裴矩曰: "遼東本箕子國." 遼史地志: "遼東本朝鮮. 周武王釋箕子囚, 去之朝鮮, 因以封之." 遼東志: "遼東本箕子所封之地." 淸盛京志: "瀋陽奉天府·義州·廣寧皆云朝鮮界, 則遼地太半爲箕子提封. 至後孫, 當燕之末, 失西界千餘里, 以滿潘汗爲界, 卽漢志遼東郡屬縣潘·汗也." 潘汗之在遼東東, 未知幾許里, 而自遼東西行千餘里, 則將過今寧遠州矣. 且今廣寧·永平故孤竹之地, 而孤竹嘗爲朝鮮之有, 故唐書直以爲箕子封於此, 而其實孤竹之入於朝鮮, 蓋在春秋後也. 此朝鮮最盛時, 而朝鮮以燕僭稱王欲興師討之, 其强大可知也. 至秦開攻, 取二千餘里, 界以滿潘汗. 秦滅燕而長城起於遼東, 築障踰於浿水, 遼河以東太師境土, 幾盡失之. 此朝鮮垂亡時, 而於是以遼地入中國也. 及夫衛滿簒箕氏, 其地西北限滿潘汗, 又侵降其傍小邑. 眞番·臨屯令東北塞外, 後亡地入漢爲四郡. 高句麗初起於遼左卒本之地, 卽今瀋陽·奉天府·興京等地是也. 漢自哀·平以來, 號令中微, 重以王莽·更始之亂, 而句麗得全疆域. 且句麗之北, 卽扶餘也, 扶餘之西北, 卽匈奴也. 匈奴經五單于·南北單于之亂, 逃遁奔竄, 其地又曠, 句麗適乘是時, 南侵北伐, 土地日闢. 建武之際, 句麗寇右北平·漁陽·上谷·太原. 夫右北平卽今奉天府地也, 漁陽在北平之西, 上谷又在漁陽之西, 太原又在上谷之西, 皆漢之北塞, 而當匈奴之衝·句麗之寇, 徑由四郡, 蓋嘗北拓其地, 迤而漸西, 與四郡之境, 相逼可知也. 其後三國鼎峙於中土, 而公孫康雄張海外, 母邱儉屠毀丸都, 則句麗遂弱. 通典所云"高句麗至曹魏, 南北漸縮, 才千餘里"者, 是也. 又其後慕容氏起於遼北, 用近攻之術, 句麗不能支, 東渡鴨水來, 都平壤, 遂爲東方之國. 又其後慕容殘滅, 憑氏來投, 而二魏爭衡, 中國疲於兵革, 句麗復强, 地遂以闢. 通典又云: "至隋漸大, 東西六千里"者, 是也. 蓋句麗之初幷合扶餘·樂浪·帶方·玄菟·遼東, 至于遼西, 麗之拓地, 多在于廣開土王之時, 其地東西際海, 東南踰嶺接新羅, 南渡漢水數百里連百濟, 北至舊扶餘, 東北至靺鞨, 西北渡遼水, 幅員之大於斯爲盛. 及其衰也, 隋人東侵, 未幾遼東入唐, 國旋亡. 渤海大氏, 以句麗舊將, 起自殘燼, 十一年之間能盡復句麗之地, 自太白山之東北, 又移女眞之東牟山, 東牟卽今盛京城外之東山也. 篡要云: "其地東西至大海, 南至漢江, 北至遼河"者, 言其概也. 至文宗太和間, 爲海東盛國, 有五京十五府, 竝有營州東二千餘里. 遼滅渤海, 所經理不及於鴨綠·豆滿之南, 高麗初收復, 又不及於平安道之廢四郡·咸鏡道之鐵嶺以北, 故女眞得據其地, 遼之東西仍爲中國所有, 則高麗之地無幾矣. 忠烈王尙公主以後始復平壤, 恭愍王乘元衰, 攻破雙城, 然則鴨綠以內幾乎失之, 何況其以西也哉. 自是厥後, 鴨綠一帶爲西界鐵限. 方今天下無事, 九邊靜謐, 然鳳城·遼陽·巨流河等處次第築城, 中國之致意于遼東, 又如此也.

廣寧縣記

廣寧, 一名險瀆, 箕子朝鮮舊界也. 大明一統志云: "山海關以外卽冀·靑二州之地, 舜分十二州, 冀之東北爲幽州, 靑之東北爲營州." 以是推之, 廣寧蓋古幽·營之間也. 西北五里有醫巫閭山, 橫截陸海之界, 雄盤夷夏之交, 磅礴逶迤, 亘于百餘里, 周禮所稱東北爲幽州, 其鎭曰醫巫閭者, 卽此也. 周初爲朝鮮地, 後屬燕. 秦·漢隸遼東·西爲郡縣. 東漢末陷於烏桓, 曹操征桓而還屬遼郡, 至隋爲高句麗所幷. 唐平麗而置巫閭都護府, 後入渤海爲顯德府. 自遼·金復爲中國地, 始稱廣寧府. 元仍之, 明改廣寧衛. 淸康熙初設廣寧府, 旋以爲縣, 屬錦州, 置知縣·訓導·倉官·典史各一人. 縣爲沿海衝繁疲難之窠, 蓋天下州縣以衝繁疲難, 分其等次【或有曰衝繁難者, 或有曰繁疲難者, 或有曰繁難者, 或有曰衝疲者, 或有曰衝難者, 或有曰衝繁疲難者, 以分難易.】, 隨人才否而差遣焉. 縣治背負巫閭, 前臨大野, 引河爲濠, 雙塔湧空. 左右山阜繚繞遠遮, 城在其間, 爲日字形, 以南爲外城, 以北爲內城. 其間橫隔之城, 居四之一而近南. 內城東西北各有一門, 南有兩門, 外城東西南各有一門, 共爲八門. 局勢形勝, 遠過於遼·瀋市肆之盛, 亦爲瀋陽之亞, 而街路極廣, 大小巷口對竪石柱, 高皆四五尺. 雖僻巷, 亦如此, 似是舊時里門之柱. 此乃他處所無者, 當時設置之整密猶可見矣. 寧遠伯李成樑牌樓在於城北. 第一層題曰世爵, 其下雙書曰天朝誥券, 下層橫題曰鎭守遼東總兵官兼太子太保寧遠伯李成樑. 李公明朝名將, 而曾守廣寧, 故有此樓. 東門外有遼東總兵寧夏侯李如松廟, 蓋侯, 寧遠之子, 而其兄弟有壬辰東援之功. 天啓甲子征獺虜陣亡, 皇朝立祠, 旌其忠. 古有箕子廟冠冔像, 嘉靖間燬於兵. 城北五里高阜上有北鎭廟, 祀北嶽之神. 南十八里有廣寧店, 康熙己未以瀋幸直路設者, 稱新廣寧, 此城謂之舊廣寧. 而朝鮮貢路, 前自遼東, 由鞍山·海州衛, 至于廣寧, 己未改今路, 由瀋陽直達于新廣寧云. 噫, 關外一路爲啓·禎間干戈之場也. 廣寧失而天下之大勢已去, 寧不痛哉. 按天啓元年辛酉, 朝廷以王化貞巡撫廣寧, 凡五出師, 輒引還. 經略熊廷弼乞勒化貞, 愼重擧止, 化貞上言, 願請兵六萬, 一擧蕩平. 葉向高等頗右之, 令毋受廷弼節制. 時中外俱知經撫, 不知必誤封疆大事. 及壬戌, 淸兵已定遼, 渡三坌河, 犯沙嶺, 去廣寧一百五十里也. 叛將孫得功入城中疾呼, 軍民急剃頭歸降, 一城闃然爭奪門走. 參將江朝棟聞之, 急入化貞臥內, 化貞方起視書. 朝棟急拉之曰: "事急矣." 化貞莫知所爲, 遂棄廣寧, 踉蹌走閭陽. 適熊廷弼自右屯引兵至, 與化貞遇大凌河. 化貞哭, 廷弼笑曰: "六萬軍蕩平, 遼東竟何如." 化貞憋. 議守寧遠及前屯衛, 廷弼曰: "晚矣, 唯護難民入關可耳." 乃保衆西行. 淸兵遂入廣寧, 凡四十餘城皆下. 蓋失遼·瀋後, 化貞主戰, 廷弼主守, 及化貞敗, 而廷弼亦被喪師失地之律, 竟至棄市, 冤矣. 江秉謙曰: "朝廷起廷弼爲經略, 節制三方, 則三方之進戰退守, 皆一一當聽廷弼指揮部署. 乃化貞欲進則使廷弼隨之而進, 欲退則使廷弼隨之而退. 化貞之倏進倏退, 則又使廷弼進不知所以進, 退不知所以退. 是化貞操節制之權, 而經略未嘗有節制三方之權也. 國家又安以此罪經略哉." 斯論可謂切中時病矣.

錦州記

錦州, 古冀州之域, 舜分冀東北爲幽州, 錦, 其所統地也. 夏因之, 商爲孤竹國之西界, 周仍幽州地, 屬於燕. 秦以幽州爲遼西郡, 漢爲無慮望平縣, 屬遼東, 幽州刺史領之. 東漢爲徒河, 而與遼東竝屬幽州. 晉慕容氏置西樂郡. 唐曰柳城縣, 屬營州, 遼曰錦州臨海軍, 領永樂·安昌二郡, 隸中京大定府. 金因之, 兼領神水一縣. 元省軍縣名, 止稱錦州, 隸大寧路. 明洪武二十六年設廣寧中·左·右三衛及松山·大凌河·十三山二千戶所, 翌年移十三山, 屯於此. 清康熙初以錦州爲錦縣, 屬奉天府, 又改隸廣寧. 四年設府置州, 及副都統移駐錦縣, 以錦縣爲附郭縣. 雍正二年分廣寧所屬義州地, 入府界, 移府通判治之, 十二年陞爲州, 與寧遠·廣寧竝隸錦州, 計領州二·縣二, 俱統於奉天府, 爲沿海繁難之窠, 請旨乃設. 東界遼陽, 西界山海關, 南界海, 北界邊墻, 謂之山海要衝·邊關鎖鑰. 城市民物富庶殷盛, 而距海不遠, 故東南海賈舟車竝湊, 亦一關外之都會也. 外東門西北十里許有帶山, 其外皆蒙古地, 方近或五六十里, 而蒙古之往北京者取道于州. 此村人則乃是蒙古別種, 而因皇命來居此地, 自作一村. 錦縣卽徒河也. 徒河古城在州西北, 或云: "舜時已有此城, 而齊桓之破山戎屠河城"者, 卽此也. 小凌河遶府城之西, 回旋如錦紋, 故名州. 錦人有諺曰: "冠紫荊, 衣紅羅, 繁呂洪, 乘亮馬, 兩龍河邊玩景." 此指錦形勝而言. 蓋錦州東有紫荊山, 西有紅羅山, 南有呂洪山, 北有亮馬山, 此是四大名山, 而兩龍河卽大·小凌河也. 崇禎末祖大壽守錦州, 以淸人之長於攻城, 終不能克. 及松山陷, 然後遣大樂, 誘以降之, 皇朝以錦委大壽兄弟, 使遏長驅之虜. 及其被圍踰年, 兵盡餉絶, 有朝暮必陷之勢, 而終不救, 遂致俱沒, 可勝痛哉. 棄師之責有所歸, 大壽之降未可深誅也. 瀋陽日記曰: "辛巳八月十五日, 世子及大君自瀋陽發行, 凡六日, 至一橫阜, 護行人言: '漢將祖大壽堅守此城. 城外多埋大砲, 淸人不敢近, 去城五里, 築夾城圍住, 已過一年, 柳琳在其東隅'云. 行過夾城, 渡二川, 淸人與蒙古兵, 結陣山上, 亘十餘里, 行過陣前, 越瞻松山, 僅七里, 迤山而南, 至汗陣, 住於陣後岡上. 淸人向松山城放砲, 城中亦對放, 砲聲如雷, 砲丸大如鵝卵, 屢落於世子幕次, 築土墻以蔽砲丸"云. 今到此地, 像想當日事, 不勝志士之感.

寧遠州記

寧遠, 禹貢冀州之域, 虞爲幽州地, 商爲孤竹國, 周屬燕. 秦·漢屬遼西郡, 東漢因之. 在晉慕容皝置集寧縣, 在唐而瑞州, 遼·金曰平海軍海陽縣, 元曰瑞州而屬大寧路, 明初本廣寧前屯·中屯二衛地, 宣德三年分兩衛地, 置寧遠衛, 統中左右二千戶所. 天啓六年淸兵圍寧遠, 遼東經略高第與總兵楊麒擁兵不救, 寧前參政袁崇煥集將士, 誓死守, 盡焚城外民居, 携守具入城檄, 前屯及山海關凡將士逃至者悉斬, 人心始固, 淸兵戴楯穴城, 矢石不能退. 崇煥令閩卒羅立發西洋巨礮, 盡燒, 淸兵無一遺者. 淸主僅以一騾舍命而逃走, 上城外鷄鳴山, 嘔血, 後人稱其地曰嘔血臺. 事聞, 擢崇煥僉都御史巡撫遼東駐寧遠, 至崇禎二年, 而淸兵屢見挫衄, 乃行間於明曰: "崇煥擁衆, 懷異志, 擅殺毛文龍, 卽其證也." 文龍之黨從而羅織, 遂摛殺之, 志士至今悲之. 及淸定天下, 康熙三年設州, 東割塔山所地, 入錦縣, 西幷前屯衛地, 盡入州, 隸奉天府. 三年隸廣寧府, 四年改屬錦州府. 州爲沿海衝繁, 疲難之缺, 置知州·訓導·吏目·牛彔二·驍騎校二·筆帖式一. 城築於宣德三年, 而天啓中監軍袁崇煥增築之, 淸以闊大多圮, 改築而蹙其半. 蓋寧遠之地環以衆山, 一面際海, 舊城土築, 而內有新築甕城, 樓堞壯固. 自外城門行里許, 又入內門, 外門曰寧安, 內門曰東安, 皆刻于門上石面. 入內門百餘步, 爲十字街·三層樓, 民物之盛雖不及於瀋陽, 街樓之制殆過遼陽街. 南百餘步有皇明總兵祖大壽·大樂兄弟石闕, 雙峙路傍, 制甚宏麗. 東南五里有溫井, 泉源頗盛, 最上爲御井, 石甃甚侈, 浴室欄檻, 亦一小行宮也. 環井數十戶, 皆賴湯沐爲生. 此距口外不遠, 蒙古男女亦多來浴者云.

撫寧縣記

撫寧縣, 漢之陽樂縣, 屬遼西郡. 隋爲盧龍縣, 唐分爲撫寧縣, 後省入盧龍. 金復置撫寧縣, 明·淸因之, 今屬永平府. 置知縣·敎諭·訓導·典史各一人. 有二衙門, 一署曰總督六鎭, 一署曰鎭鑰兩京. 自關以東, 縣邑皆在平野, 惟於撫寧始見山勢, 環抱若藩籬. 而野色平圓, 良疇萬頃, 人家殷富, 市肆繁華. 故家大族牌樓金牓, 輝映道路, 或誇淸顯, 或表德望, 或述世德, 或旌貞烈, 幾至戶戶皆然. 牌樓之制略如祖家牌樓, 而結構用木, 塗以丹漆, 如皇明兵部尙書翟鵬以下王忱·蕭陞·黃惟正之牌坊, 多不能記. 其俗尙雖屬浮侈, 亦可見盛際遺風也. 蓋撫寧關內第一好風水, 邑治在野中. 東則丘隴重複, 西南則秀峯羅列, 而洋河自北而來, 繞城而南, 環數十里間.

淸淑之氣發于山川, 宜乎鍾靈孕秀, 而人文之盛如此. 又聞猿狙産於山中, 荊蜀風氣, 獨見於此. 自遼至燕, 絶無松柏, 而永平以下百餘里往往成林, 可見地靈殊異也. 西南接昌黎縣, 奇峯秀出天外如卓筆, 俗號文筆峯. 撫寧之自古稱文明者以此. 東南間山麓累石爲塔, 蓋亦文筆峯而爲之云, 此在城當爲巽地也.

永平府記

永平府, 唐冀州之域, 而天文尾分野也. 虞分冀州東北爲營州, 北卽其地. 商爲孤竹國, 周爲幽州, 春秋時爲山戎·肥子二國, 秦爲遼西·右北平二郡, 漢末爲公孫度所據, 魏改盧龍郡, 北燕置平州及樂浪郡, 後魏改爲北平郡, 隋改平州, 後爲郡. 唐復平州, 天寶初又改北平郡, 乾元初復爲平州. 五代唐以爲遼興軍, 金陞南京, 天會初復爲平州, 陞興平軍. 元改爲府, 旋陞爲平灤路, 大德中改永平路. 皇明洪武二年改永平府, 屬北平布政司, 永樂間直隷京師, 淸改永平, 因屬直隷, 置總兵官·副都統·督理·知府·理事·同知·敎授·訓導·經歷·山海關通判各一人. 又設盧龍縣, 卽古之慮龍塞, 今屬永平, 置知縣·敎諭·訓導·典史各一人. 城內有二衙門, 題知府衙曰古之右北平, 縣衙稱貳部府. 東界奉天寧遠, 西隣遵化, 南接海, 北枕桃林. 去北京五百五十里, 自漏澤園路循岡脊, 崎嶇不平, 行數里, 至城門皆然, 而入城則地勢低深, 蓋東城是岡阜, 而西臨灤河故也. 地形甚似我國平壤, 而昭曠倍之, 但無大同·淸江耳. 野田半是楮桑, 葉飼蠶, 皮爲紙, 種之, 可以代耕云. 其列植整直, 無纖毫委曲, 其大規模細心法, 豈易言哉. 洪武四年因舊土城, 甃以甎石, 周九里十三步, 高三丈, 濠池環外, 駕以石橋. 由東門而入, 外有甕城, 譙樓在甕城之上, 內門無樓, 扁曰迎旭. 門外置大砲向外, 門內設架, 揷兵器, 若待變者然. 凡有四門, 而門不相對, 地勢然也. 城四隅皆有敵樓, 高與門樓齊. 城內駐箚有三屯協左右營, 統轄遵化·蘆峯路·潘家口·蘇州四營, 而受節制於古北口提督·直隷總兵, 左營兵一百八十名, 右營兵一百八十三名. 是地也, 昔之窮邊, 而自遼·金以來, 久作畿輔之地, 至皇明, 設府爲遼左咽喉, 京師屛翰. 城池之雄壯·市肆之繁華, 與瀋陽相埒, 名宦進士之石樓金牓, 比撫寧尤盛, 而士重名節, 節儉務農, 亦一關內之都會也. 城內十字街有三檐高樓, 下以方城圍之, 前立牌門, 刻聲敎幾東. 從夾門入其上, 則地皆鋪甎, 左右立石, 爲豎旗之所. 從雲梯而又上, 是門樓之中層也. 前扁曰山海升平, 後扁曰東漸於海. 又從梯而登最上樓, 曰鳴遠樓, 可以眺遠. 樓之西南有武廟, 享周太公, 東西配位, 兩廡從享, 制如文廟, 皆歷代名將也. 城南七里灤河, 上有孤竹故城, 祀伯夷·叔齊, 又十里陽山, 有漢飛將軍李廣射虎石.

豊潤縣記

　　豊潤本玉田縣之永濟務. 金泰和中置豊潤縣, 屬薊州. 元至元初省入玉田, 旋以路當衝要復置, 二十二年立豊閏, 署于大都路薊州之豊閏縣. 皇明洪武初改閏爲潤, 仍屬薊州, 以縣産鹽場, 故名豊潤. 淸因之, 屬直隸遵化州, 置知縣·訓導·敎諭·主簿·典史各一人. 縣有南關城, 卽古垠城, 趙武靈王所築, 而東城今縣治也. 明正統十四年始甃以磚, 周四里, 幷女墻, 高二丈五尺. 門四, 東來遠, 西拱宸, 南觀海, 北鎭朔. 隆慶二年增修, 高五尺, 建角樓四, 東南曰羌伏, 西南曰海潤, 東北曰定邊, 西北曰保極. 凡沿路城池不許人登, 犯者罪至死, 故從其下仰望而已. 至豊潤, 禁不甚嚴, 可以登之. 內外女墻其廣可馳十馬, 鋪甎平潤如砥. 倚女墻, 睥望西北, 折方中矩, 弦直中繩, 如礎如削, 無半點歪斜, 華人作事每如此, 於小縣足以推知大府, 而京城之壯麗, 無可言矣. 城內駐箚都司一·把摠二·兵一百七十名. 元孫慶瑜豊潤縣記云: "永濟務左控孤竹, 右接無終, 溟海浮於前, 醴泉鎭於後. 其民勤儉而力稼穡, 田廣遠而極膏腴, 所出絲枲魚鹽, 所宜稻粱黍稷. 若夫洩水紺碧, 放舟南下, 縱其所往, 紫蟹金鱗, 隨意而得, 雖大郡, 未足多也." 是故自古以土沃民淳稱, 而今猶市肆豊侈, 邑里殷盛, 間有絃誦之聲, 蓋其土俗然也. 皇明運訖, 衣冠之族退居于此, 多書籍, 聞今亡云.

玉田縣記

　　玉田, 古幽州之域, 又稱春秋時無終子國, 漢爲無終縣, 周召公所封地也. 詩正義曰: "召公初封無終, 後徙薊." 詩序曰: "扶風雍縣南, 有召公亭, 卽召公采邑." 未知孰是. 淸一統志云: "薊州爲古無終國, 玉田爲唐初析置之, 無終縣則今之玉田, 非古無終也." 或曰: "陽翁伯種石得玉, 故名玉田." 隋大業初爲漁陽郡, 治末旋廢, 唐乾封間復置, 萬歲通天元年更名玉田. 宋宣和四年改置經州. 金復爲玉田, 元·明因之. 淸乾隆八年升遵化縣, 爲直隷州, 以玉田隷焉. 皇明成化三年新築縣城, 周一千二百二十步, 三里有奇, 高三丈, 廣亦如之. 門三, 東曰迎旭, 西曰拱宸, 南曰來薰, 北門久塞. 隆慶元年增築三丈. 崇禎八年其內悉易以磚, 旣而復潆濠, 導彭家橋水注之. 城比三河稍小, 而邑居繁庶, 猶爲衝繁難之缺. 置知縣·訓導·敎諭·主簿·典史各一人, 駐箚都司一·把摠一·兵一百八十五名. 縣之無終山有燕昭王墓. 徐無山, 後漢田疇避兵之處, 漢建安十一年曹操伐烏桓, 令疇爲鄕導, 上徐無山, 是也. 開山圖云: "山出不灰之木, 生火之石." 西北有燕山, 山上懸巖之側有石鼓, 去地百餘丈, 望若數百石囷. 用石梁貫之, 鼓之東南有石人援桴狀. 故老言: "石鼓鳴則有兵." 東坡詩曰: '燕山如長蛇, 千里限夷漢. 首銜西山麓, 尾挂東海岸.' 蓋燕山之脈, 自太行迤邐, 而東曁玉田, 直抵海岸, 燕國由此名云.

玉田記

玉田縣, 北數十里麻山有陽翁伯種玉田. 麻山, 無終之一麓也. 按仙傳拾遺, 陽翁伯, 盧龍人. 事親以孝, 葬父母於無終山. 山高無水, 翁伯廬墓, 晝夜號痛, 神明感之, 出泉于墓側. 因引水就官道, 以濟行人. 嘗有飮馬者, 以白石一斗與之曰: "種此, 當生美玉." 果生白璧, 長二尺者數雙. 北平徐氏有女, 翁伯欲求婚, 徐謂媒者曰: "得白玉一雙, 可矣." 翁伯以白玉五雙, 遂婿徐氏. 數年雲龍下迎, 夫婦俱昇天. 今謂所居爲玉田坊, 翁伯仙去後, 子孫立大石柱于田中, 以記其事. 陽氏譜敍言: "翁伯是周景王之孫, 食采陽樊. 春秋之末, 爰宅無終, 因陽樊而易氏焉. 愛人博施, 天祚玉田." 夫玉田縣, 今吾所經之地也. 雖未能登麻山尋古跡, 以觀種玉之田, 而種玉生璧, 於理必無能, 不吊詭而荒誕乎. 蓋翁伯之孝感于神明, 生祥下瑞, 出于尋常, 故泉水之出已爲兆之, 則亦豈無種玉之異乎. 此不可以理之有無論之也. 且五侯鯖云: "薛瓊至孝, 家貧採薪, 遇老夫, 以物遺之曰: '此銀實, 用西壁土, 種之銅盆, 當得銀.' 如其言種之, 旬日生苗, 再旬開花, 花有銀色, 如螺鈿, 及結實, 皆銀也." 元史云: "西域有種羊臍, 捕羊先採臍, 種之厚土, 至朞生羊. 羊伏地上, 形如家畜, 聞雷則臍落." 羊可種臍, 則銀玉亦可種也.

薊州記

薊州, 禹貢冀州之域, 周武王封堯後於此. 春秋時屬於燕, 秦置漁陽郡, 漢以後爲巨鎭. 魏屬幽州, 晉爲燕國, 後魏仍置漁陽. 隋初徙玄州於郡, 立總管府, 後復漁陽. 唐初郡廢入幽州, 武后時營州陷于契丹, 寄治漁陽. 開元間柝幽州之漁陽三河玉田三縣, 置薊州, 取古薊門關以名州, 關在州之東南也. 天寶初復爲漁陽, 就置靜塞軍, 乾元元年又改薊州. 五代石晉割以賂遼, 遼號尙武軍. 金還于宋, 宋賜名廣川郡, 金旋取其地, 仍舊名薊州, 屬中都路. 元爲大都路, 明屬順天府. 今淸又因之. 置知州·訓導·學正·吏目各一人, 駐箚有薊州城守營, 受節制於三屯恊副將古北口提督. 都司一·千摠二·把摠二·兵二百八十二名. 按州志, 州治在城東北, 仍遼·金舊址, 元至正間達嚕噶齊拓而新之, 大明洪武初甃以磚石. 山原南瀕沽水. 城門三各有樓, 東曰威遠, 南曰平津, 西曰拱極. 崇禎壬午城折毁, 僅存基一半. 淸康熙間重修, 城門三各建樓一座, 東曰永固, 西曰永寧, 南曰永康, 四角各有樓. 正北無門, 上有樓曰北極臺. 西門內有甕城, 甕門之外少退, 三四間左右築城, 又有門, 實三重門. 城有二檐樓, 內扁北拱神京四字. 城內十字街有兩牓, 一署曰古漁陽, 一署曰東京鎖鑰. 薊州, 古之小雁門關, 而城之西北, 環以崇山, 峯巒重複. 東有河, 河有橋, 是稱漁陽橋. 南臨大野, 形勝雄偉. 城池之壯, 亞於瀋京, 民物市肆與永平相甲乙, 卽京東巨鎭. 往者彭寵·安祿山之反皆在是地, 蓋恃漁陽突騎, 天下無敵也. 今風俗亦尙武云. 皇明隆慶戊辰以都督同知戚繼光, 鎭守薊州·永平·山海諸處, 建敵臺千二百座, 臺高五丈, 睥睨四達, 虛中爲三層, 臺宿百人, 鎧仗·糗糧具備. 精堅雄壯, 二千里聲勢聯接. 繼光去而邊備乃解, 淸兵席捲, 無所防遏, 可勝歎哉. 今關內外敵臺之餘存者, 猶爲星羅棋布, 可見當時禦邊之策, 而亦足以知制度之良也.

三河縣記

　　三河縣本漢臨泃縣. 唐析潞縣地, 置三河縣, 屬幽州. 以近於七渡·鮑邱·臨泃三水, 故名. 唐貞觀初廢. 景龍三年改臨泃, 置三河. 開元四年析潞縣, 置三河縣, 屬幽州. 十八年改薊州. 五代初廢. 後唐長興三年復置三河. 晉天福中入于遼, 屬薊州尚武軍. 保大末, 入于金, 尋入宋, 宣和五年屬廣川郡, 七年仍入金. 天德三年升潞縣爲通州, 以三河隸焉. 元屬大都路. 明屬順天府通州, 洪武十年省平谷縣入三河, 十三年仍設平谷, 屬薊州. 清因之. 置知縣·教諭·訓導·典史各一人. 按大明一統志云: "三河本漢臨泃縣地." 今考兩漢書, 竝無臨泃縣. 唐書地理志幽州范陽郡潞縣下云: "武德二年置臨泃縣, 貞觀元年省臨泃." 而薊州漁陽郡三河下云: "開元四年析潞縣置." 故知本是一地, 先分爲臨泃, 後分爲三河, 皆自唐, 非漢也. 縣治, 明洪武初建舊城, 在今縣東三里泃河南, 被水衝廢. 後唐長興三年趙德勻爲節度使于幽州, 築今縣城, 以通薊州運路. 方六里, 濠闊三丈, 深半之. 明嘉靖間增修, 崇五尺, 置敵臺·角樓. 清康熙十八年又重修, 周四里, 高二丈五尺. 門四, 東曰就日, 南曰來薰, 西曰瞻雲, 北曰承恩. 城內駐箚都司一·把摠一·兵一百六十五名.

通州記

　　通州本禹貢冀州之域. 春秋時屬燕, 秦爲漁陽郡, 漢置潞縣隸漁陽. 至隋·唐, 省入涿郡, 復爲潞縣, 後以水患, 徙治安樂古城, 今州之東北卽舊治也. 歷五代, 皆因之. 金陞爲通州, 取漕運通濟之義. 元又因之, 領縣二, 曰潞, 曰三河, 隸大都路. 明洪武初內附, 併潞縣入於州, 仍以三縣隸焉, 屬北平府, 今屬順天府. 順治十六年省潞縣入州. 置知州·教諭·訓導·吏目各一人, 又置分巡兵馬·副將·都司·千摠·把摠·守備·捕盜等官, 以鎭之通州. 明以前無城, 捍以籬寨. 其有城, 自洪武初始, 其奏建二城以護西南二倉, 自正德間始, 其增修新城, 自嘉靖六年始, 又重修以聯舊城, 使之唇齒相附, 則萬曆十九年始. 二十二年以兩城湟, 竝可爲池, 引通惠河注之, 建閘一橋西. 崇禎四年督部范公景文, 閱視通州舊城東北·新城西南, 皆受敵衝, 遂各建臺一座. 形如扇, 自左至右, 長十二丈, 高三丈七尺, 虛其中以架礮. 康熙九年因新舊兩城崩塌, 復修葺. 乾隆三十年合新·舊城爲一, 其舊城坼去西面. 共爲五門, 各建重樓. 舊城通運·迎薰·凝翠三門名, 新城望帆雲表·尺五瞻天二門名, 俱因其舊城. 市壯麗, 民物繁, 富非盛京·山海關之比, 而商賈交易, 至夜不絶, 夜市之稱, 聞於天下. 市門扁之曰萬艘雲集, 街上建二檐高樓, 牓曰聲聞九天, 上曰司空分署. 樓上設窓檻, 縹緲如在半空俯瞰, 城內閭井及數十里外林樹川渠, 悉在眠底. 城臨潞河倉廠, 橫亙於河岸, 每於漕運之時, 浙江·湖北諸處十萬餘艘, 皆湊於城外, 而凡天下船運之物, 會于通州, 不見潞河之舟楫, 詎識帝都之壯也. 蓋通州上拱京師, 下拱天津, 潞·渾二河來會於東南, 幽·燕諸山雄峙於西北. 舟車輻湊, 冠蓋交馳, 實畿輔之襟喉, 水陸之要會也.

通州漕倉記

漕倉在通州城外, 天子之外倉也. 元置十三倉, 以都漕運司掌之. 皇明設五衛倉, 置摠督·倉場·太監等官. 淸定制置二倉, 一曰大西倉, 一曰中倉. 每倉滿·漢監督各一員, 隸於倉場·摠督. 摠督帶戶部侍郞銜, 亦滿·漢各一人專漕政. 通州·京城各有衙署, 每年以春月駐通, 冬月回京署治事. 坐糧廳, 滿·漢各一人, 以御史及六部司員充之, 綜收糧石, 轉撥各倉, 又命御史巡漕. 明五衛中惟左·右二衛仍之, 各設千摠一員督運. 又設甋廠於北門外, 每年臨淸州, 附漕船解運交廠, 通永道掌之, 工部有用則徵之. 每於漕運時, 浙江·湖北轉運使, 領到三百萬石, 自淮安府南通直沽海, 由天津衛, 會于張家灣, 達于通州潞河. 運入京都時, 從永通橋下, 直達皇城朝陽門外, 復以小船開閘, 輸入于太倉. 凡漕舡六千九百六十有九, 每歲出運者, 直隸三十七【均協運河東】. 山東九百七十五【運軍自備者三百十有一, 協運河南二百六十八】. 蘇江糧道所屬五百八十九, 江安糧道所屬三千八十四【協運河南有二十五, 協運蘇江一千九百九十七】. 內運白糧者百三十六. 於通省漕舡內簡調, 三年踐更. 江西七百有八, 浙江千二百十有四, 內專運白糧者六十三. 湖南百八十二云.

『冠巖存藁』册9, 游記, 「遼野記程」

渡鴨江記

是歲之至月二十七日, 將渡江以西, 灣人設供帳於鴨綠江頭, 以餞之. 酒數行, 乃點閱人馬, 次第起程時, 玄陰栗烈, 北風勁峭, 江腹深堅, 氷雪贔屭. 及臨江, 灣人之送行者皆於江頭拜辭. 萬里送別, 去留同情. 遂驅車直渡, 倐登彼岸, 自此爲中國界也. 立馬雪中, 回首東望, 辭別者猶在沙上, 渺渺如荳. 京國杳若天上, 家室隔在雲外, 自不禁戀結之忱, 而益之以悵缺. 夫人生最苦之事, 莫苦於別離, 故別賦首以黯然消魂四字, 形容其別離之苦. 而彼訣別於一生一死之際者, 尙矣. 其次一行一留之時也. 人之送行者, 每多遠于將之, 而自有別離之地. 別得其地, 地得其苦. 其地則非山非野, 輒在臨水. 而千古別離, 獨稱蘇·李者, 非蘇·李獨爲天下有情人也, 以其地是河梁也. 彼河梁者, 得其地也, 別得其地, 故爲情亦苦. 別賦又曰: '送君南浦, 傷如之何.' 市南子曰: "君涉於江而浮於海, 送君者自崖而返, 君自此遠矣." 此皆臨水爲別, 故別得其地, 有此斷腸語也. 昔劉禹錫臨湘水, 別柳宗元, 後五年禹錫從古道出桂嶺, 復至前別處, 爲詩吊柳曰: '我馬映林嘶, 君驅轉山滅.' 遷客之別從古何限, 而此最爲苦者亦臨水爲情故耳. 我東壤地狹小, 無生離遠, 別不甚知苦, 獨於水路朝天時, 最得其苦情. 故東國樂府有船離曲【俗云排打羅其】. 其曲曰: "碇擧兮船離, 此時去兮何時來. 萬頃滄波去似廻." 此我東第一墮淚時, 而亦臨水之別也. 今吾渡江而西也, 異於航海之行, 雨雪楊柳, 不過爲轉眄之頃. 其別離之情, 無足爲苦, 是地也, 大江分界, 是時也, 行人欲渡. 胡山慘憺, 寒日陰曀, 陡然起出塞之愁. 而況一渡此水, 則異國異鄕也. 一去一留也, 去者適萬里之人也, 留者送萬里之行也. 人情到此, 何去何留. 去者無不黯然, 留者亦應如是. 此亦別得其地, 故情爲之甚苦也. 生離之情旣如是甚苦, 則非獨江海河梁爲之地也. 異國·異鄕, 無非吾別離之地, 亦爲吾別離之時. 臨此地當此時者, 孰能無情死之苦. 而唐之殷員外奉使回鶻也, 獨無幾微色, 故韓文公文以送之, 擧此事稱之. 豈無情死之苦而然哉. 奉使適他國者, 知所勉焉, 則庶乎不辱君命矣.

溫井坪露宿記

清崇德丙子後設柵門於鳳凰城, 東自門外, 至鴨綠江邊, 百有餘里空其地, 以隔兩國之界. 前明時百里之間, 鎭府羅列, 閭閻比櫛, 鷄狗之聲相聞於灣者, 今焉荒廢無人, 殆近二百年矣. 東使之赴燕也, 自龍灣, 一日不能達柵門, 故露宿於九連城·蔥秀山兩處, 近年以來, 只過一宵於溫井坪, 而入柵門. 坪在金石山八里, 以其有溫井故名, 而坪俗稱也. 是日渡鴨江, 西行六十餘里而至坪. 山川林藪, 猶是東國風土, 而山回路轉, 隱然有武陵之煙. 灣人先期, 設幕於野次, 掘地數尺, 熾炭於中, 板以架之, 上覆穹廬, 長圓如覆鐘. 內可容數人, 三幕橫列, 以居三使. 裨·譯諸人設人字布帳相枕藉, 從人下隸, 伍伍什什, 群聚露坐, 斫木環積, 達夜蓺火, 烘烘如火城. 灣商一隊, 自爲一屯, 靠溪搆木. 炊煙相連, 人喧馬嘶, 宛城村閭. 日旣昏, 又設燎通明, 時時吹角, 吶喊以警虎. 起立高阜, 擧目四望, 爻闊星羅, 人馬雲屯, 正似三軍成陣, 萬幕列營, 亦一壯觀. 夜久, 始和衣而臥, 冷氣透肌. 今冬不甚寒, 而唯如此, 栗烈之時, 可想其苦也. 溫井在路傍, 水色黝碧, 暖氣如煙. 三面甃石爲欄, 一面通流, 左右石間之水, 俱是溫熱. 按博物志, 凡水有石硫黃, 其泉則溫. 或云: "神人所爔, 主療人疾." 唐子西: "或說貴州地性酷烈, 故山谷多湯泉." 今以硫黃置水, 未必皆熱, 而謂之神人所爔語, 極荒誕. 且灤河湯泉在正北, 臨潼湯泉在正西, 而貴州諸水未必皆熱, 地性之說亦未爲確論. 豈湯泉在天地間, 自爲一類, 如火性熱, 而蕭丘乃有寒焰, 不必有待然後溫也歟.

九連城記

九連城, 明之鎭江府, 山之南環而城焉者, 舊址也, 在鴨江西二十餘里, 本高句麗之國內城地, 而麗亡屬於渤海, 後爲金有. 金史云: "合懶甸之地, 築九連城, 與高麗相對, 出戰入守"者, 是也. 至皇明時設鎭江府, 置游擊將軍以鎭之, 過九連前行三十里, 又置中江抽稅經歷衙門, 卽今所稱中衙門舊址者也. 兩江之間丹碧凌空, 閭井列碁, 人煙相接于龍灣. 及淸人陷遼, 鎭江民人不肯薙髮, 或投毛文龍于椵島, 或投我國. 其後投我者盡爲淸人所刷還, 投椵島者多死於劉海之亂. 自夫設柵以後, 至鴨江百餘里之間, 空其地, 使民不居者, 將至二百年餘矣. 是地也, 開局平遠, 山川明媚, 土地肥沃, 可以耕墾, 而林藪溪澗, 猶是東國風土. 往往山回路轉, 依然有鷄鳴犬吠之聲. 浿江以西·鴨綠以東無與此比, 合置巨鎭·雄府, 而彼我兩棄, 遂成閒區. 此卽曹魏與蜀漢, 江·淮間棄地千里之意也. 萬曆丙辰月沙李公赴燕過此邱, 游擊坦守鎭江城, 出候於十里外, 盛設供帳, 備大小膳, 以彩棚百戲侑歡. 禮遇甚盛, 東人尙傳爲勝事. 今使之赴燕也, 列幕露宿於冰雪之野, 叢林四圍虎豹交跡. 噫, 今何可復見盛時事也. 重可惜也已.

柵門記

柵門, 盛京邊門, 淸崇德丙子後所設也. 我人曰柵門, 本處人曰架子門, 內地人曰邊門. 編以大木, 列樹十餘里, 高不過肩, 踈短如籬. 中設一門扇用板, 而上覆以瓦, 廣不過方軌. 門楣大書曰朝鮮進貢門. 其開閉, 鳳凰城將主之, 每我使到柵, 鳳城將與門御史同坐開門, 搜檢人物, 歸亦如之. 又與灣商開市交易焉. 門舊在鳳凰城東五里, 距鴨綠江一百三十餘里, 而皆空其地不居. 似古之甌脫, 蓋防彼此奸民相通之路. 自百餘年前, 移設於二十里外, 此由於鳳城生齒漸繁, 欲廣其地. 然去鴨綠江益近, 非當初設置之意也. 蓋瀋陽之界, 南自鳳凰城, 北至開原縣, 復折而西至山海關, 周一千九百五十餘里, 列置二十一邊門, 挿柳結繩, 以限內外, 此其一也. 每門置防禦章京, 以旗民一名守八里柵, 年年修補. 鳳凰城邊門, 在鳳凰城南三十里, 近我界龍灣. 靉河邊門, 在鳳凰城北一百二十里, 近我界玉江鎭辛後水洞. 汪淸邊門, 卽興京邊門, 在興京東南三十里, 近我界昌城雲頭里. 鹻廠邊門, 在興京東南一百四十里, 近我界楚山婆猪江. 英額邊門, 在開原東二百里, 近我界江界滿浦鎭. 淸河邊門, 在義州東北十五里, 白土廠邊門, 在義州東北一百三十里, 九官臺邊門, 在義州西北三十里. 右八邊門, 皆與我接壤, 而餘皆蒙古科爾沁等諸部住牧地也. 盛京將軍所統轄, 爲十七邊門, 而鳳凰城亦隸焉. 寧古塔將軍所統轄, 又爲四邊門. 鳳凰門卽今東路柵門, 鬴廠卽我國會寧開市路云. 夫柵門, 一藩籬也, 夷夏疆界於此焉分, 誠兩國之門戶. 自遼以東, 千餘里之間本是箕子舊封, 而羅‧麗以來, 世以蹩國, 以鴨綠一衣帶水爲界. 今又設此門以限之, 此雖出於折柳樊圃之意, 而猶有慊於庭衢八荒也. 丙子以前, 我使自松鶻之南, 經湯站‧二道河, 北行抵伯顏洞, 所經不過九十餘里, 而設柵之後我使自湯站, 由蔥秀入柵, 渡三叉河, 抵伯顏洞, 爲一百二十餘里, 乃迂三十餘里云.

安市城記一

翔龍之山張爲千峯, 拔地竦立, 環抱如屛, 岸有石城. 舊址世稱高句麗安市城, 而唐文皇帝征麗時, 城主楊萬春固守不下處. 史云: "太宗征遼, 拔蓋牟‧白巖諸城, 進攻安市, 不能克. 乃耀兵城下, 賜縑百疋, 嘉其固守"者, 是也. 余自邊門道其下, 四圍石峯, 戍削入雲, 自成鐵甕. 惟南北通一路, 兩岸稍低, 宛如門址, 眞天設之金城, 而一夫當關, 萬夫莫開之地. 地利足可憑, 而又以楊萬春守之, 則將得其人矣. 雖以太宗之神武大略, 豈不師老氣竭捲甲疾歸乎. 雖然, 城在山中, 其大如彈丸, 非堅守抗師之處, 而考之地志, 亦不無爲疑. 明統志云: "安市廢縣在蓋州衛東北七十里." 淸統志云: "安市故城在蓋平縣東北, 漢置縣, 屬遼東郡, 後入高句麗, 爲安市城. 唐貞觀十九年征高麗攻安市, 不克引還. 咸亨三年高麗餘衆復叛, 遣將高侃擊之, 敗之於安市城. 遼改置鐵州." 金史云: "蓋州所統有湯池縣, 卽遼鐵州‧高麗安市城‧古漢縣." 考今湯池堡去安市廢縣僅十里, 良是. 『東國輿地勝覽』云: "安市城在平安道龍岡縣烏石山, 距縣治五里." 世以此城爲唐太宗親征不下者. 夫安市城, 一在蓋州, 一在遼東, 一在我國. 然太宗征麗, 未嘗渡鴨江, 則謂在龍岡者, 非也. 蓋州在遼東郡之南, 軍行甚迂, 太宗必不由此, 則謂在蓋州者, 亦非也. 而漢‧唐以來, 高麗貢道皆由鴨江, 則遼東於路最徑, 而此城適當要衝, 其勢必來攻. 此且李勣告太宗曰: "建安在南, 安市在北, 吾軍糧在遼東, 踰安市而攻建安, 賊若斷吾糧道, 將若何." 遂攻安市, 則其肯近捨遼東之安市, 而攻蓋州之安市乎. 然則其在遼東者似爲太宗之所攻, 而亦未的知此城之爲安市也. 盛京志云: "鳳凰山上有壘石, 古城可容十萬衆, 唐太宗駐蹕於此." 卽指此城. 高句麗方言稱大鳥曰安市, 今鄙語往往有訓鳳凰曰安市, 稱蛇曰白巖. 隋唐時就國語, 以鳳凰城爲安市城, 以蛇城爲白巖, 其說頗似有理也. 且江夏王道宗言: "自此直走平壤爲九百里." 則程道與此地合. 然遺跡已湮, 事實各異, 姑書之於傳信傳疑之間也.

安市城記二

余自燕而還, 與上三价往遊安市古城. 自柵門內捨來路, 西北行五六里, 穿入山峪中. 又行里許, 轉谷口, 層峯劍立, 四圍如城. 唯南北通一路, 兩岸稍低, 僅容一軌, 蓋古之設門處. 而山內周遭可十餘里, 石峯環以爲城, 無假於築斯鑿斯. 城之附於峯間者無幾, 眞天設之金城也. 有一麓, 自西南落下, 蜿蜒入平處, 陡斷爲層巖, 圓平可坐. 左峙石壁, 刻攢雲巖三字, 傍有龔用卿書六字. 昔我王考以副价赴燕, 癸卯春還次, 柵門遊乎此, 登攢雲巖銘跡, 又題詩曰: '安市城中疋馬來, 白雲無盡鳥飛廻. 撐空劒閣千峯立, 入谷車箱一線開. 天子徘徊餘舊壘, 將軍長揖有高臺. 三韓使者題名去, 墨字縱橫破碧苔.' 後癸卯四十九年小子又以副价踵而遊之, 周視巖壁, 墨花無痕, 摩挲久之. 仍大書于巖之前面曰朝鮮副使洪敬謨辛卯三月書, 上使與三价又聯書于下, 將未知留迹於幾年也. 望見北城, 下有石壇, 稱以將臺. 臺下岸勢少低, 遵岸而登, 上可坐數十人, 足以平攬全谷, 指揮三軍. 而西北奇峯尤多, 皆路上未見者也. 岸下平曠可田, 亦有屋址. 時有甲軍數三人馳馬而來, 登岸如平地, 可驗胡兒之善射也.

鳳凰城記

鳳凰城, 古濊地也. 至漢而屬玄菟, 晉而隷平州, 在隋爲高句麗慶州地, 在唐屬安東都護府. 後入渤海, 大氏據之, 爲東京龍原府. 遼曰開州鎭國軍, 金曰石城縣, 元曰東寧路, 明日鳳凰城堡, 設兵鎭守, 以其在鳳凰山下, 故名. 按明史, 嘉靖壬戌土默特【韃靼小王子.】入撫順, 復攻鳳凰城, 春與把摠田耕等力戰三日夜, 總兵官黑春死之者, 是也. 淸天聰八年設官兵於通遠堡, 崇德三年移此鎭守. 駐防守尉一·巴爾呼佐領一·防禦八·驍騎校八·蒙古驍騎校一·筆帖式一·迎送官三·主客司一·朝鮮通事二, 守尉所領滿州·漢軍·蒙古兵七百五名, 迎送官·主客司及通事, 則掌我國使行者也. 防守尉後稱將軍, 而專管察邊之事. 我使到柵, 預報守將, 請來鳳城將軍, 同坐開門, 搜檢人物. 歸亦如之. 將軍時巡鴨綠江, 稱以察邊, 而自皇城若有移咨於我國之事, 郵傳於鳳城城將, 使甲軍出送於義州. 我國回咨, 亦使義州通事, 傳於三江甲軍, 甲軍又傳於鳳城, 自鳳城達于皇城. 按全遼志, 開州城在遼陽城東三百六十里, 卽今鳳凰山堡. 四面石崖峭壁, 東北二門, 城隨山鋪砌, 可容十萬衆. 又通志: "鳳凰城在開州府東南四百二十里, 遼陽百二十里." 四百二十減百二十, 知城去遼陽, 果三百餘里也. 明成化中朝鮮使還, 遇掠鳳凰山下, 奏乞更開貢道於舊路南, 因築此城云. 夫登城以禦外, 必布游兵, 畫江以守江外, 必置名城然後, 城可全, 江可保. 鳳城者江外之名城, 而我國之門戶也. 且鳳城西, 至石門嶺, 是爲東八站. 三百里石穴, 外窺敵而裏行師, 猶猛戰, 張口齒齦, 可畏. 此高句麗所以雄長東方也, 而高麗之失之於契丹, 以鴨綠爲界, 廢齒齦而露喉嚨, 夫孰畏之哉. 高麗之用兵, 終不及於句麗者, 此也. 至於我國, 似句麗乎. 似高麗乎. 百餘年來, 海內昇平, 沿江樹柵, 約條森嚴, 江以外不言可也. 自鳳城西距五十里爲海口, 由此直達通州白河, 九千九百餘里, 江南商船多來泊於此.

鳳城城市記

鳳凰城在鳳凰山下十里, 東環鴨綠, 西窺遼·瀋, 北扼建州, 南控大海, 形勝之地也. 城於野中, 前對鳳山, 西南廣闊, 作平遠山淡沱水, 千柳竦立, 朝煙迷離, 茅檐踈籬, 時露林間, 平堤軟沙, 牛羊散牧, 遠橋行人, 有擔有携, 立而望之, 行憊可忘, 遂引車城下周視. 其制周三里八十步, 南一門, 以甎築之, 縱橫相間, 交互疊積, 油和石灰, 塡其縫罅, 直如繩削, 滑如礪磨. 周圍方正, 表裏如一, 堅緻難毀, 非石城可比. 門作虹蜺, 上爲二檐譙樓, 縹緲精巧. 只有東南二門, 而南曰集瑞, 東曰迎曦. 城將官廨不甚高, 大屋上開穴, 作小屋, 覆其上, 所謂天窓也. 甲軍數十, 荷戟守門. 居民甚少, 而城外則閭閻·市肆夾路連亘, 朱樓彩牓, 炫耀迷眼, 此不過中國之窮徼一隅, 而繁華富盛, 已非東國都市之所及. 市樓外各立高竿, 金書所藏物名, 謂之照牌. 又繪畫所市器物之屬, 以揭前廊, 使道路易見. 每市各有堂號, 如仁和堂·萬寶樓·寶聚庄之類, 處處皆然. 初行刱見, 耳目俱新, 是行之第一賞心處也. 夫鳳城, 邊鄙荒僻之地, 習俗椎悍, 生理全仰朝鮮, 視灣人如隣親, 熟諳東國事, 其機利狡猾如東國俗也. 然其門戶齊整, 街衢平直, 兩沿若引繩然. 市上鋪置, 雅飭端方, 無一事苟且彌縫之法, 無一物委頓雜亂之形. 雖牛欄豚柵, 莫不有度, 柴堆糞庤, 亦皆精麗. 嗟乎. 如此然後, 始可謂之利用矣, 利用然後, 可以厚生, 厚生然後, 正其德矣. 不能利其用而能厚其生, 未之有也. 生旣不足以自厚, 則亦惡能正其德乎. 於是乎華俗之精核可見, 而亦有驗大規模細心法也.

連山關記

連山關, 古之鴉鶻關. 萬曆戊午七月淸兵由鴉鶻關入, 圍淸河城, 而劉綎之四路出兵, 此其一也. 關在分水·會寧兩嶺之間, 峻嶺疊嶂, 逶迤連亘, 故名. 而中通一路爲遼·瀋要阨, 蓋遼·金時巨防也. 今亦有邏騎, 以詗非常云. 或言: "明成化中置關門, 譏察行旅." 而崔訒齋燕行記云: "有堡無關." 其時去成化未久, 不應已無關, 或只置堡而不設關門歟. 自此捷徑, 不由瀋陽, 可直走山海關. 故成化十六年請改貢路, 兵部尙書劉大夏以爲朝鮮貢路, 自鴉鶻關迂回三四大鎭, 始抵山海關, 此祖宗微意, 遂不許云. 萬曆之末 淸主據有遼·瀋, 崇禎丙子僭帝位, 建號改元, 受諸部朝賀, 朝鮮使羅公德憲·李公廓不參賀, 群臣請誅. 淸主命拘之, 尋遣歸國, 答書不許見, 使百餘騎押驅, 至連山關而去. 羅公遂棄書而歸, 卽此地也. 或曰: "至通遠堡, 置其書於紙筒, 載以一馬, 還送瀋中." 未詳孰是也.

山海關記一

　　山海關, 長城之東門也. 長城從醫巫閭山, 委蛇而下, 自居庸關・古北口, 包絡山頂, 東至角山, 漸低入平地. 右夾滄海, 爲華夷咽喉之地, 海山之間平陸, 僅爲十許里, 而關門正在其間, 卽皇明徐中山之因長城而置關者也. 關城周八里, 有奇門四, 池廣二丈. 又有西羅城, 周六里, 東羅城, 周三里一百四十六步. 南新城, 周二里半, 北新城, 周一里四十二步. 二城皆南北二門. 連環五座. 東之初關爲甕城而無樓, 甕城穿南・北・東爲門, 虹楣刻威鎭華夷四字. 第二關爲四簷敵樓, 楣刻山海關三字, 是爲長城. 而城之高約數十丈, 厚半之, 虹霓之內, 如入黑洞. 第三關爲三簷樓, 立扁曰天下第一關. 扁下又有三扁, 一曰左輔金湯, 一曰康衢永固, 一曰屛藩云云【下二字, 忘未記】. 扁是明給事蕭顯所書云. 是爲中城, 而又有甕城, 卽古之長城, 內外各以重關遮隔之. 行數百步, 十字街爲方城, 四面設虹門, 上有三簷樓, 以金字扁曰祥霶搏桑, 卽雍正帝御書也. 又行十數弓, 有複城, 上無樓, 下無扇, 此卽城之西門也. 七城之內, 或爲五六里, 或爲二三里, 樓櫓飛騰, 制作宏嚴, 每門各置副都統守之. 過瀋後, 一大都會也. 三使皆去蓋, 文・武成班, 如入盛京時. 稅官及守備, 坐關內翼廊, 點閱人馬, 照準鳳城淸單. 守備皆滿人, 打紅緻蕉扇, 前列軍卒百餘佩劍. 帥府門外, 坐石獅二, 高各數丈. 閭舍市井, 勝於盛京, 車馬最盛, 士女尤爲都冶, 其繁華富麗, 沿路無可比處. 蓋此爲天下雄關, 而關以西, 漸近皇都而然也.

山海關記二

　　山海關, 北極出地, 四十度弱, 古之渝關也. 王應麟地理統釋云: "虞之下陽, 趙之上黨, 魏之安邑, 燕之楡關, 吳之西陵, 蜀之漢樂, 地有所必據, 城有所必守者也." 皇明洪武十七年大將軍徐達移楡關於此, 築五重城, 名之曰山海關. 最爲遼界之關隘, 朝鮮・蒙古諸國皆由此出入焉. 自隋開皇三年, 始有此關, 而唐太宗廣置東西狹石・綠疇・長揚・黃花・紫蒙・白狼等, 戍以扼契丹. 關外又有東・西邏城, 與關門邏城, 連環五座, 亦名五花城. 至于皇朝, 制置經略, 益嚴益密, 三里之城・七里之郭, 重重關鎖, 疊疊環抱, 飛鳥不能踰, 猨猱不能攀. 雖以順治兵力, 扼於吳三桂, 相守幾十年, 終不能窺關內一步. 崇禎年間蓋亦屢犯此地, 而或由喜峯口, 或由龍井·居庸等關, 皆近捨山海, 迤邐數千里而入焉. 及三桂啓門請兵然後, 始敢入關. 斯可見徐中山防邊衛國之功, 延及後世也. 自山海關以西, 薊鎭領之. 邊城凡一千四百七十四里, 城堡七十一座, 附墻臺一百四十六座, 敵臺一千九十五座, 主兵七萬三千五百六十二名, 客兵三萬七千五百七十三名. 明之邊防於是焉固矣, 而又得其地形, 眞所謂天下第一關也. 噫, 蒙恬築長城以防胡, 而亡秦之胡在於內, 中山設此關以備胡, 而吳三桂開關迎入, 國之興廢, 天也, 非人也. 奚足恃金城湯池也哉. 關門譏察甚嚴, 自皇明已然. 無票文者, 不許出入, 而系貫·年歲·容貌·疤痕, 俱考後放過, 有早牌·晚牌, 一日不過再次, 許人往來. 清法亦剪黃布爲片旗, 以爲出入之信, 失此則一出之後, 永不許入. 商旅亦皆簿錄姓名·居住·物貨名數, 詰姦防僞, 極爲嚴肅, 稅亦甚重, 行人頗苦之云.

山海關翼城記

關之南北數里有翼城, 南曰南翼城, 北曰北翼城. 附長城而築, 方百餘步, 南北皆門焉. 而北城有斷, 而缺者數十武. 世傳吳三桂請援淸兵時, 毀城迎入之處, 淸人不復補完, 障以鐵網, 只使甲軍防守云. 豈以從此得天下, 故欲留示後人耶, 抑以長城以內爲逆旅, 不欲爲中國固鎖鑰而然歟. 雖然, 開國方略有曰: "三桂迎謁, 前驅入關." 乾隆全韻詩亦載其事, 顧炎武詩亦云: '啓關元帥降.' 則其非毀城明矣. 開國方略又云: "崇禎皇帝信太監間諜, 下袁崇煥於獄, 祖大壽·何可剛, 擁兵東走, 至山海關, 門閉, 乃毀城出." 按明史, 崇煥之逮獄也, 大壽等率所部, 奔還錦州, 而無毀城之語, 則此亦未知其必然. 且祖何所毀, 淸祖何不補築, 而只使防守乎. 或云: "三桂啓關請兵, 而淸祖恐爲三桂鏖殺, 猶豫不進, 故三桂毀城, 以示信淸兵, 乃入." 或曰: "長城南北, 舊有水門, 吳王守關觀兵, 由北水門出, 入于南水門, 煥衣煥馬, 以示兵衆. 及破自成, 自成駐兵于石河西廟堂前, 吳王開關, 先戰佯敗以誘之, 淸兵張左右翼, 由兩水門而入, 循關而西急擊之. 吳王復還軍力戰, 自成大敗遁走. 此奇門家生門之法, 壞城納兵, 初無是事. 且毀城處不爲補築, 在前朝, 邊塞不靖, 修城乃其勢也, 今天下一家, 關外乃淸人本家, 修城將以防誰."理或然也, 恨未有考也.

長城記

　　山自太行, 蜿蟺數千里, 東北爲角山, 重巒疊巘, 屹立天半, 一支直抵渤海, 爲華夷咽喉之地. 而長城亦自古北口·居庸關, 東馳千里, 聳峙于角山, 大斷爲平地, 南抵于海. 史云:"秦始皇北伐匈奴, 遣蒙恬築長城, 起臨洮至遼東, 延袤萬餘里"者, 是也. 自東而望, 長城一帶橫張西北, 緣峯跨壑, 萬雉崢嶸. 而自山至海二十里, 百丈甎城, 內外塹絶, 眞鐵甕也. 及夫明之徐中山, 因蒙恬古城改築, 東北於舊城之內外, 以重城遮隔之, 是曰山海關. 而又於長城之南頭, 築小方城, 方城之南, 起樓曰澄海, 是長城之地盡頭, 而相接於山海關者也. 蓋蒙恬所築起, 自臨洮至于遼西. 遼西者, 今臨楡縣·董家口, 而只存形址, 卽所謂老邊城也. 徐中山所築, 自鴈門至董家口, 復與蒙築合, 卽所謂新邊城也. 老城在外, 新城在內, 相去數十里. 又自董家口延至于澄海樓而止者, 卽今關城也. 夫長城之名, 已自六國時有之. 趙李牧大破匈奴, 築長城, 自代竝陰山下, 至高闕爲塞, 秦滅義渠, 而始於隴西·北地, 築長城以拒胡, 燕破東胡, 却地千里, 亦築長城. 及始皇兼幷六國, 一統爲天子, 則又使蒙恬大築長城, 於是乎華夷疆界, 劃爲內外, 遂作天下之好家居, 中國世守之. 人至今稱之以始皇之雄圖壯略, 而苟非大力量大規模, 其何以辦此哉. 關城外姜女廟, 有刻於柱曰:'秦皇安在哉. 虛勞萬里築.'此是爲姜女怨之之詞, 而亦譏其虛勞之意也. 蓋始皇內不知胡亥, 外事匈奴, 勞民築怨, 不旋踵而國亡, 似或爲後世之譏. 然愚以爲長城之築, 功在萬世, 何可謂虛勞也哉. 夫中國之患, 莫大於胡虜, 胡虜之憑陵中國者, 以其地據上流, 勢如建瓴故也. 當堯九潦之時, 使鯀治水, 則鯀之力量才智, 知其胡虜之爲中國萬世慮, 疏幽·冀, 而鑿恒·岱, 引九州之水, 而灌之沙漠, 使中國反據上流, 以制胡虜. 故乃將懷襄之憂, 爲第二義, 不度地形, 不惜工費, 必也倒鑿而逆流之. 然鑿之塹之, 疏之瀹之, 地勢漸高, 不期湮而自湮, 竟至於九載而敗績. 噫. 若使鯀能成此功, 則中國之防胡防河, 一擧兩得, 而其鴻功偉業, 當在禹上也. 至於始皇, 亦知其胡虜之爲中國萬世慮, 北逐匈奴二千里, 大築長城, 以限內外之界. 自是之後, 胡虜不敢猾夏, 而雖値天下雲擾之時, 亦不敢南下而飮馬. 故漢・唐以後中國至于今, 賴爲藩籬, 關外遼・薊之地, 皆入版圖, 是豈非功在萬世者耶. 伯鯀之治水, 其勢也難, 故功未成, 始皇之築城, 其事也易, 故功成. 功之成不成, 雖係於勢與事之難易, 而若夫力量才智迥出尋常, 則焉可以成敗論乎. 且天開遼野, 漭闊無際, 西北太虛, 則又作醫巫閭之千里長山, 遮斷一面, 以限華夷之界, 秦又以萬里長城, 遮斷東北, 以作華夷之門戶, 是可與巫閭竝稱, 而於以見英雄之神謨遠覽, 亦何以虛勞譏之哉.

松山堡記

松山堡在小凌河西南二十里, 杏山堡距松山十八里. 蓋明以前邊關苦兵, 村皆有堡, 見今人畜布野, 城堡破壞不修, 四郊無戎馬之憂者, 已百年矣. 天運之盛際歟. 人謀之多籌歟. 噫, 此崇禎時龍爭虎鬪之地也. 按乾隆帝全韻詩, 註曰: "崇禎六年八月明摠兵洪承疇集援兵十八萬於松山, 太宗卽統軍啓行. 時適鼻衄, 因行急衄益甚, 三日方止, 諸王貝勒請徐行. 諭曰: '行軍制勝, 利在神速.' 疾馳六日抵松山, 陳師松山・杏山之間, 橫截大路. 明摠兵八員犯前鋒, 擊敗之, 獲其筆架山積粟, 濬濠斷松・杏路. 是夜明諸將撤七營步兵, 近松山城而營. 太宗諭諸將曰: '今夜敵兵必遁.' 命護軍鰲拜等, 率四旗騎兵前鋒蒙古兵, 俱比翼排列, 直抵海邊. 又命蒙古固山額眞庫魯克等, 於杏山路設伏遮擊, 又命睿郡王往錦州, 至塔山大路, 橫擊之. 是夜初更明摠兵吳三桂等沿海潛逃, 相繼進擊. 又命巴布海等, 截塔山路, 又命武英郡王阿濟格, 往塔山截擊之, 又命貝子博洛率兵, 往桑噶爾塞截擊之. 又命固山額眞譚泰柱, 往小凌河, 直抵海濱, 絶其歸路, 又命梅勒章京多濟更, 追擊敗兵. 又命固山額眞伊時等, 於杏山四面, 擊明兵之奔入杏山者. 又命蒙古固山額眞思格圖等, 追擊逃兵. 又命國舅阿什達爾漢等, 往視杏山駐營處, 如其地未善, 卽擇善地移營. 翌日命睿郡王・武英郡王, 圍塔山四臺, 以紅衣礮攻克之, 明摠兵吳三桂・王撲奔入杏山. 是日太宗移營至松山, 欲濬濠圍之, 其夜摠兵曹變蛟棄寨, 欲突圍而出者數四. 又命內大臣錫翰等及四字部落都爾拜, 各率精兵二百五十, 伏於高橋及桑噶爾堡. 太宗親率軍,至高橋東, 令貝勒多鐸設伏兵. 三桂王撲敗奔至高橋, 伏兵四起, 僅以身免. 是役也, 殺明兵五萬三千七百, 獲馬七千四百, 駞六十, 甲冑九千三百. 自杏山南至塔山, 赴海死者甚衆, 漂蕩如鳬鷖. 清軍誤傷者只八人, 餘無挫衂"云, 此世所稱松杏之戰也. 當是時, 自成自南而入, 清人自東而至, 內外受兵, 天下大震. 清人關外之自成也, 自成關內之清人也, 明雖欲不亡得乎. 如吳三桂·洪承疇之智略勇猛, 爲世無敵者, 一得當清兵, 則智無所出, 而勇無所施. 且以十八萬大軍爲清兵數千所圍, 指顧之間, 如草管漚泡, 片甲不回. 於是乎不得不歸之於天, 而非戰之罪也. 清兵之進圍松山也, 我孝廟住清陣中, 幕次纔移他所, 而摠兵吳三桂率所部萬騎, 潰圍馳出. 幕次初設之處, 直當奔衝之路, 此雖王靈所在, 而亦豈非天乎. 噫.

黃旗堡記

盛京之西百餘里之間, 屯堡星羅, 多以旗號名之, 曰黃旗堡·白旗堡·紅旗營, 是也. 蓋清之軍制有十二旗, 曰正黃·正白·正紅·正藍·鑲黃·鑲白·鑲紅·鑲藍·廂黃·廂白·廂紅·廂藍. 滿洲之地分爲十二, 各號旗名, 以旗內所居人民之隷於旗下者, 稱其旗人, 而上自中堂·尙書, 下至氓隷皆然. 蒙古·漢人之願屬旗下者, 亦隷焉, 漢人之隷旗下, 皆稱以漢軍. 今所過三旗堡, 似是清主之在藩時, 分屬諸旗於沿路地方而名之也. 凡旗下軍十六或十八, 輪番於本邑而家居, 恒若待變, 弓矢銃槍整備而待. 滿人則雖隷旗下, 民與軍各有定制. 關內軍料, 則每月給銀三兩, 一年大米四十四擔【十斗爲擔.】, 關外則銀三兩, 米亦減數. 廩給旣優, 故願屬者多, 賞賫甚厚, 而戰亡則澤及數世, 故勇於赴戰, 視死如歸云.

中後所記

中後所在寧遠西. 皇明洪武時, 廢遼陽縣, 以其地置定遼衛, 及定遼左·右·前·後·東寧五衛, 并爲遼東郡指揮使司治. 永樂年間徙自在州於此, 又設中·左二千戶所, 左·右·前·後四千戶所, 各有所領之堡, 此其一也. 舊城圮, 因其址新築. 門有四, 東曰潤和, 南曰歌薰, 西曰說澤, 北曰【忘未記.】三河橫帶, 明沙嫩美, 環以長林, 宛似浿江之景而曠爽. 過之城外, 閭井繁庶, 市門夾數里, 摩盪不可行, 可與寧遠衛新民屯, 相甲乙. 有關帝廟, 壯麗亞於遼東, 甚有靈驗. 一行皆奠幣, 抽籤視吉凶. 後殿榜曰文昌宮, 所謂文昌眞君, 細眼美髥, 風神秀朗, 其服袞袍紗帽也. 右邊立具鞍白馬, 一卒持其轡, 塑像皆有生氣. 內外屋宇, 金碧絢爛, 東西各有廊屋. 右有小金佛, 左有墨畫白衣觀音, 筆法不俗. 卓上有小爐, 色正綠, 刻花着金, 頗精雅, 乃土造而燒者也. 門內照墻, 所畫靑獅, 似倣甘露寺吳道子筆意, 而東坡所贊威見齒, 喜見尾, 可謂善形容矣. 吳三桂家舊在城內, 其祖先墳墓在城東五里, 三桂叛, 淸人皆掘去, 蓋三桂此地人也. 村傍有陳氏節孝之㫌, 陳卽崔崇妻也. 制如牌樓, 以小石柱, 列立如門, 上有橫樑, 甍簷皆具, 中樑橫刻姓名. 左右兩柱, 刻曰氷霜勵揉, 右曰金石增輝, 忙未考問實跡. 居民以氈帽爲業, 而別爲東人造帽, 以胡帽異制也. 共有三鋪, 一鋪爲三五十間, 所造工人, 不下百餘人. 我國商譯皆貿於此, 約以回還時輸去云.

盧龍塞記

自撫寧縣渡羊河, 過蘆峯口, 山勢環抱, 路出其間, 作一隘口, 口者, 關隘之稱. 山有松, 野皆柳, 樹林人家亘而相連. 到雙望堡, 野色復開谿, 北望遠山, 迭出秀媚. 至部落嶺, 平原麋迤而高, 岸谷摺疊屈曲綿亘數里, 路旁立木牓, 書曰古盧龍塞. 皇明一統志云: "盧龍鎭在平州西一百九里, 其土色黑, 山如龍形, 故名. 魏曹操北征, 田疇引軍, 出盧龍塞, 塹山湮谷五百餘里, 卽此也." 夫盧龍, 中國東北之絶塞也, 自漢·魏始見於史, 而其云: "平州, 古之右北平, 而今爲永平府也." 行過其地, 岡巒重複, 路在山之斷處, 崎嶇狹隘, 僅容一軌, 果是荒裔. 而處皇京甸服之地, 輪蹄不絶, 鷄狗相聞. 視諸胡虜射獵之時, 今可謂繁華之樂土也. 按水經注曰: "自盧龍東越靑涇, 至凡城二百許里. 自凡城東北, 出趣平剛古城, 可百八十里." 平剛, 卽漢之右北平治也, 以是推之, 盧龍在平剛之西也. 又按田疇傳, 曹操北征烏桓, 軍次無終, 時方下雨, 而海濱汙下, 灣滯不通. 操患之, 以問疇, 疇曰: "舊北平治在平剛, 道出盧龍, 達於柳城, 自建武以來, 陷壞斷絶, 垂二百載, 而尙有微逕可從. 今虜以大軍當由無終, 不得進而退, 懈弛無備. 若嘿回軍, 從盧龍口, 越白檀之險, 出空虛之地, 路近而便." 操乃引軍還, 令疇爲鄕導, 上徐無山, 出盧龍, 歷平剛, 登白龍堆, 去柳城二百餘里. 虜乃驚覺云. 無終, 卽今玉田縣, 操自無終回軍, 始出盧龍口, 則是盧龍不特在平剛之西, 亦在玉田之西. 此去玉田猶二百餘里, 則以此地爲古盧龍者, 恐或誤也. 柳城, 卽興中, 隋遼西郡·營州, 皆治柳城, 卽其地也. 以興圖考之, 興中在長城外, 直寧遠北六百里, 而一統志云: "柳城廢縣, 在永平府西二十里." 亦誤也. 大抵山川道里以興圖訂之, 遠近東西之不合於古今多, 有如此者, 姑記之, 以俟博雅者.

煙臺記

煙臺, 皇明之遺也. 關外曰煙臺, 關內曰墩臺. 煙臺始自十里扛子·小黑山之間, 達于關外, 五里十里, 相望不絶. 蓋燕京直道, 無山陵, 故皆於平野, 用甎築之, 俾作報驚之. 所其制也, 或方或圓, 方者一面可三丈餘, 圓者其圍十九把, 高五丈以上, 四圍如削. 近上三分之二, 開前後兩門, 僅容人, 意其上下用雲梯也. 臺上又有臺, 其高可半丈, 是則將領所坐處也. 上下臺皆有埤堞, 穿砲矢穴. 臺前甎以築圓如甕形者五, 臺後有屋, 置守卒, 傍作庫舍, 貯軍器. 一臺以百人守之, 有警則擧烽爲號. 墩臺, 自關內紅花鋪, 達于燕京, 近則五里, 遠則十里, 羅如碁置. 制皆方正, 高五丈. 上置屋三間, 旁竪三丈旗竿, 臺下置屋五間. 墻上列畵方鞬·矢服·煇鎗·火砲, 屋前列揷刀·鎗·劒·戟, 凡擧燧望煙事目, 列書貼壁. 又於長城外, 緣山爲城, 參差曲折處, 建空心敵臺. 而凡衝處或四五十步一臺, 緩處或二百步一臺. 每臺百摠守之, 十臺千摠守之. 每一二里間, 鈴鐸相聞, 一人有警, 左右擧烽, 分傳數百里間, 皆見應速而備豫. 此都督戚繼光所設, 而鎭薊州時, 建敵臺千二百所於關外, 每五里一臺, 築同城制. 高可五六丈, 上設砲穴, 如堞中建方臺, 亦稱煙臺云. 蓋皇明設關防固邊圉之策, 無處不致意, 而尤惓惓於東, 建五重關而鎭之. 自燕都至于鴨江, 數千里之間, 建衛置堡, 星羅角峙, 又設煙·墩臺, 以備瞭望之所, 此殆他日之憂, 在於東故也. 然關以東民力, 盡於此役, 仍致人心怨叛, 卒啓傾覆之禍, 右所稱固國不在金湯,誠確論也. 淸人之初入燕京也, 議者欲修築關外城池, 九王多爾袞曰: "明朝之浚民膏血, 大肆力於城池者, 蓋備我也, 卒乃見奪於我. 我則當休養生靈, 何用更煩民力, 作無益之擧乎." 其議遂寢不行云. 其見識之卓, 乃能如此, 甚可韙也. 今其防禦之策, 自關外千餘里, 每站各置千總一人, 瀋陽一處外, 無養兵峙糧之所, 所謂設站置千總處, 亦不過一大村落也. 陰雨之備, 亦有國之不可闕者, 而邊疆之踈虞至此, 何爲萬全之長策乎. 或曰: "淸人以弓馬馳突爲長技, 至於關防城守等事, 不甚致力, 蓋其習俗然也." 夫淸, 長白之蕞爾一部落也, 呑四海而包六合, 肆然稱帝於中國, 則豈無英雄之遠覽. 而不唯不修城池, 幷與關東烽戍而盡撤之, 其志以長城以內爲逆旅, 而不欲爲中國固鎖鑰也. 豈但以習俗而然哉.

威遠臺記

山海關外數里有阜嶐然, 阜上有方城. 城中有將臺, 古傳吳三桂所築而禦淸兵處, 故稱吳王臺. 或云: "萬曆間經略熊廷弼·楊應昌所築, 與關城爲猗角之勢, 而吳王請兵時歃血其上"云. 方城高爲十餘丈, 周數百步. 南有小虹門, 門內環以甕城, 又有小門, 中虛方正如入甕. 中城之四面各設主竇, 爲藏兵之處, 門外甕城亦有數竇. 四隅累甓爲梯, 東西二梯折爲二層, 南北二梯直成一層, 高各三四十級. 登梯而上, 四面廣各十四丈, 每面各爲七堞. 臺上四隅退築雉堞, 廣各一間, 而築臺內外厚各二間. 築壇於臺之北, 稍高於堞, 以爲大將之坐, 下爲隧道, 以通長城之內. 蓋吳王守關時, 從地道不時登臺, 出號砲, 則關內數萬兵, 一時吶喊, 聲動天地, 關外諸墩戍兵, 亦皆響應, 數時間號令遍千里. 其制作規模如彼其壯. 想像當時, 三軍虎健, 萬幕碁布, 旌旗增彩, 風雲變態, 不覺有飮馬長城·鳴劍伊吾之思矣. 憑堞遠眺, 長城北走, 滄海南盈, 東臨大野, 西瞰關內, 周覽之雄, 亦無與爲比. 不見萬里長城, 不知中國之大, 不見山海關, 不知中國之制度, 不見威遠臺, 不知大將之威尊也. 或言: "淸祖攻關時, 要瞰城內, 一夜築成." 是臺傳之誤也.

望海臺記

　　緣長城行十五里, 南人于海, 鎔鐵爲址而城焉. 因城而臺曰望海, 卽明之觀海亭, 而徐中山所築也. 自山海關, 穿四街南門, 至長城南頭, 環以小方城, 周可數里. 入其門, 從層階而上. 城頭建重簷大樓, 扁曰澄海樓. 環樓而又城內鋪甎, 前設堞. 環而下, 行數百武, 爲石梯十三級, 斜抵于城. 折而南, 作小虹門, 門外夾城而築石路若甬道, 直入海中. 城盡而路窮處, 又築石爲臺, 高六七丈, 長五六間, 廣三之二. 鋪甎於上, 設堞於四方, 是爲望海臺. 臺下又築石, 廣與臺齊, 長爲七八間, 高可丈餘. 入水如斗柄, 三面環水, 搖搖如坐舟中. 所謂驅石駕滄津者, 是也. 臺之南, 水天相接, 浩渺無涯, 此卽渤海也. 東望海中, 有石屹立如砥柱, 謂之碣石, 而禹貢所載夾右碣石者也. 西之數十里, 沙堆走入海中, 曰秦皇島也. 臺下城根皆築石, 鎔鐵爲覆釜形, 是老龍頭, 到此更無地矣. 登臺四望, 極目雲海. 是日無風, 波面如鏡, 日出未久, 紅光燭水, 爛如銀永. 少焉, 雄濤湧起, 浮漸相蕩, 大如屋, 小如舫, 前浪未息, 後浪復起, 高出十餘丈, 深入亦十餘丈. 頃刻萬變, 響若轟雷, 天地爲之震蕩. 然引領而睎, 東北群山靜立天際, 略與雲煙相雜, 而東南則一碧無際, 不見其有風濤, 惟帆檣往往出沒如機上梭而已. 又上老龍頭, 薄而臨之, 潮聲益蕩灎, 震撼城上, 凜不可久留. 北望角山, 疊嶂層堞奔馳, 萬里延袤, 究竟於此, 登此臺而不目裂眦髮衝冠, 眞懦夫也. 顧平生坐井, 蠢然若肖翹, 乃欲明目張膽, 妄談天地事, 甚矣, 不自量也.

嘔血臺記

　　寧遠衛城南五里野中有小山, 曰鷄鳴, 與城相望. 山頂有石臺, 曰嘔血, 世傳淸祖攻寧遠, 爲巡撫袁崇煥所鏖, 嘔血於此, 故名也. 皇明末淸人起自滿州, 據有遼瀋, 長驅大進, 所向無敵. 時袁公鎭寧遠以禦之, 一日淸祖親率大軍而來圍, 公坐一室, 積書于中, 意氣閑雅. 城中寂然, 夜深, 一將自外而入有所告, 公點頭而已. 俄聞砲聲震天, 山河掀盪, 見胡騎飄騰於煙熖之中, 多墜於城內, 蓋預埋紅夷砲於城外, 賊至而發也. 淸之勇將精兵, 無一人得脫, 淸祖單騎走, 上鷄鳴山, 僅以身免. 袁公送羊酒慰之, 且謂之曰: "後勿更來." 清祖遂憤恚而嘔血云. 翌朝袁公登城而嘆曰: "殺人此多, 噫, 吾其不免乎." 及闖賊度居庸關, 京師大震, 命袁公率摠兵祖大壽·何可剛入援. 所過諸城留兵守之, 帝聞公至喜甚, 令盡統援軍. 清人乃設間, 使其將高鴻中於所獲明之兩太監前, 故作耳語曰: "今日撤兵, 意者袁巡撫有密約, 頃見二人, 來見汗語, 良久而去." 太監佯卧竊聽之, 旋縱歸, 遂以告于帝, 帝執崇煥磔之. 大壽大驚, 與可剛擁衆東走, 後守錦州, 被圍出降. 蓋以袁公之死也. 方其淸兵之充斥於關外也, 無戰不勝, 無城不摧, 獨於袁公屢見敗衂, 而及夫是役也, 全軍灰燼, 僅以身免, 以大小未嘗見. 北之雄狰, 爲挫鋒於袁公之手, 則安得不憤恚嘔血, 而其不欲行間而除去乎. 噫, 朝廷之用舍顚倒, 功罪不明, 熊公死而天下之大勢去矣. 此志士所謂悲其長城之自壞, 而貽後世之譏也. 至於寧遠一戰, 雖是一時之勝, 亦足爲當日之快事. 淸之開國方略悉載攻戰始末, 獨不書嘔血事, 諱之也歟.

金石山記

渡鴨綠江, 西行六十里, 有山曰金石, 一名松鶻山. 或曰: "山與松鶻對峙." 此統軍亭西望最高山也. 石峯嵯峨, 不生草木, 大如我東之冠嶽, 而奇秀過之. 山上有澤, 生雲霧則輒風雨云. 過者指點言: "是山乃康世爵逃隱處." 蓋世爵於萬曆戊午, 赴劉綎軍於遼陽, 及兵敗, 綎死之, 世爵逃隱於金石山, 燎羊裘, 裹木葉以咽之, 數月得不死. 遂渡鴨江, 而居于關西, 恥左袵而薙髮也. 自西移居北之會寧地, 常冠楚制, 而自號其堂曰楚冠, 以見志云. 夫鴨江以西所過諸山, 騈羅左右, 而惟是山特著於柵外, 行人過客指顧而稱之者, 以世爵也. 追想世爵當日之事, 百世之下, 令人悲惋, 而獨得一拳乾淨之土, 得免降虜之恥, 名與是山而同其顯, 斯可謂世爵之幸, 而亦豈非玆山之幸也歟. 東使之赴燕也, 每到山下, 設幕露宿, 徘徊瞻眺, 輒道世爵事, 至今不已. 噫.

葱秀山記

葱秀, 栅外佳處也. 石峯聳秀如削葱, 故名, 而山如我東平山之葱秀而稍小. 皇明詔使過平山, 見其酷肖, 命名以此云. 山與魚龍堆相聯, 巖壁橫張, 水爲之縈抱, 綠淨可鑑. 自九連城至葱秀, 凡七十餘里, 山回水灣, 處處開野, 土性膏沃, 皆可田. 洞壑深邃明媚, 緣以豐林嘉木, 無處非茂陵之幽·濠濮之想, 而介於兩國之界, 空曠癈棄, 殆近二百年, 欣然愜心, 亦復悵惜. 蓋鴨綠西北諸山, 皆自長白夾水, 而西薄遼河乃止, 故東八站山川, 全類東國疆域, 雖殊, 可見氣脉相通也. 且柵內之棘籬·板壁·山樵·火耨多東俗, 信乎, 是箕子舊疆也. 莊叟之言曰: "適他邦者, 見似人者, 而喜人相似, 猶可喜." 況地之相似乎.

鳳凰山記

翔龍之山蜿蜒, 如龍矯虎踞, 左右翔騰, 周絡巨野, 一支西北走, 逶迤蟠拏數十里, 爲鳳凰山. 石峯拔地特秀, 如擘掌立指, 如半開芙蓉, 如天末夏雲, 奇峭戍削, 不可名狀. 蓋是山大如我東之水落山, 而石色蒼潤, 東西四五峯尤奇秀, 恐我東無可擬者. 然此處之山, 大抵皆壁立, 而無餘麓之陂陀, 與我東山形絶不同也. 由山趾折而左, 峯勢益奇, 壁色益潤如藍玉, 石間縣溜, 爲瀑爲潭. 又行里餘, 左有壁可數十仞, 壘石相承, 路出壁間, 蓋所謂石門也. 入門而叢林蔥鬱, 兩山夾洞. 西南至大靈寺, 寺地平廣, 有泉瀉出潀潀. 直北石峯, 去地數十丈, 倚壁而構小屋, 曰觀音窟也. 西北峯下萬松環擁, 中有殿閣, 曰朝陽寺也. 山上有古城址, 可容十萬衆, 卽渤海國太子所據者, 或稱安市城, 未知孰是也. 山下築城開府, 是謂鳳凰城置將軍守之.

靑石嶺記一

之中國者渡江, 而從山峽中行三百餘里, 岇嶺巨麓, 幾乎九曲羊腸, 處處可藏萬甲, 而會寧·靑石險之尤者也. 過連山關而有會寧嶺, 雄大峻險, 爲遼左第一關阨. 又行三十里而有靑石嶺, 東夷西峻, 高亞於會寧, 峭削過之. 峯角尖秀, 巖壁束立, 中開線路, 僅容一車. 行人到此, 輒先使人視來車有無近相迫, 則側輪交軛而乃過. 自此以西, 石色純靑, 故嶺以名也. 嶺路屈曲, 亂石堆疊, 鉤衣刺足, 馬不得前, 被之以氷, 滑而難行. 俯視深壑, 雲雪糢糊, 而初旭射之, 其色如霞, 爲之屢顧. 西望有峯屹然, 近頂石壁, 橫張如屛, 廣幾數丈, 高凡五層, 一層之高可數丈, 嶺之餘麓也. 崇禎丙子淸人侵我, 丁丑我世子有瀋陽之行. 時孝廟以大君隨之, 駕過此嶺, 寒雨滂沱, 遼山慘悇, 乃作歌而悲之. 至于今二百年, 國人之誦其歌而想其時者, 尙不禁釀涕, 況當日臣子泥露之恨乎. 乙酉始東還, 及夫御極以後, 常懷臥薪之痛, 而日暮道遠, 竟未聲大義於天下. 皮幣之禮, 比年而行, 至于今二百年, 行人之過此嶺而誦其歌者, 莫不扼腕而痛心也. 噫.

靑石嶺記二

長白山一支西南馳二百餘里, 爲分水嶺. 又西走五百餘里, 爲遼東之會寧嶺, 嶺之南一支迤逶而爲靑石嶺, 此兩嶺天設之險阻也. 自古稱高句麗舊界, 嶺脊西南走, 而金·復·海·蓋南四圍之地, 皆重岡複嶂. 高句麗盛時, 隋·唐百萬師逡巡不敢入, 蓋以險阻之足憑也. 三韓與中國, 天所以限在此, 而麗末及今恃鴨綠爲天塹, 一衣帶水何足有無於其間哉. 自此蕩蕩而無阨束, 所以丙子之胡三日而至城下. 議者謂: "金川可阨也, 棘城可防也, 延平嶺可守也." 地散逕多, 在在而陰平, 處處而采石, 孰遏偸度之勢哉. 欲保兩西, 先守靑石·鴉鶻關, 此高句麗之法也. 況建州一域, 古我太祖所擊東寧府兀剌城等地也. 輿覽係之鴨綠江外地, 而東國舊壤也. 牛毛嶺·婆豬江皆可據也, 而險阻要害, 江內無所與靑石等處, 要之爲三韓天設之限, 而亦無關於中國之幅員. 若天運厭穢, 八旗東遁, 則此地其將屬之誰. 他時志士宜爲之所也.

千山記

千山在遼陽州南六十里, 距沙河堡西三十里, 峯巒洞壑, 爲遼左第一勝區, 而山有九百九十九峯, 故山之名以此, 殆如我東金剛山之有萬二千峯也. 上有祖越·龍泉·香巖·中會·大安五寺, 蓮花·月芽·獅子·彌勒·淨瓶·鉢盂·海螺·臥象·獻寶·鵓鴿·三臺·漱瓊·松苔·上夾·下夾·筆架等峯, 太極·煉魔·鸚鵡三石, 石佛·片石·花巖三巖, 振衣岡·松石屛·羅漢洞·石洞·玉皇閣·萬佛閣·濯纓泉·松門·雙井·西湖井·歇凉臺·仙人臺·仙人奕碁諸勝, 而東人之遊賞者, 月沙李公·稼齋金公以後無往見者, 蓋山於路迂且嶮, 官程不獲自由也. 余於渡江而西, 凡所歷必恣意探討, 而遼陽之千山·廣寧之醫巫閭·山海關之角山, 聞其奇絶, 然惟望見寄想而已. 而月沙之記曰: "是山不甚雄大, 而奇峯峭壁束立如釖戟, 我國三角合道峯, 則可以敵此. 佛宇亭榭, 金碧焜耀, 一巖一洞, 俱有佳名. 石之如蹲虎·如立人·如剖大甕·如垂天關者, 殆不可數. 路折必有臺, 臺上下必有奇松嘉樹, 多人力貢餙, 或造物之自奇, 類智巧者所設施, 是則三角·道峯之所未有也." 稼齋之記曰: "千山山脉自南來, 向東抽三条, 第一条最長而無峯巒, 但迤邐起伏, 東而北, 北而西, 凡數十里. 第二·第三兩条在其環抱中, 其狀如也字形. 所謂千山, 卽其餘氣所結也. 遼陽城亦從此枝而分落下平野, 可知其風水絶好. 龍泉·香巖之水, 初皆東流, 旣出山口, 却轉而西, 蓋隨第三条而行故也. 此山盤據之大, 僅如三角, 而高則不及焉. 月沙謂: '合三角·道峯, 可敵此山.' 斯論亦然. 然以此山峯巒, 較之三角, 如仁壽一峯固無矣. 若其鸞鳳翔鸘·芙蓉秀出·亭亭秀媚之態, 不但三角所無, 雖金剛, 亦未易當也. 又峯巒之外, 奇巖傑壁, 層現疊出, 往往如智巧者雕琢而成, 但所不足者水也." 讀此兩記, 益驗遼左之名山, 而儦儦欲擧, 竟不可得, 則幷錄其槩, 庸識神游想存焉耳.

醫巫閭山記

自遼陽西至燕南至海皆野, 而野之大無如鶴野. 北至蒙古, 東至於朝鮮之界, 皆山, 而山之鉅巫閭爲最. 山自鮮卑絶漠而來, 橫截北方, 雄峙於野之窮處, 爲遼左諸山之祖山, 外蒙古地也. 舜封十有二山, 以巫閭爲幽州之鎭, 而中國之五鎭名山, 此其一也. 是山也, 尾蟠荒裔, 首注大野, 以抵于海, 而爲遼廣主嶽. 自古帝王莫不祀事, 至皇明, 建都於燕, 玆山於國都爲最近. 遼廣又節度山東爲關外巨藩, 地大且重,而山爲其鎭, 故始自永樂年, 立廟於山下, 祀其神, 號曰北鎭廟. 蓋天開遼野, 千里無際, 而西北太虛, 故又作千里長山, 遮斷一面, 以限華夷之界. 金蔡珪詩曰: '幽州北鎭高且雄, 倚天萬仞蟠天東'者, 是也. 按志云: "山在廣寧縣西十里, 高十餘里, 周二百四十里, 掩抱六重, 故亦名六山. 山下爲北鎭廟, 廟東北有仙人巖, 孤石峭拔, 上鐫呂仙像, 又名呂公巖. 廟西有翠雲屛, 一石方廣丈餘, 下有竇, 南北相通, 明巡撫張學顔刻補天石三字於上. 又有桃花洞, 煙霧出壑, 縈繞重巒, 名勝莫可殫述, 其形勢恢特, 窅奧雄奇, 遼河之右與長白山夾護王氣以壯鴻圖者也. 遼人皇王突欲愛其奇秀, 購書數萬卷, 置山之絶頂, 築堂曰望海, 及卒, 遂葬於此"云. 山自白旗堡始見, 如一抹翠煙, 明滅天際, 至二道井北望, 黛色如帳, 及到一板門, 層峯列嶂, 馳騖西北, 雄大磅礴, 鎭服要荒, 其載於職方, 有以也. 今余所觀, 不過路上望見而已, 則亦何能盡山之蘊哉. 然其殊狀變態, 爭奇競巧於雲煙之中, 淸淑所鍾, 外內同範, 石潤而峯秀, 水淸而沙白, 此必然之理. 美妻不生醜兒, 一臠可知全鼎, 玆山典型又何待遍覽六重而知哉. 擬於明春歸路, 以鞍藜尋, 眞與山靈約.

十三山記

山以十三名者, 山凡十三也. 醫巫閭之山盡于遼陽, 平原杳茫, 一望無際, 忽從平地聳出石峯, 縹緲離立, 不甚高大, 亦不見來脉, 而如怪石之立于庭, 是爲十三山, 而大數之不足, 細數之有餘. 峯之大小不一, 而特地奇拔, 眉黛淺淡媚嫵, 如夏天雲頭, 但石色欠秀潤, 此則坐於無樹, 然大抵近見不及遠望之奇. 蓋遼·瀋以後皆曠漠之野, 自小黑山始有殘山斷壟, 而皆是小小邱垤, 絶無佳處. 巫閭磅礴麤壯, 而亦無明麗氣像, 及見此山, 輕濃淡抹, 酷似我東山形, 褰帷一望, 悅逢天涯舊面, 甚覺欣然. 志云: "山在錦州東七十五里, 高一里餘, 周二十里, 峯有十三, 故名." 山下有金牛洞, 上有池, 峯巒羅列, 大小相錯. 出山海關望之, 凝嵐積翠於大荒中, 若遠若近, 宛若畫圖海山一奇觀也. 或曰: "此山石峯特秀, 故華人呼以石山, 而華音石與十三音同, 訛爲十三." 然五代史胡嶠北行記: "東行過一山, 名十三山, 自此幽燕二千里." 遼史: "燕王淳討武朝彦, 至乾州十三山." 金蔡珪詩: '閭山盡處十三山, 溪曲人家畫幅間', 則恐亦非訛也.

月峯記

自遼陽西行三百里, 大陸漫漫無涯埃, 日月出於野而沒於野. 至新店, 村後有小阜墳起, 橫遮大路, 是謂月峯. 縱步登巘, 放眼東西, 乾端坤倪如膠黏線縫, 而百里間紆直之勢, 盡入眼中, 胸懷抉闊. 夫行乎平野, 四望不過十數里, 而今登此峯, 千里遼野呈露其全面, 回環如棋局之安排, 一氣空濛, 靡所止屆. 不觀海, 不度遼, 地圓之說不得行也. 雖然, 東國之人處山谷之間, 未嘗見百里之野, 始見遼野, 以爲野之大者莫遼野若, 遂謂之壯觀. 夫天下大地也. 鄒衍之言曰: "中國之於天下, 乃八十一分之一. 而名曰神州, 環以裨海, 裨海之外又有如神州者九, 而大瀛海環其外." 泰西人有言曰: "天下有五大洲, 亞細亞洲又有百餘國, 而中國居其一." 然則天下之野, 其大無量. 以天下而視中國, 則卽一旋馬之小庭, 以中國而視遼野, 則亦猶掌上之一紋. 中國亦不可謂之大, 則遼野豈可以大言哉. 然則此蓋東國之人所見者小而稱之以大, 大猶不知, 安知其小也. 旣不知小大, 亦何以論天下之壯也.

文筆峯記

文筆峯, 關內名山也. 余行到撫寧, 西北群山橫亘雲際, 最遠四五峯, 雄拔秀異. 方騁眺叫奇, 驛夫指西南一峯曰: "此是昌黎縣文筆峯也." 望之, 清峭明媚, 精氣葱蒨, 犖犖不群, 令人神聳欲舞. 峯距撫寧爲二十里也. 蓋幽·冀山勢扶輿磅礴, 太行西來, 環擁燕都, 巫閭東馳, 以作後鎭, 龍飛鳳舞, 至於角山, 而大斷爲山海關. 入關以來, 諸山益脫大漠麤壯之氣, 向南開面, 明麗婀娜. 至昌黎·撫寧, 諸山尤奇, 如文筆·五峯山是也. 仙人頂·黃厓頂·黑羽頂·白羽頂·娘娘頂是爲五峯, 而仙人頂上有韓湘廟, 又東二十五里有韓文公遺宅. 或云: "文公先墓在山下, 故鍾靈於此." 未知信然也. 唐書本傳"公鄧州南陽人", 廣輿記以爲"昌黎人先儒"云. 公之自稱昌黎, 宋之封爲昌黎伯, 皆取其郡望, 而公實非昌黎人. 元至元時始立廟於此, 有文公塑像云.

噫, 余東夷之人也. 晚生遐荒, 少好古文, 惟文公之文嗜成苦癖, 雖未之韋編之絶, 而漸覺味之愈別也. 今於路上文筆諸峯藹藹入矚, 靈明之氣浮空馥郁, 果異於他山, 而恨不得一登仙人頂上, 且尋文公先跡及韓仙湘之遺廟也. 昔昔歲甲辰, 永平人李美掇送文公筆蹟于我王考文獻公, 蓋文公飅書院山崖石, 大書夷齊讀書處五字印本也. 筆力雄邁, 字形奇古, 不似宋以後筆, 殆非凡衆人跡, 寶藏于家, 有年矣. 今過是地, 詢諸土人, 書院山在昌黎縣西七十里, 而崖書尚存, 千載之下翹慕尤深. 夫文公之筆不下於文, 而爲文所壓, 不顯於世, 此固可惜. 峯名之稱以文筆者, 或以是而然歟.

角山記

角山, 醫巫閭餘支, 而爲關城之主山, 自大漠來, 左爲太行·上黨, 而下爲居庸·古北·喜峯, 右爲大靑·小毛·黃土嶺, 蜿蜒綿亘千餘里, 至是雙峯耸峙, 宛如角立. 臨巨海, 拱京都, 而層巒疊嶂, 直抵朔漠, 秦之長城周絡其頂, 漸低而下, 與山海關城相接, 去關北二十里也. 山之西北隅最高, 頂有寺, 曰角山. 從關西羅城外, 循城而北行十餘里, 得山麓, 石路犖确, 攀磴爭鳥道. 行數百武, 前有虹門, 扁曰扶桑觀日. 路益峻急, 皆布石爲級, 如階砌然. 曲折行數里, 於山爲三之一. 又上數里有亭, 扁曰玩芳亭, 此爲三之二, 而寺猶縹緲. 自山底路, 距城可數百步, 漸上漸近, 折而西, 度一壑, 且休且躋, 乃至寺. 寺後有圓峯, 不甚峭拔, 左右各抽一麓爲龍虎, 寺居其間, 地雖高, 却平穩. 寺前後松林蔥蒨, 而寺東石壇上有古柏, 黛色參天, 僧言: "蒙恬築城時所植." 雖未之信, 柏則古也. 佛殿前有一重正門, 左右廊屋爲四五, 而居僧亦六七, 庭院寂然若無人. 轉上寺之西岡, 岡皆巖石, 層累如臺. 西則陡絶, 俯臨深谷, 谷中水頗大折而南出, 卽石河上流云. 蓋寺在山之最高頂, 前山忽兩却而關成巨壑, 可容數萬兵馬. 城避壑循山脊, 東折而馳, 睥睨隱隱, 或現或蔽, 復轉而西, 橫截天牛. 其遇壑而折, 因壁而繚之者, 不知其幾百曲, 而山與之穹窿偃伏者, 又不可以形言. 從西岡爬進, 至絶頂上, 可坐數十百人, 俯視關城如在膝下, 城池·閭井縱橫綺錯. 東南則銀濤拍空, 積氣濛濛者皆海也. 西南則若覆釜, 若偃屋, 水縈之如帶, 波涵之如杯者, 青·齊之諸山也. 西北峯巒最奇壯磊落, 自深谷拔起, 直上千仞, 凜然可畏, 但其色如鐵, 欠秀氣耳. 自絶頂東去十餘步, 略降一層, 卽長城也. 高不過丈餘, 以雜石築之, 惟女墻以甄. 其絶險處往往不築城, 外山麓高處皆置煙臺, 斷谷暗壑無所不矚, 使賊兵不得潛身, 其設置城, 壯且密矣. 循堞徘徊, 意想豪壯, 而天下幅員俱吾度內, 但目力窮而天亦盡耳.

盤山記一

盤山在薊州二十五里, 山形上豐下纖, 類盤, 故曰盤山. 舊名四正山, 古有田盤先生, 自齊而來, 捿遲此山, 故曰田盤山. 今不曰田盤, 曰盤山者, 猶匡廬之爲廬山也. 山有三盤, 晾甲石爲下盤, 古中盤爲中盤, 雲罩寺爲上盤. 上盤之勝以松, 中盤以石, 下盤以水. 又稱五臺, 自來峯北臺也, 先師臺南臺也, 紫蓋峯中臺也, 九華峯東臺也, 舞劍臺西臺也. 志云: "山一名盤龍山, 高二千仞, 周百餘里, 南距滄溟, 西連太行, 東放碣石, 北負長城. 瓣襲蜂攢, 面面開生, 而山體外骨而中膚, 外骨, 故削石危立, 望之若劍戟熊虎之林, 中膚, 故果木繁. 而松之扶石罅出者, 巖嶔糾曲, 與石爭怒. 山北數峯, 林立如削, 曰紫蓋峯, 在山中央, 曰宿猿峯, 尤爲奇拔, 曰挂月峯, 爲山之最高處. 定光佛塔在其巓. 塔中藏戒珠十六顆·佛牙一具. 除夜佛燈出通州孤山塔上, 分爲數千百, 遠遠盤山諸寺, 定光佛塔而止, 或曰:'塔中舍利光也.'此乃上盤. 巓有雲罩寺, 巨石屹立於前, 縱二丈, 廣丈有五尺, 以指推之則動, 名曰動石. 上有二龍潭, 下有潮井·澤鉢泉, 稍下者曰古中盤, 在紫蓋·蓮花·毘廬三峯之間, 有慧因寺. 曰九華峯, 最麗寺, 曰千像, 天門開兩巖相揖, 厓懸壑絶, 必縋而後可登. 蓋寺唐之祐唐寺, 相傳有尊者挈杖至, 求植足之所. 僧室東北巖下有澄泉, 恍惚之間見千僧洗鉢, 瞬息而泯, 因玆搆精舍, 刻千佛像於谿谷澗石之面, 仍名之. 石之尤怪特者, 爲晾甲石, 平坦可坐容十百人. 石在下盤, 相傳唐太宗東征, 晾甲於此. 乾隆題曰:'貞觀遺蹤群崖飛, 瀑與磯石相确瀉.'至晾甲石下欲盡處, 橫亘若檻, 奔走之水至此踊躍, 砰擊而出, 跳珠噴玉, 下注深淵. 題曰千尺雪, 曰浮石舫, 在東北峯頂, 狀如海船, 煙雨晦冥, 時望之, 浮浮欲動. 曰舞劍臺, 李衛公舞劍處, 臺石盤陀高聳, 足展襟袍. 臺東舊有李靖庵, 今爲萬松寺, 左有仙人橋, 右有橐佗石. 山之石皆銳下而豐上, 故多飛動. 崖前有懸空石, 石粘空而立, 青削倒地. 若其精藍·梵宇, 爲山之設色, 而無以殫錄. 乾隆建行宮於山之午方, 名曰靜寄山莊. 前岡如屛, 後嶂如屐, 自玉石莊迤邐, 東達於繚垣之南. 垣壘以文石, 周遭十餘里, 隨山徑高下爲紆直, 澗泉數道流垣內, 山下設閘以時啓閉. 山莊內八景曰靜寄山莊·太古雲嵐·層巖飛翠·淸虛玉宇·鏡圓常照·眾音松吹·四面芙蓉·貞觀遺蹤. 外八景曰天成寺·萬松寺·舞劍臺·盤谷寺·雲罩寺·紫蓋峯·千相寺·浮石舫, 皆乾隆所定也."

盤山記二

余自燕還, 出朝陽門, 夕抵通州而宿. 翌日宿三河縣, 又翌日午炊邦均店, 取路薊州, 爲遊盤山也. 自邦均向北行二十里, 抵山下之亂石村, 卽山之洞口. 過村而始入山逕, 行數百武, 小麓圍以高垣, 垣包半山, 內有行宮, 是爲靜寄山莊. 守者不許入, 由垣外而西行數里, 巖壁益蒼潤, 路皆盤陀白石, 層疊如階級, 滿山松杉, 間以桃杏. 少休于巖上, 俯見宮垣內, 林樹蔚然, 亭榭隱映, 白塔十餘離立如林, 中有彩亭, 亭北有石平廣, 臥瀑一道, 被下如張素練, 滙爲潭, 深碧淸爽, 銘云千尺雪. 望山腰, 又有石如臺, 可坐人數十, 銘云貞觀遺蹤, 似是晾甲石也. 其下又刻盤泉二字, 北有巖, 頗蒼古, 銘云蘿巖. 稍南, 溪上起六角小亭, 環以石欄, 巖上刻滄浪之水淸兮可以濯我纓. 宮之西垣下設水閘, 以洩垣內之水, 自垣外石逕緣溪曲折, 屢過石橋, 巖石某布, 澗聲潺潺. 山上百餘步, 柿木成林, 林盡處有小寺, 過而北, 又迤西而上, 路皆鋪石. 山上有一石塔·七甄塔, 過此白石盤陀, 旁溪上一二里, 乃小林寺也. 寺倚層巒, 門前石臺, 高十餘丈, 三面奇峯, 疊立如攢竹. 南望大野無際, 團團如盤, 此所謂中盤也. 門內有碑, 刻于面曰漁陽盤山少林寺. 寺古之法興寺, 元時長春眞人卜築於此, 因名之曰棲雲觀. 東百餘步, 巖上築石爲逕, 左右列石假山. 下有石池天成, 長三丈餘, 廣一丈, 外壁大刻紅龍池三字. 彩甍雕欄, 縹緲聳出, 亦是行宮也. 左有十三層白塔, 其下澗邊有巨巖, 前後左右皆刻乾隆御製盤山諸詩. 緣崖上數十百步, 至塔底, 塔以石築, 塔腰作龕置佛. 自塔後, 作石級數十層可上, 遂入龕中,四面作虹門, 門外周以石欄, 坐三佛. 遂周行石欄, 繞塔身一匝. 從塔北而下, 則小林寺之後也. 盤在山之正中, 山麓拱抱, 松石明麗, 俯臨行宮, 池臺位置歷歷如在膝下. 東西野色無邊, 煙樹迷茫, 奇幻不可名狀. 盤頂亦有數十級白塔, 益尖高, 每級懸五六金鐸, 從風轟鏗如奏笙磬. 塔傍有雲罩寺, 諸峯中北邊最高者紫蓋峯也, 右邊則仙石臺也. 上方寺在紫蓋東, 萬松寺在仙石西, 懸空石在雲罩東, 峯腰上若飛. 盤頂如初抽筍, 銳而規, 上而爲窣堵波, 日光橫射, 影落塞外, 住足不得久, 乃下. 迂而僻, 且無石級者, 曰天門開, 從礜石取道, 更上下董得度, 兩巖下得稱石, 方廣可几筵. 夫盤, 薊州之名山也. 上盤有動石·龍潭·潮井鉢泉之勝. 呂純陽嘗飛劍斬黃龍禪師於此, 仙劍尙在上盤有亭罩之云. 中盤有小林寺, 寺有八景, 曰紫蓋峯·騰雲峯·仙石嶺·晾甲石·投閑橋·帳房石·菱角石·紅龍池. 又有石塔可登, 而山逕峻絶, 無以窮搜. 遂悵然而下, 乘車疾驅, 至薊州城外, 日已暮矣.

空同山記

空同山, 盤山之餘支也. 一名翁同山, 在薊州城北五里, 上有崔府君祠, 又呼府君山. 名勝志云: "空同山, 相傳黃帝問道之所." 路史注云: "遵化南三十里亦有空同, 世謂: '黃帝謁廣成在此.'" 非也. 按岷州·原州·肅州·汝州·薊州·贛州皆有空同山. 史黃帝本紀: "西至於空桐, 登雞頭." 世以爲隴右之山, 無致疑者. 左傳哀公二十六年: "宋景公游于空澤, 卒於連中. 大尹興空澤之士千甲, 奉公自空桐入." 則汝州之山也. 山下有廣成城·廣成澤, 上有廣成觀. 宋宣和中汝守林時請于朝, 建立, 說者謂: "襄城·具茨, 壤地相接." 疑軒皇問道, 當於此地. 然稽之爾雅, "北戴斗極爲空桐, 空桐之人武." 司馬彪注莊子亦云: "空桐當斗之山, 則空桐宜在北矣." 且問道之文載於莊子, "其初往見, 廣成子謂帝: '不足以語至道.' 退而築特室, 席白茅, 閒居三月, 復往要之. 廣成子南首而臥, 帝順下風, 膝行而進." 當日帝邑于涿鹿之阿, 去薊甚邇, 故不難復要之. 又寶宇記: "薊縣有竿頭山." 空桐·竿頭相去不遠, 而陳子昻薊邱覽古詩云: '尙思廣成子, 遺跡白雲隈.' 然則薊之空桐未可定, 其非黃帝問道之所也.

鴨綠江記一

鴨綠江在朝鮮義州府城外, 江外卽中國界也. 一名馬訾水, 源出於長白山, 山巓有潭, 周八十里, 爲諸水發源之地, 小者爲河, 大者爲江. 江有三派, 西南流爲鴨綠江, 東南流爲土門江, 北流爲黑龍江. 今屬奉天府永吉州, 而州之東南一千三百餘里, 西南流入于海者, 鴨綠江也. 西與鹽難水合, 又西南會佟家江, 行五百餘里, 繞鳳凰城, 東南入于海, 此以中國界而言也. 其在朝鮮界, 自長白伏流, 南出爲惠山江, 右過臨連·自可·飛劍·吳氏之川, 左會虛川江. 折而西北流會長津江, 至平安道茂昌古縣, 左過葡萄川, 右過塞外之十二道溝, 經閭延·虞芮·慈城, 至江界·渭原境, 與禿魯江合. 至楚山之山羊會, 會塞外之佟家江【一云婆豬江.】, 合流至阿耳之鎭, 左會童巾江, 經碧潼·昌城, 至義州. 於赤島東分三派, 一南流滙爲九龍淵, 一西流爲西江, 一從中流爲小西江, 至黔同島, 復合爲一. 至淸水梁, 又分爲二派, 一西流與荻江合, 一南流爲大江, 繞威化島, 至暗林串, 西流至彌勒堂, 復與荻江合, 爲大總江, 入于西海. 按唐書, 高麗馬訾水出靺鞨之白山, 色若鴨頭, 故名鴨綠. 朱子曰: "女眞起處有鴨綠江." 皇輿攷云: "天下有三大水, 曰黃河·長江竝鴨綠江. 然鴨綠江亦在外夷." 宋史云: "高麗時此水最大, 波瀾淸澈, 所經津濟皆貯大船, 其國恃此, 以爲天塹. 水濶三百步"者, 卽是也. 渡江而西北行五里爲中江, 又十里爲靉河, 總名之曰三江. 距鳳凰城邊門爲一百二十里, 又距遼陽州城五百六十里云.

鴨綠江記二

鴨綠之水出長白山, 行千五百里, 自國內城入于海, 從蓋馬大山以西北·牛毛嶺以東南西之水皆會焉. 東西千餘里, 南北七八百里, 古箕子之地, 扶餘南界, 高句麗舊都國內·丸都皆在其中. 後屬渤海, 遼·金之世, 女眞·高麗分據其地. 入國朝, 江南屬我, 江北屬中國. 噫, 朝鮮舊疆自高麗盡失於中國, 今以此一衣帶之水爲兩國界, 恃以天塹, 寧不欷哉. 且鴨江之指浿水, 載於史記, 而不當以時代之較先, 信此疑彼也. 按史記朝鮮傳云: "全燕時嘗略屬眞番朝鮮, 爲置吏, 築障塞. 秦滅燕, 屬遼東外徼. 漢興, 爲其遠難守, 復修遼東故塞, 至浿水爲界, 屬燕." 又云: "滿東走出塞, 渡浿水, 居秦故空地, 稍役屬眞番朝鮮, 王之, 都王儉." 夫燕與朝鮮畫浿爲界, 若以大同江當此浿水, 豈復有朝鮮乎. 王儉者, 平壤也. 衛滿旣渡大同, 自不得復都平壤, 浿水之爲鴨綠, 不旣明乎. 漢興, 復修遼東故塞, 則旣渡矣. 旣渡遼, 寧復得以遼水爲界乎. 遼河・鴨水之間更無大水, 浿水者, 鴨綠也. 張守節所云"樂浪縣者平壤也, 大同江在平壤之東", 張旣以浿水在樂浪縣西, 則亦以鴨綠爲浿水者也. 史記又云: "元封二年涉何誘諭右渠, 終不奉詔. 何去至界上, 臨浿水, 使御刺殺裨王, 卽渡, 馳入塞." 又云: "樓船將軍楊僕浮渤海, 左將軍荀彘出遼東, 討右渠. 樓船將軍先至王儉, 右渠擊樓船, 楊僕失其衆, 遁山中, 十餘日復聚, 左將軍擊浿水西軍." 右渠宮城在浿水之西, 直臨浿水, 涉何安得去至界而臨浿水, 又安得渡浿水而馳入塞乎. 浿水者, 鴨綠也. 史記又云: "衛山往諭右渠, 右渠遣太子, 方渡浿水, 疑左將軍詐殺之, 遂不渡浿水." 又云: "左將軍破浿水上軍, 乃前至城下, 圍其西北, 樓船亦往, 會居城南." 衛滿出師, 軍於鴨綠江西北, 此所謂浿水上軍也. 旣破此軍, 乃進軍, 圍平壤城之西北也. 漢書地理志云: "浿水西至增地, 入海." 又云: "馬訾水西北入鹽難水, 西南至西安平, 入海." 通典云: "平壤城南臨浿水." 又云: "馬訾水, 一名鴨綠水, 源出東北靺鞨白山, 經國內城南, 又西與一水合, 卽鹽難水也. 二水合流, 西南至安平城, 入海." 增地者, 今之甑山縣也. 鹽難水者, 今之婆豬江也. 西安平者, 龍灣隔水之地, 古縣名也. 白山者, 古之蓋馬山, 東人謂之白頭山也. 班固於朝鮮列傳純用史記之文, 無所改正, 至撰地理志, 始別二水, 蓋其學術與桑欽淵源同, 故詳核勝前人也.

八渡河記

河以八渡名, 一水紆回而凡八渡也. 自鳳城踰小長嶺, 行五里而有甕北河, 河之源出分水嶺, 自西而來, 河之廣如我東之猪灘, 東流于中江, 畓洞以下之水皆入于此. 自此而至畓洞八十里之間, 始涉甕北河, 再涉金家河, 三涉蛇梢河, 四涉龍鳳山前河, 五涉半截臺河, 六涉半截臺前河, 七涉草河, 河乃最上流, 八涉畓洞河, 是之謂八渡河. 而甕北・金家・草河・畓洞四河在過路, 而淺流可亂. 蛇梢以下四河非沿路,故未詳其所在處也. 蓋黃河以北之水雖淺溪, 名之以河, 長江以南之水名之以江, 自關外至北京, 皆以河名川, 詩註所云"河北方流水之通名", 是也. 兩山墨談云: "長淮爲南北大限, 自淮以北爲北條, 凡水皆宗大河, 未有以江名者, 自淮以南爲南條, 凡水皆宗大江, 未有以河名者. 二條之外, 北之在高麗, 曰混同·鴨綠江, 南之在蠻詔, 曰大渡河, 禹跡之所略也." 此說非是, 江與河似以淸濁分. 余渡鴨江, 江廣不踰於京都之漢江, 而淸則比之, 自遼·瀋凡渡水十餘, 或舟涉馬浮, 而名渾河·遼河·太子河·白河諸水, 皆黃濁, 則蓋野水濁而峽水淸也. 鴨江發源長白山, 而行塞上諸山中, 故常淸. 東八站諸水皆淸, 此其驗也. 余雖未見長江, 而發源於岷峨萬山中, 穿三峽而下, 則其淸可知. 所謂南條諸水未有以河名者, 楚之南多山多石, 故水皆淸也. 然則南詔之大渡河, 想應發源平野而水濁, 故稱河也.

太子河記

遼陽之北十五里有水, 經緯乎野中, 散漫演迤, 安流無聲, 深則方舟, 淺則可揭, 而上有橋以濟人, 名曰太子河. 按太子河卽古大梁水, 一名東梁河. 源出邊外吉林烏喇撒木禪山, 自葦子峪束入邊, 西南流至州西北, 與渾河合爲小口. 又西北會遼河, 入於海. 一派到遼東城底, 瀦爲濠, 頗廣, 熊廷弼鎭遼時所鑿也. 方輿紀要: "太子河卽故衍水, 燕太子丹匿於衍水, 後人因名爲太子河." 或云: "上流三十里許有石城, 世傳唐文皇征麗, 高麗太子守此城, 城陷, 投河而死, 故名. 夫高麗都平壤, 則太子不應, 遠離國都, 而來守遼陽, 莫或離支之子守此城, 而冒稱太子耶." 余自遼東, 穿郭門, 觀白塔, 臨河而嘆曰: "燕丹, 天下之一愚夫也, 荊軻, 天下之一妄人也. 無端小忿, 欲挑不測之强秦者, 固已爲計之愚, 而士爲知已, 酬恩報怨, 雖是戰國烈俠之風, 今乃以尺八匕首, 與夫十三歲小兒, 共事於餓虎之口, 欲生惻萬乘於盈庭劍戟之上者, 其可曰容易, 而誰得以信之. 易水寒風, 擊筑悲歌, 聊盡是日之歡, 而竟至於國破身亡, 顧其計, 豈不愚且妄乎. 彼田光者亦可謂烈士, 然不知荊軻之不可以屬大事, 一言刎頸, 何其浪也. 豈當時輕生好名之習歟." 野渡無人, 落日荒荒, 寒波鳴咽, 時作不平之鳴, 似助行人之愁也.

周流河記

　　周流河卽遼河, 一名句駱河, 或稱枸柳河, 以地多枸柳也. 全遼之水太半會于此, 瀰漫不見岸, 故又稱巨流河. 河在瀋陽西, 其源東出烏喇之吉林峯, 西出蒙古之潢水河, 南會渾河及太子河, 合流爲三岔河, 南入于海. 漢書·水經俱作大遼水, 遼水左右卽遼東·遼西所由分也. 魏公孫淵拒司馬懿, 使將屯遼, 遂自固, 懿張軍其南, 潛渡其北, 卽此. 唐太宗征麗, 泥淖二百餘里布土, 作橋乃濟, 至今此地百餘里內, 遇雨泥淖, 猶不可行. 康熙·雍正年間相繼修築, 漸成坦途, 河邊兩阜, 綿亘相對, 宛如龍虎. 水屈曲四五里, 凡三渡, 水色渾不見底, 深不過馬腹, 而泥陷難涉, 每春使還, 城將艤船於河邊, 率甲軍護涉. 其船制略如我國上游船, 而施板于上, 以便載車, 樹杙于兩岸, 繫之以索, 憑索曳舟以渡, 如蜀牂牁江之法. 西岸飛沙堆積成邱, 蓋爲風所驅而然. 渡河而行數里, 有小城, 樓堞聳高, 是周流河堡也. 南北百餘步, 東西五十步, 高數丈, 二簷譙樓扁曰拱高. 城內衙門甚小, 人戶不過二百餘, 甲軍亦二百, 此乃崇德元年所築, 而乾隆癸卯重修甓築, 周二里, 駐防佐領二·驍騎校二, 所領滿·漢軍一百四十名, 隸廣寧府. 萬曆舊堡, 在河西岸, 惟存土城臺址.

大凌河記

　　大凌河在錦縣東四十里, 源出邊外喀喇沁尾蘇圖山, 名敖木倫河. 東流自義州西北九官臺門, 東入邊爲大凌河. 水大如渾河, 河西有堡, 居民可爲數百戶, 每於朝鮮使渡河時, 自堡發軍護涉. 小凌河在大凌西二十五里·錦縣東十五里, 源出邊外土默特明安喀喇山, 名水疊河. 東南流出松嶺門, 西五里入邊爲小凌河. 此河從西北, 遶城西而南, 復折而北, 經城之東, 又轉南流, 廻旋如錦, 故名. 河邊居民亦數百戶, 每爲蒙古所掠, 空其地而移居. 數里許路傍頹垣周遭, 四壁徒立, 沿河上下, 設白幕戍守, 蓋蒙境距河五十里云. 噫, 此明末百戰之地也. 自萬曆時, 淸人虎據遼·瀋, 土默特及恭圖諸酋, 出沒於大小凌之間, 而至崇禎之末, 尤爲魚肉之場, 今至二百餘年, 漠然見山高水淸, 蟲沙猿鶴, 渾是寂寂, 而河水鳴咽, 無日無風, 安得無啾啾之冤魂而致此乎. 自此至松·杏·高·塔百餘里之間, 雖有村閭市鋪, 而貧儉凋殘, 絶無富庶之意, 足想當時龍爭虎鬪之跡也.

還鄕河記

豐潤縣西八里有水, 曰便水, 源出崖兒口, 經豐潤·玉田, 由運河入海. 凡水皆自西而東, 此水獨西, 故俗謂之還鄕河. 宋徽宗過河橋駐馬, 四顧悽然曰: "過此漸近大漠, 吾安得似此水還鄕乎." 不食而去, 謂其橋曰思鄕橋. 或曰: "石少主所命之名, 而人至今呼之." 蓋石少主者似是石晉少主重貴, 而亦爲契丹所虜, 當過此也. 按宋史, 欽宗靖康二年夏四月金人以二帝及后妃·太子·宗戚·諸臣等北去, 凡三千餘人, 帝自離靑城, 頂靑氈笠乘馬, 後有監軍隨之, 自鄭門而北, 每過一城, 輒掩面號泣. 至代, 工部員外卽滕茂實, 號泣迎謁. 茂實蓋嘗副路允迪出使者, 粘沒喝逼茂實胡服, 茂實力拒之. 茂實請侍舊主俱行, 粘沒喝不許, 帝遂由代度太和嶺至雲中. 先是淵聖自雲中徙燕山, 始與太上皇相見, 至是竝遷于霄郡, 霄, 古溪國也, 在燕山北千里. 金人以太上皇及帝, 以素服見阿骨打廟, 遂見金主於乾元殿, 金主封太上皇爲昏德公, 帝爲重昏侯. 未幾徙之韓州, 又徙二帝于五國城, 去上京東北千里. 徙此踰月, 太上皇后鄭氏崩, 高宗紹興五年上皇崩, 二十八年靖康帝亦崩于五國城. 噫, 靖康之變, 千古所未有之事, 而徽宗之縱慾敗度, 稔禍速亂, 安得不國破身辱, 遭此千古所未有之變乎. 然方其北狩也, 每過一城, 輒掩面號泣, 至還鄕河, 悽然一語, 足令人斷腸, 況其過河之時乎. 二帝仍未還鄕, 幷卒于五國城, 城今朝鮮之會寧府甫下鎭也. 鎭之南有塚, 大如阜, 土人稱皇帝塚, 卽二帝所葬之處云.

滹沱河記

三河縣東五里有水, 曰滹沱河, 世傳漢王霸詭白氷堅處, 非也. 按地志, 滹沱在易水之南, 故蘇秦之說燕文侯曰: "趙之攻燕也, 渡滹沱, 涉易水, 不至四五日, 而距國都." 是河也, 在薊州之東, 則其非漢之滹沱明矣. 且以一統志考之, 是河卽泃河, 而一名錯河. 然則滹沱之名, 不知稱自何時也. 蓋滹沱河在保定府東鹿縣南三十里, 源出山西繁峙縣秦戲山, 歷靈壽等縣, 至直沽入海, 距燕京三百八十里, 而易水又在西北也. 史云: "光武北至薊州, 南走至滹沱河." 薊州卽今燕京之東, 而滹沱在其南, 則以此水爲光武氷渡處者, 未知何所據而然也. 大抵所過山川道里之遠近東西, 類多差謬者如此, 此不可以不辨也.

潞河記

潞河在通州東門外, 一名白河, 又稱沽水. 源出蒙古覇納爾界, 在邊外爲士都河, 入長城爲城東河, 東南至州, 北與大通河同入運河, 又東南至天津橋, 會直隷及山西諸大水, 入海爲京師漕道, 卽郭守敬鑿河, 以通江淮漕運者, 是也. 河抱城而流, 城外人家皆臨水, 望之如畫. 以氷渡緣岸行河, 廣可百餘步, 大小舸艦之氷泊者, 上下十餘里, 橫亘如簇. 近岸有一船, 梯而上, 長可十餘丈, 上鋪板, 建二層屋. 自船頭行五六步有門, 設以分閣, 是中層也. 門內可半間, 門盡而又有門, 入門周視, 內爲二間, 左右壁下椅桌齊整相對, 桌上列書函・畫帖・香鼎・茶鎗. 雕欄畫棟, 紋窓繡戶, 制如陸宅, 而奇巧過之. 又入一門, 門內如外閣, 而有梯亘于上, 緣梯而通上層, 上層間架如中, 而此是婦女所住處. 閣後又有門, 門外設廚房, 房之後又以半間隔之如前. 屋下卽船, 內作爲庫, 藏糧米船具, 其後乃船尾也. 屋之左右設欄以通人行, 上中兩樓牌額・楹聯・帷帝・書畫, 渺若仙居, 眞所謂浮家泛宅也. 屋上建雙檣帆, 則以細藤簟聯幅, 渾船以鉛粉和油厚塗, 上加黃添, 所以點水不滲, 上雨亦無憂, 諸船之大小不一, 而制樣則同. 蓋江南商船之來泊者遇冬未歸, 氷泮當回云. 州人言: "每歲五月湖北轉運使領江・淮等處漕船, 來泊於河." 巨舶十萬艘, 皆畫龍鳳船, 旗大書浙江等號, 沿河百里之間, 檣竿密若竹林, 舟楫之盛, 可敵長城之雄. 南通直沽海, 自天津衛會于張家灣, 天下船運之物皆湊集於通州, 不見潞河之舟楫, 不識帝都之壯也.

渤海記

　　渤海, 中國之東海, 而我國之西海也. 淸一統志云: "渤海在永平府南一百六十里, 東連遼海, 西抵天津, 南通山東·登萊, 浩瀚千有餘里, 自直沽之北折而東, 去豐潤·灤州之南各一百二十里, 樂亭縣南四十五里. 又迤邐東北, 繞昌黎·撫寧二縣, 東南歷山海關, 接寧遠州界, 其在昌黎縣南者, 又溟海, 去縣三十餘里. 海至此突然北出, 七里而嬴, 亦曰七里海, 延袤三十餘里, 有菱芡·魚蟹之利. 又縣南有黑祥海, 卽明時海道也." 又云: "海在錦縣南四十里, 迤西南, 去寧遠州東南僅十五里, 東連金州, 西抵山海關, 南通天津登萊. 明時海運商舶, 皆於寧遠登岸, 縣南海防五城, 卽貯糧之所也." 又云: "海在奉天府南七百三十里, 東自鳳凰城, 南鴨綠江口, 繞寧海縣東南西三面. 又迤東北, 歷復州·熊岳·蓋平·海城之西, 接錦州界, 廻曲二千餘里, 路通山東·登萊二郡及直隸天津府, 亦曰渤海也." 夫遼東西延袤二千里, 其南環之以海. 自杏山堡行二十餘里, 過紅旗營, 踰一岡, 西望海水接天, 海於路始見於此, 而近爲數里, 遠爲十餘里. 自此左夾而行, 於塔山望嗚呼島, 於靑敦臺可以觀出日. 又循長城而下, 登澄海樓而望, 其西則碣石峙焉, 其南則瑯琊諸山, 隱見於雲際. 惟向東而視, 水天相黏, 不見涯埃, 然度其面勢, 正與我國之西海相接. 而志云: "永平之海, 南通登萊千有餘里, 登萊之船魚採於我國之西海者, 數日而至, 則水行不過千里, 特目力未到焉耳." 其視我國之西海, 此是遼左之一溝瀆也. 齊都賦曰: '海之旁出者爲渤', 渤爲海之旁出者, 則非海之大者, 惡足以海稱之乎. 博物志曰: "東海之別有渤澥, 故東海共稱渤海"云.

遼野記

　　遼之東有野, 混混茫茫, 接天無際. 西行千里, 未見寸碧片鬟, 圓蒼所覆, 目與之際, 誠廣大之野. 余峽人也, 居於井坎之中, 不識天下之大, 及入遼野, 如鳥之脫籠·魚之游海, 眼瞠而神迷, 窅然自喪, 乃知人生無所依附, 只得頂天覆地而行也. 於是停車四顧, 喟然而嘆曰: "遼野者天下之大地, 而千古好戰場也. 左滿洲而右蒙古,南通登萊, 東接朝鮮, 非數萬煙臺所可瞭望. 時平則桑麻蔚然, 世亂則戎馬縱橫, 夷狄不得有而中國不可守. 瀋州, 遼陽之金城湯池, 亦無足恃耳. 夫胡虜之憑陵中國, 肇自周時, 而秦·漢之防戍征討者, 專在於西北蕭關玉門. 每爲縮轂之要, 居庸以東視之若等閒, 故右北平一府, 只作李廣射獵之地, 至有不得當單于之恨. 至於隋·唐之所謂東征者, 皆以朝鮮爲事, 而兵出輒敗. 當是時, 我東之地西盡鳳凰城, 北限先春嶺, 故蕃胡·野人之散處於靺鞨之舊地者, 皆爲我之所服屬, 國勢自強, 殆無疆場之患矣. 自宋以後, 女眞·滿萬之種漸大於白山之外, 終能猾夏. 滅金者元而乃朶顔之酋也, 代明者淸而亦建州之部也. 金·元·淸三國俱是東北之種落, 而迭主中國, 況復燕京一區, 連爲五代之所都, 則遼陽以東亦入九邊之中, 大城山海關而稱之曰天下第一關. 中國之憂遂在於東, 而天下安危常係於遼野, 遼野安則海內風塵不動, 遼野一擾則天下金鼓互鳴. 誠以平原廣野, 一望千里, 守之則難爲力, 棄之則胡虜長驅, 曾無門庭之限, 此所以爲中國必爭之地. 而雖殫天下之力, 守之然後, 天下可安也. 且我東雖曰海外一域, 而天文分野·壤土風氣與燕京相關, 故每於中國有事之時, 則餘氛過灣, 已爲前事之鑑, 而槪以地勢論之, 彼所謂測汪者, 在燕都之西居庸外五六千里之遠, 我東之距燕亦爲三千餘里, 則通可萬里. 今不憂域內數千里之事, 遠憂萬里之外者, 似或太迂, 然蒙古之盛衰係於測汪之強弱, 中原之安危係於蒙古之盛衰, 遼·瀋之得失係於中原之安危, 我東之動靜係於遼·瀋之得失. 以是言之, 雖謂之首尾·脣齒之憂, 亦非過也."

『冠巖存藳』册10, 游記,「遼野記程」

孤竹古蹟記

■ 淸節廟

　　永平府, 古之孤竹國也. 府之北有小阜, 曰首陽山, 山之北有小郭, 曰孤竹城. 其制也古, 其周也小, 四至僅爲數帿. 東南各有一門, 南門虹楣上書曰孤竹城, 下書曰賢人舊里. 入門而北有牌門, 扁曰淸節廟. 門之東南各有穹碑, 一刻忠臣孝子, 一刻至今稱聖. 牌門內北有石坊, 扁曰淸風可挹, 乾隆御書也. 門之兩壁橫刻百世淸風, 模朱夫子書也. 門外又有兩石坊, 東西相嚮, 東扁曰天地綱上, 西扁曰古今師範. 門內正北有殿, 曰古賢人殿, 殿內奉昭義淸惠公伯夷·崇讓仁惠公叔齊, 袞衣哻冠, 手執碧玉圭, 望之儼然, 不覺起敬. 卓前有萬曆年制黃花石·香爐, 刻黍稷匪聲明德惟聲八字. 殿之兩壁陷刻乾隆御製詩, 繚殿以白石欄. 庭有古松數十, 淸風颯爽. 殿後削壁臨河, 而爲臺曰淸風臺, 水淸沙明, 景物如畫. 河之北岸有祠, 曰孤竹君祠, 與臺而對峙. 自臺而東, 疊甓爲牆, 牆上鋪甎, 以通往來. 牆邊列以行閣, 皆架雙梁, 其制甚異. 循牆而下, 又有甓門, 甓門之制, 穿墻爲竇, 圓如滿月, 恰容人行. 從門而出, 則乃皇帝潘幸時行宮也. 廟之在永平, 久矣. 碑有唐宋以後致侑之文, 則未知創在何時. 而或曰: "舊有北平太守張某夢見老翁, 遺二墨曰: '君有淸惠之德, 以此相贈.' 張尋思難解, 聞境有老僧識道通神, 就而問之, 僧良久曰: '此去灤河, 有孤竹君遺墟, 孤竹姓墨胎, 其二子卽伯夷·叔齊也. 世無尙德者, 故舊蹟沈淪, 豈孤竹之二子屬君發揮耶.' 張卽日馳往灤河, 訪其遺墟, 翦棘除地以祭, 奏請建祠, 後屢世增光, 香火益虔." 又云: "洪武初移建于府城東北阿, 景泰時復建于此"云.

■ 淸風臺

　　淸節廟之後有堂, 曰揖遜, 堂之後有臺, 曰淸風. 築甎爲臺, 高丈餘長六七丈, 而東西附于垣. 上有彩閣, 扁曰山高水長·心曠神怡, 又曰在水之湄. 柱之兩聯曰: '山如仁者靜, 風似聖之淸.' 又曰: '佳水佳山孤竹國, 難兄難弟古聖人.' 東西兩門一題曰百代山斗, ·題曰萬古雲霄. 臺之兩傍各有小虹門, 東曰高蹈風塵, 西曰大觀寶宇. 上臺者皆由虹門, 門內累甎爲級, 旁垣而上. 臺之北有短垣, 垣之外灤河也. 河水自西北來, 至臺前分爲兩派. 中有小嶼, 與臺對峙, 嶼中疊石如屛, 屛前有孤竹君祠. 臺下絶壁嶄然, 水之分爲兩派者, 合流於臺下, 爲澄潭, 波淸沙白, 野闊樹遠, 臨河數十戶皆影寫河中, 漁艇三四, 溯河而上. 下岸有長松數十, 蔭江蔚然. 松下有石磯二, 中流有五六丈石峯, 奇巖愧石環柱攢立, 鴇鶄·鸂鶒列坐沙中, 方刷羽白鷗數群, 在水面往來飛鳴, 尤覺奇絶. 蓋孤竹城基突立野中, 依山背水, 環以數里之郭. 廟宇肅淸, 庭院幽靚, 入其門者, 自不覺竦然起敬. 而臺則下臨澄江, 景物如畫, 淸風肅爽, 一塵不到. 北望遠山, 重疊橫亘, 長城一帶隱約可見, 儘是燕·遼以東第一湖山之區, 而重以朱樓彩閣, 悅人心目, 暢人性靈. 周旋娛玩, 樂而忘歸, 蕭然有出塵之想, 不獨弔古之感而已也.

首陽山

孤竹城之南有小阜焉, 突起野中, 周可三百步, 高僅丈餘, 世稱首陽山. 按後漢郡國志云: "右北平令支有孤竹城." 註曰: "伯夷·叔齊本國也, 永平是古之右北平." 而今所云孤竹城者, 後世欽其高節, 因其遺墟而廟祀伯夷·叔齊, 環其廟而城之. 又以城南小阜名之以首陽, 此固強名之者也. 夫是地也, 若是夷·齊之本國, 則首陽之山恐不在於此也. 是山也, 若是夷·齊之隱居, 則孤竹之城恐不在於此也. 況所稱首陽山不過是野中小阜, 恐無隱居之處. 夷·齊避周而隱於首陽, 則何可隱居於本國之內歟. 中國之稱首陽山者有五, 馬融曰: "首陽山在河東蒲坂." 曹大家幽通賦注云: "在隴西首." 又戴延之西征記云: "洛陽東北首陽山有夷齊祠, 今在偃師縣西北." 許愼說文云: "首陽山在遼西." 然則其在遼西者卽此也. 考之傳記, 未知孰是, 而史記正義引莊子, "伯夷·叔齊西至岐陽, 見周武王伐殷, 二子北至于首陽之山, 遂餓而死." 以爲淸源縣首陽山在岐陽西北, 明卽夷·齊餓死處. 以道里推之, 商郊叩馬之後豈必遠歸故國乎. 其在淸源者亦是矣, 而我國海州又有首陽山, 以祠夷齊, 而天下之所不識也. 余謂箕子東出朝鮮者, 不欲居周五服之內, 而夷·齊義不食周粟, 則或隨箕子而來, 箕子都平壤, 夷·齊居海州歟. 唐李渤云:"高麗海州有首陽山, 是伯夷·叔齊隱處, 有箕子往來之跡." 以渤之博雅, 其言未可謂無稽也.

■ 灤河

孤竹城之北有河, 名灤河, 河在永平府西五里. 源出獨石口, 其源有二, 一出大衍嶺, 曰宜縣河, 直南流. 一出五浪海山, 曰上都河, 北流三百里, 折而東, 又轉而南至熱河, 經樺楡嶺, 與宜縣合. 又南經遷安縣, 西轉而東, 過永平府城, 西合漆水. 又南經灤州數百里, 南入于海水. 經曰:"濡水從塞外來過遼西." 注云:"濡水在盧龍." 五音集韻:"濡水名, 一作澳." 又云:"濡奴官切, 蓋音灤也." 然則濡水卽灤河也. 元宋本詩曰: '灤河上水陜, 涓涓僅如帶, 扁嶺下橫渡, 復邊竹都外. 頗聞會衆潦, 旣遠勢滂沛. 雖爲禹貢遺, 獨與東南會. 乃知能自致, 天壤無廣大者, 是也. 水自西北來, 屈曲如巴字, 而至淸風臺下, 泓渟紺碧. 分爲兩派, 流于北門外, 匯爲澄潭, 向之臺下泓渟者也. 中有小島, 與臺對峙, 孤竹君廟在其上. 潭東西數百步, 上下各有石磯, 可以盥, 可以濯. 石壁枕河, 自作城形, 周匝三面, 皆是蒼壁. 東北岸有一帶村落, 皆漁戶也. 自遼陽以來, 盡是平壤, 無秀觀. 惟千山·桃花洞與灤河最稱佳境, 而千山距路最遠, 近世無見者, 桃花洞留約於來春. 今到灤上, 始得佳山剩水, 奇巖邃石亦足以暢性靈而忘行憊也. 皇明時西軒韓應寅以御史退居灤河, 作釣魚臺於河上, 臺尚巋然, 在河北一柱峯上. 絕壁揷江, 岸皆白沙, 左右有漁村, 望之如畫云.

■ 孤竹君廟

從孤竹城出南門, 遵山而行, 至城北岸下, 石壁環峙, 下臨灤河. 渡河而上岸, 岸有廟, 扁曰孤竹君廟. 廟內奉孤竹君塑像, 蒼顏白髮, 戴九旒冕, 服袞衣, 秉玉笏. 廟宇荒涼, 蝙蝠矢滿卓矣. 廟與孤竹城相對, 而淸風臺隱映松間, 更覺幽勝. 由廟西牆少進, 有一小屋, 數僧居之, 卽守廟者. 堂供佛像, 壁掛一障畫, 花鳥及水仙·梅花, 而筆意淋漓. 蓋城中廟祀夷·齊, 故又云孤竹君祠, 而按廣輿記, 孤竹三塚在永平府西北, 雙子山有長君之墓, 團子山有次君之墓, 馬鞭山有少君之墓. 國人所立卽次子也. 今河北有雙子山云.

祖氏石闕記

寧遠之東安門, 城之內東門也. 入門, 行百餘步爲十字街, 三簷畫樓四面, 虹門當中而立. 街之南數十武二石闕, 東西對峙, 一是明將祖大樂樓. 以五色文石架起, 而橫立四柱, 排成三門. 門高數丈, 左右差低, 中之二柱豎於石獅之背, 而獅亦爲丈餘. 上搆三架, 加以飛甍, 高皆六七丈, 榱桷樑椽, 甍簷窓楹, 不假一木而成, 締起之工, 雕鏤之巧, 殆非人力所可爲. 第一層橫樑竪, 刻玉音二字, 第二樑橫刻元勳初錫, 外刻登壇峻烈, 旁有細字, 曰崇禎戊寅. 第三樑列書祖鎭·祖仁·祖承敎·祖大樂四世, 誥贈官啣·姓名, 左右柱刻揭聯句. 一是祖大壽樓, 亦以白石之瑩澤如玉者, 層層構成, 制如大樂之樓, 而高少遜. 上層橫書廓淸之烈忠貞膽智八字, 中層又橫書四世元戎小傅, 下層列書四代誥贈曾祖及祖與大樂同父承訓·大壽官啣·姓名, 旁書崇禎辛未. 柱刻聯句前後, 柱樑之間所畫禽獸兵馬戰闘之狀亦多, 細書者不可悉記, 大抵頌美之辭也. 蓋中國官高人立牌樓於家前, 誇示榮耀, 明制也. 祖氏以遼·薊世將, 元勳峻烈如彼其盛, 則樓所以成, 而一樓立於辛未, 一樓立於戊寅. 當其時, 建虜闖賊方陸梁於內外, 而大壽兄弟擁重兵鎭關外, 不以裏革爲心, 侈大門閭, 若是其競奇務巧, 其與古人之何以家爲者何如也. 大壽父承訓以遼東副摠兵, 壬辰與李提督最先援我者, 大樂於大壽爲同祖兄弟, 而竝守雄鎭, 與淸兵百戰於凌河之間, 功亦不少. 竟爲俘虜, 隴西之家聲已潰, 今其牌樓巋然獨立, 徒爲後人之嗤點, 夫何益哉. 然方大壽之始守凌河也, 語輒曰: "大丈夫當死於此城." 猶以彈丸小城, 拒淸人十萬之衆, 攻之踰年, 終下能下. 及其旣降而逃, 欲爲死守錦州, 而祖氏親屬皆在虜營, 淸人待之如勳舊, 屢貽書招降, 其辭甚恭, 至於指天爲誓, 則大壽之見憚於敵如此. 且明之以錦委大壽兄弟, 使遏長驅之虜, 而被圍經年, 兵盡餉絶, 有朝暮必陷之勢, 而終下救, 遂使之爲俘. 以是觀之, 大壽兄弟似襄陽呂文煥事, 而文煥爲金人鄕導, 竟覆宋朝, 大壽則未聞爲淸人用, 其視文煥之罪, 不啻有間矣. 或云: "大樂逃還寧遠而戰死." 此亦李陵之所不爲者, 詎不奇哉.

宋家城記

　　宋家城在薊州東三十里. 明之都指揮使宋峪所築也. 宋本江南人, 峪以武功啓家, 官都指揮使, 從成祖皇帝于燕京家. 於是私築此城, 與宗族爲守備, 今已十四代也. 城周里許, 環以邏城, 而體城高於邏城. 門作虹霓, 高樓廈屋接廡聯檐, 而書樓四層, 高入雲霄, 倍於威遠城. 啓局而入, 上九級梯爲第四層, 四面穿虹蜺, 以通眺望. 折而南, 上十四級爲第三層, 又轉而西, 上十四級爲第二層, 皆有虹蜺. 又東而上十二級爲第一層, 四面環遶雉堞. 樓危而敞, 俯瞰薊門. 樓之北又有敵樓, 以臨大道, 高與之埒. 當其淸兵之入關也, 堅守以自保, 至順治三年天下大定, 始乃降. 淸帝怒其不卽歸服, 歲罰銀萬兩, 康熙末嘉其守節, 蠲其罰銀, 旌其里云. 東使之過者見其後裔, 問曰: "私家何以有城." 宋曰: "前朝邊防甚急, 故不禁也." 曰: "然則何獨尊府有此城." 宋曰: "都指揮使領二萬夫屯田, 此亦國事也. 兼之時有餘財, 何可槪之他人乎." 曰: "聞本朝初令納罰金萬兩, 信乎." 宋曰: "共計族人歲納租一千二百餘兩矣." 曰: "土地共幾畝." 宋曰: "二百四十步之畝, 共二百九十餘頃, 歲出一千二百餘兩, 自有所餘以自養." 城中十餘大戶皆宋之宗族, 而奴丁尙有五百餘人, 人皆壯之. 夫以淸之兵力, 豈不能屠此一小壘, 而天下歸漢, 魯獨不下, 亦欲使遂其忠義, 而宋氏之築此城, 爲子孫基業者, 亦可謂遠矣. 又聞土人所傳, 自鳳凰山下, 土阜纍纍不絶, 連峙野中, 高皆數丈, 是亦宋氏爲接其主山來脈而作云.

貞女坊記

　　出寧遠城, 行十里, 路傍有石坊一座, 楣上刻玉音二字, 其下列書姚法珠未嫁妻賈貞女之閭. 或云: "姚與賈議婚未醮, 而夫死賈爲著節, 故稱之以貞女, 而立旌也." 賈之著節, 雖不得詳知, 未嫁者何以謂之妻耶. 禮曾子問曰: "女未廟見而死, 不遷於祖, 不祔於皇姑, 壻不杖, 不菲不次, 示未成婦也." 又: "娶女有吉日而女死, 則壻齊衰而弔, 旣葬而除之, 夫死亦如之." 註: "若夫死, 女以斬衰往弔, 旣葬而除之." 疏云: "壻於女未有朞之恩, 女於壻未有三年之恩." 姚若已納徵納采而死, 則賈當斬衰而弔, 旣葬而除而已. 不必以成婦自居. 若有卓絶可旌之行, 但當曰賈貞女, 不當云未嫁妻而爲係夫辭也. 蓋中國此事仍成弊俗, 或有納采而未醮, 合巹而未媾, 不幸, 有終身守寡, 至於通家舊誼, 指腹議親, 或俱在髫齔, 父母有言, 不幸而至有飮鴆投繯, 以求殉祔, 非禮莫大, 君子譏其尸奔, 亦稱節淫, 遂以成俗, 東南尤甚, 故有識之家女子, 及笄然後始通媒妁, 此皆叔季之事也. 噫.

朝鮮館記

曷以館名朝鮮也. 館朝鮮人也. 曷以館朝鮮人也. 處朝鮮人而授之以館也. 館惡乎在, 在於瀋陽也. 燕·遼數千里之間, 朝鮮人往來留接之處多矣. 曷之於瀋陽而曰館也. 往來留接於燕·遼者曰察院, 而非館也. 朝鮮人自接於察院, 而非授之以館也. 然則館惡乎在於瀋陽, 而曷謂之以授館也. 崇禎丙子淸人侵軼, 我朝鮮弱國也, 不得已行成, 我世子·大君質于淸, 入瀋陽, 瀋陽淸帝肇業之地, 處世子大君於城內, 又以質子人等分接於隣, 幷授之館, 稱之曰朝鮮館也. 噫, 當時事尙何言哉. 世子大君八年處館, 備嘗艱險, 幸而東還, 而旣不能雪主辱之恥, 又無以攘除戎狄, 肅淸中原, 光復先王之舊. 此一邦臣民之痛心含忍, 至于二百年如一日也. 館在城東小巷, 有東西廊屋, 後作朝鮮使臣留接之所, 今幾頹圮, 不得入處, 只爲人馬之所住, 瀋人言: "此乃丁丑後朝鮮質子人等居接之家, 而世子館則今衙門." 是也. 城外有河, 名混河, 一名耶里江, 世傳孝廟在瀋館時, 作亭于江上. 講院日記 "胡人以野坂田授世子種菜", 亦其地也. 至於三學士及諸臣所拘之處, 稱之以南館·北館, 而今無知者矣.

高麗堡記

道豐潤城外, 行十五里, 路傍一村, 覆茅茨, 最寒儉. 驛夫指點而曰: "此高麗堡也." 余問曰: "中國人而堡名高麗何也." 對曰: "蓋嘗聞之, 丁丑我國之被擄人, 自瀋而徙居此城, 自成一村, 中國人稱之以高麗堡. 中國之稱我人, 不曰朝鮮而曰高麗者, 猶我人之稱中國曰唐也." 余聞而喜之, 停車而視之, 則居人之衣服·廬舍皆是中國之制. 而村前有水田數十畝. 阡陌溝塍. 宛如我國. 關東千餘里未嘗有水田. 獨此地水種. 所賣餠飴. 多本國風. 使驛夫招一村人. 問其爲高麗人子孫. 則答以"高麗人已徙山西. 而今無餘者"云. 未知何時事也. 唐總章中以新羅人置僑治. 良鄕之廣陽城稱之曰新羅戶. 今淸人之徙東人於山西. 而猶復稱之以高麗堡也歟. 東人子孫雖不得見. 行到異域. 忽聞故國之號. 又見水田陡切. 思鄕之心低佪. 久之不能去矣.

文景廟記

關內外廟堂之賁飾而崇奉者. 無如關·佛·藥王. 次之文昌. 又次之文昌星君. 主天下文事. 故士子所以崇奉求其利達者也. 祀文昌者必在州縣. 而到豐潤縣. 始瞻謁爲在路傍也. 廟在城東迎旭門內. 扁曰文景廟. 卽所謂文昌閣也. 繞以小牆. 門內下有層臺. 上建彩閣. 築甓起屋. 四面方正. 中虛四通. 駕以雲梯. 折爲二層. 循梯而上. 門在軒底. 登第一層. 閣爲六面. 只開南門. 環以欄檻. 制作奇麗. 中有龕室. 妥梓潼帝像. 彩冠·錦袍·玉帶·圭笏. 南向而坐. 椅儼如王者. 骨相秀異. 眞是仙靈道君. 左右列仙官數三人. 各有所執之物. 右有一人. 右牽白馬. 左執策. 龕上扁曰如我存心. 是皇帝筆也. 扁於樑曰薇院炳蔚. 門內曰紫極文衡. 是王夢麟書. 閣外扁曰文昌閣. 又左扁曰文曜麗天. 右曰光昭雲漢. 憑欄俯瞰如在半空. 城內閭井山川. 歷歷入矚. 而層臺干雲. 曠野如月. 飄然有羽化之思. 還出門外. 向北行數十步. 又有層閣. 與文景相對. 制亦如之. 入門. 循梯而上. 第一層閣外扁曰魁星. 閣中妥魁星神像. 容貌魁奇. 環眼隆鼻. 頭有肉角. 開口露齒. 右手執筆. 左手持金塊如桃者. 右足踏龍頭而立. 龍在海中只露頭角. 左足擧而向後. 蓋魁神亦掌文事. 故竝建. 而春秋二丁知縣親自供香. 按天官書: "文昌六星在北斗魁前. 天之六府也." 葉向高福淸文昌閣記曰: "今章縫家多祀文昌. 以爲天朝桂籍. 維神所司. 欲乞靈以階通顯." 又曰: "化書云: '梓潼帝變現. 一以忠孝爲本. 累劫積修. 始超三界'云." 觀此則華人之崇信禱祀. 遂乃成俗. 弊流千古. 豈非君子之所當戒者乎.

三皇廟記

　　沙河驛西門外有三皇廟. 妥伏羲·神農·黃帝氏之所也. 殿內塑三皇像, 皆衣袞而不冠. 羲·農跣足, 黃帝着舄, 容貌廣而腹又大. 左右列藥王, 東西壁序立古今名醫像. 東廡則周文王主壁. 以袞服而抱子耦坐者, 似是太姒也. 又十數妃嬪抱子列侍. 西廡主壁【忘未記.】, 而多少仙官神將侍立. 問之守僧則不知. 殿後則佛舍也. 妥佛五六軀. 左有一小龕, 額曰忠至義盡. 啓視則乃關帝小像也. 門與殿有神將, 生氣颯爽, 似非近者所造也. 夫伏羲·神農·黃帝氏五帝之三皇也. 首出庶物, 繼天立極, 開物成務, 萬世永賴. 其聖神之德固宜天下之所共享. 而亦不可以一事之名, 私自崇奉也. 今沙河之以三皇廟焉, 而享者未知剏於何時, 而以歷代名醫配列, 則是以藥王而享之, 非俎豆之禮也. 神農·黃帝雖有嘗草制藥之事, 伏羲則何與焉. 況文王之配廡幷及於太姒者, 尤無意義. 是廟也, 名近不經, 事涉祈靈, 直一村里之叢祠耳. 於是乎村婆里氓, 晨夕波奔, 焚香頂禮, 用爲福之資. 其崇信神鬼之風, 蓋自金·元始至今日, 而俗尚靡然, 崇奉多門, 不以俎豆而享之, 三皇眞若有靈, 其肯享非禮之酒歟. 或曰: "三皇卽天皇·地皇·人皇氏, 羲·農·黃帝氏五帝也." 故謂以天·地·人三皇歟. 皇城有藥王廟, 妥天·地·人·羲·農·黃帝氏, 而此是三皇名于廟, 故謂以天·地·人三皇歟.

武廟記

　　武廟周太公廟也. 廟在永平府城內街上. 對廟立牌樓, 廟門外又立牌樓. 右書釣璜, 左書表海. 外垣穿三虹門. 門內當中竪牌樓. 外書欞星門, 內書鷹揚, 扁內門曰武廟. 廟內有殿, 奉太公神位. 書曰先聖周太公神位. 東配孫武·諸葛亮, 西配張良·郭子儀, 如文廟四聖. 東配之後列岳飛·司馬穰苴·范蠡·韓信·管仲·劉基位. 西配之後列裴度·周亞夫·曹彬·李靖·樂毅位, 如文廟十哲, 東西廡列配戰國·漢·唐以下名將各四十人. 余行到永平, 朝謁武廟, 又訪孤竹城, 拜淸節祠. 祠伯夷·叔齊之廟也. 一日之間恭瞻二老之遺像, 衣冠肅穆, 淸風襲人, 有儀可象, 有威可畏, 宜其大名之垂于宇宙也. 夫二老各以經權辦得一時之大事, 遂爲後人之慕. 而少日讀書, 只自神馳於百代之上, 今幸躬到是地, 歷謁二廟, 其所山仰之心, 不以古今而有異也. 廟之設未知在於何時, 而大明一統志永平府無所載焉, 似於淸初所建者, 然廟之主配位置一如文廟之制, 而世代先後多有換列, 或以才品高下而然歟.

關帝廟記一

遼陽城西順安門外有大石橋乃濠也. 對橋而北, 崇殿傑閣. 自門達廡, 采欐塗塈, 翼然于路傍, 卽關帝妥靈之所也. 廟門外立三座牌樓. 面刻雲龍水仙畫皆隱起. 入牌樓, 而又以照牆遮之. 牆高十餘丈, 廣幾五六間. 中含紋石, 刻螭龍. 佛像額上橫鑴曰修惜聖境增福壽, 損傷神物隆災殃. 蓋古樹塞門之制也. 門之左右翼塑周倉·赤兎, 如我國關廟之門. 而人長齊屋, 馬大如象. 入門而東, 有大樓, 門於其下而扁之曰摘錦. 兩柱以金書曰: '春色滿桃園, 八拜結緣直骨肉. 秋風橫鐵騎, 千年廟貌大英雄.' 自此升十五級梯, 甃以靑石. 東有鐘樓, 曰龍吟. 西有鼓樓, 曰虎嘯. 第三門額曰大丈夫門. 內累石爲臺, 臺上有殿, 高五六丈, 上下前後皆有金額, 曰萬古英風, 曰協天護國. 殿內奉帝塑像, 諸將侍立於左右. 殿宇宏麗穹崇, 綺疏彩栱, 金碧眩眼. 東廡安張飛像, 前有二力士, 背縛一人, 其人仰面視飛, 狀似是蜀將嚴顔也. 西廡設趙雲像. 淸順治九年封帝爲忠義神武關聖伏魔大帝, 建廟祀之. 康熙六十一年以帝後裔世襲翰林院五經博士. 廟庭列數笏穹碑, 皆記刱修始末. 又有乾隆御製碑, 以世人之不知尊慕爲欠典, 詔天下處處立廟云. 夫關帝廟宇, 其來尙矣, 世之王公貴人以至田畯娘孺, 靡有不知帝者. 其祠宇所在自都城郡邑, 以至道旁之麓山隴之巓, 亦靡有不祀帝者. 幾有叢林學宮鼎立而布滿城中, 歷千億萬劫, 吾知其無窮已也.

關帝廟記二

關帝漢之漢壽亭侯也. 其志在春秋, 其氣浩然塞乎天地, 貞忠大節, 炳若日星, 千載之下凜然猶有生氣. 斯豈無所本而然也. 廟宇之設遍于天下, 自皇明屢致褒崇, 至淸而愈顯. 及至雍正追封帝三代晉爵上公, 加封帝曾祖光昭公祖裕昌公, 父成忠公而名諱不傳, 史之闕也.

按西崖談徵曰:"帝解州常平下馮村寶池里五甲人. 有祖塋在常平中條山. 世系史多不載. 康熙十七年戊午常平士于昌者, 肄業塔廟, 卽侯之祖居也. 昌晝夢侯授以易碑二大字, 驚而寤. 有濬井者, 得巨甎, 頗斷裂. 甎上有字. 昌合讀之, 乃紀侯之祖考兩世諱字·生卒甲子大略. 因循山而求得墓道焉. 遂奔告解州守王朱朝. 朱朝作關侯祖墓碑記. 記中載侯祖諱審, 字問之, 號曰石磐. 和帝永元二年庚寅生, 居解州常平村. 沖穆好道, 以易春秋世其家. 卒于桓帝永壽三年丁酉. 父諱毅, 字道遠. 性至孝, 父沒廬墓, 三年旣免喪. 于桓帝延熹三年庚子六月二十四日生侯. 有烏龍繞室, 侯生. 而英奇雄俊, 旣受春秋易, 旁通淹貫, 以古今事爲已任. 及長娶胡氏, 于靈帝光和五年戊午五月十三日生子平. 今俗以五月十三日爲侯生日, 傳之訛也." 其大略如此, 是可以補史之闕也. 噫, 公生而忠貞, 沒而明神, 威靈赫濯, 昭灼于千萬世, 則玆豈非鍾毓于世德之家而然歟. 尤可敬也.

姜女廟記

山海關東八里堡之南, 小阜陡起於野中. 土石相參, 環以松樹, 刻石搆屋, 曰貞女廟. 築甎爲道, 可數十級, 夾以石欄, 雕鏤頗巧. 廟東有巖屹立, 太原白暉題曰望夫石. 蓋巖左有微坳如鑿, 傳以貞女望夫時足痕云. 廟中有貞女像, 村粧純素, 左有童子, 右有人持傘, 象其携子尋夫事也. 門刻聖之貞三字, 左右柱刻秦皇安在哉, 虛勞萬里築怨, 姜女不死, 而是宋丞相文天祥書也. 庭有紀蹟碑三, 按貞女姓許, 名孟姜, 陝西同官人. 嫁范七郎, 秦將軍蒙恬築長城, 范郞隸役, 死於六螺山下, 夢感其妻. 孟姜手製衣, 獨行萬里, 探其存沒, 登此巖, 望長城而哭, 死化爲石. 又云:"孟姜終得夫骸, 相枕石於海濱. 而東南二舍許, 海中有立石一, 殊有人形, 又臥石三皆相枕, 傳爲姜女墳." 又云:"孟女夫久赴長城之役, 姜製衣覓送, 萬里艱關, 天覽貞烈, 排岸頹城." 諸異載於諸志傳中. 或以爲范郞又云杞梁, 杞梁事在檀弓, 春秋時其爲誤無疑, 皆不足論. 惟是山海外八里堡之南, 有望夫山, 又東南二十里, 遼海中有姜女墳一封挺立, 就之則石. 土人傳迤北大邊, 卽長城舊跡, 所謂起城西臨洮以至遼東. 姜尋夫至此, 曾登此山而望之, 後或瘞於此. 然墳以從土, 則嵬然一石謂何矣. 或云: "孟姜聞其夫死, 獨行收骨, 負而入海, 數日有石出于海中, 潮至不沒." 諸說各異, 且多荒誕, 殊可疑也. 夫望夫石, 自唐·宋已播詠於詩歌, 而地志云: "望夫石在武昌, 一在太平." 則望夫化石之事, 蓋或有之. 然亦未知播於詠歌者端在何地, 而乾隆詩曰: '凄風禿樹吼斜陽, 散作悲聲弔乃郞, 千古無心誇節義, 一身有死爲綱常. 由來此地稱姜女, 盡道當年哭杞梁. 長見秉彝公懿好, 訛傳是處也無妨.' 蓋王建所賦望夫石在武昌, 而此在遼東故也. 且秦時未嘗云陝姜, 是齊女之稱, 則貞女之謂陝西人者, 尤爲非也.

鷄鳴寺記

寺在娘子山西麓之上, 唐之古刹也. 上麓而有石梯十餘級, 級盡而有門, 入門而有堂, 扁曰龍王. 廟中安金像, 左右設神衛, 廟後有小龕. 龕中安三座阿彌佛, 前設香爐, 旁有小鷄, 冠距如生, 背有兩翼, 其色白, 視之石也. 龕後卽麓之上層, 而嘉木茂林, 蔚然有幽致. 林間有石, 似小鷄形, 僧言: "此是自古有之者, 而近爲風雨所磨洗, 只餘鷄頭. 故以石灰補其形"云. 庭有紀蹟碑, 清之雍正間所樹也. 其文曰: "昔唐天子東征, 夜半忽有一鷄啼鳴, 天明求之, 得一石鷄, 因以建寺." 蓋唐天子太宗也, 太宗征高麗兵敗到山下, 夜黑迷道, 忽聞鷄聲出林, 薄間尋聲而入, 見一小屋. 叩其門, 有一女子, 出迎具壺飧, 供之帝飯. 已倦睡而覺, 空山無人, 但見小石狀如鷄. 大驚異之, 命建寺以護之, 遂名其寺曰鷄鳴, 山曰娘子. 此蓋出於流傳之說, 而亦近誕妄不經. 然勒諸貞珉, 作爲是寺之紀蹟, 則未可謂必無是事也. 噫, 太宗唐之開剙之主也. 神武大略, 戰勝攻取, 所向無敵, 及夫化家爲國, 身致太平, 無所用其能, 則忽起無名之師, 席捲而東來, 竟不得志於安市之彈丸小城, 蒼黃旋師而歸, 何其憊也. 世傳安市城主楊萬春, 射帝中目, 此不載於唐書及我東三國史. 而高麗李牧隱之貞觀吟曰: '爲是囊中一物爾, 那知玄花落白羽.' 玄花言其目, 白羽言其箭. 本朝金三淵之送稼齋入燕詩曰: '千秋大膽楊萬春, 箭射虬髥落眸子.' 二老所詠似出於本土舊聞,則娘山石鷄之事亦當在傳信傳疑之間也. 然太宗之是役乃以馮婦搏虎之習, 欲一試於外國, 志驕而輕敵, 卒至喪師損威, 屢涉危險. 縱有百靈之衛護, 而何爲輕萬乘之尊, 不思勤遠略之戒乎. 及還都也, 悔之曰: "魏徵若在, 豈使朕有此行也." 噫, 房·魏不可復作, 而一區蕭寺秖自流傳於千載, 寧不歎哉.

獨樂寺記

獨樂寺在薊州城內州治之西. 外以照牆左右遮之, 至寺門, 扁曰獨樂寺. 轉入內門, 戒神呵護, 列立東西, 形貌獰壯, 勃勃有生氣, 逼人甚矣. 搏塑之工也. 內建二層殿, 榜曰觀音之閣四字. 筆勢飛騰. 旁書太白二字, 世以李白筆傳之, 吾斯之未信也. 下層榜曰慈悲大士殿, 殿內安丈六金身, 卽觀音像也. 頭戴小佛十二, 眉目如觀音, 被以黃金袍, 袍之上下摺疊處, 多有小佛. 垂左手持瓶, 擧右手當胸, 持數珠, 狀若生動, 設色精工. 前有二佛對立, 長可數丈. 殿西複壁, 中有板梯, 向北上數十級, 抵壁復轉, 而南上數十級, 始上樓. 樓皆鋪板, 空其中央, 傍設欄檻. 佛身出其上肩與樓齊. 而頂柱屋樑, 頭上四圍, 循檻回轉. 在下仰視, 未覺其高, 至此見之, 始盡其狀. 自肩以上猶二丈許, 量其耳, 亦丈餘, 其偉壯可推也. 或云六十七尺. 樓外設八窓, 有欄可憑, 四望甚快. 還下層梯出殿, 後有八面, 閣中安金佛. 又入後門, 至一殿, 有三佛, 各騎獅象龜. 殿之右廡有佛, 長爲丈餘, 側身閉目, 臥於繡褥上, 披錦衾, 半露全身, 若醉睡者然, 見之不覺却立. 或云釋迦圓寂像, 又云李白醉眼之像也. 寺南數百步, 有一塔. 對樓齊峙, 高可與遼野白塔上下. 月臺有側柏一樹, 亦古物也. 寺不知創自何代, 至遼時重修, 有翰林學士承旨劉成碑. 乾隆十八年賜帑重修, 寺內懸御書, 額曰普門香界. 聯曰: '琳宇近神畿, 慈雲廣蔭. 法筵傳古蹟, 寶月常新.' 又曰: '絶無塵相染初地, 定有天花落講臺.' 傍有行宮, 牢鎖不許觀.

永安橋記

自瀋陽西行二十餘里有橋, 曰壯元橋. 又行七八里有永安橋. 築石跨水, 廣可三丈, 長爲二十餘丈. 左右石欄, 各十六間, 前後兩頭石獅對蹲, 刻鏤頗工. 下建三虹門. 橋之兩頭入陸處, 皆爲八字翼牆以護之. 旁立碑書橋名, 又題崇德四年立. 遼東地勢汙下, 沮洳難行. 淸皇數幸盛京, 故自壯元橋始築路. 以連抱大木, 編成爲梁, 以梁爲路, 路高數丈, 廣五丈. 兩沿木頭, 齊整如一刀裁劃. 路之幾步, 設閘通水道, 以禦潦淖, 而至新店乃止. 凡二百五十里也. 二百餘里之間, 一梁爲路, 非徒財力之富壯, 可見其制作之精一. 故民間尋常作爲, 能相效視, 規模大同, 中國心法之最不可當者, 正如此等處也. 聞其梁路三歲一改云.

柳河橋記

自永安橋行百餘里而爲柳河溝. 駕石成橋, 廣五六步, 長十餘間. 左右設石欄, 製如永安橋. 傍建粉閣, 黃瓦丹栱, 勢若翬飛. 中有御製御筆紀事碑, 略曰: "盛京以西向多沮洳, 其近瀋陽者, 自太宗命修輦路百二十里, 太宗復建永安橋, 以便行旅, 至今賴之. 而柳河溝當夏月陰雨, 尙患泥濘. 而申歲承德·錦縣·寧遠·廣寧四屬商民, 損資築治疊道, 中間架木礿, 以通污潦. 今過其地, 居然坦途. 雖時已八月, 且晴霽勿餘, 因可安行無阻. 而修道成梁, 王政所尙, 近市之人, 能知大義分所爲, 以利淳風, 亦足嘉也. 因記以詩曰: '瀋陽疊道接廣寧, 沮洳年深或重停. 畚楎成梁衆情切, 車駞遵路仲秋經.' 鄙之足識民風古除也, 猶懃王政型, 大勝南陽諸父老, 不求道, 急公聽, 乾隆四十三年戊戌秋八月上澣." 後面又刻癸卯御製詩. 蓋遼野千里, 土細如麪, 遇雨黏濃, 如糖之融. 方春解冰, 仍成泥海, 誤入其中, 沒人腰膝. 拔一脚, 則一脚漸深, 若不努力抽足, 則地中若有吸引者, 全身都沒, 不見陷痕. 且或久無雨, 水或小乾, 而中實爛濃. 人踏之搖搖, 馬蹄之融融, 車過之活活. 引而東則陷東, 引而西則陷西, 十步九頓, 難以趲進. 故爛泥之名堡, 永安之築路, 柳河之駕橋, 皆以此也. 至於一板門·二道井, 爲泥淖最甚處, 某年春山西賈客二十餘人, 皆乘健騾, 至一板門, 一時陷沒, 我國驅人, 亦陷失二名云. 按唐書: "太宗征高句麗, 不得志而還, 至渤錯水, 泥淖八十里, 車騎不得通, 長孫無忌與楊師道等, 率萬人, 斬樵築道, 聯車爲梁. 帝於馬上, 自負薪以助役, 雪甚, 詔爇燎以濟." 今未知渤錯水在於何處. 而今過此地, 似是一板·二井之間也.

石河橋記

　　出山海關西城門, 行數里, 有大川, 名石河, 水大如羊河, 架石爲橋, 卽吳三桂破李自成處也. 按谷應泰皇明紀事曰: "吳三桂自寧遠入關, 聞京師陷, 帝后殉難, 遂縞素發哀, 乞師于淸, 傳檄遠近. 自成聞之, 大驚, 脅三桂父襄, 作書招三桂, 令舊將唐通遺書勸降, 且言東宮無恙. 三桂不答, 上書其父, 略曰: '父旣不能爲忠臣, 桂亦安能爲孝子. 桂與父訣, 請自今日.' 書至自成益懼. 三桂以忠義激將士曰: '吾不忠不孝, 何顔立天地間', 欲自刎. 其下俱曰: '將軍何至此. 吾輩當死戰.' 於是京城外遍張吳三桂檄, 約士民縞素復仇, 一時都人皆密製素幘. 自成率兵六萬東行, 挾太子·永王·定王, 吳襄自隨. 賊精銳不過數萬, 所至虛聲脅下, 未嘗經大敵, 聞邊兵勁, 無不寒心. 自成知成敗決于一戰, 益驅賊, 連營竝進. 三桂悉銳出戰, 無不一當百, 奮擊殺賊數千人. 賊亦賈勇疊進. 自成挾太子登高岡, 立馬觀戰, 賊衆三面圍三桂兵, 三桂兵東西馳突. 賊散而復合. 淸兵至, 繞出三桂右, 所向披靡. 自成策馬走, 諸賊遂大潰, 自蹂踐死者數萬人. 諸軍分道乘之, 殺其大帥五人, 奪輜重無筭." 又按侍講院日記曰: "甲申四月九王率兵西犯, 世子使衙譯探問, 則山海關摠兵吳三桂, 遣副摠一人遊擊一人來言: '山西流賊, 春初犯圍陷皇城. 皇帝自縊, 后妃自焚. 國事至此, 已無可爲. 賊鋒東指, 列郡瓦解, 唯山海關獨存, 而力弱兵單, 勢難抵當. 聞大王業已出兵, 若此時來救, 開關以迎. 大王一入關, 則北京指日可定, 願速進兵.' 九王欲探虛實, 遣其妻弟拜然與漢將一人, 偕往山海關, 漢將一人則留淸陣中云, 而軍機甚密, 未能詳知. 夕時衙譯以九王言來曰: '明日當倍程, 世子抄其致遠者隨焉.' 二十日至連山驛, 欲宿. 吳三桂又遣將官于九王曰: '賊兵已迫, 願促兵來救.' 九王卽發馳行, 令世子, 只率輕騎以隨. 達夜馳至沙河堡城外, 九王駐馬少歇. 世子露坐田畔間, 黎明復行, 去關門十五里而止, 一晝夜之間, 行二百里矣. 淸兵被甲戒嚴, 夜半移陣關上, 砲聲至夜深不止. 二十二日平明淸兵進迫關門五里煙臺下, 砲聲大發, 俄而吳三桂率諸將數十員·甲軍數百騎, 出城迎降. 九王受拜禮於陣中, 進兵城下數里許,下馬而坐. 漢人·淸人頻數往來. 淸兵左右陣一時馳入關門, 竪白旗於城上, 然後九王繼而入. 蓋吳將方與流賊交兵而出城. 兩陣酣戰, 飛丸亂射城門, 世子依城底菜圃中牆壁而坐. 九王所住處, 僅隔五六家. 九王請世子, 坐未定, 九王便起上馬曰: '世子亦當隨往戰所.' 世子不得已隨行, 躬擐甲冑, 立于矢石之所, 砲聲如雷, 矢集如雨. 淸兵三吹角三吶喊, 一時衝突賊陣, 劍光閃爍, 發矢亦數巡. 是時風勢大作, 一陣黃埃, 自近而遠, 始知賊兵之敗北也. 俄頃之間積屍相枕, 彌滿大野. 賊騎之奔北者, 追逐二十里, 至城東海口, 盡爲斬殺, 投水死者亦不知其幾. 初更九王還陣于關中五里許, 世子隨還, 陣外止宿. 翌日九王始稱攝政王, 下令毋得侵略百姓. 吳將以下盡爲剃頭, 領騎兵數萬, 與淸人一時西行. 五月初五日到北京, 流賊已燒宮闕, 掠帑藏宮女南走. 聞山海之戰, 流賊騎兵十萬, 步兵二十萬, 及敗只餘六千騎云." 記事與日記所載, 雖有詳略之異, 而其時事勢, 槪可想也. 世或以三桂之開關納敵爲罪, 而此則恐不然也. 當是時, 皇城已陷, 帝殉社稷, 明已亡矣. 三桂雖欲獨保關門, 得乎. 其勢不破於自成, 則破於淸兵, 不由三桂之主張也. 且自成之罪爲大. 明臣子者所宜不反兵而討者, 則三桂棄必破之關, 而復君父之讐, 倉卒處義, 可謂得矣. 若使三桂徒守一切之義, 不與淸兵竝力, 則畢竟見破於自成, 而淸兵亦自入關, 天下事, 夫何益哉. 但襄死, 而三桂死, 則善矣, 而不能死, 此三桂之罪也. 隱忍三十年, 白首擧事, 使天下震動, 其亦壯矣. 而失節喪名, 竟致敗滅, 何其與當日處義若二人之爲也. 三桂在雲南, 遇士卒善, 每戱好點岳武穆事, 見之大哭, 哭訖復飮. 此可見其志所在也. 後來事雖不厭人意, 亦是英傑人也歟.

金元帥墓記

金元帥, 朝鮮人也. 萬曆戊午淸人陷遼陽, 帝命楊鎬劉綎討之, 徵我兵夾攻. 光海以姜弘立爲都元帥, 金景瑞爲副, 而不授敎書節鉞. 景瑞屢請不報. 蓋弘立貪於專制, 從中沮遏也. 景瑞以平安兵使受是命, 而自壬辰兵興, 皇朝夙聞景瑞名. 至是知其爲將, 特賜旗劍箚牌, 稱以金元帥. 景瑞益感激, 願效死, 而爲弘立所鉗制, 束手坐軍中而已. 己未二月兵渡鴨江, 弘立令曰: "一營不可有兩帥. 副帥宜移次左營."

景瑞不宜曰: "寧有副元帥, 而反爲先鋒者乎." 至深河, 弘立陰結舌人通和, 景瑞不知也. 行到夫車嶺, 敵兵伏山谷間, 掩擊天兵, 劉綎敗死. 敵垂勝攻我, 左營急, 營將金應河力戰死之, 弘立望見氣奪, 無相救意. 景瑞奮曰: "天兵我師, 相繼敗沒, 何忍獨生." 策馬將出, 弘立曰: "我有密旨耳." 執景瑞下馬奪所騎及皇朝旗劍. 景瑞大呼曰: "敵兵八百步內, 不可徒死, 挽我何也." 弘立不答, 乃修和書, 直填景瑞名, 誘之曰: "敵願見我貴將議事, 非將軍莫可往." 景瑞大聲叱曰: "弘立爾何官, 國家掃境內, 屬汝爲皇朝討賊, 汝甘爲降虜, 反給脅我耶." 弘立勃然曰: "違令有師律." 遂迫致之敵營. 明日弘立擧衆降. 景瑞既被執, 敵將脅使降. 景瑞厲聲曰: "吾有死而已." 敵將執手曰: "眞忠臣也." 送至建州, 誘脅百端, 終不屈. 敵囚之新城柵. 景瑞幽囚六年, 悲憤欲死, 而自念身陷異域, 苟不一暴, 將與弘立同歸. 乃密記被虜本末, 敵中事情爲日記, 手草疏, 授所親信蕃胡奏本朝, 光海不之省. 後因東差入藩, 家人謀送貨贖還. 景瑞答曰: "行賂苟還, 吾不爲也." 及敵與我修和, 景瑞終不爲己用, 乃曰: "此人崛强, 非弘立類也." 有送還意, 弘立恐其生還, 益彰其罪, 遂潛告於敵, 搜其橐, 得密疏與日記草. 敵帥大怒, 縛出東門外殺之. 奴同伊亦從死. 時天啓甲子四月十八日也. 敵義之, 收其屍, 葬之太子河邊云. 余曾因元帥裔孫, 得見遺事. 蓋其全節如蘇子卿, 殺身如顏淸臣. 而且聞傳訃之日, 子得振以遺衣冠, 具旗纛, 招魂於鴨水之上, 忽有風雨驟至, 雲霧蔽空, 隱隱有鐃鼓之響. 吁亦異哉. 於其招魂之時, 惜無楚些之音. 故乃倣宋玉之騷, 以弔之. 今過太子河, 未知碧血之埋在何邊. 想其危忠大節, 益激悲憤之心, 當與柳下將軍顯名於千秋, 而亦可謂朝鮮之有人也.

朝鮮使臣抗節圖記

入瀋陽, 舍于王姓人家. 家之西壁有畫, 是演場諸戲, 而皆印本也. 又有一幅畫, 畫一大宮室, 王者據椅而坐, 左右兵衛甚盛, 而衛外軍卒數十人, 拖曳二人, 二人解髮臥地狀. 題于上曰朝鮮使臣抗節圖. 似是淸主建號受賀時, 朝鮮使臣羅·李二公, 不參賀不屈之狀也. 蓋崇禎丙子羅公德憲以信使赴瀋, 次于義州, 回答使李公廓亦至, 同到瀋陽. 時淸主招降西㺚, 大拓疆土, 將加帝號. 俘譯鄭命壽請二公往觀以試意. 羅公拒不從. 及四月十一日, 清數十騎來言: "帝今受賀, 可整服而待." 羅公曰: "吾得死所矣." 遂與李公東向四拜, 懷帽裂袍, 拔所佩刀, 授命壽曰: "必欲刲我, 速斷我頭." 相與解髮, 騈首交手, 縮結鉤連而臥. 清主已受尊號, 曰寬溫仁聖皇帝, 國號大清, 改元崇德. 八固山諸王子將士數千人, 羅立於前, 促公詣班, 校卒數十, 拖曳二公, 髮鬢盡落. 羅公時年六十餘, 盡力相格, 喘息欲絶. 俘人之爲彼將者愍之曰: "兄弟之國, 一拜何害, 而不自恤乃爾." 羅公曰: "非有君命, 雖死, 何可拜." 其人相顧曰: "多也多也." 蓋嗟歎之辭也. 清主受賀禮成, 驅公入館. 明日出東郊, 又執二公, 清將英固爾岱曰: "今日不拜, 大刑戮, 小拘繫." 羅公曰: "殺則殺, 囚則囚." 因大罵. 彼人群毆之, 折左脅. 清主令拘之館. 又明日大會, 將議殺, 清主兄子要魋諫, 遂不殺, 促使東還. 不許見國書, 羅公曰: "不見, 不可受." 英固爾岱迫令置裝中, 使百餘騎押驅, 至連山關而去. 羅公乃混置紙布之笥, 載以一馬, 托堡人曰: "馬病裝重, 姑送瀋中以俟後." 未幾, 清將馬福塔持所還國書而來, 請治使臣不參賀不受書之罪. 居數月, 清兵大擧, 來圍南漢. 及上幸清營, 清主問羅德憲安在, 自是我人入瀋者, 多得公事. 椵島都督沈世魁, 因俘人, 聞二公不屈狀, 奏皇朝, 帝遣御史黃孫茂降勅褒諭. 而椵島已破, 我國莫得聞. 林忠愍慶業, 自登州至北京, 有人示公畫像受毆血糨糊之狀, 宛然如昨. 正郎李稈嘗見瀋人壁上揭二公抗節圖. 乾隆帝所製全韻詩, 盛述崇德建號時事, 有曰: "乃有朝鮮使, 不拜志獨乖." 因自註曰: "太宗既受尊號, 群臣皆行拜叩禮, 獨朝鮮使羅德憲李廓不拜, 左右欲殺之, 太宗曰: '使臣無禮, 有意搆怨而阻盟好, 朕終不逞一時之忿, 戮其使, 可勿問.'" 是詩一出, 而公之大節, 皦然聞天下矣. 噫, 清人之虎踞遼·瀋也, 朝鮮陪臣之爲皇朝效死者多. 若其力戰而死之, 有柳下將軍, 幽囚而不屈, 有金元帥, 斥和而成仁, 有三學士, 何其朝鮮之多人也. 當其清主之建大號, 朝諸部也, 又有二使臣之不參賀, 危辱萬端, 嶷然不動, 脅可折而膝不可屈. 可謂烈丈夫而眞忠臣也. 故彼於建號之初, 將以立威天下, 而猶不加害, 乃至於上而書諸策而形於詩, 下而圖繪其狀, 題之曰朝鮮使臣抗節圖. 不有忠義之感人, 豈如是哉. 雖不與金元帥諸人同死, 而全節亦難. 以其全節之尤難於死, 故聲動華夷, 傳至于今. 朝鮮秉禮之風, 斯可有辭於天下萬世矣. 豈不偉哉.

碣石記

碣石在昌黎縣西南. 書禹貢: "夾右碣石入于河." 孔安國傳: "碣石海畔山禹夾, 行此山之右而入河." 山海經: "碣石之山繩水出焉." 戰國策: "蘇秦曰: '燕南有碣石鴈門之饒.'" 史記: "秦始皇三十二年之碣石, 刻碣石門." 漢書武帝記: "元封元年東巡海上, 至碣石." 地理志: "驪成縣大碣石山在西南." 文穎曰: "在遼西絫縣, 絫今罷, 屬臨渝, 此石著海旁." 魏書文成帝紀: "大安四年東巡平州, 登碣石山, 望滄海, 改碣石山爲樂遊山." 地形志: "肥如縣有碣石." 水經注: "濡水東南至絫縣碣石山, 今枕海有石如甬道數十里. 當山頂有大石, 如柱形, 立於巨海之中, 世名天橋柱, 韋昭亦指此以爲碣石也." 括地志: "碣石山在盧龍縣南二十三里." 唐書地理志: "石城縣有碣石山." 明統志: "碣石山在昌黎縣西南五十里, 離海三十里." 郭造卿府志: "卽今昌黎縣北仙人臺也." 古之言碣石者不一. 孔安國曰海畔山, 不詳在何郡縣. 漢志在驪城縣西南, 今驪城亦無的所. 其言在盧龍者, 後魏書·隋志·括地志·通典·通考諸說相承, 似乎可據. 然盧龍南不濱海. 今縣志亦無此山. 其言在絫縣, 卽今昌黎境者, 始自文穎. 郭璞注山海經, 謂在臨渝南水中, 蓋因絫縣已廢, 入臨渝, 亦卽文穎之說也. 水經注宗文穎, 兼引漢志, 又採王橫之言, 以爲淪於海中. 至濡水注則又曰枕海. 明統志則曰: "在昌黎西北五十里, 府志又以爲卽今縣北十里之仙人臺." 諸說皆言在昌黎境, 而又不同如此. 至史記索隱, 別引太康地志云: "樂浪遂城縣有碣石長城." 所記劉昭郡國志補註言: "常山九門縣, 有碣石山." 王應麟地理通釋又云: "在遂城者, 爲左碣石, 在平州者, 爲右碣石." 益遠而無據矣, 今姑詳列之, 以備參攷.

白塔記

遼東之野有塔焉, 屹立野中, 與遼野爭雄. 中國之以塔名者, 皆在風下, 誠天下之壯觀也. 塔以甄成, 而下樹三層石臺. 臺長爲百步, 廣如之, 高二丈, 安塔於臺, 剏以八面, 積至十有三層. 下豐上殺, 高三十六丈, 圍十七八, 而一面之廣, 可一間, 一層爲高, 可數丈. 面皆陽鐫一羅漢二神將, 氣勃勃如生. 曼華法物精巧, 非人力可爲. 層皆有簷, 簷皆懸鐸. 上設相輪, 下如盤, 中如鐘, 上如戟, 以銅索四維之, 高幾丈. 第四層有碧漢流光四字橫刻, 而高不可辨矣. 夫遼東左挾滄海, 前臨大野, 無所障礙, 千里茫茫. 而白塔乃得野勢三分之一, 縹緲崢嶸, 高出雲霄, 四方百里之內無不入望. 風動鐸鳴, 聲振遼野. 未知汴之開寶寺塔比此何如也. 前有碑, 字沒不可讀. 而崔訒齋嘗見其文曰: "唐太宗征高麗, 命尉遲恭建此塔." 塔之南有古刹, 曰廣祐寺. 遼人言: "寺刱於漢時, 而唐太宗東征時駐蹕首山, 使尉遲公重修"云. 是塔也, 亦於其時所建者歟. 瀋陽東二十里, 又有白塔屹立於路傍村中. 高十數丈, 周十餘步. 其層爲十三, 面爲八, 每面八尺, 以甎築起, 虛中相通. 每層以圓甎累而爲柱. 方甓爲壁, 而開四圓門. 觚稜相交, 方位互換. 層層皆有二重之簷, 而架木以承累甍. 入最下門, 仰視上層, 通明四豁. 制亦甚奇. 古有木梯句連接于第一層, 人可攀登, 後爲蒙古所燒云.

射虎石記

道永平府, 左夾靑龍河, 行數里, 過虎頭店, 路折而轉. 又行一里, 土山逶迤, 一麓突起. 前有巨巖, 半露於叢薄之間, 穹伏如虎, 世稱漢飛將軍射虎石也. 山前有碑, 刻曰漢飛將軍射虎處, 左刻康熙壬戌冬月穀朝, 右刻欽命綏遠將軍蔡毓榮重建. 曾有宋范志完草書飛將軍三大字碑, 碑折而埋, 故蔡將之所以重樹也. 周覽地形, 山稱陽山, 而初不深險. 樹木潼濯, 巖石交錯, 山下細路夾水崎嶇而已. 竊想當時北平, 是絶塞荒蕪之地, 山樹之間, 林木必鬱密, 人跡罕到, 只爲射獵之處. 而山頭片石, 突然如獸, 月夜醉過之時, 無怪其以虎而射之也. 徘徊岸上, 想得其帶醉彎弓, 視虎如狗, 千載之下, 英風動人. 今見此石, 令人氣湧如山, 恨無十斗美酒澆此磈礌也. 昔楚熊渠子, 夜見寢石, 以爲虎也, 射之沒鏃. 及知其爲石, 再射之, 不入. 此事已開李將軍之先. 又北周李遠獵于莎柵, 見石于叢薄中, 以爲伏兔, 射之鏃入寸許, 視之乃石. 文帝聞而異之, 賜書曰: "昔李將軍有此事, 公今復爾, 可謂世載其德矣." 夫三事如一, 而其中也, 要皆出於疑心. 故疑心一生, 則屋上之弓, 皆爲蛇, 懼心一生, 則山上之草, 皆爲兵也. 或稱疑石, 疑者, 未定之辭也. 按隋圖經云: "漁陽有北平故城,漢將軍李廣, 爲郡守出獵, 遇草中石, 謂是伏虎, 引弓射之, 沒羽, 卽是此處."括地志云:"漁陽縣東南七十里, 有北平城, 倚燕山爲版築."方輿記要云:"漢右北平郡治平岡."或以爲卽此城也. 今之觀射虎石者, 自永平府南行七八里, 乃至陽山. 若以圖經所云據以爲眞, 則陽山之石, 何爲而稱之乎. 陽山之下, 至有立碑而記蹟, 則恐非無稽而稱之者也. 日下舊聞云:"漁陽北平故城遺址, 無考. 燕山距薊州東南五十五里, 與玉田縣接壤."永平之距漁陽, 爲三百餘里, 豐潤·玉田在於其間, 則亦不可以陽山之石爲漁陽之虎也. 姑記之, 以俟更考.

牛鼎記

豐潤縣學有古鼎, 色黯淡如烏銅. 圓腹弇口, 兩耳四足. 足上象牛頭, 趾象牛蹄, 高尺餘, 徑倍之. 內刻籀文曰:"維甲午八月丙寅, 帝若稽古, 肇作宋器. 審厥象, 作牛鼎. 格于太室, 從用享, 萬寧神休, 惟帝時保, 萬世其永賴."教授劉奕華爲示之, 且曰:"古傳文王時鼎."余不能辨其是否, 但其款識不似三代文字, 故心以爲疑, 乃考廣輿記, 記曰:"商鼎, 弘治間土中掘得. 約三百斤, 篆莫可辨."長安客話云:"縣治內古鼎, 弘治間土人鑿井得焉. 重五百斤, 款識甚古, 或以爲商時物."劉之說因古之傳而言之, 客話則以或之云而載之傳者, 非質言也. 或者, 亦疑辭也. 未可以歸之於商周古物. 而豐潤縣志曰:"劉宋孝建元年."果是甲午, 其爲宋鼎, 無疑也. 又有瓦犧樽, 靑黃雜彩, 制亦古雅. 上有蓋, 傳言:"文廟刱建時得於地中, 而是樽亦孝建時所作, 以享文廟"云.

枯樹記

過玉田縣, 西行三十里, 店後山腰凹處有樹. 頭如禿而枝扶疏, 當中而竦立. 近而視之, 長可三四丈, 體大如柱, 上有三幹, 杈枒分開, 枝細葉密, 結子於枝頭. 一房之多爲十餘枚, 而形如大荳. 不知何樹也. 問於土人, 四月生葉, 八月開花, 仍又結子, 而其葉夏不繁茂, 冬不荒落, 今爲屢百年常如枯樹, 故稱之以枯樹. 山下兩店, 亦冒此而名之曰大枯樹·小枯樹. 且云: "俗傳待眞人而生. 故今如枯樹." 余聞而異之, 使人折來小枝. 皮青生津, 葉不彫而子尙存, 非枯也. 爾雅曰: "木謂之榮, 不榮而實者謂之秀." 是樹特立山上, 非活非枯, 不知爲幾百年. 而仍爲古今之傳疑, 長使行旅而指點. 此殆近於不榮而實者, 而名無所稱, 爾雅之所不載歟. 抑本草之所見漏歟. 雖載於爾雅·本草, 而世無辨萍實之聖人, 不知爲何樹, 以其似枯而强名之曰枯樹歟. 子曰: "多識於草木鳥獸之名." 以中華之大, 必多博雅之士, 而亦無識其名者. 樹在於荒店窮山之上, 匪爲人之愛惜, 視之若尋常散木而然歟. 姑記之, 以待夫多識草木之名者.

『東寰錄』「鴨水外地」

尹廷琦

『東寰錄』卷4,「鴨水外地」

■ 佟家江

通志云:"佟家江, 古鹽難水, 源出長白山之分水嶺, 南與鴨綠江會, 行五百餘里, 繞鳳凰城東南, 入海."【安鼎福云:"佟家江, 鹽難水."】○盛京志云:"長白山南麓分爲兩幹, 其一西南指者, 東界鴨綠江, 西界通加江【卽佟家.】, 麓盡處兩江會焉."○唐書云:"馬訾水出白山, 色如鴨頭, 故名鴨綠. 西與鹽難水合, 又西南至安平入海."○通典云:"鴨綠經國內城, 乃與佟家合流."○又名婆豬江.

■ 婆速府

婆速府在鴨江西. 麗史云:"黃旗子軍【金別部.】自婆速府, 渡鴨綠江, 來屯古義州城."○又稱曷蘇【盛京通志云:"金天德二年置婆速路總管."】.

■ 婆娑府

婆娑府在今義州隔江之地. 元史云:"至元十三年割靜州·義州·麟州【今麟山堡.】·威遠鎭【今義州南二十五里. ○竝在義州地方.】, 隸婆娑府."

■ 曷蘇館

曷蘇館在今昌城隔江之地. 遼史云:"若大軍行由曷蘇館女眞北, 直渡鴨綠江, 高麗可取而有."○又稱合蘇. 按淸一統志, 漢安平縣, 在句麗爲泊灼城, 在金曰婆速路, 在元曰婆娑府. 其地在鳳凰城東, 正合曷蘇地分也.

■ 泊灼城

泊灼城在今義州玉江堡西隔水之地, 卽西安平也. 唐書地理志云:"營州, 南至鴨綠江, 北泊灼城 七百里." 自注云:"泊灼城, 古之西安平縣."

■ 皇城坪

皇城坪在鴨綠婆豬兩江之間. 高麗史云: "恭愍王時, 我太祖以騎兵五千步兵一萬, 渡鴨綠江【大明御宇, 故絶北元, 以拓疆土之沒入元者.】, 諸城望風皆降, 東至皇城, 西至于海【鴨水所入.】, 爲之一空." ○今滿浦隔江之北有大坪, 人稱皇帝坪, 正當皇城坪之地方, 此乃皇城坪之轉謬而稱也.

■ 神州

神州卽渤海鴨綠府之地. 在今虞芮·慈城【江界廢郡.】之北, 隔水之地. 唐書地理志云: "自丸都城, 泝流東北二百里, 至神州, 又陸行四百里, 至顯州中京【渤海顯德府.】"

■ 鳳凰城

鳳凰城在興京西南, 距義州爲一百三十里, 又名開州. 高麗睿宗十二年金兵攻取遼開州, 其東南則渤海之長嶺府, 瑕·河二州. 又渤海以率賓故地, 置率賓府, 領華·益·建三州. 今按建州在興京界內, 而率賓府及華·益二州, 皆近鳳凰之界【今鳳凰城東南百二十餘里, 朝鮮界有益州城, 俗誤呼恩州.】唐書云: "俗謂貴者曰率賓之馬." 金以率賓地, 置恤品路, 又爲蘇濱部【鳳凰城, 或云安市城. 見疆域條.】.

■ 靉河

靉河則狄江, 在興京西南, 近鳳凰城.

■ 九連城

九連城在今鳳凰城邊外, 遺址尙存【盛京志: "一統志云: '九連城在三萬衛東北九十里.'" 三萬衛者, 開元縣也, 然則烏喇之西鄰也. 金史云: "斡魯於合懶甸之地等九城, 與高麗對." 對者謂與尹瓘九城對壘. 然則我吉州·咸興之地也. 若在鳳凰城邊外, 則我義州江之西陲也. 九連城竟在何處.】按野史云: "淸人耀兵於九連城外." 朴址遠熱河日記云: "渡鴨綠江, 是日宿九連城." 則九連城竟在鳳凰城邊外, 爲赴燕行人之首站也.

■ 滿藩汗三縣

箕子封朝鮮之後, 至周末, 拓地寖廣, 西踰遼河. 燕遣將秦開【舞陽祖.】攻朝鮮, 取其西鄙二千餘里, 以滿潘汗爲界. 所謂滿潘汗者, 遼東之三縣也. ○漢書遼東郡屬縣, 有文縣, 有潘汗縣【後漢書亦云而文作汶.】. 滿潘汗者, 汶番汗也【汶·滿, 聲相近.】.

■ 永平府朝鮮縣

魏書地形志: "北平郡領縣, 有朝鮮縣." 明一統志云: "朝鮮城, 在永平府境內, 相傳箕子受封之地. 後魏置縣, 屬北平郡, 北齊省入新昌縣." ○按今之永平府, 古之北平郡也. 且據魏略, 潘汗以西二千餘里, 在古爲箕氏之有, 今自遼東而西行二千餘里, 正得永平府境.

■ 界蕃城

盛京志云: "鐵背山, 在興京西北一百二十里, 上有界蕃城." ○按今蘇子河·納綠河合襟之處【興京北隔水之地.】, 爲鐵背山, 其城曰界蕃城. 卽淸太祖肇基地之也. 東人謂之者片城.

■ 遼陽

遼陽卽古之襄平, 遼【契丹.】之東京, 明之遼東都司也. 又云遼東城.

■ 太子河【古號白浪.】

■ 巨流河

巨流河, 古號黃嵒水, 卽大遼水也. 高麗圖經云: "鴨綠之西, 又有白浪黃嵒二水, 合流爲遼水." 其水淺狹.

■ 廣寧縣

廣寧縣在醫無閭之下【醫無閭者, 幽州之鎮山.】. 盛京志云: "遼西之廣寧縣, 在周爲朝鮮界."

■ 松山·杏山二堡

天啓·崇禎之間, 皇明將戰死於此.

■ 安市城【見疆域條.】

■ 蓋平縣

蓋平縣本箕子朝鮮之地, 卽唐李勣所功之蓋牟城.

■ 金州

金州本箕子朝鮮之地.

■ 海城縣

海城縣本箕子朝鮮之地, 在遼河東岸. 本句麗之沙卑城, 距今龍灣爲六百餘里. 唐書所云 "李勣渡遼水, 先拔蓋牟城, 又東拔沙卑城" 者, 卽此地也. 又海城縣有遼隧縣, 在今三汊河牛庄之地.

■ 淤泥河

盛京志云: "淤泥河, 在海城縣西六十五里. 源出聖水山, 至迷眞山西散漫." 卽遼之軒芋濼【一名浿水.】. 唐太宗陷馬處, 河南係蓋平縣界.

■ 興京

興京卽建州地. 盛京志云: "興京本唐燕州, 後爲大氏【渤海國.】所據, 改屬定理府. 遼·金屬瀋州, 明建州衛地." 古句麗之地【魚有沼滅建州李滿住事, 見方域總目之江界四郡條.】.

■ 盛京
盛京卽瀋州. 一統志云: "瀋陽衛本挹婁國地【挹婁, 卽懿路之聲轉也. 詳方域總目之渤海十五府條.】. 渤海置瀋州, 遼改曰昭德, 金改曰顯德, 元改曰瀋陽路."

■ 熱河
熱河在盛京界內, 在皇城東北四百二十里【其實七百餘里, 然翦站如此云.】, 出長城外二百餘里. 皇帝時時避暑于此, 以備蒙古.

■ 榛子店
榛子店在瀋陽城西. 康熙時本朝金陽冑赴燕, 回到榛子店, 見壁上有詩云: '椎髻空悲舊日粧, 征裙換着越羅裳. 爺孃生死知何處, 淚洒春風上瀋陽.' 其下書季文蘭寄語, 天下有心人. 蓋季文蘭本江南女, 以秀才妻, 爲瀋陽王章京【淸軍校之稱.】所俘, 到此題詩者也. 其後蒙古人博明有詩云: '紅粧凋落鑲黃旗【淸部俉旗名.】, 歌拍傷心第五詞. 天下男兒無孟德, 千金誰贖蔡文姬.' 本朝洪世泰有詩云: '江南江北鷓鴣啼【鷓鴣多對啼, 志常南向, 不思北徂, 雖東西回朔然, 開翅之始, 必先南翥.】, 風雨驚飛失舊棲. 一落天涯歸不得, 瀋陽城外草萋萋.'

■ 渾河
渾河卽小遼水, 源出句麗縣之遼山, 西南至遼隧縣, 入於大遼水.

■ 高句麗縣
高句麗縣, 漢玄菟郡治也. 在興京界內【見疆域條.】. 縣有遼山, 小遼水【卽渾河.】所出. 後漢書云: "高句麗在遼東之東千里, 南與朝鮮【卽平壤.】·濊貊【今江陵春川.】, 東與沃沮【今咸鏡道地.】, 北與夫餘【今開原.】接."

▰▰ 開原縣【見北扶餘國條.】

▰▰ 鄂國甏塔

塔在遼東, 人謂鄂國勒功之塔.

▰▰ 柳城

通典云:"榮州地在柳城縣, 東至遼河四百八十里. 殷時爲孤竹國, 周時爲山戎地."【在今寧遠州北二百四十里.】

5

『寧古塔北征誌』

金光雨 外

自慶源至琿春街上六十里

惟我民國, 國倚其民, 民倚其國, 綏八域屢豐年矣. 大何近來民厄太甚, 年形荐歉, 散而之四方者, 不知其數矣. 特自大國寧古塔副都統楊烏奏達皇城, 至承刷還恩旨. 同治十年庚午十二月十二日, 成出枚移兩幅, 使會寧開市次將金英祿, 辛未正月初二日, 賫傳于會源兩府. 故會寧府使李枝秀正月初三日轉報兩營門, 慶源府使金漢雄正月初五日亦爲轉報. 而節度使金箕錫正月初七日馳啓, 觀察使金壽鉉正月十四日, 啓達云矣. 同年二月二十二日, 仍承領回之傳敎, 自兵營因巡營關一體知委. 而以乾原權管金光雨擇定差使員, 行營前嘉善黃繼賢別定軍官, 慶源崔愼黙又定解事筆吏. 而竝與會寧通事崔仁儉, 下隸等十二名, 騎卜馬七疋, 而如例帶率. 余辛未三月初六日, 自慶源府發行渡江, 往還數千里辛苦, 三四朔矣. 路塗复隔, 物情齟齬. 撮其大槩以備省覽之資.

辛未三月初六日

逃民領回次于槖如干糧資, 帶率人馬. 同日午時量, 作筏渡江而東, 東向三十里許, 有關王廟云. 故一行歷入第次拜禮. 隱隱觀景, 則一宇巋然, 四壁塗金. 前庭有六箇華竹, 名曰旗竿, 裹以洋布, 而長丹白鑞互相膠漆, 上着鑞胄, 下連石柱, 高可爲數十丈矣, 許多物力, 不可勝言矣. 內庭又有二堂焉, 諸天之下花雨之處也. 一堂曰男佛, 一堂曰女佛也. 左右老少諸佛, 面目機發, 殆若活像, 可謂人巧之奇絶. 看訖, 仍向東坪十餘里許, 有一土城, 此所謂琿春街上也. 閭閻櫛比, 鷄犬之聲, 達四境. 適有數箇人出迎曰: "協領歸家, 官軒已空, 只有稿伊貢一人." 故授其移文, 與語良久, 仍移客店. 自出糧米, 夜而炊之, 沙亦半矣. 或有甘唊者, 或有厭食者, 是亦數也. 屬之付說, 而强眠不得, 撫釖起坐, 東方已曙. 心懷難抑, 推戶視之, 居民爲萬餘戶之多, 地方爲二百里之大野, 此眞天府之土也. 中有街舍數百戶, 物貨之殷樓房之侈, 華麗無雙. 以若雕蟲小技, 誠難盡記也.

初七日, 自琿春街上至撥車幕二十里

當日朝飯後, 使通事往言于協領, 成出公文一張, 又定卡論二名, 交境替把次申飭伴行云矣. 更使通事往復協領回事, 則所答內, 又自渠矣上司, 必有更飭, 回來之路, 第當爲之云. 而日已午矣, 另促發行, 地本卑濕, 路皆泥濘, 登山脊而上, 從古道而下, 往往彷徨, 處處趑趄, 終日之力, 纔到二十里. 此所謂撥車幕也. 又曰把守幕也. 前店尙遠, 日將夕矣, 不得已仍此止宿. 伴行卡論, 彼何厚意, 出酒數壺, 種種懇勸, 是爲消愁之資也.

初八日, 自撥車幕至三漢地六十里

是歲暮春, 春氣勞人. 人困馬乏, 一時之路半日而行, 半日之路終日而行, 纔到六十餘里而宿, 乃三漢地也. 出自撥車幕, 路由胡洞登大盤嶺, 嶺上有叢祠, 祠下有大路, 鑿石通道, 左右石壁也. 大抵行路之難, 未有如此之艱也. 會寧卜馬瘖而至斃. 筆吏所騎亦爲玄黃, 未得趲程. 因此滯留, 紆菀難狀.

初九日, 仍留三漢

會寧卜駄馬昨已致斃. 筆吏馬病不瘳, 滯留于此, 悶悶情境尤極難堪. 亢旱之餘, 雨事霏微, 像想民事實爲萬幸. 而所謂供饋, 草具粒米, 每每自出矣. 有魚有酒, 尙矣勿論, 曰薑曰芥, 猶屬餘事. 無醬之羹, 有沙之飯, 日日進徘, 處處怨尤, 事涉猖披, 寧欲無言. 或粵時而一食, 或幷日而一飮, 雷鳴於腸肚之間, 粟生於肌膚之上, 飢寒到骨, 鬱悶難抑. 然王事在前, 每以順成爲晝宵憧憧之憂而已也.

初十日, 仍留三漢

三漢有三洞之謂也. 居民爲五百餘戶, 戶皆饒民, 人亦强悍. 且北江南遊捷路, 北

道漁樵提携之地也. 商賈來往之處也. 所見雖非蕭條, 滯行實爲悶迫. 兩日之滯, 如三秋兮, 一時薄食, 難於八珍, 決非住留處. 故不待慶源責馬回奇, 明當發行爲計, 而筆吏所騎馬, 必將至斃乃已. 言念前程, 爲慮萬萬.

同日, 請馬移文

逃民領回差使員爲相考事. 駄糧之鬣, 到此致斃, 筆吏所騎亦爲玄黃, 不得前進. 兩日滯行是如乎, 發行日久, 前進時急. 從附近文移爲去乎, 筆吏所騎馬與卜駄馬, 則以軍馬星火責出, 卽日發送于柔遠越邊, 以爲無頉率行之地, 是白齊.
　　右穩城府.

十一日, 自三漢至德通一百里

穩城府所送卜駄馬與筆吏馬, 未得及期來到. 故筆吏則步行, 行擔則分負下隷, 各令運移. 而或有足繭而難行者, 或有疾首而未步者, 所見甚是愁痛. 三漢之於德通, 雖云九十里, 比於我邦, 恰爲百有餘里. 而路由江邊, 爲四十餘里, 谷向西北爲五十餘里. 登石角而踰峴, 入洞口而越川. 山禽鳴春, 墻花弄人. 一行間關, 日暮而至一所, 乃通德館也. 所謂卡論, 一曰關姓, 一是太姓, 都是馬牛而襟裾也. 接迎無禮替送迫脅, 非可以交隣之義論也. 亦何以官弁之例責耶. 見之可痛, 言亦可怪矣. 通事則待責馬移來次, 姑留穩江邊, 欲爲筆談, 而彼皆不學, 故書而不知, 言亦不解. 有可問而不問, 可答而不答. 言是齊楚之間, 人亦秦越之異也. 慨歎而已. 此洞只有擺撥二幕, 他無同開矣.

十二日, 自德通至大堪子一百里

自德通館待穩城送馬, 晚而發行. 行至十餘里許, 有古麗嶺, 嶺上有國師堂, 堂下有古麗洞. 道皆泥濘, 只叴難行, 僅到九十餘里許, 又大堪子地. 而乘昏而止. 一大客店也. 巧値商賈都會. 人馬太多. 家場窄陜. 外無係馬之所. 內無留客之處. 雨適驟至. 風亦疾驅. 暇眠不得. 挑燈達夜. 其苦可想.

十三日, 自大堪子至王淸八十里

自大堪子地至王淸館長野百里. 北江一帶矣. 樹木蔽天. 獐鹿橫行. 時當暮春. 景光各異. 落花無語. 芳草多情. 地是別區. 人亦鍾靈歟. 惟此卡論接以其禮. 享亦其儀. 千苦之餘. 一飽之需. 不可無謝. 亦不可無情. 別出壯紙一束. 以謝厚誼. 則渠亦謙讓太多. 是爲一笑之資. 而地亦卑濕. 去益泥濘. 前者見陷. 後者乃援. 昨日之路. 今日之路也. 今日之苦. 昨日之苦也. 終日冒雨. 犯夜止宿. 寧欲無言於苦辛之狀. 略記里數之遠近焉.

十四日, 自王淸至五台一百里

自王淸早朝發行. 行至五里許. 乘者皮船. 渡北江而西. 乃至四十五里而中火. 地名一曰黃片. 又曰黃講也. 店主謂曰掌積知. 掌積知. 稍解接迎. 善事支供. 此無乃塔近之俗也. 黃講之地. 多江. 乃三江合流處也. 一曰若水河. 又曰乎珠河. 嘎呀河. 皆大河也. 乘舡西渡纔過五十里許. 有一嶺焉. 乃乎珠嶺也. 嶺底有五台店. 乃塔城界也. 大勢圍坪. 河流入山. 地廣人稀. 平野百里. 山高水長. 斷岸千尺. 盡日力而纔到. 乃卡論館也. 卡論因公上塔矣. 接迎無人. 支供何論. 所謂夕飯. 半粟半沙. 無羹無菜. 而雖欲舂米無杵矣. 奈何. 又欲湯羹無醬矣奈何. 但以山水別業. 如得護草而忘憂耳.

十五日, 自五台至駱駝磊子一百五十里

自五台曉頭發行. 行至五十里. 而朝飯. 乃阿木達店也. 方欲發行之際. 擺撥一人. 持公事數封. 而歷入該店. 故問其公事. 則自塔城東向至八十里許. 有三姓地矣.

近出槍奪民財之變, 琿春徵兵次, 有此公事云云耳. 發行三十里許, 有一嶺, 乃拉奇嶺也. 嶺路洽過五十里. 而樹木茂盛, 只悶難分. 山壑闊遠, 獐鹿多棲. 一行都步, 纔出嶺底. 又有騎撥一人矣. 問其來由, 則三姓之變, 一時之急, 琿春兵更促事, 又此發文云. 故問其作變魁, 則答以不知矣. 轉往二十里許, 有薩哥庫河. 河則大河. 乘舡渡北, 卽駱駝磊子店也. 亦有卡論館也. 卡論旣以上塔, 只有駱駝店主, 而迎接無禮. 支供無儀, 責之不可, 歎亦無益也. 心自憂悶, 默默垂拱之際, 有何許十餘人, 同轡作行, 直入該店. 故問其行, 則因公而向往琿春者也. 頭胡旣以會市次, 將副都統移文賚傳者也. 通事崔仁儉, 亦經差擧行者也. 彼兩人不期逢着, 仍舊面, 而相歡擧小酌相屬. 頭胡先自來訪, 來由後, 仍令作餠, 旋使厚饋. 多日飢渴之餘, 庶可爲潤腸者也. 十六日.

十六日, 自駱駝磊子至三台一百里

自駱駝磊子店, 淸晨發行. 而山皆環四, 野亦平一. 西北至四十里許, 有大嶺, 嶺上有小菴地, 是修仁嶺也, 菴亦修仁寺也. 山固四塞, 非寶則靈矣. 天上神仙, 往往來住, 人間禍福, 每每陟降矣. 地雖別區, 路則險隘, 松柏密密在南, 鬱鬱含翠, 樺木立立在北, 箇箇被素. 美哉, 靑白二物, 分在左右, 未知白露之白歟, 蒼葭之蒼歟. 觀物之勝耶, 行路之難耶. 踏石角而顚倒, 臨渡頭而蹉跌矣. 且湧泉通道, 便是水路, 而內外嶺路, 洽過六十餘里矣. 終日盡力, 夌昏止宿, 乃三台店也. 馬或玄黃, 人皆泄痢, 若非水土之果無乃跋涉之苦也. 第念前行, 實爲憂悶之極耳.

十七日, 自三台至瑪勒瑚哩五十里

自三台店早朝發行. 而一行幾乎泄痢. 或一場而憩, 或數步而止, 纔到五十里. 卽瑪勒瑚哩卡論館也. 村名又曰徒斗溝子也. 不得已止宿. 地本廣濶, 家亦櫛比, 此必是儼然一村店也.

十八日, 自瑪勒瑚哩至新官里五十里

自瑪勒瑚哩館朝後發行. 北向五十里, 而到新官地. 卡論一人接以勸茶而已. 野廣山低, 景狀稍勝. 有田甫田, 春耕倍他矣. 此處有七星神祠堂. 堂中有十二佛, 英靈氣像, 果若分明. 且房舍之侈, 樓閣之華, 見之初也, 聞之未也. 庭前有二箇華竹, 高可以挿天, 紋可以奪畫. 靜觀才畢. 日亦夕矣, 不得已止宿. 地方爲百餘里, 家戶亦百餘數矣. 老少婦女, 多會于此, 或見望見者, 或有迎接者, 無乃異語異服之故也. 觀其貌姿, 則雖無佳麗, 耳環之金, 頭挿之花, 不曰不美. 而所謂鬢髮, 繩束如椎, 垂置臚後, 形如縛額. 客雖欠見俗態也奈何, 此亦一笑之資耳.

十九日, 自新官地至溝子一百里

自新官地早朝發行. 行至五十里許, 有小荒地, 暫時抹馬後, 轉往五十里, 乃干溝子也. 仍爲止宿. 而戶不過數十, 人不滿百餘名也. 地廣人稀, 而已別無所觀云耳.

二十日, 自干溝子至塔城五十五里

自干溝子朝後發行. 纔過五十里乃塔五里程也. 自塔城妥定四品官弁, 出迎同入, 而城東有牧丹江, 江是大江也. 乘船而渡, 或有土城, 或有木柵, 閭閻櫛比, 鷄犬浪藉. 從者塞後, 迎者導前, 未知別行之故矣. 許多景狀不可晝記. 而野廣天底, 靑松孤秀, 山遠水長, 碧霞晚生, 且公和家全磚石而成壁, 嵩嵩巨閣也. 鱗瓦作蓋, 屢屢碧舍矣. 城南又有魁星樓二層, 丹靑之妙, 棟樑之材, 彼我而無今古罕有, 看之未訖. 問其地方, 則濶不可知得云. 又問戶數, 則多不可盡記云. 實不知, 必欲誇張, 而屬之不知者明矣. 問其衙門之題號, 答曰:"萬里封侯, 從知地廣戶多矣." 又問官位, 則有四官焉, 一曰副都統, 二曰左司, 三曰右司, 四曰正堂也. 多日跋涉之餘, 始見地靈之處耳

二十一日, 留塔

　　昨日夕陽到塔舘, 接以其禮, 餉亦其儀. 而有次知一人, 姓曰關, 名曰春祿也, 謂之春老爺. 又有四箇人, 此皆關直也. 聖朝有何許官弁一人, 請入公堂, 則主將獨坐於堂上. 衣是金裳, 席亦紅氈. 其言也訥, 其體也重. 此乃副都統也. 左右文武, 次第待侯. 而或垂佩珠, 或着懸玉. 人皆俊秀, 進退知道. 此亦大邦之風也哉. 如干問答, 已於別件, 故不必疊床. 而馬糧則自貿太唐, 逐日飭喂. 而所騎馬一匹, 昨已致斃. 是亦羈愁之端耳.

自二十二日至二十三日

　　所謂客供, 自外舘別供三日而止. 饌需之備, 酒肴之佳, 如非秦鹿之肥, 無乃楚橘之香矣. 三日以後則更以店例, 率爾供饋, 未知格例間事. 而流民路糧事, 支離問答. 而初許碾米二十石, 更以購米, 如數許債. 而自差員成出兩報, 俱呈渠矣上司, 則一上吉林, 一置本衙之意也. 有問答然, "大抵許米而捧, 不以本欲, 退而許不以還, 故拖至數日, 不獲已請債具報矣, 第二十三日轉報吉林"云. 未知回下之如何, 而採擇物議, 則年少之女, 庶幾繾綣於權胡, 箇箇潛蹤, 領回無期云. 彼何如此, 此何如彼. 第觀所爲而必公已耳.

二十四日至二十五日

　　自二十四日朝始雨霏霏. 二十五日夜添雪紛紛. 未知天涯之故歟, 地角之故歟. 大抵領送之人, 以五百十名斷斷定數, 日日嚴束, 且債貸之米, 屢屢飭纏, 孜孜擇貿云. 故使通事, 暗擇其故, 則事係活人, 誼不可率爾, 亦示大邦之義可也云云耳.

二十六日至二十九日

　　二十六日雨雪交下. 二十七日一向霍洒. 二十八日乃止. 二十九日日已霽矣. 使通事問其消遣於主人關也. 則答有觀景處云. 故仍與之伴行. 行至街上一舘. 市民雲集于此矣. 欲前而不得前進. 欲後而不得退後. 躕躇良久. 忽有管絃之聲. 只咫之地矣. 問其處. 則乃神人供悅堂也. 所謂管絃. 一人打其刁. 一人吹其蕭. 一人吹其笛. 一人彈其行琴. 一人吹其木角. 二人吹其鎖吶. 此所謂五音六律也. 中有二女人. 各着闊袖華服. 頭揷彩花. 手執竹劍. 相背伴舞. 分議而各唱. 又有三男. 一人具帽帶着花服. 兼以馬鬣懸鬚三角. 或唱或舞. 如稚如狂. 一人亦着花服. 服如裟婆. 形如僧徒. 一人雖無別着. 只以墨粉兩物. 畫出黑眼白鬚. 假作女樣. 而其語也. 初以細細琅琅. 其態也. 柔以蚩蚩蕩蕩. 怪狀萬千. 不可形言矣. 問其所樂. 則此地有五祈禱. 一曰天神. 二曰地神. 三曰山神. 四曰江神. 五曰震神也. 此卽震神祈禱之日也. 此堂之南. 又有一小紙堂. 所謂小鼓匠也. 其當所懸者. 鼓一錚一. 而打則兩聲幷切矣. 忽有三鏡穴. 隨其打. 觀其穴. 則其內題曰瑤池仙境也. 第一間百花爭發. 蜂蝶紛紛. 一間則松柏之間. 山水佳麗. 煙霞之之際. 鳳鶴來往. 一間則天地玄黃. 日月明朗. 負笈之士. 濟濟多會. 執笏之官. 孜孜勸學. 一間則地名曰色界也. 男女數百人. 皆以年少赤身. 白晝作儷. 人人醉酒. 處處戲樂. 其狀如彼. 所見甚醜. 此不足爲觀者矣. 其北有一大堂. 題曰宸神之尊也. 前後程道. 皆以磚石而通濶. 左右墙壁. 亦以磚石而堅固. 其外如此. 其內可想. 大抵畫像奇奇. 以若公都子之手. 不能盡妙. 物物塗金. 以若石崇之富. 不得盡力矣. 老少諸佛. 許多鶴龍. 莫知其數矣. 看訖. 又入東堂. 乃太上老君之位也. 紅顔白鬚. 龍袞甚偉. 侍童陪將. 金粧太鮮. 看訖. 轉入西舍. 乃紙物堂也. 許多紙物. 都是送死之備. 而且以五色成出一堂. 此所謂魂堂也. 龜背立碑. 高可爲十丈. 是亦謂墓碣也. 金繡百花. 色色爭妍. 春風間來. 蜂蝶如舞. 又有二將二童一鶴一鹿. 若喑啞而拜. 舞如翶翔而跣跣. 如許龍眼之造化. 非但奇觀論之也. 傍有一大車. 鶴飛也似竦立. 鹿如走兮矯首. 看訖. 又登魁星樓. 別別巨閣也. 前有一大堂. 堂下有一小池. 形如半月池. 前又有小三門. 形如雙霓. 壁以磚石. 庭亦磚石. 淸灑堅固. 無以增益焉. 樓下堂中有文昌帝君之位. 題曰尊崇之神也. 樓

上堂中又有魁星神將, 立於龍頭, 一手持一枝筆, 一手持一斗子, 謂曰桃面千年壽也. 上下層欄爲十二曲折, 閣爲八角, 高可爲五十餘丈, 廣可爲四十餘把矣. 欄皆狀於竹葉, 果四時之長春, 角亦形以龍頭, 實五彩之玲瓏. 長丹白鑞, 互相漆膠, 風雨不靡. 四角之上, 各坐五龜子, 四角之下, 各懸二鳳鈴. 奇奇怪怪, 不可以筆舌枚舉也.

四月初一日至初四日

初一日, 始雨霏微.

初二日, 或陰或陽.

初三日, 一直注灑.

初四日, 乃止霽已快矣.

滯留半朔, 周探一城, 則人多地廣, 山川淸灑. 民戶雖曰十餘萬戶, 戶不可盡數也. 地方亦曰萬餘里, 里不得盡記矣. 第以賣買觀之, 所貴者穀也. 完斗十數曰一石也. 所賤者錢也. 小錢五緡曰一兩也. 又以街家言之, 自西向東爲三四十廛也. 自北向南爲數三千庫也. 物貨之侈盛, 樓臺之層疊, 目可得見, 言不可形矣. 一以俟吉林回下之如何, 一以待傔員搜民之多寡已而耳.

初五日

是日朝後又爲始雨. 雨甚支離矣. 吉林回題, 昨已來到, 而事之與否, 題之如何, 漠然不知, 誠極悶鬱. 所謂胡通事, 名不知張哥也, 但以觀市多年, 謂曰: "通事來留於此, 名雖通事, 言不通事, 可謂虛通也." 此無乃雙啞相逢也. 有可問而不問, 可答而不答, 坐待彼官來書而已耳.

初六日

日候不調, 天意難測. 西有風而東雨, 靑生煙而黑雲, 此必是北角之故也. 適有何許行樂之聲, 故使通事, 出見館外, 乃曾經士夫行柩也. 所入不知其數千金矣. 旌旗槍劍, 都是金餙也. 一行六七里. 旌旗蔽空, 銘旌輓詩, 都是金字也. 各幅數千行, 日月玲瓏矣. 又以祭物觀之, 珍果華餠, 不啻數百器體, 羊豕腥, 洽過數十首. 而皆以轎子, 各各載持, 雙雙擔負, 次第出往, 行伍進退. 生旣將列, 死亦將行矣. 左右行樂, 絡繹放炮. 弔者送前, 從者塞後, 所謂喪人在家, 而只爲數哭, 發靷而初無一泣. 且衣非盡素, 只用白巾云. 所聞所見如斯而已耳.

初七日至初十日

初七日至初八日, 或陰或陽, 而地雖崇佛, 初無觀燈名色. 初九日又雨, 初十日朝後, 始霽矣. 所謂同查近日搜出者, 不過數百名矣. 自三月二十二日爲始, 分授各店, 兩時供饋. 前後逃民, 數甚不少, 吾行亦爲多滯, 人供馬草, 許多所入, 不可量度. 事事貽弊, 萬萬爲慮耳.

十一日

是日朝後, 有何許行樂之聲, 自遠至近矣. 使通事出見門外, 卽一新郞之行也. 年少十男, 皆以銀鞍白馬, 雙雙導前. 玉顏數十女, 亦以駿驢金車, 轔轔從後. 其中有二轎子, 一曰新郞, 一曰新婦也. 五色彩緞, 一新裹轎. 而上以結生生之花樣, 下以布垂垂之葉樣. 人於其間, 或隱或暎. 疑是天上之郞, 倘作地上之仙耶. 大抵吉日行樂, 無過於此耳.

十二日至十五日

自十二日點閱流民. 十三日午後發行. 三百名而叟或見携, 女亦見引. 暗暗相連, 逃避城底者, 洽過數十名矣. 自此更搜充數. 十四日伴隷追送. 而第念追後畢領, 遲延此行, 客懷難抑爲馳報事. 去五月初六日, 自慶源府發行 同月二十日纔到塔城.

而流民路糧, 旣自上司雖有劃穀, 姑無來泊, 未及持來是如. 支離問答爲有在果, 客今此領回以五百十名定數, 路糧以市米二十石執數. 而每石時直銀子八兩式, 合銀子一百六十兩. 每石馱價銀子六兩六戔五分式, 合銀子一百三十三兩. 都合銀子二百九十三兩. 自此許貸之意, 去月二十三日, 自副都統衙門, 轉報於吉林將軍, 今月初四日仍承允準. 而多定官弁, 分路搜査, 先收流民爲三百餘名是乎旀. 又使左右司貿米執馱, 另飭資行. 而時惟長霖, 貿米稍難, 貰馱不易, 自至多日是如乎, 許多供餉, 弊亦爲悶. 就先査中流民三百名段, 使兵營軍官黃繼賢會寧通事崔仁儉等爲先眼同出送爲乎旀, 民名成冊與前後問情, 待畢領回擧行計料. 緣由幷以馳報爲臥乎事【辛未四月十三日在塔城報巡兵營.】

十六日至十九日

十六日始雨十七日乃止. 而十八日雹雨再次後, 仍忽開霽矣. 這間五六日, 流民押來者, 不過十數云. 如是而何日畢領乎. 思之可悶, 言亦可鬱. 探其動靜, 則或有捧賂而操縱者, 或有奉公而勒捕者. 至於左司趙隆福, 一心奉公, 晝料夜度, 種種來問, 事事指示. 外雖異語異服, 內實同心同事者也. 不可無謝, 亦不可無情, 淸心丸二箇壯白紙一束, 備謝封送, 以示不忘. 副都統楊烏, 人本寬厚, 捐廩數千金, 逃民四百五十名, 下人與馬丁二十餘數, 一向饋餉, 幾至三朔. 前後貽弊, 百難一報矣. 以皀細布一端淸心丸二箇壯白紙一束, 錄出聰明紙, 構呈稱謝文, 一體封送. 左司關瑞徵, 貿米執馱, 苦亦難慰矣. 淸心丸二箇壯白紙一束, 備送封謝. 主人關春祿, 亦是做事者也. 且搜査官孟恩壽, 旣是出迎初接者也. 亦是同査同苦者也. 俱不可無謝矣. 淸心丸各二箇壯白紙各一束式, 一例封送. 而見今霖雨支離, 泥濘益甚, 滯民疾病許多, 第念回程甚切憂悶.

二十日至二十一日

去夜始雨, 今午纔止而旋雨. 彌日不霽, 停耘廢耨, 易奪農時矣. 此野如斯, 他峽可知. 第念民事, 何分彼我. 今年又如是, 民何以支保乎. 大抵憂憫者此也. 且搜查無期, 滯行多日, 一日之長, 甚於三秋, 一器之食, 甘於八珍. 欲泣不可, 欲哭不可. 頹臥無言, 默而思之, 容必爛柯, 民無完璧, 事涉憫迫, 不欲無言耳.

二十二日至二十七日

當日曉初又爲陰雲. 雨將非朝則夕也. 怪底流民聞此領回之行, 預多逃匿, 存者無幾矣. 所謂同往搜查之行, 轉而之四, 遠可爲八九百里, 近可爲五六百里. 而密密搜出, 僅僅押來. 而不滿其數矣. 今又更查云, 其於遲速, 何可必也. 大抵爲弊者此也爲憫者此也.

四月二十八至五月十五日

觀其日候, 無日不雨, 無日不霽. 初三日快霽. 至于今日, 或陰或陽. 而逃民九十名, 尙不齊到. 不但以悶迫言矣, 大凡事久則怠, 怠久則廢. 是以大官自此憤怒, 小弁輒皆怨尤, 而一不就緒, 此將奈何. 逃民一百二十名乃前來拘囚者也. 客地端陽, 不可無饋, 每名餠四箇式, 貿而饋之, 則亦自副都統衙門, 白糯一斤, 或使爲過節之資. 而守直之節, 可爲兩國之大弊也.

五月十七日至六月初九日

滯留二字, 若不可言矣. 五月十六日左司來館, 謂余曰:"前後現得之民, 自此間或逃避, 目今所存者, 只爲一百五十名矣. 旣以五百十名呈報上憲, 則宜不得減數. 而諸公滯此, 非但爲悶, 時惟豐草喬林, 怪底流民, 舉皆逃匿, 實無捉得充數之道. 今將現得之民, 減數領回"云. 故依其言, 五月十八日, 領率發還. 而或有年老之病, 或有無怙之孤, 自不能寸步者, 五六人矣. 不得已抄出壯丁, 使之分力擔舁. 而長長之日, 困困之行, 近不及三四十里, 遠不過六七十里. 是以日限多費, 客苦益甚矣.

六月初六日纔到訓戎上灘, 無頉渡江, 愁懷自滌, 喜眉自聳此無奈. 聖德攸曁, 誠萬萬感祝耳.

6

『江北日記』

崔宗範

壬戌五月三十日

崔宗範金泰興林碩根三人, 承官令卜直, 到竹田里朱重謙家, 已有自官辦送之行具, 故三人分負作行.

六月初一日

申時量, 從河山面金昌里上流, 五仇俳無人處, 作筏渡江. 地名馬鹿浦, 胡幕八坐, 我人幕十七坐. 而有我國人十八名與胡人兩漢, 羅坐江邊淘金, 見輒變色, 且問來由故. 答曰: "飽聞別界在此, 尋眞來到." 渠等又曰: "此地雖無官長, 亦不可全無管領. 而近來爾國人, 無數越來, 外似貧乞, 每每爲盜. 故自前月, 議定頭目, 名曰會上會頭統首, 而禁斷殊常之人, 立科甚嚴, 每見初來人輒奪其齎糧, 例行箠楚, 克斷來路. 而雖自此放爾前, 去許送之責, 當在於我們, 決不可許往." 因被拘未發止, 宿於林浩範家. 浩範亦年前自金昌里潛越者也, 旣有夙誼, 稍愈於生面, 而猶難放心.

初二日

向晚, 胡衆五十餘名, 荷銃曳杖而至曰: "前冬交戰時, 汝等一爲寨將一爲防將, 殺吾衆甚如仇讎, 今有何謀, 稱托尋眞而來乎." 卽有行打欲殺之狀. 同行林碩根頗解彼語. 故萬端哀乞曰: "吾在吾國寨將等任務盡吾誠. 而若得好地於此, 與爾同居, 爲爾相濟, 亦豈不如在我國寨將防將時事乎. 爾雖以我寨防居任時事, 至今讎看, 或被罪汰任, 或因讒見責, 故無意樂生於我地. 好聞此地厚風, 來附乞憐. 而以汝大國人弘度, 芥滯於往事, 而又欲因我到此地頭, 雖欲無死得乎. 任汝縛而打而刺. 而惟所恨者, 窮鳥付人, 人且網之, 世事固如此乎." 會上統首胡, 所謂李瑞八云者, 顧假胡統首秋成律金成必曰: "所言似出眞情, 此將奈何." 又曰: "旣不殺, 不可不送, 而旣送之地, 無寧成給許帖, 使渠感我." 因成許送帖出示曰: "持此往示於前路統首, 則可無遮攔." 因歡接勸酒曰: "初欲斷送性命, 今旣保活前送, 則不得不盡我之道.

前月各處把頭立議, 以巾裹頭而行, 雖爾國人來此者, 不敢違越. 若以衣冠行者, 指謂初來者, 每有奪物結果之擧. 脫其衣冠, 以巾裹頭而去也." 夜宿無事浩範處, 四時飯價錢二兩四戔.

初三日

自馬鹿浦始發. 衣冠任置林浩範家, 以布巾裹頭, 北行二十里, 到穴巖坪, 都會頭辛太家. 止宿, 卽我地杜芝洞越邊, 七道溝所管部落也. 辛太本以我國人, 十餘年前潛越, 至今薙髮左袵者也. 曾聞辛太之爲人, 心險而自高. 故欲得其歡心, 先以淸心丸二箇蘇合元七丸白紙一卷貽給, 卑辭恭語, 做出一說而賀曰: "我居厚昌, 聞今春自此來人之言, 則君雖在此, 猶念故國之人, 踈財濟窮, 活我人累千百名云. 似此盛意, 孰不感欽, 而言及於官, 官亦爲之嘆曰: '雖在異域, 猶活我人, 卽我之民也. 使彼在近, 推食解衣, 我當不惜, 而恨在莫通之地, 不能致一言, 至于傳令各面表彰之擧.' 而我今相面, 實有由衷之情." 稱善不已, 則辛果大喜, 具酒飯款接曰: "我今爲會上都會頭, 會上文簿都在於此, 君其見之." 因出示二冊, 一是人丁成冊, 一是兵器成冊. 詳細考察暗誦. 其摠錄, 則自三水仁遮外境越邊, 下至厚昌終界越邊淸金洞, 四百里之間, 凡十八部落, 合爲一會上. 會會上云者, 類我國各邑之一面, 而中有會頭云者, 卽其里任之類, 而都會頭云者, 如各邑面內之有風憲也. 各部落名不能盡誦, 而我國人戶爲一百九十三, 人丁一千六百七十三名, 胡幕一百六十三. 人名不錄. 故不能詳知, 而丁外稱軍者, 三百十餘名. 兵器成冊中, 胡銃八十五柄, 大銃二十柄, 我人鳥銃四十八柄. 而惟我人銃, 則立冬收聚, 任置於會頭家, 至翌年寒食頒給. 聚分常以寒食立冬爲限者, 寒食氷解, 立冬成氷, 成氷之後, 我人易攻, 而或慮我人之居在彼界者, 從後而應之也. 業在於農, 且務採蔘, 捕鹿, 獵貂, 淘金, 又或有蔘圃爲業. 彼富我貧, 我人之傭於彼者, 十常八九. 而雖不役於胡者, 如退奴之事其主, 皆資胡爲生也. 兩時飯價錢一兩.

初四日

　　沿流而上, 四十里之間, 一水縈回, 越十二曲. 到七道溝終界, 方成民家止宿. 成民亦我國人, 而三年前潛越者也. 含羞而語曰: "我本茂山鄉族, 背國來此, 罪當萬死, 何敢擧顔相對, 而君以故國禮義之人, 胡爲來此." 我曰: "此地有羅善洞楊花坪玉鷄村, 爲天下勝界, 且有蔡先生郭將軍葛處士金進士, 爲當今英雄, 故所以尋到於此. 君旣先來能見有如此等地, 如此等人乎." 方曰: "我亦在茂山時, 聞此說, 挈眷移來, 終未得見. 而誤落此地, 進退維谷, 荏苒三載, 頓無樂生之意, 自悔莫及, 而忍使君輩如我落井乎. 須卽回路返國, 更勿前往也." 兩時飯錢, 一兩二戔.

初五日

　　自方家離發. 出門四望, 山勢自白頭橫落西大嶺, 甲卯分枝百餘里, 長亘如柱. 而兩傍山勢, 聳拔抵天. 回首舊路, 卽馬鹿浦主脈起龍也. 道路極險. 水色甚黑, 廣可三十餘步, 沙石皆黑. 而涉水東望, 白頭山料不過四五日程也. 北踰大嶺五十里, 樹木連天, 豐草埋徑, 辛勤下嶺. 忽有山澗, 廣可五十步, 色黑難渡, 以杖測之, 可褰衣而渡也. 溯流東行七里許, 山低野闊, 始見人家, 聞是茂山來人朴文權家, 而日暮止宿. 問地名云: "是淸金洞宬深處." 而胡人之所謂五道溝也. 給淸心丸二箇, 白紙二卷. 又問羅善玉鷄楊花等地, 與葛郭蔡金等人所居, 則朴曰: "我亦爲此等說所誤, 三年前挈眷到此, 未見如所聞者. 而貧不資生, 雇於胡, 而至於浮江流木, 自巴江歷鳳城, 抵我界龍川越邊孤山, 匝歲而還, 竟無別界, 且無高人之居. 而坐於胡債, 待秋將歸, 而今春已治送妻孥于甲山矣. 君其母勞遠尋, 從此回程也." 問其所農, 則 "地高且寒, 只種甘藷, 或有麥田, 六月未秀. 所居十三戶, 皆是我人, 而採蔘獵貂爲業. 就中楚山來崔先達崔都監金掌議等三戶, 宬有懷鄕之心, 將次第出來" 云. 而又問我地接界宬近里數, 則朴曰: "自此出洞一百五十里之間, 曾有我人七戶, 今春爲响馬賊所滅, 他無人家. 洞口越邊, 卽厚昌終界十六把所梨坪地也." 夜宿, 崔宗範患胸腹痛, 朝起無減, 仍留未發. 四時飯價錢二兩四戔.

初七日

崔宗範强病行二里許, 乃雲嶺下邊山腰也. 地形稍夷, 路勢俙微, 而泥濘陷人, 樹木蔽天. 北行六十里, 有一峯撑天, 云是華蓋山也. 日暮途窮, 以槖中米屑和水而飲. 三人會坐於一樹之下, 鬼聲啾啾, 虎號如雷, 不能成寐.

初八日

崔宗範腹痛稍可. 登華蓋山腰, 白頭山尙在東邊, 諸山俱在眼底, 如在屋上而見人之在地也. 直下西北四十里, 卽板乃洞, 胡人所謂三道溝也. 山愈壯, 谷愈深, 水愈黑. 下山纔五里許, 到金汝玉家. 汝玉者, 本茂山人, 十餘年前潛越, 有名之假胡, 而假胡中善辯, 而稍有義理者也. 初逢款接曰: "何來人, 何爲到此." 答曰: "聞勝地在此, 兼有高人募民. 故移來次先探到此." 見有一老人在上座, 是汝玉之父云, 故前往寒暄. 汝玉曰: "君輩雖云探地, 我知君之來意也. 向自燕京差來探去, 慈城又有來探邊門所管, 安知君輩之來非爲厚昌探客耶. 我雖在此, 非反國之人, 豈有害於吾國之心. 而昨冬相戰時, 爲胡人所逼, 且爲假胡權實之所謀害. 至使我爺納質於胡, 而督我往戰, 不能自避, 竟役於馬鹿浦之會. 已知君之爲寒防將, 至今對君, 慙愧何極. 方其對陣之時, 胡軍雖衆, 藥丸俱盡. 以若厚昌兵威, 可一鼓盡滅. 當此之際, 無論彼我, 死在朝夕, 胡而遠遁, 我而待死. 使此沿江近千里之地, 幾至人煙俱空. 而過於守法, 不得渡江長驅, 竟受約文罷陣, 可惜可惜. 若其長驅渡江, 則我亦當死. 而顧我犯罪之人, 死亦何恨. 此間所居者, 胡是盜賊, 我是逆徒, 雖自厚昌來滅, 天必不斁. 而拘於犯禁不爲渡江之說, 流到此地, 使彼蠢胡與反逆之徒, 養氣生驕, 猶有待秋, 更起之說, 豈勝憤歎. 我亦來此, 豈敢言忠, 而來此者非欲反國, 迫於窮困也. 往在壬戌, 行獵于白頭山腰, 負債失獵, 與其歸里督報, 毋寧自死不歸. 苟全於此地, 頑縷不絶, 豈我本意哉. 到今之地, 欲歸無地, 欲生無樂. 而君雖初見, 自知君之非私來, 故爲訟我罪之非不忠也. 近聞厚昌謄上昨冬約文中諸胡之名, 以至移咨中國, 至有列名來查, 而終有兩國幷攻之擧云. 此地所居者, 皆當爲甕中之鱉. 自顧此生,何異火屋上燕耶. 我亦我國之人, 今欲還歸, 而㤼於被罪, 尙此荏苒. 然兩國夾攻, 果如所聞, 則歸國伏法, 猶賢於在此亡滅. 君若先歸, 知機須卽通寄, 使此犯罪之人, 歸國而死, 何幸何幸. 此近我人之來居者, 爲二百餘戶, 而皆以我作主者也, 我歸則二百餘戶, 皆當隨我決歸. 雖我伏法, 餘當活出. 勿以我爲反國而卽通, 須活此多小人命也." 崔宗範曰:"此行本爲尋眞, 元非細作而來, 則向我此說, 一何誤也." 因問家勢貧富, 則答曰:"赤手來此, 所負胡債, 殆近萬兩. 而近來我人之來者, 甚多且飢, 保貸救活之, 故債益多, 將不知何以磨勘. 而家近我人之來居者, 二百七十餘戶, 皆我隨從也. 以權力言之, 則百勝於在我國時. 然此二百七十餘戶, 非我率來者, 而以我在此之, 故苟活不去, 竟作反國之民, 此亦我罪也." 因取二冊來示曰:"吾父近爲大會頭, 自淸金洞下三道溝, 至往絶路爲名處, 一百五十里之間, 所居人丁軍物皆在於此." 取看其冊, 則首書大會頭金元澤, 元澤卽汝玉之父名也. 我人家二百七十七坐, 人丁一千四百六十五名, 鳥銃七十三柄, 胡幕二百二十坐, 胡丁七百九十二名, 大銃二十柄, 胡銃二百十六柄. 而所居我人中李春京與李興實三兄弟, 皆有壯力, 今春打殺响馬賊二名, 手搏二虎一熊, 爲衆胡所㤼. 而胡魁則王陽春, 韓五亭, 李萬成, 柳實仁子四人, 各統一部落, 王居往絶路, 韓居竹巖洞, 李居板乃洞口, 柳居二道溝口, 而皆爲一會上所管也.

初九日

滯雨因留, 具酒相勸, 以淸心丸三箇, 白紙三卷, 蘇合元十丸酬之. 崔宗範曰:"我今到此, 俱是負國之人, 何須說義, 而本國自甲子以後, 蓋致泰山之安, 連値大有, 民皆樂生安業. 且其楊花玉鷄之說, 亦歸烏有, 則以君才德何樂於此, 而手把犁鋤, 肯作化外之民乎. 凡人之有過改之爲善, 如君之人, 盍與此間諸人, 歸國建功乎." 答曰:"近聞兩國合攻之說, 正思歸國, 然我亦人也. 以何面目, 立於世上耶." 崔宗範曰:"人生世間, 固有以身死義者, 而若如君言, 當其兩國交攻, 而寧死不歸亦有義乎. 至今歸國, 則雖恥而事宜, 若不歸待死, 則失義而愈恥, 我不知君意之何如也." 汝玉曰:"君言好矣. 前度來人, 不止千萬, 曾未聞出此言者矣. 今聞君語, 甚令人感泣, 而不知所言也. 我欲歸國, 幸賴諸君之力, 能無誅戮之舉乎. 雖然在此權力, 不下於一小守令, 而赤手歸國, 將何以生. 若明知中國之來攻, 決不可留此, 而從前統巡之行例皆索錢, 辦給若干賂錢, 則自無事矣. 雖有差來甲軍, 用錢則意或無事. 故未能決意歸國也." 崔宗範曰: "中國來攻之說, 既未的然, 而雖或來攻, 用錢無事, 則亦何爲惻耶." 汝玉曰: "每年統巡之來, 必領率甲軍, 聲言逐匪, 而何曾有驅逐之擧乎. 例有情給, 便同一收稅之行也. 以是之故, 雖有秋間大殺之說, 皆無惻意, 而惟以耗錢爲難也." 蓋其言前後相反, 意甚難測, 而或不無歸國之心, 一以畏法, 一以難捨胡緣者也. 村居之人, 盡是茂山來人, 自作一村, 接屋相居, 爲百餘坐. 而中有李座首相哲, 韓風憲德女, 姜都監, 李都監皆鄕裔云也. 偶逢與語曰: "此近權實爲名者, 居在何處乎." 四人皆曰: "權實本自江界越來, 與胡相黨, 非但欲害於我國, 謀殺在此之我人已屢矣. 金汝玉亦爲權所害, 幾死還生, 畏之如虎也. 在此者孰非背國之人, 而皆無背國之心. 惟權實與茂山來金利正, 非但反國兼有害國之心, 誠極憤歎. 此地居胡, 皆是中國亡命之凶徒, 而爲其謀利, 聚黨越境伐木, 於厚慈三甲等地, 出沒偸掠, 曾無禁斷. 以我在此者, 而猶難忍憤, 況我國之做官長者乎. 昨冬厚昌官事, 足雪積年之憤, 而過於守法, 恨不能長驅渡江也. 若自厚昌渡江一鼓, 則居此我人皆欲幷起屠滅, 歸國請罪, 一以雪憤, 一以洗恥之計. 額手相待, 竟不得遂志, 至今可惜." 崔宗範又曰: "權金皆是我人, 雖在此地, 豈忍有害國之意乎. 既有害國之心, 則其欲害國之計, 果如何耶." 四人等曰: "權金皆是無賴之漢, 而旣無良平之謀, 又非關張之勇, 則豈至大爲國害. 而昨冬交戰時, 胡軍不多, 不敢大起之際, 權金兩人恐喝此間之我人, 使之合勢. 而我人等初欲不從, 則囑胡來打, 至以家眷使質於胡, 而鞭朴驅之, 竟至放火於我國民戶, 害國之心, 孰大於此者乎." 崔宗範不能深知其意, 或有所答, 而恐有見困. 故引出他言而問曰: "茂山人安鳳龍, 曾寓於厚州, 六七年前, 潛渡來此, 而今在何處." 答曰: "安哥惑於邪學, 將誤了一隣. 故今春金汝玉逐出洞外. 今居領後紅實羅阿子也."

初十日

自金汝玉家離發. 欲給飯價, 汝玉固辭不受, 以錢一兩五戔給其家僮. 西向沿流下五十里, 山如犬牙, 水勢折旋, 一水回渡, 凡二十節. 地名塲旲里, 尋入金風憲汝白家. 汝白自茂山暫寓厚州, 四五年前潛越者也. 曾有交契. 故詳問別界高人有無則答曰: "我固妄矣. 君亦妄也. 如此疊嶂, 認作別界, 短褐蓬面, 指謂高人可乎. 別界無出此地, 高人則我爲寂高君, 勿妄行自此還歸也. 我以幾年交誼, 豈忍視如楚越而不以直言也." 因與止宿, 所言與金汝玉略同. 兩時飯價錢一兩.

十一日

又沿流行七十里, 其間涉水處, 不可勝計, 忽看東北起峯. 拔地亘天, 體作二層, 逶迤西南, 欲斷復起者, 奇恠莫測. 行十里許, 山開八字, 随其山勢作城, 名曰高麗城. 高可三丈, 圍可十五里, 往往有破壞處. 城左右山潤迅急, 可謂天作壕池處也. 西望兩國會哨之頭道溝, 量可十里許. 而聞權實爲王胡陽春養子, 方聚衆淘金, 種種有謀害我人之意云, 故不能往見. 而城下有胡幕數十處, 尋入陳財東爲名胡家止宿. 主胡頗順良, 使林碩根與之相語, 而聞其所言, 則奇地稱覇之說, 果是妄傳也. 我人之傭於胡者, 無處無之, 我人則名係金元澤會上, 胡係王陽春率內云. 兩時飯金三分, 房金一分.

十二日

緣雨晚發. 大野橫前野外, 鴨綠長江界割兩國, 與慈城閭延面三十里大野相接. 離國後, 初見我國地界, 倍切思歸之心, 令人難堪也. 溯流北行, 可三十里, 兩岸相錯, 一水回曲, 或五里一家, 或十里兩幕. 貪行日暮, 適到無人之地, 暝色迷路, 列坐溪邊. 夜雨蕭蕭, 山溪益喧. 若使別人視之, 可指謂三鬼而驚走也.

十三日

宿雨未霽. 夜已失寐, 朝又未飯. 盡日行四十里, 地名楡巨于子. 自陳財東家上流, 北行七十里地也. 其間涉水, 凡三十七灘. 所在胡幕, 合計三十四坐, 我人家二十七. 而我人之傭於胡者, 無幕無之, 家居者亦未免爲胡奴隸. 痛憤其反國, 而返爲胡奴隸者, 可知天道孔昭, 亦一快事也. 尋入一胡幕止宿, 飯金三分, 房金一分. 主胡是王把頭云者, 甚醜且愚, 略有所問, 無與可語也. 金泰興眼病苦痛, 通宵不寐. 三人之行, 相須如蠻蚎, 而異域同憐, 不啻如兄弟之憂也.

十四日

緣雨晚發. 西踰大嶺, 此嶺處於鴨江之北巴江之南, 寂高大嶺, 是所謂天限南北. 山勢從此嶺枝分, 而盡向鴨江者, 土人通稱嶺前, 枝分北向巴江者, 總云嶺後也. 嶺路直上半天, 十步九休, 行可二十里, 始到嶺上. 以米屑餱飢, 北下十餘里, 尙在嶺腰也. 樹木蔽天, 暝色滿地, 不能前行, 依樹過夜.

十五日

行二十里下嶺, 地名王溝, 稍下五里許, 地名小溝. 四圍山高, 一片天小, 古云井中觀天, 其謂是歟. 水色甚黑且深, 是爲八頭江源. 而廣可三十步, 脫衣而渡, 始見胡幕, 往往有之. 亦有我人傭於胡者, 不可勝數, 所業多在於採獵, 或農或養蔘也. 適逢茂山來人, 許有司失其名, 偕入其家止宿. 詳問鐵鋪城城, 楊花村眞僞, 蔡先生郭將軍虛實, 則許曰: "我在我國, 亦聞此說, 及到此地, 無地無人, 只是如此地, 如此人也. 毋勞前往, 須從此返程也. 若眞有此地此人, 來此之人, 何爲在此進退維谷, 如羊觸藩乎." 又問自此出洞口里數, 與人家多小, 則答曰: "從此出洞遠可八十里, 胡幕二十餘處, 我人六戶, 亦與此地無異也." 飯金二分.

十六日

向北行六七里, 抵一嶺下, 忽有大路橫前, 聞是統巡通使出入之路也. 雖無危險處, 兩傍樹木連天. 行四十里許, 遇一空舍, 卽通使往還, 支供處也. 他無人家, 日暮止宿.

十七日

西行二十里下嶺, 亦無人家. 以米屑饒飢, 又從大路十里許, 始有胡幕. 地名紅實羅阿子也. 水色微明, 山勢甚麗. 野廣村稀, 尋入胡人劉成云家, 乃一大蔘圃主也. 蔘圃皆覆以白西洋木, 下山後, 初一大家也. 使林碩根通寒暄, 爲道尋眞之意, 則劉答亦如前度諸人之言, 一無差誤也. 又問安鳳龍今春來此云居在何處, 答曰: "今春新來爲紅胡子, 响馬賊所困, 避入深山四十許里, 寓接於金孟湯獵幕, 峽深不可往也." 止宿無事, 飯金三分, 房金一分.

十八日

西行三十里許, 地名三千洞, 所過胡幕二十餘處. 皆是蔘圃爲業, 或二三日畊, 或五六日畊, 皆覆以白西洋木. 我人之雇於胡者, 不計其數, 而絶無作家獨戶者也. 行四十里, 到八頭江邊. 蓋嶺前, 諸山長谷之向鴨綠者, 通稱道溝, 嶺後, 長谷之向巴江者, 通稱頭江, 是八頭江云者, 卽嶺後諸江之第八也. 山明水麗, 谷谷可住. 而日暮止宿於一胡小幕, 飯金三分, 房金半分. 主胡是王把頭云者, 而別無與語.

十九日

朝雨晚晴. 行十五里, 八頭江水瀉入巴江, 相戰於峽巖之間. 洪濤春撞波聲如雷, 傍人高語, 猶難詳聞. 以其江流甚暴, 故小名暴濤川. 逼江山斷, 挾路巖險, 一人當阤. 決不可過也. 江邊行二三里, 忽見前面群山美秀, 高者龍馳馬走, 低者波紋生層, 望之若化人所居. 而前有八十里大野, 蓋渡江後初見, 而是巴瀿坪云也. 有一峯, 凡立如卵, 名曰卵峯. 峯下有一胡幕. 主胡王保太, 卽嶺後諸會上大會頭也. 使林碩根多般相語會上文簿, 終不得見. 問人眾多小, 則王胡大言曰: "此嶺後數千兵, 皆在我會冊中, 無不受令於我者也." 問我人來居人數, 答曰: "全無家居, 皆爲吾們雇傭. 而昨冬流來四百餘戶, 盡爲紅胡賊所掠奪, 婦女之被擒亦至數百. 而尙聞來多去小, 不知何故也." 適見我人之傭於王家者, 亦爲七八名, 故不勝痛歎. 問其所以來此, 則我人等答曰: "胡債本無論邊, 生面請債, 亦無難色, 雖或負債逃走, 無處來尋. 外看胡是主也, 而食之衣之者, 皆是我也. 我等視此胡, 看作衣飯囊. 故在此不去. 而近者我人之來者甚多, 胡亦慮其來多而害之, 故種種有遮路奪物之擧. 而春來益甚, 我人之遇害於途中者, 不知其數. 竊爲君輩危之." 一行三人, 聞此心寒, 如坐針氈之際, 王保太從傍挽衣曰: "君輩來此必有懷璧, 搜看囊中與背上行橐." 固知無物見奪, 倍生惘意, 令人欲死也. 王胡搜看無物, 則半笑且言曰: "初謂多物, 乃是空空貧丐也." 夜宿飯金三分, 房金半分.

二十日

西向行二十里, 到巴瀿江邊. 江平野廣, 天遠山低. 覽物之景, 可使喜人樂而愁人悲也. 乘船渡江, 船主胡人, 結幕於江頭, 濟行人受金爲業, 船價金一分. 小坐江邊而思之, 則去國千里, 異域數旬, 漸到重地. 三人相顧, 正如楚囚相對, 不覺淚滿雙眶也. 從大路行二十里, 所過間間有胡幕, 亦多我人之雇傭者. 而楚山來金鍊之, 爲名人家, 在於路邊, 故暫入歇脚. 詳問玉鷄楊花等地, 葛郭金蔡之虛實則答曰: "吾亦飽聞此說, 到此三年, 周行東西南北, 竟無所見. 武陵桃源, 有誰見之. 君輩此行, 可謂捕風捉影, 終必無成, 須卽還歸也. 下江諸處, 紅胡子數千名, 以响馬賊爲業, 見財輒奪, 小咈殺害, 人莫能過此者也." 金泰興曰: "我本無財, 而順受其意, 則亦豈有無端殺人之理乎." 答曰: "此地卽中國之邊外也. 所以設把守邊在於此江三十里之內. 把守以外, 無法之地也. 有力者爲上人, 眾多者爲強賊, 入此地有誰言法者乎."

林碩根聞此言, 揮淚催還曰: "誤到此地, 將有不測之禍, 而回首故國, 白雲無際, 爲之奈何." 金泰興曰: "人生世間, 死亦常也. 旣到此地, 畏死何爲." 仍爲止宿, 飯金二分.

二十一日

向北行三十里, 名曰六頭江. 所過胡幕二十三, 我人家六, 皆資胡爲生. 其中有金寧邊爲名家, 自寧邊來, 故以號也. 時在巴江, 尊位之任, 訪入寒暄, 爲道尋眞之意, 則寧邊之言, 亦如鍊之之言也. 金泰興問曰: "此間亦有我人之來居者幾." 金寧邊答曰: "此亦多有而皆傭於胡, 絶無作業自活者." 因言今春義州洪進士爲名人, 乘轎子, 以其家丁粧作前陪軍牢, 而前導之. 內眷之乘轎子者亦數十, 而後從人丁, 殆近三百. 從江界白晝渡江而來, 威儀甚盛. 然到道里沙阿峙爲名處, 遇紅胡賊黨, 盡奪婦女財貨, 人命死傷者, 亦近三十名. 至今結構於山谷苟活, 而多眷無米, 率來之人亦未免爲胡雇傭. 昨秋以後, 自江界越者, 不啻四五百戶, 而皆散作胡奴, 始知負罪之人, 天必禍之也. 崔宗範曰: "君之來此, 亦非負罪乎." 寧邊曰: "我亦那免是罪也. 誤落此地, 畏法未歸, 而我亦自知無所成也. 毋論入我, 輻湊到此者, 亦一天運. 然來此者, 未必皆貧而來, 輒爲胡雇傭, 終歲自苦. 有妻而妻胡者十常八九, 有財而自活者, 百無一二, 苟非天之降禍, 豈至斯也. 君其速還爲道此狀, 使其多小愚蒙之民, 念絶此地也."

因爲止宿飯金二分.

二十二日

糧盡買玉唐米一斗於金寧邊, 價金七分也. 西行五十里, 所經胡幕二十一處, 我人之雇傭者, 亦多有之, 絶無作家自居者也. 三人到此, 雖欲前進, 紅胡賊殺害掠奪之說, 愈往愈多, 不能深入. 從巴江下流, 乘船還渡江. 船價金一分, 船主結幕, 亦如上流也. 行二里許, 遇一家, 是宣川來人李訓長家云. 而入見寒暄, 又道尋眞, 則李曰: "如此無法之地, 豈有別界. 無根之說, 煽動民心, 幾誤西北兩道之民, 做出此言者, 其能有後乎." 忽見一人在房中呻吟而臥, 問其病, 則答曰: "我本楚山人, 姓金. 五月間, 三人作伴, 從江界渡江, 自羅段洞, 踰大嶺道, 遇紅胡賊黨, 見奪衣褓, 二人被殺. 我則疾入林叢之中, 誤落斷崖, 折臂幾絶, 僅保到此, 痛甚欲死也." 三人聞此, 心寒膽落, 不勝畏惻也. 夜宿無事, 飯金二分.

二十三日

惻於遇賊, 不能遵道而行, 隱身於豐草茂林之間, 潛行三十里. 地名五頭江, 胡有七幕, 亦有我人雇傭者也. 日將向暮, 惻於紅胡賊之說, 無意更入胡幕, 隱身於路邊田間, 以米屑療飢過宵.

二十四日

西行十里許, 地名四頭江也. 遠看江邊, 結幕櫛比, 假量爲數三百戶, 而數千人列坐淘金, 疑是賊窟, 故改路. 行半里, 渡四頭江過一隅, 而有一大胡幕, 如我國大街旅幕, 亦多我人爲傭者也. 聞是張先生名淳, 年可七十餘歲, 爲人儼然, 如長者. 使林碩根問, 此間有別界, 且有高人稱霸, 果有之否. 張淳曰: "我本大明臣後裔, 流落居此, 今至三四十年, 未聞此說. 而爾國人民浪聞此說, 移家到此死亡者, 不知其數. 而猶此不悔, 何其愚也. 君之來處, 皆深山絶巖, 固不足言. 此巴瀦江, 一名渾江, 而源自先春嶺至此, 三百里之間, 雖有廣野, 元無霸主. 自此西下三十里爲三頭江, 又行四十里爲二頭江, 又行四十里爲初頭江, 卽鳳城後江, 北來與此江合流處也. 又從鳳城後江而上八十里, 地名新兵堡, 自初頭江合流處, 隨水南下三百里, 鴨綠江, 楚山山羊會鎭相對處也. 北去二百里, 卽古城館中國官治之地也, 南踰大嶺, 出長沙福洞, 則福洞鎭江百九十里地也. 山如指裂, 間間所居者皆如我們, 所傭者皆如君輩而已, 復何有稱霸於其間者乎." 因笑起入內. 少頃, 手持一壺燒酒一椀饅頭而出曰: "勿爲妄行, 喫此回程也. 從此前往, 無非紅胡賊窩, 何不自惜其身而深入此地耶." 崔宗範金泰興氣甚憊困, 或有惡寒, 不能作行, 因爲止宿. 飯金三分, 房金一分.

二十五日

將行以淸心丸一箇, 蘇合丸凡五箇, 白紙一卷, 賂給張淳, 再三推辭, 始受復曰: "昨日我言, 須勿泛聽也. 我本大明之人, 今雖薙髮居此, 與爾國人, 便同一家也, 豈無愛君欲生之心乎. 前路無可觀, 多凶盜, 愼勿往也." 一行畏㤼, 不能復前, 溯流而東, 江岸蘆長, 遠山如髮. 行可五十里, 所過胡幕三十餘處, 皆務農爲業. 土甚沃腴而皆是旱田, 惜其不爲水稼也. 太陽如大, 三人俱困, 同坐於江淸沙明處, 漸到夕暉, 更無去意. 壘石撑鼎蒸出背上之米. 列坐手掬而食, 自顧亦堪一笑. 而食罷高枕石頭而眠. 古所謂枕石漱水, 正此日事也.

二十六日

東行六十里, 還是六頭江口也. 復渡巴江, 尋入金寧邊家, 止宿. 飯金二分. 金寧邊笑曰: "間行多日, 能得奇地乎. 向以我言爲不信矣. 今日應知吾之不誣也."

二十七日

從前日所去之路, 行七十里, 復到王保太家, 止宿. 飯金三分, 房金以宿緣故不論也.

二十八日

渡八頭江, 東行九十里, 地名山次子. 遇一空家, 自炊而食宿.

二十九日

東行五里許, 有我人九戶. 盡是茂山來人皆至貧. 男衣胡服, 女不着裙, 袴弊生腿, 眞不堪見也. 到一嶺下, 名曰小春嶺, 樹木連天, 白晝晦陰, 惟不甚高險也. 行五十里, 始到嶺上, 憊甚難行, 自炊食宿.

七月初一日

行二十五里下嶺, 地名方出羅阿子. 有細川甚濁, 川邊有胡人獵幕一處, 懸鹿茸四首. 問捉鹿之術則曰: "捉鹿不難, 多財多捉. 斫木爲籬, 包圍三四百里, 間間作門, 門外掘窂, 捕盡籬內之鹿. 每年塡窂, 使鹿自入, 而當時復掘, 從籬內驅之, 則無不捉. 多財則作籬尤廣, 廣而捉鹿尤多, 是所以多財多捉." 欲買其肉, 則適無所捉云. 故小歇復北行十里, 卽湯河水源頭也. 山稍低野稍濶. 土甚沃腴, 所種玉唐一根成叢, 每莖多有十穗者, 土人謂之西洋種也. 有胡幕十一, 我人四戶, 都是茂山人. 中有崔掌議爲名者, 問楊花玉鷄葛郭虛實, 則答曰: "我亦來此三年, 但聞其說, 未見其地其人. 而巴江以外, 雖未得見, 巴江以南, 鴨綠以北, 足跡殆無不到, 而曾未得見." 問人戶多少, 則曰: "詳在會上都錄而不可盡記"云. 日暮止宿. 出米寄炊, 故不論價, 以白紙一卷酬之.

初二日

北行十里, 有江東來與湯河合流, 卽始頭河下流也. 江邊三胡幕, 皆是大蔘圃主, 而每圃大至十餘日畊, 小不下六七日畊, 皆覆以白西洋木, 望之如白雲滿野, 亦一壯觀. 北行二十里, 有一江源, 自西大嶺來者也. 乘舡北渡, 舡主胡人黃太, 卽湯河諸部落統首云. 舡價金一分也. 行三十里, 地名大營, 遠山如眉, 大野如枰. 胡幕七處, 我人家三. 中有茂山來李先生德禧者, 尋入與語, 粗解文字. 踰嶺後, 所逢我人中第一人物也. 夜宿. 德禧曰: "君亦誤聞別界高人之說, 尋到此地乎." 崔宗範曰: "吾等卽厚昌人, 飽聞楊花坪玉鷄村羅善洞鐵鋪城等別界, 蔡先生葛處士郭將軍金進士等高人在此, 故周行到此, 終不得見. 君旣先來, 必知虛實, 幸爲明言也." 德禧曰: "我本茂山人而璿裔也. 故甲子年後, 以族譜有司, 多留京中, 庚午九月惑信此說, 挈眷渡江, 中路喪母. 初接厚州越邊八道溝, 轉至三道溝. 復從巴瀦江邊而上, 權接於此.

無處不行, 而旣無別界且無高人. 故詳探其做出此言之人, 則茂山名不知金有司云者, 七八年前潛到此間, 及其回還, 做出僞書. 盛稱葛郭之德, 甘言山水之美, 甚至圖畫地形, 詳錄里數. 故落於慈城閭延面. 此書始播傳, 各處之人, 美其名而輻湊越來, 橫死者, 不知幾千. 苟活皆備於胡, 而家有婦女, 皆爲胡妻, 所有財物, 盡作胡有. 使我西北兩道之人, 半死於途, 半備於胡, 世上天下, 此何事也. 使其金有司爲名者, 雖萬其尸千其骨, 豈報此殃萬一乎. 我罪亦當萬死, 而尙未歸者, 猶有畏法惡死之心也. 惡死之心, 人皆有之. 故鴨綠以北之來居者, 附命於胡, 忍所不忍, 晝夜痛哭, 而猶不能歸. 若使金有司, 初無僞書, 則人必無來此者. 而旣來而畏法未歸, 邊禁之法, 去來一般, 而來易去難, 是亦天之所使耶." 崔宗範曰: "誠如君言, 所謂金有司僞書之罪, 萬戮猶輕. 然若因僞書, 輻湊幷到, 則西北之人, 宜無異同, 而來此千餘里之間, 所遇我人之從茂山來云者, 十居七八, 此何故也." 德禧曰: "丁卯之夏, 馬行逸爲茂山府使, 査出無名還逋十餘萬石, 狼食虎囓, 半歲之間, 一邑塗炭, 富者貧而貧者死. 至於哭聲連巷, 甚於兵火. 民旣無告, 號天叫生之際, 適有此地, 別界之說, 浪藉相傳, 民皆聳喜相促而發如水赴海. 而路出白頭山腰, 是五百餘里, 無人之地也. 夏而病暑, 冬而飢寒, 死於中途者, 不可勝數, 至今猶腥. 而幸其不死者, 皆到此地, 是所以居人之茂山多, 而他來小也. 到今幸得好官, 民有樂生之望云. 故居此者, 得聞此報, 喜不自勝, 日前還歸者, 已至五十餘戶, 而待秋欲還者, 亦多有之. 孰謂州民康, 非司馬功, 郡政壞, 非司馬罪耶." 又聞此去中國官治之地爲幾里, 答曰: "自此地北往三百里, 地名唱鷄城, 卽中國吉林所管之地. 更無我人之來接者, 而聞此近胡說, 則唱鷄城邊, 我人三十餘戶, 不知何時來居. 而皆斷髮胡服, 征賦應役等節, 與胡無異, 永爲胡民云. 此豈人情之可爲者乎. 吾之此言, 何異同沐相嘲, 而實所慨然也." 因作一賦一詩手書以給曰: "君其留之, 以證後緣也." 賦曰: '夫蓋載之間, 人或有財富而心貧者, 心富而財貧者. 愚下癖於三淸, 三淸者山淸水淸人淸也. 自謂獨淸之人, 好聽明麗之地, 乃挈妻孥, 九月登山. 掃空山之落葉, 以掩穿膝之寒, 摘霜樹之枯果, 以充虛腸之飢. 延拖月餘, 僅到所望之地, 見聞頗殊, 反有變淸爲濁之慮. 背君主於化外, 畏天不忠, 哭慈母於途中, 恥人不孝. 虛聽桃源之說, 噬臍莫及, 誤入蓬島之晦, 蠱心難堪. 是以撑眼望高, 萬幅靑山, 盡是生踈面目, 擧首觀天,半輪明月, 正當依舊精神. 思鄕之夢, 連有三夜, 觀物之情, 暫送二春. 黙數塵世之事, 勿咎已往之過, 改過遷善者, 尤益善於初善. 去惡處仁者, 漸佳美於本仁. 是故暫避囂塵, 回心歸鄕實所望願. 幸逢知己以表眞情, 以此下諒焉.' 詩曰:'友何無酒以前親, 一夜淸談卽故人, 今日浮萍流水約, 明年芳草落花春.' 李德禧拜呈, 字養五, 癸未生.

初三日

將發飯價, 則出米寄炊, 故不論, 以白紙一卷施意. 德禧曰:"我國之人, 不忍在家送別." 仍與同行. 舊路行三十里, 再登黃太之舡, 胡亦不復論錢也. 東南行五十里, 地名始頭河, 胡幕三, 我人家二. 又行五里, 有茂山砲手李成允家, 與李德禧同入止宿. 出米自炊, 語到昨冬邊擾, 李成允曰:"我以砲手, 迫於胡威, 亦參於馬鹿浦之會. 而今聞君在厚昌, 慚愧何極. 方其藥盡之時, 長驅而渡, 則幾使此地人煙俱空, 而可惜過於守法, 猶使如我罪人生在此地, 甚嘆甚嘆. 今春以來, 嶺前嶺後, 諸部落居胡, 別立科條, 分作四會上, 每會上人丁兵器, 一一會錄, 任置於都會頭. 此地都會頭王胡名老大外者. 而彼我人丁不能詳知, 鳥銃五十餘柄, 聚在於都會頭家, 備禦設計, 比前甚密. 嶺前兩會上, 已有火藥貿來次二千兩排斂之說, 此爲今秋之用, 豈勝憤歎也."

初四日

將別, 成允曰:"聞厚昌新設砲科云. 我是善放砲手, 歸國赴試, 幸得參榜, 頭揷天花之時, 勿以今之在此向人說道也. 秋間當相逢於試砲之場矣."李德禧曰:"秋成後, 歸國之計斷矣. 無面更向故里, 則當與君輩作隣. 而君去我留, 悵懷何極. 秋歸之際, 將欲訪君庇身, 幸須憐看也." 偕行二里許, 德禧手指東邊諸山曰:"此雲嶺七十里, 自雲嶺上一百八十里, 是西大嶺, 而東上五十里, 水從山間瀉出, 卽松江河源頭, 又上三十里, 卽黑龍江發源處. 而皆無人之地, 須爲小心善往也." 因分手. 東向十里, 遇張胡幕, 買小米二斗, 價則黃金十六分也. 因行無人境六十里, 依老柏樹, 止宿.

初五日

踰大嶺, 嶺夷而長, 是名雲嶺也. 登嶺失路, 以子午針辨南而行, 可四五十里, 終未見路. 遇大雷雨, 依樹經夜, 鬼叫虎號, 甚可畏也.

初六日

南行四五里, 偶逢採胡問路, 南距二十里, 地名葛物伊云. 故午線行盡日, 到一小溪邊, 亦無通行之路, 絶無人家. 依樹而宿, 夜半聞鷄聲獨唱者三, 疑有人家, 朝起四望, 群山萬重, 一碧無際, 亦一異事也.

初七日

旣無一線之路, 莫知所向, 從水源, 東行二十里, 亦無人跡. 以午針踰一峯, 向暮始下一谷, 又有細川甚濁, 地名無人憑問也. 三人共坐大樹下, 樹傍有一小樹, 其實色靑大如棗, 而偏試摘嘗之, 多酸帶甘. 及其逢人問之, 則是金剛樹實, 而秋熟變丹云. 夜宿樹下.

初八日

尙未見通路處, 隨水而上, 南行盡日, 遇一小溪, 共宿溪邊.

初九日

三人相議曰: "失路多日, 終未見通路處, 而亦未逢一人. 今若更以南行, 而不得人家, 則將何以生. 每見水窮處, 或有人家, 我等不如順水而下, 訪人得路後行也." 隨流下二十里, 果有一獵幕, 亦且無人. 而猶有一線微路, 始遵路而下三十里, 地名東臺洞口也. 出洞, 地名八道溝, 小名浮雲洞, 卽厚昌富盛面蒲坪越邊也. 故國山川依舊呈顔. 三人歡喜, 身輕足捷, 頓忘憊困也. 有小溪色微明, 廣可四十步, 褰衣而渡. 有一小家訪之, 卽前日知面之許亘爲名人也. 方在母喪, 故慰吊後, 日暮止宿. 飯金半分. 問此近人家幾何, 則答曰: "彼人七幕, 我人家十八, 皆係辛太會上. 此間之胡, 以昨冬厚昌嚴防, 不得伐木流下之, 故失利之錢, 殆至數十萬, 而請兵接戰之費, 亦爲萬餘金. 故江邊諸處之胡, 共議收歛, 我人一千兩, 彼人一千兩, 合二千兩, 將貿火藥, 期開伐木之路云. 而近有兩國合兵交攻之說, 此間居人, 皆無活意. 我亦從此欲歸, 而厚昌則實不可擧顔復歸也. 將不知爲何處之客, 悶歎何極."

初十日

與許作別, 卽欲渡江還歸, 而衣冠皆在於馬鹿浦, 故西踰一嶺五十五里, 到辛太家. 辛太笑曰: "尋得幾處好地, 幾箇高人乎. 向以我言爲不信, 浪作月餘之行, 何乃自苦如此." 因出甘酒一壺, 苽子四五箇, 來饋曰: "山中無物待客, 無禮勿恠也." 三人飮罷, 辛太歛容發言曰: "胡人之越境伐木, 無年無之, 而曾不禁止, 忽於昨冬, 趙官之來, 何爲嚴防, 至於發兵殺戮乎. 此間胡人之業農, 利在賣穀於伐木人也. 伐木之利, 每年以百萬計, 故不憚遠來. 而來者皆買穀於此, 穀多而不難賣, 賣而利甚多, 故漸來務農矣. 昨冬則嚴防伐木之胡, 旣無伐木之胡, 而仍無賣穀之處. 穀雖多不不食則無用也. 凡人生涯, 不但一食政而已, 許多之用, 多出於穀, 而穀旣無用, 將何以生. 若年年嚴防, 則伐木之人, 將不復來, 而此間居胡之有穀未賣, 亦一死法也. 勢將漸歸, 而我人之來居, 亦皆庇於胡者, 而胡之不居, 我將何生. 趙官之事, 甚酷甚酷. 今秋則伐木之人, 將冒死開路, 而此間亦有多貿火藥之擧, 趙官亦復不許否." 崔宗範金泰興曰: "昨冬嚴防, 今何許之耶. 以昨冬事言之, 許多軍費, 至於四千金, 而官皆自辦曰: '防胡之役, 一爲報國, 一以爲民. 而今若以用兵之費, 排民充補, 則是豈爲安民之政乎.' 竟無一分民歛. 又賑給火民, 亦至五百餘金. 故一郡之民, 感服於此, 人無不奮臂買勇, 皆有爲官捐生之心, 衆心如城. 而且於前月, 又有傳令於各面里曰: '地雖邊陬, 忍以我禮義邦人, 豈可一日與胡相見. 秋復有胡人犯境, 則先從寨防將梟於江上, 當自將撲滅云矣.' 其意必不肯許. 而春夏以來, 修補兵器, 責硝鑄丸, 不知其數. 且其智謀勇力出人百倍, 何曾爲㥘於胡來耶." 辛太色變强笑曰: "在此所聞, 亦如君言, 而昨冬以後, 爾之官家, 日受此間胡辱, 當不食自飽矣." 三人聞此, 不勝憤發, 欲殺之心, 而弱無奈, 寧欲不聞, 故卽爲起身出門. 辛太曰: "日將暮宿此而去也." 三人皆不欲與語, 答之以歸心日促. 而行十餘里, 地名巨柴洞, 過一胡幕, 幕中十餘胡出來, 欲奪崔宗範行槖, 而衆辱曰: "爾們曩自厚昌來云, 而間往何處復來乎. 厚昌趙將帥, 昨冬之殺我們, 幾至百名, 而猶且不足, 多造火鎗藥丸, 將欲盡殺我們云, 我將殺爾, 消恨." 氣勢甚危, 忽見一我人, 從胡幕中出來曰: "過去之人, 何能知爲厚昌人. 而設居厚昌, 厚昌之民, 顧何有罪乎." 衆胡曰: "向在馬鹿浦, 聞捉厚昌居三人, 過一日放, 向下江云矣. 今見此三個貌習, 想是向日馬鹿浦之過去者." 從胡幕出我人又曰: "馬鹿浦之放送, 卽施好意者, 而今若害之, 豈非不美乎." 衆胡睨視良久, 大喝催去曰: "我欲殺彼, 一雪趙官害我之憤, 而爲鄭氏所挽, 不能遂意." 其云鄭氏者, 意其謂幕中出來之我人也. 三人急行百餘步, 回顧則衆胡尙立在門外而號笑也. 行十餘里, 迫昏還到馬鹿浦, 林好範家寄宿. 鷄初鳴, 林碩根來撓催起曰: "我今出門方溺, 見前胡幕, 燈光耿耿, 有多少胡聚語. 故潛往竊聽, 則四五胡人會坐曰: '林家來三人, 必是探客也. 不然以曾經寨將防將, 況一是厚昌首鄕, 一是及第出身, 豈有來此之理乎. 林漢亦昨冬相戰時, 甚欲殺我者, 則其來必有所以也. 我們明知其欲害於我, 而使彼善歸乎. 明朝當結縛打推供乃已.' 其中一胡曰: '明日將聞其哎哎之聲.' 又一胡曰: '無端打人, 本非道理. 若其眞爲探客, 而被害於我, 則恐有惹動趙將帥之怒氣, 復致傷殺之擧也.' 一胡復大言曰: '昨冬之戰, 我死於彼, 而何不殺彼耶.' 仍出向大胡幕去矣. 我等急急渡江, 然後可以免禍." 崔宗範金泰興聞此, 毛骨竦然, 急取行李, 蒼黃出門之際, 林好範亦從外急來曰: "禍將不測, 急急渡江也." 三人驟到江邊, 無舡可渡, 急呼五仇俳別把防將李彦枃請渡, 則彦枃持銃出來曰: "何來假胡, 敢向我請渡乎. 一嘗我丸藥也." 卽欲放銃, 崔宗範急語曰: "我是昨年左寨將崔宗範, 與金先達泰興, 來到此地, 本非自犯也. 渡江後, 自當盡語, 幸浮送一門扉, 急活我命也." 屢度懇乞, 則彦枃始使防軍浮送二面門扉, 三人急上, 半渡, 胡黨數十, 已追到江邊. 中有辛太手擧一木槌而笑曰: "欲以此槌送君, 君今徑歸. 事甚可惜. 昨冬君輩欲殺我們之書, 都在我家. 使君爲我, 則豈有相活之心乎."
與衆胡叱辱於江頭而退. 蓋因昨午, 臨發見忤, 而未遂挽宿, 欲害之志, 追到逞凶
者也.

十一日

午間還到朱重謙家. 崔宗範金泰興猝發惡寒, 四日大痛, 十五日, 始爲還現于官.

찾아보기

■ ㄱ ■

가련단(可憐端) 33
가리봉(加里峯) 80
가림(椵林) 87
가온독(家穩禿) 130
가을개산(加乙个山) 28
가을파지(茄乙坡知) 130
가응석령(加應石嶺) 30
가정(家丁) 38, 40
가지달현(加支達縣) 84
각라무(覺羅武) 16, 73, 76
각봉(角峯) 82
각산(角山) 269, 277
간성(杆城) 84, 133
간합 맹안(幹合猛安) 112
갈석(碣石) 259, 279, 300, 344~346
감주(贛州) 284
감탕구미(甘湯仇味) 34
감토봉(甘土峯) 82
감평(甘坪) 130
갑산(甲山) 21, 22, 24, 27, 62~64, 66, 71, 89, 106, 112, 129, 130, 417, 424
갑산부(甲山府) 16, 62, 64, 125
갑주 맹안(甲州猛安) 112
강계(江界) 25, 46, 66, 71, 229, 286, 366, 405, 424, 435, 436
강녀묘(姜女廟) 245
강덕진(剛德鎭) 96
강릉(江陵) 88

강릉산(江陵山) 28
강만남(姜晩男) 123
강문우(姜文佑) 149, 153
『강북일기(江北日記)』 401, 403
강세작(康世爵) 262
강순(康純) 125
강진(舡津) 34
강홍립(姜弘立) 339
강희제(康熙帝) 183, 197, 367
『개국방략(開國方略)』 161, 243
개마대산(蓋馬大山) 287
개마산(蓋馬山) 99, 110, 289
개모성(蓋牟城) 230
『개시정례(開市定例)』 42
개심회상(開心會像) 28
개원성(開元城) 88
개주(蓋州) 191, 267
개천홍성제(開天弘聖帝) 18
개평(蓋平) 193, 300
객라심(喀喇沁) 294
거란 85, 93, 96, 97, 295
거류하(巨流河) 189, 293, 357, 364
거산(居山) 65
거양성(巨陽城) 50, 101
거용관(居庸關) 239, 241, 244, 260, 277, 301, 302
거을지대동(巨乙只大洞) 121
건륭제(乾隆帝) 183, 186, 243, 247, 343
건원(乾原) 117, 120; 건원보(乾元堡) 118
건주(建州) 61, 129, 134, 273, 302

건주위(建州衛) 130
검덕산(劍德山) 81
검동도(黔同島) 286
검문(劍門) 19, 75
검산(劍山) 63, 66, 67
검의덕산(儉義德山, 儉儀德山) 22, 65
검천(劍川) 81, 129
검천(檢天) 111
검천기(劍川岐) 130
검천기부락(劍川岐部落) 130
견주(堅州) 50, 101
견탄(犬灘) 31
경관령(慶關嶺) 31
경사(京師) 208
경성(鏡城) 19, 34, 64, 70, 74, 91, 92, 94, 95, 100, 104, 105, 107, 112, 118, 127, 129, 147~149
경성부(鏡城府) 64
경원(慶源) 13, 33, 38, 60, 61, 65, 69, 70, 92, 94~96, 100, 101, 103, 104~107, 112, 113, 116~120, 131, 133, 136, 138, 142~147
경원부(慶源府) 65, 93, 95, 118, 377
경원성(慶源城) 69
경흥(慶興) 22, 24, 32, 36, 48, 49, 54, 70, 95, 106, 107, 112, 116, 145, 147
60, 70
경흥부(慶興府) 48, 49, 65, 80, 101, 112, 115, 116, 373
경흥전(慶興殿) 66
계두산(斧頭山) 285
계두산(鷄頭山) 285
계명산(鷄鳴山) 260
계문란(季文蘭) 368
계번(界蕃) 172, 174
계번성(界蕃城) 357, 364
계산(階山) 66
계주(薊州) 159, 209, 210, 215~218, 246, 255, 279~281, 284, 285, 297, 312, 313, 330, 349

계현(薊縣) 285
고간(高侃) 231
고교보(高橋堡) 295
고구려진(高句麗鎭) 86
고구려한성계탑(高句麗限城界塔) 94
고라이(古羅耳) 50, 101, 111
고랑기(高郞岐) 93
『고려도경(高麗圖經)』 357, 364
『고려사(高麗史)』 357, 359
『고려사절요(高麗史節要)』 361
고령(高嶺) 111, 125
고령진(高嶺鎭) 38, 50, 101, 124
고미동부락(古味洞部落) 130
고미평(古未坪) 130
고미포(古味浦) 130
고부거(古富居) 93
고북구(古北口) 239, 244, 277
고산성(古山城) 84
고산탑(孤山塔) 280
고수(沽水) 215, 297
고염무(顧炎武) 243
고원(高原) 22, 23, 35, 64, 66, 86
고원군(高原郡) 66
고조화(古ㄱ化) 97
고주(古州) 113
고죽국(孤竹國) 370
고죽군묘(孤竹君廟) 160, 310
고죽성(古竹城) 304, 307, 308, 310, 311, 322
고중반(古中盤) 279
고홍중(高鴻中) 261
곡산(谷山) 23, 67
곡이(曲耳) 34
곤륜산(崑崙山) 68
곤상(袞尙) 54
곤장(昆長) 19
공도(恭圖) 294
〈공동산기(空桐山記)〉 160, 284
공동산(空桐山) 285

공민왕(恭愍王) 361
공시(公市) 41
공용경(龔用卿) 233
공주(孔州) 60, 94, 95, 100, 103, 104
공행(公行) 44
공험진(公嶮鎭) 50, 51, 94, 100, 101
곶도진(串島津) 35
과이심(科爾沁) 188
과저구(鍋底溝) 42, 141
곽수경(郭守敬) 298
곽승우(郭承祐) 118
「관곡기(寬谷記)」 69, 70, 74, 137
관독(管禿) 131
관동(關東) 23
관북(關北) 32, 54, 150, 158, 262
관서(關西) 23, 54, 67, 158, 262
관악산(冠嶽山) 262
관음굴(觀音窟) 265
관제묘(關帝廟) 250
관해정(觀海亭) 258
광고개(廣古介) 33
광녕(廣寧) 159, 191~194, 197~201, 203, 205, 269~271, 294, 333
광덕산(廣德山) 31
광려산(匡廬山) 279
광무제(光武帝) 297
광비고령(光庇股嶺) 42, 141
광성관(廣成觀) 285
광성령(光成嶺) 66
광성성(廣成城) 285
광성자(廣成子) 284, 285
광성택(廣成澤) 285
광암(廣巖) 28
광자사(廣慈寺) 183, 184
광주(匡州) 94
괘궁정(掛弓亭) 74
괘월봉(挂月峯) 280
구강(九江) 24
구고산(九固山) 40

구관대문(九官臺門) 294
구락하(句駱河) 292
구련성(九連城) 160, 225, 227, 263
구룡산(九龍山) 64
구룡연(九龍淵) 97, 286
구아리올라하(扣阿里兀剌河, 扣阿里兀喇河) 17, 77
『구암집(龜巖集)』 147
구왕(九王) 255, 336, 337
구주(具州) 50, 101
구탄(丘坦) 228
구하(洵河) 218, 297
구항연(九項淵) 26, 72, 73, 79, 80; 구항연수(九項淵水) 72
〈구혈대기(嘔血臺記)〉 160, 260
구화봉(九華峯) 279
국경인(鞠景仁) 148
국내성(國內城) 227, 287, 359
국도(國島) 35
국사현(國士峴) 82
국세필(鞠世必) 148~150
국태산(國泰山) 23, 66
국화대산(菊花臺山) 28
굴도(屈島) 35
굴신포(屈伸浦) 33
굴포(屈浦, 堀浦) 33, 92
굴항(屈項) 33
궁한령(弓漢嶺) 99
궁한촌(弓漢村) 90
권덕례(權德禮) 122
권실(權實) 419
귀문관(鬼門關) 28, 98
귀암탄(龜巖灘) 31
극성(棘城) 267
근극산(勤克山) 80
근선부와(勤善富窩) 79
금가하(金家河) 290
금강굴(金剛窟) 28
금강산(金剛山) 67, 268

금당(金塘) 48
『금사(金史)』 18, 170, 227
금산(禁山) 30
금석산(金石山) 225, 261, 262
금성(金城) 23, 67
금우동(金牛洞) 273
금주(金州) 189, 267, 300, 357, 365
금주(錦州) 189, 193, 197, 201, 202, 243, 247, 261, 273, 300, 313
금창령(金昌嶺) 22, 65
금현(錦縣) 193, 201, 202, 205, 294, 299, 333
기도구미(碁道仇味) 33
기린산(麒麟山) 22, 64, 66, 67
기연현(岐淵縣) 85
기운산(起雲山) 27
기자(箕子) 164, 190, 264, 287, 363
기주(冀州) 172, 190, 197, 201, 203, 207, 215, 218, 246, 275
기죽령(騎竹嶺) 64, 67
길림(吉林) 25, 139
길림봉(吉林峯) 293
길림오라(吉林烏喇) 291
길성현(吉城縣) 91
길주(吉州) 22, 34, 63~65, 90, 91, 94, 96, 100, 104, 107, 112, 117, 125, 127~130, 147, 149, 150
김경눌(金景訥) 116
김경문(金慶門) 18, 74, 75
김경복(金景福) 120
김광우(金光雨) 371, 373, 377
김금이(金金伊) 116
김기홍(金起洪) 70
김범(金範) 128
김사우(金思佑) 125
김사주(金嗣周) 123
김삼량(金三兩) 118
김석주(金錫胄) 367
김성필(金成必) 412

김수(金璲) 119
김수(金鉄) 121
김수문(金秀文) 115
김양곶(金良串) 35
김여백(金汝白) 426
김여옥(金汝玉) 418
김연덕(金連德) 31
김연지(金鍊之) 433
김우서(金禹瑞) 122
김우추(金遇秋) 117
김응헌(金應憲) 74
김응헌(金應瀗) 18
김이정(金利正) 424
김인존(金仁存) 102
김정국(金定國) 115
김정희(金正喜) 355
김종서(金宗瑞) 54, 104, 106, 107, 114, 118, 131
김준민(金俊民) 126
김진경(金震經) 120
김진규(金鎭圭) 20, 76
김창업(金昌業) 268, 269, 329
김태흥(金泰興) 410
김한충(金漢忠) 100
김홍달(金弘達) 121

■ ㄴ ■

나단산(羅端山) 30, 32
나덕헌(羅德憲) 239, 342
나사종(羅嗣宗) 115
나선국(羅先國) 137
나선동(羅善洞) 404, 415
나선(羅先) 52, 136
나안도(羅安島) 34
나암(蘿巖) 282
나치단(羅治端) 34
나한동(羅漢洞) 268
나현(羅峴) 28

낙랑현(樂浪縣) 288
낙림산(樂林山) 67
낙정현(樂亭縣) 299
난도(卵島) 33
난석촌(亂石村) 281
난주(灤州) 299
난하(灤河) 160, 208, 308
남구만(南九萬) 90, 95, 109
남대천(南大川) 81
남돌 올적합(南突兀狄哈) 113
남라이포(南羅耳浦) 80
남산검동(南山劍洞) 133
남산(南山) 31
남산천(南山川) 31
남조(南詔) 291
남증산(南甑山) 24, 68, 69, 82
납법참(拉法站) 42, 142
납서령(拉西嶺) 42, 141
납진와집(納秦窩集) 79
낭랑정(娘娘頂) 275
낭보야은두(浪甫也隱豆) 124
낭복아합(浪卜兒哈) 124
낭성포(浪城浦) 147
낭야(瑯邪) 300
내주(萊州) 301
노구산(蘆丘山) 33
노룡두(老龍頭) 259
노룡새(盧龍塞) 208
노리현(老里峴) 97
노윤적(路允迪) 295
노은동산(蘆隱洞山) 30
노은산(蘆隱山) 82
노적구미(露積仇味) 34
노전항(蘆田項) 95
노차(虜車) 52, 136, 137
노토(老土) 108, 127
노하(潞河) 220, 221, 297, 299
녹도(鹿島) 117; 녹둔도(鹿屯島) 49, 116
녹야(鹿野) 94

녹야현(鹿野峴) 30
녹양현(綠揚峴) 113
「논행성사진소(論行城四鎭疏) 104
농경동천(農畊洞川) 33
『농포지도(農圃地圖)』 62
농포천(農圃川) 32
누르하치[老羅赤, 老乙加赤] 56, 61, 129, 132, 133, 134, 135
눌음(訥陰) 17
눌음하(訥陰河) 17, 73, 77
늑극산(勒克山) 25, 71
능각석(菱角石) 284

■ ㄷ ■

보사(多甫社) 89
다보회산(寶多會山) 30
다온평(多溫平) 94
단곡(端谷) 87
단시(單市) 143
단천(端川) 21, 34, 55, 63, 65, 89, 100, 104, 112, 122, 127, 149, 150
단천부(端川府) 65
달단(韃靼) 234
달달(達達) 132
달문지(達門池) 16, 62
답동(沓洞) 290
답동하(沓洞河) 290
당문(唐文, 堂文) 86
『당서(唐書)』 161, 193, 194, 217, 275, 286, 329, 334, 345
대각봉(大角峯) 20, 68, 82
대강(大江) 286
대강단(大江端) 35
대구미(大仇味) 34
대눌음하(大訥陰河) 17, 77
대도하(大渡河) 290
대동강(大同江) 67, 208, 227, 288
대량수(大梁水) 284, 291

대량화(大良化) 92
대령(大嶺) 97
대령사(大靈寺) 265
대릉하(大陵河) 200~202, 294
대막(大漠) 192, 275, 277, 295
『대명일통지(大明一統志)』 168, 169, 197, 217, 231, 252, 253, 322, 345, 346
대문령(大門嶺) 22, 65, 88
대안사(大安寺) 268
대암(臺巖) 126
대요수(大遼水) 293
대인선(大諲譔) 170
대천(大川) 27, 28, 81
대청산(大靑山) 277
『대청일통지(大淸一統志)』 231, 271, 360
대총강(大總江) 286
대택(大澤) 60, 62, 68, 69, 71~73, 80
대토우(大土宇) 110
대통하(大通河) 297
대편봉(大編峯) 26, 52, 78
대회두(大會頭) 408, 421
덕령진(德寧鎭) 86
덕릉(德陵) 23, 66, 94
덕만동(德萬洞) 27
덕명(德明) 31
덕산(德山) 22, 65
덕원(德原) 60, 67, 85, 86, 95, 96, 100, 133, 147
덕원부(德源府) 67, 85, 133
덕통(德通) 382, 383
도곤(都昆) 109, 127
도도(島島) 35
도련포(都連浦) 97
도봉산(道峯山) 158, 269, 270
도안진(道安津) 35
도원거(桃源居) 49
도조(度祖) 13, 32
도화동(桃花洞) 271
도회두(都會頭) 408, 413, 414

독곶(督串) 33
독구미(獨仇味) 34
독락사(禿樂寺) 330
독로강(禿魯江) 25, 71, 286
독로올(禿魯兀) 89, 112
독로올 맹안(禿魯兀猛安) 112
독산사(禿山社) 87
돌욕(突欲) 271
동가강(佟家江) 14, 51, 69, 73, 140, 141, 286, 357, 359
동건(童巾) 70
동건강(童巾江) 286
동건산(童巾山) 30
동경총관부(東京總管府) 165
동관(潼關) 36, 131
동관진(潼關鎭) 122
동관천(潼關川) 31
『동국여지승람(東國輿地勝覽)』 231
동녕부 267
동랑산(冬郎山) 29
동량동(東良洞) 127
동량(東良) 92, 111
동량북(東良北) 124
동량하(東梁河) 291
동록현(東鹿縣) 297
동림산(東林山) 31
동림성(東林城) 113
동맹가첩목아(童孟哥帖木兒) 93
동명왕(東明王) 88
동모산(東牟山) 110
동산(董山) 134
동석(動石) 280, 284
동여진(東女眞) 97, 98, 111
동이(東夷) 276
동인국(董仁國) 128
동인(同仁) 130
동인보(同仁堡) 64
동진국(東眞國) 102
동창(童蒼) 54, 125

동천(東川) 29
동팔참(東八站) 188, 236, 263, 291
동평군(東平郡) 164, 168, 170, 191
동해(東海) 113
동화이치[佟火儞赤] 124
『동환록(東寰錄)』 353, 355
두도이(豆島伊) 35
두룡이현(豆龍耳峴) 95
두류산(豆流山) 22, 65
두리산(豆里山) 21, 22, 63, 64, 65, 71
두만강(豆滿江) 13, 16, 48, 60, 64, 65, 68~71, 73, 78, 80~82, 100~102, 104, 105, 107, 108, 112~114, 126~130, 134, 138, 140, 144
두만 맹안(豆漫猛安) 113
두지동(杜芝洞) 404, 413
두호(頭戶) 38
둔전(屯田) 49
등래(登萊) 299, 300
등래군(登萊郡) 300
등무실(滕茂實) 295
등운봉(騰雲峯) 284
등주(登州) 84, 86, 301, 343

■ ㅁ ■

마감(馬鑑) 125
마구리(馬仇里) 127
마구미(馬仇味) 34
마니응개(亇尼應介) 116, 117
마량도(馬良島) 34
마련하잡로(馬連河卡路) 42, 141
마록포(馬鹿泡) 404
마산(麻山) 213
마운령(摩雲嶺) 14, 22, 65, 89
마유령(馬乳嶺, 馬踰嶺) 22, 63, 66, 67
마유(馬踰) 63
마을우(亇乙于) 108, 127
마자수(馬訾水) 286, 289

마전도(麻田島) 33
마전동(麻田洞) 119
마천령(摩天嶺) 14, 22, 65, 147
마행일(馬行逸) 408, 443
마흘(馬屹) 149
막리지(莫離支) 292
만두불(漫豆弗) 98
만령(蔓嶺) 65
만리장성(萬里長城) 97, 205, 246, 257, 326, 327
만만(滿萬) 302
만불각(萬佛閣) 268
만사봉(萬獅峯) 27
만송사(萬松寺) 281, 283
만수산(萬壽山) 31
만조(蠻詔) 290
만호(萬戶) 70
말갈(靺鞨) 106, 110, 286, 289
말수(末守) 148, 149
망덕산(望德山) 62
망천후(望天吼) 75
망해대(望海臺) 258, 259
매성(妹城) 85
맹가(孟哥) 93, 103, 104, 131
맹산(孟山) 63
맹안(猛安) 90, 112
맹안천(猛安川) 112
명간천(明澗川) 28
명덕(名德) 66
『명사(明史)』 234
명안객라산(明安喀喇山) 294
명원역(明原驛) 91
명주(溟洲) 98
명천(明川) 22, 27, 29, 34, 55, 64, 91, 100, 127, 129, 135, 147~149
명천주(明川州) 91
명천현(明川縣) 91
명해(溟海) 210, 299
명효사(明孝社) 86

모련위 올량합(毛憐衛兀良哈) 124
모로(毛老) 127
모문룡(毛文龍) 204, 205, 227
『모시정의(毛詩正義)』 211
모용외(慕容廆) 164
목극등(穆克登) 18, 68, 73~76
목남(木男) 148, 149
목랑고(木郞古) 91
목조(穆祖) 13, 31, 48
목진(木津) 34
몽골[蒙古] 133, 135, 293, 294, 297, 301, 303
몽라골령(蒙羅骨嶺) 91, 99
몽상단(夢尙端) 34
몽염(蒙恬) 242, 277
무검대(舞劍臺) 279, 281
무계(武溪) 148
무계진(武溪津) 34
무령현(撫寧縣) 159, 206, 207, 209, 252, 275, 299
무묘(武廟) 209, 322
무산(茂山) 33, 43, 62~64, 67~70, 74, 78, 81, 82, 95, 108~110, 127, 128, 129, 408, 415, 418
무산담(茂山潭) 29
무산령(茂山嶺) 22
무산부(茂山府) 16, 62
무성령(茂城嶺) 25, 71
무수암(無水巖) 34
무순(撫順) 172, 189, 234
무을계(無乙界) 111
무이보(撫夷堡) 48, 115
무창(茂昌) 130, 327, 328
무창현(茂昌縣) 286
문경묘(文景廟) 160, 318, 319
문산(文山, 汶山) 84
문새봉(文塞峯) 81
문암(門巖) 34, 56, 133, 147
문창진군(文昌眞君) 251

문천(文川) 23, 35, 60, 67, 85, 86
문필봉(文筆峯) 160, 207, 275, 276
물길(勿吉) 75, 88, 110, 138, 139, 147
물안이(物安伊) 34
미륵당(彌勒堂) 286
미륵봉(彌勒峯) 268
미소도산(尾蘇圖山) 294
미전(美錢) 36, 131
미전탄(美錢灘) 31
미조구미(彌造仇味) 33
민산(岷山) 24
민아산(岷峨山) 291
민정중(閔鼎重) 53, 137, 152
민주(岷州) 284

■ ㅂ ■

박가천(朴加遷) 111
박권(朴權) 18, 74
박내장(朴來章) 151
박달산(朴達山) 63
박달치(朴達峙) 22, 64, 66, 67
박도관(朴道貫) 143
박문권(朴文權) 416
박물지(博物志) 226, 300
박선(朴宣) 122
박심(朴深) 109
박씨(博氏) 39
박유기(朴由己) 128
박유일(朴惟一) 153
박의중(朴宜中) 103
박작성(泊灼城) 357, 360
박지술(朴知述) 126
박지원(朴趾源) 363
박충동(朴忠洞) 127
박평군(博平郡) 86
박하천(朴下川) 24, 70
박하천(朴下遷) 109
박하천(博河川, 朴河川) 30

박형(朴炯) 125
박희량(朴希亮) 126
반곡사(盤谷寺) 281
반구미(般仇味) 33
반룡산(盤龍山) 22, 65, 279
반산(盤山) 160, 279~281, 283, 284
반절대전하(半截臺前河) 290
반절대하(半截臺河) 290
반정(盤頂) 283
반천(盤泉) 282
발가토(孛加土) 144
발산사(鉢山社) 86
발십고(撥什庫) 39, 144
발우봉(鉢盂峯) 268
발차막(撥車幕) 379, 380
발천(鉢泉) 284
발합봉(鵓鴿峯) 268
발해(渤海) 110, 191, 265, 287, 288, 299, 357, 361
발해군(渤海君) 110
방균점(邦均店) 281
방령(榜令) 40
방명(方命) 79
방산(防山) 94
방성민(方城民) 415
방수(房守) 21
방원보(防垣堡) 56, 122
방하곶(方下串) 33
배따라기곡[排打羅其曲] 224
백기보(白旗堡) 249, 271
백덕(柏德) 19, 75
백도눌(白都訥) 25, 72
백돌(伯咄) 110
백두산(白頭山) 13, 16, 59, 60, 62, 67, 69, 71, 73~75, 78~82, 97, 129, 140, 162, 289, 302
백두산정계비(白頭山定界碑) 60, 68, 69, 74
백록강(白鹿江) 53, 137
백록동천(白鹿洞川) 29

백록산(白鹿山) 28
백사봉(白沙峯) 29, 30
백산(白山) 110, 286, 289
백산부락(白山部落) 127
백악(白岳) 63
백악산(白嶽山) 31, 32
백안수소(伯顔愁所) 92, 93
백안진(白鴈津) 35
백암성(白巖城) 230
백우정(白羽頂) 275
백운산(白雲山) 23, 66
백윤형(白允衡) 119
백이(伯夷) 161, 209, 213, 214, 304, 305, 307, 308, 311, 322, 331
백탑(白塔) 178, 292
백하(白河) 236, 290, 297
번치현(繁峙縣) 297
번포(翻浦) 33
번호(蕃胡) 78
벌가토(伐加土) 140
벌가토강(伐加土江) 69, 73, 140
벌가토리강(伐加土里江) 141
벌이(伐伊) 128
벌인(伐引) 111
범경문(范景文) 219
범찰(凡察) 131
법륜사(法輪寺) 183, 184
법흥사(法興寺) 283
벽동(碧潼) 71, 286
변언수(邊彦琇) 117
변협(邊協) 130
병목[瓶項] 98
병사봉(兵使峯) 69
병항판(瓶項坂, 幷項板) 28, 98
보고(甫古) 41
보다산(寶多山) 130
보다회산(寶多會山) 21, 63, 64, 80, 81
보동동(寶東洞) 33
보성(堡城) 55

찾아보기 659

보을하(甫乙下) 129, 135
보을하진(甫乙下鎭) 124, 134
보을하천(甫乙下川) 30
보정부(保定府) 297
보천석(補天石) 271
보청사(甫靑社) 83
보하진(甫下鎭) 296
복동(福洞) 438
복릉(福陵) 179
복주(復州) 267, 300
복주(福州) 89, 94, 100
복호봉(伏胡峯) 31
본궁(本宮) 23, 66
봉천부(奉天府) 165, 168, 174, 178, 189, 192~195, 201, 205, 286, 300
봉화산(鳳化山) 86
〈봉황산기(鳳凰山記)〉 160, 264
봉황성(鳳凰城) 160, 166, 171, 173, 187, 189, 190, 225, 228, 229, 232, 234~237, 265, 286~289, 300, 302
부가참(富家站) 92, 95
부거(富居) 36, 92, 93, 95, 103, 105, 106
부거 폐현(富居廢縣) 92
부거현(富居縣) 92
부거회수역(富居懷綏驛) 95
부계(涪溪) 94
부군산(府君山) 284
부령(富寧) 22, 29, 33, 64, 92, 95, 100, 107, 108, 109, 120, 127, 128, 147
부령부(富寧府) 64
부봉(缶峯) 25, 72, 79
부서산(浮瑞山) 27
부석방(浮石舫) 281
부여(夫餘) 287, 369
부이서동(夫伊西洞) 128
부전령(赴戰嶺) 21, 63, 66
부회환(釜回還) 93
북강(北江) 51, 140
북경(北京) 38, 78, 132, 137, 139, 140, 142, 290
북관(北關) 59, 109, 145
『북관지(北關志)』 74, 83, 100, 101, 108, 114, 147
북도(北島) 35
북도(北道) 11, 52, 108, 133, 136
북로(北路) 57, 59~62, 78, 83, 97, 103, 107, 110, 113, 142, 148
북송산(北松山) 31
북우후(北虞候) 52
북적(北狄) 136
북증산(北甑山) 24, 68, 69, 78
북청(北靑) 21, 22, 34, 63, 65, 71, 83, 89, 96, 100, 103, 104, 148
북청부(北靑府) 65, 89
북평사(北評事) 13, 20
분계강(分界江) 24, 51, 69, 73, 78, 79, 82, 140
분두발고(分頭撥庫) 39
분수령(分水嶺) 22, 64, 67, 68, 75
불저(佛沮) 110
비검천(飛劍川) 286
비국당상(備局堂上) 20
비로봉(毘盧峯) 280
비비수천(飛飛水川) 81
벼열홀군(比列忽郡) 84
비열홀성(比列忽城) 84
비열홀주(比列忽州) 84

■ ㅅ ■

사도(沙島) 35
사도하(士都河) 297
사동(寺洞) 129
사령참(沙嶺站) 42, 142
사모봉(思母峯) 26, 79
사송아(沙送阿) 116
사시(私市) 41
사오이동(沙吾耳洞) 111, 126

사을포(射乙浦) 34
사자봉(獅子峯) 268
사정산(四正山) 279
사지촌(社地村) 82
사초하(蛇梢河) 290
사포진(射浦津) 34
사하동천(斜下洞川) 27
사하보(沙河堡) 268, 336
사향교(思鄕橋) 295
『삭방기(朔方記)』 62, 68, 69, 72, 73, 81, 83, 101, 102, 137, 138
삭방도(朔方道) 98
삭정군(朔庭郡) 84
삭주(朔州) 25, 71, 85
산동(山東) 271, 299
산동군(山東郡) 300
산보(山堡) 55
산성천(山城川) 33
산양회(山羊會) 71, 286
산정할(山頂割) 72
산해관(山海關) 41, 139, 159, 160, 173~176, 188, 189, 192, 193, 197, 201, 204, 206, 208, 216, 219, 229, 238~243, 245, 255~258, 269, 273, 275, 277, 278, 290, 299, 300, 302, 314, 318, 326, 327, 335~338
살목선산(撒木禪山) 291
살아호(薩兒虎, 薩爾虎, Sarhū) 172, 174
삼가(三加) 65
삼가령(三嘉嶺) 22
삼각산(三角山) 269
삼강진(衫舡津) 34
삼관문(三關門) 87
『삼국지(三國志)』 253
삼근이(三斤伊) 34
삼대봉(三臺峯) 268
삼덕산(三德山) 24
삼도구(三道溝) 418
삼동(三洞) 381

삼만위(三萬衛) 88
삼봉(三峯) 81
삼봉도(三峯島) 49
삼봉평(三峯坪) 131
삼분하(三坌河) 192, 199, 293
삼산(三山) 30
삼산덕(三山德) 69, 81
삼산덕창(三山德倉) 27, 52
삼산 맹안(參散猛安) 112
삼살(三撒) 89, 103
삼삼파(森森坡) 36
삼성(三姓) 72, 139, 140
삼수(三水) 66, 71, 74, 90, 129, 130, 414
삼수 폐현(三水廢縣) 130
삼지(三池) 69, 81, 82
삼차하(三叉河) 230
삼하현(三河縣) 160, 212, 217, 218, 281, 297
삼한(三漢) 375, 380~382
삼한강(三漢江) 51, 140
삼한수(三漢水) 42, 138
삼해양(三海洋) 90
상가(霜加) 65
상가하(常家下) 111, 113
상검산(上劍山) 22
상검(上劍) 63
상고진(上古津) 34
상동량(上東良) 111
상룡산(翔龍山) 230, 264
상방사(上方寺) 283
상음(霜陰) 85
상포진(床浦津) 33, 34
상협봉(上夾峯) 268
새음고눌하(賽音庫訥河) 25, 72, 73
색구미(色仇味) 34
생격전자(生格甸子) 42, 141
생여진(生女眞) 83, 111
생천(栍川) 87
서가선(西加先) 127
서강(西江) 286

찾아보기 661

서곡(瑞谷) 85
서달(徐達) 241, 258
서대동수(西帶洞水) 81
서라성(西羅城) 49
서로(西路) 97
서반(序班) 125
서북보(西北堡) 128
서북천(西北川) 24, 30, 69, 81
서수(徐邃) 153
서수라(西水羅) 33, 115
서안평(西安平) 289
서여진(西女眞) 98, 111
서예원(徐禮元) 126
서운관(棲雲觀) 283
서원산(書院山) 276
서을이령(鉏乙耳嶺) 24
서웅거(鉏應巨) 128
서자(書字) 39
서출령(西出嶺) 26, 69
서출령비(西出嶺碑) 69
서풍천(西豐川) 31
서해(西海) 286, 299
서해평(西海坪) 109
서호정(西湖井) 268
서희(徐熙) 97
석도(石島) 35
석동(石洞) 268
석막(石幕) 92, 93, 105
석막산(石幕山) 29
석불암(石佛巖) 268
석진(石嗇) 215, 295
석하(石河) 243, 278, 335
〈석하교기(石河橋記)〉 160, 335
선덕(宣德) 97
선덕관(宣德關) 98
선동수(扇洞水) 25
선사대(先師臺) 279
선석대(仙石臺) 283
선석령(仙石嶺) 284

선성(鄯城) 42, 51, 102, 133, 136, 137, 141
선우(單于) 301
선위(宣威) 87
선인교(仙人橋) 281
선인대(仙人臺) 268, 345, 346
선인암(仙人巖) 271
선인정(仙人頂) 275, 276
선인혁기(仙人奕碁) 268
『선전습유(仙傳拾遺)』 213
선춘령(先春嶺) 14, 51, 100, 101, 113, 302
선화진(宣化鎭) 91
설령(雪嶺) 21, 26, 63, 64, 69, 76, 79
설봉산(雪峯山) 67
설열우(薛列宇) 66
설이령[鉏乙耳嶺] 71
설한령(雪寒嶺) 25, 66, 71
설한현(薛寒縣) 85
섭정왕(攝政王, 도르곤) 337
섭하(涉何) 288
성경(盛京) 139, 160, 165, 357, 367
『성경지(盛京志)』 359
성국(盛國) 110
성동하(城東河) 297
성수하(星宿河) 68
성진(城津) 14, 34
성진진(成津鎭) 91
성천(城川) 30
성천강(城川江) 65, 66
성토동(星洞) 26
성토동(星兔洞) 79
세곡(細谷) 93
세곡천(細谷川) 30
세천보(細川堡) 122
세포(細浦) 34
소관(蕭關) 301
소눌음하(小訥陰河) 17, 77
소다로(蘇多老) 94, 95, 103, 104
소릉(昭陵) 179
소릉하(小凌河) 202, 247, 248, 294

소림사(小林寺) 282~284
소모산(小毛山) 277
소무(蘇武) 222
소백산(小白山) 19, 21, 63, 75, 80
소서강(小西江) 286
소암(嘯巖) 122
소장령(小長嶺) 289
소증산(小甑山) 31
소파온 고성(所波溫古城) 91
소풍산(小豐山) 29
소하강(蘇下江) 16, 50, 74, 100, 101
속고내(速古乃) 124
속말(粟末) 110
속말말갈(粟末靺鞨) 110
속평강(速平江) 74, 112, 113
손보새(孫保塞) 98
손의치(孫依峙) 135
손효은(孫孝恩) 131
송개랑강(宋改郞江) 136
송고포(松古浦) 34
송골산(松鶻山) 261
송도진(松島津) 35
송령문(松嶺門) 294
송문(松門) 268
송산(松山) 160, 185, 201~203, 247~249, 295
송산보(松山堡) 357, 365
송석병(松石屛) 268
송진명(宋眞明) 21, 74
송진산(松眞山) 31
송태봉(松苔峯) 268
송화강(松花江) 74
송희미(宋希美) 118
수경봉(潄瓊峯) 268
『수경주(水經注)』 169, 252, 345, 346
수고(愁古) 131
수락산(水落山) 264
수루하(水壘河) 294
수리단(愁裡端) 33

수빈강(愁濱江) 32
수성(輸城) 92
수주(愁州) 93
숙릉(淑陵) 23, 67
숙신(肅愼) 60, 83, 84, 110
숙신씨(肅愼氏) 60, 83
숙여진(熟女眞) 84, 111
숙원봉(宿猿峯) 280
숙제(叔齊) 161, 209, 304, 305, 307, 308, 311, 322
숙종(肅宗) 18
숙주(肅州) 284
순릉(純陵) 22, 65
순영(巡營) 40
순지(蓴池) 49
순체(荀彘) 288
숭산(崇山) 28
습군(霫郡) 296
승람(勝覽) 80
시리(施利) 89
시리(時利) 89
시반(時反) 94
시배(施培) 55, 127
시전(時錢) 116
신갈파[新加乙坡] 71
신도(薪島) 35
신립(申砬) 119, 120, 122
신무어구미(新無於仇味) 33
신방기(新房基) 33
신상절(申尙節) 120
신숙주(申叔舟) 125
신여철(申汝哲) 83
신점(新店) 274, 332
신주(神州) 274
신진(新津) 33, 34
신질동진(新叱同津) 33
신태(辛太) 413
실린 고성(實隣古城) 113
실승사(實勝寺) 185

찾아보기 663

실안춘 맹안(實眼春猛安) 112
심덕부(沈德符) 88
심양(瀋陽) 41, 132, 133, 138, 139, 165, 167, 172~175, 178, 187, 188, 192, 194, 198~200, 203, 205, 209, 229, 236, 238, 239, 240, 250, 255, 260, 266, 273, 290, 293, 294, 301, 303, 305, 316, 317, 332, 333, 340, 341~344
심주(瀋州) 175, 301
심채구미(沈菜仇味) 34
심처(深處) 118
십삼산(十三山) 160, 201, 272, 273
〈십삼산기(十三山記)〉 160, 272
십이구하(十二溝河) 80
십이도구(十二道溝) 286
십이도구하(十二渡溝河) 71, 80
싯간[時叱間] 89
쌍가령(雙加嶺) 65
쌍개(雙介) 29
쌍계산(雙溪山) 29
쌍성(雙城) 86, 88, 102, 103, 106
쌍성총관부(雙城摠管府) 86
쌍시(雙市) 39, 140, 144
쌍정(雙井) 268
쌍포(雙浦) 149

■ ㅇ ■

아간천(阿澗川) 28
아골타(阿骨打) 111, 296
아라손참(阿剌孫站) 113
아목라 당괄(阿木剌唐括) 113
아미소참(蛾眉所站) 42, 142
『아방강역고(我邦疆域考)』 357
아사 맹안(阿沙猛安) 112
아산(阿山) 93, 117, 118, 121
아산보(阿山堡) 118
아세아주(亞細亞洲) 274
아야고강(阿也也江) 16, 70

아야고하(阿也也河) 74
아양관산(我羊串山, 峨羊串山) 32, 49, 80
아오지(阿吾地) 100, 116
아오지보(阿吾地堡) 49, 94, 115
아이진(阿耳鎭) 286
아적랑귀(阿赤郞貴) 113
아적랑이(阿赤郞耳) 111
악국벽탑(鄂國甓塔) 357, 369
악라사(鄂羅射) 173, 174, 188
악림산(樂林山) 23
악진(岳鎭) 18
안거골(安車骨) 110
안동도호부(安東都護府) 164
안두리부락(安豆里部落) 120
안릉(安陵) 13, 23, 66, 94
안변(安邊) 22, 35, 60, 64, 67, 68, 84~86, 94~97, 111, 113, 133, 147, 148
안봉룡(安鳳龍) 425
안북부(安北府) 96
안시성(安市城) 230, 265
안원(安原) 117, 119, 120
안원보(安原堡) 70, 118
안원천(安原川) 32
안정복(安鼎福) 359
안춘(眼春) 113
안평성(安平城) 289
알동(斡東) 13, 112
알목하(斡木河) 93, 103, 104, 131
알타리(斡朶里) 93, 103, 112, 114
알타리 두만(斡朶里豆漫) 112
암림곶(暗林串) 286
암명산(巖明山) 30
압강탄(壓江灘) 31
압록강(鴨綠江) 13, 16, 60, 66, 67, 71, 72, 74, 77, 80, 81, 97, 104, 113, 129, 130, 159~161, 164, 173, 195, 196, 222, 225, 227, 229, 231, 235, 236, 255, 261~263, 265, 267~269, 286~290, 300, 339, 341, 359

압록수(鴨綠水) 289
애수진성(隘守鎭城) 86
애아구(崖兒口) 295
애하(靉河) 188, 229, 287, 357, 362
액아목참(厄阿木站) 142
액혁눌음(額赫訥陰) 77
앵가석(鸚哥石) 268
야랑성(也郞城) 95
야인(野人) 60, 110, 111, 124, 130, 302
약수덕(藥水德) 129
약수덕부락(藥水德部落) 130
양갑석(晾甲石) 279, 280, 282, 284
양계현(梁繼玄) 121
양계홍(梁繼洪) 94
양대수(楊大樹) 117
양도(兩島) 34
양도성(梁道城) 34
양만춘(梁萬春) 34
양만춘(楊萬春) 230, 231, 329
양명순(襄命純) 133
양복(楊僕) 288
양사복(梁士福) 94, 121
양사의(梁士毅) 119
양사준(梁士俊) 122
양사홍(梁士洪) 121
양암진(兩巖津) 34
양영만동(梁永萬洞) 29
양응전(梁應全) 131
양응창(楊應昌) 256
양인기(良人岐) 35
양정(楊汀) 125
양주(襄州) 84, 133
양집(梁諿) 129
양화진(梁花津) 34
양화진(楊花津) 34
양화평(楊花坪) 404, 415
어난리(禦亂里) 148
어니하(淤泥河) 357, 366
어대진(魚大津) 34

어라손참(於羅孫站) 50, 101
어랑리(漁郞里) 148
어랑포(漁郞浦) 36
어룡퇴(魚龍堆) 263
어면진(魚面鎭) 90
어운동천(魚雲洞川) 30
어유(魚游) 36, 129
어유간천(魚遊澗川) 28
어유소(魚有沼) 366
어은구미진(於銀仇味津) 35
어정탄(漁汀灘) 31
어즉천(魚卽川) 29
어지탄현(於支呑縣) 85
어후강(魚厚江) 111
엄명산(嚴明山) 29
여공암(呂公巖) 271
여도(女島) 35
여람(輿覽) 267
여산(廬山) 279
여순양(呂純陽, 呂洞賓) 284
여연(閭延) 71, 130, 286
여연면(閭延面) 427
여연촌(閭延村) 130
여이현(餘伊峴) 92
여주(汝州) 284, 285
『여지고(輿地考)』 61, 62, 76, 83, 97
여직(女直) 111
여진(女眞) 60, 70, 81, 83, 84, 87~100, 102, 103, 110~114, 132, 142, 287, 302
여진 야인(女眞野人) 113
여진평(女眞坪) 81
여처심처(如處深處) 116
여탑(麗塔) 50
여해부락(如海部落) 134
역수(易水) 297
역수부락(易水部落) 121
역승가(亦升哥) 124
역학(譯學) 143
연경(燕京) 141, 167, 191, 262, 270, 271,

찾아보기 665

281, 297
연마석(煉魔石) 268
연산(燕山) 212, 296, 349
연산관(連山關) 265
연수사(延壽寺) 183, 184
연수(衍水) 291
연암(蓮巖) 81
연연(蓮囦) 74
연지봉(臙脂峯) 63, 72, 80, 81, 82
연천(連川) 33
연평령(延平嶺) 267
연화봉(蓮花峯) 268, 280
연화암(蓮花巖) 81
열하(熱河) 357, 367
『열하일기(熱河日記)』 357, 363
염난수(鹽難水) 286, 289
염분구미(鹽盆仇味) 34
염성(鹽城) 40
영가참(英哥站) 50, 101
영고(永古) 36
영고탑(寧古塔) 38, 78, 79, 136, 138, 139, 140~145, 172, 174, 188, 189, 192, 193, 229
영광사(永光寺) 183, 184
영길주(永吉州) 286
영남(嶺南) 23, 67
영달(永達) 122
영달보(永達堡) 121
영동(嶺東) 67
영릉(永陵) 179
영무당(永無塘) 34
영북(寧北) 93
영북진(寧北鎭) 92, 93, 104, 105
영수현(靈壽縣) 297
영안교(永安橋) 332
영원(寧遠) 63, 67, 78, 88, 107, 200, 311, 333
영원성(寧遠城) 204, 260, 261, 313, 315
영원위(寧遠衛) 240, 250, 260

영원주(寧遠州) 193, 299, 300
영유(永柔) 149
영인진(寧仁鎭) 85
영주(英州) 91, 99, 100
영통산(靈通山) 30
영평(永平) 91, 159, 188, 194, 206~208, 216, 252, 253, 276, 299, 300, 304, 305, 307~309, 311, 322, 348, 349
영평산(永平山) 27
영흥(永興) 22, 63, 66, 86~88, 95
영흥가진(永興加津) 35
예맥(濊貊) 369
예원군(預原郡) 87
예원 폐현(預原廢縣) 87
예주(預州) 87
오갈암(烏碣巖) 56, 133, 134
오경헌(吳慶獻) 153
오국성(五國城) 296
오동참(吾童站) 101
오라(烏喇, Ula) 17, 71~74, 79, 80, 136, 138~146, 172, 174, 187~189, 291~293, 306, 337
오로량(吾老梁) 25, 71
오롱소 맹안(吾籠所猛安) 113
오롱초(吾弄草) 93
오룡강(烏龍江) 42, 138
오룡천(五龍川) 31, 32
오림금촌(吳林金村) 89
오모소리(吾毛所里) 41, 138, 140, 141
오목륜하(敖木倫河) 294
오박(吳珀) 131
오방두호(五房頭戶) 39
오배(鰲拜) 247
오봉(五峯) 275
오봉산(五峯山) 30, 275
오산(鰲山) 29
오삼계(吳三桂) 241~244, 247~249, 251, 255, 256, 335~338
오시천(五時川) 19, 74

오씨천(吳氏川) 286
오씨천동(吳氏川洞) 81
오악(五岳) 18
오연총(吳延寵) 98
오을매(於乙買) 85
오음회(吾音會) 93
오이후강(於伊後江) 70
오장참(吾章站) 50
오질포(五叱浦) 34
오촌(吾村) 36, 128
오한춘(吳漢春) 120
오형(吳亨) 116
오호도(嗚呼島) 300
오후청(五侯鯖) 214
옥강리(玉江里) 97
옥계촌(玉鷄村) 404, 415
옥문관(玉門關) 301
옥석장(玉石莊) 281
옥저(沃沮) 369
옥전(玉田) 159, 209, 211~215, 253, 295, 349, 351
옥천동(玉泉洞) 81, 128
옥황각(玉皇閣) 268
온성(穩城) 22, 33, 42, 60, 65, 69, 70, 82, 94, 96, 107, 108, 117, 119, 120~122, 131, 138, 144, 145, 147
온성부(穩城府) 65, 121
온정평(溫井坪) 225
올라성(兀剌城) 267
올라 총관(兀剌摠管) 18
올라하(兀喇河) 73
올량합(兀良哈) 54, 113, 124, 125
올아홀리 맹안(兀兒忽里猛安) 112
올적합(兀狄哈) 93, 103, 113, 131
옹동산(翁同山) 284
옹북하(甕北河) 289
와가창(瓦可倉) 27, 52, 78
와상봉(臥象峯) 268
와암(臥巖) 28

완방정(玩芳亭) 277
완시자문(完市咨文) 38
완안(完顔) 93
완항령(緩項嶺) 63, 81
왕검(王儉) 288
왕박(王樸) 248
왕보태(王保太) 432
왕사진(王士禛) 16, 61, 76
왕숭로(王崇老) 118
왕양춘(王陽春) 404, 422
왕청(王淸) 229, 383, 384
외공험진(外公嶮鎭) 50
요덕진(耀德鎭) 87
요동(遼東) 91, 102, 134, 157, 164, 267, 274, 288, 292, 293, 300~302
요동성(遼東城) 164, 291
『요사(遼史)』 170, 273, 357, 360
요사불두(褱思弗頭) 102
요수(遼水) 110, 288, 293
요양(遼陽) 132, 133, 138, 260, 269~271, 273, 274, 290~292, 294, 301~303, 357, 364
요양로(遼陽路) 165, 192
요양부(遼陽府) 165
요양성(遼陽城) 235, 269
요양주(遼陽州) 165, 287
요양현(遼陽縣) 165, 168
요좌(遼左) 194, 209, 265, 268, 270, 300
요하(遼河) 96, 162, 173, 189, 190~192, 194, 196, 259, 263, 271, 288, 290, 291, 292, 306
요해(遼海) 299, 327
용강(龍江) 151
용담(龍潭) 280, 284
용당(龍堂) 32
용만(龍灣) 225, 289
용봉산전하(龍鳳山前河) 290
「용비어천가(龍飛御天歌)」 90, 102
용성(龍城) 85, 92, 94, 105, 106, 148

찾아보기 667

용성사(龍城社) 85
용성천(龍城川) 92
용성천(龍成川) 28
용의치(容依峙) 135
용제포(龍臍浦) 33
용주(湧州) 85
용진 폐현(龍津廢縣) 85
용진현(龍津縣) 102
용천사(龍泉寺) 268, 269
용흥강(龍興江) 66
우거(右渠) 288
우당사(祐唐寺) 280
우롱(于籠) 91
우모령(牛毛嶺) 188, 268, 287
우북평(右北平) 195, 207, 208, 252, 253, 301, 307, 349
우솔리등등기(寓率里登登磯) 139
우예(虞芮) 71, 286
우집구자(寓集口子) 42, 141
우화천(于禾川) 28
운가위천(雲加委川) 29
운두성(雲頭城) 54, 93, 125
운룡(雲龍) 24
운룡산(雲龍山) 29
운림진 고성(雲林鎮古城) 86
운봉산(雲峯山) 28
운선구미(運船仇味) 34
운조사(雲罩寺) 279, 280, 281, 283
운주산(雲住山) 28
운중(雲中) 296
운총(雲寵) 64, 71, 129
운화(雲化) 27
울을지내적(亐乙只乃赤) 118
울지개(亐知介) 116, 119
웅상진(雄尙津) 33
웅악(熊岳) 300
웅정필(熊廷弼) 166, 199, 200, 256, 261, 291
웅조구미(雄造仇味) 35
웅주(雄州) 90, 91, 100

웅주성(雄州城) 91
원곡현(原谷縣) 85
『원사(元史)』 214
원산(圓山) 27, 30, 93
원산(黿山) 29
원성(原城) 87
원숭환(袁崇煥) 204, 205, 243, 260, 261
원응태(袁應泰) 167
원주(原州) 284
원흥(元興) 87, 97
원흥진(元興鎭) 87
원희(元熹) 120, 122
월광도(月光島) 35
월봉(月峯) 274
월아봉(月芽峯) 268
『위략(魏略)』 357, 364
위만(衛滿) 288, 289
『위서(魏書)』 357, 363
〈위원대기(威遠臺記)〉 160, 256
위원대(威遠臺) 258
위원(渭原, 渭源) 25, 71, 286
위원보(威遠堡) 173
위자욕(葦子峪) 291
위화도(威化島) 286
유대하(劉大夏) 238
유동(有洞) 93
유선참(留善站) 50, 101
유성(柳城) 357, 370
유성룡(柳成龍) 106
유성(庾誠) 101
유성운(劉成云) 430
유소(柳韶) 97
유영(兪瑩) 98
유우석(劉禹錫) 223
유원(柔遠) 36, 94, 121
유인우(柳仁雨) 103
유전탄(柳田灘) 31
유정(劉綎) 238, 262, 338
유종원(柳宗元) 223

유주(幽州) 270, 275
유중영(柳重榮) 118, 119
유진(楡津) 33
유천(柳川) 140
〈유하교기(柳河橋記)〉 160, 332
유혁연(柳赫然) 108
육산(六山) 271
육진(六鎭) 21, 51, 79, 106~108, 110, 135, 138, 145, 150
윤관(尹瓘) 50, 89, 90, 91, 94, 98~101
윤담(尹湛) 123
윤승훈(尹承勳) 129
윤안성(尹安性) 122
윤정기(尹廷琦) 353
윤탁연(尹卓然) 149, 150
율보리(栗甫里) 119, 122
읍루물길(挹婁勿吉) 88
읍천(邑川) 66
응곡(鷹谷) 123
응봉(鷹峯) 22, 65
의릉(義陵) 22, 65
의무려산(醫巫閭山) 160, 161, 173, 179, 197, 239, 269~273, 275, 277, 365
〈의무려산기(醫巫閭山記)〉 160, 270
의주(宜州) 85, 100
의주(義州) 25, 71, 97, 158, 294
의주부(義州府) 286
의천(宜川) 85
이경록(李景祿) 116, 117
이괄(李适) 129, 151
이극선(李克善) 123
이기수(李麒壽) 153
이단하(李端夏) 61, 83, 132, 152
이대재(李大才) 26, 79
이덕희(李德禧) 442
이도구하(二度溝河) 25
이도정(二道井) 272, 334
이도종(李道宗) 232
이란두만(移蘭豆漫) 112

이릉(李陵) 222, 313
이림거(尼林車) 125
이만주(李滿住) 54, 125, 366
이만천(李晩天) 109
이목(李牧) 245
이몽서(李夢瑞) 117
이미(李美) 276
이박(李璞) 120, 123
이백경(李白慶) 118
이병(梨柄) 86
이봉수(李鳳壽) 119
이봉수(李鵬壽) 148, 153
이빈(李薲) 126
이사산(伊沙山) 80
이사증(李思曾) 115, 117
이서참(伊西站) 42, 142
이서팔(李瑞八) 412
이선부(李善溥) 18, 74
이성량(李成梁) 164, 198
이성윤(李成允) 447
이수산(李壽山) 103
이수일(李守一) 129
이순신(李舜臣) 49, 116, 117
이시(利施) 127
이시애(李施愛) 88, 89, 91
이식(李植) 151
이여발(李汝發) 144
이여송(李如松) 198, 312
이염(李琰) 129
이영심(李永深) 122
이우춘(李遇春) 120
이원(利原) 22, 34, 65, 89, 112, 118
이원배(李元培) 147
이위공(李衛公, 李靖) 281
이윤우(李潤雨) 148
이이(耳伊) 131
이이장(李彝章) 42
이이첨(李爾瞻) 151
이인로(李仁老) 119

이인복(李仁復) 103
이일(李鎰) 98, 114, 117, 126, 128
이자성(李自成) 243, 244, 249, 260, 312, 335, 336, 338
이적(李勣) 110, 232
이정암(李靖庵) 281
이제신(李濟臣) 120
이지시(李之詩) 118
이징옥(李澄玉) 130
이천(伊川) 23, 67, 123
이청아(伊靑阿) 116
이탄(伊灘) 125
이탕개(尼湯介) 119, 122, 125, 126
이판령(伊板嶺) 103
이항(李沆) 135
이확(李廓) 342
이후강(伊後江) 24
이희당(李希唐) 153
익계(翊溪) 85
익곡(翼谷) 85
익주성(益州城) 362
인구미(人仇味) 35
인수봉(仁壽峯) 270
인차외(仁遮外) 414
인출활실 맹안(紉出闊失猛安) 112
『일통지(一統志)』 16
일판문(一板門) 272, 334
임간(林幹) 98
임강대(臨江臺) 27, 78
임경번(林景藩) 116
임명천(臨溟川) 27
임석근(林碩根) 403, 410
임성동천(林盛洞川) 32
임언(林彦) 99, 100
임연수천(臨連水川) 81
임연천(臨連川) 286
임진강(臨津江) 67
임천(林川) 94
임천산(林泉山) 31

임해(任解) 131
임호범(林浩範) 411
입모봉(笠帽峯) 82
입석(立石) 103
입암(立巖) 28, 127
입암탄(立巖灘) 31

■ ㅈ ■

자가천(自可川) 286
자개봉(紫蓋峯) 279~281, 283, 284
자개수천(自開水川) 81
자래봉(自來峯) 279
자성(慈城) 71, 109, 286
자성강(玆城江) 25, 71
자성군(慈城郡) 405, 419
자연(紫淵) 30
자우(煮友) 34
자전령(慈田嶺) 25
작도(鵲島) 35
작현(鵲峴) 133
장가강(㸣㽞江) 293
장가만(張家灣) 221, 299
장격(張格) 141
장경(章京) 39, 40
장곡사(長谷社) 87
장곡 폐현(長谷廢縣) 87
장군파(將軍坡) 28
장덕산(長德山) 22, 64, 91
장동(場洞) 34
장령진(長嶺鎭) 86
장방석(帳房石) 284
장백산(長白山) 16, 64, 65, 69, 74~78, 81, 127, 160, 173, 179, 189, 245, 256, 263, 267, 271, 286, 287, 290, 326, 327, 359
장성(長城) 87, 239, 258, 277~279, 297, 300
장순(張淳) 437
장의현(張義賢) 120, 122, 123

장주(長州) 87, 99
장진(場津) 34, 66, 67, 71, 90
장진(長津) 22, 23
장진강(長津江) 66
장차(將差) 38
장춘진인(長春眞人) 283
장파(長坡) 81
장평석현(長坪石峴) 149
장학안(張學顏) 271
장항(獐項) 34
장현도(長峴島) 35
저탄(猪灘) 290
적강(狄江) 286
적도(赤島) 286
적알발(的謁發) 90
적지(赤池) 32, 33
전괘령(錢掛嶺) 22, 64, 108
전괘현(錢掛峴) 92
전반산(田盤山) 279
전백옥(全伯玉) 131
『전운시(全韻詩)』 167, 247
전진(全津) 34
전초도(全椒島) 34
『전한서(前漢書)』 217
절암(節巖) 34
점몰갈(粘沒喝) 295
접반사(接伴使) 18
정갑손(鄭甲孫) 107
정경세(鄭經世) 65
정계(定界) 13
정관유종(貞觀遺蹤) 281, 282
정광불탑(定光佛塔) 280
정기산장(靜寄山莊) 281, 282
정료도위(定遼都衛) 165
정릉(定陵) 23, 66
정문부(鄭文孚) 61, 148~153
정변진(靜邊鎭) 87
정병봉(淨瓶峯) 268
정상기(鄭尙驥) 62

정석(情石) 34
정세규(鄭世規) 109
정승파오달(政丞坡吾達) 127
정언신(鄭彥信) 116
정엽(鄭曄) 123
정원용(鄭元容) 9
정조(鄭造) 150
정주(定州) 87, 97~99, 102, 133
정천 고성(井泉古城) 85
정천군(井泉郡) 85
정충신(鄭忠信) 55, 132, 135
정평(定平) 22, 23, 35, 63, 66, 84, 87, 97, 133
정평부(定平府) 66
정현룡(鄭見龍) 149, 150
『제승방략(制勝方略)』 61, 114, 128
제왕산(諸王山) 28
제주(齊州) 278
조경(趙儆) 129
조광조(趙光祖) 124
조대락(祖大樂) 202, 312
조대수(祖大壽) 161, 202, 203, 205, 243, 260, 261, 312, 313
조백산(祖白山) 28
조사의(趙思義) 84, 87
조산보(造山堡) 115
조산(造山) 94, 115, 118
조선관(朝鮮館) 160, 316, 317
조소생(趙小生) 103
조승훈(祖承訓) 312
조양문(朝陽門) 221, 281
조양사(朝陽寺) 265
조월사(祖越寺) 268
조익(趙翼) 151, 152
조조(曹操) 197
조종계(趙宗繼) 126
조휘(趙暉) 86, 102
종성(鍾城) 22, 33, 42, 60, 65, 70, 92, 93, 96, 100, 101, 107, 113, 119~123, 125, 126,

찾아보기 671

131, 133~136, 138, 140, 144, 145, 147
종성부(鍾城府) 65, 122
주류하(周流河) 292, 294
주류하보(周流河堡) 293
주방만주(駐防滿洲) 138
주방(駐防) 165, 171, 175
주온천(朱溫川) 51, 73, 140
주을(朱乙) 128
주을온(朱乙溫) 34, 36, 128
주을온천(朱乙溫川) 29
주중겸(朱重謙) 410
주진촌(朱陳村) 49
주참(朱站) 36
죽돈(竹頓) 127
중강(中江) 287, 290
중강시(中江市) 142
중동량(中東良) 111
중봉산(中峯山) 28
중음송취(衆音松吹) 281
중회사(中會寺) 268
중후소(中後所) 250
증봉(甑峯) 26
증산현(甑山縣) 289
증지(增地) 289
지달원(池達源) 148, 153
지릉(智陵) 23, 67
『지북우담(池北偶談)』 61, 76
지항포(池巷浦) 129
직고(直沽) 297, 299
직고해(直沽海) 221, 299
직례(直隷) 188, 300
진강(鎭江) 438
진개(秦開) 363
진달(震達) 110
진덕익(陳德益) 126
진동군(鎭東軍) 87
진명성(鎭冥城) 85
진명 폐현(鎭溟廢縣) 85
진명포(鎭溟浦) 85, 147

진무양(秦舞陽) 363
진번조선(眞番朝鮮) 288
진북보(鎭北堡) 50, 101
진시황(秦始皇) 244
진용갑(陳龍甲) 102
진자점(榛子店) 357, 367
진장산(鎭長山) 68
진장성(眞長城) 81
진재동(陳財東) 427
진주지(眞珠池) 49, 80
진황도(秦皇島) 259
진희산(秦戲山) 297
징해루(澄海樓) 258, 300

■ ㅊ ■

차수고(差需庫) 41, 43
차원(差員) 20
차유령(車踰嶺) 95, 108, 109, 127, 128
차유산(車踰山) 66
착하(錯河) 297
창구미(倉仇味) 33, 34
창려현(昌黎縣) 207, 275, 276, 299, 300, 344~346
창렬사(彰烈祠) 153
『창렬사지(彰烈祠志)』 147
창명(滄溟) 279
창성(昌城) 25, 71, 188, 286
창원(昌原) 151
채규(蔡珪) 271, 273
채담(采諶) 133
척계광(戚繼光) 216
천곶(穿串) 29
천년덕(千年德) 36
천문개(天門開) 280, 284
천불봉(千佛峯) 27
천불산(千佛山) 23, 67
천산(千山) 268, 269
천상사(千像寺) 280

천상사(千相寺) 281
천상수(天上水) 72, 73, 79
천성(淺城) 84
천성사(天成寺) 281
천수(天秀) 63
천수령(天守嶺) 63
천순(天順) 54
천암(穿巖) 34
천정군(泉井郡) 85
천진(天津) 220, 299, 300
천진교(天津橋) 297
천진부(天津府) 300
천진위(天津衛) 221, 299
천척설(千尺雪) 281, 282
천평(天坪) 81, 109
천하제일관(天下第一關) 240, 302
철령(鐵嶺) 12, 22, 64, 67, 83, 102~106, 147
철비(鐵碑) 26
철원수성(鐵垣戍城) 85
철주덕(鐵柱德) 31
철포성(鐵鋪城) 404, 429
청계산(青溪山) 29
청돈대(青墩臺) 300
청량산(清凉山) 23, 67
청봉(青峯) 25, 72, 79
청산(菁山) 84
청석령(青石嶺) 159, 160, 161, 265~268
청성(青城) 295
청수량(清水梁) 286
청시(淸市) 138, 142
청암산(青巖山) 29
청절묘(清節廟) 160, 304
청정(清正) 147
청주(青州) 172, 190, 278
청주(清主) 167, 172, 178, 204, 239
청주목(清州牧) 89
청진(青津) 34
청풍대(清風臺) 160, 305, 306
청허옥우(清虛玉宇) 281

초관(草串) 117
초관당(楚冠堂) 262
초관산(草串山) 80
초도경(草島境) 33
초산(楚山) 71, 286
초원 폐성(草原廢城) 88
초하(草河) 290
초황(草黃) 63
총수(蔥秀) 230, 263
총수산(蔥秀山) 225, 263
총전령(蔥田嶺) 71
최경수(崔敬守) 131
최립(崔岦) 161, 171
최몽린(崔夢麟) 118
최배천(崔配天) 148, 149, 153
최유해(崔有海) 100
최종범(崔宗範) 401, 403, 410
최한정(崔漢貞) 115
최현(崔晛) 347
최호(崔湖) 122, 123
추도(楸島) 33, 116
추동(楸洞) 28
추성률(秋成律) 412
추연(鄒衍) 274
추진(楸津) 34
추통참(推通站) 42, 142
충상(充尙) 125
치봉(雉峯) 81
칠계군(漆溪君) 149
칠도구(七道溝) 413
칠리해(七里海) 299
칠보산(七寶山) 22, 27, 64
칠보석(七寶石) 31
칠성(七姓) 140
칠성봉(七星峯) 25, 26, 72, 79
칠포(漆浦) 34
침두강(枕豆江) 29
침봉(枕峯) 21, 63, 80, 81
침산(枕山) 27, 81

찾아보기 673

■ ㅌ ■

타락산(馳駱山) 29
타안(朶顔) 192, 302
탁도경(卓都卿) 103
탁록(涿鹿) 285
탁영천(濯纓泉) 268
탁온(托溫) 112
탁온 두만(托溫豆漫) 112
탁청(卓靑) 86, 102
탁타석(橐佗石) 281
탐주(探州) 50, 101
탑랍참(搭拉站) 42, 142
탑산(搭山) 188, 205, 247, 248, 295, 300
탕기(湯其) 131
탕참(湯站) 230
태고운람(太古雲嵐) 281
태극석(太極石) 268
태백산(太白山) 21, 63, 65, 66, 110
태신 고성(泰神古城) 91
태신(泰神) 90
태자하(太子河) 160, 161, 165, 170, 290~293, 341, 357, 364
〈태자하기(太子河記)〉 160, 291
태중상(太仲象) 110
태항산(太行山) 213, 244, 275, 277, 279
태화령(太和嶺) 296
토라산(吐蘿山) 65
토묵특(土默特) 188, 234, 294
토문(土門) 113
토문강(土門江) 18, 68, 69, 70, 74, 76, 78, 82, 174, 286
토문(土門) 113
토문 맹안(土門猛安) 113
토성촌(土城村) 83
통군정(統軍亭) 261
통주(通州) 86, 217, 280, 281, 297, 299
통태(通泰) 100

투거이(投巨伊) 126
투을지(投乙只) 123
투한교(投閑橋) 268, 284

■ ㅍ ■

파저강(婆猪江) 229, 268, 286, 289
파지(巴只) 87
파천(派川) 85
파천사(派川社) 85
파파항(琶琶項) 33
판내동(板乃洞) 418
판탕령(板蕩嶺) 65
판판구미(判坂仇味) 33
팔기(八旗) 40
〈팔도하기(八渡河記)〉 160, 289
팔하천(八下川) 30
패납이(霸納爾) 297
패수(浿水) 287, 288
팍개(愎介) 52, 140
편석암(片石巖) 268
편수(便水) 295
평강(平康) 23, 64, 67
평산(平山) 263
평양(平壤) 111, 113, 288, 291
평양성(平壤城) 170, 289
평융(平戎) 100
평주(平州) 87
평주진(平州鎭) 87
평진(平鎭) 95
폐사군(廢四郡) 25, 71, 90
폐사부(廢四部) 71
포도천(葡萄川) 286
포모산(抱慕山) 27, 81
포주강(浦州江) 54, 125
풍산(豊山) 36, 93
풍산보(豊山堡) 124, 127
풍성(豊城) 81
풍윤(豊潤) 299

풍윤현(豊潤縣)　159, 209, 210, 295, 318, 349, 350
피구미(彼仇味)　35
필가봉(筆架峯)　268
필단탄(匹段灘)　49, 80
필이한참(必爾漢站)　42, 142
필첩식(筆帖式)　39, 171

■ ㅎ ■

하가강(何可剛)　243, 260, 261
하난령(何難嶺)　22, 65
하다가사(下多家舍)　111
하동량(下東良)　111
하량(河梁)　223
하마연(下馬宴)　40
하오랑아(何吾郎阿)　116, 117
하질귀(何叱貴)　55, 131, 133
학서산(鶴棲山)　30
학성(鶴城)　26, 80
학야(鶴野)　270
학포(鶴浦)　84, 85
학포진(鶴浦津)　35
한강(漢江)　67, 290
한국화(韓國華)　96
한극함(韓克諴)　147
한기영(韓耆英)　133
한남(漢南)　23
한덕립지당(韓德立支當)　19, 75
한량(潤梁)　36
한북(漢北)　23
한산(漢山)　67
한상(韓湘)　275
한생대(汗生臺)　134
『한서(漢書)』　193, 194, 289, 293, 345, 346
한오정(韓五亭)　404, 422
한옥(韓玉)　119
한유(韓愈, 韓文公)　276, 347
한인간(韓仁侃)　148

할난(割難)　24, 69, 141
함곡관(函谷關)　105
함관령(咸關嶺)　22, 65, 84, 111
함림덕(咸林德)　32
함주(咸州)　87, 88, 98, 100, 103, 147
함흥(咸興)　21, 34, 60, 63, 65, 66, 71, 87~90, 96, 97, 100, 104
합란도 다루가치[哈闌都達魯花赤]　112
합란부(哈蘭府)　88
해관성(奚關城)　50, 102, 112, 113
해라봉(海螺峯)　268
해사강(奚斯江)　112
해서(海西)　23, 67, 70, 72, 78, 97, 98, 107, 112, 142, 151
해성(海城)　192, 300
해양(海洋)　90, 91, 112
해양 맹안(海洋猛安)　112
해정(海汀)　127
해주(海州)　267
해통(海通)　112
해통 맹안(海通猛安)　112
행산(杏山)　185, 247, 248, 295, 300
행산보(杏山堡)　357, 365
향마적(响馬賊)　417
향암사(香巖寺)　268, 269
허긍(許亘)　451
허린(許麟)　125
허수라(虛水羅)　128
허을손참(虛乙孫站)　50, 101
허재(許載)　100
허전인(許全人)　52, 140
허천강(虛川江)　24, 64, 66, 71, 286
허천부(虛川府)　89, 112
허천평(虛川坪)　83
허항령(虛項嶺)　21, 24, 63, 69, 80~82
헌보봉(獻寶峯)　268
헌황(軒皇, 黃帝 軒轅氏)　285
헐량대(歇凉臺)　268
헐연평(歇然坪)　127

찾아보기　675

헐평(歇坪) 127
현공석(懸空石) 281, 283
현덕진(顯德鎭) 87
현도(玄菟) 173, 190
현도군(玄菟郡) 169, 173
현성(縣城) 50, 56, 101, 102, 133
현충사(顯忠祠) 153
「현충사지(顯忠祠志)」 147
혐진 올적합(嫌眞兀狄哈) 113
협고아(挾庫阿) 17
형제암(兄弟巖) 29
혜산(惠山) 24, 27, 71
혜산강(惠山江) 286
혜산보(惠山堡) 81
혜산진(惠山鎭) 129
혜아산(惠我山) 31
혜인사(慧因寺) 280
호남(湖南) 24, 67
호서(湖西) 24, 67
호선동(虎扇洞) 26, 72, 79
호선동수(虎扇洞水) 72, 79
호시(互市) 142
호실(號室) 110
호타하(滹沱河) 297
호포(狐浦) 85
호해(胡亥) 245
혼동강(混同江) 16, 52, 72~74, 77, 84, 111, 140, 173, 191, 192, 290
혼춘(琿春) 60, 136, 137, 138, 141, 144
혼하(渾河) 170, 173, 179, 220, 290, 291, 293~295, 297, 315, 317, 341, 357, 369
홀라온(忽剌溫) 55, 126, 130, 133
홀온(忽溫) 131, 133
홀온 개시(忽溫開市) 142
홍경모(洪敬謨) 155
홍긍(洪肯) 88, 112
홍긍 맹안(洪肯猛安) 112
홍기영(紅旗營) 249, 300
홍기포(紅旗浦) 138

홍룡지(紅龍池) 283, 284
홍서봉(洪瑞鳳) 151
홍세태(洪世泰) 18, 74, 368
홍승주(洪承疇) 185, 247, 249
홍실라아자(紅實羅阿子) 425
홍양호(洪良浩) 11, 20, 61, 62, 70
홍원(洪原) 22, 34
홍원군(洪源郡) 86
홍원현(洪原縣) 65
홍이포(紅夷砲) 260
홍치중(洪致中) 20, 76
홍헌(洪獻) 88
홍호적(紅胡賊) 432
홍흑석산(紅黑石山) 51, 140
화관령(火串嶺) 90, 99
화라강(火剌江) 74
화락적(火落赤) 130
화령부(和寧府) 86
화릉(和陵) 23, 66
화아강(火兒江) 112
화아아(火兒阿) 112
화아아 두만(火兒阿豆漫) 112
화암(花巖) 268
화이(華夷) 239, 244, 344
화주(和州) 86, 87, 98, 102
화주목(和州牧) 86
화천(禾川) 28
화풍산(花豐山) 30
화피덕(樺皮德) 19, 75
환도성(丸都城) 195, 287
환작(換作) 46
환향하(還鄉河) 160, 295, 296
활아간 올적합(闊兒看兀狄哈) 113
황기보(黃旗堡) 249
황단(黃端) 34
황룡산(黃龍山) 22
황보인(皇甫仁) 107, 108
황생(黃生) 125
황수하(潢水河) 293

황암진(黃巖津) 34
황애정(黃厓頂) 275
황장패(皇庄牌) 40
황절파(黃節坡) 92
황제(黃帝) 284, 320
황제총(皇帝塚) 296
황진(黃津) 34
황척파(黃拓坡) 120
황척파천(黃拓坡川) 31
황초령(黃草嶺) 22, 63, 67, 71
황토기(黃土岐) 63
황토동(黃土洞) 26, 79
황토동수(黃土洞水) 25, 72, 79
황토령(黃土嶺) 21, 63, 64, 277
회령(會寧) 59~61, 64, 65, 69, 70, 74, 76, 78, 92, 93, 95, 96, 100, 101, 103, 106, 107, 109, 111, 113, 114, 117, 119, 121, 124~127, 129~131, 133~136, 140~147, 153, 191, 229, 238, 262, 265, 267, 296
회령강(會寧江) 69, 136
회령부(會寧府) 16, 65, 76, 78, 92, 100, 107, 113, 124, 126, 135
회봉산(回峯山) 29
회상(會上) 410, 414
회수역(懷綏驛) 93
회수참(懷綏站) 118
회양(淮陽) 23, 64, 67
회진강(會津江) 286
회포천(檜浦川) 50
횟가[會叱家] 92, 95, 101
횟가천[會叱家川] 32
효기교(驍騎校) 39, 171, 205, 234, 293
효종(孝宗) 266
후등(後等) 127

후주(厚州) 25, 66, 71, 90, 109, 110, 129
후주강(厚州江) 25, 66
후주부(厚州府) 66
후죽봉(帳竹峯) 25, 26, 72
후춘(厚春) 38, 70, 138, 140
후춘강(厚春江) 140
후춘강(後春江) 51
후치(厚致) 63
후치령(厚峙嶺) 21, 63, 65, 71
후통아혼도(厚通阿渾道) 116
『후한서(後漢書)』 161, 217, 307
후훈(厚訓) 111
훈융(訓戎, 訓戎鎭) 117~119
훈춘(訓春) 142
훈춘강(訓春江) 102
휘이현(揮伊峴) 34
흑각봉(黑角峯) 48
흑두여진(黑頭女眞) 111
흑룡강(黑龍江) 16, 51, 60, 72~75, 101, 137~140, 143, 173~175, 188, 193, 286
흑상해(黑祥海) 299
흑석리(黑石里) 23
흑석리 본궁(黑石里本宮) 66
흑수말갈(黑水靺鞨) 83, 110
흑수(黑水) 110
흑수부(黑水部) 110
흑우정(黑羽頂) 275
흑춘(黑春) 234
흡고하(恰庫河) 77
흡곡(歙谷) 23, 67
흥개호(興開湖) 138
흥경(興京) 139, 173, 190, 357, 361, 366
흥국영응왕(興國靈應王) 18
희악산(希嶽山) 31

동북아역사 자료총서 66

국역 조선 후기 북방사 자료집

초판 1쇄 인쇄 2022년 8월 20일
초판 1쇄 발행 2022년 8월 31일

펴낸이   이영호
지은이   김창수, 박장배, 문상명, 김성희, 김우진, 임영길
펴낸곳   동북아역사재단

등 록   제312-2004-050호(2004년 10월 18일)
주 소   서울시 서대문구 통일로 81 NH농협생명빌딩
전 화   02-2012-6065
팩 스   02-2012-6186
홈페이지 www.nahf.or.kr
제작·인쇄 (주)동국문화

ISBN 978-89-6187-741-1 93910

* 이 책은 저작권법으로 보호를 받는 저작물이므로 어떤 형태나 어떤 방법으로도
  무단전재와 무단복제를 금합니다.
* 책값은 뒤표지에 있습니다. 잘못된 책은 바꾸어 드립니다.